Código de Processo Penal Anotado

Código de Processo Penal Anotado

2019 • 3ª Edição

Fernando Gama Lobo
Procurador da República

ALMEDINA

CÓDIGO DE PROCESSO PENAL ANOTADO
AUTOR
Fernando Gama Lobo
1ª Edição: Janeiro, 2015
EDITOR
EDIÇÕES ALMEDINA, S.A.
Rua Fernandes Tomás, nºs 76, 78 e 80
3000-167 Coimbra
Tel.: 239 851 904 · Fax: 239 851 901
www.almedina.net · editora@almedina.net
DESIGN DE CAPA
FBA.
CAPA: EDIÇÕES ALMEDINA
PRÉ-IMPRESSÃO
EDIÇÕES ALMEDINA, S.A.
IMPRESSÃO E ACABAMENTO
PAPELMUNDE

Julho, 2019
DEPÓSITO LEGAL
457908/19

ALMEDINA | GRUPOALMEDINA

BIBLIOTECA NACIONAL DE PORTUGAL – CATALOGAÇÃO NA PUBLICAÇÃO
PORTUGAL. Leis, decretos, etc. Código de processo penal, 1987
Código de processo penal anotado / Fernando Gama
Lobo. – 3ª ed. – (Códigos anotados)
ISBN 978-972-40-7967-7
I – LOBO, Fernando Gama
CDU 343

NOTA DO AUTOR

Ao longo de mais de trinta anos de trabalho nos tribunais, como magistrado do Ministério Público, quase sempre na área criminal, fomos coligindo inúmeras notas de trabalho, relativamente às leis com que temos de lidar, designadamente o código de processo penal.

Na área penal, o C.P.P., é seguramente a lei mais presente, absolutamente incontornável, muito mais que as próprias leis substantivas, o que não deixa de ser preocupante, quando entendendo que isso traduz uma prevalência da forma sobre o conteúdo. Mas o C.P.P. é, fundamentalmente, direito constitucional aplicado, razão pela qual dificilmente poderia deixar de ser assim.

O C.P.P., produto de uma geração académica tradicionalista, é enformado por uma filosofia humanista, de raiz liberal e individualista, subordinada ao princípio da desconfiança institucional, a ponto da noção kantiana do direito penal como *Magna Charta* do criminoso, ter sido elevada a um clima delirante. Felizmente nos últimos tempos, assiste-se a alguma reformulação desta atitude mental, forçada pela realidade cada vez mais presente de novas estruturas criminosas altamente organizadas, mesmo a nível internacional, que aparecem um pouco por todo o lado (tráfico de pessoas, de crianças, de mulheres, de órgãos humanos, de animais, de armas, de droga, corrupção, terrorismo, cibercrime, etc...) exigindo respostas novas.

Na verdade, há que questionar algumas ditaduras doutrinais, protagonizadas por alguns Ilustres Mestres, cujo imenso saber não só não se nega, mas se reconhece com prazer. Mas a vida não começa nem acaba nas Academias. É preciso não esquecer, que Buda, só depois de sair dos seus palácios, é que se tornou um Iluminado. E só nessa altura é que teve lucidez para dizer aos seus discípulos: *"Os meus ensinamentos não são para adorar nem para se agarrarem a eles; são como uma jangada que se utiliza para atravessar um rio; só um tolo continuaria a carregar com a jangada depois de ter alcançado a outra margem."*

Os desafios que cada vez mais intensamente se vem colocando à justiça, exigem simplificação, agilização e uniformização dos procedimentos e que se dotem as polícias e os tribunais de meios humanos e técnicos sérios, para que haja respostas de qualidade. Tudo obviamente sem prejuízo dos direitos, liberdades e garantias do cidadão, que todos nós somos. É perfeitamente alcançável esse equilíbrio.

Não é possível aos operadores judiciários, trabalharem na área penal, sem um bom domínio deste extenso e complexo C.P.P. Por tal razão, talvez se justifique a continuação da publicação desta obra (rapidamente esgotada a 2ª edição) tratada sob o ponto de vista do direito em ação, mas sem prescindir do necessário enquadramento teórico.

Em todo o caso, tivemos o cuidado de não inundar a obra com transcrições doutrinárias ou jurisprudenciais que não fossem representativas ou significativas, ou que não tivessem uma relação direta com os artigos e temas apresentados, quase sempre mais exemplificativas ou completivas dos nossos comentários, pois com o fácil acesso que hoje existe às bases de dados jurídicas informáticas, já não se justifica *mini* coletâneas de jurisprudência, escritas em dispendioso papel.

A análise de cada artigo, é feita através de itens. Esses itens não são necessariamente a explicação literal de cada artigo, posto que o intérprete, supostamente com conhecimentos jurídicos, sabe ler e interpretar e a maioria dos artigos não oferece especiais dificuldades de interpretação, mas mais uma chamada à colação das principais questões que se levantam em torno de cada norma, nomeadamente no seu posicionamento inter-relacional ou hermenêutico e na sua dimensão jurídica.

Nesta terceira edição revista, atualizámos o texto legal (anexado que está o estatuto da vitima, que se tornou parte integrante do código) e as notas respetivas, com as novas leis e a jurisprudência uniformizadora entretanto publicadas, aprofundámos dentro do possível algumas questões e clarificámos outras, em função de algumas críticas desejavelmente recebidas e acrescentámos um índice analítico.

Espera-se, pois, que os objetivos traçados sejam alcançados e que o livro continue a cumprir a função que lhe atribuímos de "auxiliar de trabalho do jurista penal".

***

Reproduzimos toda a jurisprudência uniformizadora do Supremo Tribunal de Justiça (cerca de 100 acórdãos) diretamente relacionada com os artigos do código, até à data da ultimação da obra.

***

As referências a artigos sem indicação de diploma, referem-se ao Código de Processo Penal.

***

O nosso texto é elaborado segundo a nova ortografia, de acordo aliás com a legislação recente publicada e a tendência manifestada na jurisprudência, sobretudo dos nossos mais altos tribunais. Desde já nos penitenciamos por eventuais erros ortográficos, ainda não assimilados. Respeitámos a ortografia que consta nos textos legais e nos textos citados.

O AUTOR

Código de Processo Penal

DISPOSIÇÕES PRELIMINARES E GERAIS

Artigo 1º – Definições legais

Para efeitos do disposto no presente Código considera-se:

a) «Crime» o conjunto de pressupostos de que depende a aplicação ao agente de uma pena ou de uma medida de segurança criminais;

b) «Autoridade judiciária» o juiz, o juiz de instrução e o Ministério Público, cada um relativamente aos actos processuais que cabem na sua competência;

c) «Órgãos de polícia criminal» todas as entidades e agentes policiais a quem caiba levar a cabo quaisquer actos ordenados por uma autoridade judiciária ou determinados por este Código;

d) «Autoridade de polícia criminal» os directores, oficiais, inspectores e subinspectores de polícia e todos os funcionários policiais a quem as leis respectivas reconhecerem aquela qualificação;

e) «Suspeito» toda a pessoa relativamente à qual exista indício de que cometeu ou se prepara para cometer um crime, ou que nele participou ou se prepara para participar;

f) «Alteração substancial dos factos» aquela que tiver por efeito a imputação ao arguido de um crime diverso ou a agravação dos limites máximos das sanções aplicáveis;

g) «Relatório social» a informação sobre a inserção familiar e socioprofissional do arguido e, eventualmente, da vítima, elaborada por serviços de reinserção social, com o objectivo de auxiliar o tribunal ou o juiz no conhecimento da personalidade do arguido, para os efeitos e nos casos previstos nesta lei;

h) «Informação dos serviços de reinserção social» a resposta a solicitações concretas sobre a situação pessoal, familiar, escolar, laboral ou social do arguido e, eventualmente, da vítima, elaborada por serviços de reinserção social, com o objectivo referido na alínea anterior, para os efeitos e nos casos previstos nesta lei;

i) «Terrorismo» as condutas que integram os crimes de organizações terroristas, terrorismo, terrorismo internacional e financiamento do terrorismo;

j) «Criminalidade violenta» as condutas que dolosamente se dirigirem contra a vida, a integridade física, a liberdade pessoal, a liberdade e autodeterminação sexual ou a autoridade pública e forem puníveis com pena de prisão de máximo igual ou superior a 5 anos;

l) «Criminalidade especialmente violenta» as condutas previstas na alínea anterior puníveis com pena de prisão de máximo igual ou superior a 8 anos;

m) «Criminalidade altamente organizada» as condutas que integrarem crimes de associação criminosa, tráfico de pessoas, tráfico de armas, tráfico de estupefacientes ou de substâncias psicotrópicas, corrupção, tráfico de influência, participação económica em negócio ou branqueamento.

(Última redação da L. 58/2015 de 23.06)

COMENTÁRIOS:

O Código de Processo Penal: O "processo" é uma estrutura normativa que regula de forma ordenada a atividade de todos os intervenientes processuais numa certa área jurisdicional. É o "processo" de uma determinada sociedade, que dá a fotografia democrática dessa sociedade; conforme nos escrevia Ramon Méndez, "*o processo dá-nos o marco humano da juridicidade*". Em especial, o processo penal, é um momento de catarse, onde se reúnem todos os medos, esquizofrenias e paranoias. É um produto historicamente situado, mutante, como tal sujeito a todas as críticas. Ensinava Luso Soares, que externamente o processo é um método; internamente, é uma estrutura de atos. Na vertente interna, podemos dizer que o atual C.P.P. português, se caracteriza por uma estrutura muito simples. Consiste numa fase **obrigatória**; o **inquérito** (ainda que no processo sumário, a fase preliminar ao julgamento, não conforme um verdadeiro inquérito em sentido formal); numa fase **facultativa**; a **instrução**; e numa fase **hipotética**; o **julgamento**.

Os problemas do processo penal português, como se descobre ao longo da sua leitura, não estão na sua estrutura, nem nos seus institutos, mas sim na sua filosofia excessivamente garantística e nas suas recônditas alíneas, que impõem uma sua aplicação demasiado rígida e formal, que se reflete de forma brutal na qualidade da justiça que possibilita.

As definições: O Código, começa por nos dar definições legais. Dizia Levi Maria Jordão, que, «*o jurisconsulto romano Javolino prevenira com razão que toda a definição é perigosa em direito e por isso, considerando que as leis não são livros de doutrina, mas antes regras de prática, aconselhava Pacheco que as definições em direito criminal se limitassem ao aspeto prático e externo ou à resenha das circunstâncias evidentes e tangíveis que na esfera legal distinguem e caracterizam o que se trata de explicar*" (*in*, Comentário ao Código Penal de 1852, pág. 5). Algumas das definições, fixam diretamente de forma imperativa, a interpretação que havemos de dar a importantes institutos, com os quais temos de lidar ao longo do Código. Curiosa, é sem dúvida a definição de crime, substituindo a clássica noção de ato humano, voluntário, ilícito, culposo e punível, por um conceito tão vago, que nada nos diz, talvez em excessivo respeito pela opinião de Javolino. Ao longo do Código, em momentos diversos, também se encontram mais definições, algumas bem relevantes (v.g., arguido – art. 57º-1; ofendido/assistente – art. 68º; lesado – art. 74º-1; auto – art. 99º; objeto da prova – art. 124º; indícios suficientes – art. 283º-2).

Vejamos as noções deste artigo:

Alínea a) – A noção de crime: Materialmente, crime é a atuação voluntária, típica, ilícita e culposa de alguém. Processualmente, é o conjunto de condições e pressupostos, para que a definição material de crime encontre expressão real na ordem jurídica.

Alínea b) – A noção de autoridade judiciária: São autoridades judiciárias, os Juízes e os magistrados do Ministério Público, descrevendo-se ao longo do código as competências de cada um em função das diversas fases processuais (v. arts. 8º a 47º e 48º a 56º).

Alíneas c) e d) – A noção de órgãos e autoridade de polícia criminal: As entidades policiais são sempre órgãos de polícia criminal (OPC) (v. arts. 55º e 56º). Os agentes policiais são órgãos de polícia criminal ou autoridade policial, discriminando-se consoante a sua categoria hierárquica no seu estatuto profissional (onde expressamente são catalogados) e variando os seus poderes de decisão no inquérito, em conformidade com esse estatuto.

Alínea e) – A noção de suspeito: Suspeito é aquele sobre quem recai uma probabilidade de ter praticado um crime, sem, todavia, haver provas de que o cometeu. Reunidas provas, deve passar à condição de arguido [v. arts. 58º-1-a)--c), 59º e 250º].

Alínea f) – A noção de alteração substancial de factos: Na base da necessidade desta complexa e nuclear noção de alteração substancial de factos, está o **princípio do contraditório**, que impõe que o **objeto do processo**, ou seja, o seu espaço de normatividade, esteja definido na acusação, de forma a assegurar uma integral defesa do arguido, mas admitindo e cobrindo as quase inevitáveis alterações e variações que existem na prova produzida nas fases processuais de instrução e julgamento (v. arts. 303º-3 e 359º).

Encontra-se aqui uma definição pelos efeitos, i.e., só deve considerar-se que existe **alteração substancial de factos** (forçosamente decorrente da prova produzida em instrução ou em julgamento) quando desses factos considerados provados (logo, em princípio, só no final da instrução ou do julgamento) resultar a imputação de um **«crime diverso»** ou em alternativa e ou complemento, a **«agravação dos limites máximos das sanções aplicáveis»**, relativamente ao que, o tribunal, não tem poderes de cognição, ressalvada a possibilidade de acordo legalmente prevista, justamente porque ocorreu uma variação de rotura no objeto ou identidade do processo (v. regime nos arts. 303º-3-4 e 359º). Se da prova produzida, resultar alteração dos factos, mas que não produzam este efeito, estaremos perante uma **alteração não substancial de factos** (v. regime nos arts. 303º-1 e 358º).

Cumpre dizer que a construção dogmática destas noções e regimes está constituída em torno de **factos relevantes para a decisão de facto**; o que significa que os factos meramente explicativos ou complementares dos factos principais, ou variantes factuais, simplesmente melhor concretizadores das ações, que não tenham impacto relevante na decisão de facto, não são abrangidos nesta problemática, exatamente porque não são factos substanciais, nem sequer não substanciais, pelo que quanto a eles, não se põe qualquer entrave à decisão de facto.

Da alteração substancial ou não substancial de factos, deve também distinguir-se a **alteração da qualificação jurídica** (v. regime nos arts. 303º-5 e 358º--3) que por si só nada tem a ver com a problemática factual. Não obstante, da alteração dos factos pode resultar alteração da qualificação jurídica. Mas são duas questões distintas que devem ser abordadas em sucessão.

XI – "Alteração substancial dos factos" significa uma modificação estrutural dos factos descritos na acusação, de modo a que a matéria de facto provada seja diversa, com elementos essenciais de divergência que agravem a posição processual do arguido, ou a tornem não sustentável, fazendo integrar consequências que se não continham na descrição da acusação, constituindo uma surpresa com a qual o arguido não poderia con-

tar, e relativamente às quais não pode preparar a sua defesa. É este o sentido da definição constante do art. 1º, nº 1, al. f), do CPP para «alteração substancial dos factos», que se apresenta, assim, como um conceito normativamente formatado: «aquela que tiver por efeito a imputação ao arguido de um crime diverso ou a agravação dos limites máximos das sanções aplicáveis». XII – A alteração substancial dos factos pressupõe, pois, uma diferença de identidade, de grau, de tempo ou espaço, que transforme o quadro factual descrito na acusação em outro diverso, ou manifestamente diferente no que se refira aos seus elementos essenciais, ou materialmente relevantes de construção e identificação factual, e que determine a imputação de crime diverso ou a agravação dos limites máximos das sanções aplicáveis. XIII – "Alteração não substancial" constitui, diversamente, uma divergência ou diferença de identidade que não transformem o quadro da acusação em outro diverso no que se refere a elementos essenciais, mas apenas, de modo parcelar e mais ou menos pontual, e sem descaracterizar o quadro factual da acusação, e que, de qualquer modo, não têm relevância para alterar a qualificação penal ou para a determinação da moldura penal. A alteração, para ser processualmente considerada, tem de assumir relevo para a decisão da causa (Ac. STJ de 21.03.2007, proc. nº 07PO24).

I – A alínea f) do nº 1 do art. 1º do CPP considera alteração substancial dos factos aquela que tiver por efeito a imputação ao arguido de crime diverso ou a agravação dos limites máximos das sanções aplicáveis. II – Há alteração substancial dos factos quando da adição ou modificação dos factos resulte (i) que o bem jurídico agora protegido é distinto do primitivo; (ii) um facto naturalístico diferente, objecto de um diferente e distinto juízo de valoração social; (iii) a perda da "imagem social" do facto primitivo, ou seja, resulte a perda sua identidade; (iv) o arguido não tenha tido oportunidade de se defender dos "novos factos", não sendo estes meramente concretizadores ou esclarecedores dos primitivos; (v) o agravamento das sanções aplicáveis ao arguido, servindo de moldura padrão a constante do tipo a que, na realidade, devem ser subsumidos os factos descritos na acusação. III – A condenação por factos diversos dos descritos na acusação, correspondentes a uma alteração substancial, sem que se tenha cumprido o disposto no art. 359º, nº 1, do CPP, configura a nulidade prevista no art. 379º, nº 1, al. b), do CPP (Ac. TRP de 23.05.2007, *in* proc. 0513936, www.dgsi.pt).

"Não entra no conceito de alteração substancial dos factos, do art. 1º, al. f), do CPP, a simples alteração de qualificação jurídica dos factos acusados e provados, ainda que dela, em teoria, possa resultar a aplicabilidade de uma pena cujo limite máximo seja superior ao cominado para o crime constante da acusação ou da pronúncia" (Ac. STJ de 06.05.92, proc. nº 42.239).

Noção de *«crime diverso»* e *«agravação dos limites máximos das sanções aplicáveis»*: A doutrina e jurisprudência têm trabalhado a complexa noção de ***«crime diverso»*** e de ***«agravação dos limites máximos das sanções aplicáveis»***

em torno da de ***«objeto do processo».*** O objeto do processo compreende dois espaços; o espaço naturalístico da ação e o espaço da pura normatividade.

Quanto ao ***«crime diverso»,*** no sentido de que tem a ver com a não similitude entre os factos dos crimes imputados e provados, bem como, a sua prática num período espácio-temporal totalmente diferente, enfim, com uma alteração profunda da sua historicidade e o afastamento do quadro unitário naturalístico da ação. Não tem nesta estrita sede, diretamente a ver com a medida da pena, nem mesmo com a gravidade dos crimes, mas mais com ilicitudes de natureza diferente ou com quadros espaço temporais distintos. Assim, por exemplo, tem-se considerado existir ***«crime diverso»,*** quando se conclui ser outro o autor do crime ou a vítima; ou que os factos ocorreram em datas e locais muito diferentes dos locais e datas imputadas; ou se pronuncie ou condene por omissão um crime acusado por ação e vice-versa, ou por um crime de furto um crime de receta-ção acusado e vice-versa, ou por um crime continuado um único crime acusado. Digamos pois, grosso modo e sintetizando as inumeráveis posições doutrinais (de Cavaleiro Ferreira a Wessels) que estamos perante um ***«crime diverso»,*** quando, relativamente à factualidade original, dos factos novos resulta um afastamento ou do núcleo central de tipicidade (critério normativista) ou do núcleo espácio-temporal (critério naturalístico). Não é, portanto, rigoroso, dizer-se como muitas vezes se diz, que ***«crime diverso»,*** é um crime que tutela bens jurídicos diferentes; essa é apenas a forma mais fácil de identificar um ***«crime diverso».***

Quanto à ***«agravação dos limites máximos das sanções aplicáveis»***, aqui estamos já no terreno da medida da pena e das garantias de defesa do arguido. Desde logo impede a condenação pelos crimes qualificados ou agravados, quando dos factos da acusação, é apenas imputado o crime simples. Já assim não será quando acusado um crime, a não prova da totalidade de alguns dos seus elementos típicos, conduz a um crime menos grave, onde se encontre o remanescente desses elementos, como acontece por exemplo na relação entre o crime de roubo (art. 210º do C.P.) e o crime de furto (art. 203º do C.P.) ou entre o crime de furto e o de apropriação ilícita de coisa achada (art. 209º do C.P.) ou entre o crime de furto qualificado em imóvel [art. 204º-2-e) do C.P.] e o crime de introdução em lugar ao público (art. 191º do C.P.) ou entre o crime de homicídio (art. 131º do C.P.) e o de ofensas à integridade física (arts. 143º a 148º do C.P.). Tudo isto sem prejuízo de ser o caso concreto, ou melhor os factos concretos, porque estamos no terreno do facto, com toda a subjetividade inerente, que determina a decisão.

Sublinhe-se que as noções supra, traduzem ***dois critérios autónomos e alternativos***, operando cada um deles por si só ou em conjunto.

A segunda questão crucial na análise dos autos prende-se, em síntese, com a circunstância de ter sido, ou não, violado o princípio do acusatório e, consequentemente poster-

gados os direitos de defesa do arguido. Na verdade, importa precisar que a actividade cognitória e decisória do tribunal está estritamente limitada pelo objecto da acusação. Deve pois afirmar-se que objecto do processo penal é o objecto da acusação, sendo este que, por sua vez, delimita e fixa os poderes de cognição do tribunal e a extensão do caso julgado. É a este efeito que se chama a vinculação temática do tribunal e é nele que se consubstanciam os princípios da identidade, da unidade ou indivisibilidade e da consunção do objecto do processo penal; os princípios segundo os quais o objecto do processo deve manter-se o mesmo da acusação ao trânsito em julgado da sentença, deve ser conhecido e julgado na sua totalidade (unitária e indivisivelmente) e – mesmo quando o não tenha sido deve considerar-se decidido. Os valores e interesses subjacentes a esta vinculação temática do tribunal, implicada no princípio da acusação, facilmente se apreendem quando se pense que ela constitui a pedra angular de um efectivo e consistente direito de defesa do arguido – sem o qual o fim do processo penal é inalcançável, que assim se vê protegido contra arbitrários alargamentos da actividade cognitória e decisória do tribunal e assegura os seus direitos de contraditoriedade e audiência; e quando se pense também que só assim o Estado pode ter a esperança de realizar os seus interesses de punir só os verdadeiros culpados e de economia processual. Por outras palavras dir-se-á que a imputação genérica de uma actividade de venda de quantidade não determinada de droga e a indefinição sequente nunca poderá ser valorada num sentido não compreendido pelo objecto do processo, mas apenas dentro dos limites da acusação, e em relação à matéria em relação à qual existiu a possibilidade de exercício do contraditório (Ac. STJ de 05.12.2007, *in* www.dgsi.pt).

"Se os novos factos puderem ainda integrar a hipótese de facto histórico descrito na acusação, podem alterar-se as modalidades de acção, pode o evento material não ser inteiramente coincidente com o modo descrito, podem alterar-se as circunstâncias e as formas de culpabilidade que o crime não será materialmente diverso, desde que a razão do juízo de ilicitude permaneça a mesma. O crime não será materialmente diverso quando apenas variarem as formas de execução do crime ou as modalidades de autoria ou comparticipação, desde que os actos acusados e apurados possam ainda reconduzir-se ao mesmo facto histórico" (Germano Marques da Silva, *in* Curso de Processo Penal, vol. I, Ed. Verbo, 2000, pág. 382).

A expressão crime diverso pode comportar três acepções: a) crime tipicamente diferente; b) crime que não está com o acusado numa relação de unidade criminosa; c) ou crime que assenta numa base de facto diferente da trazida a julgamento pela acusação (Ac. STJ de 97.02.13, *in* proc. nº 28/96).

Nos termos e para os efeitos do art. 1º, al. f) do CPP, a noção de crime diverso pode reportar-se ao mesmo tipo legal, desde que existam elementos diferenciadores essenciais em relação aos factos descritos na acusação ou na pronúncia que determinem uma diminuição das garantias de defesa. A fim de prevenir prejuízos graves para a preparação da defesa, deve entender-se que equivale à imputação de um «crime diverso», a alteração factual que consistir no acrescentamento aos factos descritos na acusação ou pronuncia, de um facto novo, sem o qual o arguido não poderia ser criminalmente condenado (Ac. TRL de 02.11.2011, *in* CJ-2011-V-148).

Alíneas g) e h) – A noção de relatório social e informação dos serviços de reinserção social: Basicamente, trata-se de **informações**, visando sobretudo apurar o quadro de vida do arguido (ou da vítima) concretamente, as circunstâncias pessoais, familiares, sociais, escolares, económicas e laborais, em que viveu e vive e bem assim, equacionar as patologias inerentes, a fim de auxiliar o M.P e o Juiz, nas suas decisões. Ambos os documentos, são elaborados pelos técnicos do Instituto de Reinserção Social, a pedido da autoridade judiciária, sendo o relatório em termos mais gerais e a informação em termos concretos. Desde logo, trata-se de **pura informação** e não uma perícia (v. arts. 151º a 163º) estando sujeita ao princípio da **livre apreciação da prova** (v. art. 127º). Pode elaborar-se relatórios ou informações, para julgamento e determinação da sanção, sendo obrigatório para arguidos menores (v. art. 370º) e para aplicação de medidas de coação (v. art. 213º-4). Para alem destes documentos, o IRS, presta apoio ao tribunal em inúmeros momentos, quer na fase pré-sentencial, quer pós-sentencial, designadamente a nível de elaboração de planos de reinserção social (v. 281º-5, 371º-2, 494º a 498º).

Tipos de relatório social: art. 370º, para julgamento e determinação da sanção; art. 213º-4, para aplicação de medidas de coação; arts. 213º-4, 281º-4, 371º-2, quanto ***às*** informações dos serviços sociais.

Alínea i) – A noção de terrorismo: A noção de terrorismo é completamente política. Ao longo da História, não faltam exemplos de pessoas e entidades, que foram consideradas terroristas pelos poderes instituídos e que depois de verem triunfadas as suas ideias, passaram a ser catalogados como heróis nacionais e até internacionais. Para maior conforto intelectual dos juristas, a noção legal de terrorismo e as leis de combate ao mesmo, deviam passar exclusivamente por elementos de ordem humanista, o que infelizmente não acontece. No caso português, os crimes de terrorismo e as suas diversas categorias dogmáticas, foram retiradas dos arts. 300º e 301º do C.P. e estão previstos em legislação especial; **v. L. 52/2003 de 22.08.**

Alíneas j), l) e m) – A noção de criminalidade violenta, especialmente violenta e altamente organizada: Trata-se não tanto de conceitos, mas de normas de enquadramento. Assim, determinados tipos de crimes poderão ser integrados nestas categorias, em função do **bem jurídico** neles protegido e da **pena abstrata** prevista [casos das alíneas j e l)] ou em função do **tipo de crime** [casos da alínea m)]. A temática reflete-se ao nível da **aplicação da prisão preventiva** [art. 202º-1-b)-c)] ao nível dos **prazos de prisão preventiva** (v. art. 215º-2) ao nível dos

interrogatórios (art. 143º-4) ao nível **competência** para ordenar revistas e buscas e horários especiais das buscas [art. 174º-5-a) e 177º-2-a)]. A integração nestes conceitos de certo tipo de crimes, permite a possibilidade de aplicar **prisão preventiva** a crimes, que de outro modo não seria possível, por força da pena abstrata ter de ser superior a 5 anos, como comanda o art. 202º-1-a) [v. art. 202º-b)-c) que remete para estas noções]. É, por exemplo, o caso do crime de violência doméstica previsto no art. 152º-1 do C.P., que pode originar prisão preventiva, não pela medida abstrata da pena prevista no tipo, mas pelo facto de ser considerado criminalidade violenta, a integrar nos termos conjugados dos arts. 202º-1-b) e art. 1º-j).

A P.G.R. através da **O.S. 4/2015**, que estabelece as regras para o **registo da atividade do M.P.** a nível do inquérito crime, define os crimes que devem ser catalogados como criminalidade violenta ou especialmente violenta (essencialmente roubos qualificados, praticados com perigo para a vida ou a integridade física, ou com armas de fogo ou meios perigosos ou de valores consideravelmente elevados, em carrinhas de valores, estabelecimentos bancários, postos de correio ou de gasolina, ou praticados com membros de bandos, e também crimes de tráficos de pessoas, de armas, sequestro, rapto, tomada de reféns, violência no desporto, associação criminosa, branqueamento).

Tenha-se em consideração, que apesar de a alínea m) elencar o crime de **"tráfico de estupefacientes ou substâncias psicotrópicas"** como «criminalidade altamente organizada», a extensão do conceito deve ser **limitada**, no que a este crime concerne, pelo disposto no **art. 51º do D.L. 15/93 de 22.01**, que só abrange os casos do tráfico dos **arts. 21º a 24º e 28º** daquele diploma, e já não, por exemplo, o caso de tráfico droga de menor gravidade, do **art. 25º-1-a)** da referida lei.

Segredo de justiça. Diretiva da P.G.R. de 09.01.2008: Impõe que sempre que a investigação tenha por objeto os crimes previstos no art. 1º, alínea i) a m), o M.P. determinará, no início do inquérito, a sujeição do mesmo a **segredo de justiça**, nos termos do art. 86º-3. Tal, deverá ser sujeito a validação judicial no prazo de 72 horas.

Artigo 2º – Legalidade do processo

A aplicação de penas e de medidas de segurança criminais só pode ter lugar em conformidade com as disposições deste Código.

COMENTÁRIOS:

Nulla poena sine judicio: Este normativo é uma decorrência do art. 29º da C.R.P., que consagra o princípio da **legalidade** dos crimes em direito penal (*nullum crimen sine lege)* e o princípio da **tipicidade** das penas (*nulla poena sine* *lege)* que devem ser processados e julgados de acordo com as disposições deste **código** (*nulla poena sine judicio*).

Artigo 3º – Aplicação subsidiária

As disposições deste Código são subsidiariamente aplicáveis, salvo disposição legal em contrário, aos processos de natureza penal regulados em lei especial.

COMENTÁRIOS:

Princípio da subsidiariedade: Consagra a **subsidiariedade** da aplicação deste código ao processamento das questões penais, obviamente sem prejuízo de leis avulsas que contenham disposições especiais que o contrariem, porque se assim for, serão essas que prevalecem. O campo de maior aplicação destas regras será as contraordenações (v. regime geral – D.L. 433/82, de 27.10).

Artigo 4º – Integração de lacunas

Nos casos omissos, quando as disposições deste Código não puderem aplicar-se por analogia, observam-se as normas do processo civil que se harmonizem com o processo penal e, na falta delas, aplicam-se os princípios gerais do processo penal.

COMENTÁRIOS:

Casos omissos: Constatada uma omissão legislativa, seguem-se três passos para suprir a omissão. **Primeiro,** o recurso à analogia, se a omissão decorrer de uma lacuna legal (que não deve confundir-se com omissão deliberada de regulamentação por desnecessidade da mesma). **Segundo,** o recurso ao Código de Processo Civil. **Terceiro,** o recurso aos princípios gerais do direito processual penal.

Artigo 5º – Aplicação da lei processual penal no tempo

1. A lei processual penal é de aplicação imediata, sem prejuízo da validade dos actos realizados na vigência da lei anterior.

2. A lei processual penal não se aplica aos processos iniciados anteriormente à sua vigência quando da sua aplicabilidade imediata possa resultar:

a) Agravamento sensível e ainda evitável da situação processual do arguido, nomeadamente uma limitação do seu direito de defesa; ou

b) Quebra da harmonia e unidade dos vários actos do processo.

COMENTÁRIOS:

Princípio da estabilidade dos direitos processuais: Este normativo deve conjugar-se com o disposto no art. 2º *(nulla poena sine judicio)*. Na realidade, nos casos de sucessão de leis no tempo, na falta de normas transitórias que excecionem o princípio *tempus regit actum*, aplica-se **imediatamente** as normas processuais novas (sem prejuízo de se manterem válidos todos os atos anteriormente praticados) mas apenas desde que não firam as condições expressas nas alíneas. E é aí que começa a controvérsia, pois, muitas vezes as alterações processuais, refletem-se ou na situação processual do arguido ou na interpenetração harmónica dos atos processuais. Face à complexidade da matéria, só em casos concretos é que se pode emitir opinião. Mas poderá dizer-se sem grande risco de erro, que num quadro de sucessão de leis no tempo, as normas processuais penais que afetem **direitos fundamentais**, tais como as regras da prisão preventiva, devem aplicar-se, as de conteúdo mais favorável (v. art. 18º-2-3 da C.R.P.).

Como o Tribunal Constitucional tem reiteradamente afirmado, o princípio da não retroactividade da lei encontra-se consagrado na Constituição, de modo expresso, unicamente para a matéria penal (desde que a lei nova não seja mais favorável ao arguido) nºs 1 e 4 do artigo 29º – para as leis restritivas de direitos, liberdades e garantias – nº 3 do art. 18º *– e para o pagamento de impostos, 103º-3, podendo consequentemente, dizer-se que a Constituição não consagra um princípio geral de proibição de emissão de leis retroactivas* (Ac. TC 691/2006, *in* www.dgsi.pt).

Artigo 6º – Aplicação da lei processual penal no espaço

A lei processual penal é aplicável em todo o território português e, bem assim, em território estrangeiro nos limites definidos pelos tratados, convenções e regras do direito internacional.

COMENTÁRIOS:

A lei processual no espaço: Aplica-se a lei processual, obviamente no **território nacional** (v. noção de território nacional, no art. 5º da C.R.P.) e ainda em **território estrangeiro**, desde que leis e acordos internacionais o permitam.

Referências: arts. 4º a 6º do C.P. e art. 20º (aplicação da lei no espaço); art. 229º (prevalência de acordos e convenções internacionais); art. 89º da L. 144/99, de 31.08 (delegação do procedimento em estados estrangeiros).

Artigo 7º – Suficiência do processo penal

1. O processo penal é promovido independentemente de qualquer outro e nele se resolvem todas as questões que interessarem à decisão da causa.

2. Quando, para se conhecer da existência de um crime, for necessário julgar qualquer questão não penal que não possa ser convenientemente resolvida no processo penal, pode o tribunal suspender o processo para que se decida esta questão no tribunal competente.

3. A suspensão pode ser requerida, após a acusação ou o requerimento para abertura da instrução, pelo Ministério Público, pelo assistente ou pelo arguido, ou ser ordenada oficiosamente pelo tribunal. A suspensão não pode, porém, prejudicar a realização de diligências urgentes de prova.

4. O tribunal marca o prazo da suspensão, que pode ser prorrogado até um ano se a demora na decisão não for imputável ao assistente ou ao arguido. O Ministério Público pode sempre intervir no processo não penal para promover o seu rápido andamento e informar o tribunal penal. Esgotado o prazo sem que a questão prejudicial tenha sido resolvida, ou se a acção não tiver sido proposta no prazo máximo de um mês, a questão é decidida no processo penal.

COMENTÁRIOS:

Suficiência e suspensão do processo penal: Trata-se de uma norma importante, pois diz-nos que se deve buscar em primeira mão no processo penal, todas as soluções pertinentes e decidir em conformidade. Todavia sem prejuízo da sustação do processo, quando se apresente questão de natureza não criminal, essencial para uma correta decisão, *«que não possa ser convenientemente resolvida»*, sem recurso a jurisdições não penais. Mas, se puder ser *«convenientemente resolvida»*, deve o Juiz decidir no processo penal todas as questões que se lhe apresentem, designadamente de natureza administrativa, laboral ou cível.

As questões relativas às relações laborais, nomeadamente ao estabelecimento e definição dos vínculos entres entidades patronais e trabalhadores subordinados e direitos e deveres delas decorrentes, são da competência dos tribunais do trabalho, mas o tribunal criminal pode, atento o princípio da suficiência do processo penal, decidir se existem tais vínculos quando tal seja relevante para a decisão da causa, nomeadamente quando a inerente qualidade seja elemento constitutivo essencial do crime imputado ao arguido (Ac. TRP de 13.02.2008, proc. 0712072, *in* www.dgsi.pt).

Forma e prazo de suspensão. A suspensão da prescrição do procedimento criminal: A suspensão pode ser determinada oficiosamente ou requerida nos momentos e pelos intervenientes referidos no nº 3 e gerida nas circunstâncias do nº 4. A suspensão aqui prevista, é causa de suspensão da prescrição do procedimento criminal (v. art. 120º-1-a) do C.P.).

A problemática do caso julgado: Tem-se discutido intensamente se as decisões sobre "matéria prejudicial" no próprio processo penal, formam ou não caso julgado fora do processo penal. A maioria da jurisprudência e da doutrina, considera que tais decisões, em matérias não penais, não formam caso julgado fora do processo penal. Na verdade, o objeto do processo não incidiu diretamente sobre o mérito de tais questões, resolvidas tão-somente de forma contingente e marginal, para assegurar o prosseguimento da lide. É neste sentido que aponta o art. 92º-2 do C.P.C., quando homologamente diz que, «*...o juiz da ação decidirá a questão prejudicial, mas a sua decisão não produz efeitos fora do processo em que for proferida*». Em honra à unidade do sistema jurídico, na ausência de norma contrária no processo penal, s.m.o., deve observar-se as mesmas regras. Por outro lado, pode também pôr-se a questão, inversamente, i.e., se as decisões devidamente transitadas em processos não penais, tem força de caso julgado no processo penal. Aqui a questão é ainda mais complexa. Para alguns, tais decisões não passam de meios de prova a apreciar no contexto próprio; para outros, seriam as regras próprias da jurisdição em que a decisão tivesse sido proferida a decidir (v.g. arts. 619º a 626º do C.P.C.). Parece ser esta última a opinião mais conforme aos princípios da unidade do sistema jurídico.

1 – Só existe verdadeira prejudicialidade e dependência quando na primeira causa se discuta, em via principal, uma questão que é essencial para a decisão da segunda e que não pode resolver-se nesta em via incidenta. 2 – A condenação definitiva proferida no processo penal constitui, em relação a terceiros, presunção ilidível no que se refere à existência dos factos que integram os pressupostos da punição e os elementos do tipo legal, bem como dos que respeitam às formas do crime, em quaisquer acções civis em que se discutam relações jurídicas dependentes da prática da infracção (Ac. TRL de 29.04.2010, proc. 506-C/2001.L1-6, *in* www.dgsi.pt).

1. Os factos assentes na sentença penal não podem ser objecto de discussão em posterior acção cível por parte daqueles, como é forçosamente o caso do arguido, em relação a quem já funcionou o princípio do contraditório. 2. O arguido, nunca tem, por isso, a possibilidade de elidir a presunção estabelecida pelo art. 674º-A do C.P. Civil. 3. A condenação com trânsito em julgado que aprecie a conduta do réu e a dê como provada obsta ao prosseguimento de acção cível onde tais factos servem de base à acção (Ac. TRL de 25.02.2010, proc. 667/2002.l1-8, *in* www.dgsi.pt). **Nota**: atual 623º do C.P.C.

Parte I

LIVRO I – DOS SUJEITOS DO PROCESSO

TÍTULO I – Do juiz e do tribunal

CAPÍTULO I – Da jurisdição

Artigo 8º – Administração da justiça penal

Os tribunais judiciais são os órgãos competentes para decidir as causas penais e aplicar penas e medidas de segurança criminais.

COMENTÁRIOS:

Jurisdição penal: É a Lei de Organização do Sistema Judiciário (L. 62/2013, de 26.08) em obediência à Constituição (arts. 209º a 214º da C.R.P.) que conforma e atribui jurisdição penal aos tribunais judiciais e militares.

Neste livro I do código, discrimina-se quem é **sujeito do processo:** Juiz, Júri, M.P., órgãos de polícia criminal, arguido, defensor, assistente e lesado e regula-se os termos da sua participação no processo.

Artigo 9º – Exercício da função jurisdicional penal

1. Os tribunais judiciais administram a justiça penal de acordo com a lei e o direito.

2. No exercício da sua função, os tribunais e demais autoridades judiciárias têm direito a ser coadjuvados por todas as outras autoridades; a colaboração solicitada prefere a qualquer outro serviço.

COMENTÁRIOS:

O órgão de soberania tribunal: Os tribunais são órgãos de soberania, independentes mas submetidos à lei e, diz o texto, ao «direito» (curiosa dicotomia) encontrando-se todas as autoridades obrigadas ao dever de colaboração com os tribunais (v. arts. 202º a 208º da C.R.P.).

Referências: art. 56º (dependência e coadjuvação dos órgãos de polícia criminal).

CAPÍTULO II – Da competência

SECÇÃO I – Competência material e funcional

Artigo 10º – Disposições aplicáveis

A competência material e funcional dos tribunais em matéria penal é regulada pelas disposições deste Código e, subsidiariamente, pelas leis de organização judiciária.

COMENTÁRIOS:

Competência: A norma distingue **competência material,** que é aquela que advém das leis constitucionais e sua regulamentação relativamente à organização judiciária, da **competência funcional**, que é aquela que reside na conformidade legal de espécie de atos ou de fases de um processo (v.g., competência do tribunal coletivo – v. art. 14).

Referências: arts. 202 a 224 da C.R.P.; Lei de Organização do Sistema Judiciário (L.62/2013 de 26.08); Regulamento (DL. 49/2014 de 27.03).

Artigo 11º – Competência do Supremo Tribunal de Justiça

1. Em matéria penal, o plenário do Supremo Tribunal de Justiça tem a competência que lhe é atribuída por lei.

2. Compete ao Presidente do Supremo Tribunal de Justiça, em matéria penal:

a) Conhecer dos conflitos de competência entre secções;

b) Autorizar a intercepção, a gravação e a transcrição de conversações ou comunicações em que intervenham o Presidente da República, o Presidente da Assembleia da República ou o Primeiro-Ministro e determinar a respectiva destruição, nos termos dos artigos 187º a 190º;

c) Exercer as demais atribuições conferidas por lei.

3. Compete ao pleno das secções criminais do Supremo Tribunal de Justiça, em matéria penal:

a) Julgar o Presidente da República, o Presidente da Assembleia da República e o Primeiro-Ministro pelos crimes praticados no exercício das suas funções;

b) Julgar os recursos de decisões proferidas em 1ª instância pelas secções;

c) Uniformizar a jurisprudência, nos termos dos artigos 437º e seguintes.

4. Compete às secções criminais do Supremo Tribunal de Justiça, em matéria penal:

a) Julgar processos por crimes cometidos por juízes do Supremo Tribunal de Justiça e das relações e magistrados do Ministério Público que exerçam funções junto destes tribunais, ou equiparados;

b) Julgar os recursos que não sejam da competência do pleno das secções;

c) Conhecer dos pedidos de habeas corpus em virtude de prisão ilegal;

d) Conhecer dos pedidos de revisão;

e) Decidir sobre o pedido de atribuição de competência a outro tribunal da mesma espécie e hierarquia, nos casos de obstrução ao exercício da jurisdição pelo tribunal competente;

f) Exercer as demais atribuições conferidas por lei.

5. As secções funcionam com três juízes.

6. Compete aos presidentes das secções criminais do Supremo Tribunal de Justiça, em matéria penal:

a) Conhecer dos conflitos de competência entre relações, entre estas e os tribunais de 1ª instância ou entre tribunais de 1ª instância de diferentes distritos judiciais;

b) Exercer as demais atribuições conferidas por lei.

7. Compete a cada juiz das secções criminais do Supremo Tribunal de Justiça, em matéria penal, praticar os actos jurisdicionais relativos ao inquérito, dirigir a instrução, presidir ao debate instrutório e proferir despacho de pronúncia ou não pronúncia nos processos referidos na alínea *a*) do nº 3 e na alínea *a*) do nº 4.

COMENTÁRIOS:

Competência do Supremo Tribunal de Justiça: Este artigo regula a competência material e funcional do STJ, distinguindo entre as competências do seu presidente, do plenário das secções criminais, e do presidente das secções criminais, em termos que não oferecem grandes dúvidas.

Há uma importante diferença entre o disposto no nº 3, al. a), e no nº 4, al. a). No caso do Presidente da República, Presidente da Assembleia da República ou Primeiro-Ministro, o STJ só é competente para julgar os crimes que tiverem sido cometidos no exercício de funções (já não se referem, ao contrário do que sucede habitualmente, os crimes cometidos por causa do exercício de funções). No caso dos juízes do STJ e das Relações e dos magistrados do Ministério Público junto desses Tribunais, o STJ é competente para julgar todos e quaisquer crimes, tenham eles sido cometidos no exercício de funções, ou não (in, CPP dos Mag. do M.P. do Distrito Judicial do Porto).

Artigo 12º – Competência das relações

1. Em matéria penal, o plenário das relações tem a competência que lhe é atribuída por lei.

2. Compete aos presidentes das relações, em matéria penal:

a) Conhecer dos conflitos de competência entre secções;

b) Exercer as demais atribuições conferidas por lei.

3. Compete às secções criminais das relações, em matéria penal:

a) Julgar processos por crimes cometidos por juízes de direito, procuradores da República e procuradores-adjuntos;

b) Julgar recursos;

c) Julgar os processos judiciais de extradição;

d) Julgar os processos de revisão e confirmação de sentença penal estrangeira;

e) Exercer as demais atribuições conferidas por lei.

4. As secções funcionam com três juízes.

5. Compete aos presidentes das secções criminais das relações, em matéria penal:

a) Conhecer dos conflitos de competência entre tribunais de 1ª instância do respectivo distrito judicial;

b) Exercer as demais atribuições conferidas por lei.

6. Compete a cada juiz das secções criminais das relações, em matéria penal, praticar os actos jurisdicionais relativos ao inquérito, dirigir a

instrução, presidir ao debate instrutório e proferir despacho de pronúncia ou não pronúncia nos processos referidos na alínea *a*) do nº 3.

COMENTÁRIOS:

Relações: Este artigo regula a competência material e funcional das Relações, distinguido entre as competências do seu presidente, do plenário das secções criminais, das secções criminais, e do presidente das secções criminais, em termos que não oferecem grandes dúvidas.

Registe-se que os processos a que se refere o nº 3-a), crimes cometidos por magistrados, dizem respeito a crimes cometidos quer no exercício de funções, quer fora delas.

Artigo 13º – Competência do tribunal do júri

1. Compete ao tribunal do júri julgar os processos que, tendo a intervenção do júri sido requerida pelo Ministério Público, pelo assistente ou pelo arguido, respeitarem a crimes previstos no título III e no capítulo I do título V do livro II do Código Penal e na Lei Penal Relativa às Violações do Direito Internacional Humanitário.

2. Compete ainda ao tribunal do júri julgar os processos que, não devendo ser julgados pelo tribunal singular e tendo a intervenção do júri sido requerida pelo Ministério Público, pelo assistente ou pelo arguido, respeitarem a crimes cuja pena máxima, abstractamente aplicável, for superior a 8 anos de prisão.

3. O requerimento do Ministério Público e o do assistente devem ter lugar no prazo para dedução da acusação, conjuntamente com esta, e o do arguido, no prazo do requerimento para abertura de instrução. Havendo instrução, o requerimento do arguido e o do assistente que não deduziu acusação devem ter lugar no prazo de oito dias a contar da notificação da pronúncia.

4. (*Revogado*).

5. O requerimento de intervenção do júri é irretractável.

(Última redação da L. 1/2016, de 25.02).

COMENTÁRIOS:

Competência do tribunal de júri: Trata-se de um tribunal facultativo formado maioritariamente por leigos em matéria de Direito, selecionados segundo regras próprias, de acordo com o **DL 387-A/87, de 29.12**, que aprovou e regulou a organização e o funcionamento do tribunal de júri. É composto por quatro juízes populares (e quatro suplentes) que com três juízes profissionais formam o tribunal coletivo, para julgar o tipo de crimes a que se reporta a norma. Pode ser **requerido** (só opera por requisição) **irretratavelmente**, pelo M.P., pelo assistente ou pelo arguido, nos prazos constantes do nº 3. O júri português, ao contrário do que acontece noutros ordenamentos, julga de facto e de direito, incluindo a determinação da sanção aplicável ao condenado. Alguma legislação extravagante exclui certo tipo de crimes da competência do tribunal de júri, como os crimes de responsabilidade de titulares de cargos políticos (v. art. 40º da L. 34/97, de 16.07).

O nº 4, introduzido pela L. 20/2013, de 21.02, face à declaração de **inconstitucionalidade com força obrigatória geral** relativa ao julgamento sumário, foi revogado pela L. 1/2016, de 25.02.

Artigo 14º – Competência do tribunal colectivo

1. Compete ao tribunal colectivo, em matéria penal, julgar os processos que, não devendo ser julgados pelo tribunal do júri, respeitarem a crimes previstos no título III e no capítulo I do título V do livro II do Código Penal e na Lei Penal Relativa às Violações do Direito Internacional Humanitário.

2. Compete ainda ao tribunal colectivo julgar os processos que, não devendo ser julgados pelo tribunal singular, respeitarem a crimes:

a) Dolosos ou agravados pelo resultado, quando for elemento do tipo a morte de uma pessoa; ou

b) Cuja pena máxima, abstratamente aplicável, seja superior a 5 anos de prisão mesmo quando, no caso de concurso de infrações, seja inferior o limite máximo correspondente a cada crime.

(Última redação da L. 1/2016, de 25.02).

COMENTÁRIOS:

Competência do tribunal coletivo: A competência de origem do tribunal coletivo, é **subsidiaria** relativamente ao tribunal de **júri** (v. art. 13º) quanto aos crimes enunciados no nº 1, i.e., crimes contra a identidade cultural e integridade pessoal – arts. 240º a 246º do C.P., crimes contra a segurança do Estado – arts. 308º a 346º do C.P.; crimes de violações do direito internacional humanitário – v. L. 31/2004, de 22.07. Portanto, estes crimes previstos no nº 1, serão julgados **obrigatoriamente pelo tribunal coletivo, se não forem julgados pelo tribunal de júri,** de acordo com o art. 13º.

A competência de origem do tribunal coletivo, é reservada ainda **subsidiariamente** relativamente ao tribunal de **júri** (v. art. 13º) e ao tribunal **singular** (v. art. 16º-1-2) nos termos enunciados no nº 2-a), quando for elemento do tipo acusado a morte de uma pessoa (há situações em que mesmo com morte, a pena máxima se situa abaixo de 5 anos – v.g., art. 137º do CPP, homicídio negligente) e nos termos do nº 2-b), quanto a crimes punidos com pena máxima abstrata superior a 5 anos, ainda que por soma do limite máximo das penas abstratas no caso do concurso real de crimes. Mas neste caso do nº 2-b), e **só neste caso**, podemos dizer que da conjugação com o **art. 16º-3**, alcança-se a conclusão de que tais crimes (ainda que com penas superiores a 5 anos) podem ser julgados pelo tribunal singular, mesmo sob a forma sumária, verificados os respetivos pressupostos, se o M.P., "singularizar" o processo, recorrendo ao disposto nessa norma (v. notas ao art. 16º).

"De notar que nos casos dos nºs 1 e 2, al. a), a lei não leva em conta a pena aplicável para atribuição da competência ao tribunal colectivo (ou eventualmente ao júri), tratando-se mesmo, no caso do nº 1, de competência em razão da matéria. Há até, particularmente no que concerne ao âmbito do nº 1, casos de molduras penais muito baixas, sem que por isso os feitos possam ser julgados pelo tribunal singular. Por esta razão, no caso do nº 1 nunca pode funcionar o desvio de competência para o tribunal singular previsto no nº 3 do art. 16º." (C.P.P., Maia Gonçalves, 11ª edição).

Jurisprudência uniformizadora: Ac. de Fixação de Jurisprudência do STJ nº 3/95, de 17.05.93, *in* D.R. de 21.06.95: *«No caso de concurso de infracções passíveis individualmente de pena máxima não superior a três anos de prisão, mas a que, em cúmulo jurídico, possa corresponder uma pena única superior àquele limite, é competente para o seu julgamento o tribunal colectivo»* (**Nota**: atualmente, pena superior a cinco anos).

Separação de culpas: De acordo com jurisprudência constante, se houver separação de culpas e extração de certidão para esse novo processo, que terá também número novo, ainda que os crimes separados pudessem ser julgados em singular face à moldura abstrata da pena, mantém-se a competência do tribunal coletivo.

Referências: Crimes de violações do direito internacional humanitário – v. L. 31/2004, de 22.07, com as alterações da L. 59/2007, de 04.09.

Artigo 15º – Determinação da pena aplicável

Para efeito do disposto nos artigos 13º e 14º, na determinação da pena abstractamente aplicável, são levadas em conta todas as circunstâncias que possam elevar o máximo legal da pena a aplicar no processo.

COMENTÁRIOS:

Noção de pena abstrata: Estamos perante uma norma coadjuvante, que explica que a pena abstrata, que serve de referência para determinar a competência quer do tribunal de júri quer do tribunal coletivo, é aquela que resultar não apenas do **tipo base**, mas das **qualificativas** e **agravantes típicas** e de todas as **circunstâncias legais que mesmo não fazendo parte do tipo,** elevem o limite máximo da moldura penal naquele processo concreto (como por exemplo a reincidência, que deve ser alegada na acusação – v. arts. 75º e 76º do C.P.). Mas tenha-se em atenção a nota seguinte de Maia Gonçalves, *in* CPP anotado.

A introdução desta expressão (no processo) *foi feita por causa dos casos em que há uma acumulação de infracções. Assim, se no processo o arguido responde por vários crimes, atende-se à pena abstractamente aplicável ao concurso de infracções pelas quais aí responde. Mas já não são atendíveis penas aplicadas em outros processos que entrem num eventual cúmulo a efectuar no caso de condenação, se esse cúmulo não for efectuado no processo.*

Artigo 16º – Competência do tribunal singular

1. Compete ao tribunal singular, em matéria penal, julgar os processos que por lei não couberem na competência dos tribunais de outra espécie.

2. Compete também ao tribunal singular, em matéria penal, julgar os processos que respeitarem a crimes:

a) Previstos no capítulo II do título V do livro II do Código Penal; ou

b) Cuja pena máxima, abstractamente aplicável, seja igual ou inferior a 5 anos de prisão;

c) (*Revogado*).

3. Compete ainda ao tribunal singular julgar os processos por crimes previstos na alínea *b*) do nº 2 do artigo 14º, mesmo em caso de concurso de infracções, quando o Ministério Público, na acusação, ou, em requerimento, quando seja superveniente o conhecimento do concurso, entender que não deve ser aplicada, em concreto, pena de prisão superior a 5 anos.

4. No caso previsto no número anterior, o tribunal não pode aplicar pena de prisão superior a 5 anos.

(Última redação da L. 1/2016, de 25.02).

COMENTÁRIOS:

Competência do tribunal singular: A competência do tribunal singular é **residual** e alcança-se por exclusão de partes relativamente à competência do tribunal de júri (art. 13º) ou coletivo (art. 14º). Apesar disso, a norma explicita que o tribunal singular é sempre competente para julgar os crimes previstos na sua alínea a), que correspondem aos **arts. 347º a 358º do C.P.** (reserva de competência de ordem material, cuja *ratio* só se percebe, por ali se incluir o crime de auxilio de funcionário à evasão, punido com pena de prisão de 1 a 8 anos – art. 350º-1) e todos os demais com pena abstrata de **máximo igual ou inferior a 5 anos de prisão**, o que corresponde à maioria dos crimes e ainda para os julgamentos em **processo sumário**. Para além disso, em casos de crimes que ultrapassem aquele limite de 5 anos, pode ainda o M.P. alargar a competência do tribunal singular, nos termos do nº 3.

A "singularização" processual. A prognose da pena concreta: O art. 16º-3, prevê a possibilidade do M.P. fixar a competência do tribunal singular (uma tímida concessão ao princípio da oportunidade) em casos em que ela seria de origem, do tribunal coletivo, quando for de prever que a **pena concreta aplicável** após julgamento, não será superior a 5 anos. Será um "desvio de competência", como lhe chama Maia Gonçalves. Na verdade, há que reconhecer que as medidas abstratas das penas de prisão previstas nos tipos penais, têm um tão grande intervalo entre limites mínimos e máximos (v.g., crime de furto qualificado, art. 204º-2 do C.P., 2 a 8 anos de prisão; crime de roubo qualificado, art. 210º-2 do C.P., 3 a 15 anos de prisão, etc...) e os critérios e escolhas da medida concreta da pena são por lei e tradição tão benevolentes (v. arts. 70º a 74º do C.P.) que permite ao M.P. expectar que a pena concreta de prisão a aplicar em muitos casos, se situará abaixo do limite máximo e será **igual ou inferior a 5 anos**. Utilizado este recurso pelo M.P., não pode o Juiz **recusar** a competência neste específico campo, nem aplicar ao caso, pena concreta de prisão superior a 5 anos (v. nº 4).

O que acabamos de dizer é valido mesmo no caso de **concurso de infrações**, i.e., quando o M.P. acusa por diversos crimes, em que cada um deles é punível com pena abstrata de máximo superior a 5 anos, ou cuja soma dos limites máximos das penas abstratas dos vários crimes, seja superior a 5 anos, conforme nos diz o nº 3.

Cumprirá dizer ainda, que esta faculdade do M.P. não tem qualquer repercussão na liberdade de qualificação jurídica pelo tribunal na audiência de julgamento, desde que não haja ofensa do núcleo formal das regras próprias da singularização, por exemplo, que a alteração (difícil de acontecer na prática) resvale para os crimes de **reserva de competência** material do tribunal coletivo (art. 14º-1) porque neste caso só restará ao tribunal singular declarar-se incompetente para julgar e remeter os autos ao tribunal competente.

Não se aplica o art. 16º-3 a **medidas de segurança**, por, ao contrário do que acontecia em versão anterior da norma, não estar ali expressamente previsto. Aplica-se somente quando estão em causa penas de prisão.

A polémica: Como seria de esperar esta faculdade do M.P., foi originariamente muito controvertida, por força de uma *"burocracite"* instalada, ou porque violava a reserva relativa de competência legislativa da Assembleia da República, ou porque violava o princípio da separação de poderes, ou porque o M.P. usurpava ou extravasava competências, ou porque ofendia o princípio do juiz natural, ou porque unilateralmente condicionava a ação do juiz, ou porque violava o princípio da legalidade, ou até porque diminuía os direitos de defesa do arguido, tendo dado azo a um infindável número de acórdãos do Tribunal Constitucional, (v.g., Acs. do T.C. nºs 211/89, 393/89, 407/89, 291/90, 31/91, etc...) que declararam todos eles a constitucionalidade e legalidade das opções legislativas, baseadas fundamentalmente no facto do M.P., não ser parte processual, mas sim uma magistratura submetida a critérios de legalidade, isenção e de estrita objetividade, portadora que é da pretensão punitiva do Estado, detendo o poder-dever de utilizar um simples «*método de determinação concreta da pena e da competência do tribunal singular*».

O Ministério Público condiciona, assim, a fixação da pena do caso: como porta-voz que é do poder punitivo do Estado, diz ao juiz que, face às circunstâncias do caso e tendo presentes os critérios legais de aplicação concreta das penas, a colectividade que ele representa não pretende que ao réu se aplique por aquele caso pena superior a três anos (atualmente 5 anos). *E di-lo no exercido de um poder expressamente definido na lei* (Ac. T.C. 393/89, *in* D.R, 2ª série, de 14.09.1989).

A fundamentação da "singularização" processual: Esta é uma norma de boa gestão da Justiça, que não deve ser desaproveitada, sobretudo no atual tempo de crise. Na realidade, perante factos que face ao padrão médio da culpa e da ilicitude, não pressuponham uma pena de prisão concreta superior a 5 anos, deve singularizar-se (utilizamos a vulgata/terminologia comum, embora não conste da lei) a acusação, para que o julgamento não envolva três Juízes com o consequente desperdício de recursos e energias. Há que ter consciência que a aplicação de uma pena superior a 5 anos de prisão, é algo que, não sendo raro, não acontece talvez em 90% das acusações do M.P., mesmo nos casos em que tal seria teoricamente possível, por razões inerentes à filosofia da justiça que temos. Os tribunais coletivos foram pensados para crimes graves e sobretudo para decisões de facto e de direito, mais elaboradas e complexas. Portanto, haverá que ponderar sempre, pelo menos, **(1)** no **modo de cometimento do crime; (2)** nas suas **consequências; (3)** nos **prejuízos reais; (4)** nos **antecedentes criminais** do arguido; **(5)** na possibilidade de aplicação do **regime de jovens delinquentes**, enfim, genericamente, no grau de **licitude** e **culpa** e necessidades de **prevenção geral e especial** e fazer um juízo global da gravidade e complexidade do caso e uma prognose da pena aplicável em função das concretas e atuais realidades sociológicas e criminais. Esta fundamentação da singularização, tem de ser **obrigatoriamente expressa**, de preferência no momento da acusação e deve fazer-se de forma sintética, sem necessidade de grandes teorizações, mas com suficiência e adequação, já que sendo uma norma de gestão, ancora-se em princípios de eficácia e celeridade processual.

O mesmo se dirá, quando a singularização ocorrer em requerimento autónomo, que pode ser feito **a todo o tempo** (v.g., aquando da verificação superveniente de conexões processuais que alteram as penas – v. art. 29º) inclusive no decurso da audiência, em **requerimento para a ata**, verificadas que sejam as circunstâncias e pressupostos que o possibilitem.

O limite da "singularização": Deve ter-se no entanto presente que, para além dos casos de reserva de competência [v.g. art. 14º-1-2-a)] nos casos em que o **limite mínimo da pena abstrata é superior a 5 anos** (moldura penal) não pode o M.P. singularizar, porque o seu poder de condicionar a pena máxima e determinar a competência do tribunal singular, não envolve o de baixar a pena mínima abstrata. Traduzir-se-ia esta situação, aqui sim, numa verdadeira violação das regras de competência material do tribunal e do princípio da separação de poderes, na medida em que extravasava do intervalo de penas fixado pelo legislador, criando uma punição diferente.

Formas de reação à decisão de singularização do M.P.: O nº 4, ao determinar que, singularizada a acusação, não pode o Juiz aplicar pena de prisão superior a 5 anos, pode induzir a ideia de irreversibilidade da decisão unilateral do M.P. Mas poderá não ser assim e por dois meios ainda que indiretos.

Primeiro meio; através de **requerimento para abertura da instrução**. Na verdade, nada obsta a que deduzida acusação singularizada, os intervenientes com legitimidade para tal, requeiram a abertura de instrução, com fundamento não diretamente na discordância com a singularização da acusação (porque, s.m.o., a questão não é sindicável, se não houver razões formais que obstem à singularização) mas por exemplo, por haver factos, circunstâncias e agravantes que não foram acusados e que agora equacionadas pelo JIC, poderão determinar a preterição da competência do tribunal singular pela do tribunal coletivo, num despacho de pronuncia. Mas não sendo assim, pronunciando o JIC, por remissão (art. 307º-1) nenhuma dúvida temos que tem de manter a singularização, para que aliás remete, uma vez que os fundamentos da singularização fazem parte integrante da acusação. Pronunciando sem ser por remissão, com alteração não substancial de factos ou da qualificação jurídica (art. 303º) deverá avaliar da pertinência de manter ou não a singularização pretendida pelo M.P., sendo certo que em termos práticos dificilmente o nível e intensidade das alterações, justificarão alterações à competência. O que o JIC não pode fazer, é o inverso, i.e., receber uma acusação para o tribunal coletivo e singularizá-la, porque essa é uma opção exclusiva do M.P., conforme a letra da lei inculca.

Segundo meio; através de decisão judicial do Juiz singular que recebe o processo, pois obviamente mantém os **poderes de saneamento** do mesmo que lhe são conferidos pelo art. 311º, designadamente o de se considerar incompetente por violação da **regra de competência material** obrigatória do tribunal coletivo, nos termos do art. 14º-1 (ou de júri, se requerido) ou porque o limite mínimo da pena abstrata é superior a 5 anos, o que desde logo impediria a aplicação de uma pena igual ou inferior, gerando um problema de competência material, ou por **nulidade** por falta total de fundamentação da singularização (seria caso de incompetência material) não se verificando assim os pressupostos do art. 16º-3, ou por algumas outras razões, que digam respeito aos vícios processuais em geral, que cumpre ao Juiz apreciar. Mas em nenhuma circunstância, pode o Juiz de julgamento (ou de instrução) opor-se à singularização processual, com o direto e exclusivo fundamento de que não concorda com a aplicação ao caso de uma pena igual ou inferior a 5 anos, porque esse é um poder que não tem. E exatamente porque os Juízes não tem o poder de singularizar a acusação/pronuncia por iniciativa própria, é que muitas vezes (nos casos em que não há acusação do M.P. mas arquivamento) finda a instrução, decidindo pronunciar, o JIC pronuncia por um conjunto de crimes menores, mas que no seu conjunto, em concurso real e cúmulo material de penas abstratas, ultrapassam os 5 anos e é obrigado a sujeitar a tribunal coletivo bagatelas penais, que não teriam dignidade suficiente para ali serem julgadas, não fora a falha do legislador em prever estas situações.

Por fim, não nos parece que seja possível reagir através de **reclamação hierárquica** (v. art. 278º) à decisão de singularização do magistrado do M.P., como alguns defendem, até porque essa decisão é em regra expressa na acusação, no uso de um poder-dever legal e a mesma é **notificada** aos intervenientes, firmando-se tal notificação na ordem jurídica e estabelecendo-se nela irretratavelmente, segundo princípios de confiança e lealdade processual.

I – O juiz de instrução não tem competência para sindicar o requerimento em que o M.P. pede a intervenção do juiz singular, ao abrigo do disposto no art. 16º, nº 3, do CPP. II – O despacho do juiz que, contrariando esse requerimento, determina a intervenção do tribunal colectivo, é inexistente (Ac. TRP de 21.06.2006, *in* CJ-XXXI-III-217).

Artigo 17º – Competência do juiz de instrução

Compete ao juiz de instrução proceder à instrução, decidir quanto à pronúncia e exercer todas as funções jurisdicionais até à remessa do processo para julgamento, nos termos prescritos neste Código.

COMENTÁRIOS:

Juiz de instrução: Trata-se de uma norma genérica tributária do art. 32º da C.R.P., que determina que *«toda a instrução é da competência de um Juiz...»*. O termo instrução apresenta-se aqui no seu sentido formal de **fase processual** (v. arts. 286º a 310º). Mas além das competências próprias da fase de instrução, o JIC desempenha muitas outras **funções jurisdicionais** dispersas pelo código (v.g., quanto à constituição de assistente – art. 68º-3; quanto a detenções e faltas – art. 116º; quanto a interrogatórios – art. 141º; quanto ao inquérito – arts. 268º, 269º, 271º; quanto a dispensa de penas e suspensão do processo – arts. 280º, 281º, etc...)

Artigo 18º – Tribunal de Execução das Penas

A competência do Tribunal de Execução das Penas é regulada em lei especial.

COMENTÁRIOS:

Competência do T.E.P.: A competência material do Tribunal de Execução de Penas, está prevista nos arts. 114º e 115º da L. 62/2013, de 26.08 (Lei da organização do sistema judiciário); o seu regime de funcionamento na L. 115/2009, de 12.10 (Código de execução das penas e medidas privativas da liberdade); o regime geral de execuções de penas e medidas de segurança, nos arts. 467º a 508º deste CPP.

SECÇÃO II – Competência territorial

Artigo 19º – Regras gerais

1. É competente para conhecer de um crime o tribunal em cuja área se tiver verificado a consumação.

2. Tratando-se de crime que compreenda como elemento do tipo a morte de uma pessoa, é competente o tribunal em cuja área o agente actuou ou, em caso de omissão, deveria ter actuado.

3. Para conhecer de crime que se consuma por actos sucessivos ou reiterados, ou por um só acto susceptível de se prolongar no tempo, é competente o tribunal em cuja área se tiver praticado o último acto ou tiver cessado a consumação.

4. Se o crime não tiver chegado a consumar-se, é competente para dele conhecer o tribunal em cuja área se tiver praticado o último acto de execução ou, em caso de punibilidade dos actos preparatórios, o último acto de preparação.

COMENTÁRIOS:

A competência territorial. O *locus delicti*: Face às regras de distribuição da jurisdição do nosso ordenamento, uma das primeiras questões que se coloca é o da competência territorial para investigar e julgar. O **art. 7º do C.P.**, determina o lugar da **comissão** do facto ilícito, ou o lugar em que o **resultado típico** se verificou ou deveria ter-se verificado, como critério para determinar a lei e o tribunal competente (princípio da territorialidade). A importância deste comando, está consignada na própria Constituição da República, quando enuncia como princípio limitador, no art. 32º-9, que, *«nenhuma causa pode ser subtraída ao tribunal cuja competência esteja fixada em lei anterior»* (competência do Juiz natural). Na mesma esteira, a lei processual impõe como critério geral, o do local da consumação do crime, pelo que cumpre sempre determinar como e quando é que o crime se consuma. Há crimes que se consumam instantaneamente, como as ofensas à integridade física (crimes **unisubsistentes instantâneos**, nº 1) e crimes que se consumam através de atos sucessivos ou reiterados, como o lenocínio (crimes **plurisubsistentes**, nº 3) e outros, por um só ato mas prolongado no tempo, como o rapto (crimes **unisubsistentes permanentes**, nº 3). Desta forma, fundamental é, para determinar a competência territorial do tribunal, proceder à análise categorial de cada tipo de crime concreto, a fim de determinar o momento da consumação do crime.

Para efeitos processuais deve considerar-se o crime continuado como um crime que se consuma por actos sucessivos, sendo, por isso, aplicável directamente o nº 3 do art. 19º (Germano Marques da Silva, *in* Curso de Proc. Penal, 2000; atualização nossa).

A morte como exceção à regra geral de competência: A razão pela qual o nº 2 exceciona da regra geral da consumação, os crimes que têm como elemento do tipo a morte, fixando-a no momento da ação ou omissão do agente, decorre do facto, de muitas vezes esta ocorrer muito depois dos atos que lhe deram causa e em local muito diverso. Basta pensar num crime de morte praticado no Algarve, em que a vítima acaba por morrer (momento da consumação) num hospital em Lisboa, para onde foi transportada para tratamento.

Atos sucessivos, reiterados e prolongados no tempo: São genérica e basicamente aqueles atos que pluralmente praticados de forma homogénea, se potreiem no tempo. A tónica da noção, assenta na **pluralidade** de atos e na **homogeneidade** da sua execução. É a estrutura de cada tipo de crime, que pressuporá a definição dos atos, no quadro traçado.

Na verdade, embora a caracterização legal não só esgote nisso, os "atos reiterados" são opostos, pela própria lei, aos "atos sucessivos" no sentido de praticados em ato seguido. Isso indica um certo distanciamento temporal – pelo menos suficiente para se não admitir a existência de um crime contínuo – o que faz o crime perder o cariz episódico, para passar a estruturar-se numa atividade que se vai verificando episodicamente, ao longo do tempo, mediante intervalos entre eles. (...) Assim se compreende que, como a doutrina indica os crimes "habituais" (seja qual foro entendimento a dar à "habitualidade" do crime, o mesmo é dizer, à "reiteração"dos atos de que se compõe) correspondem a casos especiais em que a estrutura do facto criminoso se apresenta ou, pelo menos, pode apresentar-se mais complexa do que habitualmente sucede e se desdobra numa multiplicidade de atos semelhante que se vão praticando ao longo do tempo, mediante intervalos entre eles. Exemplos apontados são o crime de maus-tratos e infração às regras de segurança (artigo 152º-B) e o crime de lenocínio (artigo 170º) (Ac. TRL de 09.04.2014, proc. 2/11.1GDCNT.C1, *in* www.dgsi.pt).

Crimes preparados e tentados: O nº 4 estabelece uma regra específica, na decorrência do *iter criminis*, relativamente aos crimes com **atos preparatórios puníveis** (v. noção no art. 21º do C.P.) e aos crimes **tentados** (v. noção nos arts. 22º e 23º do C.P.).

Complexidades: Há alguns crimes, de que damos nota dos mais comuns, cujo momento de consumação, e consequentemente a determinação do **tribunal competente**, pode ser duvidosa. Vejamos sinteticamente alguns exemplos:

i) Burla: O crime de burla (art. 217º do C.P.) é um crime de resultado, contra o património, que de acordo com jurisprudência maioritária, tem a particularidade de a sua consumação não se dar quando acontece um enriquecimento do agente do ilícito, mas antes com o **prejuízo patrimonial do lesado**, que ocorre sempre, com a sua desapropriação do bem, isto é, quando ele sai da sua esfera de posse, podendo pois, não ter necessariamente como contrapartida qualquer enriquecimento do burlão. Para preencher o tipo legal basta para além da **desapropriação indicadora do prejuízo**, a simples **intenção de enriquecimento ilegítimo** do agente do crime, prescindindo a lei do real e concreto enriquecimento. Eis pois o exemplo de um crime em que a sua **consumação** acontece com o preenchimento de um elemento objetivo específico do crime, o **local da desapropriação/prejuízo**, que determina a competência territorial do tribunal onde ele foi verificado.

ii) Abuso de confiança: O crime de abuso de confiança (art. 205º do C.P.) é um crime de resultado, contra o património, que se consuma com a **alteração ou inversão do título de posse**. Esse momento de alteração ou inversão do título de posse, é o elemento típico que determina a competência territorial do tribunal, mas nem sempre é fácil de apurar. Foi seguramente por estas razões que o STJ, no Ac. de 31.10.91, *in* B.M.J. 410-430, debruçando-se sobre o momento da inversão do título de posse neste crime, chama a atenção para, *... a cautela de não se extraírem conclusões de simples ou supostas atitudes subjectivas, não projectadas no mundo sensível ou sitas no nebuloso terreno da nula cogitatio. Pois inversão, é intenção de apropriação, carecendo de ser revelada.* A revelação, segundo o Ac. do STJ, *in* C.J.-STJ-II-I-195, consiste em *actos objectivos reveladores de que o agente já está a dispor da coisa com se fosse sua.* Para Cavaleiro Ferreira, *in* Abuso de Confiança – Direito e Justiça, IV, pág. 243, alguém que *...tendo recebido dinheiro para efectuar um pagamento e o não efectiva, consuma o crime de abuso de confiança no momento em que omite o cumprimento de dever a que estava obrigado.* Por exemplo, quem aluga temporalmente um automóvel, está adstrito à obrigação jurídica de o entregar no momento e no local pré combinado; se o não entrega, com intenção de se apropriar dele, será esse o momento e o local onde o crime se consumou, sendo esse o único elemento verdadeiramente sério de **"revelação típica"** e os demais, meras especulações destituídas de suporte fáctico.

iii) Tráfico de droga: O crime de tráfico de droga (v. D.L. 15/93, de 22.01) é um crime de perigo abstrato, que se traduz numa atividade que se prolonga ou pode prolongar no tempo, desdobrando-se numa multiplicidade de atos semelhantes. Tratando-se de um crime de perigo abstrato (de acordo com a jurisprudência, "exaurido") pode dizer-se que se consuma imediatamente, no primeiro momento em que o agente preenche a atividade descrita no tipo legal. Porem, se essa atividade, ainda que corresponda já a uma consumação plena, se prolonga no tempo e no espaço, como é frequente, estamos perante um crime **unisubsistente permanente**, sendo o local onde cessa a consumação (que corresponde as mais das vezes ao local onde o agente é intercetado/detido pelas autoridades) que fixa a competência territorial do tribunal (art. 19º-3). Adverte-se todavia, que há quem entenda que consumando-se imediata e totalmente o crime de tráfico, com o primeiro ato de execução, já não faz sentido o recurso ao disposto no nº 3 deste artigo.

Referências: arts. 264º a 266º (competência territorial do M.P. para a investigação).

Artigo 20º – Crime cometido a bordo de navio ou aeronave

1. É competente para conhecer de crime cometido a bordo de navio o tribunal da área do porto português para onde o agente se dirigir ou onde ele desembarcar; e, não se dirigindo o agente para território português ou nele não desembarcando, ou fazendo parte da tripulação, o tribunal da área da matrícula.

2. O disposto no número anterior é correspondentemente aplicável a crime cometido a bordo de aeronave.

3. Para qualquer caso não previsto nos números anteriores é competente o tribunal da área onde primeiro tiver havido notícia do crime.

COMENTÁRIOS:

Crimes praticados no mar ou no espaço aéreo: Disposição especial que fixa a competência dos tribunais portugueses, no local de **destino ou desembarque**, para crimes cometidos por nacionais ou estrangeiros, em navios ou aeronaves em trânsito, circulando em espaços nacionais ou internacionais. Porem, se o agente do crime, não se dirigir ou não desembarcar em território português, ou fizer parte da tripulação, é competente o tribunal do **lugar da matrícula do navio ou da aeronave**. Como válvula de escape para situações não previstas nos nºs 1 e 2, é competente o tribunal onde primeiro tiver havido **notícia do crime.**

Referências: art. 4º-b) do C.P. (aplicação da lei no espaço).

Artigo 21º – Crime de localização duvidosa ou desconhecida

1. Se o crime estiver relacionado com áreas diversas e houver dúvidas sobre aquela em que se localiza o elemento relevante para determinação da competência territorial, é competente para dele conhecer o tribunal de qualquer das áreas, preferindo o daquela onde primeiro tiver havido notícia do crime.

2. Se for desconhecida a localização do elemento relevante, é competente o tribunal da área onde primeiro tiver havido notícia do crime.

COMENTÁRIOS:

Dúvidas. A *notitia criminis*: Havendo dúvidas sobre a localização da consumação do crime, por o mesmo ter ocorrido em áreas territoriais limítrofes ou diversas, ou se a localização da consumação do crime for de impossível apuramento, será competente o tribunal (e o M.P. – art. 264º) onde primeiro tiver havido **notícia do crime**. Por notícia do crime, entende-se o ato formal de registo e autuação nos serviços do M.P., de um processo de inquérito-crime, tenha ele origem em denúncia, queixa ou auto de notícia policial. Está ausente deste normativo, quaisquer questões de natureza processual, tais como de procedibilidade processual, que se coloquem *a posteriori*.

Referências: art. 7º do C.P. (lugar da prática do facto).

Artigo 22º – Crime cometido no estrangeiro

1. Se o crime for cometido no estrangeiro, é competente para dele conhecer o tribunal da área onde o agente tiver sido encontrado ou do seu domicílio. Quando ainda assim não for possível determinar a competência, esta pertence ao tribunal da área onde primeiro tiver havido notícia do crime.

2. Se o crime for cometido em parte no estrangeiro, é competente para dele conhecer o tribunal da área nacional onde tiver sido praticado o último acto relevante, nos termos das disposições anteriores.

COMENTÁRIOS:

Crime cometido no estrangeiro: Nos casos em que o crime for cometido no estrangeiro, mas lhe for aplicada a lei portuguesa, nos termos do art. 5º do C.P., o local onde for **encontrado** o agente do crime, ou o local da sua **residência**, determina a competência territorial do tribunal português. Se o crime tiver sido parcialmente cometido no estrangeiro, é competente o tribunal nacional, onde tiver sido praticado o **último ato** de execução relevante.

X – O primeiro elemento de determinação da competência dos tribunais penais nacionais – e da aplicabilidade da lei penal portuguesa – decorre do princípio da territorialidade consagrado, como princípio geral, no art. 4º do CP: a lei portuguesa é aplicável, e os tribunais competentes são competentes relativamente a factos praticados em território português, seja qual for a nacionalidade do agente. XI – Deste modo, o primeiro critério é o do lugar da prática do facto, de acordo com as especificações definidas no art. 7º do CP, disposição que consagra a solução plurilateral ou da ubiquidade: basta a existência de um qualquer elemento de conexão, com particular relevo nos crimes de vários actos, nos crimes de trânsito, nos crimes à distância, na tentativa e na comparticipação; quanto aos casos de comparticipação, trate-se de autor ou de simples cúmplice, considera-se como tendo lugar em Portugal a participação em infracções cometidas no estrangeiro. XII – Se dos factos provados – a execução de uma entrega de cerca de 60 Kgs. de haxixe – resulta que a actividade relativamente à qual o recorrente F tinha o domínio do facto teve lugar em território nacional, sendo que o crime de tráfico de estupefacientes, como crime de perigo, de largo espectro típico, caracterizado como crime exaurido ou plurisubsistente, se considera praticado e consumado em qualquer (e em todos) os momentos em que o agente pratique alguma das acções típicas descritas no art. 21º do DL 15/93, de 22-01, o crime cabe inteiramente no domínio da soberania e da jurisdição penais portuguesas (Ac. STJ de 06.10.2004, *in* www.dgsi.pt).

Segundo o artigo 7º do Código Penal, basta que a infracção praticada tenha com o território português qualquer dos elementos de conexão mencionados no preceito, ou seja, o "locus delicti" corresponder ao lugar em que, total ou parcialmente, e sob qualquer forma de comparticipação, o agente actuou, ou, em caso de omissão, em que devia ter actuado, como naquele em que o resultado se produziu, para que se deva concluir ter sido o crime cometido em Portugal; mesmo tratando-se de crimes em trânsito, apenas com parte da cadeia causal dos factos, em conexão com o território nacional, devem eles incluir-se no poder punitivo nacional, pois que o facto, no seu trajecto, atinge de qualquer forma o território português e razões de prevenção geral avocam o poder punitivo nacional irrenunciável, – é o caso daqui em que acções parcelares dos crimes imputados ao arguido estrangeiro foram cometidas em território nacional, donde deriva a competência da jurisdição nacional para o seu julgamento (Ac. TRL de 21.12.93, *in* www.dgsi.pt).

No que concerne à questão da determinação do tribunal português competente em razão do território, tendo o tribunal recorrido assumido a competência para o conhecimento dos factos objecto do processo, sob a justificação de que, de acordo com a acusação pública, o último acto de execução cometido em território nacional, com referência ao transporte da cocaína apreendida na Venezuela, foi a saída da aeronave do aeroporto da Portela com destino à Venezuela – art. 22º, nº 2, do CPP – e de que os termos da acusação não permitem, relativamente à associação criminosa, seja perfeitamente localizado no tempo e no espaço o acordo que exprime a adesão ou colaboração perene e estável, sendo na área de Lisboa onde primeiro houve notícia do crime – art. 21º, nº 2 –, nada há a censurar à decisão recorrida (Ac. STJ de 11.07.2207, *in* www.dgsi.pt)

Referências: arts. 4º a 7º do C.P. (aplicação da lei no espaço).

Artigo 23º – Processo respeitante a magistrado

Se num processo for ofendido, pessoa com a faculdade de se constituir assistente ou parte civil um magistrado, e para o processo devesse ter competência, por força das disposições anteriores, o tribunal onde o magistrado exerce funções, é competente o tribunal da mesma hierarquia ou espécie com sede mais próxima, salvo tratando-se do Supremo Tribunal de Justiça.

COMENTÁRIOS:

Foro específico: Por razões de isenção e transparência, os magistrados quando ofendidos ou lesados, tem foro específico, que corresponde à circunscrição territorial mais próxima do local onde o magistrado exerce funções, salvo STJ.

Referências: arts. 11º-4-a), 12º-3-a) e 265º (magistrados).

SECÇÃO III – Competência por conexão

Artigo 24º – Casos de conexão

1. Há conexão de processos quando:

a) O mesmo agente tiver cometido vários crimes através da mesma acção ou omissão;

b) O mesmo agente tiver cometido vários crimes, na mesma ocasião ou lugar, sendo uns causa ou efeito dos outros, ou destinando-se uns a continuar ou a ocultar os outros;

c) O mesmo crime tiver sido cometido por vários agentes em comparticipação;

d) Vários agentes tiverem cometido diversos crimes em comparticipação, na mesma ocasião ou lugar, sendo uns causa ou efeito dos outros, ou destinando-se uns a continuar ou a ocultar os outros; ou

e) Vários agentes tiverem cometido diversos crimes reciprocamente na mesma ocasião ou lugar.

2. A conexão só opera relativamente aos processos que se encontrarem simultaneamente na fase de inquérito, de instrução ou de julgamento.

COMENTÁRIOS:

A conexão: A ***"competência por conexão de processos"***, assenta em princípios de prevenção de contradição de julgados, economia e celeridade processual, que derrogam princípios gerais de competência territorial e de distribuição interna de processos no mesmo tribunal. Apresenta-se descrita (deficientemente) de forma taxativa e alternativa. Funda-se basicamente, em razões pessoais, i.e.., decorrente de uma especial conformação das condutas criminosas do agente ou agentes do crime (v. arts. 24º) e em razões que tem a ver com a gestão adequada dos próprios processos (v. arts. 25º, 27º e 28º) evitando-se por exemplo que decorram investigações paralelas ou que posteriormente à condenação seja necessário proceder a cúmulos de penas, nos termos do arts. 77º e 78º do C.P. Os processos sujeitos à conexão, são todos apensados formando **um único processo**. A decisão que ordena a conexão, deve ser notificada aos interessados e é **reclamável** ou **recorrível,** conforme provier do M.P. (v. art. 264º-5) ou do Juiz (art. 399º). Deve ter-se ainda presente que a violação das regras de competência territorial, corresponde a uma **nulidade insanável**, prevista nos arts. 119º-e) e 32º-2, pelo que deve aplicar-se estes normativos de forma especialmente cuidada.

No caso desta norma, que regula a conexão, por razões pessoais, ela aplica-se, quando um ou vários agentes praticam crimes, da forma descrita, que dão origem a processos diferentes, por terem sido como tal autuados no tribunal e em regra se ignorar a pluricriminalidade. Registe-se que a norma não prevê uma conexão puramente subjetiva, expressa na situação mais simples, que é a do mesmo agente cometer vários crimes, através de ações distintas, em circunstâncias de modo e tempo diferente, a julgar em tribunais territorialmente diferentes. No art. 25º, prevê-se esta situação, mas sem afastar as regras de territorialidade.

Alínea a): O **mesmo agente** através da **mesma ação ou omissão**, pode cometer vários crimes em concurso real. Será por exemplo, o caso do agente, que sem licença de condução (art. 3º-1-2 do D.L. 2/98, de 03.01) em estado de embriaguez (art. 292º C.P.) pratica uma condução automóvel perigosa (art. 291º C.P.) e atropela e mata uma pessoa (art. 137º C.P.).

Alínea b): O **mesmo agente** cometer **vários crimes**, existindo entre eles uma relação temporal ou territorial ou causal ou de continuidade. Será por exemplo, o caso do agente, que subordinado à mesma motivação, mata no mesmo local várias pessoas (art. 131º C.P.) e oculta os seus corpos para não ser descoberto (art. 254º C.P.).

Alínea c): Vários agentes em **comparticipação**, tiverem cometido o mesmo crime. Será o caso do agente, que planeia um crime e outro ou outros agentes, o executam. Tem a ver com a coautoria e a cumplicidade (arts. 26º e 27º C.P.).

Alínea d): Vários agentes em comparticipação tiverem cometido **vários crimes**, existindo entre eles uma relação temporal ou territorial ou causal. Será por exemplo, o caso do agente que furta (art. 203º C.P.) e outro que receta os bens dolosamente (art. 231º C.P.). Trata, em suma, da mesma situação da alínea b, mas aplicada a vários agentes.

Alínea e): Vários agentes tiverem cometido **vários crimes**, existindo entre eles uma relação de reciprocidade causal, no mesmo quadro temporal e territorial. Trata de crimes infligidos mutuamente pelos vários agentes, que assim assumem a qualidade de arguidos e vítimas. Será por exemplo, o caso das agressões recíprocas.

Limites à conexão: Naturalmente por razões de gestão, a conexão de processos só opera quando eles estão todos na mesma fase processual.

"I – A regra geral relativa à competência territorial em matéria penal, definida no art. 19º, nº 1 do CPP, determina que «para conhecer de um crime» é «competente o tribunal em cuja área se tiver verificado a consumação». II – Porém, em determinadas situações, a regra cede para satisfazer imposições de concordância ou de unidade, dado que a aplicação estrita determinaria consequências de fragmentação processual que acrescentariam complexidade ao modelo, provocando disfunções organizacionais. III – As situações em que a regra geral de competência poderia ficar inoperativa ou produzir resultados funcional e processualmente negativos estão identificadas na lei de processo pela consideração de elementos de conexão, sejam pessoais (em relação ao arguido), sejam materiais (relativos à infracção) – conexão subjectiva e objectiva. As situações de conexão estão referidas no art. 24º, nº 1, als. a) a e), do CPP. IV – Tratando-se de uma situação com pluralidade de agentes e pluralidade de infracções, praticadas em vários locais, se fosse aplicada a regra geral os processos a cada infracção deveriam ser da competência de tribunais com jurisdição nas diferentes áreas. Mas, porque existe pluralidade, a regra geral cede e apli-

cam-se as regras de competência determinadas pela conexão fixadas no art. 28º do CPP, enunciadas por ordem sucessiva de aplicabilidade, de modo a abranger as diversas hipóteses de conexão (Ac. STJ de 11.04.2007, *in* www.dgsi.pt).

Artigo 25º – Conexão de processos da competência de tribunais com sede na mesma comarca

Para além dos casos previstos no artigo anterior, há ainda conexão de processos quando o mesmo agente tiver cometido vários crimes cujo conhecimento seja da competência de tribunais com sede na mesma comarca, nos termos dos artigos 19º e seguintes.

COMENTÁRIOS:

O mesmo agente criminoso e vários processos: Constatado que o mesmo agente tem vários processos pendentes na **mesma comarca**, competente nos termos do art. 19º, mas distribuídos por várias secções do M.P. ou juízos, deve apensar-se então os vários processos para uma só investigação, uma só instrução, ou um só julgamento. Não prevê os casos em que há processos do mesmo agente em várias comarcas, pelo que não pode determinar-se a conexão com este argumento. De qualquer forma, no primeiro caso, deve submeter-se sempre a decisão a um juízo de conveniência para a justiça e evitar correr o risco de se criar mega processos, que em regra resultam em mega absolvições.

Se não existir qualquer outro elemento de conexão entre processos de diferentes comarcas, o artigo 25º do CPP não é suficiente, isoladamente, para determinar a apensação de tais processos (Decisão da PGD-Porto de 16.04.2002, relativa a um conflito de competência).

Artigo 26º – Limites à conexão

A conexão não opera entre processos que sejam e processos que não sejam da competência de tribunais de menores.

COMENTÁRIOS:

A não conexão com tribunais de menores: Os ilícitos praticados por menores, tem jurisdição própria, que lhe é atribuída pelos arts. 122º a 125º da

L.O.S.J. e pela Lei Tutelar Educativa, não sendo permitida a conexão de processos.

Art. 1º da L. 166/99, de 14.09 – Lei Tutelar Educativa: *«A prática, por menor com idade compreendida entre os 12 e os 16 anos, de facto qualificado pela lei como crime dá lugar à aplicação de medida tutelar educativa em conformidade com as disposições da presente lei».*

Os menores com menos de 16 anos de idade, são penalmente inimputáveis – art. 19º do C.P. O menor atinge o estádio de imputabilidade penal, no dia seguinte ao seu 16º aniversário, nos termos do art. 279º-b)-c) do C.C. (regras de computo dos prazos). Consumado o crime no dia seguinte ao 16º aniversário, já não se aplica a LTE, mas o C.P.

Artigo 27º – Competência material e funcional determinada pela conexão

Se os processos conexos devessem ser da competência de tribunais de diferente hierarquia ou espécie, é competente para todos o tribunal de hierarquia ou espécie mais elevada.

COMENTÁRIOS:

Conexão, hierarquia e «espécie» de tribunais: De acordo com esta regra, na conexão envolvendo tribunais superiores (STJ ou Relações) é competente o tribunal hierarquicamente superior. Também o será o tribunal de «espécie» mais elevada. Por «espécie» entender-se-á o tribunal singular, o tribunal colectivo, o tribunal de júri (a questão, é que na nossa ordem jurídica, os tribunais formalmente não se hierarquizam por «espécies»). Veja-se o ac. infra.

Quanto à espécie de tribunais, referida no art. 27º do CPP deve atender-se à estabelecida nos arts. 13º, 14º e 16º do CPP, podendo os tribunais classificar-se, por ordem decrescente de espécie em tribunal de júri, tribunal colectivo e tribunal singular (Ac. STJ de 16.01.1990, *in* proc. 40537).

Artigo 28º – Competência determinada pela conexão

Se os processos devessem ser da competência de tribunais com jurisdição em diferentes áreas ou com sede na mesma comarca, é competente para conhecer de todos:

a) O tribunal competente para conhecer do crime a que couber pena mais grave;

b) Em caso de crimes de igual gravidade, o tribunal a cuja ordem o arguido estiver preso ou, havendo vários arguidos presos, aquele à ordem do qual estiver preso o maior número;

c) Se não houver arguidos presos ou o seu número for igual, o tribunal da área onde primeiro tiver havido notícia de qualquer dos crimes.

COMENTÁRIOS:

Conexão e competência territorial ou funcional: Constatada uma situação de conexão processual, nos termos do art. 24º, encontrando-se os processos na mesma comarca ou em tribunais de comarcas diferentes, segue-se o passo seguinte, que é decidir qual o tribunal competente (ou por inerência o M.P. competente) para o processo único a efetivar. E assim, enuncia-se subsidiariamente três critérios: **(1)** o tribunal do processo por crime com pena mais grave, quer pelo tipo de pena quer na sua moldura abstrata; **(2)** o tribunal do processo onde existirem presos ou mais presos à ordem do processo em análise; **(3)** o tribunal do processo onde primeiro houve notícia do crime, entendendo-se como tal o da data de autuação e registo como processo-crime nos serviços do M.P. (v. art. 247º-2); (v. art. 32º-9 da CRP).

Para efeito da alínea c) a competência fixa-se no momento em que é dado conhecimento do facto criminoso à autoridade judiciária, independentemente da data da infracção (Ac. STJ de 19.10.2000, *in* CJ-2000-III-212).

Alterações legislativas posteriores: Existindo alterações legislativas de natureza organizativa, que se repercutam na competência territorial dos tribunais, colocando problemas de aferição de competência, s.m.o., parece-nos que é na **data da participação dos factos ao M.P.** com a consequente e obrigatória instauração do processo, que nesse quadro se fixa a competência, pelo que tais alterações legislativas posteriores, salvo indicação expressa em contrário, são irrelevantes; na esteira aliás do Ac. STJ de 03.10.90, *in* BMJ 400-541, que diz: *"o processo tem o seu início no momento em que é dado conhecimento do facto criminoso em juízo, até porque o próprio inquérito já tem que ser considerado um processo pendente. Quando a lei fala em processo, pretende indistintamente referir-se ao procedimento já a decorrer, qualquer que seja a sua fase, porquanto elas são englobadas numa mesma actividade."*

Artigo 29º – Unidade e apensação dos processos

1. Para todos os crimes determinantes de uma conexão, nos termos das disposições anteriores, organiza-se um só processo.

2. Se tiverem já sido instaurados processos distintos, logo que a conexão for reconhecida procede-se à apensação de todos àquele que respeitar ao crime determinante da competência por conexão.

COMENTÁRIOS:

A finalidade da conexão: A finalidade da conexão é exatamente proceder-se a uma investigação e eventual julgamento conjunto de todos os crimes de todos os processos em questão, o que se alcança incorporando-os fisicamente ou simplesmente apensando-os uns aos outros e organizando-os, como se fossem **um só processo**. Todos os atos praticados em cada processo junto, mantêm a sua inteira validade. Se houver contradições devem as mesmas serem rapidamente sanadas, a fim de se evitar escolhos futuros. O ato decisório da junção de processos, deve ser **notificado** aos interessados e é passível de **reclamação hierárquica** (se determinado pelo M.P.) ou de **recurso** (se determinado pelo Juiz).

Artigo 30º – Separação dos processos

1. Oficiosamente, ou a requerimento do Ministério Público, do arguido, do assistente ou do lesado, o tribunal faz cessar a conexão e ordena a separação de algum ou alguns processos sempre que:

a) Houver na separação um interesse ponderoso e atendível de qualquer arguido, nomeadamente no não prolongamento da prisão preventiva;

b) A conexão puder representar um grave risco para a pretensão punitiva do Estado, para o interesse do ofendido ou do lesado;

c) A conexão puder retardar excessivamente o julgamento de qualquer dos arguidos; ou

d) Houver declaração de contumácia, ou o julgamento decorrer na ausência de um ou alguns dos arguidos e o tribunal tiver como mais conveniente a separação de processos.

2. A requerimento de algum ou alguns dos arguidos, o tribunal pode ainda tomar a providência referida no número anterior quando outro ou outros dos arguidos tiverem requerido a intervenção do júri.

3. O requerimento referido na primeira parte do número anterior tem lugar nos oito dias posteriores à notificação do despacho que tiver admitido a intervenção do júri.

COMENTÁRIOS:

Separação de processos conexos: Da mesma forma que existem razões para determinar a conexão, também existe razões para a fazer cessar, designadamente, a defesa dos interesses do estado, dos arguidos e das vítimas, numa célere e eficaz administração da justiça. E tal pode acontecer em qualquer fase do processo, verificada que seja qualquer situação das previstas nas alíneas. É um ato da **competência** do Juiz/tribunal. Todas as razões estão sujeitas a um juízo discricionário de ponderação do decisor – que deve sempre projetar as consequências da sua decisão no futuro do processo – com exceção do ato da declaração de contumácia (arts. 335º a 337º) que torna a separação de processos obrigatória.

Pode ainda haver separação de processos conexos, nos casos de julgamento em que é requerido o júri, que demora sempre imenso tempo a reunir, seguindo-se os termos dos nºs 3 e 4.

Ordenada a separação, extrai-se certidão das folhas do processo que dizem respeito ao(s) caso(s) concreto(s) e atribui-se um novo número de processo, sem que isso implique nova distribuição, não deixando o processo separado de se considerar instaurado na data em que o foi originariamente (v. art. 31º; também neste sentido, v. Ac. TRL de 16.03.2000, *in* CJ-XXV-II-145). As **medidas de coação** eventualmente aplicadas devem ser sempre **reavaliadas** no "novo" processo. Se for caso de arguidos privados da liberdade, deve emitir-se mandados de desligamento e ligamento ao "novo" processo, para todos os efeitos legais.

Artigo 31º – Prorrogação da competência

A competência determinada por conexão, nos termos dos artigos anteriores, mantém-se:

a) Mesmo que, relativamente ao crime ou aos crimes determinantes da competência por conexão, o tribunal profira uma absolvição ou a responsabilidade criminal se extinga antes do julgamento;

b) Para o conhecimento dos processos separados nos termos do nº 1 do artigo 30º

COMENTÁRIOS:

Prorrogação da competência: A competência determinada por conexão é prorrogada, mantendo-se sempre independentemente das vicissitudes que ocorrerem, tal como casos de absolvição parcelar ou de extinção da responsabilidade criminal (v.g. prescrição, desistência do procedimento, etc...) inclusivamente para os processos separados, ainda que o processo separado, devesse corresponder a uma diferente competência territorial do tribunal.

CAPÍTULO III – Da declaração de incompetência

Artigo 32º – Conhecimento e dedução da incompetência

1. A incompetência do tribunal é por este conhecida e declarada oficiosamente e pode ser deduzida pelo Ministério Público, pelo arguido e pelo assistente até ao trânsito em julgado da decisão final.

2. Tratando-se de incompetência territorial, ela somente pode ser deduzida e declarada:

a) Até ao início do debate instrutório, tratando-se de juiz de instrução; ou

b) Até ao início da audiência de julgamento, tratando-se de tribunal de julgamento.

COMENTÁRIOS:

Incompetência material e territorial: A norma aborda a **competência material** do tribunal no nº 1 e a **competência territorial** no nº 2. No primeiro caso, a incompetência pode ser declarada e deduzida pelos intervenientes ali identificados, a toda o tempo até ao trânsito da decisão. No segundo caso, só pode ser deduzida até aos momentos descritos nas alíneas, que correspondem às fases de instrução e de julgamento. Todavia, existindo decisão elaborada sobre a questão (não meramente tabelar) em qualquer das fases, sem ser devidamente impugnada, transitou a mesma, não podendo ela voltar a ser discutida, nem nessa fase nem noutra.

Se o julgamento tem lugar no mesmo tribunal onde se realizou a instrução, a incompetência territorial já não pode ser arguida até ao início da audiência de julgamento, pois devia tê-lo sido até ao início do debate instrutório (P. P. Albuquerque, *in* Comentário do CPP, notas ao art. 32º).

Para efeitos do artigo 32º, nº 2, alínea b) do C.P.P. de 1998, a audiência de julgamento tem início com a declaração formal da sua abertura, nos termos do artigo 329º, nº 3, do mesmo Código (Ac. TRP de 15.12.2004, *in* proc. 0344314).

A partir do momento em que se declara aberta a audiência de julgamento, mesmo que a mesma seja adiada, fica cerceada a possibilidade de suscitar a incompetência territorial (Ac. STJ de 09.05.2007, *in* CJ-XV-II-178).

Nulidade: A incompetência **material** do tribunal, corresponde a uma **nulidade insanável** [v. art. 119º-e) e 122º]. A incompetência **territorial** do tribunal, corresponde a uma **nulidade sanável**, face ao seu regime temporal próprio de arguição (v. art. 32º-2).

Artigo 33º – Efeitos da declaração de incompetência

1. Declarada a incompetência do tribunal, o processo é remetido para o tribunal competente, o qual anula os actos que se não teriam praticado se perante ele tivesse corrido o processo e ordena a repetição dos actos necessários para conhecer da causa.

2. O tribunal declarado incompetente pratica os actos processuais urgentes.

3. As medidas de coacção ou de garantia patrimonial ordenadas pelo tribunal declarado incompetente conservam eficácia mesmo após a declaração de incompetência, mas devem, no mais breve prazo, ser convalidadas ou infirmadas pelo tribunal competente.

4. Se para conhecer de um crime não forem competentes os tribunais portugueses, o processo é arquivado.

COMENTÁRIOS:

Efeitos: A única consequência de uma declaração de incompetência, é a **remessa** para o tribunal competente do processo, com aproveitamento de todos os atos nele praticados, exceto daqueles que se não teriam praticado se originariamente ali o processo tivesse sido autuado, podendo também ordenar-se a repetição de atos julgados necessários ao conhecimento da causa. Quanto às **medidas de coação**, devem as mesmas serem rapidamente reapreciadas, uma vez que podem não estar em sintonia com a sensibilidade jurídica do novo tribunal ou do novo M.P.

O disposto no nº 4, está deslocado e não faz sentido, pois se não forem competentes os tribunais portugueses, poderão sê-lo os tribunais estrangeiros, coisa que cumpre sempre averiguar e nunca arquivar.

Caso o tribunal remetido não aceite a sua competência, cria-se um conflito de competência e segue-se os trâmites dos arts. 34º a 36º.

Se na audiência de julgamento perante tribunal singular, o juiz entende que os factos da acusação, que considera provados, integram não um crime punível com pena de prisão até 5 anos, como se indicava naquela peça processual, mas antes três crimes dessa natureza, por o caso ser de mera alteração da qualificação jurídica dos factos, deve julgar o tri-

bunal singular incompetente e competente o tribunal colectivo, remetendo-lhe o processo (Ac. TRP de 16.01.2008, proc. 0744653, *in* www.dgsi.pt).

CAPÍTULO IV – Dos conflitos de competência

Artigo 34º – Casos de conflito e sua cessação

1. Há conflito, positivo ou negativo, de competência quando, em qualquer estado do processo, dois ou mais tribunais, de diferente ou da mesma espécie, se considerarem competentes ou incompetentes para conhecer do mesmo crime imputado ao mesmo arguido.

2. O conflito cessa logo que um dos tribunais se declarar, mesmo oficiosamente, incompetente ou competente, segundo o caso.

COMENTÁRIOS:

Pressupostos do conflito: O conflito de competência, ocorre negativa ou positivamente, quer quanto à jurisdição quer quanto à territorialidade. Decorre de dois despachos judiciais antagónicos, prolatados por tribunais do mesmo grau de hierarquia, que mutuamente se anulam. Registe-se que meras divergências sobre distribuição de serviço (competência meramente funcional) podem originar **reclamações**, a dirimir pelo presidente do tribunal, nos termos dos arts. 203º a 205º do CPC *ex vi* art. 4º.

Jurisprudência uniformizadora: Ac. do STJ de Fixação de Jurisprudência nº 2/91, de 16.10.91, *in* D.R. de 22.11.91: «*Não configura conflito a resolver pelas relações ou pelo Supremo a recusa do tribunal deprecado em cumprir carta precatória expedida por outro tribunal para inquirição de testemunhas em processo por transgressão (sumaríssimo), com fundamento em que a lei não autoriza tal acto ou diligência*». **Nota:** Jurisprudência posterior veio considerar que se trata de um conflito afim, a decidir por analogia.

Competência do M.P.: Não é hermenêuticamente possível conflito de competência entre magistrados judiciais e do M.P. Estes, caso discordem das decisões dos Juízes, só podem recorrer.

Referências: Conflito de competências no M.P (art. 264º e 266º).

Artigo 35º – Denúncia do conflito

1. O tribunal, logo que se aperceber do conflito, suscita-o junto do órgão competente para o decidir, nos termos dos artigos 11º e 12º, remetendo-lhe cópia dos actos e todos os elementos necessários à sua resolução, com indicação do Ministério Público, do arguido, do assistente e dos advogados respectivos.

2. O conflito pode ser suscitado também pelo Ministério Público, pelo arguido ou pelo assistente mediante requerimento dirigido ao órgão competente para a resolução, contendo a indicação das decisões e das posições em conflito, ao qual se juntam os elementos mencionados na parte final do número anterior.

3. A denúncia ou o requerimento previstos nos números anteriores não prejudicam a realização dos actos processuais urgentes.

COMENTÁRIOS:

A suscitação do conflito: O conflito de competência, é suscitado junto dos tribunais hierarquicamente superiores, nos termos que decorrem do normativo e dos arts. 12º-5-a) e 11º-6-a), suspendendo-se o processo com exceção dos atos urgentes.

Artigo 36º – Resolução do conflito

1. O órgão competente para dirimir o conflito envia os autos com vista ao Ministério Público e notifica os sujeitos processuais que não tiverem suscitado o conflito para, em todos os casos, alegarem no prazo de cinco dias, após o que, e depois de recolhidas as informações e as provas que reputar necessárias, resolve o conflito.

2. A decisão sobre o conflito é irrecorrível.

3. A decisão é imediatamente comunicada aos tribunais em conflito e ao Ministério Público junto deles e notificada ao arguido e ao assistente.

4. É correspondentemente aplicável o disposto no nº 3 do artigo 33º

COMENTÁRIOS:

A resolução do conflito: O conflito de competência, é resolvido nos termos que decorrem do normativo, devendo ser reavaliadas as medidas de coação, à semelhança do que acontece no art. 33º-3, sendo **irrecorrível** a decisão (o que levanta dúvidas sobre a constitucionalidade da lei nesta última vertente).

CAPÍTULO V – Da obstrução ao exercício da jurisdição

Artigo 37º – Pressupostos e efeito

Quando, em qualquer estado do processo posterior ao despacho que designar dia para a audiência, em virtude de graves situações locais idóneas a perturbar o desenvolvimento do processo:

a) O exercício da jurisdição pelo tribunal competente se revelar impedido ou gravemente dificultado;

b) For de recear daquele exercício grave perigo para a segurança ou a tranquilidade públicas; ou

c) A liberdade de determinação dos participantes no processo se encontrar gravemente comprometida;

a competência é atribuída a outro tribunal da mesma espécie e hierarquia onde a obstrução previsivelmente se não verifique e que se encontre o mais próximo possível do obstruído.

COMENTÁRIOS:

Obstrução ao exercício da justiça: Quando na iminência de um julgamento, ocorrer alterações locais da ordem pública ou circunstâncias anómalas que ponham em causa a liberdade física ou psicológica dos participantes ou que comprometam o normal funcionamento do tribunal, deve **deslocalizar-se** o julgamento para o tribunal mais próximo, onde não se verifique a mesma situação.

Artigo 38º – Apreciação e decisão

1. Cabe às secções criminais do Supremo Tribunal de Justiça decidir do pedido de atribuição de competência que lhe seja dirigido pelo tribunal obstruído, pelo Ministério Público, pelo arguido, pelo assistente ou pelas partes civis. O pedido é logo acompanhado dos elementos relevantes para a decisão.

2. É, com as necessárias adaptações, aplicável o disposto nos nºs 1 e 3 do artigo 36º, bem como no nº 3 do artigo 33º

3. O pedido de atribuição de competência não tem efeito suspensivo, mas este pode ser-lhe conferido, atentas as circunstâncias do caso, pelo tribunal competente para a decisão. Neste caso o tribunal obstruído pratica os actos processuais urgentes.

4. Se o pedido for deferido, o tribunal designado declara se e em que medida os actos processuais já praticados conservam eficácia ou devem ser repetidos perante ele.

5. Se o pedido do arguido, do assistente ou das partes civis for considerado manifestamente infundado, o requerente é condenado ao pagamento de uma soma entre 6 UC e 20 UC.

COMENTÁRIOS:

Decisão: Compete às secções criminais do STJ, a decisão sobre o incidente de obstrução ao exercício da justiça, nos termos claramente descritos na norma.

Referências: Unidade de conta (art. 5º do R.C.P.)

CAPÍTULO VI – Dos impedimentos, recusas e escusas

Artigo 39º – Impedimentos

1. Nenhum juiz pode exercer a sua função num processo penal:

a) Quando for, ou tiver sido, cônjuge ou representante legal do arguido, do ofendido ou de pessoa com a faculdade de se constituir assistente ou parte civil ou quando com qualquer dessas pessoas viver ou tiver vivido em condições análogas às dos cônjuges;

b) Quando ele, ou o seu cônjuge, ou a pessoa que com ele viver em condições análogas às dos cônjuges, for ascendente, descendente, parente até ao 3º grau, tutor ou curador, adoptante ou adoptado do arguido, do ofendido ou de pessoa com a faculdade de se constituir assistente ou parte civil ou for afim destes até àquele grau;

c) Quando tiver intervindo no processo como representante do Ministério Público, órgão de polícia criminal, defensor, advogado do assistente ou da parte civil ou perito; ou

d) Quando, no processo, tiver sido ouvido ou dever sê-lo como testemunha.

2. Se o juiz tiver sido oferecido como testemunha, declara, sob compromisso de honra, por despacho nos autos, se tem conhecimento de factos que possam influir na decisão da causa. Em caso afirmativo verifica-se o impedimento; em caso negativo deixa de ser testemunha.

3. Não podem exercer funções, a qualquer título, no mesmo processo juízes que sejam entre si cônjuges, parentes ou afins até ao 3º grau ou que vivam em condições análogas às dos cônjuges.

COMENTÁRIOS:

Independência dos tribunais: O capítulo prevê e regula várias situações de natureza pessoal ou funcional/profissional, que podem pôr em causa o princípio da independência dos tribunais, que tem guarida constitucional no art. 203º da C.R.P. e na Lei Orgânica do Sistema judiciário (art. 22º), determinando o impedimento do Juiz. São situações que contendem por um lado com a **imparcialidade**, por outro com a **objetividade** das decisões. Estas situações de impedimentos, também se encontram previstas nos estatutos dos magistrados judiciais e do M.P.

M.P.: Aplica-se ao M.P. por remissão do art. 54º, as mesmas regras aqui descritas.

O MP é um órgão de justiça com um estatuto muito diverso das vulgares "partes" processuais, pelo que os seus representantes com intervenção num dado processo não podem, manifestamente e sob pena de uma inadmissível perversão do sistema, serem indicados como testemunhas para deporem no respectivo julgamento (Ac. STJ de 13.12.1995, *in* CJ-III-III-255).

Artigo 40º – Impedimento por participação em processo

Nenhum juiz pode intervir em julgamento, recurso ou pedido de revisão relativos a processo em que tiver:

a) Aplicado medida de coacção prevista nos artigos 200º a 202º;

b) Presidido a debate instrutório;

c) Participado em julgamento anterior;

d) Proferido ou participado em decisão de recurso anterior que tenha conhecido, a final, do objeto do processo, de decisão instrutória ou de decisão a que se refere a alínea *a*), ou proferido ou participado em decisão de pedido de revisão anterior.

e) Recusado o arquivamento em caso de dispensa de pena, a suspensão provisória ou a forma sumaríssima por discordar da sanção proposta.

(Última redação da L. 20/2013, de 21.02)

COMENTÁRIOS:

Impedimentos processuais: A norma prevê impedimentos do Juiz de natureza processual. Tais impedimentos têm natureza taxativa, exigindo uma interpretação literal. Mas acrescerá sempre aos interessados em impugnar a atividade do Juiz, a via genérica do art. 43º-2 (recusas e escusas) que decorre não nominalmente de qualquer impedimento, mas de situações suspeitosas da sua imparcialidade. Será o caso, não previsto neste artigo, do Juiz que intervém em recurso, relativo a uma decisão em que tivesse tido participação. Registe-se que estes casos não se aplicam ao M.P., pois o mesmo magistrado do M.P., pode (e até deveria, o que nem sempre acontece, por razões funcionais) acompanhar o processo do princípio ao fim (neste sentido, Ac. STJ de 17.01.2007, proc. 06P4597, *in* www.dgsi.pt).

Anote-se que quando na alínea *c*) se refere o impedimento por o Juiz ter participado em «**julgamento anterior**», abrange os casos em que o julgamento é, por deliberação do tribunal superior, **anulado totalmente** e mandado repetir totalmente; já não, s.m.o., como tem sido interpretado por vezes, os casos em que o julgamento é reaberto para decisão sobre questões concretas, mandadas apurar pelas instâncias superiores (v. arts. 426º, 426º-A; v. também, no mesmo sentido, art. 379º-3).

...a norma do art. 40º do C.P.P. na parte que permite a intervenção do juiz que na fase de inquérito decretou e posteriormente manteve a prisão preventiva do arguido é inconstitucional por violação do art. 32º-5 da C.R.P. (Ac. TC nº 935/96, de 10.07.1996).

Artigo 41º – Declaração de impedimento e seu efeito

1. O juiz que tiver qualquer impedimento nos termos dos artigos anteriores declara-o imediatamente por despacho nos autos.

2. A declaração de impedimento pode ser requerida pelo Ministério Público ou pelo arguido, pelo assistente ou pelas partes civis logo que sejam admitidos a intervir no processo, em qualquer estado deste; ao requerimento são juntos os elementos comprovativos. O juiz visado profere o despacho no prazo máximo de cinco dias.

3. Os actos praticados por juiz impedido são nulos, salvo se não puderem ser repetidos utilmente e se se verificar que deles não resulta prejuízo para a justiça da decisão do processo.

COMENTÁRIOS:

Impedimento: Verificada qualquer situação de impedimento, previsto nos artigos anteriores, pode o próprio Juiz declarar-se impedido ou os restantes intervenientes requererem o seu impedimento, com os efeitos do nº 3. Registe-se que o impedimento não tem a ver com razões morais ou psicológicas do foro íntimo do Juiz, mas com situações de facto, que constatadas em nome da transparência e da confiança na justiça, obrigatoriamente impedem o Juiz de tomar decisões naquele concreto processo.

Nulidade dos atos praticados pelo Juiz impedido: Trata-se de uma **nulidade sanável**, enquadrável nos arts. 120º-2 e 121º, com os efeitos cumulativos especiais mais rigorosos, previstos no nº 3, que derrogam os efeitos previstos no art. 122º.

Artigo 42º – Recurso

1. O despacho em que o juiz se considerar impedido é irrecorrível. Do despacho em que ele não reconhecer impedimento que lhe tenha sido oposto cabe recurso para o tribunal imediatamente superior.

2. Se o impedimento for oposto a juiz do Supremo Tribunal de Justiça, o recurso é decidido pela secção criminal deste mesmo Tribunal sem a participação do visado.

3. O recurso tem efeito suspensivo, sem prejuízo de serem levados a cabo, mesmo pelo juiz visado, se tal for indispensável, os actos processuais urgentes.

COMENTÁRIOS:

Recurso: A declaração de impedimento do Juiz é **irrecorrível,** sendo **recorrível** a declaração de não impedimento. O efeito mais pérfido deste recurso, é ser suspensivo do prosseguimento do processo (com exceção dos atos urgentes, assim se afastando do regime regra do art. 408º) o que promove um procedimento processual muitas vezes usado com fins meramente dilatórios.

Artigo 43º – Recusas e escusas

1. A intervenção de um juiz no processo pode ser recusada quando correr o risco de ser considerada suspeita, por existir motivo, sério e grave, adequado a gerar desconfiança sobre a sua imparcialidade.

2. Pode constituir fundamento de recusa, nos termos do nº 1, a intervenção do juiz noutro processo ou em fases anteriores do mesmo processo fora dos casos do artigo 40º

3. A recusa pode ser requerida pelo Ministério Público, pelo arguido, pelo assistente ou pelas partes civis.

4. O juiz não pode declarar-se voluntariamente suspeito, mas pode pedir ao tribunal competente que o escuse de intervir quando se verificarem as condições dos nºs 1 e 2.

5. Os actos processuais praticados por juiz recusado ou escusado até ao momento em que a recusa ou a escusa forem solicitadas só são anulados quando se verificar que deles resulta prejuízo para a justiça da decisão do processo; os praticados posteriormente só são válidos se não puderem ser repetidos utilmente e se se verificar que deles não resulta prejuízo para a justiça da decisão do processo.

COMENTÁRIOS:

Fundamentos da recusa e da escusa de Juiz: A norma, demasiado genérica e vaga, assenta num eventual mas aceitável, segundo as regras de experiência comum, juízo de suspeição, que em abstrato pode ocorrer, sobre a imparcialidade do Juiz, relativamente ao caso a julgar. Tal juízo de suspeição pode ser despoletado pelos intervenientes processuais (recusa) ou pelo próprio Juiz (escusa); mas o motivo da suspeição tem de ser objetivamente **sério** e **grave** e não simplesmente imaginário, tendencial ou tendencioso.

Iº – Com vista à preservação da garantia constitucional de imparcialidade do juiz penal e da confiança dos sujeitos processuais e do público em geral nessa imparcialidade, o legislador estabeleceu diversos mecanismos – a estatuição de impedimentos do juiz (arts. 39º e 40º, do Código de Processo Penal), de competência para intervenção em processo reenviado para novo julgamento (art. 426º-A, C.P.P), a recusa de juiz e a possibilidade de pedido de escusa (arts. 43º a 45º, C.P.P.); IIº – Para que a recusa do juiz seja concedida, o prisma a que tem de se atender não é o particular ponto de vista do requerente, mas a situação objectiva que possa derivar de uma determinada posição do juiz em relação ao caso concreto ou a determinado sujeito ou interveniente processual, em termos de existir um risco real de não reconhecimento público da sua imparcialidade; IIIº – Os actos geradores de desconfiança hão-de ser de tal modo suspeitos que a generalidade da opinião pública sinta – fundadamente – que o juiz em causa, antes ou durante o julgamento, está tomado de preconceito relativamente à decisão final, enfim, de algum modo antecipou o sentido do julgamento ou já tomou partido; IVº – Pedindo o assistente a recusa do juiz por não concordar com a sua posição processual, ainda que o despacho proferido possa ser discutível na sua essência, mas mostrando-se suficientemente claro, fundamentado, eivado de honestidade processual e consciência, é manifesto que o pedido de recusa não pode obter provimento (Ac. TRL de 17.05.2011, proc. 95/09.1PCLRS-A-L1-5, *in* www.dgsi.pt).

I – Tendo ocorrido separação de processos e, sendo que no que primeiro já houve julgamento, tendo sido julgados e condenados, pelos factos em conexão, indivíduos que inicialmente eram co-arguidos do ora requerente II – É de deferir o incidente de recusa da Juiz presidente do tribunal colectivo e o impedimento das juízes-adjuntas, para julgar, agora, o requerente por factos em conexão com os que estiveram em discussão no julgamento já realizado (Ac. TRL de 30.03.2006, proc. 1941/2006-9, *in* www.dgsi.pt).

Deve ser deferido o pedido de escusa do juiz a quem foi distribuída para julgamento um processo por crime de falsidade de depoimento do art. 360º, nºs 1 e 3, do CP95, se foi esse juiz que procedeu ao julgamento onde foi prestado o imputado depoimento falso e na fundamentação da respectiva sentença tecem sobre ele comentários, considerando-o não credível (Ac. do TRP de 23.05.2007, proc. 0712825, *in* www.dgsi.pt).

Artigo 44º – Prazos

O requerimento de recusa e o pedido de escusa são admissíveis até ao início da audiência, até ao início da conferência nos recursos ou até ao início do debate instrutório. Só o são posteriormente, até à sentença, ou até à decisão instrutória, quando os factos invocados como fundamento tiverem tido lugar, ou tiverem sido conhecidos pelo invocante, após o início da audiência ou do debate.

COMENTÁRIOS:

Prazos para dedução dos incidentes de recusa ou escusa de Juiz: Fixa como prazos para dedução dos incidentes, o início de atos em diversas fases processuais: instrução (abrigando os atos do JIC na fase de inquérito – v. arts. 268º e 269º) julgamento e recursos, excecionando situações de factos ou de conhecimentos supervenientes.

Artigo 45º – Processo e decisão

1. O requerimento de recusa e o pedido de escusa devem ser apresentados, juntamente com os elementos em que se fundamentam, perante:

a) O tribunal imediatamente superior;

b) A secção criminal do Supremo Tribunal de Justiça, tratando-se de juiz a ele pertencente, decidindo aquela sem a participação do visado.

2. Depois de apresentados o requerimento ou o pedido previstos no número anterior, o juiz visado pratica apenas os actos processuais urgentes ou necessários para assegurar a continuidade da audiência.

3. O juiz visado pronuncia-se sobre o requerimento, por escrito, em cinco dias, juntando logo os elementos comprovativos.

4. O tribunal, se não recusar logo o requerimento ou o pedido por manifestamente infundados, ordena as diligências de prova necessárias à decisão.

5. O tribunal dispõe de um prazo de 30 dias, a contar da entrega do respectivo requerimento ou pedido, para decidir sobre a recusa ou a escusa.

6. A decisão prevista no número anterior é irrecorrível.

7. Se o tribunal recusar o requerimento do arguido, do assistente ou das partes civis por manifestamente infundado, condena o requerente ao pagamento de uma soma entre 6 UC e 20 UC.

COMENTÁRIOS:

Procedimento nos casos de recusa ou escusa de Juiz: O requerimento de recusa ou escusa, deve ser apresentado em órgão diferente daquele em que o visado trabalha, nos termos do nº 1, seguindo-se o procedimento claramente descrito nos restantes números da norma, sendo certo que a respetiva decisão não é passível de recurso, podendo haver lugar a uma punição com taxa de justiça se o peticionado for manifestamente infundado.

Referências: Unidade de conta (art. 5º do R.C.P.)

Artigo 46º – Termos posteriores

O juiz impedido, recusado ou escusado remete logo o processo ao juiz que, de harmonia com as leis de organização judiciária, deva substituí-lo.

COMENTÁRIOS:

Substituição do Juiz impedido: O Juiz recusado ou escusado fica imediatamente impedido de atuar fora do quadro do art. 45º-2, devendo pessoalmente providenciar pela sua imediata substituição de acordo com as regras da Lei da Organização do Sistema Judiciário (L. 62/2013, de 26.08) e seu regulamento (D.L 49/2014, de 27.03).

Artigo 47º – Extensão do regime de impedimentos, recusas e escusas

1. As disposições do presente capítulo são aplicáveis, com as adaptações necessárias, nomeadamente as constantes dos números seguintes, aos peritos, intérpretes e funcionários de justiça.

2. A declaração de impedimento e o seu requerimento, bem como o requerimento de recusa e o pedido de escusa, são dirigidos ao tribunal ou ao juiz de instrução perante os quais correr o processo em que o incidente se suscitar e são por eles apreciados e imediata e definitivamente decididos, sem submissão a formalismo especial.

3. Se não houver quem legalmente substitua o impedido, recusado ou escusado, o tribunal ou o juiz de instrução designam o substituto.

COMENTÁRIOS:

Norma de extensão: Aplica-se as mesmas regras deste capítulo, devidamente adaptadas, aos peritos, intérpretes e funcionários judiciais, uma vez que também elas podem influenciar trâmites processuais e decisões. A substituição dos funcionários impedidos, faz-se nos termos do Estatuto dos Funcionários de Justiça e Organização das Secretarias Judiciais (L. 343/99, de 26.08). Os peritos e intérpretes substituem-se em função das listas disponíveis. Tratando-se de peritos do Instituto de Medicina Legal, deve ser esta instituição a proceder às substituições, de acordo com os critérios legais inerentes à sua organização interna (Portaria 19/2013, de 21.01).

Referências: prestação de compromisso – art. 92º (intérpretes); art. 156º (peritos).

TÍTULO II – Do Ministério Público e dos órgãos de polícia criminal

Artigo 48º – Legitimidade

O Ministério Público tem legitimidade para promover o processo penal, com as restrições constantes dos artigos 49º a 52º

COMENTÁRIOS:

Origens do Ministério Público.: O M.P., enquanto instituição, remonta, segundo os historiadores, ao direito romano, com os *procuratores caesaris*, do tempo do imperador Augusto. O primeiro verdadeiro estatuto do M.P., em Portugal, foi publicado em 29.10.1901, assinado por Arthur Alberto de Campos Henriques, Ministro e Secretário de Estado dos Negócios Eclesiásticos e de Justiça no reinado de D. Carlos, sendo que desde essa data até ao presente, com exceção da progressiva independência do M.P. relativamente ao poder político, não houve alterações de filosofia no figurino da instituição.

A magistratura do M.P.: O capítulo começa por regular a **legitimidade** do M.P. no processo penal, para depois, no art. 53º, definir a posição e as atribuições do M.P.

Esta norma trata da **legitimidade** da intervenção do M.P. no âmbito processual penal. A legitimidade, em termos dogmáticos, é um conceito relacional. Tem legitimidade quem tem um especial interesse em contradizer, deste modo desenhando um cenário de dialética de partes. Todavia o M.P. **não é parte no processo**, ou para quem entenda que sim (a discussão neste campo tem sido infindável e desinteressante) então será uma **"parte imparcial"**, cujo único interesse, será o de cumprir e fazer cumprir a lei. Em todo o caso, no nº 10 do preâmbulo do CPP, diz-se com clareza, que ao M.P. é atribuído *«não o estatuto de parte, mas o de uma autêntica magistratura, sujeita ao estrito dever de objetividade»*.

A legitimidade processual do M.P.: O M.P. é, conforme vulgarmente se diz, o titular da ação penal investigatória, mas melhor seria dizer, para escapar a debates estéreis, que é o **promotor da ação penal** e em toda a sua amplitude, e exerce essa condição pública, na vertente que agora nos interessa, nos termos dos arts. 48º a 56º. O M.P., exerce a ação penal **oficiosamente** ou por **denúncia** de qualquer pessoa. Todavia está limitado pela natureza do ilícito. Assim, só poderá exercer oficiosamente a ação penal, i.e., promover por sua iniciativa o procedimento criminal, quando o crime for **público**. Tratando-se de crimes de natureza **semipúblico** ou **particular,** só poderá exercer a ação penal, se houver **queixa** de quem tiver legitimidade para tanto (v. art. 49º e art. 113º do C.P.) sendo certo que nos **crimes particulares** acrescerá a obrigação de **constituição de assistente** e de **acusação particular** pelo denunciante (v. art. 50º e art. 113º do C.P.). O artigo trata a questão em torno do conceito de legitimidade do M.P. Mas esta legitimidade aqui é meramente funcional. Em termos materiais, o M.P., enquanto garante da legalidade democrática, tem sempre legitimidade (v. art. 1º do E.M.P.).

A regra que atribui legitimidade ao Ministério Público para promover o processo penal (artigo 48º do CPP) não comina com a nulidade a circunstância de o Ministério Público não fazer a investigação e a acusação de um crime que lhe foi denunciado (Ac. TRP de 02.02.2005, proc. 0415518, *in* www.dgsi.pt). **Nota:** Mas pode gerar responsabilidade disciplinar e civil, verificadas situações de negligência ou dolo, na omissão.

Referências: arts. 263º e 264º (direção e competência do M.P. na fase de inquérito).

Artigo 49º – Legitimidade em procedimento dependente de queixa

1. Quando o procedimento criminal depender de queixa, do ofendido ou de outras pessoas, é necessário que essas pessoas dêem conhecimento do facto ao Ministério Público, para que este promova o processo.

2. Para o efeito do número anterior, considera-se feita ao Ministério Público a queixa dirigida a qualquer outra entidade que tenha a obrigação legal de a transmitir àquele.

3. A queixa pode ser apresentada pelo titular do direito respectivo, por mandatário judicial ou por mandatário munido de poderes especiais.

4. O disposto nos números anteriores é correspondentemente aplicável aos casos em que o procedimento criminal depender da participação de qualquer autoridade.

COMENTÁRIOS:

Crimes semipúblicos. A queixa enquanto condição de procedibilidade processual: Tratando-se de crimes de natureza **semipúblico** (para crimes particulares – v. art. 50º) o M.P. só exerce a ação penal, se houver queixa no **prazo** legalmente previsto (art. 115º do C.P.) de quem tiver **legitimidade** para tanto (art. 113º do C.P.). E compreende-se que assim seja, já que os bens jurídicos protegidos pelos crimes dessa natureza, não são **indisponíveis**, pelo que compete aos seus legítimos titulares, decidirem sobre a pertinência do procedimento criminal, quando são ofendidos.

Jurisprudência uniformizadora: Ac. de Fixação de Jurisprudência do STJ nº 4/2012, de 18.04.2012, *in* D.R. de 21.05.2012: *«O prazo de seis meses para o exercício do direito de queixa, nos termos do artigo 115º, nº 1, do Código Penal, termina às 24 horas do dia que corresponda, no 6º mês seguinte ao dia em que o titular desse direito tiver tido conhecimento do facto e dos seus autores; mas, se nesse último mês não existir dia correspondente, o prazo finda às 24 horas do último dia desse mês».*

A forma da queixa: A queixa, não está sujeita a formalidades especiais e muito menos sacramentais, mas deve reduzir-se a **escrito** (v. art. 246º) ser clara e inequívoca no sentido de traduzir uma **manifestação do desejo de procedimento criminal** relativamente a factos ilícitos concretos (a subsunção ao direito, já não está na disponibilidade do queixoso) podendo efetuar-se, mesmo através de mandatário (se mandatário judicial/advogado munido de **procuração simples**; se não tiver essa qualidade, munido de **procuração com poderes especiais** para o ato) Pode ser apresentada nos serviços do M.P. ou em qualquer entidade pública que tenha obrigação de a transmitir ao M.P., em regra nos O.P.Cs. Por força dos arts. 20º e 21º da **L. 130/2015, de 04.09 (estatuto da vítima)** abre-se agora no ato da queixa, uma implicante tramitação especial, que decorre de ao queixoso, poder ser ou não atribuído **expressamente** o estatuto de *«vítima especialmente vulnerável»* [v. art. 67º-A-1-a)-b)-3] com todos os direitos que daí decorrem, designadamente, o de beneficiar de especiais medidas de proteção, que se repercutem ao longo de todas as fases processuais (v. arts. 23º e 24º da L. 130/2015 – recurso à vídeo ou teleconferência na prestação de depoimento e a declarações para memória futura).

A noção de queixa não se cinge à mera transmissão do facto com relevância criminal ao Ministério Público, não relevando uma simples declaração de ciência acerca do facto; a queixa exige, ainda, que nessa declaração se manifeste uma vontade de ver o agente perseguido criminalmente. A queixa distingue-se da denúncia porque esta é mera manifestação de ciência – transmissão ao Ministério Público da ocorrência de um crime (Ac. TRC de 15.03.2006, proc. 4349105, *in* www.dgsi.pt).

I – Para que o MP dê início à investigação não é necessário que a queixa descreva, com todo o pormenor, a forma como decorreram os factos e refira que o denunciado agiu com intenção de os praticar (elementos objetivos e subjetivos do crime): basta que o denunciante participe o evento naturalístico e revele indubitavelmente a sua vontade de que tenha lugar procedimento criminal contra os agentes.

II – Entre "murros" e "empurrão" não se verifica uma diferença substancial quanto ao modo de execução do crime e a substituição de uma expressão por outra não constitui alteração substancial dos factos descritos na acusação (Ac. TRP de 23.09.2015, proc. 448/12.8GEGDM.P1, *in* www.dgsi.pt).

Legitimidade da queixa: A legitimidade penal afere-se em função do **crime** denunciado e do particular posicionamento do queixoso, relativamente ao **bem jurídico** protegido e violado. Assentando a validade da queixa em termos de legitimidade do queixoso, nem sempre é fácil constatá-la (v. conceito de legitimidade – art. 113º do C.P. e art. 30º e segs. do C.P.C.).

O objeto da queixa: Nos crimes semipúblicos (e particulares) é o titular dos bens jurídicos ofendidos, que define o objeto da queixa, que é traçado por referência aos bens jurídicos que ele considera violados. Neste caso, o M.P., que recebe a queixa, tem de interpretar a denúncia e a vontade nela ínsita. O queixoso tem o direito de **condicionar** a queixa à ofensa dos bens jurídicos que considera violados, com exclusão de outros igualmente violados; v.g., honra, a integridade física, a propriedade, etc...; ou com exclusão de pessoas (se tal for naturalisticamente possível, o que não acontece na coautoria, por exemplo) mas não tem que definir o crime típico preenchido. Esse é um trabalho do jurista. Deste modo, pode acontecer por exemplo, alguém apresentar queixa por factos que considere preencher um crime de burla e o M.P., a final do inquérito, considerar que se trata de crime de abuso de confiança. Também pode acontecer que o inquérito se tenha iniciado exclusivamente como investigação de um crime semipúblico e no final o M.P. considerar que os factos denunciados se subsumem a um crime particular, caso em que deverá mandar cumprir os arts. 50º e 285º. Sem prejuízo do direito geral de reclamação hierárquica (art. 278º) se o queixoso (quando constituído assistente) não concordar, não pode requerer a abertura de instrução com o exclusivo fundamento da não concordância com a qualificação jurídica (a instrução reporta-se penas à dissensão de factos – v. notas ao art. 287º) mas reservar-se para a audiência de julgamento, onde pode defender a alteração da qualificação jurídica (art. 358º-3). Tudo obviamente, sem prejuízo de poder requerer a abertura de instrução, por outros factos que entenda deverem ser levados à acusação. Mas esta é uma questão diferente.

Participação de autoridade: Existem no C.P. crimes cuja procedibilidade, depende de participação de entidades específicas: v.g., governo português – arts. 319º, 322º a 324º do C.P. ou entidade de superintendência – art. 383º do C.P.

Procurações a advogado: Com a atual redação do nº 3 desta norma, dada pela L. 59/98, de 25.08, caiu a absurda discussão que se alongou por anos, sobre a regularidade formal das procurações a advogados. Assim, as procurações a **advogados**, não necessitam de certificação notarial e no que respeita ao fim da procuração (obviamente sem prejuízo do mais que ali se deve descrever) bastam-se, com a identificação genérica do tipo ou categoria de ato a praticar, por exemplo *"apresentar queixa-crime"* enquanto a procuração a **não advogados** (procuração com poderes especiais), deve esclarecer em concreto o tipo ou categoria de atos, por exemplo, *"apresentar queixa, contra x, por crime de furto ocorrido em y"* (v. notas ao art. 62º sobre procurações).

Referências: art. 75º (dever e informação à vítima); arts. 242º a 247º (notícia do crime, denúncia, trâmites e forma); art. 138º CPC. *ex vi* art. 104º (regras de contagem dos prazos); Portaria 1.593/2007, de 17.12 (sistema de queixa eletrónica); arts. 19º, 20º e 21º da L. 130/2015, de 04.09 – Estatuto da vítima (denúncias de vítimas residentes noutro estado membro e direitos especiais das vítimas especialmente vulneráveis).

Artigo 50º – Legitimidade em procedimento dependente de acusação particular

1. Quando o procedimento criminal depender de acusação particular, do ofendido ou de outras pessoas, é necessário que essas pessoas se queixem, se constituam assistentes e deduzam acusação particular.
2. O Ministério Público procede oficiosamente a quaisquer diligências que julgar indispensáveis à descoberta da verdade e couberem na sua competência, participa em todos os actos processuais em que intervier a acusação particular, acusa conjuntamente com esta e recorre autonomamente das decisões judiciais.
3. É correspondentemente aplicável o disposto no nº 3 do artigo anterior.

COMENTÁRIOS:

Crimes particulares. A queixa, a constituição como assistente e a acusação particular, enquanto condição de procedibilidade processual: Tratando-se de crimes de natureza particular, o M.P. só exerce a ação penal, se houver queixa no prazo legalmente previsto (art. 115º do C.P.) de quem tiver legitimidade para tanto (v. art. 113º do C.P.). Mas não só; necessário se torna ainda como condição de procedibilidade processual, que o queixoso **declare**

imediatamente na queixa que se quer constituir assistente e se constitua efetivamente no prazo de 10 dias – art. 68º-2 (para o que deve ser advertido pela entidade que receber a queixa, nos termos do art. 246º-4) e posteriormente findo o inquérito, deduza **acusação particular** para submissão da causa a julgamento, que o M.P. poderá ou não acompanhar, integralmente ou em parte, em função das provas coligidas (v. art. 285º). Não fazendo tal declaração prévia de que deseja constituir-se assistente, nem se constituindo assistente no prazo legal, o inquérito não deve sequer iniciar-se quanto a tal tipo de crimes e deve ser imediatamente **arquivado** por falta de legitimidade do M.P. para o exercício desacompanhado da ação penal. Em tudo o mais, aplica-se os mesmos procedimentos do artigo anterior. A atividade do M.P. no inquérito por este tipo de crimes, rege-se pelos termos do nº 2.

Referências: art. 138º C.P.C. *ex vi* art. 104º (regras de contagem dos prazos); arts. 68º a 70º (direitos e deveres dos assistentes); art. 242º a 247º (notícia do crime, denúncia, trâmites e forma); art. 515º (responsabilidade do assistente pelas custas, em caso de desistência ou injustificada abstenção de acusar); L. 130/2015, de 04.09 (estatuto da vítima).

Artigo 51º – Homologação da desistência da queixa ou da acusação particular

1. Nos casos previstos nos artigos 49º e 50º, a intervenção do Ministério Público no processo cessa com a homologação da desistência da queixa ou da acusação particular.

2. Se o conhecimento da desistência tiver lugar durante o inquérito, a homologação cabe ao Ministério Público; se tiver lugar durante a instrução ou o julgamento, ela cabe, respectivamente, ao juiz de instrução ou ao presidente do tribunal.

3. Logo que tomar conhecimento da desistência, a autoridade judiciária competente para a homologação notifica o arguido para, em cinco dias, declarar, sem necessidade de fundamentação, se a ela se opõe. A falta de declaração equivale a não oposição.

4. Se o arguido não tiver defensor nomeado e for desconhecido o seu paradeiro, a notificação a que se refere o número anterior efectua-se editalmente.

COMENTÁRIOS:

Desistência: Como correlativo do direito de queixa, há o direito de dela desistir. *Mutatis mutandis*, relativamente ao direito de deduzir uma **acusação particular**. Obviamente estamos incontornavelmente no domínio dos crimes de natureza **semipúblico** ou **particular** (taxativamente com referência aos arts. 49º e 50º) já que, desde logo, nos crimes **públicos,** não há em rigor queixa, mas sim, **denúncia**. Logo, não existe aí, processualmente a figura da desistência.

A desistência válida, está condicionada em primeiro lugar, à **não oposição** do arguido (regularmente constituído, pois se for simples denunciado, não constituído arguido, não tem intervenção nesta matéria) e em segundo lugar, a um ato de **homologação** do titular do processo na fase em que ele se encontrar (M.P. ou Juiz).

A desistência, é **incondicional** e **irretratável** e pode ter lugar até à publicação/leitura da sentença em 1ª instância, nos termos do art. 116º-1-2 do C.P. Tal significa que mesmo depois de deduzida acusação particular e até mesmo depois de efetuado o julgamento, desde que não tenha havido ainda leitura da sentença, a desistência é possível, verificados obviamente os restantes pressupostos legais. A desistência aproveita aos comparticipantes no crime, salvo oposição destes, nos termos do art. 116º-3 do C.P. E os menores, em nome e em representação de quem se exerceu o direito de queixa ou a ação penal, adquirem o direito de desistirem do procedimento, logo que perfaçam 16 anos (art. 116º-4 do C.P.).

À semelhança da queixa, a desistência não está sujeita a formalidades especiais, mas deve reduzir-se a escrito, ser clara e inequívoca no sentido de traduzir uma manifestação de desistência do procedimento criminal, podendo efetuar-se através de mandatário, mas neste caso, só desde que tenha poderes especiais para esse ato.

Compete ao Ministério Público a prolação de decisão sobre homologação da desistência de queixa, mesmo depois de deduzida a acusação e até remessa dos autos para distribuição para julgamento ou instrução (Ac. TRC de 06.11.1996, *in* CJ-XXI-IV-46).

Notificação edital do arguido: O nº 4 prevê um dos raros casos de notificação edital ainda existentes no processo penal, em caso de arguido sem defensor ou paradeiro conhecido, num quadro de desistência (v. art. 113º-9).

A morte do queixoso e a desistência da queixa: Sucede com infeliz frequência, que o queixoso morre, antes do processo alcançar o estádio de publicação da sentença. O art. 113º do C.P., prevê e regula o direito de queixa posterior à morte do ofendido, daí decorrendo que quem tem legitimidade para apresentar queixa, também a tem para desistir. Mas se tiver sido o falecido a apresentar queixa e morrer depois, não há norma que regule expressamente a possibilidade de desistência dos seus sucessores. A maioria da jurisprudência inclina-se para que neste caso, não seja possível a desistência dos sucessores. E não havendo norma expressa, são os direitos exercidos em vida pelo morto que prevalecem.

Referências: art. 116º do C.P. (renúncia e desistência de queixa); art. 330º-2 (faltas do representante do assistente na audiência, valem como desistência da acusação particular); art. 515º-d) (responsabilidade do assistente pelas custas, em caso de desistência ou injustificada abstenção de acusar).

Artigo 52º – Legitimidade no caso de concurso de crimes

1. No caso de concurso de crimes, o Ministério Público promove imediatamente o processo por aqueles para que tiver legitimidade, se o procedimento criminal pelo crime mais grave não depender de queixa ou de acusação particular, ou se os crimes forem de igual gravidade.

2. Se o crime pelo qual o Ministério Público pode promover o processo for de menor gravidade, as pessoas a quem a lei confere o direito de queixa ou de acusação particular são notificadas para declararem, em cinco dias, se querem ou não usar desse direito. Se declararem:

a) Que não pretendem apresentar queixa, ou nada declararem, o Ministério Público promove o processo pelos crimes que puder promover;

b) Que pretendem apresentar queixa, considera-se esta apresentada.

COMENTÁRIOS:

Concurso de crimes: Trata-se de uma norma que (deficientemente) pretende regular os **prazos** em situações em que o inquérito chega ao M.P., sem estarem verificados todas as **condições de procedibilidade** relativamente à queixa, no que toca a crimes de natureza não pública. Diz que, em caso de notícia de crimes públicos e semipúblicos ou particulares, o M.P., inicia imediatamente a investigação, pelos crimes de natureza pública se estes forem mais graves que os restantes. Se não forem, notifica o titular do direito de queixa para querendo em 5 dias, exercer o respetivo direito e só depois dele se pronunciar positivamente é que inicia a investigação, por todos os crimes. Por crimes mais graves, entende-se sempre de acordo com dogmática vigente, aqueles que tem um limite máximo da pena abstrata maior, ou em caso de penas iguais, a que tem um limite mínimo maior. Em todo o caso, quer o ofendido exerça ou não o seu direito de queixa, o M.P., procede sempre pelos crimes de natureza pública. Ao fim e ao cabo, é uma questão meramente temporal sobre o início da investigação. Deve o M.P. ter o cuidado de fazer prevalecer sobre a letra da lei o seu espírito, porque há dilações que podem ser funestas para a investigação.

Prazo especial do direito de queixa: No circunstancialismo traçado, a norma fixa um prazo especial de **5 dias**, distinto do prazo de 6 meses para apresentar queixa, previsto no art. 115º-1 do C.P., findo o qual se preclude o direito de queixa, **naquele concreto processo**. Não fica o titular do direito de queixa, inibido de apresentar outra queixa, findo o prazo de 5 dias mas dentro do prazo de **6 meses,** e terá de ser instaurado **outro processo**. Outra solução não seria aceitável, podendo nós imaginar a perturbação que causaria, o titular, não exercer o direito no prazo fixado de 5 dias e vir só a exercê-lo naquele processo, dentro dos 6 meses mas estando já a investigação em fase de conclusão quanto aos crimes públicos apurados. Deveria reiniciar-se a investigação quanto aos crimes não públicos? Pensamos que não. A fixação de um prazo no contexto da norma tem de ter alguma consequência jurídica. A discussão existente sobre este prazo, girando em torno do conceito de renúncia expressa ou tácita do direito de queixa, é, com todo o respeito, uma falsa questão.

Referências: art. 30º C.P. (concurso de crimes); art. 116º do C.P. (renúncia e desistência de queixa).

Artigo 53º – Posição e atribuições do Ministério Público no processo

1. Compete ao Ministério Público, no processo penal, colaborar com o tribunal na descoberta da verdade e na realização do direito, obedecendo em todas as intervenções processuais a critérios de estrita objectividade.

2. Compete em especial ao Ministério Público:

a) Receber as denúncias, as queixas e as participações e apreciar o seguimento a dar-lhes;

b) Dirigir o inquérito;

c) Deduzir acusação e sustentá-la efectivamente na instrução e no julgamento;

d) Interpor recursos, ainda que no exclusivo interesse da defesa;

e) Promover a execução das penas e das medidas de segurança.

COMENTÁRIOS:

O Ministério Público: O M.P., é uma instituição constitucionalmente prevista no **art. 219º da C.R.P.**, que diz:

1 – Ao Ministério Público compete representar o Estado e defender os interesses que a lei determinar, bem como, com observância do disposto no número seguinte e nos termos da lei, participar na execução da política criminal definida pelos órgãos de soberania, exercer a ação penal orientada pelo princípio da legalidade e defender a legalidade democrática.

2 – O Ministério Público goza de estatuto próprio e de autonomia, nos termos da lei. (...)

4 – Os agentes do Ministério Público são magistrados responsáveis, hierarquicamente subordinados, e não podem ser transferidos, suspensos, aposentados ou demitidos senão nos casos previstos na lei. (...).

No mesmo sentido, diz o **art. 2º do Estatuto do M.P** (L. 47/86, de 15.10):

1 – O Ministério Público goza de autonomia em relação aos demais órgãos do poder central, regional e local, nos termos da presente lei.

2 – A autonomia do Ministério Público caracteriza-se pela sua vinculação a critérios de legalidade e objetividade e pela exclusiva sujeição dos magistrados do Ministério Público às diretivas, ordens e instruções previstas nesta lei.

Da conjugação da norma constitucional, com as normas processuais penais e com o estatuto do M.P., resulta claro que o M.P., é um órgão autónomo da administração da Justiça, orientado por critérios estritos de **legalidade, objetividade e imparcialidade**, sem prejuízo dos seus magistrados estarem **hierarquicamente subordinados**. A subordinação hierárquica não prejudica a autonomia individual de cada magistrado do M. P. Na verdade, tal subordinação hierárquica, entendida como um poder de gestão e de conformação das políticas criminais democraticamente elaboradas, deve ser vista positivamente, como uma garantia de uniformização e estabilização de procedimentos e atuações eficazes dos magistrados do M.P., que agem exclusivamente em nome da lei.

Neste quadro da **objetividade**, assume particular acutilância, a observação de Simas Santos, Leal-Henriques, Borges de Pinho, *in* CPP, Ed. 1966:

Finalmente no que respeita à objectividade cabe dizer que o M.P. deve ajuizar no processo, não segundo a sua perspectiva pessoal de cada momento, mas de acordo com o padrão e os critérios usados pela comunidade na valoração do facto, de modo a que a sanção a aplicar possa adequar-se aos fins de retribuição e de prevenção geral.

A P.G.R. publicou um documento subordinado ao título de "Objetivos estratégicos trianuais e anuais do M.P." onde consigna como **valores do M.P.** a autonomia, a iniciativa, a hierarquia, a responsabilidade, a legalidade, a objetividade, o rigor científico, a qualidade técnica, a celeridade, a transparência, a responsabilidade, a acessibilidade do cidadão, a cooperação e a comunicação. Vale a pena reproduzir o seguinte parágrafo: *O formalismo e a linguagem técnica e hermética que, mau grado a consciência da sua desadequação, continuam a ser utilizados na comunicação dos tribunais com o cidadão, constituem um importante fator de incompreensão das suas decisões, das suas motivações, do seu sentido e das suas consequências, produzindo, invariavelmente, efeitos negativos na perceção sobre a sua validade e adequação. Ao Ministério Público, enquanto órgão de justiça e detentor de atribuições constitucionais e legais relevantes no domínio da administração da justiça, incumbe uma particular obrigação de garantir a transparência e compreensibilidade das suas decisões e dos respetivos fundamentos.*

Competência geral do M.P.: No âmbito processual penal, para alem de inúmeras decisões e intervenções que fazem do M.P. um motor da justiça penal, compete em especial ao M.P., instaurar inquéritos por iniciativa própria (art. 48º) ou a impulso alheio (arts. 49º e 50º) dirigi-los (art. 263º) decidi-los (arts. 277 e 283) promover as decisões e sanções [arts. 330º e 401º-1-a)] e a sua execução (art. 469) recorrer ainda que no interesse do arguido [art. 401º-1-a]. Tudo sem prejuízo do poder de delegação da investigação nos OPCs, mas mantendo a direção efetiva da mesma (v. arts. 55º e 56º). Todo o inquérito, a instrução ou o julgamento, que tiver decorrido à revelia do M.P., é insanavelmente nulo [arts. 118º e 119º-b)-d)]. Por "direção efetiva" deve entender-se "possibilidade de controlo". Por "revelia" deve entender-se, "desconhecimento".

Referências: art. 278º (intervenção hierárquica); art. 279º-2 (reclamação hierárquica); arts. 162º-3, 92º-8 (reclamação hierárquica da remuneração do perito e do intérprete).

Artigo 54º – Impedimentos, recusas e escusas

1. As disposições do capítulo VI do título I são correspondentemente aplicáveis, com as adaptações necessárias, nomeadamente as constantes dos números seguintes, aos magistrados do Ministério Público.

2. A declaração de impedimento e o seu requerimento, bem como o requerimento de recusa e o pedido de escusa, são dirigidos ao superior hierárquico do magistrado em causa e por aquele apreciados e definitivamente decididos, sem obediência a formalismo especial; sendo visado o Procurador-Geral da República, a competência cabe à secção criminal do Supremo Tribunal de Justiça.

3. A entidade competente para a decisão, nos termos do número anterior, designa o substituto do impedido, recusado ou escusado.

COMENTÁRIOS:

Impedimentos, recusas e escusas do M.P.: Aplica-se ao M.P. os **arts. 39º a 47º**, com a especificidade de ser o superior hierárquico do visado, ou a secção criminal do STJ, no caso do P.G.R., quem julga o incidente, razão pela qual a elas deve ser dirigido o requerimento incidental.

O regime de recusa, só pode ser deduzido contra o M.P. na fase de inquérito, pois só aí ele é **decisor** e o instituto da recusa funda-se no perigo da injustiça das decisões. Nas restantes fases, instrução ou julgamento, o decisor é o Juiz; logo, não pode o M.P. ser o alvo do incidente.

I – O regime de recusa previsto no art. 43º e ss. do CPP visa prevenir e excluir as situações em que possa ser colocada em dúvida a imparcialidade do juiz, sendo aplicável, com as devidas adaptações, aos magistrados do MP. II – Pressuposto do pedido de recusa é que o magistrado visado tenha intervenção «no processo» onde aquele é formulado. III – A recusa do concreto magistrado do MP que intervém no concreto processo só pode ter lugar na fase de inquérito, por só então se justificar, em função da sua posição de dominus e dos poderes que decisão que lhe são inerentes nessa fase, a cautela e a garantia da imparcialidade e da objetividade de quem tem a responsabilidade pela sua condução. IV – Nas fases posteriores, a garantia de atuação imparcial coloca-se em termos diferentes, porque nelas o MP não decide e porque a defesa dos direitos e interesses legalmente protegidos dos intervenientes processuais está, nessas fases, a coberto da garantia judicial (Ac. STJ de 08.03.2006, proc. 06P131, *in* simp.pgr.pt/intranet).

Artigo 55º – Competência dos órgãos de polícia criminal

1. Compete aos órgãos de polícia criminal coadjuvar as autoridades judiciárias com vista à realização das finalidades do processo.

2. Compete em especial aos órgãos de polícia criminal, mesmo por iniciativa própria, colher notícia dos crimes e impedir quanto possível as suas consequências, descobrir os seus agentes e levar a cabo os actos necessários e urgentes destinados a assegurar os meios de prova.

COMENTÁRIOS:

Competência dos órgãos de **polícia criminal:** Os OPCs. são órgãos auxiliares das autoridades judiciárias, i.e., do M.P. e do Juiz [v. noções no art. 1º-b-c)] atuando na sua **dependência funcional**, obviamente sem prejuízo da atuação por iniciativa própria, conforme se descreve no nº 2 e em muitas outras disposições ao longo do código, fundada em razões de **urgência**, essencial à defesa eficaz da lei, mas sempre posteriormente **controlada e ratificada** pelas autoridades judiciárias.

Vigilâncias policiais: Muitas vezes se discute a natureza como prova, das ações de vigilância policial, documentados nos autos, nos chamados **"relatórios de diligência externa"**. As vigilâncias policiais, são atos de investigação, levados a cabo na fase de inquérito, por agentes policiais, visando controlar pessoal e diretamente espaços territoriais ou atividades de suspeitos ou arguidos (não estando expressamente previstas no CPP, inscrevem-se contudo na atividade policial descrita no nº 2). Tais **"relatórios de diligência externa"**, por si só, nenhum valor de prova têm. O que tem valor de prova, são as declarações orais em audiência prestadas pelos agentes que participaram nessas vigilâncias policiais documentadas nos autos (o declarante/testemunha, não tem que ser forçosamente o subscritor ou subscritores do auto de vigilância; basta ter participado na ação de vigilância). Sem embargo, como é óbvio, desta matéria estar submetida a critérios de estrita legalidade, designadamente, não colidir com direitos fundamentais dos vigiados, sob pena de constituírem métodos proibidos de prova (v. art. 125º e 126º).

"Autos de vigilância (isto é, textos escritos pelos agentes policiais onde estes relatam aquilo que viram) não são documentos que possam ser utilizados na prova de factos num julgamento" (Ac. TRL de 25.05.2010, proc. 42/08.PJAMD.L1-5, *in* www.dgsi.pt).

Referências: arts. 241º a 261º (notícia do crime, medidas cautelares, comunicações); art. 263º (direção do inquérito); arts. 255º e 257º (flagrante delito); art. 6º da L.5/2002, de 10.11 (admissibilidade legal de registos de voz e imagens, na criminalidade organizada e económico-financeira).

Artigo 56º – Orientação e dependência funcional dos órgãos de polícia criminal

Nos limites do disposto no nº 1 do artigo anterior, os órgãos de polícia criminal actuam, no processo, sob a direcção das autoridades judiciárias e na sua dependência funcional.

COMENTÁRIOS:

Subordinação funcional dos OPCs: A noção de órgão de **polícia criminal** está no **art. 1º-c)**, que diz que são *«todas as entidades e agentes policiais a quem* *caiba levar a cabo quaisquer atos ordenados por uma autoridade ou determinados por este Código»* de onde resulta imediatamente a ideia que perpassa por todo o código, de subordinação dos OPCs em matéria criminal às magistraturas judicial e do M.P.

Assim, em sede de relacionamento da polícia criminal com as autoridades judiciárias, não se consagrou nem um sistema de autonomia orgânica e funcional, nem um sistema de total dependência orgânica e funcional da polícia criminal perante a autoridade judiciária, mas um sistema de dependência funcional. A autoridade judiciária dirige e a polícia realiza tarefas de investigação. Investigação que será realizada sob delegação genérica, específica ou presumida, cabendo à autoridade judiciária poderes de direcção, avocação e devolução. Mas, não se afirmando qualquer forma de vinculação orgânica, há que salvaguardar a autonomia técnica das polícias, respeitando-se a sua autonomia no âmbito de aspectos técnicos, estratégicos, operacionais e logísticos (*in* CPP, Mag. M.P. Dist. Judic. do Porto).

Referências: arts. 241º a 261º (notícia do crime, medidas cautelares, comunicações); art. 263º (direção do inquérito); art. 270º (atos delegáveis do M.P.).

TÍTULO III – Do arguido e do seu defensor

Artigo 57º – Qualidade de arguido

1. Assume a qualidade de arguido todo aquele contra quem for deduzida acusação ou requerida instrução num processo penal.
2. A qualidade de arguido conserva-se durante todo o decurso do processo.
3. É correspondentemente aplicável o disposto nos nºs 2 a 6 do artigo seguinte.

COMENTÁRIOS:

A qualidade de arguido: O presente título, é tributário da Lei de autorização legislativa nº 43/86, de 26.11, art. 2º-2-8, que determinou a necessidade da definição do momento e do modo de obtenção do estatuto de arguido.

O termo **arguido** generalizou-se na atual legislação em prejuízo do termo clássico, réu, considerado por alguns demasiado estigmatizante. No seu sentido etimológico de raiz latina, basicamente, arguido é *«aquele que é objeto de uma censura»* e réu *«aquele que é objeto de uma acusação»*. Assim, não parece ter havido grande ganho concetual quanto ao significante, nem se superou a interpretação mais estigmatizante, posto que no imaginário social, o tempo se encarregou de proceder à respetiva sinonímia. Aguarda-se pois a resposta dos "*antiestigmatizantes*". Nova designação pode estar a caminho.

O CPP, não nos fornece diretamente uma **noção de arguido** [ao contrário do que acontece por exemplo, com a noção de suspeito, no art. 1º-1-e)]. Este artigo, ao dizer que é arguido «*todo aquele contra quem for deduzida acusação ou requerida instrução num processo penal*», parte da **prática de atos processuais específicos**, concretamente, o ato de acusar ou o ato de requerer instrução, para qualificar obrigatoriamente o alvo como arguido. Logo, arguido, é, desde logo, intraprocessualmente e *ope legis*, aquele que for sujeito passivo destes atos processuais. Mas uma coisa é, usando as epígrafes deste e do artigo seguinte, a «*qualidade de arguido*», outra a «*constituição de arguido*». Basta pensar nos casos em que o arguido ao longo do processo, nunca foi localizado e obviamente nunca foi sequer constituído como tal, nem lhe foi aplicado os procedimentos previstos no artigo seguinte e a sujeição a TIR (v. art. 196º). Nestes casos, o processo, não pode parar; terá de prosseguir, eventualmente com a prolação da acusação, passando a partir daí o suspeito, à condição de arguido (com todos os direitos inerentes). Logo, "assume" imediatamente intraprocessualmente a condição de arguido sem ainda ter sido "constituído" como tal, o que poderá acontecer só posteriormente ou mesmo nunca. Igualmente a circunstância de ser requerida a instrução (v. art. 287º) contra alguém considerado suspeito da prática de um crime, tem a mesma consequência. Em todo o caso, acusado ou requerida a instrução ou o julgamento, sem que tenha havido **prévia** constituição de arguido (o que ocorrerá poucas vezes, exceto se o acusado for "revel") logo que possível, deve o titular do processo, procurar dar cumprimento ao artigo seguinte, formalizando a constituição de arguido, com todos os direitos e deveres inerentes (art. 61º).

Havendo decisão condenatória, quando o processo entra na fase executiva, o arguido perde essa qualidade, passando à de "condenado", enquanto sujeito passivo da execução penal – assim denominado, v. g., arts. 470º, nº 2, 476º, 483º, 485º, 488º, 490º, 491º, 492º, 493º, 495º, 498º, 500º e 509º do CPP (Ac. STJ de 02.02.2006, proc. 3890/05-5, *in* www.dgsi.pt).

A presunção de inocência: Deve ter-se sempre presente que o arguido (assumido ou constituído) tem o seu estatuto processual, modelado pela **presunção de inocência** que decorre do art. 32º-2 da C.R.P., corolário do princípio *in dubio pro reo*, que abrange, nomeadamente, o direito à celeridade do processo, a preferência pela absolvição material relativamente ao arquivamento formal, a proibição de ser apreciada a responsabilidade do arguido em despachos de arquivamento ou a proibição de efeitos automáticos desfavoráveis ao arguido pela mera instauração do processo penal (neste sentido, Gomes Canotilho/Vital Moreira, *in* Constituição anotada, 1993, pág. 203).

A capacidade judiciária do arguido: Só pode ser arguido quem for **capaz** de ser penalmente responsabilizado. Não podem ser arguidos, por exemplo, os **inimputáveis** em razão de idade (menores de 16 anos – art. 19º do C.P.) ou em razão de anomalia psíquica (art. 20 do C.P.) estes sem prejuízo de virem a ser internados (art. 91º e segs. do C.P.). Nas situações de **inimputabilidade superveniente** do arguido, por exemplo, por problemas mentais, o processo deve suspender-se até ele recuperar a capacidade perdida (v. art. 272º do C.P.C. *ex vi* art. 4º). Enquanto ele a não recuperar, o processo não pode continuar, pois o conjunto de direitos do arguido e sobretudo de deveres, impõe-lhe prestações, que só estando ele dotado dessa capacidade lhe podem ser exigidas. Em todo o caso, a mera suspeita de uma qualquer situação de inimputabilidade, determina a imediata constituição obrigatória de um seu defensor [art. 64º-1-c)].

Se o inimputável menor, agente de um crime, tiver entre **12 e 16 anos**, ficará incurso em **medidas de natureza tutelar**, para aplicação das quais é competente o Tribunal de Menores (L. 166/99, de 14.09 – Lei Tutelar Educativa).

As **pessoas coletivas**, perante determinadas leis, v.g., criminalidade económica, são penalmente imputáveis, logo, podem ser arguidas, devendo os atos de constituição de arguido, serem praticados na pessoa dos seus representantes legais (art. 21º do C.P.C.).

A comunicação dos atos: Os atos suprarreferidos devem ser formalmente comunicados, para que intra e extraprocessualmente o arguido assuma com pleno conhecimento o seu estatuto e seja titular dos respetivos direitos e deveres, o que acontece com as comunicações a que se alude no nº 3. E sê-lo-á, *«durante todo o decurso do processo»*, melhor dizendo, durante todo o tempo que o processo esteja pendente ou fique pendente mesmo por reabertura do mesmo nos termos do art. 279º ou do art. 449º.

A responsabilidade tributária do arguido: O arguido é tributariamente responsável pelo pagamento das custas criminais e pelos encargos, nos termos dos arts. 513 e 514, exceto se estiver isento nos termos art. 4º-1-j) do Reg. Custas Processuais, ou usufruir de apoio judiciário, nos termos da L. 34/2004, de 29.07.

Referências: arts. 58º e 59º (constituição de arguido); art. 196º (prestação de termo de identidade e residência); arts. 334º a 337º (situações de revelia e contumácia do arguido).

Artigo 58º – Constituição de arguido

1. Sem prejuízo do disposto no artigo anterior, é obrigatória a constituição de arguido logo que:

a) Correndo inquérito contra pessoa determinada em relação à qual haja suspeita fundada da prática de crime, esta prestar declarações perante qualquer autoridade judiciária ou órgão de polícia criminal;

b) Tenha de ser aplicada a qualquer pessoa uma medida de coacção ou de garantia patrimonial, ressalvado o disposto nos nºs 3 a 5 do artigo 192º;

c) Um suspeito for detido, nos termos e para os efeitos previstos nos artigos 254º a 261º; ou

d) For levantado auto de notícia que dê uma pessoa como agente de um crime e aquele lhe for comunicado, salvo se a notícia for manifestamente infundada.

2. A constituição de arguido opera-se através da comunicação, oral ou por escrito, feita ao visado por uma autoridade judiciária ou um órgão de polícia criminal, de que a partir desse momento aquele deve considerar-se arguido num processo penal e da indicação e, se necessário, explicação dos direitos e deveres processuais referidos no artigo 61º que por essa razão passam a caber-lhe.

3. A constituição de arguido feita por órgão de polícia criminal é comunicada à autoridade judiciária no prazo de 10 dias e por esta apreciada, em ordem à sua validação, no prazo de 10 dias.

4. A constituição de arguido implica a entrega, sempre que possível no próprio acto, de documento de que constem a identificação do processo e do defensor, se este tiver sido nomeado, e os direitos e deveres processuais referidos no artigo 61º

5. A omissão ou violação das formalidades previstas nos números anteriores implica que as declarações prestadas pela pessoa visada não podem ser utilizadas como prova.

6. A não validação da constituição de arguido pela autoridade judiciária não prejudica as provas anteriormente obtidas.

7. Sem prejuízo da prossecução do processo, a constituição de arguido menor é comunicada, de imediato, aos titulares das responsabilidades parentais, ao seu representante legal ou à pessoa que tiver a sua guarda de facto.

(Última redação da L. 33/2019, de 22.05)

COMENTÁRIOS:

A constituição de arguido: A constituição de arguido é um ato solene do processo, que deve cumprir-se nos momentos definidos por lei, nas respetivas alíneas, com as formalidades dos nºs 2 e 4, de forma escrupulosa (pressuposto é que o suspeito esteja localizado, pois se não estiver operará os termos do artigo antecedente). Tal ato tem uma vertente **constitutiva de direitos e deveres** e uma vertente **informativa** relativamente ao arguido, posto que através dele lhe é dado conhecimento desse conjunto de direitos e deveres previstos no art. 61º, a que fica adstrito a partir daquele momento.

Estas formalidades que se impõem no ato de constituição de arguido, são tão importantes que o seu não cumprimento é cominado com a **invalidade para efeitos de prova das declarações prestadas** (v. nº 5). E esta invalidade pode ter severas implicações no processo, aquando por exemplo, das declarações prestadas em primeiro interrogatório perante o Juiz de instrução, que não podem ser usadas nos termos e para os efeitos do art. 357º (reprodução ou leitura das declarações do arguido).

Alínea a): O art. 58º, prevê vários momentos em que é **obrigatório** a constituição de arguido. Na alínea a) é necessário que, **(1)** corra inquérito contra pessoa determinada, **(2)** em relação à qual haja suspeita fundada da prática de crime e **(3)** esta prestar declarações.

(1) Face ao texto da alínea a) ***«pessoa determinada»,*** haverá que previamente dizer, que um inquérito pode começar por correr "contra" pessoa desconhecido ou pessoa indeterminada, apesar de puder ter como referencial um indivíduo concreto, que é digamos, um "ponto centrípeto" de uma certa factualidade. Mas o inquérito, não "corre" contra ele. Corre é contra alguém indeterminado, que pode ser ele ou qualquer outra pessoa. Estamos numa fase, entre outras coisas, de "determinação" do agente do crime. Enquanto a investigação não for além disso, a pessoa pode prestar declarações sem ser constituído arguido, precisamente porque o nível de indícios contra si é circunstancial. Assim, só quando convergir para esse ponto centrípeto, prova bastante/fundada, é que passa a suspeito [art. 1º-e)] e preenche as condições para ser arguido, podendo dizer-se então, que o inquérito corre contra pessoa determinada.

Jurisprudência uniformizadora: Ac. de Fixação de Jurisprudência do STJ nº 1/2006, de 23.11.2005, *in* D.R. de 02.01.2006: «*A falta de interrogatório como arguido, no inquérito, de pessoa determinada contra quem o mesmo corre, sendo possível a notificação, constitui a nulidade prevista no artigo 120º, nº 2, alínea d), do Código de Processo Penal*».

(2) O segundo pressuposto é que haja ***«suspeita fundada».*** Note-se que a condição de arguido é sempre um consequente à condição de suspeito. O arguido, conforme se usa dizer, é um "suspeito qualificado". Ninguém é arguido sem ter sido previamente suspeito, ainda que por breves minutos. A noção de suspeito é tão importante que a própria lei contém a sua definição no art. 1º-e), como, *«toda a pessoa relativamente á qual exista indício de que cometeu ou se prepara para cometer um crime, ou que nele participou ou se prepara para participar»*. Curiosamente a lei não contém uma definição de arguido. Todavia resulta da alínea a), que arguido é aquele relativamente ao qual, haverá uma suspeita fundada da prática de crime. Suspeita fundada, é mais do que uma mera suspeita. Suspeita fundada é aquela que já está apoiada/fundada em **fortes indícios** e apoiada/fundada em **meios de prova razoáveis** (v. notas ao art. 277º-2). Assim, restringe-se a constituição de arguido aos casos em que os indícios já são suficientemente fortes para concluir que o suspeito poderá ter praticado o crime.

(3) Por fim, para alem do inquérito ter de correr contra «pessoa determinada» e haver contra ela «suspeita fundada» é também pressuposto ela ***«prestar declarações perante qualquer autoridade».*** Ora a escolha do momento da tomada de declarações, é da competência decisória do investigador. Conforme refere Jorge Miranda na sua C.R.P. anotada, nada na lei obriga a constituir logo o suspeito como arguido. A constituição como arguido só deve portanto verificar-se, quando os indícios da prática de um crime pelo suspeito, atingem um patamar que tornam a sua tomada de declarações, como indispensável ao normal prosseguimento da investigação. Até aí, há como que um poder discricionário do investigador de reunir todos os elementos que entender necessários à decisão de constituição como arguido do suspeito, sem o dever de lhe comunicar que é suspeito. Enfim, a lei não impõe ao investigador, o dever de comunicação a um cidadão de que é suspeito. Impõe-lhe sim, o dever de o constituir como arguido, logo que estejam **reunidas as condições legais**.

O próprio respeito que aos cidadãos é devido, exige que o ato de constituição de arguido, não seja uma mera operação burocrática, mas fundada em razões jurídico-criminais. Quantas denúncias – algumas anónimas – chegam aos tribunais e se revelam infundadas e por vezes meramente persecutórias. Deverá incomodar-se o cidadão, impondo-lhe logo o ónus de ser arguido num processo, com a obrigatória prestação de termo de identidade residência, sem se ter averiguado se a denúncia ou participação contra ele, tem fundamente mínimo? Parece-nos que até o mais elementar bom senso impõe a resposta negativa.

Alínea b): De acordo com a alínea b) é obrigatória a constituição de arguido, quando se **aplicar a alguém medidas de coação ou de garantia patrimonial**, ressalvando-se o disposto no art. 192º-3 a 5 (no caso de arresto, que é uma medida de garantia patrimonial, esta pode anteceder a constituição como arguido, verificadas as circunstâncias descrita no art. 192º).

Alínea c): De acordo com a alínea c) é obrigatória a constituição de arguido, quando alguém for **detido**. A detenção só pode ter lugar nos estritos termos previstos nos artigos 254º a 261º. A detenção é um ato que pode ser praticado, quer pelos **órgãos de polícia criminal** [art. 1º-1-c)], quer pela **autoridade judiciária** [art. 1º-1-b)], quer por **qualquer cidadão** [art. 255º-1-b)]. Todavia, será sempre o detido/suspeito presente ao órgão de polícia criminal, nos casos em que a detenção tiver sido feita por cidadão, e em todos os casos à autoridade judiciária, que validará ou não a detenção. Se validar, o detido/suspeito será obrigatoriamente constituído arguido.

Alínea d): De acordo com a alínea d) é obrigatória a constituição de arguido, quando for levantado **auto de notícia** que dê uma pessoa como agente de um crime e aquele lhe for comunicado. O auto de notícia é um documento onde se reportam factos e se descrevem circunstancialismos criminosos, e vale como denúncia, tudo conforme melhor consta dos arts. 242º e 243º. É através do auto de notícia que se tem conhecimento da *notitia criminis*, dando origem a um processo-crime. Assim, sempre que existir um auto de notícia em que figure como agente de um crime um determinado suspeito, se este for chamado a depor, tem de ser constituído arguido (v. notas ao art. 242º e 243º). Todavia, na senda do já expresso na alínea a) e como decorrência lógica deste preceito, a constituição de arguido não deverá ocorrer se *«a notícia for manifestamente infundada»*. A falta de fundamento, deve apreciar-se no plano fáctico e jurídico. Exemplo no plano fáctico, é a denúncia da prática de um crime contra alguém que se sabe que nunca poderia ter cometido aquele crime, por ser público que na data dos factos estava noutro local. No plano jurídico, podemos dar o exemplo da denúncia da prática de um crime de emissão de cheque sem provisão pré datado. Como se sabe na atual legislação, tal já não constitui crime.

A comunicação e validação do ato de constituição de arguido: A L. 48/2007, de 29.08, introduziu neste artigo um elemento novo, que é a necessidade de a constituição de arguido pela entidade policial, ser **comunicada** no prazo de **10 dias** à autoridade judiciária para **validação** do ato, nos termos dos nºs 3 e 6. Não se vê qualquer vantagem neste procedimento, puramente burocrático, que gera uma enorme troca de ofícios e expediente vário e constitui mais uma despesa e um entrave à celeridade processual. De qualquer forma, tal comunicação deverá fornecer à autoridade judiciária os elementos necessários para esta fazer um juízo de apreciação sobre os pressupostos da constituição de arguido, designadamente nos termos do nº 1. De acordo com o nº 6, mesmo que a autoridade judiciária não valide a constituição de arguido, não ficam prejudicadas as provas anteriormente obtidas. Trata-se de mais uma disposição redundante, já que isso sempre decorreria dos princípios gerais do processo. Por fim, importa fazer notar, que se é a autoridade judiciária, a ordenar ao O.P.C. que constitua alguém como arguido, obviamente que esse ato não carece de validação. A validação está ínsita na origem decisória do ato.

O arguido menor: A L. 33/2019, de 22.05, alterou vários artigos do CPP, entre os quais o anotando, introduzindo um conjunto de direitos, em favor dos menores. Importa dilucidar os conceitos introduzidos. **Menor**, para todos os efeitos jurídicos, é, de acordo com o art. 122º do Código Civil, *«quem ainda não tiver completado 18 anos de idade»*. Completa-se 18 anos, às 24 horas do dia do 18º aniversário, pelo que será maior, no 1º segundo do dia seguinte [v. regras de contagem de prazos no art. 279º-b)-c) do C.C.]. Este raciocínio aplica-se aos diversos marcos de idade a que a lei dá relevo. Por outro lado, o art. 19º do C.P. diz que *«os menores de 16 anos são inimputáveis»*. Assim, para efeitos processuais penais, o **menor a que a norma alude**, terá de ter entre 16 anos (no dia do seu 16º aniversário, ainda é inimputável) e 18 anos (no dia do seu 18º aniversário, ainda é menor).

Aos delinquentes, com **menos de 16 anos, mas com 12 anos ou mais**, aplica-se a **Lei Tutelar Educativa**, que prevê a aplicação de medidas cautelares. Ao delinquente com **menos de 12 anos,** aplica-se a **Lei de Proteção de Crianças e Jovens em Perigo**.

Àqueles que têm responsabilidades relativamente ao menor, deve ser **comunicado** a sua constituição como arguido. Por **titulares das responsabilidades parentais**, entende-se todos aqueles que têm obrigações relativamente aos cuidados a prestar às crianças e jovens, tais como providenciar-lhes, segurança, saúde, sustento, educação e havendo bens próprios, boa administração de tais bens. Em regra são os pais. Mas falecidos, incapazes por qualquer razão ou inibidos do poder paternal, pode tal responsabilidade estar a cargo de um **tutor** ou uma **instituição**, que nesse caso assume a **representação legal** do menor. Acrescerá, as situações de **guarda de facto do menor,** que correspondem como o próprio nome indica, a múltiplas situações factualmente diferentes, mas que ocorrem com grande frequência.

O valor probatório das declarações no inquérito do arguido: O valor das declarações do arguido em inquérito é **nulo** em termos probatórios para efeito de julgamento, **exceto** nos precisos termos do **art. 357º** (com a sua nova e importante redação introduzida pela L. 20/2013, de 21.02.).

Referências: art. 59º (outros casos de constituição de arguido); art. 196º (prestação de termo de identidade e residência); arts. 334º a 337º (situações de revelia e contumácia do arguido); arts. 61º, 87º, 90º, 103º, 194º, 283º e 370º (direitos dos menores); D.L. 401/82, de 23.09 (regime penal especial para jovens com idade entre os 16 anos e os 21 anos).

Artigo 59º – Outros casos de constituição de arguido

1. Se, durante qualquer inquirição feita a pessoa que não é arguido, surgir fundada suspeita de crime por ela cometido, a entidade que procede ao acto suspende-o imediatamente e procede à comunicação e à indicação referidas no nº 2 do artigo anterior.

2. A pessoa sobre quem recair suspeita de ter cometido um crime tem direito a ser constituída, a seu pedido, como arguido sempre que estiverem a ser efectuadas diligências, destinadas a comprovar a imputação, que pessoalmente a afectem.

3. É correspondentemente aplicável o disposto nos nºs 3 e 4 do artigo anterior.

COMENTÁRIOS:

A conversão do depoente em arguido: Regula-se aqui situações menos comuns de constituição de arguido. **No primeiro caso**, quando o depoente, sobre o qual não recai qualquer suspeita, no decurso das suas declarações faz **afirmações autoincriminatórias**. Nessa altura, se as mesmas se revelarem minimamente fundadas e forem subsumíveis à prática de qualquer crime, sob forma de autoria ou comparticipação criminosa, deverá o mesmo ser imediatamente constituído arguido, por iniciativa da entidade que preside à inquirição. **No segundo caso**, já recai sobre o cidadão a suspeita difusa da prática de um crime, e já estão em curso diligências com o objetivo de comprovar tal suspeita. É um pré suspeito. Então, ele, por sua iniciativa, requer no processo, que lhe seja atribuído o estatuto de arguido, com os inerentes direitos e deveres, nos termos e com os efeitos dos nºs 3 e 4 do artigo antecedente.

Os crimes por recusa de depoimento: Registe-se que este artigo pode ser usado pelos depoentes com objetivos defraudatórios à lei. Basta recordar que enquanto a testemunha está adstrita ao dever de verdade (art. 132º) o arguido não. Logo, uma testemunha que não queira dizer a verdade ou não esteja interessada em depor, sem que sobre a mesma recaia qualquer impedimento, designadamente dos arts. 133º e 134º, poderá vir a criar artificiosamente a situação prevista no nº 1 ou a invocar a situação prevista no nº 2, para se subtrair aos seus deveres. O inquiridor não se deve deixar enganar e sim avaliar muito bem se está preenchido o pressuposto para a aplicação deste artigo, que é a do depoente ser ou ter-se tornado um suspeito, nos termos definidos pelo art. 1º-1-c). O depoente sem revelar factos que o incriminem, tem de fundamentar as razões pelas quais pretende ser constituído arguido. Se nada concorrer para ele ser considerado suspeito, e muito menos arguido, não pode recusar-se a depor e se o fizer poderá incorrer, conforme as circunstâncias, em **crime de recusa de depoimento** (art. 360º-2 do C.P.) **ou crime de favorecimento pessoal** (art. 367º-1 do C.P.)

Referências: art. 132º (deveres e direitos da testemunha).

Artigo 60º – Posição processual

Desde o momento em que uma pessoa adquirir a qualidade de arguido é-lhe assegurado o exercício de direitos e de deveres processuais, sem prejuízo da aplicação de medidas de coacção e de garantia patrimonial e da efectivação de diligências probatórias, nos termos especificados na lei.

COMENTÁRIOS:

Estatuto do arguido: Trata-se de uma norma redundante. Diz aquilo que outras já disseram. Limita-se a frisar que o arguido é simultaneamente **sujeito processual**, detentor de um específico estatuto com direitos e deveres próprios, mas também (ao contrário do que por vezes se defende) **objeto processual**, uma vez que é ou pode ser visado por um conjunto de atos investigatórios, a que não pode deixar de se submeter (v.g., perícias – art. 172º-1). É igualmente um **meio de prova**, não obstante o seu direito ao silêncio [v. arts. 140º e 61º-1-c)].

Artigo 61º – Direitos e deveres processuais

1. O arguido goza, em especial, em qualquer fase do processo e salvas as excepções da lei, dos direitos de:

a) Estar presente aos actos processuais que directamente lhe disserem respeito;

b) Ser ouvido pelo tribunal ou pelo juiz de instrução sempre que eles devam tomar qualquer decisão que pessoalmente o afecte;

c) Ser informado dos factos que lhe são imputados antes de prestar declarações perante qualquer entidade;

d) Não responder a perguntas feitas, por qualquer entidade, sobre os factos que lhe forem imputados e sobre o conteúdo das declarações que acerca deles prestar;

e) Constituir advogado ou solicitar a nomeação de um defensor;

f) Ser assistido por defensor em todos os actos processuais em que participar e, quando detido, comunicar, mesmo em privado, com ele;

g) Intervir no inquérito e na instrução, oferecendo provas e requerendo as diligências que se lhe afigurarem necessárias;

h) Ser informado, pela autoridade judiciária ou pelo órgão de polícia criminal perante os quais seja obrigado a comparecer, dos direitos que lhe assistem;

i) Ser acompanhado, caso seja menor, durante as diligências processuais a que compareça, pelos titulares das responsabilidades parentais, pelo representante legal ou por pessoa que tiver a sua guarda de facto ou, na impossibilidade de contactar estas pessoas, ou quando circunstâncias especiais fundadas no seu interesse ou as necessidades do processo o imponham, e apenas enquanto essas circunstâncias persistirem, por outra pessoa idónea por si indicada e aceite pela autoridade judiciária competente;

j) Recorrer, nos termos da lei, das decisões que lhe forem desfavoráveis.

2. A comunicação em privado referida na alínea f) do número anterior ocorre à vista quando assim o impuserem razões de segurança, mas em condições de não ser ouvida pelo encarregado da vigilância.

3. A informação a que se refere a alínea h) do nº 1, no caso de arguido menor, é também disponibilizada às pessoas referidas na alínea i) do mesmo número.

4. Caso o menor não tenha indicado outra pessoa para o acompanhar, ou a pessoa nomeada por si nos termos da alínea i) do nº 1 não seja aceite pela autoridade judiciária competente, esta procede à nomeação, para o mesmo efeito, de técnico especializado para o acompanhamento.

5. Para efeitos do disposto na alínea i) do nº 1 e nos nºs 3 e 4, presume-se a menoridade se, depois de realizadas todas as diligências para

proceder à identificação do arguido, a sua idade permanecer incerta e existirem motivos para crer que se trata de menor.

6. Recaem em especial sobre o arguido os deveres de:

a) Comparecer perante o juiz, o Ministério Público ou os órgãos de polícia criminal sempre que a lei o exigir e para tal tiver sido devidamente convocado;

b) Responder com verdade às perguntas feitas por entidade competente sobre a sua identidade;

c) Prestar termo de identidade e residência logo que assuma a qualidade de arguido;

d) Sujeitar-se a diligências de prova e a medidas de coacção e garantia patrimonial especificadas na lei e ordenadas e efectuadas por entidade competente.

(Última redação da L. 33/2019, de 22.05)

COMENTÁRIOS:

Os direitos especiais do arguido: O artigo declara que os direitos que enuncia, são especiais. Na verdade, são inúmeros os direitos do arguido espalhados por quase todos os capítulos do C.P.P. No que concerne a estes direitos especiais, basicamente podemos dizer que flui das alíneas do nº 1, que o arguido tem o **direito de informação e de participação ativa** em todos os atos processuais que diretamente lhe disserem respeito e ainda o **direito de ser assistido por defensor** ao longo de todo o processo.

O direito à informação dos factos imputados – nº 1-c): Avulta neste elenco, o direito de ser *«informado dos factos que lhe são imputados»* antes de prestar declarações (introduzido pela L. 48/2007, de 29.08). Trata-se de uma disposição que deve ser interpretada com algum cuidado, pois uma interpretação demasiado extensiva, poderá pôr em causa a investigação. Na verdade, **informar dos factos** que lhe são imputados, não deve ser confundido com **informar das provas** existentes contra o arguido. Aqui é necessário conjugar este normativo, com o disposto no art. 141º-4-c), para cujas notas se remete. Por outro lado, questionar-se-á o nível de informação dos factos. Parece que serão sempre os factos essenciais que possam preencher os elementos objetivos de um dado crime. Não necessariamente os factos instrumentais, aqueles que ajudam a compreender ou explicam os factos essenciais.

O direito ao silêncio ou à não autoincriminação – nº 1-d): Assume especial contorno, o direito de não responder às perguntas que forem feitas sobre «os factos que lhe forem imputados». Trata-se do **direito do arguido à não autoincriminação**, no sentido mais lato possível, na medida em que o arguido, não tem que justificar o exercício desse direito que a lei lhe confere. Apenas tem que o invocar, que lhe será imediatamente concedido, sem quaisquer condicionalismos. Registe-se que este direito, se refere aos «factos» ilícitos imputados e apenas a eles. O arguido é obrigado a falar e com verdade, para se identificar [nº 3-b)].

O exercício do direito ao silêncio não pode prejudicar o arguido, mas também não pode beneficiá-lo, pelo menos diretamente. Sobretudo na fase de inquérito, ao usar desse direito, não facultando linhas de investigação que possam conduzir à descoberta de outra "verdade" que não aquela que lhe é imputada, nem a soluções jurídicas que o beneficiem, não pode surpreender-se que se fortaleçam as suspeitas que sobre si recaem e que triunfe a "verdade" indiciária fundada nas provas por si não colocadas em causa e que acabe acusado, julgado e até condenado.

Importa não confundir este direito ao silêncio, com o por vezes invocado "direito" de mentir. Não existe o "direito" de mentir em nenhum ordenamento civilizacional, seja ele jurídico, social, religioso, etc...A mentira, qualquer que seja o ângulo de análise, revela sempre uma qualidade desvaliosa do caráter da pessoa, o que não é irrelevante em matéria de censura penal. Logo, não é possível falar da mentira como um direito. Se o arguido mentir e for apanhado a mentir, deverá tirar-se disso as consequências penais mais agravadas, ao nível da escolha e medida da pena que lhe for aplicada [v. art. 71º-2-c)-d)].

Inexiste entre nós norma constitucional expressa que consagre o direito à não autoincriminação, traduzido no brocado latino nemo tenetur se ipsum accusare. Não obstante é maioritariamente aceite que o mesmo constitui decorrência, numa dimensão de garantia constitucional de natureza processual, do direito a um processo equitativo e às inerentes garantias a este associadas (artigo 32º da CRP, artigo 6º do CEDH e artigo 14º do PIDCP). O direito à não autoincriminação vem sendo densificado doutrinalmente como o direito do visado a remeter-se ao silêncio, não entregar documentos e não ser levado a praticar quaisquer outros atos, por via de métodos capciosos, enganadores, humilhantes e/ou que coartem a sua liberdade e que contribuam para a sua incriminação. Infra constitucionalmente o direito à não autoincriminação destaca-se, na sua consagração processual penal, na dimensão comunicacional, consubstanciada no direito ao silêncio [artigos 61º, nº 1, alínea d), 132º, nº 2, 343º, nº 1, e 345º, nº 1, todos do Código de Processo Penal]. (Sérgio Pena, *in* Estudos; Corrupção e criminalidade económica e financeira – Edição P.G.R.).

O arguido menor: A L. 33/2019, de 22.05, alterou vários artigos do CPP, entre os quais o anotando, introduzindo um conjunto de direitos, em favor dos arguidos menores. Basicamente determina-se aqui, o **direito de acompanhamento e informação,** das pessoas que a lei refere (v, notas no art. 58º). Prevê-se dificuldades práticas, quer no cumprimento do nº 4, no que se refere à nomeação de ***«técnico especializado»,*** quer no nº 5, onde se estipula uma **presunção de menoridade.**

Referências: arts. 58º, 87º, 90º, 103º, 194º, 283º e 370º (direitos dos menores); arts. 34º-1, 345º-1, 357º-1-b) (direito ao silêncio do arguido em sede de audiência de julgamento e possibilidade de leitura das suas declarações anteriormente prestadas perante autoridade judiciária).

Outros direitos do arguido: Para além destes direitos especiais e sem esgotar, o arguido tem **outros direitos** que se encontram dispersos pelo C.P.P., concretamente; tem o direito de requerer a suspensão do processo por razões prejudiciais ou de se opor a ela (art. 7º) tem o direito a requerer, em certos casos, o julgamento perante o tribunal do júri (art. 13º) tem o direito a requerer a separação de processos (art. 30º), tem o direito a requerer a declaração de incompetência pelo tribunal (art. 32º) tem o direito de requerer impedimentos (arts. 39º a 47º) tem o direito a pronunciar-se sobre a constituição do assistente (art. 68º-4) tem o direito a opor-se à publicidade do processo a partir do requerimento para abertura de instrução (art. 86º-) tem o direito de consulta do processo, de obtenção de autos e certidões (art. 89º-1) tem o direito a apresentar exposições, memoriais e requerimentos (art. 98º) tem o direito a requerer a aceleração processual (art. 108º e segs.) tem o direito de arguir nulidades (art. 120º) tem o direito a pronunciar-se sobre a realização de perícias (art. 154º) tem o direito a assistir a diversa diligências de obtenção de prova, nomeadamente revistas e buscas (art. 176º-1) tem o direito de impugnar a aplicação de medidas de coação (art. 219º e segs.) nomeadamente através do *habeas corpus* (arts. 220º e 222º) sem prejuízo do direito à indemnização por privação ilegal ou injustificada da liberdade (arts. 225º e 226º) tem o direito a requerer a abertura de instrução (art. 287) tem o direito a pronunciar-se nos casos de suspensão provisória do processo (arts. 280º e 281º) tem o direito a que lhe seja comunicado o arquivamento do processo (art. 277º, 3) tem o direito a ser notificado do despacho que designa o dia para a audiência (art. 313º-2) tem o direito de contestação escrita e de apresentação de rol de testemunhas e a alterá-lo posteriormente (arts. 315º e 316º) tem o direito a estar presente na audiência e a autorizar que a mesma tenha lugar na sua ausência e a ser informado (arts. 332º e 334º) tem o direito de prestar em audiência as primeiras e as últimas declarações (arts. 343º e 361º) bem como a prestá-las no decurso da audiência (art. 343º) tem os direitos específicos nas formas especiais de processo (arts. 386º, 396º e 398º) tem o direito de recurso [arts. 399º e 401º-1-b)].

Decidir não julgar inconstitucional, designadamente por violação do artigo 32º, nº 5, da C.R.P., o disposto no artigo 61º, nº 1, alíneas a) e f), do C.P.P., quando interpretados em termos de considerar que não conferem ao arguido e ao seu defensor, o direito de estar presente e intervir nos actos de inquirição de testemunhas por si arroladas, a realizar na fase de instrução, que hajam sido delegados pelo juiz nos órgãos de polícia criminal. (Ac. TC 372/2000, *in* DR de 13.11.2000).

Cumpre ao tribunal dirigir o processo em ordem a obter as finalidades que lhe são próprias e, designadamente, fazendo com que ele se contenha nos termos do seu previamente definido objecto. De acordo com o art. 61º, nº 1-g), do CPP, mesmo nas fases do inquérito e da instrução as ofertas de prova e os requerimentos de diligências, podem ser recusados por quem dirige o processo, como evidentemente resulta dos termos da norma: diz a lei que o arguido pode intervir, "oferecendo" e "requerendo" o que se afigurar "necessário", logo atribui forçosa e logicamente ao destinatário de tais actos – o tribunal – o poder de os recusar se não se revestirem de interesse ou necessidade. (Ac. TRL de 12.07.2006, proc. 1688/2006-3, *in* www.dgsi.pt). **Nota:** Tribunal e *mutatis mutandis*, M.P. na fase de inquérito.

Os deveres do arguido: No que concerne aos **deveres,** genericamente podemos dizer que decorre das alíneas, que o arguido tem o dever de se manter à disposição das autoridades, de que é expressão máxima o termo de identidade e residência previsto no art. 196.

A L. 20/2013 de 21.02, eliminou o dever do arguido de responder e informar sobre os seus **antecedentes criminais** (em princípio eles estarão descritos no certificado de registo criminal que deverá constar do processo). Mas não eximiu o arguido de informar se tem processos pendentes e de os identificar (até porque podem verificar-se situações de conexão – v. arts. 24º a 31º).

Referências: arts. 141º e 143º (primeiro interrogatório do arguido detido); art. 194º (aplicação de medidas de coação ao arguido detido); art. 272º (primeiro interrogatório em inquérito).

Artigo 62º – Defensor

1. O arguido pode constituir advogado em qualquer altura do processo.

2. Tendo o arguido mais de um defensor constituído, as notificações são feitas àquele que for indicado em primeiro lugar no acto de constituição.

COMENTÁRIOS:

O advogado: O advogado é um profissional, licenciado em direito, inscrito obrigatoriamente na Ordem dos Advogados (esporadicamente tem-se questionada a imperatividade da inscrição na O.A.). Conforme muitas vezes se tem dito, o advogado, é um "órgão público e autónomo de administração da justiça", sendo certo que a sua atividade assenta no interesse geral de ordem pública que ultrapassa o interesse particular daqueles que representa (neste sentido Cavaleiro Ferreira). Logo, a atividade do advogado é de **ordem pública**. Na verdade, não é possível uma boa justiça sem a intervenção do advogado. O advogado, exatamente porque é também um órgão público de justiça, deve obediência à lei e movimenta-se nos seus estritos limites, em ordem a exercer as funções que lhe são próprias. E não há incompatibilidade nenhuma entre essas funções e a lei, posto que esta as prevê e lhe garante o seu cabal exercício por múltiplas formas. A intervenção num processo de um advogado, tecnicamente evoluído, vigilante, combativo, intelectualmente honesto, dotado de bom senso, é uma bênção para um bom andamento processual e uma garantia para uma boa justiça, que a todos beneficia, desde o arguido e restantes intervenientes processuais, aos magistrados. Assim, um bom advogado, é uma peça fundamental na administração da justiça.

O estatuto do advogado: A Ordem dos Advogados (O.A.) tem o seu estatuto na recente **L. 145/2015, de 09.09.** Aí se podem ler disposições marcantes, como o art. 72º (garantias de tratamento condigno aos advogados) o art. 78º (direito de comunicação com os arguidos presos ou detidos em estabelecimento prisional) o art. 79º (direito de informação e consulta a processos) o art. 80º (o direito de protesto, que vale como arguição de nulidade) e bem assim, um conjunto de deveres deontológicos nos arts. 88º a 96º e 108º a 110º, que não devem ser perdidos de vista por nenhum operador judiciário, como garantia da dignidade e responsabilidade da função e de uma correta justiça.

O defensor; sinónimo de advogado: De acordo com o art. 32º-2 da C.R.P., *«o arguido tem direito a escolher defensor e a ser por ele assistido em todos os atos do processo, especificando a lei os casos e as fases em que a assistência por advogado é obrigatória»*. Daí, o facto deste artigo, não obrigar imediatamente à constituição de defensor, mas apenas quando o arguido o solicite ou a lei o imponha (v. art.

64º) devendo então as autoridades referidas nomear-lhe defensor oficioso, caso o arguido o não constitua.

O termo defensor, atualmente defere-se aos **advogados ou aos advogados estagiários**. Já não é permitido, como acontecia anteriormente à L. 30-E/2000, de 20.12, (anterior lei do apoio judiciário) nomear «pessoa idónea» para assegurar a defesa. Logo, arrumada está a questão; defensor, é obrigatoriamente um advogado, ainda que estagiário, nos termos legais (v. também E.O.A. – competência dos advogados estagiários).

Constituição de advogado: Este normativo, está integrado no título dedicado ao arguido e seu defensor. Ao longo do código, não existe mais referências binominais entre defensor/advogado e qualquer outro interveniente processual, com exceção do assistente (art. 70º) e das partes civis (art. 76º). Registe-se que o mesmo advogado pode defender vários arguidos nos limites do art. 65º ou representar vários assistentes (art. 70º).

A jurisprudência portuguesa, de forma unitária e desde sempre, e ao contrário do que acontece noutros ordenamentos estrangeiros, considera não ser possível o arguido defender-se a ele próprio em juízo penal, ainda que seja advogado. Neste último caso, o direito de defesa em causa própria dos advogados (e já agora, dos magistrados) não é extensível ao processo-crime, desde logo por haver manifesta impossibilidade prática de tal ser executado (por exemplo em julgamento) e por outro lado, porque ao advogado criminal se exige sempre rigor e objetividade, enfim, distanciamento relativamente à causa, o que não acontece nas situações pessoais.

Já quanto à representação do assistente-advogado em causa própria, o **Ac. do STJ de Fixação de Jurisprudência nº 15/2016, de 26.10.2016**, pôs termo à polémica, no sentido de tal não ser possível (v. notas ao art. 70º).

Requisitos da procuração para pessoas singulares e coletivas:

D.L. 267/92, de 28.11: *Nos termos da alínea a) do nº 1 do artigo 201º da Constituição, o Governo decreta o seguinte:*

Artigo único: 1 – As procurações passadas a advogados para a prática de atos que envolvam o exercício do patrocínio judiciário, ainda que com poderes especiais, não carece de intervenção notarial devendo o mandatário certificar-se da existência, por parte do ou dos mandantes dos necessários poderes para o ato. 2 – As procurações com podares especiais devem especificar o tipo de atos, qualquer que seja a sua natureza, para os quais são conferidos esses poderes.

O **DL 267/92, de 28.11** suprimiu a necessidade de intervenção notarial nas **procurações** emitidas a favor de advogados para a prática do exercício do patrocínio judiciário. Mas manteve todas as exigências no que toca à **forma legal** e à **fé pública** de tais instrumentos de representação. Assim, de acordo com o Código do Notariado, art. 46º-1-c) (requisitos dos instrumentos notariais) art. 49º (representação de pessoas coletivas e sociedades) e art. 155º (reconhecimentos) o instrumento notarial/procuração, deve conter o nome completo, estado, naturalidade e residência habitual dos outorgantes, bem como das pessoas singulares por estes representados, a identificação das sociedades, nos termos da lei comercial, e das demais pessoas coletivas que os outorgantes representem, com menção, quanto a estas últimas, das suas denominações, sedes e números de identificação da pessoa coletiva; sendo certo que a prova da qualidade de representante de pessoa coletiva e seus poderes está sujeita a registo e a sua prova faz-se por certidão do registo comercial, que é válida por um ano.

Nomeações oficiosas de advogados: Quando nomeado **oficiosamente**, a constituição de advogado (em regra indicado pela Ordem dos Advogados ou integrantes do serviço de turno nos tribunais) opera-se, simplesmente com o ato de nomeação pelo M.P. ou pelo Juiz. Mas não sendo o advogado nomeado oficiosamente, a sua constituição como representante jurídico, opera-se através de um ato formal, com a apresentação nos autos de **procuração**, que pode ser conferida com poderes gerais ou especiais (art. 49º-3). São poderes especiais, por exemplo, os de desistir, confessar ou transigir, no processo identificado.

Revogação, renúncia, falta insuficiência, e irregularidade do mandato do advogado: A renúncia ao mandato por parte do advogado, (que é algo muito vulgar), efetua-se, com as devidas adaptações, nos termos do **art. 47º do CPC**, devendo o advogado comunicar ao processo a renúncia e o Juiz notificar o mandante da mesma e da necessidade de constituir novo advogado, sem prejuízo de lhe ser nomeado um oficiosamente, nos casos em que tal é obrigatório. Os advogados podem recusar patrocínios que considerem injustos, ou quando suspeitem que o seu patrocínio se destina a promover atividades ilícitas (v. art. 90º do E.O.A.) (v. arts. 47º e 48º do C.P.C., *ex vi*, art. 4º).

Artigo 63º – Direitos do defensor

1. O defensor exerce os direitos que a lei reconhece ao arguido, salvo os que ela reservar pessoalmente a este.

2. O arguido pode retirar eficácia ao acto realizado em seu nome pelo defensor, desde que o faça por declaração expressa anterior a decisão relativa àquele acto.

COMENTÁRIOS:

Representação e revogação: Sendo o defensor o legal representante do arguido, é natural que os direitos que ao arguido são concedidos se transmitam ao seu representante, com exceção, obviamente dos direitos de natureza pessoal; v.g., confissão (v. art. 344º). Pode o arguido revogar o mandato, sempre que assim o entenda, e até retirar eficácia aos atos já praticados pelo seu mandatário, desde que sobre eles não tenha incidido já decisão.

Artigo 64º – Obrigatoriedade de assistência

1. É obrigatória a assistência do defensor:

a) Nos interrogatórios de arguido detido ou preso;

b) Nos interrogatórios feitos por autoridade judiciária;

c) No debate instrutório e na audiência;

d) Em qualquer acto processual, à excepção da constituição de arguido, sempre que o arguido for cego, surdo, mudo, analfabeto, desconhecedor da língua portuguesa, menor de 21 anos, ou se suscitar a questão da sua inimputabilidade ou da sua imputabilidade diminuída;

e) Nos recursos ordinários ou extraordinários;

f) Nos casos a que se referem os artigos 271º e 294º;

g) Na audiência de julgamento realizada na ausência do arguido;

h) Nos demais casos que a lei determinar.

2. Fora dos casos previstos no número anterior pode ser nomeado defensor ao arguido, a pedido do tribunal ou do arguido, sempre que as circunstâncias do caso revelarem a necessidade ou a conveniência de o arguido ser assistido.

3. Sem prejuízo do disposto nos números anteriores, se o arguido não tiver advogado constituído nem defensor nomeado, é obrigatória a nomeação de defensor quando contra ele for deduzida a acusação, devendo a identificação do defensor constar do despacho de encerramento do inquérito.

4. No caso previsto no número anterior, o arguido é informado, no despacho de acusação, de que fica obrigado, caso seja condenado, a pagar os honorários do defensor oficioso, salvo se lhe for concedido apoio judiciário, e que pode proceder à substituição desse defensor mediante a constituição de advogado.

(Última redação da L. 20/2013, de 21.02)

COMENTÁRIOS:

Obrigatoriedade de defensor do arguido: Basicamente podemos dizer que é obrigatória a assistência de defensor **(1)** em atos nas diferentes fases do processo, que sejam muito relevantes para a tomada de decisões que afetem o arguido; **(2)** em atos nos quais o arguido não esteja em condições físicas ou psicológicas de compreender os trâmites legais ou seja menor de 21 anos; **(3)** em situações de recursos; **(4)** em atos de declarações para memória futura; **(5)** em atos de julgamento na ausência do arguido; **(6)** nos demais casos que a lei prever, vg. arts. 144º-3; 221º-3, 223º-2, 504º-3, **(7)** sempre que for julgado conveniente para a defesa do arguido a presença de um defensor. Se o arguido não tiver defensor constituído, terá de ser-lhe nomeado um (v. art. 66º e respetivas notas).

Registe-se que quando na alínea a) se refere «*arguido detido ou preso*» refere-se obviamente à privação da liberdade à ordem daquele concreto processo em que o arguido é interrogado e não à ordem de outro, quando este não tenha nenhum nexo de conexão com aquele. Registe-se ainda que as declarações do arguido prestadas nos termos da alínea b) em interrogatório perante **autoridade judiciária** [v. noção no art. 1º-1-b)] podem ter agora um impacto, que não tinham antes das alterações da L. 20/2013, de 21.02 [v. art. 357º-1-b)].

É ainda obrigatória a nomeação de defensor oficioso (quando o arguido não tenha constituído advogado) no **despacho de acusação** do M.P. (nº 3). Caso a acusação tenha sido deduzida por particular (v. art. 285º) deve o M.P., no despacho em que se pronuncia sobre tal acusação, nomear-lhe um. Constituindo o arguido defensor, cessa imediatamente a nomeação do defensor oficioso [arts. 61º-1-e) e 62º e art. 43º-1 da L. 34/2004, de 29.07 – lei do acesso ao direito]. Deve ainda o arguido ser **informado** nos termos do nº 4, i.e., de que em caso de condenação será condenado no pagamento das despesas do defensor, exceto se lhe for concedido apoio judiciário (v. neste sentido também o art. 39º da L. 34/2004, de 29.07).

O defensor oficioso não carece de apresentar "procuração", ao contrário do defensor constituído. A indicação do nome do defensor oficioso, efetua-se em regra, ou por escala nos tribunais no serviço de turno ou através de indicação do sistema informático SINOA, após o que é nomeado.

Nulidade: Sendo obrigatória a assistência de defensor, a sua falta constitui uma **nulidade insanável**, nos termos do art. 119º-c). Por outro lado, face a tal obrigatoriedade, não pode o arguido, sozinho, pela sua mão e iniciativa, nos casos alinhados, assumir a sua defesa pessoal, como é o caso, por vezes visto em tribunal, de apresentação de recursos subscritos unicamente pelos próprios arguidos. O recurso é um ato exclusivo dos advogados [v. alínea e)].

Defensor de outros intervenientes: Tem-se colocado algumas vezes a dúvida se é possível a **presença de advogados** de quaisquer intervenientes em quaisquer atos processuais e se os mesmos têm sempre de apresentar procuração quando não oficiosos. Em primeiro lugar, há que distinguir os casos em que a lei prevê expressamente a presença obrigatória ou facultativa de advogado (com a apresentação da respetiva procuração, quando a representação é não oficiosa) dos casos em que a lei nada prevê. Só nestes últimos casos é que se pode suscitar a dúvida, a qual se resolve, s.m.o., no sentido de que cada interveniente processual, pode fazer-se acompanhar por quem quiser, advogado inclusive, desde que não interfira no ato e desde que a lei o não proíba, como nalguns casos excecionais de **segredo de justiça** ou **exclusão de publicidade**, previstos no art. 87º. Recorde-se no entanto a situação especial das testemunhas, que podem fazer-se acompanhar por advogado, que todavia não pode intervir na inquirição, tão-somente informar a testemunha dos seus direitos de acordo com o art. 132º-4. O facto de o advogado poder exercer este simples "poder de informar", no decurso do ato, obriga à apresentação de **procuração**, como condição formal para o exercício de tal direito.

Referencias: art. 93º (participação de surdo, deficiente auditivo ou mudo); art. 141º, 143º e 144º (interrogatórios do arguido); art. 333º (julgamento na ausência do arguido).

Artigo 65º – Assistência a vários arguidos

Sendo vários os arguidos no mesmo processo, podem eles ser assistidos por um único defensor, se isso não contrariar a função da defesa.

COMENTÁRIOS:

Representação unitária dos arguidos: O artigo permite a faculdade de representação de diferentes arguidos pelo **mesmo defensor**, desde que tal não coloque em causa a defesa. O princípio vale para as representações **oficiosas**, mas neste caso, deve ser determinado pelo M.P. (no inquérito) ou pelo Juiz (nas fases subsequentes) não só por razões atinentes aos interesses dos arguidos, de uma **defesa estratégica unitária e não contraditória**, mas também enquanto autoridades a quem a lei comete a obrigação de zelar pela correta aplicação dos dinheiros públicos gastos com as defesas oficiosas. Esta é portanto uma norma, que tem um interesse prático maior do que parece. Todavia o sistema automático de nomeações (por arguido) tem constituído um óbice à aplicação desta norma (v. notas ao art. 66º).

Referências: art. 32º-4 da C.R.P. (garantia de escolha de advogado) art. 70º (representação unitária dos assistentes).

Artigo 66º – Defensor nomeado

1. A nomeação de defensor é notificada ao arguido e ao defensor quando não estiverem presentes no acto.

2. O defensor nomeado pode ser dispensado do patrocínio se alegar causa que o tribunal julgue justa.

3. O tribunal pode sempre substituir o defensor nomeado, a requerimento do arguido, por causa justa.

4. Enquanto não for substituído, o defensor nomeado para um acto mantém-se para os actos subsequentes do processo.

5. O exercício da função de defensor nomeado é sempre remunerado, nos termos e no quantitativo a fixar pelo tribunal, dentro de limites constantes de tabelas aprovadas pelo Ministério da Justiça ou, na sua falta, tendo em atenção os honorários correntemente pagos por serviços do género e do relevo dos que foram prestados. Pela retribuição são responsáveis, conforme o caso, o arguido, o assistente, as partes civis ou os cofres do Ministério da Justiça.

COMENTÁRIOS:

As nomeações oficiosas de advogado: Efetuam-se ao abrigo da **L. 34/2004, de 29.07** com as alterações da L. 47/2007, de 28.08 (lei do acesso ao direito e aos tribunais). Basicamente a defesa oficiosa pode ser requerida pelo interessado ou despoletada pelos serviços do tribunal. O artigo trata das nomeações oficiosos a arguidos (que obviamente não tenham advogado constituído) através dos serviços do tribunal, o que tem lugar nos concretos termos dos arts. 39º a 44º da referida lei (que contêm as disposições especiais sobre processo penal) regulamentada pela **Portaria 10/2008, de 03.01**. Os serviços do tribunal (com exceção de situações urgentes, onde se nomeia o advogado de escala, o qual poderá ficar adstrito ao processo até ao seu final) solicitam a nomeação de defensor oficioso, à Ordem dos Advogados, cuja seleção é feita automaticamente, de um lote de advogados voluntários inscritos (sendo o pagamento destes profissionais processado e gerido também pela Ordem dos

Advogados) através do SINOA (sistema de informação nacional da ordem dos advogados). Isto significa na prática, que o arguido não tem o direito de escolher defensor oficioso. Mas pode pedir a sua **substituição** com alegação fundamentada. As nomeações são **comunicadas** ao defensor nomeado e ao arguido. Pode também o nomeado, alegar **justa causa** para não aceitar ou recusar a nomeação ou para pedir **dispensa de patrocínio** (o que deverá solicitar à O.A., de acordo com o art. 42º da L. 34/2004, que terá revogado o nº 2 deste artigo). O conceito de **justa causa** é muito largo, podendo ir desde razões éticas até incompatibilidades práticas várias. A apreciação deve ser feita caso a caso, nunca deixando a menor dúvida de estarem asseguradas todas as garantias de defesa do arguido. Enquanto não houver substituição formal do defensor nomeado, este mantém o dever de defesa.

Remuneração: O defensor oficioso nomeado é sempre remunerado, de acordo com as tabelas em vigor, sendo certo que a responsabilidade do pagamento da remuneração é das pessoas referidas no nº 5 se forem condenadas e não gozarem de apoio judiciário ou dos cofres do Ministério da Justiça.

Artigo 67º – Substituição de defensor

1. Se o defensor, relativamente a um acto em que a assistência for necessária, não comparecer, se ausentar antes de terminado ou recusar ou abandonar a defesa, é imediatamente nomeado outro defensor; mas pode também, quando a nomeação imediata se revelar impossível ou inconveniente, ser decidido interromper a realização do acto.

2. Se o defensor for substituído durante o debate instrutório ou a audiência, pode o tribunal, oficiosamente ou a requerimento do novo defensor, conceder uma interrupção, para que aquele possa conferenciar com o arguido e examinar os autos.

3. Em vez da interrupção a que se referem os números anteriores, pode o tribunal decidir-se, se isso for absolutamente necessário, por um adiamento do acto ou da audiência, que não pode, porém, ser superior a cinco dias.

COMENTÁRIOS:

Faltas, ausências, recusas e abandonos do defensor: O artigo regula de forma clara os incidentes, relacionados com o defensor do arguido, nos atos processuais em que ele devia estar presente. Nestes casos o tribunal, nomeia oficiosamente outro defensor, sem prejuízo de interromper ou adiar o ato, se tal for mais conveniente à justiça. Se não se vislumbrar justificação para o comportamento do advogado e se indiciar alguma violação ao código deontológico dos advogados, deve a situação ser comunicada à Ordem dos Advogados para procedimento disciplinar (v. arts. 90º, 97º e 115º do Estatuto da O.A.).

TÍTULO IV – Vítima

Artigo 67º-A – Vítima

1. Considera-se:

a) 'Vítima':

i) A pessoa singular que sofreu um dano, nomeadamente um atentado à sua integridade física ou psíquica, um dano emocional ou moral, ou um dano patrimonial, diretamente causado por ação ou omissão, no âmbito da prática de um crime;

ii) Os familiares de uma pessoa cuja morte tenha sido diretamente causada por um crime e que tenham sofrido um dano em consequência dessa morte;

b) 'Vítima especialmente vulnerável', a vítima cuja especial fragilidade resulte, nomeadamente, da sua idade, do seu estado de saúde ou de deficiência, bem como do facto de o tipo, o grau e a duração da vitimização haver resultado em lesões com consequências graves no seu equilíbrio psicológico ou nas condições da sua integração social;

c) 'Familiares', o cônjuge da vítima ou a pessoa que convivesse com a vítima em condições análogas às dos cônjuges, os seus parentes em linha reta, os irmãos e as pessoas economicamente dependentes da vítima;

d) 'Criança ou jovem', uma pessoa singular com idade inferior a 18 anos.

2. Para os efeitos previstos na subalínea *ii*) da alínea *a*) do nº 1 integram o conceito de vítima, pela ordem e prevalência seguinte, o cônjuge sobrevivo não separado judicialmente de pessoas e bens, ou a pessoa que convivesse com a vítima em condições análogas às dos cônjuges, os descendentes e os ascendentes, na medida estrita em que tenham sofrido um dano com a morte, com exceção do autor dos factos que provocaram a morte.

3. As vítimas de criminalidade violenta e de criminalidade especialmente violenta são sempre consideradas vítimas especialmente vulneráveis para efeitos do disposto na alínea *b*) do nº 1.

4. Assistem à vítima os direitos de informação, de assistência, de proteção e de participação ativa no processo penal, previstos neste Código e no Estatuto da Vítima.

5. A vítima tem direito a colaborar com as autoridades policiais ou judiciárias competentes, prestando informações e facultando provas que se revelem necessárias à descoberta da verdade e à boa decisão da causa.

(Norma aditada pela L. 130/2015, de 04.09, que aprovou o Estatuto da Vítima – v. em anexo).

COMENTÁRIOS:

A vítima no ordenamento penal: O nosso ordenamento jurídico-penal, não tem tratado bem as vítimas, que são quase sempre personagens secundárias do "drama judiciário". Obcecado pelos direitos do arguido, raramente se surpreende no legislador, momentos em que as vítimas tenham efetiva proteção. E quando parecem ter, depois, tal proteção é dificilmente concretizável, como é o caso da L.104/2009, de 14.09 (concessão de indemnizações a vítimas de crimes violentos). Aliás, o termo "vítima", nem sequer fazia parte do léxico penal, substituído que era por "ofendido", "lesado", "assistente". Casos raros de proteção são os que resultam do art. 51º-a)-b) do C.P., que, de entre os deveres impostos ao condenado em pena de prisão suspensa na sua execução, destinados a reparar o mal do crime, se encontra o de compensar financeiramente a vítima/lesado pelos prejuízos morais ou patrimoniais causados, segundo juízos de razoabilidade (v. declaração de constitucionalidade desta norma no Ac. 596/99 do T.C., *in* D.R. de 02.11). Orientação esta muito pouco seguida pela maioria dos Juízes. Censuravelmente. Na verdade, não vemos forma mais evidente de um agente de um facto ilícito criminoso se redimir pessoal e socialmente, do que a imposição do dever de uma sua atuação concreta, reparadora da sua vítima e regeneradora perante a sua dimensão humana, que lhe sirva de ponto de partida para a necessária reflexão sobre a danosidade dos caminhos desviantes que optou por trilhar e como ponto de chegada a desejada reintegração como cidadão consciente e válido na sociedade onde livremente quis viver, sinalizando desse modo, de forma inequívoca, um novo desejo de se submeter às suas leis e ao direito do estado democrático. É este o «tratamento» adequado, na nossa opinião, dada a sua natureza pedagógica e reeducativa relativamente ao arguido (aliás de acordo com a filosofia penal vigente) e que simultaneamente, não esquece a vítima.

A **L. 130/2015, de 04.09** (em aplicação da Diretiva 2012/29/EU, de 25.10) que aprovou o **estatuto da vítima,** – v. em anexo), dele fazendo parte integrante, introduziu um novo paradigma, ainda que, reconheçamo-lo, nada de substancialmente novo traz, para além de obrigar os operadores judiciários a uma maior atenção a esta problemática. Aliás, o art. 28º desta lei, diz que o CEJ deve organizar conteúdos sobre a vitimização, a fim de sensibilizar os magistrados para a problemática. Ao lado da trilogia, ofendido, lesado e assistente, aparece agora a vítima, que engloba todas essas situações para os efeitos processuais agora tipificados.

A noção de vítima: A L.130/2015, de 04.09, introduziu a norma em análise (bem como o agregado estatuto da vítima) definindo a **vítima,** para efeitos processuais penais, basicamente, como toda a **pessoa singular** (logo, excluindo-se pessoas coletivas) alvo de um **crime**, que teve repercussão **danosa causal e direta** (logo, excluindo danos indiretos – v. notas ao art. 68º) na sua esfera **moral** e ou **patrimonial.** Deste modo, é elevada à condição de vítima, toda a pessoa **prejudicada** pela prática de um crime, qualquer que ele seja, nos precisos termos aqui definidos. Esbate-se assim, a tradicional distinção entre **ofendido** [v. noção no art. 68º-1-a) ou no art. 113º-1 do C.P.] **lesado** (v. noção no art. 74º) e **assistente** (art. 68º). Agora, qualquer deles é considerado **vítima,** independentemente de ter tido ou não intervenção anterior no processo, designadamente de ter exercido ou não o direito de queixa ou de se ter constituído assistente ou demandante civil, ainda que sem prejuízo da manutenção dessas categorias processuais, para outros efeitos. Acresce à noção de **vítima**, alargando-a, os **familiares** da **vítima** [noção preenchida na alínea c) pela ordem e prevalência do nº 2] que tenha **morrido** em consequência do crime e igualmente tenham sofrido diretamente um dano na sua esfera moral e ou patrimonial. Após a lei define, de forma árida, o que é uma «vítima especialmente vulnerável» [com a integração do nº 3, quanto à criminalidade violenta ou especialmente violenta descrita nas alíneas j) e l) do art. 1] e elenca os **«familiares da vítima»** e define o que é uma **«criança ou jovem»** para os efeitos concretos. Por fim o nº 4 reclama para a vítima os direitos de **informação**, **assistência**, **proteção** e **participação,** agora consagrados no estatuto e no código (em especial nos arts. 212º-4, 247º-3-7, 292º-2 e 495º-2), com a enfatização do nº 5. Mas não lhe confere o **direito de recorrer** se não se constituir assistente (v. art. 401º).

O art. 16º-2 da L. 130/2015, de 04.09 (estatuto da vítima) consignou, entre as suas diretivas mais importantes, que o art. 82º-A (reparação da vítima) é de **aplicação obrigatória** quanto a «vítimas especialmente vulneráveis», exceto se elas expressamente se opuserem. O estatuto de **«vítima especialmente vulnerável»,** tem de ser atribuído de forma **expressa/documental** (v. art. 20º do estatuto).

Poder-se-á perguntar se do ponto de vista legiferante esta seria a melhor forma de defender os direitos da vítima. Em nossa modesta opinião, o regime agora instituído introduz desnecessárias complexidades, cruzando, fragmentando, fracionando e dificultando uma leitura escorreita. Bastaria, nas normas próprias, que já existem no CPP (v. elenco infra, em referências) alargar e clarificar os direitos dos ofendidos e lesados em sentido geral, porque basicamente a vítima continua a ser um ofendido ou lesado pela prática de um crime.

Referências: art. 68º (direito de constituição da vítima como assistente); art. 88º (vítimas e meios de comunicação social); art. 113º do C.P. (titulares do direito de queixa); art. 139º (medidas especiais de proteção a intervenientes processuais); art. 172º-3 (exames suscetíveis de ofender o pudor); arts. 271º, 294º e 356º-2-a) (declarações para memória futura); art. 317º (compensações por despesas das vítimas); art. 352º (afastamento do arguido da sala de audiência, durante a prestação de declarações dos intervenientes processuais).

Leis específicas: L. 130/2015, de 04.09 (estatuto da vítima, v. em anexo); L.93/99, de 14.07 (proteção de testemunhas em processo penal); L. 190/2003, de 23.08 (regulamento da L. 93/99); L. 104/2009, de 14.09 (regime jurídico das indemnizações às vítimas de crimes violentos e violência doméstica); L. 112/2009, de 16.09 (regime jurídico da prevenção, proteção e assistência às vítimas de violência doméstica).

TÍTULO V – Do assistente

Artigo 68º – Assistente

1. Podem constituir-se assistentes no processo penal, além das pessoas e entidades a quem leis especiais conferirem esse direito:

a) Os ofendidos, considerando-se como tais os titulares dos interesses que a lei especialmente quis proteger com a incriminação, desde que maiores de 16 anos;

b) As pessoas de cuja queixa ou acusação particular depender o procedimento;

c) No caso de o ofendido morrer sem ter renunciado à queixa, o cônjuge sobrevivo não separado judicialmente de pessoas e bens ou a pessoa, de outro ou do mesmo sexo, que com o ofendido vivesse em condições análogas às dos cônjuges, os descendentes e adoptados, ascendentes e adoptantes, ou, na falta deles, irmãos e seus descendentes, salvo se alguma destas pessoas houver comparticipado no crime;

d) No caso de o ofendido ser menor de 16 anos ou por outro motivo incapaz, o representante legal e, na sua falta, as pessoas indicadas na alínea anterior, segundo a ordem aí referida, ou, na ausência dos demais, a entidade ou instituição com responsabilidades de protecção, tutelares ou educativas, quando o mesmo tenha sido judicialmente confiado à sua responsabilidade ou guarda, salvo se alguma delas houver auxiliado ou comparticipado no crime;

e) Qualquer pessoa nos crimes contra a paz e a humanidade, bem como nos crimes de tráfico de influência, favorecimento pessoal praticado por funcionário, denegação de justiça, prevaricação, corrupção, peculato, participação económica em negócio, abuso de poder e de fraude na obtenção ou desvio de subsídio ou subvenção.

2. Tratando-se de procedimento dependente de acusação particular, o requerimento tem lugar no prazo de 10 dias a contar da advertência referida no nº 4 do artigo 246º

3. Os assistentes podem intervir em qualquer altura do processo, aceitando-o no estado em que se encontrar, desde que o requeiram ao juiz:

a) Até cinco dias antes do início do debate instrutório ou da audiência de julgamento;

b) Nos casos do artigo 284º e da alínea *b*) do nº 1 do artigo 287º, no prazo estabelecido para a prática dos respectivos actos;

c) No prazo para interposição de recurso da sentença.

4. O juiz, depois de dar ao Ministério Público e ao arguido a possibilidade de se pronunciarem sobre o requerimento, decide por despacho, que é logo notificado àqueles.

5. Durante o inquérito, a constituição de assistente e os incidentes a ela respeitantes podem correr em separado, com junção dos elementos necessários à decisão.

(Última redação da L. 130/2015, de 04.09)

COMENTÁRIOS:

A noção de assistente. Prazos de constituição: A noção de assistente, ou melhor a sua aplicação prática, é das mais turbulentas na doutrina e na jurisprudência, talvez porque a figura do assistente, é uma originalidade portuguesa que não tem paralelo em legislações estrangeiras. A norma enuncia as pessoas que podem (legitimidade material) constituir-se **assistentes** (para alem daquelas que o podem ser por lei especial, designadamente certas entidades a quem se reconhece uma especial representatividade). Dá assim cumprimento ao art. 32º-7 da CRP que diz que, «o ofendido tem o direito de intervir no processo nos termos da lei». Desde logo, o assistente é alguém (pessoa singular ou coletiva) a quem pode ser atribuído o estatuto de «**ofendido**», sendo este, «o titular dos interesses que a lei especialmente quis proteger com a incriminação» (v. igual definição no art. 113º do C.P.). Trata-se de uma noção demasiado genérica, mas também não vemos que possa ser mais específica. Na verdade, no contexto do estado social em que vivemos, ofendidos de um crime "somos todos nós", porque o crime atenta contra os fundamentos da ordem jurídico-social. Aliás, na alínea e) há um afloramento desta ideia, quando diz que «qualquer pessoa» se pode constituir assistente, nos crimes ali elencados. Surpreende-se no entanto na definição de assistente, os vocábulos, «titular dos interesses» e «especialmente», que traduzem **restrições.** E assim, a jurisprudência vem moldando a definição, no sentido de que, tem de haver entre o crime e o ofendido, uma relação a repercutir **direta** e **causalmente** na **esfera jurídica** deste. Tal relação afere-se em função do **bem jurídico** ofendido e dos **"prejuízos"** (em sentido genérico) causados no **titular** desse bem. Excluído desta problemática está o lesado (que não é titular dos interesses que a norma incriminadora visa proteger, mas simples "prejudicado" – v. art. 74º). Afastada está desde há muito, o forçado paralelismo entre o direito de constituição de assistente e a natureza pública ou não do crime (sem prejuízo de, desde logo, nos crimes particulares e semipúblicos, dever/poder constituir-se assistente, quem tiver legitimidade para apresentar queixa – v. arts. 49º e 50º) tendo em conta que há crimes em que são ofendidos no mesmo ato, bens jurídicos particulares e públicos (v.g.; crime de falsificação, p.p.p. art. 256º do C.P., que pode colocar em causa a autenticidade da assinatura pessoal e a credibilidade e fé pública de certos documentos). Igualmente a noção de «interesses», não se esgota nos direitos reais, mas abrange direitos pessoais. Relativamente a cada crime, pode haver vários interesses ofendidos. A vacuidade do conceito, tem dado origem a muitas decisões contraditórias, o que gera também muita jurisprudência "uniformizadora". Daí que o M.P. e o arguido têm sempre a possibilidade de se pronunciarem sobre pretensão da constituição de assistente. Em todo o caso o assistente, tem poderes de intervenção no processo, que o simples ofendido não tem, pelo que haverá sempre de ponderar a conveniência de se constituir assistente para exercer esses poderes (v. art. 69º). Pode fazê-lo nas circunstâncias e **prazos** referidos nos nºs 2 e 3. A L. 130/2015, de 04.09, aditou a alínea c) no nº 3, que permite (agora de forma indubitável) a constituição de assistente, no período que medeia entre a publicação da sentença e o seu trânsito (v. art. 411º). O **ac. de fixação de jurisprudência do STJ nº 12/2016, de 07.07.2016**, (que não tem atualidade) entende que na redação anterior a esta alteração, tal não era possível. Encontrando-se por qualquer razão, o ofendido impossibilitado (*v.g.* por doença) ou incapacitado (*v.g.* em razão de idade, por ter menos de 16 anos) para se constituir assistente, poderão fazê-lo as pessoas elencadas nas alíneas do nº 1, em sua **substituição**, verificados os respetivos pressupostos.

"...a lei penal não exige que o ofendido seja titular do direito protegido pela incriminação. O nº 1 do artigo 113º do Código Penal menciona expressamente o «titular dos interesses» o que significa que pode ser reconhecida legitimidade para o exercício de direitos processuais do ofendido a quem represente simplesmente um interesse, sem ser titular do direito." (Faria Costa, in; Comentário Conimbricense do C.P., Tomo II, pág. 30). **Nota:** *ainda mais expressivamente o art. 68º-1-a) refere, «os titulares dos interesses».*

"o conceito de ofendido não pode ser deduzido pela distinção entre incriminação que protege um bem jurídico individual ou que protege um bem jurídico supra-individual, mas deve derivar da susceptibilidade de o bem jurídico poder ou não ser corporizado num concreto portador individual" (Figueiredo Dias e Anabela Miranda, *in* A legitimidade da S.P.A. em processo penal, 1989, pág. 115/6).

"o que interessa é saber se o dano no bem jurídico público tem igualmente repercussões numa esfera jurídica individual e se, desta forma, a norma incriminadora visa tutelar, ainda que mediatamente, bens jurídicos pessoais." (Frederico Lacerda da Costa Pinto, *in* O estatuto do lesado no processo penal, 2001, pág. 699/700).

A tese restritiva do conceito de ofendido vem sendo questionada e considerada inaceitável à luz dos estudos vitimológicos, da dogmática do bem jurídico e do modelo processual penal vigente, por desfasamento com os progressos científicos e experiência normativa dos dias de hoje, com o surgimento de uma nova forma de titularidade dos bens jurídicos, caracterizada pela intersubjectividade e pela indivisibilidade, a que corresponde a noção de interesse difuso, e com o alargamento do estatuto do assistente consagrado pelo próprio ordenamento jurídico, a pessoas que não são, de todo, titulares dos interesses imediatamente protegidos pelas normas incriminadoras (Despacho do JIC, *in* proc. 2543/11.1T3SNT).

A legitimidade do ofendido deve ser aferida em relação ao crime concreto que estiver em causa, e a delimitação do conceito relevante de «ofendido» encontrar-se-á, no limite, na interpretação do tipo de crime, para determinar caso a caso se há uma pessoa concreta cujos interesses são protegidos com essa incriminação e não confundir essa indagação com a verificação da natureza pública ou não pública do crime (Ac. STJ de 27.04.2011, *in* DR de 31.05.2011).

Jurisprudência uniformizadora: Ac. do STJ de Fixação de Jurisprudência nº 1/2003, de 16.01.2003, *in* D.R. de 27.02.2003: «*No procedimento criminal pelo crime de falsificação de documento, previsto e punido pela alínea a) do nº 1 do artigo 256º do Código Penal a pessoa cujo prejuízo seja visado pelo agente tem legitimidade para se constituir assistente*».

Jurisprudência uniformizadora: Ac. do STJ de Fixação de Jurisprudência nº 2/2005, de 16.02.2005, *in* D.R. de 31.03.2005: «*Em processo por crime de abuso de confiança contra a segurança social, previsto e punido no artigo 107º do Regime Geral das Infracções Tributárias, o Instituto de Gestão Financeira da Segurança Social tem legitimidade para se constituir assistente*».

Jurisprudência uniformizadora: Ac. do STJ de Fixação de Jurisprudência nº 8/2006, de 12.10.2006, *in* D.R. de 28.11.2006: «*No crime de denúncia caluniosa, previsto e punido pelo artigo 365º do Código Penal, o caluniado tem legitimidade para se constituir assistente no procedimento criminal instaurado contra o caluniador*».

Jurisprudência uniformizadora: Ac. do STJ de Fixação de Jurisprudência nº 10/2010, de 17.09.2010, *in* D.R. de 16.12.2010: «*Em processo por crime de desobediência qualificada decorrente de violação de providência cautelar, previsto e punido pelos artigos 391º do Código de Processo Civil e 348º, nº 2, do Código Penal, o requerente da providência tem legitimidade para se constituir assistente*».

Jurisprudência uniformizadora: Ac. do STJ de Fixação de Jurisprudência nº 7/2011, de 27.04.2011, *in* D.R. de 31.05.2011: «*No crime de dano, previsto e punido no artigo 212º, nº 1, do Código Penal, é ofendido, tendo legitimidade para apresentar queixa, nos termos do artigo 113º, nº 1, do mesmo diploma, o proprietário da coisa "destruída no todo ou em parte, danificada, desfigurada ou inutilizada", e quem, estando por título legitimo no gozo da coisa, for afectado no seu direito de uso e fruição*».

Proibição de constituição de assistente, de advogados em auto-representação: (v. jurisprudência uniformizadora em notas ao art. 70º).

Regime específico de constituição de assistente nos crimes particulares: A constituição de assistente é obrigatória para os **crimes particulares**, sendo mesmo uma condição de procedibilidade processual ou legitimidade processual (v. art. 50º-1) e facultativa para os **crimes semipúblicos e públicos**. Aliás, logo na **denúncia**, têm os ofendidos, no primeiro tipo de crimes, de manifestar nela o desejo de se constituírem assistentes e pedirem a constituição como assistentes no **prazo de 10 dias**, sob pena de imediato arquivamento do inquérito por falta de legitimidade do M.P., para sozinho promover a ação penal (v. arts. 246º-4 e 285º) uma vez que preclusão da possibilidade dos queixosos se constituírem como assistentes, deve entender-se como uma renúncia tácita ao direito de queixa, impedindo que a mesma possa ser renovada (cf. art. 116º-1 do C.P.) Apesar das polémicas, sobre a natureza deste prazo, a verdade é que entendimento diferente só geraria um irrelevante e inconsequente acionamento judicial. O acórdão de fixação de Jurisprudência infra, pôs termo à polémica. Registe-se que existindo crimes de naturezas diferentes, pode ficar precludido o direito à constituição como assistente para os crimes particulares, pelo decurso deste prazo, mas não para os crimes públicos e semipúblicos.

Jurisprudência uniformizadora: Ac. do STJ de Fixação de Jurisprudência nº 1/2011, de 16.12.2010, *in* D.R. de 26.01.2011: *«Em procedimento dependente de acusação particular, o direito à constituição como assistente fica precludido se não for apresentado requerimento para esse efeito, no prazo fixado no nº 2 do artigo 68º do Código de Processo Penal».*

Da fundamentação do acórdão do STJ de fixação de jurisprudência nº 1/2011, resulta inequívoco que foi considerado o prazo do artigo 68º, nº 2, do CPP, como prazo peremptório, não podendo o ofendido renovar o seu pedido de constituição como assistente perante a apresentação de nova queixa, que também não poderá ser renovada (Ac. TRC de 06.05.2015, proc. 43/13.7GAVZI-A.Cl, *in* www.dgsi.pt).

Trâmites da constituição de assistente: Implica que **(1)** nos **prazos** do nº 2 e 3 **(2)** o legitimo **titular** do direito, fundamentando se não for evidente a sua legitimidade **(3)** constitua **advogado**, nos termos do art. 70º-1 **(4)** pague a **taxa de justiça**, nos termos do art. 519º **(5)** elabore **requerimento** dirigido ao Juiz a solicitar a constituição de assistente. Se o assistente recorrer ao **apoio judiciário**, quer para nomeação de patrono, quer para isenção da taxa de justiça, se este ainda lhe não tiver sido deferido, deverá apresentar nos autos comprovativo de tal pedido dentro do prazo, **suspendendo-se** este até decisão, nos termos da Lei do Apoio Judiciário (v. arts. 24º-2 e 44º-2 da L.A.J.). A lei define nos nºs 2 e 3, os vários prazos para constituição de assistente, tendo em vista, como norma de boa gestão processual, a prática **atempada** de atos correspondentes a cada procedimento processual ali definido. Ultrapassados os prazos, preclude-se o direito de praticar o ato correspondente, sem embargo de a constituição de assistente, teoricamente, poder ocorrer até ao dia anterior ao dia do trânsito em julgado da sentença (aceitando o novel assistente, o processo «*no estado em que se encontrar*», i.e., não pode opor-se, impugnar, contestar, a prática de atos já ultrapassados, por força dos nºs 2 e 3).

O contraditório na constituição de assistente. Irregularidade: Requerida ao Juiz a constituição de assistente, deve tal pretensão ser submetida a **contraditório** (art. 68º-4). São parte nesse contraditório, o M.P. e o arguido, pelo que estas entidades devem poder pronunciar-se. Por razões de celeridade e economia, deve o M.P., nos casos em que lhe compita remeter o processo ao JIC para decisão (portanto, quando o processo está na fase de inquérito) pronunciar-se logo quanto às questões que julgar pertinentes, em vez de aguardar a notificação do Juiz para tal. Aliás, nada obsta, e tudo aconselha, a que ele próprio mande cumprir a notificação ao arguido, prevista no art. 68º-4. Registe-se que para se notificar o arguido da constituição de assistente, mister é, que ele esteja previamente constituído como tal. Não estando, ou vindo a ser constituído posteriormente à admissão do assistente, preclude-se o direito de se pronunciar sobre tal. Em situações de conflitualidade complexa, pode ser aberto "apenso" a correr autonomamente ao processo. O não cumprimento das notificações do art. 68º-3, integra simples **irregularidade** (arts. 118º-1 e 123º).

O estatuto dinâmico do assistente: O despacho judicial que admite a constituição como assistente, não reveste a natureza de **caso julgado material**, pelo que pode ser revisto e ou impugnado a todo o tempo. Na verdade, proferido tal despacho, em regra no início do inquérito, em função de um dado quadro de indícios e circunstâncias, nada impede que no decurso do processo tal quadro se altere, ou tenha sido perfunctoriamente apreciado, obrigando a uma reavaliação jurídica num momento posterior.

É certo que foi admitida a sua intervenção nessa qualidade (de assistente). Contudo tal decisão tem natureza meramente tabelar onde concretamente não se aborda de fundo a legitimidade da requerente e nesta matéria prevalece o «favor rei» sobre a estabilidade da instância como refere a propósito José António Barreiros, in Sistema e Estrutura do Processo Penal Português, II, pág. 164, que «contrariamente com o que se passa com o estatuto do arguido, o do assistente é caracteristicamente dinâmico e reversível. Daí que possa acontecer que um indivíduo seja admitido como tal e em momento subsequente a essa admissão ver revogada essa qualidade por verificação da não existência de requisitos formais para tanto. Tal despacho apenas faz caso julgado rebus sic stanti-

bus» (Despacho do JIC, *in* proc. 950/10.6GCMFR, Comarca da Grande Lisboa-Noroeste).

Taxa de justiça devida pela constituição de assistente: v. art. 519º e art. 8º-1 do Reg. Custas Processuais.

Referências: art. 113º do C.P. (titulares do direito de queixa); arts. 49º e 50º, 284º e 285º (procedimento dependente de queixa ou acusação particular); art. 284º (acusação pelo assistente); art. 287º-1-b) (abertura de instrução pelo assistente); art. 401º-1-b)-2 (legitimidade do assistente para interpor recurso); art. 67º-A (noção de vítima); L. 130/2015, de 04.09 (estatuto da vítima – v. em anexo).

Artigo 69º – Posição processual e atribuições dos assistentes

1. Os assistentes têm a posição de colaboradores do Ministério Público, a cuja actividade subordinam a sua intervenção no processo, salvas as excepções da lei.

2. Compete em especial aos assistentes:

a) Intervir no inquérito e na instrução, oferecendo provas e requerendo as diligências que se afigurarem necessárias e conhecer os despachos que sobre tais iniciativas recaírem;

b) Deduzir acusação independente da do Ministério Público e, no caso de procedimento dependente de acusação particular, ainda que aquele a não deduza;

c) Interpor recurso das decisões que os afectem, mesmo que o Ministério Público o não tenha feito, dispondo, para o efeito, de acesso aos elementos processuais imprescindíveis, sem prejuízo do regime aplicável ao segredo de justiça.

(Última redação da L. 26/2010, de 30.08)

COMENTÁRIOS:

Direitos e deveres do assistente: Esta norma contém de certa forma o **"estatuto do assistente"** no que toca à sua legitimidade processual. Os assistentes são ***«colaboradores»*** do M.P., a cuja atividade se ***«subordinam»***, pelo que, na pureza dos princípios, lhes compete à semelhança do M.P., atuarem com imparcialidade, objetividade e no estrito cumprimento da lei na busca da verdade. Todavia os assistentes têm um largo campo de **autonomia**, intervindo no inquérito e na instrução [que podem requerer – v. art. 287º-1-b)] conforme decorre das alíneas. Desde logo, no âmbito dos crimes de natureza **particular**, podem deduzir uma acusação verdadeiramente independente, sendo processualmente indiferente que o M.P. não acompanhe tal acusação (v. arts. 50º e 285º). Já no que toca à acusação por crimes de natureza **pública** ou **semipública**, os assistentes só podem deduzir acusação se o M.P. acusar e na medida em que a sua acusação não represente uma **alteração substancial de factos** relativamente à acusação do M.P. (v. art. 284º-1 e suas notas). Se o M.P. não acusar de todo, ou acusar mas não pelos factos que na perspetiva do assistente deveria ter acusado, só pode este reagir através do requerimento para abertura de instrução [v. art. 287º-1-b)] ou da reclamação hierárquica (art. 278º).

Direito de recurso: No que respeita à pretensão do **recurso,** sem prejuízo do direito genérico de recurso do assistente, conferido pelo art. 401º-1-b) (para efeitos de recurso é irrelevante a natureza particular, pública ou semipública do crime em causa) e algo contraditoriamente, a lei não reconhece ao assistente um direito subjetivo **incondicional** de recurso. Por exemplo, não reconhece o direito de através de recurso, exigir do estado, a punição de um crime com uma determinada pena, por a considerar mais justa, bem como não lhe reconhece o direito de recorrer da aplicação de medidas de coação ao arguido (cf. art. 219º-1) mesmo quando a medida de coação aplicada não garante a segurança moral e física do assistente [v. artigo 401º-1-b) suas notas e jurisprudência obrigatória e outra sobre a questão] sem prejuízo do direito de audição da vítima/assistente, nos termos da novel redação dos arts. 212º-4, 292º-2 e 495º-2, introduzida pela L. 130/2015, de 04.09.

Referências: arts. 284º e 285º (acusação pelo assistente); art. 401º-1-b) (recurso do assistente); L. 130/2015, de 04.09 (Estatuto da Vítima – v. em anexo do art. 67º-A).

Artigo 70º – Representação judiciária dos assistentes

1. Os assistentes são sempre representados por advogado. Havendo vários assistentes, são todos representados por um só advogado. Se divergirem quanto à escolha, decide o juiz.

2. Ressalva-se do disposto na segunda parte do número anterior o caso de haver entre os vários assistentes interesses incompatíveis, bem como o de serem diferentes os crimes imputados ao arguido. Neste

último caso, cada grupo de pessoas a quem a lei permitir a constituição como assistente por cada um dos crimes pode constituir um advogado, não sendo todavia lícito a cada pessoa ter mais de um representante.

3. Os assistentes podem ser acompanhados por advogado nas diligências em que intervierem.

COMENTÁRIOS:

Representação unitária dos assistentes: Os assistentes são sempre representados por um só advogado. Sublinhe-se que esta representação unitária é **obrigatória**, com as **exceções** claramente expressas na norma, em nome do bom funcionamento da justiça, enquanto a representação unitária dos arguidos é facultativa, nos termos estritos do art. 65º.

Jurisprudência uniformizadora: Ac. do STJ de Fixação de Jurisprudência nº 15/2016, de 26.10.2016, *in* D.R. de 06.12.2016: *«Nos termos do art. 70º, nº 1, do Código de Processo Penal, o ofendido que seja advogado e pretenda constituir-se assistente em processo penal, tem de estar representado nos autos por outro advogado».*

TÍTULO VI – Das partes civis

Artigo 71º – Princípio de adesão

O pedido de indemnização civil fundado na prática de um crime é deduzido no processo penal respectivo, só o podendo ser em separado, perante o tribunal civil, nos casos previstos na lei.

COMENTÁRIOS:

A responsabilidade civil em sede penal. O princípio regra da adesão obrigatória: O título IV do Livro I (bem como o título VI do Livro I do Código Penal) é dedicado à **indemnização civil.** Na verdade, a prática de um crime não gera apenas responsabilidade penal (e disciplinar) que se repercuta no hemisfério pessoal, pois pode dar origem a **prejuízos patrimoniais e morais,** quando lesados esses bens jurídicos, gerando também responsabilidade de natureza económica. Do ponto de vista teórico, o ressarcimento desses prejuízos pode ter lugar dentro de um modelo (já ultrapassado) de total identidade entre a responsabilidade penal e cível; de um modelo de absoluta independência (caso do direito anglo-saxónico); ou num sistema de interdependência como o escolhido pelo legislador português (com manifesto benefício para a celeridade processual, concentração da prova e não contradição de julgados). Caracteriza-se esse modelo, pela **obrigatoriedade de adesão do pedido cível à ação penal**, em crimes de natureza pública, sob pena de preclusão do direito à indemnização, (salvo exceções que a lei prevê no art. 72º, competindo a prova desse requisito de validade ao A.) e sem prejuízo de a indemnização ter **natureza cível** e ser **regida** pelas leis cíveis materiais (art. 129º do C.P. e arts. 483º e 562º do C.C.). Mas quanto às leis processuais, existe alguma interpenetração, i.e., pode aplicar-se no processo penal, normas do processo civil, nos termos permitidos pelo art. 4 (integração de lacunas). Será o caso mais vulgar da modificação do pedido indemnizatório (v. arts. 264º e 265º do CPC).

Os princípios da adesão, da economia processual e da suficiência, associados e subordinados ao princípio constitucional da obtenção de uma decisão num prazo razoável, interessam não só à defesa, mas também às vítimas do(s) crime(s) – artigo 20º, nº 4, da Constituição da República Portuguesa (Ac. TRL de 12.02.2014, proc. 9811712.6T3AMD.L1-3, *in* www.dgsi.pt).

I – Se for instaurado pedido de indemnização civil em separado sem observância das condições estabelecidas no nº 1 do art. 72º do Cód. Proc. Penal, a acção civil não pode prosseguir, por falta de um requisito de validade, que se reflecte na competência, material, do tribunal. II – O ónus de prova de tal requisito recai sobre a A., a quem, apenas, pode incumbir a prova de se encontrar numa das situações em que, excepcionando o princípio da adesão, a lei processual penal contempla a dedução em separado de pedido cível fundado em crime, pois que se tratará de facto ao fim e ao cabo condicionante do correspondente direito de acção, por, na sua ausência, resultar a incompetência do tribunal cível. III – Da correspondente excepção dilatória pode esta Relação conhecer, e oficiosamente, por isso que inexiste ainda sentença com trânsito em julgado proferida sobre o fundo da causa (Ac. TRL de 15.03.2007, proc. 1412/07-2, *in* www.dgsi.pt).

"...A indemnização de perdas e danos emergentes de crime é regulada pela lei civil quantitativamente e nos seus pressupostos; porém, processualmente, é regulada pela lei processual penal" (Ac. STJ de 12.01.95, *in* CJ-III-I-181).

Traços gerais da responsabilidade civil no processo penal: Face à importância prática desta matéria e para melhor abordagem, importa traçar em termos muito genéricos, o seu **regime geral**, sem prejuízo dos desenvolvimentos subsequentes:

(1) regra da adesão obrigatória do queixoso em processos por crimes de natureza pública e admissão de exceções (arts. 71º e 72º);

(2) legitimidade passiva de pessoas com responsabilidade meramente civil (art. 73º);

(3) regra de representação por advogados, similar ao processo civil (art. 76º);

(4) possibilidade de intervenção do M.P. em representação do estado e de pessoas vulneráveis (art. 76º-3);

(5) obrigatoriedade pelas entidades do dever de informação aos lesados, sob pena de inoperância da regra da adesão obrigatória [arts. 75º e 72º-1-i)];

(6) consagração dos direitos do lesado (arts. 74º, 76º, 77º, 81º);

(7) possibilidade de contestação cível do demandado (art. 78º);

(8) direito à apresentação de provas e ao julgamento (arts. 79º, 80º e 81º);

(9) possibilidade do Juiz condenar em execução de sentença, estabelecer uma indemnização provisória, remeter as partes para os tribunais cíveis ou arbitrar oficiosamente uma indemnização (arts. 82º e 83º);

(10) decisão judicial com eficácia de caso julgado em termos específicos (art. 84º).

Nexo de causalidade entre o pedido e o crime: Eis uma questão fundamental. O pedido cível enxertado no processo-crime, tem de ser atinente ao dano causado pelo crime, que é também objeto do processo penal em que o pedido se insere, ou por outras palavras, o pedido de indemnização civil deduzido em processo penal tem como **causa de pedir** os factos típicos de um crime, sem embargo de ser na lei civil que se devem procurar os pressupostos da responsabilidade civil, bem como o critério para a fixação quantitativa de indemnização (v. neste sentido, Ac. TRL de 16.06.98, proc. 0036905, *in* www.dgsi.pt).

A causa de pedir que há-de fundamentar o pedido de indemnização cível a formular em processo penal terá que ser coincidente com os factos que também são pressuposto da responsabilidade criminal, fixada na acusação (Ac. TRP de 03.04.2002, proc. 0141371, *in* www.dgsi.pt).

Na responsabilidade civil aquiliana (que é a que aqui está em causa, pois desde a entrada em vigor do Código Penal de 1982 que ficou assente que a indemnização por danos emergentes de um crime é regulada pela lei civil – art. 129º do actual Código Penal), a obrigação de indemnizar (ou o correspondente direito à indemnização) depende da verificação de vários pressupostos de facto que constituem a causa de pedir da respectiva acção indemnizatória (seja esta exercida autonomamente ou enxertada em acção penal). Concretamente, no âmbito da responsabilidade civil subjectiva a obrigação de indemnizar só surge se o autor alegar e provar os factos em que se traduzem os pressupostos de que depende a aplicação do citado art. 483º do Cód. Civil: prática de um acto ilícito, culpa do lesante, existência de danos indemnizáveis e nexo de causalidade adequada entre aquele e estes (Ac. TRL de 23.11.2010, *in* www.dgsi.pt.).

Faz, portanto, parte da causa de pedir o nexo causal objectivo (criação do risco) ou a culpa do responsável, já que a responsabilidade deste pode fundar-se no risco (art. 503º do C.Civil) como na culpa (art. 483º do mesmo diploma legal) (...) Nos autos crime com enxerto cível deveria ter sido analisada a responsabilidade da seguradora na perspectiva da responsabilidade pelo risco mas, por erro de julgamento, tal não ocorreu (Ac. TRL de 28.01.2010, proc. 3615/08.5TBALM.L1-6, *in* www.dgsi.pt).

Delimitação do tipo de responsabilidade civil: Discutiu-se durante muito tempo o âmbito da responsabilidade civil a ter em conta num julgamento penal, designadamente se ela incluía a **responsabilidade contratual** ou só a **extracontratual** e em que termos. Concluiu-se que num julgamento crime, pode discutir-se todo o tipo de responsabilidade, contratual ou extracontratual. Todavia a responsabilidade civil a julgar num julgamento criminal, tem de ser a **decorrente diretamente da prática do crime**. Tal significa, em caso de **absolvição do crime**, a consequente exclusão da responsabilidade civil decorrente de um incumprimento contratual, i.e., a responsabilidade fundada na **violação contratual,** que não decorre diretamente da prática do crime (porque houve absolvição dele) só pode ser julgada em tribunal cível. Mas pode haver **causas de extinção de responsabilidade criminal** que não impliquem absolvição, como por exemplo casos de prescrição do procedimento criminal ou amnistia – arts. 118º a 121º e 127º do C.P. Nestes casos, o julgamento prossegue para apurar se existe responsabilidade civil, nos termos supra definidos. E fixou-se jurisprudência neste sentido (ver acórdãos infra).

Nestes casos, se houver já pedido de indemnização cível formulado, o processo penal continua para conhecimento desse pedido, salvo se os lesados preferirem, entretanto, a via cível autónoma (Simas Santos; Leal-Henriques; Borges de Pinho, *in* C.P.P.).

A questão coloca-se muito na prática, quando o julgamento incide sobre um crime que tem por base a violação de um contrato. Por exemplo, um crime de burla, que tenha como elemento, o engano doloso sobre um contrato civil. Pode acontecer que não se prove o crime mas apenas estritamente a **violação contratual**, ou que tal eventual violação fique em aberto para discussão. Neste caso, absolvido o arguido do crime de burla, não pode o Juiz criminal condenar na indemnização cível por violação do contrato. Só o poderá fazer se condenar pelo crime, porque aí a fonte da responsabilidade já resulta da prática do crime **(responsabilidade extracontratual ou aquiliana)** e não diretamente da violação de um contrato civil **(responsabilidade meramente contratual).** Face a estes condicionalismos, nada impede que seguidamente o demandante recorra à ação na jurisdição cível, tendo como causa de pedir a violação contratual. Esta dicotomia, aliás muito discutível, tem a ver com as dificuldades, quando se mistura no mesmo processo, matéria criminal com matéria puramente cível. Não obstante, nesses casos, sempre restaria a solução de verificadas as dificuldades, se remeter a decisão para os meios cíveis nos termos dos arts. 72º-1-e) e 82º-3. Assim, o que temos com este Assento que segue, é uma quebra na unidade do sistema.

Jurisprudência uniformizadora: Assento do STJ nº 7/1999, de 17.06.1999, *in* DR de 03.08.1999: «*Se em processo penal for deduzido pedido cível, tendo o mesmo por fundamento um facto ilícito criminal, verificando-se o caso previsto no artigo 377º, nº 1, do Código de Processo Penal, ou seja, a absolvição do arguido, este só poderá ser condenado em indemnização civil se o pedido se fundar em responsabilidade extracontratual ou aquiliana, com exclusão da responsabilidade civil contratual*».

Jurisprudência uniformizadora: Ac. do STJ de Fixação de Jurisprudência nº 3/2002, de 17.01.2002, *in* D.R. de 05.03.2002: «*Extinto o procedimento criminal por prescrição antes do julgamento, mas depois do saneamento do processo, este prossegue para julgamento do pedido de indemnização civil deduzido*».

I – O pedido de indemnização civil deduzido em processo penal, tem sempre de ser fundamentado na prática de um crime. II – Se o arguido for absolvido desse crime, haverá que considerar o pedido cível formulado, se existir ilícito ou responsabilidade fundada no risco, ou seja, responsabilidade civil extra-contratual. III – Por isso, se o arguido for absolvido, não há possibilidade de condenação em indemnização cível nomeadamente por incumprimento de uma obrigação (Ac. STJ de 25.01.1996, *in* CJ-I-189).

O pedido de indemnização tinha como causa de pedir o facto ilícito criminal da burla. O recorrente foi absolvido do crime de burla por falta de intenção criminosa, não sendo punível o delito a título sequer de negligência. A responsabilidade – causa de pedir – no pedido cível era extracontratual. Não se tendo provado o crime desaparece a responsabilidade extracontratual ou aquiliana como causa de pedir. E fica de pé um caso de responsabilidade meramente contratual, isto é, a questão de saber se o contrato de "leasing" foi ou não cumprido culposamente pelos seus intervenientes. Ficando apenas esta responsabilidade para apreciar, recorrente não podia ter sido condenado no cumprimento do contrato porque a isso se opõe expressamente o assento em causa. Trata-se só agora de discutir um contrato (Ac. STJ de 21.03.2001, *in* CJ-I-254).

I – Extinto o procedimento criminal por prescrição e prosseguindo o processo para apreciação do pedido civil deduzido é admissível a citação do demandado civil por aplicação subsidiária do processo civil. II – Tal não implica uma distorção insustentável do conteúdo do processo penal cujo sistema, globalmente apreciado, deverá imperar. III – A necessidade de fazer representar os ausentes civis de acordo com o sistema processual civil aplicável subsidiariamente não representa qualquer disfunção do sistema processual penal previsto para o julgamento do pedido civil enxertado (Ac. TRL de 13.04.2010, *in* www.dgsi.pt).

I – Absolvido o arguido, na sequência da nova redacção dada ao art. 105º, nº 1, do RGIT, pela Lei nº 64-A/2008, de 31 Dez., a quem era imputado um crime de abuso de confiança fiscal, por não ter entregue prestação tributária de valor inferior a € 7.500,00, a sua conduta não deixou de ser ilícita e por isso o pedido de indemnização civil enxertado no processo penal deve ser apreciado; II – A responsabilidade a apreciar não é a tributária, ou seja, pelo não cumprimento das obrigações tributárias, mas antes a responsabilidade civil delitual conexa como crime imputado, sendo a obrigação de indemnizar alicerçada no dano causado pela prática de facto ilícito e culposo; III – O facto ilícito, em relação ao crime em causa, traduz-se numa acção, num facere (desconto, retenção na fonte, como contribuição devida para o sistema da segurança social, de uma percentagem das remunerações) e numa omissão (não entrega, total ou parcial, em devido tempo, dos valores pecuniários descontados e retidos); (Ac. TRL de 08.11.2008, proc. 668/09.2TDLSB.L1-5, *in* www.dgsi.pt).

"Nada impede e tudo o obriga quando disso é caso que se apliquem as normas do CPC, referentes à notificação e citação edital por remissão do art. 4º CPP, sendo que continuando o processo só para apreciação daquele pedido, a falta ou impossibilidade de notificação do arguido – que nesta fase assume apenas a posição de demandado civil – não é causa por ser desconhecido o seu paradeiro de remessa das partes civis para o tribunal civil. Não exigida a presença do demandado em julgamento, pelo direito adjectivo penal, nesta fase – e antes só em ordem à imperiosa necessidade da descoberta da verdade material – o mesmo sucedendo no processo civil, a remessa para aquele tribunal com o dito fundamento nada acrescentaria ao caso." (Ac. TRL de 16.11.2006, proc. 8648/06, 9ª secção, *in* www.dgsi.pt).

Princípio do pedido: A indemnização civil, só deve ser arbitrada, se **pedida**. O Juiz não o pode fazer oficiosamente, **exceto** na **situação especial** prevista no art. 82º-A e no art. 16º-2 do estatuto da vítima, quando há vítimas carecidas de especial proteção.

Prazo inicial para deduzir o pedido: Não foi definido pelo legislador, um prazo inicial para deduzir o pedido de indemnização cível. Só um prazo final (v. art. 77º). Logo, tem entendido a maioria da jurisprudência, que pode ser deduzido logo que instaurado o inquérito, mesmo na própria queixa. Nalgumas situações pode gerar desarmonia e incongruência, pois se o pedido tem de ser fundado nos factos da acusação, só a partir da dedução desta é que se define o objeto do processo e os direitos indemnizatórios consequentes. Aliás, se o processo for definitivamente arquivado em fase de inquérito, obviamente o pedido de indemnização civil, não pode prosseguir para julgamento (exceto se houver disposição legal em contrário, como nas leis de amnistia).

Custas cíveis: art. 377º (decisão sobre o pedido de indemnização cível); art. 523º (custas); art. 527º do C.P.C. (regra geral em matéria de custas); arts. 8º-9º e 15º-1-d) do R.C.P. (taxa de justiça e dispensa de pagamento prévio).

Referências: art. 377º (absolvição e decisão sobre o pedido de indemnização civil); arts. 120º e 130º do C.P. (responsabilidade civil emergente de crime); arts. 11º-1-g) e 16º do Estatuto da vítima; L. 423/91, de 30.10 e Dec. Reg. 4/93, de 22.02 (atribui o direito a indemnização a vítimas de crimes violentos, nos precisos termos que define).

Artigo 72º – Pedido em separado

1. O pedido de indemnização civil pode ser deduzido em separado, perante o tribunal civil, quando:

a) O processo penal não tiver conduzido à acusação dentro de oito meses a contar da notícia do crime, ou estiver sem andamento durante esse lapso de tempo;

b) O processo penal tiver sido arquivado ou suspenso provisoriamente, ou o procedimento se tiver extinguido antes do julgamento;

c) O procedimento depender de queixa ou de acusação particular;

d) Não houver ainda danos ao tempo da acusação, estes não forem conhecidos ou não forem conhecidos em toda a sua extensão;

e) A sentença penal não se tiver pronunciado sobre o pedido de indemnização civil, nos termos do nº 3 do artigo 82º;

f) For deduzido contra o arguido e outras pessoas com responsabilidade meramente civil, ou somente contra estas haja sido provocada, nessa acção, a intervenção principal do arguido;

g) O valor do pedido permitir a intervenção civil do tribunal colectivo, devendo o processo penal correr perante tribunal singular;

h) O processo penal correr sob a forma sumária ou sumaríssima;

i) O lesado não tiver sido informado da possibilidade de deduzir o pedido civil no processo penal ou notificado para o fazer, nos termos do nº 1 do artigo 75º e do nº 2 do artigo 77º

2. No caso de o procedimento depender de queixa ou de acusação particular, a prévia dedução do pedido perante o tribunal civil pelas pessoas com direito de queixa ou de acusação vale como renúncia a este direito.

COMENTÁRIOS:

Exceções ao princípio regra da adesão: O artigo 72º, contém as **exceções** à regra enunciada no artigo antecedente. Na verdade, seria inadmissível, que os atrasos próprios do processo penal bem como as suas inúmeras contingências, fossem obstáculo ao exercício normal da ação cível. Por tal razão, foram equacionadas aqui de forma clara, nove situações que podem constituir causas de preterição do princípio da adesão, pelo que o demandante, **facultativamente**, verificadas as mesmas, pode optar por deduzir pedido cível no tribunal cível.

Alínea a): Quando ao fim de oito meses (a contar do seu registo no M.P. – v. arts. 241º a 244º e 262º) o processo não tiver acusação ou depois de acusado estiver sem alcançar a fase de julgamento ou uma decisão final por igual lapso de tempo (neste sentido, Costa Pimenta, *in* C.P.P. anotado) e sem ser por culpa do demandante (neste sentido, P.P. Albuquerque, *in* Comentário do C.P.P).

Alínea b): Quando o processo tiver sido arquivado (arts. 277º e 280º) suspenso (arts. 281º, 307º-2 e 384º) ou extinto o procedimento criminal pela não verificação ou desaparecimento das condições de punibilidade necessárias [v.g., despenalização (art. 2º-2 do C.P.) desistência de queixa (arts. 116º e 117º do C.P.), prescrição (arts. 118º e segs. do C.P.) amnistia, morte do arguido, (arts. 127º e 128º do C.P.) etc...]

Alínea c): Quando o objeto jurídico do processo, definido pela queixa, for crimes de natureza semipública ou particular. Exemplo mais comum é o crime de ofensas à integridade física negligente, p.p.p. art. 148º-1 do C.P., resultante da violação de normas estradais, em que será mais conveniente demandar as seguradoras em sede civil. Para evitar situações de litispendência, apresentado pedido cível em separado no tribunal cível, tal vale como renúncia à dedução de tal pedido no tribunal penal, cf. prevê o nº 2 (v. nota infra).

Alínea d): Quando ao tempo da acusação, não forem ainda conhecidos danos indemnizáveis ou em toda a sua extensão, desconhecimento este que o lesado terá de demonstrar.

Alínea e): Quando a sentença penal remeter o conhecimento dos danos para a sede cível, por razões de celeridade e eficácia, nos termos do art. 82º-3.

Alínea f): Quando o demandante deduzir o pedido cível não só contra o arguido, mas também contra outros responsáveis cíveis (responsabilidade civil solidária) ou então o pedido cível tiver sido deduzido somente contra estes últimos, mas posteriormente tenha sido provocada a intervenção do arguido no processo cível (v. art. 316º e segs. do C.P.C.) A situação mais comum, será a demanda das seguradoras.

Alínea g): Quando o processo, haja de ser julgado pelo tribunal singular criminal, mas o valor do pedido cível, por força da alçada, devesse ser julgado pelo tribunal coletivo. Trata-se de uma norma, que coloca na disponibilidade inflacionária do demandante, a opção pelo tribunal cível.

Alínea h): Quando a forma de processo-crime for especial, i.e., sumária ou sumaríssima (onde face à celeridade do processo, é manifesta a dificuldade de dedução de um pedido cível; v. arts. 388º e 393º).

Alínea i): Quando não tiver sido cumprido o dever de informação previsto no art. 75º ou a notificação prevista no art. 77º-2.

A renúncia ao exercício do direito de queixa: Verificada a situação prevista na alínea c), i.e., tratando-se de crimes de natureza particular ou semipública, a dedução **prévia** de um pedido de indemnização cível num processo cível (seja por via da ação ou de reconvenção) pelo titular do direito de queixa, pelos mesmos factos, do eventual processo-crime, vale como **renúncia ao direito de queixa** no processo-crime, com os efeitos do art. 116º-1 do C.P. (renúncia definitiva e irretratável). Já não será assim, se a causa de pedir for diferente. Registe-se que o nº 2, diz expressamente que o pedido no processo cível, tem de ser «prévio»; i.e., anterior à data da queixa-crime; se for posterior, já não opera a renúncia.

"I – Há identidade dos pedidos quando, embora quantitativamente diferentes, nas duas acções, são qualitativamente iguais, por ambos visarem a fixação da indemnização por incumprimento de contrato-promessa. II – Consequentemente os efeitos preclusivos do caso julgado material impedem que se faça emergir o pedido indemnizatório com base em diferente construção jurídica" (Ac. STJ de 20.06.1984, *in* BMJ-338-347).

Indemnização civil: Em suma; o regime geral da responsabilidade civil emergente da prática de crimes, encontra-se nos **arts. 71º a 84º**. De acordo com ele, é **possível** (e obrigatório, não verificadas as exceções) deduzir-se pedido de indemnização cível em processo-crime (seguindo os pressupostos e regras de determinação da danos a indemnizar, previstos no art. 483º do C.C.) desde que a **causa de pedir** assente nos mesmos factos da ação penal, embora o pedido cível funcione autonomamente do "pedido" criminal, pelo que pode inclusivamente haver absolvição penal e condenação cível, verificada que seja a situação de responsabilidade extracontratual ou aquiliana.

Nulidade: A sentença que não conhecer do pedido de indemnização civil, devendo conhecê-lo, quer haja condenação ou absolvição do crime, é **nula** nos termos do art. 377º-1, 379º-a)-c) e 374º-3-b).

Artigo 73º – Pessoas com responsabilidade meramente civil

1. O pedido de indemnização civil pode ser deduzido contra pessoas com responsabilidade meramente civil e estas podem intervir voluntariamente no processo penal.

2. A intervenção voluntária impede as pessoas com responsabilidade meramente civil de praticarem actos que o arguido tiver perdido o direito de praticar.

COMENTÁRIOS:

Responsabilidade civil de terceiros: Por força do **princípio da adesão**, pessoas singulares ou coletivas que não tenham qualquer responsabilidade penal, podem ser demandadas na ação penal, nos mesmos termos em que responderiam no processo civil (o caso mais vulgar, será o da responsabilidade passiva das seguradoras). Admite-se ainda nesta norma expressamente o incidente de **intervenção voluntária espontânea**, que está prevista nos arts. 311º a 315º do CPC. O interveniente espontâneo, apesar de poder deduzir a intervenção a todo o tempo (art. 313º-1 do CPC) tem de aceitar a causa no estado em que a encontra quando intervém (art. 313º-3 do CPC). Tudo sem prejuízo da compatibilidade das regras processuais penais em matéria de prazos (v. arts. 77º e 82º-3).

Possibilidade de «intervenção provocada»: Tem constituído controvérsia, que dura há décadas, saber se é admissível no processo penal, a **intervenção voluntária provocada**, que está prevista nos arts. 316º a 320º do CPC, fundamentalmente com base no facto de os arts. 318º e 319º do CPC, regularem de forma particular pouco consentâneo com as regras penais, o momento e os termos em que o incidente deve ser deduzido. A maioria da jurisprudência inclina-se para que é admissível tal incidente, desde que o mesmo não inviabilize uma decisão rigorosa ou retarde de forma intolerável o processo; ou seja, admitindo-se as particularidades pouco céleres das normas cíveis citadas, confere-se aos juízes o poder discricionário de remeterem a questão para a sede cível, usando da faculdade prevista o art. 82º-3.

Na Comissão Revisora do Código pôs-se a questão de saber se neste preceito estava também abrangida a hipótese de intervenção provocada, pelo lesado, das pessoas com responsabilidade meramente civil. A referida Comissão pronunciou-se de modo negativo sobre o problema, tendo o Procurador-Geral da República salientado que a intervenção provocada estava prevista no nº 3 do art. 74º e que o que se pretendeu com o nº 2 do art. 73º foi dizer que, para além do modo provocado, as pessoas com responsabilidade civil podem intervir voluntariamente (cfr. Acta nº 5, de 91.03.26) (Simas Santos; Leal Henriques; Borges de Pinho, *in* CPP anotado, 1996).

VII – O art. 73º, nº 1, do CPP refere que "o pedido de indemnização civil pode ser deduzido contra pessoas com responsabilidade meramente civil e estas podem intervir voluntariamente no processo penal". Do facto de se não ter incluído ali qualquer referência à intervenção provocada, já se pretendeu concluir que esta não podia ter lugar, no âmbito do pedido cível formulado em processo penal. A redacção do preceito nunca sofreu alterações e, dos trabalhos preparatórios do CPP, parece poder retirar-se uma vontade legislativa nos termos da qual o artigo não incluía a previsão da intervenção provocada, mas sem que daí se pudesse extrair que a mesma não tinha lugar em processo penal, porque caberia na previsão do nº 3 do art. 74º (referido por Simas Santos e Leal-Henriques, in Código de Processo Penal Anotado, 1º vol., pág. 402). VIII – É certo que a intervenção espontânea e a provocada não se equivalem, do ponto de vista do processamento, porque ao interveniente chamado tem que ser dada a oportunidade de se pronunciar quanto a tal chamamento, o que não acontece quando a intervenção é da iniciativa do próprio sujeito chegado ao processo. No entanto, parece-nos precipitada a conclusão de que o legislador quis impedir por completo a intervenção provocada em processo penal. Entendemos, na verdade, que a sua admissibilidade deve ser ponderada caso a caso, em face, exactamente, de preocupações de celeridade, de economia processual, e da ausência de alternativas processuais para se fazer valer a pretensão que estiver em causa. IX – Quanto à primeira exigência, recorde-se que é a própria lei processual penal a prever a remessa das partes para os meios cíveis, em nome dum rigor da decisão, que no caso fosse incompatível com o enxerto em processo penal, ou então, por razões de celeridade (nº 3 do art. 82º) (Ac. STJ de 25.06.2008, *in* www.dgsi.pt).

Em processo penal, sendo demandada civilmente apenas a seguradora do arguido, este é terceiro relativamente àquela causa, pelo que pôde ser chamado à autoria (Ac. TRC de 14.06.95, *in* CJ-III-71).

Em processo penal, não é admissível pedido de indemnização subsidiária designadamente contra o segurado e o Fundo de Garantia Automóvel, com alegação da caducidade do contrato de seguro (Ac. TRC de 26.10.95, *in* CJ-XX-IV-58).

Referências: art. 64º do D.L. 291/2007, de 21.08 (regime jurídico do seguro obrigatório): Regula com regras específicas a responsabilidade das empresas seguradoras nos casos de acidentes de viação que geraram feridos ou mortos, estabelecendo que o pedido cível, quer em processo civil ou penal, não excedendo o capital mínimo do seguro obrigatório, deverá ser obrigatoriamente deduzido contra a empresa de seguros, ou excedendo contra a seguradora e o civilmente responsável (podendo a seguradora fazer intervir o tomador de seguro através de intervenção provocada) ou inexistindo seguro válido contra o Fundo de Garantia Automóvel e o responsável civil, sob pena de **ilegitimidade.**

Artigo 74º – Legitimidade e poderes processuais

1. O pedido de indemnização civil é deduzido pelo lesado, entendendo-se como tal a pessoa que sofreu danos ocasionados pelo crime, ainda que se não tenha constituído ou não possa constituir-se assistente.

2. A intervenção processual do lesado restringe-se à sustentação e à prova do pedido de indemnização civil, competindo-lhe, correspondentemente, os direitos que a lei confere aos assistentes.

3. Os demandados e os intervenientes têm posição processual idêntica à do arguido quanto à sustentação e à prova das questões civis julgadas no processo, sendo independente cada uma das defesas.

COMENTÁRIOS:

Demandante e Demandado: Este artigo regulamenta o estatuto processual das partes civis. No pedido cível em processo penal, face à terminologia, o queixoso assume a posição de **demandante** e o arguido e os restantes "réus", de **demandados.**

Queixoso/lesado: Embora o CPP empregue a terminologia de «ofendido» e «lesado», algo indiscriminadamente, em rigor não são a mesma coisa, posto que **ofendido** é o titular direto do direito atingido e o **lesado** é a pessoa que sofreu danos ocasionados pelo crime. A verdade é que, como ensina Figueiredo Dias, *in* Direito Processual Penal, vol. I-508-509, como **lesado** deve ser considerado toda a pessoa que, segundo as normas do Direito Civil, tenha sido prejudicada em interesses seus juridicamente protegidos, desta perspetiva se alcançando *um conceito lato ou extensivo de ofendido, que abrangerá todas as pessoas civilmente lesadas pela infração penal.* Enfim, **lesado**, nos termos processuais da lei penal, é aquele que tem legitimidade para deduzir pedido de indemnização civil (por danos patrimoniais e pessoais), o que naturalmente abrange o **ofendido** *stricto sensu.* Mas se todo o **ofendido** é **lesado**, nem todo o **lesado** é **ofendido.**

Em processo penal, é «lesado», isto é, pessoa com direito a pedir o ressarcimento dos prejuízos sofridos, toda a pessoa que tenha sofrido danos ocasionados pelo crime, ainda que se não tenha constituído ou não possa constituir-se assistente, como ocorre, por exemplo, com o proprietário de objectos que fiquem destruídos ou danificados no decurso de uma luta entre outras pessoas e como consequência dessa mesma luta (Ac. TRL de 19.09.1989, *in* CJ.-XIV-IV-162).

Direitos processuais do demandante e do demandado: Registe-se que a lei, chama ao longo do código, aos intervenientes civis, ofendido e **lesado** que deduziram pedido cível, as «partes civis». Não tem o lesado (em sentido amplo, abrangendo o ofendido) necessidade de se constituir assistente para deduzir pedido cível. Aliás, se não for ofendido, mas simples lesado (em sentido restrito) nem pode, por não ter legitimidade (v. art. 68º). Não obstante, apesar de este último não ser, nem poder ser, formalmente assistente, a lei confere-lhe sempre os mesmos direitos que tem o assistente (v. nº 2). Em suma, o demandante, (assistente ou não) enquanto parte cível, tem muitos direitos, designadamente, o de **intervir em todas as fases do processo** na defesa dos seus interesses indemnizatórios [v. arts. 69º, 89º, 145º, 227º-2-2, 228º, 330º-2, 331º, 339º-2, 341º-b)-c), 343º-5, 347º, 353º-3, 360º, 362º-1-c), 368º-2-f), 374º-1-b), 377º] o de **recorrer** ainda que limitadamente [v. arts. 69º-2-c), 400º-2, 401º-1-c), 404º] e o de ser **notificado** de todas as decisões que o afetem (v. arts. 77º-2 e 277º-3). Paralelamente, nos termos do nº 3, o demandado (e os terceiros intervenientes réus – art. 311º e segs. do C.P.C.) tem os mesmos direitos do arguido. Obviamente que todos estes direitos são atribuídos a título pessoal e restritos à questão cível se não for ofendido/assistente (nºs 2 e 3) – (v. art. 84º e respetivas notas).

Ora, como a formulação do pedido se faz com a acusação ou no prazo em que esta deve ser formulada (cfr. art. 77º, nº 1), praticamente o lesado só vem a intervir na fase do julgamento. A invasão do campo criminal só poderá ser consentida se absolutamente indispensável para a defesa do pedido cível, a tanto se devendo confinar a intervenção. «Isto é, o lesado só intervém no processo penal para sustentar e provar o seu pedido de indemniza-

ção cível, e nada mais. E os poderes processuais penais que o art. 72º, nº 2 diz que ele tem em correspondência aos que tem o assistente só valem na medida do interesse processual que ele tem, isto é, na medida da sustentação e prova do pedido de indemnização civil. Daí que, por exemplo, o Cód. Proc. Pen. não atribua ao lesado a faculdade de requerer a instrução ou de deduzir acusação.» (Jorge Fonseca, 11ª aula – 87-05-06). Note-se, contudo, que se o lesado for também assistente é manifesto que já poderá intervir no campo processual penal, mas na qualidade de assistente e não de lesado (Simas Santos, Leal Henriques, Borges de Pinho, *in* CPP anotado, 1996).

Referências: Leis avulsas suscetíveis de gerar direito a indemnização aos lesados: Segurança Social – D.L. 59/89, de 22.02; Serviço Nacional de Saúde – D.L. 218/99, de 15.06; Vítimas de violência conjugal – L. 112/2009, de 16.09; Vítimas de crimes violentos e de violência doméstica – L. 104/2009, de 14.09. e Dec. Reg. de 4/93, de 22.02 (v. notas ao art. 283º).

Artigo 75º – Dever de informação

1. Logo que, no decurso do inquérito, tomarem conhecimento da existência de eventuais lesados, as autoridades judiciárias e os órgãos de polícia criminal devem informá-los da possibilidade de deduzirem pedido de indemnização civil em processo penal e das formalidades a observar.

2. Quem tiver sido informado de que pode deduzir pedido de indemnização civil nos termos do número anterior, ou, não o tendo sido, se considere lesado, pode manifestar no processo, até ao encerramento do inquérito, o propósito de o fazer.

COMENTÁRIOS:

Direito à informação: Por força do princípio da adesão do pedido cível à ação penal, os **lesados/ofendidos** (v. noção e notas ao art. 74º) têm de fazer valer os seus direitos indemnizatórios no processo penal, salvo as exceções compreendidas no art. 72º. Devem por isso ser atempadamente **informados** desse ónus, pelos OPCs ou pelas autoridades judiciárias, o que deve ocorrer no primeiro contacto com eles no processo. A norma está pensada para informação sobre as questões indemnizatórias. Para este efeito, existe um impresso informativo normalizado, que é entregue nos tribunais e OPCs aos lesados/ofendidos, onde se alude à representação judiciária, forma, prazos e provas a apresentar pelo lesado/ofendido, tramites a que aliás se reporta os artigos seguintes. Basicamente ali se diz que, deduzindo o pedido de indemnização civil, o lesado/ofendido pode fazer-se **representar por advogado**, sendo obrigatória a representação, sempre que o valor do pedido exceda metade da alçada do tribunal de 1ª instância (v. art. 76º). Para tal, deverá o requerimento **especificar** todos os prejuízos e juntar as respetivas provas deles, decorrentes da ação delituosa do(s) arguido(s) o qual deverá ser acompanhado de duplicados para os demandados e para a secretaria. Quando o montante do pedido não exceda o valor acima indicado, poderá o lesado **requerer** simplesmente que lhe seja arbitrada indemnização civil a título de reparação pelos prejuízos sofridos (v. art. 77º-4). O requerimento não está sujeito a formalidades especiais e pode consistir em declaração em auto, com a indicação dos prejuízos sofridas e das provas. Carecendo o lesado de meios económicos, poderá requerer o **patrocínio judiciário**, devendo para o efeito solicitá-lo aos serviços competentes da Segurança Social, após o que, deverá juntar aos autos, por qualquer meio, cópia do requerimento entregue nos referidos serviços com a menção da data de entrega. Independentemente de tal informação ter ocorrido ou não, o lesado/ofendido pode manifestar sempre expressamente esse desejo até ao encerramento do inquérito. Registe-se que o cumprimento do art. 75º ou a simples manifestação de desejo de procedimento criminal é muito importante, porque só assim o lesado/ofendido será **notificado** da decisão final do inquérito, quer de arquivamento, quer de acusação e consequentemente tomar conhecimento do estado dos autos [arts. 277º-3-4-c) e 283º-5-6]. O não cumprimento deste dever de informação, constitui uma **irregularidade** (arts. 118º-1-2 e 123º). Tratando-se de uma informação jurídica, a circunstância de o lesado/ofendido estar previamente representado por advogado nos autos, s.m.o., exclui a obrigação de cumprimento do art. 75º.

Vítimas: O direito de informação foi alargado e em termos gerais às **vítimas** (v. noção no art. 67º-A) tal como está sublinhado nos arts. 8º e 11º do novel **estatuto da vítima** (L. 130/2015, de 04.09 – v. em anexo). Agora, esta informação, inclui os conteúdos previstos no art. 11º da L. 130/2015, de 04.09, a selecionar dinamicamente em função das circunstâncias do crime e da pessoa vítima. De acordo com o art. 11º-6-7 do estatuto da vítima, e à margem das questões de natureza cível, esta pode solicitar que seja informada do andamento do processo e notificada de todas as decisões nele proferidas. Também é reconhecido à vítima o direito a ser indemnizado pelos danos causados pelo crime – v. art. 16º-1 do estatuto – mas a norma não adianta muito ao que já existia.

O CPP, não é muito generoso com as vítimas. Surpreende-se alguma compreensão no art. 281º-2-b), onde a **suspensão provisória do processo** pode ter como injunção a indemnização ou a satisfação moral do lesado e bem assim no art. 51º do C.P., a **suspensão da execução da pena,** subordinada à condição de indemnizar o lesado. Trata-se de opções processuais que não deviam ser desperdiçadas (pelos magistrados) para fazer uma melhor justiça, sobretudo agora que houve um recentramento da vítima no processo penal.

Referências: art. 67º-A (noção de vítima); arts. 8º, 11º, 16º e 20º da L. 130/2015, de 04.09 (estatuto da vítima).

Artigo 76º – Representação

1. O lesado pode fazer-se representar por advogado, sendo obrigatória a representação sempre que, em razão do valor do pedido, se deduzido em separado, fosse obrigatória a constituição de advogado, nos termos da lei do processo civil.

2. Os demandados e os intervenientes devem fazer-se representar por advogado.

3. Compete ao Ministério Público formular o pedido de indemnização civil em representação do Estado e de outras pessoas e interesses cuja representação lhe seja atribuída por lei.

COMENTÁRIOS:

Representação judiciária do lesado/ofendido: Como princípio geral, o lesado/ofendido, deve fazer-se representar por advogado. Mas nesta sede, remete-se para as regras civis (o que é consentido pelo art. 4º) só sendo tal **obrigatório**, quando em razão do valor, também o for nos termos da lei do processo civil (v. trâmites, nas notas ao art. 75º).

Diz o **art. 40º do CPC**, que:

1 – É obrigatória a constituição de advogado: a) Nas causas de competência de tribunais com alçada, em que seja admissível recurso ordinário; b) Nas causas em que seja sempre admissível recurso, independentemente do valor; c) Nos recursos e nas causas propostas nos tribunais superiores.

2 – Ainda que seja obrigatória a constituição de advogado, os advogados estagiários, os solicitadores e as próprias partes podem fazer requerimentos em que se não levantem questões de direito.

3 – (...)

Alínea a): Noção de alçada: A alçada é o limite de valor da causa que os tribunais julgam, sem direito a recurso (art. 678º do CPC).

Em matéria cível, atualmente, a alçada dos tribunais da Relação é de **30.000 €** e a dos tribunais de 1ª instância é de **5.000 €** (art. 44º da Lei de Organização do Sistema Judiciário). Logo, é obrigatória a representação por advogado, quando o pedido cível, na jurisdição penal, for superior a **5.000 €.**

Alínea b): Causas em que seja sempre admissível recurso: v. art. 629º-2 do CPC.

Alínea c): Causas e recursos nos tribunais superiores: Por tribunais superiores entende-se as Relações e o Supremo (v. competência arts. 11º e 12º).

Irregularidade por ausência de patrocínio: Se o lesado/ofendido, peticionar desacompanhado de advogado, sendo tal obrigatório, deve o Juiz mandar cumprir o art. 41º do CPC, notificando-o para regularizar a situação, sob pena de **absolvição do réu da instância.**

O valor dos prejuízos: Percebe-se que o lesado/ofendido, não tenha que constituir advogado, quando o valor dos prejuízos por si sofridos não são elevados, quiçá inferiores aos honorários a pagar ao causídico. As mais elementares regras de justiça implicariam, que todos os prejuízos imediatamente quantificáveis, fossem imputados aos arguidos quando condenados, a título de indemnização oficiosa, como acontecia no âmbito do código antigo. Mas já não é assim (v. art. 77º e 82º-A). Nada obsta ainda a que, os economicamente carenciados, requeiram apoio judiciário, para se lhe ser atribuído advogado oficioso, nos termos das leis em vigor.

Representação judiciária obrigatória dos demandados e intervenientes: Conforme se disse, o **arguido**, em matéria cível assume a posição de **demandado.** Obviamente tem obrigatoriamente de ter advogado constituído ou nomeado oficiosamente. O nº 2 tem como alvo lógico os restantes demandados e os intervenientes réus que tenham entrado no decurso do processo (v. noção de demandado e interveniente – art. 73º-1-2).

Representação pelo M.P.: O M.P. tem o dever oficioso de ação em representação do Estado ou de pessoas ou entidades que por força de lei tenha o dever de representar, nos termos do seu estatuto e das leis em vigor (v. estatuto do M.P. – L. 60/98, de 27.08, arts. 1º, 3º, 5º e 6º).

Neste capítulo da representação do M.P., avulta a representação principal de **incapazes**, sendo a situação mais habitual, o caso dos **menores** de idade. Neste caso, o dever de representação do M.P. só cessa com a **constituição de mandatário** ao menor ou com a **oposição expressa** dos representantes legais (art. 23º-2 do CPC e art. 5º-3 do E.M.P.). Equacionando o M.P. a necessidade de representar o menor para deduzir pedido cível em seu nome (v.g. crimes sexuais) será boa regra de gestão, conferenciar com os representantes legais sobre o seu posicionamento, quanto mais não seja, para não se perder tempo.

O MP só representa o Estado e outras pessoas e interesses cuja representação lhe seja atribuída pela lei (...). Por exemplo, integrando a conduta do arguido um crime de natureza fiscal, o MP tem legitimidade para deduzir pedido de indemnização civil em representação do Estado (Ac. TRL de 10.10.2006, *in* CJ-XXXI-IV-116).

Artigo 77º – Formulação do pedido

1. Quando apresentado pelo Ministério Público ou pelo assistente, o pedido é deduzido na acusação ou, em requerimento articulado, no prazo em que esta deve ser formulada.

2. O lesado que tiver manifestado o propósito de deduzir pedido de indemnização civil, nos termos do nº 2 do artigo 75º, é notificado do despacho de acusação, ou, não o havendo, do despacho de pronúncia, se a ele houver lugar, para, querendo, deduzir o pedido, em requerimento articulado, no prazo de 20 dias.

3. Se não tiver manifestado o propósito de deduzir pedido de indemnização ou se não tiver sido notificado nos termos do número anterior, o lesado pode deduzir o pedido até 20 dias depois de ao arguido ser notificado o despacho de acusação ou, se o não houver, o despacho de pronúncia.

4. Quando, em razão do valor do pedido, se deduzido em separado, não fosse obrigatória a constituição de advogado, o lesado, nos prazos estabelecidos nos números anteriores, pode requerer que lhe seja arbitrada a indemnização civil.

O requerimento não está sujeito a formalidades especiais e pode consistir em declaração em auto, com indicação do prejuízo sofrido e das provas.

5. Salvo nos casos previstos no número anterior, o pedido de indemnização civil é acompanhado de duplicados para os demandados e para a secretaria.

COMENTÁRIOS:

Regime do processo comum: O regime do art. 77º, está sobretudo pensado e adequado à forma de **processo comum**, mas aplica-se com as devidas adaptações às formas de processo especial. No processo sumário, v. art. 388º; no processo abreviado, v. art. 391º-E-2; no processo sumaríssimo, ainda que não seja permitida a intervenção de partes cíveis, pode haver lugar a uma reparação indemnizatória especial, v. arts. 393º-2 e 394º-2-b).

Prazo para o M.P. ou o assistente deduzir pedido cível: O prazo final para o **M.P.** deduzir pedido civil de indemnização, coincide com o momento em que a acusação é deduzida. O prazo para o **assistente** deduzir pedido civil de indemnização, coincide com o prazo para ele deduzir ou poder deduzir acusação e está fixado em **10 dias** após a notificação para o efeito, prevista no art. 284º, precludindo-se o direito de acusar e de requerer indemnização se atempadamente o não exercer (art. 139º-3 do CPC *ex vi* art. 4º e 104º). Trata-se de um regime mais severo do que o do lesado como adiante se verá.

Prazo para o lesado deduzir pedido cível: A situação varia consoante o lesado tiver ou não, manifestado expressamente em data anterior, intenção de deduzir pedido indemnizatório. Se o lesado tiver manifestado anteriormente de forma expressa, **intenção de deduzir pedido indemnizatório**, deverá ser obrigatoriamente notificado da acusação ou da pronúncia do arguido e aí poderá deduzir o pedido articulado em **20 dias** a contar da data da notificação que lhe for feita. Se **não tiver manifestado intenção de deduzir pedido indemnizatório**, ou se por lapso dos serviços não tiver sido notificado, pode ainda deduzir o pedido nos 20 dias seguintes à notificação do arguido da acusação ou da pronúncia (prazo mais alargado, mas do qual poderá nunca ter conhecimento). Em qualquer caso, o pedido é articulado, i.e., os factos são expostos por artigos, como é obrigatório no processo civil (art. 147º do CPC). A norma reserva ainda um **regime expedito** no nº 4, pelo qual sem formalidades, pode requerer o arbitramento de uma indemnização. Enfim... estamos perante uma das mais trapalhonas regras do processo penal. Preferível teria sido fixar um prazo limite que abarcasse todas as situações. Mas isso seria demasiado fácil...

Forma e particularidades da dedução do pedido cível na ação penal: O pedido cível enxertado na ação penal, é moldado pela acusação/pronuncia e segue os princípios e trâmites processuais penais (não há ónus da prova, nem cominação por falta de contestação) mas aplica-se-lhe algumas regras do processo civil. Assim, o pedido deve ter a estrutura de uma **petição inicial,** quer quanto à articulação de factos, quer quanto à indicação das provas [v. art. 552º do CPC]. A jurisprudência tem sinalizado a necessidade de ser submetido a um **despacho judicial de admissão** (a quando da prolação do despacho a que se refere o art. 311º) bem como à possibilidade de um **despacho de convite ao aperfeiçoamento** (v. art. 6º-2 do CPC) desde que, em nossa opinião, o aperfeiçoamento não abranja os factos da acusação crime. Já o **pedido genérico de indemnização** (art. 556º do CPC) a liquidar em execução de sentença, não será admissível, mas tal pode subsequentemente resultar da aplicação do art.

82º. Nada obsta à **ampliação do pedido,** com ou sem acordo, nos termos estritos do arts. 264º e 265º do CPC.

O pedido cível enxertado na ação penal, nos crimes públicos e semipúblicos, quando deduzido pelo lesado, compõe-se de várias partes funcionalmente distintas: A **primeira**, requerendo a constituição de assistente (se não estiver já constituído e se entender dever constituir-se – art. 284º). A **segunda** declarando aderir integralmente à acusação do M.P.; ou se não aderir integralmente [art. 284º-2-a)] terá de deduzir acusação por factos que não representem alteração substancial dos factos acusados pelo M.P. A **terceira**, extrair dos factos (na sua plenitude objetiva e subjetiva) as consequências ao nível da responsabilidade civil, i.e., alegando e peticionando os prejuízos patrimoniais e morais sofridos e bem assim eventuais juros. A **quarta**, arrolando as provas que não constem da acusação do M.P. mas que entende dever submeter a julgamento [art. 284º-2-b)] distinguindo para clarificação, se possível, as que se reportam ao crime, das que se reportam ao pedido cível. **Por fim**, deverá atribuir valor à ação, juntar comprovativo do pagamento da taxa de justiça se o assistente não beneficiar de apoio judiciário (art. 519º-1) e apresentar duplicados legais (nº 4). Se o pedido cível se reportar a crimes de natureza particular, obrigatoriamente deverá constituir-se assistente e deduzir acusação (art. 285º).

Jurisprudência uniformizadora: Ac. do STJ de Fixação de Jurisprudência nº 9/2015, de 14.05.2015, *in* DR de 24.06.2015: «*Se o autor não formula na petição inicial, nem em ulterior ampliação, pedido de juros de mora, o tribunal não pode condenar o réu no pagamento desses juros*».

A autonomia da sentença cível: O art. 377º, autonomiza a decisão sobre o pedido de indemnização civil. O Juiz penal não está inibido de se socorrer para efeitos de indemnização cível, de **presunções de culpa** previstas no 503º do CC. O comitente pode ser absolvido do crime e condenado por força da presunção.

Taxa de justiça: O pedido de indemnização civil, no seu decaimento ou na sua improcedência, está sujeito a **custas**, pelo que convém ponderar os montantes que se pedem e não inflacionar pedidos (v. art. 523º).

Artigo 78º – Contestação

1. A pessoa contra quem for deduzido pedido de indemnização civil é notificada para, querendo, contestar no prazo de 20 dias.

2. A contestação é deduzida por artigos.
3. A falta de contestação não implica confissão dos factos.

COMENTÁRIOS:

Contestação: A notificação aos demandados, faz-se nos termos do art. 227º do CPC. Os demandados podem contestar **articuladament**e o pedido cível, no prazo de **20 dias**. Tal prazo pode ser mais largo, verificadas as circunstâncias dos arts. 107º-6 (procedimento de excecional complexidade) e 569º-2 do CPC (prazo dos corréus). Sem prejuízo do disposto nos arts. 139º e 140º do CPC (multa e justo impedimento). A contestação, pode ser alvo de despacho judicial de **convite ao aperfeiçoamento**, tal como o pedido de indemnização cível. Como especialidade do processo penal, temos que a falta de contestação, não implica aceitação ou confissão dos factos, como no processo cível (v. art. 574º CPC), uma vez que prevalece o **princípio da averiguação oficiosa da verdade** e da livre apreciação da prova. A contestação pode fazer-se também por exceção, mas, s.m.o., não é admissível **formalmente** qualquer requerimento de **resposta** às **exceções** ou de **reconvenção**, sem embargo de a matéria atinente, poder ser invocada e discutida na audiência de julgamento, para haver justiça na decisão.

As contestações, apresentadas pelos réus, de pedidos cíveis formulados pelos assistentes devem ser notificadas a estes, pela secretaria, independentemente de despacho, logo após ó seu recebimento (Ac. do TRL de 21.01.1998, *in* CJ-I-145).

Na verdade, tem sido considerado que "o processo de adesão não traduz a junção de processos puros", pois "supõe uma distorção ou adaptação das regras de processo civil em função do processo penal em que se insere pedido de indemnização civil" (Paula Ribeiro de Faria; Algumas considerações sobre a reparação do dano em processo de adesão, Direito e Justiça, vol. XIX, 2005, tomo I, p. 15 e ss). É disto exemplo a não atribuição de efeitos à falta de contestação do pedido de indemnização civil, uma vez que "a sua falta não implica confissão dos factos objecto da petição, em ordem a evitar que, através do pedido cível, se tenham confessados factos de natureza penal" (ob.cit.); é também exemplo a não possibilidade de contestação por reconvenção, pois "constituindo [esta] um novo pedido, ultrapassa os fins e os fundamentos da admissibilidade do pedido de indemnização cível em processo penal" (idem) (extrato do ac. STJ de Fix. Jurisp. nº 5/2018, de 26.09.2018, *in* D.R. de 30.10.2018).

Artigo 79º – Provas

1. As provas são requeridas com os articulados.

2. Cada requerente, demandado ou interveniente pode arrolar testemunhas em número não superior a 10 ou a 5, consoante o valor do pedido exceda ou não a alçada da relação em matéria cível.

COMENTÁRIOS:

Provas. Testemunhas: As provas do pedido cível e da contestação, tem de ser apresentadas por cada requerente ou interveniente, com os **articulados** respetivos ou no que toca à contestação no prazo respetivo (não é obrigatório contestar – v. art. 78º-3) podendo ser arroladas **testemunhas** (sem prejuízo do art. 316º) exclusivamente da parte cível, cujo número depende da alçada do tribunal (v. noção de alçada nas notas ao art. 76º). Se forem arroladas testemunhas em excesso, deve o requerente ser notificado para indicar quais as que pretende ouvir na conformidade legal. Se nada disser, deve o Juiz limitar o seu número às indicadas em primeiro lugar até ao limite legal.

Às **partes cíveis**, i.e., ao assistente ou ao lesado não se aplica o mesmo regime legal das testemunhas [v. arts. 133º-1-c) e 145º]. Desde logo, assumindo a posição de parte interessada, consequentemente gozando de menor credibilidade, não prestam juramento, embora mantenham o dever de falar verdade (v. arts. 124º-2, 145º e 91º).

Valor probatório dos meios de prova: A alegação e prova dos meios probatórios penais, não são totalmente coincidentes com os meios cíveis, fundamentalmente porque não existe ónus da prova em processo penal (v. art. 127º). Mas a **prova documental**, está sujeita a um juízo de apreciação, que não pode desvincular-se das regras processuais cíveis (confrontar arts. 423º a 451º e segs. do CPC e arts. 164º a 170º e em especial art. 169º).

Artigo 80º – Julgamento

O lesado, os demandados e os intervenientes são obrigados a comparecer no julgamento apenas quando tiverem de prestar declarações a que não puderem recusar-se.

COMENTÁRIOS:

Notificação: Recebido o processo, o Juiz tem de deve dar o despacho a que alude o art. 311º, e designar data para julgamento, podendo desde logo, indeferir o pedido cível, verificada que seja alguma impossibilidade legal (desde falta de pressupostos, até exceções de conhecimento oficioso).

O dever de comparência em julgamento dos lesados, demandados e intervenientes só existe, se forem expressamente **notificados** para comparecer. Para tal é necessário que sejam indicados como **declarantes** ou **testemunhas** pelos restantes intervenientes (art. 145º) ou o Juiz considere a sua presença **indispensável** para a descoberta da verdade [art. 323º-b)].

Jurisprudência uniformizadora: Ac. do STJ de Fixação de Jurisprudência nº 5/2018, de 26.09.2018, *in* D.R. de 30.10.2018: *«A insolvência do lesante não determina a inutilidade superveniente da lide do pedido de indemnização civil deduzido em processo penal».*

Artigo 81º – Renúncia, desistência e conversão do pedido

O lesado pode, em qualquer altura do processo:

a) Renunciar ao direito de indemnização civil e desistir do pedido formulado;

b) Requerer que o objecto da prestação indemnizatória seja convertido em diferente atribuição patrimonial, desde que prevista na lei.

COMENTÁRIOS:

A extinção do procedimento civil e o prosseguimento do procedimento penal: O direito à indemnização cível é disponível; logo, pode a parte **renunciar** (o que só poderá fazer antes de deduzir o pedido cível) ou **desistir** (o que só poderá fazer depois de deduzir o pedido cível) do exercício de tal direito, atos que são **irretratáveis,** sem prejuízo da continuidade da ação penal, que é distinta na sua estrutura e génese dogmática. Apresentada desistência, deve ela ser **homologada** pelo Juiz, nos termos da lei civil e do regime de custas cíveis, extinguindo-se a relação processual civil [v. arts. 277º-d), 285º e 290º do CPC e arts. 515º, 523º e 524º]. Nada impede que exista transação nas ações cíveis enxertadas (v. art. 290º do CPC). Tal transação não constitui presunção natural de culpa do arguido.

A convertibilidade da prestação: A norma faculta, que em vez da indemnização civil, possa o prejudicado, receber uma atribuição patrimonial diferente, designadamente qualquer das previstas no art. 130º do C.P. Trata-se de uma disposição legal muito esquecida.

Artigo 82º – Liquidação em execução de sentença e reenvio para os tribunais civis

1. Se não dispuser de elementos bastantes para fixar a indemnização, o tribunal condena no que se liquidar em execução de sentença. Neste caso, a execução corre perante o tribunal civil, servindo de título executivo a sentença penal.

2. Pode, no entanto, o tribunal, oficiosamente ou a requerimento, estabelecer uma indemnização provisória por conta da indemnização a fixar posteriormente, se dispuser de elementos bastantes, e conferir-lhe o efeito previsto no artigo seguinte.

3. O tribunal pode, oficiosamente ou a requerimento, remeter as partes para os tribunais civis quando as questões suscitadas pelo pedido de indemnização civil inviabilizarem uma decisão rigorosa ou forem susceptíveis de gerar incidentes que retardem intoleravelmente o processo penal.

COMENTÁRIOS:

Decisão remissiva: A norma contém um escape às dificuldades de compatibilização entre as leis penais e as leis cíveis, numa dupla vertente; se o Juiz, a qualquer momento da fase de julgamento, constatar problemas que não permitam uma decisão justa e célere, **remete as partes para os tribunais cíveis**; se o Juiz, findo o julgamento, condenar, mas não tiver elementos para liquidar a indemnização, **condena no que se liquidar em execução de sentença** (sem prejuízo de poder fixar uma indemnização provisória) igualmente remetendo as partes para a execução desta sentença (sujeita a liquidação da indemnização) para os tribunais cíveis, por serem os competentes [arts. 10º-4, 609º-2, 703º-1-a), 704º-1, 716º do CPC].

Tribunal competente: Estando em causa a **execução de dívida** correspondente a indemnização fixada por tribunal criminal no âmbito de pedido cível enxertado em processo-crime, **sem necessidade de liquidação prévia** quando as execuções respeitem a **condenação em quantia certa**, a regra é que não devem decorrer perante o tribunal cível, mas perante o tribunal criminal, correndo por apenso ao processo criminal. Apenas decorrem perante o tribunal civil, aquelas em que haja necessidade de liquidação prévia (v. 2ª parte do nº 1). Neste sentido também o art. 2º da Portaria nº 114/2008, de 06.02 (regula a tramitação eletrónica dos processos judiciais nos tribunais de 1ª instância processados de acordo com as disposições do CPC) que exclui do seu âmbito de aplicação os pedidos de natureza civil deduzidos na ação penal e também os processos de execução de natureza cível deduzidos no âmbito de um processo penal.

À luz do preceituado no nº 3, do art. 82º, do CPP, o juiz avalia as questões suscitadas pela dedução do pedido cível, e reenvia para os meios comuns, se concluir que ocorre grande desvantagem na manutenção da adesão, ou porque as questões suscitadas inviabilizam uma "solução rigorosa", havendo assim desvantagem para o pedido cível, ou "retardam intoleravelmente o processo penal", havendo assim desvantagem para o processo penal (Ac. TRL de 02.12.2009, *in* www.dgsi.pt).

Importará, todavia, que a prática judiciária estabeleça algumas cautelas no uso desse amplo poder concedido ao tribunal de modo a não defraudar as legítimas expectativas do lesado, que optou pela via penal para obter o ressarcimento e que não deverá ver inutilizada toda a actividade processual desenvolvida à primeira dificuldade que o julgamento conjunto das questões civil e penal possa acarretar ao processo (Lopes do Rego, *in* As Partes Civis e o Pedido de Indemnização Civil deduzido no Processo Penal, Revista do M.P., IV, pág. 68).

A dedução dum incidente de intervenção principal provocada (de companhia de seguros) em acidente de viação não retarda intoleravelmente o processo, não justificando em termos normais, a remessa da questão cível para os tribunais civis, devendo ser julgada no processo penal civil (Ac. TRP de 05.06.2002, *in* proc. 0240486).

Não é admissível, indeferir-se, liminarmente, o pedido de indemnização cível, formulado na acção penal, com fundamento em que o seu elevado montante, assim como a complexidade da prova requerida e a participação processual das companhias seguradoras, não se coadunavam com a celeridade do processo penal (Ac. TRE de 20.6.95, *in* CJ-III-310).

Nada impede e tudo o obriga quando disso é caso que se apliquem normas do CPC, referentes à notificação e citação edital por remissão do art. 4º CPP, sendo que continuando o processo só para apreciação daquele pedido, a impossibilidade de notificação do arguido – que nesta fase assume apenas a posição de demandado civil – não é caso por ser desconhecido o seu paradeiro de remessa das partes civis para o tribunal cível. Não exigida a presença do demandado em julgamento, pelo direito adjectivo penal, nesta fase – e antes só em ordem à imperiosa necessidade da descoberta da verdade material – o mesmo sucedendo no processo civil, a remessa para aquele tribunal com o dito fundamento nada acrescentaria ao caso (Ac. TRL de 16.11.2006, 9ª Secção, recurso nº 8648/06) (no mesmo sentido, Ac. TRP de 12.05.99, *in* CJ-III-230).

I – No processo penal, o lesado não pode formular pedido genérico de indemnização, ou seja, pedido de que ela seja fixada em execução de sentença. II – Nos casos em que ainda não seja possível ao lesado determinar de modo definitivo, as consequências do facto ilícito, deve ele requerer; nos termos do art. 72º, nº 1, d) do CPP que o pedido de indemnização civil seja deduzido em separado, perante o tribunal civil. III – Tendo for-

mulado pedido genérico, deverá o juiz mandar corrigi-lo ou mandar que o pedido seja formulado perante o tribunal civil; não o tendo feito, pode o juiz, se tiver elementos para isso, condenar na indemnização que entender adequada, perante os factos alegados e provados (Ac. STJ de 16.12.1992, *in* CJ-V-24).

Quando as execuções respeitem a condenação em quantia certa, a regra é que não devem decorrer perante o tribunal cível mas perante o tribunal criminal. Apenas decorrem perante o tribunal civil aquelas em que haja necessidade de liquidação prévia, como determina o art. 82º, nº 1, 2ª parte, do CPP. (...) A exceção a essa regra geral quanto aos tribunais criminais será, apenas, como se referiu, a relativa às execuções com necessidade de liquidação prévia, pois se o art. 82º, nº 1, 2ª parte, do CPP, determina que corram perante o tribunal civil, não faria sentido que ai se procedesse à liquidação e que voltassem ao tribunal criminal para a fase seguinte da execução (Ac. TRL de 07.12.2010, proc. 3230/04.2TDLSB-A-5, *in* www.dgsi.pt).

Artigo 82º-A – Reparação da vítima em casos especiais

1. Não tendo sido deduzido pedido de indemnização civil no processo penal ou em separado, nos termos dos artigos 72º e 77º, o tribunal, em caso de condenação, pode arbitrar uma quantia a título de reparação pelos prejuízos sofridos quando particulares exigências de protecção da vítima o imponham.

2. No caso previsto no número anterior, é assegurado o respeito pelo contraditório.

3. A quantia arbitrada a título de reparação é tida em conta em acção que venha a conhecer de pedido civil de indemnização.

COMENTÁRIOS:

Indemnização oficiosa: Estamos perante uma norma, que permite que as vítimas possam ser indemnizadas **oficiosamente** por decisão do Juiz, (obviamente respeitado o contraditório) quando verificadas ***«particulares exigências de proteção»***. O art. 16º-2 da L. 130/2015, de 04.09 (estatuto da vítima) consignou que esta norma é de **aplicação obrigatória** quanto a «vítimas especialmente vulneráveis» exceto se elas expressamente se opuserem (v. art. 67º-A). O estatuto de vítima especialmente vulnerável, é atribuído de forma expressa/documental (v. art. 20º do estatuto), em função de uma avaliação casuística, embora paramentada pela alínea b) do art. 67º-A.

Ora estas exceções consagradas nas normas, deviam ser elevadas à categoria de regra, uma vez que na filosofia penal estão ínsitos princípios de ressocialização do delinquente, que só podem ser alcançados, quando este assume a sua culpa e naturalmente por via dessa introspeção, a **reparação** dos prejuízos que causou. Esta regra pode aplicar-se no processo sumaríssimo – v. art. 394º--2-b). Também em sede de **suspensão de execução da pena de prisão**, se surpreende outro dispositivo análogo, que permite que a suspensão fique subordinada à indemnização da vítima e que infelizmente, tem passado ao largo das decisões dos Juízes [v. art. 51º-1-a) do C.P.]. A quantia arbitrada, não tem por base um cálculo puramente indemnizatório, mas deve ser descontada numa eventual ação cível com fim indemnizatório, que possa ser intentada.

Se o responsável pela quantia arbitrada já tiver sido ouvido sobre os prejuízos sofridos pela vítima e por si causados, constando estes da acusação ou da pronúncia, a quantia pode ser arbitrada, sem mais formalidades, pois que o contraditório já está assegurado. Caso contrário, haverá que comunicar ao responsável a possibilidade de, em caso de condenação, ser arbitrada quantia a título de reparação pelos prejuízos que a vítima sofreu, concedendo-lhe o tempo estritamente necessário para organizar a sua defesa. Assim se estabelece em casos paralelos, v.g. art. 358º, nº 1 (*in* C.P.P., Maia Gonçalves, 1999).

Artigo 83º – Exequibilidade provisória

A requerimento do lesado, o tribunal pode declarar a condenação em indemnização civil, no todo ou em parte, provisoriamente executiva, nomeadamente sob a forma de pensão.

COMENTÁRIOS:

Exequibilidade imediata provisória: A norma conjuga-se com a anterior. A fim de materializar de forma célere a decisão anterior, face às necessidades imediatas de proteção da vítima, **se esta o requerer**, pode o Juiz, mesmo antes do trânsito em julgado da decisão, conferir-lhe exequibilidade imediata embora sujeito a condição resolutiva. É um mecanismo que exige muita ponderação e certeza do julgado, sob pena de instaurado recurso e ser revogada a decisão se criar um problema sem solução, pois dificilmente no quadro de penúria traçado, qualquer quantia seria devolvida. O mais prudente, será sempre a atribuição ao lesado de uma quantia a título de pensão, para que ele se possa manter até trânsito final da decisão. Interposto recurso da decisão que decidir nos termos deste artigo, terá ela de ter, por coerência do sistema, efeito meramente devolutivo (cf. Maia Gonçalves e Simas Santos, *in* nota ao CPP).

Artigo 84º – Caso julgado

A decisão penal, ainda que absolutória, que conhecer do pedido civil constitui caso julgado nos termos em que a lei atribui eficácia de caso julgado às sentenças civis.

COMENTÁRIOS:

Caso julgado: A decisão penal (condenatória ou absolutória) quanto ao pedido cível, faz **caso julgado entre as partes** (que se forma quando a decisão é insuscetível de recurso ordinário ou reclamação e consequentemente **transita** – art. 628º do CPC) nos mesmos termos que no processo civil. Entre as consequências do caso julgado, a maior será a impossibilidade de voltar a discutir os mesmos factos noutro qualquer processo ou tribunal. Ora, se, como diz a norma, o **caso julgado** se aplica nos mesmos termos que no processo civil, haverá nesses casos que chamar à colação em especial o **regime da sentença** previsto nos arts. 580º, 581º, 619º, 623º e 624º do CPC.

Recurso das decisões cíveis em matéria penal: No que concerne ao caso julgado e à impugnação das decisões cíveis em processo-crime, as partes civis tem legitimidade para recorrer [v. art. 401º-1-c) e 404º] mas tenha-se presente, as regras especiais do recurso nesta matéria, que constam no art. 400º-2-3 (regra da sucumbência e regra da autonomia – v. notas ao artigo).

As presunções em processo cível quanto a decisões penais: Ao contrário do que acontecia no anterior CPP de 1929, não se regulou no atual CPP, o que acontece em situações em que não houve dedução de pedido cível no processo penal e se recorreu ao processo cível para tal. Daí que o legislador se visse na necessidade de aditar ao CPC, **os arts. 623º e 624º do CPC,** onde não se fixa total eficácia *erga omnes,* às decisões penais. De acordo com eles, a **condenação do arguido** transitada em processo penal, constitui em **relação a terceiros** (e só a terceiros – v. ac. infra) **presunção ilidível** de que os factos considerados provados na sentença penal correspondem à verdade. Por outro lado, simetricamente, a sentença penal que **absolva o arguido**, com **fundamento em não ter praticado os factos imputados** (já não se tiver sido absolvido por falta de prova) constitui simples presunção legal de inexistência desses factos, **ilidível** mediante prova em contrário. Desta forma se conseguiu alguma coerência intrasistemática, embora não satisfatória.

1. Os factos assentes na sentença penal não podem ser objecto de discussão em posterior acção cível por parte daqueles, como é forçosamente o caso do arguido, em relação a quem já funcionou o princípio do contraditório. 2. O arguido, nunca tem, por isso, a pos-

sibilidade de elidir a presunção estabelecida pelo art. 674º-A do C.P. Civil (Ac. STJ de 09.04.2003, cit., *in* Ac. TRL de 25.02.2010, *in* www.dgsi.pt).

I – Da decisão penal absolutória transitada em julgado decorre a presunção legal de inexistência dos factos imputados ao arguido em processo-crime no caso de a absolvição ter assentado na demonstração de que não foram por ele praticados, recaindo, nas acções de natureza civil, sobre a parte que a não tem a seu favor o ónus da prova do contrário. II – Esta presunção legal não actua em caso de absolvição com fundamento no princípio in dubio pro reo, uma vez que nesta situação a absolvição se baseia na falta de prova dos factos imputados ao arguido, não dispensando, por isso, aquele que invoca os factos em que se alicerçou a acusação no processo-crime do ónus de os demonstrar na acção civil se deles quiser tirar proveito (Ac. TRL de 01.07.2010, proc. 4817/04.9YXLSB.L1-6, *in* www.dgsi.pt).

Referências: art. 377º (decisão sobre o pedido de indemnização civel).

LIVRO II – DOS ACTOS PROCESSUAIS

TÍTULO I – Disposições gerais

Artigo 85º – Manutenção da ordem nos actos processuais

1. Compete às autoridades judiciárias, às autoridades de polícia criminal e aos funcionários de justiça regular os trabalhos e manter a ordem nos actos processuais a que presidirem ou que dirigirem, tomando as providências necessárias contra quem perturbar o decurso dos actos respectivos.

2. Se o prevaricador dever ainda intervir ou estar presente no próprio dia, em acto presidido pelo juiz, este ordena, se necessário, que aquele seja detido até à altura da sua intervenção, ou durante o tempo em que a sua presença for indispensável.

3. Verificando-se, no decurso de um acto processual, a prática de qualquer infracção, a entidade competente, nos termos do nº 1, levanta ou manda levantar auto e, se for caso disso, detém ou manda deter o agente, para efeito de procedimento.

4. Para manutenção da ordem nos actos processuais requisita-se, sempre que necessário, o auxílio da força pública, a qual fica submetida,

para o efeito, ao poder de direcção da autoridade judiciária que presidir ao acto.

COMENTÁRIOS:

Procedimentos e segurança nos atos processuais: Norma regulamentadora da ordem e segurança dos atos processuais (atos praticados no âmbito de uma relação jurídico-processual) prevendo inclusivamente o recurso à força pública (nº 4). Os nºs 1 e 3 aplicam-se em termos gerais a quaisquer atos processuais. O nº 2 aplica-se aos atos presididos por Juiz.

Referências: art. 1º-b)-d) (noções de autoridades); arts. 255º e 381º (detenção em flagrante delito); art. 301º-1 (aplicação na fase da instrução); art. 322º (aplicação na fase de julgamento); arts. 323º a 326º (poderes de disciplina e condutas dos assistentes e intervenientes); art. 334º do C.P. (crime de perturbação de órgão constitucional).

Artigo 86º – Publicidade do processo e segredo de justiça

1. O processo penal é, sob pena de nulidade, público, ressalvadas as excepções previstas na lei.

2. O juiz de instrução pode, mediante requerimento do arguido, do assistente ou do ofendido e ouvido o Ministério Público, determinar, por despacho irrecorrível, a sujeição do processo, durante a fase de inquérito, a segredo de justiça, quando entenda que a publicidade prejudica os direitos daqueles sujeitos ou participantes processuais.

3. Sempre que o Ministério Público entender que os interesses da investigação ou os direitos dos sujeitos processuais o justifiquem, pode determinar a aplicação ao processo, durante a fase de inquérito, do segredo de justiça, ficando essa decisão sujeita a validação pelo juiz de instrução no prazo máximo de setenta e duas horas.

4. No caso de o processo ter sido sujeito, nos termos do número anterior, a segredo de justiça, o Ministério Público, oficiosamente ou mediante requerimento do arguido, do assistente ou do ofendido, pode determinar o seu levantamento em qualquer momento do inquérito.

5. No caso de o arguido, o assistente ou o ofendido requererem o levantamento do segredo de justiça, mas o Ministério Público não o determinar, os autos são remetidos ao juiz de instrução para decisão, por despacho irrecorrível.

6. A publicidade do processo implica, nos termos definidos pela lei e, em especial, pelos artigos seguintes, os direitos de:

a) Assistência, pelo público em geral, à realização do debate instrutório e dos actos processuais na fase de julgamento;

b) Narração dos actos processuais, ou reprodução dos seus termos, pelos meios de comunicação social;

c) Consulta do auto e obtenção de cópias, extractos e certidões de quaisquer partes dele.

7. A publicidade não abrange os dados relativos à reserva da vida privada que não constituam meios de prova. A autoridade judiciária especifica, por despacho, oficiosamente ou a requerimento, os elementos relativamente aos quais se mantém o segredo de justiça, ordenando, se for caso disso, a sua destruição ou que sejam entregues à pessoa a quem disserem respeito.

8. O segredo de justiça vincula todos os sujeitos e participantes processuais, bem como as pessoas que, por qualquer título, tiverem tomado contacto com o processo ou conhecimento de elementos a ele pertencentes, e implica as proibições de:

a) Assistência à prática ou tomada de conhecimento do conteúdo de acto processual a que não tenham o direito ou o dever de assistir;

b) Divulgação da ocorrência de acto processual ou dos seus termos, independentemente do motivo que presidir a tal divulgação.

9. A autoridade judiciária pode, fundamentadamente, dar ou ordenar ou permitir que seja dado conhecimento a determinadas pessoas do conteúdo de acto ou de documento em segredo de justiça, se tal não puser em causa a investigação e se afigurar:

a) Conveniente ao esclarecimento da verdade; ou

b) Indispensável ao exercício de direitos pelos interessados.

10. As pessoas referidas no número anterior são identificadas no processo, com indicação do acto ou documento de cujo conteúdo tomam conhecimento e ficam, em todo o caso, vinculadas pelo segredo de justiça.

11. A autoridade judiciária pode autorizar a passagem de certidão em que seja dado conhecimento do conteúdo de acto ou de documento em segredo de justiça, desde que necessária a processo de natureza criminal ou à instrução de processo disciplinar de natureza pública, bem como à dedução do pedido de indemnização civil.

12. Se o processo respeitar a acidente causado por veículo de circulação terrestre, a autoridade judiciária autoriza a passagem de certidão:

a) Em que seja dado conhecimento de acto ou documento em segredo de justiça, para os fins previstos na última parte do número anterior e perante requerimento fundamentado no disposto na alínea a) do nº 1 do artigo 72º;

b) Do auto de notícia do acidente levantado por entidade policial, para efeitos de composição extrajudicial de litígio em que seja interessada entidade seguradora para a qual esteja transferida a responsabilidade civil.

13. O segredo de justiça não impede a prestação de esclarecimentos públicos pela autoridade judiciária, quando forem necessários ao restabelecimento da verdade e não prejudicarem a investigação:

a) A pedido de pessoas publicamente postas em causa; ou

b) Para garantir a segurança de pessoas e bens ou a tranquilidade pública.

(Última redação da L. 26/2010, de 30.08)

COMENTÁRIOS:

A natureza pública do processo penal: O processo penal é **público** (sem prejuízo do dever de confidencialidade e de discrição inerente a toda a atividade judicial) em todas as suas fases, desde a alteração introduzida pelo D.L. 78/87, de 17.02. Na fase de **inquérito** e circunscrita a esta fase (que apenas termina com o arquivamento do M.P. ou quando deduzida acusação, com recebimento dos autos pelo Juiz de instrução ou de julgamento – arts. 287º-4 e 311º) pode ser declarado que ele fica submetido a **segredo de justiça**, constituindo esta circunstância uma exceção à **regra publicista**. Porem, para que essa exceção funcione, a mesma tem de ser **declarada**. E pode ser declarada pelo Juiz de instrução ou pelo M.P., neste último caso, sujeito a **validação judicial** (v. nºs 2 e 3 e art. 89º-1-2). Mas a qualquer momento, pode o M.P., determinar o **levantamento do segredo de justiça** decretado, sem necessidade de intervenção judicial (v. nº 4). Todavia, se o M.P., requerido para o efeito, não concordar com o levantamento do segredo de justiça, o Juiz deverá **pronunciar-se** sobre o requerido e decidir (v. nº 5). Todas as decisões do Juiz nesta matéria são obviamente **fundamentadas** (dentro dos limites que o próprio segredo consentir) e **irrecorríveis** (o que viola o princípio da atribuição da direção do inquérito ao M.P.).

Na sua estrutura cognoscitiva, o âmbito do segredo de justiça pode delimitar-se entre o **«segredo interno»**, que consiste na limitação de acesso dos sujeitos e participantes processuais aos elementos probatórios e de outro tipo constantes dos autos e a assistência pelos mesmos a certos atos e sua narração, e o **«segredo externo»** que se refere a todas aquelas pessoas, que não sendo sujeitos ou participantes processuais, por qualquer título, tomam contacto com o processo ou adquirem conhecimento de elementos a ele pertencentes, como é o caso do nº 6.

Prazo máximo de duração do segredo de justiça: Sendo certo que o segredo de justiça só pode existir durante a fase de inquérito, a verdade é que o mesmo não pode ultrapassar os **prazos** que resultem da conjugação deste **art. 86º**, com o disposto nos **arts. 89º-6 e 276º**; isto é, o prazo geral máximo do inquérito, mais o especial de 6 meses.

As razões e fundamentos do segredo de justiça: O segredo de justiça, constitui uma exceção à regra da publicidade do processo (v. arts. 20º-3 e 206º da C.R.P.). Assenta fundamentalmente em duas ordens de razões. Por um lado garantir a idoneidade e rigor da **investigação,** blindando-a da interferência e manipulação ilegal de quaisquer pessoas; por outro lado, garantir o respeito pela **privacidade e segurança** dos intervenientes processuais, tendo como fim último a descoberta da verdade material. Neste artigo, para os efeitos dos nºs 4 e 5, haverá sempre que ter presente estas duas razões, dando prevalência aos interesses da investigação, no caso de conflitualidade de interesses.

"a complexidade da sociedade moderna e da criminalidade, frequentemente organizada e transnacional, torna, porém, necessário, para combate àquela e defesa da comunidade, uma fase de investigação da notícia do crime que decorra com reserva da publicidade de modo a evitar que os criminosos frustrem a descoberta da verdade, antecipando-se aos investigadores e escondendo ou destruindo as provas dos factos criminosos. Por outro lado, também a defesa da honra e da consideração dos suspeitos, que se presumem inocentes até à condenação, justificam que se evite a publicidade da suspeita, pelo menos até que nos autos haja provas bastantes que indiciem a sua eventual responsabilidade" (Germano Marques da Silva, *in* Curso de Processo Penal, II vol., pág. 18).

A legitimidade: Os intervenientes processuais com **legitimidade** para requerer a aplicação ao processo do segredo de justiça, são o **arguido**, o **assistente** e o **ofendido**. Qualquer outro interveniente, como por exemplo as testemunhas, não têm legitimidade para tal. E no entanto, se há pessoas que deveriam ter uma palavra a dizer sobre o segredo de justiça, seriam elas, vulneráveis que estão a todo o tipo de pressões e ameaças.

Delimitação da publicidade: Nos nºs 6 e 7, delimita-se e regula-se a publicidade do processo em várias situações. Quanto à assistência do público nos termos do **art. 87º**. Quanto aos meios de comunicação social, nos termos do **art. 88º**. Quanto à consulta dos autos e obtenção de documentos dele, nos termos dos **arts. 89º e 90º** (v. notas a estes artigos).

Não pode ser objeto de publicidade, dados relativos à **reserva da vida privada**, quando estes não constituam meio de prova, i.e., quando são irrelevantes para o objeto processual da investigação. Visa-se impedir a devassa da vida privada das pessoas quando os factos dessa vida não constituem *thema probandum*. Quando se não puder cindir tais elementos, a autoridade judiciária pode impor quanto a eles o segredo de justiça. Pode sempre ser ordenada a entrega ou destruição das peças, onde se reportam tais factos.

Quebra controlada do segredo de justiça: Sem prejuízo da investigação, quando se mostrar conveniente ou indispensável, nos termos do nº 9, pode a autoridade judiciária [v. noção no art. 1º-b)] dar conhecimento ***«a determinadas pessoas»,*** dos conteúdos processuais em segredo de justiça. Há aqui um poder discricionário da autoridade judiciária que está conformado pelas necessidades da investigação. Ora, na fase de inquérito, sendo o M.P. que dirige a investigação e traça a sua estratégia, não deveria o Juiz decidir nesta matéria, sob pena de invadir funções e competências. Por ***«determinadas pessoas»,*** entende-se todas aquelas que se integram nos pressupostos das alíneas do nº 9. ***«Interessado»,*** será todo aquele que tem um direito a defender no processo e não qualquer outro interesse. Em qualquer caso, todos ficam também sujeitos a segredo de justiça.

Tal poder discricionário da autoridade judiciária, estende-se ao nº 11, onde a autoridade judiciária ***«pode»*** autorizar a passagem de certidões nos termos ali referidos e para os seus efeitos. Todavia no nº 12, acaba o poder discricionário e começa o poder vinculado; a autoridade judiciária ***«autoriza»*** a passagem de certidões que digam respeito a acidentes com veículo de circulação terrestre, para efeitos do **art. 72º-a)**, i.e., inquérito pendente há mais de oito meses, ou composição extra judicial de litígios. Compreende-se que assim seja, já que tais situações são quase sempre dirimidas nos tribunais cíveis ou extra judicialmente, onde se revela importante as peças processuais dos tribunais criminais. Aliás, já anteriormente o M.P., tinha instruções para fornecer sem entraves, certidão do auto de notícia, nestes casos (v. Circular da PGR 08/99, de 30.06.99).

Esclarecimentos verbais públicos: Podem ser prestados **esclarecimentos públicos** pela autoridade judiciária, nos termos e para os efeitos do nº 13. Nem toda a gente tem capacidade para tal. Comunicar publicamente, exige capacidade e conhecimentos técnicos específicos. Deveria haver pessoas preparadas para esse efeito. Não há.

Nulidade sanável: O vício cominado para a violação das disposições que tornam o processo público, é a **nulidade**. Atento a taxatividade das nulidades insanáveis, tal nulidade cai no âmbito das **sanáveis**, a arguir nos prazos legais (v. arts. 118º-1-2, 120º-1-3, 121º-1-3 e 122º).

Circular 5/2008 da P.G.R, de 15.01.2008: *Sempre que a investigação tenha por objecto os crimes previstos no art. 1º, alíneas i) a m), do CPP, na Lei nº 36/94, de 29.09, e na Lei nº 5/2002, de 11.01, o Ministério Público determinará, no início do inquérito, a sujeição do mesmo a segredo de justiça, nos termos do art. 86º, nº 3, do CPP.*

A **L. 36/94**, estabelece medidas de combate à criminalidade económica e financeira. A **L. 5/2002** estabelece medidas de combate ao crime organizado e também à criminalidade económica e financeira. Nestas leis se elencam inúmeros crimes graves, tais como tráficos de droga, de armas, de influência, de terrorismo, de corrupção, de peculato, de branqueamento de capitais, de associação criminosa, etc...

Tenha-se em consideração que a invocação desta circular, não dispensa o M.P., de **alegar** e **justificar** na validação judicial perante o Juiz, a **necessidade** de segredo de justiça (v. nº 3 – neste sentido, v. Ac. TRP. de 15.10.2008, *in* www.dgsi.pt.).

Orientação da Procuradoria-Geral Distrital de Lisboa (ofício nº 4782/ /13-G) quanto aos procedimentos a observar, quando pedida a consulta dos autos de inquérito encerrado:

1º Uma vez encerrada a fase processual de inquérito, qualquer sujeito processual, por si ou através do seu mandatário, pode consultar o processo mediante solicitação verbal, não sendo exigível para o efeito qualquer requerimento escrito. 2º A consulta deverá ficar registada em cota a lavrar pela secretaria do M.P. em livro próprio ou nos próprios autos. 3º A conclusão enunciada em 1º é derrogada nos casos em que o magistrado titular, no momento em que profere o despacho de encerramento, determina o contrário, devendo especificar e fundamentar as razões pelas quais a consulta deverá ser precedida de requerimento escrito. 4º Constitui fundamento bastante para determinar o pedido de consulta através de requerimento escrito para consequente decisão por parte da Autoridade Judiciária, a circunstância de permanecerem nos autos elementos ou dados relativos à reserva da vida privada que não constituam meios de prova. (...) recomenda-se aos senhores magistrados (do M.P.) *que, sempre que em inquérito lhes seja apresentado pedido de submissão a segredo de justiça com o qual não concordem, informem os peticionantes para, querendo, representarem a pretensão ao Juiz de Instrução ao abrigo da disposição do nº 2 do art. 86º do CPP* (PGDL – despacho 79/10, de 15.03.2010).

Artigo 87º – Assistência do público a actos processuais

1. Aos actos processuais declarados públicos pela lei, nomeadamente às audiências, pode assistir qualquer pessoa. Oficiosamente ou a requerimento do Ministério Público, do arguido ou do assistente pode, porém, o juiz decidir, por despacho, restringir a livre assistência do público ou que o acto, ou parte dele, decorra com exclusão da publicidade.

2. O despacho referido na segunda parte do número anterior deve fundar-se em factos ou circunstâncias concretas que façam presumir que a publicidade causaria grave dano à dignidade das pessoas, à moral pública ou ao normal decurso do acto e deve ser revogado logo que cessarem os motivos que lhe deram causa.

3. Em caso de processo por crime de tráfico de pessoas ou contra a liberdade e autodeterminação sexual, ou que envolva arguidos menores, os atos processuais decorrem, em regra, com exclusão da publicidade.

4. Decorrendo o acto com exclusão da publicidade, apenas podem assistir as pessoas que nele tiverem de intervir, bem como outras que o juiz admitir por razões atendíveis, nomeadamente de ordem profissional ou científica.

5. A exclusão da publicidade não abrange, em caso algum, a leitura da sentença.

6. Não implica restrição ou exclusão da publicidade, para efeito do disposto nos números anteriores, a proibição, pelo juiz, da assistência de menor de 18 anos ou de quem, pelo seu comportamento, puser em causa a dignidade ou a disciplina do acto.

(Última redação da L. 33/2019, de 22.05)

COMENTÁRIOS:

Natureza pública dos atos processuais e exceções: Por força de princípios democráticos, com especial ênfase para os da legalidade e controlo da atuação judiciária, todos os atos processuais são **públicos**, a eles podendo assistir quem quiser. Porem justifica-se que tal regra seja derrogada, quando particulares razões de secretismo, confidencialidade, proteção do bom-nome dos intervenientes, ou inclusivamente a segurança, o exijam. Só para a leitura da sentença, que é um incontornável ato público, não há exceções. No nº 6, limita-

-se a assistência aos atos, a menores de 18 anos, o que, considerando que a idade de imputabilidade penal é de 16 anos (art. 19º do C.P.) é um absurdo. O menor de 18 anos pode estar no ato como arguido, mas não a assistir a ele.

Referências: art. 321ª (publicidade da audiência).

Artigo 88º – Meios de comunicação social

1. É permitida aos órgãos de comunicação social, dentro dos limites da lei, a narração circunstanciada do teor de actos processuais que se não encontrem cobertos por segredo de justiça ou a cujo decurso for permitida a assistência do público em geral.

2. Não é, porém, autorizada, sob pena de desobediência simples:

a) A reprodução de peças processuais ou de documentos incorporados no processo, até à sentença de 1ª instância, salvo se tiverem sido obtidos mediante certidão solicitada com menção do fim a que se destina, ou se para tal tiver havido autorização expressa da autoridade judiciária que presidir à fase do processo no momento da publicação;

b) A transmissão ou registo de imagens ou de tomadas de som relativas à prática de qualquer acto processual, nomeadamente da audiência, salvo se a autoridade judiciária referida na alínea anterior, por despacho, a autorizar; não pode, porém, ser autorizada a transmissão ou registo de imagens ou tomada de som relativas a pessoa que a tal se opuser;

c) A publicação, por qualquer meio, da identidade de vítimas de crimes de tráfico de pessoas, contra a liberdade e autodeterminação sexual, a honra ou a reserva da vida privada, excepto se a vítima consentir expressamente na revelação da sua identidade ou se o crime for praticado através de órgão de comunicação social.

3. Até à decisão sobre a publicidade da audiência não é ainda autorizada, sob pena de desobediência simples, a narração de actos processuais anteriores àquela quando o juiz, oficiosamente ou a requerimento, a tiver proibido com fundamento nos factos ou circunstâncias referidos no nº 2 do artigo anterior.

4. Não é permitida, sob pena de desobediência simples, a publicação, por qualquer meio, de conversações ou comunicações interceptadas no âmbito de um processo, salvo se não estiverem sujeitas a segredo de justiça e os intervenientes expressamente consentirem na publicação.

COMENTÁRIOS:

Comunicação social: Os meios de comunicação social podem ***"narrar"***, mesmo de forma ***"circunstanciada"***, o teor de atos processuais que não estejam cobertos pelo segredo de justiça ou a que pudessem assistir. Mas já não podem ***"reproduzir"***peças ou ***"documentos"*** até à sentença da 1ª instância, ou fazer ***"transmissão"*** ou ***"registo de imagens"*** ou ***"tomadas de som"*** dos atos, ou publicitar a ***"identidade"*** das vítimas de certo tipo de crimes, salvo se **previamente autorizados**, nos termos das alíneas supra. Igualmente não podem transcrever os conteúdos de comunicações ou de interceções telefónicas, existentes nos autos, salvo se não estiverem cobertas pelo segredo de justiça e os intervenientes consentirem. Tudo sob pena de praticarem **crime de desobediência simples** (art. 348º do C.P.). Por força do novel estatuto da vítima; L. 130/2015, de 04.09, também não podem **identificar** ou **permitir a identificação** de vítimas crianças, jovens ou pessoas ***«especialmente vulneráveis»*** [v. esta última noção no art. 67º-1-b)-3 do estatuto].

Referências: art. 38º da C.R.P. (liberdade de imprensa e meios de comunicação social).

Artigo 89º – Consulta de auto e obtenção de certidão e informação por sujeitos processuais

1. Durante o inquérito, o arguido, o assistente, o ofendido, o lesado e o responsável civil podem consultar, mediante requerimento, o processo ou elementos dele constantes, bem como obter os correspondentes extractos, cópias ou certidões, salvo quando, tratando-se de processo que se encontre em segredo de justiça, o Ministério Público a isso se opuser por considerar, fundamentadamente, que pode prejudicar a investigação ou os direitos dos participantes processuais ou das vítimas.

2. Se o Ministério Público se opuser à consulta ou à obtenção dos elementos previstos no número anterior, o requerimento é presente ao juiz, que decide por despacho irrecorrível.

3. Para efeitos do disposto nos números anteriores, os autos ou as partes dos autos a que o arguido, o assistente, o ofendido, o lesado e o responsável civil devam ter acesso são depositados na secretaria, por fotocópia e em avulso, sem prejuízo do andamento do processo, e persistindo para todos o dever de guardar segredo de justiça.

4. Quando, nos termos dos nºs 1, 4 e 5 do artigo 86º, o processo se tornar público, as pessoas mencionadas no nº 1 podem requerer à autoridade judiciária competente o exame gratuito dos autos fora da secretaria, devendo o despacho que o autorizar fixar o prazo para o efeito.

5. São correspondentemente aplicáveis à hipótese prevista no número anterior as disposições da lei do processo civil respeitantes à falta de restituição do processo dentro do prazo; sendo a falta da responsabilidade do Ministério Público, a ocorrência é comunicada ao superior hierárquico.

6. Findos os prazos previstos no artigo 276º, o arguido, o assistente e o ofendido podem consultar todos os elementos de processo que se encontre em segredo de justiça, salvo se o juiz de instrução determinar, a requerimento do Ministério Público, que o acesso aos autos seja adiado por um período máximo de três meses, o qual pode ser prorrogado, por uma só vez, quando estiver em causa a criminalidade a que se referem as alíneas i) a m) do artigo 1º, e por um prazo objectivamente indispensável à conclusão da investigação.

COMENTÁRIOS:

Natureza pública do inquérito e segredo de Justiça: Atualmente, por força da alteração da L. 48/2007, de 29.08, inverteu-se o paradigma e o inquérito passou a ter **natureza pública**, constituindo **exceção,** a declaração do M.P. de submissão dele a **segredo de justiça**. Tal declaração pode ocorrer em qualquer momento do inquérito, e terá de ter como fundamento, **prejuízo para a investigação** [v. situação análoga no art. 204º-b)] ou para **os direitos dos intervenientes** (aqui se incluindo desde o direito de reserva da vida privada, até à própria segurança física). Deste modo, desde que não haja uma decisão formal de **segredo de justiça**, todos os intervenientes descritos na norma, têm em princípio, acesso à consulta do processo e a que lhes sejam facultadas cópias dos atos. Havendo oposição do M.P. de acesso ao conteúdo dos autos, este deve **"apresentar"** o inquérito ao JIC, que terá de decidir, com base nos fundamentos suprarreferidos, de forma **irrecorrível.** Tudo sem embargo do disposto no nº 2 (acesso restrito a peças processuais especificas).

O impacto dos prazos de duração máxima do inquérito. Prorrogação: Findos os prazos de duração de inquérito previstos no **art. 276º**, e continuando o processo nessa fase, este passa a ser consultável pelos intervenientes descritos na norma. No entanto, verificadas circunstâncias especiais (atrasos justificáveis), pode o acesso aos autos ser **"adiado" por 3 meses.** Verificadas circunstâncias ainda mais especiais (crimes catalogados como terrorismo ou crimes violentos) é possível **prorrogar** o adiamento por um **prazo não pré determinado,** mas ***«objectivamente indispensável à conclusão da investigação».***

Jurisprudência uniformizadora: Ac. do STJ de Fixação de Jurisprudência nº 5/2010, de 15.04.2010, *in* D.R. de 14.05.2010: *«O prazo de prorrogação do adiamento do acesso aos autos a que se refere a segunda parte do artigo 89º, nº 6, do Código de Processo Penal, é fixado pelo juiz de instrução pelo período de tempo que se mostrar objectivamente indispensável à conclusão da investigação, sem estar limitado pelo prazo máximo de três meses, referido na mesma norma».*

Consulta dos autos fora da secretaria. Fundamentação e despacho de autorização: Quando o processo se tornar público, os intervenientes podem consultá-lo na secretaria (incluindo sala de advogados) ou fora da secretaria. Neste último caso, tal **não é um direito absoluto,** razão pela qual se encontra sujeito a um "despacho de autorização". Na verdade, a deslocação de um processo do tribunal, que é o seu "ambiente natural", comporta muitos riscos e inconvenientes (exemplo; para alem de atrasos, desaparecimento de folhas). Assim, a norma deve ser interpretada no sentido de que, só deve ser autorizado a deslocação do processo do tribunal, quando se revele necessário à defesa de quem tal requereu e nos estritos termos dessa necessidade particular concreta (a premência e utilidade da consulta do processo fora do tribunal, pode variar em função da posição e da participação processual do requerente nos autos) designadamente pelo volume do processo e tempo previsivelmente dedicado à consulta e quando tal deslocação do processo não impeça o atempado cumprimento de atos processuais pelo tribunal ou o direito à consulta do processo por outros interessados. Enfim, prevalece sobre o direito à consulta do processo fora do tribunal, razões de **utilidade prática**, razões de **tramitação processual** e razões de **segurança e logística**. Desta forma, qualquer requerimento para consultar os autos fora da secretaria deve ser **fundamentado** e sobre ele recair despacho igualmente **fundamentado.** Já não será legal, o despacho que indeferir a consulta dos autos, no próprio tribunal.

Com é entendimento do Tribunal Constitucional, o facto de se negar ao arguido o direito a examinar o processo fora da secretaria, inviabilizando a confiança do processo ao seu defensor, não afeta as garantias de defesa do arguido, porquanto o mesmo sempre poderá fazê-lo na secretaria do tribunal (neste sentido, Ac. T.C. nº 117/96, de 06.02.96, *in* www.dgsi.pt). Do despacho judicial de recusa, que deve ser fundamentado, cabe **recurso**, nos termos gerais (neste sentido, Ac. T.C. nº 247/96, de 29.02.96, *in* www.dgsi.pt).

Procedimentos de consulta: Diretivas várias no M.P., vão no sentido de que, encerrada a fase processual de inquérito, qualquer sujeito processual, por si ou através de mandatário, pode consultar o processo mediante solicitação verbal, não sendo exigível para o efeito qualquer requerimento escrito, exceto se houver despacho prévio do M.P., devidamente fundamentado em contrário (por exemplo, fundado na circunstância de permanecerem nos autos elementos ou dados relativos à reserva da vida privada que não constituam meios de prova). A consulta deverá ficar registada em cota a lavrar pela secretaria do Ministério Público, em livro próprio ou nos próprios autos.

Art. 79º-1 da L. 145/2015, de 09.09 (E.O.A.): *No exercício da sua profissão, o advogado tem o direito de solicitar em qualquer tribunal ou repartição pública o exame de processos, livros ou documentos que não tenham carácter reservado ou secreto, bem como requerer, oralmente ou por escrito, que lhe sejam fornecidas fotocópias ou passadas certidões, sem necessidade de exibir procuração.*

Artigo 90º – Consulta de auto e obtenção de certidão por outras pessoas

1. Qualquer pessoa que nisso revelar interesse legítimo pode pedir que seja admitida a consultar auto de um processo que se não encontre em segredo de justiça e que lhe seja fornecida, à sua custa, cópia, extracto ou certidão de auto ou de parte dele. Sobre o pedido decide, por despacho, a autoridade judiciária que presidir à fase em que se encontra o processo ou que nele tiver proferido a última decisão.

2. Excetuam-se do disposto no número anterior os autos de interrogatório ou outras diligências processuais nas quais participe arguido menor.

3. A permissão de consulta de auto e de obtenção de cópia, extracto ou certidão realiza-se sem prejuízo da proibição, que no caso se verificar, de narração dos actos processuais ou de reprodução dos seus termos através dos meios de comunicação social.

(Última redação da L. 33/2019, de 22.05)

COMENTÁRIOS:

A administração da justiça e o controlo social: A justiça é pública, e deve ser escrutinada à semelhança de qualquer atividade do estado (art. 202º da C.R.P.). Por tal razão é compreensível que a norma admita que, para além dos diretos intervenientes do processo, quem revelar (obviamente, alegando e fundamentando) **interesse legítimo**, pode ter acesso ao conhecimento de processos criminais, que **se não encontrem em segredo de justiça**, ou **se**

não encontrem submetidos às restrições previstas nos arts. 87º-2 e 89º, nos termos ali definidos. Sem embargo de se tratar de um conceito demasiado subjetivo, por **interesse legítimo,** deve entender-se não só aquele que é fundado em razões legais (a defesa dos direitos de cada um, exigem muitas vezes o conhecimento do teor concreto de processos judiciais) mas também o fundado em razões que possa corresponder a interesse sociais relevantes, designadamente o da formação e informação dos cidadãos. Isso não se confunde com a mera curiosidade cretina ou a devassa da vida privada, mesmo quando promovida por jornalistas. A noção não deve perder de vista o art. 206º do C.R.P quando diz que: *"as audiências dos tribunais são públicas, salvo quando o próprio tribunal decidir o contrário, em despacho fundamentado, para salvaguarda da dignidade das pessoas e da moral pública ou para garantir o seu normal funcionamento".*

Interveniente processual menor: A L. 33/2019, de 22.05, alterou vários artigos do CPP, entre os quais o anotando, introduzindo uma **exceção,** à publicidade do processo, quando há um interveniente processual **menor** (v, notas sobre menoridade no art. 58º).

Recurso e reclamação hierárquica: Da decisão (fundamentada – art. 97º-5) que negar o acesso ao processo, cabe **recurso** (art. 399º) se o seu titular for o Juiz, ou **reclamação hierárquica** (art. 27º, por analogia) se o seu titular for o magistrado do M.P.

Referências: arts. 58º, 61º, 90º, 103º, 194º, 283º e 370º (direitos dos menores); art. 88º-2 (crime de desobediência); art. 89º (consulta de autos).

Artigo 91º – Juramento e compromisso

1. As testemunhas prestam o seguinte juramento: «Juro, por minha honra, dizer toda a verdade e só a verdade.»

2. Os peritos e os intérpretes prestam, em qualquer fase do processo, o seguinte compromisso: «Comprometo-me, por minha honra, a desempenhar fielmente as funções que me são confiadas.»

3. O juramento referido no nº 1 é prestado perante a autoridade judiciária competente e o compromisso referido no número anterior é prestado perante a autoridade judiciária ou a autoridade de polícia criminal competente, as quais advertem previamente quem os dever prestar das sanções em que incorre se os recusar ou a eles faltar.

4. A recusa a prestar o juramento ou o compromisso equivale à recusa a depor ou a exercer as funções.

5. O juramento e o compromisso, uma vez prestados, não necessitam de ser renovados na mesma fase de um mesmo processo.

6. Não prestam o juramento e o compromisso referidos nos números anteriores:

a) Os menores de 16 anos;

b) Os peritos e os intérpretes que forem funcionários públicos e intervierem no exercício das suas funções.

COMENTÁRIOS:

Garantia de fidedignidade da prova: Quando prestada prova testemunhal (v. arts. 128º a 139º) – ainda que feita através de intérpretes – ou pericial (v. arts. 151º a 163º), i.e., a prova feita por pessoas ou através de pessoas, tem de ter como marca de idoneidade e credibilidade, a declaração expressa por elas próprias, através do ***"juramento"*** ou de ***"compromisso"***, de, por sua honra, dizerem a verdade, nos termos expostos na lei (exceto se os peritos e intérpretes forem funcionários públicos, porque neste caso, por força do seu estatuto, estão sempre obrigados ao dever de verdade). Note-se que não têm que prestar "juramento" ou "compromisso", nem os arguidos (v. art. 140º-3), nem os assistentes, nem as partes civis (v. art. 145º-4) exactamente porque as suas declarações não se presumem imparciais, embora os últimos estejam sujeitos ao dever de verdade e até de forma intensa (art. 145º-2). A testemunha, perito técnico, tradutor ou intérprete, que no processo falsificar a verdade, independentemente de o ter feito perante tribunal ou funcionário competente, incorre no **crime de falsidade**, p.p.p. art. 360º do C.P. Tratando-se de assistente ou de parte civil, incorre no **crime de falsidade de depoimento ou declaração**, p.p.p. art. 359º do C.P. Não há lugar a "juramento" perante autoridades policiais [v. art. 270º-1-2-a)] mas pode haver lugar a "compromisso" (v. nº 3). Este "juramento" ou "compromisso" de honra, é uma relíquia anacrónica do processo, que não faz sentido nenhum e só gera polémicas estéreis, quando não perdas de tempo, com invocações de irregularidades e nulidades. Bastaria, a pessoa em causa ser advertida de que incorreria num crime se falseasse a verdade, para a motivar para a verdade.

O não cumprimento destes ritos processuais, constitui mera **irregularidade** (arts. 118º-1 e 123º).

Referências: art. 156º-1 (termo de compromisso dos peritos).

TÍTULO II – Da forma dos actos e da sua documentação

Artigo 92º – Língua dos actos e nomeação de intérprete

1. Nos actos processuais, tanto escritos como orais, utiliza-se a língua portuguesa, sob pena de nulidade.

2. Quando houver de intervir no processo pessoa que não conhecer ou não dominar a língua portuguesa, é nomeado, sem encargo para ela, intérprete idóneo, ainda que a entidade que preside ao acto ou qualquer dos participantes processuais conheçam a língua por aquela utilizada.

3. O arguido pode escolher, sem encargo para ele, intérprete diferente do previsto no número anterior para traduzir as conversações com o seu defensor.

4. O intérprete está sujeito a segredo de justiça, nos termos gerais, e não pode revelar as conversações entre o arguido e o seu defensor, seja qual for a fase do processo em que ocorrerem, sob pena de violação do segredo profissional.

5. Não podem ser utilizadas as provas obtidas mediante violação do disposto nos nºs 3 e 4.

6. É igualmente nomeado intérprete quando se tornar necessário traduzir documento em língua estrangeira e desacompanhado de tradução autenticada.

7. O intérprete é nomeado por autoridade judiciária ou autoridade de polícia criminal.

8. Ao desempenho da função de intérprete é correspondentemente aplicável o disposto nos artigos 153º e 162º

COMENTÁRIOS:

Língua dos atos processuais e comunicação: Nos atos judiciais usar-se-á sempre a língua portuguesa (cf. também art. 133º-1 do C.P.C.) devendo recorrer-se a intérpretes e tradutores, sempre que necessário para a comunicação, nos termos claramente descritos na norma. O art. 12º da L. 130/2015, de 04.09 (estatuto da vítima – v. em anexo) estabelece a obrigatoriedade do dever de serem levadas a cabo todas as ***«medidas necessárias para garantir que as vítimas compreendam e sejam compreendidas»*** nos seus contactos com as autoridades no processo penal. O não cumprimento destes procedimentos, constitui **nulidade sanável** ou **mera irregularidade**, conforme as circunstâncias [arts. 118º-1, 120º-2-c), 121º e 123º].

Proibição de utilização de prova: No nº 5, contempla-se uma **nulidade**, sobre a forma de proibição de utilização da prova (v. sobre o tema, notas ao art. 126º).

"Em sentido mais estrito, forma do acto processual são as condições de tempo, lugar e modo de expressão que a lei exige para a sua configuração. A lei, ao disciplinar a forma dos actos processuais, indica os requisitos necessários para a respectiva exteriorização e configuração, dando-lhes modelo e padrão descritos antecipadamente. A forma, portanto, é que faz a realidade normativa incidir sobre o acto, de acordo com o modelo ou esquema contidos nos preceitos legais." (J. Frederico Marques, cit., *in* CPP anotado de Simas Santos, Leal-Henriques).

Referências: art. 1º-b)-d) (noções de autoridade judiciária e de polícia criminal); art. 86º (segredo de justiça); art. 229º a 240º (relações com autoridades e entidades estrangeiras).

Artigo 93º – Participação de surdo, de deficiente auditivo ou de mudo

1. Quando um surdo, um deficiente auditivo ou um mudo devam prestar declarações, observam-se as seguintes regras:

a) Ao surdo ou deficiente auditivo é nomeado intérprete idóneo de língua gestual, leitura labial ou expressão escrita, conforme mais adequado à situação do interessado;

b) Ao mudo, se souber escrever, formulam-se as perguntas oralmente, respondendo por escrito. Em caso contrário e sempre que requerido nomeia-se intérprete idóneo.

2. A falta de intérprete implica o adiamento da diligência.

3. O disposto nos números anteriores é aplicável em todas as fases do processo e independentemente da posição do interessado na causa.

4. É correspondentemente aplicável o disposto nos nºs 3 a 5 do artigo anterior.

COMENTÁRIOS:

Surdos, deficientes auditivos, mudos e comunicação: A norma regula os princípios práticos da comunicação entre pessoas, com dificuldades nesse âmbito.

Referências: art. 74º-2-h) da C.R.P. (direito à língua gestual).

Artigo 94º – Forma escrita dos actos

1. Os actos processuais que tiverem de praticar-se sob a forma escrita são redigidos de modo perfeitamente legível, não contendo espaços em

branco que não sejam inutilizados, nem entrelinhas, rasuras ou emendas que não sejam ressalvadas.

2. Podem utilizar-se máquinas de escrever ou processadores de texto, caso em que se certifica, antes da assinatura, que o documento foi integralmente revisto e se identifica a entidade que o elaborou.

3. Podem igualmente utilizar-se fórmulas pré-impressas, formulários em suporte electrónico ou carimbos, a completar com o texto respectivo, podendo recorrer-se a assinatura electrónica certificada.

4. Em caso de manifesta ilegibilidade do documento, qualquer participante processual interessado pode solicitar, sem encargos, a respectiva transcrição dactilográfica.

5. As abreviaturas a que houver de recorrer-se devem possuir significado inequívoco. As datas e os números podem ser escritos por algarismos, ressalvada a indicação por extenso das penas, montantes indemnizatórios e outros elementos cuja certeza importe acautelar.

6. É obrigatória a menção do dia, mês e ano da prática do acto, bem como, tratando-se de acto que afecte liberdades fundamentais das pessoas, da hora da sua ocorrência, com referência ao momento do respectivo início e conclusão. O lugar da prática do acto deve ser indicado.

COMENTÁRIOS:

Forma escrita: Eis um artigo pouco lido e conhecido e pouco praticado. Visa a legibilidade, compreensão e uniformização dos atos judiciais.

Jurisprudência uniformizadora: Ac. do STJ de Fixação de Jurisprudência nº 3/2014, de 06.03.2014, *in* DR de 17.04.2014: *«Em processo penal, é admissível a remessa a juízo de peças processuais através de correio electrónico, nos termos do disposto no artigo 150º, nº 1, alínea d), e nº 2, do Código de Processo Civil de 1961, na redacção do Decreto-Lei nº 324/2003, de 27.12, e na Portaria nº 642/2004, de 16.06, aplicáveis conforme o disposto no artigo 4º do Código de Processo Penal».*

Referências: DL 290-D/99, de 02.08 (c/alterações subsequentes) e Portaria 593/2007, de 14.05, que contém o regime Jurídico do Documento Electrónico e da Assinatura Digital.

Artigo 95º – Assinatura

1. O escrito a que houver de reduzir-se um acto processual é no final, e ainda que este deva continuar-se em momento posterior, assinado por quem a ele presidir, por aquelas pessoas que nele tiverem participado e pelo funcionário de justiça que tiver feito a redacção, sendo as folhas que não contiverem assinatura rubricadas pelos que tiverem assinado.

2. As assinaturas e as rubricas são feitas pelo próprio punho, sendo, para o efeito, proibido o uso de quaisquer meios de reprodução.

3. No caso de qualquer das pessoas cuja assinatura for obrigatória não puder ou se recusar a prestá-la, a autoridade ou o funcionário presentes declaram no auto essa impossibilidade ou recusa e os motivos que para elas tenham sido dados.

COMENTÁRIOS:

Assinatura: Para que seja possível identificar os participantes de um ato processual, é necessário que a sua assinatura ou rubrica seja aposta no documento, devendo a mesma ser manuscrita. Parece-nos que por força de leis publicadas posteriormente à redação deste artigo, também se abre aqui a possibilidade de assinatura digital, a que supra se alude – v. art. 94º-3.

Artigo 96º – Oralidade dos actos

1. Salvo quando a lei dispuser de modo diferente, a prestação de quaisquer declarações processa-se por forma oral, não sendo autorizada a leitura de documentos escritos previamente elaborados para aquele efeito.

2. A entidade que presidir ao acto pode autorizar que o declarante se socorra de apontamentos escritos como adjuvantes de memória, fazendo consignar no auto tal circunstância.

3. No caso a que se refere o número anterior devem ser tomadas providências para defesa da espontaneidade das declarações feitas, ordenando-se, se for caso disso, a exibição dos apontamentos escritos, sobre cuja origem o declarante será detalhadamente perguntado.

4. Os despachos e sentenças proferidos oralmente são consignados no auto.

5. O disposto no presente artigo não prejudica as normas relativas às leituras permitidas e proibidas em audiência.

COMENTÁRIOS:

Princípio da oralidade: O processo penal português funda-se na **oralidade**, assumindo este princípio especial importância, sobretudo na fase de julgamento, sem prejuízo da faculdade de consulta contingente e controlada a documentos e apontamentos para avivar a memória de quem esteja a prestar depoimento, ou da aplicação das normas sobre leituras em audiência, previstas nos arts. 356º e 357º.

Prerrogativas de inquirição por escrito: Por razões nalguns casos não muito compreensíveis, podem depor por escrito, as pessoas elencadas no art. 503º do C.P.C., *ex vi* art. 4º (políticos, magistrados, militares, religiosos, etc...).

Artigo 97º – Actos decisórios

1. Os actos decisórios dos juízes tomam a forma de:

a) Sentenças, quando conhecerem a final do objecto do processo;

b) Despachos, quando conhecerem de qualquer questão interlocutória ou quando puserem termo ao processo fora do caso previsto na alínea anterior.

2. Os actos decisórios previstos no número anterior tomam a forma de acórdãos quando forem proferidos por um tribunal colegial.

3. Os actos decisórios do Ministério Público tomam a forma de despachos.

4. Os actos decisórios referidos nos números anteriores revestem os requisitos formais dos actos escritos ou orais, consoante o caso.

5. Os actos decisórios são sempre fundamentados, devendo ser especificados os motivos de facto e de direito da decisão.

COMENTÁRIOS:

Forma dos atos: Os atos decisórios, têm forma de **sentenças/acórdãos** (do Juiz) ou **despachos** (do Juiz ou do M.P.).

O dever de fundamentação de todos os atos decisórios: O dever de fundamentação, reveste a natureza de obrigação jurídica dos decisores e tem assento constitucional, encontrando-se plasmado no art. 205º da C.R.P. Trata-se de um **dever/obrigação** fulcral numa democracia. Só os despachos de mero expediente é que não carecem de fundamentação (v. art. 97º-5 *"a contrario sensu"*).

A fundamentação corresponde à parte mais nobre da função de decidir. Compreende as razões de facto e de direito da decisão tomada, para que, de forma clara e inequívoca, os interessados conheçam as decisões, e, discordando, se para tanto tiverem legitimidade, possam contraditá-las inclusivamente por via de recurso (v. notas aos arts. 194º e 374º sobre o dever de fundamentação).

A fundamentação por remissão do despacho do Juiz: Tem-se colocado inúmeras vezes, quer em sede criminal, quer contraordenacional, a questão da **fundamentação** dos despachos e decisões, sobretudo dos Juízes, por remissão (os despachos de mero expediente, não carecem de fundamentação – v. art. 97º-5 e 205º da CR.P.). Tais despachos e decisões remissivas (em regra para promoções do M.P., ou relatórios policiais ou requerimentos de advogados) têm por base princípios de celeridade e economia processual e não podem significar por si só, falta de avaliação e ponderação própria do Juiz. O que significam é concordância do Juiz com uma determinada posição expressa por terceiros. É necessário dizer que a Constituição e a lei ordinária não proíbem despachos e decisões por remissão. O que proíbem, em primeiro lugar, é que não sejam suficientemente fundamentados, e em segundo, que não seja dado ao destinatário, integral conhecimento dos mesmos. Na verdade, ao decidir-se por remissão, esse despacho ou decisão, integra como seu, os fundamentos de outro despacho, parecer, requerimento ou decisão, pelo que passa a fazer parte desse ato, o ato para o qual se remete. Logo, haverá sempre que dar expressão à fundamentação e dar conhecimento ao destinatário de dois atos diferentes; o ato remetido e o ato de remissão. Este procedimento é muito habitual nos tribunais e assenta em **princípios de eficácia, celeridade e economia processual**, que são valores da justiça, aliás cada vez mais prementes.

«O dever de fundamentação das decisões judiciais é imposto pelo artigo 205º, nº 1, da Constituição, que prescreve: 1. As decisões dos tribunais que não sejam de mero expediente são fundamentadas na forma prevista na lei. Este Tribunal já por diversas vezes se pronunciou sobre o dever de fundamentação das decisões judiciais. Fê-lo, por último, a propósito do artigo 374º, nº 2, do Código de Processo Penal, nos Acórdãos nº 680/98 (publicado no Diário da República, 2ª série, de 5 de Março de 1999) e 102/99 (ainda por publicar); e, a propósito do artigo 219º do Código de Justiça Militar, no Acórdão nº 135/99 (ainda por publicar). No presente caso, porém, está em causa o artigo 97º, nº 4 do Código de Processo Penal, nas suas relações com o artigo 194º, nº 3 do mesmo Código, pois – recorda-se – o que se discute é a correcção da fundamentação de um despacho judicial que ordenou a prisão preventiva de um arguido. Pois bem: a aplicação da medida de coacção de prisão preventiva ao arguido constitui responsabilidade do juiz (cf. os artigos

194º, nº 1, e 201º, nº 1, ambos do Código de Processo Penal). Por isso, é, desde logo, fundamental que, ao ordenar a prisão, o juiz o faça por decisão sua (ou seja: por virtude de, em face da prova existente, se ter convencido de que qualquer das outras medidas de coacção é "inadequada ou insuficiente": cf. o citado artigo 202º, nº 1) e não por se ter deixado "arrastar" pelo requerimento do Ministério Público nesse sentido. Depois, é essencial que essa ordem de prisão surja aos olhos do cidadão, efectivamente, como uma decisão pessoal do juiz que a determina: é que, no Estado de direito, as aparências também têm o seu valor. Por último, é ainda importante que o arguido possa ter acesso às peças do processo que lhe permitam avaliar a justeza da decisão tomada contra si, a fim de, sendo o caso, a poder impugnar, e em via de recurso. Isto dito, é óbvio que o despacho que melhor espelha a responsabilidade pessoal do juiz pela ordem de prisão que dá é aquele em que o juiz enuncia, ele próprio, os motivos de facto da decisão tomada, em vez de se remeter para as razões invocadas pelo Ministério Público. Tal, porém, não significa que o exacto cumprimento do dever constitucional de fundamentação, mesmo estando em causa um despacho determinativo da prisão preventiva de um arguido, proscreva, em absoluto, a possibilidade de o juiz fundamentar a sua decisão, mediante se remissão para a promoção do Ministério Público, a cujo conteúdo dá a sua adesão (ou por remissão para o conteúdo de outras peças na processuais). A proibição de um tal modo de fundamentar existirá, seguramente, quando ele for susceptível de, legitimamente, criar a dúvida sobre se a ordem de prisão é uma decisão pessoal do juiz ou apenas um "ir atrás" do Ministério Público. Só então, com efeito, o juiz deixa de desempenhar o papel, que é o seu, de garante das liberdades. Fora dessa situação, o juiz pode, perfeitamente, por razões de economia processual, remeter-se, no seu despacho, para a promoção do Ministério Público ou para outras peças do processo. Até porque, quando se remete para a promoção do Ministério Público, o juiz não está, propriamente, a aderir às teses de uma parte no processo. De facto, o Ministério Público, no processo penal, não é titular de interesses contrapostos aos do arguido. Cumprindo-lhe fazer valer o ius puniendi do Estado, há de agir sempre com imparcialidade e objetividade, colaborando "com o tribunal na descoberta da verdade e na realização do direito" (cf. artigo 53º, nº 1, do Código de Processo Penal). Ou seja: há-de empenhar-se em que se faça justiça. Para isso, ele "goza de [...] de autonomia, nos termos da lei" (cf. artigo 219º, nº 2, da Constituição), e os respetivos agentes são "magistrados" (cf. o citado artigo 219º, nº 4). Esse dever de colaborar na efetiva realização da justiça levou, inclusive, o legislador a reconhecer-lhe legitimidade para recorrer "de quaisquer decisões, ainda que no exclusivo interesse do arguido" (cf. artigo 401º, nº 1, do Código de Processo Penal): é que, a justiça reclama que se procurem punir os culpados, mas apenas os verdadeiros culpados. No processo penal, o Ministério Público é, assim, mais propriamente um órgão de justiça do que uma parte. Para concluir pela ilegitimidade constitucional do modo de fundamentação adoptado pelo acórdão recorrido, não é, por isso, razoável argumentar (como faz a recorrente) com o preceituado no artigo 158º, nº 2, do Código de Processo Civil, que, ao referir o modo de fundamentar "as decisões proferidas sobre qualquer pedido controvertido ou sobre alguma dúvida suscitada no processo" (nº 1), prescreve que "a justificação não pode consistir na simples adesão aos fundamentos alegados no requerimento ou na oposição". É que, não existe similitude entre a posição das partes no processo civil, que aí defendem interesses seus, e a do Ministério Público no processo penal, que aí prossegue, com imparcialidade e objetividade, interesses que, quando não são, exclusiva ou predominantemente, da comunidade, são encabeçados por particulares que, enquanto ofendidos, se podem constituir assistentes no processo [cf. artigo 68º, nº 1, alínea a), do Código de Processo Penal] (Ac. T.C. de 23.03.1999, *in* www.dgsi.pt) (no mesmo sentido, Ac. T.C. de 30.06.2003, *in* D.R., II série de 04.02.2004, que cita o primeiro, reproduzindo os mesmos fundamentos).

Tem entendido o Tribunal Constitucional que é admissível a fundamentação mediante remissão para os motivos da promoção do Ministério Público ou para outras peças processuais, desde que transpareça que o Juiz procedeu a uma real e efetiva ponderação das questões suscitas, refletindo se trata de uma decisão do próprio Juiz (Acs. TC 188/99, de 23.03.1999 e 396/2003, de 30.07.2003, *in* www.dgsi.pt).

Ora, concluindo que a Constituição não obsta à fundamentação por remissão e não impondo por isso, que a ela corresponda a nulidade do acto decisório, por maioria de razão se convirá que a não violará a sujeição do despacho que ordena a prisão preventiva, proferido com tal forma de fundamentação, ao regime das irregularidades em processo penal, por força das normas do título V do livro II, em particular do artigo 123º, nº 1 do C.P.P. (Ac. T.C. de 21.03.2000, *in* B.M.J., 495-15).

A lei não determina qual a extensão da fundamentação dos atos decisórios. Tanto refere um carácter sumário da mesma (nos termos do art. 420º, nº 2, em caso de rejeição do recurso, a decisão limita-se a identificar o tribunal recorrido, o processo e os seus sujeitos e a especificar sumariamente os fundamentos da decisão) como alude "à exposição tanto quanto possível completa, ainda que concisa, dos motivos, de facto e direito, que fundamentam a decisão" – art. 374º, nº 2 (*in* CPP, Mag. M.P. Dist. Judic. do Porto, nota ao artigo).

O vício da falta de fundamentação: A insuficiente fundamentação das decisões proferidas, gera mera **irregularidade** [exceto se a lei disser o contrário, como acontece na sentença – v. arts. 374º-2 e 379º-1-a)] nos termos do art. 118º-2 encontrando-se o seu regime no art. 123º.

"Os despachos jurisdicionais devem ser fundamentados a fim de convencerem a quem são dirigidos, e, ainda, permitirem o recurso quando deles se discorde; a omissão de fundamentação constitui mera irregularidade que, caso não seja arguido, é passível de ser sanada." (Ac. TRL de 23.04.1996, *in* www.dgsi.pt).

"A insuficiência de fundamentação dos despachos decisórios (artigo 97º, nº 4, do Código de Processo Penal) não consta do elenco das nulidades dependentes de arguição

a que se referem, respectivamente, o artigo 119º e artigo 120º. Nenhuma outra norma a qualifica, também, como nulidade. Tratar-se-á, então, de uma simples irregularidade, que o demandante haveria de arguir no prazo de 3 dias a contar da notificação do despacho – artigo 123º. Não o tendo feito, como os autos revelam, a questão perdeu todo e qualquer relevo" (Ac. TRL de 20.01.2000, *in* BMJ, 493-413).

Artigo 98º – Exposições, memoriais e requerimentos

1. O arguido, ainda que em liberdade, pode apresentar exposições, memoriais e requerimentos em qualquer fase do processo, embora não assinados pelo defensor, desde que se contenham dentro do objecto do processo ou tenham por finalidade a salvaguarda dos seus direitos fundamentais. As exposições, memoriais e requerimentos do arguido são sempre integrados nos autos.

2. Os requerimentos dos outros participantes processuais que se encontrem representados por advogados são assinados por estes, salvo se se verificar impossibilidade de eles o fazerem e o requerimento visar a prática de acto sujeito a prazo de caducidade.

3. Quando for legalmente admissível a formulação oral de requerimentos, estes são consignados no auto pela entidade que dirigir o processo ou pelo funcionário de justiça que o tiver a seu cargo.

COMENTÁRIOS:

Escritos: O arguido tem o direito de pessoalmente dirigir escritos ao processo, que com ele tenham a ver, independentemente de ter ou não advogado atribuído ou constituído. Os restantes participantes processuais, só o poderão fazer, se não tiverem advogado, ou em casos de urgência. Tudo sem prejuízo da formulação oral de requerimentos.

Referências: art. 61º-1-b) (direitos do arguido); arts. 32º-7 e 52º-1 da C.R.P. (liberdade de expressão e direito de petição).

Artigo 99º – Auto

1. O auto é o instrumento destinado a fazer fé quanto aos termos em que se desenrolaram os actos processuais a cuja documentação a lei obrigar e aos quais tiver assistido quem o redige, bem como a recolher

as declarações, requerimentos, promoções e actos decisórios orais que tiverem ocorrido perante aquele.

2. O auto respeitante ao debate instrutório e à audiência denomina-se acta e rege-se complementarmente pelas disposições legais que este Código lhe manda aplicar.

3. O auto contém, além dos requisitos previstos para os actos escritos, menção dos elementos seguintes:

a) Identificação das pessoas que intervieram no acto;

b) Causas, se conhecidas, da ausência das pessoas cuja intervenção no acto estava prevista;

c) Descrição especificada das operações praticadas, da intervenção de cada um dos participantes processuais, das declarações prestadas, do modo como o foram e das circunstâncias em que o foram, incluindo, quando houver lugar a registo áudio ou audiovisual, à consignação do início e termo de cada declaração, dos documentos apresentados ou recebidos e dos resultados alcançados, de modo a garantir a genuína expressão da ocorrência;

d) Qualquer ocorrência relevante para apreciação da prova ou da regularidade do acto.

4. É correspondentemente aplicável o disposto no artigo 169º

(Última redação da L. 20/2013, de 21.02)

COMENTÁRIOS:

A fé dos autos: Os autos processuais (de que as atas são um tipo) elaborados de acordo com este título II do processo, fazem **fé em juízo**, o que significa que sendo **documento autêntico nos termos do art. 169º**, o seu conteúdo só pode ser colocado em causa com base na falta dos seus **requisitos formais** ou na sua **falsidade.** Mas só é reconhecida a "fé", dos autos (e nos autos policiais, sobretudo estradais, isto é importante) quando o conteúdo deles, expressa por parte de quem os elabora, uma manifestação de ciência no plano meramente físico, i.e., no plano sensorialmente percetível. Exige pois o **requisito da presencialidade** da factualidade vertida no auto, por quem o redige, para fazer "fé". Já não faz "fé", se não existir tal requisito e obviamente, quanto a juízos de valor ou proposições conclusivas.

A atual lei não parece estar desencontrada do **Assento do STJ de 03.05.1985** (v. *in* www.dgsi.pt.) tirado no âmbito do anterior CPP, que firmou jurisprudência uniformizadora, admitindo uma "presencialidade não imediata", i.e., uma constatação de factos *a posteriori* do seu evento, ou não contemporânea dele: *«Na vigência do Decreto-Lei nº 48/78, de 21 de Março, para um auto fazer fé em juízo, nos termos dos artigos 166º e 169º, parágrafo 2, do Código de Processo Penal, bastava que os factos tivessem sido pessoal e directamente presenciados pelo autuante, ainda que não de forma imediata».*

Referências: art. 169º (valor probatório dos documentos autênticos ou autenticados); art. 170º (documento falso); art. 243º (auto de notícia); art. 296º (documentação da instrução); arts. 362º a 364º (documentação da audiência de julgamento); arts. 363º-2, 371º e 372º do C.C. (documentos).

Artigo 100º – Redacção do auto

1. A redacção do auto é efectuada pelo funcionário de justiça, ou pelo funcionário de polícia criminal durante o inquérito, sob a direcção da entidade que presidir ao acto.

2. Sempre que o auto dever ser redigido por súmula, compete à entidade que presidir ao acto velar por que a súmula corresponda ao essencial do que se tiver passado ou das declarações prestadas, podendo para o efeito ditar o conteúdo do auto ou delegar, oficiosamente ou a requerimento, nos participantes processuais ou nos seus representantes.

3. Em caso de alegada desconformidade entre o teor do que for ditado e o ocorrido, são feitas consignar as declarações relativas à discrepância, com indicação das rectificações a efectuar, após o que a entidade que presidir ao acto profere, ouvidos os participantes processuais interessados que estiverem presentes, decisão definitiva sustentando ou modificando a redacção inicial.

COMENTÁRIOS:

Forma de elaboração dos autos: A redação do auto, por súmula ou não, há de fazer-se com inteiro respeito pelo art. 99º-3, garantindo a veracidade e genuinidade dos conteúdos, para que o transcrito corresponda à realidade. Havendo discordância (reclamação) dos intervenientes relativamente ao conteúdo dos autos, procede-se de acordo com o nº 3.

Artigo 101º – Registo e transcrição

1. O funcionário referido no nº 1 do artigo anterior pode redigir o auto utilizando os meios estenográficos, estenotípicos ou outros diferentes da escrita

comum, bem como, nos casos legalmente previstos, proceder à gravação áudio ou audiovisual da tomada de declarações e decisões verbalmente proferidas.

2. Quando forem utilizados meios estenográficos, estenotípicos ou outros meios técnicos diferentes da escrita comum, o funcionário que deles se tiver socorrido faz a transcrição no prazo mais curto possível, devendo a entidade que presidiu ao ato certificar-se da conformidade da transcrição antes da assinatura.

3. As folhas estenografadas e as fitas estenotipadas ou gravadas são conservadas em envelope lacrado à ordem do tribunal, sendo feita menção no auto, de toda a abertura e encerramento dos registos guardados pela entidade que proceder à operação.

4. Sempre que for utilizado registo áudio ou audiovisual não há lugar a transcrição e o funcionário, sem prejuízo do disposto relativamente ao segredo de justiça, entrega, no prazo máximo de 48 horas, uma cópia a qualquer sujeito processual que a requeira, bem como, em caso de recurso, procede ao envio de cópia ao tribunal superior.

5. Em caso de recurso, quando for absolutamente indispensável para a boa decisão da causa, o relator, por despacho fundamentado, pode solicitar ao tribunal recorrido a transcrição de toda ou parte da sentença.

(Última redação da L. 20/2013, de 21.02.)

COMENTÁRIOS:

Meios técnicos de elaboração dos autos: Com o advento da tecnologia, o registo e transcrição dos autos vai evoluindo, avultando nesta norma o dever de quem preside ao ato garantir a **conformidade** desse registo e da transcrição e o dever do funcionário **entregar em 48 horas**, a quem legitimamente o requeira, uma cópia da gravação efetuada, no suporte técnico fornecido pelo requerente, desde que o tribunal disponha do respectivo meio de reprodução. Em regra, a cópia é em suporte magnetofónico ou audiovisual, vulgos CD ou DVD.

Não obrigatoriedade da transcrição: Tratando-se de atos gravados em suporte magnetofónico ou audiovisual, não há agora obrigatoriedade como acontecia anteriormente às alterações da L. 48/2007, de 29.08, de proceder à sua **transcrição por escrito**, sempre que ocorria uma situação de recurso. E assim perderam utilidade alguns acórdãos de fixação de jurisprudência que regulavam a situação, concretamente o 5/2002 e o 2/2003. Não obstante quando for ***«absolutamente indispensável»***, pode o relator do recurso, de forma fundamentada, requerer ao tribunal recorrido a transcrição de toda ou parte da sentença proferida oralmente. Registe-se que no processo com forma sumária a sentença é oral, ficando obviamente gravada e só o dispositivo deverá ser escrito na ata (v. art. 389º-A).

Referências: arts. 363º e 364º (documentação em julgamento); art. 389º-A-4 (sentença no processo sumário); art. 412º-4 (recurso).

Artigo 102º – Reforma de auto perdido, extraviado ou destruído

1. Quando se perder, extraviar ou destruir auto ou parte dele procede-se à sua reforma no tribunal em que o processo tiver corrido ou dever correr termos em 1ª instância, ainda mesmo quando nele tiver havido algum recurso.

2. A reforma é ordenada pelo juiz, oficiosamente ou a requerimento do Ministério Público, do arguido, do assistente ou das partes civis.

3. Na reforma seguem-se os trâmites previstos na lei do processo civil em tudo quanto se não especifica nas alíneas seguintes:

a) Na conferência intervêm o Ministério Público, o arguido, o assistente e as partes civis;

b) O acordo dos intervenientes, transcrito no auto, só supre o processo em matéria civil, sendo meramente informativo em matéria penal.

COMENTÁRIOS:

Reforma de autos: Regula situações que não são tão incomuns como se poderá pensar. Aplica-se o regime dos arts. 959º a 966º do C.P.C. *ex vi* art. 4º.

TÍTULO III – Do tempo dos actos e da aceleração do processo

Artigo 103º – Quando se praticam os actos

1. Os actos processuais praticam-se nos dias úteis, às horas de expediente dos serviços de justiça e fora do período de férias judiciais.

2. Exceptuam-se do disposto no número anterior:

a) Os actos processuais relativos a arguidos detidos ou presos, ou indispensáveis à garantia da liberdade das pessoas;

b) Os atos relativos a processos em que intervenham arguidos menores, ainda que não haja arguidos presos;

c) Os actos de inquérito e de instrução, bem como os debates instrutórios e audiências relativamente aos quais for reconhecida, por despacho de quem a elas presidir, vantagem em que o seu início, prosseguimento ou conclusão ocorra sem aquelas limitações;

d) Os actos relativos a processos sumários e abreviados, até à sentença em primeira instância;

e) Os actos processuais relativos aos conflitos de competência, requerimentos de recusa e pedidos de escusa;

f) Os actos relativos à concessão da liberdade condicional, quando se encontrar cumprida a parte da pena necessária à sua aplicação;

g) Os actos de mero expediente, bem como as decisões das autoridades judiciárias, sempre que necessário;

h) Os atos considerados urgentes em legislação especial.

3. O interrogatório do arguido não pode ser efectuado entre as 0 e as 7 horas, salvo em acto seguido à detenção:

a) Nos casos da alínea *a*) do nº 5 do artigo 174º; ou

b) Quando o próprio arguido o solicite.

4. O interrogatório do arguido tem a duração máxima de quatro horas, podendo ser retomado, em cada dia, por uma só vez e idêntico prazo máximo, após um intervalo mínimo de sessenta minutos.

5. São nulas, não podendo ser utilizadas como prova, as declarações prestadas para além dos limites previstos nos nºs 3 e 4.

(Última redação da L. 33/2019, de 22.05)

COMENTÁRIOS:

Prazos gerais e especiais: A norma regula o tempo normal da prática dos atos e discrimina as exceções, que correspondem a processos que por natureza ou decisão, têm carácter urgente. Quando tal resultar de decisão, (v.g., crimes em risco de prescrição) os despachos a atribuir natureza urgente aos processos, carecem da fundamentação prevista no art. 97º-5 e devem ser notificados a todos os intervenientes, uma vez que representando uma aceleração processual, **modificam os prazos normais**, que passam a correr em férias dos tribunais (v. art. 104º-2).

O despacho a conferir urgência a um processo, é passível de recurso; mas o recurso não pode ter por fundamento a própria aceleração processual em si, porque essa corresponde ao desejável em termos de celeridade.

Não se aplica este normativo, no que diz respeito aos horários das secretarias, à prática de atos através de meios que têm regime próprio, como por exemplo o do correio electrónico ou o do *fax*.

Jurisprudência uniformizadora: Ac. do STJ de Fixação de Jurisprudência nº 5/1995, de 27.09.1995, *in* D.R. de 14.12.1995: *«O disposto nos artigos 103º, nº 2, alínea a), e 104º, nº 2, do Código de Processo Penal não é aplicável ao recurso interposto em processo à ordem do qual inexistam arguidos presos, ainda que o recorrente esteja preso à ordem de outro processo».*

Vício de falta de fundamentação: A insuficiência de fundamentação dos atos decisórios, com exceção dos atos atinentes à sentença, gera mera **irregularidade,** sanável se não atempadamente arguida – v. arts. 118º e 123º.

"A omissão de fundamentação dos despachos em processo penal, não os afecta de nulidade, uma vez que a lei não estabelece tal cominação para esse caso, nos termos do artigo 118º e artigo 97º do Código de Processo Penal. (...) Tal irregularidade tem-se, porém, por sanada, porque não foi arguida, podendo tê-la sido, e tendo ainda em conta que houve intervenção dos arguidos em outros actos processuais – artigo 123º do CPP" (Ac. STJ de 15.07.1992, *in* BMJ, 419-608).

Horário de interrogatório do arguido. Nulidade absoluta e proibição de prova: A norma, nos nºs 3 a 5, regula de forma clara o horário em causa, cominando para a violação do mesmo, não só a **nulidade (insanável)** como também num arrobo protetor, a proibição de produção e utilização como prova das declarações prestadas para alem desse horário, fazendo equivaler esta situação, às perturbações da vontade a que alude o art. 126º.

Referências: art. 94º-6 (consignação em auto da data e hora dos atos); arts. 249º, 251º a 261º (providências cautelares, revistas buscas, detenções – são atos urgentes).

Artigo 104º – Contagem dos prazos de actos processuais

1. Aplicam-se à contagem dos prazos para a prática de actos processuais as disposições da lei do processo civil.

2. Correm em férias os prazos relativos a processos nos quais devam praticar-se os actos referidos nas alíneas *a*) a *e*) do nº 2 do artigo anterior.

COMENTÁRIOS:

Regras de contagem dos prazos: A norma (em conjugação com o art. 107º-5) remete para o **CPC**, concretamente para o art. 138º (regra da continuidade dos prazos) art. 139º (modalidades do prazo) e art. 140º (justo impedimento). Daqui resulta que o prazo comum é **contínuo,** suspendendo-se no entanto em **férias** [exceto nas situações previstas no art. 103º-2-a) a e), porque nessas o prazo corre em férias] sem prejuízo de quando o ato terminar em dia não útil, transitar para o dia útil seguinte. Há ainda que contar com o regime de prorrogação do prazo, previsto no **art. 107º-A**, onde o ato pode ser praticado nos três dias úteis seguintes (aqui o prazo já não é continuo, pois defere-se por dias úteis) sob condição de pagamento de **multa.** Nos termos do **art. 139º-6 do CPC**, verificado a prática do ato nos três dias seguintes sem o pagamento da multa, deve a secretaria, **notificar** o faltoso para o **pagamento em dobro**, com o limite de 20 UCs, sob pena de irrelevância do ato por extemporâneo e desentranhamento do requerimento.

Regras de contagem do prazo de recurso, em processos de presos: No regime excecional de arguidos presos **à ordem do processo em causa**, o prazo é totalmente contínuo, **nunca se suspendendo**, designadamente em férias judiciais [arts. 103º-2-a) e 104º-2].

Referências: art. 107º-5 (regra geral dos prazos); art. 522º (M.P. está isento de multa – v. notas ao art. 107º-A).

Artigo 105º – Prazo e seu excesso

1. Salvo disposição legal em contrário, é de 10 dias o prazo para a prática de qualquer acto processual.

2. Salvo disposição legal em contrário, os despachos ou promoções de mero expediente, bem como os considerados urgentes, devem ser proferidos no prazo máximo de dois dias.

3. Decorridos três meses sobre o termo do prazo fixado para a prática de ato próprio do juiz ou do Ministério Público sem que o mesmo tenha sido praticado, devem o juiz ou o magistrado do Ministério Público consignar a concreta razão da inobservância do prazo.

4. A secretaria remete, mensalmente, ao presidente do tribunal de comarca e ao magistrado do Ministério Público coordenador de comarca informação discriminada dos casos em que se mostrem decorridos três meses sobre o termo do prazo fixado para a prática de ato próprio do juiz ou do Ministério Público, respetivamente, acompanhada da exposição das razões que determinaram os atrasos, ainda que o ato tenha sido entretanto praticado, incumbindo ao presidente do tribu-

nal de comarca e ao magistrado do Ministério Público coordenador de comarca, no prazo de 10 dias contado da data de receção, remeter o expediente à entidade com competência disciplinar.

(Última redação da L. 27/2015, de 14-04)

COMENTÁRIOS:

Prazo geral: O prazo geral para a prática de qualquer ato processual é de **10 dias**. Para os despachos e promoções de mero expediente ou urgentes, é de **2 dias**. Ultrapassado o prazo de **3 meses**, suscita-se o procedimento elencado nos nºs 3 e 4. Trata-se de prazos ordenadores, cuja violação pode gerar ação disciplinar, mas processualmente constitui mera irregularidade (v. art. 123º). Face aos atrasos em muitos tribunais, seria realmente interessante investigar seriamente de quem é a culpa dessa situação.

Artigo 106º – Prazo para termos e mandados

1. Os funcionários de justiça lavram os termos do processo e passam os mandados no prazo de dois dias.

2. O disposto no número anterior não se aplica quando neste Código se estabelecer prazo diferente, nem quando houver arguidos detidos ou presos e o prazo ali fixado afectar o tempo de privação da liberdade; neste último caso os actos são praticados imediatamente e com preferência sobre qualquer outro serviço.

COMENTÁRIOS:

Prazo geral dos funcionários: É de **2 dias** o prazo geral para os funcionários judiciais tramitarem os processos, com as excepções previstas no nº 2. Trata-se de um prazo ordenador, cuja violação constitui mera irregularidade (v. art. 123º).

Artigo 107º – Renúncia ao decurso e prática de acto fora do prazo

1. A pessoa em benefício da qual um prazo for estabelecido pode renunciar ao seu decurso, mediante requerimento endereçado à autoridade judiciária que dirigir a fase do processo a que o acto respeitar, a qual o despacha em vinte e quatro horas.

2. Os actos processuais só podem ser praticados fora dos prazos estabelecidos por lei, por despacho da autoridade referida no número

anterior, a requerimento do interessado e ouvidos os outros sujeitos processuais a quem o caso respeitar, desde que se prove justo impedimento.

3. O requerimento referido no número anterior é apresentado no prazo de três dias, contado do termo do prazo legalmente fixado ou da cessação do impedimento.

4. A autoridade que defira a prática de acto fora do prazo procede, na medida do possível, à renovação dos actos aos quais o interessado teria o direito de assistir.

5. Independentemente do justo impedimento, pode o acto ser praticado no prazo, nos termos e com as mesmas consequências que em processo civil, com as necessárias adaptações.

6. Quando o procedimento se revelar de excepcional complexidade, nos termos da parte final do nº 3 do artigo 215º, o juiz, a requerimento do Ministério Público, do assistente, do arguido ou das partes civis, pode prorrogar os prazos previstos nos artigos 78º, 287º e 315º e nos nºs 1 e 3 do artigo 411º, até ao limite máximo de 30 dias.

COMENTÁRIOS:

Renúncia: Os intervenientes processuais, M.P. incluído, podem **unilateralmente renunciar** ao prazo legal, enquanto beneficiários dele, tendo em vista acelerar os procedimentos. Mas a renúncia de cada um, não tem impacto nos prazos legais dos restantes intervenientes, que obviamente se mantêm, enquanto também a eles não renunciarem. A renúncia aos prazos legais, sobretudo quando acordada por todos os interessados, é uma boa forma de imprimir celeridade processual, que devia ser mais usada.

Alargamento do prazo legal por justo impedimento ou por especial complexidade: O **justo impedimento** resulta da ponderação do Juiz (ouvidos os outros sujeitos processuais) e analisa-se no quadro traçado pelo **art. 140º do CPC** *ex vi* art. 4º. A **especial complexidade**, resulta também da ponderação do Juiz (sem necessidade de ouvir os outros sujeitos processuais) e aplica-se aos casos taxativamente previstos (nos artigos enunciados) e tem como referencial a noção decorrente do **art. 215º-3,** que reporta ao elevado número de arguidos ou ofendidos e ao carácter altamente organizado do crime. Nestes casos, às **notificações** aplica-se o disposto no nº 113-12 (o alargamento do prazo aproveita a todos).

Jurisprudência uniformizadora: Ac. do STJ de Fixação de Jurisprudência nº 8/1996, de 10.10.1996, *in* D.R. de 02.11.1996: *«I – A tolerância de ponto não se integra no conceito de feriado. II – A tolerância de ponto não reúne, pois, os pressupostos para, por integração analógica, poder ser subsumida na previsão do artigo 144º, nºs 1 e 3, do Código de Processo Civil. III – Porém, se o dia de tolerância de ponto coincidir com o último dia do prazo para a prática do acto, considera-se existir justo impedimento, nos termos do artigo 146º, nº 2, do Código de Processo Civil, para que o acto possa ser praticado no dia imediato».*

I – À invocação e procedência do justo impedimento não se opõe a circunstância temporal de ele ter sido deduzido num dos três dias posteriores ao prazo de apresentação das alegações, porquanto a utilização desse prazo está na disponibilidade da parte, desde que paga a respectiva multa. II – Se, no referido período de três dias, a parte constata que a audição não é possível, por erro de gravação da cópia, pode invocar o justo impedimento sem que se lhe possa opor o argumento de que teria de proceder à audição da gravação dentro do prazo natural de apresentação das alegações e já não nos três dias subsequentes (Ac. TRP de 14.06.2007, *in* proc. 0732619).

Referências: art. 104º (regra geral de contagem dos prazos); arts. 137º a 141º do C.P.C. (regime dos prazos).

Artigo 107º-A – Sanção pela prática extemporânea de actos processuais

Sem prejuízo do disposto no artigo anterior, à prática extemporânea de actos processuais penais aplica-se o disposto nos nºs 5 a 7 do artigo 145º do Código de Processo Civil, com as seguintes alterações:

a) Se o acto for praticado no 1º dia, a multa é equivalente a 0,5 UC;
b) Se o acto for praticado no 2º dia, a multa é equivalente a 1 UC;
c) Se o acto for praticado no 3º dia, a multa é equivalente a 2 UC.

(Aditado pelo D.L. 34/2008, de 26.02)

COMENTÁRIOS:

Multa: Não alegado nem comprovado o **justo impedimento** a que se reporta o artigo anterior, a prática do ato processual tardio está sujeita a **multa.** O pagamento da multa, demonstra-se em simultâneo com a apresentação da peça processual (juntando o D.U.C. – documento único de cobrança). Não havendo tal demonstração, deve a secretaria **notificar** o requerente para fazer prova de tal pagamento acrescido da sanção legal, sob pena de não recebimento da peça por extemporaneidade. A alusão ao art. 145º do C.P.C. deve reportar-se ao atual art. 139º do C.P.C. Registe-se por fim, que o **apoio judiciário** não inclui a dispensa de pagamento de multas.

Isenção do pagamento da multa pelo M.P.: O M.P. está isento do pagamento destas multas. O Ac. do TC 355/2001, de 11.07, condicionou esta isenção, à emissão de uma declaração prévia no sentido de pretender praticar o ato fora do prazo normal. Coisa que não faz qualquer sentido, nem é exigível a nenhum interveniente processual. O Ac. do TC 538/2007, de 20.10. julgou inconstitucional tal interpretação. Por fim o Ac. infra pôs termo à polémica.

Jurisprudência uniformizadora: Ac. do STJ de Fixação de Jurisprudência nº 5/2012, de 18.04.2012, *in* D.R. de 21.05.2012: *«O Ministério Público, em processo penal, pode praticar acto processual nos três dias úteis seguintes ao termo do respetivo prazo, ao abrigo do disposto no artigo 145º, nº 5, do Código de Processo Civil, sem pagar multa ou emitir declaração a manifestar a intenção de praticar o acto naquele prazo».* **Nota:** Atual art. 139º-5 do CPC.

Referências: art. 5º do R.C.P. (unidade de conta).

Artigo 108º – Aceleração de processo atrasado

1. Quando tiverem sido excedidos os prazos previstos na lei para a duração de cada fase do processo, podem o Ministério Público, o arguido, o assistente ou as partes civis requerer a aceleração processual.

2. O pedido é decidido:

a) Pelo Procurador-Geral da República, se o processo estiver sob a direcção do Ministério Público;

b) Pelo Conselho Superior da Magistratura, se o processo decorrer perante o tribunal ou o juiz.

3. Encontram-se impedidos de intervir na deliberação os juízes que, por qualquer forma, tiverem participado no processo.

COMENTÁRIOS:

Aceleração processual: É um **incidente**, dirigido à estrutura superior das magistraturas, que tem como pressuposto a **ultrapassagem dos prazos processuais** e que pode ser instaurado em qualquer fase processual ou em qualquer instância criminal (com excepção do Tribunal Constitucional, pois os juízes do T.C., não respondem perante o conselho superior da magistratura). Em regra, os conselhos determinam que o processo alvo de reclamação, seja rapidamente despachado, fixando um prazo curto para o efeito. Quando os atrasos se devem a incúria, desleixo ou a qualquer especifica situação pessoal anómala, a ordem faz todo o sentido e é lícita. Quando o atraso se deve a acumulação de processos, por razões imputadas ao sistema e não ao magistrado e é ordenado que aquele processo seja despachado com prioridade sobre os demais, então estamos, s.m.o., perante uma grosseira **violação do princípio da igualdade**, fixado no art. 13º da C.R.P. Interessante seria que todo os intervenientes que vissem os prazos processuais ultrapassados reclamassem. Então sim; seria respeitada o princípio da igualdade de tratamento, voltando tudo à primitiva situação.

Referências: art. 276º (prazos de duração máxima do inquérito); art. 306º (prazos de duração máxima da instrução); art. 312º (prazo para data da audiência); art. 306º (prazo para a leitura da sentença).

Artigo 109º – Tramitação do pedido de aceleração

1. O pedido de aceleração processual é dirigido ao presidente do Conselho Superior da Magistratura, ou ao Procurador-Geral da República, conforme os casos, e entregue no tribunal ou entidade a que o processo estiver afecto.

2. O juiz ou o Ministério Público instruem o pedido com os elementos disponíveis e relevantes para a decisão e remetem o processo assim organizado, em três dias, ao Conselho Superior da Magistratura ou à Procuradoria-Geral da República.

3. O Procurador-Geral da República profere despacho no prazo de cinco dias.

4. Se a decisão competir ao Conselho Superior da Magistratura, uma vez distribuído o processo vai à primeira sessão ordinária ou a sessão extraordinária se nisso houver conveniência, e nela o relator faz uma breve exposição, em que conclui por proposta de deliberação. Não há lugar a vistos, mas a deliberação pode ser adiada até dois dias para análise do processo.

5. A decisão é tomada, sem outras formalidades especiais, no sentido de:

a) Indeferir o pedido por falta de fundamento bastante ou por os atrasos verificados se encontrarem justificados;

b) Requisitar informações complementares, a serem fornecidas no prazo máximo de cinco dias;

c) Mandar proceder a inquérito, em prazo que não pode exceder 15 dias, sobre os atrasos e as condições em que se verificaram, suspendendo a decisão até à realização do inquérito; ou

d) Propor ou determinar as medidas disciplinares, de gestão, de organização ou de racionalização de métodos que a situação justificar.

6. A decisão é notificada ao requerente e imediatamente comunicada ao tribunal ou à entidade que tiver o processo a seu cargo. É-o igualmente às entidades com jurisdição disciplinar sobre os responsáveis por atrasos que se tenham verificado.

COMENTÁRIOS:

Tramitação: O incidente é tramitado conforme de forma clara se regula na norma.

Referências: Circular nº 1/99 da P.G.R., de 13.01.1999: Uniformiza para o M.P., o procedimento previsto no nº 6 deste artigo.

Circular nº 2/06 da P.G.R., de 17.01.2006: Por força desta circular, os magistrados do M.P. devem instruir o pedido de aceleração processual, elaborando um relatório, declarando quais as razões determinantes do atraso verificado no inquérito, bem como o prazo previsto para a sua conclusão.

Artigo 110º – Pedido manifestamente infundado

Se o pedido de aceleração processual do arguido, do assistente ou das partes civis for julgado manifestamente infundado, o tribunal, ou o juiz de instrução, no caso da alínea *a*) do nº 2 do artigo 108º, condena o peticionante no pagamento de uma soma entre 6 UC e 20 UC.

COMENTÁRIOS:

Multa/sanção: Considerado **manifestamente infundado** o requerimento de aceleração processual, deve a entidade decisora, condenar o requerente em multa. Será o caso mais habitual do processo não se encontrar com o prazo excedido ou do requerente não ter legitimidade para a dedução do requerimento.

TÍTULO IV – Da comunicação dos actos e da convocação para eles

Artigo 111º – Comunicação dos actos processuais

1. A comunicação dos actos processuais destina-se a transmitir:

a) Uma ordem de comparência perante os serviços de justiça;

b) Uma convocação para participar em diligência processual;

c) O conteúdo de acto realizado ou de despacho proferido no processo.

2. A comunicação é feita pela secretaria, oficiosamente ou precedendo despacho da autoridade judiciária ou de polícia criminal competente, e é executada pelo funcionário de justiça que tiver o processo a seu cargo, ou por agente policial, administrativo ou pertencente ao serviço postal que for designado para o efeito e se encontrar devidamente credenciado.

3. A comunicação entre serviços de justiça e entre as autoridades judiciárias e os órgãos de polícia criminal efectua-se mediante:

a) Mandado: quando se determinar a prática de acto processual a entidade com um âmbito de funções situado dentro dos limites da competência territorial da entidade que proferir a ordem;

b) Carta: quando se tratar de acto a praticar fora daqueles limites, denominando-se precatória quando a prática do acto em causa se contiver dentro dos limites do território nacional e rogatória havendo que concretizar-se no estrangeiro;

c) Ofício, aviso, carta, telegrama, telex, telecópia, comunicação telefónica, correio electrónico ou qualquer outro meio de telecomunicações: quando estiver em causa um pedido de notificação ou qualquer outro tipo de transmissão de mensagens;

4. A comunicação telefónica é sempre seguida de confirmação por qualquer meio escrito.

COMENTÁRIOS:

Comunicações: Os atos processuais para terem eficácia carecem de ser comunicados. Distingue-se as **comunicações** entre serviços da justiça (mandado, carta ou ofícios; neste artigo) e as **convocações** para atos processuais dos intervenientes processuais (notificações; no artigo seguinte).

Para além do tipo de comunicações entre autoridades nacionais aqui previstas, há ainda as que decorrem das **relações internacionais** (v. arts. 229º a 240º).

Artigo 112º – Convocação para acto processual

1. A convocação de uma pessoa para comparecer a acto processual pode ser feita por qualquer meio destinado a dar-lhe conhecimento do facto, inclusivamente por via telefónica, lavrando-se cota no auto quanto ao meio utilizado.

2. Quando for utilizada a via telefónica a entidade que efectuar a convocação identifica-se e dá conta do cargo que desempenha, bem como dos elementos que permitam ao chamado inteirar-se do acto para que é convocado e efectuar, caso queira, a contraprova de que se trata de telefonema oficial e verdadeiro.

3. Revestem a forma de notificação, que indique a finalidade da convocação ou comunicação, por transcrição, cópia ou resumo do despacho ou mandado que a tiver ordenado, para além de outros casos que a lei determinar:

a) A comunicação do termo inicial ou final de um prazo legalmente estipulado sob pena de caducidade;

b) A convocação para interrogatório ou para declarações ou para participar em debate instrutório ou em audiência;

c) A convocação de pessoa que haja já sido chamada, sem efeito cominatório, e tenha faltado;

d) A convocação para aplicação de uma medida de coacção ou de garantia patrimonial.

COMENTÁRIOS:

Convocações: Os atos processuais que tenham em vista comunicar termos de prazos ou convocar qualquer interveniente processual, revestem a forma de **notificação** (v. regras gerais sobre notificações no artigo seguinte).

Referências: art. 114º-1-2 (notificações especiais a reclusos e funcionários).

Artigo 113º – Regras gerais sobre notificações

1. As notificações efectuam-se mediante:

a) Contacto pessoal com o notificando e no lugar em que este for encontrado;

b) Via postal registada, por meio de carta ou aviso registados;

c) Via postal simples, por meio de carta ou aviso, nos casos expressamente previstos; ou *d*) Editais e anúncios, nos casos em que a lei expressamente o admitir.

2. Quando efetuadas por via postal registada, as notificações presumem-se feitas no terceiro dia posterior ao do seu envio, quando seja útil, ou no primeiro dia útil seguinte a esse, quando o não seja, devendo a cominação aplicável constar do ato de notificação.

3. Quando efectuadas por via postal simples, o funcionário judicial lavra uma cota no processo com a indicação da data da expedição da carta e do domicílio para a qual foi enviada e o distribuidor do serviço postal deposita a carta na caixa de correio do notificando, lavra uma declaração indicando a data e confirmando o local exacto do depósito, e envia-a de imediato ao serviço ou ao tribunal remetente, considerando-se a notificação efectuada no 5º dia posterior à data indicada na declaração lavrada pelo distribuidor do serviço postal, cominação esta que deverá constar do acto de notificação.

4. Se for impossível proceder ao depósito da carta na caixa de correio, o distribuidor do serviço postal lavra nota do incidente, apõe-lhe a data e envia-a de imediato ao serviço ou ao tribunal remetente.

5. Ressalva-se do disposto nos nºs 3 e 4 as notificações por via postal simples a que alude a alínea *d*) do nº 4 do artigo 277º, que são expedidas sem prova de depósito, devendo o funcionário lavrar uma cota no processo com a indicação da data de expedição e considerando-se a notificação efetuada no 5º dia útil posterior à data de expedição.

6. Quando a notificação for efectuada por via postal registada, o rosto do sobrescrito ou do aviso deve indicar, com precisão, a natureza da correspondência, a identificação do tribunal ou do serviço remetente e as normas de procedimento referidas no número seguinte.

7. Se:

a) O destinatário se recusar a assinar, o agente dos serviços postais entrega a carta ou o aviso e lavra nota do incidente, valendo o acto como notificação;

b) O destinatário se recusar a receber a carta ou o aviso, o agente dos serviços postais lavra nota do incidente, valendo o acto como notificação;

c) O destinatário não for encontrado, a carta ou o aviso são entregues a pessoa que com ele habite ou a pessoa indicada pelo destinatário que com ele trabalhe, fazendo os serviços postais menção do facto com identificação da pessoa que recebeu a carta ou o aviso;

d) Não for possível, pela ausência de pessoa ou por outro qualquer motivo, proceder nos termos das alíneas anteriores, os serviços postais cumprem o disposto nos respectivos regulamentos, mas sempre que deixem aviso indicarão expressamente a natureza da correspondência e a identificação do tribunal ou do serviço remetente.

8. Valem como notificação, salvo nos casos em que a lei exigir forma diferente, as convocações e comunicações feitas:

a) Por autoridade judiciária ou de polícia criminal aos interessados presentes em acto processual por ela presidido, desde que documentadas no auto;

b) Por via telefónica em caso de urgência, se respeitarem os requisitos constantes do nº 2 do artigo anterior e se, além disso, no telefonema se avisar o notificando de que a convocação ou comunicação vale como notificação e ao telefonema se seguir confirmação telegráfica, por telex ou por telecópia.

9. O notificando pode indicar pessoa, com residência ou domicílio profissional situados na área de competência territorial do tribunal, para o efeito de receber notificações. Neste caso, as notificações, levadas a cabo com observância do formalismo previsto nos números anteriores, consideram-se como tendo sido feitas ao próprio notificando.

10. As notificações do arguido, do assistente e das partes civis podem ser feitas ao respectivo defensor ou advogado. Ressalvam-se as notificações respeitantes à acusação, à decisão instrutória, à designação de dia para julgamento e à sentença, bem como as relativas à aplicação de medidas de coacção e de garantia patrimonial e à dedução do pedido de indemnização civil, as quais, porém, devem igualmente ser notificadas ao advogado ou defensor nomeado; neste caso, o prazo para a prática de acto processual subsequente conta-se a partir da data da notificação efectuada em último lugar.

11. As notificações ao advogado ou ao defensor nomeado, quando outra forma não resultar da lei, são feitas por via eletrónica, nos termos a definir em portaria do membro do Governo responsável pela área da justiça, ou, quando tal não for possível, nos termos das alíneas *a*), *b*) e *c*) do nº 1, ou por telecópia.

12. Quando efetuadas por via eletrónica, as notificações presumem-se feitas no terceiro dia posterior ao do seu envio, quando seja útil, ou no primeiro dia útil seguinte a esse, quando o não seja.

13. A notificação edital é feita mediante a afixação de um edital na porta da última residência do notificando e outro nos lugares para o efeito destinados pela respetiva junta de freguesia, seguida da publicação de anúncio na área de serviços digitais dos tribunais, acessível no endereço eletrónico https://tribunais.org.pt.

14. Nos casos expressamente previstos, havendo vários arguidos ou assistentes, quando o prazo para a prática de actos subsequentes à notificação termine em dias diferentes, o acto pode ser praticado por todos ou por cada um deles até ao termo do prazo que começou a correr em último lugar.

15. A assinatura do funcionário responsável pela elaboração da notificação pode ser substituída por indicação do código identificador da notificação, bem como do endereço do sítio eletrónico do Ministério da Justiça no qual, através da inserção do código, é possível confirmar a autenticidade da notificação.

(Última alteração da L. 71/2018, de 31.12)

COMENTÁRIOS:

Notificações: As notificações são o quebra-cabeças do processo penal e dão origem a muitos problemas, desde incidentes até a anulação de julgamentos. O sistema implementado no processo português, tem por fonte, o direito internacional, sobretudo o sistema das notificações da convenção da aplicação do acordo de Schengen (v. texto no D.R. I série-A de 25.11.1993) que prevê notificações pelo correio.

As notificações do CPP efetuam-se mediante **(1)** via contacto pessoal **(2)** via postal registada **(3)** via postal simples **(4)** via editais e anúncios **(5)** via telefone **(6)** via telecópia. Vejamos sumariamente cada uma das situações:

(1) Notificação por contacto pessoal: É a mais simples e a mais segura forma de notificação. O notificador [funcionário, autoridade policial ou judiciária – v. nº 8-a)] contacta **pessoalmente** com o notificando-o e lavra a respetiva nota de notificação. Em regra aplica-se no decurso ou no final das próprias diligências processuais.

(2) Notificação por via postal registada: Por via postal registada, entende-se a notificação **sujeita a registo postal.** Começa pelo ato do funcionário judicial que deixa informação no processo, da indicação da **data de expedição da carta ou aviso** pelo tribunal, sendo essa documentação (cota ou cópia da carta ou aviso) que prova a expedição da notificação. Seguidamente o funcionário postal deve cumprir os **procedimentos** que constam no nº 6. Registando-se **incidentes** deve cumprir os procedimentos que constam no nº 7. **Presume-se** que a notificação ocorreu no 3º dia posterior ao envio da carta ou aviso, quando este dia é **útil** ou no primeiro **dia útil seguinte a esse** (sendo certo que é possível confirmar a data concreta da notificação através do site dos C.T.T.). Com a redação da L. 1/2018, de 29.01, ao nº 2 (que só entrou em vigor em 23.03.208) terminou a discussão sobre a forma de contagem dos dias; se eram todos uteis ou não. Tal presunção é ilidível. De acordo com o D.L. 121/76, de 11.02, que aboliu a exigência de avisos de receção, "a presunção (...) *só pode ser ilidida pelo avisado ou notificado quando o facto da recepção do aviso ou notificação ocorra em data posterior à presumida, por razões que não lhe sejam imputáveis, requerendo no processo que seja requisitada aos correios informação sobre a data efectiva dessa recepção*".

A parte que pretenda ilidir a presunção de que a notificação postal se efetuou no terceiro dia posterior ao do registo, deve fazê-lo no momento em que pratica o ato fora do prazo fixado em função da data da notificação presumida (Ac. TRL de 09.04.2014, proc. 2085/13.3TBBRR-A.L1-6, *in* www.dgsi.pt). **Nota:** O ac. foi tirado em sede cível; mas não se vê razão para que não se aplique em sede penal (*ex vi* art. 4º).

Jurisprudência uniformizadora: Ac. do STJ de Fixação de Jurisprudência nº 6/2010, de 11.05.2010, *in* D.R. de 21.05.2010: *«I – Nos termos do nº 9 do artigo 113º do Código de Processo Penal, a decisão de revogação da suspensão da execução da pena de prisão deve ser notificada tanto ao defensor como ao condenado. II – O condenado em pena de prisão suspensa continua afecto, até ao trânsito da revogação da pena substitutiva ou à sua extinção e, com ela, à cessação da eventualidade da sua reversão na pena de prisão substituída, às obrigações decorrentes da medida de coacção de prestação de termo de identidade e residência (nomeadamente, a de «as posteriores notificações serão feitas por via postal simples para a morada indicada»). III – A notificação ao condenado do despacho de revogação da suspensão da pena de prisão pode assumir tanto a via de «contacto pessoal» como a «via postal registada, por meio de carta ou aviso registados» ou, mesmo, a «via postal simples, por meio de carta ou aviso» [artigo 113º, nº 1, alíneas a), b), c) e d), do Código de Processo Penal]».*

(3) Notificação por via postal simples: Por via postal simples, entende-se a notificação **não sujeita a registo postal**. Usa-se para notificar todos os intervenientes processuais. Começa pelo ato do funcionário judicial que deixa informação no processo, da indicação da **data de expedição da carta ou aviso** pelo tribunal, sendo essa documentação (cota ou cópia da carta ou aviso) que prova a expedição da notificação. Seguidamente o funcionário dos correios, quando **entrega** ou **deposita** a carta ou aviso na caixa de correio do notificando, lavra uma declaração indicando o local e a data de tal ato (vulgo, ***"p.d."*** *– prova de depósito)* e envia-a para o tribunal remetente. **Presume-se então que a notificação ocorreu no 5º dia posterior à data constante na declaração de depósito, lavrada pelo funcionário dos correios** (v. nº 3). Deste procedimento mais rigoroso, que exige a **prova de depósito**, exclui-se as situações a que se reporta o art. 277º-4-d) – (notificação do arquivamento do inquérito, não correndo ele contra pessoa determinada).

"a Portaria nº 1178-A/2000, de 15 de Dezembro, publicada ao abrigo da previsão do artigo 5º do Decreto-Lei nº 183/2000 que aprovou os modelos a utilizar, veio clarificar que o distribuidor devia lavrar duas declarações de depósito, com menção da data da sua efetivação e assinadas de forma legível: uma no verso do sobrescrito depositado, outra na denominada «prova de depósito», consistente de um talão a destacar do subscrito e a enviar de imediato ao tribunal remetente." (excerto do Ac. T.C. de 21.02.2006, *in* D.R. de 03.04.2006).

(4) Notificação por via edital ou anúncios: Esgotadas as restantes vias de notificação, a edital só têm lugar quando **expressamente prevista** na lei (v. procedimentos no nº 13). É o caso expressamente previsto no art. 335º (contumácia).

(5) Notificação via telefone: A notificação via telefone está prevista no nº 8-b) e deve observar os **procedimentos** de comunicação e autenticação ali consignados, bem como os consignados no art. 112º-1-2.

(6) Notificação via eletrónica ou telecópia: É exclusiva dos **advogados**, e está sujeita à mesma regra de presunção, já delineada no nº 2 – v. nºs 11 e 12.

Alargamento dos prazos: Os prazos individuais, decorrentes de notificações, podem ser **"alargados"** nos termos do nº 14, mas sublinhe-se que a regra só funciona entre intervenientes que tenham o mesmo estatuto processual; entre arguidos ou entre assistentes.

Notificação ao arguido: Os arguidos podem ser notificados no decurso da fase de inquérito (v.g. arts. 283º-6, *ex vi,* art. 277º-3); no decurso da fase da instrução (v.g. art. 297º-3); no decurso da fase de julgamento (v.g. arts. 313º-3, 372º-4 e 373º-3). As notificações aos arguidos **com TIR prestado** (medida de coação de termo de identidade e residência) podem efetuar-se mediante **via postal simples**, nos termos conjugados dos arts. 196º-2 e 113º-1-c)-3, considerando-se notificados desde que haja **"prova de depósito"** da carta ou aviso, na caixa de correio da morada por si indicada no TIR. Os arguidos **sem TIR prestado**, devem ser notificados por **contacto pessoal ou via postal registada**, nos termos do art. 113º-1-a)-b)-2-9.

Não notificação do arguido: Mesmo tendo o arguido prestado TIR, a impossibilidade de entrega ou depósito da carta ou aviso na caixa de correio do notificando (habitualmente por não deteção da morada ou por inexistência de caixa de correio) traduz-se numa "não notificação", i.e., não pode considerar-se ter ocorrido notificação (v. nº 4) (em sentido contrário, considerando válida a notificação – v. ac. TRL de 04.06.2015, proc. 3/03JIELSB.L1-9, *in* www.dgsi.pt).

I – A notificação por via postal simples só se considera feita com o depósito da carta na caixa do correio do notificando – art. 113º, nº 3, do CPP. II – Não se tendo verificado o depósito numa caixa de correio de qualquer das cartas enviadas para notificação do arguido, de forma a que o mesmo pudesse ter conhecimento do seu conteúdo, terá de se considerar que o arguido não foi notificado na forma legal em qualquer das referidas situações. III – A falta de notificação para o julgamento assume relevo processual intransponível, pois, não sendo caso de realização do julgamento na ausência do arguido ao abrigo do art. 333º, nº 1, do CPP, dado que aquele não se encontrava notificado, a sua presença na audiência era obrigatória, por força do disposto no art. 332º, nº 1, do mesmo diploma legal, sendo cometida a nulidade insanável prevista no art. 119º, al. c), do CPP – ausência do arguido ou do seu defensor nos casos em que a respectiva comparência é obrigatória –, que no caso conduz à anulação do julgamento efectuado em 1ª instância, nulidade que deve ser declarada oficiosamente em qualquer altura do processo (art. 119º, nº 1, do referido diploma legal). IV – Este regime está de harmonia com a consagração dos direitos de defesa do arguido contemplada no art. 32º da CRP (Ac. STJ de 04.10.2006, *in* www.dgsi.pt).

III – Nos casos em que o arguido tenha prestado TIR e tenha sido devidamente advertido, não se devem fazer diligências para obter outras moradas, nem se devem tentar fazer notificações noutras moradas. (...) V – Não constitui nulidade a realização do julgamento na ausência do arguido, que se encontre devidamente notificado e cuja presença se não mostre indispensável, sem que se tenham realizado diligências para a sua comparência sob detenção (Ac. TRL de 04.06.2015, proc. 3/03JIELSB.L1-9, *in* www.dgsi.pt).

Notificação da acusação aos arguidos. Editais: Esgotados os procedimentos de notificação da **acusação ao arguido,** sem se lograr a mesma, o processo **prossegue** por força dos termos conjugados dos arts. 283º-5 e 277º-

3, não havendo lugar a notificações editais (como anteriormente à L. 59/98, 25.08). Ao regime consagrado **é indiferente que o arguido tenha ou não prestado TIR** anteriormente à acusação, dado que a lei não valoriza tal situação, ao contrário do que ocorre mormente com a notificação da data de julgamento, onde, aí sim, o legislador deu relevância à prévia prestação de TIR e à regularidade da notificação (v. arts. 196º-3-d) e 333º). O objetivo deste regime é imprimir celeridade processual e obstar a expedientes dilatórios.

«É ao magistrado do Ministério Público (e não ao Juiz do processo) que compete decidir qual a modalidade de notificação a efectuar e que compete formular o juízo de ineficácia das tentativas de notificação, numa perspectiva de utilidade, razoabilidade e ponderação no caso concreto, determinando da necessidade ou conveniência da tentativa sucessiva de notificação pessoal e de notificação por via postal. (...) Tendo o Juiz recebido o processo nestas circunstâncias, deve proferir o despacho a que alude o art. 311º do C.P.P., não podendo exigir posteriormente ao M.P., que tente a notificação por via postal, quer devolvendo-lhe os autos, quer considerando a existência de uma irregularidade por falta de notificação da acusação ao arguido que acarretaria a irregularidade do acto de distribuição, dando esta sem efeito e ordenando que os autos voltem à fase de inquérito (Ac. TRE de 27.06.2000, *in* BMJ 498-288).

O regime do TIR na notificação ao arguido: A filosofia ínsita nestas normas, é a de que o arguido **com TIR prestado** (que é uma **medida de coação** – v. art. 196º) deve estar à disposição do tribunal, quanto à sua localização e conhecimento do seu paradeiro [agora com a redação da **L. 20/2013, de 21.02**, dada ao art. 196º-3-e)] até extinção da pena e se encontra devidamente informado desses deveres e das consequências do seu não acatamento. Logo se regularmente notificado, não correspondeu às notificações que lhe foram feitas, é porque voluntariamente prescindiu de participar nos atos processuais que lhe digam respeito e como a sua falta de participação não é impeditiva da continuidade do processo, este tem de prosseguir os seus ulteriores termos. Para compatibilizar o sistema, designadamente, a obrigatoriedade de presença do arguido com a celeridade processual, a fórmula prática que os Juízes têm em **julgamento** (v. arts. 332º-1, 333º e 334º) é, consignar na ata que **(1)** o arguido falta **(2)** que está regularmente notificado **(3)** que não justificou a sua falta, pelo que é condenado em multa, que será dada sem efeito se eventualmente a vier a justificar **(4)** que não é possível diligenciar pela sua imediata comparência em audiência **(5)** que a sua presença não é indispensável ao inicio ou prosseguimento da audiência **(6)** que se emitirá mandados de detenção do arguido para a sessão seguinte de julgamento, ainda que tal sessão seja a da leitura da sentença. O acórdão infra, expõe de uma forma muito sintética, mas muito clara, a situação, tocando nos principais pontos que interessam.

1 – Tendo o arguido prestado termo de identidade e residência (TIR) e o despacho de acusação sido remetido para a morada por si indicada nesse TIR, por via postal simples, com prova de depósito, bem como sido notificado do despacho de recebimento da acusação e designação de data para audiência de julgamento e ainda do defensor nomeado, também por via postal simples com prova de depósito, foi o mesmo regularmente notificado dos actos cuja notificação pessoal a lei impõe. 2 – No que se refere ao julgamento, é de considerar que esteve legitimamente representado na audiência pelo seu defensor oficioso, sendo do seu conhecimento, a partir da prestação do TIR, que tal eventualidade poderia ocorrer, caso não desse cumprimento às obrigações constantes do mesmo TIR, como acabou por acontecer [arts. 196º, alínea d) e 333º do CPP]. 3 – A notificação por via postal simples nos termos indicados não ofende o núcleo essencial do direito de defesa do arguido, pois as garantias de que o legislador fez rodear a possibilidade de o arguido ser notificado por essa via são de molde a considerar-se como tendo chegado à esfera de conhecimento do arguido a notificação dos actos fundamentais do processo, nomeadamente aqueles em que se exige a sua presença, maxime, o julgamento, e que, se ele deles não tomou conhecimento foi por culpa sua, estando ciente das suas consequências. 4 – O julgamento na ausência, nessas condições, estando o arguido representado por defensor oficioso e sendo respeitadas as demais exigências legais impostas pelos números 1, 2 e 3 do art. 333º do CPP, garantindo-se, além disso, o direito ao recurso com a exigência de notificação pessoal do arguido (pela sua voluntária apresentação ou através da sua detenção), não viola o essencial dos direitos de defesa, de presença e de audição, como se ponderou no Acórdão do Tribunal Constitucional nº 206/2006, de 22/3, Proc. nº 676/2005 e no Acórdão nº 465/2004, de 23/6, Proc. nº 249/2004 (Ac. STJ de 31.01.2008, *in* proc. 07P3272, www.dgsi.pt).

Recusas: A recusa de assinar a notificação ou de a receber, **vale como notificação**. Deste modo, existindo contacto entre o notificante e o notificado, cumpridos todos os procedimentos legais por aquele, o notificado não pode escapar a considerar-se notificado, com todas as consequências advenientes, designadamente as reportadas no art. 116º. O mesmo se aplica aos casos do art. 114º.

Atos processuais que equivalem a notificação: Na instrução (art. 307º-1); no julgamento (arts. 372º-4 e 373º-3).

Notificações de jovens internados em Centros Educativos: A notificação efetua-se na pessoa do jovem e do Diretor do Centro Educativo (v. Ofício Circular da P.G.R., nº 4/2007, de 19.01).

Notificações em castelhano: Atento a vulgaridade da situação, deixamos aqui a nota de que a utilização da língua portuguesa é permitida face ao Acordo relativo à Cooperação Judiciária em Matéria Penal e Civil, celebrado entre Portugal e Espanha e aprovado pelo DL nº 14/98, de 27.05, bem como face à matéria constante do Aviso de 02.11.1955, *in* D.G. 1ª série, da referida data.

"a notificação por via postal simples não constitui uma modalidade sucessiva ou alternativa de notificação, antes constitui uma modalidade autónoma e obrigatória de notificação para as situações expressamente previstas na lei (cf. neste sentido, Parecer do Conselho Consultivo da P.G.R. de 22.11.2001; DR I Série, de 08.02.2002, pág. 2724 e seguintes). (...) Deste modo, impõe-se que o arguido seja notificado através de notificação via postal simples ou, se tal se revelar impossível, se proceda ao depósito da carta, através de expedição da competente carta rogatória às Autoridades Judiciárias Espanholas" (Ac. TRL de 30.09.2003, *in* CJ-IV-133).

Referências: art. 114º (notificação a presos e funcionários); art. 287º-6 (notificação do requerimento para abertura da instrução); art. 283º-6 (notificação da acusação do M.P.); art. 313º-3 (notificação do despacho que designa dia para audiência); art. 315º-1 (notificação da contestação e rol de testemunhas); arts. 335º e 337º-5 (notificação edital na contumácia).

Artigo 114º – Casos especiais

1. A notificação de pessoa que se encontrar presa é requisitada ao director do estabelecimento prisional respectivo e efectuada na pessoa do notificando por funcionário para o efeito designado.

2. A notificação de funcionário ou agente administrativo pode fazer-se mediante requisição ao respectivo serviço, mas a comparência do notificado não carece de autorização do superior hierárquico; quando, porém, a notificação seja feita por outro modo, o notificado deve informar imediatamente da notificação o seu superior e apresentar-lhe documento comprovativo da comparência.

COMENTÁRIOS:

Detidos/presos/funcionários/agentes administrativos: A notificação processa-se nos termos claramente expostos no artigo.

Parecer do Conselho Consultivo da P.G.R. de 23.11.89, *in* D.R. de 07.02.90: A comparência de agentes policiais em atos processuais, considera-se ato de serviço.

Artigo 115º – Dificuldades em efectuar notificação ou cumprir mandado

1. O funcionário de justiça encarregado de efectuar uma notificação ou de cumprir um mandado pode, quando tal se revelar necessário, recorrer à colaboração da força pública, a qual é requisitada à autoridade mais próxima do local onde dever intervir.

2. Todos os agentes de manutenção da ordem pública devem prestar auxílio e colaboração ao funcionário mencionado no número anterior e para os fins nele referidos, quando for pedida a sua intervenção e exibida a notificação ou o mandado respectivos.

3. Se, apesar do auxílio e da colaboração prestados nos termos dos números anteriores, o funcionário de justiça não tiver conseguido efectuar a notificação ou cumprir o mandado, redige auto da ocorrência, no qual indica especificadamente as diligências a que procedeu, e transmite-o sem demora à entidade notificante ou mandante.

COMENTÁRIOS:

Dever de colaboração da força pública: Quando efetuada a notificação por funcionário de justiça, pode este requisitar a colaboração da **força policial** (v. art. 9º-2). Tal poder deveria também ser cometido ao funcionário dos correios, quando atuando ao serviço dos tribunais.

Artigo 116º – Falta injustificada de comparecimento

1. Em caso de falta injustificada de comparecimento de pessoa regularmente convocada ou notificada, no dia, hora e local designados, o juiz condena o faltoso ao pagamento de uma soma entre 2 UC e 10 UC.

2. Sem prejuízo do disposto no número anterior, o juiz pode ordenar, oficiosamente ou a requerimento, a detenção de quem tiver faltado injustificadamente pelo tempo indispensável à realização da diligência e, bem assim, condenar o faltoso ao pagamento das despesas ocasionadas pela sua não comparência, nomeadamente das relacionadas com notificações, expediente e deslocação de pessoas. Tratando-se do arguido, pode ainda ser-lhe aplicada medida de prisão preventiva, se esta for legalmente admissível.

3. Se a falta for cometida pelo Ministério Público ou por advogado constituído ou nomeado no processo, dela é dado conhecimento,

respectivamente, ao superior hierárquico ou à Ordem dos Advogados.

4. É correspondentemente aplicável o disposto no nº 5 do artigo 68º

COMENTÁRIOS:

Falta de comparência: Regularmente notificada ou convocada (sendo esta regularidade, um pressuposto, a avaliar em cada caso concreto) para ato processual, independentemente de qual seja a fase do processo, a pessoa/interveniente processual, tem **obrigação legal de comparecer**. Se não comparece tem de justificar a falta nos termos do artigo seguinte. Não justificando, sujeita-se ao pagamento de uma **multa** e ao pagamento das **despesas** que originou com a sua falta e bem assim a ser **detida** para apresentação compulsiva, circunstancialismo este, que tem mesmo assento constitucional [v. art. 27º-3-f) da C.R.P.]. Sendo o faltoso incumpridor o arguido, manifestando-se no seu comportamento relapso perigo de fuga, pode mesmo ser-lhe aplicado **prisão preventiva**, verificados que sejam os requisitos gerais e pressupostos previstos nos arts. 202º e 204º-a) e sem prejuízo do direito ao contraditório. Todos estes atos de natureza sancionatória, naturalmente, só podem ser aplicados pelo Juiz.

Estas situações, geram um incidente, que pode correr em separado (por apenso) se o mesmo revelar alguma complexidade, o que é raríssimo.

Contagem do tempo de prisão: A jurisprudência tem uniformemente considerado que a simples **detenção para comparecimento**, prevista neste artigo, é distinta da **detenção para aplicação de uma medida de coação,** pelo que não faz parte das situações de descontos da privação da liberdade, reportada no art. 80º-1 do C.P., sendo portanto irrelevante para a **contagem do tempo de prisão**, a que alude os arts. 477º-2 e 479º.

Artigo 117º – Justificação da falta de comparecimento

1. Considera-se justificada a falta motivada por facto não imputável ao faltoso que o impeça de comparecer no acto processual para que foi convocado ou notificado.

2. A impossibilidade de comparecimento deve ser comunicada com cinco dias de antecedência, se for previsível, e no dia e hora designados para a prática do acto, se for imprevisível. Da comunicação consta, sob pena de não justificação da falta, a indicação do respectivo motivo,

do local onde o faltoso pode ser encontrado e da duração previsível do impedimento.

3. Os elementos de prova da impossibilidade de comparecimento devem ser apresentados com a comunicação referida no número anterior, salvo tratando-se de impedimento imprevisível comunicado no próprio dia e hora, caso em que, por motivo justificado, podem ser apresentados até ao 3º dia útil seguinte. Não podem ser indicadas mais de três testemunhas.

4. Se for alegada doença, o faltoso apresenta atestado médico especificando a impossibilidade ou grave inconveniência no comparecimento e o tempo provável de duração do impedimento. A autoridade judiciária pode ordenar o comparecimento do médico que subscreveu o atestado e fazer verificar por outro médico a veracidade da alegação da doença.

5. Se for impossível obter atestado médico, é admissível qualquer outro meio de prova.

6. Havendo impossibilidade de comparecimento, mas não de prestação de declarações ou de depoimento, esta realizar-se-á no dia, hora e local que a autoridade judiciária designar, ouvido o médico assistente, se necessário.

7. A falsidade da justificação é punida, consoante os casos, nos termos dos artigos 260º e 360º do Código Penal.

8. O disposto nos números anteriores no que se refere aos elementos exigíveis de prova não se aplica aos advogados, podendo a autoridade judiciária comunicar as faltas injustificadas ao organismo disciplinar da respectiva Ordem.

COMENTÁRIOS:

Justificação da falta de comparência a ato processual e prazos: A falta pode ser **justificada** (justificação equacionada até ao nível das causas de exclusão da ilicitude ou culpa) ou **injustificada**. A falta pode ainda ser **previsível** ou **imprevisível**, devendo ser comunicada e justificada, no primeiro caso, até ao quinto dia anterior ao ato ou no segundo caso, no próprio dia do ato. Havendo **justo impedimento** de comunicar/justificar nestes prazos, pode a falta ser justificada até ao terceiro dia posterior ao ato. Daqui decorre que as condenações em quantias pecuniárias a que alude o artigo antecedente, quando lavradas na ata de julgamento, são sempre condicionais, na medida em que a justificação poderá ser sempre apresentada nos três dias seguintes. Em qualquer caso, a justificação da impossibilidade de comparência, deve ser

absoluta e **atendível** (o Juiz deve ser exigente e servir-se de todos os elementos que constarem do processo e de todos os factos notórios, para lograr conclusões nesta sede). Não basta os meros incómodos da comparência ou colisões de datas com outros atos ou atividades pessoais. A comparência a atos judiciais, corresponde a uma **obrigação legal**, que tem precedência sobre todos os outros atos, que pelo menos não representem também obrigações legais. Representando, há um conflito de obrigações legais, devendo prevalecer a que se revelar mais urgente.

A falsidade da justificação, faz o seu emitente incorrer em **responsabilidade penal** (v. art. 348º-A do C.P. – crime de falsas declarações; art. 160º do C.P. – crime de emissão de atestado falso).

Faltas de advogados: As faltas dos advogados, não carecem de justificação nem originam sanções judiciais. Nestes casos, faltando o advogado deve ser substituído por outro, ainda que oficiosamente (v. arts. 67º e 330º-1-2). No entanto, tais faltas, se comunicadas à Ordem dos Advogados, originam o dever de justificação perante a Ordem e não justificadas, podem originar processos disciplinares.

Atestados médicos: O atestado médico, tantas vezes utilizado nos tribunais para justificar faltas, sobretudo das pessoas com maior poder económico, não tem que informar da natureza da doença do faltoso, até porque a isso se opõe o sigilo médico. Mas tem de certificar que ele se encontra absolutamente impossibilitado de comparecer ou que há grandes inconvenientes na comparência, explicitando objetivamente em que se traduz essa incapacidade e bem assim, esclarecer o tempo provável do impedimento/duração da doença, cf. decorre da redação do nº 4.

Jurisprudência uniformizadora: Ac. do STJ de Fixação de Jurisprudência nº 1/1991, de 03.04.1991, *in* D.R. de 25.05.1991: *«O atestado médico, para justificar a falta de comparecimento perante os serviços de justiça de pessoa regularmente convocada ou notificada, referido no artigo 117º, nº 3, do Código de Processo Penal,* (actual nº 4) *não tem que indicar o motivo concreto que impossibilita essa comparência ou a torna gravemente inconveniente, mas apenas atestar que o faltoso se encontra doente e impossibilitado ou em situação de grave inconveniência, por doença, de comparecer».*

"Sendo certo que nada obsta a que um médico, em funções num serviço de urgência hospitalar, ateste, se for caso disso, que uma pessoa se encontra doente e impossibilitado de comparecer a acto processual, é de manter o douto despacho recorrido que não julgou justificada a falta com a mera apresentação pelo faltoso, ora recorrente, de um documento

em que apenas se refere ter estado presente no serviço de urgência e tendo tido como destino o domicílio." (Ac. TRL de 09.03.2004, *in* Proc. 651/2004-5).

Referências: Circular 11/1995 da P.G.R. (Faltas dos deputados a atos judiciais).

TÍTULO V - Das nulidades

Artigo 118º – Princípio da legalidade

1. A violação ou a inobservância das disposições da lei do processo penal só determina a nulidade do acto quando esta for expressamente cominada na lei.

2. Nos casos em que a lei não cominar a nulidade, o acto ilegal é irregular.

3. As disposições do presente título não prejudicam as normas deste Código relativas a proibições de prova.

COMENTÁRIOS:

Os atos e ritos processuais: O presente título, extraordinariamente importante, é tributário da Lei de autorização legislativa nº 43/86, de 26.11, art. 2º-2-22) que determinou a necessidade da *«disciplina rigorosa da matéria respeitante às nulidades, aos vícios dos actos processuais e à sua sanação, com especial atenção às consequências da violação de proibição de prova e à determinação dos seus efeitos sobre a validade do processo: não incidência em princípio de vícios meramente formais dos actos na validade do processo, mas insanabilidade das nulidades absolutas»*.

O processo é uma sequência ordenada de atos, os quais tem de estar enformados por um princípio de legalidade. O ritualismo processual, pode ser inquinado, quer pela omissão de atos que a lei obrigatoriamente prescreva, quer pela prática de atos que a lei não permita. Desta forma, a lei de autorização, expressa de forma muito clara a vontade do legislador, no sentido de criar um regime próprio para dirimir a questão dos vícios processuais, resultantes da violação da lei do processo.

O estudo metodológico dos vícios processuais, faz-se tendo em atenção três momentos diferentes; **(1)** a **determinação do vício (2)** o **regime do vício (3)** as **consequências ou efeitos do vício**.

A divisão dos vícios processuais: Os atos processuais podem ser afetados por vícios, que se projetam com diferente impacto na estrutura legal do processo. Assim, os vícios processuais podem ser divididos em três grupos. **(1)** Os vícios máximos, que se traduzem na **inexistência jurídica** do ato. **(2)** Os vícios médios, que geram **nulidades**, podendo umas serem absolutas, usando a terminologia civil, no processo penal chamadas de *«nulidades insanáveis»* (art. 119º) ou relativas, logo sanáveis, no processo penal tituladas como *«dependentes de arguição»* (art. 120º). Acrescerá, para quem entenda tal autonomização, a disciplina dos *«métodos proibidos de prova»* do art. 126º. **(3)** Os vícios mínimos, que se traduzem em **irregularidades**, podendo umas *"afetar o valor do ato praticado"*, outras não (art. 123º-1-2).

Esta classificação dogmática, na sua singeleza teórica, esconde variados problemas de aplicação prática, como veremos

A inexistência jurídica: A "inexistência jurídica", é um vício processual do ato a que falta o próprio elemento estrutural e constitutivo do mesmo. O ato existe fisicamente, mas juridicamente não se lhe reconhece a produção de qualquer efeito. A sua invalidade é **intemporal,** por não ser em momento algum reconhecido pela ordem jurídica, ao contrário por exemplo, dos atos nulos, que produzem efeitos enquanto não forem declarados nulos. É o caso paradigmático de pessoas particulares constituírem um tribunal público. Tal ato não produz qualquer efeito jurídico, pois só o Estado pode criar tribunais públicos. Não emanando aquele ato constitutivo do poder de soberania do Estado, dotado de *jure imperii,* não tem qualquer valor. É juridicamente inexistente, não lhe sendo reconhecido qualquer consequência ou efeito útil. Todavia, pode ser necessário o tribunal declarar a inexistência jurídica de um ato, quando ele causa prejuízos a alguém, com o objetivo de fazer cessar o prejuízo. Tem-se entendido que uma situação de inexistência jurídica é aflorada no art. 468º (decisões inexequíveis).

O regime geral das nulidades. O princípio da legalidade ou da tipicidade: Quer a nulidade quer a irregularidade, partem sempre da constatação de um ato ou de uma omissão desconforme à lei processual. Sendo desconforme à lei, o ato ou omissão é ilegal. Todavia, consoante as ilegalidades, diferentes são os impactos na estrutura processual. E é exactamente por isso, que a lei comina regimes e efeitos diversos para tais ilegalidades processuais.

À partida e desde logo, só geram nulidades os atos e omissões ilegais **expressamente cominadas como tal,** sendo, por exclusão de partes, irregulares os restantes. Assim, para sabermos se determinado ato ou omissão processual ilegal gera uma nulidade, é necessário que a lei expressamente diga que tal ato ou omissão processual ilegal, corresponde a uma nulidade processual. É o **princípio da legalidade**, como consta da epigrafe do artigo, mas melhor seria no caso chamar-lhe, **princípio da tipicidade**, na medida em que só são reconhecidas juridicamente as nulidades tipicamente descritas na lei. Outros lhe chamam, **princípio da taxatividade** ou do ***numerus clausus***.

Após a constatação da existência de uma nulidade, é necessário saber se ela é ***«insanável»*** ou ***«dependente de arguição»***, como lhe chama a lei, uma vez que os prazos de arguição e suas consequências são diferentes. Para o efeito, é preciso que a lei diga expressamente que a nulidade é insanável, o que acontece em poucos casos – v.g. art. 321º – ou então, o que corresponde à regra, proceder a uma operação de subsunção ao art. 119º, nem sempre isenta de dúvidas. Não se intitulando a nulidade como insanável, nem sendo possível subsumi-la ao art. 119º, então a mesma, uma vez mais por exclusão de partes, é ***«dependente de arguição»*** nos termos do art. 120º e ***«sanável»*** nos termos do art. 121º ou do regime específico de cada nulidade.

Em conclusão; **(1)** em primeiro lugar é necessário saber se determinado ato ou omissão, violou ou não as regras processuais; **(2)** concluído que sim, é necessário apurar, a partir da sua tipificação ou não tipificação, se a ilegalidade gerou uma nulidade ou uma irregularidade; **(3)** se o vício estiver catalogado como nulidade, é necessário conferir a lei a fim de esclarecer se a mesma é sanável ou insanável; **(4)** feitas estas operações, aplica-se o regime correspondente ao instituto identificado.

Advirta-se apenas, que não é acertado desvalorizar-se a importância das **irregularidades.** Há irregularidades que são inclusivamente suscetíveis de pôr em causa direitos fundamentais e a própria verdade material, fim do processo, impondo o seu conhecimento oficioso e gerando efeitos semelhantes aos das nulidades insanáveis (v. art. 123º-2). Na realidade, as razões pelas quais o legislador procedeu à divisão dos vícios processuais nas categorias estabelecidas, nem sempre são muito claras.

As consequências da inobservância das prescrições legais estabelecidas para a prática dos actos processuais encontram-se reguladas nos arts. 118º a 123º do Código de Processo Penal e têm como efeito a invalidade dos actos processuais, sendo as seguintes as espécies de invalidades previstas na lei: a nulidade insanável, a nulidade dependente de arguição e a irregularidade. O Código de Processo Penal estabelece em matéria de nulidades o princípio da legalidade que se traduz em só haver nulidade dos actos quando expressamente cominada na lei, sendo que quando a lei não cominar a nulidade, o acto ilegal é irregular – cfr. nºs 1 e 2 do sobredito art. 118º. As nulidades insanáveis encontram-se enumeradas no art. 119º do Código de Processo Penal, para além das que como tal são cominadas em outras disposições legais, referindo-se às nulidades sanáveis ou dependentes de arguição o art. 120º do Código de Processo Penal, que enumera algumas delas no seu nº 2. Sendo taxativa a enumeração das nulidades (cfr. o nº 1 do sobredito art. 118º), elas terão que ser especificadas entre os mencionados preceitos que indicam as nulidades insanáveis e as dependentes de arguição ou em qualquer outro preceito legal. Não se lobriga que a violação, por errada interpretação e aplicação, da norma do nº 1 do art. 359º do Código de Processo Penal, operada no despacho ora sob censura, possa consubstanciar qualquer das nulidades, insanáveis ou não, previstas na lei processual penal. Se, como vimos, para que um acto processual possa ser declarado nulo é necessário que a lei expressamente comine a nulidade, nos casos em que tal não aconteça o acto ilegal é, como estabelece o nº 2 do sobredito art. 118º, irregular. A irregularidade consiste, assim, no vício formal do acto processual que não produz nulidade, tendo, pois, como afirma o Professor Germano Marques da Silva, o respectivo conceito "natureza residual". Ainda segundo o mesmo Autor, "o acto irregular, como o acto nulo, mas ao contrário do acto inexistente, produz os efeitos típicos do acto perfeito enquanto a irregularidade não for declarada" – cfr. "Curso de Processo Penal", II Volume, pág. 70 (Ac. TRE de 05.07.2005, *in* www.dgsi.pt).

"A irrecorribilidade das decisões judiciais irrevogáveis tem por efeito a sua definitividade e a sua exequibilidade. Quer dizer, esgotou-se no respectivo processo quanto à matéria da decisão o poder jurisdicional e ficou autorizada a execução da decisão". E isso acontece, isto é, a sentença agora irrecorrível é irrevogável, mesmo que, hipoteticamente, estivesse ferida de nulidade absoluta pois, embora tal espécie de nulidade seja insanável, ela precisa de ser declarada para produzir efeitos. "Pode ser arguida ou declarada oficiosamente. O acto tem existência jurídica, embora defeituosa, e ainda que o vício seja insanável; e, consequentemente, a falta de anulação deixa-o subsistir. No processo, a nulidade absoluta é coberta pela impossibilidade, depois de findo aquele, de o fazer reviver, no seu todo ou parcialmente. A decisão judicial com trânsito não se anula, como não se declara a nulidade de actos dum processo que findou com decisão irrevogável" – Cavaleiro Ferreira, Curso de Processo Penal, III, 1963, p. 35, e I, 1959, p. 294, respectivamente (Ac. STJ de 20.04.2006, *in* www.dgsi.pt).

Nulidades dispersas pelo Código: Percorrido o Código, deteta-se um vasto catálogo de nulidades, a integrar no regime de sanabilidade ou insanabilidade; v.g.: arts. 41º-3 (impedimento do Juiz); 86º-1 (publicidade); 92º-1 (língua portuguesa); 103º-3 (horário de interrogatório do arguido); 126º-1 (métodos proibidos de prova); 134º-2 (recusa de parentes e afins); 174º-5 (revistas e buscas); 177º-1 (busca domiciliária); 179º-1 (apreensão de correspondência); 180º-2 (apreensão em escritório de advogado); 189º (nulidade); 309º (alteração substancial dos factos da acusação); 321º-1 (publicidade da audiência); 356º-8 e 357º-3 (leituras permitidas em audiência); 360º-2 (alegações orais); 379º (nulidades da sentença).

A forma de arguir os vícios: O M.P. e o Juiz têm obrigação de zelar pelo escrupuloso cumprimento dos trâmites processuais, em especial, nas fases em que detêm a direção do processo. Logo, detetado qualquer desvio à legalidade, e isso acontece com frequência por força do exigentíssimo código que temos, devem procurar imediatamente corrigi-lo. Todavia, nem sempre é possível detetar atempadamente tais desvios. Quando assim acontece, devem ser os próprios interessados a levantar a questão, no uso do seu direito de participação na Justiça. **"Interessado"**, que é uma noção própria dos institutos em análise, pode definir-se, como aquele que tem um direito próprio a defender no processo e que foi afetado pelo ato ou omissão ilegal praticado.

As nulidades e as irregularidades, podem ser arguidas, junto do magistrado competente, através de requerimento autónomo – vulgarmente chamado de ***"arguição de nulidades"*** ou ***"arguição de irregularidades"*** – ou por via de **recurso**, obviamente nos termos e prazos legais, que são diferentes consoante o tipo de vício invocado (v. notas aos artigos seguintes).

A decisão sobre nulidades e irregularidades é da competência do magistrado que dirigir a fase processual em que ela se manifesta e desde que o vício possa ser direta ou indiretamente imputado ao respetivo titular, exceto se a questão envolver um problema sujeito a garantia judicial, caso em que o requerimento deve ser dirigido ao Juiz, sem prejuízo de encontrando-se o processo em fase de inquérito poder ser sanado pelo M.P., se não tiver sido o Juiz (de instrução) a dar causa ao vicio.

Em qualquer caso, dirigida a ***"arguição"*** ao Juiz, o processo deve ser-lhe sempre concluso; mas, se por exemplo, em fase de inquérito, de que é titular o M.P., a nulidade ou irregularidade invocada consistir em algo que diga respeito à competência decisória exclusiva do M.P., em matéria de estratégia de investigação – e este tipo de arguição acontece mais vezes do que seria de esperar, por exemplo, com a alegação pelo interessado da necessidade de certas diligências – não pode o Juiz anular os seus atos ou ordenar-lhe o que quer que seja, pois o Juiz não tem qualquer poder de direção sobre o M.P. A intervenção do Juiz na fase de inquérito está limitada à área dos **"direitos liberdades e garantias"** e às intervenções concretas legalmente previstas; v.g. admissão de assistente – v. art. 68º-4.

As proibições de prova: A lei declara expressamente que em sede de invalidades, para além do regime das nulidades, existe também um muito relevante regime próprio, **autónomo**, para as chamadas **proibições de prova**, que se encontra genericamente previsto no art. 126º (quer quanto aos meios de obtenção de prova, quer quanto aos meios de produção de prova), os quais obviamente geram também nulidades, sanáveis ou insanáveis, em função da sua concreta gravidade processual. Todavia a análise, reporta-se, já não aos atos processuais *tout court*, mas mais às diligências de prova, obtidos ou produzidos de forma ilegal, pelo que haverá de julgar-se da sua validade e efeitos nesse plano mais estrito, tendo desde logo em conta comandos constitucionais de aplicação direta (v.g., arts. 32º-8, 34º-4 e 35º-4-5 da CRP) (v. notas ao art. 126º).

Referências: art. 119º (nulidades insanáveis); art. 120º (nulidades sanáveis); art. 123º (irregularidades); art. 126º (proibições de prova).

Artigo 119º – Nulidades insanáveis

Constituem nulidades insanáveis, que devem ser oficiosamente declaradas em qualquer fase do procedimento, além das que como tal forem cominadas em outras disposições legais:

a) A falta do número de juízes ou de jurados que devam constituir o tribunal, ou a violação das regras legais relativas ao modo de determinar a respectiva composição;

b) A falta de promoção do processo pelo Ministério Público, nos termos do artigo 48º, bem como a sua ausência a actos relativamente aos quais a lei exigir a respectiva comparência;

c) A ausência do arguido ou do seu defensor, nos casos em que a lei exigir a respectiva comparência;

d) A falta de inquérito ou de instrução, nos casos em que a lei determinar a sua obrigatoriedade;

e) A violação das regras de competência do tribunal, sem prejuízo do disposto no nº 2 do artigo 32º;

f) O emprego de forma de processo especial fora dos casos previstos na lei.

COMENTÁRIOS:

Regime das nulidades insanáveis: A nulidade **«insanável»,** é um vício processual, que pela sua gravidade, torna inválido e sem possibilidades de recuperação o ato ou omissão ferido por tal vício. O vício torna-se assim, insanável, i.e., insuscetível de aproveitamento, a tal ponto que todos os atos que dele dependam diretamente ficam afetados pelo mesmo vício (v. art. 122º-1). O ato declarado nulo não gera quaisquer efeitos jurídicos. Tal não significa que não deva ser repetido para correção e convalidação, se tal ainda for possível e julgado de interesse. O limite é o trânsito em julgado da decisão (neste sentido Ac. T.C. de 146/2001).

As nulidades insanáveis: Neste artigo, encontra-se o quadro geral onde todas as nulidades insanáveis vêm desaguar. Manifestada uma nulidade, não avulsamente titulada como insanável (como acontece com múltiplas nulidades espalhadas pelo código) para o ser, terá de se integrar, **pelo menos** numa das alíneas deste artigo. Assim, são nulidades insanáveis, alem das expressamente cominadas como tal (v.g., art. 321º-1) as seguintes:

Alínea a): nulidades que dizem respeito à **composição material do tribunal** em matéria de juízes e jurados; a composição dos tribunais está prevista no D.L. 387-A/87, de 29.12 (regime de júri) e na L. 62/2013, de 26.08 (Lei da Organização do Sistema Judiciário).

Alínea b): nulidades que dizem respeito a omissões ou sonegação do **exercício de funções** do Ministério Público. O M.P., tem no decurso do processo, *maxime* do inquérito, um conjunto de atribuições, que não exercidas colocam em causa a própria estrutura acusatória do processo. Por tal razão a lei, comina essas ilegalidades com a forma mais grave de insanabilidade – v.g., art. 48º (legitimidade do M.P.); art. 53º (posição e atribuições do M.P. no inquérito); art. 63º (direcção do inquérito pelo M.P.); art. 382º (apresentação do detido para julgamento); art. 392º (processo sumaríssimo).

Jurisprudência uniformizadora: Assento do STJ nº 1/2000, de 16.12.1999, *in* D.R. de 06.01.2000: *«Integra a nulidade insanável da alínea b) do artigo 119º do Código de Processo Penal a adesão posterior do Ministério Público à acusação deduzida pelo assistente relativa a crimes de natureza pública ou semipública e fora do caso previsto no artigo 284º, nº 1, do mesmo diploma legal».*

Alínea c): nulidades que dizem respeito às **ausências** do **arguido** e seu **defensor** a atos em que a sua presença é obrigatória, por razões imputáveis à autoridade; Tem-se entendido que estas ausências, não são apenas físicas mas mais no sentido processual de impossibilidade de defesa. O caso mais habitual é o do julgamento do arguido ausente, não regularmente notificado para a audiência (art. 133º); v. art. 64º (obrigatoriedade de assistência).

Alínea d): nulidades que dizem respeito à **falta total** de inquérito ou de instrução. Quanto à falta de inquérito, ele constitui uma fase obrigatória do processo penal. Já o mesmo não acontece com a instrução que não é uma fase obrigatória mas facultativa. A norma refere-se à **falta total** destas fases processuais, quando as mesmas deviam ter obrigatoriamente lugar. Se relativamente à falta de instrução é possível configurar essa possibilidade, pois pode acontecer que o requerimento de abertura de instrução esteja tão deficientemente elaborado que ninguém se aperceba do seu fim, não tendo ocorrido essa fase, ou ainda que o Juiz indefira a instrução com fundamento na sua inadmissibilidade e que tal decisão venha a ser revogada em recurso, já quanto ao inquérito é difícil imaginar a sua falta total. A não ser quando não estão verificadas as necessárias condições de procedibilidade ou quando é manifesta a ausência de tipicidade, ilicitude e culpa, como acontece nos casos de denúncias persecutórias. Mas não é a essas situações que a norma se refere. Referir-se-á a situações em que apresentada queixa ou elaborado auto de notícia, o M.P. acuse imediatamente em processo comum sem fazer qualquer diligência. A **insuficiência** (não "falta total") do inquérito ou da instrução, está prevista como nulidade sanável, no art. 120º-2-d).

Antes de mais há a notar que as nulidades insanáveis estão taxativamente indicadas no art. 119º do Código de Processo Penal, ai se prevendo, na parte que ora interessa, como nulidade insanável, a falta de inquérito (al. d) do citado normativo). Assim, e dado o que dispõe a alínea d) do nº 2 do artigo 120º do predito Código, aquela falta e, por consequência, tal nulidade insanável, só se verifica quando haja ausência absoluta ou total de inquérito ou falta absoluta de actos de inquérito (....) Ora, in casu, o inquérito foi instaurado e dele faz parte a supra referida certidão, certidão essa que compreenda todas as diligências de prova levadas a efeito, quer em sede de inquérito, quer em sede de instrução (...) Assim sendo, não se pode concluir que houve falta absoluta ou total de inquérito... (Ac. TRL de 03.10.2000, cit., *in* Ac. S.T.J. de 02.07.2003, *in* www.dgsi.pt)

Alínea e): nulidades que dizem respeito à **competência material** do tribunal (não territorial); v. arts. 10º a 18º. A incompetência territorial, tem regime próprio; v. arts. 32º a 36º.

Alínea f): nulidades que dizem respeito ao emprego de **forma de processo** especial, com prejuízo da comum, ou ao emprego de uma forma de processo especial com prejuízo de outra forma de processo igualmente especial [v. arts. 381º a 398º – v. art. 120º-2-a)].

O princípio da oficiosidade do conhecimento das nulidades insanáveis a todo o tempo: O artigo consagra o princípio da **oficiosidade** do conhecimento das nulidades insanáveis. É dever do M.P. e do Juiz, em todas as circunstâncias, zelar para que se não pratiquem atos ou omissões ilegais no processo. A lei consigna um dever de vigilância ativa quanto às nulidades insanáveis. Nestas circunstâncias, há apenas que declarar a nulidade insanável e averiguar se a mesma não gerou efeitos secundários nos atos subsequentes, pois se assim for, haverá também que declarar a nulidade desses atos. É exactamente no conhecimento oficioso e a todo o tempo, i.e. **«em qualquer fase do procedimento»**, logo até ao trânsito da decisão, que se marca a maior diferença com as nulidades sanáveis. Aliás a lei reforça o dever de conhecimento oficioso das nulidades insanáveis impondo que em determinados momentos o Juiz, faça a respetiva triagem, como no ato de recebimento dos autos (art. 311º-1) ou no ato de julgamento (art. 338º-1).

O princípio do conhecimento a todo o tempo das nulidades insanáveis: Quanto ao **momento** do conhecimento das nulidades insanáveis, a lei expressamente comina que elas são de arguição e de conhecimento oficioso **«em qualquer fase do procedimento»** e consequentemente podem ser declaradas a todo o tempo, i.e., até ao **trânsito da decisão** (pois a partir daí esgota-se o poder de cognição do Juiz, sem prejuízo do recurso de revisão).

I – Não obstante as nulidades insanáveis poderem ser oficiosamente declaradas "em qualquer fase do procedimento" (artigo 119º do CPP), a decisão judicial com trânsito em julgado, se não for ele própria nula, cobre a nulidade dos actos processuais até então praticados (cfr., neste sentido, v.g. Cavaleiro de Ferreira, Curso de Processo Penal, I, Lisboa, 1955, pág. 268 e o Ac do STJ de 7 de Junho de 1989, proc. nº 40045/3º e o Ac. da Rel. do Porto de 19-3-1997, Col. de Jur., ano XXII, tomo 2, pág. 226). II – O próprio Tribunal Constitucional já teve oportunidade de salientar que não é inconstitucional o artigo 119º quando interpretado no sentido de que as nulidades, qualquer que seja a sua natureza, ficam sanadas logo que se forme caso julgado, não mais podendo ser arguidas ou conhecidas oficiosamente (Ac. nº 146/2001, de 28 de Março de 2001, proc. nº 757/00, DR.II série, de 22 de Maio) (Ac. TRG de 10.07.2008, *in* www.dgsi.pt).

Referências: art. 122º (efeitos da declaração de nulidade); art. 126º (proibições de prova).

Artigo 120º – Nulidades dependentes de arguição

1. Qualquer nulidade diversa das referidas no artigo anterior deve ser arguida pelos interessados e fica sujeita à disciplina prevista neste artigo e no artigo seguinte.

2. Constituem nulidades dependentes de arguição, além das que forem cominadas noutras disposições legais:

a) O emprego de uma forma de processo quando a lei determinar a utilização de outra, sem prejuízo do disposto na alínea *f)* do artigo anterior;

b) A ausência, por falta de notificação, do assistente e das partes civis, nos casos em que a lei exigir a respectiva comparência;

c) A falta de nomeação de intérprete, nos casos em que a lei a considerar obrigatória;

d) A insuficiência do inquérito ou da instrução, por não terem sido praticados actos legalmente obrigatórios, e a omissão posterior de diligências que pudessem reputar-se essenciais para a descoberta da verdade.

3. As nulidades referidas nos números anteriores devem ser arguidas:

a) Tratando-se de nulidade de acto a que o interessado assista, antes que o acto esteja terminado;

b) Tratando-se da nulidade referida na alínea *b*) do número anterior, até cinco dias após a notificação do despacho que designar dia para a audiência;

c) Tratando-se de nulidade respeitante ao inquérito ou à instrução, até ao encerramento do debate instrutório ou, não havendo lugar a instrução, até cinco dias após a notificação do despacho que tiver encerrado o inquérito;

d) Logo no início da audiência nas formas de processo especiais.

COMENTÁRIOS:

Regime das nulidades sanáveis: Conforme já se deixou dito, qualquer ato ou omissão processual desconforme à lei, conduz à sua ilegalidade e invalidade, bem como a de todos os atos afetados subsequentemente e que dele dependam diretamente (v. art. 122º-1). A diferença é que tratando-se de uma nulidade **«dependente de arguição»,** i.e., uma nulidade que não seja de conhecimento oficioso e insanável (art. 119º) a mesma é sanável, quer nos precisos termos do art. 121º, quer nos termos específicos de cada nulidade típica. Assim, se a nulidade sanável não for arguida, a mesma **sana-se,** não afetando sequer os atos que dela dependam e deste modo recuperando a sua legalidade, firma-se na ordem jurídica.

De acordo com o nº 1 do artigo 120º, "qualquer nulidade diversa das referidas no artigo anterior deve ser arguida pelos interessados e fica sujeita à disciplina prevista neste artigo e no artigo seguinte". Ao contrário das nulidades ditas insanáveis, as restantes nulidades ficam sanadas se os interessados renunciarem expressamente à sua arguição, tiverem aceite expressamente os efeitos do acto ou se tiverem prevalecido de faculdade a cujo exercício o acto anulável se dirigia. Também não é possível conhecer oficiosamente das nulidades ditas relativas, que funcionam apenas ope exceptionis, mostrando que elas tutelam predominantemente interesses privados, decorrendo também de tal estrutura funcional que o acto processual é originalmente válido, assim se mantendo se e enquanto a pessoa interessada o não invalidar, exercitando o direito de arguição. Com efeito, só podendo ser conhecidas mediante suscitação de quem tem interesse na observância da disposição processual violada ou omitida, se o interessado não proceder à sua arguição dentro do prazo legalmente fixado, a lei considera o acto como válido, pese embora o vício que o afecta (Ac. T.C. 197/2007 de 14.03.2007, *in* www.tribunalconstitucional.pt).

As nulidades sanáveis: Neste artigo, encontra-se o quadro geral das **nulidades sanáveis**, para além de outras, muitas outras, cominadas ao longo do código. Assim, com referência ao **nº 2**, são nulidades dependentes de arguição:

Alínea a): nulidades que dizem respeito à utilização da **forma do processo** comum com prejuízo da especial. Se a violação for inversa, i.e., se se empregar forma de processo especial com prejuízo da comum, ou se se empregar uma forma de processo especial com prejuízo de outra forma de processo igualmente especial, a nulidade é insanável. [v. art. 119º-f)].

Alínea b): nulidades que dizem respeito às **ausências** do assistente e das partes civis, em atos de comparência obrigatória, por falhas de notificação imputáveis à autoridade.

Alínea c): nulidades que dizem respeito à falta de nomeação de **intérprete**; v. art. 92º.

Alínea d): nulidades que dizem respeito às **insuficiências de inquérito e de instrução** por não terem sido praticados *«atos legalmente obrigatórios»* e omissões de *«diligências essenciais para a descoberta da verdade»*. Trata-se de uma questão muito debatida. Constitui hoje jurisprudência pacifica, partir da ponderação da estrutura acusatória do processo penal e dos princípios do contraditório e da oficialidade, entender-se que só se verifica esta nulidade quando ocorre ausência absoluta ou total de inquérito e/ou se omita ato que a lei prescreva como obrigatório. Como atos legalmente obrigatórios temos, por exemplo, os que se referem ao arguido (arts. 58º, 59º, 197º, 272º-1) perícias obrigatórias (arts. 166º-1, 351º-1) validações de atos (arts. 178º, 249º e 253º) omissões de atos (arts. 75º, 247º, 271º-1, 285º-3) e omissões de pronúncia (art. 285º).

A omissão de diligências de investigação não impostas por lei, não determina a nulidade do inquérito por insuficiência, pois a apreciação da necessidade de actos de inquérito é da competência exclusiva do Ministério Público. O Ministério Público é livre, salvaguardados os actos de prática obrigatória e as exigências decorrentes do princípio da legalidade, de levar a cabo ou de promover as diligências que entender necessárias, com vista a fundamentar uma decisão de acusar ou de arquivar o inquérito (Ac. TC. nº 395/04 de 02.06.2004, *in* DR de 09.10.2004).

"a insuficiência do inquérito ou da instrução "é uma nulidade genérica que só se verifica quando se tiver omitido a prática de um acto que a lei prescreve. Assim, só se verifica esta nulidade quando se omita um acto que a lei prescreve como obrigatório e desde que

para essa omissão a lei não disponha deforma diversa" (Germano Marques da Silva, *in* Curso de Processo Penal, vol. III, pág. 91, 1999).

Jurisprudência uniformizadora: Ac. do STJ de Fixação de Jurisprudência nº 1/2006, de 23.11.2005, *in* D.R. de 02.01.2006: *«A falta de interrogatório como arguido, no inquérito, de pessoa determinada contra quem o mesmo corre, sendo possível a notificação, constitui a nulidade prevista no artigo 120º, nº 2, alínea d), do Código de Processo Penal».* **Nota:** A nulidade em questão, nas situações em que já foi encerrado o inquérito, tem como consequência declarar inválido o despacho de encerramento, devendo reabrir-se a fase do inquérito para observância do disposto no art. 272º-1.

Os momentos e prazos de arguição das nulidades sanáveis: Os momentos e prazos de arguição das nulidades dependentes de arguição, estão estabelecidos no **nº 3** do artigo. Fora deste contexto, pode haver prazos próprios para arguir nulidades (v.g., art. 309º-2, 8 dias, na fase de instrução) prevalecendo o prazo geral de 10 dias para a prática de qualquer ato processual, previsto no art. 105º-1, quando não existe prazo específico.

Alínea a): no momento do ato quando o interessado a ele assista. Tem-se entendido que o interessado deve estar munido do conhecimento necessário e suficiente para compreender a natureza do ato;

Alínea b): até cinco dias após a notificação do despacho que designa o julgamento, quando digam respeito às ausências do assistente e das partes civis, por falhas de notificação imputáveis à autoridade;

Alínea c): até ao encerramento do debate instrutório, quando digam respeito a inquérito ou à instrução, ou não havendo instrução, até cinco dias após a notificação de despacho de encerramento do inquérito;

Alínea d): no início da audiência de processos com forma especial.

As nulidades sanáveis não são de conhecimento oficioso: O artigo consagra, que há nulidades que dependem de arguição num determinado momento ou prazo, sob pena de se sanarem, i.e., de se validarem à face da ordem jurídica. Significa isto, que não estando o M.P. ou o Juiz inibidos de reparar/corrigir oficiosamente todos os desvios ao processado, uma vez que é dever dos magistrados cumprirem escrupulosamente a lei, no caso das nulidades sanáveis, tal conhecimento está limitado pela própria sanação. Assim, o ato nulo, após a sua sanação, firma-se legalmente na ordem jurídica, não podendo mais ser invalidado. Através desta fórmula, proíbe-se o conhecimento destas nulidades, após a sua sanação. E percebe-se porquê. Não atingindo tais ilegalidades interesses considerados fundamentais, tem de ser o próprio afetado a queixar-se (nos momentos processualmente previstos) pois só ele pode saber até que ponto é que a prática daquele ato prejudicou ou não os seus interesses.

Se para que o acto possa ser declarado nulo é necessário que a lei expressamente comine a nulidade, também para que a nulidade seja considerada insanável importa que a lei expressamente o preveja. E mais: Se a lei cominar simplesmente a nulidade, trata-se de nulidade dependente de arguição (relativa). A nulidade prevista na al. c) do nº 3 do art. 283º do C P P. não é cominada expressamente como insanável nesta disposição legal nem em qualquer outra, tratando-se, portanto, de uma nulidade relativa, dependente de arguição (Germano Marques da Silva, *in* Curso de Processo Penal, vol. II, págs. 74 e 75, 1999).

Verificando-se uma nulidade que se não enquadre nas nulidades insanáveis, enumeradas no artigo 119º do Código de Processo Penal, ela tem que ser arguida pelos recorrentes, nos termos do artigo 120º, nº 3 do mesmo Código (Ac. STJ de 17.02.1994, *in* www.dgsi.pt).

Para que uma nulidade se deva ter como "insanável" ou absoluta, é necessário a existência de norma que caracterize expressamente tal nulidade como sendo daquela natureza, caso contrário, ter-se-á que considerar que a nulidade é sanável. O art. 379º estabelece que os actos praticados sem as formalidades aí referidas, geram a nulidade da sentença. Certo é que, nada se diz quanto à natureza de tal nulidade, e não estando expressamente consignado que tal nulidade é absoluta, em cumprimento do disposto no art. 120º, ter-se-á que ter como nulidade sanável, dependente de arguição. A. introdução do nº 2 ao art. 379º do C.P.P. visou esclarecer e clarificar a controvérsia surgida quanto ao prazo para arguição daquelas nulidades (até à apresentação da motivação do recurso) nas não tem o alcance, nem a virtualidade de alterar a natureza daquelas nulidades, que continuam a ser nulidades dependentes de arguição, não podendo ser conhecidas oficiosamente. Quando no nº 2 do art. 379º se refere que as nulidades da sentença devem ser arguidas ou conhecidas em recurso, tal significa que o legislador consagrou expressamente o que já fora fixado pela jurisprudência e não mais do que isso. Logo, a decisão ora recorrida é nula, nos termos do disposto no art. 379º, nº 1, al. c), por excesso de pronúncia, já que a nulidade de que se conheceu, a existir, está dependente de arguição, o que não aconteceu, pelo que o tribunal ao conhecer de nulidade não arguida por nenhum dos sujeitos processuais e, como tal sanada, conheceu de questão sobre a qual não podia tomar conhecimento (Ac. STJ de 08.07.2003, *in* www.dgsi.pt).

Jurisprudência uniformizadora: Ac. do STJ de Fixação de Jurisprudência nº 1/94, de 02.12.1993, *in* D.R. de 11.02.1994: *«As nulidades de sentença enumeradas de forma taxativa nas alíneas a) e b) do artigo 379º do CPP não têm de ser arguidas, necessariamente, nos termos estabelecidos na alínea a) do nº 3 do artigo 120º* *do mesmo diploma processual, podendo sê-lo, ainda, em motivação de recurso para o tribunal superior».*

Outras nulidades consideradas sanáveis: v.g., arts. 86º-1 (publicidade do processo); 92º-1 (língua portuguesa); 103º-3 (horário de interrogatório do arguido); 134º-2 (dever de informação); 174º-5 (revistas e buscas); 177º-1-3 (busca domiciliária); 179º-1-2 (apreensão de correspondência); 180º-2 (apreensões em escritório de advogado ou gabinete de médico); 189º (conversações e comunicações); 258º-1 (mandados de detenção); 309º (nulidade da decisão instrutória); 313º-1 (despacho de designação de data para audiência).

Referências: art. 121º (sanação das nulidades); art. 122º (efeitos da declaração de nulidade).

Artigo 121º – Sanação de nulidades

1. Salvo nos casos em que a lei dispuser de modo diferente, as nulidades ficam sanadas se os participantes processuais interessados:

a) Renunciarem expressamente a argui-las;

b) Tiverem aceite expressamente os efeitos do acto anulável; ou

c) Se tiverem prevalecido de faculdade a cujo exercício o acto anulável se dirigia.

2. As nulidades respeitantes a falta ou a vício de notificação ou de convocação para acto processual ficam sanadas se a pessoa interessada comparecer ou renunciar a comparecer ao acto.

3. Ressalvam-se do disposto no número anterior os casos em que o interessado comparecer apenas com a intenção de arguir a nulidade.

COMENTÁRIOS:

Nulidades sanáveis. Forma de sanação: As nulidades sanáveis, *«salvo nos casos em que a lei dispuser de modo diferente»*, i.e., nos casos específicos contemplados no código, sanam-se, em geral, pelas formas descritas nas alíneas, que basicamente se resumem: **(1)** através da renúncia expressa da sua arguição **(2)** através da aceitação expressa dos efeitos do ato **(3)** quando o interessado se tiver prevalecido da faculdade para que o ato servia, **(4)** quando se trate de nulidades decorrentes de falhas nas notificações ou convocações para ato processual, pela comparência ou renúncia de comparência do interessado, exceto se este comparecer precisamente para alegar o vício, nos termos dos nºs 2 e 3.

Quando a lei refere renúncia ou aceitação expressa, exclui desde logo declarações e interpretações tácitas. Assim, **"expressa"**, significa, exarado em documento, quer se trate de requerimento, termo ou ata.

Referências: art. 120º (nulidades sanáveis).

Artigo 122º – Efeitos da declaração de nulidade

1. As nulidades tornam inválido o acto em que se verificarem, bem como os que dele dependerem e aquelas puderem afectar.

2. A declaração de nulidade determina quais os actos que passam a considerar-se inválidos e ordena, sempre que necessário e possível, a sua repetição, pondo as despesas respectivas a cargo do arguido, do assistente ou das partes civis que tenham dado causa, culposamente, à nulidade.

3. Ao declarar uma nulidade o juiz aproveita todos os actos que ainda puderem ser salvos do efeito daquela.

COMENTÁRIOS:

Efeitos da declaração das nulidades: O artigo enuncia o princípio geral de que as nulidades, após serem **declaradas como tal**, qualquer que seja a sua natureza (insanáveis ou sanáveis) determinam a invalidade do ato, bem como os subsequentes atos que por **dependência** dele foram afetados. A tónica é colocada pois na **dependência** dos atos entre si. Mas que dependência?

«O elemento fundamental e também mais debatido das noções de invalidade sucessiva e derivada é, assim, a ideia de dependência. Não é suficiente uma simples relação acidental ou ocasional, nem a mera ligação cronológica. Pelo contrário, exige-se uma dependência real e efectiva. O acto inválido deve ser uma premissa lógica e jurídica do acto posterior, de tal forma que, faltando aquele, a validade deste fica, em definitivo, abalada. "Mutatis mutandis" o acto sucessivo deve ser consequência necessária do acto antecedente ou contemporâneo, de modo que, com a sua invalidade, este torna-se incapaz de cumprir a sua função» (João Conde Correia; Contributo para a análise da inexistência e das nulidades processuais penais; Boletim da Faculdade de Direito da Universidade de Coimbra, nº 44, pág. 136).

O "efeito à distância": Numa perspetiva mais dinâmica, coloca-se o complexo problema remontante ao direito anglo-saxónico do chamado **"efeito à distância"** das nulidades, i.e., qual o valor jurídico dos atos e provas obtidas direta e sequencialmente à declaração de uma nulidade. Há duas teses principais a considerar. Aquela que diz de forma radical, seguindo a teoria do **"fruto da árvore envenenada – *fruit of poisonous tree*"**, que aquelas nunca podem prestar, logo, qualquer prova obtida por decorrência de outra declarada nula, não pode ser usada, e outra, mais maleável, que diz que, só as provas obtidas com violação dos **métodos proibidos de prova** (v. art. 126º) é que geram a invalidade das provas subsequentes delas diretamente resultantes. Digamos que se trata de um problema de **gravidade e grau de contaminação**. Neste campo, haverá que equacionar, a ***"doutrina da fonte independente"*** (a ilegalidade, não foi *conditio sine qua*, para a descoberta dos factos); a ***"doutrina da mácula dissipada"*** (os meios que estiveram na origem da descoberta da prova, revelam um forte autonomia em relação à declarada nula) e a ***"doutrina da descoberta inevitável"*** (independentemente da nulidade, o resultado seria sempre alcançado, por corresponder a um percurso investigatório normal) (v. sobre esta matéria com interesse, Acs. do TC 258/2005, 198/2004 e 213/1994 e do STJ de 20.02.2008, proc. 07P4553, *in* www.dgsi.pt).

«A consciência das dificuldades mais se agudizará à medida que se for generalizando o consenso em torno de vias necessariamente compromissórias de solução. Que não poderão pedir-se à transposição, sem mais, da clássica fruits of the poisonous tree doctrine americana, que propende para a maximização do alcance da proibição de valoração, por via de regra extensiva também ao meio de prova secundário. Mas que não devem igualmente aproximar-se do extremo oposto da negação de todo e qualquer Fernwirkung em nome do receio, enfatizado, por exemplo, por Baumann, de que «a menor habilidade do polícia que procede ao primeiro interrogatório ou a corrupção de uma qualquer autoridade judiciária venha a determinar a paralisação de todo o processo». Tudo pelo contrário, parece sugerir soluções diferenciadas, ditadas, desde logo, pelo significado relativo da lei processual concretamente violada. A aproximação do problema do efeito-à-distância terá, noutros termos, de fazer-se a partir da perigosidade do «veneno», a importância do «fruto» no contexto global da prova e a vinculação normativa do fruto à «árvore envenenada». Resumidamente, e a benefício de ulterior esclarecimento, também aqui é a complexidade própria de soluções marcadas pela plasticidade e excentricidade que se deixa adivinhar» (Manuel da Costa Andrade, *in* Sobre as proibições de prova em processo penal, pág. 62 e 63).

A doutrina dos «frutos da árvore venenosa», não teve entre nós o «efeito dominó» de inquinar todas as provas que em qualquer circunstância apareçam posteriormente à prova proibida e com esta relacionada (vide Ac. TC. 198/04). Daí que só caso a caso e perante uma prudente análise dos interesses em jogo é que se poderá avaliar a extensão dos efeitos da prova inquinada. Importa apurar um nexo de dependência não só cronológica, como lógica e valorativa, entre a prova inquinada e a que se lhe seguiu (Ac. STJ de 16.04.2009, *in* www.gdsi.pt).

"Pode, hoje, considerar-se assente na doutrina e na jurisprudência (cf., por todos o acórdão do TC de 24.03.2004) que a projeção da invalidade de prova em matéria de legitimidade ou validade da prova sequencial a prova nula não é automática, e que, em cada caso, há que determinar se existe um nexo de antijuridicidade que fundamente o "efeito-à-distância", ou se, em diverso existe na prova subsequente um tal grau de autonomia relativamente aprova inválida que destaque o meio de prova subsequente substancialmente daquela" (...) «A doutrina foi formada no contexto jurídico anglo-saxónico de afirmação da "regra da exclusão", segundo a qual uma prova obtida em violação dos direitos constitucionais do acusado não pode ser usada contra este; mas a extensão da 'regra da exclusão " às provas reflexas e a projeção de invalidade foi sempre conformada e limitada por circunstâncias particulares que determinam que a invalidade da prova se não projete à prova reflexa. São os casos de prova obtida por "fonte independente", "descoberta inevitável" ou "mácula dissipada"» (Ac. TRC de 07.10.2015, proc. 174/13.0GAVZL.C1, *in* www.gdsi.pt).

Em conclusão; simplificadamente, podemos dizer que o problema do efeito à distância, obviamente só se coloca declarada que seja uma **nulidade**, quer esta seja de um ato, quer de um meio de prova (chamada de **ato ou prova primária**) (v. arts. 118º-3 e 126º) e que existam atos ou meios de prova **subsequentes dependentes** (chamado de **ato ou prova derivada**). Nesta ordem de dependência, haverá que apurar do **nexo de causalidade** jurídico entre o ato ou a prova declarada nula e o ato ou prova subsequente eventualmente afetado, em ordem a saber se existe efetiva e direta dependência – influências e co-determinações recíprocas – entre uma e outra que determinem a comunicabilidade da nulidade, partindo sempre do **fim de proteção da norma violada**, concretamente definindo o tipo de bens jurídicos que ela protege. Por fim, s.m.o., a nulidade só se comunica quando tiver sido posto em causa em grau intolerável o **bem jurídico fundamental**, finalidade de proteção da norma em questão e quando o ato ou a prova subsequente fossem **impossíveis de produzir ou alcançar** sem o ato ou a prova primária declarada nula. Logo, se os atos e as provas subsequentes, não tiverem violado **bens jurídicos fundamentais** e não tiverem sido praticados ou obtidas **direta e exclusivamente** por força e na esteira dos atos ou provas nulas, se sempre fosse possível praticar tais atos e chegar a tais provas, sem a existência dos atos ou provas declaradas nulas, ainda que **hipoteticamente**, mas com **grau elevado de probabilidade**, então a nulidade **não se comunica**, porque nestes casos, tais atos e provas resultariam sempre do normal desenvolvimento da investigação.

I – No âmbito dos efeitos à distância emergente do recurso a «métodos proibidos de prova» poderá dar-se consistência prática à distinção entre os métodos previstos no nº 1 do art. 126º e os previstos no nº 3. II – Com efeito, enquanto o recurso aos meios radicalmente proibidos de obtenção de provas inutilizará – expansivamente – as provas por eles directa e indirectamente obtidas, já deverá ser mais limitado – em função dos interesses conflituantes – o efeito à distância da «inutilização» das provas imediatamente obtidas através dos demais meios proibidos de obtenção de provas (ofensivos não do «valor absoluto da dignidade do homem», mas de «interesses individuais não directamente contendentes com a garantia da dignidade da pessoa», como a «intromissão sem consentimento do respectivo titular» na «vida privada», «no domicílio», na «correspondência» ou nas «telecomunicações». III – Sobretudo quando, como no caso, a nulidade do meio utilizado (a «escuta telefónica») radique não nos seus «requisitos e condições de admissibilidade» (art. 187º) mas nos «requisitos formais» das correspondentes «operações». Pois que, sendo esta modalidade, ainda que igualmente proibida (arts. 126º, 1 e 3 e 189º), menos agressiva do conteúdo essencial da garantia constitucional da inviolabilidade das telecomunicações (art. 34º, 4 da Constituição), a optimização e a concordância prática dos interesses em conflito (inviolabilidade das comunicações telefónicas versus «verdade material» e «punição dos culpados mediante sentenciamento criminal em virtude de lei anterior que declare punível a acção») poderá reclamar a limitação – se submetida aos princípios da necessidade e da proporcionalidade – dos «interesses individuais, ainda que emanações de direitos fundamentais, que não contendam directamente com a garantia da dignidade da pessoa» (Ac. STJ de 06.05.2004, *in* www.dgsi.pt).

Princípio declarativo das nulidades. A gestão das nulidades: A nulidade está sujeita à sua declaração, i.e., os atos **são válidos enquanto não forem declarados nulos**. Por outro lado a declaração de nulidade deve identificar claramente todos os atos que são considerados nulos, para evitar confusões. E em obediência a princípios de celeridade, economia e de máximo aproveitamento dos atos processuais, deve ainda sempre que possível, ordenar-se a sua **repetição** corrigindo-se os vícios, aproveitando-se tudo o que puder ser aproveitado, desde que contido no espaço da legalidade intrínseca. Obviamente que há atos impossíveis de repetir, ou pelo menos cujo repetição seria inócua. Esses, estão condenados à morte jurídica. Por fim, se for possível identificar alguém que **culposamente** deu causa às nulidades, deve ser condenado pelo Juiz em **multa** e no pagamento dos **encargos** que possa ter gerado (v. arts. 417º do CPC e 16º a 18º do R.C.P.).

Afigura-se-nos que a declaração de uma nulidade que afecte acto processual durante o inquérito deve ser feita pelo MP, excepto, evidentemente, se o acto afectado for da competência do juiz de instrução. O MP nessa fase é o dominus do processo, e compete-lhe praticar todos os actos que não forem de jurisdição, especificados no Código. Neste sentido também Costa Pimenta, C.P.P. anot. (...) O nº 3 deve pois ser interpretado extensivamente, no sentido de abranger a autoridade judiciária, portanto também o MP. A condenação em custas é porém da competência exclusiva do juiz, para o efeito lhe devendo ser concluso o processo quando a declaração de nulidade tiver sido feita pelo MP. durante o inquérito (Maia Gonçalves, *in* C.P.P., 1999).

Referências: art. 119º (nulidades insanáveis); art. 120º (nulidades sanáveis); art. 123º (irregularidades); art. 126º (proibições de prova).

Artigo 123º – Irregularidades

1. Qualquer irregularidade do processo só determina a invalidade do acto a que se refere e dos termos subsequentes que possa afectar quando tiver sido arguida pelos interessados no próprio acto ou, se a este não tiverem assistido, nos três dias seguintes a contar daquele em que tiverem sido notificados para qualquer termo do processo ou intervindo em algum acto nele praticado.
2. Pode ordenar-se oficiosamente a reparação de qualquer irregularidade, no momento em que da mesma se tomar conhecimento, quando ela puder afectar o valor do acto praticado.

COMENTÁRIOS:

Regime geral das irregularidades: As irregularidades são vícios processuais, que sem prejuízo de muitas exceções, de uma **forma geral,** não colidem com a estrutura processual, nem põem em causa direitos fundamentais. **Não estão tipificadas**. Logo, identificam-se residualmente por **exclusão de partes,** i.e., quando o ato ou omissão ilegal não é declarado como nulidade, é uma irregularidade. Podemos dizer que há **dois regimes distintos** para as irregularidades; o referido no nº 1 e o referido no nº 2.

Irregularidades que não afetam o valor do ato praticado: O nº 1, regula as irregularidades consideradas menos graves que **"não afetam o valor do ato praticado"**. Assim, sem prejuízo do dever atempado de correção, estas têm um apertado regime de conhecimento e arguição. Desde logo, não podem ser conhecidas oficiosamente, mas apenas quando arguidas pelo interessado, pois só este saberá a gravidade do seu prejuízo. E a arguição, sob pena de extemporaneidade, deve fazer-se no **momento do conhecimento** do ato irregular pelo interessado se este estiver presente; se não estiver presente, **nos três dias subsequentes** ao seu conhecimento.

Irregularidades que afetam o valor do ato praticado. Conhecimento oficioso: No caso do nº 2, temos as irregularidades mais graves; são irregularidades que **"afetam o valor do ato praticado"**, i.e., geram a sua invalidade. Saber se afetam o valor do ato, é uma conclusão que se alcança através de um juízo de ponderação, um tanto subjetivo, em face da relevância material da irregularidade. Em princípio afetará, quando põem em causa em grau elevado, **princípios estruturantes do processo ou direitos fundamentais**. Estas irregularidades devem ser conhecidas oficiosamente. Logo, não fixando a lei qualquer limite temporal, s.m.o., podem ser invocadas a todo o tempo e a todo o tempo devem ser conhecidas. Reconhecida a irregularidade, deve a mesma ser declarada e reparada, se necessário repetindo corretivamente o ato e invalidando todos os que dele diretamente dependam, seguindo-se **trâmites similares aos das nulidades insanáveis**. Face a isto, é ilusório pensar-se que as irregularidades, são sempre vícios menores do processo. Não se dispensa uma análise concreta de cada situação. Na verdade, há irregularidades que são mais graves e têm efeitos mais invalidantes do que as nulidades sanáveis, equivalendo mesmo às nulidades insanáveis.

"constitui irregularidade, que deve levar à anulação da audiência e subsequente sentença, a omissão da chamada de testemunhas na hora a que deveria realizar-se a audiência e a omissão de nova chamada das que faltaram na anterior" (Ac. TRC de 06.06.90).

A invocada invalidade do despacho proferido pelo MºPº no inquérito e que determinou a quebra do sigilo bancário por alegada falta de indicação dos crimes de que o arguido pudesse ser suspeito, dos indícios dos mesmos e da justificação de qual a importância da obtenção das informações solicitadas para a descoberta da verdade e da indispensabilidade da quebra do sigilo, que o recorrente qualifica de falta de fundamentação constitui mera irregularidade, por as alegadas omissões não constarem do elenco das nulidades. Se o recorrente, notificado da acusação, interveio no processo e teve conhecimento do mesmo, deveria ter arguido o vício respectivo no prazo de 3 dias a partir de tal notificação, por as alegadas omissões não serem susceptíveis de afectar a estrutura essencial da decisão. A possibilidade de arguição no requerimento de instrução reporta-se às nulidades dependentes de arguição e não a meras irregularidades (art. 120º, nºs 2 e 3, al. c) CPP). Este entendimento, prevendo um prazo de arguição de vícios menores e que não afectam a essência do acto, também não exclui nem limita, de forma insustentável ou inadmissível, as possibilidades de defesa do arguido, não sendo inconstitucional (Ac. TRL de 26.09.2006, *in* www.dgsi.pt).

Arguição de irregularidades do art. 123º do CPP: representação do interessado e contagem do respectivo prazo de arguição: (...) Da leitura de todos os autos das buscas ocorridas no dia 20/10, e que constituem fls. deste apenso de recurso, resulta que todas elas foram legalmente presenciadas por quem se apresentou ou surgiu como interessado. Admitamos, pois, a presença do "interessado", já que só subsidiariamente é levantada a questão da representatividade/qualidade das pessoas que se encontravam nos locais buscados. A lei pretende que o interessado reaja imediatamente, perante irregularidade a cuja prática assista. Trata-se de uma reacção jurídica, que pressupõe necessariamente conhecimentos técnico-jurídicos; ou seja, é necessário conhecer o direito e a legalidade, para poder reagir na hora contra a ilegalidade. A possibilidade de reacção efectiva não se reduz a uma aparência de possibilidade de reacção. Só o buscado acompanhado de advogado que o represente no processo, reúne as condições para poder reagir no próprio acto; só a assistência de profissional/técnico competente investe o buscado da plena capacidade de exercício dos seus direitos processuais, nos quais se incluem sem qualquer dúvida o direito de arguição de irregularidade. À mesma solução conduzem os valores ou princípios do "fair trial", do processo transparente, leal e justo; do processo que deve constituir um espaço de segurança e de justiça. Por tudo se conclui que, tendo decorrido as buscas na presença das pessoas referidas nos arts. 176º e 177º do CPP, mesmo que se entenda que tais pessoas presentes são os "interessados" do art. 123º do CPP, devem beneficiar do prazo dos três dias neste previsto, quando se encontrem desacompanhadas do seu mandatário/defensor (cuja presença não é, no entanto, legalmente obrigatória). Assim, não constando dos autos de busca de fls. 216 a 312 que os buscados se encontrassem acompanhados por pessoa expressamente mandatada para o exercício dos direitos de defesa, tem de considerar-se que deverão beneficiar do prazo legal de reacção dos três dias. Tendo o acto sido praticado a 20/10, e sendo o dia 22, um Sábado e o dia 23, um Domingo, o terceiro dia do prazo (de três dias) previsto no art. 123º do CPP transfere-se para o primeiro dia útil seguinte (2ª feira – 24), por força dos arts. 279º CPC e 104º do CPP, podendo o acto ser ainda praticado com multa até ao dia 27/10, nos termos e condições dos arts. 107º, nº 5 do CPP e 145º do CPC. Pelo exposto, impõe-se a revogação da decisão recorrida na parte em que não conheceu das irregularidades respeitantes às buscas efectuadas no dia 20/10, por considerar extemporânea tal arguição. Deve esta decisão ser substituída por outra, que delas conheça, uma vez satisfeito o prévio pagamento das multas devidas (Ac. TRL de 26.09.2006, *in* www.dgsi.pt).

Como refere e bem o MºPº, "As irregularidades processuais correspondem aos vícios de menor gravidade que podem afectar os actos de um processo, sendo uma categoria totalmente atípica ou genérica e, em regra, sempre dependentes de serem suscitadas pela parte interessada". E como se sabe existe sempre a possibilidade de reparação oficiosa, ao abrigo do art. 123º, nº 2, sempre que essa irregularidade afecte o valor do acto praticado e quando se tome conhecimento da mesma. Ora a reparação oficiosa só pode ocorrer até ao momento em que não se possa considerar essa irregularidade sanada, ainda que esse regime temporal seja apertado (vd. Ac. da Rel. do Porto de 24-10-07, Relator: Joaquim Gomes in www.dgsi.pt/jtrsp.nsf, será de referir que não se tratando de uma nulidade e muito menos de uma nulidade insanável, a mesma não pode ser oficiosamente declarada em qualquer fase dos autos e até ao trânsito em julgado da decisão que ponha termos ao processo – cfr. arts. 119º e 120º). Assim sendo o tribunal só pode oficiosamente conhecer das irregularidades que afectem o valor do acto praticado, ao abrigo do art. 123º, nº 2, do C.P.P., enquanto as mesmas não se devam considerar sanadas, o que pode suceder por renúncia ou aceitação expressas, por prevalência da faculdade do exercício do acto irregular, como pelo decurso do tempo fixado para ser suscitada pelo interessado – cfr. art. 121º, nº 1, aqui aplicado por interpretação extensiva (Ac. TRL de 30.10.2008, *in* proc. 7066/08 – 9ª secção).

Referências: art. 122º (efeitos da declaração de nulidade).

LIVRO III – DA PROVA

TÍTULO I – Disposições gerais

Artigo 124º – Objecto da prova

1. Constituem objecto da prova todos os factos juridicamente relevantes para a existência ou inexistência do crime, a punibilidade ou não punibilidade do arguido e a determinação da pena ou da medida de segurança aplicáveis.

2. Se tiver lugar pedido civil, constituem igualmente objecto da prova os factos relevantes para a determinação da responsabilidade civil.

COMENTÁRIOS:

Objeto do processo e objeto da prova: O presente título, é tributário da Lei de autorização legislativa nº 43/86, de 26.11 [v. arts. 2º-22) a 31)] que determinou a necessidade da regulamentação especifica da produção de prova nos termos minuciosos ali constantes.

No direito civil, tem sido muito trabalhada a noção de **"objeto do processo"**, entendendo-se como tal, pelo menos na mais vulgar conceção *"carneluttiana"*, que é o litígio ou a lide que se desdobra num elemento material (um conflito de interesses) e um elemento formal (a pretensão e a contra pretensão). Esta noção, imbuída de dialética, é imprestável para o processo penal, onde o **"objeto do processo"** se confunde com o seu **fim**, a **descoberta da verdade material**, para que, teoricamente, todos, com exceção do arguido, devem contribuir.

Neste artigo define-se o **«objeto da prova»**, que é coisa concetualmente distinta de **«objeto do processo»**. Através desta importante noção de **«objeto da prova»**, traça-se o limite cognitivo positivo e o limite cognitivo negativo à investigação do crime, nas diferentes fases processuais. Por objeto da prova, entende-se no processo penal, todos os **factos** que possam ter relevo para conhecer da existência de um crime e para determinar a forma da sua punição. O **objeto da prova**, acaba por servir a concretização do objeto do próprio processo penal, que é, como se disse, a **descoberta da verdade material**. Acresce que havendo pedido civil, o **objeto da prova**, estende-se a toda a factualidade atinente à responsabilidade civil. O limite negativo, decorre da circunstância, nem sempre observada, de que é irrelevante, logo proibida porque inútil, todos os atos que se não restringirem aos limites do **objeto da prova** (art. 130º do CPC *ex vi* art. 4º). A materialização deste enunciado encontra-se no art. 340º (princípios gerais de produção de prova) e no art. 128º (objeto do depoimento testemunhal).

A determinação do objeto da prova: Determinar qual o **objeto da prova** pode não ser uma tarefa fácil, desde logo, porque o objeto pode variar em função da fase processual. Não existindo regras precisas, parece-nos que no mínimo, os limites do **objeto da prova** se aferem desde logo pelos **factos** relevantes para os **pressupostos processuais**, para os **elementos objetivos e subjetivos** típicos do crime em análise, para a inerente **ilicitude**, para a **culpa,** para as **causas de justificação** e para a determinação da **pena**. Relevam enfim, todos os factos probatórios essenciais e instrumentais, para a **descoberta da verdade material** e para a **punição**. Detetadas situações em que se extravasa do objeto da prova, não devem as mesmas ser permitidas, e muito menos quando se age dessa forma com objetivos dilatórios, injuriosos ou difamatórios, o que acontece não raro. Por fim, há de ter-se em conta que o objeto da prova, na fase de investigação, onde por vezes nem se sabe claramente qual o crime que se investiga, deve ser mais amplo que nas fases pós-acusatório, onde já se encontra definido pela acusação, sem prejuízo de eventuais alterações de factos que possam ocorrer [v. arts. 1º-f); 303º; 358º; 359º].

Os factos irrelevantes não só não constituem objecto de prova, como são prejudiciais ao seguimento e clareza do processo (Cavaleiro Ferreira, *in* Curso de Processo Penal, III vol., pág. 282).

Referências: art. 125º (legalidade da prova); art. 127º (livre apreciação da prova).

Artigo 125º – Legalidade da prova

São admissíveis as provas que não forem proibidas por lei.

COMENTÁRIOS:

Princípio da legalidade da prova: As provas, apresentam-se como um dos aspetos mais importantes da problemática penal. O princípio geral é o da **admissibilidade de todas as provas que não forem proibidas por lei.** Como não há liberdades absolutas, haverá sempre que aferir da legalidade de uma prova, ou se se preferir, da sua **não ilegalidade** ou **validade processual**. E esse juízo alcança-se, não só por via das leis ordinárias (v.g. art. 126º) mas também da Constituição, quando estabelece o regime dos direitos, liberdade e garantias dos cidadãos (v. arts. 24º a 47º da C.R.P.).

Tipos de prova: Pode-se fazer uma arquitetura de tipos de provas segundo vários parâmetros. Mas fundamentalmente, quanto à sua natureza, as provas podem ser **pessoais** (quando assentam no elemento de expressão humana) ou **reais** (quando assentam numa observação física, ainda que de pessoas; *v.g.*, exames periciais); **diretas** (quando assentam na perceção sensorial) ou **indiretas** (quando carecem para a sua compreensão de um juízo lógico-dedutivo). A mesma prova pode ter mais do que um ou todos estes elementos, ao mesmo tempo.

"A prova de um facto tanto pode resultar de uma perceção imediata dos sentidos como derivar de ilações que o julgador tira de circunstâncias conhecidas em função das regras da experiência comum (prova indireta). Neste último caso, a prova deve fundar-se, em regra, na existência de uma pluralidade de indícios plenamente provados, admitindo-se que excecionalmente baste um só indício pelo seu especial valor" (Ac. TRG de 18.03.2013, proc. 617/11.8JABRG.G1, *in* www.dgsi.pt).

Não julga inconstitucional a norma do artigo 125º do CPP na interpretação segundo a qual é permitida a admissão e valoração de provas documentais relativas a listagens de passagens de um veículo automóvel nas portagens das autoestradas que foram registadas pelo sistema de identificador da «Via Verde», armazenadas numa base de dados informatizada e ulteriormente juntas ao processo criminal, sem o consentimento do arguido e por mera determinação do Ministério Público (Ac. TC 213/2008, *in* DR de 05.05.2008 – c/ref. importantes relativas à matéria da proteção de dados e reserva da vida privada).

Referências: art. 124º (objeto da prova); art. 127º (livre apreciação da prova); L. 1/2005, de 10.01 (regula a vigilância policial em locais públicos por câmaras de vídeo).

Artigo 126º – Métodos proibidos de prova

1. São nulas, não podendo ser utilizadas, as provas obtidas mediante tortura, coacção ou, em geral, ofensa da integridade física ou moral das pessoas.

2. São ofensivas da integridade física ou moral das pessoas as provas obtidas, mesmo que com consentimento delas, mediante:

a) Perturbação da liberdade de vontade ou de decisão através de maus tratos, ofensas corporais, administração de meios de qualquer natureza, hipnose ou utilização de meios cruéis ou enganosos;

b) Perturbação, por qualquer meio, da capacidade de memória ou de avaliação;

c) Utilização da força, fora dos casos e dos limites permitidos pela lei;

d) Ameaça com medida legalmente inadmissível e, bem assim, com denegação ou condicionamento da obtenção de benefício legalmente previsto;

e) Promessa de vantagem legalmente inadmissível.

3. Ressalvados os casos previstos na lei, são igualmente nulas, não podendo ser utilizadas, as provas obtidas mediante intromissão na vida privada, no domicílio, na correspondência ou nas telecomunicações sem o consentimento do respectivo titular.

4. Se o uso dos métodos de obtenção de provas previstos neste artigo constituir crime, podem aquelas ser utilizadas com o fim exclusivo de proceder contra os agentes do mesmo.

COMENTÁRIOS:

Proibições de prova: Após no artigo antecedente se estabelecer o princípio da admissibilidade geral das provas, neste artigo impõe-se desde logo um **limite** àquele princípio, subordinado à epigrafe **«métodos proibidos de prova»,** incidindo, quer na forma como a prova foi **obtida** (produção de prova) quer na forma como essa prova pode ser **utilizada** (valoração da prova). O regime das provas típicas, encontra-se nos importantes arts. 128º a 190º, divididos entre meios de prova e meios de obtenção de prova. Aqui estamos no campo das **proibições de prova**. Dessas provas típicas e de outras. Trata-se de um regime que tem um campo dogmático próprio, ainda que paralelo ao regime das nulidades, com o qual se interceta (conforme resulta do art. 118º-3) na medida em que, **na ausência de um regime específico invalidatório, devidamente estruturado** (como é reclamado por alguns setores da doutrina) a ilegalidade que consiste na **produção/obtenção** e ou **uso/**

valoração de métodos proibidos de prova, gera também **nulidades**, sanáveis ou insanáveis, em função da sua concreta gravidade processual. Sublinhe-se a incontornável matriz constitucional que impregna todo o tema, pelo que, os casos concretos, terão de ser julgados na sua validade e efeitos nesse plano mais estrito, tendo desde logo em conta, entre outros, comandos constitucionais de aplicação direta como os arts. 32º-8, 34º-4 e 35º-4-5 da C.R.P. Aliás, o nº 1 deste artigo, é quase um decalque do art. 32º-8 da C.R.P.

As proibições de prova estão na origem de grande número de decisões que levam à inutilização do processo numa fase adiantada, designadamente em casos de criminalidade complexa ou envolvendo pessoas de elevado estatuto económico e/ou social, com reflexos cada vez mais evidentes na imagem da administração da justiça. O quadro atual impõe uma clarificação legislativa das proibições de prova em aspetos como a sua autonomização face e às nulidades, a maior ou menor amplitude dos seus efeitos e respetiva base legal, as dificuldades de caraterização como proibição de prova ou nulidade de muitas das invalidades previstas. Clarificação que é tão mais importante quanto a questão da validade das provas se coloca como problema central da investigação criminal, da dedução da acusação e sua sustentação e da base de facto da decisão judicial, ou seja, desde o início do processo até à última instância recurso (Linhas de reforma do processo penal; relatório do grupo de trabalho; A.S.J.P. – 2011).

A proibição de obtenção/produção e de utilização/valoração da prova. O efeito à distância: A doutrina tem salientado a diferença entre **proibição de obtenção ou produção de prova** e **proibição de utilização ou valoração da prova**. Na verdade, no acidentado percurso processual, pode registar-se momentos em que uma prova pode ter sido legalmente obtida, mas não pode ser valorada, porque lhe falta alguma condição ou pressuposto de validação ou valoração. É, por exemplo, o caso do genérico art. 355º, onde provas legalmente produzidas não podem ser usadas/valoradas se não tiverem sido discutidas em audiência ou do art. 58º-4-5, onde as declarações do arguido não regularmente informado dos seus direitos, não podem ser usadas/valoradas. No caso dos métodos absolutamente proibidos de prova, não só se proíbe a produção de provas, fulminando-as com a nulidade, como ainda se proíbe a sua valoração, com a expressão *«não podendo ser usadas»*.

Sobre o **«efeito à distância»** da declaração de nulidade; v. notas ao art. 122º.

«as proibições de valoração deverão, por isso, conceber-se como «imperativos de autopurificação da justiça em ordem a neutralizar a perda da autoridade já ocorrida (através da violação da proibição de produção da prova) e impedir a sua comunicação à sentença»

(Costa Andrade, citando Dencker, *in* Sobre as proibições de prova em processo penal, pág. 73).

"*... a questão da validade e possibilidade de utilização das provas coloca-se como problema central da investigação criminal, da dedução da acusação e sua sustentação e da base de facto da decisão judicial, ou seja, desde o início do processo até à última instância de recurso, momento em que pode ainda ser julgada inválida prova admitida no inquérito mediante autorização do JIC, se o tribunal de recurso considerar que, não obstante tal decisão, se trata de prova proibida.*" (*in* Relatório do grupo de trabalho do gabinete de estudos e observatório dos tribunais – Out. 2011).

Proibições de prova. Regime das nulidades absolutas e relativas: Na abordagem da norma, podemos detetar-lhe desde logo, dois grandes núcleos de ideias força. Num primeiro momento as provas obtidas pela forma descrita **nos nºs 1 e 2** (com violência física ou moral) **não podem ser utilizadas e são absolutamente proibidas**, ainda que a ilegalidade tenha sido consentida pelo titular do direito. Na verdade a tutela da vida e da dignidade humana, impõem desde logo, sem possibilidade de situações de exceção, porque são **direitos indisponíveis**, que a sua violação seja cominada com a **nulidade absoluta ou insanável**. Num segundo momento, as provas obtidas pela forma descrita no **nº 3** (intromissão abusiva nos direitos de personalidade – vida privada, domicílio, correspondência, ou telecomunicações) só podem ser utilizadas nos termos expressamente permitidos e regulamentados por lei ou em alternativa se houver **consentimento** do visado, já que estamos no campo dos **direitos disponíveis**. A sua violação pode ser cominada com a nulidade absoluta/insanável (art. 122º) ou relativa/sanável (art. 121º) conforme os casos, mas em regra, relativa. Neste tema, a jurisprudência está dividida.

Deste modo, ainda que sob censura de uma parte da doutrina e da jurisprudência, (que entende que as proibições de prova são autónomas do regime das nulidades) aplica-se às proibições de prova, o **regime geral das nulidades**, quer quanto à oficiosidade ou não do seu conhecimento por parte das autoridades judiciárias, quer quanto aos prazos de arguição de nulidades, quer quanto às consequências e efeitos (v. regime geral nos arts. 118º a 122º e respetivas notas).

Para além do art. 126º, podem encontra-se **outras alusões aos métodos proibidos de prova**, ainda que sob terminologia diferente, nos arts. 58º-4, 129º-1-3, 134º-2; 147º-7, 167º-1, 190º; 174º-5, 177º-1-2, 355º-1, 356º-6.

Nem sempre se revestindo de igual e óbvio significado normativo e prático-jurídico, as classificações das proibições de prova apelam para um espectro diversificado de critérios. Para o efeito, privilegiam-se fundamentalmente tópicos como: matriz normativa (consti-

tucional ou ordinária); área e alcance de tutela; universo de destinatários; carácter absoluto ou relativo; sede processual ou extra-processual de revelação do ilícito sobre que recai a reacção da proibição de prova, etc. (Manuel da Costa Andrade, *in* Sobre as proibições de prova em processo penal, págs. 88 a 90).

II – O art. 126.º consagra um regime de proibições de prova (e também, consequencialmente, de proibições de valoração) com alcance diverso em situações diferenciadas, o que não admira num domínio marcado pela heterogeneidade, logo no que toca aos métodos proibidos. III – No primeiro caso (nºs 1 e 2), em que estão em causa direitos indisponíveis, contendendo com a dignidade da pessoa humana e valores impostergáveis, a todos os títulos, enquanto inerentes ao núcleo fundamental do Estado de direito democrático, as provas obtidas ilegalmente (provas proibidas) não podem ser utilizadas (valoradas), mesmo que o titular do direito consinta na violação. O consentimento é irrelevante. IV – Na segunda hipótese (nº 3), para além de se ressalvarem os casos previstos na lei, a proibição de prova pode ser afastada mediante o consentimento do titular do direito. São aquelas situações em que há intromissão na vida privada, no domicílio, na correspondência ou nas telecomunicações. Trata-se de um domínio, este, sem dúvida pertinente à área dos direitos fundamentais, mas em que releva a disponibilidade dos respectivos titulares, que podem consentir validamente no acto, em princípio lesivo desses direitos. Aqui, todo o relevo é conferido à vontade do titular, segundo o princípio volenti nonfit injuria (não se comete injúria, ou não se prejudica a quem consente). V – Assim, a primeira hipótese configura uma proibição absoluta; a segunda, uma proibição relativa. VI – No caso subjudice, o recorrente arguiu efectivamente a nulidade, mas fê-lo apenas no recurso para o Tribunal da Relação, o que não deixa de ser contrário a normas de lealdade processual, tanto mais que se tratava da pressuposta inobservância de determinados requisitos ou formas de procedimento quanto às formalidades da busca, de que o recorrente estava ciente desde a fase de inquérito (Ac. STJ de 30.06.2011, proc. 83/08.5JAFUN.L1.S1, *in* www.dgsi.pt).

Nos termos do art. 126º do CPP, os métodos proibidos de prova são de duas categorias, consoante a disponibilidade ou indisponibilidade dos bens jurídicos violados: os absolutamente proibidos, pelo uso de tortura, coacção ou em geral ofensas à integridade física ou moral – nºs 1 e 2 – que não podem em caso algum ser utilizados, mesmo com o consentimento dos ofendidos, e os relativamente proibidos – nº 3 – que respeitam ao uso de meios de prova com intromissão na correspondência, na vida privada, domicílio ou telecomunicações, sem consentimento do respectivo titular. A locução "sem o consentimento do respectivo titular" tem sido usado como pedra de toque para o estabelecimento da dicotomia, prova absolutamente nula e prova relativamente nula. Se o consentimento do titular afasta a nulidade, então esta não é insanável e o decurso do prazo de invocação preclude o direito à declaração de invalidade do acto e dos que dela dependerem, no caso vertente até 5 dias sobre a notificação de encerramento de inquérito – nº 3 do art. 120º do CPP. Os métodos absolutamente proibidos de prova, por se referirem a bens absolutamente indisponíveis, determinam que a prova seja fulminada de nulidade insanável, a qual está consagrada na expressão imperativa "não podendo ser utilizadas", usada no art. 126º, nº 1, do CPP (Ac. STJ de 20.09.2006, *in* www.dgsi.pt).

Métodos absolutamente proibidos de prova. O consentimento e os direitos indisponíveis. Nulidades insanáveis: No que toca aos métodos **absolutamente proibidos de prova**, para além dos princípios vazados no art. 32º-8 da C.R.P., estão ainda presentes outros princípios constitucionais de grande alcance, designadamente o da dignidade da pessoa humana, inserto no art. 1º da C.R.P. que diz: *«Portugal é uma república soberana, baseada na dignidade da pessoa humana...»*. Igualmente os arts. 24º e 25º da C.R.P., estabelecem o direito à vida e à integridade pessoal, proibindo a pena de morte, a tortura e os maus-tratos. Seria um atentado à pessoa humana e um retrocesso democrático, que se permitisse como método de prova, a agressão física e moral a seres humanos, como aliás aconteceu no passado. Por força do nº 3, consagra-se que existe um núcleo de direitos indisponíveis e outro disponível. Os primeiros, de que agora nos ocupamos, não estão na disponibilidade do seu titular e por isso o consentimento é irrelevante, gerando uma **nulidade absoluta e insanável**, todas as provas obtidas mediante (i) *«tortura»* (ii) *«coação»* ou (iii) *«ofensa da integridade física ou moral»*.

Vejamos estes conceitos: ***«Tortura»***, é o ato de intencionalmente submeter alguém a sofrimento físico ou moral. ***«Coação»***, é o ato de intencionalmente submeter alguém a constrangimento, obrigando-o ou forçando-o a um comportamento não querido. Quanto à ***«ofensa da integridade física ou moral»***, o nº 2, nas suas alíneas (aliás despejadas sem grande critério) descreve exemplificadamente os comportamentos suscetíveis de preencher tal noção. Traduzem-se basicamente, na proibição de meios que ponham em causa a liberdade de determinação da pessoa, afetando-lhe a sua vontade e a sua consciência, tais como o uso de drogas, a hipnose ou o polígrafo (usado legalmente em alguns países, pese os seus duvidosos resultados) ou utilização de meios cruéis ou enganosos ou de força ilegítima, ou de ameaças ou promessas de benefícios ou vantagens insuscetíveis de serem cumpridas.

Em todo o caso, registe-se que não são proibidas "ameaças" e "promessas" de sanções, benefícios ou vantagens **legalmente previstas**. No fundo, até devem ser feitas, sob a forma de advertência e informação aos intervenientes processuais, para eles perceberem a realidade legal e ficarem esclarecidos com rigor e verdade dos seus direitos e deveres e dos eventuais benefícios do seu cumprimento e não virem posteriormente aduzir o seu desconhecimento.

Agente encoberto: Entre os **meios/métodos enganosos**, avulta como tema de discussão a atuação do polémico **agente encoberto**, regulado na L. 101/2001, de 25.08, que estabeleceu o regime das ações encobertas. Conforme desenho concetual mais recente, existem, nesta sede, três categorias de agentes policiais, ou mandatados por autoridade competente, que desenvolvem uma atividade especifica, no âmbito do combate ao crime, que tem como fim, obter informações e provas. O **agente infiltrado**, que ocultando a sua identidade, se insere no grupo ou organização criminosa, ganhando a sua confiança, podendo colaborar nas próprias tarefas; o **agente encoberto**, que igualmente ocultando a sua identidade, não se insere no grupo ou organização, mas está suficientemente próximo para sobre ela exercer vigilância, e o **agente instigador ou provocador**. Os dois primeiros tipos de agente são legalmente permitidos; já não o agente provocador ou instigador, pois, como o próprio nome indica, é ele que instiga/provoca/gera o crime, o que constitui um método proibido de prova, por ser enganoso.

A ilegitimidade e inadmissibilidade da prova obtida por via do agente provocador – o agente policial ou o particular por ele comandado que induz outrem à prática do crime para facilitar a recolha de provas da ocorrência do acto criminoso – «é inquestionável... pois seria imoral que, num Estado de Direito, se fosse punir aquele que um agente estadual induziu ou instigou a delinquir». Uma «tal desonestidade seria de todo incompatível com o que, num Estado de Direito, se espera que seja o comportamento das autoridades e agentes da justiça penal, que deve pautar-se pelas regras gerais da ética». Nada terá de ilegítimo, no entanto, a conduta do funcionário de investigação criminal, desde que não induza ou instigue o agente à prática de um crime que de outro modo não praticaria ou que já não estivesse disposto a praticar, porquanto em tais situações não se vê em que é que essa actuação represente grave limitação da liberdade de formação e manifestação da vontade do arguido (Vital Moreira e Gomes Canotilho, Constituição da República Portuguesa, 3ª ed., pág. 207, e Costa Andrade, Sobre as Proibições de Prova em Processo Penal, pág. 216) – cf. o Ac. TC nº 76/01, de 14.02, proc. nº 508/99.III – Neste sentido decidiu o STJ, entre outros nos Acs. de 09-06-05, proc. nº 1015/05-3, de 06-05-04, proc. nº 1138/04-5, de 30-10-02, proc. nº 2118/02-3, de 20-02-03, proc. 4510/02-5, sendo pacífica aquela ideia de que é preciso distinguir os casos em que a actuação do agente provocador cria uma intenção criminosa até então inexistente, dos casos em que o sujeito já está implícita ou potencialmente inclinado a delinquir e a actuação do agente apenas põe em marcha aquela decisão. Isto é, importa distinguir entre a criação de uma oportunidade com vista à realização de uma intenção criminosa, e a criação dessa mesma intenção. Se a co-arguida S efectuou voluntariamente um telefonema para o co-arguido B solicitando-lhe mais quantidade de estupefaciente, constando da matéria de facto que este, no momento do telefonema, já detinha a droga – o que já o constituía autor do crime por que foi condenado – e que a intenção da sua venda já existia, apenas tendo sido precipitada por via daquele contacto, não se vê em que é que o telefonema se traduziu em grave e intolerável limitação da liberdade de formação e manifestação da vontade do arguido, faltando pois o suporte da ilegalidade e inadmissibilidade da prova obtida pela actuação de agente provocador (Ac. STJ de 30.11.2005, *in* www.dgsi.pt).

Métodos relativamente proibidos de prova O consentimento e os direitos disponíveis. Nulidades sanáveis: O nº 3, é enformado pela mesma matriz constitucional dos números antecedentes, a que acrescerá o art. 26º-1 da C.R.P., que sobre a epígrafe *«outros direitos pessoais»*, diz: *«A todos são reconhecidos os direitos à identidade pessoal, ao desenvolvimento da personalidade, à capacidade civil, à cidadania, ao bom nome e reputação, à imagem, à palavra, à reserva da intimidade da vida privada e família»*. Conforme ensinavam Gomes Canotilho e Vital Moreira na sua C.R.P. anotada, 1980: *«Os direitos à identidade, ao bom nome e à intimidade constituem direitos de personalidade que se podem considerar ainda expressão do direito à integridade pessoal. E também a inviolabilidade da personalidade que a Constituição garante através da inviolabilidade do domicílio e da correspondência. O direito à reserva da intimidade da vida privada e familiar inclui, entre outras coisas, a proibição de devassa através de quaisquer meios e designadamente de escutas eletrónicas, fotografia, etc.»*.

Ao lado dos métodos absolutamente proibidos de prova, encontram-se, no **nº 3,** os **relativamente proibidos**, que a lei admite, permite e regulamenta em artigos subsequentes, reportados **(i)** à «vida privada» **(ii)** ao «domicílio» **(iii)** à «correspondência» ou **(iiii)** às «telecomunicações». Considera-se que tais bens jurídicos, estão na **disponibilidade** do seu titular e por isso o **consentimento** é relevante para a validade das provas obtidas com "violação" desses direitos. Quer porque a própria lei **admite** tais métodos de prova, quer pela possibilidade de serem executados com **consentimento** do titular, são considerados **métodos relativamente proibidos de prova.** E assim sendo, quando estas provas forem obtidas **sem consentimento** do titular, geram uma **nulidade relativa e sanável** (com alguma divergência jurisprudencial). Na verdade, aqui trata-se de um reduto de direitos, chamados de **direitos de personalidade**, que não atentam contra a dignidade da pessoa humana como acontece nos nºs 1 e 2 e por outro lado, não possibilitam só a incriminação de alguém, como também a sua não incriminação. Neste quadro dogmático, a violação do direito sem consentimento do titular, apresenta-se como menos grave e portanto logicamente, a disfuncionalidade processual fica submetida ao regime das **nulidades sanáveis**. Sendo uma **nulidade sanável**, compete ao titular do direito violado, **se assim o entender**, porque está na sua **disponibilidade**, uma ação neutralizadora, **invocando** a nulidade, nos **termos** e **prazos** da lei, sendo certo que se o fizer, a prova daí resultante é **inválida**, deste modo se respeitando, ainda que num momento posterior a sua vontade (v. arts. 120º a 122º).

Vejamos os conceitos:

(i) Intromissão na «vida privada»: A tutela da vida privada tem consagração constitucional no art. 26º da C.R.P., quando diz que *«a todos são reconhecidos os direitos (...) à reserva da intimidade da vida privada...»*. Dir-se-á que a reserva da vida privada abrange todas as vivências da pessoa, que por contraposição não podem considerar-se públicas. Trata-se naturalmente de um direito disponível, tão disponível que pessoas ligadas ao *sociality*, mercadejam com a sua vida privada nos meios de comunicação social. Pode considerar-se manifestações de intromissão na vida privada, as previstas nos arts. 128º, 146º, 147º, 150º, 151º, 164º, 171º, 174º.

(ii) Intromissão no «domicílio»: O «domicílio» é o lugar onde a pessoa individual tem a sua residência habitual ou onde a pessoa coletiva tem a sua sede jurídica (v. arts. 82º a 88º do C.C.). O domicílio goza de tutela constitucional (v. art. 34º-1-2-3 da C.R.P.). Pode considerar-se manifestações de intromissão no domicílio, as previstas nos arts. 176º, 177º, 178º. V. crime de violação de domicílio (arts. 190º e 191º do C.P.)

(iii) Intromissão na «correspondência»: Por «correspondência» entende-se cartas, telegramas, *emails*, *faxes*, encomendas, ou qualquer forma de comunicação ou transmissão entre pessoas. A correspondência goza de tutela constitucional (v. art. 34º-1-4 da C.R.P.).Pode considerar-se manifestações de intromissão na correspondência, as previstas nos arts. 179º, 180º, 181º e 252º. V. crime de violação de correspondência (art. 194º do C.P.)

(iiii) Intromissão nas «telecomunicações»: Por «telecomunicações» entende-se os meios elétricos ou eletrónicos de transmissão de informação entre pessoas. Pode considerar-se manifestações de intromissão nas telecomunicações, as previstas nos arts. 187º a 190º. V. crime de violação de telecomunicações (art. 194º do C.P.)

"Em síntese conclusiva. Num lado (nº 3), só a coerção e o arbítrio, isto é, só a ausência de consentimento, determinam a reação contrafáctica da proibição de valoração; no outro lado (nºs 1 e 2), a lei prescreve a proibição de valoração, em nome de uma presunção geral, abstrata e não elidível, de arbítrio e coerção. De um lado, o que releva é o atentado à autonomia individual; no outro é (também) o atentado contra valores supra-individuais fundamentais, pertinentes ao núcleo irredutível do Estado de Direito e, mesmo, da civilização" (Francisco Marcolino de Jesus, *in* Os meios de obtenção de prova... pág. 88).

A locução "sem o consentimento do respectivo titular", tem sido usada como pedra de toque para o estabelecimento da dicotomia prova absolutamente nula e prova relativamente nula (Ac. STJ de 20.09.2006, proc. 06P2321, *in* www.dgsi.pt).

A determinação do titular dos direitos: Questão complexa, é saber quem é o **titular** destes direitos disponíveis, sobretudo quando estão na disponibilidade de mais de uma pessoa (v.g. quando o domicílio pertence por igual a mais de uma pessoa). Só caso a caso, é que é possível emitir opinião.

O procedimento criminal pela violação deste normativo: Em qualquer caso, a prática de atos ilegais violadores deste normativo, pelas entidades policiais ou pelos magistrados, ou até por terceiros, pode gerar **responsabilidade penal e ou disciplinar** dos seus autores.

Provas proibidas causalmente irrelevantes: Acontece muito a situação descrita neste acórdão: «*O facto de existir no processo prova que se encontra contaminada pela violação das regras de proibição (...) só tem consequências diretas caso a mesma prova seja invocada como fundamento da convicção do juiz sobre os factos que determinaram a sua decisão, quer esta seja a decisão final, quer se reconduzo a uma decisão interlocutória. Caso a violação se verifique sem que desse facto sejam extraídas quaisquer consequências a nível de fundamentação decisória a constatação da existência de uma violação de regras de proibição de prova não tem efeitos processuais relevantes*» (Ac. STJ de 10.04.2013, proc. nº 224/06.7GAVZL.Cl.Sl, *in* www.dgsi.pt).

Referências: arts. 25º, 32º-8, 34º-4 e 35º-4-5 da C.R.P.; arts. 118º a 122º (regime das nulidades); art. 125º (legalidade da prova); art. 167º (valor probatório de reproduções mecânicas).

Artigo 127º – Livre apreciação da prova

Salvo quando a lei dispuser diferentemente, a prova é apreciada segundo as regras da experiência e a livre convicção da entidade competente.

COMENTÁRIOS:

A "livre" apreciação da prova em matéria de facto e limites objetivos: Estamos perante uma norma chave em todo o processo penal, a aplicar em todas as decisões sobre **matéria de facto**. Por força dela, o Juiz torna-se um **centro autónomo de decisões**, as quais, tem de ter por base as **regras de experiência da vida** que moldam a sua **convicção.** As regras de experiência têm de corresponder à **experiência comum**, inerente à sociedade em que vive e a **livre convicção** têm de corresponder a **substratos racionais** apreensíveis pela generalidade das pessoas. Abre-se deste modo, campo ao **juízo**

presuntivo, sendo certo que as presunções naturais/judiciais, correspondem em última análise, a juízos de avaliação que se retiram da constatação de quadros fácticos específicos (*presunções são as ilações que a lei ou o julgador tira de um facto conhecido para firmar um facto desconhecido* – art. 349º do C.C.). Esta é a atividade normal de um Juiz de julgamento, sendo seu dever desenvolver esse esforço intelectual argumentativo, pois poucos são os casos que se apresentam de solução óbvia. O Juiz que só condena quando o arguido confessa, ou quando a prova "entra pelos olhos dentro", não está a cumprir a sua função. As idiossincrasias pessoais, devem ser rejeitadas. Não é aceitável o livre arbítrio ou valorações puramente subjetivas, fundadas em meras especulações, exigindo-se antes uma convicção racional, objetivável e suficientemente motivada. É a chamada ***«liberdade para a objetividade»*** no dizer de Castanheira Neves. Por outras palavras, o valor das provas, obviamente legalmente obtidas – v. art. 125º – não está como regra, pré estabelecido, sendo livre a sua apreciação, não se encontrando o Juiz penal, submetido às severas regras da prova legal, própria de outras jurisdições, que impõe face a certas premissas, conclusões pré fixadas. Não obstante, não pode o Juiz ignorar os princípios em que se funda o direito probatório na procura da verdade. Nesta última asserção, na esteira de jurisprudência do STJ, o princípio contido no art. 127º, estabelece três tipos de critérios para a apreciação da prova, com características e natureza diferentes. **(i)** O **primeiro,** será uma apreciação da prova inteiramente **objetiva**, i.e., uma discricionariedade limitada, quando a lei assim o determina. Será o que acontece por exemplo, na apreciação do **caso julgado** (v. art. 84º); na apreciação da **prova pericial** (v. art. 163º); na apreciação do **valor probatório** de certos documentos (v. art. 169º); na **confissão** integral e sem reservas (v. art. 344º). **(ii)** O **segundo** critério, será ainda também **objetivo**, mas de natureza **dedutiva e indutiva**, imposto pelos **conhecimentos científicos genéricos** e pelas **regras da experiência comum**. Não pode o Juiz afastar-se da normalidade do pensar e do agir humano. **(iii)** Finalmente, o **terceiro** critério, será eminentemente subjetivo, que resulta da **livre convicção do julgador** (v. neste sentido, Ac. STJ de 18.01.2010, proc. 3105/00, *in* www.dgsi.pt).

"As presunções são legais ou simples também denominadas naturais. Estas últimas, são simples meios de convicção, pois que se encontram na base de qualquer juízo. O sistema probatório alicerça-se em grande parte no raciocínio indutivo dum facto desconhecido para um facto conhecido" (Cavaleiro Ferreira, *in* Curso de Processo Penal, II vol., pág. 314).

"a prova judiciária tem por objetivo essencial, a criação de uma convicção do juiz, convicção que não é arbitrária ou fantasiosa, pois a sentença judicial não exprime o sentimento individual do seu autor: o juiz é o porta-voz do corpo social ou seja, representa

a voz daqueles em nome de quem a justiça é administrada" (Levy Bruhl, *in* Aspects Sociologics du Droit).

"o juiz, aquando da aplicação da lei, tem que atender às significações sociais do caso concreto" (Eberhard Schimt, *in* Teoria da Ação Social).

A fundamentação. O espaço de livre convicção: Todos os atos decisórios, que não sejam de mero expediente, devem ser fundamentados de facto e de direito, sob pena de arbitrariedade, nisso consistindo uma das essências da democracia (v. art. 97º-5 e art. 205º-1 das C.R.P). Impõe-se sempre o **dever geral de fundamentação** de todas as decisões (que não sejam de mero expediente) como pressuposto máximo da atividade judiciária, pois como ensina Cavaleiro Ferreira no seu C.P., 1986, pág. 211, o julgador é livre ao apreciar as provas, mas tal apreciação está *«vinculada aos princípios em que se consubstancia o direito probatório e às normas de experiência comum, da lógica e regras de natureza científica que se devem incluir no direito probatório»* (v. arts. 97º-5 e 374º-2). Destarte, na fundamentação, não podem constar incongruências e paradoxos decorrentes de descoordenações factuais por incompatibilidade no espaço ou no tempo ou circunstâncias contraditórias no domínio das correlações físicas, nem podem existir espaços vazios no percurso lógico do julgador, analisadas segundo as regras da "experiência comum".

Todavia é preciso recordar, que para além desta atividade puramente cognitiva, existem também elementos racionalmente não explicáveis, que decorrem da imediação com a prova, como por exemplo a **credibilidade** que se dá a um depoimento em detrimento de outro (questão a que reporta o terceiro critério supra referido). Nesta estrita sede, inexistindo qualquer desrazoabilidade na fundamentação da decisória baseada na prova decorrente da imediação, ou vícios endógenos da decisão, a mesma, na prática, é insindicável. Citando as avisadas palavras do Ac. do STJ nº 11/2008, de 29.10.2008, *"Isto significa que o Tribunal de recurso não pode sindicar certos meios de prova quando para a credibilidade do testemunho foi relevante o funcionamento do princípio da imediação, embora possa controlar a convicção do julgador da primeira instância quando ela se mostre contrária às regras da experiência, da lógica e dos conhecimentos científicos (...) Assim, a determinação da credibilidade como segmento do âmbito estritamente do juiz da 1ª instância está condicionada pela aplicação de regras da experiência que têm de ser válidas, e legítimas, dentro de um determinado contexto histórico e jurídico"(...).*

A formação da livre convicção: O fenómeno cognitivo que está na base de um julgamento, obedece à capacidade humana de receber, registar e interpretar informação. É esta experiência sensorial que habilita o Juiz à decisão. Diz a norma que a prova é apreciada em função da **livre convicção**. Mas a livre convicção, não se confunde com apreciação arbitrária da prova, pois que tem como pressupostos valorativos a obediência a critérios de experiência comum e da lógica do homem médio suposto pela ordem jurídica. A convicção do tribunal é formada, através de dados objetivos devidamente materializados, como são por exemplo os **documentos**, mas também sobretudo em sede penal, fundamentalmente, pela análise dos **depoimentos** dos diversos intervenientes processuais. E esta análise, está longe de ser puramente empírica, carecendo antes de um procedimento interpretativo, profundamente racional e descodificativo. Como muita jurisprudência assinala, há que processar a qualidade dos depoimentos, em função de muitas variáveis sediadas nos emitentes, como seja, as razões de ciência, a equidistância e independência motivacional, a capacidade de memorização demonstrada, a coerência de raciocínio, o grau de certeza demonstrado, as lacunas, as contradições, as hesitações, as inflexões de voz, a ansiedade, o embaraço, a serenidade, o olhar, enfim toda aquela "linguagem silenciosa" que permite atribuir credibilidade ao discurso humano. Com efeito, a comunicação não se estabelece apenas por palavras, mas também por manifestações físicas, de que é expressão máxima a postura corporal e comportamental, tudo devendo ser apreciado no contexto da mensagem em que se integra. Trata-se de um acervo de informação não-verbal e dificilmente documentável face aos meios disponíveis nos tribunais, mas imprescindível e incindível para a valoração da prova produzida. É pois neste quadro que se forma a convicção do Tribunal.

A condenação dos arguidos fundou-se na afirmação de factos que se consideraram ter ocorrido, conclusão a que os tribunais chegaram mediante provas extrínsecas, traduzidos em acontecimentos sensíveis da realidade externa, documentados ou produzidos perante o juiz (declarações, depoimentos, documentos, relatórios de vigilância, perícias, resultado das escutas), e não em presunções, meras inferências ou induções a partir de raciocínios fundados na experiência comum, sem análise de qualquer evidência, ocorrência ou afirmação exterior ao julgador. Na valoração dos meios de prova foram usados ou invocados critérios de experiência comum. Mas esses critérios não substituíram os meios de prova. Foram apenas um instrumento da sua apreciação (Ac. T.C. 80/2011 de 09.02.2011, proc. 874/10 – 3º secção).

O erro de julgamento e a livre convicção: O erro de julgamento perspetiva-se numa dupla vertente: Erro na apreciação da **matéria de facto** e erro na aplicação da **matéria de direito.** O primeiro tem assento neste art. 127º, uma vez que tem a ver diretamente com a apreciação das provas produzidas em julgamento e com o princípio da livre apreciação da prova. É um erro que existe quando o tribunal dá como provado certo facto relativamente ao qual, segundo as regras de **experiência comum**, não foi feita prova bastante e por isso deve ser considerado não provado, ou vice-versa. É também um erro que se forma no processo cognoscitivo e valorativo do Juiz, que não deve confundir-se com o **erro vicio** do art. 410º, que reporta ao texto sentencial. O erro de julgamento é de difícil demonstração, pois só quando o erro é patente e a decisão contrarie a **experiência comum**, é que se pode afirmar inequivocamente. Se um recorrente invocar um erro de julgamento, mas a decisão recorrida se afigurar como plausível, segundo as tais regras de experiência comum, então estamos simplesmente perante apreciações divergentes dos factos, não podendo o recorrente usurpar a competência decisória do Juiz. Já o erro de julgamento em **matéria de direito,** resulta simplesmente de uma má interpretação e aplicação das leis.

Conforme já supra referimos, no caso de **recurso por erro de julgamento** baseado na apreciação das declarações dos diversos intervenientes, que é um fundamento muito frequente, o tribunal superior não pode sindicar as convicções do tribunal *a quo,* no que respeita ao extrato da oralidade que se contém na decisão, justamente porque lhe falta a necessária imediação. Deste modo, a solução judicial, não sendo absurda, acaba quase sempre por se firmar na ordem jurídica.

A constância e complexidade do tema, justifica uma transcrição mais alargada de alguns **acórdãos** dos tribunais superiores, mais expressivos:

"a censura quanto à forma de formação da convicção do tribunal não pode assentar, de forma simplista, no ataque da fase final da formação de tal convicção, isto é, na valoração da prova; tal censura terá de assentar na violação de qualquer dos passos para a formação de tal convicção, designadamente porque não existem os dados objectivos que se apontam na motivação ou porque se violaram os princípios para a aquisição desses dados objectivos ou porque não houve liberdade de formação da convicção. Doutra forma seria uma inversão da posição das personagens do processo, como seja a de substituir a convicção de quem tem de julgar pela convicção dos que esperam a decisão." (Ac. TC 198/2004 de 24.03.2004, *in* DR de 02.06.2004).

"Quando a atribuição de credibilidade a uma fonte de prova pelo julgador se basear em opção assente na imediação e na oralidade, o tribunal de recurso só a poderá criticar se ficar demonstrado que essa opção é inadmissível face as regras da experiência comum." (Ac. TRC de 06.03.2002, *in* C.J-XXVII-II-44).

De todo o modo, como é manifesto, o Tribunal de recurso não dispõe das vantagens que a imediação proporciona ao tribunal que procedeu ao julgamento. Pelo que a ponderação da prova valorada em 1ª instância será de privilegiar a menos que do reexame dessa prova resulte inequívoco que o tribunal valorou mal as provas ou que usou meios de prova não válidos ou não idóneos ou que as contradições nas provas produzidas conduziram a uma convicção inaceitável, quer por errada ponderação do nível de tais contradições, quer por errada ou não objectiva ponderação do valor de cada meio de prova, quer por errado uso dos princípios de avaliação das provas, como por exemplo do princípio in dubio pro (Ac. TRL de 02.10.2007, *in* proc. 3185/07, secção 5).

Na passagem de um facto conhecido para a aquisição (ou para a prova) de um facto desconhecido, têm de intervir as presunções naturais, como juízos de avaliação através de procedimentos lógicos e intelectuais, que permitam fundadamente afirmar, segundo as regras da experiência, que determinado facto, não anteriormente conhecido nem directamente provado, é a natural consequência, ou resulta com toda a probabilidade próxima da certeza, ou para além de toda a dúvida razoável, de um facto conhecido. Na presunção deve existir e ser revelado um percurso intelectual, lógico, sem soluções de continuidade, e sem uma relação demasiado longínqua entre o facto conhecido e o facto adquirido; a existência de espaços vazios no percurso lógico determina um corte na continuidade do raciocínio, e retira o juízo do domínio da presunção, remetendo-o para o campo da mera possibilidade física mais ou menos arbitrária ou dominada pelas impressões. A compreensão e a possibilidade de acompanhamento do percurso lógico e intelectual seguido na fundamentação de uma decisão sobre a matéria de facto, quando respeite a factos que só podem ter sido deduzidos ou adquiridos segundo as regras próprias das presunções naturais, constitui um elemento relevante para o exercício da competência de verificação da (in) existência dos vícios do artigo 410º, nº 2, do CPP, especialmente do erro notório na apreciação da prova, referido na alínea c) (Ac. STJ de 22.09.2000, *in* www.dgsi.pt).

O princípio da livre apreciação da prova está intimamente ligado à obrigatoriedade de motivação ou fundamentação fáctica das sentenças criminais, com consagração no art. 374º/2 do Código de Processo Penal. Cumpre também aqui referir que o juízo valorativo do tribunal tanto pode assentar em prova directa como em prova indiciária da qual se infere o facto probando, não estando excluída a possibilidade do julgador valorar preferencialmente a prova indiciária, podendo esta só por si conduzir à sua convicção [cfr. Ac. RC. de 6/3/96, CJ XXI, II, 44]. E não dispensa a prova testemunhal um tratamento cognitivo por parte do julgador mediante operações de cotejo com os restantes meios de prova, sendo que a mesma, tal qual a prova indiciária de qualquer natureza, pode ser objecto de formulação de deduções ou induções baseadas na correcção de raciocino mediante a utilização das regras de experiência. A propósito do art. 127º refere o Ac. de 9.11.95 do TC citado no Ac. nº 197/97 [de 11.3.97] do mesmo Tribunal, publicado no DR, IIª Série, de 29.12.98, que o juiz aí pressuposto pelo legislador é o juiz responsável e livre, capaz de pôr o melhor da sua cultura, inteligência e conhecimento das realidades da vida na apreciação do material probatório que lhe é fornecido. Observe-se que a decisão da primeira instância será sempre o resultado duma «convicção pessoal» nela desempenhando papel de relevo não só a actividade puramente cognitiva mas também elementos racionais não explicáveis –, v. g. a credibilidade que se concede a determinado meio de prova –, pelo que o tribunal de recurso ao apreciar a prova por declarações deve, salvo casos de excepção, adoptar o juízo valorativo formulado pelo tribunal recorrido. Paulo Saragoça da Matta [Jornadas de Direito Processual Penal, Almedina, 2004, pág. 253.] refere que se o juízo recorrido for compatível com os critérios de apreciação devidos, então significará que não merece censura o julgamento da matéria de facto fixada. Se o não for, então a decisão recorrida merece alteração. Diga-se também que a prova processual, ao invés do que acontece com a demonstração no campo da matemática ou com a experimentação no âmbito das ciências naturais, não visa a certeza lógica ou absoluta mas apenas a convicção essencial às relações práticas da vida social [Antunes Varela, Manual de Processo Civil, Coimbra Editora, 2ª ed., 407] (Ac. TRC de 29.03.2006, *in* www.dgsi.pt).

No campo da apreciação das provas, é livre a forma como o tribunal atinge a sua convicção. Trata-se de emanação do princípio que vigora no nosso sistema processual penal, o princípio da livre apreciação da prova ou da livre convicção, consagrado no art. 127º do C.P.P., de acordo com o qual e, ressalvados os casos em que a lei dispuser diferentemente, "a prova é apreciada segundo as regras da experiência e a livre convicção da entidade competente". A apreciação livre da prova não pode ser confundida com a apreciação arbitrária da prova nem com a mera impressão gerada no espírito do julgador pelos diversos meios de prova; tem como pressupostos valorativos a obediência a critérios da experiência comum e da lógica do homem médio. Trata-se da liberdade de decidir segundo o bom senso e a experiência da vida, temperados pela capacidade crítica de distanciamento e ponderação, ou no dizer de Castanheira Neves da "liberdade para a objectividade"(Rev. Min. Públ., 19º, 40). Também a este propósito, salienta o Prof. Figueiredo Dias ("Direito Processual Penal I, 202) "a liberdade de apreciação da prova é uma liberdade de acordo com um dever – o dever de perseguir a verdade material, de tal sorte que a apreciação há-de ser, em concreto, recondutível a critérios objectivos e, portanto, em geral susceptível de motivação e controlo". É na audiência de julgamento que tal princípio assume especial relevo, tendo, porém, que ser sempre motivada e fundamentada a forma como foi adquirida certa convicção, impondo-se ao julgador o dever de dar a conhecer o seu suporte racional, o que resulta do art. 374º, nº 2 C.P.P. A livre convicção não pode confundir-se com a íntima convicção do julgador, impondo-lhe a lei que extraia das provas um convencimento lógico e motivado, avaliadas as provas com sentido da responsabilidade e bom senso. Outro princípio geral da prova é o princípio "in dubio pro reo", segundo o qual, perante a existência de factos incertos e perante uma dúvida irremovível e razoável, deverá o tribunal, na decisão acerca da apreciação e valoração das provas e determinação dos factos provados, favorecer o arguido. O local ideal para apreciar valorativa e criticamente as provas é, por excelência, a audiência de julgamento em que o julgador dispõe das melhores condições para apreciar, mormente em sede de prova testemunhal, a forma como são prestados os depoimentos, para analisar todas as questões relevantes e susceptíveis de serem ponderadas, de acarear os depoimentos contraditórios para, de um modo geral, criar a convicção necessária à fixação dos factos. A imediação é condição fundamental de aquisição da verdade processual. Assim, não é de estranhar que o processo de avaliação da prova feita pelo tribunal de recurso possa ser diferente do alcançado pelo tribunal "a quo" sem que essa avaliação envolva alguma crítica à forma com este tribunal ponderou a prova produzida. Porém, nesta fase e, colocada em crise a forma como o tribunal adquiriu a sua convicção, apenas nos é permitido reanalisar as provas produzidas pelo tribunal "a quo", se bem que este reexame parta sempre, necessariamente, de uma análise desinserida das possibilidades que a imediação proporciona (Ac. TRL de 29.11.2006, *in* www.dgsi.pt).

No nosso ordenamento jurídico/processual penal vigora o princípio da livre apreciação da prova, sendo esta valorada segundo as regras da experiência e a livre convicção do julgador –, art. 127º do C.P.Penal. Não se trata de apreciação arbitrária, antes tendo como pressupostos valorativos os critérios da experiência comum e da lógica do homem médio supostos pela ordem jurídica [cfr. Maia Gonçalves, C.P.P. Anotado, 10ª ed., pág. 322.] O princípio da livre apreciação da prova está intimamente ligado à obrigatoriedade de motivação ou fundamentação fáctica das sentenças criminais, com consagração no art. 374º/2 do Código de Processo Penal. Cumpre também aqui referir que o juízo valorativo do tribunal tanto pode assentar em prova directa como em prova indiciária da qual se infere o facto probando, não estando excluída a possibilidade do julgador valorar preferencialmente a prova indiciária, podendo esta só por si conduzir à sua convicção [cfr. Ac. RC. de 6/3/96, CJ XXI, II, 44]. E não dispensa a prova testemunhal um tratamento cognitivo por parte do julgador mediante operações de cotejo com os restantes meios de prova, sendo que a mesma, tal qual a prova indiciária de qualquer natureza, pode ser objecto de formulação de deduções ou induções baseadas na correcção de raciocino mediante a utilização das regras de experiência. A propósito do art. 127º refere o Ac. de 9.11.95 do TC citado no Ac. nº 197/97 [de 11.3.97] do mesmo Tribunal, publicado no DR, IIª Série, de 29.12.98, que o juiz aí pressuposto pelo legislador é o juiz responsável e livre, capaz de pôr o melhor da sua cultura, inteligência e conhecimento das realidades da vida na apreciação do material probatório que lhe é fornecido. Observe-se que a decisão da primeira instância será sempre o resultado duma «convicção pessoal» nela desempenhando papel de relevo não só a actividade puramente cognitiva mas também elementos racionais não explicáveis –, v. g. a credibilidade que se concede a determinado meio de prova –, pelo que o tribunal de recurso ao apreciar a prova por declarações deve, salvo casos de excepção, adoptar o juízo valorativo formulado pelo tribunal recorrido .Paulo Saragoça da Matta [Jornadas de Direito Processual Penal, Almedina, 2004, pág. 253.] refere que se o juízo recorrido for compatível com os critérios de apreciação devidos, então significará que não merece censura o julgamento da matéria de facto fixada. Se o não for, então a decisão recorrida merece alteração. Diga-se também que a prova processual, ao invés do que acontece com a demonstração no campo da matemática ou com a experimentação no âmbito das ciências naturais, não visa a certeza lógica ou absoluta mas apenas a convicção essencial às relações práticas da vida social [Antunes Varela, Manual de Processo Civil, Coimbra Editora, 2ª ed., 407.]. Lido o apenso de transcrição das declarações e depoimentos e examinadas as restantes provas a que se faz apelo na motivação da decisão de facto, constata-se a correcção do exame crítico delas efectuado, que se desenvolve fiel aos depoimentos e manifestando um raciocínio coerente, lógico e conforme às regras da experiência comum. (...) O art. 127º do Código de Processo Penal não proíbe o uso desses raciocínios lógico/mentais, nem a nossa lei processual penal faz qualquer referência a requisitos especiais no uso da prova indiciária. E no caso dos autos tais raciocínios expressos pelo tribunal recorrido são conformes às regras da lógica e da experiência comum. Na motivação da decisão da matéria de facto estão cabalmente explicitadas as razões que levaram o tribunal a dar como assente a matéria impugnada, aí se especificando a motivação do tribunal. Ao que o recorrente refere de contradições nos depoimentos (cfr. conclusões 9, 16, 17 e 19) dir-se-á que o tribunal é livre de valorar os depoimentos apenas naquilo em que os mesmos lhe merecerem credibilidade, não tendo de os aceitar como correctos ou incorrectos na sua globalidade. De resto, o juiz é livre de formar a sua convicção na base de um só depoimento ou do referido por um só declarante em desfavor de testemunhos contrários. [Figueiredo Dias, Direito Processo. Penal, 1, 207; Ed. Correia, Processo Criminal, Lições ao 5º Ano Jurídico de 1953/54, pág. 165] (Ac. TRC de 29.03.2006, *in* www.dgsi.pt).

Quanto a este princípio, "o que está na base do conceito é o princípio da libertação do juiz das regras severas e inexoráveis da prova legal, sem que, entretanto, se queira atribuir-lhe o poder arbitrário de julgar os factos sem prova ou contra prova, porque o sistema da prova livre não exclui, e antes pressupõe, a observância das regras da experiência e dos critérios da lógica" (Alberto dos Reis, *in* CPC anotado, vol. III, pág. 245, 1950).

"a liberdade de apreciação da prova é, no fundo, uma liberdade de acordo com um dever, o dever de perseguir a chamada verdade material, de tal sorte que a apreciação há de ser, em concreto, reconduzível a critérios objectivos, e portanto, em geral susceptível de motivação e controlo..." (Figueiredo Dias, *in* Direito Processual Penal, pág. 202/203).

O princípio da livre apreciação da prova, *"não é, portanto, livre arbítrio ou valoração puramente subjectiva, mas apreciação que, liberta do jugo de um rígido sistema de prova legal, se realiza de acordo com critérios lógicos e objectivos e, dessa forma, determina uma convicção racional, logo, também ela objectivável e motivável"* (Ac. STJ de 04.11.98, *in* CJ-III-209).

X – Em processo penal a regra é a da livre apreciação da prova, (...) XI – Tal princípio não é absoluto e entre as excepções a tal regra incluem-se o valor probatório dos documentos autênticos autenticados, o caso julgado, a confissão integral e sem reservas em julgamento, e a prova pericial. Segundo Maia Gonçalves (CPP anot., 9ª ed., p. 323) estas excepções integram-se no princípio da prova legal ou tarifada, que é usualmente baseado na segurança e certeza das decisões, consagração de regras da experiência comum e facilidade e celeridade das decisões (Ac. STJ de 19,03.2009, *in* www.dgsi.pt).

E, de facto, é o Tribunal recorrido que está em situação privilegiada para aferir quando é que a testemunha depõe assertivamente ou de forma evasiva, quando ensaiou o que vai dizer ou quando é espontânea, quando é convicta e olha para o Tribunal ou quando é hesitante e busca com o olhar o Advogado da parte. O Tribunal de recurso não possui os meios para sindicar todos os pormenores (sobretudo da linguagem corporal) que podem fundamentar a convicção do Tribunal recorrido e tem que se bastar com ela sempre que a mesma esteja plenamente concretizada, como é o caso, e se afigure válida e legítima quando analisada à luz das regras da experiência, como é também o caso (Ac. STJ de 04.11.98, *in* CJ-III-209).

O artigo 127º do C.P.P. consagra o princípio da livre apreciação da prova, o que não significa que a actividade de valoração da prova seja arbitrária, pois está vinculada à busca da verdade, sendo limitada pelas regras da experiência comum e por algumas restrições legais. Tal princípio concede ao julgador uma margem de discricionariedade na formação do seu juízo de valoração, mas que deverá ser capaz de fundamentar de modo lógico e racional. Os poderes do tribunal na procura da verdade material estão limitados pelo objecto do processo definido na acusação ou na pronúncia, guiado pelo princípio das garantias de defesa do artigo 32º da CRP. Sobre o tribunal recai o dever de ordenar a produção da prova necessária à descoberta da verdade material, tanto relativamente aos factos narrados na acusação ou na pronúncia, como aos alegados pela defesa na contestação e aos que surgirem no decurso da audiência de julgamento em benefício do arguido.

Quanto à fundamentação da prova, há que atentar em certos princípios: – os dos artigos 124º, 125º e 126º do CPP (princípio geral da legalidade das provas); – A convicção sobre a realidade de certo facto existirá quando, e só quando, o tribunal tenha logrado convencer-se da verdade dos factos, para além de toda a dúvida razoável; – Não se procura uma verdade ontológica e absoluta mas apenas a verdade judicial e prática – não pode ser uma verdade obtida a qualquer preço mas apenas a que assenta em meios de prova que sejam legais; – A livre apreciação da prova (ou do livre convencimento motivado) não se pode confundir com a íntima convicção do juiz, assente numa apreciação arbitrária da prova, impondo-lhes a lei que extraia delas um convencimento lógico e motivado, avaliadas as provas com sentido da responsabilidade e bom senso; – Não satisfaz a exigência de fundamentação da decisão sobre Matéria de Facto a mera referência genérica aos meios de prova produzidos, importando fazer a indicação dos fundamentos que foram decisivos para a convicção do juiz, ou seja, os meios concretos de prova e as razões ou motivos que dos meios de prova relevaram ou que obtiveram credibilidade no espírito do julgador – não basta indicar o concreto meio de prova gerador do convencimento, urgindo expressar a razão pela qual, apoiando-se nas regras de experiência comum, o julgador adquiriu, de forma não temerária, a convicção sobre a realidade de um determinado facto. A liberdade das provas não é, pois, absoluta, estando condicionada pela prudente convicção do julgador e temperada pelas regras da lógica e da experiência. Porém, nessa tarefa de apreciação da prova, é manifesta a diferença entre a 1ª instância e o tribunal de recurso, bene-

ficiando aquela da imediação e da oralidade e estando este limitado à prova documental e ao registo de declarações e depoimentos. A imediação, que se traduz no contacto pessoal entre o juiz e os diversos meios de prova, podendo também ser definida como "a relação de proximidade comunicante entre o tribunal e os participantes no processo, de modo tal que aquele possa obter uma percepção própria do material que haverá que ter como base da sua decisão" (Figueiredo Dias, Direito Processual Penal, Coimbra, 1984, Volume I, p. 232), confere ao julgador em 1ª instância certos meios de apreciação da prova pessoal de que o tribunal de recurso não dispõe. É essencialmente a esse julgador que compete apreciar a credibilidade das declarações e depoimentos, com fundamento no seu conhecimento das reacções humanas, atendendo a uma vasta multiplicidade de factores: as razões de ciência, a espontaneidade, a linguagem (verbal e não verbal), as hesitações, o tom de voz, as contradições, etc. As razões pelas quais se confere credibilidade a determinadas provas e não a outras dependem desse juízo de valoração realizado pelo juiz de 1ª instância, com base na imediação, ainda que condicionado pela aplicação das regras da experiência comum. Assim, a atribuição de credibilidade, ou não, a uma fonte de prova testemunhal ou por declarações, tem por base uma valoração do julgador fundada na imediação e na oralidade, que o tribunal de recurso, em rigor, só poderá criticar demonstrando que é inadmissível face às regras da experiência comum (cf. Acórdão da Relação do Porto, de 21 de Abril de 2004, Processo: 0314013, www.dgsi.pt). Quer isto dizer que a ausência de imediação determina que o tribunal de 2ª instância, no recurso da matéria de facto, só possa alterar o decidido pela 1ª instância se as provas indicadas pelo recorrente impuserem decisão diversa da proferida [al. b) do nº 3 do citado artigo 412º] – neste sentido, o Ac. da Relação de Lisboa, de 10.10.2007, proc. 8428/2007-3, disponível para consulta em www.dgsi.pt). A operação intelectual em que se traduz a formação da convicção não é, assim, uma mera opção voluntarista sobre a certeza de um facto, e contra a dúvida, nem uma previsão com base na verosimilhança ou probabilidade, mas a conformação intelectual do conhecimento do facto (dado objectivo) com a certeza da verdade alcançada (dados não objectiváveis), e para ela concorrem as regras impostas pela lei, como sejam as da experiência, da percepção da personalidade do depoente – aqui relevando, de forma muito especial, os princípios da oralidade e da imediação – e da dúvida inultrapassável que conduz ao princípio "in dubio pro reo" (cf. Ac. do T. Constitucional de 24/03/2003, DR. II, nº 129, de 02/06/2004, 8544 e ss. e Prof. Figueiredo Dias, Direito Processual Penal, 1ª Ed., 1974, Reimpressão, 205) (Ac. TRC de 30.03.2011, proc. 10/10.0PECTB.C1, *in* www.dgsi.pt).

Para usar um dito vulgar nos tribunais as testemunhas não se "contam"; "pesam-se" (Ac. TRG de 14.05.2007, proc. 668/07-2ª, *in* www.dgsi.pt).

Factos "notórios" e "conhecidos": Paralelamente, em sede de aquisição da prova, relevará ainda o conhecimento pelo Juiz de **"factos notórios"** e **"factos conhecidos".** Ambos são factos que não constam expressamente do processo; mas nada impede que o Juiz se sirva deles para decidir. Conforme diz o art. 257º-2 do C.C. *"o facto é notório quando uma pessoa de normal diligência o teria podido notar"*. Por exemplo, arguido que exibe sintomas de deficiência mental. Quanto ao "facto conhecido" é aquele que o Juiz pessoalmente conhece, em regra do exercício das suas funções. Por exemplo, se um arguido se identifica de forma diferente daquela que se identificou perante aquele mesmo Juiz noutro julgamento, deve o Juiz esclarecer a situação.

O princípio *in dubio pro reo*: O princípio *in dubio pro reo,* não é mais do que um corolário da **presunção de inocência**, consagrada constitucionalmente no art. 32º-2 da C.R.P. Produto da revolução francesa, repousa na Declaração Universal dos Direitos do Homem (art. 11º) e na Convenção Europeia dos Direitos do Homem (art. 6º). Tem na **apreciação da prova** o seu campo jurídico de aplicação natural e lógico, a qual é da competência do Juiz. Com efeito, enquanto não for demonstrada a **culpabilidade** do arguido, não é admissível a sua condenação. Tal princípio, serve para resolver **dúvidas**, que surjam numa situação probatória incerta. Mas a dúvida tem de ser do Juiz; não dos restantes intervenientes processuais, como por vezes parece pretender-se. Em bom rigor, se não há lastro de dúvida nas decisões judiciais, não pode afirmar-se a violação do princípio *in dubio pro reo*; quanto muito erro de julgamento. Igualmente na aplicação das **medidas de coação,** se não deve perder de vista este princípio, que é temperador da gravidade das medidas impostas, ainda que no campo indiciário da prova. No domínio do direito anglo-saxónico este princípio, compagina-se na cinéfila expressão, *"proof beyond reasonable doubt"*.

Referências: art. 374º (requisitos da sentença); arts. 375º e 376º (sentença condenatória e absolutória).

TÍTULO II – Dos meios de prova

CAPÍTULO I – Da prova testemunhal

Artigo 128º – Objecto e limites do depoimento

1. A testemunha é inquirida sobre factos de que possua conhecimento directo e que constituam objecto da prova.

2. Salvo quando a lei dispuser diferentemente, antes do momento de o tribunal proceder à determinação da pena ou da medida de segurança aplicáveis, a inquirição sobre factos relativos à personalidade e ao carác-

ter do arguido, bem como às suas condições pessoais e à sua conduta anterior, só é permitida na medida estritamente indispensável para a prova de elementos constitutivos do crime, nomeadamente da culpa do agente, ou para a aplicação de medida de coacção ou de garantia patrimonial.

COMENTÁRIOS:

Meios de prova: O título agora iniciado, está epigrafado como "meios de prova", estando elencado como tal, a prova testemunhal, a prova por declarações do arguido, do assistente e das partes civis, a prova por acareação, a prova por reconhecimento, a prova por reconstituição, a prova pericial e a prova documental. Como o próprio *nomen juris* indica, os meios de prova são os meios para obter/recolher provas de factos juridicamente relevantes, aptos a serem diretamente utilizáveis em sede de decisão, encontrando-se regulados os respetivos procedimentos (v. generalidades nos arts. 124º a 127º).

A prova testemunhal: A prova testemunhal, é mais habitual das provas usadas nos tribunais, razão pela qual alguns lhe chamam a prova *regina*. A testemunha é basicamente um **recetor** e **transmissor** de informação. Por tal razão o estudo da prova testemunhal, deveria começar pela compreensão de como os sentidos nos fornecem informação sobre o mundo exterior e de como esta informação se organiza cognitivamente e terminar nos comportamentos sociais e nas motivações humanas agremiadas. **Perceção**, **memória**, **pensamento**, **linguagem**, **motivação**, são elementos interativos comunicacionais, a considerar na análise da prova testemunhal. Por outro lado, a interpretação que o Juiz faz da prova, enquanto decisor, envolve um processo de cognição e resposta, a que não é alheio a sua individualidade.

"O olho vê somente o que a mente está preparada para compreender". (...) "Contrariamente à crença geral, a verdade não se impõe por si mesma. O erro que entra no domínio público permanece nele para sempre. As opiniões transmitem-se, hereditariamente, como as terras. Constrói-se nelas. As construções acabam por formar uma cidade – e ditar a história" (Henri Bergson, 1859-1941, filósofo francês, prémio Nobel da literatura em 1927).

No processo de decisão, segundo Jackson, «quando os juízes e o júri têm que decidir questões de facto estão sujeitos (como notou Jerome Frank) a uma dupla refração: estão sujeitos à perceção original, pelas testemunhas, dos acontecimentos que relatam; e à perceção, pelo tribunal, do comportamento das testemunhas (...). Pode assim concluir-se que «todo o enunciado fáctico é um entre muitos enunciados possíveis acerca do mesmo facto, que é selecionado e «preferido» em relação aos demais enunciados possíveis em função de elementos do contexto em que é empregue. Isto é, depende do sujeito que realiza a enunciação (definição, hipótese, descrição, etc.), dos critérios que emprega para individualizar o facto (grau de precisão, presença ou ausência de valoração ou de qualificação jurídica) e da linguagem que se usa (comum ou jurídica, vaga ou precisa), etc. (Mouraz Lopes, *in* A fundamentação da sentença no sistema português, págs. 223 a 227).

As pessoas pensam que a memória funciona como um gravador de vídeo. A mente grava eventos e depois na altura certa reproduz uma réplica exata. Na verdade, as memórias são reconstruídas; é mais um montar um puzzle em constante mutação, do que reproduzir um vídeo (Raymond Reddington, *in* Black List – T5-E14).

Estatuto da testemunha: Os arts. 128º a 139º, contêm um verdadeiro **"estatuto da testemunha"**, na medida em que se regula a capacidade para ser testemunha e se define os seus direitos e deveres. A inquirição das testemunhas, deve basicamente respeitar o princípio de que a testemunha só pode responder a factos de que tenha **conhecimento direto** (não lhe é permitido fazer juízos conclusivos ou de valor, muito menos tirar conclusões de direito) e que se situem no **objeto da prova** (art. 128º a 130º) beneficiando do **"privilégio de não autoincriminação"** (arts. 132º-2 e 59º-1-2) sem violação dos diversos **segredos funcionais e imunidades** (arts. 135º a 137º e 139º). Em qualquer caso, pode haver depoimentos só relativos **exclusivamente** à personalidade, carácter e condições pessoais do arguido, que possam ter alguma relevância, para a determinação da pena ou medida de segurança (art. 71º do C.P.). São as chamadas **testemunhas de "abonação".** Testemunhar, é mais do que um dever cívico, é uma **obrigação legal**, que se não cumprida com verdade, pode gerar responsabilidade criminal – v. crimes de falsidade: arts. 359º e 360º do C.P.

Objeto e limites do depoimento: Como princípio geral, a testemunha só é inquirida sobre factos que constituam objeto do processo e de que tenha tido **conhecimento direto**. Mas logo no artigo seguinte se abre a exceção à possibilidade de relevância dos **conhecimentos indiretos,** nos estritos termos ali definidos.

Regimes especiais de produção de prova testemunhal: Ao lado do regime geral, existem regimes especiais de produção prova, como aquele que decorre da **testemunha** carecida de especial proteção (v. L. 93/99, de 14.07 e seu regulamento, D.L. 190/2003, de 22.08) ou do **agente encoberto** (v. L. 101/2001, de 25.08). Quer um quer outro, produzem declarações no processo e em audiência, sem revelar a sua identidade (v. notas ao art. 357º, sobre agente encoberto/infiltrado versus direito ao silêncio do arguido).

Referências: art. 96º-2-3 (recurso a apontamentos escritos como adjuvantes da memória); art. 317º (compensação às testemunhas); art. 323º-f)-g) (perguntas legalmente inadmissíveis); art. 349º (testemunha menor de 16 anos); arts. 356º e 357º (proibição de leituras de autos e declarações); art. 379º-1-c) (nulidade da sentença); L. 93/99, de 14.07 e seu regulamento D.L. 190/2003, de 22.08 (proteção de testemunhas em processo penal); art. 109º da L. 145/2015, de 09.09 – E.O.A. (proibição dos advogados estabelecerem contactos com testemunhas, com a finalidade de impedir a descoberta da verdade).

Artigo 129º – Depoimento indirecto

1. Se o depoimento resultar do que se ouviu dizer a pessoas determinadas, o juiz pode chamar estas a depor. Se o não fizer, o depoimento produzido não pode, naquela parte, servir como meio de prova, salvo se a inquirição das pessoas indicadas não for possível por morte, anomalia psíquica superveniente ou impossibilidade de serem encontradas.

2. O disposto no número anterior aplica-se ao caso em que o depoimento resultar da leitura de documento de autoria de pessoa diversa da testemunha.

3. Não pode, em caso algum, servir como meio de prova o depoimento de quem recusar ou não estiver em condições de indicar a pessoa ou a fonte através das quais tomou conhecimento dos factos.

COMENTÁRIOS:

Depoimento indireto. Terceiras pessoas: Entende-se por **depoimento indireto**, aquele que descreve factos que o declarante **não presenciou**, que não pertencem ao seu **universo cognitivo**, mas que chegaram ao seu conhecimento por **via de terceiros,** devidamente **identificados**. São os chamados testemunhos de **"ouvir dizer"**. Ao contrário do que habitualmente se diz, o depoimento indireto, não é proibido. O que é proibido é a sua relevância, **se o Juiz não chamar essas terceiras pessoas a depor,** que ao fim e ao cabo, são a fonte da informação. Se o Juiz as chamar, e elas comparecerem (alguma doutrina entende que, face à letra da lei, basta o cumprimento da notificação de convocação), o testemunho de **"ouvir dizer",** independentemente de as terceiras pessoas confirmarem ou não o que supostamente disseram, passa a poder ser valorado como qualquer outra prova, nos termos do art. 127º. O mesmo acontece no caso de as terceiras pessoas, terem **morrido**, sofrerem **anomalia psíquica** superveniente ou **não serem localizadas**, apesar de terem sido inequivocamente identificadas. Neste caso, embora com prejuízo do princípio da imediação, o depoimento indireto, também **tem valor,** sempre a apreciar nos termos do art. 127º. Estes considerandos aplicam-se ao caso da leitura de documentos, exarados por terceiros. Fora deste âmbito, o chamado depoimento indireto é irrelevante como prova (v. nº 3).

O arguido enquanto "terceiro": Se a pessoa a quem a testemunha "ouviu dizer", for o próprio arguido (admitindo-se portanto a aplicação desta norma ao arguido, em consonância com o que nos parece ser a maioria da jurisprudência), confrontado este com tais declarações, obviamente prevalece na sua esfera jurídica, o direito ao silêncio e à não autoincriminação [v. arts. 61º-1-d), 133º-1-a), 343º-1]. Mas o exercício desse direito, não neutraliza o testemunho de "ouvir dizer", que deve ser apreciado à luz do art. 127º. Inclusivamente alguma jurisprudência faz **equivaler** o "silêncio do arguido neste quadro, à situação de ele estar a ser "julgado na ausência" (v. arts. 333º-2-4 e 334º). Igualmente, se o arguido se encontrar no grupo de pessoas impossíveis de inquirir por **"anomalia psíquica"** ou **"impossibilidade de serem encontradas"**, também o testemunho de "ouvir dizer" pode ser valorado, nos mesmos termos. Veja-se ac. TC infra.

A disciplina contida no referido artigo 129º, nº 1 (...) também não viola o princípio da estrutura acusatória do processo, nem o da imediação, nem a regra do contraditório: de facto, aquele preceito, ao mesmo tempo que admite o testemunho de ouvir dizer, impõe que as pessoas referenciadas nesse depoimento sejam, elas próprias, chamadas a depor. E, desse modo, garante a imediação e possibilita a cross-examination. Só assim não será (isto é, as pessoas referidas não são chamadas a depor), se a sua inquirição não for possível, "por morte, anomalia psíquica superveniente ou impossibilidade de serem encontradas". Nessa hipótese, tornando-se impossível interrogar as pessoas que as testemunhas de outiva indicaram como fonte, tem de considerar-se razoável e proporcionada a limitação introduzida à proibição do depoimento indireto. Tanto mais que este depoimento é apreciado pelo tribunal, segundo as regras da experiência e o princípio da livre convicção (cf. artigo 127º do Código de Processo Penal). No caso dos autos, existe impossibilidade absoluta, decorrente da própria lei, de interrogar o coarguido A., pois que este, no exercício do seu direito ao silêncio, se escusou a prestar declarações (...). Desde logo, porque não há diferença substancial entre a situação do arguido que não pode ser encontrado e a daquele que, chamado à audiência, invoca o seu direito ao silêncio para não depor (...). Há, assim, que concluir que o artigo 129º, nº 1 (conjugado com o artigo 128º, nº 1) do C.P.P., interpretado no sentido de que o tribunal pode valorar livremente os depoimentos indiretos de testemunhas, que relatem conversas tidas com um coarguido que, chamado a depor, se recusa a fazê-lo no exercício do seu direito ao silêncio, não atinge, de forma intolerável, desproporcionada ou manifestamente opressiva, o direito de defesa do arguido. Não o atinge, ao menos na dimensão em que essa norma foi aplicada no caso. Por isso, não havendo um encurtamento inadmissível do direito de defesa do arguido, tal norma não é inconstitucional (Ac. TC 440/99, de 08.07, *in* www.dgsi.pt e B.M.J. 489-5).

"Não estamos, contudo, perante depoimento indireto proibido. A queixosa/demandante civil prestou declarações dizendo o que ouviu diretamente da boca do arguido e fê-lo na presença deste, que estava assistido pelo respetivo defensor. Por conseguinte, a posição assumida in casu pelo arguido – no uso de direito que não se põe em causa – de optar pelo silêncio, de forma alguma pode obstar à admissão e valoração das declarações da queixosa/demandante civil" (Ac. STJ de 30.09.98, *in* BMJ 479-414).

Os mesmos princípios se aplicam a outros intervenientes processuais: *"A situação configurada nos autos [em que foi valorado depoimento prestado por testemunha, que, além do mais, relatou conversa tida com a mulher do arguido, que se recusou a depor em audiência], na perspectiva do depoimento indireto (art. 129º do CPP), não teria como consequência que o depoimento produzido, na parte identificada, não pudesse valer como prova. É que a recusa da mulher do arguido a depor, sendo embora legítima e impossibilitando o confronto com o declarado pela testemunha que validamente depôs, cairia no âmbito da exceção prevista na 2ª parte do nº 1 do art. 129º: não ser possível a inquirição da pessoa indicada* (Ac. STJ de 23.10.2008, *in* www.dgsi.pt).

I – Embora os filhos do arguido possam recusar-se a depor como testemunhas, nos termos do art. 134º, nº 1, do CPP, se não o fizeram e quiseram ser inquiridos, o seu depoimento é permitido pela lei de processo. II – O TC já decidiu – Ac. nº 440/99, de 08-07, Proc. nº 268/99, DR, II Série, de 09-11-1999 – que o art. 129º, nº 1, do CPP, conjugado com o art. 128º, nº 1, do mesmo diploma legal, interpretado no sentido de que o tribunal pode valorar livremente os depoimentos indirectos de testemunhas que relatem conversas tidas com um co-arguido que, chamado a depor, se recusa a fazê-lo no exercício do seu direito ao silêncio, não atinge, de forma intolerável, desproporcionada ou manifestamente opressiva, o direito de defesa do arguido. Por isso, não havendo um encurtamento inadmissível do direito de defesa do arguido, tal norma não é inconstitucional. III – A prova por ouvir dizer, quando reportada a afirmações produzidas extraprocessualmente pelo arguido, é passível de livre apreciação pelo tribunal quando aquele se encontre presente em audiência e, por isso, com plena possibilidade de a contraditar, ou seja, de se defender. IV – Como se sustentou em acórdão deste Supremo Tribunal (Ac. de 25-01-2006, Proc. nº 184/06-3ª), de acordo com o disposto no art. 129º, nº 1, do CPP, quando o depoimento indirecto resulta do que se ouviu dizer a pessoas determinadas, dever-se-á considerar válido e, portanto, valorável quando depõe perante o tribunal aquele a quem a testemunha ouviu dizer (Ac. STJ de 12.09.2007, *in* www.dgsi.pt).

Quando a Sra. Inspectora da PJ dá conta do que vizinhos do arguido lhe disseram, isto é, que o veículo era utilizado pelo arguido, está a corporizar "depoimento indireto" cuja validade está sujeita às regras do art. 129º do CPP. Para esse depoimento ter vali-

dade era necessário que a testemunha identificasse os vizinhos em causa para estes puderem ser chamados a depor o que não aconteceu (Ac. TRL de 29.04.2008, *in* proc. 2702/08, www.dgsi.pt).

A interceção e a gravação de conversações ou comunicações telefónicas, ao permitirem a audição e a recolha da palavra das pessoas escutadas, não constituem depoimento indireto, tal qual se encontra previsto e regulado no artigo 129º do CPP, pelo que a valoração daquele meio de prova, genericamente, não está dependente da audição das pessoas escutadas no contraditório (Ac. STJ de 04.11.2009, *in* www.dgsi.pt).

É admissível o depoimento do agente policial infiltrado sobre factos a que tenha assistido, integradores da prática de crime, mesmo do que ouviu dizer ao arguido durante a sua prática, desde que tenha actuado ao abrigo do disposto no DL nº 101/2001, de 25.08 (*in* CPP-Mag. M.P. do Dist. Judicial do Porto) .

(...) o depoimento indirecto só vale como prova quando a "inquirição" de testemunhas não for possível por força das referidas circunstâncias previstas na lei. Portanto, não vale como prova o depoimento indirecto de uma testemunha sobre o que ouviu dizer ao arguido, ao assistente ou às partes civis; porque as "pessoas" a que a ressalva do nº 1 do artigo 129º se refere são apenas as testemunhas. E, tratando-se o artigo 129º de uma norma excepcional ela não pode, em prejuízo do princípio constitucional da imediação, ser aplicada analogicamente ao depoimento de uma testemunha sobre o que ouviu dizer ao arguido, ao assistente e às partes civis (também assim, Damião da Cunha, 1997: 438, com o argumento de que quanto aos sujeitos processuais decisivas são as declarações prestadas na audiência) (P.P. Albuquerque, *in* Comentário do CPP). **Nota:** O argumento invocado para a conclusão, é a excecionalidade desta norma. Não é fácil, no direito processual, individualizar-se normas excecionais, face à sua natureza essencialmente regulamentadora. A relação género/espécie inerente, esbate-se. Deve ponderar-se que, por força do art. 140º-2, aplica-se ao arguido, o regime genérico das testemunhas do art. 128º e do art. 138º.

Depoimento indireto e conhecimentos da investigação: Não deve confundir-se proibição de depoimento indireto, com as **conclusões da investigação** levada a cabo pelo OPC e expostas em audiência pelos agentes. Não raras vezes uma investigação começa por um "depoimento indireto", anónimo ou não, até com rumores e suspeições que alguém levanta, com denúncias vagas, etc.... Iniciada a investigação, ainda que partindo dessa base, esta ficará apenas como referencial, impondo-se as diligências e as conclusões da investigação com plena legalidade. Em termos gerais, o depoimento indireto, só é proibido, quando a prova se resume ao que se "ouviu dizer", por assim se violar o princípio do contraditório (art. 32º-5 da C.R.P.). Não quando o que se ouviu dizer foi confirmado pela investigação e se encontra devidamente sustentado em provas obtidas no seu decurso.

O que se pretende com a proibição do chamado depoimento indireto, contemplada no art. 129º, nº 1 C.P.P., é que o tribunal não acolha como prova um depoimento que se limita a reproduzir o que se ouvir a outra pessoa e que é possível ouvir diretamente. Assim, não se verifica depoimento indireto, quando as testemunhas, agentes da PSP, não se limitaram a reproduzir depoimento de outrem, mas pelo contrário, forneceram ao tribunal todos os indícios que o levaram a concluir que o arguido e o falecido companheiro, eram as pessoas que tinham cometido o crime (Ac. STJ de 06.05.99, *in* C.J.-VII-III-207).

I – Relativamente ao alcance da proibição do testemunho de "ouvir dizer", pode considerar-se adquirido, por um lado, que os agentes policiais não estão impedidos de depor sobre factos por eles detetados e constatados durante a investigação e, por outro lado, que são irrelevantes as provas extraídas de "conversas informais" mantidas entre esses mesmos agentes e os arguidos, ou seja, declarações obtidas à margem das formalidades e das garantias que a lei processual impõe. II – Pretenderá, assim, a lei impedir, com a proibição destas "conversas", que se frustre o direito do arguido ao silêncio, silêncio esse que seria "colmatado" ilegitimamente através da "confissão por ouvir dizer" relatada pelas testemunhas. III – Pressuposto desse direito ao silêncio é, no entanto, a existência de um inquérito e a condição de arguido: a partir de então, as suas declarações só podem ser recolhidas e valoradas nos estritos termos indicados na lei, sendo irrelevantes todas as conversas ou quaisquer outras provas recolhidas informalmente. IV – De forma diferente se passam as coisas quando se está no plano da recolha de indícios de uma infração de que a autoridade policial acaba de ter notícia: compete-lhe praticar "os atos necessários e urgentes para assegurar os meios de prova", entre os quais, "colher informações das pessoas que facilitem a descoberta dos agentes do crime" (art. 249º do CPP). V – Esta é uma fase de pura recolha informal de indícios, que não é dirigida contra ninguém em concreto; as informações que então forem recolhidas pelas autoridades policiais são necessariamente informais, dada a inexistência de inquérito. Ainda que provenham de eventual suspeito, essas informações não são declarações em sentido processual, precisamente porque não há ainda processo. VI – Completamente diferente é o que se passa com as ditas "conversas informais" ocorridas já durante o inquérito, quando já há arguido constituído, e se pretende "suprir" o seu silêncio, mantido em auto de declarações, por depoimentos de agentes policiais testemunhando a "confissão" informal ou qualquer outro tipo de declaração prestada pelo arguido à margem dos formalismos impostos pela lei processual para os atos a realizar no inquérito. VII – O que o art. 129º do CPP proíbe são estes testemunhos que visam suprir o silêncio do arguido, não os depoimentos de agentes de autoridade que relatam o conteúdo de diligências de investigação, nomeadamente a prática das providências cautelares a que se refere o art. 249º do CPP (Ac. STJ de 06.05.99, *in* CJ-VII-III-207).

Artigo 130º – Vozes públicas e convicções pessoais

1. Não é admissível como depoimento a reprodução de vozes ou rumores públicos.

2. A manifestação de meras convicções pessoais sobre factos ou a sua interpretação só é admissível nos casos seguintes e na estrita medida neles indicada:

a) Quando for impossível cindi-la do depoimento sobre factos concretos;

b) Quando tiver lugar em função de qualquer ciência, técnica ou arte;

c) Quando ocorrer no estádio de determinação da sanção.

COMENTÁRIOS:

A impossível objetividade dos depoimentos: Não são admissíveis depoimentos que não resultem de um **conhecimento objetivo**, nos termos do artigo anterior. Estamos no campo mais específico da proibição de prova, que gera nulidade da sentença [v. art. 379º-1-c)]. Mas nem sempre é possível **esterilizar** os depoimentos e libertá-los de todas as **convicções e interpretações pessoais**, sobretudo quando ocorrem as situações de comunicação reportadas nas alíneas. Nestes casos é a própria lei que expressamente as admite.

Referências: arts. 151º a 163º (prova pericial); art. 128º-2 (testemunhas de "abonação").

Artigo 131º – Capacidade e dever de testemunhar

1. Qualquer pessoa tem capacidade para ser testemunha desde que tenha aptidão mental para depôr sobre os factos que constituem objeto da prova e só pode recusar-se nos casos previstos na lei.

2. A autoridade judiciária verifica a aptidão física ou mental de qualquer pessoa para prestar testemunho, quando isso for necessário para avaliar da sua credibilidade e puder ser feito sem retardamento da marcha normal do processo.

3. Tratando-se de depoimento de menor de 18 anos em crimes contra a liberdade e autodeterminação sexual de menores, pode ter lugar perícia sobre a personalidade.

4. As indagações referidas nos números anteriores, ordenadas anteriormente ao depoimento, não impedem que este se produza.

(Última redação da L. 49/2018, de 14.08, que entrou em vigor em 10.02.2019)

COMENTÁRIOS:

Limites para a capacidade de testemunhar: O único limite absoluto para a capacidade natural de testemunhar é o da **incapacidade mental para depor sobre os factos que constituem objeto da prova** (v. art. 124º). Muitas vezes depõem nos tribunais, com inteira validade, pessoas com deficiências mentais e menores de tenra idade (alguns, vítimas). Em todos os casos, deve a autoridade judiciária [art. 1º-b)] **verificar** sempre a aptidão física e mental de qualquer depoente para prestar depoimento, recebê-lo e avaliar a sua congruência (tendo desaparecido o impedimento absoluto, decorrente da condição de interdito por anomalia psíquica, declarado judicialmente, por força da alteração da L. 49/2018, de 14.08, que, quanto a este artigo, só entrou em vigor em 10.02.2019, ainda que o T.C., já tivesse declarado a inconstitucionalidade do caso, no seu ac. 359/2011). Tal verificação pode ser feita **empiricamente**, ou em caso de dúvida, com recurso a **exame psiquiátrico** (v. arts. 154º e 159º).

Situação especial será a de depoentes menores de 18 anos, sendo vítimas também menores de 18 anos (v. art. 122º do C.C.) quando o seu depoimento incidir sobre crimes de natureza sexual, onde a **perícia sobre a personalidade** pode ter lugar se a autoridade judiciária (Juiz ou o M.P. durante o inquérito) assim o decidir (v. art. 160º).

Ao lado desta problemática de impedimento de testemunhar, por razões físico-mentais, há **impedimentos** de natureza processual a ter em conta, cf. dispõem os arts. 133º a 137º.

Artigo 132º – Direitos e deveres da testemunha

1. Salvo quando a lei dispuser de forma diferente, incumbem à testemunha os deveres de:

a) Se apresentar, no tempo e no lugar devidos, à autoridade por quem tiver sido legitimamente convocada ou notificada, mantendo-se à sua disposição até ser por ela desobrigada;

b) Prestar juramento, quando ouvida por autoridade judiciária;

c) Obedecer às indicações que legitimamente lhe forem dadas quanto à forma de prestar depoimento;

d) Responder com verdade às perguntas que lhe forem dirigidas.

2. A testemunha não é obrigada a responder a perguntas quando alegar que das respostas resulta a sua responsabilização penal.

3. Para o efeito de ser notificada, a testemunha pode indicar a sua residência, o local de trabalho ou outro domicílio à sua escolha.

4. Sempre que deva prestar depoimento, ainda que no decurso de acto vedado ao público, a testemunha pode fazer-se acompanhar de advogado, que a informa, quando entender necessário, dos direitos que lhe assistem, sem intervir na inquirição.

5. Não pode acompanhar testemunha, nos termos do número anterior, o advogado que seja defensor de arguido no processo.

COMENTÁRIOS:

Deveres da testemunha: No cumprimento da sua obrigação legal de testemunhar, a testemunha tem os deveres aqui claramente expressos, avultando o de prestar **juramento** e responder com **verdade** às perguntas que lhe forem feitas, sob pena de responsabilidade penal (v. art. 360º do C.P. – crime de falsidade de testemunho ou art. 367º do C.P. – crime de favorecimento pessoal/encobrimento). A testemunha pode ainda indicar qualquer **local** para notificações futuras.

Direitos da testemunha: No campo dos direitos, avulta a possibilidade de se recusar a depor, quando **alegar** que daí resulta a sua **responsabilidade penal** (princípio da não autoincriminação). Sendo certo que basta ao arguente alegar a sua responsabilidade penal para efetivar o direito de não responder, não deverá o M.P., ficar paralisado perante a alegação, podendo instaurar um processo-crime para investigar a situação (v. art. 241º). Entre os novos direitos da testemunha, está o de se fazer acompanhar por **advogado** (não o do arguido), que todavia não pode intervir na inquirição, tão-somente informar a testemunha dos seus direitos de acordo com o art. 132º-4 (como se as autoridades não fossem capaz de informar a testemunha dos seus direitos!). É uma regra estapafúrdia e muito perigosa, que pode pôr em causa a espontaneidade e veracidade dos depoimentos das testemunhas, abrindo a porta a situações de possibilidade do seu condicionamento por pessoas que exerçam sobre ela domínio ou autoridade, impondo-lhe a presença de um fiscalizador e controlador do depoimento, sob a forma de advogado, circunstância esta que o legislador deveria ter pensado, sobretudo nos casos de organizações criminosas (v. notas ao art. 64º).

Referências: art. 348º (inquirição das testemunhas em julgamento); art. 417º do CPC (dever de cooperação para a descoberta da verdade e sanções).

Artigo 133º – Impedimentos

1. Estão impedidos de depor como testemunhas:

a) O arguido e os co-arguidos no mesmo processo ou em processos conexos, enquanto mantiverem aquela qualidade;

b) As pessoas que se tiverem constituído assistentes, a partir do momento da constituição;

c) As partes civis;

d) Os peritos, em relação às perícias que tiverem realizado.

2. Em caso de separação de processos, os arguidos de um mesmo crime ou de um crime conexo, mesmo que já condenados por sentença transitada em julgado, só podem depor como testemunhas se nisso expressamente consentirem.

COMENTÁRIOS:

Estatuto de testemunha: Quando a norma diz que os vários **sujeitos processuais** que elenca, estão impedidos de depor como testemunhas, significa apenas que não têm o estatuto de testemunhas (v. art. 132º). Não significa que não possam depor. Não podem é ter o estatuto de testemunhas (que teoricamente tem uma posição de imparcialidade, com uma credibilidade maior) e consequentemente terem os direitos e deveres das testemunhas, por exemplo, os **arguidos** e **coarguidos,** no **mesmo processo ou em processos conexos** [v. art. 24º-1-d)-e)] (s.m.o., processos tutelares, incluído). Mas havendo **separação de processos** (v. art. 30º) desde que a imputação que lhes é feita, seja pelo **mesmo crime** ou **crime conexo,** mesmo que já **condenados** por **sentença transitada** (deixando em rigor de ser arguidos, passando a "condenados" – v. art. 57º-2) já podem depor como testemunhas, mas neste caso, só se nisso **expressamente consentirem**. Registe-se a subtil diferença entre **conexão de processos** [nº 1-a)] e **conexão de crimes** (nº 2). Se o arguido não for condenado, seja qual for a razão (substantiva ou processual) já não haverá impedimento na sua audição como testemunha. O que releva é a possibilidade do seu depoimento ser influenciado por estratégias evasivas ou de exculpação, o que não acontece quando essa estratégia deixa de ter campo de aplicação. Enfim... digamos que este esquema é algo mecanicista. Em matéria de apreciação da prova, o que é mesmo relevante é a credibilidade de cada depoimento, independentemente do estatuto de quem o profere. Não deve confundir-se esta norma, que diz respeito ao **estatuto** da testemunha, com as **declarações de coarguidos** a que se reporta o art. 345º-4.

Alem dos arguidos, também não podem ter o estatuto de testemunhas, os **assistentes** e **partes civis**, face à potencial parcialidade do seu posicionamento, nem os **peritos,** a quem é conferida especial creditação (v. art. 156º) não obstante estarem todos sujeitos ao **dever de verdade** (v. art. 38º-2 do C.P. – noção de consentimento).

A proibição de o arguido ser ouvido como testemunha, enquanto limitação dos mecanismos de constrangimento inerentes à prova testemunhal, constitui expressão do privilégio contra a autoincriminação (...). Ao cometer ao coarguido a decisão sobre o exercício concreto da proteção, o impedimento deixa de ser absoluto e passa a relativo. (...) o impedimento cessa no caso de o coarguido deixar de o ser no processo separado, por qualquer forma por que o procedimento criminal se pode extinguir (Ac. T.C. 181/2005, *in* www.tribunalconstitucional.pt)

Nulidade: Pese alguma divergência doutrinal e jurisprudencial, a violação do disposto na alínea a), face ao adjetivo *"impedidos"*, parece configurar uma **nulidade absoluta** sob a forma de **método proibido de prova**, na medida em que viola diretamente os direitos do arguido, designadamente o direito ao silêncio naqueles processos, razão pela qual já se admite tal prova, quando haja separação de processos e consentimento expresso [v. arts. 126º-2-a) e 343º-1]. Não se entendendo assim, será uma **nulidade sanável**, prevista no art. 120º-1-2-3-a). O mesmo se dirá, relativamente ao arguido que se encontrar na situação prevista no nº 2, e não for informado de que só é obrigado a depor, se nisso consentir [art. 61º-1-h)].

Referências: art. 57º (assunção da qualidade de arguido); art. 61º (direitos e deveres do arguido); art. 343º (declarações do arguido); art. 344º-3-a) (confissão e coarguidos); art. 345º-4 (declarações em audiência de coarguidos); art. 348º-6 (inquirição a testemunhas de coarguidos pelo defensor); art. 357º (reprodução ou leitura em audiência das declarações do arguido).

Artigo 134º – Recusa de depoimento

1. Podem recusar-se a depor como testemunhas:

a) Os descendentes, os ascendentes, os irmãos, os afins até ao 2º grau, os adoptantes, os adoptados e o cônjuge do arguido;

b) Quem tiver sido cônjuge do arguido ou quem, sendo de outro ou do mesmo sexo, com ele conviver ou tiver convivido em condições análogas às dos cônjuges, relativamente a factos ocorridos durante o casamento ou a coabitação.

2. A entidade competente para receber o depoimento adverte, sob pena de nulidade, as pessoas referidas no número anterior da faculdade que lhes assiste de recusarem o depoimento.

COMENTÁRIOS:

Recusa legal de depoimento: As testemunhas só são obrigadas a prestar depoimento quando não se encontrem em nenhuma das situações referidas na norma, que resultam de situações de parentesco ou de vida, **relativamente ao arguido**. Aceitando depor, ficam sujeitas aos direitos e deveres previstos no art. 132º.

Nulidade: As testemunhas devem ser **advertidas** da faculdade de recusa de prestação de depoimento pelo inquiridor, sob pena de **nulidade**. Pese alguma divergência doutrinal e jurisprudencial, a omissão da advertência contida no nº 2, parece configurar uma **nulidade** sob a forma de **produção de método proibido de prova**, na medida em que viola diretamente os direitos do arguido, ou por equivaler a meio enganoso de obter prova [art. 126º-2-a)] ou por intromissão na vida privada [v. arts. 126º-3]. E assim poderá ser respetivamente uma **nulidade sanável ou insanável** (v. notas ao art. 126º).

"Neste particular, esta alínea b, é suscetível de padecer de inconstitucionalidade por violação do princípio da igualdade, consagrado no art. 13º da CRP, na medida em que não prevê a possibilidade de a pessoa que com o arguido conviver em união de facto, se recusar a depor como testemunha, relativamente a factos ocorridos antes da coabitação, nos mesmos termos em que o art. 134º, nº 1, al. a), prevê para o cônjuge do arguido." (*in* CPP dos magistrados do M.P. do distrito judicial do Porto).

Artigo 135º – Segredo profissional

1. Os ministros de religião ou confissão religiosa e os advogados, médicos, jornalistas, membros de instituições de crédito e as demais pessoas a quem a lei permitir ou impuser que guardem segredo podem escusar-se a depor sobre os factos por ele abrangidos.

2. Havendo dúvidas fundadas sobre a legitimidade da escusa, a autoridade judiciária perante a qual o incidente se tiver suscitado procede às averiguações necessárias. Se, após estas, concluir pela ilegitimidade da escusa, ordena, ou requer ao tribunal que ordene, a prestação do depoimento.

3. O tribunal superior àquele onde o incidente tiver sido suscitado, ou, no caso de o incidente ter sido suscitado perante o Supremo Tribunal de Justiça, o pleno das secções criminais, pode decidir da prestação de testemunho com quebra do segredo profissional sempre que esta se mostre justificada, segundo o princípio da prevalência do interesse preponderante, nomeadamente tendo em conta a imprescindibilidade do depoimento para a descoberta da verdade, a gravidade do crime e a necessidade de protecção de bens jurídicos. A intervenção é suscitada pelo juiz, oficiosamente ou a requerimento.

4. Nos casos previstos nos nºs 2 e 3, a decisão da autoridade judiciária ou do tribunal é tomada ouvido o organismo representativo da profissão relacionada com o segredo profissional em causa, nos termos e com os efeitos previstos na legislação que a esse organismo seja aplicável.

5. O disposto nos nºs 3 e 4 não se aplica ao segredo religioso.

COMENTÁRIOS:

Segredo profissional: Por segredo profissional, entende-se todo aquele que, decorrente do exercício de determinadas funções, **resulta de lei expressa**. Face a uma recusa de depoimento com este fundamento, deve a situação ser analisada. Se for considerada a recusa **ilegítima** (conclusão que pode ser muito subjetiva e só deve ser alcançada quando for manifesto que se está perante um caso claramente não abrangido pelo segredo profissional) deve ser **ordenado** a sua prestação, nos termos descritos na norma. Se analisada a situação, for considerado pela autoridade judiciária, que tal **recusa é legítima**, estamos perante um **incidente,** que obrigatoriamente tem de ser decidido pelo **tribunal imediatamente superior.** Em qualquer caso, havendo invocação do segredo profissional, deverá sempre ser ouvido o **organismo representativo da profissão**. A violação do dever de segredo, constitui **crime**, p.p.p. art. 195º do C.P. Mas o segredo religioso, tem os limites do nº 5, o que o torna insindicável (v. art. 417º do C.P.C.).

Pressupostos da dispensa do segredo: Os pressupostos são, a **gravidade** do crime, a **imprescindibilidade** da informação e a necessidade de **proteção de bens jurídicos**, no quadro analítico do **princípio da prevalência do interesse preponderante.**

Jurisprudência uniformizadora: Ac. do STJ de Fixação de Jurisprudência nº 2/2008, de 13.02.2008, *in* D.R. de 31.03.2008: «*1) Requisitada a instituição bancária, no âmbito de inquérito criminal, informação referente a conta de depósito,* *a instituição interpelada só poderá legitimamente escusar-se a prestá-la com fundamento em segredo bancário; 2) Sendo ilegítima a escusa, por a informação não estar abrangida pelo segredo, ou por existir consentimento do titular da conta, o próprio tribunal em que a escusa for invocada, depois de ultrapassadas eventuais dúvidas sobre a ilegitimidade da escusa, ordena a prestação da informação, nos termos do nº 2 do artigo 135º do Código de Processo Penal; 3) Caso a escusa seja legítima, cabe ao tribunal imediatamente superior àquele em que o incidente se tiver suscitado ou, no caso de o incidente se suscitar perante o Supremo Tribunal de Justiça, ao pleno das secções criminais, decidir sobre a quebra do segredo, nos termos do nº 3 do mesmo artigo».*

Segredo bancário: É no domínio bancário, que mais vezes se coloca a questão da dispensa ou quebra do segredo. O regime do segredo bancário, encontra-se previsto nos **arts. 78º e 79º do D.L. 298/92, de 31.12**, que contém o regime geral das instituições de crédito e sociedades financeiras. Tal regime foi alterado pela L. 36/2010, de 02.09, entrada em vigor em 02.03.2011, que, no que releva para o caso, alterou a redação da alínea d) do nº 2 do art. 79º, que passou a incluir entre as entidades a quem podem ser revelados dados cobertos pelo dever de segredo, ***«as autoridades judiciárias no âmbito de um processo penal»***. A definição de tais autoridades, encontra-se no **art. 1º-b) do CPP**, sendo elas, os **Juízes e o M.P.** E assim, nenhuma dúvida pode agora subsistir que no decurso do inquérito (de que o M.P. é titular) tem o M.P., legitimidade, para diretamente e sem mediação judicial, solicitar aos bancos, com dispensa do segredo bancário, as informações que forem julgadas convenientes à investigação. Aliás, seria espantoso, que funcionários da administração tributária e outros pudessem solicitar tal aos bancos, como podem, e os magistrados do M.P. para prossecução das suas funções como órgãos da justiça, não. A recusa de prestar informações ao M.P. ou ao Juiz (sem invocação de recusa legitima para tanto) pode constituir um **crime de desobediência**, p.p.p. art. 348º-1-b) do C.P. e pode em casos extremos, gerar uma **busca** e **apreensão** de documentos no banco, como previsto nos arts. 174º e 181º.

"Com a alteração introduzida pela Lei nº 36/2010, de 2 de Setembro, ao art. 79º, nº 2, al. d) do Regime Geral das Instituições de Crédito e Sociedades Financeiras, o legislador pretendeu agilizar o procedimento relativo à obtenção de informações cobertas pelo segredo bancário, atribuindo, as autoridades judiciárias, competência para os solicitar. Desse modo, a lei reconheceu que o interesse da investigação prevalece face ao direito de reserva da vida privada do titular de uma conta bancária e que, por essa razão, o dever de segredo cai perante a solicitação de uma autoridade judiciária efectuada no âmbito de um processo penal. Face à definição contida no art. 1º, al. b) do CPP, encontrando-se o processo em fase de inquérito, cabe necessariamente ao Ministério Público, enquanto auto-

ridade judiciária e titular da direcção do inquérito, solicitar as informações bancárias, revelando-se ilegítima a recusa da entidade bancária em fornecer os elementos assim solicitados (Ac. TRL de 14.09.2011, proc. 1214/10.0PBSNT-A.L, *in* www.dgsi.pt).

I – Quando é invocado o direito de escusa por um estabelecimento bancário, a autoridade judiciária: – aceita como legítima a escusa e aí o respondente deve silenciar sobre os factos sigilosos de que tiver conhecimento, sob pena de incorrer no crime de violação de segredo (art. 195º do CP); ou – entende que a escusa é ilegítima e então ordena, após as necessárias averiguações, que o respondente deponha sobre o que lhe é perguntado (art. 135º, nºs 1 e 2), sob pena de cometer o crime de recusa de depoimento se o não fizer (art. 360º, nº 2, do CP); ou – suscita ao tribunal competente que ordene a prestação de depoimento, se tiver que ser quebrado o segredo profissional (art. 135º, nºs 2 e 5) (Acs. STJ de 12.04.2007, proc. 07P1232, *in* www.dgsi.pt).

Regime especial de quebra de segredo profissional; a L. 5/2002, de 11.01: Tem sido uniforme a jurisprudência, de que os bancos estão dispensados do dever de sigilo e devem prestar informações às autoridades judiciárias, relativamente, à identificação de suspeitos e arguidos, que levantam cheques e vales de correio, bem como movimentos bancários e financeiros que desenvolvem à sombra dos crimes que cometem. Muitas vezes essas informações são imprescindíveis à investigação de crimes de furto, roubo, burla, abuso de confiança, falsificação, tráfico de droga, etc...Neste particular, veja-se com muita atenção o **regime especial de quebra de segredo profissional,** previsto na **L. 5/2002, de 11.01,** que estabelece **medidas de combate à criminalidade organizada e económico-financeira,** relativamente aos crimes que ali cataloga.

I – Tornando-se necessárias à investigação de um processo por eventuais crimes de abuso de confiança e infidelidade, informações relacionadas com movimentos de contas bancárias e empréstimos e amortizações e declarações de rendimentos, justifica-se dispensar os respectivos bancos e repartições de finanças do cumprimento do dever de segredo profissional. II — Com efeito, o interesse público da boa administração da justiça penal prevalece sobre os interesses privados tutelados pelo sigilo bancário e pelo sigilo fiscal (Ac. TRP de 08.01.2002, proc. 0111354, *in* www.dgsi.pt).

Justifica-se que a instituição bancária seja dispensada do cumprimento do sigilo bancário, no que diz respeito ao fornecimento da identificação dos titulares dos Cartões de Multibanco, através dos quais foram efectuados os carregamentos dos telemóveis, donde foram feitas chamadas ameaçadores para o telemóvel do ofendido, vítima de incêndio (Ac. TRP de 21.04.2004, proc. 0411465, *in* www.dgsi.pt).

"O juiz de instrução, se considerar que os factos sobre os quais se pretende obter informação bancária estão cobertos pelo sigilo bancário, não pode decidir sobre a quebra do

sigilo, tendo antes que suscitar o respectivo incidente perante o Tribunal da Relação sob pena de cometimento da nulidade prevista no art. 119º, al. e) (Ac. TRP de 02.03.2005, proc. 0445667, *in* www.dgsi.pt).

Ordens e Estatutos profissionais: A questão do segredo profissional pode colocar-se relativamente a muitas profissões e atividades, encontrando-se regulamentado nas sempre inacabáveis leis e estatutos que a elas concerne. Por exemplo, advogados, solicitadores, médicos, veterinários, técnicos oficiais de contas, funcionários dos mercados e valores imobiliários, ou das atividades financeiras, ou de informáticas, etc... Na verdade, Portugal é um país de segredos; alguns deles de *polichinelo.*

Artigo 136º – Segredo de funcionários

1. Os funcionários não podem ser inquiridos sobre factos que constituam segredo e de que tiverem tido conhecimento no exercício das suas funções.

2. É correspondentemente aplicável o disposto nos nºs 2 e 3 do artigo anterior.

COMENTÁRIOS:

Testemunhas: Estabelece as mesmas regras de segredo, do artigo anterior, agora aplicado em **termos pessoais** aos funcionários que depõem num processo-crime. O conceito de funcionário, está muito para além do contido no art. 386º do C.P. Por funcionário, entende-se toda a pessoa que trabalha na instituição alvo. Como já se disse tem de haver **lei expressa**, que preveja o segredo e se aplique funcionalmente àquela concreta testemunha. Se não houver, nem sequer se põe a questão do segredo.

Referências: art. 182º (segredo profissional e de estado); L. Orgânica 2/2014, de 06.08 (regime do segredo de estado); L. 30/84, de 05.09 (bases gerais do sistema de informações da república); D.L. 223/85, de 04.07 (sistema de informações da república portuguesa); L. 53/2008, de 29.08 (lei da segurança interna).

Artigo 137º – Segredo de Estado

1. As testemunhas não podem ser inquiridas sobre factos que constituam segredo de Estado.

2. O segredo de Estado a que se refere o presente artigo abrange, nomeadamente, os factos cuja revelação, ainda que não constitua crime, possa causar dano à segurança, interna ou externa, do Estado Português ou à defesa da ordem constitucional.

3. A invocação de segredo de Estado por parte da testemunha é regulada nos termos da lei que aprova o regime do segredo de Estado e da Lei-Quadro do Sistema de Informações da República Portuguesa.

(Última redação da Lei Orgânica 2/2014, de 06.08)

COMENTÁRIOS:

Segredo de estado: O segredo de estado não é ilimitadamente investigável, sendo a fronteira, o **«dano»** presumivelmente causado às instituições. Esta norma é uma especialização do disposto no artigo anterior, mas com o sentido de proibição genérica. Enquanto no artigo anterior, há uma relação de funcionalidade, aqui o segredo de estado, **impõe-se a todos os cidadãos**, quer exista ou não essa relação funcional entre a sua atividade e o dever de segredo. A violação desse dever, fará o agente incorrer na prática de um crime de violação de segredo de estado (v. art. 316º do C.P.).

Salvaguarda da ação penal: Não são objeto de segredo de estado elementos de prova respeitantes a factos indiciários da prática de crimes contra a segurança do próprio estado, devendo eles serem comunicados às entidades competentes para investigação, cf. melhor consta infra na lei do segredo de estado.

Art. 7º da L.2/2014, de 06.08: *Os documentos e as informações que constituam elementos de prova respeitantes a factos indiciários da prática de crimes contra a segurança do Estado devem ser comunicados às entidades competentes para a sua investigação, não podendo ser mantidos sob segredo de Estado, salvo pela entidade detentora do segredo e pelo tempo estritamente necessário à salvaguarda da segurança interna e externa, bem como à independência nacional e à unidade e integridade do Estado e à salvaguarda dos interesses fundamentais do Estado.*

Referências: art. 182º (segredo profissional e de estado); art. 316º-1 do C.P. (noção de segredo de estado); L. Orgânica 2/2014, de 06.08 (regime do segredo de estado); L. 30/84, de 05.09 (bases gerais do sistema de informações da república); D.L. 223/85, de 04.07 (sistema de informações da república portuguesa); L. 53/2008, de 29.08 (lei da segurança interna).

Artigo 138º – Regras da inquirição

1. O depoimento é um acto pessoal que não pode, em caso algum, ser feito por intermédio de procurador.

2. Às testemunhas não devem ser feitas perguntas sugestivas ou impertinentes, nem quaisquer outras que possam prejudicar a espontaneidade e a sinceridade das respostas.

3. A inquirição deve incidir, primeiramente, sobre os elementos necessários à identificação da testemunha, sobre as suas relações de parentesco e de interesse com o arguido, o ofendido, o assistente, as partes civis e com outras testemunhas, bem como sobre quaisquer circunstâncias relevantes para avaliação da credibilidade do depoimento. Seguidamente, se for obrigada a juramento, deve prestá-lo, após o que depõe nos termos e dentro dos limites legais.

4. Quando for conveniente, podem ser mostradas às testemunhas quaisquer peças do processo, documentos que a ele respeitem, instrumentos com que o crime foi cometido ou quaisquer outros objectos apreendidos.

5. Se a testemunha apresentar algum objecto ou documento que puder servir a prova, faz-se menção da sua apresentação e junta-se ao processo ou guarda-se devidamente.

COMENTÁRIOS:

Regras de inquirição e boas práticas: A inquirição é um ato **pessoal**, devendo o inquirido, começar por **identificar-se** e esclarecer todas as circunstâncias do seu **relacionamento** com os restantes intervenientes processuais e quaisquer **interesses** que tenha no pleito. A **motivação** da testemunha, é um dado essencial para avaliar do grau de isenção e consequente credibilidade do depoimento. Iniciada a inquirição propriamente dita, deve o inquirido informar a sua **razão de ciência** (a fim de se poder aquilatar, do **meio** ou da **forma** como teve conhecimento daquilo que vai relatar). Não podem ser feitas aos inquiridos, perguntas que **induzam** as respostas, ou perguntas **impertinentes,** sem relevância para o objeto processual. Todos os depoimentos produzidos numa audiência têm sempre como limite o **objeto do processo**, traçado pela acusação (art. 124º). O magistrado que preside ao interrogatório, deve ter estas regras base sempre em consideração. Se não for ele o interrogador (caso do Juiz na audiência de julgamento) deve dar alguma amplitude/tempo a quem está fazendo a inquirição, para concluir se a pergunta é impertinente ou não, pois nem sempre isso é imediatamente apreensível e bem pode acontecer que a pergunta aparentemente irrelevante, com o desenvolvimento do raciocínio, se venha a revelar útil, para a compreensão do caso. Ninguém é obrigado a fazer perguntas de resposta direta, podendo usar-se uma estratégia comunicacional circundante, até para avaliar da credibilidade dos depoimentos. Um Juiz demasiado **intervencionista**, que está constantemente a interromper as inquirições e a cortar os raciocínios (como por demasiadas vezes acontece) deve ser alvo de um **protesto** para a ata. Um Juiz **passivo**, que "deixa fazer tudo" e permite que uma inquirição num tribunal, se converta numa "conversa de café", não cumpre a lei. Neste campo, boas práticas, são sinónimo de moderação com rigor.

Inquirição, não é apenas oralidade, mas também **imediação da prova**; pode o inquirido ser confrontado com toda a espécie de **documentos e objetos**, podendo este por sua vez também apresentá-los durante a inquirição. Quando o inquirido tem estatuto de testemunha, presta **juramento.**

Documentos e apontamentos usados pela testemunha: Nada impede que a testemunha se sirva de ***"auxiliares de memória"***, tendo em conta até o largo tempo que habitualmente dista entre os factos em discussão e o seu testemunho em audiência. Mas haverá sempre que analisar se tais escritos têm essa função ou se trata de uma narração escrita (o que é proibido; a inquirição é um ato oral e pessoal – v. nº 1) eventualmente destinando-se a criar falsidades (podendo incorrer a testemunha em responsabilidade penal). Inclusivamente podem os magistrados ordenar que tais documentos, se relevantes, sejam juntos ao processo (v. nº 5).

Uma testemunha, que antecipadamente elabora um esquema, ou um rascunho, para melhor facilitação da tarefa de depor, por que razão não poderá valer-se do mesmo em audiência? Violará o princípio da imediação? Parece-nos que não. O juiz atende ao seu depoimento e não ao conteúdo do rascunho. Violará o princípio do contraditório? Também não nos parece. O MP, bem como os mandatários, sempre podem requerer o que houver por bem. E o Mmo Juiz, tomar a posição que entenda adequada (Vinício Ribeiro, *in* CPP, notas ao artigo).

Avaliação do depoimento: A avaliação da **qualidade dos depoimentos** (nem todos os depoimentos contribuem para a descoberta da verdade; alguns são mesmo mentirosos) é essencial para a decisão. Tem sempre de se levar em conta uma pluralidade vasta de circunstâncias objetivas e subjetivas, que estejam presentes no caso concreto.

Desde logo, para melhor compreensão do fenómeno, pode o depoimento humano dividir-se em categorias, por forma a serem consideradas diversas das suas vertentes, como por exemplo:

a) em função da sua forma – oral ou escrita, podendo o depoimento oral ainda vir a assumir a forma transcrita ou registada por outro meio; b) em função do sujeito depoente – a testemunha, o perito, o arguido, o ofendido ou o lesado, com todas as subdivisões que ainda se possam estabelecer; c) em função da razão de ciência do sujeito – por conhecimento direto ou indireto; de ordem presencial, circunstancial ou técnica; d) em função do seu conteúdo ideológico – narrativo, sensitivo, interpretativo, conclusivo ou de juízos sobre os factos, os atos e as pessoas; e) em função do seu conteúdo idiomático – escorreito, percetível, confuso, impercetível; f) em função do seu conteúdo lógico – coerente, incoerente, verosímil, inverosímil, probabilístico, certo, incerto; g) em função do grau de certeza manifestado pelo sujeito quanto ao seu conteúdo – seguro, inseguro, duvidoso ou ignorante; sem prejuízo do infindável número de categorias que possam ser estabelecidas de acordo com a sua utilidade (Francisco Marcolino dos Santos, *in* A defesa e a investigação do crime, págs. 99, 100).

Referências: art. 323º-f)-g) (disciplina e direção); arts. 348º e 349º (inquirição de testemunhas e menores em julgamento); art. 350º-2 (consulta de apontamentos por peritos e consultores); art. 75º do E.O.A. (protesto)

Artigo 139º – Imunidades, prerrogativas e medidas especiais de protecção

1. Têm aplicação em processo penal todas as imunidades e prerrogativas estabelecidas na lei quanto ao dever de testemunhar e ao modo e local de prestação dos depoimentos.

2. A protecção das testemunhas e de outros intervenientes no processo contra formas de ameaça, pressão ou intimidação, nomeadamente nos casos de terrorismo, criminalidade violenta ou altamente organizada, é regulada em lei especial.

3. Fica assegurada a possibilidade de realização do contraditório legalmente admissível no caso.

COMENTÁRIOS:

Estatuto especial de testemunhas: Algumas pessoas, por força do cargo ou função que desempenham, gozam de um **estatuto profissional** especial, em matéria de depoimento testemunhal, designadamente, presidente da república, membros do governo, deputados, juízes conselheiros, embaixadores, etc..., estatuto este que lhes é conferido não só pelas leis que regem a sua atividade, como pelos arts. 503º a 505º do CPC, *ex vi*, art. 4º.

Regime de proteção de testemunhas: Algumas testemunhas em casos de extrema violência e perigosidade, podem ficar sujeitas a **medidas de proteção** disponibilizadas pelo Estado, existindo leis especiais para tal (v. L. 93/99, de 04.07 e D.L. 190/2003, de 22.08 – lei da proteção de testemunhas e regulamento). O art. 15º da L. 130/2015, de 04.09 (estatuto da vítima) alargou o direito de proteção às vítimas (v. noção de vítima no art. 67º-A e a lei em anexo).

Referências: art. 117º e 157º da C.R.P. (estatuto e imunidades dos titulares dos cargos políticos); art. 319º (tomada de declarações no lugar em que o declarante se encontrar); art. 352º (afastamento do arguido da sala de audiência, durante a prestação de declarações dos intervenientes processuais).

CAPÍTULO II – Das declarações do arguido, do assistente e das partes civis

Artigo 140º – Declarações do arguido: Regras gerais

1. Sempre que o arguido prestar declarações, e ainda que se encontre detido ou preso, deve encontrar-se livre na sua pessoa, salvo se forem necessárias cautelas para prevenir o perigo de fuga ou actos de violência.

2. Às declarações do arguido é correspondentemente aplicável o disposto nos artigos 128º e 138º, salvo quando a lei dispuser de forma diferente.

3. O arguido não presta juramento em caso algum.

COMENTÁRIOS:

Estatuto do arguido: O arguido, que também é um **meio de prova** (enquanto declaratário – v. art. 357º e enquanto objeto de exame – v. art. 172º) tem o seu estatuto processual consignado nos arts. 57º a 67º. No plano da forma e valor das suas declarações, tal estatuto estende-se aos artigos 140º a 144º. Como princípio geral, as suas declarações devem ser **livres** e **voluntárias**, daí que não deva ser interrogado algemado ou em qualquer outra situação física coativa, exceto se tal for cautelarmente necessário (v. art. 325º-1). Aplica-se-lhe as regras gerais do depoimento das testemunhas, com exceção da obrigação de prestar juramento. Mas, por força disso, não deve concluir-se que o arguido tem o direito de mentir (a mentira é uma deficiência do carater, eticamente inadmissível). Tem é o direito de não falar sobre factos que o incriminem [arts. 61º-1-d) e 353º-1]. Se falar e mentir, não incorre em qualquer sanção direta, mas, se condenado, não pode ou não deve beneficiar de **atenuantes comportamentais** de carater geral [v. art. 71º-2-e) do C.P.]. Infelizmente os Juízes, nem sempre refletem sobre isto (sobre o direito ao silêncio, v. arts. 343º e 357º e respetivas notas).

O arguido *«não tem obrigação jurídica de declarar a verdade, como lhe foi reconhecido, desde logo no aforismo nemo auditur perire volens, como no artigo 14º, nº 3 do Pacto internacional relativo a direitos civis políticos, já que ao prestar declarações está a assumir a sua defesa. Só que isto não lhe confere o direito de mentir. É que, doutro modo, estaria isento de responsabilidade mesmo quando, excedendo os limites desse direito de defesa, atingisse outros valores éticos penalmente tutelados, designadamente quando fizesse imputar a outrem os factos – artigos 187º e 365º do C.Penal.»* (Gil Moreira dos Santos, *in* O direito processual penal, pág. 230).

Artigo 141º – Primeiro interrogatório judicial de arguido detido

1. O arguido detido que não deva ser de imediato julgado é interrogado pelo juiz de instrução, no prazo máximo de quarenta e oito horas após a detenção, logo que lhe for presente com a indicação circunstanciada dos motivos da detenção e das provas que a fundamentam.

2. O interrogatório é feito exclusivamente pelo juiz, com assistência do Ministério Público e do defensor e estando presente o funcionário de justiça. Não é admitida a presença de qualquer outra pessoa, a não ser que, por motivo de segurança, o detido deva ser guardado à vista.

3. O arguido é perguntado pelo seu nome, filiação, freguesia e concelho de naturalidade, data de nascimento, estado civil, profissão, residência, local de trabalho, sendo-lhe exigida, se necessário, a exibição de documento oficial bastante de identificação. Deve ser advertido de que a falta de resposta a estas perguntas ou a falsidade das respostas o pode fazer incorrer em responsabilidade penal.

4. Seguidamente, o juiz informa o arguido:

a) Dos direitos referidos no nº 1 do artigo 61º, explicando-lhos se isso for necessário;

b) De que não exercendo o direito ao silêncio as declarações que prestar poderão ser utilizadas no processo, mesmo que seja julgado na ausência, ou não preste declarações em audiência de julgamento, estando sujeitas à livre apreciação da prova;

c) Dos motivos da detenção;

d) Dos factos que lhe são concretamente imputados, incluindo, sempre que forem conhecidas, as circunstâncias de tempo, lugar e modo; e

e) Dos elementos do processo que indiciam os factos imputados, sempre que a sua comunicação não puser em causa a investigação, não dificultar a descoberta da verdade nem criar perigo para a vida, a integridade física ou psíquica ou a liberdade dos participantes processuais ou das vítimas do crime; ficando todas as informações, à excepção das previstas na alínea *a*), a constar do auto de interrogatório.

5. Prestando declarações, o arguido pode confessar ou negar os factos ou a sua participação neles e indicar as causas que possam excluir a ilicitude ou a culpa, bem como quaisquer circunstâncias que possam relevar para a determinação da sua responsabilidade ou da medida da sanção.

6. Durante o interrogatório, o Ministério Público e o defensor, sem prejuízo do direito de arguir nulidades, abstêm-se de qualquer interferência, podendo o juiz permitir que suscitem pedidos de esclarecimento das respostas dadas pelo arguido. Findo o interrogatório, podem requerer ao juiz que formule àquele as perguntas que entenderem relevantes para a descoberta da verdade. O juiz decide, por despacho irrecorrível, se o requerimento há-de ser feito na presença do arguido e sobre a relevância das perguntas.

7. O interrogatório do arguido é efetuado, em regra, através de registo áudio ou audiovisual, só podendo ser utilizados outros meios, designadamente estenográficos ou estenotípicos, ou qualquer outro meio técnico idóneo a assegurar a reprodução integral daquelas, ou a documentação através de auto, quando aqueles meios não estiverem disponíveis, o que deverá ficar a constar do auto.

8. Quando houver lugar a registo áudio ou audiovisual devem ser consignados no auto o início e o termo da gravação de cada declaração.

9. É correspondentemente aplicável o disposto no artigo 101º

(Última redação da L. 20/2013, de 21.02)

COMENTÁRIOS:

Fundamentos legais. Apresentação do arguido ao Juiz e medidas de coação: Este artigo, tem como referencial muito próximo o importante **art. 27º da C.R.P.**, que diretamente assegura o direito à liberdade e à segurança e tipifica as situações de exceção a esse direito e o **art. 28º da C.R.P.**, que regula sumariamente as condições e trâmites da aplicação da prisão preventiva.

Um cidadão, pode ser detido, por duas razões técnico-jurídicas básicas; em **flagrante delito**, nos termos dos **arts. 255º e 256º**, ou **fora de flagrante delito** nos termos dos **arts. 257º e 258º**. À detenção **em flagrante delito**, pode aplicar-se os termos do art. 141º ou do art. 142º, i.e., o detido pode ser interrogado pelo Juiz ou pelo M.P. (v. notas ao art. 142º); à detenção **fora de flagrante delito**, aplica-se **sempre** os termos do art. 141º, com o obrigatório interrogatório judicial, quando tal detenção não visa a **apresentação compulsiva** do arguido a ato processual ordenado pela autoridade judiciária (v. art. 116º-2) ou o **internamento compulsivo** (v. art. 22º da L. 36/98, de 24.07 – Lei da Saúde Mental) ou a "detenção"/mandado para **cumprimento de pena de prisão transitada** (v. art. 478º). Na verdade, por exigência legal e constitucional, toda a **detenção**, mesmo se ordenada pelo Juiz (v. art. 254º-2 do C.P.P.) em que se perspetive a aplicação de uma **medida de coação, que não a simples prestação de TIR,** está sujeita à **validação e decisão judicial.** A aplicação de medidas de coação (que não o TIR) está sujeita aos **princípios**, **pressupostos, requisitos** e **fins**, enunciados nos **arts. 191º a 211º**.

Nestes termos, usando da faculdade que me confere o artigo 10º, nº 2, alínea b) da Lei nº 47/86, de 15 de Outubro (Lei Orgânica do Ministério Público), determino, para ser seguido e sustentado por todos os magistrados e agentes do Ministério Público, com obrigatoriedade de recurso nos casos em que o tribunal decida de diferente modo, que o artigo 141º, nº 1, do Código de Processo Penal seja interpretado no sentido de que o primeiro interrogatório judicial do detido é obrigatório, tanto nos casos de detenção realizada por iniciativa do Ministério Público ou de órgãos de polícia criminal, como nos casos de cumprimento de despacho do juiz de instrução que ordene a aplicação da medida de prisão preventiva (Circular da P.G.R. de 12/90, de 15.11). **Nota:** a circular é vaga; parece situar-se sempre no domínio da detenção fora de flagrante delito. Não obstante clarifica, que mesmo quando é o Juiz a ordenar a prisão preventiva por despacho emitido sem a presença do arguido, este deve ser-lhe posteriormente presente, cumprindo-se o contraditório

Prazo de 48 horas de apresentação do arguido: De acordo com o nº 1, o detido é **apresentado** ao Juiz (pelo M.P.) para interrogatório, no **prazo de 48 horas** após a **detenção,** com indicação dos *"factos que lhe são concretamente imputados"* e dos *"elementos do processo que indiciam os factos imputados"*. As questões que se colocam à partida, são, **(i)** se o Juiz tem de iniciar a audição do detido no prazo de 48 horas, **(ii)** se poderá o início da audição contemplar apenas a identificação do arguido e iniciar o interrogatório depois do prazo de 48 horas **(iii)** se tem de concluir a audição dentro do prazo das 48 horas e ainda **(iiii)** de que modo deve o detido ser presente ao Juiz. A estas questões de ordem prática, quase diariamente colocada nos tribunais, face à avalanche de processos e detidos que ocorre com muita frequência, agravada agora pela necessidade do M.P., na apresentação do detido ao Juiz, ter de cumprir o disposto na nova redação do **art. 141º-4-c)-d),** deduzindo uma quase acusação, com o tempo consumido nesse ato, responde de uma forma deveras convincente o seguinte acórdão:

A interpretação não deve cingir-se à letra da lei, mas reconstituir a partir dos textos o pensamento legislativo, tendo sobretudo em conta a unidade do sistema jurídico, as circunstâncias em que a lei foi elaborada e as condições específicas do tempo em que é aplicada – artigo 9º, nº 1, do Código Civil. E, na procura da unidade do sistema jurídico, considerando a "ratio legis" acima apontada, propendemos para o entendimento – não obstante o texto do mencionado nº 1 do artigo 141º – de que é a apresentação do detido que tem de efectuar-se no prazo de quarenta e oito horas. Aliás, o prazo de 48 horas em causa, se pode considerar-se razoável para o efeito de permitir à entidade que procede à detenção reunir os elementos necessários, elaborar o expediente e apresentar o detido em juízo, já se mostrará em muitos casos exíguo para ser partilhado com o juiz de instrução, seja para o interrogatório, seja ainda para a prolação do despacho subsequente. E não estamos só a pensar na hipótese, que no caso se verificou, de ser apresentado ao juiz um conjunto numeroso de arguidos detidos, que se revele humanamente impossível ouvir antes de se esgotarem as 48 horas. A duração de um único interrogatório pode revelar-se demorada e o juiz não tem poderes para efectuar um controle absoluto do tempo a despender com a diligência: tem que ouvir o detido sobre tudo o que seja ou possa ser relevante para a descoberta da verdade; e tem que permitir ao Ministério Público e ao defensor a arguição de nulidades e, bem assim, que seja requerida a formulação de perguntas ao arguido – e de decidir as questões que, nesse âmbito, se suscitarem (nº 6 do artigo 141º). Isto para já não falar da necessidade de, antes de proferir o despacho a aplicar a medida de coacção, ouvir o Ministério Público e o defensor do arguido sobre essa matéria (artigo 194º, nºs 1 e 2, do C.P.P.) – o que pode retardar, de modo imprevisível, a prolação de tal despacho. O Senhor Juiz teve o cuidado de iniciar o interrogatório de cada um dos trinta e três arguidos dentro das 48 horas subsequentes à detenção. E porque era materialmente impossível ouvi-los a todos, integralmente, dentro desse período temporal, limitou-se a perguntar-lhes pela sua identidade e antecedentes criminais, fazendo constar do auto as respectivas respostas e relegando para momento posterior a continuação do interrogatório. Isso teve como efeito assegurar aos arguidos que se encontravam já sob a alçada do poder judicial e não do da entidade que procedera às detenções. Mas, face ao que se deixa dito, cremos que teria agido igualmente em conformidade com a lei se tivesse efectuado sem qualquer interrupção cada um dos interrogatórios, ainda que algum deles só viesse a iniciar-se depois de completadas as 48 horas. Mas, ainda que assim se não entenda, da ultrapassagem do prazo não decorreria, em qualquer caso, a invalidade do interrogatório a que se procedeu e muito menos a impossibilidade de o juiz aplicar ao recorrente a medida de coacção de prisão preventiva. Na verdade, a não observância do mencionado prazo de 48 horas, mesmo por parte da entidade que procedeu à detenção, não inquina de qualquer vício o acto da detenção propriamente dito, e por isso não vemos que deva obstar a que o juiz, logo que o detido lhe seja apresentado, ainda que fora de prazo, proceda ao interrogatório e, sendo caso disso, lhe imponha a medida de coacção de prisão preventiva ou outra que ao caso couber (Ac. TRL de 30.09.2004, in www.dgsi.pt.).

Também o **Tribunal Constitucional** no Ac. nº 565/03, de 19.09, já havia decidido que o prazo de **48 horas**, se não reportava, nem à decisão judicial sobre a detenção, nem mesmo ao interrogatório, mas à **apresentação ao Juiz**, pois era com esta apresentação que se dava *"a cessação de uma situação legal de poder administrativo sobre a pessoa privada da liberdade, mostrando-se, por isso, cumprida a garantia que a norma constitucional pretende consagrar"*. E assim, na senda deste acórdão, o prazo de 48 horas, seria um prazo meramente ordenador/regulador e reportar-se-ia à apresentação do expediente/autos ao Juiz, transitando o arguido automaticamente por força desse ato, da custódia policial para a judicial, cumprindo-se assim o desiderato legal.

Identificação do arguido, comunicação dos seus direitos e deveres, exclusão de publicidade e separação de coarguidos: O arguido é obrigado a responder e com verdade sobre a sua **identificação** sob pena de cometer um **crime** de desobediência ou de falsas declarações, p.p.p. arts. 348º-1-b) ou 359º-2 do C.P. [v. art. 61º-3-b) do C.P.]. Não pode o arguido ser perguntado sobre os seus antecedentes criminais (após a alteração da L. 20/2013) mas nada proíbe que seja perguntado sobre a existência de processos pendentes contra si (v. art. 342º *a contrario sensu*) até porque pode haver necessidade de proceder à conexão de processos (v. arts. 24º a 31º). Pese alguma flutuação jurisprudencial, tal deve aplicar-se a todos os interrogatórios de arguido, mesmo perante OPC.

O arguido, se já não tiver sido informado pelo OPC – e tal acontece habitualmente através de um impresso que lhe é entregue no decurso da detenção – deve ser **informado** pelo Juiz dos seus **direitos**, através da leitura e se necessário explicação do texto do art. 61º-1. Embora a lei o não refira, deve também ser informado dos seus **deveres**, contidos no art. 61º-2 (quanto mais não seja para que não venha alegar posteriormente, que os desconhecia).

O interrogatório faz-se com **exclusão de publicidade**, conforme refere o nº 2 e é registado em áudio ou áudio visual, conforme referem os nºs 7 a 9.

Havendo vários arguidos a interrogar, i.e., **coarguidos**, devem os mesmos serem interrogados **separadamente**, não tanto por força da letra da lei, mas por conveniência na descoberta da verdade, que é mais fácil de ocultar ou camuflar, estando os coarguidos presentes no interrogatório ao mesmo tempo, com direto conhecimento das declarações de cada um deles (v. também art. 343º-4).

O direito ao silêncio: A redação da L. 20/2013, impõe agora que o arguido seja **informado** de que não exercendo o **direito ao silêncio** [v. art. 61º-1-d)] as declarações que prestar serão **valoradas** como qualquer outra prova, quer **naquele ato,** quer no eventual **ato de julgamento**, mesmo que **não venha a prestar declarações em audiência** ou seja **julgado na ausência**. Trata-se da mais significativa alteração legislativa dos últimos anos, porque chocantemente, as declarações do arguido prestadas em fase anterior ao julgamento, mesmo perante Juiz, só podiam ser valoradas, se igualmente prestasse declarações em julgamento. Isso terminou e bem (v. arts. 343º, 345º e 357º – perguntas ao arguido em audiência e valor de prova).

Comunicação ao detido dos motivos da detenção e dos factos e dos elementos que indiciam os factos que lhe são imputados: Na esteira dos arts. 27º-4 e 28º-1 da C.R.P., por força deste artigo, deve o Juiz **conhecer** dos **«motivos»** que determinaram a **detenção** e dos **«factos»** e **«elementos do processo»** que indiciam a imputação (conhecimento este que resulta dos elementos descritos no requerimento do M.P. de **apresentação de detido,** sem prejuízo daqueles que complementarmente resultam do processo) e **comunicá-las** ao detido, **interrogá-lo** e dar-lhe oportunidade de **defesa**. Se quanto aos **motivos**, não subsistem dúvidas que se reporta às **razões** pelas quais está detido (v.g., encontrado a praticar um crime em flagrante delito) já quanto ao restante se abre um capítulo polémico. Desde logo, há que distinguir na comunicação ao arguido detido, os ***«factos que lhe são concretamente imputados»*** dos ***«elementos do processo que indiciam os factos imputados»*** [v. alíneas d) e e)].

Quanto à primeira situação, ***«factos que lhe são concretamente imputados»,*** por força do adjetivo ***«concretamente»***, e da explicitação vocabular dessa concretização, ***«circunstâncias de tempo, lugar e modo»***, o Juiz, no cumprimento do seu dever de informação, tem de **especificar/descrever** os factos imputados ao arguido (que deverão constar do requerimento do M.P.). O acórdão do T.C. nº 416/03, de 24.09, declarou inconstitucional a interpretação do art. 141º-4-d) do CPP, segundo a qual, no decurso do interrogatório de arguido detido, a "*«exposição dos factos que lhe são imputados» pode consistir na formulação de perguntas gerais e abstratas, sem concretização das circunstâncias de tempo, modo e lugar em que ocorreram os factos que integram a prática desses crimes."* Tem assim o Juiz, o dever incondicional de comunicar ao arguido os **factos imputados** e situá-los o mais possível, no **tempo**, no **espaço** e no **modo** [v. também art. 61º-1-c)].

Julga(r) inconstitucional, por violação do disposto nos artigos 28º, nº 1, e 32º, nº 1, da Constituição da República Portuguesa, a norma extraída da conjugação dos artigos 141º, nº 4, e 194º, nº 3, ambos do Código de Processo Penal, segundo a qual, no decurso de interrogatório de arguido detido, a exposição dos factos que lhe são imputados e dos motivos da detenção se basta com a indicação genérica ao arguido das infracções penais de que é acusado, da identidade das vítimas como alunos, à data, da B., e outras pessoas, mas todas elas menores de 16 anos, estando o tribunal dispensado, por inutilidade, de proceder a maior pormenorização além da que resulta da indicação feita em tais termos, quando o arguido, confrontado com ela, tome a posição de negar globalmente os factos, e na ausência da apreciação em concreto da existência de inconveniente grave naquela concretização (Ac. do TC 607/03, de 05.12.2003, *in* www.dgsi.pt).

Quanto à segunda situação, **comunicação** dos ***«elementos do processo que indiciam os factos imputados»***, estamos perante uma questão ultra sensível, onde o legislador abriu um **espaço de excecionalidade** para proteção de valores mais altos, contrapondo os "direitos do arguido" aos **"direitos do cidadão"**, termo que começa a ganhar projeção jurídica, face ao crescimento das organizações criminosas e terroristas. Na verdade os ***«elementos do processo que indiciam os factos imputados»*** são obviamente as **provas** na sua vertente indiciária. O conhecimento pelo arguido das provas contra si existentes, sobretudo testemunhas, pode ser, nalguns casos, extremamente danoso para a investigação, razão pela qual a lei condiciona a informação a três parâmetros. Aqui, o Juiz tem de **ponderar**, se o conhecimento de tais provas pelo arguido, poderá pôr em causa: **(i) a investigação** (atendendo à sua complexidade e à gravidade dos factos em investigação) **(ii)** a **descoberta da verdade** (atendendo à permeabilidade e vulnerabilidade dos indícios probatórios em investigação) **(iii)** a **integridade física ou psíquica ou a liberdade,** dos participantes processuais ou das vítimas (atendendo à perigosidade dos arguidos, expressa na sua personalidade e no grau de violência dos crimes em investigação, e na capacidade dos arguidos para retaliar – v. direito à proteção das vítimas, no art. 15º do estatuto da vítima – em anexo). Só após tal ponderação, que **pode e deve ser logo suscitada/promovida pelo M.P. no requerimento de apresentação do detido**, é que o Juiz procede ou não à aludida comunicação/informação e procedendo, em que grau, **consignando** e **fundamentando** dentro do possível, previamente em ata a sua decisão neste campo, quando ela é **restritiva,** (em termos que não comprometam a *ratio* da norma) a fim até de possibilitar o direito ao **recurso** de tal decisão. Trata-se de um momento extremamente importante do processo. Uma má decisão judicial, pode arruinar a investigação, comprometer a justiça e pôr vidas em perigo, o que, infelizmente já aconteceu. [v. norma similar quanto à fundamentação da decisão judicial de aplicação de medidas de coação no art. 194º-6-b)].

"os elementos que indiciam os factos imputados" são os meios de prova e os meios de obtenção de prova que o Ministério Público invoca na sua promoção para requerer a realização do primeiro interrogatório judicial." (...)*"...chegada esta fase do interroga-*

tório, o juiz tem de definir, por despacho, quais os elementos do processo que devem ser revelados e tem de fundamentar essa opção numa ponderação "em concreto", entre, por um lado, o prejuízo que a sua revelação possa causar à investigação, à descoberta da verdade e aos direitos dos participantes processuais e das vítimas e, por outro, o "prejuízo que a sua ocultação possa causar à defesa do arguido" (acórdãos do TC nº 416/2003, e nº 607/2003 e acórdãos do TEDH nos casos Lamy v. Bélgica, Lietzow v. Alemanha, Nikolova v. Bulgária (GC), Migon v. Polónia, cuja jurisprudência é sintetizada no ponto 26 da recomendação Rec (2006)13 sobre o uso da prisão preventiva, as condições em que tem lugar e as medidas de salvaguarda contra o seu abuso, do Comité de Ministros do Conselho da Europa e no respetivo relatório explicativo, onde se estabelece que a "disclosure" da prova deve ter lugar "in good time", isto é, a tempo suficiente para influenciar a decisão do juiz sobre a medida de coação e, portanto, previamente a ela, e a decisão de não "disclosure" pode basear-se em restrições "justificativas", tais como a "segurança da investigação" ou a proteção do "segredo nacional."(P.P. Albuquerque, *in* Comentário do CPP).

2. *Se o Ministério Público quando apresenta o detido para primeiro interrogatório judicial e aplicação de uma medida de coacção, entende que existem elementos que constam do processo que não devem ser do conhecimento do arguido ao momento desse primeiro interrogatório, por razões de segredo de justiça ou pelos motivos materiais que são referidos na alínea e), do nº 4 do artigo 141º do CPP, não deve fazer assentar a indiciação, nem a promovida aplicação da medida de coacção, nesses elementos do processo. (...) 5. Se o arguido foi informado de forma restritiva dos elementos constantes do processo e depois o despacho de aplicação da medida de coacção contém, nessa enunciação, mais elementos que aqueles que foram mostrados e dos quais o arguido foi informado ao momento do 1º interrogatório, verifica-se a nulidade do artigo 194º, nº 6, alínea b), por referência ao artigo 141º, nº 4, alínea e), ambos do CPP* (Ac. do TRL de 03.03.2016, *in* proc. 7/15.3JASTB-B.L1-9, *in* simp.pgr.pt). **Nota:** Esta interpretação, completamente cega às realidades criminosas, dinamita a *ratio* do nº 4-e). A norma em questão, está pensada para o Juiz (*sponte sua*) poder restringir a informação ao arguido, em casos extremos de proteção, não só da investigação, mas também da integridade física e da vida de seres humanos. Essa é a razão da sua existência; fora disso, a norma, não serve para nada.

O despacho judicial de aplicação de medidas de coação: Sendo certo que o primeiro interrogatório judicial, tem como fim processual imediato decidir sobre a aplicação ao arguido de **medidas de coação**, então tem de se compaginar o presente artigo, com aquele que regula o **despacho para a sua aplicação**, i.e., o **art. 194º**. Há alguma dessintonia na geminação dos termos destas normas, quando no **art. 194º-6-b)** se impõe que na **fundamentação** da decisão de aplicação da medida de coação, se **enuncie** os **«elementos do pro-**

cesso que indiciam os factos imputados», desde que não ponham **«gravemente»** em causa a investigação, ou que possam **«impossibilitar»** a descoberta da verdade. O adjetivo **«gravemente»** acresce à versão deste art. 141º e o verbo **«impossibilitar»** substitui **«não dificultar»** na versão deste artigo 141º. Surge assim uma exigência acrescida no dever de **fundamentação**, que não consta do dever de informação. Deste modo, estamos perante uma **assimetria legislativa**, na medida em que a **fundamentação** devia ser espelho do dever de **informação**. É uma questão que está mal resolvida. O T.C., parece exigir que prevaleça a expressão restritiva **«gravemente»**.

...julgar inconstitucional, por violação dos artigos 28º, nº 1, e 32º, nº 1, da CRP, a norma do nº 4 do artigo 141º do Código de Processo Penal, interpretada no sentido de que, no decurso do interrogatório de arguido detido, a "exposição dos factos que lhe são imputados" pode consistir na formulação de perguntas gerais e abstratas, sem concretização das circunstâncias de tempo, modo e lugar em que ocorreram os factos que integram a prática desses crimes, nem comunicação ao arguido dos elementos de prova que sustentam aquelas imputações e na ausência da apreciação em concreto da existência de inconveniente grave naquela concretização e na comunicação dos específicos elementos probatórios em causa (Ac. TC. 416/2003, de 24.09.2003, *in* www.dgsi.pt).

Não se trata de afirmar o acesso irrestrito do arguido a todo o inquérito, mas apenas aos específicos elementos probatórios que foram determinantes para a imputação dos factos, para a ordem de detenção e para a proposta de aplicação da medida de coação de prisão preventiva. Ora, relativamente a estes específicos elementos de prova é constitucionalmente intolerável, como se decidiu no Acórdão nº 121/97, que se considere sempre e em quaisquer circunstâncias interdito esse acesso, com alegação de potencial prejuízo para a investigação, protegida pelo segredo de justiça, sem que se proceda, em concreto, a uma análise do conteúdo desses elementos de prova e à ponderação, também em concreto, entre, por um lado, o prejuízo que a sua revelação possa causar à investigação e, por outro lado, o prejuízo que a sua ocultação possa causar à defesa do arguido – ponderação a que, no caso, o acórdão recorrido não procedeu (Ac. TC 416/2003 de 24.09, *in* www.dgsi.pt).

O decurso do interrogatório: Durante o interrogatório, efetuado pelo JIC, não pode haver interferências do M.P ou do defensor, sem prejuízo da arguição de **nulidades** ou de pedidos de **esclarecimento** às declarações do arguido. Findo o mesmo pode requerer-se a formulação de perguntas concretas ao arguido. Em regra tudo se efetua em sequência e sem interregnos inúteis.

Decisão final: O M.P., o defensor e o Juiz, devem pronunciar-se a final, exarando seu parecer/decisão em ata, sem prejuízo do mais que for conveniente, relativamente às quatro grandes questões, que habitualmente estão presentes num interrogatório de detido: **(i)** quanto à regularidade da detenção do detido e cumprimento dos respetivos prazos de detenção e apresentação – arts. 254º a 261º; **(ii)** quanto à validação das provas e apreensões efetuadas – arts. 178º a 181º; **(iii)** quanto aos factos imputados, aos elementos de prova e sua suficiência/insuficiência para a qualificação jurídica; **(iiii)** quanto às medidas de coação aplicáveis e condições da sua aplicação – arts. 191º a 211º.

Referências: art. 61º (direitos e deveres do arguido); art. 64º-1-a) (presença do defensor do arguido); art. 67º-A (noção de vítima); art. 103º (horário dos interrogatórios de arguido e consequências da sua violação); arts. 19º e 104º (Juiz competente para o interrogatório); art. 194º (regras de audição do arguido e do despacho de aplicação de medidas de coação); arts. 255º a 257º (detenção em flagrante delito e fora de flagrante delito).

Artigo 142º – Juiz de instrução competente

1. Havendo fundado receio de que o prazo máximo referido no nº 1 do artigo anterior não seja suficiente para apresentar o detido ao juiz de instrução competente para o processo, ou não sendo possível apresentá-lo dentro desse prazo com segurança, o primeiro interrogatório judicial é feito pelo juiz de instrução competente na área em que a detenção se tiver operado.

2. Se do interrogatório, feito nos termos da parte final do número anterior, resultar a necessidade de medidas de coacção ou de garantia patrimonial, são estas imediatamente aplicadas.

COMENTÁRIOS:

Deslocalização da competência do JIC: Quando o **prazo de 48 horas** não puder ser previsivelmente cumprido, ou razões de **segurança** o aconselharem, pode o arguido ser apresentado ao JIC da comarca onde foi **detido** e não ao JIC da comarca competente para o processo (v. regras de competência: arts. 19º a 23º).

Artigo 143º – Primeiro interrogatório não judicial de arguido detido

1. O arguido detido que não for interrogado pelo juiz de instrução em acto seguido à detenção é apresentado ao Ministério Público compe-

tente na área em que a detenção se tiver operado, podendo este ouvi-lo sumariamente.

2. O interrogatório obedece, na parte aplicável, às disposições relativas ao primeiro interrogatório judicial de arguido detido.

3. Após o interrogatório sumário, o Ministério Público, se não libertar o detido, providencia para que ele seja presente ao juiz de instrução nos termos dos artigos 141º e 142º

4. Nos casos de terrorismo, criminalidade violenta ou altamente organizada, o Ministério Público pode determinar que o detido não comunique com pessoa alguma, salvo o defensor, antes do primeiro interrogatório judicial.

COMENTÁRIOS:

Interrogatório não judicial: Para compreender este artigo, é necessário chamar à colação os princípios de **celeridade** e **economia** processual e os **fins** dos atos processuais, *maxime* os interrogatórios de arguidos. Apresentado pelo OPC um detido em **flagrante delito** ao M.P. (arts. 255º e 256º) deve o magistrado do M.P., ponderar em primeira mão, se estão verificados todos os **pressupostos processuais** e reunidas todas as **provas** necessárias e suficientes para **julgamento imediato em processo com forma sumária** (v. arts. 381º a 391º). Tendo decidido em sentido negativo, terá o arguido **obrigatoriamente** de ser sujeito a interrogatório, devendo o magistrado ponderar se o mesmo deverá ser **judicial** (art. 141º) ou **não judicial** (na sua presença ou por delegação no funcionário judicial – art. 143º). O interrogatório judicial, só se justificará, se houver razões para crer na **indispensabilidade de aplicação de uma medida de coação** (que não o TIR) que só o Juiz pode aplicar. O interrogatório não judicial, obedece às mesmas regras e trâmites processuais do interrogatório judicial.

Decisão: Efetuado interrogatório pelo M.P., o arguido presta obrigatoriamente **TIR** nos termos do art. 196º-1 (se o não tiver já prestado). O M.P. tem então duas opções. **(i) Liberta** o arguido, prosseguindo o processo para **inquérito** ou **(ii)** revê a sua posição inicial (por exemplo; porque das declarações do arguido resultou uma alteração das circunstâncias e pressupostos em que se fundou a decisão inicial de o ouvir) e apresenta o arguido a **interrogatório judicial** para aplicação de uma medida de coação (que não apenas o TIR) ou confirmados os pressupostos legais, apresenta-o a **julgamento para processo sumário.**

Competência territorial: O M.P. competente para o interrogatório, é o da **local da detenção**, podendo não coincidir com o M.P. competente para o processo (v. arts. 19º a 23º). A violação das regras de competência, gera mera **irregularidade**, razão pela qual, por razões práticas o OPC, em comarcas limítrofes, quando já há processo em curso com o mesmo arguido, apresenta o detido na comarca desse processo (v. arts. 118º-2 e 123º).

Incomunicabilidade do arguido: Nos casos de terrorismo, criminalidade violenta ou altamente organizada, o M.P. pode determinar a **incomunicabilidade do arguido** com qualquer pessoa, antes de qualquer interrogatório (judicial ou não) salvo com o seu **defensor.** [v. definições no art. 1º-l) a m)].

Referências: arts. 255º a 257º (detenção em flagrante delito e fora de flagrante delito); art. 270º-2-e) (o primeiro interrogatório de arguido detido, não pode ser delegado no OPC).

Artigo 144º – Outros interrogatórios

1. Os subsequentes interrogatórios de arguido preso e os interrogatórios de arguido em liberdade são feitos no inquérito pelo Ministério Público e na instrução e em julgamento pelo respectivo juiz, obedecendo, em tudo quanto for aplicável, às disposições deste capítulo.

2. No inquérito, os interrogatórios referidos no número anterior podem ser feitos por órgão de polícia criminal no qual o Ministério Público tenha delegado a sua realização, obedecendo, em tudo o que for aplicável, às disposições deste capítulo, exceto quanto ao disposto nas alíneas *b*) e *e*) do nº 4 do artigo 141º

3. Os interrogatórios de arguido preso são sempre feitos com assistência do defensor.

4. A entidade que proceder ao interrogatório de arguido em liberdade informa-o previamente de que tem o direito de ser assistido por advogado.

(Última redação da L. 20/2013, de 21.02)

COMENTÁRIOS:

Interrogatórios subsequentes do arguido: Por interrogatórios subsequentes, entende-se todos aqueles que posteriores ao primeiro, **obrigatoriamente ou não,** tiverem lugar em **qualquer fase do processo**; inquérito, instrução ou julgamento, a levar a cabo pelo titular de cada uma dessas fases. Pode na fase do inquérito o M.P., **delegar** o interrogatório no funcionário judicial ou no OPC (v. arts. 263º e 270º). Aplica-se a estes interrogatórios, as mesmas regras dos interrogatórios iniciais (pelo Juiz ou pelo M.P.) exceto no que se reporta à possibilidade de **utilização** posterior como prova, das declarações do arguido [v. art. 141º-4-b)] e ao dever de comunicação ao arguido dos **elementos/provas** do processo [v. art. 141º-4-e)]. Assim, estas entidades delegadas, não têm o dever de informar o arguido das provas que existem contra si, mas como contraponto, se estes falarem, o seu depoimento também não pode ser usado em audiência como prova, nos termos e para os efeitos do art. 357º-1-b) [exceto se tal for requerido pelos próprios arguidos, nos termos do art. 357º-1-a)].

Defensor: Nos **interrogatórios**, é sempre obrigatório a presença de defensor, como determina o art. 64º-1-a)-b).

I – Se bem que seja de todo conveniente a audição do arguido sobre os novos factos antes de contra ele ter sido deduzida a acusação, o certo é que a lei, o mesmo é dizer no caso o CPP, não exige nova audição do arguido sempre que surjam factos novos complementares à denúncia inicial e sobre a qual incidiu o interrogatório efetuado. II – Em lado algum o C.P.P. impõe novo interrogatório e só a omissão de atos de inquérito obrigatórios gera a nulidade por insuficiência de inquérito (Ac. TRC de 30.01.2008, *in* www.dgsi.pt). **Nota:** Trata-se de uma questão de ordem prática, constantemente chamada à colação nos processos, sobretudo em recursos [v. arts. 119º-c) e 120º-2-d)].

Referências: art. 272º (interrogatório de arguido determinado); art. 290º (exclusividade da competência do JIC, para interrogar o arguido na fase de instrução); art. 357º (reprodução ou leitura permitida das declarações do arguido).

Artigo 145º – Declarações e notificações do assistente e das partes civis

1. Ao assistente e às partes civis podem ser tomadas declarações a requerimento seu ou do arguido ou sempre que a autoridade judiciária o entender conveniente.

2. O assistente e as partes civis ficam sujeitos ao dever de verdade e a responsabilidade penal pela sua violação.

3. A prestação de declarações pelo assistente e pelas partes civis fica sujeita ao regime de prestação da prova testemunhal, salvo no que lhe for manifestamente inaplicável e no que a lei dispuser diferentemente.

4. A prestação de declarações pelo assistente e pelas partes civis não é precedida de juramento.

5. Para os efeitos de serem notificados por via postal simples, nos termos da alínea *c)* do nº 1 do artigo 113º, o denunciante com a faculdade de se constituir assistente, o assistente e as partes civis indicam a sua residência, o local de trabalho ou outro domicílio à sua escolha.

6. A indicação de local para efeitos de notificação, nos termos do número anterior, é acompanhada da advertência de que as posteriores notificações serão feitas para a morada indicada no número anterior, exceto se for comunicada outra, através de requerimento entregue ou remetido por via postal registada à secretaria onde os autos se encontrem a correr nesse momento.

(Última redação da L. 20/2013, de 21.02.)

COMENTÁRIOS:

Assistente e partes civis: Estes intervenientes processuais, quando prestam declarações, (oficiosamente ou a requerimento) estão sujeitos ao **dever de verdade**, mesmo sem prestarem **juramento** nesse sentido e devem ser identificados e **notificados** nos termos descritos na norma (v. art. 313º-3).

Referências: arts. 68º a 70º (assistentes); arts. 71º a 84º (partes civis); art. 313º (notificação do despacho que designa dia para audiência).

CAPÍTULO III – Da prova por acareação

Artigo 146º – Pressupostos e procedimento

1. É admissível acareação entre co-arguidos, entre o arguido e o assistente, entre testemunhas ou entre estas, o arguido e o assistente sempre que houver contradição entre as suas declarações e a diligência se afigurar útil à descoberta da verdade.

2. O disposto no número anterior é correspondentemente aplicável às partes civis.

3. A acareação tem lugar oficiosamente ou a requerimento.

4. A entidade que presidir à diligência, após reproduzir as declarações, pede às pessoas acareadas que as confirmem ou modifiquem e, quando necessário, que contestem as das outras pessoas, formulando-

-lhes em seguida as perguntas que entender convenientes para o esclarecimento da verdade.

COMENTÁRIOS:

Acareação: Verificadas **contradições** entre os depoimentos dos diversos intervenientes processuais, pode proceder-se a uma acareação entre eles se nisso houver alguma **utilidade** para a prova. Para o observador, a utilidade deste meio de prova, reside mais na **leitura comportamental** dos acareados em ação, do que na controvérsia das suas declarações, que em regra mantêm. Dada a sua especial teatralização, este meio de prova, só é valido em julgamento e, diga-se, é muito pouco conclusivo (v. art. 355º).

CAPÍTULO IV – Da prova por reconhecimento

Artigo 147º – Reconhecimento de pessoas

1. Quando houver necessidade de proceder ao reconhecimento de qualquer pessoa, solicita-se à pessoa que deva fazer a identificação que a descreva, com indicação de todos os pormenores de que se recorda. Em seguida, é-lhe perguntado se já a tinha visto antes e em que condições. Por último, é interrogada sobre outras circunstâncias que possam influir na credibilidade da identificação.

2. Se a identificação não for cabal, afasta-se quem dever proceder a ela e chamam-se pelo menos duas pessoas que apresentem as maiores semelhanças possíveis, inclusive de vestuário, com a pessoa a identificar. Esta última é colocada ao lado delas, devendo, se possível, apresentar-se nas mesmas condições em que poderia ter sido vista pela pessoa que procede ao reconhecimento. Esta é então chamada e perguntada sobre se reconhece algum dos presentes e, em caso afirmativo, qual.

3. Se houver razão para crer que a pessoa chamada a fazer a identificação pode ser intimidada ou perturbada pela efectivação do reconhecimento e este não tiver lugar em audiência, deve o mesmo efectuar-se, se possível, sem que aquela pessoa seja vista pelo identificando.

4. As pessoas que intervierem no processo de reconhecimento previsto no nº 2 são, se nisso consentirem, fotografadas, sendo as fotografias juntas ao auto.

5. O reconhecimento por fotografia, filme ou gravação realizado no âmbito da investigação criminal só pode valer como meio de prova quando for seguido de reconhecimento efectuado nos termos do nº 2.

6. As fotografias, filmes ou gravações que se refiram apenas a pessoas que não tiverem sido reconhecidas podem ser juntas ao auto, mediante o respectivo consentimento.

7. O reconhecimento que não obedecer ao disposto neste artigo não tem valor como meio de prova, seja qual for a fase do processo em que ocorrer.

COMENTÁRIOS:

Reconhecimento de pessoas: O reconhecimento pessoal, é um meio de prova que tem grande aplicação prática e se efetuado com rigor e analisado com sentido crítico em todas as suas variáveis, merece toda a credibilidade. Baseia-se na **capacidade visual e de memorização,** de alguém reconhecer outrem, como a pessoa que já vira anteriormente numa situação juridicamente relevante. Esta capacidade, segundo estudos conhecidos, varia muito em função de vários vetores, passando pelas **condições físicas** do reconhecedor (idade, acuidade visual e memória) **motivação** do reconhecedor (se tem ou não alguma participação ou interesse que influa, mesmo involuntariamente, na sua perceção) pelas **circunstâncias relacionais** (conhecimento anterior e ou duração do contato visual entre o reconhecedor e pessoa a reconhecer) pelas **condições morfológicas e ambientais do local** onde ocorreu a situação (permitindo visibilidade total ou não, distância, proximidade, claridade, tipo de luz). Porque se trata de um meio de prova que pode ser decisivo (*v.g.* o reconhecimento do autor de um crime pela vítima) a lei regula a sua execução de uma forma muito minuciosa, mas clara, sem especiais dificuldades de interpretação. Difícil é a sua execução. Basicamente pretende assegurar a menor probabilidade possível de erro, sob pena de não cumpridos os trâmites legais, o reconhecimento não ter **valor probatório**.

Identificação prévia: Registe-se a possibilidade aberta no nº 5, de haver previamente ao reconhecimento pessoal, um reconhecimento (devia chamar-se identificação previa sumária) através de **fotografia**, **filme** ou **gravação**. É uma pesquisa que se faz em regra, nas bases de dados policiais, que acontece com muita frequência, nos casos em que a pessoa a reconhecer já tem ficheiro criminal e nele constam fotografias, filmes ou gravações suas. Ou quando há vídeo vigilância nos locais do crime. Mas tal só tem valor de prova, quando se lhe seguir o reconhecimento por contacto pessoal, i.e., o reconhecimento presencial a que alude o corpo do artigo (v. nº 7).

No reconhecimento podemos distinguir três modalidades: a) o reconhecimento por descrição, b) o reconhecimento presencial e c) o reconhecimento com resguardo.

O reconhecimento por descrição, previsto no nº 1 daquele artigo, consiste em solicitar à pessoa que deve fazer a identificação que descreva a pessoa a identificar, com toda a pormenorização de que se recorda, sendo-lhe depois perguntado se já a tinha visto e em que condições e sendo, finalmente, questionada sobre outros factores que possam influir na credibilidade da identificação. Em regra, esta modalidade de reconhecimento funciona como acto preliminar dos demais, e nele não existe qualquer contacto visual entre os intervenientes ou seja, entre a pessoa que deve fazer a identificação e a pessoa a identificar. O reconhecimento presencial, previsto no nº 2 do artigo 147º, tem lugar quando a identificação realizada através do reconhecimento por descrição não for cabal (...). O reconhecimento com resguardo, previsto no nº 3 do artigo 147º, tem lugar quando existam razões para crer que a pessoa que deve efectuar a identificação pode ser intimidada ou perturbada pela efetivação do reconhecimento. Trata-se pois, de uma forma de protecção da testemunha. (...) O reconhecimento de pessoas que não tenha sido efectuado nos termos que ficaram expostos, não vale como meio de prova, seja qual for a fase do processo em que ocorreu (nº 7, do artigo 147º, do C.P.P.), o que se traduz numa proibição de valoração de prova (sobre esta matéria, ver o Acórdão da Relação de Coimbra, de 5 de Maio de 2010, Processo 486/07.2GAMLD.C1, relator Gomes de Sousa, e bem assim o Acórdão da mesma Relação, de 10 de Novembro de 2010, Processo 209/09.1PBFIG.C1, relator Paulo Guerra, ambos disponíveis in www.dgsi.pt) (Ac. TRL de 09.04.2013, proc. 545/11.7PEAMD).

O "reconhecimento" é um meio de prova "pré-constituído" pois que, pela sua natureza e pelas conclusões apresentadas por estudos em psicologia da memória, deve ser realizada temporalmente o mais próximo possível da prática do acto ilícito – no início do inquérito, portanto – inadequado para, ex novo, ser praticado em audiência de julgamento (no entanto inexplicavelmente aceite pela legislação portuguesa), de valor moderado mas discutível se nesta for praticado pela segunda vez, mas passível de, em audiência, ser contraditado (Ac. do TRC de 05.05.2010, proc. 486/07.2GAAMLD.C1, *in* www.dgsi.pt).

A nulidade do reconhecimento efectuado sem obediência ao estatuído no artigo 147, nº 4 do CPP, apenas significa que tal acto não vale como tal, não impedindo que se proceda a novo reconhecimento efectuado com observância das formalidades legais (Ac. STJ de 05.11.03, *in* C.J.-XI-III-227).

IV – A inobservância dos requisitos do reconhecimento, estabelecidos no art. 147º, CPP, mais que a nulidade do ato, implica uma proibição (de valoração) de prova; V – Na escolha dos figurantes, importa que ela não se faça de forma a induzir a aten-

ção sobre o identificando, exigindo a lei que aqueles apresentem "as maiores semelhanças possíveis, inclusive de vestuário, com a pessoa a identificar, o que não significa que tenham de ser fisionomicamente parecidos, não se considerando incumprida aquela exigência legal quando as diferenças não sejam notórias nem levem a que a atenção do sujeito ativo do reconhecimento se foque no arguido (Ac. TRL de 03.07.2012, proc. 704/10.0GCMTJ.L1-5, *in* simp.pgr.pt).

I – A prova por reconhecimento de pessoas, tal como se encontra delineada na nossa lei processual penal, não colide com os direitos, liberdades e garantias individuais dos cidadãos, pelo que não se torna necessário que a mesma seja efectuado por magistrado judicial; II – Tal prova (por reconhecimento) recolhida em inquérito, constitui um meio autónomo e relevante de prova, que deve ser atendido em julgamento, desde que assegurado o contraditório; III – O reconhecimento efectuado em audiência de julgamento, nas situações em que o mesmo tenha sido efectuado em inquérito, não pode considerar-se uma repetição deste e não está, consequentemente, sujeito às exigências formais do efectuado em inquérito; IV – Havendo divergências entre o que consta do auto de reconhecimento e aquilo que possa vir a ser dito em audiência sobre a identificação do arguido, tal divergência terá que ser valorada pelo tribunal, em conjugação com os demais elementos de prova e o estabelecido no art. 127 do CPP (Ac. TRE de 07.12.2004, *in* www.dgsi.pt).

Em fase de Inquérito e instrução, para que o auto de reconhecimento possa valer como meio de prova tem de obedecer ao rígido formalismo definido pelo artigo 147º CPP, mas o reconhecimento em audiência de julgamento não está sujeito à observância dessas formalidades (Ac. STJ de 23.10.02, *in* C.J.-X-III-212).

Reconhecimento em audiência: Não deve confundir-se o reconhecimento como meio tipificado de prova, com o chamado "reconhecimento em audiência" que é uma prova como outra qualquer, a avaliar pelo Juiz nos termos do art. 127º. Em bom rigor não se trata de um reconhecimento do ponto de vista técnico, mas uma **mera identificação do arguido** pelo depoente, como sendo ele o autor dos factos em discussão. Em todo o caso, a jurisprudência também sublinha que a haver neste caso, algum vício processual, se trataria de uma **nulidade sanável** (arts. 120º e 121º) (neste sentido, v. Acs. STJ de 14.04.1994, proc. 46223; de 2.10.1996, proc. 96P728, *in* www.dgsi.pt).

Artigo 148º – Reconhecimento de objectos

1. Quando houver necessidade de proceder ao reconhecimento de qualquer objecto relacionado com o crime, procede-se de harmonia com o disposto no nº 1 do artigo anterior, em tudo quanto for correspondentemente aplicável.

2. Se o reconhecimento deixar dúvidas, junta-se o objecto a reconhecer com pelo menos dois outros semelhantes e pergunta-se à pessoa se reconhece algum de entre eles e, em caso afirmativo, qual.

3. É correspondentemente aplicável o disposto no nº 7 do artigo anterior.

COMENTÁRIOS:

Reconhecimento de objetos: O reconhecimento de objetos, segue os termos gerais do reconhecimento de pessoas.

"Não valendo como meio de prova o reconhecimento de objetos efetuado em inquérito, porque não obedeceu ao estabelecido no art. 148º, nºs 1 e 2 do CPP, tal não obsta a que o tribunal em julgamento, com base nas demais provas, e respeitado o contraditório, possa formar a sua convicção quanto à identificação e utilização de tais objetos (Ac. TRE de 07.12.2004, *in* www.dgsi.pt).

Artigo 149º – Pluralidade de reconhecimento

1. Quando houver necessidade de proceder ao reconhecimento da mesma pessoa ou do mesmo objecto por mais de uma pessoa, cada uma delas fá-lo separadamente, impedindo-se a comunicação entre elas.

2. Quando houver necessidade de a mesma pessoa reconhecer várias pessoas ou vários objectos, o reconhecimento é feito separadamente para cada pessoa ou cada objecto.

3. É correspondentemente aplicável o disposto nos artigos 147º e 148º

COMENTÁRIOS:

Separação e individualização: Os reconhecimentos de pessoas e objetos, efetuam-se sempre individual e separadamente, evitando-se qualquer possibilidade de contaminação por sugestão ou confusão, nos termos da norma.

CAPÍTULO V – Da reconstituição do facto

Artigo 150º – Pressupostos e procedimento

1. Quando houver necessidade de determinar se um facto poderia ter ocorrido de certa forma, é admissível a sua reconstituição. Esta con-

siste na reprodução, tão fiel quanto possível, das condições em que se afirma ou se supõe ter ocorrido o facto e na repetição do modo de realização do mesmo.

2. O despacho que ordenar a reconstituição do facto deve conter uma indicação sucinta do seu objecto, do dia, hora e local em que ocorrerão as diligências e da forma da sua efectivação, eventualmente com recurso a meios audiovisuais. No mesmo despacho pode ser designado perito para execução de operações determinadas.

3. A publicidade da diligência deve, na medida do possível, ser evitada.

COMENTÁRIOS:

Reprodução e repetição: Quando surgem dúvidas sobre a forma como ocorreu um facto ou factos ilícitos relatados, procede-se, à repetição cénica daquilo que aconteceu da forma mais fiel possível, para aferir da sua conformidade com a realidade. É um meio de prova de demonstração da existência de certos factos a valorar, como os demais, segundo as regras da experiência e livre convicção, nos termos do art. 127º. Tal diligência probatória, carece de **despacho**, devidamente descritivo, cf. se refere no nº 2, da autoridade judiciária ou do OPC. A ausência de tal despacho gera mera **irregularidade** (v. art. 118º-2 e 123º).

I – A reconstituição do facto, feita com base em declarações do arguido, vai muito para além dessas declarações, pois integra ainda gestos e atitudes, constituindo um todo que assim se diferencia e autonomiza das simples declarações. II – Os agentes da Polícia Judiciária que procederam à reconstituição do crime podem depor como testemunhas sobre que se terá passado nessa reconstituição, por essa situação não estar abrangida pelo nº 7 do art. 356º do CPP (Ac. TRP de 12.12.2007, proc 0714692, *in* www.dgsi.pt).

A reconstituição do facto, uma vez realizada no respeito dos pressupostos e procedimentos a que está vinculada, autonomiza-se das contribuições individuais de quem tenha participado e das informações e declarações que tenham codeterminado os termos e o resultado da reconstituição, e as declarações (rectius, as informações) prévias ou contemporâneas que tenham possibilitado ou contribuído para recriar as condições em que se supõe ter ocorrido o facto, diluem-se nos próprios termos da reconstituição, confundindo-se nos seus resultados e no modo como o meio de prova for processualmente adquirido (Ac. STJ de 05.01.2005, *in* proc. 04P3276, www.dgsi.pt). **Nota:** questionava-se se o silêncio do arguido que participou na reconstituição, poderia tornar a mesma irrelevante e se tal impediria o testemunho em julgamento, dos restantes participantes e dos policiais. A resposta foi negativa pelos fundamentos expressos.

CAPÍTULO VI – Da prova pericial

Artigo 151º – Quando tem lugar

A prova pericial tem lugar quando a percepção ou a apreciação dos factos exigirem especiais conhecimentos técnicos, científicos ou artísticos.

COMENTÁRIOS:

Prova pericial: A prova pericial, que se executa por **despacho** da autoridade judiciária, através de **peritos** e tem por tema, questões **técnicas, científicas** ou **artísticas**, quer do ponto de vista da sua **apreciação** quer da sua **revelação**, assume no estádio atual de desenvolvimento da investigação, uma importância capital para a descoberta da verdade. Não obstante a exigência de despacho da autoridade judiciária, é necessário muitas vezes, um trabalho prévio das autoridades policiais, no primeiro contacto com o objeto da perícia, em ordem à sua **guarda** e **preservação**, de forma a evitar qualquer **degradação ou contaminação** das suas qualidades intrínsecas, sem o que a perícia não é possível ou se torna muito difícil ou perde valor.

Vestígios: Na verdade, a cena do crime é o palco por excelência, onde se colhem os vestígios mais imediatos da prática do crime, que devem ser sujeitos a exame pericial; ***impressões físicas deixadas pelas pessoas intervenientes***: *por sapatos, luvas, mãos, dedos;* ***resquícios biológicos dos intervenientes:*** *fluídos, secreções e excreções, nomeadamente sangue, linfa, sémen, suor;* ***características físicas dos ferimentos da vítima:*** *perfurações, cortes, macerações, arranhões, mordeduras, contusões;* ***vestígios ou traços produzidos nos materiais:*** *riscos, buracos produzidos por projéteis, partículas de metal, madeira, vidro, pedaços de tecido, plásticos ou outros materiais, incluindo armas ou objetos de agressão, vestuário, beatas, objetos caídos ou levados;* (Francisco da Costa Oliveira, *in* A defesa e a investigação do crime, pág. 85).

"Eis as testemunhas seguras e mudas, as que nunca mentem, nem se enganam: impressões digitais, vestígios de passos, mordeduras de unhas e de dentes, documentos carbonizados que se leem, formas das ferramentas de arrombamento, pedaços de vestuário ou de cabelos. Não são necessárias mais testemunhas; o assassino assinou o crime" (Edmond Locard, antigo diretor do Laboratório de Polícia Técnica de Lyon, cit. na ob. cit.).

Técnicas forenses de polícia científica: A **perícia forense,** sem preocupação de rigor e muito menos de exaustão, pode dividir-se em **perícias médico-legais**, envolvendo todo o tipo de especialidade que vão desde a tanatologia à psicologia e psiquiatria, passando pela clínica geral e se destinam a certificar a morte, danos físicos, sua gravidade e causas; **perícias médico-legais de caráter investigatório**, como por exemplo a odontologia forense (dentes e marcas de dentes suscetíveis de identificar cadáveres e agressores); a entomologia forense (estudo a partir dos insetos necrófagos residentes em cadáveres decompostos, do intervalo *post mortem* e eventualmente local e circunstâncias da morte, ou por exemplo o local de origem da *cannabis sativa*, pelo tipo de insetos nela prensados); **perícias de natureza química,** como toxicologia e biologia (fluidos, sangue, ADN, etc...); **perícias de natureza mecânica ou de engenharia** (funcionamento dos objetos ou qualidade dos materiais, cumprimento das regras de construção, etc...) **perícias laboratoriais,** (objetos, datiloscopia, documentoscopia, grafologia, balística, informática, etc...); **perícias contabilísticas e financeiras**, como análise de situação económica e contabilística de pessoas e empresas. Acrescerá a utilização de alguns **programas informáticos** com *software* técnico, que permite por exemplo, a **reconstrução facial** de cadáveres (a partir de um crânio e pesquisa de fotografias de pessoas com as mesmas características antropométricas) ou a construção de **retratos *robots*** de suspeitos para os identificar e localizar, ou a identificação de pessoas por **parâmetros biométricos** a partir da sua estrutura antropomórfica, ou a **reconstituição** com modelos tridimensionais dos locais dos crimes e localização de pessoas nesses locais, permitindo uma avaliação mais correta dos factos, ou o **reconhecimento da voz,** nos casos de gravações de conversações ou comunicações telefónicas. O desenvolvimento científico é imparável e repercute-se de forma continua nas perícias de natureza criminal, razão pela qual um investigador dessa área deve estar sempre atualizado, para exercer corretamente o seu *munus.*

ADN: A importância dos exames de ADN, justificam uma nota mais precisa. A sigla ADN significa ácido desoxirribonucleico. Estruturalmente é um composto orgânico cujas moléculas contêm as instruções genéticas que coordenam o desenvolvimento e funcionamento de todos os seres vivos e alguns vírus e que transmitem as características hereditárias de cada um deles. ADN é o nome da molécula que contém informação única e está presente em todas as células do nosso corpo. Em organismos vivos, o ADN não existe como uma molécula única (cadeia simples), mas sim como um par de moléculas de dupla hélice, firmemente associadas. A dupla hélice é um factor essencial na replicação do ADN durante a divisão celular, onde cada hélice serve de molde para outra nova. A sequência de bases ao longo da molécula de ADN constitui a informação genética. Os segmentos de ADN que contêm a informação genética são denominados genes (correspondendo ao genoma humano).

A perícia através de exame de ADN, constitui hoje uma das mais seguras e credíveis provas admitidas na lei, na medida em que cada ser humano tem um ADN exclusivo (segundo alguns cientistas mais céticos, poderá haver coincidência de dois ADNs, entre 10 mil triliões de pessoas). O ADN representa o futuro na vertente clínica, pois através do controle celular, poderá prever-se e tratar-se quase todas as doenças, sobretudo as mais graves. Na **vertente investigatória**, que é o que aqui nos interessa, a presença de ADN, em qualquer local de crime, determina com precisão, no mínimo, que o seu dador esteve nesse local, sendo certo que tal presença em determinados locais e em determinada circunstâncias, corresponde as mais das vezes, à prova de que essa pessoa foi o autor do crime investigado. Por isso se justifica o recurso a este exame pericial, sempre que no local do crime forem encontrados vestígios biológicos humanos. Trata-se de um verdadeiro **exame de identificação biológica**. Mesmo quando não identifica totalmente o dador, é possível através desse exame, determinar já algumas das suas características, designadamente, o sexo, a cor da pele, dos olhos, do cabelo. Está em estudo determinar a idade, a altura, o volume corporal. É o que se designa por fenotipagem (traços de aparência hereditários). Em 1986, o ADN, teve a sua aparição na cena criminal (em Leicester, Inglaterra), num caso muito falado, identificando um violador e assassino de duas mulheres, pela correspondência na identidade do sémen em ambas encontrado e também com o dador (dador que, aliás, curiosamente, não era o criminoso confesso, tendo-se concluído pela falsidade da confissão). Todavia é necessário criar sempre uma sólida **cadeia de custódia** de ADN, tratando-o com o máximo rigor, para que não haja contaminação e deturpação dos exames. Muitas vezes o ADN aparece misturado (ADN complexo). Nos E.U.A., chegou-se a um resultado paradoxal, quando se identificou ADN igual, presente na cena de vários crimes, praticados em momentos iguais e em locais muito distantes entre si, com impossibilidade de ser o mesmo criminoso, até se concluir que o ADN reconhecido, pertencia à analista do laboratório que efetuava as análises e descuidadamente as deixava contaminar com o seu próprio ADN. Na verdade, a contaminação por ADN, é muito fácil e pode dar-se por simples transferência no contacto de uns seres humanos com outros. Nos E.U.A., até ao presente, mais de trezentas pessoas condenadas, algumas no "corredor da morte", foram libertadas em função das novas provas surgidas com o advento do ADN.

Mas para que o ADN enquanto exame de investigação funcione, é necessário em princípio, que exista uma **base de dados** que permita a comparação (exceto se algum suspeito, não constante da base de dados, fornecer o produto biológico para comparação). Só se pode identificar o dador, tendo termo de comparação. Para tal a **L. 5/2008, de 12.02,** aprovou a criação de uma base de dados de perfis de ADN, para fins de identificação civil e criminal. Avulta, na parte criminal, o seu **art. 8º e art. 15º-1-e)**, que permitem ao Juiz ordenar a recolha de amostras, nos termos ali descritos, para figurarem numa base de dados. Deve o M.P. promover o cumprimento desta lei. Infelizmente por dificuldades financeiras, esta lei não está a ser cumprida, pelo menos integralmente. Segundo dados públicos, existem apenas, menos de 9.000 perfis de ADN, na base nacional,

I – A recolha de amostras de ADN, a que se refere o art. 8º, nº 2 da L.5/2008, de 12.02, não é automática face a uma condenação transitada em julgado, pressupondo a existência de grave perigo de continuação criminosa ou outros receios relevantes que possam ou permitam inferir a necessidade daquela recolha e subsequente conservação. II – Determinando aquela recolha, a sentença deve fundamentar em concreto aquele perigo, de modo a convencer da sua necessidade e proporcionalidade (Ac. TRL de 11.10.2011, proc. 721/10.0PHSNT.L1-5, *in* www.dgsi.pt). **Nota:** Enquanto 60 países já têm um registo nacional de ADN, inclusivamente para efeitos civis (e existe uma base de dados à escala europeia), vemos em Portugal ainda muitos obstáculos fundados em exacerbados princípios, dificilmente compatíveis com as necessidades das modernas sociedades. Sob pressão da comunidade europeia, está em preparação no nosso país, nova legislação sobre esta matéria.

Referências: L. 45/2004, de 19.08 (regime jurídico da perícias médico-legais e forenses); L. 67/2017, de 09.08 (regime jurídico da identificação lofoscópica e fotográfica); Portaria 94/96, de 26.03 (regula os procedimentos de diagnostico e exames periciais para caraterização do estado de toxicodependência); L. 18/2007, de 17.05 (regula a fiscalização da condução sob influencia de álcool ou substâncias psicotrópicas); Portaria 902-B/2007, de 13.08 (regime de exames biológicos e tipos de exames na deteção de influenciados pelo álcool ou substâncias psicotrópicas).

Artigo 152º – Quem a realiza

1. A perícia é realizada em estabelecimento, laboratório ou serviço oficial apropriado ou, quando tal não for possível ou conveniente, por perito nomeado de entre pessoas constantes de listas de peritos existentes em cada comarca, ou, na sua falta ou impossibilidade de resposta em tempo útil, por pessoa de honorabilidade e de reconhecida competência na matéria em causa.

2. Quando a perícia se revelar de especial complexidade ou exigir conhecimentos de matérias distintas, pode ela ser deferida a vários peritos funcionando em moldes colegiais ou interdisciplinares.

COMENTÁRIOS:

Instituições e peritos: A perícia é diferida a instituições e peritos de **reconhecida credibilidade**. As pessoas que realizam a perícia têm de ser pessoas dotadas de especiais conhecimentos, devidamente reconhecidos como tal pela comunidade, sob pena de não poderem ser considerados peritos, mas meros opinadores.

Artigo 153º – Desempenho da função de perito

1. O perito é obrigado a desempenhar a função para que tiver sido competentemente nomeado, sem prejuízo do disposto no artigo 47º e no número seguinte.

2. O perito nomeado pode pedir escusa com base na falta de condições indispensáveis para realização da perícia e pode ser recusado, pelos mesmos fundamentos, pelo Ministério Público, pelo arguido, pelo assistente ou pelas partes civis, sem prejuízo, porém, da realização da perícia se for urgente ou houver perigo na demora.

3. O perito pode ser substituído pela autoridade judiciária que o tiver nomeado quando não apresentar o relatório no prazo fixado ou quando desempenhar de forma negligente o encargo que lhe foi cometido. A decisão de substituição do perito é irrecorrível.

4. Operada a substituição, o substituído é notificado para comparecer perante a autoridade judiciária competente e expor as razões por que não cumpriu o encargo. Se aquela considerar existente grosseira violação dos deveres que ao substituído incumbiam, o juiz, oficiosamente ou a requerimento, condena-o ao pagamento de uma soma entre 1 UC e 6 UC.

COMENTÁRIOS:

Peritos: Regula o desempenho, escusa, substituição, remuneração e punição dos peritos.

Artigo 154º – Despacho que ordena a perícia

1. A perícia é ordenada, oficiosamente ou a requerimento, por despacho da autoridade judiciária, contendo a indicação do objeto da perícia e os quesitos a que os peritos devem responder, bem como a indicação da instituição, laboratório ou o nome dos peritos que realizarão a perícia.

2. A autoridade judiciária deve transmitir à instituição, ao laboratório ou aos peritos, consoante os casos, toda a informação relevante à realização da perícia, bem como a sua atualização superveniente, sempre que eventuais alterações processuais modifiquem a pertinência do pedido ou o objeto da perícia, aplicando-se neste último caso o disposto no número anterior quanto à formulação de quesitos.

3. Quando se tratar de perícia sobre características físicas ou psíquicas de pessoa que não haja prestado consentimento, o despacho previsto no número anterior é da competência do juiz, que pondera a necessidade da sua realização, tendo em conta o direito à integridade pessoal e à reserva da intimidade do visado.

4. O despacho é notificado ao Ministério Público, quando este não for o seu autor, ao arguido, ao assistente e às partes civis, com a antecedência mínima de três dias sobre a data indicada para a realização da perícia.

5. Ressalvam-se do disposto no número anterior os casos:

a) Em que a perícia tiver lugar no decurso do inquérito e a autoridade judiciária que a ordenar tiver razões para crer que o conhecimento dela ou dos seus resultados, pelo arguido, pelo assistente ou pelas partes civis, poderia prejudicar as finalidades do inquérito;

b) De urgência ou de perigo na demora.

(Última redação da L. 20/2013, de 21.02)

COMENTÁRIOS:

Despacho e competência: Regula os termos do despacho da autoridade judiciária, que ordena a perícia, bem como a competência do Juiz verificado as condições do nº 3, e ainda as notificações e seu regime normal e especial (nºs 4 e 5).

O não cumprimento do artigo 154º, nº 3 do Código de Processo Penal de 1998 integra simples irregularidade (Ac. TRP de 28.01.2004, proc. 0343780, *in* www.dgsi.pt). **Nota**: atual art. 154º-4.

A realização de perícias, não precedidas de despacho do Ministério Público a ordená-las e sem notificação ao arguido para nelas participar, não determina a nulidade dessa prova, constituindo mera irregularidade (Ac. TRL de 15.09.2011, proc. 1154/07.0POLSB.L1-9, *in* www.dgsi.pt).

Referências: art. 172º (sujeição a exame).

Artigo 155º – Consultores técnicos

1. Ordenada a perícia, o Ministério Público, o arguido, o assistente e as partes civis podem designar para assistir à realização da mesma, se isso ainda for possível, um consultor técnico da sua confiança.

2. O consultor técnico pode propor a efectivação de determinadas diligências e formular observações e objecções, que ficam a constar do auto.

3. Se o consultor técnico for designado após a realização da perícia, pode, salvo no caso previsto na alínea *a*) do nº 5 do artigo anterior, tomar conhecimento do relatório.

4. A designação de consultor técnico e o desempenho da sua função não podem atrasar a realização da perícia e o andamento normal do processo.

(Última redação da L. 20/2013, de 21.02)

COMENTÁRIOS:

Consultor técnico: O M.P. e os intervenientes processuais elencados podem designar um consultor técnico para intervir nas perícias. Um consultor técnico é alguém que tem conhecimentos na área da perícia em causa, mas não tem de ser necessariamente um perito, nem têm as funções do perito. Poderá no entanto fazer **sugestões** ou emitir **crítica** e **pareceres**, e formular **quesitos**, que à semelhança do que acontece com o perito, devem ser apreciados pela autoridade judiciária. O consultor técnico pode assumir um papel muito importante na descoberta da verdade.

Referências: art. 156º (formulação de quesitos pelos consultores técnicos); art. 350º (declarações dos consultores técnicos em audiência).

Artigo 156º – Procedimento

1. Os peritos prestam compromisso, podendo a autoridade judiciária competente, oficiosamente ou a requerimento dos peritos ou dos consultores técnicos, formular quesitos quando a sua existência se revelar conveniente.

2. A autoridade judiciária assiste, sempre que possível e conveniente, à realização da perícia, podendo a autoridade que a tiver ordenado permitir também a presença do arguido e do assistente, salvo se a perícia for susceptível de ofender o pudor.

3. Se os peritos carecerem de quaisquer diligências ou esclarecimentos, requerem que essas diligências se pratiquem ou esses esclarecimentos lhes sejam fornecidos, podendo, com essa finalidade, ter acesso a quaisquer atos ou documentos do processo.

4. Sempre que o despacho que ordena a perícia não contiver os elementos a que alude o nº 1 do artigo 154º, os peritos devem obrigatoriamente requerer as diligências ou esclarecimentos, que devem ser praticadas ou fornecidos, consoante os casos, no prazo máximo de cinco dias.

5. Os elementos de que o perito tome conhecimento no exercício das suas funções só podem ser utilizados dentro do objecto e das finalidades da perícia.

6. As perícias referidas no nº 3 do artigo 154º são realizadas por médico ou outra pessoa legalmente autorizada e não podem criar perigo para a saúde do visado.

7. Quando se tratar de análises de sangue ou de outras células corporais, os exames efectuados e as amostras recolhidas só podem ser utilizados no processo em curso ou em outro já instaurado, devendo ser destruídos, mediante despacho do juiz, logo que não sejam necessários.

(Última redação da L. 20/2013, de 21.02)

COMENTÁRIOS:

Procedimentos: A norma regula de forma clara os procedimentos quanto à escolha e admissão dos **peritos**, bem como quanto à sua atuação. Os **consultores técnicos** (v. art. 155º) podem formular quesitos, para serem respondidos pelos peritos.

«O sistema português adoptou um regime de perícia oficial – não contraditória – essencialmente disciplinado pelos artigos 152º, nº 1, e 154º, nº 1, do citado Código, no domínio da qual o perito é um perito do Tribunal, sujeito ao mesmo dever de imparcia-

lidade e de busca da verdade material que oneram a actividade judiciária.» (Ac. TC 133/2007, *in* DR de 24.04.2004). **Nota:** Todavia pode haver contraditoriedade na perícia, exercida não através de outros peritos, mas através dos consultores técnicos – v. arts. 154º-4 e 155º.

Referências: art. 91º-2 (prestação de compromisso dos peritos).

Artigo 157º – Relatório pericial

1. Finda a perícia, os peritos procedem à elaboração de um relatório, no qual mencionam e descrevem as suas respostas e conclusões devidamente fundamentadas. Aos peritos podem ser pedidos esclarecimentos pela autoridade judiciária, pelo arguido, pelo assistente, pelas partes civis e pelos consultores técnicos.

2. O relatório, elaborado logo em seguida à realização da perícia, pode ser ditado para o auto.

3. Se o relatório não puder ser elaborado logo em seguida à realização da perícia, é marcado um prazo, não superior a 60 dias, para a sua apresentação. Em casos de especial complexidade, o prazo pode ser prorrogado, a requerimento fundamentado dos peritos, por mais 30 dias.

4. Se o conhecimento dos resultados da perícia não for indispensável para o juízo sobre a acusação ou sobre a pronúncia, pode a autoridade judiciária competente autorizar que o relatório seja apresentado até à abertura da audiência.

5. Se a perícia for realizada por mais de um perito e houver discordância entre eles, apresenta cada um o seu relatório, o mesmo sucedendo na perícia interdisciplinar. Tratando-se de perícia colegial, pode haver lugar a opinião vencedora e opinião vencida.

COMENTÁRIOS:

Relatório e prazos: A lei regula os **termos** e **prazos** do relatório pericial e impõe como seria de esperar um especial **dever de fundamentação** aos peritos.

Artigo 158º – Esclarecimentos e nova perícia

1. Em qualquer altura do processo pode a autoridade judiciária competente determinar, oficiosamente ou a requerimento, quando isso se revelar de interesse para a descoberta da verdade, que:

a) Os peritos sejam convocados para prestarem esclarecimentos complementares, devendo ser-lhes comunicados o dia, a hora e o local em que se efectivará a diligência; ou

b) Seja realizada nova perícia ou renovada a perícia anterior a cargo de outro ou outros peritos.

2. Os peritos dos estabelecimentos, laboratórios ou serviços oficiais são ouvidos por teleconferência a partir do seu local de trabalho, sempre que tal seja tecnicamente possível, sendo tão-só necessária a notificação do dia e da hora a que se procederá à sua audição.

COMENTÁRIOS:

Esclarecimentos: Quando o relatório pericial não for suficientemente esclarecedor, podem os peritos serem convocados para a **esclarecer**, ordenar-se **nova perícia** ou **perícia complementar**, a cargo dos mesmos ou outros peritos.

Referências: art. 340º (produção de novos meios de prova); art. 350º (declarações dos peritos em audiência).

Artigo 159º – Perícias médico-legais e forenses

1. As perícias médico-legais e forenses que se insiram nas atribuições do Instituto Nacional de Medicina Legal são realizadas pelas delegações deste e pelos gabinetes médico-legais.

2. Excepcionalmente, perante manifesta impossibilidade dos serviços, as perícias referidas no número anterior podem ser realizadas por entidades terceiras, públicas ou privadas, contratadas ou indicadas para o efeito pelo Instituto.

3. Nas comarcas não compreendidas na área de actuação das delegações e dos gabinetes médico-legais em funcionamento, as perícias médico-legais e forenses podem ser realizadas por médicos a contratar pelo Instituto.

4. As perícias médico-legais e forenses solicitadas ao Instituto em que se verifique a necessidade de formação médica especializada nou-

tros domínios e que não possam ser realizadas pelas delegações do Instituto ou pelos gabinetes médico-legais, por aí não existirem peritos com a formação requerida ou condições materiais para a sua realização, podem ser efectuadas, por indicação do Instituto, por serviço universitário ou de saúde público ou privado.

5. Sempre que necessário, as perícias médico-legais e forenses de natureza laboratorial podem ser realizadas por entidades terceiras, públicas ou privadas, contratadas ou indicadas pelo Instituto.

6. O disposto nos números anteriores é correspondente aplicável à perícia relativa a questões psiquiátricas, na qual podem participar também especialistas em psicologia e criminologia.

7. A perícia psiquiátrica pode ser efectuada a requerimento do representante legal do arguido, do cônjuge não separado judicialmente de pessoas e bens ou da pessoa, de outro ou do mesmo sexo, que com o arguido viva em condições análogas às dos cônjuges, dos descendentes e adoptados, ascendentes e adoptantes, ou, na falta deles, dos irmãos e seus descendentes.

COMENTÁRIOS:

Entidades competentes para as perícias: A norma regula nos primeiros cinco números, a competência das entidades para efetuar perícias. De forma mal localizada nos nºs 5 e 6 refere-se aos exames psiquiátricos.

Perícias psiquiátricas: O artigo prevê a possibilidade de **exames psiquiátricos ao arguido** discriminando ainda as pessoas (para além, obviamente, das autoridades judiciárias) que têm competência para requerer tais exames. Estes exames, são muito importantes e atravessam até o principal fundamento do nosso ordenamento jurídico, quando se diz (como no preambulo do Código Penal) que um dos seus princípios basilares, reside na compreensão de que toda a pena tem de ter como suporte axiológico normativo uma **culpa concreta**. Assim o grau de culpa gradua a pena, podendo mesmo esta não ser aplicada, quando se concluir pela **inimputabilidade** do arguido, sem prejuízo de lhe ser aplicado uma **medida de internamento**.

A culpa na sua vertente interna, envolve necessariamente o poder de alguém agir de acordo com o direito. E assim sendo, há que em todas as situações investigar sempre se o agente do crime praticado, pôde livremente determinar-se de acordo com o direito, ou se a sua vontade estava sujeita a constrangimentos de qualquer ordem, designadamente psicofísicos, com vista a determinar a sua capacidade de culpa.

A lei portuguesa adota, como caminho definidor da **inimputabilidade** por anomalia psíquica, um critério psicopatológico-normativo que tem como elementos essenciais, a ocorrência de **«anomalia psíquica»** e de incapacidade por aquela provocada, de avaliação no momento da prática do facto, da ilicitude deste ou de incapacidade ou de se determinar de acordo com essa avaliação (v. artigo 20º-1 do Código Penal).

Os trâmites legais: A lei defere ao Instituto Nacional de Medicina Legal e Ciências Forenses, a competência para realizar as perícias médico-legais ou para as delegar em instituições públicas ou privadas ou em médicos. Existem dois tipos fundamentais de perícia às pessoas; a que incide sobre as perturbações mentais (perícia psiquiátrica) e a que incide sobre os caracteres e o perfil humano (perícia sobre a personalidade – v. art. 160º).

A intervenção dos peritos faz-se de forma precisa, segundo questões concretas, que lhes são postas pelo requerente da perícia, i.e., segundo a regra dos quesitos, a que os peritos respondem. Em regra, tais quesitos rondam em torno de quatro questões a saber, **(i)** qual o quadro psicofísico do examinado, à data dos factos, **(ii)** qual a sua capacidade para avaliar o alcance dos seus atos e de se determinar de acordo com eles, à data dos factos, **(iii)** qual o seu grau de perigosidade, à data dos factos e atualmente **(iiii)** qual o seu grau de imputabilidade ou inimputabilidade, à data dos factos e atualmente. Obviamente para os peritos poderem responder cabalmente a estas questões há que, para além de examinarem a pessoa, lhes fornecer todos os elementos escritos agregados, designadamente, documentação clínica já existente e cópias do processo (em regra, auto de notícia ou denúncia, auto de interrogatório, acusação, pronuncia, antecedentes criminais, etc...).

Sujeição a exame pericial: As perícias, a que se alude nos arts. 159º, 160º e 351º, são de **sujeição obrigatória**, por força do art. 6º do D.L. 45/2004, de 19.08 (regime jurídico das perícias médico-legais e forenses).

Referências: art. 350º (declarações dos peritos em audiência); art. 351º (perícia sobre o estado psíquico do arguido); art. 376º-3 (sentença sobre inimputável); art. 501º (execução de medidas de segurança); art. 91º do C.P. (internamento de inimputáveis); D.L. 45/2004, de 19.08 (regime jurídico das perícias médico-legais e forenses); L 36/98, de 24.07 (Lei da saúde mental).

Artigo 160º – Perícia sobre a personalidade

1. Para efeito de avaliação da personalidade e da perigosidade do arguido pode haver lugar a perícia sobre as suas características psíquicas independentes de causas patológicas, bem como sobre o seu grau de socialização. A perícia pode relevar, nomeadamente para a decisão sobre a revogação da prisão preventiva, a culpa do agente e a determinação da sanção.

2. A perícia deve ser deferida a serviços especializados, incluindo os serviços de reinserção social, ou, quando isso não for possível ou conveniente, a especialistas em criminologia, em psicologia, em sociologia ou em psiquiatria.

3. Os peritos podem requerer informações sobre os antecedentes criminais do arguido, se delas tiverem necessidade.

COMENTÁRIOS:

Fins da perícia sobre a personalidade: Esta perícia incide sobre os caracteres e o perfil humano da pessoa e o seu grau de sociabilidade ou associabilidade, que não tem a ver com causas patológicas, ao contrário do que acontece com a perícia psiquiátrica. Trata-se de uma perícia que pode ser feita antes ou depois da sentença e visa sobretudo sustentar as decisões sobre a **capacidade ressocializadora** dos agentes dos crimes. Pode ser feita, tanto pelo Instituto Nacional de Medicina Legal e Ciências Forenses, como pelos serviços de reinserção social. Quando feita por estes últimos, reduz-se a mesma a um **relatório social** [v. noção no art. 1º-g)] que tem como objeto o arguido ou a vítima e visa sobretudo os fins da determinação e aplicação das **medidas de coação** (v.g, reexame dos pressupostos da prisão preventiva – art. 213º-4) ou de **determinação e aplicação de sanção** (v.g. arts. 370º, 371º-2, 328º-3-d). Não é contudo uma diligência obrigatória, dependendo sempre de o Juiz a considerar necessária ou não. Aliás, se fosse obrigatória, não haveria capacidade de resposta dos serviços, perante a avalanche de pedidos.

Sujeição a exame pericial: As perícias, a que se alude nos arts. 159º, 160º e 351º, são de **sujeição obrigatória**, por força do art. 6º do D.L. 45/2004, de 19.08 (regime jurídico das perícias médico-legais e forenses).

Artigo 160º-A – Realização de perícias

1. As perícias referidas nos artigos 152º e 160º podem ser realizadas por entidades terceiras que para tanto tenham sido contratadas

por quem as tivesse de realizar, desde que aquelas não tenham qualquer interesse na decisão a proferir ou ligação com o assistente ou com o arguido.

2. Quando, por razões técnicas ou de serviço, quem tiver de realizar a perícia não conseguir, por si ou através de entidades terceiras para tanto contratadas, observar o prazo determinado pela autoridade judiciária, deve imediatamente comunicar-lhe tal facto, para que esta possa determinar a eventual designação de novo perito.

COMENTÁRIOS:

Entidades terceiras: As perícias podem ser feitas por entidades terceiras, que não as constantes da lei (v. art. 159º) ou das listas oficiais, desde que de reconhecida idoneidade, capacidade e competência.

Artigo 161º – Destruição de objectos

Se os peritos, para procederem à perícia, precisarem de destruir, alterar ou comprometer gravemente a integridade de qualquer objecto, pedem autorização para tal à entidade que tiver ordenado a perícia. Concedida a autorização, fica nos autos a descrição exacta do objecto e, sempre que possível, a sua fotografia; tratando-se de documento, fica a sua fotocópia, devidamente conferida.

COMENTÁRIOS:

Objetos: Regula de forma simplista a danificação ou destruição de objetos, alvo de perícia. Registe-se que não está expressamente previsto o contraditório na decisão da autoridade judiciária. Todavia em certas situações, sobretudo tratando-se de um objeto valioso, um magistrado cauteloso, deve dar oportunidade aos interessados de se pronunciarem quanto à sua danificação ou destruição.

Artigo 162º – Remuneração do perito

1. Sempre que a perícia for feita em estabelecimento ou por perito não oficial, a entidade que a tiver ordenado fixa a remuneração do perito em função de tabelas aprovadas pelo Ministério da Justiça ou, na sua falta, tendo em atenção os honorários correntemente pagos por serviços do género e do relevo dos que foram prestados.

2. Em caso de substituição do perito, nos termos do nº 3 do artigo 153º, pode a entidade competente determinar que não há lugar a remuneração para o substituído.

3. Das decisões sobre a remuneração cabe, conforme os casos, recurso ou reclamação hierárquica.

COMENTÁRIOS:

Remuneração de peritos: Os peritos são remunerados segundo a tabela oficial constante do Reg. de Custas Judiciais (v. art. 17º do R.C.P.) e no que toca às perícias médico-legais e forenses, pelas diversas Portarias, que se vão sucedendo no tempo. Compete ao M.P. ou ao Juiz fixar a remuneração. Pode haver recurso (art. 399º) ou reclamação (art. 278º) das decisões.

Artigo 163º – Valor da prova pericial

1. O juízo técnico, científico ou artístico inerente à prova pericial presume-se subtraído à livre apreciação do julgador.

2. Sempre que a convicção do julgador divergir do juízo contido no parecer dos peritos, deve aquele fundamentar a divergência.

COMENTÁRIOS:

Valor da prova pericial: Os peritos são *auxiliatores* das autoridades judiciárias. Mas a perícia tem um alto valor probatório. Os especiais conhecimentos dos peritos (que raras vezes estão, pelo menos com grande densidade, na disponibilidade cultural da maioria das pessoas comuns) quando emitem um juízo, concorrem de forma muito intensa para a formação da livre convicção das autoridades judiciárias, quer do M.P., em fase de inquérito, quer do Juiz em fase de instrução ou de julgamento, **no segmento a que diz respeito a perícia**, a ponto de, qualquer divergência com tal juízo, dever ser especialmente **fundamentada** pelos magistrados. Mas importa dizer, conforme é pacificamente aceite, que a presunção a que se refere o nº 1, diz respeito ao juízo técnico-científico e não aos factos em que o mesmo se apoia (v. também neste sentido arts. 388º e 389º do C.C.).

A prova pericial independentemente da fase em que foi produzida, constitui **meio de prova pré constituída**, pelo que, poderá sempre ser tida em conta, quer na instrução quer no julgamento [v. art. 327º-2 e 341º-b)-c)].

"A apreciação da prova pelos peritos, não é porém uma apreciação omnicompreensiva, como a do juiz, mas tão-somente parcial, quer quanto aos factos ou objeto do pro-

cesso, quer quanto à perspectiva sob a qual se observam ou apreciam os factos.” (Francisco Marcolino de Jesus, *in* Os meios de obtenção de prova.... pág. 128).

I – A presunção médico-legal de intenção de matar não constitui juízo técnico ou científico que se imponha ao julgador face à regra do valor pericial consagrado no art. 163º, nº 1, do CPP. II – A intenção de matar constitui matéria de facto a apurar pelo tribunal face à diversa prova ao seu alcance e esta, salvo quando a lei dispõe diversamente, é apreciada segundo as regras da experiência e a livre convicção do julgador (Ac. STJ de 12.02.1998, *in* proc. 1120/97-3ª).

Nulidades/irregularidades: No capítulo da prova pericial, não há qualquer disposição que atribua consequências à violação dos seus trâmites legais. Assim sendo, verificada tal situação, resta-nos a aplicação do **regime geral das nulidades/irregularidades.** Face à ausência de tipicidade, não se trata de nulidades. Logo, a violação dos trâmites legais da prova pericial, consubstancia **meras irregularidades** (arts. 118º-2 e 123º).

CAPÍTULO VII – Da prova documental

Artigo 164º – Admissibilidade

1. É admissível prova por documento, entendendo-se por tal a declaração, sinal ou notação corporizada em escrito ou qualquer outro meio técnico, nos termos da lei penal.

2. A junção da prova documental é feita oficiosamente ou a requerimento, não podendo juntar-se documento que contiver declaração anónima, salvo se for, ele mesmo, objecto ou elemento do crime.

COMENTÁRIOS:

Noção de documento: A noção de documento, encontra-se desenvolvida no **art. 255º-a)-b)-c) do C.P.** Documento é essencialmente uma **declaração, sinal ou notação**, materializados num **suporte físico**, atestando **factos juridicamente relevantes**. O documento, não é portanto o material, mas sim o seu **conteúdo**, enquanto representação de um pensamento humano a que é atribuído efeitos jurídicos.

Documentos anónimos: A credibilidade dos documentos assenta na sua fonte emissora. Quando não é possível identificar a fonte, são irrelevantes e se juntos ao processo devem ser **desentranhados** do processo (v. nº 2). Tal acontece com os documentos **anónimos,** i.e., sem nome subscrito, sem estarem assinados ou encontrando-se subscritos/assinados, não serem passíveis de identificar/determinar a sua fonte/origem. Só assim não acontecerá, se a própria fonte/origem do documento for irrelevante (v.g., fotografia) ou se o documento constituir ele próprio objeto ou elemento do crime (v.g. documento caluniador ou ameaçador, suporte probatório de crime de injurias ou difamação ou de ameaças). Por outro lado, quando os documentos são comprovada ou suspeitamente **falsos**, designadamente documentos **apócrifos** (com autor, lugar ou data falsos) o procedimento deve ser o previsto no art. 170º. Todo este tipo de documentos, corporizam **meios enganosos de prova**, de utilização proibida, gerando **nulidades insanáveis**, nos termos e com os efeitos do art. 126º-1-2-a).

Referências: art. 169º (tipos de documentos e força probatória); art. 243º (auto de notícia); art. 246º-5 (denúncia anónima); art. 274º (certidões e certificados de registo); arts. 362º a 387º do C.C. (regime geral dos documentos).

Artigo 165º – Quando podem juntar-se documentos

1. O documento deve ser junto no decurso do inquérito ou da instrução e, não sendo isso possível, deve sê-lo até ao encerramento da audiência.

2. Fica assegurada, em qualquer caso, a possibilidade de contraditório, para realização do qual o tribunal pode conceder um prazo não superior a oito dias.

3. O disposto nos números anteriores é correspondentemente aplicável a pareceres de advogados, de jurisconsultos ou de técnicos, os quais podem sempre ser juntos até ao encerramento da audiência.

COMENTÁRIOS:

O tempo dos atos processuais: Constituindo o processo penal, uma sequência de atos, é óbvio que eles devem ser praticados no tempo processualmente indicado. Ainda assim, em nome do **princípio da descoberta da verdade material**, a lei admite a prática de atos fora desse tempo, concretamente a apresentação de documentos, até ao **encerramento da audiência.** Mas, sem prejuízo do dever de análise da **relevância** do documento (a junção pode ser rejeitada) e do respeito pelo **contraditório**, (que determina a concessão de **prazo** para resposta, se o afetado não **renunciar** ao mesmo – art. 107º-1). Já quanto aos **pareceres** podem ser sempre juntos sem peias, até ao encerramento da audiência. Daqui decorre que estes documentos, não podem ser juntos na fase de **recurso**, uma vez que o prazo limite está fixado no encerramento da audiência.

Junção tardia de documentos: A apresentação tardia de documentos, quando decorre de mera **negligência**, sendo um incumprimento dos trâmites legais, constitui, s.m.o., um verdadeiro **procedimento anómalo.** Esta **violação da lei processual**, quando **injustificada,** põe em causa vários princípios, que vão desde os **princípios da boa-fé** e **lealdade processual** até aos **princípios da economia** e **celeridade processual** e consequentemente deve ficar sujeita a **cominação**. O momento para apresentar a defesa, documentos incluídos, é no prazo da **contestação** (art. 315º). A extemporaneidade injustificada na apresentação de documentos, deve ser punida, por força do art. 521º-2, nos termos do art. 7º-4-8 do Reg. Custas Processuais, que sanciona os **«procedimentos anómalos»**, ou nos termos do **art. 423º do C.P.C.,** que condena diretamente em multa a extemporaneidade na apresentação de documentos. Não vale dizer, como já lemos, que não pode ser aplicada qualquer sanção, porque o art. 340º faz impender sobre o Juiz o dever oficioso de investigação e portanto o dever de reunir e examinar todas as provas. São campos completamente distintos que podem sobrepor-se, mas não se anulam. A descoberta da verdade material, nada tem a ver com a **negligência**; dir-se-á até que quanto mais importante para a descoberta da verdade for o documento tardiamente apresentado, maior é a **negligência** pelo atraso na sua apresentação e mais pesada deve ser a sanção.

"Assim, sendo "superveniente" o documento cuja junção se pretende na audiência, não há tributação. Se não for feita a alegação e a prova da superveniência, a junção deve ser tributada, (...) v. Marques Ferreira, que considera subsidiariamente aplicável o artigo 523º, nº 2, do CPC." (P. P. Albuquerque, *in* Comentário do CPP, nota ao artigo). **Nota:** atual art. 423º do CPC.

A norma do artigo 165º do C.P.P., estabelece uma regra e uma exceção para a junção de documentos. O incumprimento da regra ou a não justificação da exceção não podem ficar sem sanção, sob pena de ineficácia da lei e do respeito pelo formalismo processual. À falta de norma expressa no C.P.P. para sancionar o incumprimento das regras de processo penal quanto à apresentação de documentos deve aplicar-se a norma do artigo 523º, nº 2, do Código de Processo Civil, ex vi artigo 4º do C.P.P. (Ac. TRP de 20.02.2002, proc. JTRP00033234, *in* www.dgsi.pt). **Nota:** atual art. 423º do CPC.

Artigo 166º – Tradução, decifração e transcrição de documentos

1. Se o documento for escrito em língua estrangeira, é ordenada, sempre que necessário, a sua tradução, nos termos do nº 6 do artigo 92º

2. Se o documento for dificilmente legível, é feito acompanhar de transcrição que o esclareça e, se for cifrado, é submetido a perícia destinada a obter a sua decifração.

3. Se o documento consistir em registo fonográfico, é, sempre que necessário, transcrito nos autos nos termos do nº 2 do artigo 101º, podendo o Ministério Público, o arguido, o assistente e as partes civis requerer a conferência, na sua presença, da transcrição.

COMENTÁRIOS:

Documentos: A norma estabelece as regras para a **inteligibilidade** e **compreensão** de todos os documentos constantes dos autos, que sejam **necessários para a prova.** Se **não forem necessários** não se aplica a regra. Deve conjugar-se este preceito com o **art. 92º**, quando afirma que nos atos processuais, tem de se utilizar a **língua portuguesa** sob pena de **nulidade** e com o **art. 101º-2**, no que toca a transcrições. Por fim no nº 3, estabelece-se que qualquer registo fonográfico transcrito, pode ser submetido a **conferência** pelos sujeitos processuais elencados.

Artigo 167º – Valor probatório das reproduções mecânicas

1. As reproduções fotográficas, cinematográficas, fonográficas ou por meio de processo electrónico e, de um modo geral, quaisquer reproduções mecânicas só valem como prova dos factos ou coisas reproduzidas se não forem ilícitas, nos termos da lei penal.

2. Não se consideram, nomeadamente, ilícitas para os efeitos previstos no número anterior as reproduções mecânicas que obedecerem ao disposto no título III deste livro.

COMENTÁRIOS:

Reproduções mecânicas: Estamos perante uma norma tautológica. Quando diz que as reproduções mecânicas, só valem como prova se não forem **proibidas pela lei penal**, está apenas a repetir uma evidência (v. art. 125º). Obviamente que provas que tenham sido obtidas de **forma ilícita**, não podem ser usadas e muito menos se a forma de obtenção das mesmas, constituir crime (v. art. 126º, métodos proibidos de prova e no C.P., os arts. 190º a 194º, crimes contra a reserva da vida privada e art. 199º, crime de gravações e fotografias ilícitas). A questão é saber quando é que essas reproduções mecânicas são ilícitas.

O direito à imagem: O direito à imagem é um bem jurídico constitucionalmente protegido pelo art. 26º da C.R.P., cuja violação é punida como crime, pelo art. 199º do C.P. Este art. 167º, elaborado de forma rebuscada, regula o valor probatório de reproduções mecânicas (registos vídeo, fonográficos, fotográficos, etc...) estipulando, que elas podem valer como prova, desde que não sejam ilícitas nos termos da lei penal; ou seja, desde logo, se **autorizadas** por entidade competente ou aplicando-se a parte geral do código penal, se efetuadas ao abrigo de **causas excludentes da ilicitude ou da culpa,** como por exemplo, a **legítima defesa** ou o **estado de necessidade** (v. arts. 31º a 39º do C.P. e art. 20º-5 da C.R.P.). A unidade do sistema jurídico, reclama uma interpretação abrangente. Justificadas as reproduções mecânicas dessa forma, não serão ilícitas.

Clarifica o nº 3 da norma, que são licitas as reproduções mecânicas, que obedecerem ao disposto no título III do livro III do C.P.P. que reporta entre outros, às escutas telefónicas, assim dissociando esta matéria das restantes.

Por sua vez, paralelamente, a L.5/2002, de 11.01 (medidas de combate à criminalidade organizada e económico-financeira – v. legislação anexa) prevê no seu art. 6º, a derrogação desse direito à imagem, quando **"necessário para a investigação"** dos crimes que cataloga no seu art. 1º. Trata-se de uma lei especial, menos exigente do que o regime geral previsto no C.P.P. para as "escutas" (v. art. 187º), que coloca como requisito de utilização, a **"indispensabilidade"** para a investigação".

Todavia, há que considerar a hipótese, de apesar de as reproduções mecânicas poderem ser lícitas e justificadas, não poderem ser só por isso, "valoradas" como prova (na esteira de Costa Andrade, que distingue **produção/obtenção** de prova de **uso/valoração** da mesma; v. *Sobre as proibições de prova... pág. 238 e segs* e v. notas ao art. 126º). Aliás, o T.C., a propósito de "diários pessoais", considerou que apesar de eles terem sido licitamente obtidos, não poderiam ser ***"automaticamente"*** valorados como prova pelo tribunal, assim aderindo à necessidade de um **juízo de ponderação** (v. Ac. T.C. 607/2006, proc. 594/03).

Reproduções lícitas: Em suma e sem prejuízo do caso concreto (há inúmeras especificidades a ter em conta) de acordo com jurisprudência largamente maioritária, são **lícitas** as reproduções mecânicas que não ponham em causa **a reserva mínima da vida privada**, como por exemplo, aquelas que resultaram da vídeo-gravação em espaços públicos, para proteção e segurança da comunidade, sobretudo quando previamente autorizadas pela autoridade administrativa reguladora (v. L. 67/98, de 26.10 – lei quadro da proteção de dados pessoais). Também serão **lícitas**, aquelas que embora ponham em causa a reserva mínima da vida privada, o visado deu o seu **consentimento** para a sua utilização como prova (v. art. 126º-3). Estão neste âmbito, as polémicas e habituais **comunicações postais, ou telefónicas ou por *e-mail***, ou similares, com conteúdo **injurioso ou ameaçador**, que depois de registadas em suporte físico, passam para a titularidade do ofendido, que **consentidamente** as disponibiliza como prova do crime. Serão ainda **lícitas**, as reproduções, que estejam a coberto de **normas de investigação criminal,** como fotos de arguidos em locais públicos, para documentar atividades ilícitas e bem assim e**scutas judicialmente ordenadas**. Serão também **lícitas,** reproduções feitas ao abrigo de **causas de justificação,** que excluem a ilicitude e a culpa (v. arts. 31º a 39º do C.P.) (no sentido da última asserção, P.P. Albuquerque, *in* Comentário do CPP).

A autorização judicial: Tem constituído motivo de discussão, saber se as referidas reproduções mecânicas, **estão ou não sujeitas a autorização judicial**. No caso da L. 5/2002 (registo de voz e imagem), o nº 2 do art. 6º diz que sim e acrescenta que são aplicáveis as formalidades das operações previstas no art. 188º do C.P.P. Todavia muita jurisprudência, baseada num **critério de ponderação de interesses**, tem admitido a desnecessidade de autorização judicial, havendo **causa de justificação**, quer fundada em **legítima defesa,** quer em **estado de necessidade** (arts. 32º e 34º do C.P.).

Acontece muitas vezes, os agentes policiais no decurso de investigações e vigilâncias, fazerem registo de voz e imagem (sobretudo fotografias) dos visados, em **locais públicos**. Há que fazer um **juízo de ponderação** de bens jurídicos em presença, estando de um lado a **reserva da vida privada**, de outro o interesse investigatório na **descoberta de verdade** e de **defesa do ordenamento jurídico-penal,** que se constitui como verdadeira **causa de justificação** (v. art. 34º do C.P.). Nesta senda, tendencialmente, a jurisprudência diz que, só quando **invadem a esfera de proteção social e familiar do visado,** é que o registo de voz e imagem, estão **sujeitas a autorização judicial**. Não quando tiradas em **locais públicos**, designadamente na rua, pois aí já se está fora do círculo de proteção do *"núcleo duro de vida privada"* da pessoa visionada. Aliás, o **art. 79º do Código Civil**, sob a epígrafe "direito à imagem", a propósito de **retratos**, diz que, *«não é necessário o consentimento da pessoa retratada quando assim o justifiquem (...) exigências de polícia ou de justiça (...) ou quando a reprodução da imagem vier enquadrada na de lugares públicos ou na de factos de interesse público ou que hajam decorrido publicamente»*. Veja-se os acs. infra.

O artigo 167º do CPP faz depender a validade da prova produzida por reproduções mecânicas da sua não ilicitude face ao disposto na lei penal. Significa o exposto que a admissibilidade da prova depende da sua configuração como um acto ilícito em função da integração de tipos legais de crime que visam a tutela de direitos da personalidade como é o caso do direito à intimidade. Questão distinta é a ponderação sobre a eventual concessão de autorização pela Comissão Nacional de Protecção de Dados pois que esta poderá relevar para uma valoração do respeito pela legislação de protecção de dados, designadamente a Lei 67/98 (aplicável à videovigilância nos termos do seu art. 4º/4) mas não define a licitude, ou ilicitude, da recolha ou utilização das imagens. (...) É criminalmente atípica, a obtenção de fotografias ou de filmagens, mesmo sem consentimento do visado, sempre que exista justa causa nesse procedimento, designadamente quando as mesmas estejam enquadradas em lugares públicos, visem a realização de interesses públicos ou que hajam ocorrido publicamente. O único limite para esta justa causa, será sempre a inviolabilidade dos direitos humanos e, como tal, a inadmissibilidade de atentados intoleráveis à liberdade, dignidade e à integridade moral do visado. Neste sentido, ao nível das Relações, refira-se o Ac. da R. Guimarães de 2004/Mar./29, (recurso nº 1680/03-2 e, ainda, o Ac. da R. Porto, de 2005/Nov./16 (CJ V/216), este relativo a fotografias obtidas pelos investigadores em locais públicos. (...) Assim é lógica a conclusão de que os fotogramas obtidos através do sistema de videovigilância existentes num local de acesso público e para protecção dos bens e da integridade física de quem aí se encontre, mesmo que se desconheça se esse sistema foi comunicado à CNPD, não correspondem a qualquer método proibitivo de prova, desde que exista uma justa causa para a sua obtenção, como é o caso de documentarem a prática de uma infracção criminal, e não digam respeito ao "núcleo duro da vida privada" da pessoa visionada. (...) Deve assim, entender-se que age no exercício de um direito e, portanto vê excluída a ilicitude do seu comportamento, o agente cuja conduta é autorizada por uma disposição de qualquer ramo de direito. O princípio formulado por Merkel é contextualizado por Eduardo Correia nestes termos: "Sempre que uma conduta é, através de uma disposição de direito, imposta ou considerada como autorizada ou permitida está excluída, sem mais, a possibilidade de, ao mesmo tempo e com base num preceito penal, ser tida como antijurídica e punível. É o chamado princípio da unidade da ordem jurídica.(...) Na verdade, quando os valores jurídicos protegidos pela estatuição do art. 199º do CP – relativos à imagem ou à palavra – estão a ser instrumentalizados na defesa de outros direitos, ou quando a não protecção concreta do direito à imagem ou à palavra é condição de eficácia da actuação do Estado na protecção de outros valores, eventualmente situados num patamar qualitativo superior, não se vislumbrando a possibilidade de afirmação da prevalência daquela protecção contra tudo e contra todos. (...) A protecção da palavra que consubstancia práticas criminosas ou da imagem que as retrata têm de ceder perante o interesse de protecção da vítima e a eficiência da justiça penal: a protecção acaba quando aquilo que se protege constitui um crime. (...) Não se verifica a identidade de regimes entre o art. 167º do

CPP – que se reporta a um meio de prova pré-constituído (valor probatório das reproduções mecânicas) – e o regime instituído pela Lei 5/2002, de 11-02, para o combate à criminalidade organizada e económico-financeira – que permitiu ampliar a possibilidade de registar a voz e a imagem, sujeitando-a aos seguintes requisitos: autorização judicial; investigação de um crime de catálogo e necessidade desse meio de obtenção de prova para a investigação. (...) Há uma necessidade de conciliar os direitos com a realidade e as necessidades actuais da vida em sociedade. A privacidade não é um espaço material estabilizado e fixo, na medida em que existe uma "relatividade histórico-cultural da privacidade", isto é, a oscilação das fronteiras entre o privado e o público ao ritmo das transformações civilizacionais (Ac. STJ de 28.09.2011, proc. 22/09.6YGLSB.S2, *in* www.dgsi.pt).

Ora, em nosso entender, independentemente de as fotografias oferecidas como prova se enquadrarem no âmbito do art. 6º da Lei 5/2002, de 11/01, a questão tem de ser resolvida tendo em conta se as mesmas colidem ou não com algum direito constitucionalmente reconhecido. O art. 26º, nº 1, da CRP, consagra expressamente que «A todos são reconhecidos os direitos... à reserva da intimidade da vida privada e familiar...». Deste modo, as fotografias recolhidas com violação deste direito fundamental são ilícitas. As fotografias juntas aos autos não colidem com a intimidade ou esfera da vida privada do recorrente. As mesmas foram tiradas na rua e em locais públicos, de forma a reproduzir factos observados pelos próprios investigadores, e são meros documentos que complementam e fazem parte dos respectivos relatórios de vigilância, como se alcança dos mesmos. Aliás, os relatórios de vigilância destes autos de recurso, de fls... e de fls..., fazem referência às horas em que os factos ocorreram e que foram constatados pelos agentes ali identificados, traduzindo-se as fotografias na confirmação desses mesmos factos directamente observados pelos investigadores, também oferecidos como prova testemunhal. Nesta conformidade, sendo as mesmas fotografias recolhidas em locais não condicionados ao público e sem invadir a esfera privada ou intimidade do recorrente e com o propósito de instruir os autos de inquérito no âmbito de diligências de vigilância, tendo em vista a investigação de crime de tráfico de estupefacientes, não careciam de autorização judicial, uma vez que não foram obtidas de forma penalmente ilícita. E, deste modo, tais reproduções fotográficas constituem prova admissível, por não ser proibida por lei, nos termos dos arts. 125º e 167º, nº 1, do C.P.P. (Ac. TRP de 16.09.05, *in* CJ-XXX-V-219).

A obtenção de fotogramas através do sistema de videovigilância existente num estabelecimento comercial, para proteção dos seus bens e da integridade física de quem aí se encontre, mesmo que se desconheça se esse sistema foi comunicado à CNPD, não corresponde a qualquer método proibido de prova, desde que exista uma justa causa para a sua obtenção, como é o caso de documentar a prática de uma infração criminal, e não diga respeito ao "núcleo duro da vida privada" da pessoa visionada (Ac. TRL de 04.03.2010, proc. 1630/08.8PFSXL.l1-9, *in* www.dgsi.pt).

A vigilância da actividade de tráfico de estupefacientes desenvolvida ao ar livre, em pleno parque público, pode ser registada em imagem, não consistindo nem intromissão da vida privada nem estando dependente de prévia autorização do Juiz (Ac. TRC de 23.04.03, *in* CJ-XXVIII-II-43).

Referências: arts. 26º-1 e 32º-8 da C.R.P. (direitos pessoais); art. 126º (métodos proibidos de prova); L. 67/98, de 26.10 (lei quadro da proteção de dados pessoais); D.L. 35/2004, de 21.01 (videovigilância nas empresas de segurança privada); art. 20º do Código de Trabalho (videovigilância nos locais de trabalho).

Artigo 168º – Reprodução mecânica de documentos

Sem prejuízo do disposto no artigo anterior, quando não se puder juntar ao auto ou nele conservar o original de qualquer documento, mas unicamente a sua reprodução mecânica, esta tem o mesmo valor probatório do original, se com ele tiver sido identificada nesse ou noutro processo.

COMENTÁRIOS:

Certificação de documentos: Acontece muitas vezes não ser possível ter ou manter o original de um documento no processo. Nestes casos, estando apenas em causa o **conteúdo** do documento, pode substituir-se o documento por cópia, desde que esteja **reconhecida a sua conformidade** com o original. Tal reconhecimento não tem que ser expresso através de qualquer ato formal, podendo ser meramente decorrente da **identificação** já feita nesse ou noutro processo judicial. Mas tratando-se de documento, onde esteja em causa a sua **forma exterior** (v.g. alvo de exame pericial para deteção de falsificação material) já o original é imprescindível, pois que ele constitui a prova material ou "corpo de delito", não tendo aplicação este artigo.

Referências: art. 169º (tipos de documentos e força probatória).

Artigo 169º – Valor probatório dos documentos autênticos e autenticados

Consideram-se provados os factos materiais constantes de documento autêntico ou autenticado enquanto a autenticidade do documento ou a veracidade do seu conteúdo não forem fundadamente postas em causa.

COMENTÁRIOS:

Tipos de documentos e força probatória: Tradicionalmente, tendo como base o regime civilístico, que obviamente tem inteira aplicação no processo penal, concretamente os **arts. 362º a 387º do C.C.**, os documentos podem dividir-se entre **autênticos** e **particulares. Os autênticos,** fazem **prova plena** dos factos que neles se referem **terem sido praticados pelo funcionário público** e dos factos neles exarados que tenham por base as **perceções do funcionário público**. Esta força probatória, assenta numa validade intrínseca, e só pode ser ilidida com base na sua **falsidade**. Os **particulares**, podem subdividir-se em **simples**, **autenticados** ou com **reconhecimento notarial** (presencial ou por semelhança). Se **autenticados** tem a mesma força probatória dos autênticos, exceto se a lei exigir documento autêntico (v. art. 169º). Podem também ter força probatória formal, no que aos aspetos notariais diz respeito. Por exemplo, no **reconhecimento presencial**, a letra e a assinatura gozam de fé pública. Já se o reconhecimento for por **semelhança**, este vale como mero juízo pericial.

Fora deste âmbito a **força probatória** de um documento, está sempre sujeito à **livre apreciação** (art. 127º). Todavia importa dizer que ao contrário do direito civil, onde a prova de um facto muitas vezes carece da apresentação de um documento autêntico, tal não acontece no processo penal, inclusivamente ao nível da identificação civil dos intervenientes (nome, filiação, data de nascimento, naturalidade, estado civil, etc...) (neste sentido, Ac. STJ de 21.05.1997, *in* CJ-V-II-214).

I – O documento autêntico só faz prova plena dos factos praticados pelo documentador (v.g., o notário), dos que se passam na sua presença e dos que ele atesta com base nas suas próprias perceções – artigo 371º do Código Civil. II – Assim, o documento autêntico, no qual se ateste ter sido redigida e assinada, na presença do notário, uma declaração referindo determinados factos e a reafirmação de que a mesma exprime a vontade do declarante, não constitui prova plena da sinceridade desta, nem da veracidade daqueles factos, dado que disso não podia o documentador certificar-se com os seus sentidos (Ac. STJ de 05.02.1987, *in* BMJ-364-796).

O documento prova, na medida do que atesta. Assim, declarando-se em escritura pública que o pagamento X foi feito, o documento só prova que foi feita essa declaração. Se o notário atestar na escritura que presenciou esse pagamento, o documento faz prova do pagamento (P.P. Albuquerque, *in* Comentário do CPP).

Valor dos autos de natureza processual: De acordo com o **art. 99º** (v. notas) o **auto** é um instrumento que faz **fé em juízo** relativamente aos termos em que se desenrolaram os atos processuais. Neste sentido o **auto policial** a que alude o art. 243º e a **ata de julgamento** a que aludem os arts. 362º a 364º, são **documentos autênticos** (v. sobre documentos autênticos e força probatória, arts. 363º-2, 371º e 372º do C.C.).

Modo de impugnação do documento: A impugnação do documento, quer quanto à forma quer quanto ao conteúdo, não tem de se fazer nos precisos prazos e termos do Código de Processo Civil, designadamente através do chamado **incidente de falsidade**, mas em contexto lacunar processual, os seus princípios devem ser observados, por força do art. 4º, concretamente no que toca à **forma da impugnação da genuidade do documento** (art. 444º do C.P.C.) e à **ilisão da sua autenticidade ou força probatória** (art. 446º do C.P.C.).

Referências: art. 99º (noção de auto); art. 170º (documento falso); art. 243º (auto de notícia); art. 296º (documentação da instrução); art. 362º a 364º (documentação da audiência de julgamento); arts. 363º-2, 371º e 372º do C.C. (documentos autênticos e força probatória).

Artigo 170º – Documento falso

1. O tribunal pode, oficiosamente ou a requerimento, declarar no dispositivo da sentença, mesmo que esta seja absolutória, um documento junto aos autos como falso, devendo, para tal fim, quando o julgar necessário e sem retardamento sensível do processo, mandar proceder às diligências e admitir a produção da prova necessárias.

2. Do dispositivo relativo à falsidade de um documento pode recorrer-se autonomamente, nos mesmos termos em que poderia recorrer-se da parte restante da sentença.

3. No caso previsto no nº 1 e ainda sempre que o tribunal tiver ficado com fundada suspeita da falsidade de um documento, transmite cópia deste ao Ministério Público, para os efeitos da lei.

COMENTÁRIOS:

Falsidade de documentos: O tribunal oficiosamente tem de zelar pela autenticidade dos documentos, devendo agir em nome da **segurança jurídica** e do **controlo da legalidade,** quando há suspeitas ou confirmação de que um documento é falso. Aliás, generalizando, este dever impõe-se em todas as circunstâncias em que qualquer autoridade, tenha notícia de um crime. Não existe atualmente (como existia no CPP de 1929) um "incidente" autónomo de falsidade. A falsidade é tratada internamente. Daí que quando os documentos são comprovada ou suspeitamente **falsos**, há lugar à declaração de falsidade (que não faz caso julgado, se não for esse crime, o objeto do processo) ou à instauração de um inquérito, respetivamente, sem prejuízo do direito ao **recurso** da pessoa afetada (que pode não ser o arguido). Os documentos falsos, corporizam **meios enganosos de prova**, de utilização proibida, gerando **nulidades insanáveis**, nos termos e com os efeitos do art. 126º-1-2-a).

TÍTULO III – Dos meios de obtenção da prova

CAPÍTULO I – Dos exames

Artigo 171º – Pressupostos

1. Por meio de exames das pessoas, dos lugares e das coisas, inspeccionam-se os vestígios que possa ter deixado o crime e todos os indícios relativos ao modo como e ao lugar onde foi praticado, às pessoas que o cometeram ou sobre as quais foi cometido.

2. Logo que houver notícia da prática de crime, providencia-se para evitar, quando possível, que os seus vestígios se apaguem ou alterem antes de serem examinados, proibindo-se, se necessário, a entrada ou o trânsito de pessoas estranhas no local do crime ou quaisquer outros actos que possam prejudicar a descoberta da verdade.

3. Se os vestígios deixados pelo crime se encontrarem alterados ou tiverem desaparecido, descreve-se o estado em que se encontram as pessoas, os lugares e as coisas em que possam ter existido, procurando-se, quanto possível, reconstituí-los e descrevendo-se o modo, o tempo e as causas da alteração ou do desaparecimento.

4. Enquanto não estiver presente no local a autoridade judiciária ou o órgão de polícia criminal competentes, cabe a qualquer agente da autoridade tomar provisoriamente as providências referidas no nº 2, se de outro modo houver perigo iminente para obtenção da prova.

COMENTÁRIOS:

Meios de obtenção de prova: O capítulo agora iniciado, está epigrafado como **«meios de obtenção de prova»,** estando elencados como tal, os **exames**, as **revistas**, as **buscas**, as **apreensões** e as **escutas telefónicas**. Como o próprio *nomen juris* indica, regula atos que instrumentalmente visam obter provas. Por outras palavras não constituem prova, mas uma via para elas, sendo certo que o seu resultado, pode constituir provas.*"os meios de obtenção da prova servem para obter aquelas coisas ou declarações que, por sua vez, servirão para demonstrar a realidade de um facto"* (Francisco Marcolino de Jesus, *in* Os meios de obtenção de prova em processo penal, pág. 139).

Exames: O primeiro meio de obtenção de prova regulado, é os **exames** a pessoas, lugares e coisas, buscando diretamente vestígios e indícios do crime, sempre sob o primado dos direitos pessoais, tal como determina os arts. 25º e 26º da C.R.P. De acordo com o art. 17º-2 da L. 130/2015, de 04.09 (estatuto da vítima) os exames médicos à vítima, devem decorrer sob o signo da celeridade, necessidade e eficiência, evitando-se repetições.

O primeiro contacto com a cena do crime e a **preservação** e **procura** de vestígios nele, é absolutamente vital para o sucesso da investigação. Aí deve começar por se definir logo uma estratégia para a investigação, em função do tipo e natureza do crime. Compete ao **OPC** este tipo de atuação, posto que em regra, são as primeiras autoridades a chegar ao local do crime (v. também como muito relevante, o art. 249º – medidas cautelares de polícia).

Registe-se apenas que as **perícias** (que também são exames, mas de ordem científica) não se encontram no capítulo dos meios de obtenção de prova, como acontecia no CPP de 1929, mas sim no capítulo dos meios de prova (v. arts. 151º a 163º) o que diz bem, da volatilidade dos conceitos. Esta cisão no regime de algo que devia ser unitário, só causa problemas de compatibilização. Em todo o caso, podemos dizer que, enquanto a competência para fazer os **exames** pertence *ab initio* às autoridades policiais (nº 4 e art. 249º) a competência para ordenar **perícias** compete exclusivamente às autoridades judiciárias (art. 154º). Por fim, a perícia, insere-se num quadro tendencialmente contraditório (v. notificações aos intervenientes – art. 154º-4) e tem um alto valor probatório que os simples exames não têm (v. art. 163º).

Artigo 172º – Sujeição a exame

1. Se alguém pretender eximir-se ou obstar a qualquer exame devido ou a facultar coisa que deva ser examinada, pode ser compelido por decisão da autoridade judiciária competente.

2. É correspondentemente aplicável o disposto nos nºs 3 do artigo 154º e 6 e 7 do artigo 156º

3. Os exames susceptíveis de ofender o pudor das pessoas devem respeitar a dignidade e, na medida do possível, o pudor de quem a eles se submeter. Ao exame só assistem quem a ele proceder e a autoridade judiciária competente, podendo o examinando fazer-se acompanhar de pessoa da sua confiança, se não houver perigo na demora, e devendo ser informado de que possui essa faculdade.

(Última redação da L. 20/2013, de 21.02)

COMENTÁRIOS:

Obrigatoriedade de sujeição a exame: É obrigação legal de qualquer pessoa, colaborar voluntariamente com a lei, sujeitando-se ela própria a exame ou facultando objetos para exame, conforme for fundadamente determinado pelas autoridades judiciárias (M.P. ou Juiz). Quando se tratar de arguido é seu dever expresso sujeitar-se a diligências de prova **«especificadas na lei»** [v. art. 61º-3-d)]. Ao contrário do que por vezes se diz, o arguido pode ser um meio de prova.

"(...) o arguido pode constituir também, como dissemos, meio de prova, na verdade, em um duplo sentido: a) Em sentido material, através das declarações prestadas sobre os factos (...). b) Em sentido formal, na medida em que o seu corpo e o seu estado corporal podem ser objeto de exames (...) (Figueiredo Dias, *in* Jornadas... págs. 27 e 28).

Resistências: Quando se verificarem resistências ativas ou passivas à execução dos exames, não podem as autoridades judiciárias ficarem inativas. Nestes casos, terá de se agir de forma a compelir tais pessoas no sentido de colaborarem, sujeitando-as a exame ou facultando a coisa a examinar. Neste quadro de afrontamento, **quando estiverem em causa direitos fundamentais**, compete **exclusivamente ao Juiz** ordenar os atos necessários ao cumprimento da lei (v. nº 2). A coação pode ir até à **detenção**, para exame compulsivo, quando o objeto do exame for a própria pessoa (v. arts. 154º-2 e 156º-6-7). Pode ainda ordenar-se **buscas** e **revistas** para apreender objetos a submeter a exame (v. arts. 174º a 177º).

As específicas perícias médico-legais e forenses, a que se alude nos arts. 159º, 160º e 351º, são de **sujeição obrigatória**, por força do art. 6º do **D.L. 45/2004, de 19.08** (regime jurídico das perícias médico-legais e forenses).

Entre os exames mais correntes, conta-se os de natureza **biológica** (recolha de ADN ou deteção de toxicodependência) e **psiquiátrica** (faculdades mentais). À recusa ao exame de **alcoolemia** (arts. 153º e 156º do C.E.) dada a sua natureza preventiva, não se aplica este normativo, cf. decidiu o Ac. TC 319/95, de 20.06. Na verdade, só com o tempo gasto na obtenção de autorização para a submissão a exame forçado, esbater-se-ia o teor de álcool no sangue. Em todo o caso, a recusa infundamentada de sujeição a exames legais, ordenados por autoridade competente, pode consubstanciar um **crime de desobediência**, p.p.p. art. 348º do C.P.

Jurisprudência uniformizadora: Ac. do STJ de Fixação de Jurisprudência nº 14/2014, de 28.05.2014, *in* D.R. de 21.10.2014: *«Os arguidos que se recusarem à prestação de autógrafos, para posterior exame e perícia, ordenados pelo Exmº Magistrado do Mº Pº em sede de inquérito, incorrem na prática de um crime desobediência, previsto e punível pelo artigo 348º, nº 1, b), do Código Penal, depois de expressamente advertidos, nesse sentido, por aquela autoridade judiciária».* **Nota:** No caso presente de sujeição a exame grafológico, o STJ, desconsiderou a exigência prevista no art. 61º-3-d), de tal exame/diligência estar "especificado" na lei, com fundamento em que essa palavra, comportava um *"alcance mais amplo, de cláusula geral, abrangente de todas as provas que não são proibidas por lei, ao arrimo do princípio da legalidade da prova (art. 125º do CPP e 126º do CPP)"*.

"O direito à não autoincriminação refere-se, em primeira linha, ao respeito pela vontade do arguido em não prestar declarações, ao seu direito ao silêncio (...) esse direito não abrange a utilização em quaisquer procedimentos penais, de dados que possam ser obtidos do acusado recorrendo a poderes coercivos, contanto que tais dados existam independentemente da vontade do sujeito, tais como "inter alia", os documentos adquiridos com base em mandado, as recolhas de saliva, sangue e urina, bem como de tecidos corporais, com vista a uma analise de ADN." (Ac. do TEDH de 17.12.96, caso Saunders v. Reino Unido nº 19187/91) (também citado na J.U. supra).

"Julgar inconstitucional, por violação do disposto nos artigos nºs 25º, 26º e 32º, nº 4, da Constituição, a norma constante do artigo 172º, nº 1, do C.P.P., quando interpretada no sentido de possibilitar, sem autorização do juiz, a colheita coativa de vestígios biológicos de um arguido para determinação do seu perfil genético, quando este último tenha manifestado a sua expressa recusa em colaborar ou permitir tal colheita" (Ac. TC nº 155/2007 de 02.03, *in* www.dgsi.pt).

É inválida a prova obtida através de exame à saliva, pelo método de zaragatoa bucal, do suspeito de um crime de homicídio, contra a sua vontade, se o exame, ordenado durante o inquérito pelo Ministério Público, não foi previamente autorizado pelo juiz de instrução (Ac. TRP de 02.05.2007, proc. 0546541, *in* www.dgsi.pt).

Ora, a colheita de cabelos ou sangue, caso não consentidas, consubstanciam intervenções no corpo que, realizadas por perito médico "com rigorosa observância das regras das leges arfis, se podem e devem graduar como ofensas insignificantes (mínimas) do direito à integridade corporal e do direito à autodeterminação corporal, posto que afetam, transitória e momentaneamente, de forma muito reduzida, o corpo físico e o sistema volitivo" do interveniente. "Quanto à recolha de saliva ou de urina afigura-se-nos que nem sequer se pode considerar suscetível de ofensa o direito à integridade corporal do recorrente, mas tão só o direito à autodeterminação corporal, e em grau ou medida desprezível, isto é, irrelevante". Deste modo, e tendo presente que o exame ordenado tem em vista a procura da verdade material para administração da justiça penal, o que constitui uma exigência da ordem pública e do bem-estar geral, bem como um dos pilares do Estado de direito, há que concluir que a realização compulsiva daqueles se mostra justificada e legitimada a significar que a decisão impugnada, proferida ao abrigo da norma do art. 172º, nº 1, do CPP, que atribui à autoridade judiciária o poder de compelir as pessoas à submissão de exame devido ou a facultar coisa que deva ser examinada, não viola os arts. 25º, nº 1, e 32º, nº 8, da Constituição da República, na parte em que ordena o exame e perícia mediante extracção de saliva por via de zaragatoa bucal, dado que a mesma apenas é susceptível de ofender o direito à autodeterminação corporal do recorrente em medida irrelevante (Ac. TRP de 03.05.2006, proc. 6541/05-4, *in* www.dgsi.pt).

A lei que estabelece o regime jurídico da realização das perícias médico-legais e forenses é a Lei 45/2004, de 19 de Agosto. Trata-se de lei especial e imperativa, aplicável a todas as perícias médico-legais. Nos termos deste diploma, as perícias médico-legais são realizadas, obrigatoriamente, nas delegações e nos gabinetes médico-legais do Instituto Nacional de Medicina Legal (art. 2º, nº 1) (Ac. TRG de 18.04.2013, *in* www.dgsi.pt).

Referências: arts. 151º a 163º (prova pericial); D.L. 45/2004, de 19.08 (regime jurídico das perícias médico-legais e forenses); L. 5/2008, de 12.02 (aprovou a criação de uma base de dados de perfis ADN para fins de identificação civil e criminal e tornou obrigatório a sujeição a exame – v. notas ao art. 151º).

Artigo 173º – Pessoas no local do exame

1. A autoridade judiciária ou o órgão de polícia criminal competentes podem determinar que alguma ou algumas pessoas se não afastem do local do exame e obrigar, com o auxílio da força pública, se necessário, as que pretenderem afastar-se a que nele se conservem enquanto o exame não terminar e a sua presença for indispensável.

2. É correspondentemente aplicável o disposto no nº 4 do artigo 171º

COMENTÁRIOS:

Pessoas no local do crime: Para dar pleno cumprimento às suas obrigações investigatórias, no que toca a deteção, preservação e recolha de indícios e vestígios do crime, a autoridade policial pode compelir as pessoas a permanecerem no local do crime, até as mesmas serem identificadas e se fazer uma triagem do seu eventual interesse probatório e até responsabilidades relativamente aos factos ilícitos em investigação.

CAPÍTULO II – Das revistas e buscas

Artigo 174º – Pressupostos

1. Quando houver indícios de que alguém oculta na sua pessoa quaisquer objectos relacionados com um crime ou que possam servir de prova, é ordenada revista.

2. Quando houver indícios de que os objectos referidos no número anterior, ou o arguido ou outra pessoa que deva ser detida, se encontram em lugar reservado ou não livremente acessível ao público, é ordenada busca.

3. As revistas e as buscas são autorizadas ou ordenadas por despacho pela autoridade judiciária competente, devendo esta, sempre que possível, presidir à diligência.

4. O despacho previsto no número anterior tem um prazo de validade máxima de 30 dias, sob pena de nulidade.

5. Ressalvam-se das exigências contidas no nº 3 as revistas e as buscas efectuadas por órgão de polícia criminal nos casos:

a) De terrorismo, criminalidade violenta ou altamente organizada, quando haja fundados indícios da prática iminente de crime que ponha em grave risco a vida ou a integridade de qualquer pessoa;

b) Em que os visados consintam, desde que o consentimento prestado fique, por qualquer forma, documentado; ou

c) Aquando de detenção em flagrante por crime a que corresponda pena de prisão.

6. Nos casos referidos na alínea *a)* do número anterior, a realização da diligência é, sob pena de nulidade, imediatamente comunicada ao juiz de instrução e por este apreciada em ordem à sua validação.

COMENTÁRIOS:

Revistas e buscas: O regime legal das revistas e buscas tem assento na Constituição, nos arts. 26º-1-2 (no que se refere às revistas) e no art. 34º (no que se refere às buscas domiciliárias) onde se garante o direito do cidadão contra intromissões abusivas na sua esfera pessoal, sem prejuízo dos casos e formas previstas na lei. Deste modo, estamos perante um **regime excecional,** que como tal deve ser interpretado. Este artigo trata das buscas em geral e o art. 177º das buscas domiciliárias.

Distinção entre revistas e buscas: Na distinção entre revista e busca, importa dizer que o objeto físico da revista são as **pessoas** (o seu corpo, vestes, bagagem; mas com exclusão do interior do seu corpo) enquanto o objeto físico da busca são **locais privados** (desde residências e viaturas até caixas de correio). O fim das revistas e buscas é as **apreensões** de objetos, documentos e bens em geral, razão pela qual o regime das buscas se encontra intimamente interligado com o regime das **apreensões** (v. capítulo seguinte). As buscas podem ser não domiciliárias (art. 174º) ou domiciliárias (art. 177º) ficando sujeitas a regime geral das apreensões (art. 178º) ou a regime especial (arts. 179º a 181º e 185º).

As revistas e buscas, estão ainda previstas no art. 251º, já não enquanto meio de obtenção de prova, mas enquanto **medidas cautelares e de segurança de natureza policial** (revistas e buscas pelo OPC sem prévia autorização da autoridade judiciária), ou em leis avulsas de natureza securitária, como no art. 5º da L. 8/87, de 12.04 (segurança em recintos públicos) ou no art. 12º-2 da L. 16/2004, de 11.05 (segurança em recintos desportivos) ou no art. 29º da L. 53/2008, de 29.08 (segurança interna) e outras.

A noção de "indícios" para a revista ou busca: Pressuposto da legalidade da **revista** e da **busca**, é a existência **atual** de **indícios** (não apenas suspeitas) de que **alguém** (não necessariamente constituído arguido) **oculte** (esconda, encubra, disfarce) **provas** de um crime (qualquer tipo de crime). Veja-se a esclarecedora jurisprudência infra.

Para que se ordene a realização de uma busca domiciliária, a lei exige apenas a existência de "indícios" no domicílio de objetos relacionados com um crime ou que possam servir de prova (art. 174º-2 do CPP) não sendo, necessário que esses indícios sejam "indícios suficientes" ou "fortes indícios". Na falta de definição legal, por indício deve entender-se "uma indicação, sinal ou vestígio de algo" (Ac. TRC de 15.02.06, *in* C.J.-XXXI-I-48).

Com vista à determinação de uma busca podem valer como indícios os elementos constantes de uma informação policial (Ac. TRP de 29.11.2006, proc. 0645900, *in* www.dgsi.pt).

1 – A «injustificabilidade» de busca judicialmente autorizada tem de ser valorada estritamente em função dos factos, indícios e provas existentes no inquérito no preciso momento em que foi proferido o despacho, pretensamente «ilegal», que a possibilitou – e não à situação que se vem a apurar, quer em consequência da própria realização material da diligência, quer através do aprofundamento da investigação. 2 – Não tendo sido impugnada, no âmbito do processo penal, a validade da busca domiciliária em causa, é ao lesado que incumbe o ónus probatório, desde logo, da pretensa ilegalidade e consequente ilicitude, tendo, pois, o lesado de carrear para a ação todo o material fáctico que permita suportar a imputação de ilegalidade ao despacho que autorizou a busca, assumindo consequentemente o risco de não ter logrado provar suficientemente o invocado carácter «gratuito» ou «arbitrário» da diligência (Ac. STJ de 21.04.2010, *in* www.dgsi.pt).

1 – Para a determinação ou justificação da realização de busca nos termos dos números 1 e 2 do artigo 174º do Código de Processo Penal, os indícios serão suficientes em função da situação de facto que se apresenta aos elementos policiais, exigindo uma apreciação imediatista sobre a razoabilidade das suspeitas, sobre a ocorrência e clara definição dos factos ilícitos e sobre a presença dos objectos que se pretendem investigar e apreender. 2 – A base desse raciocínio assenta, necessariamente, sobre os factos que constituem crime e foram presenciados e/ou são sabidos pelos elementos que efectuam a busca, não como eles se virão a provar posteriormente no processo, sim como eles razoavelmente se apresentam no momento em que se decide efectuar a busca (Ac. TRE de 20.01.2015, proc. 18/12.0GALLE.E1, *in* www.dgsi.pt).

"É ao MP que compete determinar quais as diligências que devem ser realizadas em ordem a descobrir e recolher as provas necessárias aos fins do inquérito, ainda que na realização de tais diligências seja assistido pelos órgãos de polícia criminal ou, quando a lei o determina, tenha que obter prévia autorização do Juiz de Instrução. (...) É o critério da investigação, cujo dominus é o MP, que determina a razoabilidade das buscas e da seleção/escolha dos objetos apreendidos." (Ac. TRL de 18.05.2006, *in* www.dgsi.pt).

Competência para ordenar revistas e buscas: A revista e a busca são autorizadas ou ordenadas por despacho de **autoridade judiciária** competente (M.P., durante o inquérito, ou Juiz). O prazo máximo para a sua execução é de **30 dias** (prorrogáveis) sob pena de **nulidade** (sanável – art. 120º-1) competindo às entidades policiais agir taticamente nesse prazo. Excecionalmente podem as buscas ou revistas, serem ordenadas pelo **OPC**, verificados os pressupostos do nº 5, concretamente:

(i) terrorismo, criminalidade violenta ou altamente organizada: Casos de ações criminosas, passíveis de serem integrados nas definições típicas do art. 1º-i)-j)-m), com **execução iminente;** não propriamente situações de flagrante delito, mas apenas indícios da prática iminente desse tipo de crimes, designadamente de atos preparatórios, geradores de **riscos graves para a vida ou integridade física de pessoas.**

Nos casos de terrorismo, criminalidade violenta ou altamente organizada, bem como nos demais, referidos na alínea a) do nº 1 do art. 174º do C.P.P., se a busca não tiver sido previamente ordenada pela autoridade judiciária competente deverá ser imediatamente comunicada ao Juiz de Instrução para efeitos do disposto no 4 do citado art. ainda que o visado tenha, expressamente, consentido na sua realização. A validação judicial da realização da busca pode ser implícita, desde que se revele inequivocamente (Ac. STJ de 08.01.98, *in* CJ-VI-I-158).

De acordo com o art. 51º do D.L. 15/93, de 22.01 **(Lei da droga)** equipara-se os crimes dos arts. 21º a 24º e 28º dessa lei, aos crimes de «terrorismo», «criminalidade violenta» ou «altamente organizada», pelo que se aplica o regime de buscas aqui previsto.

(ii) com consentimento documentado dos visados: O termo **«consentimento»** dos **«visados»** tem suscitado alguma polémica. No caso da **revista** é inequívoco; o "visado" só pode ser o revistado. Já em caso de **busca**, a jurisprudência tem ido no sentido de que, só quem tiver a **disponibilidade do local** onde se realiza a busca é que poderá dar o **consentimento**. Por **disponibilidade do local**, deve entender-se a faculdade de alguém ter sobre a coisa, **um direito real de gozo,** como por exemplo, direito de propriedade, de usufruto, de superfície, de servidão (sublinhe-se que este conceito não se enquadra na busca domiciliária – v. art. 177º). Concomitantemente também se tem colocado a questão do **momento do consentimento** e da **documentação do consentimento**. Parece óbvio que o **consentimento** tem de **preceder** a busca. Porém, nada obsta a que esse **consentimento** seja verbal e que seja documentado posteriormente. Aliás é isso que acontece na maior parte dos casos. O que é necessário é que exprima uma vontade livre e não submetida a qualquer coação, o que constituiria um método proibido de prova – v. art. 126º. Por fim, o **consentimento** só é valido, se prestado por quem tiver **capacidade judiciária** para tal (v. art. 122º a 156º do C.C.).

(iii) detenções em flagrante delito de crimes punidos com pena de prisão: São muito raros, os crimes não punidos com pena de prisão. V. noção de flagrante delito no art. 256º-1-2-3.

"Na sequência da detenção do arguido em flagrante, por crime punível com prisão, pode ser efetuada revista sem necessidade de prévia autorização ou ordem da autoridade judiciária ou de prévio consentimento do visado." (Ac. TRP de 29.01.2003, *in* www.dgsi.pt).

I – Existe uma situação de quase flagrante delito quando o arguido é detido após os agentes policiais o terem visto a efetuar um gesto de troca característico das transações de estupefacientes que se fazem na rua. O quase flagrante delito é equiparado ao flagrante delito. 2 – Nessas circunstâncias, são legais a revista e a busca efetuadas pelo agente policial na pessoa e no veículo do arguido (Ac. TRG de 17.06.2003, proc. 26/12.1PEGMR.G1, *in* www.dgsi.pt).

A obrigação de comunicação "imediata". Validações: A revista ou a busca, podem ser ordenadas pelo **OPC**, verificado o circunstancialismo das alíneas. Nos casos de **crimes graves** da alínea a), deve o OPC ***«imediatamente»*** comunicar tal ao Juiz para **validação**, gerando a omissão, uma **nulidade** sanável (v. nº 6). O termo ***«imediatamente»,*** reportado no nº 6, deve ser interpretado como, "***no mais curto espaço de tempo possível***". Na verdade, as revistas e buscas, sobretudo estas últimas, como quaisquer atos policiais, geram um serviço de expediente administrativo muitas vezes pesado e complexo, que necessita de tempo para ser cumprido. Assim, é necessário caso a caso, avaliar da razoabilidade do atempado cumprimento do dever de comunicação. Ao incluir no texto legal o termo ***«imediatamente»*** que tem uma interpretação muito subjetiva, incorreu o legislador no mesmo vício legiferante, que pretendeu evitar noutras normas, fixando prazos cronometrados, para o cumprimento dos atos.

Em geral, quando da revista ou da busca resultarem **apreensões**, tal comunicação para **validação das apreensões**, é sempre obrigatória e deve ser feita à autoridade judiciária competente para ordenar a revista ou a busca, no espaço de **72 horas** (v. art. 178º-3-5).

XII – Não é inconstitucional, por violação do nº 6 do artigo 32º da Constituição, que considera nulas as provas obtidas mediante abusiva intromissão na vida privada, a norma do nº 3 do artigo 174º do Código, que permite que as revistas e as buscas não domiciliarias sejam, no âmbito do inquérito, autorizadas ou ordenadas pelo Ministério Público (que é autoridade judiciaria) nos casos especificados nos nºs 1 e 2, nem a norma do nº 5 do mesmo artigo, que dispensa a autorização previa do Ministério Público em relação aos casos previstos no nº 5 do artigo 174º, face as exigências feitas nas próprias alíneas desse número e, no caso da alínea a), ainda no nº 5 do mesmo artigo. XIII – Nesse artigo 174º não se abrangem as buscas domiciliarias (que são reguladas pelo artigo 177º), pelo que, quanto aquele, não se pode falar em violação do nº 2 ao artigo 34º da Constituição (Ac. TC 7/87, de 09.01.87, *in* www.dgsi.pt). **Nota:** para melhor compreensão, atualizámos o texto, que ainda se referia ao atual nº 5 como nº 4, ultrapassado pelas alterações de 2007.

Acresce que, por um lado, a busca foi validada por despacho judicial logo que o expediente foi presente, juntamente com o arguido detido para 1º interrogatório judicial, nos termos do art. 174º, nº 6 do CPP, sendo que a comunicação imediata a que alude o art. 174º, nº 6 do CPP "pode ter lugar dentro do prazo de apresentação dos arguidos para 1º interrogatório judicial" – escreve Paulo Pinto de Albuquerque, in Comentário do Código de Processo Penal, 2ª edição, 485, com referência ao acórdão do TC nº 274/2007; de modo idêntico se decidiu no acórdão do STJ de 15.12.1998, in www.dgsi.pt, a propósito de validação de uma busca realizada em idênticas circunstâncias (...) (Ac. TRE de 03.02.2015, proc. 761/14.0GBLLE-B-E1, *in* www.dgsi.pt).

Vícios processuais: As revistas e buscas geram muita controvérsia com constante alegação de uma panóplia completa de vícios processuais, como proibições de prova, nulidades insanáveis e sanáveis e irregularidades, que muito afetam o normal curso dos autos. Importa pois tecer brevíssimas considerações. Assim, **tendencialmente**, quando as revistas e buscas ofendem o **núcleo essencial da integridade física e moral do sujeito,** lesando os chamados **bens de personalidade**, devem considerar-se um **método proibido de prova** gerador de **nulidade insanável** (para quem enquadre estes vícios nas nulidades) constitucionalmente prevista nos arts. 26º, 34º e 32º-8 da C.R.P. e ainda **art. 126º-1**. De acordo com o **art. 126º-2**, as provas obtidas, mediante intromissão na vida privada, no domicílio, na correspondência ou nas telecomunicações, são válidas desde que o titular dê **consentimento**. Logo, estamos perante **direitos disponíveis**, que não se inscrevem no núcleo essencial da integridade física e moral do sujeito. Assim, as revistas e buscas quando **não regularmente autorizadas** (nos casos carecidos de autorização, obviamente) ou efetuadas **sem consentimento** válido do sujeito, bem como a não observância dos **prazos legais** nesta matéria ou de alguns **requisitos processuais,** gera **nulidades sanáveis** (v. art. 174º-4-6). Já o não cumprimento das **comunicações** legais e formalidades, resultam em meras **irregularidades**. V. arts. 118º-2, 120º, 121º, 123º e 126º-2.

No caso sub júdice, a busca tem de ser considerada proibida porque tratando-se de uma busca domiciliária foi levada a cabo por agentes policiais sem autorização da competente autoridade judiciária e sem que se verificasse qualquer das situações previstas nas várias alíneas do nº 4 do artigo 174º do Código de Processo Penal, designadamente o consentimento do visado. A pessoa visada com a diligência era a arguida pelo que só esta poderia dar o consentimento excludente de eventual ilícito (volenti non fiat injuria); ela apresentava-se como única titular do direito à inviolabilidade do domicílio. O consentimento dado pelo filho mostra-se irrelevante; não basta para conferir legalidade ao acto. Ele não era a pessoa visada e até, por não residir no prédio onde a busca domicili-

ária ocorreu, não se vê que tivesse a disponibilidade do lugar (...). Da diferente qualificação dos bens em causa e da respectiva disponibilidade ou indisponibilidade para o seu titular resultam regimes ou consequências diversas. As provas obtidas por métodos absolutamente proibidos não poderão nunca ser utilizadas no processo mesmo com o consentimento daquele; pelo contrário, se tais métodos foram apenas relativamente proibidos, enquanto susceptíveis de consentimento relevante do respectivo titular, as provas obtidas também serão nulas, mas tal nulidade, porque sanável, depende da arguição do interessado, ficando sujeito à disciplina dos artigos 120º e 121º do Código de Processo Penal (...). Concluímos, pois, que, no caso concreto dos autos, as provas recolhidas através de busca domiciliária levada a cabo sem autorização da competente autoridade judiciária nem com o consentimento do visado são nulas. Acontece, porém, que tal nulidade foi cometida durante o inquérito, pelo que, tendo presente o disposto no nº 3 do artigo 120º do Código de Processo Penal, há muito se esgotou o prazo para ser arguida, o que só agora, na motivação do recurso, foi feito (Ac. STJ de 08.02.1995, *in* www.dgsi.pt).

A busca, que não é presidida pela autoridade judiciária que a ordenou, mas por órgão de polícia criminal, a quem a autoridade judiciária confiou tal presidência, não é nula (Ac. STJ de 09.12.98, *in* CJ-VI-III-235).

IV – Nos casos de tráfico de estupefacientes, visto aquele art. 51º do DL 15/93, de 22.01, a busca em casa habitada ou numa sua dependência fechada também pode ser ordenada pelo MP ou pelos órgãos de política criminal, mas, por força do art. 177º, nº 2, do CPP, por remissão para o nº 5 (atual nº 6) *do art. 174º do mesmo diploma legal, a realização dessa diligência é, sob pena de nulidade, imediatamente comunicada ao juiz de instrução e por este apreciada em ordem à sua validação. V – Estabelece-se aqui uma exceção ao regime jurídico da autorização judicial prévia ou do consentimento do visado, já que a gravidade e celeridade dos interesses a proteger, com o consequente perigo social e coletivo, se não compadecem com a demora de obtenção da autorização ou consentimento, sobrelevando aqueles ao valor individual de inviolabilidade do domicílio. VI – A intervenção judicial a posteriori ao ato consumado de busca é apenas homologatória. VII – Igual regime se seguirá quando o visado consentir na busca, nos termos das disposições conjugadas dos arts. 177º, nº 2, 174º, nº 4, al. b), e 174º, nº 5, todos do CPP. (...) XI – Uma coisa é a garagem, enquanto espaço dependente da casa, merecer da mesma tutela para a casa – acessorium sequitur principale – outra coisa é aquela ser ou não domicílio, que não é. XII – Diversamente, quando a garagem se apresenta como um espaço físico não dependente da casa a busca é não domiciliária, sujeita às regras dos arts. 251º e 252º do CPP, embora dependente da validação ulterior do juiz, ou, como também se entende, apenas do MP, por, opina-se, não se incluir na competência do juiz em inquérito – arts. 268º e 269º do CPP* (Ac. STJ de 20.09.2006, *in* www.dgsi.pt).

I – A busca domiciliária, efetuada sem que tenha sido ordenada nem autorizada por um juiz, ou sem que tenha sido dado o seu consentimento expresso ou tácito, sofre de nuli-

dade sanável. II – A nulidade decorrente da falta de autorização da busca não é insanável, uma vez que não é expressamente cominada como tal. III – Sendo assim, tal nulidade carece de invocação/arguição tempestiva, que não feita pelo arguido, deve considerar-se sanada, como é, de resto, a regra geral (Ac. TRP de 17.11.2004, proc. 0414002, *in* www.dgsi.pt).

Tendo sido buscado, sem prévia autorização da entidade competente, o quarto onde o arguido vinha pernoitando, e não tendo aquele, enquanto visado pela diligência em causa, dado o consentimento à realização da busca, foi cometida uma nulidade (art. 177º, nºs 1 e 6 do CPP). Trata-se, contudo, de nulidade sanável e que só pode ser conhecida mediante arguição do sujeito processual interessado, nos termos do art. 120º, nº 3 do CPP (Ac. TRE de 17.09.2009, proc. 549/08.7PBBJA-A.E1, *in* www.dgsi.pt).

Não é nula a prova resultante da busca efectuada ao veículo do arguido, sem autorização da autoridade judiciária, mas logo após o arguido ter parado o veículo, em obediência a sinal dos agentes da PSP, ter saído do mesmo e ter trancado as portas, ocorrendo deste modo o circunstancialismo previsto na al. a) do nº 1 do art. 251º do C.P.P. (Ac. STJ de 26.09.01, *in* CJ-IX-III-172).

Referências: art. 249º-2-c) (providências cautelares nas revistas e buscas); art. 251º (revistas e buscas pelo OPC sem prévia autorização da autoridade judiciária); art. 256º (noção de flagrante delito).

Artigo 175º – Formalidades da revista

1. Antes de se proceder a revista é entregue ao visado, salvo nos casos do nº 5 do artigo anterior, cópia do despacho que a determinou, no qual se faz menção de que aquele pode indicar, para presenciar a diligência, pessoa da sua confiança e que se apresente sem delonga.
2. A revista deve respeitar a dignidade pessoal e, na medida do possível, o pudor do visado.

COMENTÁRIOS:

Revista: A revista pode ser ordenada previamente por **autoridade judicial**, cumprindo-se os trâmites descritos na norma ou ordenada por **OPC** nos termos do art. 174º-5, devendo respeitar os princípios constitucionais da dignidade da pessoa humana (v. art. 13º e 26º da C.R.P.). Aqui o "visado" é o revistado. Não existe horário para a revista como existe para a busca.

Artigo 176º – Formalidades da busca

1. Antes de se proceder a busca, é entregue, salvo nos casos do nº 5 do artigo 174º, a quem tiver a disponibilidade do lugar em que a diligência se realiza, cópia do despacho que a determinou, na qual se faz menção de que pode assistir à diligência e fazer-se acompanhar ou substituir por pessoa da sua confiança e que se apresente sem delonga.

2. Faltando as pessoas referidas no número anterior, a cópia é, sempre que possível, entregue a um parente, a um vizinho, ao porteiro ou a alguém que o substitua.

3. Juntamente com a busca ou durante ela pode proceder-se a revista de pessoas que se encontrem no lugar, se quem ordenar ou efectuar a busca tiver razões para presumir que se verificam os pressupostos do nº 1 do artigo 174º Pode igualmente proceder-se como se dispõe no artigo 173º

COMENTÁRIOS:

Execução da busca: Na execução da busca **judiciariamente ordenada sempre que possível**, deve entregar-se a qualquer pessoa que tenha a **disponibilidade** do lugar ou às **pessoas referidas no nº 2**, cópia do despacho que determinou a busca, as quais podem **assistir** à mesma ou fazerem-se **representar**. Daqui decorre que, não existindo tais pessoas no local, uma busca pode ser feita pelas autoridades policiais, sem a presença de quem quer que seja. Quando presentes, pode ser imposto às pessoas, que não se **afastem** do local e por inerência às razões da própria busca e portanto sem necessidade de autorização judiciária expressa, pode proceder-se a **revistas** àqueles que sejam suspeitos de ocultar objetos ou provas relacionadas com o crime. Em todo o caso, não é obrigatório que alguém que não o agente policial que presidiu à busca e eventual apreensão, **assine** o auto respetivo (v. arts. 99º e 100º). É claramente inconstitucional, a referência excludente aos casos do art. 174º-5 (busca ordenada pelo OPC).

A lei fala em pessoa que tiver a disponibilidade do lugar e não em "visado" com a busca, o que significa que pode ser o proprietário, o arrendatário, o locatário ou o mero usufruidor precário (Francisco Marcolino de Jesus, *in* Os meios de obtenção de prova..., pág. 181). **Nota:** Refere-se à entrega da "cópia do despacho".

Constitui mera irregularidade a omissão, antes de se proceder a busca, da entrega de cópia do despacho que a determinou (Ac. TRP de 09.02.2011, proc. 70/103SFPRT--A.P1, *in* www.dgsi.pt).

Em busca autorizada/ordenada não é exigível nem a presença, nem o consentimento da pessoa visada (Ac. TC nº 16/97, de 17.01).

Nulidades: O não cumprimento das formalidades indicadas na norma, constitui nulidades sanáveis ou meras irregularidades (v. arts. 118º-2, 120º, 121º e 123º).

Referências: Circular/PGR nº 5.12, de 12.03.2012 (procedimentos específicos para buscas, apreensões em estabelecimentos prisionais, estabelecimentos ou unidades policiais, estabelecimento ou unidades militares ou outros estabelecimentos públicos, em geral, sujeitos a regime especial).

Artigo 177º – Busca domiciliária

1. A busca em casa habitada ou numa sua dependência fechada só pode ser ordenada ou autorizada pelo juiz e efectuada entre as 7 e as 21 horas, sob pena de nulidade.

2. Entre as 21 e as 7 horas, a busca domiciliária só pode ser realizada nos casos de:

a) Terrorismo ou criminalidade especialmente violenta ou altamente organizada;

b) Consentimento do visado, documentado por qualquer forma;

c) Flagrante delito pela prática de crime punível com pena de prisão superior, no seu máximo, a 3 anos.

3. As buscas domiciliárias podem também ser ordenadas pelo Ministério Público ou ser efectuadas por órgão de polícia criminal:

a) Nos casos referidos no nº 5 do artigo 174º, entre as 7 e as 21 horas;

b) Nos casos referidos nas alíneas *b*) e *c*) do número anterior, entre as 21 e as 7 horas.

4. É correspondentemente aplicável o disposto no nº 6 do artigo 174º nos casos em que a busca domiciliária for efectuada por órgão de polícia criminal sem consentimento do visado e fora de flagrante delito.

5. Tratando-se de busca em escritório de advogado ou em consultório médico, ela é, sob pena de nulidade, presidida pessoalmente pelo juiz, o qual avisa previamente o presidente do conselho local da Ordem dos Advogados ou da Ordem dos Médicos, para que o mesmo, ou um seu delegado, possa estar presente.

6. Tratando-se de busca em estabelecimento oficial de saúde, o aviso a que se refere o número anterior é feito ao presidente do conselho directivo ou de gestão do estabelecimento ou a quem legalmente o substituir.

COMENTÁRIOS:

A noção de domicílio para efeitos de busca domiciliária: Este artigo refere-se às buscas domiciliárias (o art. 174º, às buscas não domiciliárias). Conforme jurisprudência corrente, o conceito de **domicílio** é extensivo a **todo o local que serve de habitação ao visado** (onde se encontre qualquer núcleo da sua intimidade e vida privada) seja ele habitual ou esporádico, móvel ou imóvel, qualquer que seja o tipo de material ou de construção. Daí que a norma fale em **«casa habitada»** ou sua **«dependência fechada».** O conceito não se reduz portanto à noção civilística do art. 82º do C.C. É mais abrangente. Na verdade, para além da casa propriamente dita, a lei admite ainda nos mesmos termos e limites, a busca às suas **dependências fechada** (qualquer que seja o instrumento de fecho), entendendo-se como tal, as zonas contíguas da habitação, que possam ainda albergar a intimidade e vida privada do sujeito, como é o caso mais comum, das arrecadações ou das garagens individuais (em certos circunstancialismos físicos e arquitetónicos – cf. ac. infra). Excluído do regime da busca domiciliária, está o **local de trabalho** onde o sujeito exclusivamente desenvolve uma atividade profissional (ainda que haja alguma jurisprudência em contrário; v. art. 83º do C.C. – domicílio profissional).

«habitação humana, (...) espaço fechado e vedado a estranhos, onde recatada e livremente se desenvolve toda uma série de condutas e procedimentos característicos da vida privada e familiar» (Ac. do TC nº 452/89, *in* D.R de 22.07.89).

IX – Uma garagem fechada – e não um espaço aberto, inserto num espaço mais amplo de garagens de um condomínio – como é a natureza daquela onde foi efectuada a busca nos autos, é um espaço fechado dependente da casa, local ocupante de uma relação de complementaridade com aquela – foi arrendada conjuntamente com o apartamento pelo arguido – concorrendo ambas para a realização dos fins próprios do domicílio, sem ser, no entanto, isoladamente, considerada domicílio. X – Conjugadamente casa e garagem, enquanto espaço fechado dela dependente, merecem a tutela cominada na lei processual penal, penal e constitucional, para a busca domiciliária, não já, no caso de garagem, por se tratar de domicílio stricto sensu –, em cuja intromissão indevida se não configura crime de violação de domicílio, nos termos dos arts. 190º e 378º do CP – mas por imperativo legal. XI – Uma coisa é a garagem, enquanto espaço dependente da casa, merecer da mesma tutela para a casa – acessorium principale sequitur –, outra coisa é aquela ser ou não domicílio, que não é. XII – Diversamente, quando a garagem se apresenta como um espaço físico não dependente da casa a busca é não domiciliária, sujeita às regras dos arts. 251º e 252º do CPP, embora dependente da validação ulterior do juiz, ou, como também se entende, apenas do MP, por, opina-se, não se incluir na competência do juiz em inquérito – arts. 268º e 269º do CPP (Ac. STJ de 20.09.2006, *in* www.dgsi.pt)

Buscas domiciliárias: Estas **buscas**, tem um regime próprio em matéria de competência para as ordenar e seu horário de execução (horário este que constitui um verdadeiro puzzle). Assim, a busca domiciliária, se executada entre as **21 e as 7 horas**, só pode ser feita nos termos do nº 2, cujas alíneas a) e c), subtilmente, não coincidem integralmente com os pressupostos já alinhados no art. 174º-5 para as buscas não domiciliárias, posto que aqui a criminalidade em referência, tem de ser não só violenta, como «especialmente violenta» [nº 2-a)] e o flagrante delito, tem de ser, não só por crime a que corresponda pena de prisão, mas também «prisão superior no seu máximo a 3 anos» [nº 2-c)]. Vejamos:

(i) terrorismo, criminalidade especialmente violenta ou altamente organizada: V. definições típicas no art. 1º-i)-l)-m). Aqui já não se exige os indícios e a execução iminente do crime, nem os riscos graves para a vida ou integridade física de pessoas, como no art. 174º-5-a), talvez porque aqui, reportando a «criminalidade especialmente violenta» e não apenas violenta, já a maior perigosidade está implícita.

De acordo com o art. 51º do D.L. 15/93, de 22.01 **(Lei da droga)** equipara-se os crimes dos arts. 21º a 24º e 28º dessa lei, aos crimes de (1) «terrorismo», (2) «criminalidade violenta» ou (3) «altamente organizada», pelo que se aplica o regime de buscas aqui previsto, no primeiro e terceiro segmento da norma.

(ii) consentimento documentado do «visado»: O termo **consentimento** do **«visado»** para a busca, tem suscitado alguma polémica, quando se trata de determinar a **legitimidade** para o consentimento a dar numa **busca domiciliária**. A maioria da jurisprudência tem ido no sentido de que **«visado»**, só pode ser o suspeito ou arguido que ali **resida/habite**. Já ali não reside/habita, quem estiver de passagem ou ali vá esporadicamente, ou quem simplesmente ali guarde produtos ou bens ilícitos ou adquiridos ilicitamente. Também não, quem é meramente titular da residência, como acontece por exemplo nas relações senhorio/inquilino. O residente ou habitante de um domicílio, tem de ser alguém que ali desenvolve toda uma série de condutas e procedimentos característicos da vida privada e familiar (ali permanece por tempo razoável, ali tem os seus pertences essenciais ao quotidiano, ali pernoita, ali toma as refeições, ali recebe amigos e familiares etc...). Seguramente que se ali residir, haverá de ter documentos comprovativos do facto; v.g., recibos de pagamento de serviços de eletricidade, água, televisão, etc...E não lhe será difícil apresentar testemunhos dos vizinhos, de que ali é visto como residente.

O problema coloca-se mais quando há **partilha do domicílio.** Alguma jurisprudência, vai no sentido de qualquer dos **compartes** pode prestar o consentimento. E assim a mãe, o parente, o amigo ou o coarguido, que com o suspeito ou o arguido, vivem no local da busca, podem prestar consentimento para a busca. Há no entanto jurisprudência, que cremos maioritária, em sentido contrário, interpretando radicalmente que **«visado»**, só pode ser o suspeito ou o arguido. Mas, neste quadro, se entendermos que **«visado»**, é também quem tenha a disponibilidade da habitação e sofre os incómodos da busca, já a primeira interpretação parece mais aceitável (a não ser que se exija um consentimento colegial). Menos aceitável, é o consentimento dos compartes para a busca, nos espaços do domicílio que **não são comuns**, dado por pessoas que não partilham deles, como por exemplo num quarto de dormir exclusivo de quem não prestou o consentimento. Mas só perante o caso concreto, é possível emitir opinião fundamentada.

O Ac do T.C. nº 507/94, coloca a tónica, em que, "visado" só pode ser o arguido. Todavia, com pertinência, veja-se o voto de vencido de Vítor Nunes de Almeida: *"De facto, parece ser verdadeiramente absurdo que, residindo várias pessoas na mesma casa como membros da mesma família e entre si dependentes, para se efectivar uma busca se tivesse de obter o consentimento de todos os residentes, na hipótese de não ser viável a obtenção momentânea de um mandato judicial. Parece-me perfeitamente correcta a obtenção do consentimento de quem, no momento, dispõe de plenitude da casa, como era o caso, no processo em apreço, da mãe do arguido".*

"diversas pessoas podem ter, e normalmente têm... domicílio no mesmo espaço de habitação. Mas cada uma delas é titular do direito fundamental à inviolabilidade do domicílio... que não se transforma, em função da consciência do objeto material sobre o qual incide, num direito colectivo (Ac. T.C. nº 126/2013, de 27.02.2013, *in* www.tribunalconstitucional.pt.).

A validade da realização da busca domiciliária basta-se com o consentimento da pessoa afetada que era e que tenha a livre disponibilidade, quanto ao local onde a diligência é efetuada e que possa ser por ela afetado, mormente o seu quarto, não se exigindo o consentimento cumulativo de todos os outros residentes na casa. A entrada na habitação será porém irregular se houver oposição de algum dos demais titulares, que terá que ser manifestada. O consentimento do visado para a realização da busca, incluindo a domiciliária, não exige qualquer específico formalismo na sua prestação, importando, apenas, que ele fique documentado por qualquer forma, ou seja, tal consentimento pode ser verbalmente prestado antes da realização da busca, desde que ulteriormente fique, por qualquer forma, documentado, como por exemplo, no auto de busca e apreensão, assinado pelo arguido, fique a constar esse consentimento. Na sequência da detenção do arguido em flagrante, por crime punível com prisão, pode ser efetuada revista sem necessidade de prévia autorização ou ordem da autoridade judiciária ou de prévio consentimento do visado. A falta de assinatura pelo arguido do auto de revista constitui mera irregularidade (Ac. TRP de 29.01.2003, *in* www.dgsi.pt).

Nos termos do art. 174º do CPP as buscas são, em princípio, ordenadas por autoridade judiciária, podendo no entanto ser levadas a cabo por órgão de polícia criminal (OPC) sem precedência de mandado nos casos previstos no nº 5 daquele mesmo art. 174º, designadamente no caso de consentimento do visado, desde que o consentimento prestado fique, por qualquer forma documentado, conforme disposição expressa da al. b) do citado nº 5 do art. 174º. O art. 177º do CPP que regula especialmente a busca domiciliária, como é o caso presente, admite a realização da busca por OPC com consentimento do visado, sem precedência de mandado, sem especialidades face ao regime geral. A lei exige apenas que o consentimento fique documentado, o que, para além de afastar a possibilidade de o consentimento ser tácito ou presumido, nos parece admitir que o registo possa ter lugar em qualquer suporte compatível com a noção de documento contida no art. 255º do C.Penal, por remissão do art. 164º do CPP, dada a necessidade de certeza que subjaz à exigência de documentação do consentimento, por um lado, e, por outro, à amplitude com que admite qualquer forma de documentação (Ac. TRC de 08.05.2013, proc. 356/0909BCVl.Cl, *in* www.dgsi.pt).

(iii) situações de flagrante delito de crimes punidos com pena de prisão superior a 3 anos: Por força da moldura penal exigida para a busca domiciliária, verifica-se uma restrição relativamente ao art. 174º-5-c), que apenas exige a pena de prisão. V. noção de flagrante delito no art. 256º e art. 34º-3 da C.R.P.

Buscas em residências de pessoas especialmente vulneráveis: A busca às residências destas pessoas (onde se inclui com mais incidência prática, as situações em que o visado é **menor**) tem o regime especial decorrente da obrigatoriedade da presença de defensor, aquando da realização da mesma, sob pena de **nulidade insanável** [arts. 64º-1-d) e 119º-c)].

Buscas em escritório de advogado, consultório médico, estabelecimento oficial de saúde ou estabelecimento bancário: Face ao **segredo profissional** que envolve o exercício da advocacia ou da medicina, ou da atividade bancária, a busca nestes locais, obedece a um **formalismo próprio** e tem de ser **presidida** pelo Juiz [v. arts. 180º-1, 181º e 268º-1-c)]. Tem gerado recursos, saber em que termos o Juiz deve presidir à diligência.

I – A exigência da presidência pessoal do juiz na busca a escritório de advogado não significa que tem de ser o juiz quem, pessoalmente, percorre todas as divisões do escritório e quem materialmente procede a apreensão do que se me afigurar de relevo em função da finalidade da busca, não sendo estritamente necessário que o juiz mantenha contacto visual com cada um dos elementos policiais que realizam a busca, ainda por cima quando está presente o próprio buscado e um representante da Ordem dos Advogados. II – É ape-

nas preciso que o juiz, estando presente, mantenha o controlo do que está a ser feito, pelos órgãos de polícia criminal, a quem nos termos do art. 55º, nº 1 do CPP compete coadjuvar aquele, sem que tal signifique qualquer delegação ou substituição de competências, e que vá resolvendo no local todas as questões que aí sejam suscitadas com vista a não permitir quebras ou violações do segredo profissional ou intromissões indevidas na actividade profissional do advogado, dessa forma conferindo total legalidade ao acto (Ac. TRL de 21.10.2009, proc. 81/07.6TELSB-C.L1-3, *in* www.dgsi.pt).

Podendo embora não se considerar boa prática, não constitui qualquer ilegalidade que o JIC se ausente do local buscado apenas quando se ocorrem procedimentos meramente materiais (no caso cópia de ficheiros informáticos previamente determinados pelo JIC) (Ac. TRL de 18.05.2006, proc. 54/2006-9, *in* www.dgsi.pt).

Horários e formalidades especiais: A norma regula com a habitual má qualidade descritiva e com abuso de remissões (é absurda, a distinção horária entre as buscas ordenadas pelo Juiz ou pelo M.P e OPC) os horários e situações de buscas domiciliárias, na senda do **art. 34º-3 da C.R.P.** Como princípio geral as buscas só podem ser efetuadas entre as **7 e as 21 horas** (horário diurno). Mas, as referidas nas alíneas do nº 2, podem ser efetuadas **a qualquer hora**. Porem, se forem ordenadas, já não pelo Juiz, mas pelo **M.P.** ou **OPC**, no caso referido no nº 2-b)-c), (consentimento ou flagrante delito), **a qualquer hora**; no caso referido no nº 3-a), (terrorismo, criminalidade especialmente violenta ou altamente organizada), regressa ao horário diurno entre as **7 e as 21 horas**. Ou seja, nos crimes em que deveria ser mais premente a intervenção policial, a mesma, no quadro descrito, não poderá ocorrer à noite.

Nos casos em que a busca domiciliária for efetuada por OPC sem consentimento do visado e fora de flagrante delito, i.e., nos casos de terrorismo criminalidade especialmente violenta ou altamente organizada, deve de imediato ser **comunicada** a diligência ao Juiz, para a apreciação e **validação,** sob pena de **nulidade** [V. arts. 3º-a)-4 e 174º-6 – v. nota 5 ao art. 174º].

Referências: art. 174º (pressupostos gerais das revistas e buscas); art. 180º (apreensões em escritório de advogado ou consultório médico); art. 256º (noção de flagrante delito); arts. 64º-1-c) e 119º-c) (busca em residência de menor).

CAPÍTULO III – Das apreensões

Artigo 178º – Objecto e pressupostos da apreensão

1. São apreendidos os instrumentos, produtos ou vantagens relacionados com a prática de um facto ilícito típico, e bem assim todos os objectos que tiverem sido deixados pelo agente no local do crime ou quaisquer outros susceptíveis de servir a prova.

2. Os instrumentos, produtos ou vantagens e demais objectos apreendidos nos termos do número anterior são juntos ao processo, quando possível, e, quando não, confiados à guarda do funcionário de justiça adstrito ao processo ou de um depositário, de tudo se fazendo menção no auto.

3. As apreensões são autorizadas, ordenadas ou validadas por despacho da autoridade judiciária.

4. Os órgãos de polícia criminal podem efectuar apreensões no decurso de revistas ou de buscas ou quando haja urgência ou perigo na demora, nos termos previstos na alínea *c*) do nº 2 do art. 249º

5. Os órgãos de polícia criminal podem ainda efectuar apreensões quando haja fundado receio de desaparecimento, destruição, danificação, inutilização, ocultação ou transferência de instrumentos, produtos ou vantagens ou outros objectos provenientes da prática de um facto ilícito típico susceptíveis de serem declarados perdidos a favor do Estado.

6. As apreensões efectuadas por órgão de polícia criminal são sujeitas a validação pela autoridade judiciária, no prazo máximo de setenta e duas horas.

7. Os titulares de instrumentos, produtos ou vantagens ou outros objectos apreendidos podem requerer ao juiz a modificação ou a revogação da medida.

8. O requerimento a que se refere o número anterior é autuado por apenso, notificando-se o Ministério Público para, em 10 dias, deduzir oposição.

9. Se os instrumentos, produtos ou vantagens ou outros objectos apreendidos forem susceptíveis de ser declarados perdidos a favor do Estado e não pertencerem ao arguido, a autoridade judiciária ordena a presença do interessado e ouve-o.

10. A autoridade judiciária prescinde da presença do interessado quando esta não for possível.

11. Realizada a apreensão, é promovido o respectivo registo nos casos e nos termos previstos na legislação registal aplicável.

12. Nos casos a que se refere o número anterior, havendo sobre o bem registo de aquisição ou de reconhecimento do direito de propriedade ou da mera posse a favor de pessoa diversa da que no processo for considerada titular do mesmo, antes de promover o registo da apreensão a autoridade judiciária notifica o titular inscrito para que, querendo, se pronuncie no prazo de 10 dias.

(Última redação da L. 30/2017, de 30.05)

COMENTÁRIOS:

As apreensões. Regime geral: Enquanto instituto jurídico, segundo discriminação corrente, as apreensões podem ter natureza **preventiva**, **conservatória** e **probatória.** Aqui estamos genericamente nos três domínios.

O artigo, de forma muito abrangente, na nova redação da L. 30/2017, de 30.05, regula as apreensões de instrumentos, produtos, vantagens ou objetos «relacionados» com o crime em investigação e que sejam **relevantes para a prova**. Tais apreensões podem ocorrer, ou por terem sido os bens simplesmente encontrados num local do crime ou na sequência de revistas e buscas Se quanto aos instrumentos, produtos e objetos (v.g., documentos, dinheiro, droga, telemóveis, computadores, etc...) tal "relacionamento" poderá ser mais ou menos evidente, já quanto às vantagens «relacionadas» com o crime (i.e. **frutos/lucros** do crime) tal poderá ser mais difícil de concluir. Em todo o caso bastará uma situação de "relacionamento", portanto, no quadro da prova **direta ou indireta.**

Nos casos de bens sujeitos a **registo**, segue-se o procedimento previsto nos nºs 11 e 12.

Importa ter presente que o facto de uma apreensão ser legal (porque prevista na lei em termos genéricos) não significa que possa ser valorada probatoriamente. Veja-se a *vexata quaestio* da apreensão de **diários pessoais**, onde sendo certo que não existe uma proibição da sua apreensão, estes só podem ser valorados como prova, se do seu conteúdo não resultarem factos exclusivamente pessoais, que atentem contra a dignidade da pessoa humana, sob pena de nulidade nos termos do art. 126º-3 (v. neste sentido o Ac. TC 607/2003, *in* DR de 08.04.2004).

Paralelamente a este regime geral, existem **regimes especiais** em inúmeras leis avulsas, para a guarda e conservação de objetos, bens e produtos apreendidos (e sua perda), tais como nas leis da droga, das armas, da caça, de fonogramas, de jogo, etc....

Competência. Validação das apreensões: Têm competência para ordenar apreensões, as **autoridades judiciárias** (M.P. ou Juiz, conforme existir ou não reserva de competência – v. arts. 179º a 181º) (v. nº 3). Tem ainda competência, os **órgãos de polícia criminal**, no quadro traçado no nº 5 e no quadro das medidas cautelares de polícia, a que alude o art. 249º, portanto em circunstâncias específicas; revistas, buscas ou urgência ou perigo na demora (v. nº 4). Mas quando as apreensões forem ordenadas pelas autoridades policiais, **sem terem sido previamente autorizadas ou ordenadas pelas judiciais**, carecem as mesmas de serem **validadas** (v. nº 6). Refere o nº 6, o prazo de **72 horas**. Este prazo de **72 horas** para validação, tem gerado polémica sobre o modo de contagem. As 72 horas, reportam-se à validação da autoridade judiciária ou à apresentação do expediente pelo OPC para validação? Partindo do elemento literal, *«são sujeitas a validação...»* muita jurisprudência tem entendido que tal prazo se destina em exclusivo à autoridade policial, *sujeitando-a* à apresentação das apreensões e à apresentação do respetivo expediente às autoridades judiciárias nesse prazo. Não se trata pois de um prazo para estas validarem as apreensões, pois tal pode acontecer mais tardiamente. Isto parece fazer sentido, na medida em que o objetivo da lei, é a mais rápida sujeição possível das apreensões ao crivo das autoridades judiciárias (neste sentido, ac. STJ de 17.05.2007 ou ac. TRP de 07.11.2007, *in* www.dgsi.pt). Em todo o caso, é um prazo meramente ordenador, cujo não cumprimento gera **mera irregularidade** (v. art. 123º).

"A validação pela autoridade judiciária das apreensões efetuadas por órgãos de polícia criminal não exige uma decisão autónoma e expressa de validação. Deve considerar-se cumprido o disposto no nº 5 do artigo 178º do C.P.P. sempre que houver no processo elementos que demonstrem, de forma inequívoca, que a autoridade judiciária fiscalizou a legalidade das apreensões efetuadas pelos órgãos de polícia criminal e que, embora de uma forma tácita, as considerou válidas" (Ac. TRL de 06.11.2007, proc. 4233/2007-5, *in* www.dgsi.pt). **Nota:** O nº 5 referido é o atual nº 6.

Apreensões fortuitas: Pode acontecer serem apreendidos bens que **não sendo do visado**, nem estando relacionados com o(s) crime(s) em investigação, possam ser utlizados na prática de factos ilícitos ou sejam produto deles, preenchendo a situação descrita no **arts. 109º-1-2 e 110º-5 do C.P.** Tais bens, cumprido que seja o contraditório previsto nos nºs 8 e 9 (se o mesmo for possível) podem ser declarados perdidos a favor do Estado ou ter o destino previsto no art. 185º (tratando-se de coisas sem valor, perecíveis perigosas ou deterioráveis).

Comunicações ao GAB: A **L. 45/2011, de 24.06**, que criou o Gabinete de Recuperação de Ativos (GRA) igualmente criou o Gabinete de Administração de Bens (GAB), que é um gabinete do Instituto de Gestão Financeira e Equipamentos da Justiça, I.P. (IGFEJ, I.P.) e impôs no seu **art. 20º-A-1,** que: «*Sem prejuízo dos regimes do segredo de justiça e do segredo de Estado, as autoridades judiciárias comunicam ao GAB os dados relativos aos bens apreendidos, aquando da prolação do despacho a que alude o nº 6 do artigo 178º do Código de Processo Penal.*»

Incidente de impugnação da medida de apreensão: Os titulares dos bens aprendidos podem impugnar as apreensões e exigir a sua restituição, seguindo-se o procedimento previsto nos nºs 7 a 10, ato que corre em expediente próprio, separado e por apenso, nos termos do art. 68º-5, competindo ao JIC a decisão final. Por titulares entende-se todos os que têm sobre a coisa um direito real, que obviamente terão de demonstrar.

"O interesse que fundamenta a legitimidade (neste incidente, como em toda a legitimidade processual) há-de aferir-se sempre pela utilidade que o seu titular há-de retirar da providência requerida." (Ac. TRP de 21.01.2004, proc. 0315777, *in* www.dgsi.pt).

Por não ser subsumível a qualquer das situações referidas nos nºs 1 e 2, do art. 407º do C.P.P. tem subida diferida e nos próprios autos o recurso interposto pelo arguido da apreensão de objetos, apreensão essa de natureza preventiva e realizada em obediência aos critérios do art. 178º, nº 1 do C.P.P. (Ac. TRL de 15.12.2004, *in* www.dgsi.pt).

As apreensões decorrentes de buscas. Estratégia: Na sequência das buscas é habitual haver objetos apreendidos. É ónus do M.P., assessorado pelas autoridades policiais, demonstrar em juízo que os objetos ou produtos (v.g. estupefacientes) apreendidos estavam na posse ou eram propriedade do arguido visado. Para tanto, deve provar, não só que o espaço da busca estava **afeto** ao arguido, mas também que era ele o **detentor** das coisas apreendidas. Para lograr este objetivo é necessário um trabalho policial prévio de qualidade. Assim, devem as autoridades policiais que executam a busca, **descrever** o local da busca, se for uma casa, o número de divisões e de camas ou colchões que tem (eventualmente elaborando croquis), apurar quem é o seu **proprietário**, ou **arrendatário**, ou **usufrutuário**, identificar todas as **pessoas que lá residam**, esclarecer se residem permanentemente ou episodicamente, neste último caso, precisando, se possível datas de estadia, averiguar se há vestígios de outras pessoas que ali residam, tais como, roupas, sapatos, artigos de higiene, documentos, fotografias, etc..., apurar como se **repartiam** pela casa os seus residentes, em que quartos dormiam cada um deles, se sozinhos ou acompanhados, quais as relações de parentesco dos intervenientes, e tudo o mais que for julgado útil para a descoberta da verdade. É habitual, dir-se-á até, quase fatal, que as pessoas constituídas como arguidos, nestes casos em que há buscas domiciliárias, virem defender-se, alegando que não residiam ali ou que os bens e produtos apreendidos, não são seus, mas de outras pessoas que vivem ou viveram ou passaram por aquela casa, ou então mais simplesmente que desconheciam a existência daqueles produtos no interior da casa. Esta defesa pode ser muito fácil de contraditar quando o trabalho policial desenvolvido é de qualidade. Na verdade, sendo esta uma defesa esperada, há que atalhar, investigando logo à partida com profundidade, recolhendo dados, processando a casa ao milímetro, localizando tudo com total rigor, colhendo vestígios lofoscópicos, fotografando do plano maior para o mais pequeno, tudo o que importe, a fim de desmontar tal defesa. Em nenhum caso se deve partir do princípio de que a prova é fácil, porque em raros casos tal acontece.

Regime processual e penal: O regime processual das apreensões, está intimamente conectado com o regime penal, previsto nos **arts. 109º a 112º do C.P.** e com regimes previstos em inúmeras leis avulsas, a chamar à colação em cada caso concreto.

Referências: art. 268º-1-e) (atos a praticar pelo Juiz de instrução); art. 374º-A (direito ao contraditório de terceiros e regime de declarações na fase de julgamento); arts. 109º a 112º do C.P. (perda de instrumentos, produtos e vantagens); L. 5/2002, de 11.01 (perda alargada de bens a favor do Estado em crimes tipificados.

Artigo 179º – Apreensão de correspondência

1. Sob pena de nulidade, o juiz pode autorizar ou ordenar, por despacho, a apreensão, mesmo nas estações de correios e de telecomunicações, de cartas, encomendas, valores, telegramas ou qualquer outra correspondência, quando tiver fundadas razões para crer que:

a) A correspondência foi expedida pelo suspeito ou lhe é dirigida, mesmo que sob nome diverso ou através de pessoa diversa;

b) Está em causa crime punível com pena de prisão superior, no seu máximo, a 3 anos; e

c) A diligência se revelará de grande interesse para a descoberta da verdade ou para a prova.

2. É proibida, sob pena de nulidade, a apreensão e qualquer outra forma de controlo da correspondência entre o arguido e o seu defensor, salvo se o juiz tiver fundadas razões para crer que aquela constitui objecto ou elemento de um crime.

3. O juiz que tiver autorizado ou ordenado a diligência é a primeira pessoa a tomar conhecimento do conteúdo da correspondência apreendida. Se a considerar relevante para a prova, fá-la juntar ao processo; caso contrário, restitui-a a quem de direito, não podendo ela ser utilizada como meio de prova, e fica ligado por dever de segredo relativamente àquilo de que tiver tomado conhecimento e não tiver interesse para a prova.

COMENTÁRIOS:

Noção de correspondência: A proteção da correspondência tem dignidade constitucional, mas a própria Constituição legitima a ingerência na mesma, verificados os necessários pressupostos legais (v. art. 34º-1-4 e 32º-8 da CRP). Por correspondência deve entender-se todo o tipo de mensagens ou informações, contidas num suporte **físico** ou **telemático** de comunicação.

Como afirma Costa Andrade (Comentário Conimbricense do Código Penal, Tomo I, pág. 758, § 16), "é precisamente este facto – estar fechada – que define a fronteira da tutela penal do sigilo de correspondência e dos escritos, em geral." E uma carta está fechada quando exista "um procedimento que estabeleça um obstáculo físico à tomada de conhecimento e que só seja ultrapassarei à custa de uma actividade física que pode ou não (...) implicar uma ruptura material (...) Não basta seguramente (...) a sua arrumação num dossier ou numa gaveta aberta." E para concluir: "uma carta que foi (ainda que indevidamente) aberta, deixa de ser uma carta fechada, mesmo que persista reservada." Pela negativa: excluídas do conceito de correspondência estão as formas de comunicação que integrem as telecomunicações, ou seja, "os procedimentos técnicos de transmissão incorpórea à distância de qualquer espécie de informação (sinais, dados, sons, cores, imagens, etc.). E isto independentemente do sistema tecnológico de tratamento e transmissão da informação: com fios, por cabo, ondas hertzianas, via satélite (...). Assim, e a par das clássicas formas do telefone (...), cabem aqui telecomunicações como o telex, o telefax, a telefoto, etc." (idem, pág. 758, § 18) (alegações do M.P. citadas e acolhidas no Ac. TRL de 02.03.2011, proc. 463/07.3TAALM-A.L1-3, *in* www.dgsi.pt).

Regime: À apreensão da correspondência, aplica-se o regime geral do art. 178º, com as especificidades aqui previstas. Do ponto de vista da competência, só o **Juiz,** e só quando tiver **«fundadas razões»**, tem competência para autorizar (sob promoção do M.P.) ou ordenar (por sua iniciativa) a apreensão de correspondência (é uma sua **competência exclusiva**, à semelhança do que acontece nas apreensões em escritório de advogado, consultório médico ou em estabelecimento bancário – arts. 180º e 181º). Sem prejuízo do disposto no art. 178º-4, onde em situações de **urgência ou perigo,** as autoridades policiais também podem proceder a apreensões de correspondência, sujeita a validação. Por outro lado, terá de respeitar os **requisitos específicos** elencados nas alíneas do nº 1. Compete ainda ao Juiz, exclusivamente proceder à **abertura e leitura da correspondência,** nos termos do nº 3 e art. 268º-1-d) e art. 252º-1. É proibida qualquer ingerência na correspondência entre o arguido e seu **defensor**, salvo se a mesma constituir objeto ou elemento de crime, i.e., se se concluir que o defensor toma parte, ele próprio, na atividade criminosa, como coautor ou cúmplice (v. art. 180º).

V. ainda a **situação especial** prevista no art. 252º-2-3, onde o OPC, no âmbito das **medidas cautelares de polícia**, em situações de urgência e perigo de perda de prova, pode atuar imediatamente relativamente à apreensão de correspondência, ainda que sujeito a convalidação judicial.

O "correio" eletrónico. Especificidade: Esta norma anotanda, s.m.o., está mais pensada para a correspondência tradicional. À moderna correspondência eletrónica, como é caso do ***mail,*** aplica-se o art. 189º, (onde se descortina precisamente a referência ao *«correio eletrónico»* mesmo *«guardado em suporte digital»*) que remete para o regime das "escutas" previsto nos arts. 187º e 188º. Todavia, alinhando-se com a maioria da jurisprudência, se o correio eletrónico já estiver impresso em papel (neste caso seguramente), ou pelo menos aberto, então deve ser tratado como **documento**, caindo no regime genérico do art. 178º.

I – Há que distinguir a mensagem já recebida mas ainda não aberta da mensagem já recebida e aberta. Na apreensão daquela rege o art. 179º do CPP, mas a apreensão da já recebida e aberta não tem mais protecção do que as cartas recebidas, abertas e guardadas pelo seu destinatário. II – Assim, a correspondência já aberta pelo seu destinatário passa a ter a natureza de documento e goza apenas da protecção que todos os documentos merecem. III – A correspondência é por definição fechada – assim que é aberta deixa de o ser e passa a ter natureza documental. Enquanto fechada, a correspondência é sigilosa por natureza, e, logicamente goza da protecção constitucional que o art. 34º, nº 1 da Constituição da República Portuguesa concede ao "sigilo da correspondência" (Ac. TRL de 02.03.2011, proc. 463/07.3TAALM-A.L1-3, *in* www.dgsi.pt). **Nota:** Assim, encontrando-se a mensagem ou o *mail* apenas aberto e presumivelmente lido, já se aplica as regras do art. 178º, relativas à apreensão de qualquer documento, não estando por isso sujeito ao controle efetuado obrigatoriamente pelo Juiz no art. 179º-1-3, mas apenas sujeito a validação por qualquer autoridade judiciária (v. art. 178º-5).

«Discorda-se da conclusão daquele autor (Pedro Verdelho, *in* A obtenção de prova no ambiente digital) *no caso de as mensagens já terem sido lidas, porque, quer as mensagens tenham sido lidas ou não pelo destinatário, o que nem sempre se toma de destrinça fácil, sobretudo se e quando algum do software de gestão de correio electrónico possibilita marcar como aberta ou não aberta uma mensagem, por vontade do seu destinatário, independentemente de ter sido ou não lida, aquele tem sempre o direito a não ver essa correspondência que lhe foi endereçada devassada por alguém, sem sua autorização, constituindo a leitura dessa correspondência intromissão absolutamente ilegítima nela, atentado ao direito à inviolabilidade da mesma, consagrado no art. 34º, nº 4, da CRP»* (Ac. STJ de 20.09.2016, proc. 06P2321, *in* www.dgsi.pt).

Mercadorias: O sigilo da correspondência, não abrange os pacotes e encomendas postais, contendo mercadorias (neste sentido Parecer 15/1995 da PGR).

Por isso, os pacotes e encomendas postais estão sujeitos ao regime geral das apreensões, afastando-se do regime específico da apreensão de correspondência, máxime, não carecendo da intervenção do juiz (Francisco Marcolino de Jesus, *in* Os meios de obtenção de prova...., pág. 214).

Nulidade: A apreensão de correspondência sem **autorização** ou **validação** do Juiz, corresponde a uma **proibição de produção e utilização de prova**, a que alude o art. 126º-3, gerando uma **nulidade insanável**. A omissão de leitura da correspondência pelo Juiz (nº 3), corresponde à **nulidade sanável**, prevista no art. 120º-2-d).

A reserva da inviolabilidade da correspondência e das telecomunicações não é absoluta, mas relativa, só podendo considerar-se abusiva a intromissão quando efectuada fora dos casos previstos na lei e sem intervenção judicial, quando desnecessária ou desproporcionada, ou quando aniquiladora dos próprios direitos (Ac. STJ de 23.11.1988, *in* www.dgsi.pt).

I – Dos arts. 26º, nº 1, 18º, nº 2, 32º, nº 8, e 34º da CRP, bem como 126º, nº 3, e 179º, nºs 1 e 3, do CPP, resulta que a protecção do direito à reserva da vida privada é especialmente salvaguardada quando está em jogo correspondência, sendo que se precisa de que por tal se consideram não só as cartas, como ainda encomendas, valores, telegramas ou qualquer outra forma similar de comunicação entre pessoas. II – A violação da correspondência só pode ser feita por ordem do juiz e este é a primeira pessoa que toma conhecimento do conteúdo da mesma. III – Pode admitir-se que numa situação em que haja urgência ou perigo na demora, os órgãos de polícia criminal possam efectuar apreen-

sões de correspondência, mas tal acto fica sujeito a validação no prazo máximo de 72h pela "autoridade judiciária" (art. 178º, nºs 4 e 5), isto é, pelo juiz e não o MP, já que há reserva de competência daquele (art. 179º). IV – Fora dessas situações, estamos perante a nulidade de um meio de prova. V – Não deve confundir-se a nulidade dos actos processuais, prevista nos arts. 118º a 123º do CPP, com a nulidade dos meios de prova, pois o próprio art. 118º, nº 3, estabelece que as 58 disposições do presente título (nulidades) não prejudicam as normas desse Código relativas a proibições de prova. VI – E, assim, enquanto que a nulidade de um acto pode ser sanável ou insanável, a nulidade do meio de prova dá lugar à proibição de ser usado para esse fim (de prova) (Ac. STJ de 18.05.2006, *in* www.dgsi.pt).

Referências: art. 252º (apreensão de correspondência); art. 268º-1-d) e art. 269º-1-d) (conhecimento do conteúdo correspondência pelo Juiz de instrução).

Artigo 180º – Apreensão em escritório de advogado ou em consultório médico

1. À apreensão operada em escritório de advogado ou em consultório médico é correspondentemente aplicável o disposto nos nºs 5 e 6 do artigo 177º

2. Nos casos referidos no número anterior não é permitida, sob pena de nulidade, a apreensão de documentos abrangidos pelo segredo profissional, ou abrangidos por segredo profissional médico, salvo se eles mesmos constituírem objecto ou elemento de um crime.

3. É correspondentemente aplicável o disposto no nº 3 do artigo anterior.

COMENTÁRIOS:

Advogados e médicos: Face à dignidade da função e ao dever de confidencialidade entre advogados e seus clientes e entre médicos e seus pacientes, esta norma, bem como os arts. 177º-5-6 e 179º-2, estabelecem trâmites especiais de garantia. Assim, a diligência tem de ser presidida pelo Juiz. Na invocação do **segredo profissional,** aplicar-se-á o regime dos arts. 182º e 135º.

Este regime é também aplicável, com as devidas adaptações, aos órgãos de comunicação social, por força do disposto nos nºs 6, 7 e 8 do art. 11º do Estatuto dos Jornalistas (*in* CPP, Mag. M.P. Porto, nota ao artigo).

Referências: arts. 75º a 77º e 92º do E.O.A. (buscas, apreensões, segredo profissional): arts. 135º e 182º (segredo profissional); art. 268º-1-c)-d) (competência do JIC).

Artigo 181º – Apreensão em estabelecimento bancário

1. O juiz procede à apreensão em bancos ou outras instituições de crédito de documentos, títulos, valores, quantias e quaisquer outros objectos, mesmo que em cofres individuais, quando tiver fundadas razões para crer que eles estão relacionados com um crime e se revelarão de grande interesse para a descoberta da verdade ou para a prova, mesmo que não pertençam ao arguido ou não estejam depositados em seu nome.

2. O juiz pode examinar a correspondência e qualquer documentação bancárias para descoberta dos objectos a apreender nos termos do número anterior.

3. O exame é feito pessoalmente pelo juiz, coadjuvado, quando necessário, por órgãos de polícia criminal e por técnicos qualificados, ficando ligados por dever de segredo relativamente a tudo aquilo de que tiverem tomado conhecimento e não tiver interesse para a prova.

COMENTÁRIOS:

Estabelecimentos bancários: Trata-se de uma norma que além de regular as apreensões de objetos, dinheiro, documentos e correspondência em estabelecimento bancário, faz prevalecer sobre o sigilo bancário, as necessidades da investigação criminal, sem prejuízo do dever de segredo relativamente a tudo o que for encontrado e não tiver interesse criminal. A diligência tem de ser presidida pelo **Juiz**. Na invocação do **segredo profissional,** aplicar-se-á o regime dos arts. 182º e 135º.

Referências: art. 135º (segredo profissional); e art. 268º-1-c)-d) (competência do JIC); art. 79º do D.L. 298/92, de 31.12 (Regime Geral das Instituições de Crédito e Sociedades Financeiras);

V. regimes especiais de levantamento do sigilo bancário: L. 5/2002, de 11.01 (criminalidade organizada e a económico-financeira) e L. 25/2008, de 05.06 (financiamento de terrorismo).

Artigo 182º – Segredo profissional ou de funcionário e segredo de Estado

1. As pessoas indicadas nos artigos 135º a 137º apresentam à autoridade judiciária, quando esta o ordenar, os documentos ou quaisquer objectos que tiverem na sua posse e devam ser apreendidos, salvo se invocarem, por escrito, segredo profissional ou de funcionário ou segredo de Estado.

2. Se a recusa se fundar em segredo profissional ou de funcionário, é correspondentemente aplicável o disposto nos nºs 2 e 3 do artigo 135º e no nº 2 do artigo 136º

3. Se a recusa se fundar em segredo de Estado, é correspondentemente aplicável o disposto no nº 3 do artigo 137º

COMENTÁRIOS:

Segredos: No mundo fascinante dos segredos legais, temos o segredo de justiça, o segredo de advogado, o segredo médico, o segredo religioso, o segredo bancário, o segredo profissional, o segredo de funcionário, o segredo de estado, etc.... Invocado pelos visados, obrigatoriamente por **escrito**, o segredo profissional ou de funcionário ou de estado, deverá a autoridade judiciária, apreciar a questão, não deixando de tomar conhecimento sobre cada situação, e caso considere **legitimo** o invocado segredo (de outro modo poderia estar simplesmente a ser alvo de um expediente dilatório) despoletar os mecanismos de **quebra ou confirmação do sigilo**, previstos nos arts. 135º, 136º ou 137º (sendo certo que o segredo religioso é absoluto e o de estado, quase absoluto).

Referências: arts. 135º a 137º (segredo profissional, de funcionário e de estado); art. 316º-1 do C.P. (noção de segredo de estado).

Artigo 183º – Cópias e certidões

1. Aos autos pode ser junta cópia dos documentos apreendidos, restituindo-se nesse caso o original. Tornando-se necessário conservar o original, dele pode ser feita cópia ou extraída certidão e entregue a quem legitimamente o detinha. Na cópia e na certidão é feita menção expressa da apreensão.

2. Do auto de apreensão é entregue cópia, sempre que solicitada, a quem legitimamente detinha o documento ou o objecto apreendidos.

COMENTÁRIOS:

Cópias e certidões: Este normativo, confere aos documentos não originais, constituídos por cópias e certidões de documentos apreendidos, valor de prova igual à dos originais, obviamente sem prejuízo da sua impugnação nos termos gerais (v. art. 368º do C.C.).

Artigo 184º – Aposição e levantamento de selos

Sempre que possível, os objectos apreendidos são selados. Ao levantamento dos selos assistem, sendo possível, as mesmas pessoas que tiverem estado presentes na sua aposição, as quais verificam se os selos não foram violados nem foi feita qualquer alteração nos objectos apreendidos.

COMENTÁRIOS:

Selos: Os objetos aprendidos suscetíveis de serem selados, i.e., trancados de forma a garantir a sua integridade e fidedignidade, podem sê-lo. O caso mais comum será as máquinas de jogo ilícito.

Artigo 185º – Apreensão de coisas sem valor, perecíveis, perigosas ou deterioráveis

1. Se a apreensão respeitar a coisas sem valor, perecíveis, perigosas, deterioráveis ou cuja utilização implique perda de valor ou qualidades, a autoridade judiciária pode ordenar, conforme os casos, a sua venda ou afectação a finalidade pública ou socialmente útil, as medidas de conservação ou manutenção necessárias ou a sua destruição imediata, ressalvado o disposto nos nºs 4 e 5.

2. Salvo disposição legal em contrário, a autoridade judiciária determina qual a forma a que deve obedecer a venda, de entre as previstas na lei processual civil.

3. O produto apurado nos termos do número anterior reverte para o Estado após a dedução das despesas resultantes da guarda, conservação e venda.

4. Quando a coisa a que se refere o nº 1 for um veículo automóvel, uma embarcação ou uma aeronave, no prazo máximo de 30 dias após a apreensão, a autoridade judiciária profere despacho determinando a sua remessa ao Gabinete de Administração de Bens para efeitos de

administração em conformidade com o disposto na Lei nº 45/2011, de 24 de junho, nomeadamente nos seus artigos 14º e 20º-A, comunicando àquele gabinete informação sobre o valor probatório do veículo e sobre a probabilidade da sua perda a favor do Estado.

5. Se por força do disposto no número anterior, tiver sido comunicado ao Gabinete de Administração de Bens que o veículo automóvel, a embarcação ou a aeronave constitui meio de prova relevante, logo que tal deixe de se verificar, a autoridade judiciária comunica-lhe imediatamente o facto.

(Última redação da L. 114/2017, de 29.12)

COMENTÁRIOS:

Objetos apreendidos: Esta é uma verdadeira norma de saneamento público. Tem caráter excecional. Constitui sua característica fundamental, a desnecessidade de existir uma declaração judicial de perda dos bens a favor do estado e de fundamentação dessa decisão em termos de proporcionalidade da medida relativamente ao direito de propriedade (v. neste sentido, com interesse, o ac. do T.C. 202/2000).

Os objetos apreendidos nos processos constituem uma praga, quase sempre sem qualquer valor venal, sendo muitas vezes até perigosos para a saúde de todos os que ali circulam, ocupando os poucos espaços dos tribunais. É chocante a quantidade de lixo que inunda os tribunais, porque os magistrados não cumprem esta obrigação de dar destino legal aos objetos.

Desde logo, é dever do M.P., pelo menos até ao momento da acusação, dar destino legal aos objetos apreendidos que não façam parte da prova, para que eles não constituam para futuro um empecilho no processo. Os objetos que constituem prova para julgamento, devem naturalmente transitar para o tribunal acompanhando o processo. Efetuado julgamento, não deve o Juiz esquecer-se de igualmente dar destino aos objetos, que se encontram apreendidos à ordem dos autos [v. arts. 109º a 111º do C.P., arts. 186º, 268º-1-e) e 374º-3-c)].

Competência: A autoridade judiciária [Juiz ou M.P – v. art. 1º-1-b)], verificados os pressupostos do art. 185º, existindo coisas **sem valor**, **perecíveis**, **perigosas** ou **deterioráveis**, tem competência para **imediatamente** ordenar as medidas de saneamento ali previstas.

Os trâmites legais para viaturas apreendidas: Decorrente das alterações à norma, introduzidas pela L. 114/2017, de 29.12, ficou agora mais claro que quando as apreensões forem de **automóveis**, **embarcações** ou **aeronaves**, haverá que cumprir as leis existentes (e tão esquecidas) concretamente, **comunicando** os despachos ao **Gabinete de Administração de Bens (GAB)**, **informando** também do valor probatório do veículo e sobre a possibilidade da sua declaração de perda a favor do estado. O **GAB**, está previsto no art. 10º da **L. 45/2011, de 24.06** e tem por missão principal, basicamente, administrar/gerir os bens declarados ou a declarar perdidos a favor do estado (não apenas veículos).

Jurisprudência uniformizadora: Ac. do STJ de Fixação de Jurisprudência nº 11/2016, de 23.06.2016, *in* D.R. de 20.07.2016: *«Em caso de arquivamento do inquérito, cabe ao juiz de instrução, nos termos do artigo 116º da lei do jogo (Decreto-Lei nº 422/89, de 02.12, alterado pelo Decreto-Lei nº 10/95, de 19.01, pela Lei nº 28/2004, de 16.07, pelo Decreto-Lei nº 40/2005, de 17.02, pela L. 64-A/2008, de 31.12, e pelo pela Decreto-Lei nº 114/2011, de 30.11), declarar perdido a favor do Estado e mandar destruir o material e utensílios de jogo».* **Nota:** O ac. conclui que, porque os bens em causa, constituem instrumento da prática de um crime, são perigosos e são pertença de alguém que sobre eles tem um direito de propriedade, tem de ocorrer a declaração judicial de perda, aplicando-se assim o regime geral. Dada a abrangente aplicação ao artigo anotando, transcreve-se a relevante seguinte passagem do ac.: *Todavia, há um regime diferente quando se trata de bens perecíveis, deterioráveis ou perigosos. Tendo em conta a letra do disposto no artigo 185º, do CPP, tudo indica que a autoridade judiciária pode ordenar a destruição imediata dos bens; porém, será ou não necessária a declaração de perda a favor do Estado? Dado o caráter urgente pressuposto pelo dispositivo, impondo-se uma decisão antes da prolação da sentença, a decisão nos termos do artigo 185º não supõe a declaração de perda de objetos a favor ao Estado.*

"Durante o inquérito, o M.P. tem competência para decidir sobre o destino dos objetos sem valor, perecíveis, perigosos, deteriorareis ou cuja utilização implique perda de valor ou qualidades. A decisão do Ministério Público é passível de reclamação hierárquica" (P.P. Albuquerque, *in* Comentário do CPP).

Destino dos bens: A fim de impedir a perda de utilidade de bens apreendidos e manter a sua operacionalidade ou dar-lhes destino, existe variada legislação:

D.L. 11/2007, de 19/01: Define o regime jurídico de avaliação, utilização, alienação e indemnização de bens apreendidos pelos órgãos de polícia criminal no âmbito de processos-crime e contraordenação que sejam suscetíveis de serem declarados perdidos em favor do Estado.

D.L. 31/85, de 25.01: Concebeu mecanismos a impedir que os veículos apreendidos se degradem.

D.L. 196/2003, de 23/08: Estabelece normas para viaturas apreendidas que se encontrem imprestáveis, em fim de vida, devendo ordenar-se a sua destruição, a executar pelas empresas competentes, juntando posteriormente aos autos o respetivo certificado de destruição.

L. 45/2011, de 24.06; Cria na dependência da Polícia Judiciária, o Gabinete de Recuperação de Ativos (GRA) com atribuições de investigação análogas às dos órgãos de polícia criminal. O **art. 20º-A-1** desta lei, impõe que *«Sem prejuízo dos regimes do segredo de justiça e do segredo de Estado, as autoridades judiciárias comunicam ao GAB os dados relativos aos bens apreendidos, aquando da prolação do despacho a que alude o nº 6 do artigo 178º do Código de Processo Penal.»*

Circular nº 4/05/P.G.R.: Os magistrados do M.P., no despacho a que alude o art. 178-6, devem dar destino aos veículos apreendidos em condições de funcionamento e colocá-los à ordem da entidade competente (atualmente o GAB).

L. 5/2006, de 23.02 (lei das armas): As armas apreendidas e declaradas perdidas a favor do estado, devem ser entregues à PSP, nos termos do seu art. 78º.

D.L. 15/93, de 22.01 (lei da droga): Os arts. 35º a 39º e 62º-4-6 do determinam o destino dos bens e droga apreendida e a sua destruição (v. também Circular nº 3/2008/PGR).

L. 5/2002, de 11.01 (criminalidade organizada e económico-financeira): Perda de bens a favor do estado – v. arts. 7º a 12º.

DL 187/70, de 30.04 (Abandono de bens e valores depositados ou guardados em instituições bancárias e perda a favor do estado).

Referências: art. 178º (apreensões); art. 268º-1-e) (atos a praticar pelo Juiz de instrução); art. 374º-3-c) (sentença – destino dos bens apreendidos); arts. 109º a 112º do C.P. (perda de instrumentos, produtos e vantagens).

Artigo 186º – Restituição dos objectos apreendidos

1. Logo que se tornar desnecessário manter a apreensão para efeito de prova, os objectos apreendidos são restituídos a quem de direito.

2. Logo que transitar em julgado a sentença, os objectos apreendidos são restituídos a quem de direito, salvo se tiverem sido declarados perdidos a favor do Estado.

3. As pessoas a quem devam ser restituídos os objectos são notificadas para procederem ao seu levantamento no prazo máximo de 60 dias,

findo o qual, se não o fizerem, os objetos se consideram perdidos a favor do Estado.

4. Se se revelar comprovadamente impossível determinar a identidade ou o paradeiro das pessoas referidas no número anterior, procede-se, mediante despacho fundamentado do juiz, à notificação edital, sendo, nesse caso, de 90 dias o prazo máximo para levantamento dos objetos.

5. Ressalva-se do disposto nos números anteriores o caso em que a apreensão de objectos pertencentes ao arguido, ao responsável civil ou a terceiro deva ser mantida a título de arresto preventivo, nos termos do artigo 228º.

6. Quando a restituição ou o arresto referidos nos números anteriores respeitarem a bem cuja apreensão tenha sido previamente registada, é promovido o cancelamento de tal registo e, no segundo caso, o simultâneo registo do arresto.

(Última redação da L. 71/2018, de 31.12)

COMENTÁRIOS:

Restituição: Os objetos apreendidos, que deixem de ter interesse para o processo ou que não tenham tido destino legal específico, devem ser **restituídos**, seguindo-se os trâmites descritos no artigo, com os absurdamente alongados prazos previstos nos nºs 3 e 4. De acordo com o art. 16º-3 da L. 130/2015, de 04.09 (estatuto da vítima) os bens das vítimas, devem ser rapidamente examinados e restituídos, salvo se assumirem relevância probatória em julgamento ou sejam suscetíveis de serem declarados perdidos a favor do Estado. Na restituição deve certificar-se que os bens são entregues aos verdadeiros proprietários ou possuidores legítimos, exigindo a prova da propriedade ou posse, se a mesma não for evidente.

"Deve ser ordenado o levantamento da apreensão de um computador, e o mesmo restituído ao seu proprietário se for possível proceder à cópia dos ficheiros informáticos que se mostrem relevantes para a investigação" (Ac. TRL de 29.03.2006, proc. 1395//2006-3, *in* www.dgsi.pt).

"Podendo manter-se o seu interesse quer para efeitos probatórios quer para garantia do cumprimento de certas consequências jurídicas da prática do crime, a manutenção da apreensão de bens ou valores não está, por isso, necessariamente dependente da observância dos prazos de duração do inquérito, aparecendo antes interligada com as finalidades do processo penal" (Ac. TC 294/2008, *in* www.dgsi.pt).

CAPÍTULO IV – Das escutas telefónicas

Artigo 187º – Admissibilidade

1. A intercepção e a gravação de conversações ou comunicações telefónicas só podem ser autorizadas durante o inquérito, se houver razões para crer que a diligência é indispensável para a descoberta da verdade ou que a prova seria, de outra forma, impossível ou muito difícil de obter, por despacho fundamentado do juiz de instrução e mediante requerimento do Ministério Público, quanto a crimes:

a) Puníveis com pena de prisão superior, no seu máximo, a 3 anos;

b) Relativos ao tráfico de estupefacientes;

c) De detenção de arma proibida e de tráfico de armas;

d) De contrabando;

e) De injúria, de ameaça, de coacção, de devassa da vida privada e perturbação da paz e do sossego, quando cometidos através de telefone;

f) De ameaça com prática de crime ou de abuso e simulação de sinais de perigo; ou

g) De evasão, quando o arguido haja sido condenado por algum dos crimes previstos nas alíneas anteriores.

2. A autorização a que alude o número anterior pode ser solicitada ao juiz dos lugares onde eventualmente se puder efectivar a conversação ou comunicação telefónica ou da sede da entidade competente para a investigação criminal, tratando-se dos seguintes crimes:

a) Terrorismo, criminalidade violenta ou altamente organizada;

b) Sequestro, rapto e tomada de reféns;

c) Contra a identidade cultural e integridade pessoal, previstos no título III do livro II do Código Penal e previstos na Lei Penal Relativa às Violações do Direito Internacional Humanitário;

d) Contra a segurança do Estado previstos no capítulo I do título V do livro II do Código Penal;

e) Falsificação de moeda ou títulos equiparados a moeda prevista nos artigos 262º, 264º, na parte em que remete para o artigo 262º, e 267º, na parte em que remete para os artigos 262º e 264º, do Código Penal;

f) Abrangidos por convenção sobre segurança da navegação aérea ou marítima.

3. Nos casos previstos no número anterior, a autorização é levada, no prazo máximo de setenta e duas horas, ao conhecimento do juiz do processo, a quem cabe praticar os actos jurisdicionais subsequentes.

4. A intercepção e a gravação previstas nos números anteriores só podem ser autorizadas, independentemente da titularidade do meio de comunicação utilizado, contra:

a) Suspeito ou arguido;

b) Pessoa que sirva de intermediário, relativamente à qual haja fundadas razões para crer que recebe ou transmite mensagens destinadas ou provenientes de suspeito ou arguido; ou

c) Vítima de crime, mediante o respectivo consentimento, efectivo ou presumido.

5. É proibida a intercepção e a gravação de conversações ou comunicações entre o arguido e o seu defensor, salvo se o juiz tiver fundadas razões para crer que elas constituem objecto ou elemento de crime.

6. A intercepção e a gravação de conversações ou comunicações são autorizadas pelo prazo máximo de três meses, renovável por períodos sujeitos ao mesmo limite, desde que se verifiquem os respectivos requisitos de admissibilidade.

7. Sem prejuízo do disposto no artigo 248º, a gravação de conversações ou comunicações só pode ser utilizada em outro processo, em curso ou a instaurar, se tiver resultado de intercepção de meio de comunicação utilizado por pessoa referida no nº 4 e na medida em que for indispensável à prova de crime previsto no nº 1.

8. Nos casos previstos no número anterior, os suportes técnicos das conversações ou comunicações e os despachos que fundamentaram as respectivas intercepções são juntos, mediante despacho do juiz, ao processo em que devam ser usados como meio de prova, sendo extraídas, se necessário, cópias para o efeito.

COMENTÁRIOS:

1. Escutas telefónicas: O termo **«escutas telefónicas»**, que epigrafa o capítulo e faz recordar a espionagem nas comunicações durante a última guerra mundial, não é suficientemente abrangente, não só porque o objeto do capítulo é, **interceções** e **gravações** (registo áudio) das conversações em **tempo real**, mas também porque o regime legal se estende, por força do art. 189º, a outros fluxos comunicacionais eletrónicos já **realizados/concretizados**, que nada tem a ver com escutas ou telefones. Em todo o caso, porque é o legislador que assim denomina, aceitamos por comodidade a terminologia, feita que é esta reserva.

A **«escuta telefónica»** que se consubstancia nas **interceções** e **gravações** das conversações (comunicações orais) regime estendido às comunicações eletrónicas – *e-mails*; mensagens; filmes; fotos; etc..., é um dos mais eficazes **meios de obtenção de prova**, indispensáveis para combater sobretudo, a criminalidade grave e organizada. Segundo dados estatísticos dos últimos Relatórios Anuais de Segurança Interna (RAI), em Portugal, os OPCs procedem anualmente a um pouco mais de 10.000 interceções, que correspondem a não mais de 3% dos inquéritos criminais instaurados e investigados. Na verdade, embora pareça um número muito elevado de escutas, é necessário ter em conta que cada arguido pode ser alvo de dezenas de escutas, dependendo sobretudo do número de aparelhos de comunicação que usa.

A **«escuta telefónica»** é um **meio de obtenção de prova**, cujo regime se encontra diretamente previsto nos arts. 187º a 190º (v. também art. 126º-3) e no art. 34º-4 da C.R.P. (v. também art. 32º-8 da C.R.P). É uma diligência exclusiva da fase de inquérito.

No plano técnico-processual, os "meios de obtenção de prova" caracterizam-se igualmente pelo facto de, dirigindo-se a fazer entrar no processo elementos que preexistem à investigação judiciária, assentarem no fator surpresa, pelo que "nestes casos a prova é preconstituída" (Ac. STJ de 07.01.2004, proc. 03P32J3, *in* www.dgsi.pt).

2. Leis "extravagantes" aplicáveis: Na abordagem desta temática, importa ter em consideração, como muito importantes, para além do CPP, a **L. 41/2004, de 18.08**, que regula o tratamento de dados pessoais e a proteção da privacidade no sector das comunicações eletrónicas; a **L. 32/2008, de 17.07**, que regulamenta a conservação de dados gerados ou tratados no contexto da oferta de serviços de comunicações eletrónicas publicamente disponíveis ou de redes públicas de comunicações, instituindo a obrigação para os operadores, de conservarem dados dos seus clientes (entre eles, os de tráfego), pelo prazo de **um ano** [no caso de crimes graves – v. art. 1º-i) a m) do CPP] a contar da data da comunicação, ou pelo prazo de **6 meses** para os restantes crimes (v. conjugadamente, art. 6º-2-3 da L. 41/2004, de 18.08 e art. 10º da L. 23/96, de 26.07); a **L. 109/2009, de 15.09**, conhecida como lei do cibercrime, que estabelece as disposições penais materiais e processuais, bem como as disposições relativas à cooperação internacional em matéria penal, relativas ao domínio do cibercrime e da recolha de prova em suporte eletrónico. Há quem entenda, e na nossa opinião bem, que *"As Leis nº 32/2008, de 17.07 e 109/2009, de 15.09 (Lei do Cibercrime) revogaram a extensão do regime das escutas telefónicas, previsto nos artigos 187º a 190º do Código de Processo Penal, às áreas das "telecomunicações electrónicas", "crimes informáticos" e "recolha de prova electrónica"* (neste sentido acs. TRE de 06.01.2015 e de 20.01.2015, procs. 6793/11.2TDLSB-A.E1 e 648/14.6GCFAR-A.E1, *in* www.dgsi.pt).

3. Elementos comunicacionais: No tema estrito das **«escutas telefónicas»** e para não haver confusão, deve distinguir-se desde logo, os diversos elementos comunicacionais que interessam numa investigação e que são: **(1)** os **«dados de conteúdo»** (os conteúdos das comunicações, i.e., as conversações ou mensagens recolhidas geralmente com dispositivos de escuta em tempo real) **(2)** os **«dados de tráfego»** (localização, trajeto, destino, duração, datas, movimento geral das comunicações, enfim, em regra traduz-se na chamada "faturação detalhada" dos utilizadores/assinantes) e **(3)** os **«dados de base»** (identificação dos utilizadores/assinantes, residências e aparelhos, enfim, os elementos para acesso à rede). Estas noções podem ser encontradas nas leis sobre comunicações e criminalidade informática.

Mas importará desconstruir a excessiva rigidez deste esquema, como o faz o Ac. TRL de 23.05.2013, *in* proc.7/10.0TESB.L1, quando coloca a questão na sua dinâmica comunicacional: *"sendo os vários serviços de telecomunicações utilizados para a transmissão de comunicações verbais ou de outro tipo (mensagens escritas, dados por pacotes), os elementos inerentes à comunicação podem ainda estruturar-se numa composição sequencial em quatro tempos: (i) a fase prévia à comunicação, (ii) o estabelecimento da comunicação, (iii) a fase da comunicação propriamente dita, e (iv) a fase posterior à comunicação. No primeiro tempo, relevam, essencialmente, os dados de base, enquanto que, nos restantes, importa a consideração dos dados de tráfego e de conteúdo."*

Noção de ***«dados de base»*** *no* **art. 14º-4 da L. 109/2009, de 15.09 (lei do cibercrime):** *"dados relativos aos seus clientes ou assinantes, neles se incluindo qualquer informação diferente dos dados relativos ao tráfego ou ao conteúdo, contida sob a forma de dados informáticos ou sob qualquer outra forma, detida pelo fornecedor de serviços"*.

Noção de ***«dados de tráfego»*** *no* **art. 2º-1-c) da L. 109/2009, de 15.09 (lei do cibercrime):** *"os dados informáticos relacionados com uma comunicação efetuada por meio de um sistema informático, gerados por este sistema como elemento de uma cadeia de comunicação, indicando a origem da comunicação, o destino, o trajeto, a hora, a data, o tamanho, a duração ou o tipo do serviço subjacente"*; (v. noção semelhante no **art. 2º-1-d) da L. 41/2004, de 18.08 – lei da proteção de dados pessoais:** *"quaisquer dados tratados para efeitos do envio de uma comunicação através de uma rede de comunicações eletrónicas ou para efeitos da faturação da mesma"*.

4. Competência para executar a "escuta": Todos os OPCs [v. art. 1º-c)], tem competência para executar a "escuta", uma vez que as leis de investigação criminal, que lhes defere competência em geral para a investigação, não estabelecem qualquer limite neste campo, ainda que por razões operacionais a mesma se realize nas instalações da P.J. Na verdade, o computador central que grava a conversa (duplicada que seja a linha do suspeito/arguido, pela operadora telefónica), está localizado nas instalações da P.J. em Lisboa e no Porto (os agentes da P.J. podem aceder diretamente dos seus computadores profissionais).

5. Competência para requisitar dados comunicacionais: A competência para requisitar **dados comunicacionais**, é do Juiz ou do M.P., consoante o tipo de informação que se pretende. Veja-se o **Parecer nº 21/2000** do Conselho Consultivo da Procuradoria-Geral da República, pub. *in* DR II série de 28.08.2000 (último de vários pareceres exarados ao longo do tempo) cujas conclusões se transcrevem:

Nestes termos, formulam-se as seguintes conclusões:

1ª Os elementos de informação respeitantes aos utilizadores de serviços de telecomunicações, geralmente designados como dados de tráfego e dados de conteúdo, e bem assim os dados de base relativamente aos quais os utilizadores tenham requerido um regime de confidencialidade, que, em qualquer dos casos, se encontrem na disponibilidade dos fornecedores de rede pública e dos prestadores de serviços de telecomunicações de uso público, estão sujeitos ao sigilo das telecomunicações, nos termos dos artigos 17º-2, da L. 91/97, de 1 de Agosto, e 5º da L. 69/98, de 28 de Outubro.

2ª Na fase de inquérito, tais elementos de informação, quando atinentes a ***dados de tráfego*** *ou a* ***dados de conteúdo****, apenas poderão ser fornecidos às autoridades judiciárias, pelos operadores de telecomunicações, nos termos e pelo modo em que a lei de processo penal permite a interceção das comunicações, dependendo de ordem ou autorização do juiz de instrução (artigos 187º, 190º e 269º-1-c) do C.P.P.)*

3ª Em relação aos ***dados de base,*** *ainda que cobertos peio sistema de confidencialidade a solicitação do assinante, tendo em consideração que o sigilo profissional em causa releva de um simples interesse pessoal do utilizador que não contende com a respetiva esfera privada íntima, os correspondentes elementos de informação poderão ser comunicados,* ***a pedido de qualquer autoridade judiciária, para fins de investigação criminal****, em ordem ao prevalecente dever da colaboração com a administração da justiça.*

4ª No âmbito de processos de natureza cível, sendo solicitadas por parte do juiz da causa, para efeitos de instrução, é legitima a recusa, por parte dos operadores de telecomunicações (art. 519º-3-c), do Código de Processo Civil);

5ª Tratando-se de ***dados de base*** *abrangidos pelo sigilo profissional, funcionando o critério já enunciado na conclusão 3ª, cabe em regra, às entidades requisitadas forne-*

cer as informações solicitadas, por apelo ao preponderante interesse de cooperação com a administração de justiça, aplicando-se correspondentemente, quando tenha sido deduzida escusa, o regime processual do incidente previsto no artigo 135º do Código de Processo Penal (artigo 519º-4, do Código de Processo Civil);

6ª As informações relativas a utilizadores de telecomunicações suscetíveis de serem requisitadas pelas autoridades judiciárias ao abrigo do artigo 60º do D.L. 15/93, de 22 de Janeiro, são as que respeitem a bens, depósitos ou quaisquer valores pertencentes indivíduos suspeitos de prática de crimes relativos ao tráfico de estupefacientes, para efeito de se determinar, quanto a tais bens ou valores, a sua apreensão ou perda a favor do Estado.

Este parecer foi votado na sessão do Conselho Consultivo da Procuradoria-Geral da República, de 16 de Junho de 2000.

Deste modo, face a este parecer, confirmado pelas novéis alterações à lei, pode o M.P., enquanto **«autoridade judiciária»** [v. art. 1º-b)], solicitar diretamente às operadoras informações sobre **dados de base**, sem intervenção do Juiz, sob cominação da prática de um crime de desobediência (v. art. 14º da L. 109/2009, de 15.09 – lei do cibercrime). Na verdade, os **dados de base**, pouco mais acrescentam, aos elementos fornecidos por uma simples lista telefónica pública (sem esquecer que para a lista, o assinante pode pedir o regime de confidencialidade, o que não constitui obstáculo à legitimidade do M.P. para pedir tais dados). Já os **dados de tráfego** e os **dados de conteúdo**, estão sujeitos à disciplina das "escutas", especialmente no que toca à intervenção do Juiz (v. art. 189º-2).

O mesmo raciocínio (supra exposto) *é aplicável à situação em que a investigação tem necessidade de saber qual o concreto endereço IP utilizado por um determinado cliente de um operador. Assim, apesar de este tipo de informação ser tecnicamente agrupado na informação referente a tráfego, o regime jurídico da sua obtenção é o mesmo dos chamados dados de base (modernamente referidos como dados relativos aos clientes) – Artigo 14º, nº 4, alínea b) da Lei do Cibercrime (in* Nota prática 8/2016, de 18.02 do gabinete ciber crime do M.P.).

I. Estando apenas em causa a obtenção da identificação de um utilizador de um endereço IP ou o número de IP usado por um determinado indivíduo, em circunstâncias temporais determinadas, a competência para a respectiva obtenção é do M.P. II. A identificação de um determinado endereço de IP conjugada com a identidade de quem o utilizou num dado dia e hora não revela informação sobre o percurso da comunicação nem sobre outro eventual tráfego comunicacional da pessoa em causa. III. Os direitos constitucionais dos arguidos não são absolutos, face aos direitos dos restantes cidadãos, mormente das vítimas em processo penal, e as entidades públicas, ao enquadrar o uso dos diver-

sos meios de prova têm de considerar os direitos dos vários intervenientes processuais (Ac. TRL de 19.06.2014, *in* www.dgsi.pt).

A obtenção dos dados de base, isto é, dos dados de conexão à rede, tais como a identidade do titular do telefone, a sua morada e o número do telefone, ainda que cobertos pelo sistema de confidencialidade a solicitação do assinante, obedece ao regime do artigo 135º do CPP. Estes elementos estão a coberto do sigilo profissional das operadoras telefónicas, mas não contendem com a privacidade dos titulares, pelo que podem ser comunicados a pedido de qualquer autoridade de judiciária, aplicando-se correspondentemente, quando tenha sido deduzida escusa, o regime processual do incidente previsto no artigo 135º do CPP (P. P. Albuquerque, *in* Comentário do CPP).

A mera identificação do titular de um número de telefone fixo ou móvel, mesmo quando confidencial, surge com uma autonomia e uma instrumentalidade relativamente às eventuais comunicações e, por isso mesmo, não pertence ao sigilo das telecomunicações, nem beneficia das garantias concedidas ao conteúdo das comunicações e aos elementos de tráfego gerados pelas comunicações propriamente ditas (Ac. STJ de 03.03.2010, proc. 886/07.8PSLLSB.L1S1, *in* www.dgsi.pt).

6. Dados de localização: Registe-se que face aos novos desenvolvimentos técnicos e jurídicos, acrescerá a estes dados suprarreferidos, os chamados **"dados de localização",** nas situações de localização celular, previstas nos arts. 189º-2 e 252º-A e na L. 32/2008, de 17.07 (art. 9º-5). A estes dados, pela sua natureza, aplicar-se-á o regime dos **dados de tráfego** e dos **dados de conteúdo** (ainda que na previsão do art. 252º-A, tais dados de localização celular, inseridos em ações de natureza cautelar, devam ser fornecidos, sem despacho prévio do Juiz, ainda que posteriormente por ele sejam validados).

Noção de ***«dados de localização»*** *no* **art. 2º-1-e) da L. 41/2004, de 18.08 (lei da proteção de dados pessoais)**: *"quaisquer dados tratados numa rede de comunicações eletrónicas que indiquem a posição geográfica do equipamento terminal de um assinante ou de qualquer utilizador de um serviço de comunicações eletrónicas acessível ao público".*

7. Natureza dos "meios de obtenção de prova": Existe algum *stress* teórico, relativamente à natureza jurídica das "escutas". A "escuta" está processualmente identificada no CPP, como um **meio de obtenção de prova,** o que, em rigor e literalmente, significa que não tem a natureza de uma prova direta, mas **visa obter provas.** Por outras palavras, e em concreto na vertente da problemática das "escutas", em princípio, ninguém é condenado pelo teor de uma conversação telefónica em que participou, mas se de tal conversação resultar **conjugadamente com outras provas**, que ele foi o autor de um crime, então sê-lo-à. Em todo o caso, nem sempre é líquido, a distinção entre meios de obtenção de prova e meios de prova e provas.

As escutas são **meios de obtenção de prova** (categoria processual ou *nomem juris*) mas **o conteúdo das escutas são meios de prova**, e as conversas concretas que indiciam a prática dos crimes, são **provas**, que podem valer por si só ou conjugadamente, como é óbvio. Aliás, em rigor, transcritas que sejam as conversas gravadas, passam elas a ser **prova documental**. Na verdade, há situações evidentes, em que a própria "escuta", ou melhor, as palavras gravadas na "escuta" corporizam crimes. São os casos, em que o próprio conteúdo das declarações, **integram *in totum* a conduta típica** – *v.g,*. crimes de injúrias, ameaças, coação, etc... Atos criminosos estes, que são perpetrados através de meios de comunicação, designadamente do telefone [integrantes do catálogo típico – v. nº 1-e)-f)] e que consequentemente mesmo desligados de outras provas, **constituem por si só prova dos crimes.**

No mesmo sentido, se convoca Germano Marques da Silva, quando diz: *«Os meios de obtenção da prova são instrumentos de que se servem as autoridades judiciárias para investigar e recolher meios de prova; não são instrumentos de demonstração do thema probandi, são instrumentos para recolher no processo esses instrumentos. Os meios de obtenção da prova distinguem-se dos meios de prova numa dupla perspectiva: lógica e técnico-operativa. Na perspectiva lógica os meios de prova caracterizam-se pela sua aptidão para serem por si mesmos fonte de convencimento, ao contrário do que sucede com os meios de obtenção da prova que apenas possibilitam a obtenção daqueles meios. Na perspectiva técnico-operativa os meios de obtenção da prova caracterizam-se pelo modo e também pelo momento da sua aquisição no processo, em regra nas fases preliminares, sobretudo no inquérito. Normalmente são modos de investigação para obtenção de meios de prova e, por isso, que o modo de sua obtenção seja particularmente relevante. É a esse elemento do iter probationem que aqui é prestada particular atenção. É claro que através dos meios de obtenção de prova se podem obter meios de prova de diferentes espécies, v. g., documentos, coisas, indicação de testemunhas, mas o que releva de modo particular é que, nalguns casos, o próprio meio de obtenção da prova acaba por ser também um meio de prova. Assim, por exemplo, enquanto a escuta telefónica é um meio de obtenção de prova, as gravações são já um meio de prova. A revista e a busca são meios de obtenção da prova, enquanto permitem recolher no processo meios probatórios, mas podem ser também em si um importante meio de prova, enquanto não conduzam à descoberta e recolha de elementos indiciadores da responsabilidade e possam, atentas as circunstâncias, ser valoradas nessa perspectiva. Por isso que só tendencialmente os critérios acima referidos para distinguir os meios de obtenção de prova dos meios de prova são válidos, pois pode suceder que a distinção resulte apenas da lei ter dado particular atenção ao modo de obtenção da prova, como nos parece acontecer, v. g., com as escutas telefónicas* (*in* Curso de Processo Penal II, págs. 209, 210).

Passando às escutas telefónicas, cremos ser pacífico dizer que elas são um meio de obtenção da prova, isto é, um meio de investigação para demonstração do thema probandi. Já a transcrição das gravações obtidas através de operação de interceção telefónica e sua junção aos autos não tem que ver com meios de investigação, mas sim com prova, com fonte de convencimento do tribunal que fica documentada nos autos, como resulta do estabelecido no art. 188º do Código de Processo Penal. A jurisprudência vem entendendo que as escutas telefónicas transcritas em auto e juntas ao processo passam a constituir prova documental, submetida ao princípio da livre apreciação da prova. Na doutrina, o Prof. Germano Marques da Silva, fazendo a distinção entre meios de obtenção de prova e meios de prova, defende que enquanto a escuta telefónica é um meio de obtenção de prova, as gravações são já um meio de prova. O Dr. Guedes Valente entende, por sua vez, que "desde que o auto de transcrição esteja junto ao processo, o mesmo passa a ser prova documental." Esta é também a posição seguida pela doutrina e jurisprudência na vizinha Espanha, como se pode ver, nomeadamente, na obra "La prueba penal", do Magistrado e Doutor em Direito Carlos Climent Durán, onde, para além da transcrição de trechos de sentenças do Tribunal Supremo, se diz: "Tras las escuchas telefónicas, y una vez recibidas em el Julgado de Instrucçion las grabaciones íntegras y originales, entregadas por los funcionarios policiales que han realizado las escuchas, se entra en uma fase processual diferente, en la que se trata de formalizar el resultado de las escuchas telefónicas a fin de que puedan servir de medio probatorio durante el juicio oral. Dicho de outra manera, la información en bruto que existe en las citas magnetofónicas, o sea, el contenido de las conversaciones telefónicas, integras y originales, se ha de transformar en un instrumento probatorio preconstituido capaz de destruir la presunción de inocencia durante el acto del juicio oral" (Ac. TRC de 29.02.2012, proc. 1109/09.0JACBR.C1, *in* www.dgsi.pt).

Se foram observadas as regras de produção de prova legalmente consignadas nada impede que as interceções telefónicas constituam o único meio de prova a fundamentar a convicção do tribunal (Ac. STJ de 26.09.2007, proc. 07P1890, *in* www.dgsi.pt).

Enquanto meio de obtenção da prova, a interceção de conversações telefónicas não constitui em rigor, prova, mas apenas instrumento técnico-processual que, em situações típicas (de "catálogo") e segundo critérios de estrita necessidade e proporcionalidade (artigo 187º, nº 1, CPP), pode permitir às autoridades de investigação a informação sobre circunstâncias, factos ou elementos que lhes possibilitem a procura ou a mais fácil descoberta de meios de prova, que possam ser, então e como tais, adquiridos para o processo e para utilização prestável, posteriormente, nas fases subsequentes do processo, designadamente na fase contraditória da audiência. Não constituindo a interceção e gravação de conversações telefónicas, no sentido técnico, meios de prova, através exclusivamente do conteúdo de uma conversação intercetada, e sem a concorrência dos adequados meios de prova sobre os factos, não se poderá considerar diretamente provado um determinado facto, que não seja a mera existência e o conteúdo da própria conversação. A aquisição processual que a interceção permite – que pode ser muito prestável em termos técnicos e estratégicos na investigação sobre factos penais e na aquisição dos correspondentes meios de prova, em casos de criminalidade grave, organizada e de difícil investigação – não poderá, enquanto tal, na dimensão valorativa da prova penal em audiência, ser considerada mais do que princípio de indicação ou de interação com outros factos, permitindo, então, deduções ou interpretações conjugadas no plano autorizado pelas regras da experiência para afirmação da prova de um determinado facto; os dados recolhidos na interceção de uma conversação, apenas por si mesmos não podem constituir, nesta dimensão probatória, mais do que elementos da construção e intervenção das regras das presunções naturais como instrumentos metodológicos de aquisição da prova de um facto (Ac. STJ de 07.01.2004, *in* www.dgsi.pt).

A transcrição duma escuta telefónica constitui um meio de prova documental. Como tal, apenas prova que numa precisa ocasião certa pessoa proferiu determinada locução, não que o facto a que se refere tenha efetivamente ocorrido. Porém, é apta a ser valorada pelo tribunal, em confronto com os demais elementos de prova, constituindo uma das premissas atendíveis na prova indireta (Ac. TRG de 18.03.2013, proc. 617/11.8JABRG.G1, *in* www.dgsi.pt).

Salvo melhor opinião, nada impede, pelo contrário tudo aconselha, a que se **transcreva** na acusação, os momentos probatoriamente mais elucidativos do conteúdo das transcrições das «escutas telefónicas», até para permitir/obrigar a um **confronto** direto com os arguidos e as suas defesas, assegurando-se um contraditório pleno e não encapotado. E a transcrição vertida nas sentenças, também não pode chocar, sobretudo quando as "escutas", i.e., as palavras gravadas, integram elas próprias o comportamento típico ou constituem a base da convicção judicial e da decisão. Nem sequer se compreende a repugnância que vemos em alguns acórdãos relativamente a esta questão, onde manifestamente faltará uma visão dinâmica das provas e do processo em ação.

8. Pressupostos legais e requisitos de admissibilidade das escutas: Podemos esquematizar a abordagem formal às "escutas", dividindo-a entre **pressupostos (condições prévias)** e **requisitos (condições necessárias)**. São **pressupostos** da "escuta", **(i)** que tenha lugar na fase do inquérito e **(ii)** que o crime investigado, corresponda a um crime de catálogo. São **requisitos (i)** que estejam submetidos a autorização judicial **(ii)** que sejam sem alternativas evidentes, indispensáveis à descoberta da verdade **(iii)** que se restrinjam ao grupo de pessoas escutáveis. Desenvolvendo:

8.1. Pressupostos: Como **primeiro pressuposto**, as interceções e gravações das conversações e comunicações telefónicas, só podem ser realizadas, durante a fase de **inquérito** (não nas fases subsequentes) e só sob **promoção do M.P.**, enquanto *dominus* do inquérito (o Juiz não tem competência para ordenar oficiosamente "escutas"; sem prejuízo de dever de controle das mesmas, cf. previsto no art. 188º-10). **Neste pressuposto**, impõe-se com naturalidade, o princípio de que, tem de haver já um **inquérito instaurado** e **crime(s) indiciado(s)** a investigar nesse inquérito, sendo inadmissível a "escuta" fora deste contexto. Mas, não tem necessariamente de haver já suspeitos ou arguidos identificados e tipo de crime definitivamente determinado [v. art. 187º-4-c)].

Enquanto perdurar a fase de inquérito, o Ministério Público poderá requerer ao Juiz de Instrução que autorize a interceção e a gravação de conversações ou comunicações telefónicas, mesmo que já tenha decorrido o prazo a que alude o artigo 276º do Código de Processo Penal (Ac. TRE de 13.05.2008, *in* www.dgsi.pt).

É possível lançar-se mão das escutas telefónicas logo como o primeiro meio de obtenção da prova utilizado, quando – apenas nesta hipótese – o juiz de instrução se convença, em face dos concretos dados factuais trazidos pelo Ministério Público, que ela é a única diligência capaz de fazer carrear para os autos os elementos probatórios aptos à descoberta da verdade (Ac. TRE de 17.03.2015, proc. nº 55/11.2GDSTC.E1, *in* www.gdsi.pt).

8.2. Como **segundo pressuposto,** as interceções e gravações das conversações e comunicações telefónicas, só são admissíveis desde que se destinem a investigar um ou mais, dos chamados **"crimes de catálogo"**. Por crimes de catálogo entende-se aqueles que a lei cataloga/especifica, nas diversas alíneas do nº 1 e do nº 2, e que vão (de acordo com critérios discutíveis, mas provavelmente em atenção à lei quadro da política criminal) desde os crimes puníveis em abstrato com pena de prisão superior a 3 anos até aos crimes convencionados sobre segurança da navegação aérea ou marítima. As alíneas desdobram-se em dois números (má técnica legislativa) estando o segundo adstrito à **territorialidade** da sede do OPC que faz a investigação ou ao lugar onde a conversação possa ocorrer, impondo-se pois razões de proximidade e operacionalidade geográfica na intervenção de um Juiz não titular do processo (sem prejuízo do magistrado titular ser informado – v. nº 3).

Considerando que o bem jurídico protegido pelos crimes de injúria e difamação é o mesmo, deve entender-se que este é abrangido pela al. e), do nº 1, do art. 187º, CPP, integrando, assim, os crimes de "catálogo" referidos nesse preceito; (Ac. TRL de 18.01.2011, proc. 3142/09.3PBFUN-A.L1-5, *in* www.dgsi.pt).

8.2.1. A dúvida da alínea b) – Crimes relativos ao tráfico de estupefacientes: Enquanto em todas as alíneas o legislador especifica de forma taxativa o tipo de crimes que admitem "escutas", na alínea b) do nº 1, refere, crimes *«relativos ao tráfico de estupefacientes»*. Relativos ao tráfico ou exclusivamente crimes de tráfico? Todos os tipos de crime de tráfico sem exceção, ou só alguns? Crimes de tráfico ou também os conexos com o tráfico, como certos furtos e roubos? É mais uma infeliz redação, que desnecessariamente confunde e que carece de interpretação. Em nosso entender, o legislador pretendeu pura e simplesmente, remeter para os crimes previstos no **D.L. 15/93, de 22.01** (lei da droga), abarcando toda a panóplia de crimes ali contida, mesmo quando punidos com pena não superior a 3 anos no seu limite máximo, como por exemplo, o **crime de incitamento ao uso de estupefacientes**, previsto no seu art. 29º (punível com prisão até 3 anos), ou o **crime de abandono de seringas**, previsto no seu art. 32º (punível com prisão até 1 ano), que não sendo crimes de tráfico, são *«relativos ao tráfico»*. Obviamente que tudo tem de ser visto, sem prejuízo dos princípios gerais, de necessidade, adequação, subsidiariedade e proporcionalidade, que se imporão em cada caso concreto.

Por outro lado, ainda no capítulo do tráfico de droga, importa não esquecer que por força do art. 51º do **D.L. 15/93, de 22.01,** os crimes previstos, nesse diploma, nos arts. 21º a 24º (tráfico base, agravado e precursores, com exclusão do tráfico de menor gravidade) e no art. 28º (associação criminosa para o tráfico) se consideram ***«equiparadas a casos de terrorismo, criminalidade violenta ou altamente organizada»***, para efeitos do disposto no CPP, concretamente, no enquadramento das definições do art. 1º-i)-j)-l)-m). Significa isto que se aplicará, na investigação destes crimes, o **regime especial de escutas telefónicas**, contido no art. 187º-2-a) bem como o regime especial de **revistas e buscas** contido nos arts. 174º-5-a), 177º-2-a) e 251º-1; o de pressupostos da **prisão preventiva**, contido no art. 202º-1-b)-c); o de **prazos** de duração máxima da prisão preventiva, contido no art. 215º-2.

8.3. A posterior não confirmação de crimes de catálogo: Pode acontecer que encerrado o inquérito, ou encerrado o julgamento, presente a "escuta" como meio de obtenção prova, se chega à conclusão que afinal, o(s) crime(s) a acusar ou o(s) crime(s) a condenar com base na "escuta", não integra(m) o catálogo de crimes que permitiram o recurso à "escuta". Pode o M.P. ou o Juiz servirem-se da "escuta" para acusar ou condenar, por outro(s) crime(s)? É sem dúvida uma questão complexa e subjetiva, que se equaciona em torno da problemática dos **"conhecimentos de investigação"** e dos **"conhecimentos fortuitos"**. Por **"conhecimentos de investigação"**, entende-se *«factos obti-*

dos através de uma escuta telefónica legalmente efetuada que se reportam ou ao crime cuja investigação legitimou as escutas ou a um outro delito que esteja baseado "na mesma situação histórica de vida"» (neste sentido, v. Ac. STJ de 29.04.2010, *in* www.dgsi.pt). Por outras palavras, os factos em causa, têm de ser aferidos em função de **critérios gerais de conexão/afinidade**, designadamente à luz do art. 24º. Quando assim é, estando presente tal elemento de **conexão** que incorpora a tal "situação histórica de vida" de que muito se fala, nada obstará a que os conhecimentos obtidos por uma "escuta" legal (legalidade a apreciar com referência ao momento em que foi autorizada ou ordenada) possam servir para acusar ou condenar. É também nesse sentido a doutrina e jurisprudência, mais conhecida. Estando no domínio dos **"conhecimentos fortuitos"**, i.e., conhecimento de factos que não se reportam ao crime ou crimes que fundamentaram o recurso à escuta, nem a qualquer outro delito conexo, conhecidos de forma lateral e sem relacionamento com a investigação em curso, já a validade da "escuta" quanto ao seu aproveitamento para acusar ou condenar, está condicionada à verificação dos requisitos gerais de admissibilidade deste art. 187º, fundamentalmente à compaginação dos crimes de catálogo (v. sobre o assunto nota 11).

(...) importará começar por clarificar a compreensão e extensão da própria categoria de conhecimentos fortuitos. Hão-de, noutros termos, precisar-se as fronteiras entre os factos a levar à conta de conhecimentos fortuitos e aqueles que, inversamente, terão de imputar-se à própria investigação e são, hoc sensu, conhecimentos da investigação (...). No estado atual das questões, não se afigura viável adiantar um critério conceptual suscetível de demarcar e contrapor em termos esgotantes e exclusivos as duas áreas em confronto. Mais prudente será, por isso, acompanhar WOLTER na tentativa de identificar algumas constelações típicas cuja pertinência aos conhecimentos da investigação aparece como mais óbvia, continuando a adscrever aos conhecimentos fortuitos um alcance preferencialmente residual. Nesta linha, devem, desde logo, ter-se por pertinentes aos conhecimentos da investigação os factos que estejam numa relação de concurso ideal e aparente com o crime que motivou e legitimou a investigação por meio da escuta telefónica. O mesmo valendo para os delitos alternativos que com ele estejam numa relação de comprovação alternativa de factos. Consensual parece ainda, tanto na doutrina como na jurisprudência, que o mesmo terá de ser o entendimento quanto aos crimes que, no momento em que é decidida a escuta em relação a uma associação criminosa, aparecem como constituindo a sua finalidade ou atividade. Também aqui, assinala RIESS, «o processo histórico que fundamenta a decisão de escuta compreende à partida os crimes posteriormente descobertos e submetidos a julgamento. Não se trata de modo algum de conhecimentos fortuitos, mas antes de conhecimentos que integram o processo histórico que a seu tempo ofereceu o motivo para uma ordem legítima de escuta». À figura e ao regime dos

conhecimentos da investigação deverão ainda levar-se as diferentes formas de comparticipação (autoria e cumplicidade), bem como as diferentes formas de favorecimento pessoal, auxílio material ou recetação (Costa Andrade, *in* Sobre as proibições de prova..., págs. 305, 306).

Contudo, a doutrina e a jurisprudência têm distinguido dos conhecimentos fortuitos a figura dos «conhecimentos de investigação», a qual engloba os casos em que da operação de escuta resultam informações sobre um crime diverso daquele que justificou a autorização da diligência, mas que mantém com este uma certa relação de afinidade. Tem-se entendido que a valoração probatória dos conhecimentos de investigação é livre, não estando condicionada à verificação dos mesmos requisitos que a dos conhecimentos fortuitos, mormente, reportar-se a crime do «catálogo». Como tal, uma vez verificado que o crime por cuja prática, enquanto cúmplice, a recorrente foi condenada não integra o «catálogo» estabelecido pelo nº 1 do art. 187º do CPP, a prova obtida através das escutas telefónicas só poderá ser valorada para demonstração dos factos integradores dessa comparticipação, na hipótese de poder ser reconduzida à figura dos conhecimentos de investigação (Ac. TRE de 27.09.2011, *in* www.dgsi.pt).

Pressupostos materiais e formais da admissibilidade legal das escutas telefónicas: Após a comunicação da alteração não substancial dos factos (qualificação jurídica), foi suscitada pela defesa a questão da admissibilidade das escutas telefónicas relativamente aos novos crimes, pelo facto de não se encontrarem no catálogo previsto no artigo 187º, nº 1, al. a) do CPP. Efectivamente os crimes de corrupção passiva para acto ilícito p.p. pelo artigo 372º, nº 1 do CP e de corrupção activa p. p. pelo artigo 374º, nº 1 do CP, imputados inicialmente e incluídos no catálogo do artigo 187º do CPP, foram alterados, respectivamente para um crime de corrupção passiva para acto lícito, p.p pelo artigo 373º, nº 1 do CP e e para um crime de corrupção activa, p.p. pelo artigo 374º, nº 2 do CP, estes não incluídos no referido catálogo. A questão da admissibilidade das escutas telefónicas, neste caso, apresenta significativos pontos de conexão com o problema do objecto do processo acabado de enunciar, embora seja distinta deste último. O problema que importa resolver é o de saber se se trata de submetê-la ao regime processual penal dos conhecimentos fortuitos em sede de escutas telefónicas, ou se, inversamente, a alteração da qualificação efectuada terá de imputar-se à própria investigação, sendo submetida ao regime processual penal dos conhecimentos da investigação. No primeiro caso, as escutas são meio de prova inadmissível enquanto que, no segundo caso, são meio de prova admissível. No caso dos autos, os crimes (de corrupção) efectivamente praticados aparecem como constituindo a finalidade ou a actividade dos crimes de corrupção inicialmente investigados, daí que o tribunal entenda que "o processo histórico que fundamenta a decisão de escuta compreenda, à partida, os crimes posteriormente descobertos e submetidos a julgamento. Não se trata, de modo algum, de conhecimentos fortuitos, mas antes de conhecimentos que integram o processo histórico que a seu tempo ofereceu o motivo para uma ordem legítima de escuta – Riess, JR 1979, pág. 169 e Roxin, ambos citados por Manuel da Costa Andrade, em Sobre as Proibições de Prova em Processo Penal, Coimbra Editora, 1992, págs. 305 a 306 (...).

É permitido fazer uso, na fundamentação da decisão, das escutas telefónicas como meio de obtenção de prova, autorizadas originariamente para investigação de crime do crime de corrupção passiva para acto ilícito, p. no art. 372º, nº 1 do C. Penal, punível com uma pena abstracta de 1 a 8 anos de prisão e susceptível de desencadear e tornar admissíveis as escutas telefónicas como meio de obtenção de prova, nos termos do art. 187º, nº 1, al. a) do C. Processo Penal, ainda que os crimes pelos quais os arguidos acabaram por serem condenados em resultado de uma apreciação fáctico-jurídica de menor gravidade, não estivessem abrangidos no elenco original dos "crimes de catálogo". Assim, as escutas telefónicas autorizadas poderiam ser aproveitadas pela forma como o tribunal veio a decidir a final como meio de valoração de prova admissível, para formar a convicção do Colectivo de juízes a quo, mesmo tendo em atenção que os crimes de corrupção e de abuso de poder tipificados a partir não da pronúncia mas segundo os factos provados em julgamento e pelos quais foram condenados os arguidos já não se implicavam na previsão de catálogo enquadrado no art. 187º, nºs 1 e 2 do C. Processo Penal. Saber, porém, se a prova obtida pelas escutas é ou não relevante e suficiente para dela se retirar um sentido de convicção tendente à confrimação da condenação será antes um problema de apreciação do valor da prova (Ac. TRL de 25.09.2007, *in* www.dgsi.pt).

I – Na hipótese legal do nº 3 do artigo 126º do CPP, as provas obtidas fora dos casos admitidos pela lei e sem o consentimento do respectivo titular, mediante intromissão na vida privada, no domicílio, na correspondência ou nas telecomunicações, não podem ser utilizadas, o que é conhecimento oficioso. II – Para que as escutas telefónicas sejam autorizadas exige-se, para além da verificação dos restantes pressupostos legais, que se investigue, pelo menos, um dos chamados crimes do "catálogo". III – Se, entre os crimes que legitimaram as escutas e aquele pelo qual o arguido veio a ser acusado, não há qualquer conexão para efeitos do disposto no artigo 24º, nº 1 do CPP, ou não há qualquer unidade processual investigatória, no sentido de pertencerem a uma mesma situação histórica de vida, os conhecimentos ou dados obtidos da investigação dos primeiros crimes têm-se como conhecimentos fortuitos em relação ao crime pelo qual o arguido foi investigado. IV – Inexistindo a dita conexão e/ou a referida unidade processual investigatória, arquivado o inquérito quanto aos denominados crimes do "catálogo", não podem os conhecimentos obtidos com as escutas legalmente autorizadas, que são considerados como conhecimentos fortuitos, ser valorados em relação ao crime que subsiste e que não é do "catálogo". V – Ainda que se entenda que tais conhecimentos são considerados como conhecimentos de investigação, quer porque o crime para que se pretende usar os dados recolhidos nas escutas não é crime de catálogo, quer porque todos os crimes de catálogo, que estiveram na origem e fundamento das escutas autorizadas nos autos, caíram no despacho final do inquérito com o respectivo arquivamento, quer porque os factos relativos ao crime que subsiste não estão numa relação de concurso ideal e aparente com os cri-

mes que motivaram e legitimaram a investigação por meio da escuta telefónica, quer porque não é delito que esteja numa relação de comprovação alternativa com os crimes que motivaram e legitimaram a investigação por meio de escuta telefónica, quer porque não se coloca a questão de aparecer como finalidade ou actividade de uma qualquer associação criminosa, quer porque não estamos face a formas diferentes de autoria ou cumplicidade num crime que esteve na origem e fundamento das escutas autorizadas nos autos, quer porque não estão em causa diferentes formas de favorecimento pessoal, auxílio material ou receptação, nada justifica que os dados legalmente obtidos através de escutas telefónicas sejam extensíveis à prova dos factos do crime que não é do "catálogo" (Ac. TRP de 18.06.2014, *in* www.dgsi.pt).

9. Requisitos: Como **primeiro requisito**, as "escutas" só podem ser realizadas desde que **fundadamente autorizadas** pelo Juiz. Aqui, releva a exigência de autorização e controlo judicial, a exercer de forma fundamentada [art. 205º-1 da C.R.P. e arts. 268º-1-f)-2-3-4 e 269º-1-e)-2] e condicionada/limitada ao requerido pelo M.P. (v. no mesmo sentido analógico – art. 194º-2). Como **segundo requisito**, elas só podem ser autorizadas desde que **indispensáveis** à descoberta da verdade ou que a prova que elas visam fosse de muito **difícil ou impossível** obtenção por outras vias. Aqui, vislumbra-se restrições assentes nos princípios da **necessidade, adequação**, **subsidiariedade** e **proporcionalidade**, princípios estes cuja ponderação deverá constar nos despachos de promoção e autorização da "escuta" (v. art. 18º-2 da C.R.P.). Como **terceiro requisito,** o universo das pessoas a escutar, reduz-se aos **suspeitos**, aos **arguidos**, aos **intermediários** e às **vítimas**. Aqui, impõe-se limites de controlo democrático à liberdade de expressão verbal (v. art. 37º da C.R.P.).

1 – Por força da lei do Cibercrime (L. 109/2009, de 15.09) é legalmente admissível o recurso à interceção de comunicações em processos relativos a crimes previstos na referida lei, aí se incluindo o tipo legal de falsidade informática; 2 – A informação relativa à identificação de determinado IP que realizou uma concreta comunicação em certo grupo data/hora, respeita a dados de tráfego; 3 – Assim a obtenção e junção aos autos de tais dados e a sua validade enquanto meio de prova está dependente da intervenção e autorização do Juiz de Instrução (Ac. TRL de 03.10.2012, *in* www.dgsi.pt).

A junção aos autos da transcrição das mensagens SMS gravadas no telemóvel do queixoso, depois do consentimento deste, não está dependente da autorização do Juiz de Instrução Criminal (Ac. TRL de 29.03.2012, *in* www.dgsi.pt).

9.1. Dever de fundamentação. Remissão: O dever de fundamentação, tem assento constitucional (art. 205º-1 da C.R.P.) e é princípio legal (art. 97º-5). Em definitivo, um cuidado dever de fundamentação, impõe-se a qualquer jurista que alegue um facto, ou reclame um direito, ou requeira uma diligência e consequentemente também se imporá ao M.P., nos seus requerimentos e ao JIC em matéria de "escutas", ainda que elaborados de forma sintética, concisa, esquemática, mas sem lacunas teóricas. [v. arts. 283º-3-b) e 374º-2, por analogia]. É jurisprudência pacífica que o Juiz pode fundamentar a sua decisão relativamente à autorização para a execução da "escuta", por **remissão** para os argumentos que lhe foram apresentados pelo M.P. ou pelo OPC ou para outras peças processuais. Sendo até aconselhável fazê-lo por razões de economia e celeridade processual (v. neste sentido, Ac. TRC de 15.02.2006, proc. 4353/05, *in* www.dgsi.pt). Necessário é que nesses argumentos e fundamentação remissiva, conste a ponderação de todos os requisitos e pressupostos legais (v. por todos Ac. do T.C. nº 4/06, de 03.01.2006) (v. notas aos arts. 97º e 374º, sobre o dever de fundamentação).

9.2. O universo das pessoas a "escutar": A L. 48/2007, de 29.08, que alterou a redação deste artigo, criou *ex novo*, uma circunscrição ao tipo de pessoas que podem ser alvo de interceções e gravações das conversações e comunicações e proibiu expressamente as mesmas, nas relações entre o arguido e seu defensor, exceto se elas constituírem *«objeto ou elemento do crime»*, o que se compreende, já que a comunicação deixa de constituir uma situação de defesa do arguido, para se constituir como um ataque à lei [v. art. 61º-1-f)]. E assim limitou-se o universo das pessoas a escutar aos **suspeitos**, aos **arguidos**, aos **intermediários** e às **vítimas.**

9.2.1. Suspeito é *«toda a pessoa relativamente à qual exista indicio de que cometeu ou se prepara para cometer um crime, ou que nele participou ou se prepara para participar»*, (logo, nem sequer constituído arguido) conforme decorre da noção de suspeito vazada na alínea e) do art. 1º do C.P.P. O suspeito, não carece de estar identificado pelos seus elementos de identificação civis; mas carece de estar minimamente determinado; ou seja, suspeito, não pode ser qualquer pessoa, mas uma pessoa concreta.

Para o efeito da autorização de uma escuta telefónica ou, para o que nos interessa, da junção ao processo dos elementos a que se refere o nº 2 do art. 189º do CPP não é exigível que o «suspeito» seja uma pessoa identificada no processo, nomeadamente, através do seu nome, mas é necessário, pelo menos, que se trate de uma pessoa «concretizada», por meio do conhecimento de um mínimo de características que permita individualizá-la relativamente às demais, pois, a não ser assim, ficaria desprovido de objeto o juízo de indiciação associado à evocada categoria de pessoas. Ora, no caso presente, são desconhecidas quaisquer características individualizadoras das pessoas que tenham praticado os factos sob investigação (Ac. TRE de 08.11.2011, *in* www.dgsi.pt).

V – Não é permitido que se aceda a dados de tráfego e de localização de um conjunto indeterminado de pessoas que efectuaram comunicações, accionado células de antenas de comunicações, na expectativa de, entre elas, descortinar quem possa ter praticado o ilícito investigado. VI – Pretende-se, pois, obter dados de tráfego e de localização, desejavelmente de suspeitos, mas seguramente de muitos "não suspeitos". VII – O que não é permitido pela salvaguarda do sigilo das telecomunicações, consubstanciada nos apertados limites estabelecidos na Lei nº 32/2008 e nas exigências constitucionais de adequação, necessidade e proporcionalidade (Ac. TRC de 08.11.2017, rec. 380/17.9JACBR.C1, *in* www.dgsi.pt).

Arguido: Não existindo uma definição legal de arguido, podemos no entanto dizer que, é toda a pessoa a quem num processo criminal é atribuído esse estatuto, por força de atos formais, devidamente validados, como são os previstos no art. 57º-1 ou 58º-2-3.

Vítima: Não existia até à publicação da L. 130/2015, de 04.09 (que contém o estatuto da vítima) uma definição legal de vítima. Agora o art. 67º-A define e de forma muito abrangente, o que considera "vítima". Tal normativo aplica-se ao caso das escutas. A vítima só pode ser "escutada" com a sua concordância efetiva ou presumida. Tem-se entendido que o consentimento só pode ser presumido estando a vítima incontatável.

Intermediário: Chegados aqui, temos talvez o principal problema de identificação, que reveste algum melindre. Na verdade, estes intermediários de que a lei fala, só podem ser as pessoas que indiciariamente e fundadamente, tem uma qualquer relação com o suspeito ou com o arguido do(s) crime(s) em investigação, e que podem eventualmente receber ou transmitir mensagens suas. Trata-se, à partida, de uma circunstância fortuita, mas provável, em função do relacionamento conhecido pelos investigadores. Estarão nesta condição por exemplo, os familiares, os amigos, os conhecidos, do suspeito ou do arguido, independentemente de serem comparticipantes nos crimes ou de agirem de boa ou má-fé na atividade comunicacional, representando ou não o papel de intermediários.

Objeto das escutas telefónicas poderão ser todos os aparelhos por onde presumivelmente passam notícias de e para os suspeitos ou que possam ser por eles utilizados, aqui se incluindo de sobremaneira os telefones, telemóveis ou outros meios de comunicação previstos no art. 189º, nº 1, de familiares, amigos ou vizinhos ou de estabelecimentos privados ou públicos (cafés, bares, restaurantes, hotéis, repartições públicas ou mesmo cabines públicas) (Manuel da Costa Andrade, em análise crítica ao C.P.P. alemão, que tem disposição similar, *in* Sobre as Proibições de Prova em Processo Penal, 1992, pág. 292).

10. A titularidade do meio de comunicação e a identificação dos "escutados": A "escuta" pode ser autorizada *«independentemente da titularidade do meio de comunicação utilizado»*. Trata-se de uma disposição muito importante, pois a "escuta" é autorizada por referência a um aparelho, mas visa captar a intervenção nele de um **suspeito**, **arguido**, **intermediário** ou **vítima**, que presumivelmente o utilizará. Irreleva totalmente para a regularidade formal da "escuta", a questão da propriedade ou da posse ou da simples detenção do aparelho.

Mas noutro plano, o da **identificação da voz**, concorrem vários fatores e circunstâncias. Em **primeiro lugar**, obviamente, a titularidade do aparelho. Se o aparelho comprovadamente **pertence** ou foi **apreendido** a uma determinada pessoa, deve **presumir-se naturalmente** que é ela, ou foi ela o utilizador do mesmo, sem descurar a hipótese de um terceiro estar a servir-se do telemóvel. Desde logo, é quase sempre fácil, saber se o escutado é uma pessoa do sexo masculino ou feminino. Em **segundo lugar,** mais decisivo, pode acontecer, que algumas "escutas" sejam acompanhadas em tempo real com a visualização dos escutados pelas autoridades policiais, conferindo às mesmas esta certificação de identidade, pois não só se **ouve** os escutados, como se **vê os mesmos a agir em conformidade com o teor das conversações escutadas**. Em **terceiro lugar**, muito mais decisivo, importa aferir os **contextos relacionais das conversas**, designadamente, se elas permitem colocar o visado como interveniente. Neste campo, releva a **logica intrínseca das conversações** estabelecidas, em ordem a saber se tal comunicação se inscreve no mundo concreto do escutado, aqui se impondo ao Juiz o conhecimento desse mundo real, projetado que está num processo-crime, que ele Juiz, obrigatoriamente conhece e que lhe permitirá em regra a **interpretação** das comunicações, bem como a **identificação** dos falantes. Prevalece aqui as **regras de experiência comum e da livre convicção** do Juiz, afirmadas no art. 127º.

"Com efeito, estando a prova resultante das interceções telefónicas sujeita ao princípio da livre apreciação, nos termos do art. 127º do Código do Processo Penal, a sua apreciação pelo julgador terá de atender a vários fatores, entre os quais, é verdade, a voz da pessoa que é escutada, mas não só, relevando sobremaneira a posse e/ou propriedade do telefone através do qual são mantidas as conversações, a localização celular do mesmo, a forma como os interlocutores se identificam e se tratam entre si, a existência e teor de telefonemas anteriores e posteriores e o contexto e teor das próprias conversações (despacho judicial interlocutório de 11.10.2012, *in* proc. 7/10.0TELSB, Comarca da Grande Lisboa-Noroeste).

10.1. A perícia à voz: Existe uma **perícia** que pode ser efetuada no Laboratório de Polícia Científica da PJ (que utiliza um *software* especial) que faz a comparação entre a voz do suspeito (que ele disponibilizará através da leitura de um texto por cerca de 2 minutos) e a voz gravada na escuta (desde que a mesma se alongue por um período de mais ou menos 40 segundos) visando a identificação da mesma. Mas estas perícias podem ser inconclusivas. Na verdade, a voz da pessoa está constantemente a mudar de timbre, de tom, de sonoridade, dependendo das suas condições físicas e do seu estado de espírito. Para além disso, o suspeito quando fornece a amostra para o exame, pode maquilhar a voz. Em todo o caso, a possibilidade desta perícia não deve ser desprezada, quando a identificação da voz se não puder fazer por outros meios.

"todavia, na questão da identificação das vozes: será imprescindível – sob pena de perda de eficácia que o Tribunal se socorra de perito para a respetiva identificação? De modo algum. Na verdade, não se dúvida que a identificação (das vozes) pode ser alcançada de diferentes modos: assim, entre outros, pelo próprio contexto das conversações, pelo auto-reconhecimento ou pelo reconhecimento através do interlocutor, assim, igualmente, pelo órgão de polícia criminal. Só em caso de uma, insuperável dúvida o Tribunal deverá socorrer-se de tal meio técnico coadjuvante." (Ac. TRP de 23.02.2011, proc. 1152/08.7PEGDM.P1, *in* www.dgsi.pt).

"Mas se o arguido tinha dúvidas nobre a identificação da voz escutada como sendo a sua, tinha desde logo um meio rápido e eficaz de solucionar essa questão, ouvindo em audiência essa gravação, pois permitiria, certamente dissipar dúvidas, o que não fez (não cabendo ao tribunal dissipar dúvidas do arguido que este não manifesta) e só então se dúvidas subsistissem, avançar para outras meios. (...) Assim nestas circunstâncias, é manifesto que a realização unia tal perícia, traduziria num ato inútil e de conteúdo manifestamente dilatório desnecessário para a descoberta da verdade e boa decisão da causa pelo que nunca deveria ser realizado – art. 340º-4-a) do CPP (Ac. TRP de 16.02.2011, proc. 792/08.9JAPRT.P1, *in* www.dgsi.pt).

Afirma-se no Ac. do STJ de 15.03.2000, proc. 14/2000, *in* Sumários de Acórdãos, GJA, nº 39, Março 2000, pág. 56, que se deu a garantia de contraditório se não houver qualquer **impugnação da autenticidade das gravações e identidade dos autores das conversações** uma vez notificada a acusação, onde se indicavam as transcrições e respetivos suportes, bem como do despacho de recebimento dessa acusação.

XXV – A escuta, sendo legalmente permitida e validamente efetuada, é um meio de prova autónomo apto a provar o conteúdo da própria conversação intercetada e registada e, por isso mesmo, pode e deve ser valorada independentemente do confronto das pessoas escutadas com aquilo que disseram e foi registado, a menos que haja dúvida sobre a sua genuinidade ou fidelidade, designadamente se a defesa suscitar a questão da falsidade. De outra forma, seria um meio de prova desprovido de qualquer interesse e utilidade, designadamente nos casos em que a presença em audiência das pessoas escutadas se mostrasse inviável, por falecimento ou outro motivo irremovível. XXVI – De acordo com a teoria do reconhecimento implícito, que perfilhamos, não sendo a paternidade ou origem das conversações e comunicações refutadas pelas pessoas a quem se atribuem, serão tidas por fidedignas, sendo que é à defesa que cabe o ónus processual de impugnar a autenticidade ou genuinidade dos fluxos comunicacionais. XXVII – De igual modo, é à defesa que cabe a invocação de que os segmentos transcritos estão descontextualizados ou de que as palavras registadas não têm o sentido e alcance que lhes pretende atribuir a acusação – cf. Armando Veiga/Benjamim Rodrigues, Escutas Telefónicas, 2ª ed., págs. 340-342, onde se faz apelo aos ensinamentos de Rodriguez Lainz, La intervención de las comunicaciones telefónicas..., págs. 229-230. XXVIII – É esta a posição mais curial e a única que se mostra consonante com o fim do processo penal – a descoberta da verdade e a administração da justiça –, posto que, se a interceção foi devidamente autorizada e validamente efetuada, sendo a transcrição processada e feita de acordo com o formalismo legal, há que presumir da genuinidade dos fluxos comunicacionais e da fidelidade da transcrição (Ac. STJ de 11.07.2007, *in* www.dgsi.pt).

11. Prazo para a "escuta": Fixou-se o prazo máximo para as autorizações de "escutas" em **três meses renováveis**. Assim, a lei não fixou um tempo limite geral das escutas, pelo que, sendo elas sucessivamente prorrogadas, em continuidade, apenas cessarão quando deixarem de se verificar os respetivos pressupostos (v. prazos dos trâmites, no art. 188º-3-4).

12. A utilização das "escutas" de um processo, noutro processo: Podem ser utlizadas "escutas" privativas de um processo, noutro processo, em que as mesmas tenham interesse probatório desde que verificado a **regularidade formal e material dos seus requisitos e pressupostos** em ambos os processos (designadamente no quadro traçado na nota 7.3). Por outras palavras pode haver **importação/exportação desta prova** de um processo para outro, respeitado o mesmo quadro legal, ainda que o objeto do julgamento seja diferente. O Ac. infra citado é completamente elucidativo.

I – De um modo geral e em princípio é permitido o aproveitamento por determinado processo de material probatório recolhido noutro, desde que neste a respectiva recolha tenha obedecido às prescrições legais. II – No caso específico de dados obtidos por meio de escutas telefónicas importará distinguir dois níveis de situações: o dos meros conheci-

mentos de investigação e o dos conhecimentos fortuitos. III – Na primeira situação é de admitir que os dados legalmente obtidos através de escutas telefónicas para determinados factos sejam extensíveis à prova dos demais factos que com eles tenham um polo de afinidade, potenciando assim o aproveitamento de resultados de uma actividade que teve como escopo cobrir uma rede de criminalidade interligada. IV – Na segunda situação, e de acordo com a posição mais cautelosa sufragada pela doutrina e pela jurisprudência, são de considerar admissíveis os dados obtidos fortuitamente por via das escutas telefónicas desde que: – a recolha tenha obedecido aos requisitos legais inscritos no art. 187º, do CPP (prévia autorização judicial, limitação a crimes taxativamente indicados na lei – crimes de catálogo); – o crime ou crimes em investigação, e para cujo processo se transportam os conhecimentos fortuitos, sejam igualmente crimes do catálogo; – o aproveitamento de tais conhecimentos tenha também interesse para a descoberta da verdade ou para a prova no processo para onde são transportados; – o arguido tenha tido a possibilidade de controlar e contraditar os resultados de tai recolhas.» (Ac. STJ de 23.10.2002, proc. 02P2133, *in* C.J.-X-III-212 ou www.dgsi.pt). **Nota:** será importante não esquecer quando se extraem certidões de um processo para outro, que na certidão devem estar documentados todos os pressupostos e requisitos da escuta original, designadamente as devidas autorizações judiciais, facto este que é muito esquecido, originando grandes transtornos.

13. Leitura das transcrições das escutas em audiência de julgamento: Algumas vezes em recurso, se invoca a nulidade das "escutas" como meio de prova, quando das mesmas se não faz a leitura ou audição em audiência, violando-se assim o **direito ao contraditório** (v. art. 355º). É jurisprudência pacífica que estando nos autos os registos fonográficos e ou as transcrições das escutas, tem sempre o arguido a possibilidade de as contraditar durante a pendência do processo e se o não fez foi porque não quis (v. art. 166º-3). Assim o entendeu o Tribunal Constitucional, no Acórdão nº 87/99, de 09.02.1999, *in* DR II Série, de 01.07.99, *«Julgar não inconstitucionais, por não violarem o disposto no art. 32º, nº 5, da CRP, os preceitos ínsitos no art. 355º, nºs 1 e 2, do CPP, quando interpretados no sentido de que os documentos juntos aos autos até à fase de julgamento não têm de ser lidos em audiência de julgamento, considerando-se os mesmos examinados desde que se trate de caso em que a leitura não seja proibida».*

(...) não se verifica violação de qualquer norma impeditiva da valoração da apreciação da escuta telefónica, porquanto e desde há muito é uniforme o entendimento de que "O conteúdo das escutas telefónicas que se encontra transcrito no processo, para valer como prova, não tem que ser lido ou examinado em audiência" Ac, R. P. 14/1/04, www.dgsi.pt/jtrp proc. 0240911, pois "...passam a constituir prova documental, que o tribunal do julgamento pode valorar de acordo com as regras da experiência, servindo assim para for-

mar a convicção dos juízes" Ac. STJ 21/1/98 CJ STJ, I, 192, e Ac. R. Lx, 12/1/00 CJ I, 135, ou como se refere no Ac. STJ 29/11/06 CJ STJ 3,235" A formação da convicção do tribunal pode ser apoiada em transcrições das escutas telefónicas que constem do processo, sem necessidade de leitura prévia dos respectivos autos na audiência de julgamento". (Ac. TRL de 23.05.2013, *in* proc. 7/10.0TELSB-F, *in* www.dgsi.pt).

A validade em julgamento da prova obtida através de escutas telefónicas não depende da leitura e exame em audiência das respetivas transcrições (Ac. TRP de 05.11.2008, *in* www.dgsi.pt).

As escutas telefónicas, desde que efetuadas de acordo com as exigências legais – conformidade que, no caso, o recorrente nunca contestou – são meio legítimo de obtenção de prova; a transcrição das escutas assim realizadas constitui prova documental sujeita a livre apreciação pelo tribunal, nos termos do art. 127º do CPP, mesmo que não lida nem examinada em audiência, porquanto se trata de prova contida em ato processual cuja leitura em audiência é permitida – art. 355º do CPP; mesmo que as escutas constituam o único meio de prova, o tribunal não está impedido de nelas apoiar a sua convicção; estando nos autos a transcrição das escutas efetuadas, o arguido sempre poderia ter contraditado, no decurso da audiência, o seu conteúdo e conformidade com os respetivos suportes; se não o fez, «sibi imputat» (Ac. STJ de 31.05.2006, *in* proc. 1412/06, *in* www.dgsi.pt).

As escutas telefónicas são um meio de obtenção de prova legalmente previsto nos arts. 187º a 190º do C.P.P. No caso presente, as escutas telefónicas em questão foram efetuadas no respeito pelo normativo legal aplicável, tento sido lavrado os respetivos autos, como manda o art. 188º, nº 1, do C.P.P. Após essa formalidade legal, as transcrições daquelas escutas passaram a ser prova documental, a valorar pelo tribunal segundo as regras da experiência e a sua livre convicção nos termos do art. 127º também do C.P.P. (...) Mas, será que tais transcrições, na medida em que não foram produzidas ou examinadas em audiência não valem em julgamento, nomeadamente para efeitos da formação da convicção do tribunal, face ao disposto no art. 355º, nº 1, do C.P.P.?. Vamos pela negativa, na esteira de jurisprudência deste Supremo Tribunal, que é no sentido de que «não é exigível que se proceda à leitura, em julgamento, da prova o documental; e, no caso do tribunal se socorrer, não é necessário que tal fique a constar da acta» – Ac. S.T.J. de 24.02.93, in C.J.-1993-I-202, «de que a prova documental junta ao processo não carece de ser lida em audiência, embora o possa ser, por ser do conhecimento das partes e poder ter sido objecto do contraditório» – Ac., S.T.J. de 09.11.94, in C.J.-1994-111-245 (Ac. STJ de 05.02.98, *in* C.J.-VI-I-194).

14. Invalidades: Pode haver nulidades ou irregularidades, decorrentes da violação dos **pressupostos** ou dos **requisitos** ou das **formalidades** das "escutas". Tendencialmente a violação dos **pressupostos** e dos **requisitos,** importam em **nulidades insanáveis ou em proibições de prova** (v. arts. 119º e 126º).

Já a violação de **formalidades**, importará em **irregularidades** (art. 123º). Todavia é sempre necessário atentar no caso concreto (v. notas ao art. 190º).

Referências: Circular 12/2012 da P.G.R. (através de um protocolo entre a PGR e os operadores, foi criado um **formulário**, que uniformizou os pedidos de informações do M.P. sobre telecomunicações).

Crimes relacionados com comunicações: art. 194º do C.P. (crime de violação de telecomunicações); art. 276º do C.P. (crime de detenção ou comercio de instrumentos de escuta telefónica, para fins ilegais); art. 384º do C.P. (crime de violação do segredo de telecomunicações).

As escutas telefónicas de dimensão internacional**, estão previstas no art. 160º-C da L. 144/99, de 31.08** (Lei da Cooperação Judiciária em Matéria Penal).

Artigo 188º – Formalidades das operações

1. O órgão de polícia criminal que efectuar a intercepção e a gravação a que se refere o artigo anterior lavra o correspondente auto e elabora relatório no qual indica as passagens relevantes para a prova, descreve de modo sucinto o respectivo conteúdo e explica o seu alcance para a descoberta da verdade.

2. O disposto no número anterior não impede que o órgão de polícia criminal que proceder à investigação tome previamente conhecimento do conteúdo da comunicação interceptada a fim de poder praticar os actos cautelares necessários e urgentes para assegurar os meios de prova.

3. O órgão de polícia criminal referido no nº 1 leva ao conhecimento do Ministério Público, de 15 em 15 dias a partir do início da primeira intercepção efectuada no processo, os correspondentes suportes técnicos, bem como os respectivos autos e relatórios.

4. O Ministério Público leva ao conhecimento do juiz os elementos referidos no número anterior no prazo máximo de quarenta e oito horas.

5. Para se inteirar do conteúdo das conversações ou comunicações, o juiz é coadjuvado, quando entender conveniente, por órgão de polícia criminal e nomeia, se necessário, intérprete.

6. Sem prejuízo do disposto no nº 7 do artigo anterior, o juiz determina a destruição imediata dos suportes técnicos e relatórios manifestamente estranhos ao processo:

a) Que disserem respeito a conversações em que não intervenham pessoas referidas no nº 4 do artigo anterior;

b) Que abranjam matérias cobertas pelo segredo profissional, de funcionário ou de Estado; ou

c) Cuja divulgação possa afectar gravemente direitos, liberdades e garantias;

ficando todos os intervenientes vinculados ao dever de segredo relativamente às conversações de que tenham tomado conhecimento.

7. Durante o inquérito, o juiz determina, a requerimento do Ministério Público, a transcrição e junção aos autos das conversações e comunicações indispensáveis para fundamentar a aplicação de medidas de coacção ou de garantia patrimonial, à excepção do termo de identidade e residência.

8. A partir do encerramento do inquérito, o assistente e o arguido podem examinar os suportes técnicos das conversações ou comunicações e obter, à sua custa, cópia das partes que pretendam transcrever para juntar ao processo, bem como dos relatórios previstos no nº 1, até ao termo dos prazos previstos para requerer a abertura da instrução ou apresentar a contestação, respectivamente.

9. Só podem valer como prova as conversações ou comunicações que:

a) O Ministério Público mandar transcrever ao órgão de polícia criminal que tiver efectuado a intercepção e a gravação e indicar como meio de prova na acusação;

b) O arguido transcrever a partir das cópias previstas no número anterior e juntar ao requerimento de abertura da instrução ou à contestação; ou

c) O assistente transcrever a partir das cópias previstas no número anterior e juntar ao processo no prazo previsto para requerer a abertura da instrução, ainda que não a requeira ou não tenha legitimidade para o efeito.

10. O tribunal pode proceder à audição das gravações para determinar a correcção das transcrições já efectuadas ou a junção aos autos de novas transcrições, sempre que o entender necessário à descoberta da verdade e à boa decisão da causa.

11. As pessoas cujas conversações ou comunicações tiverem sido escutadas e transcritas podem examinar os respectivos suportes técnicos até ao encerramento da audiência de julgamento.

12. Os suportes técnicos referentes a conversações ou comunicações que não forem transcritas para servirem como meio de prova são guardados em envelope lacrado, à ordem do tribunal, e destruídos após o trânsito em julgado da decisão que puser termo ao processo.

13. Após o trânsito em julgado previsto no número anterior, os suportes técnicos que não forem destruídos são guardados em envelope lacrado, junto ao processo, e só podem ser utilizados em caso de interposição de recurso extraordinário.

COMENTÁRIOS:

Trâmites e procedimentos processuais: Os procedimentos formais, quanto a "escutas", encontram-se muito rigidamente definidos neste artigo, constituindo uma verdadeira "cadeia de custódia" da prova forense. Das "escutas" telefónicas, prévia e temporizadamente autorizadas por despacho judicial (art. 187º-1-6) é lavrado ***auto de interceção*** e um ***relatório*** pelo OPC, elaborado nos termos do nº 1, que os apresenta ao M.P., juntamente com os suportes técnicos de **quinze em quinze dias** (nº 3). O **M.P.**, em função do conteúdo dos suportes técnicos e dessas peças processuais, apresenta o material ao Juiz, no prazo de **48 horas** (nº 4), e emite **parecer**, sobre a legalidade e regularidade desse material, sinalizando o que deve ser imediatamente **destruído** por se conter nas alíneas do nº 6 e quando for necessário, **selecionará** desde logo o que interessar para efeitos de fundamentar a aplicação de **medidas de coação ou de garantia patrimonial**, que não o TIR (v. arts. 191º a 228º) requerendo ao Juiz a respetiva **transcrição** e **junção** aos autos (nº 7).

A contagem dos prazos do M.P.: O M.P tem o prazo de **48 horas** para apresentar ao Juiz os elementos referidos no nº 3. Coloca-se desde logo, o problema da **regra de contagem** de tal prazo em termos de *dies a quo*. Tal prazo deve iniciar-se a partir do momento em que o expediente dá entrada nos serviços do M.P. ou a partir do momento em que é aberta conclusão no processo ao magistrado do M.P. titular do processo? Trata-se de uma questão não definida e perigosa para a prova, pois já aconteceu ela ser declarada **nula** (v. art. 190º) por ter sido considerado ultrapassado o prazo, em função da primeira interpretação (que aliás nos parece a mais adequada). A verdade é que a norma nem sequer considera a complexidade e o volume dessa prova, que tem de ser tramitada pelos serviços e analisada necessariamente pelo M.P., tudo em prazo curtíssimo.

Por outro lado, atento o art. 190º, discutia-se, se a ultrapassagem deste prazo de **48 horas** previsto no nº 4, (sem prejuízo da transferência para o dia útil seguinte, nos termos do disposto no art. 138º-3 do CPC) consubstanciava uma **nulidade insanável**, (não podendo ser utilizada por configurar até um método proibido de prova, nos termos do art. 126º-3) ou uma **nulidade sanável**, e por isso sujeita a arguição, nos termos e prazo do art. 120º-3-c). A questão foi resolvida pelo Ac. de Fix. Jurisp. infra, que atribuindo ao ato uma **natureza procedimental**, concluiu que a ultrapassagem deste prazo, não violava bens jurídicos fundamentais, razão pela qual inexistia uma nulidade absoluta/insanável, mas tão somente uma **nulidade relativa/sanável**, em consonância, aliás, com a maioria da jurisprudência.

Jurisprudência uniformizadora: Ac. do STJ de Fixação de Jurisprudência nº 1/2018, de 12.02.2018, *in* D.R. de 06.11.2009: «*A simples falta de observância do prazo de 48 horas, imposto no nº 4 do art. 188º do CPP, para o M.P. levar ao juiz os suportes técnicos, autos e relatórios referentes a escutas telefónicas, constitui nulidade dependente de arguição, nos termos dos arts. 190º e 120º ambos do Código de Processo Penal*».

Quando o OPC, nos termos do art. 188º, nº 3, do Código de Processo Penal, leva ao Mº Pº as escutas telefónicas, o funcionário judicial que as recebe tem, nos termos do art. 106º, nº 1, do mesmo diploma legal, dois dias para as tramitar (dois dias que, ainda que não haja no processo arguidos presos, devem ser contados nos termo dos art. 103º, nº 2, al. f), 104º, nº 1, do Código de Processo Penal, e 144º, nº 2, do Código de Processo Civil) e o Magistrado do Mº Pº tem, de acordo com o art. 188º, nº 4, quarenta e oito horas para as levar ao conhecimento do juiz. Assim, este prazo de quarenta e oito horas do art. 188º, nº 4, é fixado ao agente do MºPº e não à simbiose do agente do Mº Pº com os respetivos serviços do MºPº.(...) Mesmo que se considere que a apresentação dos elementos a que se refere o art. 188º, nº 3 do CPP ao Juiz de Instrução Criminal constitui ato processual urgente, resulta do regime legal sobre contagem e prática dos atos processuais, que mesmo os atos urgentes podem ser praticados no dia útil seguinte quando o respetivo prazo termine ao domingo, em termos idênticos ao que sucede com prazo não urgente (Ac. TRE de 13.05.2008, *in* www.dgsi.pt).

I – O prazo de 48 horas a que se reporta o nº 4 do art. 188º do CPP – ou seja, o prazo concedido ao MP para apresentação das escutas ao juiz de instrução – está sujeito às regras de contagem decorrentes do art. 104º, nº 1 do CPP e, consequentemente, às normas do processo civil. II. Na hipótese daqueles elementos serem fornecidos ao MP numa sexta-feira, ainda que o respectivo magistrado promova em menos de 24 horas, não é possível a apresentação ao juiz nas 24 horas seguintes, atendendo a que aos domingos não há turnos e, consequentemente, não há a possibilidade de praticar quaisquer actos processuais. III. Assim, atendendo a que as 48 horas, a que se reporta o art. 188º, nº 4, do CPP, completaram-se num domingo, a apresentação ao juiz deve, por aplicação do estatuído no art.

144º, nº 2, do CPC, ocorrer no primeiro dia útil seguinte (segunda-feira) (Ac. TRL de 28.05.2013, proc. 1/12.6GBALQ-C.L1, *in* www.pgdlisboa.pt). **Nota:** atualmente art. 138º-2 do CPC.

A transcrição de "escutas" para fundamentar as medidas de coação ou de garantia patrimonial e para a prova em julgamento: Por transcrição, entende-se a reprodução ***ipsis verbis*** em papel, das conversações recolhidas nas "escutas" e não um sumário (interpretativo) das mesmas, como já vimos, com a justificação da extensão das gravações (v. art. 101º-2-3 – registo e transcrição).

"...os relatórios elaborados pelo OPC, contendo sucinto conteúdo do teor das conversas telefónicas, não são transcrições de conversa telefónicas – art. 188º, nº 1 do CPP" (Natália Lima, PGA, escutas telefónicas, *in* textos de penal, net).

É ao M.P., enquanto titular da ação penal, que compete a iniciativa da transcrição para auto, das escutas telefónicas, passando as escutas transcritas a constituir meio de prova. E pode fazê-lo com dois objetivos. Um, será o de usar a transcrição, como meio de prova para **fundamentar uma medida de coação ou de garantia patrimonial** a aplicar ao arguido na fase de inquérito – art. 188º-7 [registe-se que o Juiz não pode aplicar medida de coação ou de garantia patrimonial mais grave do que a promovida pelo M.P., com o específico fundamento da alínea b) do art. 204º, sob pena de nulidade – v. art. 194º-3]. Outro, como **meio de prova em audiência de julgamento** – v. art. 188º-9-a). No primeiro caso terá de **solicitar a transcrição ao Juiz**, que autorizando-a, será executada pela entidade policial. No segundo caso, **ordenará o M.P.** tal transcrição diretamente à entidade policial, sendo certo que, em audiência só valerá como prova, as escutas transcritas e indicadas na acusação (obviamente previamente julgadas válidas pelo JIC). A razão pela qual existe esta cisão no regime, é imperscrutável. Só o legislador a saberá. Mas que tal se revelou mais um obstáculo à agilidade do processo, não há dúvidas. Na verdade, ficou por regular se o M.P. deveria indicar logo a medida de coação ou de garantia patrimonial concreta e em que momento pretendia vê-la aplicada. A ponto de ter sido necessário fixar jurisprudência.

Jurisprudência uniformizadora: Ac. do STJ de Fixação de Jurisprudência nº 13/2009, de 01.10.2009, *in* D.R. de 06.11.2009: *«Durante o inquérito, o juiz de instrução criminal pode determinar, a requerimento do Ministério Público, elaborado nos termos do nº 7 do artigo 188º do Código de Processo Penal, a transcrição e junção aos autos das conversações e comunicações indispensáveis para fundamentar a futura* *aplicação de medidas de coação ou de garantia patrimonial, à exceção do termo de identidade e residência, não tendo aquele requerimento de ser cumulativo com a promoção para aplicação de uma medida de coação, mas devendo o Ministério Público indicar nele a concreta medida que tenciona vir a promover».*

O salomónico acórdão, deixa tudo quase na mesma, sendo certo que a única "sanção" possível para os casos em que o M.P., não indica a concreta medida de coação ou garantia patrimonial a aplicar, será a do indeferimento da sua pretensão. Não se pensou na possibilidade de o M.P., posteriormente promover, face a alguma alteração dos pressupostos de facto e de direito (coisa que está sempre a acontecer num processo penal) a aplicação de outra medida de coação ou garantia patrimonial que não a indicada.

Deste modo, o requerimento do M.P. a solicitar ao JIC a transcrição e junção aos autos de conversações e comunicações **indispensáveis à aplicação de medida de coação ou de garantia patrimonial** à exceção de TIR, basta-se com a fundamentação dessa **indispensabilidade** e com a **informação** das concretas medidas, a promover no futuro. Juntas aos autos as transcrições, a medida de coação ou de garantia patrimonial deve ser aplicada, na sequência de interrogatório judicial do arguido, a levar a cabo nos termos do art. 141º ou 194º, cf. as circunstâncias e naturalmente sem prejuízo dos poderes decisórios do Juiz, em face do caso concreto. Registe-se apenas que nada obsta, a que, não aplicada pelo Juiz qualquer medida de coação que não o TIR, ou de garantia patrimonial, as transcrições para esse fim sejam usadas como simples meio de prova num momento diferente.

A transcrição como prova em julgamento: No final do inquérito, o **M.P.** em função do material disponível, previamente considerado legal e válido pelo Juiz, determinará ao OPC, a **transcrição** (se não estiver já transcrito por força do nº 7) do que entender dever apresentar como **prova** na acusação. Neste momento deve o magistrado do M.P. proceder com toda a honestidade intelectual, indicando apenas as *"passagens relevantes para a prova"*, mas sem descontextualizações que prejudiquem a verdade. Logicamente, nada impede que as transcrições para sustentar uma medida de coação ou de garantia patrimonial, sejam usadas também para sustentar a prova dos autos em julgamento (já houve abusivos recursos sobre isto). E bem assim, nada impede que as transcrições, independentemente da sua origem (acusação ou defesa) sejam usadas para *"provar"* a inocência do arguido. Razão pela qual os defensores dos arguidos e os assistentes não devem desprezar a audição das gravações. O **arguido** e o **assistente**, podem também transcrever "escutas" e juntá-las ao processo, nos termos descritos no art. 188º-8-9-b)-c).

Todas as "escutas", **desde que transcritas**, passam a constituir prova a analisar em audiência, independentemente da sua razão de ser ou da fonte. O **«tribunal»** (reporta-se à fase de julgamento) na busca da verdade, poderá avaliar da sua correção formal e até determinar outras transcrições oficiosamente (v. nº 10).

Jurisprudência uniformizadora: Ac. do STJ de Fixação de Jurisprudência nº 3/2017, de 09.03.2017, *in* D.R. de 11.04.2017: *«A partir do encerramento do inquérito com dedução de acusação, o arguido, até ao termo dos prazos referidos no nº 8 do artigo 188º do Código de Processo Penal, tem o direito de examinar todo o conteúdo dos suportes técnicos referentes a conversações ou comunicações escutadas e de obter, à sua custa, cópia das partes que pretenda transcrever para juntar ao processo, mesmo das que já tiverem sido transcritas, desde que a transcrição destas se mostre justificada».* **Nota:** Está em causa o direito de exame (pleno) e o direito de obter cópias (restrito ao necessário para o fim de transcrição). Esta decisão do STJ, não abrange os suportes técnicos referentes a conversações ou comunicações a que aludem os nºs 12 e 13 do art. 188º, porque, segundo o acórdão, não tendo sido transcritas *«para servirem como meio de prova, nem chegam a ser juntos ao processo, sendo guardados em envelope lacrado à ordem do tribunal»* e os que não forem destruídos *«só ficam junto ao processo, após o trânsito em julgado da decisão que lhe puser termo, sem que verdadeiramente o integrem».* Acrescenta o acórdão, que o exame em causa, tem de ser feito na secretaria, para proteção da vida privada dos intervenientes processuais.

As conversações e comunicações que o juiz de instrução tiver mandado transcrever nos termos e para os efeitos previstos no nº 7 do artigo 188º da nova redação do Código de Processo Penal podem ser indicadas pelo Ministério Público como prova na acusação não carecendo de ser novamente transcritas [alínea a) do nº 9 do artigo 188º do Código de Processo Penal] (Ac. TRL de 24.10.2007, *in* www.pgdlisboa.pt).

Destruição das gravações: Os suportes técnicos, em regra as gravações, que não forem transcritas, e não serviram como meio de prova, devem ser **destruídos** após o trânsito da decisão. As gravações que forem transcritas e serviram como meio de prova, devem ser **preservadas** e **guardadas**, até à prescrição do procedimento criminal e ou da pena, não podendo ser destruídas, face à possibilidade de recurso extraordinário [v. nº 9-a)-12-13].

A atividade em geral do Juiz: Quanto ao **Juiz,** compete-lhe conferir em cada momento a **legalidade** da "escuta" e a **regularidade** de todos os **procedimentos** inerentes, inteirar-se do **conteúdo** dela, podendo, querendo, ser

coadjuvado pelo órgão de polícia criminal que procede à investigação, que lhe poderá indicar as passagens gravadas ou outros elementos, considerados importantes, de que previamente teve conhecimento no exercício das suas funções e inclusivamente ordenar mais transcrições que julgue convenientes à descoberta da verdade, conforme se refere nos nºs 5 e 10. Essa intervenção judicial visa garantir precisamente a idoneidade dessas provas. É o que alguns chamam de **"imparcialidade operativa".** Compete-lhe ainda ordenar a **destruição** do que for inválido por força do nº 6, e ordenar as **transcrições** solicitada pelo M.P. nos termos do nº 7.

"não julgar inconstitucional a norma do artigo 188º, nºs 1, 3 e 4, do Código de Processo Penal, interpretada no sentido de que são válidas as provas obtidas por escutas telefónicas cuja transcrição foi, em parte, determinada pelo juiz de instrução, não com base em prévia audição pessoal das mesmas, mas por leitura de textos contendo a sua reprodução, que lhe foram espontaneamente apresentados pela Polícia Judiciária, acompanhados das fitas gravadas ou elementos análogos" (Ac. T.C. de 25.08.2005, proc. 487/2005, *in* www.dgsi.pt).

A forma dos despachos judiciais: Um Juiz cuidadoso – e terão os Juízes de serem cada vez mais cuidadosos – deverá exarar de forma clara os seus despachos de **autorização** ou de **renovação de autorização** para "escutas", consignando neles no mínimo: **(1)** a identificação ainda que genérica da pessoa a escutar – art. 187º-4; **(2)** o(s) crime(s) de catálogo indiciado(s) – art. 187º-1-2; **(3)** o fundamento/justificação da necessidade de escuta e do seu interesse para a descoberta da verdade – art. 187º-1; **(4)** o prazo de escuta – art. 187º-6; **(5)** os números dos aparelhos a escutar (IMEI – *International Mobile Equipment Identity*, que corresponde ao número do equipamento e IMSI – *International Mobile Subscriber Identity*, que corresponde ao número do cartão) e associados e a extensão a todos os cartões usados nesses aparelhos, registo de *trace back* (faturação detalhada) e localização celular; **(6)** deve requerer a faturação detalhada de chamadas efetuadas e recebidas nesses aparelhos, à operadora telefónica; **(7)** e identificar a entidade que executa a escuta.

Executada a "escuta", apresentado todo o material; deve o Juiz despachar, consignando: **(1)** a apresentação e data da apresentação das gravações ou registos das escutas, validando ou não as mesmas; **(2)** a audição de tais gravações, se assim o entender com a coadjuvação das entidades policiais e ordenar a sua junção aos autos; **(3)** a seleção e ordem de transcrição das partes que o M.P. entender servirem à sustentação das medidas de coação e de garantia patrimonial; **(4)** a ordem de destruição das gravações que violarem o disposto no nº 6; **(5)** a ordem de finalização da escuta.

Ao **Juiz de julgamento** compete cumprir os nºs 12 e 13, relativamente aos suportes técnicos, que servirem ou não servirem como meio de prova, respetivamente. As chamadas gravações consideradas irrelevantes (nº 12) só devem ser **destruídas**, quando em fase processual posterior, inequivocamente já não puderem ter interesse para a prova, uma vez que constituindo as conversas situações contextuais, sempre pode escapar ao selecionador da prova, elementos que se revelem importantes, quer para a acusação quer para a própria defesa. É aliás esse o sentido consagrado em muitas legislações europeias. Quanto ao nº 13, só há lugar à destruição dos suportes técnicos, quando os crimes a que dizem respeito, estiverem prescritos.

A intervenção do assistente e do **arguido:** O **assistente** e o **arguido**, só após o encerramento formal do inquérito podem intervir, nos termos e para os efeitos do nºs 8 e 9-b)-c).

Nulidades: As nulidades decorrentes dos incumprimentos aos trâmites regulamentares descritos neste artigo, importam em **nulidades sanáveis ou meras irregularidades**, sujeitas ao respetivo regime, cf. é doutrina e jurisprudência corrente (v. arts. 120º a 123º). V. notas ao art. 190º.

Registo de voz e imagem: A **L. 5/2002, de 11.01**, que estabelece medidas de combate à **criminalidade organizada e económico-financeira**, prevê no seu art. 6 a possibilidade de registar **a voz e a imagem** por qualquer meio e sem consentimento do visado, decretando que, *«São aplicáveis aos registos obtidos, com as necessárias adaptações, as formalidades previstas no artigo 188º do CPP»*. Trata-se uma **lei específica** para a criminalidade organizada, descrita no seu art. 1º, a que se aplica os procedimentos deste art. 188º.

Artigo 189º – Extensão

1. O disposto nos artigos 187º e 188º é correspondentemente aplicável às conversações ou comunicações transmitidas por qualquer meio técnico diferente do telefone, designadamente correio electrónico ou outras formas de transmissão de dados por via telemática, mesmo que se encontrem guardadas em suporte digital, e à intercepção das comunicações entre presentes.

2. A obtenção e junção aos autos de dados sobre a localização celular ou de registos da realização de conversações ou comunicações só podem ser ordenadas ou autorizadas, em qualquer fase do processo, por despa-

cho do juiz, quanto a crimes previstos no nº 1 do artigo 187º e em relação às pessoas referidas no nº 4 do mesmo artigo.

COMENTÁRIOS:

Norma de extensão: Este art. 189º (alterado de forma atabalhoada, pela L. 48/2007, de 20.08) estende o regime das "escutas" telefónicas e a sua **garantia de sigilo** e **tutela judicial** às ***«conversações ou comunicações»*** transmitidas por qualquer meio técnico, ***«diferente do telefone»;*** por outras palavras aplica-se esta norma a tudo o que constitua uma ***«forma de transmissão de dados por via telemática»,*** diferente da interceção de comunicações telefónicas em tempo real, vulgo "escuta", (porque essas estão reguladas no regime geral). No nº 2 da norma, verifica-se um "prolongamento da extensão do nº 1", estipulando-se, nos **termos ali definidos,** que para a ***«localização celular»*** e o ***«registo de conversações e comunicações»*** já realizadas (pelos estritos crimes previstos no art. 187º-1 e quanto às pessoas elencadas no seu nº 4) a apreensão dos elementos, **seja qual for a fase processual**, carece de **autorização judicial**.

Mas tudo se reportará sempre a **meios técnicos diferentes do telefone.** Trata-se de situações operacionais completamente distintas das "escutas". Agora, estamos no domínio dos fluxos informacionais e comunicacionais em **texto**, **áudio** e **imagem**, com obvias dificuldades de conciliação de regimes. Uma coisa são fluxos comunicacionais em tempo real (dados de conteúdo); outra é o depósito ou guarda informática dos conteúdos comunicacionais. Em todo o caso, segundo doutrina e jurisprudência abundante, não se aplicará esta norma, se os conteúdos comunicacionais guardados nos suportes telemáticos, já tiverem sido lidos e forem já do conhecimento do seu destinatário, pois aí já não estamos no domínio da proteção das comunicações *stricto sensu* (os conteúdos já não estão no *provider*/fornecedor de serviços da net). Defronta-se esta interpretação com a locução ***«mesmo que se encontrem guardados em suporte digital»,*** que não distingue a situação telemática em que estão os referidos conteúdos informáticos, designadamente se foram ou não lidos. Mas já não subsistirá dúvidas, se tais conteúdos, estiverem impressos, logo fora do âmbito telemático. Neste caso, estaremos claramente perante a vulgar situação de apreensão de documentos ou de correspondência (v. arts. 178º e 179º). A verdade é que, a complexidade das modernas formas de comunicação e a proteção da sua privacidade, estão a escapar ao legislador, resultando tudo isso, numa confusão institucionalizada, que permite as mais variadas e desvairadas interpretações.

A tutela do sigilo de telecomunicações, tanto constitucional como processual penal, está, assim, vinculada ao processamento da comunicação sob o domínio da empresa for-

necedora do serviço de telecomunicações. Na formulação do Tribunal Constitucional: «a área de tutela do sigilo das telecomunicações compreende tanto o conteúdo da telecomunicação como as circunstâncias atinentes ao processo de comunicação. Fora do processo de comunicação já não são protegidos... os conteúdos e as circunstâncias da comunicação guardados na área de domínio do participante na comunicação». Só existe enquanto dura o processo dinâmico de transmissão, isto é, até ao momento em que a comunicação entra na esfera de domínio do destinatário. Vale dizer, até ao momento em que ela é recebida e lida pelo destinatário e, neste sentido, termina o processo de telecomunicação à distância. Assim, depois de recebido, lido e guardado no computador do destinatário, um e-mail deixa de pertencer à área de tutela das telecomunicações (Francisco Marcolino de Jesus, *in* Os meios de obtenção da prova em processo penal, pág. 262).

Conversações ou comunicações telemáticas, *«diferentes do telefone»*, ainda que *«guardadas em suporte digital»*: Abrangerá muitas formas de comunicação, tal como o correio eletrónico em geral, bem como as mensagens, as fotos, os vídeos, os filmes, etc...gravados e arquivados em quaisquer aparelhos com suporte digital.

"Esta disposição alarga a aplicação do regime das escutas telefónicas a outras formas de comunicação para além do telefone, designadamente rádio, radar, satélite, correio electrónico, envio de "sms" e "mms" através de telemóvel, comunicação através de "msn" ou outras formas de comunicação e de transmissão de dados por via telemática (...) devem incluir-se também as imagens recolhidas por intermédio de telemóveis com câmaras incorporadas, os recentes "i-phones", sistemas de vídeo-conferência, desde que tais imagens estejam relacionadas com o delito em investigação." (in, CPP, magistrados do M.P. do Dist. Jud. Porto).

O telégrafo e o fax, não estão submetidos a este regime, mas antes ao das apreensões (P.P. Albuquerque, *in* Comentário do CPP).

Vejamos algumas das situações mais comuns:

(I) O correio eletrónico: O correio eletrónico, vulgo, ***e-mail***, (forma abreviada do inglês *eletronic mail*) e as ***sms*** (*short message service*) e ***mms*** (*multimedia messaging service*), são um serviço que permite compor, enviar e receber texto, imagens e áudio, através de sistemas eletrónicos de comunicação. De acordo com a Diretiva 2002/58/CE, por **correio eletrónico**, entende-se *"qualquer mensagem textual, vocal, sonora ou gráfica enviada através de uma rede pública de comunicações que pode ser armazenada na rede ou no equipamento terminal do destinatário até este a recolher"*. O termo *"e-mail"* é aplicado tanto aos sistemas que utilizam a *"internet"* como àqueles sistemas conhecidos como *"intranets"*, que permitem a troca de mensagens dentro de uma empresa ou organização e que são, normalmente, baseados em protocolos dos proprietários. O seu funcionamento assemelha-se ao sistema de correio tradicional.

I – A Lei do Cibercrime (Lei nº 109/09, de 15.09), ao remeter no seu art. 17º, quanto à apreensão de mensagens de correio electrónico ou registos de comunicações de natureza semelhante, para o regime geral previsto no Código de Processo renal, determina a aplicação deste regime na sua totalidade, sem redução do seu âmbito; II – As mensagens de correio electrónico ou registos de comunicações de natureza semelhante, que se afigurem de grande interesse para a descoberta da verdade ou para a prova, podem ser apreendidas, aplicando-se correspondentemente o regime de apreensão de correspondência previsto no CPP; III – Tais apreensões têm de ser autorizadas ou determinadas por despacho judicial, devendo ser o juiz a primeira pessoa a tomar conhecimento do conteúdo da correspondência apreendida, sob pena de nulidade; III – Em caso de urgência, isto é, de perda de informações úteis à investigação de um crime em caso de demora, o juiz pode autorizar a abertura imediata de correspondência (assim como de correio electrónico) pelo órgão de polícia criminal e o órgão de polícia criminal pode mesmo ordenar a suspensão da remessa de qualquer correspondência nas estações de correios e de telecomunicações, nos termos dos nºs 2 e 3, do art. 252º, do CPP, devendo a ordem policial ser convalidada no prazo de 48 horas, sob pena de devolução ao destinatário caso não seja convalidada, ou caso seja rejeitada a convalidação (Ac. TRL de 11.01.2011, proc. 5412/08.9TDLSB-AJL1-5, *in* www.dgsi.pt).

(II) O telemóvel e o seu cartão: O telemóvel, pode ser usado como **"meio de comunicação"** ou **"arquivo de informação"**. Enquanto **"meio de comunicação"**, não passa de um telefone, ainda que sem fios, pelo que se aplica sem sombra de dúvidas o regime geral das "escutas". Nada terá a ver com o artigo anotando, que é uma norma de extensão a outras formas de comunicação que não o telefone. Enquanto **"arquivo de informação"**, guardada em ***«suporte digital»*** (ou diretamente no telemóvel ou no seu cartão), pode conter, uma agenda, fotos, filmes, documentos diversos etc.. **Mas tal arquivo de informação continua a ter sede num telefone**. Antes das alterações introduzidas à norma, entendia-se, de acordo com jurisprudência maioritária, que quando os **conteúdos** do telemóvel (informações, mensagens, fotos, filmes etc...) ali arquivados, fossem já conhecidos pelo destinatário, na sequência de **apreensões** por força de buscas ou revistas, se aplicaria o regime geral das buscas e revistas e em especial o regime de apreensão de correspondência previsto no art. 179º. Poderá continuar a entender-se assim? Parece-nos que neste capítulo, nada mudou, pese embora a arrevesada redação da lei. Em todo o caso, a haver alguma **nulidade,** designadamente a que decorre da tanta vez alegada falta de autorização judicial para recolher dados de um telemóvel, ela *«constitui nulidade relativa, não insanável, por a proibição de utilização não se compendiar entre as nulidades insanáveis do artigo 119º»* (v. neste sentido Ac. STJ de 14.07.2010, proc. 149/07.9JELSBJ2.S1, *in* www.dgsi.pt).

As comunicações por telemóvel, têm uma dinâmica entre a realização da chamada e o termo da mesma, que perdura durante determinado lapso de tempo e, ultrapassado o mesmo, deixam de constituir ou serem consideradas comunicações telefónicas, nos termos da lei penal, nomeadamente do artigo 187º, do Código de Processo Penal e, passam a constituir um mero documento demonstrativo dessas mesmas comunicações telefónicas. Assim, encontrando-se apreendido nos autos o telemóvel em causa e o cartão SIM, ao mesmo associado, o exame pericial aos mesmos, relativo à respectiva lista telefónica, aos registos das chamadas recebidas e atendidas, das recebidas e não atendidas e, das chamadas efectuadas, não carece da prévia autorização do Juiz de Instrução (...) A informação guardada na memória ou no SIM de um telemóvel que o utilizador tem consigo já nada tem a ver com a intromissão nas telecomunicações, e praticamente tudo tem a ver com as buscas e apreensões, pelo que deve reconduzir-se a estes regimes as intromissões nos documentos que o utilizador guarda no seu telemóvel cfr. Costa Andrade, ob. cit., p. 353 (Ac. TRE de 17.04.2015, proc. 13/15.8PAOLH-A, *in* dgsi.pt).

"Assim, encontrando-se apreendido nos autos o telemóvel em causa e o cartão SIM, ao mesmo associado, o exame pericial aos mesmos, relativo à respectiva lista telefónica, aos registos das chamadas recebidas e atendidas, das recebidas e não atendidas e, das chamadas efectuadas, não carece da prévia autorização do Juiz de Instrução, conforme aliás melhor resulta do Acórdão do Supremo Tribunal de Justiça, de 14.07.2010, proferido no Processo nº 149/07.9LSB.E1.S1, in www.dgsi.pt (Ac. TRE de 07.04.2015, proc. 13/15.8PAOLH-A, *in* www.dgsi.pt).

"A leitura feita pela PJ de mensagem registada no cartão SIM de um telemóvel que já entrou na esfera de domínio do destinatário, não se configura como interceção de conversação ou comunicação telefónica para efeitos da aplicação dos artigos 187 e 188, nem lhe é aplicável a extensão enunciada no artigo 189º, nº 1, todos do CPP" (Ac. TRP de 27.10.2010, proc. 896/07.5JAPRT.P1, *in* www.dgsi.pt).

"Estes dados – mensagens enviadas ou recebidas, a lista telefónica dos contactos, chamadas recebidas e atendidas, chamadas recebidas e não atendidas, chamadas efectuadas ou outros dados que sejam guardados no telemóvel (seja na memória do cartão ou do próprio telemóvel) – devem ser revelados e não se torna necessário que essa revelação seja precedida de autorização do juiz de instrução, já que não se trata aqui de qualquer dado ou comunicação em transmissão, mas apenas um certo dado que se encontra guardado num certo suporte: o telemóvel ou o cartão de memória. (...) Por isso, o regime das escutas telefónicas não é aplicável ao conteúdo da memória do telemóvel ou do cartão deste, e, nessa medida, o acesso a tal conteúdo não carece de ser obtido mediante auto-

rização prévia do juiz de instrução. Nenhuma dúvida se suscitou nos autos ou subsiste sobre a validade da apreensão dos telemóveis (do aparelho e do que nele se contém). Assim, mal se compreenderia que não fosse possível revelar nos autos os dados contidos nesse objecto (o telemóvel) apreendido" (Ac. STJ de 14.07.2010, proc. 149/07.9LSB.E1.S1, *in* www.dgsi.pt).

A mera identificação do titular de um número de telefone fixo ou móvel, mesmo quando confidencial, surge com uma autonomia e uma instrumentalidade relativamente às eventuais comunicações e, por isso mesmo, não pertence ao sigilo das telecomunicações, nem beneficia das garantias concedidas ao conteúdo das comunicações e aos elementos de tráfego gerados pelas comunicações propriamente ditas. A consulta da agenda contida num telemóvel não representa uma intromissão nas telecomunicações nem representa a violação da reserva da vida privada. Outrossim, a ponderação investigatória e probatória, da agenda do telemóvel como fator de determinação da sua propriedade, e da relação sequente com o crime praticado, não colide com nenhum núcleo fundamental da dignidade do investigado e está perfeitamente justificada pela ponderação do interesse em perseguir criminalmente quem comete um crime de homicídio voluntário, sob a forma tentada, face à mera determinação dos contactos telefónicos existente na agenda do telemóvel que foi abandonado. Estamos em face de uma situação análoga à da mera agenda, ou do documento, que por mero descuido o agente criminoso esqueceu no local do crime, não existindo qualquer utilização de meio proibido de prova (Ac. STJ de 03.03.2010, proc. 886/07.8PSLLSB.L1S1, *in* www.dgsi.pt).

(III) Interceção das comunicações entre presentes: A norma abarca o registo de som (diferente das comunicações telefónicas), entre presentes, i.e., através de meios materiais, designadamente **microfones**, direcionados para essa função. Cumpre dizer que a **Lei nº 5/2002, de 11.01**, que estabelece medidas de combate à criminalidade económico financeira, no seu art. 6º, também faz referência ao **registo de voz e de imagem** dos suspeitos (a que se aplica por expressa determinação dessa lei, as formalidades do art. 188º; e obviamente também se aplicará o regime geral em bloco, como por exemplo o disposto nos arts. 187º-4 a 8). Trata-se de uma **lei especial**. Fora desse âmbito especial, aplica-se diretamente este art. 189º. Há quem entenda que se a recolha não for cumulativa, mas for apenas de voz e não também de imagem, se aplicará sempre o regime do art. 189º e não o da lei especial.

I – A circunstância de não ter sofrido alteração o art. 6º da Lei nº 5/2002, de 11 de Janeiro, que relativamente à investigação dos "crimes do catálogo" definidos no seu nº 1 permite o registo de voz e imagem, por qualquer meio, sem o consentimento do visado não pode ser entendida como intenção do legislador de alteração do regime estabelecido no nº 3 daquele artigo que estabelece serem aplicáveis as formalidades previs-

tas no art. 188º CPP com as devidas adaptações. II – Tão pouco procede o argumento de que o registo de imagem efetuado em lugares públicos constitui uma lesão mais leve dos direitos fundamentais do que a causada por uma interceção telefónica, permitindo o entendimento de que o momento do controle jurisdicional para aquele registo seja o do limite de tempo concedido pela autorização judicial para a sua realização. III – Não tendo sido observado o prazo previsto no art. 188º, nº 4 CPP relativamente a fotogramas obtidos ao abrigo daquele art. 6º, nº 1 da Lei nº 5/2002 foi cometida a nulidade prevista no art. 190º CPP (Ac. TRL de 22.09.2009, proc. 203/06.4SULSB-AL1-5, *in* www.dgsi.pt).

I – O registo de voz e imagem, por qualquer meio e sem consentimento do visado, efetuado nos termos dos artigos 269º, nº 1, al. f), do Cód. Proc. Penal e 6º, nº 2, da Lei nº 5/2002, de 11 de Janeiro, na fase de investigação do processo comum, depende de autorização do juiz; II – Com essa diligência de recolha de prova, agride-se o direito à imagem, constitucionalmente garantido e protegido, cujo conteúdo integra o direito ao livre desenvolvimento da personalidade individual, mas não a "privacy", aquela área nuclear e intangível da vida privada, protegida contra qualquer intromissão das autoridades ou dos particulares; III – Componente essencial do princípio do Estado de Direito é a ideia de justiça, a qual exige também a manutenção de uma administração de justiça capaz de funcionar, devendo reconhecer-se as necessidades irrenunciáveis de uma ação penal eficaz e acentuar-se o interesse público numa investigação da verdade, o mais completa possível, no processo penal, sendo o esclarecimento dos crimes graves tarefa essencial de uma comunidade orientada pelo aludido princípio; IV – À semelhança do que vem acontecendo em relação à utilização de sistemas de videovigilância, deve prevalecer o entendimento de que o registo de voz e imagem, como meio idóneo para captar a prática de factos passíveis de serem considerados como ilícitos penais e, nos termos da lei processual penal, servir de meio de prova, não atinge, de forma intolerável, o núcleo essencial do direito à privacidade de cada um; V – Ponto é que tal registo se revele idóneo para conseguir o objetivo proposto, necessário, por não existir outro meio igualmente capaz de atingir esse objetivo e menos oneroso para o direito fundamental, e não excessivo relativamente às finalidades para que é produzido; VI – A admissibilidade do registo de voz e imagem não depende da existência de fortes, ou sequer suficientes, indícios da prática de um crime do catálogo, bastando que haja suspeitas da prática do crime e de quem é ou são os seus agentes, tal como para as escutas telefónicas, pois que, tratando-se de um meio de obtenção de prova, visa justamente a recolha de indícios probatórios; VII – Para que possa ser autorizada, a diligência não tem que ser imprescindível ou indispensável (diferentemente do que acontece para as escutas telefónicas, em que a lei exige que este meio de obtenção de prova seja "indispensável para a descoberta da verdade ou que a prova seria, de outra forma, impossível ou muito difícil de obter"), sendo a lei menos exigente ao impor como requisito a sua "necessidade para a investigação"; (Ac. TRL de 18.01.2011, *in* www.dgsi.pt).

Aos registos de imagens realizadas ao abrigo do art. 6º, nºs 1 e 3 da Lei nº 5/2002, de 11 de Janeiro (que estabeleceu medidas de combate à criminalidade organizada e económico-financeira), são aplicáveis as formalidades constantes do 188º, nºs 3 e 4 do Código Processo Penal, na sua redação introduzida pela Lei nº 48/2007, de 29 de Agosto, designadamente, os prazos agora indicados para que o órgão de polícia criminal leve ao conhecimento do Ministério Público os respetivos suportes técnicos, autos e relatórios, e para que este Órgão Auxiliar da Justiça também os leve ao conhecimento do juiz de instrução criminal (Ac. TRL de 24.03.2009, *in* www.dgsi.pt).

(IV) Localização celular de telefones: A **localização celular** é um sistema de localização geográfica global, que tem rigor científico. Aliás, tem tanto rigor científico que começou por ser usado na navegação marítima, depois na guerra e atualmente faz parte do quotidiano das pessoas a ponto de ter sido aplicada aos telemóveis, a partir de uma tecnologia chamada GSM (Global System for Mobile Comunication). Basicamente podemos dizer que, admitindo-se que o sinal rádio navega à velocidade da luz, é medido o tempo entre a transmissão pelo telemóvel e a receção do sinal pela BTS (torre onde estão as antena voltadas para um azimute de acordo com a região que se deseja irradiar pelo sinal) e então é estimada a distância do telefone celular a essa torre. Cruzando estes dados com outras BTS vizinhas, através de um procedimento de triangulação, é possível chegar a uma localização muito aproximada do telemóvel, em média não superior a 250 metros para locais urbanos ou 800 metros para áreas rurais. E com este procedimento técnico, consegue-se mesmo acompanhar toda a trajetória geográfica de um determinado telemóvel. Quanto mais BTS existirem maior é a capacidade de triangulação e de rigor, na localização geográfica. Por isso, nas cidades, é mais precisa a localização do telemóvel, porque há mais antenas. Desta forma consegue-se saber com relativa facilidade e bastante precisão, o local onde se encontra e por onde se desloca um aparelho de telemóvel, e por inerência, o seu utilizador, uma vez que fica sempre registo das operações no fornecedor de serviços telefónicos. Do ponto de vista probatório, para se concluir que determinado telemóvel se encontra em determinado espaço geográfico, necessário se torna que, alem do mais, constem do processo, (o que nem sempre acontece) indicação seguras das localidades a que se reportam as células em causa (existem mapas oficiais que podem ser fornecidos pelas operadoras telefónicas ou pela P.J.).

Os dados sobre **localização celular,** bem como o registo de conversações ou comunicações, estão submetidos ao regime das "escutas" telefónicas (v.g., catálogo de crimes, catálogo de alvos e autorização e controlo judicial) por força do nº 2 deste artigo.

Para além da situação aqui descrita a localização celular pode ocorrer, como **medida cautelar de polícia** para proteger bens de natureza pessoal (v. regime especial no art. 252º-A).

"A localização celular revela, por via da observação da sua ligação à rede telefónica móvel, a localização do detentor de determinado aparelho telefónico. Obter a localização celular tem, portanto, o mesmo intuito probatório de uma vigilância tradicional efetuada por agentes policiais sobre um determinado indivíduo." (Pedro Verdelho, *in* Rev. CEJ, nº 9, 1º semestre de 2008).

A L. 48/2007 submete a obtenção dos dados de localização celular ou de registo da realização de conversações ou comunicações às regras de catálogo de crimes e de catálogo de alvos do regime das escutas telefónicas, além da regra da autorização judicial. As demais regras deste regime, como por exemplo as atinentes ao prazo da diligência e ao destino dos registos obtidos, são aplicáveis por analogia (P. P. Albuquerque, *in* Comentário do CPP).

(V) Localização com sistema GPS: Trata-se de algo distinto da localização celular de telefones. Com o sistema GPS (Global Positioning System) visa-se a localização direta e com altíssimo grau de precisão de **pessoa** ou **bens**, em regra **viaturas**, através do fornecimento pelo sistema de satélites das suas coordenadas geográficas. Na verdade, o governo dos E.U.A., "disponibilizou" na década de 80, o seu sistema de satélites, pensado para fins militares, à utilização civil. Trata-se de vinte e quatro satélites, que dão a volta à Terra duas vezes por dia e se encontram dispostos em seis planos orbitais, de modo a que pelo menos seis de cada vez, se encontrem em linha de mira a partir de quase todos os pontos da Terra. Através de um procedimento de triangulação, é possível localizar geograficamente qualquer objeto que **emita para o espaço um sinal reconhecido**, com uma margem de erro de três metros. Acompanhamos, os ensinamentos do interessante Ac. do TRE de 07.10.2008, *in* www.dgsi.pt, subscrito pelo relator, desembargador Martinho Cardoso. Fundamentalmente, a localização por GPS *"é ativada por um aparelho sintonizado com pelo menos dois satélites, dos quais recebe a informação das coordenadas da longitude e da latitude a que o aparelho se encontra, fornecendo-lhe assim a localização do sítio exato por reporte ao mapa das estradas dessa região, informação que é transmitida e reproduzida num recetor na posse, neste caso, da autoridade policial"*. A regulamentação desta situação está omissa na lei, pelo que se aplica o regime geral do art. 125º, de que são admissíveis todas as provas não proibidas. E a utilização de GPS, não consubstancia qualquer método proibido de prova, designadamente dos reportados no art. 126º. "*Certo que no nº 3 deste último preceito legal se estabelece que são nulas, não podendo ser utilizadas, as provas obtidas mediante intromissão na vida privada. Mas* *o ter a autoridade policial no decurso de um inquérito criminal acesso à informação de onde está a cada momento um determinado veículo automóvel, não pode ser visto como uma intromissão na vida privada de quem vai nesse veículo, pois que o GPS é um aparelho surdo e cego no sentido de que não escuta as conversas dos ocupantes do carro, nem identifica quem lá vai e o que estão a fazer, apenas informa aonde está o veículo, circunstância que é visível a olho nu para quem olhe para o carro e lhe vê a matrícula. Situação bem diferente seria – como está bom de ver – a de utilizar localizadores GPS em pessoas individuais ou grupos de pessoas individuais. Mas não é esse, de forma alguma, o caso dos autos".* Exemplo vulgar, é o procedimento de nos crimes no alto mar, as autoridades policiais juntarem aos autos o mapa do itinerário da embarcação, obtido no GPS da mesma. Ao fim e ao cabo, a localização por GPS em viaturas, não passa de um sucedâneo da mera vigilância/seguimento pessoal de suspeitos por parte das autoridades policiais. Daí que e em resumo, *"não carece de prévia autorização judicial o uso pelos órgãos de polícia criminal de localizadores de GPS colocados em veículos utilizados por pessoas investigadas em inquérito (e pelo tempo tido por necessário pelo órgão de polícia criminal encarregue do mesmo)."* Como nota final a este lucido acórdão, sublinhe-se que o defendido, se aplicará apenas a viaturas. Já não a pessoas; porque aí ocorre claramente uma intromissão na vida privada de que fala o art. 126º-3, seguindo-se então o regime geral das escutas ou o do art. 252º-A. Registe-se que esta matéria pelo seu elevado grau de subjetivismo, permite múltiplas interpretações.

Não cremos no entanto que a clássica vigilância convencional de seguimento seja equivalente à localização através do localizador GPS e à sua monitorização, através do registo dos respetivos dados, porquanto esta última permite traçar o perfil detalhado da vida pública e privada de uma pessoa, como ainda recentemente foi sublinhado (Ac. Supremo Tribunal dos E.U.A., caso USA v. Jones, de 2012/Jan./23). (...) Nesta conformidade e sempre que esteja em causa a localização através da tecnologia GPS (Global Positioning System) a mesma deve ser sujeita a autorização judicial, aplicando-se, por interpretação analógica, o disposto no artigo 187º do Código de Processo Penal (vd. Acórdão do. Tribunal da Relação do Porto, de 21 de Março de 2013, proferido no processo 246/12 e consultável in Jusnet) (Ac. TRL de 23.05.2013, *in* proc. 7/10.0TELSB.Ll – 9º secção).

(VI) Registos de realização de conversações ou comunicações: Neste conceito inclui-se os **«dados de tráfego»,** i.e., a localização, destino, duração, movimento geral das comunicações de um aparelho (ainda que por associação abranja os chamados **«dados de base»** respeitantes à identificação dos utilizadores/assinantes, residências e aparelhos). Basicamente traduz-se na chamada informação sobre a ***"faturação detalhada"*** dos utilizadores/assinantes desse aparelho, que são solicitados às operadoras telefónicas. Muitas vezes, os objetivos da investigação, satisfazem-se com o simples acesso a esses dados de tráfego, dispensando a realização duma "escuta" telefónica. Todavia, quando os próprios aparelhos são apreendidos, eles próprios podem fornecer essas informações, se estiverem guardadas na sua memória digital. Os dados sobre localização celular, bem como o **registo de conversações ou comunicações**, estão submetidos ao regime das "escutas" telefónicas (v.g., catálogo de crimes, catálogo de alvos e autorização e controlo judicial) por força do nº 2 deste artigo (v. definições dos vários "dados" nas notas ao art. 187º).

Os dados mencionados no artigo 189º, nº 2 do Código de Processo Penal são os registos guardados pelos operadores de comunicações e não os registos guardados pelo próprio telemóvel (*in* Nota prática nº 8/2016, de 18.02.2016, do gabinete cibercrime do M.P.). **Nota**: A autoridade judiciária e o órgão de polícia criminal, podem proceder à **pesquisa** nos aparelhos apreendidos, nos termos do art. 15º da L. 109/2009, de 15.09, mas é o Juiz que determina a sua **apreensão**, nos termos do art. 17º da mesma lei, aplicando-se o regime de apreensão de correspondência previsto no art. 179º do CPP.

II – A Lei nº 41/2004, de 18 de Agosto, mesmo após ter sido alterada e republicada pela Lei nº 46/2012, de 29 de Agosto, equipara os dados de tráfego aos dados de conteúdo para efeitos de garantia da inviolabilidade das comunicações. III – Como tal a distinção entre dados de tráfego das comunicações e o seu conteúdo é irrelevante, sendo que a regra é a proibição de ingerência nas telecomunicações, com excepção das situações contempladas na lei em matéria criminal (Ac. TRL de 20.03.2013, proc. 140/12JTBVLS-A.LI-4, *in* www.dgsi.pt).

"Embora tenha sido ordenado pelo Mmo. JIC o acesso à facturação detalhada e localização celular, não existindo despacho do juiz a ordenar a junção aos autos do material colhido, a ponderar se esse material tem m todo ele ou só parte relevância, ordenando a junção do material com interesse e a destruição do restante, aquela prova é nula" (Ac. TRL de 15.09.2011, proc. 1154/07.0POLSB.L1-9, *in* www.dgsi.pt).

I – A Lei do Cibercrime (L. 109/2009, de 15 de Setembro) nos seus artigos 12º a 17º respeitam a meios de obtenção de prova, mormente sua conservação e recolha. São eles: a "preservação expedita de dados", a "revelação expedita de dados de tráfego", a "injunção para apresentação ou concessão de acesso a dados", a "pesquisa de dados informáticos", a "apreensão de dados informáticos" e, finalmente, a "apreensão de correio electrónico e registo de comunicações de natureza semelhante". II – Com excepção desta última, em que se faz expressa menção à intervenção do juiz, todas as outras diligências são levadas a cabo por ordem da autoridade judiciária competente o que necessariamente inculca a ideia de que essa autoridade judiciária pode ser o

Ministério Público ou o Juiz consoante a fase processual. III – Este novo regime especial de obtenção de meios de prova teve em vista superar a lacuna da L. 109/91, de 17 de Agosto (Criminalidade Informática) que por não conter essas normas processuais que adequassem o regime legal às particularidades da investigação "empurrou" a jurisprudência para a interpretação de que só em relação a crimes de catálogo seria possível a obtenção de certo tipo de dados como os dados de tráfego e mercê da intervenção do juiz de instrução (Ac. TRL de 22.01.2013, proc. 581/12.6PLSNT-A. L1-5, *in* www.dgsi.pt). **Nota**: Trata-se de uma jurisprudência dissonante, mas que merece ser refletida. Na verdade a Lei do cibercrime, que, naquele quadro legal, distingue expressamente as competências do Juiz, do M.P. e dos OPCs, defere sempre a competência para requisitar dados de base e de tráfego, à *«autoridade judiciária competente»*, que é o Juiz ou o M.P. – v. esta noção no art. 1º-b).

(VII) Videovigilância: Este artigo não se aplica a situações de **videovigilância,** quer efetuada em locais privados quer públicos, uma vez que não têm um visado identificado. Na verdade a videovigilância, tem legislação própria e vasta, envolvendo locais públicos e de trabalho, recintos desportivos, táxis, etc... (e desde que estejam autorizadas, o produto das mesmas, não está sujeito aos mesmos princípios, pressupostos e requisitos das "escutas telefónicas") (v. L. 1/2005, de 10.01, regula a utilização de câmaras de vídeo pelas forças e serviços de segurança em locais públicos de utilização comum).

(VIII) *Blogues, facebook, twitter, youtube* e similares: Estes meios privados de difusão pública de notícias, opiniões, vida social, estando como estão abertos ao público em geral, não podem ser tidos como comunicações eletrónicas, no sentido de que estarem abrangidas pela proteção de dados pessoais e privacidade (neste sentido, v. ac. TRP de 09.052012, proc. 311/08.7JFLSB.P2, *in* www.dgsi.pt).

Artigo 190º – Nulidade

Os requisitos e condições referidos nos artigos 187º, 188º e 189º são estabelecidos sob pena de nulidade.

COMENTÁRIOS:

Nulidades: Este artigo, em termos gerais, considera como **nulidades**, todas as violações de lei no que toca ao regime das «escutas telefónicas», sejam elas de natureza material ou adjetiva.

Desde logo, é preciso ter presente que existe dois tipos de **nulidades.** As **absolutas/insanáveis** (art. 119º) e as **relativas/sanáveis** (art. 120º), sendo que as normas que apontam nulidades quase nunca as distinguem. Correspondem a regimes diferentes, cf. resulta da simples leitura dos **arts. 118º a 123º** (v. notas a estes artigos).

Ao lado deste regime geral de nulidades, existe uma outra realidade, que tem no campo das "escutas", um impacto maior, que é exatamente as **regras de produção e utilização de meios ou métodos proibidos de prova**, a que se reporta um único e fundamental artigo; o art. 126º, subordinado à epigrafe **"métodos proibidos de prova"**. E os **"métodos proibidos de prova"**, geram **nulidades** (ainda que na vertente das nulidades da prova e não tanto dos atos processuais) fatalmente **sanáveis** ou **insanáveis**, conforme as circunstâncias.

Tem sido doutrina e jurisprudência corrente, que constituirá **nulidade insanável**, as violações de lei que ofendam o **núcleo fundamental de direitos indisponíveis do arguido**, que se traduzem as mais das vezes, na utilização de **meios ou métodos proibidos de prova**, tal como consta no art. 126º-1-2. E assim serão **insanavelmente nulas**, as "escutas", efetuadas sem autorização ou sem qualquer controle judicial, ou fora dos crimes de catálogo, ou fora da reserva das pessoas "escutáveis". Enfim, serão insanavelmente nulas, as "escutas" com violação dos pressupostos e requisitos previstos no art. 187º (v. nota a este artigo).

Serão **nulidades sanáveis**, as que resultarem simplesmente do incumprimento dos trâmites e procedimentos processuais, i,é, das **regras formais de tramitação da prova** (podendo até muitas vezes não passarem de meras irregularidades). Para uma vasta jurisprudência, que põe a tónica no "consentimento", serão ainda **nulidades sanáveis**, *"as provas obtidas mediante intromissão na vida privada, no domicílio, na correspondência ou nas telecomunicações"* uma vez que **não se trata de direitos indisponíveis**, tal como resulta do art. 126º-3, que permite a ingerência nestes direitos, com o *"consentimento do respetivo titular"*.

Do exposto resulta, entre o mais, que o termo nulidade do art. 189º do CPP, tal como no nº 8 do art. 32º da Constituição, foi utilizado pelo legislador incorrectamente do ponto de vista dogmático querendo abarcar uma realidade bicéfala quer as proibições de prova, quer as nulidades (Francisco Marcolino de Jesus, *in* Os meios de obtenção de prova em processo penal, pág. 270).

Tendo em consideração que: – a questão da eventual nulidade das interceções telefónicas, que foi colocada ao Tribunal da Relação, obteve desta instância uma resposta fundamentada, tendo-se ali decidido que as escutas e gravações realizadas no âmbito da investigação levada a cabo no decurso do inquérito, não só foram acompanhadas e avaliadas pelo juiz de instrução criminal, como lhe foram apresentadas em devido tempo;

– a lei apenas estabelece uma limitação absoluta às provas obtidas mediante tortura, coação, ou, em geral, ofensa à integridade física ou moral das pessoas – arts. 32º, nº 8, da CRP e 126º, nº 1, do CPP – sendo que, relativamente às provas obtidas mediante intromissão na vida privada, no domicílio, na correspondência ou nas telecomunicações, maxime às obtidas através de interceção e gravação de conversações ou comunicações telefónicas, não recai tal limitação, podendo e devendo ser efetuadas quando ordenadas ou autorizadas por despacho do juiz, suposto o preenchimento dos pressupostos legais, o que se verificou nos autos – arts. 126º, nº 3, e 187º, nº 1, ambos do CPP; – os procedimentos para realização das interceções e gravações telefónicas estabelecidos no art. 188º, após ordem ou autorização judicial para o efeito, constituem formalidades processuais cuja não observância não contende com a validade e a fidedignidade daquele meio de prova, razão pela qual, como este Supremo vem entendendo, à violação dos procedimentos previstos naquele normativo é aplicável o regime das nulidades sanáveis previsto no art. 120º do CPP; improcede o recurso dos arguidos na parte em que alegam que as interceções telefónicas efetuadas no âmbito da investigação levada a cabo na fase de inquérito enfermam de nulidade insanável, quer por não haverem sido controladas pelo juiz de instrução criminal, quer por não haverem sido levadas ao conhecimento daquele em devido tempo, quer ainda por terem sido obtidas sem o consentimento dos escutados (Ac. STJ de 20.12.2006, *in* www.dgsi.pt).

"Se a invocação da nulidade das escutas telefónicas for considerada na vertente processual (nulidade de ato processual), a nulidade não será insanável, porque não integrada no elenco (princípio da tipicidade ou numerus clausus) constante do art. 119º do CPP, e, por isso, terá de ser arguida no tempo processual previsto no art. 120º, nº 3, al. c), do CPP, ou seja, até ao fim do inquérito. Se a mesma nulidade é suscitada enquanto nulidade de prova (provas nulas ou proibidas – arts. 126º e 189º do CPP), a sua apreciação dependerá da identificação precisa pelo recorrente dos elementos de prova que, produzidos e utilizados para formar em seu desfavor a convicção do tribunal, sofrem de vício que afeta a respetiva validade, não como atos do processo, mas enquanto elementos de prova. A nulidade das provas tem como efeito inutilização ou a desconsideração dos meios de prova concretamente afetados; a nulidade não opera sobre categorias abstratas ou globais, mas sobre elementos ou provas concretas que afetam um interessado e que, por isso, na sua própria perspectiva, terá de identificar." (Ac. STJ de 16.06.2004, *in* www.dgsi.pt).

V – Acentua Costa Andrade (invocando Gossel, in Sobre as Proibições de Prova em Processo Penal, págs. 85 e ss.) que as proibições de prova são «barreiras colocadas à determinação dos factos que constituem objeto do processo». Mais do que a modalidade seu enunciado, o que define proibição de prova é a prescrição de um limite à descoberta da verdade. Normalmente formulada como proibição, a proibição de prova pode igualmente ser ditada através de uma imposição e, mesmo, de uma permissão. VI – Diferentemente, as regras de produção da prova – cf., v.g., o art. 341º do CPP – visam apenas disciplinar o procedimento exterior da realização da prova na diversidade dos seus meios e méto-

dos, não determinando a sua violação a reafirmação contrafáctica através da proibição de valoração. As regras de produção da prova configuram, na caracterização de Figueiredo Dias, «meras prescrições ordenativas de produção da prova, cuja violação não poderia acarretar a proibição de valorar como prova (...) mas unicamente a eventual responsabilidade (disciplinar, interna) do seu autor» (...). VII – Resumidamente, e dito com Peters, as regras de produção da prova são «ordenações do processo que devem possibilitar e assegurar a realização das regras de produção da prova. Elas visam dirigir o curso da obtenção da prova sem excluir a prova. As regras de produção da prova têm assim a tendência oposta à das proibições de prova. Do que aqui se trata não é de estabelecer limites à prova como sucede com as proibições prova, mas apenas de disciplinar os processos e modos como a prova deve ser regularmente levada a cabo». VIII – Assim, quando o que está em causa é a forma como foram efetuadas as interceções telefónicas enquanto meio de prova autorizado e perfeitamente definido, carece de qualquer fundamento, sendo despropositada, a referência a uma prova proibida e/ou viciada por violação da Constituição. (Ac. STJ de 26.09.2007, proc. 07P1890, *in* www.dgsi.pt).

Num plano doutrinário, o meio proibido de prova é uma prescrição de um limite à descoberta da verdade, uma barreira colocada à determinação dos factos que constituem o objeto do processo, por razões múltiplas, consagradas nos arts. 126º, nº 3, do CPP, 32º, nº 8, e 34º, nº 4, da CRP, onde se não inclui a inobservância do ritualismo enunciado no art. 188º do CPP.

Se a escuta foi autorizada por um juiz, reconhecendo-se a urgência na sua realização, revelando-se grande interesse à descoberta da verdade, por o crime de catálogo, pela sua gravidade e modo de execução, reclamar aquele meio probatório, deixando indefesa a sociedade se dele não se lançasse mão, ainda assim se acautela, apesar da preterição das regras do art. 188º do CPP, aquele núcleo do direito fundamental do arguido em não ver devassada a sua palavra falada. Há que distinguir, na cominação estabelecida no art. 189º do CPP, que fala genericamente em nulidade para a infração às regras prescritas nos arts. 187º e 188º do CPP, entre pressupostos substanciais de admissão das escutas, com previsão no art. 187º do CPP, e condições processuais de sua aquisição, enunciadas no art. 188º do CPP, para o efeito de assinalar, ao vício que atinja os primeiros, nulidade absoluta, e à infração às segundas nulidade relativa, sanável, sujeita a invocação até ao momento temporal previsto no art. 120º, nº 3, al. c), do CPP, dependente de arguição do interessado na sua observância. A jurisprudência deste STJ tem confinado a preterição das regras do art. 188º do CPP às nulidades relativas, sanáveis, como se pode ver dos Acs. de 21-10-2002 (BMJ 420º/230), de 17-01-2001 (CJSTJ, Ano IX, I, pág. 125), de 15-03-2000, Proc. nº 14/2000, de 09-10-2002, Proc. nº 1386/2002 (in Boletim Interno do STJ, Março 2000, e Outubro 2002, respetivamente), e de 29-10-98 (BMJ 480º/292).

Aplicando-se-lhe o regime das nulidades sanáveis, dele deriva que a sua arguição, apenas pode ter lugar «Tratando-se de nulidade respeitante ao inquérito ou à instrução, até ao encerramento do debate instrutório ou, não havendo lugar a instrução, até cinco dias após notificação do despacho que tiver encerrado o inquérito», nos termos do art. 120º, nº 3, al. c), do CPP, estando vedado ao julgador decretar oficiosamente a consequência da nulidade desse meio de prova assim obtido, pois que só quando se trate de meios proibidos de prova o conhecimento oficioso de tal meio se impõe, com a nulidade insanável como efeito, nos termos do art. 126º, nº 3, do CPP. Uma vez que o arguido teve acesso ao material transcrito, dispôs de tempo para invocar a anomalia eventualmente ocorrida, nos termos do art. 188º, nº 3, do CPP, versão originária (a que corresponde o nº 5, nas redações trazidas pela L. 59/98, de 25-08, e pelo DL 320-C/2000, de 15-12), tendo deixado transcorrer tal tempo, é agora inoportuno invocar a preterição do direito constitucional de defesa, nos termos dos arts. 32º, nº 1, e 34º, da CRP (Ac. STJ de 04.10.2006, *in* www.dgsi.pt).

Constitui nulidade absoluta a inobservância dos pressupostos substantivos de admissão das escutas telefónicas, enunciados no art. 187º do CPP. A infração das regras procedimentais fixadas no art. 188º do C.P.P. constitui nulidade relativa sanável, dependente, por isso, de arguição por parte do interessado na sua observância, a qual tem que ser feita até ao momento temporal previsto no art. 120º-3-c) do C.P.P. (Ac. TRP de 21.07.05, *in* CJ-XXX-IV-228).

Terceira e última observação a fazer é a de que os procedimentos para realização das interceções e gravações telefónicas estabelecidos no artigo 188º, após ordem ou autorização judicial para o efeito, constituem formalidades processuais cuja não observância não contende com a validade e a fidedignidade daquele meio de prova, razão pela qual, como este Supremo Tribunal vem entendendo, à violação dos procedimentos previstos naquele normativo é aplicável o regime das nulidades sanáveis previsto no artigo 120º (Ac. STJ de 20.12.2006, *in* www.dgsi.pt).

(...) Acordam em *não julgar inconstitucional a norma do artigo 188º, nºs 1, 3 e 4, do Código de Processo Penal, interpretado no sentido de que são válidas as provas obtidas por escutas telefónicas cuja transcrição foi, em parte, determinada pelo juiz de instrução, não com base em prévia audição pessoal das mesmas, mas por leitura de textos contendo a sua reprodução, que lhe foram espontaneamente apresentados pela Polícia Judiciaria, acompanhados das fitas gravadas ou elementos análogos* (Ac. TC de 25.08.2005, *in* D.R. de 05.12.2005).

V – Embora tenha sido ordenado pelo Mmo. JIC o acesso à faturação detalhada e localização celular, não existindo despacho do juiz a ordenar a junção aos autos do material colhido, a ponderar se esse material tem todo ele ou só parte relevância, ordenando a junção do material com interesse e a destruição do restante, aquela prova é nula; (Ac. TRL de 15.09.2011, proc. 1154/07.0POLSB.L1.9, *in* www.dgsi.pt).

O art. 190º, anterior 189º, foi alterado pela exclusão do vocábulo "todos". O legislador quer dizer de forma expressa que nem todos os requisitos e condições referidos nos artigos 187º, 188º e 189º são estabelecidos sob pena de nulidade insanável (Francisco Marcolino de Jesus, *in* Os meios de obtenção da prova em processo penal, pág. 287).

Efeito à distância: Quanto ao complexo problema do chamado "efeito à distância" das "escutas" **nulas**, i.e., qual o valor jurídico das provas obtidas direta e sequencialmente à declaração de nulidade de uma escuta, v. ac. infra (v. notas ao art. 122º).

6.9. De qualquer modo, «será justamente no âmbito dos efeitos à distância dos "métodos proibidos de prova" que se poderá dar consistência prática à distinção entre os métodos previstos no nº 1 do art. 126º e [como no caso] os previstos no nº 3, pois que, enquanto os meios radicalmente proibidos de obtenção de provas inutilizará – expansivamente – as provas por eles directa e indirectamente obtidas, já deverá ser mais limitado – em função dos interesses conflituantes – o efeito à distância da «inutilização» das provas imediatamente obtidas através dos demais meios proibidos de obtenção de provas (ofensivos não do «valor absoluto da dignidade do homem», mas de «interesses individuais não directamente contendentes com a garantia da dignidade da pessoa», como a «intromissão sem consentimento do respectivo titular» na «vida privada», «no domicílio», na «correspondência» ou nas «telecomunicações»). 6.10. «Sobretudo quando [como no caso] a nulidade do meio utilizado (a "escuta telefónica") radique não nos seus "requisitos e condições de admissibilidade" (art. 187º) mas nos "requisitos formais" das correspondentes "operações". Pois que, sendo esta modalidade, ainda que igualmente proibida (arts. 126º, 1 e 3 e 189º), menos agressiva do conteúdo essencial da garantia constitucional da inviolabilidade das telecomunicações (art. 34º, 4 da Constituição), a optimização e a concordância prática dos interesses em conflito (inviolabilidade das comunicações telefónicas versus "verdade material" e "punição dos culpados mediante sentenciamento criminal em virtude de lei anterior que declare punível a acção") poderão reclamar a limitação – se submetida aos princípios da necessidade e da proporcionalidade – dos "interesses individuais, ainda que emanações de direitos fundamentais, que não contendam directamente com a garantia da dignidade da pessoa"». 6.11. Ora, no caso, não se afiguram «desproporcionados» os limitados efeitos sequenciais que as instâncias possam ter retirado das escutas anuladas (com base, aliás, «não nos seus "requisitos e condições de admissibilidade" (art. 187º) mas nos "requisitos formais" das correspondentes "operações"»), tendo em conta, por um lado, a própria «limitação – em função dos interesses conflituantes – do efeito à distância da «inutilização» das provas (i)mediatamente obtidas através dos meios proibidos de obtenção de provas previstos no nº 3 do art. 126º do CPP (já que ofensivos não do «valor absoluto da dignidade do homem», mas de «interesses individuais não directamente contendentes com a garantia da dignidade da pessoa») e, por outro, a «necessidade» de «optimização da concordância prática dos interesses em conflito ("inviolabilidade das comunicações telefónicas" versus "verdade material" e "punição dos culpados") (Ac. STJ de 31.01.2008, proc. 06P4805, *in* www.dsi.pt).

LIVRO IV – DAS MEDIDAS DE COACÇÃO E DE GARANTIA PATRIMONIAL

TÍTULO I – Disposições gerais

Artigo 191º – Princípio da legalidade

1. A liberdade das pessoas só pode ser limitada, total ou parcialmente, em função de exigências processuais de natureza cautelar, pelas medidas de coacção e de garantia patrimonial previstas na lei.

2. Para efeitos do disposto no presente livro, não se considera medida de coacção a obrigação de identificação perante a autoridade competente, nos termos e com os efeitos previstos no artigo 250º

COMENTÁRIOS:

Base constitucional do princípio da legalidade: O **princípio da legalidade**, traduz-se fundamentalmente, na imposição generalizada das leis do estado de direito democrático. É expressão normativo constitucional disso, o art. 203º da C.R.P. ao afirmar que *«os tribunais são independentes e apenas estão sujeitos à lei»*. Sublinha especialmente o art. 18º-1 da C.R.P., que *«os preceitos constitucionais respeitantes aos direitos liberdades e garantias são diretamente aplicáveis e vinculam as entidades públicas e privadas»* e de acordo como o seu nº 2, *«a lei só pode restringir os direitos liberdades e garantias nos casos expressamente previstos na Constituição, devendo as restrições limitar-se ao necessário para salvaguardar outros direitos ou interesses constitucionalmente protegidos»*. O art. 27º da C.R.P., completa o enquadramento legal, elencando as aludidas restrições.

Deste enunciado, desde logo, se pode tirar a conclusão que, neste quadro de medidas de coação e garantia patrimonial, embora o princípio da legalidade deva ser encarado como um **limite**, ainda estamos dentro desse limite, quando por razões de ***«natureza cautelar»*** e num quadro de "**necessidade**", se admite **restrições tipificadas** e **taxativas** aos direitos, liberdades e garantias. Na verdade, é a própria constituição que neste âmbito, remete para os casos ***«expressamente previstos»*** e por outro lado, com observância de um **direito de necessidade**, que se traduz em sede de confronto ou colisão de direitos, na compreensão de que o direito restringido se revele de importância menor do que o direito que se quer fazer valer (v. art. 27º da C.R.P.). Estamos pois perante a constatação de um tríptico de elementos de compreensão: **natureza cautelar das medidas de coação**, com **tipificação e taxatividade das mesmas** e sua aplicação num quadro de **necessidade.**

Constituem condições gerais de aplicação das medidas de coacção: a prévia constituição como arguido e a existência de um processo criminal previamente instaurado; a exi-

gência de fumus comissi delicti (com o significado de que, relativamente à aplicação de medidas de coacção, com a excepção do termo de identidade e residência, é sempre necessário que seja possível formular um juízo de indiciação da prática de certo crime, exigindo-se, em certos casos – artigos 200º, nº 1, 201º e 202º –, a verificação de fortes indícios) a inexistência de causas de isenção da responsabilidade ou de extinção do procedimento criminal; os pericula libertatis que constituem pressupostos das medidas de coacção. (Ac. TRL de 13.05.2014, *in* proc. 1232/13.7PASNT).

O primado da liberdade e o princípio da tipicidade e da necessidade: A liberdade é uma utopia. Faz parte do mundo onírico do Homem. Por ela e em nome dela, ocorreram profundas mutações no mundo, por vezes violentas. Ao inacabável tema da liberdade, estão associados enquadramentos vários, que vão do livre arbítrio à consciência moral, podendo ainda ser discutida sobre bases políticas, filosóficas, artísticas, económicas. Mas a liberdade que aqui nos interessa, é a liberdade que resulta limitada ou prejudicada em consequência da aplicação de uma medida de coação ou de garantia patrimonial. No primeiro caso, é fundamentalmente, a **liberdade de movimentos** do ser humano, enquanto arguido de um processo (v. art. 44º da C.R.P.). Complementarmente também a liberdade de exercício de alguns direitos de natureza **patrimonial** e **profissional.** Já não por exemplo, a liberdade de pensamento e expressão, que é essencial à defesa de um arguido. Isto tem de ser dito, pois muitas vezes a forma pouco realista, mesmo demagógica, como se defende a liberdade no processo penal, acaba por conduzir ao equívoco e à banalização do conceito. Em aproximação à norma podemos dizer, que ela enuncia um princípio basilar das sociedades democráticas, que é o de que **(1)** a liberdade é um direito **(2)** que contudo pode ser limitado **(3)** se tal for absolutamente necessário e **(4)** apenas pela forma prevista na lei, nos termos expressos dos arts. 27º e 28º da C.R.P. A liberdade, não é pois um direito absoluto; não há direitos absolutos. A liberdade sem responsabilidade não tem tutela no direito. Como alegava S. Tomás Aquino, ***«a raiz última da liberdade, é a razão»***.

"A expressão liberdade das pessoas, usada no art. 191º, tem um significado amplo, abrangendo tanto a liberdade física de movimentação e deslocação, que pode ser limitada especialmente pela prisão preventiva, obrigação de permanência na habitação e proibição de permanência ou de ausência, mas também todas as faculdades de exercício de direitos, de natureza pessoal ou patrimonial, que podem ser limitadas por outras medidas" (Germano Marques da Silva, *in* Curso de Processo Penal, 1999, vol. II, pág. 235).

I – No recurso, começa por se referir que a prisão preventiva "não pode ser repressiva nem de antecipação do cumprimento de pena", por se violar o princípio da presunção de inocência e por essa via o artigo 32º, nº 2, da Constituição, o que é correcto enquanto afirmação. II – Simplesmente, a lei permite que em certas condições se imponham medidas, restritivas ou limitativas da liberdade individual, embora acentuando exigências de legalidade/tipicidade e dos modos de intervenção na esfera da liberdade de quem é arguido no processo. III – O nº 2 do artigo 18º da CRP consigna, quanto aos direitos, liberdades e garantias, só poderem estes ser restringidos nos casos expressamente previstos na Constituição, "devendo as restrições limitar-se ao necessário para salvaguardar outros direitos ou interesses constitucionalmente protegidos" IV – Nesse sentido, a alínea b) do nº 3 do artigo 27º, a Constituição deu expressão à medida de prisão preventiva como excepção ao direito à liberdade. V – O interesse que aparece a legitimar a imposição da medida coactiva extrema é por sua vez o da boa administração da justiça, acautelando a execução da sentença final e garantindo, na medida do possível, a presença do arguido na tramitação processual; VI – A prisão preventiva situa-se no "campo de tensão" entre o dever de o Estado perseguir eficazmente o crime e o dever, que igualmente lhe cabe, de assegurar o âmbito de liberdade do cidadão. VII – A Constituição fundamenta a soberania do Estado na dignidade da pessoa humana e impõe o respeito pelos direitos e liberdades fundamentais (artigos 1º e 2º). VIII – Daí a conclusão doutrinária (por ex., Frederico Isasca, "A prisão preventiva e restantes medidas de coacção", in Jornadas de direito processual penal e direitos fundamentais, 2004, p. 101) de que a protecção dos direitos e garantias fundamentais só é pensável e exequível "à custa da sua própria e inevitável limitação e restrição"; o que por sua vez conduz a uma outra conclusão: "o carácter manifestamente não absoluto dos próprios direitos e garantias fundamentais". IX – Assim, com este fundamento se verifica que, com a decisão de manutenção da prisão preventiva, não se violou o artigo 32º, nº 2, da Constituição (Ac. do TRG de 27.03.2006, *in* www.dgsi.pt).

Noção e finalidades das medidas de coação e de garantia patrimonial: As medidas de coação e de garantia patrimonial são imposições exclusivamente a arguidos (ainda que o arresto tenha um desenho próprio – v. art. 228º) visando **fins cautelares** e estão subordinadas como já se referiu a **princípios de legalidade, tipicidade, necessidade, subsidiariedade**, mas também a **princípios de adequação e proporcionalidade**. Tais medidas, estão sujeitas a **garantia judicial,** com uma única exceção. A única medida que pode ser imposta pelo órgão de polícia criminal ou pelo Ministério Público, sem intervenção judicial, é o termo de identidade e residência (TIR) (v. art. 194º-1).

São **medidas de coação**, o termo de identidade e residência (art. 196º) a caução (art. 197º) a obrigação de apresentação periódica (art. 198º) a suspensão do exercício de funções, de profissão e de direitos (art. 199º) a proibição de permanência, de ausência e de contactos (art. 200º) a obrigação de permanência na habitação (art. 201º) e a prisão preventiva (art. 202º). São **medidas de garantia patrimonial**, a caução económica (art. 227º) e o arresto preventivo (art. 228º).

Condições de aplicação: Todas as medidas enunciadas, à exceção do termo de identidade e residência, estão sujeitas para a sua aplicação, aos **requisitos previstos no art. 204º**. À aplicação da **prisão preventiva**, acresce ainda os **pressupostos previstos no art. 202º**.

As medidas de coação e de garantia patrimonial são **contingentes, mutáveis** e **cumuláveis** (v. arts. 212º a 218º e 227º e 228º – revogação, alteração e extinção das medidas).

Outras medidas de coação: A estas **medidas de coação**, devem somar-se as previstas no **art. 31º da L. 112/2009, de 16.09** (prevenção da **violência doméstica**) sob a epígrafe **«medidas de coação urgentes»**, ainda que reconduzíveis às previstas no art. 200, bem como as previstas no **art. 142º da L. 23/2007, de 04.07** (regime dos **estrangeiros** em território nacional).

A exclusão do art. 250º do âmbito da temática: No nº 2 da norma, exclui-se do âmbito da temática do Livro IV, a obrigação de identificação perante autoridade policial a que alude o art. 250º, já que se trata de um mero **procedimento policial**, que, ainda que possa muito temporariamente restringir a liberdade de movimentos da pessoa, ainda assim não o faz de forma significativa a poder ser considerado uma medida de coação.

Artigo 192º – Condições gerais de aplicação

1. A aplicação de qualquer medida de coacção depende da prévia constituição como arguido, nos termos do artigo 58º, da pessoa que dela for objecto.

2. A aplicação de medidas de garantia patrimonial depende da prévia constituição como arguido, nos termos do artigo 58º, da pessoa que delas for objecto, ressalvado o disposto nos nºs 3 a 5 do presente artigo.

3. No caso do arresto, sempre que a prévia constituição como arguido puser em sério risco o seu fim ou a sua eficácia, pode a constituição como arguido ocorrer em momento imediatamente posterior ao da aplicação da medida, mediante despacho devidamente fundamentado do juiz, sem exceder, em caso algum, o prazo máximo de 72 horas a contar da data daquela aplicação.

4. A não constituição como arguido no prazo máximo previsto no número anterior determina a nulidade da medida de arresto, sem prejuízo do disposto no número seguinte.

5. Caso a constituição como arguido para efeitos de arresto nos termos dos nºs 2 e 3 se tenha revelado comprovadamente impossível por o visado estar ausente em parte incerta e se terem frustrado as tentativas de localizar o seu paradeiro, pode a mesma ser dispensada, mediante despacho devidamente fundamentado do juiz, quando existam, cumulativamente, indícios objectivos de dissipação do respectivo património e fundada suspeita da prática do crime.

6. Nenhuma medida de coacção ou de garantia patrimonial é aplicada quando houver fundados motivos para crer na existência de causas de isenção da responsabilidade ou de extinção do procedimento criminal.

(Última redação da L. 30/2017 de 30.05)

COMENTÁRIOS:

Condições gerais de aplicação: Como princípio geral, nenhuma medida de coação e garantia patrimonial, pode ser aplicada, sem o ato formal de **constituição de arguido**, nos termos previstos no **art. 58º** (v. notas) sem prejuízo do regime específico descrito nos nºs 3 a 5 para o caso do **arresto** (redação introduzida pela L. 30/2017). Igualmente, não devem ser aplicadas, quando se verificam de forma evidente, causas de isenção da responsabilidade ou de extinção do procedimento criminal. As **causas de isenção da responsabilidade**, podem ser aquelas que estão descritas no C.P. como situações de inimputabilidade ou de exclusão da ilicitude ou da culpa (v. arts. 31º a 39º do C.P.). As **causas de extinção do procedimento criminal**, vão desde a desistência de queixa à prescrição, passando pela amnistia, perdão, etc... (v. arts. 118º a 128º do C.P.). Assim, na aplicação das medidas de coação e de garantia patrimonial, tem de haver sempre um **juízo prévio** sobre estas questões (para além, obviamente, do juízo sobre o **grau de indícios** da prática do crime – v. arts. 202º e 283º, nota 2).

Referências: art. 228º (arresto preventivo).

Artigo 193º – Princípios da necessidade, adequação e proporcionalidade

1. As medidas de coacção e de garantia patrimonial a aplicar em concreto devem ser necessárias e adequadas às exigências cautelares que

o caso requerer e proporcionais à gravidade do crime e às sanções que previsivelmente venham a ser aplicadas.

2. A prisão preventiva e a obrigação de permanência na habitação só podem ser aplicadas quando se revelarem inadequadas ou insuficientes as outras medidas de coacção.

3. Quando couber ao caso medida de coacção privativa da liberdade nos termos do número anterior, deve ser dada preferência à obrigação de permanência na habitação sempre que ela se revele suficiente para satisfazer as exigências cautelares.

4. A execução das medidas de coacção e de garantia patrimonial não deve prejudicar o exercício de direitos fundamentais que não forem incompatíveis com as exigências cautelares que o caso requerer.

COMENTÁRIOS:

Princípios da necessidade, da adequação e da proporcionalidade: Estes três princípios podem resumir-se num só; o princípio do bom senso. Na verdade decidir de forma necessária, adequada e proporcional, implica não só um conjunto de conhecimentos técnicos de natureza jurídica, como também uma experiência de vida, que é determinante para encontrar as melhores soluções. As medidas têm de ser as **necessárias** e as **adequadas** às **exigências cautelares**, i.e., devem realizar os **fins pretendidos**, e **proporcionais** à gravidade do crime e às sanções que **previsivelmente** venham a ser aplicadas. Assim, a decisão assenta numa **prognose** algo complexa. **Em primeiro lugar**, há que olhar para a factualidade indiciariamente apurada para concluir se ela preenche ou não um crime e que tipo de crime (v. art. 283º-2). **Em segundo lugar**, é preciso conferir as condições gerais de aplicação descritas no artigo antecedente. **Em terceiro lugar**, verificar se a quantidade e qualidade e das provas já reunidas ou possíveis de reunir, são ou serão aptas a uma futura condenação em juízo **Em quarto lugar,** há que analisar a gravidade do crime e as sanções penais que lhe correspondem, nos termos do art. 195, posto que cada medida de coação tem como pressuposto uma pena variável e prever que tipo de condenação pode ocorrer (se com pena de prisão efetiva ou suspensa). **Em quinto lugar**, por fim, há que ponderar as exigências cautelares que o caso comporta e optar pela medida de coação que se julgar mais necessária, adequada e proporcional. Estamos pois perante uma tarefa bem mais difícil de que decidir após um julgamento, em que toda a atividade probatória se esgotou e se pode tomar uma decisão mais sustentada. Aqui decide-se em função de indícios, ou melhor de **prova indiciária**, com toda a margem de erro que isso possibilita. Mas ninguém se pode demitir dessa responsabilidade e muito menos cair na tentação do facilitismo.

I – Do princípio da adequação e da proporcionalidade ocupa-se o artigo 193º, nº 1, do C.P.P. dispondo que as medidas coactivas devem ser adequadas às exigências cautelares que o caso requerer e proporcionais à gravidade do crime e às sanções que previsivelmente venham a ser aplicadas. II – Cumpre-se o critério da adequação se o sacrifício que se requer a quem está destinado a sofrer a medida encontra justificação no interesse que se retende tutelar. III – Para satisfazer o critério da proporcionalidade é necessário atender proporções entre a medida escolhida e a componente factual, por um lado; e entre medida escolhida e as sanções que previsivelmente venham a ser aplicadas, por outro. IV – Assim, será imprescindível a realização de uma prognose que antecipe, em previsão, a eventual sanção, de forma a relacionar com ela a medida (cf. José Manuel de Araújo Barras, RPCC 10 (2000), p. 419). V – A proporcionalidade põe um limite externo ao poder cautelar: quaisquer que sejam as exigências cautelares: Não pode adoptar-se uma medida que resulte desproporcionada ao facto e à sanção que presumivelmente poderá vir a aplicar-se. VI – Como corolário do princípio, as limitações da liberdade só serão de aplicar quando se revelarem inadequadas ou insuficientes as outras medidas de coacção: só será aplicada naqueles casos em que nenhuma outra medida se mostra adequada exigências que devem ser salvaguardadas (critério do menor sacrifício). VII – Ora, visto o teor do despacho recorrido e os elementos que no processo o amparam, não vemos que a medida de prisão preventiva decretada seja desproporcionada ao facto e à sanção que presumivelmente virá a ser aplicada ao recorrente, pelo que temos a mesma como adequada ao caso concreto e, nomeadamente, não vemos que seja suficiente qualquer outra medida coactiva não privativa da liberdade (Ac. do TRG de 24.01.2005, *in* www.dgsi.pt).

Princípio da subsidiariedade: Ao consignar no nº 2, que a **prisão preventiva** e a **obrigação de permanência na habitação**, só podem ser aplicadas quando as demais medidas de coação forem **inadequadas** ou **insuficientes**, o legislador expressamente consagrou aquelas, como **subsidiárias** de todas as medidas de coação, conferindo-lhes um estatuto de ***"ultima ratio"***.

Princípio da preferência: Para além da subsidiariedade da prisão preventiva e da obrigação de permanência na habitação, entre ambas há também um princípio de **preferência**, relativamente à **obrigação de permanência na habitação**. Cremos que por ser menos gravosa e mais económica para o estado. Mas a obrigação de permanência na habitação, é tendencialmente incompatível com o **perigo de fuga** a que alude o art. 204º-a), porque o não anula. Logo, verificado o perigo, afastada está a preferência (v. art. 201º).

Princípio da proibição do excesso: No nº 4, consigna-se uma decorrência de todos os outros princípios enunciados, que tem como tónica a consideração da **natureza meramente cautelar** das medidas de coação. A aplicação de qualquer medida de coação deve ser **limitada nos seus efeitos**, para que não prejudique desnecessariamente outros direitos fundamentais do arguido, que por não colidirem com as medidas aplicadas, se devem manter na sua esfera jurídica (v. art. 60º e v. art. 30º da C.R.P.).

Artigo 194º – Audição do arguido e despacho de aplicação

1. À exceção do termo de identidade e residência, as medidas de coacção e de garantia patrimonial são aplicadas por despacho do juiz, durante o inquérito a requerimento do Ministério Público e depois do inquérito mesmo oficiosamente, ouvido o Ministério Público, sob pena de nulidade.

2. Durante o inquérito, o juiz pode aplicar medida de coacção diversa, ainda que mais grave, quanto à sua natureza, medida ou modalidade de execução, da requerida pelo Ministério Público, com fundamento nas alíneas a) e c) do artigo 204º

3. Durante o inquérito, o juiz não pode aplicar medida de coacção mais grave, quanto à sua natureza, medida ou modalidade de execução, com fundamento na alínea b) do artigo 204º nem medida de garantia patrimonial mais grave do que a requerida pelo Ministério Público, sob pena de nulidade.

4. A aplicação referida no nº 1 é precedida de audição do arguido, ressalvados os casos de impossibilidade devidamente fundamentada, e pode ter lugar no acto de primeiro interrogatório judicial, aplicando-se sempre à audição o disposto no nº 4 do artigo 141º

5. Durante o inquérito, e salvo impossibilidade devidamente fundamentada, o juiz decide a aplicação de medida de coacção ou de garantia patrimonial a arguido não detido, no prazo de cinco dias a contar do recebimento da promoção do Ministério Público.

6. A fundamentação do despacho que aplicar qualquer medida de coacção ou de garantia patrimonial, à excepção do termo de identidade e residência, contém, sob pena de nulidade:

a) A descrição dos factos concretamente imputados ao arguido, incluindo, sempre que forem conhecidas, as circunstâncias de tempo, lugar e modo;

b) A enunciação dos elementos do processo que indiciam os factos imputados, sempre que a sua comunicação não puser gravemente em causa a investigação, impossibilitar a descoberta da verdade ou criar perigo para a vida, a integridade física ou psíquica ou a liberdade dos participantes processuais ou das vítimas do crime;

c) A qualificação jurídica dos factos imputados;

d) A referência aos factos concretos que preenchem os pressupostos de aplicação da medida, incluindo os previstos nos artigos 193º e 204º

7. Sem prejuízo do disposto na alínea b) do número anterior, não podem ser considerados para fundamentar a aplicação ao arguido de medida de coacção ou de garantia patrimonial, à excepção do termo de identidade e residência, quaisquer factos ou elementos do processo que lhe não tenham sido comunicados durante a audição a que se refere o nº 3.

8. Sem prejuízo do disposto na alínea b) do nº 6, o arguido e o seu defensor podem consultar os elementos do processo determinantes da aplicação da medida de coacção ou de garantia patrimonial, à exceção do termo de identidade e residência, durante o interrogatório judicial e no prazo previsto para a interposição de recurso.

9. O despacho referido no nº 1, com a advertência das consequências do incumprimento das obrigações impostas, é notificado ao arguido.

10. No caso de prisão preventiva, o despacho é comunicado de imediato ao defensor e, sempre que o arguido o pretenda, a parente ou a pessoa da sua confiança.

11. Sendo o arguido menor, o despacho referido no nº 1 é comunicado, de imediato, aos titulares das responsabilidades parentais, ao seu representante legal ou à pessoa que tiver a sua guarda de facto.

(Última redação da L. 33/2019, de 22.05)

COMENTÁRIOS:

A garantia judicial: O artigo estipula que as medidas de coação e de garantia patrimonial (com exceção do termo de identidade e residência – art. 196º) só podem ser aplicadas por **«despacho do Juiz»**. Durante a fase do **inquérito**, de que o M.P. é titular, o Juiz aplica as medidas a **requerimento** deste e nas fases subsequentes, instrução ou julgamento, oficiosamente **ouvido** este, sob pena **de nulidade** [insanável – art. 119º-b)]. A última redação do artigo (nºs 2 e 3) introduzida pela L. 20/2013, de 21.02, consignou que o Juiz pode impor ao arguido, **durante o inquérito**, medidas de coação **mais gravosas** do que as requeridas pelo M.P., com fundamento no **art. 204º, alí-**

nea *a*) (perigo de fuga) e **alínea *c*)** (perigo de continuação da atividade criminosa do arguido ou de perturbação da ordem e a tranquilidade públicas). Mas já não, com fundamento na **alínea *b*) do art. 204º** (perigo de perturbação do decurso do inquérito ou da instrução). Parece que o legislador entendeu, que sendo o M.P., o estratega do inquérito, no caso da **alínea *b*)** pode haver conveniência investigatória de que o arguido não fique sujeito a medidas mais graves do que aquelas que ele propõe. Assim com esta alteração fracionou-se um regime que era unitário e criou-se uma desnecessária complexificação. Em suma; se o Juiz de entre os fundamentos das medidas de coação, considerar que se verificam os perigos descritos na **alínea *b*) do art. 204º**, não pode aplicar medida de coação mais gravosa do que a promovida pelo M.P.; mas se os seus fundamentos forem os das alíneas ***a*) ou *c*) do art. 204º**, já pode. Durante a **fase de instrução** (que não é uma fase de investigação pura) ou **durante a fase de julgamento**, o Juiz, não está limitado pelo parecer do M.P., quanto a medidas de coação a aplicar ao arguido.

Em paridade com o M.P., o art. 268º-2, também reconhece á **autoridade de polícia criminal** [v. noção no art. 1º-d)], ao **arguido** e ao **assistente**, o direito de requerer o primeiro interrogatório judicial de arguido detido e de requerer que se lhe aplique medidas de coação. Por sua vez o **lesado** pode requerer que o arguido preste caução económica (v. art. 227º-2).

A audição do arguido: A audição do arguido sobre a aplicação das medidas de coação e de garantia patrimonial que o afetem é obrigatória **«ressalvados os casos de impossibilidade devidamente fundamentada».** Na redação anterior dizia-se que **«sempre que possível e conveniente»** deve ouvir-se o arguido, quanto à **aplicação** das medidas. Pareceria assim, que tal não seria imperativo, mas estaria sujeito a um juízo de necessidade. Todavia o art. 61º-1-b, estipula, que o arguido tem o direito de ser ouvido sempre que forem tomadas decisões que o afetem. Logo, é imperativo ouvi-lo, para aplicação da medida, devendo agora **fundamentar-se** os casos em que tal é impossível. Aplica-se à audição as regras do art. 141º-4.

A audição é em regra **oral,** quando existe a presença física do arguido no primeiro interrogatório judicial a que se refere o art. 141º, podendo ser por **escrito** nas demais ocasiões, (sem prejuízo da natural conveniência da sua presencialidade) sendo o arguido notificado para esse efeito. Não sendo possível ouvir o arguido (*v.g.*, arguido residente no estrangeiro) esgotadas as diligências úteis nesse sentido, fundamentada a impossibilidade de audição, então o processo, obviamente tem de prosseguir sem ela, com decisão judicial sobre as medidas.

O artigo 213º, comporta uma situação semelhante de **"necessidade"** de audição do arguido aquando do reexame da medida de coação de prisão preventiva. Semelhante, mas não igual, já que ali não se trata de **«aplicação»** de uma medida, mas da **«reexame»** da medida já aplicada (v. notas ao art. 213º).

Em todo o caso, a não observância desse dever legal não constitui a nulidade insanável prevista al. c) do art. 119º do Código de Processo Penal, mas uma mera irregularidade, sujeita ao regime do art. 123º do mesmo código. Com efeito, a nulidade prevista naquela disposição legal refere-se à "ausência do arguido ou do seu defensor" nos actos processuais em que a lei exige a sua comparência. Uma coisa é o direito de o arguido estar presente nos actos processuais que lhe dizem respeito e em que a lei exige a sua presença; outra coisa diferente é o direito de ser ouvido, esteja ou não presente no acto. Só a violação do primeiro daqueles direitos gera nulidade insanável prevista na al. c) do art. 119º do Código de Processo Penal. A não audição do arguido, no âmbito do disposto no nº 2 do art. 194º do Código de Processo Penal, para efeitos de lhe ser aplicada medida de coacção, não é cominada por lei com o efeito da nulidade. E, por isso, nos termos do disposto no nº 2 do art. 118º do mesmo código, a ilegalidade decorrente da referida omissão gera uma mera irregularidade. Sujeita ao regime previsto no art. 123º do Código de Processo Penal. (Ac. TRP de 13.09.2006, *in* www.dgsi.pt). **Nota:** o referido art. 194º-2 corresponde ao atual 194º-4.

A audição prevista no art. 194º/4 do CPP, ressalvados os casos de impossibilidade devidamente fundamentada, deve ser presencial, sob pena de nulidade insanável (Ac. TRP de 19.10.2017, proc. 3110/13JFLSB-B.L1-9, *in* www.dgsi.pt).

A fundamentação da decisão e sua notificação do arguido: A fundamentação dos atos decisórios, é uma imposição constitucional e legal cujo incumprimento gera **nulidade** (art. 205º da CRP e art. 97º-5). O legislador vem de revisão em revisão da lei, impondo cada vez mais exigências na **fundamentação** da aplicação das medidas de coação e da sua comunicação ao arguido, cominando a violação de tal dever com a nulidade. Todavia, no nº 6-b) ressalva-se a possibilidade de não constar da **fundamentação** os **«elementos do processo»**, quando tal puser em causa **(i)** a investigação **(ii)** a descoberta da verdade ou **(iii)** a integridade física e psíquica dos intervenientes processuais. O que são os **«elementos do processo»**? Tal como está formulada a norma, parece-nos que só podem ser as **provas. Comunicar** [v. art. 141º-4-e)] e **notificar** a fundamentação de um despacho a um arguido num processo em investigação, as **provas** que existem contra ele, apresenta riscos vários, que o próprio legislador reconhece, razão pela qual traçou as **restrições** descritas na alínea b). Depois no nº 8, diz-se que o arguido e seu defensor, podem consultar os **«elementos do processo»**, sem prejuízo de tal lhe não ser facultado; de novo com as **restrições** descritas na referida alínea b). Tais **restrições**, constituem uma salvaguarda da **investigação**, da descoberta da **verdade** e dos **direitos pessoais** dos intervenientes e têm de ser seriamente ponderadas, porque em regra são reais (v. art. 141º e respetivas notas).

Sempre que se verifique estas situações restritivas, no caso de **requerimento de consulta** aos autos, apresentado antes ou depois do interrogatório, deve o M.P. ou o **JIC**, extrair **cópias** deles, onde não conste os elementos restringidos e possibilitar a sua **consulta**. Registe-se que se trata de uma mera **consulta**; não pode o arguido ficar com as cópias.

O arguido tem de ser sempre **notificado** de todas as decisões que lhe digam respeito e dos respectivos fundamentos fácticos e jurídicos, designadamente nos termos reportados nos nºs 6, 9 e 10 [com os limites do nº 6-b)], as quais devem ser esclarecedoras sobre as razões pelas quais se lhe aplica as medidas de coação e sobre os inerentes deveres e obrigações que lhe são impostos, para que ele possa exercer o seu inalienável **direito de defesa** e ao mesmo tempo possa **cumprir** as medidas que lhe forem aplicadas, com pleno conhecimento de causa (v. art. 61º).

1 – O dever de informação imediata e de forma compreensível, das razões da privação da liberdade, destina-se a garantir a proibição de privações da liberdade arbitrárias e assegurar o direito de defesa. 2 – Contendo os factos comunicados às arguidas em 1º interrogatório judicial de arguido detido, as circunstâncias de tempo, modo e lugar, que foi possível apurar nos autos, bem como os concretos atos em que tiveram intervenção, permitindo-lhes assim contestar as suspeitas que sobre elas recaíam de ter participado neles, em co-autoria com outros arguidos, tal basta para se encontrar cumprido o art. 141º, nº 4, c) CPP. 3 – No atual quadro legal, não é possível sustentar que os princípios do contraditório e da igualdade de armas imponham ao legislador que consagre, em todos os casos, um direito absoluto de acesso irrestrito e ilimitado aos autos na fase de inquérito pelo arguido. 4 – Havendo perigo para a integridade física, e mesmo para a vida de testemunhas ouvidas nos autos, justifica-se que não se dê a conhecer às arguidas os seus depoimentos e identidade; 5 – A inobservância do nº 6 do art. 194º, do C.P.P., isto é, a inclusão na fundamentação da aplicação ao arguido de medida de coação ou de garantia patrimonial, à exceção do termo de identidade e residência, de quaisquer factos ou "elementos do processo" que não tenham sido comunicados ao arguido durante a audição a que se refere o nº 3, não é cominada em qualquer preceito legal como nulidade. 6 – Assim, a inobservância do disposto no nº 5 do art. 194º, do C.P.P., designadamente, por fundamentação do despacho com factos que não tenham sido comunicados ao arguido durante a audição a que se refere o nº 3, apenas gera mera irregularidade, a arguir nos termos dos artigos 118º, nº 2 e 123º, ambos do C.P.P. (Ac. TRC de 19.06.2013, proc. 810/12.6JACBR-A.C1-B, *in* www.dgsi.pt).

Comunicações a efetuar: Em caso de ter sido ordenada a prisão preventiva, o despacho, além de ser comunicado ao **arguido**, é comunicado ao **defensor** e bem assim, a **parente ou pessoa de confiança** do arguido, sempre que este **manifeste tal desejo.** Sendo o arguido **menor,** qualquer medida de coação ou de garantia patrimonial, é **obrigatoriamente** comunicado às pessoas referidas no nº 11 (reaparecendo assim, a situação anterior à alteração da L. 20/2013, de 21.02), (v, notas sobre menoridade e pessoas a quem comunicar o despacho no art. 58º).

Referências: arts. 58º, 61º, 87º, 90º, 103º, 283º e 370º (direitos dos menores); art. 97º-5 (v. notas sobre dever de fundamentação e fundamentação por remissão); art. 141º (primeiro interrogatório de arguido detido e notas ao artigo sobre a noção de *«factos que lhe são concretamente imputados»* e *«elementos do processo que indiciam os factos imputados»*); art. 357º (valor em audiência das declarações do arguido prestadas anteriormente).

Artigo 195º – Determinação da pena

Se a aplicação de uma medida de coacção depender da pena aplicável, atende-se, na sua determinação, ao máximo da pena correspondente ao crime que justifica a medida.

COMENTÁRIOS:

Moldura abstrata da pena: Para os efeitos previstos no art. 193º, na operação de subsunção dos factos à norma típica e à pena aplicável, deve ter-se em conta o limite máximo da **medida abstrata da pena** ali prevista, incluindo s.m.o., os tipos privilegiados e qualificados. Tratando-se de vários crimes, deverá tomar-se como único referente o da **pena mais grave**. Nada na lei autoriza a que se proceda nesta operação a um cúmulo material de penas. Trata-se de uma solução distinta da prevista para a competência do tribunal, onde prevalece a regra da cumulação material de penas [v. arts. 14º-2-b) e 16º-3].

TÍTULO II – Das medidas de coacção

CAPÍTULO I – Das medidas admissíveis

Artigo 196º – Termo de identidade e residência

1. A autoridade judiciária ou o órgão de polícia criminal sujeitam a termo de identidade e residência lavrado no processo todo aquele que for constituído arguido, ainda que já tenha sido identificado nos termos do artigo 250º

2. Para o efeito de ser notificado mediante via postal simples, nos termos da alínea *c*) do nº 1 do artigo 113º, o arguido indica a sua residência, o local de trabalho ou outro domicílio à sua escolha.

3. Do termo deve constar que àquele foi dado conhecimento:

a) Da obrigação de comparecer perante a autoridade competente ou de se manter à disposição dela sempre que a lei o obrigar ou para tal for devidamente notificado;

b) Da obrigação de não mudar de residência nem dela se ausentar por mais de cinco dias sem comunicar a nova residência ou o lugar onde possa ser encontrado;

c) De que as posteriores notificações serão feitas por via postal simples para a morada indicada no nº 2, excepto se o arguido comunicar uma outra, através de requerimento entregue ou remetido por via postal registada à secretaria onde os autos se encontrem a correr nesse momento;

d) De que o incumprimento do disposto nas alíneas anteriores legitima a sua representação por defensor em todos os actos processuais nos quais tenha o direito ou o dever de estar presente e bem assim a realização da audiência na sua ausência, nos termos do artigo 333º;

e) De que, em caso de condenação, o termo de identidade e residência só se extinguirá com a extinção da pena.

4. A aplicação da medida referida neste artigo é sempre cumulável com qualquer outra das previstas no presente livro.

(Última redação da L. 20/2013, de 21.02)

COMENTÁRIOS:

Requisitos e características do termo de identidade e residência (TIR): Trata-se da medida de coação menos severa. Poderá, quanto muito dizer-se, que limita de forma muito suave a liberdade ambulatória do arguido, obrigando-o a comunicar ao tribunal o seu atual paradeiro. Mas em bom rigor, nem deveria ser considerada uma medida de coação, posto que apenas visa facultar ao tribunal a identificação do arguido e a sua fácil localização, tendo em vista os contactos e notificações futuras para efeitos processuais. E essa disponibilidade, constitui tanto um dever cívico, como uma obrigação legal. Pode ser aplicada quer pelas autoridades judiciárias, quer policiais (v. art. 194º-1). É uma consequência **automática** e **obrigatória** da assunção da **qualidade de arguido**, nos termos dos arts. 61º-3-c e 204º-1), constituindo no entanto mera irregularidade, o não cumprimento desta obrigação de prestar TIR (v. art. 123º). A aplicação desta medida deve ser feita na pessoa do arguido e comunicada ao advogado (v. art. 113º-10-11). **Extingue-se** nos termos do art. 214º e na nova redação da L. 30/2013, quando houver **condenação**, só com a **"extinção da pena"** (com todas as consequências advenientes em matéria de notificações). A prestação de TIR, é **cumulável** com qualquer outra medida de coação.

Jurisprudência uniformizadora: Ac. do STJ de Fixação de Jurisprudência nº 6/2010, de 11.05.2010, *in* D.R. de 21.05.2010: «*I – Nos termos do nº 9 do artigo 113º do Código de Processo Penal, a decisão de revogação da suspensão da execução da pena de prisão deve ser notificada tanto ao defensor como ao condenado II – O condenado em pena de prisão suspensa continua afecto, até ao trânsito da revogação da pena substitutiva ou à sua extinção e, com ela, à cessação da eventualidade da sua reversão na pena de prisão substituída, às obrigações decorrentes da medida de coacção de prestação de termo de identidade e residência (nomeadamente, a de «as posteriores notificações serão feitas por via postal simples para a morada indicada»). III – A notificação ao condenado do despacho de revogação da suspensão da pena de prisão pode assumir tanto a via de «contacto pessoal» como a «via postal registada, por meio de carta ou aviso registados» ou, mesmo, a «via postal simples, por meio de carta ou aviso» [artigo 113º, nº 1, alíneas a), b), c) e d), do Código de Processo Penal]*».

Consequências do não cumprimento pelo arguido dos deveres impostos: O não cumprimento pelo arguido dos deveres que lhe foram impostos pela prestação do TIR, concretamente do dever de se manter contactável pelo tribunal, tem como consequência mais grave, a **prescisão legal da sua presença** nos atos processuais para que tenha sido regularmente convocado e não tenha comparecido e a sua **representação por defensor** oficioso ou constituído. Pode ainda ser-lhe **substituída** e ou **agravada** a medida de coação nos termos do **art. 203º**.

O **D.L. 320-C/2000, de 15.12**, que deu à norma o mais importante da sua redação atual, veio estipular que o arguido deve ser notificado para a última morada que indicou no T.I.R. ou posteriormente no processo, nos termos do art. 113º-c), i.e., por **via postal simples**, por meio de carta ou aviso. Notificado desta forma para julgamento e não comparecendo, poderá ser **julgado na ausência** (verificado os pressupostos do art. 333º) sendo representado pelo seu defensor.

O preâmbulo do **D.L. 320-C/2000, de 15.12**, fundamenta esta forma simplificada de notificação nos seguintes termos: *«Assim sendo, como a constituição de arguido implica a sujeição a esta medida de coação, justifica-se que as posteriores notificações sejam feitas de forma menos solene, já que qualquer mudança relativa a essa informação deve ser comunicada aos autos, através de requerimento entregue ou remetido por via postal registada à secretaria onde os autos se encontrarem a correr nesse momento».*

Registe-se que como garantia mínima de atempada receção, de acordo com o art. 113º-3, esta forma de notificação por **via postal simples**, só se considera como efetuada no **5º dia posterior à data indicada na declaração lavrada pelo distribuidor de serviço postal no ato de depósito.**

Existindo qualquer razão **impossibilitante de efetuar o depósito** por parte do funcionário postal, designadamente, não haver receptáculo ou este estar avariado ou de impossível acesso, o arguido **não pode considerar-se notificado**, devendo em consequência despoletar-se a notificação pessoal prevista no art. 113º-1-a) (contacto pessoal).

Não se encontra previsto o extravio da notificação depois de depositada sem conhecimento e sem culpa do arguido. Todavia, competirá ao arguido a alegação e a prova desse facto, que poderá consubstanciar uma **nulidade** da notificação, prevista no art. 119º-c).

I – As notificações por via postal devem ser feitas para a morada indicada pelo arguido quando prestou termo de identidade e residência [TIR] mesmo que resulte, de diligências documentadas nos autos, que já não reside nessa morada. II – Sobre o arguido recai a obrigação de comunicar ao tribunal qualquer alteração de morada, pelo que o incumprimento dessa obrigação torna válida a sua notificação por via postal simples na morada que indicou, mesmo que deixe de aí residir (Ac. TRP de 20.06.2012, proc. 4073/08.0TDPRT-A.P1, *in* www.dgsi.pt).

I – Ao arguido que prestou TIR é dado conhecimento dos direitos e obrigações que lhe resultam. II – O incumprimento dessas obrigações – mudança de residência sem comunicação ao processo – legitima a sua representação por defensor, em todos os actos processuais em que tenha o direito, ou dever, de estar presente e legitima a realização da audiência de julgamento na sua ausência. III – Por norma, inexistem diligências praticadas por éditos em relação ao arguido que prestou TIR nos termos do disposto no art. 196º do CPP, na redacção dada pelo D.L. 320-C/2000, de 15-12. IV – O regime da contumácia não tem aplicação ao arguido que prestou TIR nos termos da lei vigente (Ac. TRC de 05.11.2003, *in* www.dgsi.pt).

Se a arguida que prestara TIR ao abrigo do disposto no art. 196º, do CPP, na redacção introduzida pelo DL 320-C/2000, de 15/12, nunca tendo comunicado ao tribunal qualquer mudança de residência e estando notificada da audiência de julgamento, por via postal simples, tendo em conta a residência por ela fornecida, estando consciente das suas obrigações decorrentes do TIR prestado, bem como das consequências caso faltasse à audiência de julgamento, face ao disposto nas alíneas c) e d) do nº 3 do art. 196º citado, – estando a aplicação ao caso do art. 333º face àquela alínea d), inteiramente justificada – e faltando à audiência, só pode ser a mesma adiada se o tribunal considerar que é absolutamente indispensável para a descoberta da verdade material a presença da arguida desde o início do julgamento. Não se verifica omissão de diligência que possa reputar-se essencial à descoberta da verdade, nos termos da alínea d) do nº 2 do art. 120º, do CPP se o tribunal recorrido não considerou absolutamente imprescindível tal presença, dando início ao julgamento, procedendo em conformidade com o estipulado no nº 2 do mesmo art. 333º do CPP e se para garantir à arguida o direito de prestar declarações, o tribunal, finda a audição das testemunhas, interrompeu a audiência para continuar na segunda data marcada, na expectativa de que esta comparecesse para se defender. Não comparecendo a arguida também na segunda data, não podia haver qualquer outro adiamento, pelo que prosseguiu a audiência até final, sem que a defesa – a arguida esteve representada por defensor – tenha requerido o que quer que seja. Para além do exposto, a nulidade invocada – que, a existir, não seria nulidade da sentença mas do próprio julgamento – teria de ser invocada, o mais tardar, no prazo de dez dias após dela tomar conhecimento (art. 105º, nº 1, do CPP) (Ac. TRL de 03.10.2006, *in* www.dgsi.pt).

Moradas do TIR no estrangeiro: As regras da prestação de TIR, referidas neste artigo, no que toca à morada/residência do arguido, concretamente no que se reporta às alíneas c) e d) e suas consequências, só funcionam com morada/residência em Portugal. Para proceder às notificações no estrangeiro, que possam operar em Portugal, terá de se recorrer à carta rogatória e à Lei da cooperação judiciária internacional em matéria penal [v. art. 172º a 185º do CPC e L. 144/99, de 31.08 – arts. 145º-2-a) e 151º-a)]. A cumprir através da entidade mediadora, Procuradoria-Geral de República. Sem prejuízo, obviamente de o arguido voluntariamente comparecer, qualquer que seja o meio de convocação empregue.

Referências: art. 95º (recusa de assinatura do TIR pelo arguido).

Artigo 197º – Caução

1. Se o crime imputado for punível com pena de prisão, o juiz pode impor ao arguido a obrigação de prestar caução.

2. Se o arguido estiver impossibilitado de prestar caução ou tiver graves dificuldades ou inconvenientes em prestá-la, pode o juiz, oficiosamente ou a requerimento, substituí-la por qualquer ou quaisquer outras

medidas de coacção, à excepção da prisão preventiva ou de obrigação de permanência na habitação, legalmente cabidas ao caso, as quais acrescerão a outras que já tenham sido impostas.

3. Na fixação do montante da caução tomam-se em conta os fins de natureza cautelar a que se destina, a gravidade do crime imputado, o dano por este causado e a condição sócio-económica do arguido.

COMENTÁRIOS:

Requisitos e características da caução: Trata-se de uma medida de coação, cujo regime direto se encontra neste artigo e nos arts. 205º a 208º. Só pode ser aplicada pelo Juiz, verificado os **requisitos gerais do art. 204º** e só quando o crime indiciado for **punível com pena de prisão** (independentemente da medida abstrata da pena típica). Mostra-se especialmente adequada para a **criminalidade económica**. À semelhança de qualquer outra medida, esta **caução dita carcerária**, tem como fim geral assegurar o cumprimento pelo arguido de todos os seus deveres processuais, designadamente os previstos no art. 61º-3. A caução só deve ser imposta, quando o arguido tem condições económicas para a prestar, o que pressupõe por parte do Juiz a indagação prévia desta situação, ao contrário do que acontece com a caução económica (v. art. 227º). O montante da caução deve ser arbitrado, tendo em consideração os **parâmetros fixados no nº 3** e é modificável nos termos do art. 207º. Extingue-se nos termos do art. 214º-1-4. Não deve confundir-se com a caução económica prevista no art. 227º, que tem outros fins (v. notas ao art. 227º).

Uma vez que, ao longo das diligências de inquérito já realizadas e prevendo-se demoradas as que ainda falta realizar, não diminuiu nem a solidez dos indícios da prática pelo arguido do crime de tráfico de influências – art. 335º, nº 1, al. a) – e de corrupção activa e passiva para actos ilícitos – arts. 372º, nº 1 e 374º, nº 1, todos do C.P. – nem o perigo de fuga (o arguido também tem a nacionalidade brasileira e possui grande capacidade financeira), é de conceder provimento ao recurso do MºPº e revogar o despacho recorrido que, deferindo requerimento do arguido, declarara extinta a medida de coacção de prestação de caução (Ac. TRL de 05.07.2006, *in* www.dgsi.pt).

O incumprimento da medida: Se o incumprimento da medida pelo arguido for **justificado,** aplica-se o mecanismo de substituição previsto no nº 2. Se for **injustificado**, pode aplicar-se o disposto no art. 208º, **quebra de caução**, se já a tiver prestado ou o disposto nos arts. 206º-4 e 228º, **arresto**, caso não a tenha culposamente prestado. Pode ainda aplicar-se a norma geral prevista no **art. 203º**, **substituindo** esta medida de coação por outra admissível.

Artigo 198º – Obrigação de apresentação periódica

1. Se o crime imputado for punível com pena de prisão de máximo superior a 6 meses, o juiz pode impor ao arguido a obrigação de se apresentar a uma entidade judiciária ou a um certo órgão de polícia criminal em dias e horas preestabelecidos, tomando em conta as exigências profissionais do arguido e o local em que habita.

2. A obrigação de apresentação periódica pode ser cumulada com qualquer outra medida de coacção, com a excepção da obrigação de permanência na habitação e da prisão preventiva.

COMENTÁRIOS:

Requisitos e características da obrigação de apresentação periódica: Trata-se de uma medida de coação, que só pode ser aplicada pelo Juiz, verificado os **requisitos gerais do art. 204º** e quando o crime indiciado for **punível com pena de prisão de máximo superior a seis meses**. Mostra-se especialmente adequada para a criminalidade de rua, furtos e roubos, em que se pretende controlar a atividade delituosa do arguido. À semelhança de qualquer outra medida, tem como fim geral assegurar o cumprimento pelo arguido de todos os seus deveres processuais, designadamente os previstos no art. 61º-3. O Juiz deve **fixar** os dias e as horas em que o arguido se deve apresentar no posto policial mais próximo da sua área de residência (é essa a decisão habitual) considerando o eventual horário laboral e o local de residência do arguido, comunicando a sua decisão para controlo a tal posto. Pode ser **cumulada** com qualquer outra medida de coação não incompatível com a mobilidade necessária para o seu cumprimento. **Extingue-se** nos termos do art. 214º-1 e art. 218º-1.

Indiciando-se ter a arguida (jovem de 20 anos, grávida) cometido, em co-autoria com o seu companheiro, de 40 anos de idade, o crime de tráfico de droga do artigo 21º, nº 1 do Decreto-Lei nº 15/93, de 22 de Janeiro, sendo que a intervenção da arguida se confinou a uma actividade secundária e intermitente, sem um papel activo na transacção da droga, tarefa esta que era desempenhada fundamentalmente pelo seu companheiro que exercia obvio ascendente sobre ela, e não havendo qualquer perigo de fuga, sendo também que, em concreto, não resulta o perigo de continuação da actividade criminosa (o seu co-arguido encontra-se preso preventivamente), e admitindo, embora, algum risco de perturbação de tranquilidade pública pelo alarme que o tráfico da droga é susceptível de produzir, mostra-se adequado sujeitá-la à medida coactiva da obrigação de apresentação periódica quinzenal perante a entidade policial da área da sua residência (Ac. TRP de 16.02.2002, *in* www.dgsi.pt).

O incumprimento da medida: Existe em cada posto policial um livro/registo próprio de apresentações, através do qual se faz o controlo do cumprimento da medida. Faltando o arguido às apresentações, o posto comunica imediatamente a falta ao processo. Notificado o arguido para explicar ou justificar a falta, não o fazendo ou sendo considerada irrelevante a justificação apresentada, pode ser-lhe **substituída** e ou **agravada** a medida de coação imposta nos termos do **art. 203º**.

Artigo 199º – Suspensão do exercício de profissão, de função, de actividade e de direitos

1. Se o crime imputado for punível com pena de prisão de máximo superior a 2 anos, o juiz pode impor ao arguido, cumulativamente, se disso for caso, com qualquer outra medida de coacção, a suspensão do exercício:

a) De profissão, função ou actividade, públicas ou privadas;

b) Do poder paternal, da tutela, da curatela, da administração de bens ou da emissão de títulos de crédito;

sempre que a interdição do respectivo exercício possa vir a ser decretada como efeito do crime imputado.

2. Quando se referir a função pública, a profissão ou actividade cujo exercício dependa de um título público ou de uma autorização ou homologação da autoridade pública, ou ao exercício dos direitos previstos na alínea *b*) do número anterior, a suspensão é comunicada à autoridade administrativa, civil ou judiciária normalmente competente para decretar a suspensão ou a interdição respectivas.

COMENTÁRIOS:

Requisitos e características da suspensão do exercício de funções, de profissão e de direitos: Trata-se de uma medida de coação especialmente gravosa, que só pode ser aplicada pelo Juiz, verificado os **requisitos gerais do art. 204º** e quando o crime indiciado for **punível com pena de prisão de máximo superior a dois anos** e quando as **penas acessórias** previstas nos **arts. 65º a 68º do C.P.,** possam vir a ser aplicadas como efeito de uma futura e eventual condenação. Visa impedir a continuação de actividades delituosas do arguido, quer no exercício de funções profissionais de natureza pública ou subordinadas a licença pública, quer no exercício dos poderes descritos na norma. A decisão é comunicada à autoridade competente que fará executar a medida e zelará pelo seu cumprimento. A medida **extingue-se** nos termos do art. 214º-1 e art. 218º-1. O artigo expressamente prevê a possibilidade de cumulação desta medida com qualquer outra. A medida está prevista nos arts. 46º e 65º a 69º-C do C.P., como pena efetiva.

I. A suspensão do exercício da função pública configura-se como uma medida de coacção cautelar, sujeita aos princípios da legalidade, necessidade, adequação e proporcionalidade (arts. 191º, 193º, ambos do CPP), princípios estes que, de resto, mais não são que a emanação do princípio da presunção da inocência do arguido até ao trânsito em julgado da sentença condenatória, a que o art. 32º, nº 2, da Lei Fundamental confere dignidade constitucional, e isto em homenagem aos direitos, liberdades e garantias dos cidadãos, cujas restrições estão subordinadas às regras dos nºs 2 e 3 do art. 18º da CRP. II. A imposição da medida de suspensão do exercício da função pública (como, aliás, das medidas de suspensão do exercício de profissão e de direitos, também previstas no art. 199º do CPP) visa acautelar o perigo para a aquisição, conservação ou veracidade da prova e/ou de continuação da actividade criminosa, requisitos estes consignados, respectivamente nas alíneas b) e c), in fine, do art. 204º do CPP. III. Além destes requisitos (gerais, aplicáveis a todas as medidas de coacção), a suspensão do exercício de funções, de profissão e de direitos depende ainda da verificação dos requisitos especiais, referidos no art. 199º, nº 1, do CPP (punibilidade do crime imputado com pena de prisão superior a dois anos e possibilidade de a interdição do exercício respectivo vir a ser decretada como efeito daquele crime), e uma vez preenchidas as condições gerais da sua aplicação, enunciadas no art. 192º do mesmo diploma legal. IV. Podendo as medidas de coacção de suspensão do exercício de funções, de profissão e de direitos ser decretadas no processo penal, nos casos em que o Código Penal as prevê como penas acessórias (cfr. nº 1 do cit. art. 199º), há que ter em consideração, na sua aplicação, os dispositivos dos art. 66º, 67º e 69º, todos do CP. V. Limitando-se a lei (cit. art. 199º, nº 1) a fixar os pressupostos da aplicação da suspensão preventiva do exercício de funções, de profissão e de direitos, não oferecendo ao juiz qualquer critério para exercer o poder-dever da sua aplicação, deverá o juiz fazer apelo ao seu prudente critério, ponderando as finalidades da medida e os referidos princípios da necessidade, adequação e proporcionalidade (Ac. TRG de 21.06.2005, *in* www.dgsi.pt).

O incumprimento da medida: Verificada uma situação de incumprimento da medida, deverá averiguar-se porque tal acontece e notificar-se o arguido e sendo o caso, a autoridade a que se reporta o nº 2 para explicarem ou justificarem as razões de tal. Pode a medida ser **substituída** e ou **agravada** nos termos do **art. 203º**.

Artigo 200º – Proibição e imposição de condutas

1. Se houver fortes indícios de prática de crime doloso punível com pena de prisão de máximo superior a 3 anos, o juiz pode impor ao arguido, cumulativa ou separadamente, as obrigações de:

a) Não permanecer, ou não permanecer sem autorização, na área de uma determinada povoação, freguesia ou concelho ou na residência onde o crime tenha sido cometido ou onde habitem os ofendidos, seus familiares ou outras pessoas sobre as quais possam ser cometidos novos crimes;

b) Não se ausentar para o estrangeiro, ou não se ausentar sem autorização;

c) Não se ausentar da povoação, freguesia ou concelho do seu domicílio, ou não se ausentar sem autorização, salvo para lugares predeterminados, nomeadamente para o lugar do trabalho;

d) Não contactar, por qualquer meio, com determinadas pessoas ou não frequentar certos lugares ou certos meios;

e) Não adquirir, não usar ou, no prazo que lhe for fixado, entregar armas ou outros objectos e utensílios que detiver, capazes de facilitar a prática de outro crime;

f) Se sujeitar, mediante prévio consentimento, a tratamento de dependência de que padeça e haja favorecido a prática do crime, em instituição adequada.

2. As autorizações referidas no número anterior podem, em caso de urgência, ser requeridas e concedidas verbalmente, lavrando-se cota no processo.

3. A proibição de o arguido se ausentar para o estrangeiro implica a entrega à guarda do tribunal do passaporte que possuir e a comunicação às autoridades competentes, com vista à não concessão ou não renovação de passaporte e ao controlo das fronteiras.

4. A aplicação de obrigação ou obrigações que impliquem a restrição de contacto entre progenitores são imediatamente comunicadas ao representante do Ministério Público que exerce funções no tribunal competente, para efeitos de instauração, com carácter de urgência, do respectivo processo de regulação ou alteração da regulação do exercício das responsabilidades parentais.

(Última redação da L. 24/2017, de 24.05)

COMENTÁRIOS:

Requisitos e características da proibição e imposição de condutas: É uma medida de coação, que restringe severamente a liberdade de circulação e de decisão do arguido, obrigando-o à prática de determinados atos ou à sua omissão. Só pode ser aplicada pelo Juiz, verificado os **requisitos gerais do art. 204º** e quando houver fortes indícios da prática de um crime punível **com pena de prisão de máximo superior a três anos**. Visa impedir a continuação de atividades delituosas do arguido, relativamente a pessoas ou em locais específicos. A recente alínea f) prevê a possibilidade de tratamento à dependência; no caso da toxicodependência, o tratamento está previsto nos arts. 42º, 43º e 47º do D.L. 15/93, de 22.01 (v. também D.L. 183/2001, de 21.06). Mostra-se especialmente indicada para os crimes de maus-tratos ou de natureza sexual. É **cumulável** com quaisquer outras medidas compatíveis. A medida **extingue-se** nos termos do art. 214º-1 e art. 218º-2.

I – Na concreta situação em que o arguida está indiciado de ter abusado sexualmente da filha menor, antes da separação da mulher e da filha ocorrida em meados de 2003, sendo que a mulher formalizou a queixa em 26/4/2003 e o interrogatório do arguido se processou em 22/10/2004, só tendo visto a filha em Abril de 2004, por se ter deslocado à escola que a mesma frequentava. II – A invocação de perigo de continuação da actividade criminosa, no quadro acima descrito, obvia-se com a obrigação de o arguido se abster de contactos com a filha, nos termos do art. 200º, nº 1, d) do C.P.P., assim se revogando o despacho que determinara a medida de coacção de prisão preventiva (Ac. TRL de 05.01.2005, *in* www.dgsi.pt).

Violência doméstica: A estas medidas de coação, de proibição e imposição de condutas, deve somar-se as previstas no **art. 31º da L. 112/2009, de 16.09** (prevenção da violência doméstica) sob a epígrafe **«medidas de coação urgentes»**, ainda que reconduzíveis na sua maioria às aqui previstas. Todavia tratando-se de **lei especial**, prevalece sobre a lei geral.

A recente L. 24/2017, de 24-05, que acrescentou o nº 4, determina agora que, quando esta medida de coação impuser a restrição de contacto entre progenitores (o que acontece em muitos casos de violência doméstica) o Juiz deve comunicar o facto ao M.P do Tribunal competente (em matéria de família e menores), para ele tomar as medidas legais descritas.

O incumprimento da medida: A fiscalização do cumprimento da medida faz-se através das autoridades policiais, a quem é comunicada pelo tribunal a sua aplicação. O controlo, pode ser feito de forma discreta ou através de interpelação direta do arguido, ou através da sua apresentação periódica no posto policial (como medida de coação cumulável). O incumprimento da medida pode determinar a sua **substituição** e ou **agravação** nos termos do **art. 203º**.

Artigo 201º – Obrigação de permanência na habitação

1. Se considerar inadequadas ou insuficientes, no caso, as medidas referidas nos artigos anteriores, o juiz pode impor ao arguido a obrigação de não se ausentar, ou de não se ausentar sem autorização, da habitação própria ou de outra em que de momento resida ou, nomeadamente, quando tal se justifique, em instituição adequada a prestar-lhe apoio social e de saúde, se houver fortes indícios de prática de crime doloso punível com pena de prisão de máximo superior a 3 anos.

2. A obrigação de permanência na habitação é cumulável com a obrigação de não contactar, por qualquer meio, com determinadas pessoas.

3. Para fiscalização do cumprimento das obrigações referidas nos números anteriores podem ser utilizados meios técnicos de controlo à distância, nos termos previstos na lei.

COMENTÁRIOS:

Requisitos e características da obrigação de permanência na habitação ou em instituição: É uma medida de coação, que **confina totalmente a liberdade de circulação do arguido**, à sua residência ou a uma instituição, da qual se não pode ausentar sem autorização prévia. Esta medida pode ser **facultativamente complementada** pela utilização de **meios técnicos de controlo à distância**. Obviamente que a deslocação não autorizada do local estipulado, mas forçada por um **estado de necessidade** é justificável, como por exemplo, doença súbita e grave carecedora de cuidados médicos imediatos num hospital. Só pode ser aplicada pelo Juiz, verificado os **requisitos gerais do art. 204º**, e quando houver fortes indícios da prática de um crime punível com **pena de prisão de máximo superior a três anos**. A aplicação desta medida está sujeita a um critério de inadequação ou de insuficiência para os fins cautelares visados, das outras medidas de coação. Resulta deste modo, que a obrigação de permanência, à semelhança da prisão preventiva, tem um **carácter subsidiário** relativamente às restantes medidas, i.e., só pode ser aplicada se as outras por si próprias, não alcançarem os fins próprios.

Por outro lado, só deve ser aplicada, desde que o arguido tenha condições materiais e apoios que lhe permitam a sobrevivência nessas condições, pelo que tem o tribunal de as averiguar previamente. Equivale a uma prisão preventiva mais confortável, aplicando-se-lhe aliás todo o **regime da prisão pre-**

ventiva, designadamente no que toca a prazos (v. art. 218º-3) e o desconto do tempo na execução da pena de prisão efetiva (v. art. 80º do C.P.). É uma medida **cumulável** com a de proibição de contactos (v. nº 2). A medida **extingue-se** nos termos do art. 214º-1-2 e art. 218º-3. Registe-se que a permanência na habitação, pode ser aplicada como **pena efetiva,** verificado que sejam os pressupostos do **art. 43º do C.P.** (v. art. 487º).

I – Dada a natureza da medida de coacção de obrigação de permanência na habitação, que se configura como uma verdadeira prisão preventiva domiciliária, restritiva da liberdade, uma e outra estão sujeitas aos mesmos prazos de duração máxima e de suspensão desta. II – Assim, uma vez esgotados os prazos de prisão preventiva, nunca pode ao arguido ser imposta a medida de obrigação de permanência na habitação, sob pena de violação do disposto no artigo 28º, nº 3 da Constituição (Ac. TRP de 24.05.2000, *in* www.dgsi.pt).

VI – Aliás, a existência dos perigos referidos no art. 204º, al. a) e c) do CPP não é posta em causa no despacho recorrido. VII – E subsistindo tais perigos, não se nos afigura que, no quadro do crime em questão nos autos, a medida de obrigação de permanência na habitação, ainda que complementada com utilização de meios de controlo electrónico à distância seja adequada ou suficiente, pois que a utilização dos meios referidos permite controlar a execução da medida, mas nem evita a fuga nem restitui a tranquilidade à comunidade. VIII – Na verdade, a medida de obrigação de permanência na habitação, com vigilância electrónica, não é suficiente, no caso, para obviar à concretização dos perigos referidos pois não é adequada a evitar a fuga nem a restaurar a tranquilidade pública, dada a relativa liberdade de actuação que confere à pessoa a ela sujeita, só devendo assim ser aplicada em casos em que tais perigos estejam muito atenuados, o que não se verifica no caso presente (Ac. TRG de 29.05.2006, *in* www.dgsi.pt).

O incumprimento da medida: A **fiscalização** do cumprimento da medida faz-se diretamente através das **autoridades policiais**, ou através de **meios técnicos de controlo à distância**. O incumprimento pelo arguido da medida, pode determinar a sua **agravação ou substituição** nos termos do **art. 203º**. E poderá ainda, s.m.o., embora seja questão controvertida, quando o arguido submetido à medida, se puser em fuga, dar origem à prática de um **crime de evasão**, previsto no art. 352º-1 do C.P.

Meios técnicos de controlo à distância: A vigilância electrónica, está regulamentado pela **L. 33/2010, de 02.09**, sendo um meio de controlo destinado a arguidos sujeitos à obrigação de permanência na habitação e consiste na aplicação no pulso ou no tornozelo de uma "pulseira" que contém um transmissor, que emite um sinal de rádio constante para uma Unidade de

Monitorização Local (UML) que é um recetor ligado ao telefone de casa do arguido, que por sua vez transmite regularmente informações para um conjunto de meios computacionais instalados num Centro de Controlo (CC), os quais estão programados para saber exatamente quando é que o arguido deve permanecer na sua residência ou está autorizado a ausentar-se dela. Assim, os meios de vigilância electrónica, permitem saber em permanência: quando o arguido sai ou entra na habitação; quando danifica ou retira a pulseira; quando danifica ou desliga a UML de rede de energia eléctrica ou de rede de telecomunicações. Todas estas informações são, por sua vez, enviadas pelo CC ao Instituto de Reinserção Social (IRS), o qual, em caso de incumprimento, toma rapidamente as medidas necessárias e informa a autoridade judiciária para os efeitos tidos por convenientes

Os meios técnicos de controlo à distância, são particularmente aconselhados para aqueles casos em que existe um padrão claro de delinquência, tanto em função do tipo de crime, quanto em função de períodos do dia ou locais específicos em que os crimes são cometidos. Permite ao arguido a manutenção dos seus laços sociais e familiares, no decurso de decisões judiciais que implicam a restrição da liberdade, evita o propalado (mas pouco demonstrado) efeito criminógeno das prisões e de algum modo tende a favorecer a integração e reinserção social do delinquente, fim máximo das penas. No entanto, muitas vezes, não é possível implementar o sistema por falta das condições físicas ou de meios das casas em questão, ou por falta de consentimento dos seus residentes para a instalação dos equipamentos. Segundo notícias recentes, o custo diário deste dispositivo para o estado, é, de cerca de um terço do custo de manter um arguido em prisão preventiva, admitindo-se a possibilidade do sistema no futuro, ser usado também para o cumprimento de penas, para além do já permitido pelo art. 43º do C.P.

I – A monitorização telemática posicional, vulgo vigilância electrónica, tem subjacente a aplicação da medida de coacção de obrigação de permanência na habitação, prevista no art. 201º, do CPP, que visa controlar e a cujos pressupostos está subordinada. II – Recusada a aplicação desta medida está prejudicada aquela (Ac. TRL de 11.07.2002, *in* www.dgsi.pt).

Referências: L. 33/2010, de 02.09 (regime da utilização de meios técnicos de controlo à distância); art. 43º do C.P. (aplicação do regime a condenados); art. 4º-1-j) do RCP (isenção do arguido do pagamento de custas – v. notas ao art. 513º).

Artigo 202º – Prisão preventiva

1. Se considerar inadequadas ou insuficientes, no caso, as medidas referidas nos artigos anteriores, o juiz pode impor ao arguido a prisão preventiva quando:

a) Houver fortes indícios de prática de crime doloso punível com pena de prisão de máximo superior a 5 anos;

b) Houver fortes indícios de prática de crime doloso que corresponda a criminalidade violenta;

c) Houver fortes indícios de prática de crime doloso de terrorismo ou que corresponda a criminalidade altamente organizada punível com pena de prisão de máximo superior a 3 anos;

d) Houver fortes indícios de prática de crime doloso de ofensa à integridade física qualificada, furto qualificado, dano qualificado, burla informática e nas comunicações, receptação, falsificação ou contrafacção de documento, atentado à segurança de transporte rodoviário, puníveis com pena de prisão de máximo superior a 3 anos;

e) Houver fortes indícios da prática de crime doloso de detenção de arma proibida, detenção de armas e outros dispositivos, produtos ou substâncias em locais proibidos ou crime cometido com arma, nos termos do regime jurídico das armas e suas munições, puníveis com pena de prisão de máximo superior a 3 anos;

f) Se tratar de pessoa que tiver penetrado ou permaneça irregularmente em território nacional, ou contra a qual estiver em curso processo de extradição ou de expulsão.

2. Mostrando-se que o arguido a sujeitar a prisão preventiva sofre de anomalia psíquica, o juiz pode impor, ouvido o defensor e, sempre que possível, um familiar, que, enquanto a anomalia persistir, em vez da prisão tenha lugar internamento preventivo em hospital psiquiátrico ou outro estabelecimento análogo adequado, adoptando as cautelas necessárias para prevenir os perigos de fuga e de cometimento de novos crimes.

(Última redação da L. 26/2010, de 30.08)

COMENTÁRIOS:

Pressupostos e características da prisão preventiva: De acordo com os relatórios anuais de segurança interna (RAI) dos últimos anos, cerca de 2 em cada 10 detidos pela polícia, ficam em prisão preventiva. São efetuadas cerca de 20.000 detenções anualmente. É uma medida de coação extremamente gravosa, de aplicação excecional, que cerceia totalmente um direito fundamental constitucionalmente protegido, que é o direito à liberdade. Diz o art. 27º-1 da C.R.P., que *«todos têm direito à liberdade e à segurança»*. Logo aí se antevê uma tensão dialética entre a liberdade e a segurança. É que a liberdade de uns, pode ser a insegurança de outros. Na verdade, não existindo direitos absolutos, a própria Constituição prevê, nos arts. 27º-2-3 e 28º-2-4 da C.R.P., nos mesmos termos deste normativo, as condições em que a liberdade pode ser negada em nome da segurança e de outros interesses constitucionalmente protegidos, como o da dignidade da pessoa humana, transportada esta para o campo da vitimologia (art. 1º da C.R.P.) ou em nome do interesse da Justiça (art. 202º-1-2 da C.R.P.).

"Há uma pelo menos aparente contradição entre o princípio de que todo o arguido se presume inocente até ao trânsito em julgado da sentença de condenação e a sujeição a medidas de coacção e de garantia patrimonial antes da declaração da sua culpabilidade. A Constituição, porém, admite-as, mormente a mais grave de todas, a prisão preventiva, em razão da necessidade dessas medidas para realização dos fins do processo penal. Há de ser a estrita necessidade das medidas de coacção que legitimam em cada caso a vulneração do princípio da presunção da inocência" (Germano Marques da Silva, *in* Curso de Processo Penal, 1993, II, pág. 206).

A aplicação da prisão preventiva está textualmente sujeita a um critério de **inadequação ou de insuficiência das outras medidas de coação, para os fins cautelares visados**. Resulta deste modo, que a prisão preventiva tem um caráter **subsidiário** relativamente às restantes medidas, i.e., só pode ser aplicada se as outras por si só, não alcançarem os fins próprios. Para além disso, só pode ser aplicada pelo Juiz, verificado os **requisitos gerais do art. 204º** (para acautelar os perigos previstos nesta norma) e verificados os **requisitos específicos** deste artigo. A norma elenca nas diversas alíneas, as situações em que pressupostamente é possível a prisão preventiva, que vão desde a existência de **fortes indícios** (grau de exigência superior aos "indícios suficientes" do art. 283º) da prática de um crime punível com pena de prisão de máximo **superior a 5 anos**, passando pela **enunciação expressa ou remissiva de crimes** e ou pelo **modo de cometimento** dos mesmos, quando puníveis com pena de prisão de máximo **superior a 3 anos,** e finaliza com as situações de **extraditandos e estrangeiros ilegais** em território nacional. Acresce a estas situações, o discreto caso previsto no **art. 116º-2**, da possibilidade de aplicar a prisão preventiva a arguidos, que **faltem injustificadamente a julgamento**, se bem que a situação seja reconduzível aos pressupostos e requisitos gerais de legalidade.

Conforme é jurisprudência corrente, quando a lei refere os **limites máximos da pena abstrata típica** (5 anos ou 3 anos) refere-se a **cada crime indi-**

ciariamente praticado e individualmente considerado, sendo irrelevante a medida a considerar num eventual concurso real de crimes ou cúmulo jurídico (v. arts. 77º a 79º do C.P.).

O **controlo** da regularidade formal e substancial da prisão preventiva, faz-se nos termos do art. 213º. Os **prazos máximos de prisão** preventiva estão previstos no art. 215º. O **desconto** desse tempo, na execução/contagem da pena de prisão efetiva, está previsto no **art. 80º do C.P.** A medida **extingue-se** nos termos do art. 214º.

"Não se limitando a lei a falar em suficientes indícios, exigindo, para aplicação da mais gravosa das medidas de coação, fortes indícios da prática de crime doloso punível com prisão de máximo superior a três anos, tem-se entendido que (...) inculca a ideia da necessidade de que a suspeita sobre a autoria ou participação no crime tenha uma base de sustentação segura (...) que essa suspeita assente (...) em factos de relevo que façam acreditar que eles são idóneos e bastantes para imputar ao arguido essa responsabilidade (...) o que não invalida o entendimento de que a expressão utilizada pelo legislador (...) porventura não constituirá mais do que uma injunção psicológica ao juiz, no sentido de uma maior exigência na ponderação dos dados probatórios recolhidos acerca do crime assacado ao arguido..." (Simas Santos e Leal-Henriques, *in* CPP, 1999, pág. 996/997).

Referências: art. 1º-i) a m) (noções de terrorismo, criminalidade violenta ou altamente organizada); L. 52/2003, de 22.08 (lei de combate ao terrorismo).

A situação dos cidadãos estrangeiros detidos indiciados autores de crimes: A norma contempla na última alínea, reproduzindo o art. 27º-3 da C.R.P., a situação dos **estrangeiros** (alem de se referir aos extraditandos, que podem ser estrangeiros ou não) que se encontrem **irregularmente** em território português **ou** que tenham **em curso/pendente/instaurado, um processo de extradição ou expulsão.** Mas, estes estrangeiros têm de ser arguidos por terem praticado algum **crime**. Se assim não for, aplica-se-lhes a **L. 23/2007, de 04.07** (denominada lei dos estrangeiros). Enquanto indiciados autores de um crime, aplica-se-lhes obviamente o **regime geral do CPP,** com a especificidade de à decisão de aplicar ao estrangeiro a prisão preventiva ou qualquer medida de coação, **é alheia a pena abstratamente aplicável.** Parece que a lei teve em conta que a simples situação de estrangeiro, no circunstancialismo descrito, com facilidade de deslocação para o seu país, potencia o **perigo de fuga** [v. art. 204º-a)]. Todavia, não é legítimo inferir que em todos os estrangeiros se verifica esse perigo.

III – Caso o estrangeiro tenha cometido um crime em Portugal, no respectivo processo penal, o juiz pode aplicar qualquer das medidas coactivas previstas no Código de Processo Penal, sem quaisquer restrições para além das aí previstas no que concerne aos requisitos de cada uma delas; IV – Em relação à medida de coacção de prisão preventiva, verificando-se a previsão da al. f), do art. 202º, nº 1, do CPP (pessoa que tiver penetrado ou permaneça irregularmente em território nacional, ou contra a qual estiver em curso processo de extradição ou de expulsão), a sua aplicação não está dependente do limite máximo da pena aplicável ao crime imputado ao arguido, contrariamente às demais alíneas que exigem uma pena de prisão superior a três ou mesmo a cinco anos; V – Esta solução não ofende qualquer princípio constitucional, nomeadamente o princípio da igualdade, pois o estrangeiro que entrou e permanece irregularmente em Portugal ou aquele que, apesar de ter entrado regularmente, está em vias de ser expulso e que em Portugal cometeu um crime, não está nem pode estar em situação de igualdade relativamente aos cidadãos nacionais, que não podem ser expulsos; (Ac. TRL de 20.03.2012, proc. 7876/10.1JFLSB-A.L2-5, *in* www.dgsi.pt).

No caso de processo penal instaurado contra estrangeiro indiciado pela prática de um crime em Portugal, que tiver penetrado ou permaneça irregularmente em território nacional, o juiz pode aplicar-lhe a medida de prisão preventiva, nos termos da al. f) do art. 202º, nº 1 do CPP, independentemente do limite máximo da pena aplicável ao crime indiciado (Ac. TRE de 26.06.2012, proc. 506/11.6GFLLE-A-E1, *in* www.dgsi.pt).

Referências: art. 18º da L. 23/2007, de 04.07 (crime de violação de medida de interdição de entrada do estrangeiro); L. 144/99, de 31.08 (estabelece o regime geral da cooperação internacional e regula a extradição).

A situação específica dos cidadãos estrangeiros detidos por estarem em situação ilegal: Ao cidadão estrangeiro que não cometeu qualquer crime, mas que simplesmente se encontra em **situação ilegal/irregular**, aplica-se a **L. 23/2007, de 04.07** (com a redação da impactante L. 29/2012, de 09.08.). Esta lei, na sua base, tem carater administrativo e não penal e em bom rigor devia ser completamente autónoma do CPP. De acordo com o seu **art. 146º**: *«O cidadão estrangeiro que entre ou permaneça ilegalmente em território nacional é detido por autoridade policial e, sempre que possível entregue ao Serviço de Estrangeiros e Fronteiras acompanhado do respetivo auto, devendo o mesmo ser presente, no prazo máximo de quarenta e oito horas após a detenção, ao juiz do juízo de pequena instância criminal, na respetiva área de jurisdição, ou do tribunal de comarca, nas restantes áreas do Pais, para validação e eventual aplicação de medidas de coação».*

Tem-se entendido que o **OPC** (v. art. 146º-7) apresenta **diretamente** o cidadão estrangeiro detido, no tribunal, ao **Juiz**, **sem mediação do M.P.** (no mesmo sentido a Circular nº 3/2003, de 13.11.2003 da P.G.R.). Assim, compete ao Juiz decidir logo, sobre as condições de **validade formal da detenção**, podendo **libertar** imediatamente o cidadão estrangeiro ao abrigo do **art. 261º**, ou determinar o seu interrogatório judicial. Nesta situação o cidadão estrangeiro está simplesmente em **situação ilegal,** o que por si só não é crime, mas pura ilegalidade/irregularidade, determinando a instauração de um **processo de natureza administrativa,** a cargo do Serviço de Estrangeiros e Fronteiras (SEF) quando for caso disso (porque pode nem sequer ser necessário instaurar tal processo – v. art. 146º-5) **visando o seu afastamento coercivo do território nacional**. Não pode ser aplicado ao cidadão estrangeiro a **prisão preventiva**, conforme refere o **art. 142º** da referida lei, que a **exceciona** das medidas de coação aplicáveis, admitindo todas as outras contempladas nessa lei ou no CPP. Entre as medidas de coação previstas nessa lei, conta-se a **obrigação de permanência na habitação com utilização de vigilância eletrónica** ou a **colocação do expulsando em centro de instalação temporária** [v. art. 142º-1-b)-c)]. Estas serão as medidas mais gravosas. O estrangeiro em situação irregular, deve obrigatoriamente ser **notificado da obrigação de comparecer no SEF** [v. arts. 142º-1-a) e 146º-4 da lei em questão]. A colocação em centro de instalação temporária, não pode prolongar-se por mais de **60 dias** (v. art. 146º-3). O controlo de quaisquer medidas que impliquem privação da liberdade, **tem de ser feito pelo Juiz**, sob pena de inconstitucionalidade por violação do art. 27º-2 da C.R.P., pelo que tem de ficar no tribunal um **processo de acompanhamento**. Se as medidas não implicarem privação da liberdade, toda a tramitação fica a cargo do SEF, que é a entidade competente para instaurar, instruir e decidir os processos de expulsão administrativa do território nacional e dar execução às decisões administrativas ou judiciais de expulsão do território nacional (v. D.L. 252/2000, de 16.10 – lei orgânica do SEF).

Este normativo (art. 15º da C.R.P.) *impõe que um cidadão que tenha entrado ou permaneça em situação ilegal no território nacional sofra as consequências previstas na lei de estrangeiros e caso cometa um crime, deverá estar sujeito às medidas de coacção e penas genericamente previstas para qualquer cidadão* (Ac. TRL de 20.03.2012, *in* www.dgsi.pt). **Nota:** A L. 23/2007, de 04.07 (lei dos estrangeiros) tem medidas de coação específicas, a aplicar a estrangeiros simplesmente em situação ilegal, *«para além das medidas de coação enumeradas no C.P.P.»*. Esta desastrada remissão, acaba por misturar um regime administrativo com um regime penal.

Anomalia psíquica. O internamento em substituição da prisão preventiva: Verificado, ainda que indiciariamente pelo Juiz, que o arguido, alegado **autor de um crime**, sofre de anomalia psíquica, pode este, sem prejuízo de exames psiquiátricos posteriores, substituir a prisão preventiva que em situação normal lhe seria aplicada, por um **internamento preventivo** em hospital psiquiátrico capaz de garantir a vigilância do arguido. Subsequente à deteção de uma anomalia psíquica, pode seguir-se uma declaração de inimputabilidade, a qual é fundamento de **exclusão da culpa** (art. 20º do C.P.) e gerador da aplicação de **medidas de segurança**, previstas no art. 91º e segs. do C.P. Este dispositivo tem de compilar-se de uma forma muito próxima, com a **L. 36/98, de 24.07, alterada pela L.101/99, de 26.07 (lei da saúde mental)** que regula os termos do internamento compulsivo, designadamente em matéria de direitos e deveres do internando, quer ele seja ou não autor de um crime.

Estando fortemente indiciado que o arguido deve ser considerado inimputável para os crimes de que vem acusado (ofensa à integridade física qualificada e detenção de armas proibidas) e que não haverá perigosidade desde que haja acompanhamento psiquiátrico regular, deverá o mesmo ser sujeito à medida coactiva de internamento preventivo em hospital psiquiátrico ou outro estabelecimento análogo adequado. Não pode pois manter-se a decretada medida de prisão preventiva aplicada com o fundamento de que "as unidades hospitalares existentes no distrito judicial do Porto não dispõem de infra-estruturas e recursos humanos que permitam o internamento preventivo referido no citado artigo 202º, nº 2, uma vez que não é possível naqueles estabelecimentos prevenir perigos de fuga e cometimento de novos crimes". Com efeito, nesta fase o que importa é saber se a medida de internamento é ou não adequada ao caso. A questão da execução de tal medida é um problema diferente (Ac. TRP de 27.02.2002, *in* www.dgsi.pt).

Aplicação da medida de coação de prisão preventiva, após a prolação da sentença condenatória: Não raro, após a prolação da sentença, o Juiz determina que o arguido julgado em liberdade mas condenado em pena de prisão, fique aguardando em prisão preventiva, os ulteriores termos processuais, até ao trânsito em julgado da decisão. Nestes casos, embora o Juiz tenha de fundamentar a decisão nos mesmos termos que lhe seriam impostos se a tivesse tomado no decurso de um interrogatório de arguido, já **não tem que ouvir o arguido sobre essa concreta decisão**, uma vez que o contraditório se mostra cumprido pelo julgamento e os factos considerados provados são insuscetíveis de modificação, pelo menos até decisão em recurso que eventualmente os revogue.

A condenação por sentença, ainda que não transitada em julgado, transforma os indícios suficientes em reforçada possibilidade de que os factos de que o arguido estava acusado ocorreram tal como foram dados como provados, verificando-se assim o requi-

sito especial do art. 202º do CPP ou que, conjugado com os requisitos mesmo Código, justifica o reexame da sua situação processual. Com efeito, embora o poder jurisdicional do juiz, após a prolação da sentença, se esgote quanto à questão de fundo, o mesmo não acontece quanto à definição da situação processual do arguido (Ac. TRL de 14.03.2002, *in* CJ-XXVII-II-134).

Tendo um arguido faltado à audiência de leitura do acórdão que o condenou por crime de tráfico de estupefacientes do art. 21º, nº 1, do DL 15/93, de 22-01, e o juiz presidente determinado a sua prisão preventiva no termo da referida leitura, com base no reforço dos indícios de prática do crime, receio de continuação da actividade criminosa e cumprimento irregular de anterior medida de coacção, não se impõe a apresentação deste arguido ao juiz no prazo de 48h para interrogatório, nos termos dos arts. 28º, nº 1, da Constituição e 141º do CPP (Ac. STJ de 28.09.2006, *in* CJ-XXVII-II-134).

Mitos & lendas: Apesar de todos as pressões, não há que hesitar na aplicação da prisão preventiva, quando os seus requisitos estiverem reunidos, em nome da defesa de valores superiores. A limitação da liberdade, ainda que em termos preventivos, não é uma originalidade das leis portuguesas, como às vezes se pretende fazer crer, mas está previsto em todos os ordenamentos jurídicos. Tem cobertura constitucional e legal. E também é falso o propalado "excesso da prisão preventiva em Portugal", conforme é demonstrado quando se chega ao rigor dos números estatísticos (v. por exemplo, o judicioso "Estudo sobre a Prisão Preventiva" de João Luís Morais Rocha, Almedina, 2006). Aliás, esquece-se muitas vezes, que devido à particular técnica das nossas leis, que considera o arguido em prisão preventiva enquanto a sentença não transitar em julgado – e a sentença pode demorar muitos anos a transitar, com a facilidade existente de instaurar recursos, inclusivamente até ao Tribunal Constitucional, transformado pervertidamente em mera instância de recurso de casos concretos – o prazo é artificiosamente alongado. Por outro lado, está também por demonstrar que o propalado perigo do carater criminógeno das prisões, é superior ao mesmo perigo apresentado nos bairros socialmente degradados do nosso país e às influências perversas de amigos ou familiares em liberdade. Ainda recentemente, num documentário televisivo, um jovem com 14 anos, explicava como é que o pai e um irmão o ensinaram a "abrir" carros e a furtá-los. A aprendizagem criminosa fez-se pois, em liberdade e no seio familiar.

Referências: art. 4º-1-j) do RCP (isenção do arguido do pagamento de custas – v. notas ao art. 513º).

Artigo 203º – Violação das obrigações impostas

1. Em caso de violação das obrigações impostas por aplicação de uma medida de coacção, o juiz, tendo em conta a gravidade do crime imputado e os motivos da violação, pode impor outra ou outras medidas de coacção previstas neste Código e admissíveis no caso.

2. Sem prejuízo do disposto nos nºs 2 e 3 do artigo 193º, o juiz pode impor a prisão preventiva, desde que ao crime caiba pena de prisão de máximo superior a 3 anos:

a) Nos casos previstos no número anterior; ou

b) Quando houver fortes indícios de que, após a aplicação de medida de coacção, o arguido cometeu crime doloso da mesma natureza, punível com pena de prisão de máximo superior a 3 anos.

(Última redação L. 26/2010, de 30.08)

COMENTÁRIOS:

Violação das medidas de coação: A violação injustificada das medidas de coação aplicadas, não faz o arguido incorrer na prática de qualquer ilícito, mas pode e deve implicar a **substituição** delas por outras diferentes, em princípio mais **gravosas**. Inclusivamente poderá ser-lhe imposto a **prisão preventiva**, já sem os limites "gerais" do artigo anterior, mas bastando que o crime indiciado, esteja elencado no artigo anterior e que lhe corresponda em abstrato **pena de prisão superior a 3 anos**. Igualmente lhe poderá ser imposto a prisão preventiva, se o arguido, estando sob alçada de medidas de coação, praticar crime doloso da **mesma natureza**, punível em abstrato com pena de prisão também **superior a 3 anos**. Por crime da **mesma natureza** tem-se entendido, não crime igual, mas que viole bens jurídicos equivalentes.

CAPÍTULO II – Das condições de aplicação das medidas

Artigo 204º – Requisitos gerais

Nenhuma medida de coacção, à excepção da prevista no artigo 196º, pode ser aplicada se em concreto se não verificar, no momento da aplicação da medida:

a) Fuga ou perigo de fuga;

b) Perigo de perturbação do decurso do inquérito ou da instrução do processo e, nomeadamente, perigo para a aquisição, conservação ou veracidade da prova; ou *c*) Perigo, em razão da natureza e das circunstâncias do crime ou da personalidade do arguido, de que este continue a actividade criminosa ou perturbe gravemente a ordem e a tranquilidade públicas.

COMENTÁRIOS:

1. Os princípios gerais para aplicar medidas de coação: Tais princípios estão expressos no art. 191º (**princípio da legalidade**) no art. 193º-1 (**princípio da necessidade, da adequação e da proporcionalidade**) e no art. 193º-2-3 (**princípio da subsidiariedade**), sem prejuízo de outros, como o **princípio da mutabilidade** (art. 212º). Eles enquadram a aplicação deste artigo 204º e condicionam o ato decisório. Chama-se a atenção para a necessária dialética que tem de existir neste espaço, entre os **princípios,** as **provas** e as **necessidades cautelares de prevenção criminal.** Isso implica, logo à partida, um raciocínio progressivo e analítico, que começa no **tipo** e **gravidade** do crime indiciariamente praticado, passa pela **qualidade** das provas já adquiridas no processo ou suscetíveis de virem a serem adquiridas (capazes de sustentarem a condenação do arguido) e termina neste primeiro momento, na previsão **da pena** e **tipo de pena** que poderá ser aplicada em julgamento. Por exemplo, não faz sentido aplicar uma medida de coação de prisão preventiva, quando o arguido em julgamento previsivelmente, não será condenado numa pena de prisão efetiva. Por fim, haverá que fazer a triagem dos **requisitos** enunciados neste artigo para aplicar as medidas de coação.

2. Os perigos concretos enunciados: No normativo elenca-se um conjunto de perigos (*pericula libertatis*) que justificam e suportam a necessidade de aplicação de quaisquer medidas de coação ao arguido, com excepção do TIR. Tais perigos, têm de se verificar **«em concreto»,** i.e., decorrem da situação concreta do caso e tem de se verificar **«no momento da aplicação da medida»** i.e., com atualidade. Na verdade, **«em concreto»**, significa que não deve basear-se a decisão em meras suspeitas destituídas de suporte real, mas sim em indícios precisos, positivos e objetiváveis, suscetíveis de se materializarem, naquela situação de vida que se analisa. Não basta afirmar em abstrato a verificação dos perigos ali enunciados, *"deduzido de abstratas e genéricas presunções"* (cf. diz Germano Marques da Silva, *in* Curso de Proc. Penal II, pág. 213) que em tese poderão existir em todas as situações, mas deverá fundar-se em factos extraídos do caso, que inequivocamente fundamentem esses perigos presentes no momento da decisão.

"Neste âmbito (das medidas de coação) *impõe-se formular um juízo de prognose em relação a um futuro comportamento do arguido, a partir dos indícios já recolhidos e assente numa "qualificada" probabilidade de verificação das particulares exigências cau-*

telares. Esse juízo de "prognose" terá necessariamente de encontrar sustentação em realidades tão díspares como a gravidade dos factos indiciados e a moldura penal abstractamente aplicável, a forma concreta de actuação, os sentimentos indiciariamente revelados pelo arguido na conduta, o relacionamento e estruturação familiar e afectiva, os meios económicos disponíveis, a existência e natureza de vínculos referentes a actividade profissional, bem como os antecedentes por factos desta natureza." (Ac. TRL de 21.09.2011, proc. nº 62.11.5PJSNT-A.L1, *in* www.dgsi.pt).

3. Os requisitos gerais para aplicar medidas de coação. Fundamentação: As medidas de coação têm **natureza cautelar**. Visam prevenir as situações previstas nas alíneas deste normativo. Fixam-se como requisitos gerais para aplicação de qualquer medida de coação (exceto o T.I.R) de forma **taxativa** (não é possível a invocação de outros requisitos) e **alternativa,** pois operam de forma independente dois tipos de quadros. Um quadro **contemporâneo** e um quadro **futuro**. O quadro contemporâneo é a **fuga** como acontecimento em curso. O quadro futuro é a constatação dos **perigos típicos,** resultantes de uma **prognose** sobre comportamentos proibidos do arguido. Se relativamente ao primeiro quadro, a fuga, o mesmo é um facto perfeitamente objetivável, já quanto ao segundo quadro, na **prognose**, que mais não é do que uma previsão, uma antecipação de acontecimentos futuros, incertos mas razoavelmente possíveis, cabe ao Juiz um especial dever de ponderação com apelo às regras técnicas e de experiência de vida. Deve **fundamentar** muito bem a aplicação das medidas de coação, pois este é um momento de especial solenidade processual, sobretudo quando é aplicada a pena mais grave, a de prisão preventiva. Observados os princípios e os requisitos supra referidos, devidamente fundamentada a decisão, está o Juiz em condições de decidir com justiça. Vejamos os conceitos.

I – O artigo 204º, alíneas a) e c), do Código de Processo Penal, isoladamente analisado, não ofende as normas constitucionais. De facto, o artigo 27º, nº 3, da Constituição admite a privação da liberdade, pelo tempo e nas condições que a lei determinar, no caso de «detenção ou detenção por fortes indícios de prática de crime doloso a que corresponda pena de prisão cujo limite máximo seja superior a três anos». II – Não viola a Constituição o disposto nas alíneas a) e c) do artigo 204º do Código de Processo Penal, quando estatuem que nenhuma medida de coacção, à excepção da prevista no artigo 196º (termo de identidade e residência), pode ser aplicada se em concreto se não verificar «fuga ou perigo de fuga» ou «perigo, em razão da natureza e das circunstâncias do crime ou da personalidade do arguido, de perturbação da ordem e da tranquilidade pública ou de continuação da actividade criminosa» (Ac. TC de 23.12.97, *in* BMJ-472-102).

I – Em regra, a falta de fundamentação implica irregularidade processual e só assim não será quando disposição legal comine, expressamente, nulidade, como sucede quando tal vício atinja a estruturação da sentença (art. 374º, 2 do CPP). II – As irregularidades processuais estão sujeitas, em princípio, a arguição (art. 123º, 1), mas isso não invalida que o tribunal delas possa conhecer, oficiosamente, ordenando a sua reparação (nº 2), designadamente quando se trate de irregularidade (por falta de fundamentação) de despacho – de aplicação de medidas de coacção, por exemplo – que interfira gravemente nos direitos fundamentais dos cidadãos. III – A não audição do MP antes da aplicação de uma medida de coacção constitui, por falta de promoção, nulidade insanável (art. 119º-b) do CPP) (Ac. TRL de 13.01.1999, *in* www.dgsi.pt).

3.1. A fuga: Coloca-se desde logo a questão de saber o significado de **fuga.** A noção lexical de fuga pode ir desde a simples esquiva até ao desaparecimento voluntário para parte incerta, passando por retirada, debandada, evasão etc.... No contexto em que o termo é empregue, não nos parece que fuga se possa reconduzir a uma simples esquiva às responsabilidades do arguido. Fuga tem de ser mais do que isso; é essencialmente uma **deslocação territorial** de alguém de um local para outro, não necessariamente afastado, mas de modo a não ser encontrado pela justiça e com essa intenção. A norma compreenderá a fuga consumada, que é aquela em que inequivocamente o arguido já praticou todos os atos que preenchem a noção lexical de fuga, designadamente já se afastou do local onde deveria habitualmente estar, mas também a situação em que já praticou todos os atos necessários e suficientes para se afastar do local, sempre, claro, com intenção de se eximir à lei. Por exemplo, deve considerar-se em fuga, aquele que já tem as malas feitas com os seus pertences para se sumir, ou, para esse efeito, já comprou os bilhetes para os transportes, etc...Em qualquer caso, a fuga aqui não assenta em qualquer prognose, mas em **factos concretos.**

I – Estão cumpridas as exigências do art. 194º do Código Processo Penal, designadamente a necessidade de fundamentação de facto e de direito, quando a Meritíssima Juíza descreve no despacho recorrido os dados objectivos recolhidos do processo para a determinação da medida e ainda indica onde colheu tais factos indicando a prova testemunhal e documental produzida. II – No que toca ao preenchimento dos requisitos determinativos da aplicação da medida, se o despacho enuncia: 2.1 – que os autos indiciam a prática de um crime de tráfico de estupefacientes – art. 21º/1 do Decreto-Lei nº 15/93 de 22/1; fica preenchido o requisito do art. 202º/1/a) do Código Processo Penal e atendendo a que o tráfico de estupefaciente é, hoje, dos crimes mais graves e sentidos como gerador de especiais conflitos sociais e humanos, fica preenchido o requisito do art. 204º/c) do Código Processo Penal, na medida em que só por si é gerador de perturbação da ordem e da tran-

quilidade públicas; 2.2 – que não estão suficientemente averiguadas as ligações e "fidelidades" do grupo que a averiguação aqui desenha; o tráfico de estupefacientes gera autênticas "teias" de intervenientes desde os fornecedores aos vendedores e só o desvendar dessa teia permite estabelecer a cadeia de intervenientes impondo-se que os diversos membros não possam contactar para não perturbar o decurso do inquérito, para a aquisição, conservação ou veracidade da prova, conforme o requisito contido no art. 204º/b) Código de Processo Penal; 2.3 – que da prova indiciária decorre, que o recorrente tem residência no Brasil com bilhete marcado para viajar para aquele país, o que indicia a possibilidade de fuga conforme se lê no art. 204º/b) do C.P.Penal. III – Fica, nos termos do disposto no art. 202º do Código de Processo Penal, demonstrada a inadequação e insuficiência das demais medidas de coacção previstas, impondo-se como se decretou a prisão preventiva (Ac. TRC de 13.01.1999, *in* www.dgsi.pt).

3.2. O perigo de fuga: O perigo de fuga decorre de uma **prognose** baseada em indícios, que permitem supor que o arguido poderá facilmente pôr-se em fuga. Tais indícios, assentam fundamentalmente na **capacidade de mobilidade** do arguido. Na verdade, o circunstancialismo de vida do arguido, o tipo de vida que leva, o desenraizamento, a inexistência de laços afetivos duradouros, quer de nível familiar quer laboral, os contactos ou habitações de que dispõe, sobretudo no estrangeiro, tudo aliado ao peso das penas que sobre ele pode recair, podem permitir antever o perigo de fuga aos contactos com a justiça.

"a lei não presume o perigo de fuga, exige que esse perigo seja concreto, o que significa que não basta a mera probabilidade de fuga deduzida de abstractas e genéricas presunções, v.g. da gravidade do crime, mas que se deve fundamentar sobre elementos de facto que indiciem concretamente aquele perigo, nomeadamente porque revelam a preparação da fuga"... "Quanto ao perigo... deve ser real e iminente, não meramente hipotético, virtual ou longínquo",... "do ponto de vista subjectivo... é um conceito finalisticamente orientado no sentido de alcançar um espaço de segurança ante a iminente confrontação ou submissão a algo que constitui uma ameaça e que a todo o custo se pretende evitar ou inviabilizar"... "No contexto processual, a ausência ou não comparência do arguido, no local onde era suposto ser encontrado, ou onde era suposto estar, só pode subsumir-se ao conceito de fuga, quando acompanhado da intenção de impedir a acção da Justiça. Verificado aquele pressuposto e garantida esta condição, é absolutamente irrelevante o quão distante o arguido se encontre..." (Frederico Isasca, *in* A Prisão Preventiva e as Restantes Medidas de Coação, Rev. Port. de Ciência Criminal, Ano 13, nº 3, Julho-Set. 2003).

A jurisprudência tem identificado situações em que a obrigação de permanência na habitação, como medida alternativa à prisão preventiva e com preferência sobre esta, não se mostra adequada à realização das finalidades cautelares visadas. É o que acontece nos casos em que exista um muito forte perigo de fuga – em que a obrigação de permanência na habitação, mesmo que fiscalizada por meios técnicos de controlo à distância, não previne eficazmente esse perigo. E é também o que ocorre, por exemplo, em certas situações de tráfico de estupefacientes, em que se identifique a existência de um forte perigo de continuação da actividade criminosa, sabido que o crime de tráfico, exceptuando na modalidade de "transporte", é um daqueles crimes que, com os meios de comunicação actuais e algumas ajudas, pode perfeitamente desenvolver-se a partir do interior de uma residência, sem conhecimento da entidade vigilante, já que não é possível efectuar qualquer "fiscalização" através do meio técnico de controlo (Ac. TRL de 13.05.2014, *in* proc. 1232/13.7PASNT).

3.3. O perigo de perturbação do decurso do inquérito ou da instrução do processo: Este perigo decorre de uma **prognose** baseada em indícios, que permitem supor que o arguido poderá **intervir ilicitamente** no decurso da instrução (em sentido geral) do processo. O artigo apresenta exemplificativamente, os casos de perturbação na aquisição, na conservação ou na veracidade da prova. Tais indícios, assentam fundamentalmente na possibilidade que o arguido possa ter, de sabotar a investigação e alterar ilicitamente a aquisição processual da prova. Por exemplo, destruindo documentos, sonegando elementos, intimidando testemunhas, etc...Deste modo haverá sempre que avaliar os **poderes** que o arguido dispõe, que lhe permita atuar desse modo.

I – É a existência, em concreto, de qualquer dos perigos enunciados no artigo 204º do Código de Processo Penal, e não a gravidade do crime indiciariamente cometido, que fundamenta a imposição de medidas de coacção. II – Para que se possa afirmar que existe o perigo previsto na alínea b) do artigo 204º do Código de Processo Penal é necessário saber em que é que se traduz, em concreto, esse perigo, nomeadamente, quais são as provas que a arguida, em liberdade, poderia impedir que viessem a ser recolhidas (Ac. TRL de 15.02.2004, *in* www.dgsi.pt).

3.4. O perigo de continuação da actividade criminosa: Este perigo decorre de uma **prognose** baseada em indícios, que permitem supor que o arguido poderá continuar a sua atividade ilícita. Avulta aqui como essencial, a natureza e as circunstâncias em que o crime foi indiciariamente cometido, desde logo importando saber se ele pertence ao elenco dos crimes fortuitos, esporádicos, cometidos em circunstancialismos irrepetíveis, ou se se trata de um crime suporte de uma **atividade suscetível de se prolongar no tempo.** Igualmente a personalidade do arguido é muito importante, designadamente se a mesma revela uma **tendência criminógena** ou não. Tal tendência pode ser avaliada, não só pela natureza do crime praticado, como também pelos

antecedentes criminais do arguido, que sendo vastos e recentes revelam seguramente indiferença pela lei e pela justiça e forte possibilidade de continuar na senda do crime.

Digamos em suma, que quando o crime se apresenta como um **meio de vida** ou uma **opção de vida** do agente, como acontece habitualmente nos crimes de tráfico de droga, onde as pulsões que resultam quer de vícios adquiridos quer de elevados lucros económicos – a que se pode juntar o facto de os arguidos não terem muitas vezes outros meios de sobrevivência – os impele para o crime, haverá claro perigo de continuação de atividade criminosa.

"...há razões para crer que o dinheiro apreendido provinha do tráfico de estupefacientes, isto considerando que a actividade económica lícita do arguido (a exploração de um restaurante e a organização de eventos) não vinha gerando lucros, como ele próprio afirmou e a quantia encontrada na sua residência não era irrisória – pelo que a explicação dada de que esse dinheiro provinha de tal actividade e que não tinha por hábito efectuar depósitos em instituição bancária por estarem em causa quantias irrisórias – isto quando se sabe que as receitas geradas pelo tráfico de droga, constituindo o chamado "dinheiro sujo", não entra em regra no circuito bancário. Existe, assim, neste contexto, efectivo perigo de que o arguido, uma vez em liberdade e tentado pelos lucros fáceis que consabidamente o tráfico de estupefacientes gera, prossiga em tal actividade ilícita. Obviamente que se não trata de uma certeza, mas da constatação de um risco real, que importa acautelar nos termos do artigo 191º, nº 1, do C.P.P., através da aplicação de uma medida de coacção. O senhor Juiz entendeu que a prisão preventiva era a única medida de coacção que acautelava eficazmente esse perigo. E parece-nos que bem. Na verdade, a medida de coacção de obrigação de permanência na habitação, ainda que sujeita a vigilância electrónica, que o recorrente reclama, não afasta de modo cabal esse perigo. O arguido, tal como a sua indiciada actividade ilícita se configura nos elementos constantes dos autos, não era propriamente um vendedor de rua. E, assim, a simples permanência na habitação seria susceptível de lhe permitir, usando de meios de comunicação à distância, prosseguir na mesma. Termos em que se decide negar provimento ao recurso, confirmando inteiramente a douta decisão recorrida (Ac. TRL de 30.09.2004, *in* www.dgsi.pt).

3.5. O perigo de perturbação grave da ordem e da tranquilidade pública: Este perigo decorre de uma **prognose** baseada numa certa compreensão dos **fenómenos de massas**. Face à natureza do crime indiciado e às circunstâncias em que foi praticado, bem como à personalidade criminógena do arguido, antecipa-se aqui uma **atitude emocional** de perturbação popular, suscetível de gerar um efeito negativo no meio envolvente, como sejam a revolta ou a intimidação, inclusivamente sobre o arguido, o que pode atentar contra a paz social. Para obviar a isso, impõe-se medidas de coação como contra medidas jurídicas em conformidade com as razões de índole social. Face a tamanha subjetividade, suscetível de fácil manipulação, é um mecanismo algo perigoso. Na redação dada pela L. 48/2007, de 20.08, aditou-se que o perigo de perturbação, tem de ser **"grave"**. Assim, há agora uma maior exigência na aplicação deste normativo.

Os crimes que aos arguidos vêm imputados são punidos com penas de prisão de 1 a 8 anos, art. 172º, nº 1 do CP; de 3 a 10 anos segundo o disposto no nº 2 do mesmo diploma legal e de 2 anos ou pena de multa até 240 dias os previstos nos arts. 174º e 175º do CP. Ante o número de crimes em causa e a moldura penal que lhes corresponde afigura-se-nos como altamente provável a condenação dos arguidos em penas de prisão efectiva. A gravidade dos crimes e a perspectiva de virem a sofrer uma pena de prisão efectiva é de facto motivadora para que os arguidos encarem a fuga como a solução para se subtraírem às suas responsabilidades. Também a possibilidade de os arguidos se movimentarem no sentido de calarem as vítimas comprando o seu silêncio é também um perigo real e não afastado pelo facto de o não terem feito até agora, até porque, muito provavelmente, nunca se convenceram que o Tribunal daria credibilidade aos depoimentos de crianças que vendem favores sexuais no confronto com a palavra de homens de família conceituados no meio onde se inserem. Aos perigos apontados acresce em nosso entender também o crime de continuação da actividade criminosa. O abusador, e é de abusadores que estamos a falar, sabe que está a fazer algo de socialmente errado, que está a fazer mal a uma criança mas, ainda assim não consegue impedir a repetição abusiva. Essa é uma realidade estudada nos compêndios a que também se dá o nome síndrome de compulsão. Mais, nem uma acusação ou mesmo uma condenação se têm revelado suficientes para impedir a continuação da actividade criminosa nestes casos. Por fim alguém já disse que o crime de abuso sexual de crianças é o crime mais grave e é-o porque perpetrado contra as crianças e contra a própria sociedade nela causando fortes sentimentos de repulsa. Tudo isto para dizer que também no caso em concreto o perigo da perturbação da ordem e tranquilidade pública é uma realidade (Ac. TRL de 17.03.2004, *in* www.dgsi.pt).

Referências: art. 141º (primeiro interrogatório judicial de arguido detido); art. 194º-3 (limites do Juiz na aplicação da alínea b).

Artigo 205º – Cumulação com a caução

A aplicação de qualquer medida de coacção, à excepção da prisão preventiva ou da obrigação de permanência na habitação, pode sempre ser cumulada com a obrigação de prestar caução.

COMENTÁRIOS:

Cumulação com a caução: A aplicação da caução é cumulável com outras medidas de coação, exceto aquelas em que o arguido se encontra confinado à prisão ou à sua residência, pois como é natural pelo seu rigor, estas medidas dispensam outras (v. art. 197º – caução).

Artigo 206º – Prestação da caução

1. A caução é prestada por meio de depósito, penhor, hipoteca, fiança bancária ou fiança, nos concretos termos em que o juiz o admitir.

2. Precedendo autorização do juiz, pode o arguido que tiver prestado caução por qualquer um dos meios referidos no número anterior substituí-lo por outro.

3. A prestação de caução é processada por apenso.

4. Ao arguido que não preste caução é correspondentemente aplicável o disposto no artigo 228º

COMENTÁRIOS:

Forma de prestar caução: O Juiz deve fixar o meio de prestação de caução, o qual terá de ser um dos legalmente previstos, sem prejuízo do arguido poder requerer a substituição desse meio por qualquer um dos outros. Processualmente, a prestação de caução, corre por **apenso** ao processo principal. O incumprimento injustificado de prestar caução pode determinar o **arresto dos bens** do arguido, nos termos do art. 228º (v. art. 197º – caução).

Artigo 207º – Reforço da caução

1. Se, posteriormente a ter sido prestada caução, forem conhecidas circunstâncias que a tornem insuficiente ou impliquem a modificação da modalidade de prestação, pode o juiz impor o seu reforço ou modificação.

2. É correspondentemente aplicável o disposto no nº 2 do artigo 197º e no artigo 203º

COMENTÁRIOS:

Alterabilidade da caução: Uma vez que o montante da caução é arbitrado, tendo em consideração os parâmetros fixados no art. 197º-3, pode tal avaliação ser corrigida a todo o tempo, para mais ou para menos, inclusivamente com outras medidas de coação (v. art. 203º) se o processo com o seu desenvolvimento, vier a fornecer elementos diferentes dos inicialmente colhidos.

Artigo 208º – Quebra da caução

1. A caução considera-se quebrada quando se verificar falta injustificada do arguido a acto processual a que deva comparecer ou incumprimento de obrigações derivadas de medida de coacção que lhe tiver sido imposta.

2. Quebrada a caução, o seu valor reverte para o Estado.

COMENTÁRIOS:

Quebra da caução: Face à violação culposa dos deveres impostos, a caução pode ser declarada **quebrada** e **perdida** a favor do Estado. Deve contudo o Juiz antes de determinar tão gravosa consequência, assegurar-se da ausência de justificação para o comportamento do arguido, notificando-o para se explicar ou não sendo possível o contacto averiguando oficiosamente das eventuais razões da violação. Deverá ainda o M.P. pronunciar-se previamente, assegurando-se assim o total contraditório.

Artigo 209º – Dificuldades de aplicação ou de execução de uma medida de coacção

Para efeito de aplicação ou de execução de uma medida de coacção é correspondentemente aplicável o disposto no artigo 115º

COMENTÁRIOS:

Uso da força pública: Verificando-se dificuldades de aplicação ou de execução de qualquer medida de coação, pode o tribunal recorrer ao uso da força pública das autoridades policiais.

Artigo 210º – Inêxito das diligências para aplicação da prisão preventiva

Se o juiz tiver elementos para supor que uma pessoa pretende subtrair-se à aplicação ou execução da prisão preventiva, pode aplicar-lhe imediatamente, até que a execução da medida se efective, as medidas previstas nos artigos 198º a 201º, inclusive, ou alguma ou algumas delas.

COMENTÁRIOS:

Inêxito na aplicação das medidas de coação. Trata-se de uma norma algo impraticável, pois se o arguido se pretende subtrair à aplicação de uma previsível medida de coação de prisão preventiva, i.e., se há indícios que apontam para essa situação, mais facilmente se subtrairá a qualquer uma outra medida que dependa da sua colaboração. Poderá quanto muito dizer-se que o tribunal terá a seu favor os fatores surpresa e antecipação, coisa que não é muito habitual na justiça. Assim, a única medida eficaz, é aquela que não depende da vontade do arguido, a suspensão do exercício das atividades ou direitos (art. 199º) uma vez que esta é comunicada a autoridades administrativas que zelarão pelo seu cumprimento.

Artigo 211º – Suspensão da execução da prisão preventiva

1. No despacho que aplicar a prisão preventiva ou durante a execução desta o juiz pode estabelecer a suspensão da execução da medida, se tal for exigido por razão de doença grave do arguido, de gravidez ou de puerpério. A suspensão cessa logo que deixarem de verificar-se as circunstâncias que a determinaram e de todo o modo, no caso de puerpério, quando se esgotar o 3º mês posterior ao parto.

2. Durante o período de suspensão da execução da prisão preventiva o arguido fica sujeito à medida prevista no artigo 201º e a quaisquer outras que se revelarem adequadas ao seu estado e compatíveis com ele, nomeadamente a de internamento hospitalar.

COMENTÁRIOS:

Suspensão da prisão preventiva: Aplicada uma medida de coação de prisão preventiva, se vier a revelar-se desde logo ou posteriormente, que pode colocar em perigo a **saúde** do arguido, deve ela ser "suspensa" pela forma e pelo tempo necessário ao afastamento do perigo. Aqui é a própria prisão preventiva que fica suspensa (não confundir com a suspensão do prazo de prisão preventiva a que alude o art. 216º – v. notas). Em qualquer caso o arguido ficará, pelo menos temporariamente, sujeito a obrigação de permanência na habitação (art. 201º) sem prejuízo do seu acesso aos tratamentos ambulatórios necessários, devidamente conhecidos ou autorizados pelo tribunal ou a internamento hospitalar, do qual deve dar conhecimento ao tribunal. É vulgar arguidos em situação de prisão preventiva, virem invocar esta norma, para obstarem à sua situação.

A doença invocada (...) não tem eficácia só por si, para afastar a prisão preventiva, (...) os Serviços Prisionais dispõem de meios próprios ou alheios, de que devem socorrer--se quando necessário, para acolher e tratar com humanidade os detidos (Ac. STJ de 16.05.1990, *in* BMJ-397-370).

Referências: art. 216º (suspensão do prazo de prisão preventiva por doença do arguido com internamento hospitalar).

CAPÍTULO III – Da revogação, alteração e extinção das medidas

Artigo 212º – Revogação e substituição das medidas

1. As medidas de coacção são imediatamente revogadas, por despacho do juiz, sempre que se verificar:

a) Terem sido aplicadas fora das hipóteses ou das condições previstas na lei; ou

b) Terem deixado de subsistir as circunstâncias que justificaram a sua aplicação.

2. As medidas revogadas podem de novo ser aplicadas, sem prejuízo da unidade dos prazos que a lei estabelecer, se sobrevierem motivos que legalmente justifiquem a sua aplicação.

3. Quando se verificar uma atenuação das exigências cautelares que determinaram a aplicação de uma medida de coacção, o juiz substitui--a por outra menos grave ou determina uma forma menos gravosa da sua execução.

4. A revogação e a substituição previstas neste artigo têm lugar oficiosamente ou a requerimento do Ministério Público ou do arguido, devendo estes ser ouvidos, salvo nos casos de impossibilidade devidamente fundamentada, e devendo ser ainda ouvida a vítima, sempre que necessário, mesmo que não se tenha constituído assistente.

(Última redação da L. 130/2015, de 04.09)

COMENTÁRIOS:

Princípio da mutabilidade das medidas de coação: Consagra-se aqui o princípio de **mutabilidade** das medidas de coação, ficando sujeitas à **condição *rebus sic stantibus*,** i.e., o decidido só se mantém, enquanto permanecerem as circunstâncias que presidiram à decisão da sua aplicação. Pode acontecer que o desenvolvimento da investigação ou o decurso do tempo, permitam concluir que a medida de coação aplicada, não tem afinal cobertura legal, por exemplo porque o crime imputado inicialmente, afinal se vem a demonstrar não ter sido cometido ou ser outro crime, porventura menos grave, ou que o contexto legal inicialmente existente se modificou ou desapareceu, por exemplo porque prescreveu o procedimento ou houve alterações legislativas, que beneficiaram o arguido.

Jurisprudência uniformizadora: Ac. do STJ de Fixação de Jurisprudência nº 3/96, de 24.01.96, *in* D.R. de 14.03.96: *«A prisão preventiva deve ser revogada ou substituída por outra medida de coação logo que se verifiquem circunstâncias que tal justifiquem, nos termos do artigo 212º do Código de Processo Penal, independentemente do reexame trimestral dos seus pressupostos, imposto pelo artigo 213º do mesmo Código».*

Princípio da novidade. Oficiosidade e requerimento: As medidas de coação impostas, só podem ser alteradas ou revogadas, desde que haja **modificação** dos pressupostos de facto ou de direito que estiveram na base da decisão que as impôs (v. nº 3). Tal pode ser despoletado **oficiosamente** ou a **requerimento.**

Muitas vezes, os defensores dos arguidos se socorrem deste artigo, para virem requerer alterações ou até a revogação das medidas de coação aplicadas. Algumas vezes, fazem-no, no dia ou dias seguintes ao interrogatório judicial, onde foram aplicadas as medidas e com os mesmos argumentos que já invocaram ou foram invocados sem sucesso, no interrogatório. É como se confiassem, que, durante a noite, Morfeu, tivesse inspirado no Juiz sentimentos libertários. Habitualmente, tais requerimentos merecem do Juiz, o inevitável despacho tabelar de que, *"não se verificaram quaisquer alterações das circunstâncias que presidiram à decisão que aplicou as medidas de coação, pelo que vai indeferido o requerimento"*. Outras vezes, são invocados nos requerimentos razões humanitárias e de saúde, que não logram melhor sorte. Na verdade, quem pratica um crime, necessariamente grave para lhe ser imposta medida de prisão preventiva, dificilmente se concebe que procedam razões humanitárias. Quanto às questões de saúde, estão os estabelecimentos prisionais, habilitados a prestar aos reclusos doentes, toda a assistência médica necessária, pelo menos na grande maioria dos casos. Dir-se-á até que se há locais onde os cidadãos doentes, tem uma boa assistência médica, é nas prisões, onde não há listas de espera e há uma instituição responsável pela saúde dos seus "residentes". Aliás é de registar muitos casos, em que no dia do primeiro interrogatório judicial, o arguido toxicodependente, se apresenta sujo, desnutrido, degradado, sem qualquer atitude de consciência crítica dos seus atos e posteriormente, quando vem ao tribunal responder em julgamento, após alguns meses na prisão, se apresenta limpo, bem tratado, com um discurso fluente e denotando uma atitude responsável, o que gera até sentimentos de simpatia, naqueles que o vêem e ouvem. Nestes casos, a prisão cumpriu uma função ressocializadora, que não teria sido alcançada se o arguido tivesse permanecido em liberdade, continuando a sua degradação como ser humano. Isto é algo, que se não deve perder de vista, pois nem tudo o que parece, é.

Com a última alteração da L. 130/2015 a este artigo, desapareceu a condenação pecuniária por requerimento "manifestamente infundado". Todavia, verificado um requerimento do arguido, com alegações "manifestamente infundadas", estamos perante um "incidente anómalo" que pode ser tributado nos termos do art. 7º-4-8 do R.C.P., *ex vi*, art. 524º.

A obrigatoriedade da audição do arguido, do M.P. e da vítima: Na redação anterior à L. 48/2007, de 20.08, lia-se no nº 4, que o M.P. e o arguido, deviam, «sempre que necessário ser ouvidos», sobre a revogação e substituição das medidas de coação. Agora diz-se **«devendo estes ser ouvidos, salvo nos casos de impossibilidade devidamente fundamentada»**. Logo, nos casos em que o impulso processual é oficioso (Juiz/M.P.) instituiu-se a **obrigação de audição do arguido**, exceto se tal for impossível, caso em que a impossibilidade tem de ser **fundamentada.** O legislador parte do princípio, de que sempre que há revogação ou substituição das medidas, elas serão sempre contrárias aos interesses do arguido, razão pela qual ele deve ser **sempre** ouvido. Há contudo inúmeros casos, em que os arguidos são libertados ou desagravadas as medidas, por iniciativa do M.P. ou do Juiz, no decurso de alterações supervenientes, designadamente as previstas nas alíneas ou no nº 3. Agora porém, no rigor dos termos, o arguido, não pode ser libertado nem lhe ser aplicado medida de coação menos grave, enquanto não for ouvido, o que significa passar mais tempo submetido à medida mais gravosa (nº 4). Neste contexto o acórdão de fixação de jurisprudência supra, permitirá uma outra leitura. Por fim e por força da alteração da L. 130/2015, de 04.09, também a vítima deverá ser ouvida **«sempre que necessário»**. Esta audição só faz sentido, i.e., só será "necessária" quando o arguido constituir ou puder constituir uma ameaça para a integridade física ou moral da vítima, como será o caso mais evidente do crime de violência doméstica.

Referências: arts. 67º-A (noção de vítima); art. 247º-3-7 (informação à vítima); art. 292º-2 (audição da vítima na fase da instrução); art. 495º-2 (audição da vítima na falta de cumprimento das condições de suspensão da pena do arguido), art. 375 (reexame das medidas de coação na sentença condenatória) e L. 130/2015, de 04.09 (estatuto da vítima em anexo ao art. 67º-A).

Artigo 213º – Reexame dos pressupostos da prisão preventiva e da obrigação de permanência na habitação

1. O juiz procede oficiosamente ao reexame dos pressupostos da prisão preventiva ou da obrigação de permanência na habitação, decidindo se elas são de manter ou devem ser substituídas ou revogadas:

a) No prazo máximo de três meses, a contar da data da sua aplicação ou do último reexame; e

b) Quando no processo forem proferidos despacho de acusação ou de pronúncia ou decisão que conheça, a final, do objecto do processo e não determine a extinção da medida aplicada.

2. Na decisão a que se refere o número anterior, ou sempre que necessário, o juiz verifica os fundamentos da elevação dos prazos da prisão preventiva ou da obrigação de permanência na habitação, nos termos e para os efeitos do disposto nos nºs 2, 3 e 5 do artigo 215º e no nº 3 do artigo 218º

3. Sempre que necessário, o juiz ouve o Ministério Público e o arguido.

4. A fim de fundamentar as decisões sobre a manutenção, substituição ou revogação da prisão preventiva ou da obrigação de permanência na habitação, o juiz, oficiosamente ou a requerimento do Ministério Público ou do arguido, pode solicitar a elaboração de perícia sobre a personalidade e de relatório social ou de informação dos serviços de reinserção social, desde que o arguido consinta na sua realização.

5. A decisão que mantenha a prisão preventiva ou a obrigação de permanência na habitação é susceptível de recurso nos termos gerais, mas não determina a inutilidade superveniente de recurso interposto de decisão prévia que haja aplicado ou mantido a medida em causa.

COMENTÁRIOS:

Reexame obrigatório: No cumprimento do **princípio da mutabilidade** das medidas de coação a que se reporta o artigo anterior, regula-se aqui o fenómeno no que toca ao controlo das medidas de total privação da liberdade ambulatória, designadamente, **prisão preventiva** (v. art. 202º) e **obrigação**

de permanência na habitação (v. arts. 201º e 218º-8), impondo desde logo o seu **reexame obrigatório** pelo Juiz **de 3 em 3 meses,** com especial incidência, no controlo dos **pressupostos e requisitos** de aplicação destas medidas (v. arts. 202º e 204º) e no controlo dos **prazos máximos de privação da liberdade** (v. arts. 215º e 218º). E bem assim, não está também o Juiz, dispensado de fazer a **triagem** a que se reporta o **art. 212º**, conforme refere jurisprudência corrente. Trata-se de uma norma muito importante, na medida em que através dela se fiscaliza temporizadamente e com atualidade as medidas de privação da liberdade e os seus prazos, não deixando que um arguido sujeito a tão gravosas medidas fique "esquecido". Na **fase de inquérito**, de que o M.P. é titular, e tem o processo na sua posse, compete ao Procurador e é sua responsabilidade, dar cumprimento à norma, **apresentando** atempadamente os autos ao Juiz, como é prática corrente, isto sem prejuízo do Juiz poder requisitar o processo para o mesmo efeito. De acordo com a alínea b) o controlo deve também ser efetuado, quando for proferido **despacho de acusação** ou **pronúncia** ou **decisão final**, que não determine a extinção da medida, independentemente do prazo de 3 meses.

I – No decurso do inquérito, é possível alterar o estatuto coactivo do arguido, passando a medida de coacção de TIR., inicialmente fixada, para outra mais gravosa, se os factos indiciados no inquérito ganharam, entretanto, uma dimensão e um relevo totalmente diferentes (e mais graves) relativamente aos factos inicialmente participados. (Ac. TRE de 18.06.2013, proc. 111/12.0TARMZ-A.E1, *in* www.dgsi.pt).

Importa ainda destacar que a decisão que impõe a prisão preventiva, apesar de não ser definitiva, é intocável e imodificável enquanto subsistirem os pressupostos que a ditaram, isto é, enquanto não houver alteração das circunstâncias que a justificaram – é sabido que as medidas de coacção se encontram sujeitas à condição rebus sic stantibus (Ac. TRL de 17.03.2004, *in* www.dgsi.pt).

A alteração de uma medida de coação para outra menos gravosa apenas pode ocorrer quando se verificar uma atenuação das exigências cautelares que determinaram a sua aplicação (art. 212º, nº 3 do Código de Processo Penal), o que quer dizer que as medidas de coação estão sujeitas à condição rebus sic stantibus, ou seja, o tribunal que aplicou a medida em caso algum pode substituí-la ou revoga-la sem que tenha havido alteração dos pressupostos de facto ou de direito (Ac. TRC de 26.06.2013, proc. 40/11.4JAAVR-K.C1, *in* www.dgsi.pt).

Natureza oficiosa: O reexame, como dissemos é um ato **oficioso** do Juiz, (que o M.P. em fase de inquérito, tem de dar sequência, apresentando-lhe os autos e emitindo desde logo parecer) que ele deve assegurar, procedendo às diligências que reputar necessárias, com respeito pelo contraditório, **«sempre**

que necessário» ouvindo o arguido e o M.P., se não tiverem sido estes a despoletar o reexame, caso em que, obviamente, emitirão desde logo a sua posição. Se assim o julgar necessário, pode o Juiz solicitar **perícias** ou **relatórios** aptos à fundamentação da decisão. Porem terá o arguido que dar o seu **consentimento** quanto aos relatórios. Não deixa de ser estranho a necessidade deste consentimento, pois se o Juiz tiver dúvidas na decisão e o arguido impedir pela oposição o esclarecimento dessas dúvidas, pode o Juiz naturalmente interpretar a obstaculização de forma desfavorável à pretensão do arguido. Em todo o caso, não está o Juiz inibido de se servir das perícias, a que se alude nos arts. 159º, 160º e 351º, as quais são de **sujeição obrigatória**, por força do art. 6º do D.L. 45/2004, de 19.08 (regime jurídico das perícias médico-legais e forenses).

A audição do arguido: Tem constituído motivo de controvérsia, saber se é **obrigatório** ou não o Juiz ouvir o arguido, face ao **juízo de necessidade** ínsito no nº 3. Maioritariamente a jurisprudência tem dito que não. Defendem os adeptos do sim, que por força o art. 61º-1-b) que estipula que o arguido tem o direito de ser ouvido sempre que forem tomadas decisões que o afetem, seria imperativo ouvi-lo, sempre que fosse fisicamente possível, sob pena de nulidade, prevista no art. 119º-c). Todavia as normas, preveem situações algo diferentes. Na verdade, o que se visa no presente normativo, é tão-somente verificar se se mantêm os pressupostos de facto e de direito que presidiram à aplicação da medida de coação. O ato é de **reexame**. Não havendo nos autos indícios de qualquer modificabilidade e não tendo o arguido aduzido nada espontaneamente, será um **ato inútil** a sua notificação para se pronunciar, pois nada de novo terá a dizer e se tiver pode fazê-lo a qualquer tempo. Já assim, não será quando os autos forneçam, neste específico campo, nova matéria para apreciar. Aí sim, podemos dizer que claramente o arguido tem o direito de ser ouvido sobre a situação nova (v. art. 194º).

Outra questão é saber se o Juiz, quando decide **não ouvir** o arguido, tem de **justificar** tal opção. A resposta é positiva, em homenagem a um dos deveres mais intensos do processo penal, que é o **dever de fundamentação** (art. 205º-1 da C.R.P. e art. 97º-4). Contudo, admitimos que ao declarar que não se alteraram os pressupostos que estiveram na base da aplicação da medida de coação, esteja implícita nesta decisão a fundamentação da desnecessidade ouvir o arguido. Em todo o caso, em sede de vícios da decisão, estaríamos sempre perante mera **irregularidade** (arts. 118º-2 e 123º).

Não se estando perante a ocorrência de factos ou circunstâncias diversas daquelas que já ocorriam «quando do decretamento da prisão preventiva (ocasião em que o arguido, teve, querendo, oportunidade de expor ao juiz razões de facto ou de direito que, na sua óptica, apontavam para a não necessidade de imposição da medida em face daqueles factos ou circunstâncias, ou que contraditavam aqueloutras que levaram ao proferimento da decisão afectadora do seu direito à liberdade), não se descortina em que é o princípio do contraditório esteja afectado pela não obrigatoriedade de audição do mesmo arguido. É que, o direito que o arguido tem em se fazer ouvir e contraditar todos os elementos (aqui se incluindo os de prova) ou argumentos (incluindo-se os de ordem jurídica), designadamente os carreados pela acusação, foi já devidamente assegurado aquando da imposição da medida de coacção em causa, sendo que a norma em análise visa um momento de reexame oficioso dos pressupostos e, particularmente, num caso cm que estes se não mostraram alterados (Ac. TC de 10.02.99, *in* D.R. de 31.03.1999).

I – O nº 2 do art. 213º do CPP ao estatuir que o juiz no reexame dos pressupostos da prisão preventiva ouve o Ministério Público e o arguido sempre que necessário, deixa claro que a audição destes não é obrigatória em todos os casos. II – Só caso a caso se poderá concluir dessa necessidade, sendo que de um modo geral pode dizer-se que haverá necessidade quando ocorrer uma alteração dos factos ou das circunstâncias que determinaram a aplicação daquela medida de coacção. III – Sendo os factos e as circunstâncias os mesmos que existiam aquando da aplicação da prisão preventiva, altura em que o arguido teve oportunidade de expor as razões pelas quais não se justificaria, na sua óptica, a aplicação daquela medida de coacção – não é violado o princípio do contraditório quando o juiz, em despacho de reexame da prisão preventiva, decide manter a mesma sem ouvir o arguido (Ac. TRC de 14.04.2004, *in* www.dgsi.pt).

I – Contrariamente ao que os recorrentes pretendem, o despacho que procedendo ao reexame dos pressupostos da prisão preventiva, decidir manter tal medida por nada se perfilar que justifique a sua alteração, não precisa de maior fundamentação do que a expressão da inalteração da situação. II – Efectivamente, sobre a verificação dos pressupostos já se pronunciou a decisão que impôs a referida medida, sendo inútil, quando tudo se mantém inalterado, a reiteração, necessariamente repetitiva, da argumentação de facto e de direito expendida naquela decisão, pois que, se não ocorre nenhuma circunstância que justifique a alteração desses pressupostos da medida, nada há, logicamente, a comentar. III – Nada mais será assim exigível, em termos de fundamentação, do que dar nota da inalteração da situação antes considerada, o que tem necessariamente implícitas a subsistência do circunstancialismo preexistente perante o qual aqueles pressupostos se julgaram preenchidos e a inexistência de circunstâncias novas determinantes de alteração e da consequente manutenção da medida (Neste sentido ver Ac. Rel. de Coimbra de 4/11/2004, publicado na Colect. Jurisp., T. V, pág. 129). IV – Pelo contrário, se houvesse alteração da medida por se julgarem verificadas circunstâncias que determinassem essa alteração, aí sim já seria exigível a fundamentação da alteração da medida a ser explicitada em termos que pudessem ser avaliados por raciocínio lógico e em concreto. V – Por outro lado, não se vislumbra, com a interpretação agora feita, qualquer viola-

ção dos nºs 1, e 6, do art. 32º da Constituição da República Portuguesa, porquanto estão asseguradas todas as garantias de defesa dos arguidos, e o processo está a correr os trâmites normais e a celeridade de um processo de arguidos presos tendo até já sido proferido despacho de acusação. VI – O art. 213º do CPP, no seu nº 3, com vista à revisão trimestral oficiosa e obrigatória da subsistência dos pressupostos da prisão preventiva aí prevista, diz que, sempre que necessário, o juiz ouve o Mº Pº e o arguido. VII – Ora, logo da letra da lei se verifica que a prévia audição do arguido não é obrigatória, pois depende de juízo de necessidade cuja formulação compete ao Juiz, ou seja, essa audição terá ou não lugar conforme o Juiz a julgue ou não necessária segundo a avaliação que fizer do caso concreto. VIII – Impõe-se assim a conclusão de que a não audição do arguido prévia ao reexame dos pressupostos da prisão preventiva não constitui pois violação de qualquer direito, já que o disposto no art. 61º, nº 1, b), do CPP, não prevalece sobre o art. 213º, nº 2, do mesmo diploma, sendo aliás que este constitui uma das excepções previstas naquele, que estabelece o direito do arguido ser ouvido sempre que devam ser tomadas decisões que o afectem "salvas as excepções da lei" (Ac. TRG de 08.05.2006, *in* www.dgsi.pt).

IV – As diligências que de forma expressa o juiz de instrução pode levar a cabo para decidir acerca do reexame dos pressupostos da prisão preventiva são apenas as que estão referidas no nº 4 do art. 213º CPP. V – Da citada norma também não resulta a obrigatoriedade de audição do arguido para ser proferida a concreta decisão de reexame. O direito de audição consagrado no art. 61º, nº 1, al. b) CPP não é conferido para todas as fases do processo e para todos os actos processuais com a mesma latitude (Ac. TRL de 14.07.2009, proc. 130/09.3PAPNI-B.L1.5, *in* www.dgsi.pt).

Contagem do prazo. Incumprimentos: A contagem do **prazo de reexame** de 3 meses, inicia-se no dia em que a prisão preventiva ou da obrigação de permanência na habitação foram judicialmente impostas (não da data da detenção). E inicia-se também a contar da data do **último reexame**. Muitas vezes acontece, os defensores, extemporaneamente aos 3 meses, virem requerer a alteração ou revogação da prisão preventiva. Por força dessa circunstância, acaba-se por fazer **antecipadamente** o reexame global de toda a situação nos termos deste artigo, recomeçando portanto a partir daí a contar **novo prazo** de 3 meses (v. art. 479º – regras de contagem do tempo de prisão).

Tenha-se presente, como muito importante, que pode haver **suspensões da contagem do prazo**, o que acontece com muita frequência, quando por exemplo, o arguido com obrigação de permanência na habitação, vê essa medida ser revogada por **incumprimento** da mesma e convolada para **prisão preventiva**. Nestes casos, face ao **incumprimento** da medida de obrigação de permanência na habitação, o Juiz tem de definir com clareza, o **prazo inicial e o final**, em que considera que **a medida não foi cumprida**, a fim de tal tempo ser **descontado**, no cômputo de todos os prazos aplicáveis, designadamente, os de prisão preventiva (v. art. 215º-8) ou os da prisão efetiva, em que o arguido eventualmente vier a ser condenado (v. art. 479º).

As medidas não se extinguem, com a ultrapassagem do prazo de 3 meses, previsto neste artigo, por este ser meramente **ordenador**.

A não realização atempada de um reexame trimestral não transforma em ilegal (por excesso do seu prazo legal de duração) uma prisão preventiva correctamente decretada e mantida (cf. Ac. do STJ de 6.12.01, in www.dgsi.pt). É que tal como o S.T.J. tem vindo a entender de maneira praticamente uniforme, a violação do art. 213º, nº 1, nada mais é que uma irregularidade, sujeita pois ao regime previsto no art. 123º do C.P.P. (Ac. TRE de 25.05.2004, *in* CJ-XXIX-III-262).

I – A fundamentação do despacho em que – procedendo ao reexame oficioso da subsistência dos pressupostos da prisão preventiva, em obediência ao disposto no artigo 213º, nº 1 do Código de Processo Penal – se decide pela manutenção de tal medida de coacção, não tem que ser tão exaustiva e completa como a que a lei, sob pena de nulidade, exige para as sentenças finais, nos artigos 374º, nº 2, e 379º, nº 1, alínea a), do Código de Processo Pena. II – Um tal despacho satisfaz a exigência de fundamentação, contida nos artigos 205º, nº 1, da Constituição da República, e 97º, nº 4, do Código de Processo Penal, quando nele se explicita desde quando o arguido está preso, e, remetendo para os fundamentos de facto e de direito do despacho que determinou a aplicação da prisão preventiva, se afirma que não ocorreram alterações relativamente àqueles fundamentos, e se refere a inexistência de elementos que sugiram a necessidade de audição prévia do arguido, concluindo pela manutenção da medida, com a indicação das normas aplicáveis (Ac. TRL de 25.05.2005, *in* www.dgsi.pt).

I – Os artigos 212º e 213º do Código de Processo Penal têm um âmbito de aplicação claramente distinto. II – O artigo 212º impõe que o juiz, mesmo oficiosamente (nº 4), revogue imediatamente as medidas de coacção (e não apenas a prisão preventiva) se verificar que estas foram aplicadas «fora das hipóteses ou das condições previstas na lei» ou se tiverem «deixado de subsistir as circunstâncias que justificaram a sua aplicação». Nos mesmos termos, se «se verificar uma atenuação das exigências cautelares que determinaram» a sua aplicação, o juiz deve substituir a anteriormente imposta por outra menos grave ou determinar uma forma menos gravosa da sua execução (artigo 212º, nºs 1 e 3). III – Não pode o mesmo ou outro juiz, que venha para o efeito a ser competente, alterar, a qualquer momento, as medidas antes impostas se, reexaminando o caso, chegar à conclusão que nessa ocasião, perante os elementos antes considerados, não proferiria a mesma decisão. IV – Porém, se o arguido estiver sujeito a prisão preventiva ou a obrigação de permanência na habitação com vigilância electrónica, medidas de coacção que, de forma mais intensa, coarctam a liberdade, o artigo 213º do Código de Processo Penal e o artigo 7º da Lei nº 122/99, de 20 de Agosto, impõem o reexame da medida aplicada de 3 em 3 meses. V – Num reexame, tal como num «recurso de reexame, o objecto do litígio ou do processo, o fundo da causa, será julgado de novo pelo tribunal "ad quem", o qual tem a possibilidade jurídica de pronunciar-se de novo sobre o objecto do litígio». Quer isto dizer que nestes dois casos os poderes do tribunal quando se pronuncia nos termos do artigo 213º do Código de Processo Penal ou do artigo 7º da Lei nº 122/99, de 20 de Agosto, são os mesmos que tinha quando foi inicialmente aplicada a prisão preventiva ou a obrigação de permanência na habitação com vigilância electrónica. Reabre-se, assim, de 3 em 3 meses, uma discussão ampla sobre os pressupostos destas duas medidas de coacção. VI – Se os factos que um arguido pretende demonstrar através do relatório ou da informação social puderem ser relevantes para a formulação do juízo sobre a verificação dos perigos que fundamentam a imposição da prisão preventiva (artigo 204º) ou para a ponderação dos princípios que enformam a sua aplicação (artigos 28º, nº 2, da Constituição e 193º e 202º do Código de Processo Penal), o tribunal não pode deixar de ordenar a sua elaboração. VII – Em sede de medidas de coacção, só se pode legitimamente atender ao grau provável da culpa de um arguido para a comprovação do respeito pelo princípio da proporcionalidade, na sua vertente, consagrada no artigo 193º, de proibição de excesso. VIII – Se se atendesse a considerações de culpa para fundamentar a imposição das medidas de coacção estar-se-ia a pretender que elas desempenhassem funções características das penas, o que representaria uma clara violação do princípio da presunção de inocência (Ac. TRL de 27.09.2006, *in* www.dgsi.pt).

Recurso: A decisão de **manutenção** das medidas de coação em questão, é suscetível de **recurso**. Logo, havendo sucessão de decisões, o arguido poderá interpor recursos sucessivos de cada uma dessas decisões. Mas por referência a cada decisão individualmente considerada. Não pode por exemplo, o arguido aproveitar uma decisão recente de **reexame** e **manutenção** da prisão preventiva para recorrer dos fundamentos da decisão que a determinou inicialmente (se o respetivo prazo de recurso, como será normal estiver esgotado). Diz a norma que o último recurso, não invalida o recurso da **«decisão prévia»**. Mas no pressuposto de que ele foi atempadamente intentado. Todavia se houver alteração das circunstâncias de facto ou de direito que presidiram à **«decisão prévia»,** não vemos qual o efeito prático de conhecimento desse recurso, baseado em circunstâncias que já não se verificam. Assinale-se que o nº 5 fala de **«decisão prévia»**. Quererá referir-se à primeira decisão sobre o assunto, ou à "decisão anterior", que pode não ser a primeira? Estamos perante mais uma imprecisão do legislador.

Da decisão de reexame da prisão preventiva cabe sempre recurso nos termos gerais, tenha ou não sido precedida de requerimento ou audição do arguido, com fundamento em alteração das circunstâncias (que pode resultar do mero decurso do tempo e/ou da ausên-

cia de novos atos no processo), mas não pode o recurso limitar-se a pôr em causa a verificação dos pressupostos no momento de aplicação da medida (Ac. TRE de 26.06.2012, proc. 506/11.6GFLLE-A-E1, *in* www.dgsi.pt).

Referências: art. 375º (reexame das medidas de coação na sentença condenatória).

Artigo 214º – Extinção das medidas

1. As medidas de coacção extinguem-se de imediato:

a) Com o arquivamento do inquérito;

b) Com a prolação do despacho de não pronúncia;

c) Com a prolação do despacho que rejeitar a acusação, nos termos da alínea a) do nº 2 do artigo 311º;

d) Com a sentença absolutória, mesmo que dela tenha sido interposto recurso; ou

e) Com o trânsito em julgado da sentença condenatória, à exceção do termo de identidade e residência que só se extinguirá com a extinção da pena.

2. As medidas de prisão preventiva e de obrigação de permanência na habitação extinguem-se igualmente de imediato quando for proferida sentença condenatória, ainda que dela tenha sido interposto recurso, se a pena aplicada não for superior à prisão ou à obrigação de permanência já sofridas.

3. Se, no caso da alínea *d*) do nº 1, o arguido vier a ser posteriormente condenado no mesmo processo, pode, enquanto a sentença condenatória não transitar em julgado, ser sujeito a medidas de coacção previstas neste Código e admissíveis no caso.

4. Se a medida de coacção for a de caução e o arguido vier a ser condenado em prisão, aquela só se extingue com o início da execução da pena.

(Última redação da L. 20/2013, de 21.02)

COMENTÁRIOS:

A extinção das medidas: Depois de nos artigos antecedentes o código regular a substituição ou revogação das medidas de coação, neste artigo ocupa-se da sua **extinção** pura como consequência de determinadas situações. As medidas de coação extinguem-se **taxativamente** nas situações claramente descritas no normativo. A extinção opera ***ope legis***, i.e., sem necessidade de declaração judicial. Contudo deverá o M.P. ou o Juiz sempre que for o caso, comunicar às autoridades que fiscalizam ou garantem as medidas de segurança, que as mesmas se extinguiram. Não está contemplada a hipótese das medidas se extinguirem, com a ultrapassagem do prazo previsto no **art. 213º**, (reexame dos pressupostos das medidas coativas da liberdade) pelo que se deve concluir ser este meramente ordenador. **Reaberto o inquérito**, ou na sequência de recursos que **revoguem** o despacho de não pronuncia ou de rejeição da acusação, obviamente que poderá aplicar-se de novo as medidas declaradas extintas, respeitados os pressupostos e prazos legais remanescentes. Regula-se especialmente a **prisão preventiva e a obrigação de permanência na habitação**, no nº 2 e a **caução** no nº 4. Sempre que em caso de condenação, a pena aplicada, ainda que alvo de recurso, não for superior à prisão preventiva ou à obrigação de permanência na habitação já sofrida, tal medida naturalmente extingue-se, nos termos do nº 2. Ressalva-se no nº 4, a situação do arguido condenado que prestou **caução**, em que tal medida só se extingue com o começo da execução da pena. Tem-se em vista situações em que o arguido condenado se exime ao cumprimento da pena efetiva. Aqui pode inclusivamente verificar-se uma situação de quebra de caução (v. art. 208º). Por fim com a nova e útil redação da L. 20/2013, de 21.02, havendo condenação, o termo de identidade e residência só se extingue com a extinção da pena [v. alínea e)].

Situação interessante é a do nº 1-d) e do nº 3, onde se prevê a extinção das medidas, com a sentença absolutória objeto de recurso. Se o arguido vier a ser **condenado** nesse recurso, no período que medeia entre a nova condenação e o seu trânsito pode aplicar-se-lhe qualquer medida de coação. Aqui, não há dúvidas e parece lógico. Não diz é a lei, qual a situação em que fica o arguido, quando em recurso é **anulada a sentença e mandado repetir o julgamento**, o que pode durar meses ou anos. Assim, pareceria que nesse interlúdio não lhe seria aplicada qualquer medida de coação [à exceção do TIR, na nova redação da alínea e)] pelo menos até nova sentença condenatória. Pensamos que nestas situações, na ausência de qualquer sentença válida, condenatória ou absolutória, de que o dispositivo é referente, a situação, sem prejuízo dos prazos limite, cai no **regime geral**, voltando o ser possível aplicar qualquer medida de coação admissível.

Referências: art. 277º (arquivamento do inquérito); arts. 307º e 308º (despacho de não pronuncia); art. 311º-2-a) (despacho de saneamento); art. 376º (sentença absolutória); art. 375º (sentença condenatória).

Artigo 215º – Prazos de duração máxima da prisão preventiva

1. A prisão preventiva extingue-se quando, desde o seu início, tiverem decorrido:

a) Quatro meses sem que tenha sido deduzida acusação;

b) Oito meses sem que, havendo lugar a instrução, tenha sido proferida decisão instrutória;

c) Um ano e dois meses sem que tenha havido condenação em 1ª instância;

d) Um ano e seis meses sem que tenha havido condenação com trânsito em julgado.

2. Os prazos referidos no número anterior são elevados, respectivamente, para seis meses, dez meses, um ano e seis meses e dois anos, em casos de terrorismo, criminalidade violenta ou altamente organizada, ou quando se proceder por crime punível com pena de prisão de máximo superior a 8 anos, ou por crime:

a) Previsto no artigo 299º, no nº 1 do artigo 318º, nos artigos 319º, 326º, 331º ou no nº 1 do artigo 333º do Código Penal e nos artigos 30º, 79º e 80º do Código de Justiça Militar, aprovado pela Lei nº 100/2003, de 15 de Novembro;

b) De furto de veículos ou de falsificação de documentos a eles respeitantes ou de elementos identificadores de veículos;

c) De falsificação de moeda, títulos de crédito, valores selados, selos e equiparados ou da respectiva passagem;

d) De burla, insolvência dolosa, administração danosa do sector público ou cooperativo, falsificação, corrupção, peculato ou de participação económica em negócio;

e) De branqueamento de vantagens de proveniência ilícita;

f) De fraude na obtenção ou desvio de subsídio, subvenção ou crédito;

g) Abrangido por convenção sobre segurança da navegação aérea ou marítima.

3. Os prazos referidos no nº 1 são elevados, respectivamente, para um ano, um ano e quatro meses, dois anos e seis meses e três anos e quatro meses, quando o procedimento for por um dos crimes referidos no número anterior e se revelar de excepcional complexidade, devido, nomeadamente, ao número de arguidos ou de ofendidos ou ao carácter altamente organizado do crime.

4. A excepcional complexidade a que se refere o presente artigo apenas pode ser declarada durante a 1ª instância, por despacho fundamentado, oficiosamente ou a requerimento do Ministério Público, ouvidos o arguido e o assistente.

5. Os prazos referidos nas alíneas *c*) e *d*) do nº 1, bem como os correspondentemente referidos nos nºs 2 e 3, são acrescentados de seis meses se tiver havido recurso para o Tribunal Constitucional ou se o processo penal tiver sido suspenso para julgamento em outro tribunal de questão prejudicial.

6. No caso de o arguido ter sido condenado a pena de prisão em 1ª instância e a sentença condenatória ter sido confirmada em sede de recurso ordinário, o prazo máximo da prisão preventiva eleva-se para metade da pena que tiver sido fixada.

7. A existência de vários processos contra o arguido por crimes praticados antes de lhe ter sido aplicada a prisão preventiva não permite exceder os prazos previstos nos números anteriores.

8. Na contagem dos prazos de duração máxima da prisão preventiva são incluídos os períodos em que o arguido tiver estado sujeito a obrigação de permanência na habitação.

COMENTÁRIOS:

Os diferentes prazos máximos de prisão preventiva/obrigação de permanência na habitação: Os prazos de privação preventiva da liberdade (aplicáveis à obrigação de permanência na habitação – v. nº 8), são muito curtos. A última alteração legislativa encurtou ainda mais tais prazos. Não raro, não é possível terminar as diferentes fases processuais ou o próprio processo, nesses apertados prazos. Por essa razão os prazos são alargados, em situações consideradas especiais.

A norma fixa em **cinco níveis** os prazos máximos da medida de coação de prisão preventiva, a partir dos quais inabalavelmente a mesma se extingue.

Para tal, tem em conta **(I)** as **situações gerais**, previstas no nº 1 **(II)** as **situações especiais** decorrentes da criminalidade considerada mais grave, previstas no nº 2 e **(III) situações muito especiais** decorrentes da criminalidade considerada não só mais grave mas simultaneamente complexa, previstas no nº 3; **(IV)** acrescenta-lhe ainda um **prazo suplementar** de 6 meses, nas situações em que após condenação, há recurso para o Tribunal Constitucional, ou o processo é suspenso para julgamento de questão prejudicial, nos termos do nº 5 (v. arts. 7º do C.P.P. e 120º-1-a) do C.P.); **(V)** e a **especialíssima situação**, onde havendo "dupla conforme", o prazo de prisão é **elevado,** para metade da pena fixada [v. art. 400º-1-f)].

Registe-se que se identifica como inevitável **prazo *dies a quo*,** para todas as situações, a **data do ato** da declaração judicial da aplicação da medida de coação da prisão preventiva, a partir do qual em sucessão se contam todos os demais prazos fixados no artigo. Mas para efeitos de **liquidação/contagem** da eventual pena de prisão em que o arguido for condenado, os dias da **detenção** do arguido, devem ser **descontados** no cumprimento do tempo da pena, nos termos do art. 80º-1 do C.P. **Detenção** e **prisão preventiva**, são situações diferentes que não devem ser confundidas. Tenha-se ainda presente que existe regras próprias estabelecidas no **art. 479º**, para a contagem dos prazos de prisão, seja ela efetiva ou preventiva.

O dia a que se deve atender para contagem do prazo máximo de prisão preventiva aplicada em função do art. 215º do CPP é o do seu início e não o da data da detenção cautelar prévia (Ac. do TRL de 11.02.2004, *in* www.dgsi.pt).

Os prazos máximos de prisão preventiva: A lei fixa para a prisão preventiva, os seguintes prazos máximos, após o que a mesma se **extingue.**

a) o prazo geral de **4 meses** sem que tenha havido acusação; ou nos casos dos crimes definidos no nº 2, o prazo especial de **6 meses**, os quais revelando-se o procedimento de excecional complexidade, pode ir até **12 meses,** nos termos do nº 3. São portanto prazos que **expiram na fase de inquérito.**

b) o prazo geral de **8 meses** sem decisão instrutória, ou nos casos dos crimes definidos no nº 2, o prazo especial de **10 meses,** os quais revelando-se o procedimento de excecional complexidade, pode ir até **16 meses,** nos termos do nº 3. São portanto prazos que **expiram na fase de instrução.**

c) o prazo geral de **1 ano e 2 meses** sem condenação em 1ª instância, ou nos casos dos crimes definidos no nº 2, o prazo especial de **1 ano e 6 meses,** os quais revelando-se o procedimento de excecional complexidade, pode ir até **2 anos e 6 meses** nos termos do nº 3. São portanto prazos que **expiram na fase de julgamento.**

d) o prazo geral de **1 ano e 6 meses** sem condenação transitada em julgado, ou nos casos dos crimes definidos no nº 2, no prazo especial de **2 anos,** os quais revelando-se o procedimento de excecional complexidade, pode ir até **3 anos e 4 meses**, nos termos do nº 3. São portanto prazos que **expiram na fase de julgamento ou de recurso.**

Nos casos das **alíneas c) e d),** poderá **acrescer** o prazo especialíssimo de **6 meses** ou o prazo ser **suspenso** por igual tempo de **6 meses**, havendo recurso para o Tribunal Constitucional ou questão prejudicial a julgar noutro tribunal, conforme prevê o nº 5.

O alargamento do prazo só pode ter lugar uma vez em relação a cada arguido no mesmo processo, independentemente do número de vezes que por ele foi interposto recurso para o T.C. ou do número de vezes que pelo tribunal foi determinada a suspensão do processo (P.P. Albuquerque, *in* Comentário do C.P.P.).

I – O requerente da providência de habeas corpus alega que a sua prisão é ilegal por se manter para além dos prazos fixados pela lei ou por decisão judicial, já que o crime cuja forte indiciação fundamentou a sua prisão preventiva é o de lenocínio agravado, p. e p. pelo art. 169º, nºs 1 e 2, als. a) e d), do CP. II – Este crime é um crime contra a liberdade sexual; por isso e porque é punível com pena de prisão de máximo superior a 5 anos, integra-se na criminalidade violenta, à luz da atual redação da al. j) do art. 1º do CPP, introduzida pela Lei 26/2010, de 30-08, entrada em vigor em 30-10-2010. III – E integrava já a criminalidade violenta à luz da mesma alínea, na versão da Lei 48/2007, de 29-08; com efeito, sendo o crime imputado ao requerente o de lenocínio agravado, isto é, cometido, além do mais, «por meio de violência ou ameaça grave», não pode deixar de ser considerado um crime «contra a liberdade das pessoas», na medida em que a «violência ou ameaça grave» usadas no cometimento desse crime envolvem necessariamente constrangimento ou coação sobre a vítima, tirando-lhe, pelo menos, a liberdade de decisão de exercer ou não a prostituição. IV – Tratando-se de crime abrangido no conceito de criminalidade violenta, o prazo máximo de prisão preventiva sem que tenha sido deduzida acusação é de 6 meses (Ac. STJ de 24.05.2011, proc. 59/11.5YFLSB.S1, *in* www.dgsi.pt).

Contagem dos prazos de prisão preventiva. Notificações: Os diferentes prazos máximos da prisão preventiva, contam-se desde a data da prolação dos **atos** (despacho a decretar a prisão preventiva, despacho de acusação, decisão instrutória ou sentença de condenação) e não da data da **notificação** dos mesmos aos interessados (neste sentido o Ac. do STJ de 11.10.2005, *in* CJ-XIII-III-186). Digamos que nem sequer há uma total identificação entre estes atos e a fase processual que lhes corresponde.

"Não julga inconstitucional a norma constante da alínea a) do nº 1 do artigo 215º do Código de Processo Penal, segundo a qual o prazo máximo da prisão preventiva, na fase de inquérito, afere-se em função da data da prolação da acusação e não da data da notificação da mesma. – Ac. T.C. nº 280/2008, de 2008-05-14, Proc. nº 295/08, in D.R. nº 141, Série II de 2008-07-23 (cit. no Ac. TRL de 31.08.2010, proc. 694/09.1JDLSB-E.L1-9, *in* www.dgsi.pt).

Suspensão dos prazos: Os prazos de prisão preventiva podem ainda ser extraordinariamente suspensos nos termos do **art. 216º**, em caso de internamento hospitalar do arguido se a sua presença for indispensável à investigação, do que na prática resulta o seu alargamento (v. notas ao art. 216º).

Prazos *ope legis* ou *ope judicis:* Coloca-se a questão de saber se os **prazos elevatórios**, são de **aplicação automática** (decorrem diretamente da lei) ou se estão sujeitos a **decisão judicial** (apreciação casuística). Obviamente que o problema coloca-se com mais acuidade na fase do inquérito, da qual o Juiz não é titular, mas também se coloca nas fases seguintes.

O **nº 2** do artigo, contém regras de **elevação de prazos**, que envolvem uma operação de subsunção dos factos a um **tipo de crime** ou à compaginação da sua **moldura penal abstrata** ou o recurso às **noções** jurídicas de **terrorismo**, **criminalidade violenta** ou **altamente organizada**, constantes da L. 52/2003, de 22.08 (lei de combate ao terrorismo) e do art. 1º-i) a m). Deste modo, aqui, os prazos de prisão preventiva são **automaticamente elevados**, sem necessidade de qualquer **declaração expressa** nesse sentido, sem embargo da conveniência clarificadora de ela existir no processo. E **em regra** existe, uma vez que a situação não pode deixar de ser considerada e analisada, aquando do **reexame** pelo Juiz, dos pressupostos da prisão preventiva e da elevação dos seus prazos a que alude o **art. 213º-2** (mas pode acontecer que a consideração da elevação dos prazos, surja em momento não coincidente com o reexame). Trata-se portanto, **s.m.o.,** de um prazo ***ope legis.*** Tal entendimento, é reforçado pelo facto de o nº 4 do artigo, **expressamente** exigir declaração judicial de **«excecional complexidade»** do procedimento no caso do nº 3 e de não haver igual exigência para as situações previstas no nº 2. Portanto, o nº 3 do artigo, que respeita à consideração de **«excecional complexidade»** dada a sua **subjetividade**, já carece de **garantia judicial**, por força do nº 4. Trata-se portanto de um prazo ***ope judicis***. Tal decisão judicial declaratória de elevação dos prazos de prisão preventiva, há-de ser lavrada **antes do prazo precedente expirar**, **expressa** em **despacho fundamentado**, devidamente **notificado** aos intervenientes, com respeito pelo **contraditório** e passível de **recurso,** sendo da **competência exclusiva do Juiz da 1ª instância.**

Adverte-se no entanto que alguma jurisprudência, tem respondido que estes prazos, quer do nº 2 quer do nº 3, são todos, sem exceção, *ope judicis,* i.e., a validade dos mesmos depende de **decisão judicial**, com o argumento de que a prisão preventiva, os seus prazos, a elevação e o controlo dos mesmos, tem **garantia constitucional** expressa nos arts. 18º-2, 27º e 28º da C.R.P., pelo que estando-se no domínio dos mais elementares direitos liberdades e garantias, tem **garantia judicial**. Logo, tem de ser o **Juiz**, a decidir nesta matéria, por força do seu estatuto de independência e de garante das liberdades. Para evitar perdas de tempo com recursos, aconselha-se a que se siga esta jurisprudência que parece muito aceitável, ainda que sem correspondência expressa na letra da lei processual.

Os crimes de associação criminosa e tráfico de estupefacientes integram o catálogo da considerada "criminalidade altamente organizada" [al. m), do art. 1º, do CPP], pelo que os prazos de duração máxima da prisão preventiva, previstos no nº 1, do art. 215º, do CPP, são automaticamente elevados, conforme consta do nº 2 do mesmo artigo (Ac. TRL de 04.10.2012, proc. 272711.5TELBB-C.L1-9, *in* www.dgsi.pt). **Nota:** Não são todos os crimes de tráfico, mas tão só, aqueles que estão descritos no art. 51º-1 da L. 15/93, de 22.01.

Os crimes por que se encontra indiciado e preso preventivamente o arguido, mais concretamente, os crimes de homicídio, integram o conceito de criminalidade violenta e são punidos com pena de prisão de máximo superior a 8 anos, pelo que os prazos de duração máxima da prisão preventiva, previstos no nº 1 do artigo 215º do C.P.P., são automaticamente elevados, nos termos constantes do nº 2 desse artigo. (...) O S.T.J., em acórdão de 4 de Fevereiro de 2009 (Processo: 09P0325, disponível em www.dgsi.pt), entendeu que «a não audição prévia de arguidos sobre a declaração da especial complexidade do processo, é suscetível de consubstanciar uma irregularidade nos termos do artigo 118º, nºs 1 e 2 do CPP, já que essa omissão da audição dos arguidos não consta das nulidades insanáveis, nem das nulidades dependente de arguição, nos termos previstos nos artigos 119º e 120º do CPP, nem se encontra configurada como tal quer no âmbito do art. 61º do CPP, quer nos termos do art. 215º do CPP; aliás nem sequer estes normativos citados identificam e estabelecem qualquer cominação para o caso de violação da injunção contida nos preceitos» (Ac. TRL de 05.04.2011, proc. 39/10.8JBLSB-D.L1-5, *in* www.dgsi.pt).

Noção de excecional complexidade: A noção de **«excecional complexidade»**, face à sua carga de subjetividade inerente (com a redação do nº 4, introduzida pela Lei 48/2007, de 29-08) tem regulação direta, no sentido de que só pode ser declarada pelo **Juiz da 1ª instância,** ao contrário do que acontecia anteriormente, em que os prazos de prisão preventiva, podiam ser alargados pelos tribunais superiores na fase de recurso. Não existe porem, nenhuma noção expressa para a **«excecional complexidade»,** para além dos critérios exemplificativos fornecidos no nº 3; **«número de arguidos ou de ofendidos»** ou o **«carácter altamente organizado do crime»**. Parece portanto que o que releva, é mais a dimensão factual do procedimento do que a dimensão jurídica (cf. acórdão infra). As exigências de investigação e a conflituante gravidade das consequências que decorrem para os arguidos da declaração de excecional complexidade do procedimento, com a prorrogação dos prazos da prisão preventiva, impõe uma cuidadosa ponderação sobre todos os elementos processuais em presença de ordem material/física e não apenas nos termos restritos, que a norma insuficientemente prevê. Em qualquer caso a **«especial complexidade»**, só pode ser declarada pelo Juiz, em despacho fundamentado, **«durante a 1ª instância»** (v. nº 4). Não se tratando de um conceito assente na ordem jurídica, ficamos sem saber o que quer dizer, **«1ª instância»**. Parece-nos que o limite da 1ª instância, vai até ao poder de intervenção do Juiz de 1ª instância. Sujeito um julgamento a recurso e ordenado a sua repetição, nos precisos termos da norma, volta o Juiz da 1ª instância a ser titular do processo e consequentemente a poder declarar a sua **«especial complexidade»**. A norma, não mais visou do que retirar poderes aos tribunais superiores de declarar a excecional complexidade de um processo e com isso alargar os prazos de prisão preventiva. Todavia esqueceu-se da situação elementar da repetição do julgamento. Por outro lado, o nº 3, apenas se aplica à elevação dos prazos por **«excecional complexidade»** prevista no nº 1; não à elevação dos prazos do nº 2 (que aliás também opera por referência ao nº 1, desligado da noção de **«especial complexidade»**). Por fim a declaração de **«excecional complexidade»**, está sujeita a contraditório (v. acs. infra).

A especial complexidade constitui, no rigor, uma noção que apenas assume sentido quando avaliada na perspectiva do processo, considerado não nas incidências estritamente jurídico-processuais, mas na dimensão factual do procedimento enquanto conjunto e sequência de atos e revelação interna e externa de acrescidas dificuldades de investigação com retração nos termos e nos tempos do procedimento. (...) O juízo sobre a especial complexidade constitui um juízo de razoabilidade e de justa medida na apreciação das dificuldades do procedimento, tendo em conta nomeadamente as dificuldades da investigação, o número de intervenientes processuais, a deslocalização de atos, as contingências procedimentais provenientes das intervenções dos sujeitos processuais, ou a utilização dos meios (Ac. STJ de 26.01.2005, *in* www.dgsi.pt).

III – Atualmente, a declaração de excecional complexidade, continuando a ser prevista pela lei nova enquanto pressuposto de elevação, embora em moldes mais reduzidos comparativamente com a antecedente, tem como traço distintivo só poder ser declarada durante a 1ª instância, por despacho fundamentado, oficiosamente ou a requerimento do MP, ouvidos o arguido e o assistente – art. 215º, nº 6, do CPP. IV – O legislador não forneceu justificação para esse decretamento preclusivo só nessa fase processual, mas alcança-se que a oportunidade da declaração se faz por razões de maior proteção da liberdade individual, coartando a possibilidade de, noutra fase processual, aquela declaração ter ainda lugar, estimulando a uma maior celeridade processual, desincentivando esse último recurso de elevação do prazo da prisão preventiva (Ac. STJ de 05.03.2008, proc. 08P801, *in* www.pgdlisboa.pt).

I – A decisão sobre a especial complexidade deve ser precedida, tal como dispo art. 215º, nº 4 do CPP, de prévia audição das partes interessadas, designadamente o arguido, com vista a respeitar as garantias de defesa asseguradas no nº 1 do art. 32º da CRP. II – A declaração de especial complexidade sem a efectiva audição do arguido torna quanto a este irrelevante tal declaração (não se tratando de uma mera irregularidade processual). A negação do direito de audição, violando o núcleo das garantias de defesa do arguido, constitui um abuso de poder, que invalida despacho que declarou a especial complexidade do processo, ficando o arguido ilegalmente preso desde o terminus do prazo máximo aplicável sem qualquer alargamento por via da especial complexidade. III – Há que repor esse direito e garantia fundamental, abrindo o contraditório desse arguido quanto a especial complexidade processual, colmatando quanto a ele essa omissão e invalidada processual (Ac. TRL de 16.01.2013, proc. 150/10.5JBLSB-J.LI-3, *in* www.pgdlisboa.pt).

O prazo nos recursos com "dupla conforme": Por fim, abarcando todos os níveis, o nº 6, em contraponto e revelando alguma cautela, embora com redação deficiente, prevê a situação de ter havido condenação em 1ª instância **confirmada pelo tribunal superior em recurso** (a chamada dupla conforme) **"elevar"** o prazo de prisão preventiva para **metade da *«pena que tiver sido fixada»***. É uma disposição profilática, que compensa o encurtamento dos prazos e dificulta o jogo dilatório dos recursos. Esta disposição legal só tem aplicação para **"elevar"** (como expressamente diz o texto legal) os prazos de prisão preventiva previstos nos restantes números e alíneas do art. 215º do C.P.P. Não para os **encurtar**. Por exemplo, se o arguido está em prisão preventiva, ao abrigo do art. 215º-3, pode a prisão ter a duração máxima de 3 anos e 4 meses; se tiver sido condenado (em 1ª instância e na Relação) em 4 anos de prisão, por força do nº 6, a prisão preventiva máxima seria só de 2 anos (metade da pena fixada). Logo, aqui, não elevava, mas encurtava, a entender-se que o nº 6 seria aplicável. Mas não é aplicável nos casos de encurtamento. Só nos casos de elevação. Logo, manter-se-á o arguido em prisão preventiva ao abrigo do nº 3. Aliás, se assim não fosse, estaríamos perante um **absurdo jurídico**, onde depois de uma "dupla conforme" (com uma maior garantia de justiça da condenação) os prazos de prisão preventiva seriam mais **curtos**, do que não havendo "dupla conforme". Teoricamente inaceitável.

Registe-se ainda que este nº 6, ao contrário dos anteriores números, que tratam das penas singularmente consideradas, se refere à ***«pena que tiver sido fixada»***, logo, incluindo a pena única fixada em **cúmulo jurídico de penas**. Portanto, se o arguido tiver sido condenado em cúmulo jurídico de penas, numa pena única de 12 anos, havendo "dupla conforme", o prazo máximo de prisão preventiva, é de 6 anos.

VII – A norma do art. 215º, nº 6, do CPP, com o prazo de prisão preventiva que estabelece nas circunstâncias e pressupostos que prevê, constitui uma solução clara, com estritos limites positivos e objetivos, e, além disso, proporcionada em relação às finalidades que o legislador pretendeu atingir: perante um juízo duplo de condenação em pena de prisão, concordante em duas instâncias, embora ainda não definitivo, o legislador criou uma solução específica que, sem diminuir as garantias de defesa (os recursos que ainda couberem), e conjugada com as regras de desconto (art. 80º do CP), permita evitar a libertação de arguidos já condenados em duas instâncias pelo simples efeito da utilização de meios processuais que, em tais circunstâncias, contêm o risco de se revelar meramente ou essencialmente dilatórios. A fixação do prazo de prisão preventiva do art. 215º, nº 6, do CPP é, assim, inteiramente adequada e proporcional em relação aos fins a cuja realização a norma se destina – cf. Ac. TC nº 603/2009, de 02-12 (Ac. STJ de 25.01.2012, proc. 418/08.0PAMAI.P1-A.S1, *in* www.dgsi.pt).

Na verdade, como resulta do uso do verbo "elevar" no nº 6 do referido artigo, esta norma, introduzida pela reforma do processo penal de 2007, destinou-se a evitar que, por vicissitudes processuais, um arguido, que tivesse sido condenado a uma pena longa em 1ª instância e estivesse na situação de prisão preventiva, pudesse ser posto em liberdade por se ter esgotado o prazo da medida de coacção. Visou, pois o novo preceito evitar o sucesso de expedientes dilatórios para obter o fim do prazo de prisão preventiva que decorreria das regras anteriores ao nº 6. O próprio elemento literal aponta no mesmo sentido, pois só se pode elevar para metade da pena, o prazo de prisão preventiva que estiver abaixo dessa metade da pena. É certo que o legislador poderia ter sido mais feliz na redacção do novo preceito, o qual ganharia em clareza, se, como faz Maia Gonçalves (Código de Processo Penal – Anotado, 16ª edição, pág. 484) ao apresentar a sua interpretação do preceito, se tivesse acrescentado o sintagma "se for caso disso" a seguir ao verbo "elevar" (Ac. STJ de 12.12.2013, *in* Habeas Corpus, proc. nº 7/10.0TELSB-CT-5ª).

O prazo na pluralidade de processos: No nº 7, contém-se uma disposição algo misteriosa, uma espécie de conexão subjetiva de processos pendentes (não contemplada na sua sede própria da competência processual – v. art. 24º e segs.) que diz que a existência de vários processos contra o arguido, por crimes praticados antes de lhe ser aplicada a prisão preventiva, não permite exceder os prazos aqui previstos. Significa isto que, existe um **prazo máximo global** para a prisão preventiva (e *mutatis mutandis* para a obrigação de permanência na habitação, por força da equivalência efetuada pelo nº 8 e pelo art. 218º-3) que vale **mesmo em processos diferentes**. Logo, na pendência de vários processos, tendo um arguido **esgotado** o prazo de prisão preventiva num processo, não poderá ficar em prisão preventiva à ordem de outro, ainda que neste se verifiquem os respetivos pressupostos. É uma espécie de *plafond* que não pode ser ultrapassado. Um salvo-conduto para a liberdade? Poderá agora cometer mais crimes, sem risco de ficar preventivamente preso? Sendo os **factos ilícitos posteriores à data da extinção da prisão preventiva**, não se aplicará a regra deste nº 7 (à semelhança do que acontece nas regras dos cúmulos jurídicos – v. em consonância os arts. 77º, 78º e 80º-1 do C.P.). Mas, se o prazo não tiver sido esgotado, porque se entendeu libertá-lo antecipadamente, poderá ficar em prisão preventiva no outro processo, na medida do **remanescente**. Qual é concretamente o **prazo máximo de prisão preventiva aplicável**, se tal prazo for diferente em cada processo? De acordo com a lógica do legislador parece que, deverá ser sempre o do processo posterior. Na conformação desta opção legislativa, também o art. 80º-1 do C.P. foi alterado, permitindo o **desconto** da prisão preventiva sofrida, no **cumprimento da pena de prisão** sofrida em processo diferente.

Em qualquer circunstância e isso já é perfeitamente compreensível, **absolvido** o arguido num processo onde esteve um tempo privado de liberdade, tal tempo, deve ser-lhe **descontado** noutro processo em que foi condenado, por factos **anteriores** ao trânsito da referida absolvição. Já não por factos **posteriores**, obviamente. Igualmente, também o tempo da pena privativa de liberdade, que **excedeu** a condenação num processo, deve ser **descontado** no outro processo.

As dificuldades práticas de aplicação deste regime nos tribunais, face à falta de meios informativos eficazes, são imensas, de sorte que se não for o próprio arguido ou o seu advogado a levantar a questão, ela dificilmente será apreciada.

Em síntese; as novas normas do artigo 215º, nº 7, do CPP contrariam o regime de conexão de processos do artigo 24º do CPP, obedecendo a uma lógica subjetivista ampla incompatível com aquele regime. As novas regras do artigo 80º, nº 1, do CP contrariam o regime de punição do concurso efetivo de crimes, obedecendo a uma lógica própria do sistema de "pena unitária" incompatível com o regime legal vigente. Dito numa palavra, é o "direito penal do agente" a irromper no seio de um sistema que se pretende fundado no "direito penal do facto" (sobre as características fundadoras do nosso sistema penal e as razões pelas quais foi adotado, ver Figueiredo Dias, 1993: 279 a 286) (P.P. de Albuquerque, *in* Comentário do C.P.P., pág. 576).

Princípio da unidade dos prazos: Os prazos de prisão preventiva, analisam-se de forma **unitária**, mas **integradamente** em cada uma das fases ou momentos processuais a que as alíneas aludem, nada impedindo a sua "interrupção", com a **libertação** do arguido, esgotado que seja o prazo da fase ou momento a que diz respeito, e pela sua **retoma**, com subsequente nova prisão preventiva do arguido, iniciada que seja nova fase ou momento processual, nos termos do **art. 212º-2**.

"libertado um arguido por numa determinada fase processual ter atingido o correspondente limite da prisão preventiva, pode voltar a ser preso se se passar a outra fase processual e se mantiverem as razões para determinar a sua prisão, desde que se não tenha atingido o máximo global referido no art. 215º" (P.P. Albuquerque, *in* Comentário do C.P.P. 2007).

Anote-se que o facto de, previamente, ter sido revogada a medida ora aplicada não conflitua com o exposto, nem encerra qualquer contradição, pois que, nos termos do nº 2 do art. 212º do CPP, as medidas revogadas podem ser de novo aplicadas se sobrevierem motivos que legalmente justifiquem a sua aplicação, mas sem prejuízo da unidade de prazos que a lei estabelecer. Por outro lado, o princípio do prazo único ou da unidade do prazo, se não exclui a alteração da duração do prazo no mesmo processo, só a permite no decurso de concreta fase processual indicada na lei e, no respeito pelos pressupostos processualmente válidos (Ac. STJ de 26.01.2011, proc. 1.09.3FAHRT-C.S1, *in* www.dgsi.pt).

I – Tendo os arguidos estado anteriormente sujeitos à medida de coação de prisão preventiva que é declarada extinta por razões de esgotamento do seu prazo de duração máxima [cf. art. 215º, nº 1, al. a) do CPP], se posteriormente for deduzida a acusação contra os mesmos arguidos onde se promove a aplicação desta medida de coação, esta não pode ser decretada sem audição dos mesmos, como decorre do nº 3 do artigo 194º do CPP. II – Nesta situação em que a prisão inicial, decretada no seguimento do primeiro interrogatório, foi declarada extinta, não faz sentido o seu reexame, pois não há que reexaminar o que se mostra extinto. (...) III – Neste caso, a decisão impugnada constitui uma aplicação ex nova da prisão preventiva. Assim, a Sra. Juíza que decreta de novo esta medida de coação estava legalmente obrigada a ouvir previamente os arguidos, como decorre do nº 3 do art. 194º do CPP. IV – Não o tendo feito, e não constando do despacho qualquer referência a uma eventual impossibilidade dessa audição (bem pelo contrário: o que nele se considera é a sua desnecessidade),o mesmo enferma de irregularidade (art. 118º, nºs 1 e 2 do CPP). V – Como irregularidade que é, deveria ter sido arguida nos termos da 2ª parte do nº 1 do art. 123º do CPP. VI – Não o tendo sido, mas podendo ela afetar o valor do ato praticado, impõe-se que o Tribunal ad quem ordene a sua reparação, uma vez que agora dela tomou conhecimento (cf. nº 2 do art. 123º do CPP) (Ac. TRL de 30.03.2011, proc. 1/09.3FAHRT-D-L1-3, *in* www.dgsi.pt).

Extinção dos prazos: A consequência da **ultrapassagem dos prazos máximos de prisão preventiva**, é a imediata **libertação do arguido** e eventualmente, a aplicação de qualquer **outra medida de coação**, que não implique a privação da liberdade, uma vez que as regras deste artigo são **exclusivas** desse tipo de medidas, ainda que possam ser usadas como **referência temporal** para outras medidas (v.g. art. 218º). Não é permitido, após atingir o limite da prisão preventiva, o alargamento do prazo através, por exemplo, de uma tardia declaração de excecional complexidade, prevista no nº 3. Tal declaração, produzida após o decurso dos prazos gerais de prisão preventiva, é inconstitucional (neste sentido, Ac. do TC nº 13/2004, *in* www.dgsi.pt).

1 – A regra prevista no art. 215º, nº 8 do C.P.P. só se aplica às medidas cautelares privativas da liberdade. 2 – Se a medida de coação de obrigação de permanência na habitação for substituída pela medida prevista no art. 200º do C.P.P., o prazo de duração desta última medida é o previsto no art. 215º, nº 1, do C.P.P. (por força do art. 218º, nº 2), iniciando-se no dia em que a mesma é aplicada e não se descontando o período em que o arguido esteve sujeito à obrigação de permanência na habitação. 3 – Assim deve ser entendido, mesmo que a substituição de uma medida por outra ocorra antes de findar o prazo máximo da obrigação de permanência na habitação (Ac. TRL de 3.12.2008, proc. 897672008-3, *in* dgsi.pt).

Situação especial de prazos da prisão preventiva em matéria de recursos. Sentenças anuladas: Nos casos de despachos de pronúncia ou sentenças condenatórias da 1ª ou 2ª instância, objeto de recurso e **anuladas em recurso**, aplica-se o prazo sucessivo do art. 215º-1-d) (ou no nº 2, se aplicável). Na falta de regras expressas a jurisprudência tem considerado, que embora anulados, os atos não são inexistentes, pelo que, em contraponto à letra da lei, relevam para efeito de aplicação do **prazo mais alargado** (v. quanto à conformidade positiva constitucional desta jurisprudência, os Acs. do T.C. 404/2005 e 208/2006).

O Supremo Tribunal tem vindo a decidir, sem discrepância, no sentido de que tendo sido anulada uma condenação proferida por tribunal de 1ª instância, muito embora ela não possa produzir os efeitos que lhe são próprios, não se pode afirmar que inexistiu essa decisão. A fase processual em causa, para efeitos de contagem da duração máxima da prisão preventiva, é a prevista na al. d) do nº 1 do art. 215 do C.P.P. (Ac. STJ de 01.02.2006, *in* www.dgsi.pt).

Situação especial de prazos da prisão preventiva. Arguidos condenados não recorrentes. Caso julgado parcial: Relativamente, à situação em que existindo vários arguidos comparticipantes, nem todos recorrem, (sendo certo que o recurso a todos pode aproveitar, nos termos do art. 402 do CPP) a jurisprudência tem vindo a considerar que quanto aos **não recorrentes** (nem alvo de recurso) que estão em prisão preventiva, a decisão transita, ainda que ***"sob condição resolutiva"*** de haver decisão final que lhes seja favorável (nunca a decisão final lhes poderá ser desfavorável, no limite da proibição da *reformatio in pejus*) pelo que condenados em pena de prisão, **entram imediatamente em cumprimento de pena**, deixando de estar em situação de prisão preventiva. Em qualquer caso, também pela via da **renúncia** ao recurso, nos termos do **art. 107º-1**, se aplicaria a mesma filosofia. Mas aqui teria de ser o próprio arguido a requerer. Consequência desta jurisprudência, é o dever do M.P. de proceder à **liquidação/contagem** imediata da pena do arguido não recorrente (v. art. 477º-2-3).

(...) em casos de comparticipação, e tendo em conta entre o mais o disposto na al. d) do nº 2 do art. 403º, forma-se caso julgado parcial em relação aos arguidos não recorrentes; estes passam a cumprir pena, sem prejuízo do recurso interposto por qualquer dos comparticipantes lhes poder aproveitar – Acs. de 07-07-05, 08-03-06, 07-06-06 e de 07-02-07, respetivamente nos Procs. nºs 2546/05-5ª, 886/06-3ª, 2184/06-3ª e 463/07-3ª. Daí se falar, em relação a eles, de caso julgado sob condição resolutiva, a partir da disciplina do art. 403º – cf. Cunha Rodrigues, Jornadas de Direito Processual Penal, O Novo Código de Processo Penal, pág. 388, Germano Marques da Silva, Curso de Processo Penal, III, pág. 335, e Simas Santos/Leal Henriques, Recursos em Processo Penal, pág. 73 (Ac. STJ de 27.09.07, *in* www.dgsi.pt).

Se relativamente aos comparticipantes **não recorrentes (nem alvo de recurso) em prisão preventiva**, esta jurisprudência se compreende, já parece arriscado aplicá-la aos arguidos comparticipantes não recorrentes (nem alvo de recurso) que condenados em pena de prisão, **não estão em prisão preventiva**, principalmente quando se sabe a facilidade com que se anulam e modificam as decisões dos tribunais inferiores. Supomos que nestes casos, só se deve emitir **mandados de cumprimento de pena**, quando nenhuma dúvida se oferece relativamente à imodificabilidade da decisão condenatória quanto ao não recorrente.

A pena em que foi condenado F. mostra-se liquidada (fls....) não sendo ele recorrente, pelo que deve considerar-se em cumprimento de pena, por ter a decisão condenatória transitado em julgado condicionalmente (art. 430º C.P.P.) (Ac. STJ de 13.01.2006, proc. 95/05-5ª secção, *in* www.dgsi.pt).

Deve ser deferida a requerida separação de processos com vista ao imediato trânsito da sentença relativamente a um dos arguidos condenados que, assim, pretende fazer cessar o estatuto da prisão preventiva e beneficiar, eventualmente, do processo de concessão de liberdade condicional (Ac. TRL de 02.07.2003, proc. 6022/03-3ª secção, *in* www.dgsi.pt). **Nota:** O mesmo raciocínio, se aplicará às **saídas precárias** e não só à liberdade condicional. Mas não há obrigação legal nem necessidade de separar os processos, quando a situação pode ser resolvida no mesmo processo. Separar processos, fisicamente, porquê e para quê?

Mandados de captura internacionais. Extradição: *II – Para efeito de contagem do prazo de prisão preventiva, não se deve atender ao prazo de detenção para extradição sofrido em país estrangeiro (no caso, entre 13-08-2009 e 08-06-2010), desde logo por se tratar de processos autónomos, com finalidades distintas: o instaurado no Estado requerido, visa a extradição, enquanto que o processo penal a correr termos em Portugal se destina a apurar a responsabilidade criminal do arguido. III – A finalidade das medidas é também diferente: a detenção, como medida cautelar, tem em vista a assegurar a real execução da decisão e a prisão preventiva como medida de coação tem os pressupostos do art. 202º, nº 1, do Código de Processo Penal e estão sujeitas a jurisdições diversas. IV – O facto de Portugal ter emitido um mandado de detenção internacional destinou-se apenas a permitir a captura do requerido, dando início a um processo de extradição no âmbito do qual foram as autoridades do Estado estrangeiro que determinaram a detenção e conduziram o processo, tendo o detido ficado à ordem delas até à sua entrega ao Estado Português. V – Sendo diversas as finalidades e o regime das medidas detentivas, forçoso se torna concluir que «se compreende que não se some o tempo de detenção provisória para extradição ao tempo de prisão preventiva», uma vez que «nem existe um limite comum de duração a ambas as medidas detentivas, nem a detenção provisória para extradição se confunde com a prisão preventiva» – cf. Ac. do TC 298/99, e ainda, Ac. STJ de 26-09-2007, Proc. nº 3504/07-3ª* (Ac. STJ de 08.09.2011, proc. nº 413/07.7TACBR.S1, *in* www.dgsi.pt).

Dessintonias: Não há coincidência, entre os prazos previstos para as diferentes **fases processuais** e os limites máximos de datas em que os atos deviam ser praticados, **para efeitos de prisão preventiva** [v.g., de acordo com o art. 276º-1, o prazo comum de inquérito com arguidos privados da liberdade é de 6 meses; no entanto, o prazo de prisão preventiva na fase de inquérito não pode exceder 4 meses, de acordo como o nº 1-a)]. Consequentemente o grande referencial para abordar esta matéria, não é as **fases do processo,** mas os **atos que em cada fase** são praticados ou deviam ser praticados.

Por outro lado, alguns dos crimes nominativamente referidos nas **alíneas do no nº 2, não admitem prisão preventiva** (v.g., crime de falsificação de documentos de veículos, p.p.p. art. 256º-3 do C.P.) ou **nem sempre admitem a prisão preventiva**, designadamente, quando não são abstratamente punidos com **pena superior a 5 anos de prisão**, nem podem ser considerados casos de **terrorismo, criminalidade violenta ou altamente organizada**, nos termos do **art. 202º-1.** No mínimo, há sempre que ver se integram **as formas qualificadas desses crimes** (*v.g.*, burla qualificada, p.p.p. art. 218º, nº 1 do C.P., não admite prisão preventiva; mas se for qualificada pelo nº 2, já admite).

Extensão à obrigação de permanência na habitação: O regime previsto neste artigo e nos dois seguintes, aplica-se igualmente à **obrigação de permanência na habitação** (v. arts. 201º, 213º e 218º-3). Na contagem dos prazos de prisão preventiva, devem **incluir-se** o tempo em que o arguido esteve sujeito a obrigação de permanência na habitação (v. nº 8). O que releva é a privação da liberdade que resulta de igual modo, quer da prisão preventiva quer da obrigação de permanência da habitação.

Referências: art. 283º-7 (maior número de testemunhas nos crimes previstos no art. 215º-2 ou em processos de «excecional complexidade»); art. 390º-1-c) (processo sumário).

Artigo 216º – Suspensão do decurso dos prazos de duração máxima da prisão preventiva

O decurso dos prazos previstos no artigo anterior suspende-se em caso de doença do arguido que imponha internamento hospitalar, se a sua presença for indispensável à continuação das investigações.

COMENTÁRIOS:

A suspensão dos prazos: A norma prevê a possibilidade de suspensão dos prazos de prisão preventiva, referidos no artigo anterior, na situação de **doença** do arguido **com internamento hospitalar** e quando a sua presença seja **indispensável à investigação**. Não há sujeição a prazos máximos. Aqui, estamos perante um facto concreto e objetivo, o internamento, a demonstrar por documentação clínica. Mais subjetivo é concluir se a presença do arguido é *«indispensável à continuação das investigações»*. Registe-se que o arguido ainda que internado em estabelecimento hospitalar continua sujeito a prisão preventiva. O art. 211º, contempla o caso de suspensão da própria execução da prisão preventiva, o que é diferente. O arguido deixa de estar preventivamente preso. No caso em análise contínua preso e os prazos de prisão preventiva, na prática são alargados por força da suspensão.

Na redação anterior da norma, contemplava-se a possibilidade de suspensão dos prazos por um máximo de três meses, para elaboração de perícia essencial/determinante à decisão de acusação, de pronúncia ou final. Desapareceu tal causa de suspensão, mas não a dificuldade de efetuar perícias em tempo útil, pelo que se vislumbra aqui mais uma dificuldade à aplicação da justiça.

Natureza *ope juris* ou *ope legis*: Coloca-se a questão de saber se a suspensão tem de ser declarada *ope juris* (por decisão judicial) ou é *ope legis* (automático por força da lei). Durante a fase do inquérito a intervenção do Juiz, só é exigível em matéria de direitos, liberdades e garantias ou quando a lei especialmente lhe comete a intervenção. Ora, no caso de doença do arguido, a suspensão do prazo estará sujeita a um juízo de apreciação da indispensabilidade da presença do arguido para as investigações. Atenta a matéria em causa, a liberdade de um cidadão, tal decisão competirá ao Juiz.

A suspensão dos prazos legais de prisão preventiva traduz-se, no fundo, num prolongamento dos prazos máximos de prisão preventiva, e daí que tal suspensão não possa dar-se ope legis, mas, ao invés, precedida de despacho judicial, devidamente fundamentado, no qual se analise os respectivos pressupostos, que deve ser proferida antes de deduzida acusação. Não tendo sido proferido despacho a suspender o prazo (em consequência de exame pericial) e decorrido o mesmo deve o arguido ser restituído à liberdade (Ac. TRP de 27.06.2001, *in* www.dgsi.pt).

Artigo 217º – Libertação do arguido sujeito a prisão preventiva

1. O arguido sujeito a prisão preventiva é posto em liberdade logo que a medida se extinguir, salvo se a prisão dever manter-se por outro processo.

2. Se a libertação tiver lugar por se terem esgotado os prazos de duração máxima da prisão preventiva, o juiz pode sujeitar o arguido a alguma ou algumas das medidas previstas nos artigos 197º a 200º, inclusive.

3. Quando considerar que a libertação do arguido pode criar perigo para o ofendido, o tribunal informa-o, oficiosamente ou a requerimento do Ministério Público, da data em que a libertação terá lugar.

COMENTÁRIOS:

Libertação do arguido e comunicação ao ofendido: Em termos gerais, a libertação do arguido sujeito a prisão preventiva, pode ocorrer por **extinção da medida** (decorrente de razões várias – v. art. 214º) ou por **atenuação** das medidas cautelares que estiveram na base de imposição ao arguido de tal medida (v. art. 212º-3). A extinção a que se reporta a presente norma é a que decorre do esgotamento dos prazos de prisão preventiva, que são **perentórios**. Quando tal suceder, o Juiz pode impor ao arguido libertado, as medidas de coação previstas nos arts. 197º a 200º, iniciando-se então a contagem dos prazos novos aplicáveis às novas medidas. Se considerar que a libertação do arguido, pode **criar perigo para o ofendido**, o tribunal informa-o da libertação. Trata-se de uma norma desresponsabilizante, pois parece que o ofendido é que deverá tratar da sua defesa pessoal, desvinculando-se o estado desse dever. Havendo razões para pensar que o ofendido corre perigo, é o estado que lhe incumbe protegê-lo, sob pena de não cumprir um dos seus fins, que é a **segurança dos cidadãos**. Assim, informado o ofendido para este efeito, se o estado não se disponibilizar, deve ele solicitar proteção ao estado (v. art. 139º e art. 15º do estatuto da vítima – em anexo).

Artigo 218º – Prazos de duração máxima de outras medidas de coacção

1. As medidas de coacção previstas nos artigos 198º e 199º extinguem-se quando, desde o início da sua execução, tiverem decorrido os prazos referidos no nº 1 do artigo 215º, elevados ao dobro.

2. À medida de coacção prevista no artigo 200º é correspondentemente aplicável o disposto nos artigos 215º e 216º

3. À medida de coacção prevista no artigo 201º é correspondentemente aplicável o disposto nos artigos 215º, 216º e 217º

COMENTÁRIOS:

Regime de extinção das medidas de coação previstas nos arts. 198º a 201º: As restantes medidas de coação, que não a prisão preventiva ou a obrigação de permanência na habitação (que já têm regime próprio –arts. 215º a 217º) representando um constrangimento ao arguido, também não podem ser "eternas", pelo que o legislador fixou **prazos máximos** da sua durabilidade e validade. E neste artigo, que exige uma interpretação literal, fê-lo da forma **remissiva** mas **individualizando expressamente** as medidas em questão e remetendo para as **normas em concreto**. Daqui resulta, por exemplo, que à medida de coação de apresentação periódica (art. 198º) ou à suspensão de profissão, função, atividades ou direitos (art. 199º) se aplica apenas os prazos previstos para as diferentes fases processuais no **nº 1 do art. 215º (mas elevados ao dobro)** e já não as extensões/elevações dos prazos previstas nos números subsequentes dessa norma (cf. ac. de fix. jurisp. infra).

Os prazos de duração de cada medida **não se somam** (nesta sede, só se soma o tempo de prisão preventiva e o tempo de obrigação de permanência na habitação, por imposição expressa do art. 215º-8). Deste modo um arguido que saia da prisão preventiva por se ter esgotado o prazo da mesma, pode por exemplo ficar com obrigação de apresentação periódica (v. art. 198º) **iniciando-se** temporalmente em sucessão e não em acumulação, o prazo de duração máxima desta medida (v. nº 1) **na data em que começou o cumprimento da mesma.**

Jurisprudência uniformizadora: Ac. do STJ de Fixação de Jurisprudência nº 4/2015, de 25.02.2015, *in* D.R. de 24.03.2015: *«Não são aplicáveis às medidas de coação referidas no art. 218º, nº 1, do CPP as elevações de prazo previstas no art. 215º, nºs 2, 3 e 5 do mesmo diploma».*

"A proibição e a imposição de condutas obedecem aos prazos do art. 215º e à regra da suspensão do art. 216º. O tempo sofrido de prisão preventiva ou de obrigação de permanência na habitação não é descontado na contagem do prazo de duração máxima da proibição e imposição de condutas, nem o inverso, uma vez que a regra de desconto criada pelo art. 215º, nº 8, não tem carácter geral, mas antes se restringe ao desconto entre as medidas cautelares privativas da liberdade." (P.P. Albuquerque, *in* Comentário do CPP).

CAPÍTULO IV – Dos modos de impugnação

Artigo 219º – Recurso

1. Da decisão que aplicar, substituir ou mantiver medidas previstas no presente título, cabe recurso a interpor pelo arguido ou pelo Ministério Público, a julgar no prazo máximo de 30 dias a contar do momento em que os autos forem recebidos.

2. Não existe relação de litispendência ou de caso julgado entre o recurso previsto no número anterior e a providência de *habeas corpus*, independentemente dos respectivos fundamentos.

(Última redação da L. 26/2010, de 30.08)

COMENTÁRIOS:

Recurso específico: Regula-se aqui as situações específicas de **impugnação** das **decisões** judiciais sobre a **aplicação de medidas de coação**, conferindo ao **arguido** e ao **M.P. legitimidade** para tanto, através da interposição deste **recurso,** cujo julgamento deverá ocorrer no prazo máximo de **30 dias,** atento a **natureza urgente** da questão, nisto consistindo a especialidade da norma relativamente ao regime geral de recursos. Pondo fim a uma longa querela, expressamente no nº 2, se consigna a possibilidade de interposição simultânea deste tipo de recurso e do "recurso" do *Habeas Corpus*, previstos nos arts. 220º e 222º (maioritariamente entende-se, que o *habeas corpus* não é um recurso, mas uma petição com tramitação excecional).

Com a redação introduzida pela L. 26/2010, de 30.08, abriu-se uma nova controvérsia, que foi, face à **especialidade** deste recurso, se ele só pode ser da decisão que ***«aplicar», «substituir»*** ou ***«mantiver»*** medida de coação e não já da decisão que **"não aplicar"** ou **"revogar"** ou **"declarar extinta"** medida de coação (conforme aliás expressamente a anterior redação da norma declarava). A jurisprudência dividiu-se até à prolação do ac. de fix. de jurisp. infra, que definitivamente, admite o **recurso do M.P.** de qualquer decisão do Juiz nesta matéria. Todavia, da interpretação deste prolixo ac., resulta que em caso de recurso da decisão judicial de **"não aplicar"** ou **"revogar"** ou **"declarar extinta"** medida de coação, não se segue o regime específico deste artigo quanto ao prazo de 30 dias de **julgamento** da questão, mas sim o regime geral dos recursos, onde não existe tal prazo.

Coloca-se ainda dúvida se esta norma se aplica à situação em que a medida de coação em questão, é o **termo de identidade e residência**. A norma está construída em torno de recurso de uma **decisão**. Assim, s.m.o., parece-nos que não se pode recorrer diretamente da aplicação da prestação obrigatória de TIR, por esta medida, não resultar de uma verdadeira decisão, mas ser **legalmente imperativa** no ato de constituição de arguido [v. art. 61º-3-c)]. Aliás, o TIR é aplicado em regra pelo OPC e pelo M.P., de cujas decisões não há recurso, quanto muito, reclamação hierárquica (v. arts. 278º e 279º).

Este recurso, a interpor no **prazo** de 30 dias [art. 411º-1-a)-c)] é tramitado, com certidão por **apenso** aos autos principais (art. 219º-1) e tem subida **imediata** [art. 407º-2-c)] em **separado** (art. 406º-2) com efeito **devolutivo** (art. 408º "*a contrario*").

Jurisprudência uniformizadora: Ac. do STJ de Fixação de Jurisprudência nº 16/14, de 20.11.2014, *in* D.R. de 06.01.2015: *«É admissível recurso do Ministério Público de decisão que indefere, revoga ou declara extinta medida de coação por ele requerida ou proposta».*

Os restantes recursos interpostos de decisões que não apliquem ou que revoguem medidas de coação têm a tramitação normal, do título I do Livro IX (Maia Gonçalves, *in* CPP anotado).

1 – O Ministério Público tem legitimidade para recorrer do despacho que não tiver aplicado uma medida de coação por ele requerida. 2 – Uma vez declarada extinta, pelo decurso do respetivo prazo máximo, numa determinada fase processual, uma medida de coação, pode a mesma voltar a ser aplicada numa ulterior fase do processo (Ac. TRL de 19.06.2013, proc. 1370/10.8JDLSB-A.L2-3, *in* www.dgsi.pt).

Recurso e segredo de justiça: Há uma clara tensão entre o **direito de recurso,** designadamente do direito de recurso das medidas de coação aqui previsto e o **segredo de justiça**, quando o recurso é interposto de uma decisão tomada em fase processual em que foi declarado o **segredo de justiça**. Não raro, os defensores dos arguidos, solicitam a consulta dos autos para melhor articularem as suas pretensões. Todavia, encontrando-se o processo em **segredo de justiça**, tal acesso está-lhes vedado. O conhecimento dos autos só pode por eles ser alcançado através dos **mecanismos próprios** previstos no **art. 86º-9-11-12, art. 89º-3, art. 141º-4-d)-e), art. 194º-4-5** e **art. 254º-2**. A terem sido cumpridos corretamente estes dispositivos, os arguidos sabem qual o **crime** que lhes é indiciariamente imputado, as **circunstâncias** de modo, tempo e lugar, em que se presume que ele foi praticado, bem como os **fundamentos** de facto e de direito da medida de coação que lhes foi aplicada. Poderão não saber é, obviamente, quais os **elementos probatórios** já reunidas ou a reunir no processo, porque esse é precisamente um dos objetivos do segredo de justiça, ao lado da proteção da vida privada de todos os intervenientes; salvaguardar a idoneidade da investigação e das provas, livres de quaisquer interferências ilegítimas de quem quer que seja (v. art. 86º e respectivas notas).

Como bem se compreende – e ocorre na generalidade dos ordenamentos jurídicos –, na fase processual de inquérito impera a regra do segredo de justiça (art. 86º, nº 1, CPP), instituto no qual se encontra um triplo fundamento: (i) protecção da intimidade/privacidade; (ii) salvaguarda da presunção de inocência; (iii) e, essencialmente, o interesse público na boa administração da justiça e no êxito da investigação criminal. Contudo, "pode (...) a autoridade judiciária (...) permitir que seja dado conhecimento a determinadas pessoas do conteúdo de acto ou de documento em segredo de justiça, se tal se afigurar conveniente ao esclarecimento da verdade" (nº 5) ou "autorizar a passagem de certidão (...) necessária a processo de natureza criminal ou à instrução de processo disciplinar de natureza pública, bem, como à dedução do pedido de indemnização civil" (nº 7). É evidente que estas normas mais não são que afloramentos de um princípio mais geral, segundo o qual prevalece sobre o segredo de justiça o acesso ao conteúdo do processo que se revele útil para a descoberta da verdade, para o exercício de direitos e, por maioria de razão, para a salvaguarda das garantias inerentes ao processo justo e equitativo, constitu-

cionalmente consagrado (art. 20º, nº 4, CRP), maxime as garantias de defesa do arguido e o seu direito ao recurso (art. 32º, nº 1, CRP). Mas considerar que daí decorre um direito de acesso mais ou menos indiscriminado ao conteúdo do processo – ou mesmo, mais mitigadamente, um direito "automático" à consulta dos elementos probatórios invocados para fundamentar a prisão preventiva – não parece ser a solução que melhor se adequa à equilibrada composição de todos os valores e interesses em conflito/presença. O arguido tem direito a ser informado dos motivos da privação de liberdade; tem direito a ser informado das razões de facto e de direito da decisão, em termos que cabalmente lhe permitam discutir a correspondente legalidade, mas sem esquecer, por outro lado, critérios de proporcionalidade e razoabilidade que não podem deixar de estar (também) presentes, sob pena de neutralização da eficácia investigatória do Estado. Nesta perspectiva, o Tribunal Europeu dos Direitos do Homem, vem reconhecendo, reiteradamente, que a indispensável eficácia da investigação criminal pode implicar que uma parte das informações recolhidas na instrução se mantenha secreta, a fim de impedir que os suspeitos possam manipular provas e prejudicar a boa administração da justiça. Vale isto por dizer que, no caso em análises, o conteúdo essencial das garantias de defesa do arguido só deverá considerar-se postergado quando lhe seja negada informação relativamente aos indícios probatórios essenciais e, em geral, à informação que deva reputar-se essencial para aferir da legalidade da medida de coacção. Entre nós, o Tribunal Constitucional vem decidindo – é certo – ser inconstitucional o entendimento segundo o qual o acesso ao inquérito, fora das situações expressamente contempladas na letra dos arts. 86º, nº 1, e 89º, nº 2, CPP, é sempre interdito (v.g., Ac. 121/97, de 19/2/97). Mas não se lhe conhece qualquer decisão no sentido de o direito de defesa e recurso do arguido exigir, na situação dos autos, o acesso a todos os elementos probatórios constantes do processo. Ao invés, decidiu recentemente o Ac. TC de 2/11/05 (DR, II Série, de 4/1/06) que o "direito ao conhecimento dos meios de prova" é suficientemente salvaguardado com o acesso do arguido ao auto de interrogatório e ao despacho que decreta a prisão preventiva quando estes elementos permitam o acesso "à súmula dos meios de prova". In casu o recorrente teve acesso ao auto de detenção, ao auto de apreensão (de 25,250 kg de heroína e de 98.985,00 € em dinheiro), às declarações por si prestadas e ao despacho que decretou a prisão preventiva, sendo certo que deste despacho consta uma pormenorizada indicação dos factos indiciados e dos elementos probatórios que suportam o correspondente juízo de qualificada suspeita. Não foi minimamente beliscado, pois, o núcleo essencial dos seus direitos de defesa. Em face do exposto, acorda-se em rejeitar o recurso (Ac. TRL de 15.03.2006, *in* www.dgsi.pt).

Referências: arts. 399º a 431º (recursos).

Artigo 220º – *Habeas corpus* em virtude de detenção ilegal

1. Os detidos à ordem de qualquer autoridade podem requerer ao juiz de instrução da área onde se encontrarem que ordene a sua imediata apresentação judicial, com algum dos seguintes fundamentos:

a) Estar excedido o prazo para entrega ao poder judicial;

b) Manter-se a detenção fora dos locais legalmente permitidos;

c) Ter sido a detenção efectuada ou ordenada por entidade incompetente;

d) Ser a detenção motivada por facto pelo qual a lei a não permite.

2. O requerimento pode ser subscrito pelo detido ou por qualquer cidadão no gozo dos seus direitos políticos.

3. É punível com a pena prevista no artigo 382º do Código Penal qualquer autoridade que levantar obstáculo ilegítimo à apresentação do requerimento referido nos números anteriores ou à sua remessa ao juiz competente.

COMENTÁRIOS:

Detenção ilegal: O *Habeas Corpus,* é um instituto do direito latino com grande raiz cultural e histórica, que já existe no nosso ordenamento desde a Constituição de 1911. A tradução literal significa, *"que tenhas o teu corpo"*. Tem a estrutura de uma **petição.** Trata-se de uma providência tradicional, com assento constitucional no **art. 31º da C.R.P.**, que visa reagir contra **«o abuso de poder, por virtude de prisão ou detenção ilegal»** *(sic).* Este é em suma o seu campo de aplicação, concretizado nas diferentes alíneas, não podendo ser usado para qualquer outro fim. Tem como curiosidade, o facto de poder ser requerido, não só pelo próprio, i.e., a vítima da detenção ou prisão ilegal, mas também por **qualquer cidadão**, reconhecendo-se assim, implicitamente um direito específico de ação popular, ao lado do genérico direito de petição e ação previsto no art. 52º da C.R.P.

Neste normativo, regula-se o *Habeas Corpus,* em virtude de **detenção ilegal**. O art. 222º, trata da **prisão ilegal**. São duas situações jurídico-processuais distintas. Visando reagir contra decisões abusivas da autoridade, percebe-se que os obstáculos ilegítimos levantados por esta ao exercício deste instituto, consubstanciem um crime de abuso de poder, previsto no art. 382º do C.P.

Esta providência tem entre nós compreensível dignidade constitucional ao nível dos «direitos, liberdades e garantias pessoais». Constitui um verdadeiro «direito garantia» visando reagir «contra o abuso do poder, por virtude de prisão ou detenção ilegal» – art. 31º, nº 1 da C.R.P. Trata-se de uma providência a decretar apenas nos casos de atentado ilegítimo à liberdade individual – grave e em princípio grosseiro e rapidamente verificável – que integrem as hipóteses de causas de ilegalidade da detenção ou da prisão taxativamente indicadas nas disposições legais que desenvolvem o preceito constitucional. (Ac. STJ de 22.05.2002, *in* www.dgsi.pt).

Artigo 221º – Procedimento

1. Recebido o requerimento, o juiz, se o não considerar manifestamente infundado, ordena, por via telefónica, se necessário, a apresentação imediata do detido, sob pena de desobediência qualificada.

2. Conjuntamente com a ordem referida no número anterior, o juiz manda notificar a entidade que tiver o detido à sua guarda, ou quem puder representá-la, para se apresentar no mesmo acto munida das informações e esclarecimentos necessários à decisão sobre o requerimento.

3. O juiz decide, ouvidos o Ministério Público e o defensor constituído ou nomeado para o efeito.

4. Se o juiz recusar o requerimento por manifestamente infundado, condena o requerente ao pagamento de uma soma entre 6 UC e 20 UC.

COMENTÁRIOS:

Procedimento: Regulamenta o exercício do direito de petição do *Habeas Corpus,* em matéria de detenção ilegal, previsto no artigo anterior, que deve ser processado de **forma célere e expedita** para poder alcançar os seus fins. Tem constituído motivo de debate, a articulação deste instituto, com o sistema de recursos disponíveis, designadamente se pode ser usado de forma paralela ou complementar. Uma boa parte da jurisprudência, inclina-se no sentido de que só pode ser usado esgotados que estejam os sistemas de recurso. Todavia, nada na lei obriga a esse entendimento. Aliás, as características históricas do *Habeas Corpus,* fazem concluir que ele tem sim a natureza de uma específica e extraordinária "providência constitucional". A utilização infundada deste instituto, sujeita o recorrente ao pagamento de multa.

Artigo 222º – *Habeas corpus* em virtude de prisão ilegal

1. A qualquer pessoa que se encontrar ilegalmente presa o Supremo Tribunal de Justiça concede, sob petição, a providência de *habeas corpus.*

2. A petição é formulada pelo preso ou por qualquer cidadão no gozo dos seus direitos políticos, é dirigida, em duplicado, ao Presidente do Supremo Tribunal de Justiça, apresentada à autoridade à ordem da qual aquele se mantenha preso e deve fundar-se em ilegalidade da prisão proveniente de:

a) Ter sido efectuada ou ordenada por entidade incompetente;

b) Ser motivada por facto pelo qual a lei a não permite; ou

c) Manter-se para além dos prazos fixados pela lei ou por decisão judicial.

COMENTÁRIOS:

Prisão ilegal. O artigo regula o *Habeas Corpus*, em matéria de **prisão ilegal,** em termos semelhantes aos já descritos no art. 220º. O seu campo de aplicação, está concretizado nas diferentes três alíneas, não podendo ser usado para qualquer outro fim. Confrontamo-nos, pois, com situações de violação ostensiva da liberdade das pessoas, quer por incompetência da entidade que ordenou a prisão, quer por a lei não a permitir com o fundamento invocado ou não tendo sido invocado fundamento algum, quer ainda por estarem excedidos os prazos legais da sua duração, havendo, por isso, urgência na reposição da legalidade. A maioria esmagadora destas providências, são considerados improcedentes, precisamente porque se confunde razões de discordância dos fundamentos da prisão preventiva aplicada, com as situações objetivas típica e taxativamente descritas nas alíneas.

A petição de habeas corpus, inscrita como garantia fundamental no art. 31º da CRP, tem tratamento processual nos arts. 220º e 222º do CPP, que estabelecem os fundamentos da providência, concretizando a injunção e a garantia constitucional. II – Numa petição de habeas corpus não cabe julgar e decidir sobre a natureza e efeitos dos atos processuais e sobre a discussão que possam suscitar no lugar e momento apropriado (isto é, no processo), devendo aceitar-se, com um prius assente os efeitos que os diversos atos produzam num determinado momento – princípio da atualidade – retirando daí as consequências processuais que tiverem para os sujeitos implicados. III – A providência de habeas corpus não pode decidir sobre a regularidade de atos do processo com dimensão e efeitos processuais específicos, não constituindo um recurso dos atos de um processo em que foi determinada a prisão do requerente, nem um sucedâneo dos recursos ou dos modos processualmente disponíveis e admissíveis de impugnação. IV – Esta providência assume, assim, uma natureza excecional, a ser utilizada quando falham as demais garantias defensivas do direito à liberdade, para por termo a situações de detenção ou de prisão ilegais. Por isso a medida não pode ser utilizada para impugnar irregularidades proces-

suais ou para conhecer da bondade de decisões judiciais, que têm o processo ou o recurso como modo e lugar próprios para a sua reapreciação (Ac. STJ de 16.05.2002, proc. 4/10.5FBPTM-F.S1, *in* www.dgsi.pt).

II – À providência do habeas corpus apenas incumbe aceitar o efeito, que os diversos atos produzam num determinado momento, retirando daí as consequências processuais que tiverem para os sujeitos implicados, não constituindo um recurso sobre atos de um processo em que foi determinada a prisão do requerente, nem um sucedâneo dos recursos admissíveis, e determinar, quando o fundamento da petição se refira a uma dada situação processual do requerente, se os atos de um determinado processo, produzem alguma consequência que se possa acolher aos fundamentos da petição referidos no art. 222º, nº 2, do CPP. III – No caso concreto, a prisão do arguido foi ordenada pela entidade competente (...). IV – A medida de coação aplicada de prisão preventiva é motivada por facto pelo qual a lei permite, uma vez que o crime de tráfico ilegal de estupefacientes (...). V – Por outro lado, tendo o arguido sido detido em 18-07-2012, ainda não decorreu o prazo máximo (...) não procedendo os pressupostos de concessão da providência do habeas corpus (Ac. STJ de 03.08.2012, proc. 83/12.04YFLSB.S1, *in* www.dgsi.pt).

Artigo 223º – Procedimento

1. A petição é enviada imediatamente ao Presidente do Supremo Tribunal de Justiça, com informação sobre as condições em que foi efectuada ou se mantém a prisão.

2. Se da informação constar que a prisão se mantém, o Presidente do Supremo Tribunal de Justiça convoca a secção criminal, que delibera nos oito dias subsequentes, notificando o Ministério Público e o defensor e nomeando este, se não estiver já constituído. São correspondentemente aplicáveis os artigos 424º e 435º

3. O relator faz uma exposição da petição e da resposta, após o que é concedida a palavra, por quinze minutos, ao Ministério Público e ao defensor; seguidamente, a secção reúne para deliberação, a qual é imediatamente tornada pública.

4. A deliberação pode ser tomada no sentido de:

a) Indeferir o pedido por falta de fundamento bastante;

b) Mandar colocar imediatamente o preso à ordem do Supremo Tribunal de Justiça e no local por este indicado, nomeando um juiz para proceder a averiguações, dentro do prazo que lhe for fixado, sobre as condições de legalidade da prisão;

c) Mandar apresentar o preso no tribunal competente e no prazo de vinte e quatro horas, sob pena de desobediência qualificada; ou

d) Declarar ilegal a prisão e, se for caso disso, ordenar a libertação imediata.

5. Tendo sido ordenadas averiguações, nos termos da alínea *b*) do número anterior, é o relatório apresentado à secção criminal, a fim de ser tomada a decisão que ao caso couber dentro do prazo de oito dias.

6. Se o Supremo Tribunal de Justiça julgar a petição de *habeas corpus* manifestamente infundada, condena o peticionante ao pagamento de uma soma entre 6 UC e 30 UC.

COMENTÁRIOS:

Trâmites: Regulamenta em termos minuciosos mas claros, o exercício do direito de *Habeas Corpus,* em matéria de prisão ilegal, previsto no artigo anterior, que deve ser processado de forma célere e expedita para poder alcançar os seus fins. O Juiz recorrido, deve remeter o apenso de "petição" ao STJ, instruído com parecer do M.P. e todas as **informações** pertinentes a uma correta decisão. A utilização infundada deste instituto, sujeita o recorrente ao pagamento de multa.

I – O habeas corpus constitui uma providência excecional destinada a garantir a liberdade individual contra os abusos de poder derivados de prisão ilegal (ou, por extensão, da medida de obrigação de permanência na habitação, que é igualmente privativa da liberdade). II – Esta providência não constitui um recurso de decisões judiciais, uma espécie de sucedâneo "abreviado" dos recursos ordinários, ou mesmo um recurso "subsidiário", antes um mecanismo expedito que visa pôr termo imediato às situações de privação da liberdade que se comprove serem manifestamente ilegais, por ser a legalidade diretamente verificável a partir dos factos documentalmente recolhidos no âmbito da providência (e eventualmente dos apurados ao abrigo da al. b) do nº 4 do art. 223º do CPP) (Ac. STJ de 30.05.2012, proc. 49/12.04FLSB.S1, *in* www.dgsi.pt).

Artigo 224º – Incumprimento da decisão

É punível com as penas previstas nos nºs 4 e 5 do artigo 369º do Código Penal, conforme o caso, o incumprimento da decisão do Supremo Tribunal de Justiça sobre a petição de *habeas corpus*, relativa ao destino a dar à pessoa presa.

COMENTÁRIOS:

Crime de incumprimento de decisão do STJ: O incumprimento doloso ou com negligência grosseira da decisão do STJ relativa à pessoa em causa, é punido com **as penas** previstas para o crime de denegação de justiça e prevaricação, previsto no art. 369º-4-5 do C.P.

CAPÍTULO V – Da indemnização por privação da liberdade ilegal ou injustificada

Artigo 225º – Modalidades

1. Quem tiver sofrido detenção, prisão preventiva ou obrigação de permanência na habitação pode requerer, perante o tribunal competente, indemnização dos danos sofridos quando:

a) A privação da liberdade for ilegal, nos termos do nº 1 do artigo 220º, ou do nº 2 do artigo 222º;

b) A privação da liberdade se tiver devido a erro grosseiro na apreciação dos pressupostos de facto de que dependia; ou

c) Se comprovar que o arguido não foi agente do crime ou actuou justificadamente.

2. Nos casos das alíneas *b*) e *c*) do número anterior o dever de indemnizar cessa se o arguido tiver concorrido, por dolo ou negligência, para a privação da sua liberdade.

COMENTÁRIOS:

Direito a indemnização por privação da liberdade: A privação da liberdade contra o disposto na lei, gera obrigação de indemnizar por parte do **estado**, concretamente, a **detenção**, a **prisão preventiva** e a **obrigação de permanência na habitação**, **(1)** impostas de forma **ilegal,** a apreciar por referência aos arts. 220º-1 e 222º-2, que disciplinam o *Habeas Corpus,* **(2)** por **erro grosseiro** na apreciação dos seus pressupostos de facto (não de direito), ou **(3)** por **comprovação** de que a pessoa não foi agente do crime ou atuou **justificadamente.** Nos dois últimos casos, a norma só opera se não tiver havido **concorrência de culpa** do arguido. Só neste **quadro típico** é que pode haver lugar a indemnização do estado. Todas estas situações devem ser analisadas **retrospetivamente**, i.e., no quadro circunstancial fáctico-jurídico em que temporalmente ocorreram.

A comprovação de que o arguido **não foi agente do crime** ou **atuou justificadamente**, parece-nos, só poder ser alcançada no julgamento do crime e isso tem de ficar **expresso na sentença absolutória** de forma clara. É que na maioria das sentenças absolutórias, o que se conclui é que *"não se provou que o arguido cometeu os factos de que é acusado"*, e não que se tenha provado que os não cometeu, o que é coisa bem diferente. E bem assim, quando o processo termina com uma **decisão de forma**, *v.g.*, porque sobreveio a prescrição do procedimento criminal e se extinguiu o procedimento impedindo a apreciação da questão de fundo, designadamente, a culpabilidade do arguido.

4. O art. 27º, nº 5, da Constituição corresponde a uma norma especial relativamente ao princípio geral da responsabilidade civil do Estado estabelecido no art. 22º da Constituição. 5. Dando exequibilidade ao comando constitucional, o art. 225º do Código de Processo Penal regula e define as situações determinantes do direito à indemnização por privação da liberdade ilegal ou injustificada (...). 8. O nº 2 do art. 225º do CPP, na mesma versão, atribui o direito à indemnização, quando a prisão preventiva venha a revelar-se injustificada por erro grosseiro na apreciação dos pressupostos de facto de que dependia. 9. O erro grosseiro é aquele que é indesculpável, crasso ou palmar, resultante de uma manifesta falta de conhecimento ou de diligência por parte de quem o pratica. 10. No erro grosseiro inclui-se também o acto temerário. 11. A apreciação e qualificação do erro grosseiro deve ser realizada com base nos factos, elementos e circunstâncias reportados ao momento do decretamento ou manutenção da prisão preventiva, sendo irrelevantes, por regra, os factos posteriores do processo, designadamente a absolvição ou a não pronúncia. 12. O acórdão penal, que não conhece do mérito (absolvição ou condenação), apenas forma caso julgado formal no âmbito do respectivo processo-crime, não se reflectindo fora deste. 13. Não há erro grosseiro, quando a consistência do conjunto da prova afasta quer a inexistência dos factos, quer a manifesta falta de provas (Ac. TRL de 17.06.2010, proc. 5715/04.1TVLSB.L1-6, *in* www.dgsi.pt).

1 – A responsabilidade civil do Estado por prejuízos decorrentes da prática de atos inseridos na função jurisdicional (in casu, acusação e pronúncia), nos termos do art. 22º da Constituição, apenas emerge quando se prove que os seus autores atuaram de uma forma dolosa, de um modo arbitrário, porque sustentado em premissas inexistentes ou absurdas ou com erro, que na altura em que os atos foram praticados, se evidenciava notório, crasso ou palmar. 2 – Os erros na apreciação de indícios e na qualificação jurídica dos factos, eventualmente cometidos numa acusação ou num despacho de pronúncia, só serão fundamento de responsabilidade civil quando sejam grosseiros, evidentes, crassos, palmares, indiscutíveis, e de tal modo graves que tornem as decisões claramente arbitrárias, assentes em conclusões absurdas. 3 – A apreciação e qualificação da acusação e da pronúncia como dolosas, grosseiras ou arbitrárias, hão-de ser feitas tendo por base os factos, elementos e circunstâncias que ocorriam na altura em que tais atos processuais foram praticados, sendo, em princípio, irrelevante, para tal constatação, o facto de, mais tarde, o arguido ter vindo a ser despronunciado ou absolvido por, entretanto, haverem surgido novas provas que afastaram a sua anterior indiciação. 4 – O prazo de caducidade de 1 ano previsto no art. 226º, nº 1 do CPP não se aplica ao exercício do direito à indemnização por prejuízos resultantes de outros atos jurisdicionais que não a prisão ilegal ou infundada a que alude o art. 225º do mesmo Código. 5 – O prazo de prescrição do direito fundado em atuação de intervenientes em processo criminal apenas começa a correr a partir da data do trânsito em julgado da respetiva sentença (Ac. TRL de 23.01.2007, *in* www.dgsi.pt).

Competência material do tribunal: Atualmente, s.m.o., compete materialmente aos **tribunais administrativos** e não aos comuns, apreciar as ações indemnizatórias a que se reporta este artigo, por força do art. 4º-1-g) do Estatuto dos Tribunais Administrativos e Fiscais (última redação da Lei nº 20/2002, de 14.5 (a conjugar com a L. 67/2007, de 31.12 – Regime da Responsabilidade Civil Extracontratual do Estado e Demais Entidades Públicas), quando se refere às *«questões em que nos termos da lei, haja lugar a responsabilidade civil extracontratual das pessoas coletivas de direito público, incluindo a resultante do exercício da função jurisdicional e da função legislativa»*. Concorre no mesmo sentido, o art. 37º-2-d)-g) do Código de Processo nos Tribunais Administrativos (C.P.T.A.) quando conjugadamente diz que segue a forma de *«ação administrativa» «a ação que vise a condenação da administração à adoção de comportamentos necessários ao restabelecimento de direitos ou interesses violados e ao pagamento de indemnizações, decorrentes da imposição de sacrifícios por interesse público»*. Aliás, se é pacífico que compete aos tribunais administrativos julgar os casos de atrasos nos tribunais, como tem acontecido, não se vê por que razão, não podem esses mesmos tribunais ser competentes para julgar as situações previstas neste artigo, que igualmente resultam de um anormal funcionamento da máquina ou aparelho judiciário.

No que respeita à atribuição de competência, importa também ter presente que, ao contrário do anterior ETAF, aprovado pelo DL 129/84, o atual Estatuto (cf. als. g) e i), do nº 1, do art. 4º) operou um alargamento da competência contenciosa dos tribunais administrativos passando a atribuir aos tribunais administrativos, em sede de responsabilidade civil extracontratual, competência para a apreciação de todos os litígios por atos imputáveis a entidades públicas sem a tradicional restrição do objeto da ação aos atos de gestão pública, bem como a sujeitos privados, aos quais seja aplicável o regime específico da responsabilidade do Estado (...) ainda que tais atos, consoante as circunstâncias, se possam encontrar submetidos a um regime (substantivo) de direito público ou privado (Ac. TRL de 19.06.2012, proc. 9089-09.6TBCSC.L1-7, *in* dgsi.pt).

Referências: arts. 27º-5 e 29º-6 da C.R.P. (dever de indemnizar do estado); L. 67/2007, de 31.12 (Regime da Responsabilidade Civil Extracontratual do Estado e Demais Entidades Públicas); Circular da P.G.R. nº 12/92.

Artigo 226º – Prazo e legitimidade

1. O pedido de indemnização não pode, em caso algum, ser proposto depois de decorrido um ano sobre o momento em que o detido ou preso foi libertado ou foi definitivamente decidido o processo penal respectivo.

2. Em caso de morte do injustificadamente privado da liberdade e desde que não tenha havido renúncia da sua parte, pode a indemnização ser requerida pelo cônjuge não separado de pessoas e bens, pelos descendentes e pelos ascendentes. A indemnização arbitrada às pessoas que a houverem requerido não pode, porém, no seu conjunto, ultrapassar a que seria arbitrada ao detido ou preso.

COMENTÁRIOS:

Prazo e legitimidade: Regulamenta o exercício do direito de indemnização a que se reporta o artigo anterior, fixando o **prazo de caducidade em 1 ano** para intentar a ação e **legítima** o cônjuge, descendentes e ascendentes para ela, no caso de morte do visado.

TÍTULO III – Das medidas de garantia patrimonial

Artigo 227º – Caução económica

1. O Ministério Público requer prestação de caução económica quando haja fundado receio de que faltem ou diminuam substancialmente as garantias:

a) Do pagamento da pena pecuniária, das custas do processo ou de qualquer outra dívida para com o Estado relacionada com o crime;

b) Da perda dos instrumentos, produtos e vantagens de facto ilícito típico ou do pagamento do valor a estes correspondente.

2. O requerimento indica os termos e as modalidades em que deve ser prestada a caução económica.

3. Havendo fundado receio de que faltem ou diminuam substancialmente as garantias de pagamento da indemnização ou de outras obrigações civis derivadas do crime, o lesado pode requerer que o arguido ou o civilmente responsável prestem caução económica, nos termos do número anterior.

4. A caução económica prestada a requerimento do Ministério Público aproveita também ao lesado

5. A caução económica mantém-se distinta e autónoma relativamente à caução referida no artigo 197º e subsiste até à decisão final absolutória ou até à extinção das obrigações. Em caso de condenação, são pagas pelo seu valor, sucessivamente, a multa, a taxa de justiça, as custas do processo, a indemnização e outras obrigações civis e, ainda, o valor correspondente aos instrumentos, produtos e vantagens do crime.

(Última redação da L. 30/2017, de 30.05)

COMENTÁRIOS:

Noção de medidas de garantia patrimonial: As medidas de garantia patrimonial, de que trata o presente título III, nada têm a ver com as medidas de coação, previstas no título II, ainda que ambas tenham **natureza cautelar** (v. art. 191º). As medidas de **garantia patrimonial** visam como o próprio nome indica satisfazer interesses patrimoniais, podendo ser impostas aos **arguidos** ou aos **responsáveis civis**, enquanto as medidas de coação, são exclusivamente impostas aos arguidos e visam acautelar os perigos previstos no **art. 204º**. Aliás basta atentar que, enquanto a forma de impugnação das medidas de coação está prevista especialmente nos arts. 219º a 224º, portanto título II capítulo IV, a impugnação das medidas de garantia patrimonial, segue o regime geral dos recursos previsto nos art. 399º e seguintes. Estas **garantias patrimoniais**, ganham novo fôlego, com o recente "estatuto da vítima" (v. em anexo) onde no seu art. 15º-1 se lhes reconhece o direito a serem indemnizadas por parte do agente do crime (v. também art. 75º). E ainda com as alterações introduzidas pela L. 30/2017, de 30.05, que alargaram a possibilidade de imposição de prestação de caução, verificado o «fundado receio de que faltem ou diminuam substancialmente as garantias da perda de instrumentos, produtos e vantagens» gerados pelo crime ou do valor correspondente.

Conforme ensinava Adelino da Palma Carlos, o processo cautelar é o que se destina a evitar um **prejuízo grave**, que ameaça um direito subjetivo; prejuízo tão iminente que não pode esperar pela solução final numa ação instaurada ou a instaurar em curto prazo e que exige a adoção de medidas urgentes, depois de um breve exame e instrução da causa *(summaria cognitio),* durante o qual o Juiz tem de convencer-se apenas da probabilidade ou verosimilhança da existência do direito *(fumus boni juris)* e dos perigos invocados *(periculum in mora)*. Este procedimento civilístico foi importado para o processo penal, com as devidas adaptações.

A caução económica: Estão previstas duas medidas de garantia patrimonial; a **caução económica** (art. 227º) e o **arresto preventivo** (art. 228º). Ambas têm como escopo, **garantir futuros pagamentos**, seja **(1)** da pena pecuniária **(2)** das custas do processo **(3)** de qualquer dívida ao estado, **(4)** da perda de instrumentos, produtos e vantagens, gerados pelo crime ou do valor correspondente **(5)** de qualquer indemnização ou obrigação civil derivadas do crime. Nos quatro primeiros casos a legitimidade para requerer a aplicação destas medidas é do **M.P.** No quinto caso, é do **lesado**, i.e., de quem tenha um interesse patrimonial reconhecido. Em qualquer caso a caução prestada a requerimento do M.P., também aproveita ao lesado.

A fim de não deixar dúvidas em aberto, no nº 5, explicita-se que a caução económica é distinta da caução chamada carcerária, prevista no art. 197º, e atribui-lhe um regime específico ao determinar que a mesma – e por analogia também o arresto – se mantêm até à extinção da obrigação a que se reporta ou até decisão final transitada. Recorde-se que as medidas de coação têm um regime de extinção específico previsto no art. 214º.

Não esquecer no entanto que se aplicará sempre as «disposições gerais» previstas nos arts. 191º a 194º, designadamente no que toca aos princípios e condições de aplicação, das medidas.

Este tipo de processo, dada a sua natureza incidental corre por apenso ao processo-crime, até porque a sua tramitação, obedece à lógica processual civil, com produção de prova, possibilidade de oposição, decisão sobre a mesma, recursos (v. art. 362º e segs. do C.P.C.).

Os pressupostos de aplicação da caução económica: Para aplicação desta medida exigem-se dois pressupostos. Um, que haja a probabilidade de séria existência de um crédito sobre o arguido ou o responsável civil ***(fumus boni júris)***. Dois, que haja um «fundado» receio de que faltem ou diminuam «substancialmente» as garantias de pagamento ***(periculum in mora)***. Ambos os pressupostos têm de ser alegados e provados nestes precisos termos, por quem os invoca, ainda que indiciariamente, como é próprio dos procedimentos cautelares. Assim, terá, por exemplo, o requerente lesado, que **demonstrar**, que existe ou existirá, uma **obrigação de pagamento** a cargo do arguido ou do responsável civil, ou que este com a sua atuação lhe causou um prejuízo moral ou patrimonial indemnizável (art. 483º do C.C.) e ainda que **receia fundada-**

mente não vir a ser pago ou ressarcido, por o arguido ou o responsável civil não poder ou não querer cumprir as suas obrigações neste campo. Em regra alega-se que o arguido ou o responsável civil, está insolvente, ou que é detentor de um património facilmente ocultável, ou que tem tido comportamentos relapsos, designadamente por delapidação do património, visando subtrair-se às suas obrigações, sendo os bens remanescentes inexistentes ou insuficientes para satisfação do crédito.

A imposição da medida não depende da natureza do crime, nem da audição de ninguém, nem de qualquer contraditório, nem da verificação dos pressupostos previstos no art. 204º. Apenas da **indiciação de um crédito** e da **constatação do** «fundado receio» de falta ou diminuição ***"substancial"*** das garantias do seu pagamento. Tudo obviamente sem prejuízo das notificações posteriores e de eventuais recursos. Enfim, exige-se uma vez mais do Juiz, um esforço de ponderação e equilíbrio de interesses, à luz das exigências concretas do normativo.

A imposição de prestação de caução económica baseia-se no fundado receio de que faltem ou diminuam as garantias de pagamento de indemnização do lesado. Não se tendo averiguado factos materiais e concretos comprovativos da existência desse receio, há insuficiência na instrução do incidente (Ac. TRL de 22.02.2001, *in* www.dgsi.pt).

Caução económica: *É ainda necessário que se prove que o arguido está a diminuir ou a fazer desaparecer – ou que há o receio justificado, objectivo e claro de que se prepara para diminuir ou fazer desaparecer – os seus haveres, por forma a subtrair-se ao pagamento* (Ac. TRE de 15.03.2005, *in* www.dgsi.pt).

I – No caso do art. 227º do C.P.P., a situação económica do caucionante é irrelevante, ao contrário do que sucede na caução dita carcerária (art. 197º do C.P.P.), onde a situação económica do arguido é determinante para a fixação do seu valor. II – Efectivamente, a caução dita "carcerária" é uma medida coactiva e reflecte um estatuto pessoal do arguido no processo. Logo, não se pode deixar de levar em conta as condições económicas deste e, portanto, se o mesmo não tiver posses para a prestar, deverá ela ser reduzida ou substituída por outra medida (nºs 2 e 3 do C.P.P.). III – Diferentemente, a caução económica é uma medida de garantia patrimonial do credor, estabelecida em benefício deste. Logo, só tem a ver com o montante em dívida e não com as condições pessoais do devedor (Ac. TRL de 06.07.2000, proc. 6693/99-3ª Secção).

Artigo 228º – Arresto preventivo

1. Para garantia das quantias referidas no artigo anterior, a requerimento do Ministério Público ou do lesado, pode o juiz decretar o

arresto, nos termos da lei do processo civil; se tiver sido previamente fixada e não prestada caução económica, fica o requerente dispensado da prova do fundado receio de perda da garantia patrimonial.

3. A oposição ao despacho que tiver decretado arresto não possui efeito suspensivo.

4. Em caso de controvérsia sobre a propriedade dos bens arrestados, pode o juiz remeter a decisão para tribunal civil, mantendo-se entretanto o arresto decretado.

5. O arresto é revogado a todo o tempo em que o arguido ou o civilmente responsável prestem a caução económica imposta.

6. Decretado o arresto, é promovido o respectivo registo nos casos e nos termos previstos na legislação registal aplicável, promovendo-se o subsequente cancelamento do mesmo quando sobrevier a extinção da medida.

(Última redação da L. 30/2017, de 30.05)

COMENTÁRIOS:

Os pressupostos de aplicação do arresto: Deve começar-se por dizer que, *mutatis mutantis*, se aplica ao arresto tudo o que genericamente acima dissemos relativamente à caução económica. Especificamente, o arresto é uma **medida cautelar**, a trabalhar nos termos da lei civil, i.e., adaptadamente, nos termos previstos nos arts. 619º a 622º e 821º a 831º do C.C., e nos arts. 391º a 396º do C.P.C. O arresto de bens imóveis está sujeito a **registo,** nos termos do código de registo predial. Decretado o arresto deve o tribunal enviar certidão da decisão à conservatória para registo.

O requerente do arresto, sendo um credor, terá de demonstrar o seu **crédito** e invocar o **justo receio** de perda das garantias patrimoniais do devedor, fundado no ***periculum in mora***, e bem assim relacionar os bens que pretende ver arrestados (art. 619º do C.C. e art. 391º e 392º do C.P.C.). O arrestado pode opor-se ou recorrer, mas o efeito de tal ato é meramente devolutivo. O Juiz deverá observar escrupulosamente o disposto no art. 393º do C.P.C., que contém procedimentos equilibradores. Não deve esquecer-se que há bens que não podem ser arrestados. Por exemplo é jurisprudência pacifica que, *«o arresto para garantia do pagamento de indemnizações, decretado em sentença de processo crime, só pode recair, quanto aos bens comuns do casal do cônjuge condenado, sobre a meação desses bens, nos termos dos artigos arts. 1692º-b) e 1696º do Código Civil, e art. 824º do Código de Processo Civil».*

O **arresto** é **autónomo** da **caução económica**, porque dela não depende. Todavia, há duas situações em que podem estar correlacionados. Uma, quando fixada a caução económica, esta não é prestada. Aí, fica o requerente do arresto *«dispensado da prova do fundado receio de perda da garantia patrimonial»*. Bem se compreende a dispensa de tal ónus, já que se o arguido ou o responsável civil, não prestou caução económica é porque não pode ou não quis. Logo, pela própria natureza das coisas, evidenciado está o perigo da não satisfação das suas obrigações patrimoniais. A segunda situação corresponde ao inverso, i.e., imposto o arresto, pode o arguido ou o responsável civil, livrar-se dele, prestando a caução económica imposta ou requerendo que se fixe a mesma. O arresto mantém-se até à extinção da obrigação a que se reporta ou até decisão final transitada.

I – O decretamento do arresto preventivo, não depende da prévia notificação do arguido para prestar caução (Ac. TRL de 11.07.2000, *in* www.dgsi.pt).

Face à actual redacção do art. 228º, nº 1, do CPP, na redacção dada pela Lei nº 59/98, de 25AGO a medida de garantia patrimonial de arresto preventivo, já não tem natureza subsidiária ou supletiva relativamente à caução económica, podendo ser decretada nos termos da lei civil, a requerimento do Ministério Público ou do lesado. No caso de ter sido fixada previamente caução económica e não for prestada, o requerente do arresto fica dispensado da prova do fundado receio da perda da garantia patrimonial, sendo aplicáveis as normas dos arts. 406º e segs., do Código do Processo Civil, pelo que a prova do fumus boni iuri e do periculum in mora é feita no arresto e não no processo criminal (art. 408º, do CPC) (Ac. TRL de 04.10.2006, *in* www.dgsi.pt).

"o requisito da provável existência de crédito reconduz-se à ideia de aparência do direito e fica demonstrado quando emerge de facto criminoso sobre o qual tenha recaído despacho de pronúncia ou equivalente, transitado em julgado" (Ac. TRP de 21.07.1987, *in* CJ-IV-216).

(...) a diligência do arresto é idêntica à penhora sendo-lhe aplicáveis as mesmas disposições legais. Sendo a dívida da responsabilidade exclusiva do cônjuge arrestado, o arresto deve começar pelos bens próprios do arrestado e só depois, na sua falta ou insuficiência, se poderá a arrestar a sua meação (art. 1696º do Cód. Civil); Se a dívida for comum o arresto deve começar pelos bens comuns. E só na falta ou insuficiência destes, se pode arrestar bem próprios (art. 1695º do Cód. Civil). Extinta a responsabilidade da denúnciada pelo seu falecimento só o arguido responderá pela dívida devendo, por consequência, o arresto cingir-se à sua parte no referido imóvel (decisão do JIC de Comarca da Grande Lisboa-Noroeste, de 06.01.2012, *in* proc. 424/09.8PWLSB).

LIVRO V – RELAÇÕES COM AUTORIDADES ESTRANGEIRAS E ENTIDADES JUDICIÁRIAS INTERNACIONAIS

TÍTULO I – Disposições gerais

Artigo 229º – Prevalência dos acordos e convenções internacionais

As rogatórias, a extradição, a delegação do procedimento penal, os efeitos das sentenças penais estrangeiras e as restantes relações com as autoridades estrangeiras relativas à administração da justiça penal são reguladas pelos tratados e convenções internacionais e, na sua falta ou insuficiência, pelo disposto em lei especial e ainda pelas disposições deste livro.

COMENTÁRIOS:

Direito internacional. A conformidade constitucional: Esta norma inaugura o Livro V, que é dedicado ao **direito internacional**, no que toca às relações de natureza jurídico-processual entre estados. Neste campo penal, da cooperação interestadual, prevalece os **tratados** e **convenções** internacionais e na sua falta, sucessivamente, as **leis especiais** e o **CPP**. Tudo sem prejuízo da **conformidade constitucional** de todos os tratados, acordos, convenções e leis (v. arts. 3º-3 e 8º da C.R.P.). No quadro da União Europeia, as relações interestaduais no campo de justiça têm tido forte incremento, mas ainda assim, face à dispersão e imprecisão legislativa, a agilidade do sistema está longe do razoável. Substantivamente, o regime da aplicação da lei no espaço, encontra-se nos **arts. 4º a 7º do C.P.**

Subsidiariedade: Registe-se que, em primeira linha, as principais formas de cooperação interestadual, regem-se pelas normas dos tratados, convenções e acordos internacionais, que vinculam o estado português e só na sua falta ou insuficiência pelas leis "nacionais". Aliás, a epígrafe do artigo é clara **«prevalência dos acordos e convenções internacionais»**. O mesmo diz o art. 3º da L. 144/99, de 31.08 (regime geral). Na prática, direta ou lacunarmente, aplica-se quase sempre o regime geral de cooperação judiciária internacional. Em todo o caso, sendo tantos e tão desvairados os tratados, convenções e acordos internacionais, o melhor na dúvida é consultar a autoridade central, a P.G.R., concretamente o seu Gabinete de Documentação e Direito Comparado, para saber qual a lei aplicável em cada situação.

Autoridade central: A Autoridade Central em matéria de cooperação judiciária internacional é a **Procuradoria-Geral da República**. Assim, **inexistindo mecanismos legais**, que permitam que o expediente correlativo, possa ser **diretamente tramitado** entre as autoridades judiciárias internacionais, deve o mesmo ser-lhe endereçado para transmissão para o exterior e eventual posterior receção pela mesma via.

Documentação genérica: Os pedidos de cooperação internacional devem ser instruídos em regra, com os formulários corretamente preenchidos, traduzidos na língua do estado requerido (exceto Espanha e França, com quem há convenções no sentido da desnecessidade da tradução) com as cópias exigíveis, com a decisão do M.P. ou do Juiz, com certidão das peças processuais pertinentes, com a descrição dos factos e com cópias certificadas da legislação e normas aplicáveis.

Algumas, convenções internacionais e regras aplicáveis:

L. 144/99, de 31.08 (regime jurídico geral **subsidiário** de cooperação judiciária internacional penal, designadamente, em matéria de revisão e confirmação de sentenças estrangeiras, extradição, transmissão de processos penais, execução de sentenças penais, transferência de pessoas condenadas a penas e medidas de segurança privativas da liberdade, vigilância de pessoas condenadas ou libertadas condicionalmente e auxílio judiciário mutuo geral em matéria penal).

L. 65/2003, de 23-08 (regime jurídico do mandado de detenção europeu).

L. 88/2017, de 21.08 (regime jurídico da emissão e da execução de decisões de apreensão de bens ou elementos de prova na União Europeia).

L. 74/2009, de 12.08 (regime jurídico aplicável ao intercâmbio de dados e informações de natureza criminal entre as autoridades dos Estados membros da União Europeia).

L. 88/2009, de 31.08 (regime jurídico da emissão e execução de decisões de perda de instrumentos, produtos e vantagens do crime em outro Estado membro da União Europeia).

L. 93/2009, de 01.09 (regime jurídico da emissão e execução de decisões de aplicação de sanções pecuniárias na União Europeia).

L. 36/2015, de 04.05 (regime jurídico da emissão do reconhecimento e da fiscalização de decisões sobre medidas de coação em alternativa à prisão preventiva na União Europeia)

L. 158/2015, de 17.09 (regime jurídico da transmissão e execução de sentenças em matéria penal que imponham penas de prisão ou outras medidas privativas da liberdade, para efeitos da execução dessas sentenças na União

Europeia, bem como o regime jurídico da transmissão e execução de sentenças e de decisões relativas à liberdade condicional para efeitos da fiscalização das medidas de vigilância e das sanções alternativas).

Circulares da P.G.R. nºs 4/2004, de 30.03.2004 e **15/2004**, de 24-11-2004 (regulamentam a execução do mandado de detenção europeu).

Manual de Procedimentos Relativos à Emissão do Mandado de Detenção Europeu, do Gabinete de Documentação e Direito Comparado, consultável em, *http://www.gddc.pt.*

Atlas judiciário Europeu: As coordenadas das autoridades judiciárias competentes para a cooperação internacional, em cada estado membro da União Europeia, bem como o formulário das cartas rogatórias e do mandado de detenção europeu (MDE) estão disponíveis no endereço da Rede Judiciária Europeia em *http://www.ejn-crimjust.europa.eu.*

Convenção de Viena sobre o Direito dos Tratados: – Resolução da A.R. nº 67/2003 (V. D.R., 1ª Série, de 07.08.2003).

Convenção de Auxílio Judiciário em Matéria Penal entre Estados de U.E.: Resolução da A.R. nº 46/2008, de 12.09 (V. portal das comunidades).

Cooperação em matéria penal entre o Estados Membros da Comunidade dos Países de Língua Portuguesa (CPLP): Feita na Cidade da Praia está depositada junto da CPLP.

Convenção de Extradição – V. D.R., 1ª Série, de 15.09.2008.

Referências: art. 33º da C.R.P. (expulsão, extradição e direito de asilo).

Artigo 230º – Rogatórias ao estrangeiro

1. Sem prejuízo do disposto no artigo anterior, as rogatórias às autoridades estrangeiras são entregues ao Ministério Público para expedição.

2. As rogatórias às autoridades estrangeiras só são passadas quando a autoridade judiciária competente entender que são necessárias à prova de algum facto essencial para a acusação ou para a defesa.

COMENTÁRIOS:

Emissão de cartas rogatórias: O regime jurídico das cartas rogatórias no CPP, está intimamente conexionado com o regime paralelo do CPC, concretamente, arts. 172º e 180º a 185º do CPC. As cartas rogatórias, são pedidos de cooperação dirigidas a autoridades judiciárias estrangeiras, e que se traduzem na solicitação de atos processuais **«necessários»** a um processo, como notificações, audição de pessoas ou informações gerais (v. noção no art. 172º-1 do CPC). Registe-se o enfase colocado no nº 2, de que este dispositivo só deve ser usado se **«essencial»** à prova. Apesar da "aldeia global" em que vivemos, o legislador tem noção das dificuldades na aplicação destas diligências, sempre cheias de incidentes e habitualmente demoradas.

Referências: L. 144/99, de 31.08 e seus arts. 20º a 30º e 145º a 152º, que regulam os pedidos de cooperação em matéria de **cartas rogatórias; Circulares da P.G.R. nº 4/2004** e **15/2004**, sobre a matéria, consultáveis no seu *site*.

Artigo 231º – Recepção e cumprimento de rogatórias

1. As rogatórias são recebidas por qualquer via, competindo ao Ministério Público promover o seu cumprimento.

2. A decisão de cumprimento das rogatórias dirigidas a autoridades judiciárias portuguesas cabe ao juiz ou ao Ministério Público, no âmbito das respectivas competências.

3. Recebida a rogatória que não deva ser cumprida pelo Ministério Público, é-lhe dada vista para opor ao cumprimento o que julgar conveniente.

COMENTÁRIOS:

Cartas rogatórias. Receção e cumprimento: A decisão do cumprimento das cartas rogatórias (pode haver recusa de cumprimento – v. art. 232º) compete ao M.P. ou ao Juiz dependendo do ato concreto rogado. Mas a **execução** do cumprimento da carta, compete sempre aos serviços do M.P.

Referências: arts. 181º a 183º do CPC (cumprimento de cartas rogatórias).

Artigo 232º – Recusa do cumprimento de rogatórias

1. O cumprimento de rogatórias é recusado nos casos seguintes:

a) Quando a autoridade judiciária rogada não tiver competência para a prática do acto;

b) Quando a solicitação se dirigir a acto que a lei proíba ou que seja contrário à ordem pública portuguesa;

c) Quando a execução da rogatória for atentatória da soberania ou da segurança do Estado;

d) Quando o acto implicar execução de decisão de tribunal estrangeiro sujeita a revisão e confirmação e a decisão se não mostrar revista e confirmada.

2. No caso a que se refere a alínea *a*) do número anterior, a autoridade judiciária rogada envia a rogatória à autoridade judiciária competente, se esta for portuguesa.

COMENTÁRIOS:

Cartas rogatórias. Incumprimento: Pode ser recusado o cumprimento das cartas rogatórias com os fundamentos enunciados.

"...esta disposição fica prejudicada pela vinculação do Estado Português a normas internacionais menos amplas como, por exemplo, a decisão-quadro sobre a mandado de detenção europeu (P.P. Albuquerque, *in* Comentário do C.P.P.).

Referências: art. 152º-4 da L. 144/99, de 31.08 (regime geral); art. 180º do CPC (não cumprimento de cartas rogatórias).

Artigo 233º – Cooperação com entidades judiciárias internacionais

O disposto no artigo 229º aplica-se, com as devidas adaptações, à cooperação com entidades judiciárias internacionais estabelecidas no âmbito de tratados ou convenções que vinculem o Estado Português.

COMENTÁRIOS:

Subsidiariedade: Prevalece sempre os tratados, convenções e acordos internacionais, sobre as leis nacionais, sem prejuízo obviamente da sua necessária compatibilidade constitucional.

TÍTULO II – Da revisão e confirmação de sentença penal estrangeira

Artigo 234º – Necessidade de revisão e confirmação

1. Quando, por força da lei ou de tratado ou convenção, uma sentença penal estrangeira dever ter eficácia em Portugal, a sua força executiva depende de prévia revisão e confirmação.

2. A pedido do interessado pode ser confirmada, no mesmo processo de revisão e confirmação de sentença penal estrangeira, a condenação em indemnização civil constante da mesma.

3. O disposto no nº 1 não tem aplicação quando a sentença penal estrangeira for invocada nos tribunais portugueses como meio de prova.

COMENTÁRIOS:

Revisão: As sentenças penais estrangeiras só têm validade na ordem jurídica, primeiro, se tal for **previsto** em lei, tratado ou convenção, segundo, só depois de **revistas** e **confirmadas** pelos tribunais portugueses. Trata-se de um mecanismo de controlo, de **compatibilidade** com a ordem jurídica portuguesa, de que o art. 237 é referente. Mas as sentenças penais estrangeiras, podem servir de **meio de prova**, sem essas exigências, inclusivamente, para invocação do princípio *ne bis in idem* (proibição de ser julgado mais do que uma vez pelo mesmo crime – art. 29-5 da C.R.P.).

"Os pedidos mais comuns de revisão e confirmação de sentença penal estrangeira suscitam-se, aliás, no âmbito do pedido de transferência para Portugal de cidadãos nacionais condenados e a cumprirem pena no estrangeiro, transferência que se fundamenta no disposto na Convenção Relativa à Transferência de Pessoas Condenadas, ratificada por Decreto do Presidente da República nº 8/93 e aprovada para ratificação por Resolução da Assembleia da República nº 8/93, diplomas publicados no DR, I Série-A, de 20-04-1993, nomeadamente nos arts. 6º, 7º, 8º, 9º, nº 1, al. a), e 10º, e, subsidiariamente, na Lei nº 144/99, designadamente no art. 95º e ss. (*in*, CPP, Mag. do M.P. Distrito do Porto).

Referências: arts. 100 e 122 e 123 da L. 144/99 de 31.08 (regulam a revisão e confirmação da sentença estrangeira e a transferência para Portugal do condenado): arts. 978 a 985 do C.P.C. (revisão de sentenças estrangeiras).

Artigo 235º – Tribunal competente

1. É competente para a revisão e confirmação a relação do distrito judicial em que o arguido tiver o último domicílio ou, na sua falta, for encontrado, ou em que tiver o último domicílio ou for encontrado o maior número de arguidos.

2. Se não for possível determinar o tribunal competente segundo as disposições do número anterior, é competente o Tribunal da Relação de Lisboa.

3. Se a revisão e confirmação for pedida apenas relativamente à parte civil da sentença penal, é competente para ela a relação do distrito judicial onde os respectivos efeitos devam valer.

COMENTÁRIOS:

Competência: A competência nesta matéria é deferida aos Tribunais da Relação.

Referências: art. 979º do CPC (tribunal competente).

Artigo 236º – Legitimidade

Têm legitimidade para pedir a revisão e confirmação de sentença penal estrangeira o Ministério Público, o arguido, o assistente e as partes civis.

COMENTÁRIOS:

Legitimidade: Todos os intervenientes processuais têm **legitimidade** para pedir a revisão e confirmação da sentença penal estrangeira. Do ponto de vista do arguido, uma das "boas" razões para pedir a revisão e confirmação da sentença, pode encontrar-se no art. 238º; promover a declaração de extinção da sua responsabilidade.

Artigo 237º – Requisitos da confirmação

1. Para confirmação de sentença penal estrangeira é necessário que se verifiquem as condições seguintes:

a) Que, por lei, tratado ou convenção, a sentença possa ter força executiva em território português;

b) Que o facto que motivou a condenação seja também punível pela lei portuguesa;

c) Que a sentença não tenha aplicado pena ou medida de segurança proibida pela lei portuguesa;

d) Que o arguido tenha sido assistido por defensor e, quando ignorasse a língua usada no processo, por intérprete;

e) Que, salvo tratado ou convenção em contrário, a sentença não respeite a crime qualificável, segundo a lei portuguesa ou a do país em que foi proferida a sentença, de crime contra a segurança do Estado.

2. Valem correspondentemente para confirmação de sentença penal estrangeira, na parte aplicável, os requisitos de que a lei do processo civil faz depender a confirmação de sentença civil estrangeira.

3. Se a sentença penal estrangeira tiver aplicado pena que a lei portuguesa não prevê ou pena que a lei portuguesa prevê, mas em medida superior ao máximo legal admissível, a sentença é confirmada, mas a pena aplicada converte-se naquela que ao caso coubesse segundo a lei portuguesa ou reduz-se até ao limite adequado.

Não obsta, porém, à confirmação a aplicação pela sentença estrangeira de pena em limite inferior ao mínimo admissível pela lei portuguesa.

COMENTÁRIOS:

Requisitos: A norma enuncia os requisitos necessários para que uma sentença estrangeira seja **confirmada,** estendendo esses requisitos aos enunciados no art. 980º do C.P.C., que aliás nada acrescenta. Registe-se a possibilidade aberta pelo nº 3 de **conversão** da pena aplicada não prevista na lei portuguesa a pena equivalente prevista ou a **redução** da pena aplicada ao limite máximo legal vigente na lei portuguesa. Em nenhum caso pode haver agravamento da pena ou das suas condições de execução.

Referências: arts. 6º e 7º e 96º da L. 144/99, de 31.08 (requisitos gerais negativos, recusa e condições de admissibilidade da cooperação internacional).

Artigo 238º – Exclusão da exequibilidade

Verificando-se todos os requisitos necessários para a confirmação, mas encontrando-se extintos, segundo a lei portuguesa, o procedimento criminal ou a pena, por prescrição, amnistia ou qualquer outra causa, a confirmação é concedida, mas a força executiva das penas ou medidas de segurança aplicadas é denegada.

COMENTÁRIOS:

Inexequibilidade: Sem prejuízo da sua confirmação, aplica-se na apreciação da sentença estrangeira as **causas de extinção do procedimento criminal ou da pena**, que seriam aplicáveis caso se tratasse de uma sentença nacional.

Referências: art. 101º-4 da L. 144/99, de 31.08 (efeitos da execução)

Artigo 239º – Início da execução

A execução de sentença penal estrangeira confirmada não se inicia enquanto o condenado não cumprir as penas ou medidas de segurança da mesma natureza em que tiver sido condenado pelos tribunais portugueses.

COMENTÁRIOS:

Precedência: Na concorrência do cumprimento da sentença estrangeira, tem **precedência** a sentença nacional.

Artigo 240º – Procedimento

No procedimento de revisão e confirmação de sentença penal estrangeira seguem-se os trâmites da lei do processo civil em tudo quanto se não prevê na lei especial, bem como nos artigos anteriores e ainda nas alíneas seguintes:

a) Da decisão da relação cabe recurso, interposto e processado como os recursos penais, para a secção criminal do Supremo Tribunal de Justiça;

b) O Ministério Público tem sempre legitimidade para recorrer.

COMENTÁRIOS:

Trâmites e recurso: O procedimento nesta matéria segue os trâmites dos **arts. 978º a 985º do CPC**. O tribunal competente para o **recurso** é o STJ.

Parte II

LIVRO VI – DAS FASES PRELIMINARES

TÍTULO I – Disposições gerais

CAPÍTULO I – Da notícia do crime

Artigo 241º – Aquisição da notícia do crime

O Ministério Público adquire notícia do crime por conhecimento próprio, por intermédio dos órgãos de polícia criminal ou mediante denúncia, nos termos dos artigos seguintes.

COMENTÁRIOS:

Os números da criminalidade: Para se ter uma ideia ainda que muito genérica sobre os números da criminalidade, segundo os últimos relatórios anuais de segurança interna **(RASI)** são registadas, pelos órgãos de polícia criminal, entre **350.000** a **400.000** participações de natureza criminal anualmente. Os crimes mais participados são ofensas à integridade física voluntária simples, furto em veículo e violência doméstica (cerca de 23.000 participações para cada tipo de crime), condução de veículo com taxa de álcool igual ou superior a 1,2 g/l (cerca de 20.000 participações). No capítulo da criminalidade grave (que integra cerca de 25 tipos de crimes, entre os quais, homicídios, roubos, violações, etc... são registados em média cerca de 20.000 participações anualmente) os crimes mais participados são, roubo (cerca de 10.000 participações) resistência e coação de funcionários (cerca de 1.700 participações); ofensa à integridade física grave (cerca de 600 participações) roubos a residências (cerca de 600 participações).

No conjunto, Lisboa, Porto, Setúbal, Faro, Braga e Aveiro, representam cerca de dois terços do total da criminalidade registada, sendo Lisboa e Porto, os distritos onde ocorreram mais crimes.

Princípio da aquisição processual e da promoção oficiosa: Para que seja possível ao Ministério Público, entidade titular do procedimento criminal, dar início à fase de investigação denominado **inquérito,** é mister que haja a ***notitia criminis*** (v. art. 48º). São três os meios de aquisição de tal notícia; por **conhecimento próprio do M.P.** (art. 241º) por **participação dos OPCs** (art. 243º) ou por **denúncia** obrigatória ou facultativa (arts. 242º e 244º). Adquirido por estes meios tal conhecimento, constatado ainda que diluidamente, uma hipótese de crime, o M.P., tem a obrigação legal de **instaurar inquérito** (v. art. 48º) salvo restrição constante do nº 3 do artigo seguinte. E é bom que assim seja, posto que seria extremamente perigoso para a própria democracia, que o M.P. pudesse ao abrigo de um qualquer poder discricionário ou de oportunidade, escolher os crimes que devia ou não investigar. Tal não significa que não possa haver critérios de precedência ou de urgência na investigação. A importante **L. 96/2017, de 23.08**, definiu os objetivos, prioridades e orientações de política criminal para o biénio de 2017-2019, em cumprimento da **L. 17/2006, de 23.05**, que aprovou a lei-quadro da política criminal.

Referências: art. 1º-c) (definição de órgão de polícia criminal); art. 53º (posição e atribuições do M.P. no processo); art. 55º (competência dos OPCs); Portaria nº 1.593/2007, de 17.12 (sistema de queixa eletrónica, orientações e consulta do processo, pelo cidadão).

Artigo 242º – Denúncia obrigatória

1. A denúncia é obrigatória, ainda que os agentes do crime não sejam conhecidos:

a) Para as entidades policiais, quanto a todos os crimes de que tomarem conhecimento;

b) Para os funcionários, na acepção do artigo 386º do Código Penal, quanto a crimes de que tomarem conhecimento no exercício das suas funções e por causa delas.

2. Quando várias pessoas forem obrigadas à denúncia do mesmo crime, a sua apresentação por uma delas dispensa as restantes.

3. Quando se referir a crime cujo procedimento dependa de queixa ou de acusação particular, a denúncia só dá lugar a instauração de inquérito se a queixa for apresentada no prazo legalmente previsto.

COMENTÁRIOS:

A natureza pública da obrigação de denunciar: Exatamente pelas mesmas razões pelas quais o M.P., não pode selecionar os crimes que quer investigar, também as entidades referidas nas alíneas, tem **obrigatoriamente** que lhe comunicar o conhecimento de tais crimes. Importa frisar que, quanto aos **funcionários**, tal dever assume uma natureza de obrigação profissional, pois que a lei só os obriga à denúncia, quando adquirirem o conhecimento dos ilícitos em **funções** e por causa delas (v. noção de funcionário, no art. 386º do C.P.).

A natureza processual dos crimes: Impende sobre as **entidades policiais** e os **funcionários,** a **obrigação** de denunciar qualquer crime, ainda que os agentes do mesmo sejam desconhecidos. Mas a denúncia, nos casos de **crimes semipúblicos** ou **particulares** para dar origem a um inquérito, está sujeita a uma **condição de procedibilidade**, que é a de os **legítimos** titulares do direito de queixa, exercerem tal direito nos **prazos** legais (v. arts. 48º a 50º deste código e arts. 113º a 117º do C.P.) sendo o decurso de tais prazos uma **causa de extinção do direito de queixa** (v. art. 115º do C.P.).

Saber **identificar** o crime, qual a sua **natureza** e se o direito de queixa por ele, **caducou** ou não, é tarefa de **subsunção dos factos às normas**, que muitas vezes só no inquérito se consegue apurar com rigor. Logo, só em casos evidentes é que se não deve instaurar inquérito. Instaurado inquérito, com a consequente atribuição de número único de identificação de processo-crime (NUIPC – v. Portaria 1223-A/91, de 30.12) é prática, após a **constatação** de que o crime tem natureza semipública ou particular, serem os titulares do direito de queixa, imediatamente **notificados,** para querendo, apresentar a respetiva queixa, que **caduca** no prazo legal previsto no art. 115º do C.P., sob pena de não o fazendo atempadamente, o inquérito ser **arquivado** por falta dessa condição de procedibilidade processual.

Referências: art. 246º (forma conteúdo e espécie de denúncias).

Artigo 243º – Auto de notícia

1. Sempre que uma autoridade judiciária, um órgão de polícia criminal ou outra entidade policial presenciarem qualquer crime de denúncia

obrigatória, levantam ou mandam levantar auto de notícia, onde se mencionem:

a) Os factos que constituem o crime;

b) O dia, a hora, o local e as circunstâncias em que o crime foi cometido; e

c) Tudo o que puderem averiguar acerca da identificação dos agentes e dos ofendidos, bem como os meios de prova conhecidos, nomeadamente as testemunhas que puderem depor sobre os factos.

2. O auto de notícia é assinado pela entidade que o levantou e pela que o mandou levantar.

3. O auto de notícia é obrigatoriamente remetido ao Ministério Público no mais curto prazo, que não pode exceder 10 dias, e vale como denúncia.

4. Nos casos de conexão, nos termos dos artigos 24º e seguintes, pode levantar-se um único auto de notícia.

COMENTÁRIOS:

O auto de notícia. Presencialidade e fé em juízo: O auto de notícia é o instrumento processual que as entidades policiais ou judiciárias têm, de registar os crimes de denúncia obrigatória que presenciaram (art. 242º) devendo elaborá-lo de acordo com o disposto no artigo e **remetê-lo** ao M.P., para os efeitos previstos no art. 48º, no *«mais curto prazo»*, que as circunstâncias possibilitarem, não excedendo **10 dias**, Digamos que a investigação começa aqui, logo com a elaboração do auto de notícia, sendo este o primeiro ato de inquérito. Não há no processo penal, nenhuma "fase pré investigatória". O que pode é haver "investigações preliminares informais", no domínio policial, tendo em vista a elaboração, por exemplo, de um auto de notícia, que dará origem a um inquérito.

O auto está definido no **art. 99º** como *«um instrumento destinado a fazer fé, quanto aos termos em que se desenrolam os actos processuais a cuja documentação a lei obrigar e aos quais tiver assistido quem os redige, bem como a recolher declarações...»*. Não há razão para que esta definição, não abranja também o auto de notícia a que se reporta este artigo. Trata-se portanto de um documento autêntico, que faz **fé em juízo**, no sentido de que expressa fundamentalmente por parte de quem o elabora, uma manifestação de ciência no plano meramente material, i.e., no plano sensorialmente percetível. Já não faz fé, quanto a juízos de valor ou proposições conclusivas (v. notas ao art. 99º) (v. também os arts. 169º, 363º-2 e 371º do C.C. – questão da *"fé em juízo"*).

I – O auto de notícia, elaborado pela autoridade policial em obediência ao disposto no art. 243º, do C.P.P. é um documento autêntico que faz prova plena dos factos que se referem como praticados pela autoridade respectiva, assim como dos factos que nele são atestados com base nas percepções da entidade documentadora; II – Não sendo posta em causa a autenticidade do auto de notícia, nem a veracidade dos factos no mesmo descritos, declarando o agente autuante em audiência não se recordar da situação de facto por si descrita no mesmo auto, mas n tribunal implícita, reputou como verdadeiro, deve o tribunal considerar tais factos como provados; III – Não tendo o arguido comparecido ao julgamento e não tendo sido posta em causa a autenticidade daquele auto de notícia, ou a veracidade dos factos no mesmo descritos, ao considerar como não provados esses factos, incorreu o tribunal no vício previsto na al. b), do nº 2, do art. 410º, do C.P.P., de contradição insanável da fundamentação (Ac. TRL de 03.11.2011, proc. 241/08.2GGLSB.L1-9, *in* www.dgsi.pt).

O termo presenciar do art. 243º do C.P.P. terá de ser interpretado de forma a nele incluir toda a comprovação pessoal e directa se bem que não imediata, podendo nele incluir o "imediatamente antes" como integrando o "momento" da prática dos factos (Ac. TRC de 02.11.2005, proc. 2842/05, *in* www.dgsi.pt).

Características e trâmites do auto de notícia: O auto de notícia, tem de conter todos os elementos descritos nas alíneas. Ele deve fornecer uma **descrição pormenorizada** dos factos, das coisas e dos sujeitos intervenientes, situando-os no espaço e no tempo, de forma a ser quanto possível, elucidativo por si só. É remetido ao M.P., que determina a instauração de inquérito (arts. 48º e 241º).

Conexão: A conexão é um instrumento de economia processual. Pode a autoridade que levanta o auto de notícia, processá-lo desde logo, segundo as regras da conexão, que se encontram reguladas nos arts. 24º a 31º, juntando toda a matéria criminal num único auto, que dará origem a um único inquérito.

Referências: art. 99º (auto); art. 169º (valor probatório dos autos); art. 365º do C.P. (crime de denúncia caluniosa); art. 366º do C.P. (crime de simulação de crime); art. 369º do C.P. (crime de denegação de Justiça).

Artigo 244º – Denúncia facultativa

Qualquer pessoa que tiver notícia de um crime pode denunciá-lo ao Ministério Público, a outra autoridade judiciária ou aos órgãos de polícia criminal, salvo se o procedimento respectivo depender de queixa ou de acusação particular.

COMENTÁRIOS:

Dever cívico: Qualquer cidadão, tem o poder **facultativo** de denunciar crimes. Tal poder, devia ser, em nosso entendimento por razões de cidadania, um dever obrigatório. Coloca-se a questão de nem sempre ser percetível se os factos denunciados integram crime público ou não. Nestes casos, instaurado inquérito, logo que se chegue à conclusão de que o crime não é público, e se o prazo de caducidade da queixa não tiver entretanto decorrido, deve proceder-se como referido na nota final ao art. 242º (notificação ao titular do direito de queixa para, querendo, apresentar queixa).

Referências: arts. 49º e 50º (legitimidade para apresentar queixa em procedimento dependente de queixa e de acusação particular); L. 130/2015, de 04.09 (estatuto da vítima).

Artigo 245º – Denúncia a entidade incompetente para o procedimento

A denúncia feita a entidade diversa do Ministério Público é transmitida a este no mais curto prazo, que não pode exceder 10 dias.

COMENTÁRIOS:

Prazo de comunicação ao M.P.: Qualquer entidade que receber uma denúncia, transmite-a ao M.P., *«no mais curto prazo»*, não excedendo **10 dias**, para os efeitos previstos no art. 48º (v. art. 104º – regra de contagem do prazo). A ultrapassagem deste prazo, corresponde a uma mera **irregularidade** (v. art. 123º).

Artigo 246º – Forma, conteúdo e espécies de denúncias

1. A denúncia pode ser feita verbalmente ou por escrito e não está sujeita a formalidades especiais.

2. A denúncia verbal é reduzida a escrito e assinada pela entidade que a receber e pelo denunciante, devidamente identificado. É correspondentemente aplicável o disposto no nº 3 do artigo 95º

3. A denúncia contém, na medida possível, a indicação dos elementos referidos nas alíneas do nº 1 do artigo 243º

4. O denunciante pode declarar, na denúncia, que deseja constituir-se assistente. Tratando-se de crime cujo procedimento depende de acusação particular, a declaração é obrigatória, devendo, neste caso, a autoridade judiciária ou o órgão de polícia criminal a quem a denúncia for feita verbalmente advertir o denunciante da obrigatoriedade de constituição de assistente e dos procedimentos a observar.

5. Sem prejuízo do disposto nos artigos 92º e 93º, caso o denunciante não conheça ou domine a língua portuguesa a denúncia deve ser feita numa língua que compreenda.

6. A denúncia anónima só pode determinar a abertura de inquérito se:

a) Dela se retirarem indícios da prática de crime; ou

b) Constituir crime.

7. Nos casos previstos no número anterior, a autoridade judiciária ou órgão de polícia criminal competentes informam o titular do direito de queixa ou participação da existência da denúncia.

8. Quando a denúncia anónima não determinar a abertura de inquérito, a autoridade judiciária competente promove a sua destruição.

(Última redação da L. 130/2015, de 04.09)

COMENTÁRIOS:

A denúncia: O artigo descreve a forma, o conteúdo e as espécies de denúncias. Embora não haja formalidades especiais a observar, deve ela ser reduzida a **escrito** (quanto mais não seja pelo funcionário que recebe a denúncia) e o denunciante (que deve fazer a denúncia numa **«língua que compreenda»** – na prática pode colocar-se dúvidas sobre esta exigência) deve ficar rigorosamente **identificado** a fim de assumir a responsabilidade pelo seu ato.

Nas palavras de Figueiredo Dias, *in* Direito Penal Português, As Consequências Jurídicas do Crime, pág. 667: *"Queixa é o requerimento, feito segundo a forma e nos prazos prescritos, através do qual o titular do respectivo direito (...) exprime a sua vontade de que se verifique procedimento criminal por um crime cometido contra ele ou contra pessoa com ele relacionado"*.

A natureza do crime denunciado: Nos casos de **crimes semi-públicos e nos públicos** em que tenha legitimidade para tal, **pode** o denunciante declarar logo na denúncia que quer constituir-se **assistente,** despoletando-se assim os mecanismos próprios da constituição de assistente (v. arts. 68º a 70º). Se o crime for **particular** (art. 50º) a entidade que receber a denúncia deve advertir logo o denunciante da **obrigatoriedade** de constituição de assistente e aquele deve **declarar logo obrigatoriamente que quer constituir-se assistente** e ficar submetido ao regime legal deste instituto, sob pena de a denúncia após seguir para o M.P., ser imediatamente arquivada, verificado a falta daquela condição de procedibilidade da ação penal.

A denúncia anónima: Muitas vezes, os inquéritos iniciam-se com denúncias anónimas. Há denúncias anónimas baseadas em factos falsos e denúncias anónimas baseadas em factos verdadeiros. No primeiro caso, estamos, ou perante perceções erradas do denunciante ou perante calúnias, em que se usa a máquina judicial para fins persecutórios. No segundo caso, habitualmente referente a criminalidade grave e violenta, podem existir denúncias anónimas, simplesmente por as pessoas não se sentirem devidamente seguras e terem medo das represálias que sobre si podem ser tomadas. Mas ainda assim denunciam. Neste caso, a denúncia, ainda que anónima, é um ato de cidadania.

Face a uma denúncia anónima, só se deve instaurar inquérito, quando dela se retirarem **indícios de crime**. É óbvio que raras serão as denúncias anónimas de onde não se retirem indícios ainda que mínimos da prática de crime. O documento da denúncia anónima, a que se não seguir inquérito, deve ser **destruído**. Supomos que se deverá lavrar auto de destruição, para total transparência do ato. Qualquer denúncia, apresentada com consciência da sua falsidade, deve originar um inquérito contra o denunciante, por **crime de denúncia caluniosa** (v. art. 365º do C.P.).

Referências: arts. 164º-2 (junção aos autos de declarações anónimas); L. 130/2015, de 04.09 (estatuto da vítima em anexo no art. 67º-A).

Artigo 247º – Comunicação, registo e certificado da denúncia

1. O Ministério Público informa o ofendido da notícia do crime, sempre que tenha razões para crer que ele não a conhece.

2. Em todo o caso, o Ministério Público informa o ofendido sobre o regime do direito de queixa e as suas consequências processuais, bem como sobre o regime jurídico do apoio judiciário.

3. Sem prejuízo do disposto no artigo 82º-A, o Ministério Público informa ainda o ofendido sobre o regime e serviços responsáveis pela instrução de pedidos de indemnização a vítimas de crimes violentos, formulados ao abrigo do regime previsto na Lei nº 104/2009, de 14 de

setembro, e os pedidos de adiantamento às vítimas de violência doméstica, bem como da existência de instituições públicas, associativas ou particulares, que desenvolvam atividades de apoio às vítimas de crimes.

4. O ofendido é informado, em especial, nos casos de reconhecida perigosidade potencial do agressor, das principais decisões judiciárias que afectem o estatuto deste.

5. O Ministério Público procede ou manda proceder ao registo de todas as denúncias que lhe forem transmitidas.

6. O denunciante pode, a todo o tempo, requerer ao Ministério Público certificado do registo da denúncia.

7. Sendo a denúncia apresentada pela vítima, o certificado referido no número anterior deve conter a descrição dos factos essenciais do crime em causa, e a sua entrega ser assegurada de imediato, independentemente de requerimento, cumprindo-se ainda o disposto no nº 5 do artigo anterior, se necessário.

(Última redação da L. 130/2015, de 04.09)

COMENTÁRIOS:

Registo e informações: Os serviços do M.P., **registam as denúncias**, em regra em ficheiro informático. Tal registo é autónomo do **registo de inquéritos,** pois nem todas as denúncias dão origem a inquérito (v. art. 242º-3). O registo é condição de garantia da legalidade dos procedimentos. Por outro, o M.P., cumpre os **deveres informativos** que minuciosamente se descrevem no artigo, com especial relevo com as vítimas de «crimes violentos» e de «crimes de violência doméstica», regulados na L. 104/2009, de 14.09.

Antes da Lei nº 48/2007, todas as denúncias enviadas pelos OPC ao MP tinham já um NUIPC atribuído e davam origem à abertura de um inquérito; agora, os órgãos de polícia criminal enviam ao MP denúncias manifestamente infundadas e denúncias de crimes cujo procedimento dependa de queixa ou de acusação particular apresentadas por quem não é titular do direito de queixa, às quais ainda não foi atribuído qualquer NUIPC e que podem ou não dar origem à abertura de inquérito (*in* CPP, Magistrados do M.P. do Dist. Jud. do Porto).

Referências: arts. 67º-A (noção de vítima); art. 212º-4 (audição da vítima na alteração das medidas de coação ao arguido); art. 292º-2 (audição da vítima na fase da instrução); art. 495º-2 (audição da vítima na falta de cumprimento das condições de suspensão da pena do arguido) e L. 130/2015, de 04.09 (estatuto da vítima em anexo ao art. 67º-A).

CAPÍTULO II – Das medidas cautelares e de polícia

Artigo 248º – Comunicação da notícia do crime

1. Os órgãos de polícia criminal que tiverem notícia de um crime, por conhecimento próprio ou mediante denúncia, transmitem-na ao Ministério Público no mais curto prazo, que não pode exceder 10 dias.

2. Aplica-se o disposto no número anterior a notícias de crime manifestamente infundadas que hajam sido transmitidas aos órgãos de polícia criminal.

3. Em caso de urgência, a transmissão a que se refere o número anterior pode ser feita por qualquer meio de comunicação para o efeito disponível. A comunicação oral deve, porém, ser seguida de comunicação escrita.

COMENTÁRIOS:

A *notitia criminis:* Os capítulos II e III, que se seguem, são dos mais importantes do código, já que é no seu estrito cumprimento que se traça indelevelmente o sucesso de muitas investigações. Basta dizer, que aqui se regula a aquisição da matéria criminal de forma **imediata** em situações **irrepetíveis**. Falhados estes procedimentos, comprometida fica muitas vezes a prova. O domínio desta parte do código, sobretudo pelas entidades policiais, é meio caminho andado para o sucesso de qualquer investigação.

O artigo abre o capítulo dedicado às medidas cautelares e de polícia, para recolha e conservação da prova, as quais são levadas a cabo sob o signo da **necessidade** e **urgência**, repetindo os mesmos princípios expendidos nos artigos antecedentes. Coloca-se a tónica na obrigatoriedade do OPC, transmitir a *notitia criminis*, **«no mais curto prazo»**, não excedendo **10 dias**, ao M.P., para os efeitos previstos no art. 48º e segs., a fim de ele assumir imediatamente o conhecimento e a condução do inquérito. Igualmente deve ser comunicada a *notitia criminis* infundada, designadamente aquelas a que alude o art. 246º-5-7, para efeitos de controlo (v. arts. 243º-3 e 245º – prazos de 10 dias). A não comunicação atempada pelos órgãos de polícia criminal, constitui mera irregularidade, que deve considerar-se sanada com a intervenção direta do MP no processo (v. arts. 118º e 123º).

A *notitia criminis* manifestamente infundada: Por manifestamente infundadas, deve entender-se todas as denúncias em que é evidente, patente, notório, que não contêm **indícios** da prática de qualquer crime, concretamente, não contêm nenhum dos elementos a que se reporta as alíneas do art. 243º. Nestes casos a denúncia deve ser **destruída** nos termos do art. 246º-8.

Referências: arts. 48º a 54º (legitimidade do M.P.); art. 55º (competência dos OPCs).

Artigo 249º – Providências cautelares quanto aos meios de prova

1. Compete aos órgãos de polícia criminal, mesmo antes de receberem ordem da autoridade judiciária competente para procederem a investigações, praticar os actos cautelares necessários e urgentes para assegurar os meios de prova.

2. Compete-lhes, nomeadamente, nos termos do número anterior:

a) Proceder a exames dos vestígios do crime, em especial às diligências previstas no nº 2 do artigo 171º e no artigo 173º, assegurando a manutenção do estado das coisas e dos lugares;

b) Colher informações das pessoas que facilitem a descoberta dos agentes do crime e a sua reconstituição;

c) Proceder a apreensões no decurso de revistas ou buscas ou em caso de urgência ou perigo na demora, bem como adoptar as medidas cautelares necessárias à conservação ou manutenção dos objectos apreendidos.

3. Mesmo após a intervenção da autoridade judiciária, cabe aos órgãos de polícia criminal assegurar novos meios de prova de que tiverem conhecimento, sem prejuízo de deverem dar deles notícia imediata àquela autoridade.

COMENTÁRIOS:

Providências cautelares quanto à recolha e conservação da prova: O órgão de polícia criminal (OPC) tem o dever de no local do crime, **(i)** recolher todas as provas **(ii)** assegurar a sua integridade e evitar a sua contaminação e **(iii)** cumprir escrupulosamente todos os trâmites previstos nas normas que se referem a exames, revistas, buscas, apreensões, autorizações e comunicações, a fim de evitarem a posterior alegação de nulidades comprometedoras do sucesso da investigação. Trata-se de uma disposição legal muito importante, pois é precisamente as autoridades que se encontram no terreno nos momentos seguintes à prática do ilícito, que melhores condições têm para assegurarem as provas, devendo privilegiar sempre essa atividade cautelar.

Dir-se-á até, que as entidades policiais, deveriam ter uma melhor preparação técnica para esta fase decisiva da sua atuação, tantas são as vezes que se perdem elementos relevantíssimos de prova, com grande prejuízo para a justiça.

"Não há conversas informais se o agente policial se limita a obter informação do suspeito sobre o local onde se encontra a droga. Não só porque se não evidencia que tenha existido qualquer conversa informal entre arguido e agente da P J, também porque a actuação deste se encontra legalmente justificada e se não demonstra má-fé na conduta policial. Do que aqui se trata é de cumprimento de funções policiais muito bem definidas nos artigos 249º e 250º do C.P.P." (Ac. TRE de 16.02.2016, proc. 235/14.9JELSB, *in* www.dgsi.pt).

Boas práticas de investigação: Colocados perante a cena do crime, deve o OPC cumprir os objetivos deste artigo, sendo certo que para tal, deverá adotar a metodologia mais adequada ao caso.

Com efeito, a resposta imediata das forças policiais que acedem ao local do crime logo após a notícia da sua ocorrência (crime desk response) – que se impõe em alguns casos pela necessidade de repor a ordem e tranquilidade públicas e pelo dever de registar e relatar as próprias ocorrências mesmo que unicamente para fins de política criminal e de estatística – coincide muitas vezes com a deslocação para o mesmo local das equipas de investigação criminal que têm igual necessidade de proceder a averiguações imediatas, dos agentes de socorro médico urgente e por vezes ainda dos serviços de bombeiros e outros de proteção civil e de apoio às vítimas. De onde, pela reunião num só local de diversas entidades e pessoas com finalidades de atuação e competências legais distintas – local onde normalmente já reina a intranquilidade e se somam as intervenções de terceiros que procuram prestar auxílio e a presença de inúmeros curiosos ou de pessoas que tiveram possível contacto direto com as ocorrências – gerou-se a frequente necessidade de compatibilizar todas as atuações pelo estabelecimento de regras procedimentais capazes de prever a solução de todas as questões que se possam suscitar acerca de: hierarquias de autoridade; ordem das intervenções; disciplina dos trabalhos; observância de cuidados especiais no socorro às vítimas; regras técnicas no acesso e no manuseamento dos materiais dispersos pelo local, bem como na sua observação, registo e recolha (Francisco da Costa Oliveira, *in* A defesa e a investigação do crime, pág. 80, 81).

Referências: arts. 171º a 173º (exames); arts. 174º a 177º (revistas e buscas); arts. 178º a 186º (apreensões); art. 251º (revistas e buscas policiais sem prévia autorização da autoridade judiciária).

Artigo 250º – Identificação de suspeito e pedido de informações

1. Os órgãos de polícia criminal podem proceder à identificação de qualquer pessoa encontrada em lugar público, aberto ao público ou sujeito a vigilância policial, sempre que sobre ela recaiam fundadas suspeitas da prática de crimes, da pendência de processo de extradição ou de expulsão, de que tenha penetrado ou permaneça irregularmente no território nacional ou de haver contra si mandado de detenção.

2. Antes de procederem à identificação, os órgãos de polícia criminal devem provar a sua qualidade, comunicar ao suspeito as circunstâncias que fundamentam a obrigação de identificação e indicar os meios por que este se pode identificar.

3. O suspeito pode identificar-se mediante a apresentação de um dos seguintes documentos:

a) Bilhete de identidade ou passaporte, no caso de ser cidadão português;

b) Título de residência, bilhete de identidade, passaporte ou documento que substitua o passaporte, no caso de ser cidadão estrangeiro.

4. Na impossibilidade de apresentação de um dos documentos referidos no número anterior, o suspeito pode identificar-se mediante a apresentação de documento original, ou cópia autenticada, que contenha o seu nome completo, a sua assinatura e a sua fotografia.

5. Se não for portador de nenhum documento de identificação, o suspeito pode identificar-se por um dos seguintes meios:

a) Comunicação com uma pessoa que apresente os seus documentos de identificação;

b) Deslocação, acompanhado pelos órgãos de polícia criminal, ao lugar onde se encontram os seus documentos de identificação;

c) Reconhecimento da sua identidade por uma pessoa identificada nos termos do nº 3 ou do nº 4 que garanta a veracidade dos dados pessoais indicados pelo identificando.

6. Na impossibilidade de identificação nos termos dos nºs 3, 4 e 5, os órgãos de polícia criminal podem conduzir o suspeito ao posto policial mais próximo e compeli-lo a permanecer ali pelo tempo estritamente indispensável à identificação, em caso algum superior a seis horas, realizando, em caso de necessidade, provas dactiloscópicas, fotográficas ou de natureza análoga e convidando o identificando a indicar residência onde possa ser encontrado e receber comunicações.

7. Os actos de identificação levados a cabo nos termos do número anterior são sempre reduzidos a auto e as provas de identificação dele constantes são destruídas na presença do identificando, a seu pedido, se a suspeita não se confirmar.

8. Os órgãos de polícia criminal podem pedir ao suspeito, bem como a quaisquer pessoas susceptíveis de fornecerem informações úteis, e deles receber, sem prejuízo, quanto ao suspeito, do disposto no artigo 59º, informações relativas a um crime e, nomeadamente, à descoberta e à conservação de meios de prova que poderiam perder-se antes da intervenção da autoridade judiciária.

9. Será sempre facultada ao identificando a possibilidade de contactar com pessoa da sua confiança.

COMENTÁRIOS:

O "poder" policial. Ações cautelares: Trata-se de uma disposição legal muito específica e delicada. Através dela é conferido ao OPC um poder muito grande, que deve ser exercido nos exatos termos descritos. Desde logo, como se refere na **epígrafe,** a atuação policial visa, **«identificação de suspeito e pedido de informações»**. Primeiro pressuposto é que seja localizado um **suspeito** num lugar público. Segundo pressuposto é que a suspeita se refira, **(i)** à prática de crimes **(ii)** de pendência contra si de processo de extradição ou expulsão **(iii)** de que tenha penetrado ou permaneça irregularmente em território nacional ou **(iiii)** que haja contra si mandado de detenção. Por contraposição à versão anterior à L. 59/98, de 25.08, que estendia esta atividade policial aos «lugares abertos ao público habitualmente frequentados por delinquentes» observa-se uma restrição, posto que agora os sujeitos passivos da atividade policial só podem ser aqueles **específicos suspeitos.**

O fornecimento pelo suspeito, de **informações criminais uteis**, sem a sua prévia constituição como arguido, está condicionado a que tais informações não sejam autoincriminatórias (v. nº 8). Fora desse caso, a simples detenção aqui reportada, **não impõe obrigatoriamente a constituição como arguido.**

Registe-se que os procedimentos profusamente descritos na norma, incluem a **"retenção"** do suspeito no posto policial, por tempo nunca superior a **seis horas** (v. nº 6).

Medidas de coação: O art. 191º, expressamente **exclui** o conteúdo desta norma do âmbito das medidas de coação e de garantia patrimonial. Na verdade, a mesma regula um mero procedimento policial, que ainda que possa restringir a liberdade de movimentos da pessoa, não o faz de forma significativa a poder ser considerado uma medida de coação.

Na lei processual penal vigora o princípio da legalidade das nulidades – só são nulidades as expressamente previstas na lei, pelo qual o acto só é nulo quando a sua nulidade for expressamente cominada na lei, conforme dispõe o nº 1 do art. 118º do Código de Processo Penal, sendo certo que a lei adjectiva penal não comina qualquer sanção para a inobservância do disposto no art. 250º, nº 2, do C.P.P., pelo que a falta de comunicação prévia da razão de ser da identificação por parte da entidade policial, constituirá, quando muito, mera irregularidade – nº 2 do artigo 118º (Ac. TRL de 01.04.2014, *in* proc. 1996/09-.2GLSNT.l1, 5ª secção).

Referências: L. 5/1995, de 21.02 (estabelece obrigatoriedade de identificação dos cidadãos e regula os procedimentos policiais para o efeito).

Artigo 251º – Revistas e buscas

1. Para além dos casos previstos no nº 5 do artigo 174º, os órgãos de polícia criminal podem proceder, sem prévia autorização da autoridade judiciária:

a) À revista de suspeitos em caso de fuga iminente ou de detenção e a buscas no lugar em que se encontrarem, salvo tratando-se de busca domiciliária, sempre que tiverem fundada razão para crer que neles se ocultam objectos relacionados com o crime, susceptíveis de servirem a prova e que de outra forma poderiam perder-se;

b) À revista de pessoas que tenham de participar ou pretendam assistir a qualquer acto processual ou que, na qualidade de suspeitos, devam ser conduzidos a posto policial, sempre que houver razões para crer que ocultam armas ou outros objectos com os quais possam praticar actos de violência.

2. É correspondentemente aplicável o disposto no nº 6 do artigo 174º

COMENTÁRIOS:

Revista e busca cautelares: A revista e a busca são meios de obtenção de prova que genericamente se encontram previstas, no Cap. II do Título III, nos arts. 174º a 177º (v. ainda arts. 26º e 34º da C.R.P.). Basicamente a **revista** é uma procura de provas materiais de um crime efectuada por autoridades competentes, no corpo ou nas vestes de um suspeito e a **busca** é uma procura em lugares reservados, não acessíveis a todos. Regula-se aqui as **revistas e buscas cautelares**, efetuadas sem prévia autorização da autoridade judiciária em acrescento ao art. 174º-5.

Este artigo, tão mal estruturado, tem grande aplicação prática. Um cidadão pode ser alvo de **revista** pela autoridade policial, se for considerado **«suspeito»** com risco de fuga iminente [v. noção de suspeito no art. 1º-e)] ou for **«detido»** (v. requisitos de detenção nos arts. 255º a 260º) podendo ainda ser alvo de **busca** (a local) se houver razões para crer que oculta objetos relacionados com o crime, suscetíveis de servirem de prova. Obviamente que as noções de **«suspeito»** e de **«fuga iminente»,** são muito subjetivas, pelo que é necessário interpretar caso a caso os sinais que permitam concluir pela existência de tais pressupostos.

Reunidos estes pressupostos, é possível então a entidade policial proceder a **revista** à pessoa e a **busca «no lugar em que se encontrar»**, sem necessidade de prévia autorização da autoridade judiciária. Age então, sob o signo da **urgência** e com o fim de evitar a fuga do suspeito e a perda das provas de um crime. A ação tem de ser imediata e localizada. Registe-se que estas buscas neste contexto normativo, só podem ser feitas *«no lugar onde se encontrarem»* os suspeitos e já não noutros lugares distantes. Mas seguramente nos lugares que lhe estejam facilmente **acessíveis** no momento da detenção. Muitas vezes, o lugar, é a viatura que está usando e que conduz no momento, ou que tem estacionado perto de si. Fora deste regime estão as **buscas domiciliárias**, que exigem sempre prévia autorização judicial (exceto situações previstas no art. 174º-5, onde é dispensada a prévia autorização judicial) (v. art. 177º – buscas domiciliárias).

I – Resultando do factualismo provado que o arguido levantou suspeitas aos agentes da PSP, não só por ter efectuado manobra de inversão de marcha quando surpreendido por aqueles a conduzir pela metade esquerda da faixa de rodagem considerando o seu sentido de trânsito, mas também quando, depois de haver de novo passado no local e de ter parado em obediência a sinal daqueles e ter saído do veículo automóvel, trancou as portas do mesmo, tal circunstancialismo, conexionado com a hora a que os factos ocorreram (5h 30m da madrugada) e a frequência da utilização de veículos no tráfico de estupefacientes, é adequado, quando interpretado à luz da experiência comum, a levantar suspeitas de ocultação, no veículo, de produtos dessa natureza, a impor detenção do arguido e actuação com vista a evitar o periculum in mora na apreensão de tais objectos relacionados com o crime de tráfico. II – O descrito circunstancialismo preenche os requisitos da possibilidade de busca, previstos na al. a) do nº 1 do art. 251º do CPP, numa interpretação razoável, adequada à sua teleologia substancial, que permite o sacrifício mesmo da privacidade do suspeito e a apreensão de objectos que haja razão para crer que possam encontrar-se ocultados no lugar em que se encontrar, relacionados com o crime de que se levantaram suspeitas e que possa determinar a detenção (Ac. STJ de 26.09.2001, *in* www.dgsi.pt).

1 – A al. a) do art. 251º, do C. P. P., em face da verificação dos pressupostos que ela mesma estabelece, permite a realização de buscas, mesmo antes da abertura oficiosa do inquérito, como acto de natureza cautelar, sem serem autorizadas ou ordenadas pela autoridade competente, desde que haja fundada razão para crer que em determinado lugar reservado ou não livremente acessível ao público e onde se encontrem suspeitos, se ocultam objectos relacionados com o crime ou susceptíveis de servirem de prova e que de outra forma poderiam perder-se. II – Para além destes pressupostos, exige a lei ainda um outro, de natureza formal, que é o de que a busca realizada nestas circunstâncias seja imediatamente comunicada ao juiz de instrução e por este apreciada com vista à sua validação (nº 5 do art. 174º, aplicável por força do nº 2 do art. 251º. III – Ao usar a expressão "imediatamente" pretende o legislador significar que a busca tem que ser levada ao conhecimento do juiz no mais curto espaço de tempo, sendo tal falta de comunicação imediata da busca ao juiz cominada pela lei com a sua nulidade, o que já não acontece com a respectiva falta de apreciação ou validação pelo juiz. (...) V – É que, embora não tenha havido uma validação expressa, houve uma validação tácita, bastando atentar no despacho que determinou que o arguido aguardasse os ulteriores termos processuais sujeito à medida de coacção de permanência na habitação para tal se concluir. (...) VII – Mas mesmo admitindo cominar a lei com nulidade a falta de apreciação e validação expressa da busca, não estamos perante uma nulidade insanável, mas antes perante nulidade dependente de arguição, pois não foi utilizado qualquer método absolutamente proibido de obtenção de prova que caiba na previsão do art. 126º do C.P.P., designadamente, no seu nº 3. (...) IX – No que diz respeito à apreensão, tal como acima se referiu relativamente à validação da busca, houve também, no caso, validação tácita da apreensão, pois a droga apreendida foi considerada pelo juiz para e na imputação ao arguido do crime de tráfico. X – Mas, mesmo que assim se não entendesse e se considerasse não ter havido validação, nunca as consequências seriam as retiradas pelo recorrente, pois que, a falta de validação da apreensão teria, nos termos do artigo 118º, nº 2 do CPP, de ser considerada mera irregularidade, a qual se encontra sanada por, como se refere no despacho recorrido, por, não ter sido arguida no próprio acto ou nos três dias subsequentes à primeira notificação ou intervenção (Ac. TRG de 10.01.2005, proc. 2189/04-1, *in* www.dgsi.pt). **Nota:** As buscas em questão, eram não domiciliárias.

Revista a suspeitos e em atos processuais: As pessoas participantes ou assistentes em atos processuais, ou suspeitos, podem ser revistadas, nos termos da alínea *b*) deste artigo. Está aqui ínsito, um **juízo casuístico de perigosidade sobre pessoas**, que resulta de concretos circunstancialismos. Ocorre com alguma frequência nos tribunais, quer quando o processo diz respeito a associações criminosas, quer quando diz respeito a questões populistas que geram muitas emoções. Não raro, são as próprias autoridades judiciárias que solicitam às polícias o cumprimento deste dispositivo, para segurança de todos.

As revistas e buscas em geral e o consentimento dos visados: Conforme o normativo expressamente diz, ele aplica-se **para além dos casos do art. 174º-5**, onde se referem as revistas e buscas sem autorização prévia da autoridade judiciária nalgumas situações, como seja na investigação de certos tipos de crime, ou em caso de flagrante delito e bem assim, situações de consentimento dos visados. À cautela, devem as entidades policiais, sempre que possível, procurarem obter o consentimento escrito dos visados, para obstar à habitual arguição de nulidades nesta sede.

Nulidade: Todos os actos aqui descritos terão de ser posteriormente **validados** pelas autoridades judiciárias, sob pena de **nulidade** (v. art. 174º-6 e respetivas notas sobre o regime de nulidades).

Referências: arts. 249º-2-c) – (apreensões no decurso de revistas e buscas).

Artigo 252º – Apreensão de correspondência

1. Nos casos em que deva proceder-se à apreensão de correspondência, os órgãos de polícia criminal transmitem-na intacta ao juiz que tiver autorizado ou ordenado a diligência.

2. Tratando-se de encomendas ou valores fechados susceptíveis de serem apreendidos, sempre que tiverem fundadas razões para crer que eles podem conter informações úteis à investigação de um crime ou conduzir à sua descoberta, e que podem perder-se em caso de demora, os órgãos de polícia criminal informam do facto, pelo meio mais rápido, o juiz, o qual pode autorizar a sua abertura imediata.

3. Verificadas as razões referidas no número anterior, os órgãos de polícia criminal podem ordenar a suspensão da remessa de qualquer correspondência nas estações de correios e de telecomunicações. Se, no prazo de quarenta e oito horas, a ordem não for convalidada por despacho fundamentado do juiz, a correspondência é remetida ao destinatário.

COMENTÁRIOS:

Apreensão cautelar de correspondência: O art. 34º da C.R.P., declara que *«...o sigilo da correspondência e de outros meios de comunicação são invioláveis»*, sendo, *«...proibida toda a ingerência das autoridades públicas na correspondência (...) salvo os casos previstos na lei em matéria de processo criminal»*. Ora este é precisamente um dos casos constitucionalmente previstos de permissão de ingerência na correspondência, nesta área tão sensível dos direitos liberdades e garantias. Na verdade, o código prevê duas situações de apreensão de correspondência; a deste artigo, a **título cautelar** e a do art. 179º, que contém o **regime geral**. Em qualquer situação a ingerência está sujeita a **garantia judicial**. Assim, apreendida cautelarmente a correspondência, deve o OPC apresentá-la imediatamente ao Juiz, sem a abrir, como se prescreve, seguindo-se os ulteriores termos do regime geral.

As encomendas ou valores fechados: Caso se trate, já não de correspondência, mas de encomendas ou valores fechados, o OPC, havendo fundadas razões para crer que eles contêm informações ou provas com **interesse criminal**, pode proceder à sua abertura, mas com **autorização prévia do Juiz**, que pode ser obtida por qualquer meio, inclusive através de telefone (autorização esta que deverá ficar registada no auto policial).

Suspensão da expedição de correspondência. Detetada qualquer correspondência suspeita nos correios, o OPC, pode ordenar a **suspensão** dos trâmites da expedição da mesma pelo prazo de **48 horas**, durante as quais terá de obter a autorização do Juiz para a sua apreensão, sob pena de impossibilidade legal da mesma.

Nulidade. Proibição de prova: O não cumprimento destes procedimentos processuais, gera uma **nulidade insanável**, por utilização de **métodos proibidos de produção de prova**, nos termos do art. 126º-3. Nem sequer se aplica o art. 119º nem o art. 120º, por expressa ressalva do art. 118º, nº 3.

... as normas do art. 249º do CPP têm de conter-se nos limites gerais dos arts. 18º, 26º e 34º da CRP e dos que, na sequência, são depois particularmente delineados nas várias normas do CPP, que os concretizam. Ora, designadamente no que tange às "ingerências" na correspondência, que a Constituição só admite nos "...casos previstos na lei em matéria criminal" – cf. art. 34º, nº 4 da CRP – temos que, conforme bem se salienta na decisão recorrida, têm sempre de seguir-se as regras do art. 179º do CPP, sob pena de haver nulidade. É que estando em causa o direito fundamental ao segredo das comunicações, deve associar-se o respectivo regime ao do das escutas telefónicas, pelo que e desde logo, nos

termos desta norma, "...a apreensão de correspondência está..., sujeita, a um regime de catálogo...", sendo só possível depois da devida autorização judicial e sendo que é necessariamente o juiz "...a primeira pessoa a tomar conhecimento do conteúdo da correspondência apreendida (Ac. do TRL de 23.06.2004, *in* www.dgsi.pt).

Artigo 252º-A – Localização celular

1. As autoridades judiciárias e as autoridades de polícia criminal podem obter dados sobre a localização celular quando eles forem necessários para afastar perigo para a vida ou de ofensa à integridade física grave.

2. Se os dados sobre a localização celular previstos no número anterior se referirem a um processo em curso, a sua obtenção deve ser comunicada ao juiz no prazo máximo de quarenta e oito horas.

3. Se os dados sobre a localização celular previstos no nº 1 não se referirem a nenhum processo em curso, a comunicação deve ser dirigida ao juiz da sede da entidade competente para a investigação criminal.

4. É nula a obtenção de dados sobre a localização celular com violação do disposto nos números anteriores.

COMENTÁRIOS:

Localização celular de telefones como medida cautelar: A localização celular é um sistema de localização geográfica global, que está prevista neste artigo como **medida cautelar de polícia** para proteger bens de **natureza pessoal** (já não de natureza patrimonial; sabe-se lá porquê!) e que se encontra igualmente prevista no art. 189º-2 (para cujas notas mais desenvolvidas, se remete). Neste enquadramento, é possível a localização celular, **sem prévia autorização do Juiz,** quando ocorrer o circunstancialismo **urgente** descrito no nº 1, mas sem prejuízo da obrigação de **comunicação** do nº 2 ou do nº 3, sob pena de **nulidade** – art. 126º-3.

A aplicação deste artigo, pode ficar e fica comprometida como **medida cautelar de polícia,** quando as operadoras telefónicas, fazem equivaler em todas as situações, os **dados de localização celular** aos **dados de tráfico** e de **conteúdo**, exigindo sempre a prévia intervenção do JIC, situação esta que se tem verificado, em clara violação desta norma.

Tipo de nulidade: v. notas ao art. 190º, *mutatis mutandis*, sobre esta matéria.

Artigo 253º – Relatório

1. Os órgãos de polícia criminal que procederem a diligências referidas nos artigos anteriores elaboram um relatório onde mencionam, de forma resumida, as investigações levadas a cabo, os resultados das mesmas, a descrição dos factos apurados e as provas recolhidas.

2. O relatório é remetido ao Ministério Público ou ao juiz de instrução, conforme os casos.

COMENTÁRIOS:

Relatório: A elaboração de relatório escrito, é uma forma de controlo do exercício da **legalidade democrática** pelas polícias, por parte do M.P. ou do Juiz de instrução, conforme o processo esteja em fase de inquérito (ou com vista a abrir inquérito) ou de instrução e é também um **referencial analítico,** para suportar as decisões a tomar pelas autoridades judiciárias.

CAPÍTULO III – Da detenção

Artigo 254º – Finalidades

1. A detenção a que se referem os artigos seguintes é efectuada:

a) Para, no prazo máximo de quarenta e oito horas, o detido ser apresentado a julgamento sob forma sumária ou ser presente ao juiz competente para primeiro interrogatório judicial ou para aplicação ou execução de uma medida de coacção; ou

b) Para assegurar a presença imediata ou, não sendo possível, no mais curto prazo, mas sem nunca exceder vinte e quatro horas, do detido perante a autoridade judiciária em acto processual.

2. O arguido detido fora de flagrante delito para aplicação ou execução da medida de prisão preventiva é sempre apresentado ao juiz, sendo correspondentemente aplicável o disposto no artigo 141º

COMENTÁRIOS:

Fundamentos constitucionais: Este artigo, tem como referencial, o importante **art. 27º da C.R.P.**, que diretamente assegura o direito à liberdade e à segurança e tipifica as situações de exceção a esse direito e o **art. 28º da C.R.P.**, que regula sumariamente as condições e trâmites da aplicação da prisão preventiva.

A detenção: A detenção é um ato de imposição a alguém **suspeito da prática de um crime**, de um estado de privação provisória da liberdade, por um período curto, com o fim de o submeter a decisão de uma autoridade judiciária. Encontra-se prevista, no que importa a esta norma, no art. 27º-3-a)-b)--c)-f)-g) da C.R.P. Ela pode ocorrer verificado um **flagrante delito** (art. 255º e 256º) ou **fora de flagrante delito** (art. 257º). A detenção não se confunde com a **prisão preventiva** (art. 202º) nem com a **condução forçada de suspeitos** (art. 250º-6). A detenção, dá também origem à obrigatoriedade de constituição como **arguido** (art. 58º-1-c).

Detenção e subsequente revista e busca: Quase sempre à detenção de um **suspeito**, segue-se a sua **revista** ou até se for caso disso, uma **busca**. Em primeiro lugar para lhe serem apreendidos as **eventuais provas do crime**; em segundo, por **razões de segurança**, para prevenir qualquer reação violenta da sua parte, com utilização de qualquer instrumento perigoso que eventualmente tenha consigo. Estes atos seguem o regime previsto no **art. 251º-1-a** (v. notas a este artigo).

A finalidade da detenção: A norma prescreve as finalidades da detenção. No caso da alínea a) o fim, é submeter o detido a **julgamento sumário** (art. 381º e segs.) ou a **primeiro interrogatório judicial** (art. 141º) ou sujeitá-lo a uma **medida de coação** (art. 191º e segs.). No caso da alínea b), o fim é **assegurar a presença** do detido em ato processual (v. art. 116º-2). Neste último caso, deve compaginar-se o disposto no art. 27º-3-f) da C.R.P., que comete ao Juiz, o poder de deter alguém, por virtude de ele ter cometido qualquer *«desobediência a decisão tomada por um tribunal»* ou *«para assegurar a comparência perante autoridade judicial»*.

A apresentação do detido pelo OPC: O detido (em flagrante delito ou fora dele) é sempre **presente ao M.P.** Só assim não será, quando é o **Juiz** que por sua iniciativa, oficiosamente ou sob impulso processual, emite a **ordem de detenção** (v.g., para aplicar ao arguido medida de coação que não o TIR, promovida pelo M.P. – v. art. 194º, ou efetuar o julgamento com a presença do arguido – v. arts. 332º-1-4; 333º-1).

Apresentado pela entidade policial o detido ao M.P., pode ele assumir várias posições. Assim, após prévia e sumária ponderação da legalidade formal da detenção, **valida-a.** Se concluir pela ilegalidade da detenção, **liberta** imediatamente o detido, ao abrigo do art. 261º. Se não houver razões para considerar ilegal a detenção, pode efetuar o **interrogatório,** previsto no art. 143º (mas só quando a detenção resultar de flagrante delito – v. art. 141º) findo o qual, liberta o detido, impondo-lhe tão-somente a prestação de TIR. Poderá já nesse ato, perscrutar a hipótese de utilizar **formas processuais de consenso** (v. art. 281º, suspensão do processo ou art. 392º, forma de processo sumaríssimo). Se considerar conveniente medida de coação mais gravosa, para além do TIR, apresenta o detido para o **interrogatório judicial** a que alude o art. 141º. Ou simplesmente, apresentado que seja o detido ao M.P., verificada sumariamente a validade da detenção, reunidos os pressupostos previstos no art. 381º, apresenta o detido para **julgamento sumário.**

É dever do M.P., fazer sempre a triagem da **legalidade** destas situações e proceder da forma mais **célere** e **eficaz** (v. notas aos arts. 141º e 143º).

Os prazos de apresentação do detido e forma de contagem: O normativo contém prazos diferentes. No primeiro caso, alínea a), **máximo de 48 horas**. No segundo caso, alínea b), prazo **máximo de 24 horas**. Compreende-se que assim seja, dada a natureza dos fundamentos da detenção, que no primeiro caso, exigem da autoridade policial a elaboração de um expediente mais demorado.

Coloca-se a questão da **forma de contagem do prazo de apresentação.** Se não há dúvidas de que o termo inicial se começa a contar do momento da detenção, já o mesmo não se poderá dizer, quanto ao termo final. Trata-se de uma questão importante, que tem gerado inúmeros recursos. De acordo com a jurisprudência o termo **«apresentação»** é a chave da solução. Apresentado o detido em tribunal, independentemente de ser ou não imediatamente objeto de qualquer diligência, mostra-se cumprido o prazo *dies ad quem,* uma vez que a partir daí o arguido está à ordem e sob custódia do tribunal. À cautela, alguns magistrados, assoberbados de trabalho e impossibilitados de proceder a diligências imediatas, começam logo por identificar os arguidos e em seguida colocam-no em *"espera"*, garantindo assim formalmente a sua transição para a custódia do tribunal. Cremos não ser necessário tal procedimento. Em qualquer caso, o não cumprimento do prazo, não configura nenhuma nulidade, mas mera **irregularidade** (arts. 119º, 120º e 123º). Veja-se o elucidativo acórdão infra.

Constando do preceito que é a detenção que deve ser submetida a apreciação judicial naquele prazo, e sendo certo que a submissão à apreciação judicial se inicia com a apresentação do detido em juízo, cremos não ser desconforme à letra da lei a interpretação segundo a qual o prazo se mostrará cumprido se o detido for apresentado no tribunal dentro das 48 horas posteriores à detenção. Julgamos, por outro lado, que essa interpretação é também consonante com a "ratio" da norma constitucional. O que se pretende evitar é que alguém possa manter-se privado da liberdade, à ordem de autoridade não judiciai, para além de um período temporal considerado aceitável, que no caso seriam 48 horas. Ora, apresentado o detido em juízo, este deixa de estar sob a custódia da entidade que o deteve para passar a estar à ordem do poder judicial, com o que fica desde logo garantido que a sua situação será objecto de apreciação judicial, como salvaguardado fica o seu direito de defesa. (...) O Senhor Juiz teve o cuidado de iniciar o interrogatório de cada um dos trinta e três arguidos dentro das 48 horas subsequentes à detenção, E porque era materialmente impossível ouvi-los a todos, integralmente, dentro desse período temporal, limitou-se a perguntar-lhes pela sua identidade e antecedentes criminais, fazendo constar do auto as respectivas respostas e relegando para momento posterior a continuação do interrogatório. Isso teve como efeito assegurar aos arguidos que se encontravam já sob a alçada do poder judicial e não do da entidade que procedera às detenções. Mas, face ao que se deixa dito, cremos que teria agido igualmente em conformidade com a lei se tivesse efectuado sem qualquer interrupção cada um dos interrogatórios, ainda que algum deles só viesse a iniciar-se depois de completadas as 48 horas (Ac. TRL de 30.09.2004, *in* www.dgsi.pt).

A circunstância de ter sido excedido o prazo legal para apresentação do detido ao juiz, não implica a libertação do detido, desde que se verifiquem os requisitos gerais e especiais da prisão preventiva, no momento em que o juiz procede à apreciação dos respectivos pressupostos (Ac. TRE de 04.01.2000, *in* CJ-XXV-I-285).

A aplicação de prisão preventiva ao detido: O nº 2, contém uma advertência talvez desnecessária, de que para aplicação de prisão preventiva, o detido fora de flagrante delito, deve ser apresentado ao Juiz, que o deve interrogar nos termos do art. 141º. O objectivo desta norma é garantir o **contraditório** e a intervenção judicial, através da obrigatoriedade do interrogatório. Mas tal resultaria sempre dos princípios gerais. Em todo o caso, o detido tem sempre de ser obrigatoriamente apresentado ao Juiz para aplicação de qualquer medida de coação, que não o TIR (nestes casos o M.P., tem de promover expressamente no seu requerimento a aplicação das medidas concretas – v. art. 257º).

Referências: art. 4º-1-j) do RCP (isenção do arguido do pagamento de custas – v. notas ao art. 513º).

Artigo 255º – Detenção em flagrante delito

1. Em caso de flagrante delito, por crime punível com pena de prisão:

a) Qualquer autoridade judiciária ou entidade policial procede à detenção;

b) Qualquer pessoa pode proceder à detenção, se uma das entidades referidas na alínea anterior não estiver presente nem puder ser chamada em tempo útil.

2. No caso previsto na alínea *b*) do número anterior, a pessoa que tiver procedido à detenção entrega imediatamente o detido a uma das entidades referidas na alínea *a*), a qual redige auto sumário da entrega e procede de acordo com o estabelecido no artigo 259º

3. Tratando-se de crime cujo procedimento dependa de queixa, a detenção só se mantém quando, em acto a ela seguido, o titular do direito respectivo o exercer. Neste caso, a autoridade judiciária ou a entidade policial levantam ou mandam levantar auto em que a queixa fique registada.

4. Tratando-se de crime cujo procedimento dependa de acusação particular, não há lugar a detenção em flagrante delito, mas apenas à identificação do infractor.

COMENTÁRIOS:

Quem pode deter em flagrante delito: A detenção pode realizar-se **em flagrante delito,** caso em que pode ser efetuada por qualquer **cidadão, autoridade judiciária** ou **entidade policial (v. art. 255º e 256º)** ou **fora de flagrante delito**, caso em que só pode ser efetuada por **autoridade de polícia criminal** ou **autoridade judiciária (v. art. 257º)** [v. definições de autoridade de polícia criminal ou autoridade judiciária no art. 1º-b)-d)]. Quanto à detenção em **flagrante delito**, compreende-se que qualquer **pessoa/cidadão** possa deter (na ausência da autoridade judiciaria ou entidade policial), já que a prática de um crime presenciado diretamente constitui uma prova muito forte. Mas, sublinhe-se; para além da **presencialidade** do crime, exige-se a **imediatividade** da entrega do detido à entidade policial ou à autoridade judiciária. À detenção do arguido e à sua entrega à entidade policial, segue-se as necessárias comunicações (v. art. 259º) e apresentação dele ao Juiz ou ao M.P. para interrogatório ou julgamento sumário (v. art. 381º).

Limites objetivos da detenção: Por outro lado, há limites objetivos para a detenção: **(1)** nos casos de **crimes semipúblicos**, é necessário uma manifestação de vontade do titular do direito de queixa, no sentido de apresentação formal de queixa (v. art. 49º) para que a detenção se **mantenha; (2)** nos casos de **crime de natureza particular** (v. art. 50º) a detenção é substituída pela **identificação do infrator**, para que posteriormente, querendo, o titular do direito de queixa (e de acusação) a possa exercer eficazmente (v. art. 285º). Deste modo para a regularidade/validade da detenção em flagrante delito, torna-se essencial definir desde logo, o tipo de crime cometido e a sua natureza pública, semipública ou particular.

Referências: arts. 68º a 70º (assistente); arts. 141º e 143º (apresentação do detido ao Juiz ou ao M.P.); art. 381º (julgamento sumário dos detidos em flagrante delito).

Artigo 256º – Flagrante delito

1. É flagrante delito todo o crime que se está cometendo ou se acabou de cometer.

2. Reputa-se também flagrante delito o caso em que o agente for, logo após o crime, perseguido por qualquer pessoa ou encontrado com objectos ou sinais que mostrem claramente que acabou de o cometer ou nele participar.

3. Em caso de crime permanente, o estado de flagrante delito só persiste enquanto se mantiverem sinais que mostrem claramente que o crime está a ser cometido e o agente está nele a participar.

COMENTÁRIOS:

Noção de flagrante delito, quase flagrante delito e presunção legal de flagrante delito: Estas noções estão fortemente marcadas por requisitos de **atualidade**, **temporalidade** e **evidência**, quer da prática do crime quer da própria detenção. Na verdade em qualquer circunstância, a detenção nestes casos só pode ocorrer, no mínimo, verificado que seja, um lapso temporal muito curto entre ela e o crime e só se for evidente quem é o autor do crime. Basta atentar na forma como está construída a norma; *«se está cometendo», «se acabou de cometer», «logo após o crime», «claramente».*

Para que haja ***«flagrante delito»*** é necessário que o agente seja encontrado a praticar o crime. Haverá, o chamado, **"quase flagrante delito",** quando tenha acabado de o praticar, de forma a não haver a mínima dúvida de que é o seu autor. A este circunstancialismo, acresce aquele que se costuma designar por **"presunção legal de flagrante delito"**, que corresponde a situações em que o agente for imediatamente perseguido após a prática do crime, ou encontrado com objetos ou sinais que mostrem **«claramente»** que o praticou. Nos dois primeiros casos, exige-se uma mediação direta, relativamente à constatação do autor do crime. No último caso, uma mediação indireta, que é aquela que decorre já não da presencialidade, mas da forte suspeita, que legitima a perseguição instantânea a alguém ou de indícios (objetos ou sinais) que claramente revelem o seu autor. Habitualmente reúnem-se as duas condições. São os casos em que, o agente perseguido após o crime, é encontrado, por exemplo, com manchas de sangue da vítima de agressão, ou com objetos de que se apropriou.

I – O art. 256º do CPP prevê 3 situações distintas: flagrante delito em sentido estrito (está cometendo); quase flagrante delito (acabou de cometer); e presunção legal de flagrante delito (o agente é perseguido ou, mesmo não sendo perseguido é encontrado – já não no local do crime – acompanhado de objectos ou sinais do crime). II – Integra-se na segunda categoria o caso em que, sendo a GNR chamada ao local de um acidente onde depara com o veículo acabado de se despistar, ali detém o arguido, dono do automóvel e que se identifica como seu condutor, ainda que este, após o embate, se tivesse ausentado momentaneamente do local, onde voltou durante o tempo em que a GNR esteve a proceder, sem interrupção, ao levantamento dos dados relativos ao acidente. III – Não definindo a lei um limite temporal para "acabou de cometer" e sendo o interesse protegido não a percepção do crime pelos agentes da autoridade, mas a "proximidade e relação evidente com o caso", ainda que possa ter decorrido algum tempo entre o acidente e a detenção, durante o qual os agentes estiveram a proceder ao levantamento de dados, não existe obstáculo à verificação de flagrante delito, por se tratar de prolongamento da diligência (Ac. TRC de 16.03.2005, *in* www.dgsi.pt).

Ora, no caso do ora recorrente, está-se perante flagrante delito? Na verdade, decorriam operações de vigilância efectuadas pelos elementos da P.J., quando estes constataram, além do mais, que, no Cais da Liscont, em Lisboa, pelas 17H00, de 29/3/04, o já mencionado camião procedeu a um carregamento, seguiram-no discretamente até ao aludido Armazém, onde nas suas imediações já se encontravam os arguidos (C) e (A), e as respectivas viaturas (...), ambos contendo no seu interior diversas malas vazias – cfr. apreensões a fls. E foi, no decurso da operação de descarga daquele camião, que foram encontradas três paletes, das apreendidas nos autos, que continham no seu interior dissimuladas umas caixas de cartão com 8 fardos e 5 embalagens de um produto que, sujeito ao teste DIK 12, verificou ser cocaína, com o peso bruto e total de 268,950 kg (cfr. fls.). Acontece que, enquanto tal operação de descarga naquele armazém decorria, ali apareceu o arguido (J), conduzindo o aludido Opel Corsa (...) « que ainda tentou inverter a marcha, quando se apercebeu da presença de elementos desta Polícia.» (cfr. Relato de Diligência Externa, de fls.). Acresce que foi este arguido então detido e apreendida a sua viatura, vindo no interior da mesma a ser apreendida, além do mais, a já mencionada factura da PT Comunicações, em nome do co-arguido (R).(...). Face ao acima exposto, tal como no douto despacho recorrido, também entendemos que, no caso, se está perante flagrante delito (citados arts. 255º e 256º do CPP) da prática pelo(s) arguido(s) (J) com (C) e (A), em co-autoria material de um crime de tráfico de estupefacientes agravado, p.p p. arts. 21º, nº 1 e 24º, al. c) (procuravam obter avultada compensação remuneratória), ambos do D.L. nº 15/93, de 22 de Janeiro (red. Lei nº 45/96, de 3/9, então vigente). Pelo que não restam dúvidas que a sua detenção foi legal, porque efectuada em flagrante delito – citado art. 255º do CPP. E, por outro lado, ainda face a tal flagrante delito, também não restam dúvidas que se está perante os aludidos fortes indícios da prática por este(s) arguido(s) do já mencionado crime de tráfico de estupefacientes agravado (veja-se, aliás, o tratamento equiparado dado pelas als. a) e b) do nº 3 do art. 27º da CRP) (Ac. TRL de 23.06.2004, *in* www.dgsi.pt).

I – uma vez que estavam perante uma situação de quase flagrante delito e tinham autorização da ofendida para entrarem no domicílio que esta partilhava com o arguido, não era necessária a autorização do arguido para os agentes da PSP entrarem na sua residência pelo que a sua entrada é legal... II – A detenção do arguido é válida por o mesmo ter sido detido em "quase flagrante delito" de ofensas à integridade física (...) e de "flagrante delito" de injúrias à autoridade, ameaças, resistência, coacção e dano, crimes puníveis com pena de prisão, pelo que a sua detenção deve ser validada (Ac. TRL de 31.03.2004, *in* www.dgsi.pt).

O crime permanente: Crime permanente ou duradouro, por contraposição a crime instantâneo, é aquele cuja execução ilícita se prolonga no tempo. A consumação do crime inicia-se com os primeiros atos de execução e prolonga-se **enquanto persistir a situação antijurídica** criada pelo agente. Exemplo mais simples disso, são os crimes de sequestro ou rapto. Nestes casos, uma vez mais, talvez redundantemente, a norma remete para a evidência dos **sinais** de que o crime está em execução.

Artigo 257º – Detenção fora de flagrante delito

1. Fora de flagrante delito, a detenção só pode ser efectuada por mandado do juiz ou, nos casos em que for admissível prisão preventiva, do Ministério Público:

a) Quando houver fundadas razões para considerar que o visado se não apresentaria voluntariamente perante autoridade judiciária no prazo que lhe fosse fixado;

b) Quando se verifique, em concreto, alguma das situações previstas no artigo 204º, que apenas a detenção permita acautelar; ou

c) Se tal se mostrar imprescindível para a protecção da vítima.

2. As autoridades de polícia criminal podem também ordenar a detenção fora de flagrante delito, por iniciativa própria, quando:

a) Se tratar de caso em que é admissível a prisão preventiva;

b) Existirem elementos que tornem fundados o receio de fuga ou de continuação da actividade criminosa; e

c) Não for possível, dada a situação de urgência e de perigo na demora, esperar pela intervenção da autoridade judiciária.

(Última redação da L. 26/2010, de 30.08)

COMENTÁRIOS:

Detenção fora de flagrante delito: Enquanto a detenção em flagrante delito tem como requisitos, a atualidade, a temporalidade e a evidência da prática do crime, já nos casos de fora de flagrante delito, o que marca são as **provas recolhidas em investigação**, que permitem concluir que alguém praticou um crime e consequentemente pode ser detido. Todavia tal detenção, só deve ser ordenada, quando se verificarem os **pressupostos descritos nas alíneas**. São tais pressupostos que constituem a **base legal** da detenção fora de flagrante delito, traduzindo-se basicamente no perigo de o visado se **subtrair aos contactos** com as autoridades, ou poder estar ou ficar a **vítima** em perigo ou estarem preenchidos os **requisitos do art. 204º** (que enunciam perigos vários para a justiça). A discussão a que por vezes se assiste, sobretudo em casos mediáticos, sobre a razão por que um visado é detido e não notificado com "hora marcada" para prestar declarações, ignora ou despreza as razões deste normativo.

A detenção do arguido, sem a sua prévia audição, fora de flagrante delito e para a aplicação ou execução de prisão preventiva, implica o dever de apresentação do detido, no prazo máximo de 48 horas, ao juiz que ordenou a detenção, para que, no interrogatório, o arguido possa pronunciar-se sobre os fundamentos daquela medida de coacção que lhe foi imposta (Ac. STJ de 22.05.2002, *in* www.dgsi.pt).

Entidades que podem proceder à detenção fora de flagrante delito: O Juiz, o M.P. e as entidades policiais, podem ordenar a detenção fora de flagrante delito. Todavia em situações distintas. O **Juiz** pode fazê-lo por iniciativa própria, ou sobre promoção do M.P. O **M.P.**, pode fazê-lo por iniciativa própria, mas limitado aos casos em que for admissível prisão preventiva (art. 202º). As **autoridades policiais**, podem fazê-lo por iniciativa própria, mas apenas na situação descrita nas alíneas do nº 2, que operam **cumulativamente,** i.e., deve verificar-se uma situação de admissibilidade da prisão preventiva, com perigo de fuga (ou fuga por maioria de razão) ou de continuação de atividade criminosa e impossibilidade de intervenção eficaz e atempada da autoridade judiciária. Devem ainda cumprir imediatamente o **dever de comunicação** à autoridade judiciária nos termos do art. 259º.

Está verificado o requisito de legalidade da detenção por autoridade policial fora de flagrante delito constante da alínea c) do nº 2 do artigo 257º do CPP se essa detenção se dá quando a recolha completa dos indícios da prática do crime em investigação se verifica depois da hora de encerramento dos serviços do Ministério Público, mesmo que antes dessa hora já tivessem sido recolhidos alguns desses indícios (Ac. TRP de 25.06.2014, proc. 2374/13.4JAPRT.P1, *in* www.dgsi.pt).

Finalidades e procedimentos na detenção: Em qualquer caso, tem as entidades referidas que respeitar os fins da detenção e cumprirem os formalismos legais a que se reporta o art. 254º.

Mandado de detenção europeu: A **L. 65/2003, de 23.08,** aprovou e regula o regime jurídico do mandado de detenção europeu, que é baseado no reconhecimento mútuo das decisões judiciais de cada país. O mandado de detenção europeu é basicamente uma decisão judiciária, emitida por um Estado membro com vista à detenção e entrega por outro Estado membro, de uma pessoa procurada para efeitos de procedimento criminal ou para cumprimento de uma pena ou medida de segurança privativas da liberdade. Tem na atual "aldeia global" em que vivemos, uma aplicação prática muito relevante.

Artigo 258º – Mandados de detenção

1. Os mandados de detenção são passados em triplicado e contêm, sob pena de nulidade:

a) A data da emissão e a assinatura da autoridade judiciária ou de polícia criminal competentes;

b) A identificação da pessoa a deter; e

c) A indicação do facto que motivou a detenção e das circunstâncias que legalmente a fundamentam.

2. Em caso de urgência e de perigo na demora é admissível a requisição da detenção por qualquer meio de telecomunicação, seguindo-se-lhe imediatamente confirmação por mandado, nos termos do número anterior.

3. Ao detido é exibido o mandado de detenção e entregue uma das cópias. No caso do número anterior, é-lhe exibida a ordem de detenção donde conste a requisição, a indicação da autoridade judiciária ou de polícia criminal que a fez e os demais requisitos referidos no nº 1 e entregue a respectiva cópia.

COMENTÁRIOS:

Formalidades: Os mandados de detenção são emitidos e cumpridos com os formalismos a que alude o normativo. Na realidade, as entidades emissoras destes mandados, estão obrigadas a um dever de rigor, que tem a ver com a importância da diligência ordenada, que põe em causa o direito à liberdade. Por tal razão, o não cumprimento dos formalismos previstos nas alíneas a lei, é cominado com a **nulidade**, ainda que sanável [arts. 120º-2-b) e 121º].

Pode constituir alguma dificuldade saber qual a dimensão da informação relativamente à **(i)** ***«indicação do facto que motivou a detenção»*** e **(ii)** ***«as circunstâncias que legalmente a fundamentam».*** Desde logo a norma reporta-se ao facto e não aos factos, o que inculca a ideia de sumariadade. Deve portanto minimamente invocar-se o **facto concreto** que traduz a subsunção a um tipo legal de crime, v.g., ter matado, agredido, apropriado, etc. Com as ***«circunstâncias que legalmente a fundamentam»,*** obviamente, pretende-se justificar do ponto de vista legal a emissão dos mandados, i.e., a invocação dos **dispositivos adjetivos e substantivos** que sustentam a emissão dos mandados. Devemos dizer, que nem sempre se observa nos tribunais muito rigor na emissão dos mandados, que correspondem grosso modo a formulários mal elaborados, o que viola de forma grosseira o art. 27º-4 da C.R.P.

O artigo 258º, nº 1, alínea c) do Código de Processo Penal (dever constar dos mandados de detenção a indicação do facto que motivou a detenção e das circunstâncias que legalmente a fundamentam) deve ser interpretada em harmonia com o artigo 141º do mesmo Código, que no seu nº 4 refere que o juiz expõe ao arguido os factos que lhe são imputados. Nesta última norma, a função do termo "factos" é diversa do seu emprego no citado artigo 258º, nº 1, alínea c) ali tem uma dinâmica descritiva, com vista à cabal resposta e defesa do arguido; nesta última, trata-se da indicação do facto ilícito, a título informativo (Ac. TRP de 21.05.2003, *in* www.dgsi.pt).

Os requisitos a que devem obedecer os mandados de detenção emitidos pelo MP para que ao arguido seja aplicada prisão preventiva e submetido a primeiro interrogatório judicial não se satisfazem com a mera indicação do "tipo legal de crime" indiciado. II – Devem conter ainda indicação sintética de factos concretos e das circunstâncias que justificam a prisão preventiva (art. 204º CPP). III – A nulidade derivada da omissão de tais requisitos pode ser arguida até ao encerramento do acto processual do primeiro interrogatório judicial do arguido detido (Ac. TRL de 07.06.2000, *in* www.dgsi.pt).

Mandados para cumprimento da pena de prisão subsidiária: Quando da emissão deste tipo de mandados, que se reporta aos casos em que o arguido, condenado numa pena de multa subsidiária à prisão a não pagou, deve constar nos mandados, alem do mais, que, nos termos do **art. 49º-2 do**

C.P. tem a possibilidade de evitar a detenção, entregando à entidade policial o montante em divida.

Artigo 259º – Dever de comunicação

Sempre que qualquer entidade policial proceder a uma detenção, comunica-a de imediato:

a) Ao juiz do qual dimanar o mandado de detenção, se esta tiver a finalidade referida na alínea *b)* do artigo 254º;

b) Ao Ministério Público, nos casos restantes.

COMENTÁRIOS:

Comunicações: As entidades policiais têm que comunicar às **autoridades judiciárias**, todas as detenções que efectuarem, a fim de haver um efetivo **controlo** da sua atividade nesta sede. As "detenções" ao abrigo do art. 250º, são comunicadas nos termos do art. 253º (v. notas ao art. 250º e 253º).

Artigo 260º – Condições gerais de efectivação

É correspondentemente aplicável à detenção o disposto nos nºs 2 do artigo 192º e 9 do artigo 194º

(Última redação da L. 20/2013, de 21.02)

COMENTÁRIOS:

Remissão: Aplica-se em sede de detenção, as **causas de exclusão da culpa** ou de **extinção do procedimento** e para a obrigatoriedade das **comunicações** a observar, na aplicação das medidas de coação.

Artigo 261º – Libertação imediata do detido

1. Qualquer entidade que tiver ordenado a detenção ou a quem o detido for presente, nos termos do presente capítulo, procede à sua imediata libertação logo que se tornar manifesto que a detenção foi efectuada por erro sobre a pessoa ou fora dos casos em que era legalmente admissível ou que a medida se tornou desnecessária.

2. Tratando-se de entidade que não seja autoridade judiciária, faz relatório sumário da ocorrência e transmite-o de imediato ao Ministério Público; se for autoridade judiciária, a libertação é precedida de despacho.

COMENTÁRIOS:

Libertação: Determina-se às **entidades policiais** e às **autoridades judiciárias**, a imediata libertação do detido, quando se constate algum ou alguns dos três casos previstos. Sendo **entidade policial**, elabora posteriormente relatório que remete ao M.P. (v. também art. 253º). Sendo **autoridade judiciária**, a libertação é precedida de despacho. Na verdade, trata-se de uma disposição que visa dar cumprimento a disposições constitucionais e legais, possibilitando o relatório ou o despacho, averiguar da natureza e dimensão do erro, inclusivamente para efeitos disciplinares ou indemnizatórios da vítima da detenção ilegal.

Referências: L. 67/2007, de 31.12 (regime de responsabilidade civil extra contratual do estado e demais entidades públicas).

TÍTULO II – Do inquérito

CAPÍTULO I – Disposições gerais

Artigo 262º – Finalidade e âmbito do inquérito

1. O inquérito compreende o conjunto de diligências que visam investigar a existência de um crime, determinar os seus agentes e a responsabilidade deles e descobrir e recolher as provas, em ordem à decisão sobre a acusação.
2. Ressalvadas as excepções previstas neste Código, a notícia de um crime dá sempre lugar à abertura de inquérito.

COMENTÁRIOS:

Inquérito como fase obrigatória do processo-crime: O inquérito é uma **fase obrigatória** do processo criminal, pois todo o **auto de notícia** (fonte policial) **denúncia** (fonte privada) ou **queixa** (fonte privada e parte interessada) com **conteúdo criminal mínimo**, têm de ser **registados como inquérito-crime** nos serviços. Sendo a primeira fase, pode ser a última, pois o processo pode acabar com um despacho de arquivamento, o que aliás acontece em cerca de 80% dos casos (com grande variação nos variados departamentos e secções do M.P.). A norma não dá uma definição do que é o inquérito, limitando-se a definir o seu conteúdo, numa perspetiva meramente funcional. Deste modo, o inquérito será o conjunto de diligências e atos processuais que visam investigar a existência de um crime e identificar e punir os seus agentes.

Aos serviços do M.P., chega sempre muito expediente, que **não deve ser registado como inquérito.** Por exemplo, situações de denúncias anónimas, sem conteúdo criminal (v. art. 246º-5-7); questões que apenas têm natureza civil, administrativa, laboral, etc...; expediente dos óbitos/autópsias sem indícios de que a causa da morte tenha sido criminosa; comunicações policiais de mera identificação de suspeitos (v. arts. 250º e 253º) etc...

O objeto material do inquérito: O objeto concreto do inquérito é dinâmico. Vai-se definindo com o seu decurso, ainda que **tematicamente vinculado** por um auto de notícia ou por uma denúncia ou queixa de um crime. Chegado o inquérito à acusação, elaborada esta, só a partir daí, fica traçado o objeto do processo, pois como se costuma dizer, "o objeto da acusação é o objeto do processo" e vice-versa. Esta dinâmica implica que o objeto do processo só seja totalmente definido por um despacho de acusação; já não com um despacho de arquivamento, que não traça qualquer objeto processual. A definição do **objeto do processo**, através da dedução de uma **acusação**, é crucial para o exercício legítimo e transparente do contraditório e do *jus punendi* do estado democrático.

A notitia criminis: Havendo notícia de um crime, (o que pressupõe a prévia verificação de elementos mínimos que possam configurar um crime (v. art. 248º) há sempre lugar à instauração de um inquérito. Pode acontecer, a investigação do crime indiciado depender de **«queixa»**, a qual constitui uma **condição de procedibilidade processual**, nos crimes particulares e semipúblicos, que não observada, não impede o registo do expediente como inquérito, mas impede diligências de investigação do inquérito, determinando o seu imediato arquivamento, se posteriormente não se lograr suprir a falta dessa condição no prazo legal (v. arts. 241º a 247º e art. 115º do C.P.). Como princípio geral, só deve ser registado como inquérito-crime, o que devidamente reportado, for suscetível de ser crime e não qualquer expediente que não reúna essa característica.

I – O Ministério Público não deve abrir inquérito quando o comportamento denunciado não integra a prática de qualquer infracção criminal. II – Tendo o Ministério Público aberto inquérito, a não realização nele de qualquer diligência não constitui nulidade, sanável ou insanável. III – Na fase de inquérito, o único acto legalmente obrigatório é o interrogatório do arguido, se se verificarem as circunstâncias previstas no nº 1 do artigo 272º do C.P.P., ou seja, se o inquérito correr contra pessoa determinada em relação à qual haja fundada suspeita da prática de crime e desde que seja possível notificá-la. IV – Num inquérito que não correu contra nenhuma pessoa determinada, não era obrigatório realizar qualquer interrogatório, razão pela qual não pode existir nulidade do inquérito, por insuficiência do mesmo, nos termos do disposto nos artigos 118º, nº 1, e 120º, nºs 1, 2, al. d), e 3, al. c), do C.P.P. (Ac. TRL de 17.12.2008, proc. 10.876/2008-3, *in* www.dgsi.pt).

Linhas de estratégia inicial do M.P.: No importante despacho inicial no inquérito, deve o magistrado do M.P., traçar logo um plano de investigação em face dos elementos disponíveis nesse momento, começando imediatamente por determinar se delega a **competência** investigatória nos OPCs ou tramita ele próprio o processo e bem assim decidir quais as **diligências** a levar a cabo (**atos** de interrogatórios, inquirições, buscas, etc..., **requisições** de exames, perícias, etc..., **notificações** a queixosos, assistentes, vítimas, instituições, etc...).

Por outro lado, é cada vez mais inundante o número de inquéritos que chegam aos tribunais, correspondendo a uma massificação da justiça, muitas vezes com bagatelas penais, sendo poucos os meios disponíveis e as condições de trabalho, exigindo o recurso a decisões expeditas. O código de processo penal, oferece algumas soluções interessantes que vale a pena considerar. Parece altamente conveniente, que o magistrado do M.P., logo no primeiro contacto com o processo, faça uma **avaliação**, fundada em razões de **justiça económica e célere** (não com intuitos meramente estatísticos, o que seria desprezível) averiguando desde logo da possibilidade legal de evitar todo o longo procedimento do processo comum e optar por alguns institutos mais expeditos, como a **dispensa da pena** (art. 280º) ou a aplicação da **suspensão provisória do processo** (art. 281º) ou a **acusação em processo sumário** (art. 381º) ou a **acusação em processo abreviado** (art. 391º-A) ou a **acusação em processo sumaríssimo** (art. 392º).

Mediação penal: A L. 21/2007, de 12.06, criou o regime de **mediação** em processo penal, quanto a certos crimes de menor gravidade. Não tem tido sucesso. A lei é burocratizada e prolixa. Em todo o caso, o M.P., durante o inquérito pode sempre remeter o inquérito para mediação.

Referências: L. 17/2006, de 23.05 (lei quadro da política criminal); L. 96//2017, de 23.08 (objetivos, prioridades e orientações da política criminal, para o biénio 2017/2019); Circ. PGR 4/98, de 04.05 (comunicações pelo M.P. de inquéritos instaurados a agentes da autoridade); Despacho PGD/Lisboa 2/2008, de 09.01, sobre procedimentos (validação da constituição de arguido, segredo de justiça e crimes de catálogo; assistência do público a atos; exame dos autos fora da secretaria; dupla conforme; acusação particular, revisão de sentença).

Artigo 263º – Direcção do inquérito

1. A direcção do inquérito cabe ao Ministério Público, assistido pelos órgãos de polícia criminal.

2. Para efeito do disposto no número anterior, os órgãos de polícia criminal actuam sob a directa orientação do Ministério Público e na sua dependência funcional.

COMENTÁRIOS:

M.P. titular do inquérito: É o M.P., que deve **dirigir** o inquérito e assegurar a regularidade de todos os atos de inquérito, podendo ser assistido por todos os órgãos de polícia criminal, que atuam na sua dependência (v. arts. 48º a 56º). Na verdade, até por impossibilidade material derivada da insuficiência de meios e quadros, o M.P., pode delegar no OPC os atos investigatórios do inquérito (v. art. 270º). E tem delegado, através de despachos genéricos do Procurador-geral da República, que asseguram a legitimidade dos OPCs quanto à sua participação na investigação criminal e nos inquéritos (v. a última Diretiva 1/2002, pub. *in*, D.R. de 04.04.2002).

Entre os poderes de direção do inquérito do M.P., conta-se os de **determinar**, **conformar**, **sindicar** e **revogar** atos policiais, podendo inclusivamente **avocar** o inquérito delegado ao OPC. Expressão disto é ainda o dever de **validar** atos de constituição de arguidos (art. 58º-3) ou de apreensão de bens (art. 178º-3). Tudo sem embargo do respeito pela autonomia técnica e tática do OPC., no que se refere a determinados tipos de investigação mais específica ou complexa.

1. A lei processual penal vigente não impõe a prática de quaisquer actos típicos de investigação. 2. A titularidade do inquérito, bem como a sua direcção, pertencem ao Ministério Público, ex vi dos arts. 262º e 263º do Código Processo Penal, sendo este livre – dentro do quadro legal e estatutário em que se move e a que deve estrita obediência, por força dos arts. 53º e 267º do Código Processo Penal, de promover as diligências que entender necessárias, ou convenientes com vista a fundamentar uma decisão de acusar ou arquivar, com excepção dos actos de prática obrigatória no decurso do inquérito. 3. Só a ausência absoluta de inquérito ou a omissão de diligências impostas por lei determinam nulidade daquele. Assim, a omissão de diligências não impostas por lei não deter-

mina a nulidade do inquérito por insuficiência, pois a apreciação da necessidade dos actos de inquérito é da competência exclusiva do Ministério Público salvaguardados os actos de prática obrigatória e as exigências decorrentes do princípio da legalidade, em levar a cabo ou de promover as diligências que entender necessárias, com vista a fundamentar uma decisão de acusar ou de arquivar o inquérito e não determina a nulidade do inquérito por insuficiência a omissão de diligências de investigação não impostas por lei (Ac. TRL de 06.11.2007, proc. 6231/2007-9, *in* www.dgsi.pt).

A lei não reconhece, porém, ao arguido o direito de ver as testemunhas por si arroladas serem inquiridas pelo juiz de instrução, durante a fase de inquérito. As diligências do inquérito são realizadas pelo MP sendo também o MP quem decide sobre a pertinência de tal prova nesta fase do processo. (...) O despacho que indeferiu a inquirição das testemunhas arroladas pelo arguido recorrido não violou o direito previsto no art. 61º, nº 1, alínea g) do CPP, não configurando, tão pouco, a nulidade pela insuficiência de inquérito a que alude o art. 120º, nº 1, alínea d) do CPP (Ac. TRL. de 05.02.2009, proc. 11232/2008-9, *in* www.dgsi.pt).

Referências: arts. 219º e 220º da C.R.P. (funções e estatuto constitucional do M.P.); L. 47/86, de 15.10 (estatuto e lei orgânica do M.P.); L. 49/2008, de 27.08 (lei de organização e investigação criminal, que distribuiu competências pelos diversos OPCs – P.J., G.N.R., P.S.P., S.E.F, Direção de Finanças e Segurança Social; Autoridade para a Segurança Alimentar e Económica; Direcção geral das Actividades Culturais).

Artigo 264º – Competência

1. É competente para a realização do inquérito o Ministério Público que exercer funções no local em que o crime tiver sido cometido.

2. Enquanto não for conhecido o local em que o crime foi cometido, a competência pertence ao Ministério Público que exercer funções no local em que primeiro tiver havido notícia do crime.

3. Se o crime for cometido no estrangeiro, é competente o Ministério Público que exercer funções junto do tribunal competente para o julgamento.

4. Independentemente do disposto nos números anteriores, qualquer magistrado ou agente do Ministério Público procede, em caso de urgência ou de perigo na demora, a actos de inquérito, nomeadamente de detenção, de interrogatório e, em geral, de aquisição e conservação de meios de prova.

5. É correspondentemente aplicável o disposto nos artigos 24º a 30º

COMENTÁRIOS:

Competência territorial do M.P: A competência territorial do M.P. afere-se em função da **competência territorial do tribunal**, que por sua vez depende das **regras gerais** previstas nos arts. 19º a 36º. Neste sentido, é competente para a investigação, o magistrado do M.P., que de acordo com a **distribuição funcional interna de serviço**, exerce funções no tribunal considerado competente para julgar o crime. Isto sem prejuízo de **regras específicas**, constantes do **estatuto do M.P.** (Lei 47/86, de 15.10.) que atribui competências para a investigação de certos crimes a departamentos concretos (caso do Departamento Central de Investigação e Ação Penal – DCIAP – v. art. 46º e 47º ou dos Departamentos de Investigação e Ação Penal – DIAP – v. arts. 70º a 73º). Há ainda a considerar situações específicas previstas nos **estatutos do M.P.** (v.g., no estatuto, art. 68º, substituição de magistrados em processos complexos e ou de repercussão social e art. 79º, objeção de consciência jurídica). Todavia, tendo em consideração até a natureza unitária do M.P., pode qualquer magistrado do M.P., praticar os **atos urgentes** que forem necessários para assegurar a legalidade e a justiça. O mesmo se dirá quando ainda não houver elementos para decidir qual o M.P. competente. Redundantemente, diz a norma, que nos casos de crimes cometidos no estrangeiro a competência do M.P., defere-se à do tribunal competente (v. art. 22º).

Transmissão de autos entre magistrados do M.P.: Constatada a qualquer momento uma situação de incompetência territorial, os autos são simplesmente **transmitidos** nos termos do **art. 266º**, prosseguindo sem quaisquer consequências.

Artigo 265º – Inquérito contra magistrados

1. Se for objecto da notícia do crime magistrado judicial ou do Ministério Público, é designado para a realização do inquérito magistrado de categoria igual ou superior à do visado.

2. Se for objecto da notícia do crime o Procurador-Geral da República, a competência para o inquérito pertence a um juiz do Supremo Tribunal de Justiça, designado por sorteio, que fica impedido de intervir nos subsequentes actos do processo.

COMENTÁRIOS:

Competência territorial especial do M.P: A norma encerra uma competência *intuitus personae* do M.P. ou dos Juízes, que derroga a regra geral antecedente. Paralelamente ao processo-crime, decorrerá sempre por razões estatutárias um processo disciplinar.

Referências: arts. 11º-4-a); 12º-3-a) e 23º (crimes cometidos por magistrados ou a ele respeitantes); L. 21/85, de 30.07 (estatuto dos Juízes); L. 47/86, de 15.10 (estatuto do M.P.).

Artigo 266º – Transmissão dos autos

1. Se, no decurso do inquérito, se apurar que a competência pertence a diferente magistrado ou agente do Ministério Público, os autos são transmitidos ao magistrado ou agente do Ministério Público competente.

2. Os actos de inquérito realizados antes da transmissão só são repetidos se não puderem ser aproveitados.

3. Em caso de conflito sobre a competência, decide o superior hierárquico que imediatamente superintende nos magistrados ou agentes em conflito.

COMENTÁRIOS:

Transmissão dos autos: Sendo a definição da competência territorial também um processo dinâmico, que se vai aferindo no desenvolvimento da investigação, logo que constatada a incompetência, devem os autos serem **remetidos** para investigação ao magistrado considerado competente.

Existindo conflitos (positivos ou negativos) sobre a competência territorial na magistratura do M.P., deve ser suscitada **hierarquicamente** a resolução do **conflito**. Tais conflitos devem evitar-se através do conhecimento das regras, do bom senso e do consenso, pois perde-se demasiado tempo com eles, com prejuízos para a justiça.

Conflitos: *Quem decide os conflitos suscitados entre Procuradores-Adjuntos do mesmo Círculo Judicial é o Procurador da República [art. 63º-2-g), do EMP]. Compete ao Procurador-Geral Distrital decidir os conflitos entre Procuradores-Adjuntos de Círculos diferentes, mas que pertençam ao mesmo Distrito Judicial, e ao Procurador-Geral da República decidir os conflitos em que os procuradores em causa, pertençam a distritos distintos. Nos casos em que o conflito negativo de competência é suscitado pelo Procurador-Adjunto, e em que a decisão compete ao Procurador-Geral Distrital, aquele deve primeiro remeter o requerimento acompanhado da certidão atrás referida ao respectivo*

Procurador da República, a fim de este emitir parecer sobre a matéria (*in* CPP, Mag. do M.P. Dist. Judic. Porto).

Referências: Circular nº 7/68/PGR de 29.04.68 (diretriz sob a forma como deve ser suscitado o conflito); art. 264º – competência do M.P.

CAPÍTULO II – Dos actos de inquérito

Artigo 267º – Actos do Ministério Público

O Ministério Público pratica os actos e assegura os meios de prova necessários à realização das finalidades referidas no nº 1 do artigo 262º, nos termos e com as restrições constantes dos artigos seguintes.

COMENTÁRIOS:

Fins do inquérito e legalidade dos atos: O M.P. é o **titular do inquérito**, competindo-lhe a sua **direção**, sem prejuízo de competir ao **Juiz** autorizar ou ordenar aqueles atos ou diligências que colidam com os direitos liberdades e garantias dos cidadãos de natureza superior, tal como se descreve nos arts. 268º e 269º. O M.P., deve respeitar os **fins** do inquérito referidos no art. 262º, num quadro de **estrita legalidade**, sem embargo de poder delegar os atos nos OPCs (art. 270º) ou em funcionários judiciais, que estatutariamente podem desempenhar funções de OPC (v. D.L. 343/99, de 26.08). A **direção** do inquérito pelo M.P., *"implica a responsabilização pela conclusão da fase processual em questão, pelos resultados obtidos, e portanto pela prossecução ou não, dos fins a que o inquérito se propõe. É fundamentalmente, uma tarefa de planificação, de eventual delegação de investigações ou diligências nos OPC, e neste caso de fiscalização e controle da atividade de tais órgãos."* (Souto Moura, *in* Jornadas de Direito Processual Penal, O novo CPP, pág. 101 e seg).

Estratégia e gestão processual: O magistrado do M.P., deve declarar formalmente a **abertura do inquérito**, pode, nos termos legais, despachá-lo pessoalmente ou delegar a sua competência investigatória, para um ato específico ou para toda a atividade investigatória, mas subordina sempre toda a atuação, a princípios de **legalidade**, **objetividade**, **eficácia**, **utilidade** e **celeridade** na prática de todos os atos processuais. Para cumprimento destes princípios, deve equacionar o tipo e grau de informação disponível em cada momento, antecipar mentalmente todos os passos necessários àquela concreta investigação e traçar uma estratégia investigatória produtiva, com vista a reconstituir a verdade que se esconde no passado.

O Ministério Público é livre, salvaguardados os actos de prática obrigatória e as exigências decorrentes do princípio da legalidade, de levar a cabo ou de promover as diligências que entender necessárias, com vista a fundamentar uma decisão de acusar ou de arquivar o inquérito e não determina a nulidade do inquérito por insuficiência a omissão de diligências de investigação não impostas por lei (Ac. do TC nº 395/04, de 02.06.2004, *in* DR de 09.10.04).

Referências: arts. 48º a 56º (natureza e funções do M.P.); Circ. 6/2002/PGR (delegação de competências); Circ. 2/1992/PGR (agendamentos dos atos pelo M.P.).

Artigo 268º – Actos a praticar pelo juiz de instrução

1. Durante o inquérito compete exclusivamente ao juiz de instrução:

a) Proceder ao primeiro interrogatório judicial de arguido detido;

b) Proceder à aplicação de uma medida de coacção ou de garantia patrimonial, à excepção da prevista no artigo 196º, a qual pode ser aplicada pelo Ministério Público;

c) Proceder a buscas e apreensões em escritório de advogado, consultório médico ou estabelecimento bancário, nos termos do nº 3 do artigo 177º, do nº 1 do artigo 180º e do artigo 181º;

d) Tomar conhecimento, em primeiro lugar, do conteúdo da correspondência apreendida, nos termos do nº 3 do artigo 179º;

e) Declarar a perda a favor do Estado de bens apreendidos, com expressa menção das disposições legais aplicadas, quando o Ministério Público proceder ao arquivamento do inquérito nos termos dos artigos 277º, 280º e 282º;

f) Praticar quaisquer outros actos que a lei expressamente reservar ao juiz de instrução.

2. O juiz pratica os actos referidos no número anterior a requerimento do Ministério Público, da autoridade de polícia criminal em caso de urgência ou de perigo na demora, do arguido ou do assistente.

3. O requerimento, quando proveniente do Ministério Público ou de autoridade de polícia criminal, não está sujeito a quaisquer formalidades.

4. Nos casos referidos nos números anteriores, o juiz decide, no prazo máximo de vinte e quatro horas, com base na informação que, conjuntamente com o requerimento, lhe for prestada, dispensando a apresentação dos autos sempre que a não considerar imprescindível. *(Última redação da L. 30/2017, de 30.05)*

COMENTÁRIOS:

Atos do Juiz de instrução: A competência do Juiz de Instrução Criminal (**JIC**) durante o inquérito, fase processual presidida pelo Ministério Público, obedece a um quadro **tipificado/taxativo** na lei, de intervenção **promocional** e **ocasional**. O JIC intervém, a pedido (do M.P. ou de outros intervenientes) para praticar atos que se inscrevem no domínio dos **direitos liberdades e garantias** fundamentais de natureza constitucional e também **outras matérias** quiçá de menor importância que a lei **expressamente** reserva ao JIC. Para além dos atos elencados nesta norma, ao JIC também compete **outros atos** dispersos pelo CPP, designadamente, admitir a constituição como assistente (art. 68º-3) declarar a excecional complexidade do inquérito (art. 215º-4) recolher declarações para memória futura (art. 271º) concordar com a suspensão provisória do processo (art. 281º) ou com a dispensa de pena (art. 280º) condenar em multas e ordenar detenções (art. 116º). Durante o inquérito, o JIC, não pode praticar outros atos para além dos **expressamente/taxativamente** previstos no código.

Podem solicitar os atos ao JIC, as entidades referidas no nº 2, devendo este decidir em **24 horas,** sem necessidade de consulta aos autos (v.g., quando estes estão fisicamente no OPC e não no tribunal) se tal consulta não se revelar indispensável.

"o despacho do Procurador da República que, em reclamação hierárquica, mantém o despacho de arquivamento não é sindicável pelo modo a que a recorrente deitou mão; a decisão do Ministério Público que recusa a reabertura do inquérito solicitada pela assistente não é autonomamente sindicável pela assistente perante o juiz de instrução (...). Efectivamente não pode o juiz de instrução em sede de inquérito, fora da instrução, apreciar a alegada omissão de diligências posteriores essenciais para a descoberta da verdade. Essa apreciação reconduz-se a sindicar em inquérito – cuja direcção cabe em exclusivo ao Ministério Público – a decisão do Ministério Público de arquivar. A consideração da estrutura basicamente acusatória proíbe o entendimento do Ex.mo Juiz. A actividade que levou a cabo só pode ser empreendida em momento diverso do inquérito, no momento processual adequado que é a instrução (Ac. TRP de 02.11.2005, proc. 0541293, *in* CJ-XXX-V-211). **Nota:** Em suma, não é sindicável diretamente perante o JIC, os despachos do M.P. de arquivamento de inquérito. Só o requerimento

formal de abertura de instrução pode realizar tal desiderato (v. art. 286º e 287º).

Referências: art. 17º (competência do Juiz de instrução); arts. 286º a 310º (fase da instrução).

Artigo 269º – Actos a ordenar ou autorizar pelo juiz de instrução

1. Durante o inquérito compete exclusivamente ao juiz de instrução ordenar ou autorizar:

a) A efetivação de perícias, nos termos do nº 3 do artigo 154º;

b) A efectivação de exames, nos termos do nº 2 do artigo 172º;

c) Buscas domiciliárias, nos termos e com os limites do artigo 177º;

d) Apreensões de correspondência, nos termos do nº 1 do artigo 179º;

e) Intercepção, gravação ou registo de conversações ou comunicações, nos termos dos artigos 187º e 189º;

f) A prática de quaisquer outros actos que a lei expressamente fizer depender de ordem ou autorização do juiz de instrução.

2. É correspondentemente aplicável o disposto nos nºs 2, 3 e 4 do artigo anterior.

(Última redação da L. 20/2013, de 21.02)

COMENTÁRIOS:

Atos autorizados pelo Juiz: Os atos descritos expressamente na norma, só podem realizar-se **validamente com autorização do Juiz**, com respeito pelos procedimentos regulamentares dos nºs 2, 3 e 4 do artigo anterior. A prática dos atos, com falta de ordem ou autorização judicial, implicando violação de regras de competência judicial, constituem **método proibido de produção de prova**, com a consequente **nulidade insanável** dos atos praticados (v. art. 126º).

Iº O registo de voz e imagem, por qualquer meio e sem consentimento do visado, efectuado nos termos dos artigos 269º, nº 1, al. f), do Cód. Proc. Penal e 6º, nº 2, da Lei nº 5/2002, de 11 de Janeiro, na fase de investigação do processo comum, depende de autorização do juiz; IIº Com essa diligência de recolha de prova, agride-se o direito à imagem, constitucionalmente garantido e protegido, cujo conteúdo integra o direito ao livre desenvolvimento da personalidade individual, mas não a "privacy", aquela área nuclear e intangível da vida privada, protegida contra qualquer intromissão das autoridades ou dos particulares; (...) Vº Ponto é que tal registo se revele idóneo para conseguir o objectivo proposto, necessário, por não existir outro meio igualmente capaz de atingir esse objectivo e menos oneroso para o direito fundamental, e não excessivo relativamente às finalidades para que é produzido; VIº A admissibilidade do registo de voz e imagem não depende da existência de fortes, ou sequer suficientes, indícios da prática de um crime do catálogo, bastando que haja suspeitas da prática do crime e de quem é ou são os seus agentes, tal como para as escutas telefónicas, pois que, tratando-se de um meio de obtenção de prova, visa justamente a recolha de indícios probatórios; VIIº Para que possa ser autorizada, a diligência não tem que ser imprescindível ou indispensável (diferentemente do que acontece para as escutas telefónicas, em que a lei exige que este meio de obtenção de prova seja "indispensável para a descoberta da verdade ou que a prova seria, de outra forma, impossível ou muito difícil de obter"), sendo a lei menos exigente ao impor como requisito a sua "necessidade para a investigação" (Ac. TRL de 18.01.2011, proc. 833/10.0PAMTJ-A--L1-5, *in* www.dgsi.pt).

Artigo 270º – Actos que podem ser delegados pelo Ministério Público nos órgãos de polícia criminal

1. O Ministério Público pode conferir a órgãos de polícia criminal o encargo de procederem a quaisquer diligências e investigações relativas ao inquérito.

2. Exceptuam-se do disposto no número anterior, além dos actos que são da competência exclusiva do juiz de instrução, nos termos dos artigos 268º e 269º, os actos seguintes:

a) Receber depoimentos ajuramentados, nos termos da segunda parte do nº 3 do artigo 138º;

b) Ordenar a efectivação de perícia, nos termos do artigo 154º

c) Assistir a exame susceptível de ofender o pudor da pessoa, nos termos da segunda parte do nº 3 do artigo 172º;

d) Ordenar ou autorizar revistas e buscas, nos termos e limites dos nºs 3 e 5 do artigo 174º;

e) Quaisquer outros actos que a lei expressamente determinar que sejam presididos ou praticados pelo Ministério Público.

3. O Ministério Público pode, porém, delegar em autoridades de polícia criminal a faculdade de ordenar a efectivação da perícia relativamente a determinados tipos de crime, em caso de urgência ou de perigo na demora, nomeadamente quando a perícia deva ser realizada conjuntamente com o exame de vestígios. Exceptuam-se a perícia que envolva

a realização de autópsia médico-legal, bem como a prestação de esclarecimentos complementares e a realização de nova perícia nos termos do artigo 158º

4. Sem prejuízo do disposto no nº 2, no nº 3 do artigo 58º, no nº 3 do artigo 243º e no nº 1 do artigo 248º, a delegação a que se refere o nº 1 pode ser efectuada por despacho de natureza genérica que indique os tipos de crime ou os limites das penas aplicáveis aos crimes em investigação.

COMENTÁRIOS:

Atos delegáveis no OPC ou nos funcionários judiciais: O M.P., **pode delegar no OPC** atos de inquérito, que não sejam da sua exclusiva competência ou do Juiz, ou delegar a totalidade da investigação. Mas há atos que não podem ser delegados, como os constantes das alíneas. Entre os atos da exclusiva competência do M.P., a que se refere a alínea e), conta-se como de mais relevante, o primeiro interrogatório de arguido detido, previsto no art. 143º. Estatutariamente, os funcionários do M.P., podem desempenhar o mesmo tipo de atos dos OPCs (v. D.L. 343/99, de 26.08 – estatuto dos funcionários de justiça).

Vestígios: O nº 3 ressalva situações de emergência, que ocorrem quando é detetado a prática de um crime e é necessário recolher **vestígios** como por exemplo, impressões digitais ou produtos biológicos, ou armas, ou objetos vários; nestes casos o OPC pode ordenar imediatamente os exames periciais. Não pode contudo ordenar autópsias (v. L. 45/2004, de 19.08) ou novas perícias e esclarecimentos a que alude o art. 158º.

Delegações genéricas de competência investigatória: A importante **Circular da P.G.R. nº 6/2002, de 11.03**, divulgada pela Directiva 1/2002, pub. *in* D.R., II série, de 04.04.2002, estipulou delegações genéricas nos OPCs. Igualmente para a polícia judiciária militar, a Circ. 14/2004, de 26.10. São estas circulares que legitimam em termos gerais a atividade investigatória dos OPCs.

Referências: arts. 55º e 56º (competência e dependência dos OPCs).

Artigo 271º – Declarações para memória futura

1. Em caso de doença grave ou de deslocação para o estrangeiro de uma testemunha, que previsivelmente a impeça de ser ouvida em jul-

gamento, bem como nos casos de vítima de crime de tráfico de pessoas ou contra a liberdade e autodeterminação sexual, o juiz de instrução, a requerimento do Ministério Público, do arguido, do assistente ou das partes civis, pode proceder à sua inquirição no decurso do inquérito, a fim de que o depoimento possa, se necessário, ser tomado em conta no julgamento.

2. No caso de processo por crime contra a liberdade e autodeterminação sexual de menor, procede-se sempre à inquirição do ofendido no decurso do inquérito, desde que a vítima não seja ainda maior.

3. Ao Ministério Público, ao arguido, ao defensor e aos advogados do assistente e das partes civis são comunicados o dia, a hora e o local da prestação do depoimento para que possam estar presentes, sendo obrigatória a comparência do Ministério Público e do defensor.

4. Nos casos previstos no nº 2, a tomada de declarações é realizada em ambiente informal e reservado, com vista a garantir, nomeadamente, a espontaneidade e a sinceridade das respostas, devendo o menor ser assistido no decurso do acto processual por um técnico especialmente habilitado para o seu acompanhamento, previamente designado para o efeito.

5. A inquirição é feita pelo juiz, podendo em seguida o Ministério Público, os advogados do assistente e das partes civis e o defensor, por esta ordem, formular perguntas adicionais.

6. É correspondentemente aplicável o disposto nos artigos 352º, 356º, 363º e 364º.

7. O disposto nos números anteriores é correspondentemente aplicável a declarações do assistente e das partes civis, de peritos e de consultores técnicos e a acareações.

8. A tomada de declarações nos termos dos números anteriores não prejudica a prestação de depoimento em audiência de julgamento, sempre que ela for possível e não puser em causa a saúde física ou psíquica de pessoa que o deva prestar.

COMENTÁRIOS:

Produção antecipada da prova de julgamento: Trata-se uma importante norma que permite que na fase de inquérito (na instrução – v. art. 294º) se possa produzir, com derrogação do princípio da imediação, **prova oral válida em julgamento** (v. art. 355º). Duas situações são possíveis; uma em que a diligência é **obrigatória**, gerando a omissão uma nulidade [v. art. 120º-2-d)] caso este previsto no nº 2, com os procedimentos protetores do nº 4, quando o crime a investigar tem natureza sexual e a vítima não seja maior, i.e., não tenha mais de 18 anos (art. 130º C.C.). Outra, **sob impulso**, com a constatação de que, apesar do processo se encontrar na fase de inquérito, determinado depoimento (que não do arguido) está em risco de não ser adquirido para os autos e carece de ficar a constar neles com valor de prova. São os casos de pessoas gravemente **doentes**, em trânsito para o **estrangeiro** ou casos de **vítimas mais vulneráveis** de crimes sexuais ou tráfico de pessoas. Por força dos arts. 21º-2-d) e 24º da L. 130/2015, de 04.09 (estatuto da vítima) também agora as **«vítimas especialmente vulneráveis»** [v. noção no art. 67º-A-1-b)-3] podem prestar declarações para memória futura.

Porque tal depoimento tem o mesmo valor de prova que o produzido em julgamento [v. art. 356º-2-a)] tem o ato de ser **presidido por Juiz** e de seguir alguns dos trâmites próprios de um julgamento, designadamente, quanto à sua documentação, i.e., gravação áudio ou áudio visual (v. arts. 363º e 364º) e procedimentos, concretamente, podendo o arguido ser afastado da sala (art. 352º). A tomada de declarações para memória futura, não inviabiliza a repetição do depoimento em audiência, se este for possível e não tiver contra indicações de natureza física ou psicológica/mental, por parte do declarante.

Obrigação de presença do M.P. e do defensor: Só o M.P. e o defensor do arguido, é que estão obrigados a comparecer no ato de tomada de declarações para memória futura, nisso se afastando este ato de um verdadeiro julgamento (v. nº 3) [v. também art. 64º-1-f)]. Coloca-se a questão (controvertida na jurisprudência) de saber se é possível o recurso a este normativo, **não havendo arguido constituído**, situação que até pode acontecer com muita facilidade (ou por estar relapso/incontactável ou por naquele momento ainda não estar identificado). Tendo em consideração a **natureza urgente** desta diligência e a sua **especificidade**, o que é imprescindível sob pena de nulidade, é a presença do defensor (alem do M.P.); não do arguido. Assim, s.m.o., deverá nomear-se defensor ao arguido que venha a ser constituído, garantindo, se não a sua prévia defesa, pelo menos a legalidade dos procedimentos.

Leitura em audiência das declarações: Tomadas declarações para memória futura, podem as mesmas serem posteriormente **reproduzidas/lidas** em audiência, nos termos do **art. 356º-2-a)** para integral e rigoroso cumprimento do **art. 355º-1**. Reproduzidas, se objeto de gravação áudio ou áudio visual. Lidas, se tiver havido transcrição. Em todo o caso, é jurisprudência constante, confirmada pelo ac. de fix. de jurisp. infra, que não é obrigatório proceder à reprodução/

leitura em audiência da chamada **prova pré-constituída,** para que as mesmas possam ser apreciados e valorados pelo tribunal de julgamento (v. art. 355º-2). Encontrando-se elas transcritas nos autos, ou em registo áudio, estão na disponibilidade de todos os intervenientes, advogados inclusive, que tem livre acesso à consulta do processo e do sistema, pelo menos na fase de julgamento e delas se podem servir ou não, exigindo a sua reprodução/leitura e discussão ou não, pelo que desta forma fica cumprido o contraditório (v. notas aos arts. 355º e 356º).

Jurisprudência uniformizadora: Ac. do STJ de Fixação de Jurisprudência nº 8/2017, de 11.10.2017, *in* D.R. de 21.11.2017: *«As declarações para memória futura, prestadas nos termos do artigo 271º do Código de Processo Penal, não têm de ser obrigatoriamente lidas em audiência de julgamento para que possam ser tomadas em conta e constituir prova validamente utilizável para a formação da convicção do tribunal, nos termos das disposições conjugadas dos artigos 355º e 356º, nº 2, alínea a), do mesmo Código».*

Referências: art. 294º (declarações para memória futura em instrução); art. 275º-2 (redução a auto); art. 320º (atos urgentes); art. 355º (proibição de valoração de provas); art. 356º-2-a) (leitura em julgamento das declarações para memória futura).

Artigo 272º – Primeiro interrogatório e comunicações ao arguido

1. Correndo inquérito contra pessoa determinada em relação à qual haja suspeita fundada da prática de crime é obrigatório interrogá-la como arguido, salvo se não for possível notificá-la.

2. O Ministério Público, quando proceder a interrogatório de um arguido ou a acareação ou reconhecimento em que aquele deva participar, comunica-lhe, pelo menos com vinte e quatro horas de antecedência, o dia, a hora e o local da diligência.

3. O período de antecedência referido no número anterior:

a) É facultativo sempre que o arguido se encontrar preso;

b) Não tem lugar relativamente ao interrogatório previsto no artigo 143º, ou, nos casos de extrema urgência, sempre que haja fundado motivo para recear que a demora possa prejudicar o asseguramento de meios de prova, ou ainda quando o arguido dele prescindir.

4. Quando haja defensor, este é notificado para a diligência com pelo menos vinte e quatro horas de antecedência, salvo nos casos previstos na alínea *b*) do número anterior.

COMENTÁRIOS:

A obrigação de constituição como arguido: Este normativo, que concorre no mesmo sentido do art. 58º-1-a), obriga à imediata constituição e interrogatório como arguido de pessoa devidamente localizada, sobre quem recaia ***«suspeita fundada»*** de ter praticado um crime. Interpretado à letra trata-se de uma disposição letal para a justiça. Na realidade, muitas vezes, a boa recolha de provas sobre pessoas sobre quem recaia suspeitas de crime, implica que elas não saibam que estão a ser investigadas. Em todo o caso, a jurisprudência e a doutrina suavizaram o normativo, estribados na subjetividade da noção de ***«suspeita fundada»*** no sentido de que a realização do interrogatório é uma *"questão táctica que cabe no âmbito de discricionariedade do M.P."* (neste sentido P.P. Albuquerque, *in* Comentário do CPP). Pela razão contrária, o M.P., não tem que interrogar e constituir arguido, pessoa sobre quem não recaia ***«suspeita fundada»***, por exemplo nos casos de queixas sem fundamento.

Esta regra sofre derrogação no caso dos **processos especiais sumário e abreviado**, onde antes do julgamento, não é obrigatório interrogar o suspeito/arguido (v. arts. 382º e 391º-A).

A noção de *«suspeita fundada»*: Esta noção, que não consta da lei, talvez possa ser encontrada a meio do caminho entre o conceito de suspeito do art. 1º-e) e o conceito de indícios suficientes para acusar do art. 283º-2. Por suspeita fundada terá de se entender, uma suspeita **já ancorada em provas**, que não incluindo definitivamente a pessoa num juízo de censura criminal, também não a exclui, mostrando-se contudo esta última hipótese mais provável do que a primeira.

Jurisprudência uniformizadora: Ac. do STJ de Fixação de Jurisprudência nº 1/2006, de 23.11.2005, *in* D.R. de 02.01.2006: *«A falta de interrogatório como arguido, no inquérito, de pessoa determinada contra quem o mesmo corre, sendo possível a notificação, constitui a nulidade prevista no artigo 120º, nº 2, alínea d), do Código de Processo Penal».* **Nota:** Trata-se de uma nulidade sanável, com o regime do art. 121º.

"numa situação em que o MP, depois de realizadas as diligências de investigação que entendeu necessárias, é levado a concluir que não existem indícios suficientes da prática do crime, e que o despacho de encerramento do inquérito será de arquivamento, e não de acusação, seria destituído de qualquer sentido que, ainda assim, se visse obrigado a proceder ao interrogatório do denunciado (como arguido)" (Parecer nº 77/96 do Conselho Consultivo da P.G.R.).

As contribuições do arguido para a investigação: O arguido tem o direito de intervir no inquérito (e na instrução) oferecendo provas e requerendo as diligências que se lhe afigurem necessárias, conforme comanda o art. 61º-1-g). Mas o M.P. tem de fazer uma exigente triagem do requerido pelo arguido, no sentido de não deixar que a investigação derrape com atos e diligências inconsequentes para a descoberta da verdade (v. neste sentido art. 53º-1). Se o requerido pelo arguido, disser apenas respeito a uma sua defesa subjetiva, terá tempo de a apresentar em julgamento.

Prazos: O M.P. tem de cumprir os prazos de notificação de **24 horas**, fixados no artigo, com as exceções decorrentes da ***«extrema urgência»***.

Referências: art. 58º (constituição de arguido); art. 60º (posição processual do arguido); art. 61º (direitos e deveres do arguido); art. 64º (obrigatoriedade de assistência por defensor no interrogatório); art. 144º (outros interrogatórios de arguido).

Artigo 273º – Mandado de comparência, notificação e detenção

1. Sempre que for necessário assegurar a presença de qualquer pessoa em acto de inquérito, o Ministério Público ou a autoridade de polícia criminal em que tenha sido delegada a diligência emitem mandado de comparência, do qual conste a identificação da pessoa, a indicação do dia, do local e da hora a que deve apresentar-se e a menção das sanções em que incorre no caso de falta injustificada.

2. O mandado de comparência é notificado ao interessado com pelo menos três dias de antecedência, salvo em caso de urgência devidamente fundamentado, em que pode ser deixado ao notificando apenas o tempo necessário à comparência.

3. Se o mandado se referir ao assistente ou ao denunciante com a faculdade de se constituir assistente representado por advogado, este é informado da realização da diligência para, querendo, estar presente.

4. É correspondentemente aplicável o disposto no nº 2 do artigo 116º

COMENTÁRIOS:

Mandados: Para convocação de intervenientes processuais a atos de inquérito, podem emitir-se **mandados de comparência**, nos termos constantes da norma. É habitual fazer-se as convocações através de **simples notificação pos-**

tal e só usar-se os mandados em casos de dificuldades de convocação (v. arts. 99º, 111º, 112º e 116º). Se o convocado, injustificadamente não comparecer à diligência, deve seguir-se o disposto no art. 116º-2 (multa e detenção).

Artigo 274º – Certidões e certificados de registo

São juntos aos autos as certidões e certificados de registo, nomeadamente o certificado do registo criminal do arguido, que se afigurem previsivelmente necessários ao inquérito ou à instrução ou ao julgamento que venham a ter lugar e à determinação da competência do tribunal.

COMENTÁRIOS:

Certidões e registo criminal: No decurso do inquérito, logo que se **perspetive** a hipótese de **acusação**, deve requisitar-se as certidões necessárias à **prova dos factos** (prova da data de nascimento, do óbito, do parentesco, prova de condenações em sentenças transitadas, para eventual cúmulo, prova de registo e decisões comerciais, prediais ou estradais e bem assim o certificado de registo criminal do arguido, para avaliar os seus antecedentes criminais e eventual situação de reincidência (art. 75º do C.P.) ou de tendência delinquente (art. 85º do C.P.) etc...

A **reincidência** ou a **tendência delinquente,** são agravantes especiais, que têm de ser **alegadas** na acusação e **provadas** em julgamento (v. notas ao art. 283º).

Referências: art. 165º (prazo de junção de documentos); art. 295º (certidões na fase de instrução); art. 340º (junção tardia de documentos relevantes para a justiça); L. 37/2015, de 05.05 e D.L. 381/98, de 27.11 (regime jurídico e regulamento da identificação criminal e de contumazes).

Artigo 275º – Autos de inquérito

1. As diligências de prova realizadas no decurso do inquérito são reduzidas a auto, que pode ser redigido por súmula, salvo aquelas cuja documentação o Ministério Público entender desnecessário.

2. É obrigatoriamente reduzida a auto a denúncia, quando feita oralmente, bem como os actos a que se referem os artigos 268º, 269º e 271º

3. Concluído o inquérito, o auto fica à guarda do Ministério Público ou é remetido ao tribunal competente para a instrução ou para o julgamento.

COMENTÁRIOS:

Forma de auto: Todas as diligências, que se revelem com interesse, são reduzidas a auto, nos termos do art. 99º. Aliás, alguma dessa prova, é **prova pré constituída**, i.e., serve diretamente como prova no julgamento, como por exemplo, os autos de apreensão, de busca, de reconhecimento, de transcrição de escutas, etc....

Findo o inquérito por despacho de **arquivamento**, este fica à guarda do M.P., sem prejuízo de ser reaberto se surgirem novos elementos de prova, que justifiquem a sua reabertura, atento a condição *rebus sic stantibus*, inerente ao despacho de arquivamento (v. art. 279º-1). Se for deduzida **acusação**, os autos seguirão para o *dominium* do Juiz (de instrução, se for requerida instrução; de julgamento, se não for requerida instrução).

Referencias: Circular da PGR nº 8/2008, de 23.05 (eliminação/destruição de processos de inquérito).

CAPÍTULO III – Do encerramento do inquérito

Artigo 276º – Prazos de duração máxima do inquérito

1. O Ministério Público encerra o inquérito, arquivando-o ou deduzindo acusação, nos prazos máximos de seis meses, se houver arguidos presos ou sob obrigação de permanência na habitação, ou de oito meses, se os não houver.

2. O prazo de seis meses referido no número anterior é elevado:

a) Para 8 meses, quando o inquérito tiver por objecto um dos crimes referidos no nº 2 do artigo 215º;

b) Para 10 meses, quando, independentemente do tipo de crime, o procedimento se revelar de excepcional complexidade, nos termos da parte final do nº 3 do artigo 215º;

c) Para 12 meses, nos casos referidos no nº 3 do artigo 215º

3. O prazo de oito meses referido no nº 1 é elevado:

a) Para 14 meses, quando o inquérito tiver por objecto um dos crimes referidos no nº 2 do artigo 215º;

b) Para 16 meses, quando, independentemente do tipo de crime, o procedimento se revelar de excepcional complexidade, nos termos da parte final do nº 3 do artigo 215º;

c) Para 18 meses, nos casos referidos no nº 3 do artigo 215º

4. Para efeito do disposto nos números anteriores, o prazo conta-se a partir do momento em que o inquérito tiver passado a correr contra pessoa determinada ou em que se tiver verificado a constituição de arguido.

5. Em caso de expedição de carta rogatória, o decurso dos prazos previstos nos nºs 1 a 3 suspende-se até à respectiva devolução, não podendo o período total de suspensão, em cada processo, ser superior a metade do prazo máximo que corresponder ao inquérito.

6. O magistrado titular do processo comunica ao superior hierárquico imediato a violação de qualquer prazo previsto nos nºs 1 a 3 do presente artigo ou no nº 6 do artigo 89º, indicando as razões que explicam o atraso e o período necessário para concluir o inquérito.

7. Nos casos referidos no número anterior, o superior hierárquico pode avocar o processo e dá sempre conhecimento ao Procurador-Geral da República, ao arguido e ao assistente da violação do prazo e do período necessário para concluir o inquérito.

8. Recebida a comunicação prevista no número anterior, o Procurador-Geral da República pode determinar, oficiosamente ou a requerimento do arguido ou do assistente, a aceleração processual nos termos do artigo 109º

(Redacção da L. 26/2010, de 30.08)

COMENTÁRIOS:

Prazos do inquérito: Os prazos para a finalização do inquérito, tem **natureza ordenadora** e variam em função da sua **presumida complexidade** e da circunstância de haver ou não arguidos **presos preventivamente** ou com **obrigação de permanência na habitação**, como claramente resulta da norma.

Ultrapassagem dos prazos. Consequências: Os prazos de duração de inquérito não são perentórios, i.e., a sua ultrapassagem não tem qualquer efeito cominatório relativamente à continuidade legal do inquérito, mas geram várias consequências. **A primeira** consequência, é a ultrapassagem dos prazos, obrigar ao **dever de comunicação** ao superior hierárquico a que alude o nº 6. Mas, tem-se entendido que tal dever só se verifica, se existirem atrasos injustificáveis, imputáveis a alguém ou a situações concretas e não às comuns contingências do serviço (sob pena de não se entendendo assim, se passar mais tempo nestas comunicações, do que a despachar os processos). **A segunda** consequência, é a ultrapassagem dos prazos puderem **extinguir medidas de coação** (v. arts. 215º e 218º). A **terceira** consequência, é a de fazerem **cessar o segredo de justiça** (sem prejuízo da sua prorrogação pelo juiz de instrução – v. art. 89º-6). A **quarta** consequência, é poderem gerar o incidente de **"aceleração processual"** (v. arts. 108º a 110º).

A investigação de um inquérito está sujeita a inúmeras vicissitudes, que não dependem da vontade do titular do inquérito, como sejam, exames periciais, relatórios, comunicações e informações externas, decisões do juiz de instrução, movimentos e alterações nos quadros de pessoal, bem como segredos que a lei consagra (segredo bancário, segredo profissional, segredo das comunicações, etc...) que obrigam a uma cadeia de atos burocráticos, que concorrem fatalmente para a demora dos inquéritos. Bom seria que o legislador facilitasse a vida dos investigadores, criando condições, mecanismos e instituições ágeis, para que os prazos pudessem ser cumpridos.

Acresce que, os prazos previstos na lei para encerramento do inquérito não são peremptórios, desde logo, por não ser possível demarcar o tempo de duração de uma investigação (sobretudo quando se trata de crimes de tráfico de estupefacientes) e, por conseguinte, as diligências de investigação que decorram para além do prazo de duração máxima do inquérito são válidas enquanto este não for encerrado (Ac. TRP de 17.01.2007, proc. 0612058, *in* www.dgsi.pt).

Prazo inicial e suspensão do mesmo: O prazo de inquérito, conta-se, não a partir da data de instauração do inquérito, mas a partir do momento em que está identificado um **suspeito** ou constituído um **arguido**. Tal prazo **suspende-se** nos termos do nº 5 (expedição de cartas rogatórias) e nos termos do art. 282º-1 (suspensão provisória do processo). E ainda nos casos de mediação penal (art. 7º da L. 21/2007, de 12.06). Deveria ser aditado, outras causas de suspensão, tais como realização de perícias (quase sempre demoradas) ou de diligências específicas, tais como a procura de soluções de consenso.

Referências: art. 89º-6 ("prazos" do segredo de justiça); arts. 103º a 110º (tempo dos atos e aceleração processual); art. 215º (v. notas sobre noção de excecional complexidade).

Circulares/atrasos: As comunicações hierárquicas por atrasos e prescrições do procedimento criminal, estão regulamentadas em várias Circulares da P.G.R. e das PGDs, a buscar nas bases de dados.

Artigo 277º – Arquivamento do inquérito

1. O Ministério Público procede, por despacho, ao arquivamento do inquérito, logo que tiver recolhido prova bastante de se não ter verificado crime, de o arguido não o ter praticado a qualquer título ou de ser legalmente inadmissível o procedimento.

2. O inquérito é igualmente arquivado se não tiver sido possível ao Ministério Público obter indícios suficientes da verificação de crime ou de quem foram os agentes.

3. O despacho de arquivamento é comunicado ao arguido, ao assistente, ao denunciante com faculdade de se constituir assistente e a quem tenha manifestado o propósito de deduzir pedido de indemnização civil nos termos do artigo 75º, bem como ao respectivo defensor ou advogado.

4. As comunicações a que se refere o número anterior efectuam-se:

a) Por notificação mediante contacto pessoal ou via postal registada ao assistente e ao arguido, excepto se estes tiverem indicado um local determinado para efeitos de notificação por via postal simples, nos termos dos nºs 5 e 6 do artigo 145º, do nº 2 e da alínea *c*) do nº 3 do artigo 196º, e não tenham entretanto indicado uma outra, através de requerimento entregue ou remetido por via postal registada à secretaria onde os autos se encontrarem a correr nesse momento;

b) Por editais, se o arguido não tiver defensor nomeado ou advogado constituído e não for possível a sua notificação mediante contacto pessoal, via postal registada ou simples, nos termos previstos na alínea anterior;

c) Por notificação mediante via postal simples ao denunciante com a faculdade de se constituir assistente e a quem tenha manifestado o propósito de deduzir pedido de indemnização civil;

d) Por notificação mediante via postal simples sempre que o inquérito não correr contra pessoa determinada.

5. Nos casos previstos no nº 1, sempre que se verificar que existiu por parte de quem denunciou ou exerceu um alegado direito de queixa, uma utilização abusiva do processo, o tribunal condena-o no pagamento de uma soma entre 6 UC e 20 UC sem prejuízo do apuramento de responsabilidade penal.

COMENTÁRIOS:

1. Razões do arquivamento: São quatro as razões previstas neste artigo, pelas quais o M.P. deve arquivar o inquérito, que se expõem por ordem lógica de análise.

(I) Procedimento legalmente inadmissível: Trata-se basicamente de um juízo de natureza quase sempre **adjetivo**, que pode decorrer da verificação da falta de condições e pressupostos processuais, ou de causas de extinção do procedimento ou da responsabilidade penal, como a queixa não atempada ou corretamente manifestada, ou desistência dela, como da falta de legitimidade para a ação penal, como constatação de inimputabilidade do arguido ou sua morte, como da prescrição do procedimento criminal, como da existência de litispendência ou de caso julgado, como da constatação da existência de provas proibidas decisivas para a acusação, etc... Este tipo de decisão, é tomada habitualmente no início do inquérito, pois quase sempre estas questões são evidentes desde os primeiros momentos, o que não significa que não possam ser declarados a todo o tempo.

(II) Prova bastante de que não se verificou o crime: Trata-se de um juízo de certeza muito exigente, que apela a uma análise de natureza **fáctico-jurídica** sobre o tipo do crime investigado e sobre o não preenchimento dos seus elementos objetivos e subjetivos. [v. noção de crime no art. 1º-a) e notas correspondentes].

(III) Prova bastante de que o arguido não praticou o crime: Trata-se de uma análise também muito exigente, que obriga à conclusão de que, embora se tenha verificado um crime, **não foi o arguido o seu autor**. É algo raro, uma vez que o inquérito não tem como objetivo absoluto determinar inocências, mas culpabilidades. No entanto por vezes acontece que as provas são de tal forma perentórias nesse sentido, que obrigam à conclusão de que o arguido não praticou o crime investigado.

(IV) Falta de indícios suficientes da existência do crime ou de quem foram os seus agentes: Aqui, estamos já não perante a ***«prova bastante»*** retro referida, que implica certezas ou quase certezas, mas perante **juízos indiciários** sobre a existência do crime e de quem foram os seus autores. Este é o despacho mais habitual do M.P. quando arquiva um inquérito, precisamente porque o que caracteriza a avaliação penal do passado, é muito mais a dúvida do que a certeza.

Sobre a importante noção de **indícios suficientes**, v. art. 283º-2 e respetivas notas.

2. Outras razões do arquivamento: Acrescerá a estas situações de arquivamento pelo M.P., as resultantes de **dispensa de pena** (v. art. 280º) e do cumprimento total das regras e injunções impostas na **suspensão provisória do processo** (v. art. 282º-3) ou em **legislação avulsa** (v.g. art. 42º do RGIT).

3.1 Estrutura do despacho de arquivamento, quando conhece da questão de fundo: O despacho de arquivamento do inquérito é elaborado por um magistrado do M.P., titular do inquérito e como primeira regra, deve reportar-se exclusivamente aos **factos** e ao **direito** em causa, prescindindo dentro do possível, de considerações ou comentários de ordem subjetiva. Como segunda regra, o despacho de arquivamento, deve ser elaborado de forma que permita ao seu leitor, a imediata e genérica apreensão do objecto do processo, sem recurso à consulta dos próprios autos. É o princípio da **autossuficiência declarativa** do despacho.

O despacho de arquivamento, quando conhece do **"mérito"** da causa, tem que ser obrigatoriamente **fundamentado**, especificando os motivos de facto e de direito da decisão (art. 97º-3-5) e tem ou deve ter, pelo menos quando a complexidade processual o exigir, **quatro partes**.

Uma **primeira parte** que corresponde a um **enunciado** sumário da origem do processo, identificando datas, locais, intervenientes e o crime ou crimes indiciados e investigados, além de quaisquer questões prévias ou incidentais, que cumpra conhecer. Uma **segunda parte**, relatando sumariamente e objetivamente as **diligências de investigação** efetuadas. Uma **terceira parte**, fazendo a **análise fáctico-jurídica** de tais diligências e sua incidência sobre a prova. Uma **quarta parte**, conclusiva, correspondente à **decisão final** de **arquivamento**, à declaração (facultativa) de extinção das **medidas de coação aplicadas** [art. 214º-a)] à decisão sobre o destino dos **objectos apreendidos** [v. arts. 185º, 186º e 268º-e) e arts. 109º a 111º do C.P.] e ao ordenamento das **notificações** correspondentes.

Enfim, um despacho de arquivamento, tem de ter a estrutura de uma sentença, que obriga a uma clara exposição e fundamentação do decidido, sendo até mais neste despacho que se revela a qualidade técnica do magistrado do M.P., do que na feitura de uma acusação.

O arquivamento do inquérito não extingue as medidas de garantia patrimonial decretadas, pois estas só se extinguem por despacho judicial e após o decurso do prazo para abertura de instrução, não tendo esta sido requerida (v. art. 227º, nº 4) (P.P. Albuquerque, *in* Comentário do C.P.P.).

3.2 Estrutura do despacho de arquivamento, quando não conhece da questão de fundo: O despacho de arquivamento do inquérito quando não conhece do mérito da causa, mas de **questões prévias ou incidentais**, que se poderão inscrever na previsão do nº 1, **"inadmissibilidade legal do procedimento"**, obedece aos mesmos requisitos do despacho que conhece do mérito da causa, com exclusão da necessidade de descrever e analisar as diligências efetuadas, por as mesmas, caso tenham ocorrido, serem ou se terem tornado irrelevantes, face à decisão de forma (obviamente sem prejuízo de situações, em que as diligências efetuadas concorrem para a decisão de forma).

4. Comunicações/notificações: O despacho de arquivamento é notificado a todos os que possam ter algum **interesse relevante a defender e ou serem afetados por ele**, designadamente, arguidos, assistentes, queixosos e lesados formalmente reconhecidos por terem manifestado uma pretensão indemnizatória. Não se deve perder de vista o art. 11º-6 da L. 130/2015, de 04.09.2015 (estatuto da vítima) que diz que sempre que a vítima o solicite, deve ser informada do andamento do processo e das decisões finais. Igualmente os **advogados**, pois têm sempre a qualidade de representantes legais e por isso não podem deixar de lhes ser comunicado e notificado tudo o que for comunicado e notificado aos seus representados (art. 113º-10-11). A forma e o meio das notificações estão descritos no nº 4. O art. 283º-5, que diz respeito à **notificação da acusação** remete para os procedimentos do nº 3 deste artigo.

5. Utilização abusiva do processo penal. Sanções: Registe-se a possibilidade de sancionar aqueles que utilizaram abusivamente o direito ao processo, quer por aplicação de **multas** [através de promoção judicial recorrível – arts. 399º e 407º-2-d)] quer através mesmo da instauração de **procedimento criminal**, por exemplo por crime de denúncia caluniosa (v. art. 365º do C.P.) ou por crime de simulação de crime (v. art. 366º do C.P.). É uma disposição que devia ser mais utilizada pelo M.P., pois não raro, verifica-se grosseiras manipulações para perseguição criminal de pessoas, por razões obscuras.

I – Da norma contida no artigo 277º, nº 5, do Código de Processo Penal decorre, claramente, que a condenação no pagamento de uma soma pecuniária aí prevista tem natureza sancionatória, é uma sanção por utilização abusiva do processo e por isso deve ser proferida, apenas, depois de decorridos os prazos previstos no artigo 278º do mesmo Compêndio normativo. II – A condenação prevista no artigo 520º do Código de Processo Penal (que tem a redacção que lhe foi dada pela Lei nº 34/2008, de 26 de Fevereiro, que aprovou o Regulamento das Custas Processuais) visa tributar a instauração de processo originado por uma denúncia feita de má fé ou com negligência grave. III – Embora em ambas as situações o visado (basta que) seja denunciante, não há aqui uma sobreposição de normas sancionadoras. IV – Tendo o processo penal a finalidade primordial de aplicação da lei penal aos casos concretos, faz uma utilização abusiva do processo todo aquele que o usa para fins que não sejam o assinalado, pervertendo-o em instrumento de desígnios que lhe são alheios. V – Necessário, mas também suficiente, para a condenação por utilização abusiva do processo é que se reúnam os elementos que permitam concluir, com segurança, que a denúncia ou a queixa são infundadas, que o denunciante ou queixoso não ignorava, ou não devia ignorar, a sua falsidade, ou que alterou conscientemente a verdade dos factos, ou ainda que usou o processo para conseguir um objectivo ilegal ou simplesmente reprovável (Ac. TRP de 27.11.2013, proc. 512/11.0GBPRG.P1, *in* www.dgsi.pt).

6. Reações ao despacho de arquivamento: Não é reconhecido ao **arguido** qualquer faculdade de reagir ao despacho de arquivamento, por se considerar que uma tal decisão o não afeta negativamente. Quanto ao **denunciante** e ao **assistente**, podem reagir do seguinte modo:

Se é **denunciante,** com a faculdade teórica de se vir a constituir assistente (mas não se quer constituir) **unicamente** através do incidente de **intervenção hierárquica** (art. 278º).

Se é **assistente** (constituído ou com pedido de constituição) pode requerer, quer a **intervenção hierárquica,** quer em alternativa, a **instrução** através de requerimento para abertura de instrução (art. 287º). Deste modo o dilema de optar pela reclamação hierárquica ou pela abertura de instrução, é exclusivo do assistente. Não pode usar **cumulativamente** os dois procedimentos, por **inconciliação** de meios (v. art. 278º-2). E ainda que teoricamente se pudesse defender que os podia usar **sucessivamente**, os apertados prazos dificilmente o permitiriam. É que a intervenção hierárquica, **não suspende o prazo** para requerer a abertura de instrução.

Quais são as vantagens e desvantagens da opção do **assistente**?

Se o assistente optar pela **intervenção hierárquica**, perde a possibilidade de requerer a abertura de instrução (v. art. 278º-2, que como defendemos, impõe a opção) mas vê o processo ser reexaminado, por um magistrado do M.P., quiçá mais experiente, sem que tenha de dispender qualquer custo financeiro com isso e sem ter de se sujeitar aos formalismos sempre complexos, de elaborar um requerimento de abertura de instrução (v. art. 287º-2). Por outro lado, atento a natureza do inquérito, ele pode ser sempre **reaberto** posteriormente, se surgirem novos elementos de prova (v. art. 279º).

Se o assistente optar pela **abertura de instrução**, alem de pagar todas as **custas** inerentes (se não beneficiar de apoio judiciário) terá de o fazer com o rigor formal exigido e se a sua pretensão acusatória for **deferida** com pronúncia, o processo segue logo para a fase de julgamento. **Não sendo deferida**, pode acontecer várias situações, conforme as razões da **improcedência.** Se o requerimento de abertura de instrução, for **liminarmente** rejeitado, nos termos do art. 287º-3, o processo é **devolvido** ao M.P. para o seu arquivo próprio e aí poderá o assistente, quando verificados os respetivos pressupostos, pedir a **reabertura do inquérito** (art. 279º). Mas se, embora não pronunciando, houver decisão do JIC sobre o **mérito da causa**, forma-se caso julgado material e então o processo é arquivado no tribunal/juízo de instrução e já não regressa ao M.P., nem pode haver **reabertura do inquérito**. Se o JIC, embora não pronunciando, **nada decidir sobre o mérito da causa**, então, apesar de o processo ser arquivado no tribunal/juízo de instrução, segundo jurisprudência corrente, já poderá haver **reabertura do inquérito** (art. 279º) requisitando o M.P. o processo ao juízo.

"O termo inicial do prazo para requerer a instrução é a notificação do despacho do magistrado que decidiu em primeira linha o arquivamento do inquérito e não da decisão da reclamação hierárquica." (Ac. TRL de 24.05.2011, proc. 1566/08.2TACSC.L1.5, *in* www.dgsi.pt).

É ao Ministério Público que, como titular da ação penal, compete decidir sobre o pedido de reabertura do processo, ainda que arquivado após instrução. Requerida a reabertura (do inquérito), por terem surgido novos elementos de prova, não pode o Juiz de Instrução deferir ou indeferir o requerimento, devendo limitar-se a mandar apresentar o processo ao magistrado do Ministério Público. Se o requerimento fosse dirigido a este magistrado, então deveria este pedir ao juiz que o processo lhe fosse entregue (Ac. TRP de 06.12.2000, *in* proc. 0011223). **Nota:** Concordamos, com as ressalvas supra.

7. Caso decidido: *"Não havendo reclamação nem pedido de instrução, a decisão do MP de arquivamento faz caso decidido"* (P.P. Albuquerque, *in* Comentário do C.P.P.). **Nota:** Da conjugação dos arts. 278º-2 e 287º-1-b), podemos dizer que o *"caso decidido"* (contraponto do caso julgado, mas sem as suas implicações) ocorre no prazo máximo de 40 dias após a notificação do arquivamento. Sem prejuízo da hipótese de reabertura do inquérito (art. 279º).

8. Circular nº 8/08 PGR, de 23.05.08: Por força desta circular, os magistrados do M.P., devem, para além das comunicações e registos habituais, nos inquéritos **arquivados**, consignar a **data de prescrição do procedimento criminal** dos mesmos, a fim de possibilitarem uma melhor gestão dos espaços destinados ao arquivo de tais processos e à sua destruição futura.

Artigo 278º – Intervenção hierárquica

1. No prazo de 20 dias a contar da data em que a abertura de instrução já não puder ser requerida, o imediato superior hierárquico do magistrado do Ministério Público pode, por sua iniciativa ou a requerimento do assistente ou do denunciante com a faculdade de se constituir assistente, determinar que seja formulada acusação ou que as investigações prossigam, indicando, neste caso, as diligências a efectuar e o prazo para o seu cumprimento.

2. O assistente e o denunciante com a faculdade de se constituir assistente podem, se optarem por não requerer a abertura da instrução, suscitar a intervenção hierárquica, ao abrigo do número anterior, no prazo previsto para aquele requerimento.

COMENTÁRIOS:

Intervenção hierárquica e prazo: A intervenção hierárquica é um incidente processual, que pode acontecer oficiosamente, por **iniciativa interna** do M.P., ou ser promovido/despoletado por **iniciativa do assistente** ou do **denunciante com a faculdade de se constituir assistente** (já não por quem não tiver tal faculdade). O prazo para requerer (e decidir) este incidente, conta-se tendo como **termo inicial**, o termo final do prazo de 20 dias para requerer a abertura de instrução (art. 287º). Logo, basicamente podemos dizer que o **prazo total** é de 40 dias após o despacho de arquivamento (20+20). Todavia, se como diz o nº 1, o prazo do incidente, se inicia com o *términus* do prazo para requerer a instrução, então forçoso é concluir que o incidente de intervenção hierárquica, é um meio de reação **alternativo** à abertura de instrução. Não um meio cumulativo nem sucessivo. Conforme muito incisivamente se pode ler no Ac. fix. jurisp. infra, *«só se inicia o tempo da intervenção hierárquica quando o tempo de requerer a abertura de instrução já passou».*

Nos casos em que o M.P., produziu um despacho final, sendo parte acusação e parte arquivamento, mas encontrando-se os factos **interligados**, como aliás é habitual, não é possível reclamação hierárquica, por **inconciliação processual do meio**, porque tal despacho, ainda que constituído por um arquivamento e uma acusação, é **uno** e **incindível** e deduzida a acusação, o processo terá sempre de prosseguir para a fase seguinte.

A decisão do superior hierárquico: O despacho/decisão do superior hierárquico, de **indeferimento** do requerimento de intervenção hierárquica, é insuscetível de nova reclamação. O despacho/decisão de **deferimento**, pode ser no sentido de ordenar a **reabertura do inquérito** com o **prosseguimento**

da investigação com **novas diligências** ou que seja formulada **acusação** (sem prejuízo de opção por modelos de consenso, como a suspensão provisória do processo – art. 281º). No caso de determinar a acusação, o magistrado de grau inferior, que em princípio não entendeu assim, se mantiver a mesma opinião, pode recusar-se a cumprir a determinação com fundamento na violação da sua consciência ético-jurídica (art. 79º-2-3 do E.M.P.). Se tal acontecer, o superior hierárquico pode distribuir o processo a outro magistrado, mas o comportamento lógico, é o superior avocar o processo e elaborar ele próprio a acusação (v. art. 79º-4 do E.M.P.). Aliás era assim que deveria ser sempre nestas circunstâncias; fazer, em vez de mandar fazer.

O prazo para requerer a abertura da instrução conta-se a partir da notificação do despacho do Ministério Público que ordenou o arquivamento do inquérito e não da notificação do despacho que decidiu a reclamação hierárquica, uma vez que o pedido de intervenção hierárquica e o pedido de abertura da instrução não são cumulativos, mas sim alternativos (Ac. TRG de 16.10.2006, *in* CJ-XXXI-IV-284).

Jurisprudência uniformizadora: Ac. do STJ de Fixação de Jurisprudência nº 3/2015, de 8.1.2015, *in* D.R. de 20.03.1997: *«O prazo de 20 dias para o assistente requerer a abertura de instrução, nos 'termos do artigo 287º, nº 1, alínea b), do Código de Processo Penal, conta-se sempre e só a partir da notificação do despacho de arquivamento proferido pelo magistrado do Ministério Público titular do inquérito ou por quem o substitua, ao abrigo do artigo 277º do mesmo código, não relevando para esse efeito a notificação do despacho do imediato superior hierárquico que, intervindo a coberto do artigo 278º, mantenha aquele arquivamento».*

Referências: art. 287º (requerimento e prazo para abertura da instrução); art. 8º da L. 47/86, de 15.10 (a hierarquia de acordo com o estatuto do M.P.).

Artigo 279º – Reabertura do inquérito

1. Esgotado o prazo a que se refere o artigo anterior, o inquérito só pode ser reaberto se surgirem novos elementos de prova que invalidem os fundamentos invocados pelo Ministério Público no despacho de arquivamento.

2. Do despacho do Ministério Público que deferir ou recusar a reabertura do inquérito há reclamação para o superior hierárquico imediato.

COMENTÁRIOS:

Reabertura de inquérito e "reclamação" hierárquica: O despacho de arquivamento do inquérito, está sujeito à condição *rebus sic stantibus*, i.e., impõe-se enquanto se mantiverem as circunstâncias que estão na base da decisão de arquivamento. Alterando-se as mesmas, pelo surgimento de novos elementos de prova, desde que **probatoriamente relevantes**, então o inquérito deve ser reaberto. E pode sê-lo **oficiosamente** ou a **requerimento**, não só do assistente ou do denunciante com a faculdade de se constituir assistente, como também do lesado que tenha manifestado o propósito de deduzir pedido de indemnização, e que tem um interesse próprio a defender. O indeferimento da reabertura de inquérito, pode dar origem a uma **reclamação hierárquica.**

Exclui-se da possibilidade de reabertura de inquérito, os arquivamentos em casos de dispensa de pena (art. 280º) ou de suspensão do processo (art. 281º) uma vez que ali há uma intervenção judicial que lhes confere natureza de "caso julgado material sobre o objeto do processo".

Prazo de reabertura do inquérito: Não existe outro prazo para requerer a reabertura do inquérito, que não seja os prazos de **prescrição** do procedimento criminal (v. arts. 118º a 121º do C.P.).

Reabertura do inquérito, após despacho de não pronúncia: v. notas ao art. 308º.

Uma decisão de não pronúncia transitada em julgado não impede a reabertura do inquérito caso surjam novos elementos de prova posteriores à mesma, devendo, neste caso, ser extraída certidão do processo e enviada ao MP para apreciação do pedido de reabertura do inquérito (neste sentido, Acs. RP de 16-01-2002 e de 14-02-2007, assim como Ac. RL de 14-11-2007). Em sentido contrário, cfr. Ac. RC de 20-10-2003, CJ-IV-51, que neste caso defende haver lugar a recurso de revisão (*in* CPP, Mag. do M.P. Dist. Judic. Porto).

Artigo 280º – Arquivamento em caso de dispensa da pena

1. Se o processo for por crime relativamente ao qual se encontre expressamente prevista na lei penal a possibilidade de dispensa da pena, o Ministério Público, com a concordância do juiz de instrução, pode decidir-se pelo arquivamento do processo, se se verificarem os pressupostos daquela dispensa.

2. Se a acusação tiver sido já deduzida, pode o juiz de instrução, enquanto esta decorrer, arquivar o processo com a concordância do Ministério Público e do arguido, se se verificarem os pressupostos da dispensa da pena.

3. A decisão de arquivamento, em conformidade com o disposto nos números anteriores, não é susceptível de impugnação.

COMENTÁRIOS:

Arquivamento em caso de dispensa da pena: Numa concessão ao **princípio da oportunidade**, reunidos indícios suficientes para acusar (é pressuposto óbvio do instituto que haja indícios suficientes para acusar o arguido) pode o M.P., em vez de acusar, optar pela **dispensa de pena**, verificados que sejam os respectivos pressupostos, i.e., que, as circunstâncias e o tipo de crime **expressamente** o admitam. Os crimes e os pressupostos da **dispensa de pena**, estão previstos no **C.P.** nos arts. 74º-1 (regime genérico); 35º-2 (estado de necessidade desculpante); 143º-3 (crime de ofensas à integridade física com lesões recíprocas); 148º-3 (crime de ofensas negligentes à integridade física); 186º (crimes de injuria e difamação); 250º-3 (crime de violação da obrigação de alimentos); 286º (crimes de perigo comum); 294º-3 (crimes contra a segurança das comunicações); 364 (crimes de falsidades várias); 372º-3 e 374º-3 (crimes de corrupção) e ainda em **legislação avulsa**, como, crimes tributários previsto nos arts. 22º e 44º da L. 15/2001, de 05.06 (RGIT), crimes de tráfico e consumo de estupefacientes, previstos nos arts. 31º e 40º-3 do D.L. 15/93, de 22.01 e crime de fraude, previsto no art. 36º-7 do D.L. 28/84, de 20.01.

O consenso restrito: O consenso a que alude este artigo, na **fase de inquérito** é restrito ao M.P. e ao JIC. Na **fase de instrução**, alarga-se ao arguido (v. nº 2). A decisão de arquivamento por dispensa de pena, verificados todos os pressupostos, é irrecorrível/não impugnável. Mas será recorrível/impugnável, não verificada a **conformidade** com todos os pressupostos legais. A decisão do JIC de não concordância (se não houver recurso) faz o processo regressar à fase de inquérito, devendo o M.P. deduzir acusação (não poderá, atento o seu pré juízo de culpa efetuado, arquivar).

Registe-se que, havendo **acusação particular** deduzida (art. 285º) o processo segue obrigatoriamente para a fase seguinte, instrução (se requerida) ou julgamento, precludindo-se, na fase de inquérito (não nas fases subsequentes) a possibilidade de aplicação de institutos de consenso.

Havendo direito a eventuais indemnizações de natureza cível, a dispensa de pena, não inibe o recurso aos meios cíveis – v. art. 72º-b).

O arquivamento do inquérito em caso de dispensa de pena não pode ser sindicado através da instrução (Ac. TRP de 14.12.2005, proc. 0544322, *in* www.dgsi.pt).

Custas: Não é devida taxa de justiça, nos casos dos arts. 280º e 281º (v. art. 516º).

Artigo 281º – Suspensão provisória do processo

1. Se o crime for punível com pena de prisão não superior a 5 anos ou com sanção diferente da prisão, o Ministério Público, oficiosamente ou a requerimento do arguido ou do assistente, determina, com a concordância do juiz de instrução, a suspensão do processo, mediante a imposição ao arguido de injunções e regras de conduta, sempre que se verificarem os seguintes pressupostos:

a) Concordância do arguido e do assistente;

b) Ausência de condenação anterior por crime da mesma natureza;

c) Ausência de aplicação anterior de suspensão provisória de processo por crime da mesma natureza;

d) Não haver lugar a medida de segurança de internamento;

e) Ausência de um grau de culpa elevado; e

f) Ser de prever que o cumprimento das injunções e regras de conduta responda suficientemente às exigências de prevenção que no caso se façam sentir.

2. São oponíveis ao arguido, cumulativa ou separadamente, as seguintes injunções e regras de conduta:

a) Indemnizar o lesado;

b) Dar ao lesado satisfação moral adequada;

c) Entregar ao Estado ou a instituições privadas de solidariedade social certa quantia ou efectuar prestação de serviço de interesse público;

d) Residir em determinado lugar;

e) Frequentar certos programas ou actividades;

f) Não exercer determinadas profissões;

g) Não frequentar certos meios ou lugares;

h) Não residir em certos lugares ou regiões;

i) Não acompanhar, alojar ou receber certas pessoas;

j) Não frequentar certas associações ou participar em determinadas reuniões;

l) Não ter em seu poder determinados objectos capazes de facilitar a prática de outro crime;

m) Qualquer outro comportamento especialmente exigido pelo caso.

3. Sem prejuízo do disposto no número anterior, tratando-se de crime para o qual esteja legalmente prevista pena acessória de proibição de conduzir veículos com motor, é obrigatoriamente oponível ao arguido a aplicação de injunção de proibição de conduzir veículos com motor.

4. Não são oponíveis injunções e regras de conduta que possam ofender a dignidade do arguido.

5. Para apoio e vigilância do cumprimento das injunções e regras de conduta podem o juiz de instrução e o Ministério Público, consoante os casos, recorrer aos serviços de reinserção social, a órgãos de polícia criminal e às autoridades administrativas.

6. A decisão de suspensão, em conformidade com o nº 1, não é susceptível de impugnação.

7. Em processos por crime de violência doméstica não agravado pelo resultado, o Ministério Público, mediante requerimento livre e esclarecido da vítima, determina a suspensão provisória do processo, com a concordância do juiz de instrução e do arguido, desde que se verifiquem os pressupostos das alíneas *b*) e *c*) do nº 1.

8. Em processos por crime contra a liberdade e autodeterminação sexual de menor não agravado pelo resultado, o Ministério Público, tendo em conta o interesse da vítima, determina a suspensão provisória do processo, com a concordância do juiz de instrução e do arguido, desde que se verifiquem os pressupostos das alíneas *b*) e *c*) do nº 1.

9. No caso do artigo 203º do Código Penal, é dispensada a concordância do assistente prevista na alínea *a*) do nº 1 do presente artigo quando a conduta ocorrer em estabelecimento comercial, durante o período de abertura ao público, relativamente à subtração de coisas móveis de valor diminuto e desde que tenha havido recuperação imediata destas, salvo quando cometida por duas ou mais pessoas.

(Última redação da L. 20/2013, de 21.02)

COMENTÁRIOS:

A suspensão provisória do processo e a justiça restaurativa: Reunidos **indícios suficientes** para acusar (é pressuposto óbvio do instituto que haja provas para acusar o arguido) constatado que o crime em causa tem como medida abstrata da pena, **prisão não superior a 5 anos ou multa**, verificados todos os **pressupostos** previstos nas alíneas do nº 1, pode o M.P., **optar** pela utilização de modelos de consensualização e oportunidade, sendo um deles (ao lado do arquivamento por dispensa de pena e do processo sumaríssimo) a suspensão provisória do processo. Visa-se acima de tudo, diminuir o tempo de resposta da Justiça aos casos concretos, pela redução de diligências e poupança de recursos e meios humanos, mas sem esquecer o objetivo principal, que é a administração de uma boa justiça. Conforme refere Figueiredo Dias, sobre este mecanismo da suspensão, *«ponto é que não se esqueça que poder discricionário não é sinónimo de arbítrio, mas concessão de uma faculdade que deve ser utilizada em direcção ao fim que a própria lei teve em vista ao concedê-la – no caso a preservação, em último termo, dos verdadeiros interesses da comunidade jurídica e dos valores prevalentes nela»*. Assim, na avaliação da aplicação deste instituto, nunca poderá perder-se de vista, o **grau de culpa** do arguido e as **necessidades de prevenção geral e especial** que cada caso demanda, bem como todos os **itens** descritos nas alíneas do art. 71º-2 do C.P. (v. também art. 70º do C.P.). Deste modo a tónica da opção, passará sempre, mas sempre, por um juízo de **desnecessidade** de levar a julgamento um arguido que delinquiu, por razões **incidentais** ou **ocasionais**, portanto com uma **culpabilidade diminuída**, sob **prognose** de que a aplicação a ele de injunções e ou regras de conduta serão suficientes para o **afastar da delinquência** e satisfazer as necessidades de **prevenção geral**. E seguramente que neste quadro, avultará sempre princípios de **justiça restaurativa**, i.e., será fundamental para a introspeção da culpa pelo arguido, base psicológica da sua pretendida ressocialização, que sobre ele recaia o dever de indemnizar as vítimas que gerou (quando as houver) pelos prejuízos causados. Por outro lado, no capítulo das vantagens pessoais, o arguido não será submetido a julgamento, nada constará no seu registo criminal porque não há condenação e não pagará custas processuais (art. 516º).

«Crime da mesma natureza»* – nº 1-b) e c)**: A maior dificuldade na interpretação do artigo, radica, quiçá, na definição do que é um ***«crime da mesma natureza», que não pode subsumir-se totalmente à noção do mesmo tipo de crime. Num recente parecer do S.M.M.P., escreveu-se: *"reportando aquele conceito (tipo de crime) aos elementos que configuram o tipo legal de um qualquer crime e reportando este ("crime da mesma natureza") à coincidência com o bem jurídico protegido, facilmente concluímos, por um lado, que a determinação do significado do conceito de «crime da mesma natureza» tanto na ausência de antecedentes criminais, como na ausência de suspensão provisória do processo (SPP) anterior, como requisitos da SPP, é de difícil ajuste e, por outro lado, que a consideração da «coincidência de bem jurídico»* *ou a consideração do «recorte típico» faz toda a diferença, pois aquela alarga o âmbito dos casos aptos à SPP, enquanto esta restringe esses casos"*. Parece-nos pois que uma alteração legislativa que clarificasse o sentido da norma seria bem vinda.

A necessidade de interiorização do desvalor da conduta pelo arguido, como pressuposto da suspensão: Assumindo a suspensão um objetivo marcadamente preventivo, sem prescindir de um juízo de censura, conforme decorre do nº 1-e)-f), faz todo o sentido a seguinte afirmação: *Quando o arguido não reconhece ser o autor dos factos, mesmo que concorde com as injunções e as regras de conduta, não se deve suspender o processo porque não fica preenchido um dos pressupostos do art. 281º, o "relativo à previsibilidade de não cometimento de novo crime."* (José Albuquerque, Procurador Adjunto, *in* A Gestão do Inquérito. Instrumentos de Consenso e Celeridade – Évora 3.7.2008). Acrescente-se ainda que as injunções e regras de conduta, não sendo em rigor penas, são contudo **sanções**, ainda que voluntariamente aceites, que tem por fundamento lógico uma **culpa penal concreta, admitida/confessada**, pelo que não podem ser impostas, contra o direito a um julgamento justo, de quem se reclamar de inocente (mesmo por razões táticas, na perspetiva de lhe poder ser revogada a suspensão e poder invocar a inocência em julgamento posterior) sob pena de prática pelos magistrados, de um crime de denegação de justiça, p.p.p. art. 369º do C.P. E isto é mais importante do que parece, razão pela qual, no auto da suspensão, deve ficar a constar a **admissão pelo arguido dos factos e da culpa**.

"Conceder ao Arguido a possibilidade de participar na justiça do caso concreto, isto é, na possibilidade da sua própria realização ética... fará com que esteja em muito melhores condições de compreender e aceitar uma eventual punição...tendo dado o primeiro passo para a sua ressocialização" (Fernando José dos Santos, *in* A relevância Político-Criminal da Suspensão Provisória do Processo, págs. 17 a 19.).

A suspensão provisória do processo, o concurso de crimes e a "singularização processual": Tem-se discutido se havendo **concurso real de crimes**, onde a soma dos limites máximos abstratos das penas seja **superior a 5 anos,** é admissível a suspensão provisória do processo. Na verdade, o problema, tem sido equacionado de forma similar ao disposto no art. 16º-3. Mas não parece que a letra da lei permita outra interpretação que não seja a que o limite máximo de **cada pena de cada crime individualmente considerado,** não ultrapasse os 5 anos. Pode acontecer é que, o facto de o arguido ter cometido vários crimes, não permita concluir por um grau de culpa pouco elevado ou que as exigências de prevenção são mínimas. Mas isso é outra questão. Convém não esquecer que o art. 16º-3, se destina a fixar a competência do tribunal de julgamento, em face da acusação deduzida, limitando uma pena concreta. O quadro legal da suspensão é **diferente**. Aqui não se discutem penas, mas injunções e regras de conduta em contraponto às exigências de prevenção geral e especial.

Os casos de sanções acessórias de proibição de conduzir veículos: O número 3, introduzido muito apropriadamente pela L. 20/2013, de 21.02, pôs termo a situações de oportunismo, em que os arguidos suscetíveis de virem a ser condenados por crimes cometidos durante o exercício da condução de veículos motorizados, não só numa pena de prisão ou multa, mas também na sanção de **inibição de conduzir** prevista no art. 69º do C.P., vinham requerer a aplicação deste regime de suspensão, com o primacial objetivo de se subtraírem à sanção acessória. Agora, expressamente a lei diz que essa sanção, transmudada em injunção, é de aplicação obrigatória.

Os limites éticos das injunções e regras de conduta: Não podem ser oponíveis injunções e regras de conduta que ofendam a **dignidade** do arguido, como diz o nº 4, nem injunções e regras de conduta impossíveis de **cumprir** ou de muito difícil cumprimento ou cujo cumprimento não depende em exclusivo da vontade do arguido (tipo, obrigação de tirar a licença de condução). Nem aquelas que padecem do mais elementar bom senso (tipo, obrigação de doar sangue). As injunções e regras de conduta, visam **fins ressocializadores** e devem necessariamente ter **conteúdo prático**.

Disposições especiais: Na última alteração legislativa acrescentou-se no nº 7 e 8 um quadro específico para os crimes não agravados pelo resultado de **violência doméstica** (previstos no art. 152º do C.P.) e crimes contra a **liberdade e autodeterminação sexual** com vítimas menores, (previstos no capítulo V do título I do C.P., ainda que restritos por inerência dogmática, à secção II, que é dedicada às crianças e jovens – arts. 171º a 176º) que permite que o M.P. promova a suspensão do processo, tendo em conta *«o requerimento livre e esclarecido da vítima»* e *«o interesse da vítima»*. Trata-se de disposições muito controversas, já que, não só têm como condição da aplicação, conceitos demasiado vagos e subjetivos, como apontam para uma contração dos pressupostos para aplicação do instituto, reduzindo-os às alíneas a) e b) do nº 1 (obviamente sem prejuízo do quadro geral quanto ao tipo de pena e moldura penal, prevista no nº 1) o que não deixa de causar estranheza face à gravidade dos crimes enunciados. Valha que a aplicação do instituto, está sujeito a um juízo de apreciação do M.P. (e do JIC) relativamente às razões e interesses em presença.

Igualmente foi introduzido o nº 9, que para a aplicação do instituto, dispensa a concordância do **assistente**, nas circunstâncias ali descritas. São razões práticas que estão na base deste normativo, já que ocorrem com muita frequência pequenos furtos em estabelecimentos comerciais, a que não se podia aplicar a suspensão, porque os ofendidos/assistentes se opunham à suspensão do processo, reclamando uma justiça mais gravosa. Também alguma legislação extravagante, como o art. 9º da L. 36/94, de 20.09 (que pune os crimes de corrupção e criminalidade económica e financeira) tem requisitos menos exigentes, para a suspensão do processo, assente na **natureza premial da colaboração**. Parece aliás, manifestar-se uma tendência para a utilização deste instituto da suspensão, também nesse sentido.

«com a Lei nº 48/2007, acentuou-se a natureza de poder-dever conferido pela norma do n. 1 ao Ministério Público ao substituir a expressão "pode (...) decidir-se (...) pela suspensão do processo" por esta outra, claramente impositiva: 'oficiosamente ou a requerimento do arguido ou do assistente, determina (...) a suspensão do processo» (Ac. do STJ de 13.02.2008, *in* www.dgsj.pt).

A possibilidade que a lei confere ao Ministério público de suspender provisoriamente o processo, em vez de exercer a acção penal, tem por base uma preocupação sintonizada de, por um lado, ressocializar o delinquente, forçando-o a defrontar-se com as consequências lesivas da sua conduta e a responsabilizar-se pela mesma e, por outro lado, satisfazer os interesses lesados e superar os conflitos abertos (extrato de despacho do M.P. em inquérito no DIAP/Grande Lisboa-Oeste).

Consenso e recurso. Direitos das vítimas: O Ministério Público, não tem que ouvir previamente o Juiz. A este só cabe concordar ou discordar da solução que lhe é apresentada (neste sentido, v. acs. TRP de 26/04/2006, proc. 0545570 e de 12.07.2006, proc. 0542060, *in* www.dgsi.pt). Mas como **boa prática**, o M.P., antes de apresentar o processo ao JIC, já deve ter **garantido** o consenso necessário para o êxito da diligência, o que só é possível "conversando" com o arguido e com o assistente, se o houver. O consenso na fase de inquérito [ou na fase de instrução – art. 307º-2] é alargado entre o M.P., o JIC, o arguido e o assistente (previamente constituído). O denunciante com a faculdade de se constituir assistente (mas não constituído) em regra a vítima direta, ou a indireta, o lesado, não intervêm no consenso, o que não deixa de ser extraordinário. Na verdade, o código esquece-se demasiadas vezes das vítimas. Mas isso não significa que o M.P. ou o JIC façam o mesmo. Independentemente de não puderem intervir no consenso, deve o M.P. e o JIC zelarem pela **defesa dos direitos de ressarcimento das vítimas**, quando as houver, providenciando que as injunções tenham **natureza indemnizatória**, aliás como se infere do nº 2-a) [v. no mesmo sentido, a filosofia ínsita no art. 51º-1-a) do C.P.; v. também art. 16 do estatuto de vítima – em anexo].

A decisão de concordância do JIC é **irrecorrível** (nº 6). A decisão do JIC de não concordância é igualmente **irrecorrível** (cf. jurisprudência uniformizadora infra) e faz o processo regressar à fase de inquérito, devendo o M.P. deduzir acusação (não poderá, atento o seu pré juízo acusatório, arquivar). Não se aplica o instituto da suspensão na fase de julgamento. A circunstância da suspensão só ser possível com a concordância do JIC, constituiu nos primórdios, motivo de discussão; todavia a prática tem revelado a sua adequação, se não fosse por outras razões, contra as tentações estatísticas do M.P.

Havendo direito a eventuais indemnizações de natureza cível, a suspensão do processo, não inibe o recurso imediato aos meios cíveis – art. 72º-b).

Jurisprudência uniformizadora: Acórdão do STJ de Fixação de Jurisprudência nº 16/2009 de 18.11.2009, *in* D.R. de 24.12.2009: *«A discordância do Juiz de Instrução em relação à determinação do Ministério Público, visando a suspensão provisória do processo, nos termos e para os efeitos do nº 1 do artigo 281º do Código de Processo Penal, não é passível de recurso».* **Nota:** A discordância do JIC, relativamente ao que o M.P. "determina", não impede, s.m.o., que o JIC sugira/admita/aconselhe injunções e regras diferentes e o M.P., o arguido e o assistente, aceitem. Estamos num regime consensual/negocial, com predominância de poderes discricionários.

"a concordância do Juiz de instrução é um mero pressuposto de validade da suspensão provisória do processo e, por isso, trata-se de acto judicial que não dá lugar a recurso, uma vez que só há recurso dos acórdãos, das sentenças e dos despachos cuja irrecorribilidade não esteja prevista na lei – art. 399º do CPP (Ac. TRL de 15.07.2003, proc. 5650/2003-5, *in* www.dgsi.pt).

Instrução: Nada na letra da lei impede que seja requerida a **abertura de instrução**, com fundamento em não ter o M.P. utilizado o mecanismo de suspensão provisória do processo (v. arts. 286º-1 e 287º-3 e ac. STJ de 13.02.2008, proc. 07P4561, *in* www.dgsi.pt). Todavia, exigindo a suspensão provisória do processo, a concordância do M.P., que ele em devido tempo não exerceu, obviamente porque não lhe pareceu adequado, será pouco lógico, senão mesmo dilatório, requerer a abertura da instrução com tal fundamento, quiçá na expectativa de que o M.P. mude de ideias.

Referências: arts. 307º-2 e 384º (aplicação do instituto da suspensão na instrução e no processo sumário); art. 516º (isenção de taxa de justiça); art.

40º-e) (impedimento do JIC para futuro julgamento); **D.L. 317/94, de 24 de Dezembro:** Regime jurídico do registo individual de condutor.

Circular 2/08/P.G.R.: Por força desta circular, os magistrados do M.P. devem comunicar e recolher **via eletrónica**, da base de dados centralizada na P.G.R. e regulamentada no **D.L. 299/99, de 04.08** (integrada no SIMP) os dados referentes aos antecedentes criminais do arguido em matéria de suspensão provisória do processo e juntar as informações ao processo para que nele conste expressamente a situação. Esta junção, é tanto mais importante, quanto o facto de não constituírem um registo público das suspensões e só por esta via, puderem ser conhecidas.

Diretiva 1/2014/PGR, de 24.01, *in* DR II série de 24.01.2014 (contém as orientações e os procedimentos base para o M.P. aplicar o instituto da suspensão provisória do processo).

Artigo 282º – Duração e efeitos da suspensão

1. A suspensão do processo pode ir até dois anos, com excepção do disposto no nº 5.

2. A prescrição não corre no decurso do prazo de suspensão do processo.

3. Se o arguido cumprir as injunções e regras de conduta, o Ministério Público arquiva o processo, não podendo ser reaberto.

4. O processo prossegue e as prestações feitas não podem ser repetidas:

a) Se o arguido não cumprir as injunções e regras de conduta; ou

b) Se, durante o prazo de suspensão do processo, o arguido cometer crime da mesma natureza pelo qual venha a ser condenado.

5. Nos casos previstos nos nºs 6 e 7 do artigo anterior, a duração da suspensão pode ir até cinco anos.

COMENTÁRIOS:

Duração da suspensão: A duração da suspensão, pode ir até **2 anos,** com exceção para os crimes de violência doméstica e de natureza sexual, previstos nos nºs 7 e 8 do artigo anterior (atualização nossa) que pode alongar-se por **5 anos.** O tempo de suspensão tem uma função **preventiva especial**, na medida em que constitui uma solene advertência ao arguido, de que durante esse tempo, tem de cumprir as injunções e regras que lhe foram aplicadas e não deve voltar a cometer novos crimes, sob pena de revogação da suspensão e vir a ser julgado pelos ilícitos praticados. Desta forma o tempo de suspensão deve ser tal, que cumpra a sua função intimidante.

Efeitos da suspensão: Consequência importante da suspensão do processo, é a suspensão do **prazo de prescrição** do procedimento criminal. Não há colisão nem incompatibilidade com os prazos previstos nos arts. 120º e 121º do C.P.

Cumprimento e incumprimento. Processos pendentes: Se o arguido cumprir as regras e injunções que lhe foram aplicadas o processo é **arquivado,** com força de caso julgado (não pode ser reaberto). Se não cumprir e tal incumprimento puder ser assacado a culpa sua, ou na vigência da suspensão voltar a delinquir e for condenado por crime da mesma natureza (atender-se-á referencialmente ao tipo de bem jurídico violado para aferir da natureza do crime – v. nota 2 ao art. 281º) a suspensão é **revogada** e o processo prossegue os seus normais termos, eventualmente com dedução de acusação, sem direito a que as prestações já realizadas sejam devolvidas.

Conhecendo-se atempadamente, que o arguido beneficiário da suspensão, tem outros **processos pendentes**, deverá a decisão de arquivamento **sobrestar** até ao trânsito das decisões nesses outros processos (quando eventuais condenações possam determinar a revogação da suspensão). Sendo esse conhecimento **posterior** à decisão de arquivamento, o que acontece muita vez, já não pode o processo ser "reaberto", mantendo-se o (mal) decidido, conforme determina o nº 3.

Jurisprudência uniformizadora: Ac. do STJ de Fixação de Jurisprudência nº 4/2017, de 27.04.2017, *in* D.R. de 18.06.2017: *«Tendo sido acordada a suspensão provisória do processo, nos termos do art. 281º do Código de Processo Penal, com a injunção da proibição da condução de veículo automóvel, prevista no nº 3 do preceito, caso aquela suspensão termine, prosseguindo o processo, ao abrigo do nº 4, do art. 282º, do mesmo Código, o tempo em que o arguido esteve privado da carta de condução não deve ser descontado, no tempo da pena acessória de inibição da faculdade de conduzir, aplicada na sentença, condenatória que venha a ter lugar».*

1 – A decisão de arquivamento que se verifica na sequência da suspensão provisória do processo, quando o arguido tenha cumprido as injunções e regras de conduta a que foi sujeito, é da competência exclusiva do Ministério Público, nos termos do art. 282º, nº 3 do CPP. 2 – Se o assistente discordar desta decisão do Ministério Público, nomeadamente por entender que não se verificam os pressupostos indicados no art. 282º, nº 3, pode impugnar a decisão de arquivamento através de requerimento de abertura de instru-

ção (Ac. TRE de 05.06.2007, *in* proc. 1479/07-1, www.dgsi.pt). **Nota**: No mesmo sentido, Germano Marques da Silva, *in* Curso de Processo Penal III, pág. 124. Pode o assistente também impugnar através de reclamação hierárquica (art. 278º).

A revogação; Princípio da culpa: Rege no nosso ordenamento jurídico o princípio da culpa; ninguém pode ser sancionado sem uma culpa concreta; *nulla poena sine culpa*. Deste modo verificada uma situação de incumprimento das injunções e regras de conduta, ainda que o normativo o não diga, é pressuposto da revogação da suspensão, que tenha havido um **comportamento doloso ou gravemente negligente** do arguido gerador do incumprimento, sem o que não pode ser sancionado. Deste modo compete ao M.P. e ao Juiz avaliar do **grau de culpa**, antes de qualquer decisão revogatória.

No que concerne ao não cumprimento das injunções e regras de conduta, entendemos que a revogação da suspensão provisória do processo não opera automaticamente, devendo o MP aferir dos motivos e circunstâncias. Entende-se, também, que, caso ocorram circunstâncias supervenientes atendíveis, poderão ser alteradas as injunções e regras de conduta aplicadas, com (nova) intervenção do JIC (*in* CPP, Mag. do M.P. do Porto).

Artigo 283º – Acusação pelo Ministério Público

1. Se durante o inquérito tiverem sido recolhidos indícios suficientes de se ter verificado crime e de quem foi o seu agente, o Ministério Público, no prazo de 10 dias, deduz acusação contra aquele.

2. Consideram-se suficientes os indícios sempre que deles resultar uma possibilidade razoável de ao arguido vir a ser aplicada, por força deles, em julgamento, uma pena ou uma medida de segurança.

3. A acusação contém, sob pena de nulidade:

a) As indicações tendentes à identificação do arguido;

b) A narração, ainda que sintética, dos factos que fundamentam a aplicação ao arguido de uma pena ou de uma medida de segurança, incluindo, se possível, o lugar, o tempo e a motivação da sua prática, o grau de participação que o agente neles teve e quaisquer circunstâncias relevantes para a determinação da sanção que lhe deve ser aplicada;

c) A indicação das disposições legais aplicáveis;

d) O rol com o máximo de 20 testemunhas, com a respectiva identificação, discriminando-se as que só devam depor sobre os aspectos referidos no nº 2 do artigo 128º, as quais não podem exceder o número de cinco;

e) A indicação dos peritos e consultores técnicos a serem ouvidos em julgamento, com a respectiva identificação;

f) A indicação de outras provas a produzir ou a requerer;

g) A indicação do relatório social ou de informação dos serviços de reinserção social, quando o arguido seja menor, salvo quando não se mostre ainda junto e seja prescindível em função do superior interesse do menor;

h) A data e assinatura.

4. Em caso de conexão de processos, é deduzida uma só acusação.

5. É correspondentemente aplicável o disposto no nº 3 do artigo 277º, prosseguindo o processo quando os procedimentos de notificação se tenham revelado ineficazes.

6. As comunicações a que se refere o número anterior efectuam-se mediante contacto pessoal ou por via postal registada, excepto se o arguido e o assistente tiverem indicado a sua residência ou domicílio profissional à autoridade policial ou judiciária que elaborar o auto de notícia ou que os ouvir no inquérito ou na instrução, caso em que são notificados mediante via postal simples, nos termos da alínea c) do nº 1 do artigo 113º

7. O limite do número de testemunhas previsto na alínea *d*) do nº 3 apenas pode ser ultrapassado desde que tal se afigure necessário para a descoberta da verdade material, designadamente quando tiver sido praticado algum dos crimes referidos no nº 2 do artigo 215º ou se o processo se revelar de excecional complexidade, devido ao número de arguidos ou ofendidos ou ao caráter altamente organizado do crime, enunciando-se no respetivo requerimento os factos sobre os quais as testemunhas irão depor e o motivo pelo qual têm conhecimento direto dos mesmos.

8. O requerimento referido no número anterior é indeferido caso se verifiquem as circunstâncias previstas nas alíneas *b*), *c*) e *d*) do nº 4 do artigo 340º

(Última redação da L. 33/2019, de 22.05)

COMENTÁRIOS:

1. A acusação. Objeto do processo: Eis um artigo chave, notóriamente mal estruturado, onde nele cabe tudo; definições, nulidades, notificações, etc. Enfim... Declarado **encerrado o inquérito** pelo M.P., este verifica a conformidade legal de todos os atos praticados no processo, seguindo-se o procedimento da acusação ou arquivamento. A acusação é um ato "solene" pelo qual o M.P. (ou o assistente – v. arts. 284º e 285º) em **10 dias** (prazo meramente ordenador para o M.P.) formaliza uma pretensão de condenação em juízo de alguém contra quem foram reunidos ***«indícios suficientes»*** da prática de um crime. A acusação tem ainda a importantíssima consequência de **fixar o objeto do processo**, ou mais rigorosamente, de fixar o **objeto do julgamento**, com todas as consequências que isso acarreta num processo fundado numa dialética acusatória. Poderá opcionalmente, o M.P. decidir-se pela utilização de **modelos de consensualização**, como são algumas formas especiais de processo (v. g. art. 392º) ou abrindo prioridade ao **princípio da oportunidade** concedido nalguns institutos processuais como a suspensão provisória do processo (v. g. art. 281º) ou a dispensa de pena (art. 74º do C.P.). Pode e deve ainda o M.P, verificado todo o circunstancialismo legal, usar da faculdade, conferida pelo **art. 16º-3**, para atribuir a competência para julgamento ao tribunal singular, em casos, que seriam em princípio da competência do tribunal coletivo, assim imprimindo celeridade reduzindo os custos da justiça (v. notas ao art. 16º).

Os factos descritos na acusação normativamente entendidos, isto é, em articulação com as normas consideradas infringidas pela sua prática e também obrigatoriamente indicadas na peça acusatória, definem e fixam o objecto do processo, que, por sua vez, delimita os poderes de cognição do tribunal (Ac. TC 130/98, *in* D.R. de 07.05.98).

O objecto do processo penal é (...) pois, essencialmente, o objecto da acusação, sendo este que, por sua vez, delimita e fixa os poderes de cognição do tribunal (actividade cognitória) e a extensão do caso julgado (actividade decisória), ao que se chama de vinculação temática do tribunal, nele se consubstanciando os princípios da identidade (o objecto do processo deve manter-se o mesmo desde a acusação até ao trânsito em julgado da sentença), da unidade ou indivisibilidade (o objecto do processo deve ser conhecido e julgado pelo Tribunal na sua totalidade, é indivisível) e da consumpção (o objecto do processo deve considerar-se irrepetivelmente decidido na sua totalidade) (Ac. TRL de 29.11.2007, *in* proc. 7323/07.9, www.dgsi.pt).

A acusação é o elemento estruturante de definição do objecto do processo, não podendo o tribunal promovê-lo para além dos limites daquela, (ne procedat judex ex officio), nem condenar para além dos da acusação (sententia debet esse conformis libello). A definição do thema decidendum pela acusação é uma consequência da estrutura acusatória do processo penal (Ac. STJ de 25.01.2007, proc. 07P158, *in* www.dgsi.pt).

Significa isto que a acusação – e a pronúncia – deve conter, ainda que de forma sintética, a descrição dos factos de que o arguido é acusado, efectuada «descriminada e precisamente com relação a cada um dos actos constitutivos do crime», pelo que se hão-de mencionar «todos os elementos da infracção» e quais «os factos que o arguido realizou» (Luís Osório, Comentário ao Código de Processo Penal, 4º vol., Coimbra Editora, 1933, nota

VII ao artigo 359º, pág. 494, e nota VIII ao artigo 366º, pág. 531), sendo perante este quadro e esta factualidade que o mesmo arguido deve elaborar a sua estratégia de defesa e que a acusação define e fixa o objecto do processo, limitando a actividade cognitiva e decisória do tribunal (cfr. Figueiredo Dias, ob. cit., págs. 144) (Vinício Ribeiro, *in* CPP, notas e comentário).

2. A noção de indícios suficientes: O nº 2 deste artigo, expõe uma norma fundamental, que, apelando à chamada **prova indiciária**, exige do jurista um esforço pessoal de concentração, condensação e interpretação na aplicação do direito, face ao caso concreto. Na verdade, a prova indiciária, por si só, não constitui uma certeza total.

A noção de **indícios**, analisa-se a dois tempos. Do ponto de vista semântico, indícios, são, indicações, vestígios, sinais, suspeitas, presunções naturais ...Quando transportado o vocábulo para o reino da dogmática do direito, o indício é um facto certo, uma **premissa**, a partir da qual desenvolvemos um **raciocínio histórico-reconstrutivo.** Por outras palavras, o indício é um ponto de partida, constituído por um **facto certo** (se não é certo, não é indicio válido, falhando logo a premissa) a partir do qual, por inferência lógica baseado nas **regras comuns de experiência da vida** (v. art. 127º) se chega à demonstração do facto juridicamente relevante, que embora sendo incerto, é **demonstrável de acordo com a técnica do silogismo judiciário** e portanto aceitável como prova. Porem, se por força de tal silogismo, se chegar a uma conclusão ambígua, segundo a qual, pode ter acontecido o facto considerado relevante, mas também pode ter acontecido outro ou outros factos igualmente relevantes, mas **contraditórios** com os primeiros, então caímos no campo da incerteza e da dúvida razoável quanto ao juízo imputativo e ficamos perante um *non liquet* da prova, que deve ser julgada favoravelmente ao arguido, em função do princípio *in dubio pro reo* -que deve aplicar-se em todas as fases do processo (v. notas sobre tal princípio ao art. 375º). Assim, os indícios só se impõem, quando, atingem o **estado de suficiência**, para permitir concluir, que determinado facto com importância penal, muito provavelmente aconteceu [confrontar com art. 308º – indícios suficientes na pronúncia e art. 202º-1-a) – fortes indícios na prisão preventiva].

«um indício polivalente não deve aceitar-se como indício válido; o indício que pode servir de prova válida deve ser monovalente, o que só acontece quando o facto é verdadeiramente concludente» (Bettiol, *in* Instituições, pág. 256).

3. Adequação das provas e aptidão condenatória. No plano probatório e da graduação do **nível de indícios necessários para acusar**, a doutrina, sobretudo esta, costuma elencar quatro estádios ou graus de suficiência de indícios: **(1)** quando haja uma mera probabilidade de condenação do arguido; **(2)** quando a probabilidade de condenação do arguido for maior que a de absolvição; **(3)** quando houver alta probabilidade de condenação do arguido; **(4)** quando a probabilidade de condenação do arguido for maior que a de absolvição, aferida pela mesma exigência de verdade que a requerida para o julgamento. Tirando a bissetriz de tais noções e aproximando-as do direito das provas, que é, nesta fase, em última análise, o que nos interessa, podemos afirmar, sem margem para dúvidas, de que **os indícios são suficientes, quando as provas reunidas em inquérito, a manterem-se em julgamento, são aptas a sustentar com êxito uma acusação.** Digamos que é um juízo de probabilidade; ***«possibilidade razoável»*** diz a norma, que parte das sempre incontornáveis regras de experiência da vida (art. 127º) mas também seguramente, do conhecimento dos mecanismos do direito probatório. Se a probabilidade de condenação, parece ser maior do que a de absolvição, deve acusar-se. Não sendo assim, deve arquivar-se. Sublinhe-se no entanto, que o juízo de probabilidade, se deve fundar num juízo normativo sobre a responsabilidade penal e não tanto única e exclusivamente num juízo estatístico de condenação. Até porque a prova no julgamento, face às debilidades endémicas do nosso ordenamento processual, é sempre muito volátil. Não confundamos. O grau de exigência quanto à consistência e credibilidade das provas, na fase de inquérito (ou de instrução) desde logo face ao adjetivo ***«razoável»*** expresso na noção, é **menor** do que aquele que é imposto ao juiz do julgamento, onde as provas, terão de convencer ao nível da **certeza ou quase certeza** para condenar, pelo menos, ***"para além de qualquer dúvida razoável"***. Esta ***"dúvida razoável"*** de que agora, nos meios jurídicos tanto se fala, que pertence aos domínios da sentença, é seguramente um limite à condenação; mas não à acusação (v. notas sobre a história do conceito de ***"dúvida razoável"***, desenvolvidas no art. 365º). Face ao exposto, aderimos então a uma noção de **indícios suficientes para acusar**, que nos parece mais operativa, assente simplesmente num juízo crítico sobre a **adequação das provas** e a sua **aptidão condenatória.**

"A decisão de acusar deve basear-se já num juízo muito próximo do que preside à decisão do juiz: Por um lado, porque ela se constitui como um pré-juízo fundado na mesma teleologia; por outro, porque a metodologia que preside à investigação incorpora valores e alguns métodos em tudo semelhantes aos usados pelo juiz com vista à decisão" (António Cluny, *in* "Pensar o Ministério Público Hoje", 1997, pág. 49).

"na apreciação da suficiência dos indícios está contida a mesma exigência de verdade requerida pelo julgamento final – só que a instrução não mobiliza os mesmos elementos probatórios e de esclarecimento, e portanto de convicção, que estarão ao dispor do juiz

na fase de julgamento, e por isso, mas só por isso, o que seria insuficiente para a sentença pode ser bastante ou suficiente para a acusação" (Castanheira Neves, *in* Processo Criminal, Sumários, pág. 39).

«os indícios só serão suficientes e a prova bastante, quando, já em face deles, seja de considerar altamente provável a futura condenação do acusado, ou quando seja mais provável do que a absolvição» (Figueiredo Dias, *in* Direito Processual Penal, I, 1984, pág. 133).

"...o expressão indícios suficientes, exige uma possibilidade particularmente qualificada de futura condenação, pressupondo a formação de uma verdadeira convicção de probabilidade dessa condenação" (...) "o que distingue fundamentalmente o juízo de probabilidade do juízo de certeza é a confiança que nele podemos depositar e não o grau de exigência que nele está pressuposto. O juízo de probabilidade não dispensa o juízo de certeza porque, para condenar uma pessoa, o conceito de justiça num Estado de direito exige que a convicção se forme com base na produção concentrada das provas numa audiência, com respeito pelos princípios da publicidade, do contraditório, da oralidade e da imediação. Garantias essas que não é possível satisfazer no fim da fase preparatória" (Jorge Noronha Silveira, *in* Jornadas de Direito Processual Penal e Direitos Fundamentais, págs. 155-172).

"Como a maioria das acções puníveis, no momento do processo, apenas são apreensíveis pelo tribunal através de diferentes manifestações (ou efeitos) posteriores, são principalmente as regras de experiência e conclusões logicamente muito complexas que tornam possível a verificação dos factos. A prova judicial é, na maioria dos casos, aquilo a que chamamos uma prova por indícios, quer dizer, uma prova feita através de conclusões dos indícios para os factos directamente relevantes cuja verificação está em causa. Chamamos indícios àqueles factos que têm, na verdade, a vantagem de serem acessíveis a uma percepção e apreensão actuais, mas que em si mesmos seriam juridicamente insignificantes se nos não permitissem uma conclusão para aqueles factos de cuja subsunção às hipóteses legais se trata e a que nós chamamos factos directamente relevantes" (K. Engisch, *in* Introdução ao pensamento jurídico, pág. 72).

"Na lógica do Código de Processo Penal, os indícios que justificam a acusação são, segundo me parece, necessariamente graves ou fortes, no sentido de serem factos que permitem uma interferência de tipo probabilístico da prática do crime (enquanto facto) de elevada intensidade, permitindo estabelecer uma conexão com aquela prática altamente provável. E é assim, porque só os indícios de elevada intensidade são suficientes, isto é, justificam um juízo normativo de "possibilidade razoável de condenação" (Fernanda Palma, *in* Acusação e Pronúncia num Direito Processual Penal (...) 1º Congresso de Processo Penal, pág. 122).

No conceito de indícios suficientes, *"liga-se o referente retrospectivo da prova indiciária coligida ao referente prospectivo da condenação, no ponto de convergência da "possibilidade razoável" desta, por força daqueles indícios e não de outros"* (Carlos Adérito Teixeira, *in*, Indícios suficientes: parâmetros de racionalidade e "instância de legitimação" (...) Revista do CEJ, 2º semestre 2004, nº 1, pág. 189).

"indício (também definido como prova lógica) é aquela que resulta de um procedimento mediante o qual, partindo de um facto provado (a circunstância indiciaria) se extrai através de máximas de experiência ou leis científicas, a existência de um facto a provar" (Ac. TRC de 31.05.2006, *in* www.dgsi.pt).

"os factos indiciados serão suficientes e bastantes quando formem um todo persuasivo da culpabilidade do arguido, criando a convicção de que, a manterem-se em julgamento, terão sérias probabilidades de conduzir a uma condenação. Essa força probatória depende da verificação de alguns requisitos, a saber;

a) os indícios devem estar plenamente provados por meio de prova directa e não serem meras conjecturas ou suspeitas por não ser possível construir certezas sobre simples probabilidades;

b) existência de uma pluralidade de indícios e que estes sejam periféricos relativamente ao facto a provar, assim como estejam interligados com o facto nuclear carecido de prova e que não percam forca pela presença de contra-indícios que neutralizem a sua eficácia probatória;

c) existência de um nexo preciso, directo, coerente, lógico e racional entre os indícios provados e os factos que deles se inferem.

A falta de concordância ou irracionalidade deste nexo entre o facto base e o facto deduzido, tanto pode ter por fundamento a falta de lógica ou de coerência na inferência como o carácter não concludente por excessivamente aberto, débil ou indeterminado (despacho judicial de 12.12.2011, *in* proc. 2858/09.9T3SNT; Juízo de Instrução Criminal da Comarca da Grande Lisboa-Noroeste).

I – Constituem indícios suficientes os elementos que, relacionados e conjugados, persuadem da culpabilidade do agente, traduzidos em vestígios, suspeitas, presunções, sinais e indicações aptos para convencer que existe um crime e de que alguém determinado é responsável. II – Tais elementos, logicamente relacionados e conjugados, hão-de formar uma presunção da existência do facto e da responsabilidade do agente, criando a convicção de que, mantendo-se em julgamento, terão sérias probabilidades de conduzir a uma condenação (Ac. STJ de 21.05.2003, *in* www.dgsi.pt).

"Por último, a posição que recolhe os favores da maioria da doutrina advoga ser necessário que dos indícios resulte uma forte ou séria possibilidade de condenação em julgamento. Fala-se, a este propósito, em "possibilidade particularmente qualificada" ou de "probabilidade elevada" de condenação." (Ac. TRL de 18.11.2011, *in* proc. 4043/10.8T3SNT.L1 – 5ª secção).

É jurisprudência constante do tribunal Constitucional que; "*... o simples facto de se ser submetido a julgamento não pode constituir, só por si, no nosso ordenamento jurídico, um atentado ao bom-nome e reputação*" (v. Acs. TC nºs 474/94, 551/98, 459/2000, 54/2000).

4. Princípio *in dubio pro reo*: Nem sempre a jurisprudência tem aceitado a aplicação do princípio *in dubio pro reo* nas fases de inquérito e de instrução. Mas muitos arestos (talvez a maioria) têm reconhecido a transversalidade desse princípio a todas as fases do processo penal. Salvo melhor opinião, na vertente da prova indiciária (própria da fase do inquérito ou da fase da instrução) deve aplicar-se o princípio *in dubio pro reo*, que sendo uma decorrência do **princípio da presunção da inocência**, se impõe em todas os momentos do processo penal, e não só na fase de julgamento, embora com diferentes graus de intensidade. Suscitando-se ao M.P. (ou ao JIC) fundada dúvida sobre o valor imputativo das provas, colocado em causa de forma relevante o juízo de prognose de condenação, não deve acusar-se (ou pronunciar-se) o arguido. Um *non liquet* probatório, resolve-se sempre em favor do arguido. Enfim, o arguido só deve ser acusado, quando em face das provas recolhidas, for mais **razoável** esperar que, por força delas, o mesmo venha a ser condenado do que absolvido em julgamento, ou por outras palavras, quando **as provas recolhidas são jurídico-causalmente adequadas a uma condenação** (v. notas ao art. 374º).

5. Singularização processual e conexão e separação de processos: No momento da decisão de deduzir **acusação**, deve o magistrado do M.P., aferir logo da faculdade de uso da singularização processual, tendo em conta a **gravidade dos factos**, o **grau de culpa** e as **exigências de prevenção** (v. notas ao art. 16º-3). Deverá ainda apurar da eventualidade de haver **conexão** de processos ou da conveniência na **separação** deles (v. notas aos arts. 24º a 31º).

6. Requisitos da acusação. As nulidades: A acusação deve conter os elementos descritos no nº 3-a) a g), sob pena de **nulidade. Nulidade sanável** e arguível, nos termos e prazos do art. 120º-1-3 ou do art. 105º (cf. alguns entendem). Todavia, a primeira e mais grave consequência de uma acusação nula, é de, sujeita ao crivo judicial, não ser recebida pelo Juiz de julgamento, ou por **manifestamente infundada**, ou em casos de acusações paralelas pelo M.P. e pelo assistente, por representar uma **alteração substancial** dos factos acusados na acusação dominante [v. art. 311º-2-a)-b) e arts. 284º e 285º]. Em qualquer caso, ao declarar a nulidade o Juiz, deve **detalhar** em que consiste a mesma e fixar os seus **efeitos**, tendo em consideração o disposto no art. 122º e as consequências drástica que do incumprimento desta regra podem advir para a Justiça.

Alínea a) – A identificação do arguido: Conforme resulta do texto legal o arguido deve estar identificado ou **"tendencialmente"** identificado [no mesmo sentido, v. art. 374º-1-b) – requisitos da sentença, quanto à identificação do arguido]. Não ignora o legislador as dificuldades de identificação completa dos arguidos, que resultam não só da documentação identificativa falsa, como também muitas vezes da ausência de completa identificação. Desde sempre na jurisprudência portuguesa se defendeu a ideia de que o que importa é a **pessoa real**, pelo que, não deve é suscitar-se dúvidas de que aquela concreta pessoa que está ali como arguido, corresponde ao autor dos ilícitos acusados. Assim a acusação ao arguido, na falta de melhores elementos, pode limitar-se a enunciar aqueles que sendo conhecidos, são os minimamente indispensáveis para o seu reconhecimento identificativo como autor dos factos acusados, que, em situações extremas, pode incluir unicamente as características físicas e morfológicas.

Face a esta exegese, igualmente, se a identificação do arguido constante dos autos for falsa, porque ele se identificou de forma falsa e se vier a apurar a sua verdadeira identidade, caso não muito raro nos tribunais, deve simplesmente proceder-se à **retificação da identidade** através de despacho fundamentado, s.m.o, mesmo na fase pós sentencial (v. art. 380º). Só assim não será se, para além da identificação falsa, tiver também ocorrido inverdades na fixação da matéria de facto, quanto à situação sócio económica, familiar e de personalidade do arguido, caso em que se poderá haver lugar a recurso de revisão, previsto no art. 449º-1-d).

"Parece-nos, porém, que se deve entender ser apenas caso de acusação manifestamente infundada a falta de arguido e não apenas a deficiência da sua identificação na acusação, quando suprível com outros elementos constantes dos autos, salvo se arguida a nulidade" (Germano Marques da Silva, *in* Curso de Processo Penal III, págs. 207 e 208).

Para o efeito do disposto no art. 311º, nº 3, al. a), do CPP, a residência do arguido não é elemento essencial de identificação, pelo que, embora com interesse relevante para efeitos processuais, não tem a virtualidade (caso seja desconhecida) de obstar à submissão do arguido a julgamento, pois o que importa saber é se o arguido corresponde à pessoa a quem é imputada a prática do delito (Ac. TRP de 20.09.2000, *in* proc. 0040486).

Paralelamente, dir-se-á ainda, que todos os intervenientes processuais, devem ser tratadas na acusação pelo seu nome e não só por categorias processuais ("o arguido", "o ofendido", "o assistente", etc...); primeiro porque todos têm **direito ao nome** (sobretudo as vítimas) segundo porque um julgamento é sempre um jogo emocional onde a humanização deve estar presente e não encoberta pelo "anonimato processual"; terceiro porque pode haver várias pessoas com o mesmo estatuto e quando é assim fica-se sem saber quem é o visado, quarto porque uma acusação deve ser auto-suficiente relativamente a factos e identidade das pessoas (princípio da integralidade da acusação) e não exigir a quem a lê, que para a compreender, tenha de andar a consultar o processo, inclusivamente para identificar as pessoas tratadas como categorias processuais.

Alínea b) – Factos; os elementos objetivos da acusação: Uma acusação relata sempre **factos** e conclui pela sua **subsunção legal**. Os factos, sendo elementos materiais e concretos, podem ser, **principais** (reportados diretamente aos elementos do tipo) ou **instrumentais** (explicam e estabelecem a ligação entre os factos principais e permitem compreender os circunstancialismos envolventes). A acusação é uma peça processual complexa e de grande responsabilidade. Da sua correção técnica depende muitas vezes, o sucesso ou fracasso da Justiça. Os factos devem ser explanados de forma **concisa**, (seca, sóbria, não ter demais nem de menos) **clara** (deve usar-se períodos curtos e linguagem comum, de forma a facilitar a prova em audiência e possibilitar respostas diretas de "provado" ou "não provado", à semelhança do que acontece no processo civil) **rigorosa** e **objetiva** (sem pormenores anódinos ou inferências ou conclusões ou misturar factos com o direito). Sendo certo que não há modelos acabados de acusação, tendencialmente deve dar-se preferência à explanação cronológica, que é a forma mais simples de compreensão lógica dos acontecimentos. Às perguntas factuais; "quem", "quando", "onde", "como" e "porquê", deve a acusação oferecer as repostas correspondentes. Acrescerá ainda as ***«circunstâncias relevantes para a determinação da sanção»***, que na sua expressão mais abrangente, vão até aos factos integradores da **reincidência** e da **expulsão**.

Registe-se, que a indicação na acusação do ***«lugar»*** e do ***«tempo»*** em que ocorreram os factos e bem assim, da ***«motivação»*** e do ***«grau de participação»*** do arguido no cometimento dos factos e de outras ***«circunstâncias relevantes para a determinação da sanção»***, está sujeito a um juízo de possibilidade (***«se possível»***, diz o texto legal). Assim, não incide sobre este tipo de omissões o **vício da nulidade**, exceto se a omissão for indispensável para a integração dos elementos típicos objetivos do crime acusado. Não sendo assim, tais omissões na acusação, não constituindo qualquer óbice à boa defesa do arguido, podem ser supridas em julgamento, não representando isso qualquer alteração de factos. Em todo o caso, é bom não esquecer, que a indicação do **lugar dos factos** projeta-se com total impacto na determinação do tribunal competente (v. arts. 19º a 22º do C.P.) e a indicação da **data dos factos** na determinação da lei aplicável em sede de sucessão de leis no tempo (art. 2º do C.P.) em sede de prescrição (art. 118º do C.P.) e em sede de cúmulos jurídicos supervenientes (art. 78º do C.P.).

Jurisprudência uniformizadora: Ac. do STJ de Fixação de Jurisprudência nº 7/2008, de 25.06.2008, *in* DR de 30.07.2008: *«Em processo por crime de condução perigosa de veículo ou por crime de condução de veículo em estado de embriaguez ou sob a influência de estupefacientes ou substâncias psicotrópicas, não constando da acusação ou da pronúncia a indicação, entre as disposições legais aplicáveis, do nº 1 do artigo 69º do Código Penal, não pode ser aplicada a pena acessória de proibição de* *conduzir ali prevista, sem que ao arguido seja comunicada, nos termos dos nºs 1 e 3 do artigo 358º do Código de Processo Penal, a alteração da qualificação jurídica dos factos daí resultante, sob pena de a sentença incorrer na nulidade prevista na alínea b) do nº 1 do artigo 379º deste último diploma legal».*

Os factos são *«acontecimentos, circunstâncias, relações, objetos e estados, todos eles situados no passado, espácio-temporalmente ou mesmo só temporalmente determinados, pertencentes ao domínio da perceção externa ou interna e ordenados de forma natural»* (Mouraz Lopes, *in* A fundamentação da Sentença no Sistema Português", Almedina, 2011, pág. 223).

A acusação deve ser o mais completa possível, sendo conveniente ponderar que a descrição aí exigida deve ser precedida de estudo atento das normas substantivas, em todos os sentidos que o desenvolvimento ulterior do caso poderá revestir, evitando uma eventual falta de factos necessários para uma solução de direito adequada. (...) *Havendo concurso aparente de crimes, devem ser descritas todas as condutas integradoras das infracções, mesmo das que se consideram consumidas, pois pode acontecer que só estas venham a ficar provadas em julgamento e não haver razão para a consumpção* (*in* C.P.P., Mag. M.P. do Dist. Judic. do Porto). **Nota:** Eis aqui uma advertência muito importante às acusações minimalistas, que tantas vezes comprometem decisões em julgamento.

Alínea c) – A qualificação jurídica dos factos: Relatados os factos na acusação deve o acusador subsumi-los aos tipos legais que considera terem sido preenchidos, indicando expressamente as **disposições legais** que considera violadas, aqui se incluindo as **sanções acessórias** (v. arts. 65º a 69º do C.P.). Na fase sentencial pode haver lugar a **alteração da qualificação jurídica**, verificados os pressupostos dos arts. 303º-5 e 358º-3. Pode fazer-se imputações alternativas ou subsidiárias na acusação, como no cível? É uma questão curiosa e discutível. Em todo o caso, quando há dúvidas neste campo, a acusação, deve ser o mais **"abrangente"** possível, no sentido de permitir várias soluções quanto à **qualificação jurídica dos factos,** exigindo alguma habilidade.

Pode incluir-se aqui, a promoção do cumprimento do **art. 7º-3 da L. 5/2008, de 12.02** (recolha de amostras para a base de dados de perfis de ADN, em caso de condenação com pena de prisão igual ou superior a 3 anos).

XIII – O exercício eficaz do direito de defesa, garantido no art. 32º, nº 1, da CRP, exige que ao arguido seja dado conhecimento de todo o quadro punitivo aplicável, incluindo, logicamente, a aplicação das penas acessórias, acrescendo que, por imposição constitucional, nenhuma pena envolve como efeito necessário a perda de quaisquer direitos civis, profissionais ou políticos – art. 30º, nº 4, da CRP. XIV – A omissão na acu-

sação de qualquer referência à aplicabilidade da pena acessória de proibição de conduzir veículos motorizados impedia, assim, a aplicação de tal pena ao arguido; poder-se-ia, quando muito, lançar mão do disposto no art. 358º do CPP, o que não se verificou. XV – É, pois, de considerar que foi cometida a nulidade prevista no art. 379º, nº 1, al. b), do CPP, ao condenar-se o arguido «por factos diversos dos descritos na acusação ou na pronúncia (...) fora dos casos e das condições previstos nos artigos 358º c 359º». XVI – Tal nulidade afecta apenas o segmento do acórdão que aplicou a mencionada pena acessória, que deve ficar sem efeito (Ac. STJ de 13.09.2006, proc. 06P2257, *in* www.dgsi.pt.).

Alíneas d) – A indicação das testemunhas e o seu número máximo: No item, **provas da acusação** (do M.P. ou do assistente) devem ser indicadas as testemunhas, no máximo de **20**, não podendo exceder **5** as que deponham para os termos do art. 128º-2, relativamente à personalidade, carater e conduta do arguido (que são em regra indicadas pela defesa e raras vezes pela acusação). Todavia sem prejuízo da regra do nº 7, quando as necessidades para a **descoberta da verdade material** exigirem um maior número de testemunhas, cujo limite máximo não é indicado. **Exemplificativamente**, refere-se os crimes tipificados no art. 215º-2 e os processos de excecional complexidade (v. art. 215º-3). Quando **ultrapassado** o número normal de 20 testemunhas, tem o apresentante, o ónus de **justificar** a sua pretensão (cf. muito bem impõe a atual redação da L. 27/2015, de 14.04, na esteira aliás de uma prática judiciária) a qual pode e deve ser indeferida pelo Juiz (no uso de um **poder discricionário**, mas legitimo) se não se verificar a condição da **necessidade para a descoberta da verdade material e da boa decisão da causa,** como é o caso das **alíneas do nº 4 do art. 340º**. Cabe **recurso** de tal decisão (v. arts. 399º e 400º). Ao rol de testemunhas na **contestação**, por força do princípio de igualdade de armas, aplica-se as mesmas regras da acusação (v. art. 315º-4).

As testemunhas, não devem ser indicadas aleatoriamente no requerimento de apresentação, mas arroladas por **ordem de grandeza daquilo que sabem**, para que em julgamento a primeira testemunha se possa pronunciar sobre o máximo de factos constantes na acusação ou na contestação e a última testemunha sobre o mínimo. Em julgamento deve começar-se com uma **visão geral** de toda a prova e subsequentemente ir-se estreitando essa visão até aos pormenores, a fim de possibilitar uma discussão lógica e coerente da prova testemunhal. Por exemplo, na acusação, indicar sistematicamente no fim do rol de testemunhas, os agentes policiais, é incorreto, se eles sabem mais do conjunto da acusação do que as restantes testemunhas, coisa que acontece com frequência.

Referências: arts. 128º a 139º (regime das testemunhas); art. 316º (alteração ao rol de testemunhas).

Alínea e): A indicação de peritos e consultores: No item **provas da acusação**, deve indicar-se e identificar-se os peritos e consultores, designadamente com informação do local onde devem ser notificados para comparecerem em audiência, que em regra corresponde à instituição onde exercem funções (v. prova pericial: arts. 151º a 163º).

Alíneas f) – A indicação de outras provas: No item **provas da acusação,** deve indicar-se as provas a **produzir** em audiência ou a **requerer** que se produzam **em audiência** (v. provas: arts. 128º a 190º). Deve identificar-se o **conteúdo material** mínimo das provas apresentadas (v.g.: exame pericial à droga a fls....; escritura de compra e venda a fls....) e não simplesmente, docs. a fls. x, y e z, como tantas vezes displicentemente se vê.

"Embora não seja aconselhável a indicação da prova através da fórmula "a dos autos" feita pelo MP no seu requerimento-acusação, com remissão, pois, para toda a matéria probatória neles existente, tal procedimento é habitual em várias acusações e não enferma de vício que acarrete nulidade" (Ac. STJ de 15.04.93, *in* BMJ-426-217). **Nota:** Pode não "enfermar", mas revela desleixo.

Alínea g) – Arguido menor: Por força da alteração introduzida pela L. 33/2019, de 22.05, sendo o arguido **menor** (v. noção de menoridade nas notas ao art. 58º), o processo deve agora conter um **relatório social** ou uma **informação das serviços de reinserção social** [v. noções destes documentos no art. 1º-g)-h) e a sua necessidade no art. 370º e respetivas notas] e a acusação deve indicar expressamente tais documentos (sob pena de nulidade), constando eles já nos autos. Na prática tal obriga o M.P., sempre que o arguido for **menor,** a requisitar **imediatamente** os documentos em questão, exceto *"se forem prescindíveis em função do superior interesse do menor"* (não se compreende este asserto). Se houver atraso na elaboração pelo IRS dos documentos em questão, tal não obsta à dedução da acusação e ao prosseguimento do processo. Em qualquer caso o tribunal, determinará sempre a junção, a qual terá de ocorrer no prazo de 30 dias (v. art. 370º-2).

Alínea h) – A data e assinatura: O ato acusatório tem de conter a **data** e a **assinatura** de quem o elaborou, tendo em vista a sua localização no **tempo** (elemento fundamental, produtor de efeitos jurídicos) e a **fonte** de onde emana a acusação, tendo em vista a legitimação do ato (sendo a assinatura ilegível, habitualmente reduz-se a uma rubrica, deve ali apor-se de forma clara o nome do subscritor) (v. também neste sentido arts. 94º e 95º).

7.1. Os elementos subjetivos da acusação; Dolo e negligência: O art. 13º do C.P., refere que *«só é punível o facto praticado com dolo, ou nos casos previstos na lei, com negligência»*, sendo esta, espaço de excecionalidade e limite mínimo da imputação penal. Deste modo, para que um comportamento seja punível por lei, é necessário não só que ele abranja os **elementos típicos objetivos** do normativo penal, mas também que contenha em si um substrato de culpabilidade, que se traduz na voluntariedade no crime quanto ao **dolo** ou na violação de um dever de cuidado inerente à **negligência** (em ambos os casos, em grau de culpa variável). O dolo ou a negligência, correspondem a juízos normativos (de censura), alcançados a partir de factos, avaliados na sua dupla perspetiva, intelectual **(conhecimento)** e volitiva **(querer)**. Na verdade, embora o dolo e a negligência pertençam ao foro íntimo da pessoa e sejam de natureza subjetiva e insuscetíveis de apreensão direta, podem conhecer-se através dos factos materiais comuns, das regras de experiência de vida e dos princípios da normalidade. Aliás, a jurisprudência, considera matéria de facto, todos os acontecimentos naturalísticos que preencham um crime na sua tríplice segmentação dogmática; tipicidade, ilicitude e culpa.

A diferença entre dolo (art. 14º do C.P.) e negligência (art. 15º do C.P.) assenta grosso modo, num critério de imputação de intenções na **atitude interna do agente**. Enquanto no dolo prevalece o elemento intencional de ordem finalística, na negligência é a violação do dever de cuidado, na perspetiva jurídico-social, que se plenipotencia.

Significa isto que para que exista **culpa** do agente, i.e., crime, é necessário que a mesma lhe seja assacada a título de dolo ou negligência. Deste modo, mister é, alegar na acusação a existência do dolo ou da negligência (quando o tipo legal admitir o crime negligente) sob pena de **nulidade** da acusação e não recebimento da mesma pelo Juiz, por ***«manifestamente infundada»*** devido á falta de um elemento essencial para que os factos constituam crime [v. art. 311º-2-a)-3-d)].

A formalização na acusação do elemento subjetivo, varia em função do tipo penal, na medida em que o dolo ou a negligência assumem quanto a cada crime, o sentido do dolo ou da negligência necessárias para cometer esse crime, sem prejuízo do grau de intensidade inerente. A velha formula, *"agiu deliberada, livre e conscientemente"*, fica muito aquém das exigências de rigor de uma acusação. Alem do mais, pode o tipo legal exigir especialidades ao nível da conduta, como por exemplo, nos crimes de burla (onde há um dolo específico) que tem de ser descrito. O ac. infra do STJ, radicaliza a questão, ao ponto de, perante uma descrição deficiente do elemento subjetivo na acusação, chocantemente, nem sequer admitir o recurso ao art. 358º (alteração não substancial em julgamento dos factos descritos na acusação ou na pronúncia). Pertinentemente, no seu voto de vencido, diz o sr. conselheiro Santos Cabral: *"a solução a que, conduz o acórdão de que se discorda, implica que perante a inépcia do acu-*

sador que omitiu a intenção de matar no homicídio, a solução legal seja da absolvição pura e simples, o que é algo que, em nosso entender, apenas pode ser entendido á luz de uma justiça preocupada com a forma e não com a procura da verdade material." Felizmente que no caso concreto se tratava de julgar um crime de injurias.

Jurisprudência uniformizadora: Ac. do STJ de Fixação de Jurisprudência nº 1/2008, de 20.11.2014, *in* DR de 27.01.2015: *«A falta de descrição, na acusação, dos elementos subjectivos do crime, nomeadamente dos que se traduzem no conhecimento, representação ou previsão de todas as circunstâncias da factualidade típica, na livre determinação do agente e na vontade de praticar o facto com o sentido do correspondente desvalor, não pode ser integrada em julgamento, por recurso ao mecanismo previsto no art. 358 do Código de Processo Penal».* **Nota:** O fundamento base deste ac. resulta de, face à não alegação do elemento subjetivo, pura e simplesmente não existir crime, por não o mesmo estar plenamente descrito, pelo que nem sequer existiriam os pressupostos da alteração substancial ou não substancial de factos, a que aludem os arts. 358º e 359º, que exigem a verificação de crime.

«as ilações que as instâncias extraem dos factos constituem uma forma correcta de avaliação da conduta dos réus na medida em que sejam meras consequências ou prolongamento daqueles factos» (Ac. STJ de 02.04.86, *in* BMJ-356-122).

7.2. Os elementos subjetivos da acusação; A consciência da ilicitude: Por outro lado, não devemos esquecer, na elaboração de uma acusação, a **consciência da ilicitude**. Como já disse, Figueiredo Dias, *«na verdade, talvez em nenhum tempo como no nosso se tenha cometido um tão grande número de crimes em que deveria suscitar-se a questão da consciência da ilicitude».* É discutível aquilo que possamos entender por consciência. Desde um saber percetivo ou estado disposicional, como em Seeling, uma apreensão de sentido, como em Hardwig ou Kaufmann, uma valoração, como em Roxin, ou uma qualidade de carácter, uma atitude espiritual, um estado de consciência ética, um estado psicossomático etc... Igualmente, o próprio conceito de ilicitude, também está sujeito a interpretações, que vão desde o carácter proibido do comportamento, em Beleza dos Santos, a natureza comportamentalista violadora de um dever em Dohna, a sua imoralidade em Bunger, a sua danosidade social em Lizt. Qualquer que seja a perspetiva, a consciência da ilicitude, tem de assentar na consideração de que o agente **sabia**, no momento da consumação do crime, ainda que numa perspetiva leiga, que o seu comportamento era **juridicamente proibido**. É preciso não esquecer que muitas proibições contidas na lei (sobretudo em leis extravagantes ou de "criação política", como alguns lhes chamam) não são universais; mas já o são aquelas que representam a violação de bens jurídicos que fazem parte do património comum de uma dada sociedade e cuja ignorância não é aceitável, podendo até o seu desconhecimento constituir um fator de agravação da culpa, pelo embotamento da mente que revela. Por exemplo; a mutilação genital de mulheres pode não ser juridicamente condenável no Quénia, mas não pode deixar de o ser em Portugal, ainda que feita por quenianos, que tinham obrigação de previamente se informarem da licitude da sua conduta, quando a decidiram levar a cabo neste país. De acordo com o art. 17º do C.P., a falta de consciência da ilicitude exclui a culpa, mas só se a inconsciência da ilicitude lhe não for **censurável**. Tudo isto para dizer que na acusação também tem de se fazer referencia à consciência da ilicitude, ou à censurável falta dela, sendo este ónus tanto mais premente, quanto o crime acusado se afastar dos comuns padrões sociais e civilizacionais (v.g. contraordenações ou alguns crimes de natureza fiscal).

8. As situações de coautoria: O nosso ordenamento penal, optou por uma **noção extensiva de autoria**. São coautores, todos os que contribuem **causal e subjetivamente** para a produção de um facto típico ilícito (v. causalidade jurídica – art. 10º do C.P.). Assim, importa descrever na acusação, com algum detalhe as ações de todos os coautores, a fim de se poder concluir que eles também contribuíram **causalmente** para o crime, até porque é habitual em julgamento, os coarguidos procurarem fugir às responsabilidades, não negando frontalmente a existência dos factos ilícitos acusados, mas a sua participação ou colaboração neles.

9. Acusação por crime continuado; Directiva da P.G.R. de 09.01.2008: O crime continuado, implica uma concreta situação jurídica, que deve ser **descrita factualmente na acusação**, para uma correta subsunção ao art. 30º-2 do C.P., o que aliás, já foi objeto de "recomendação" na circular retro referida *(...) os factos integradores da "continuação criminosa" deverão ser rigorosamente descritos na acusação, não podendo esta limitar-se à afirmação conclusiva da sua alegada verificação.* Pode por exemplo, como acontece amiúde nos crimes de natureza fiscal, consignar-se na acusação, que a persistência no crime, se deveu à falta de intervenção atempada das autoridades que tinham o dever de vigilância, o que gerou um sentimento de impunidade no arguido, diminuindo-lhe o grau de culpa.

10. As circunstâncias do crime: Basta ler o art. 71º do C.P., que regula a determinação da pena concreta, para se perceber que uma acusação, não se pode limitar a despejar os elementos objetivos e subjetivos do tipo legal. Importa referir, entre outros, ***«a gravidade das consequências»*** do facto ilícito e a ***«conduta anterior ao facto e posterior a este»*** do arguido, o que se reconduz sobretudo, aos **prejuízos** sofridos pelas vítimas e ao **comportamento do**

arguido (v.g., premeditação, delapidação ou não restituição dos bens apropriados, etc...) que podem agravar a sua responsabilidade.

11. A agravante reincidência e a agravante **delinquência por tendência. A pena acessória de expulsão:** Uma acusação do M.P., representa uma pretensão punitiva por parte do Estado, e tal pretensão, deve ser apresentada a um Juiz da forma mais eficaz possível. Não basta invocar o acontecimento do crime. É necessário apresentar/provocar, uma espécie de projeto de sentença, baseada não só no preenchimento dos **elementos típicos** de um crime, mas também em ***«quaisquer circunstâncias relevantes para a determinação da sanção que deve ser aplicada»,*** conforme expressamente consigna a alínea b). A "determinação da sanção" encontra-se "regulada" no art. 71º do C.P. Nesta vertente, não pode o acusador alhear-se deste normativo, desde logo não esquecendo a panóplia de agravantes e atenuantes a considerar no caso concreto, como as motivações mais obscuras, os prejuízos patrimoniais, a recuperação de bens, etc...

Os factos que consubstanciam as agravantes **reincidência** (arts. 75º e 76º do C.P.) e **tendência delinquente** (arts. 83º a 85º do C.P.) (circunstâncias modificativas comuns, muito esquecidas pelo M.P.) carecem de ser **alegados** nas acusações e submetidas ao **contraditório**, pois modificam a própria medida abstrata da pena e **não são de conhecimento oficioso** (conforme atual jurisprudência, quase uniforme). Deste modo, deverá em inquérito, apurar-se desde logo os requisitos e pressupostos destas circunstâncias, designadamente requisitando no momento próprio – que é aquele, em que se começa a solidificar a iminência de uma acusação – o certificado de registo criminal (CRC) do arguido e se se concluir que se justifica no plano fáctico e de direito a agravação, requisitar a certidão da(s) sentença(s) fundamentadora(s), juntá-la(s) ao processo e avançar com a acusação nesse sentido, devidamente formalizada (v. art. 274º). Se se perder algum tempo a analisar o passado criminal dos arguidos, consta-se, se calhar com surpresa, que estas agravantes, se verificam mais vezes do que poderíamos esperar.

O mesmo se dirá da **expulsão**, distinguindo entre o regime dos cidadãos **não comunitários** (L. 23/2007, de 04.07) e o regime dos cidadãos **comunitários** (L. 37/2006, de 09.08) apurando em inquérito os respetivos fundamentos (v. art. 151º da L. 23/2007, de 04.07) e limites (de natureza pessoal e familiar – v. art. 135º da ref. lei) e **alegando-os** na acusação de forma concreta e rigorosa. Não requerer a expulsão de um arguido, havendo fundamento legal para tal, é uma falha técnica grave (ainda que, em termos de tempo de cumprimento de pena, a expulsão possa ser uma vantagem para o arguido – v. art. 151º-4 da L. 123/2007, de 04.07). E o facto de correr termos um **processo administrativo** de expulsão no SEF (expulsão administrativa), como por vezes acontece, não deve obstar a que se requeira a expulsão como **pena acessória** na acusação, porque são duas realidades jurídicas completamente distintas.

12. O confisco de bens de proveniência ilícita. A L. 5/2002, de 11.01: É fundamental uma ordem jurídica impor o princípio de que o crime não compensa. Para tal é necessário atuar sobre as vantagens e os benefícios patrimoniais do crime, **confiscando-os** sem pruridos, como aliás é admitido internacionalmente, em termos bem mais rigorosos do que nas leis portuguesas.

A nossa lei regula de modos diferentes a perda a favor do estado, de bens de proveniência ilícita. No **modo geral**, decorrente dos arts. 109º a 112º do C.P. ou em leis especiais, como por exemplo, nos arts. 35º a 39º da L.15/1993, de 22.01 (lei da droga) ou na L. 15/2001, de 05.06 (regime geral das infracções tributárias) ou de **modo especialíssimo** na L. 5/2002, de 11.01 (medidas de combate á criminalidade económica e financeira). Neste último quadro legal (arts. 7º a 12º) que é o que agora nos interessa, regula-se um verdadeiro **"confisco"** de bens, decorrentes de uma **"hipotética"** atividade criminosa. Vejamos, sumariamente o quadro geral (sendo os artigos indicados, os da L. 5/2002, de 11.01).

(I) De acordo com o art. 7º-1, em caso de ***«condenação»,*** obviamente transitada, pela prática de algum dos crime tipificados no catálogo do art. 1º (o que pressupõe que o M.P. acuse e cumpra os passos da lei em questão) ***«presume-se»*** constituir vantagem da atividade criminosa a ***«diferença entre o valor do património do arguido e aquele que seja congruente com o seu rendimento lícito».*** A prova da ***"incongruência"*** terá forçosamente que se basear em **perícias credíveis**. É apenas a **"incongruência"** que o M.P. tem de provar, ou melhor, a **inexistência de licitude** na aquisição do **património** incongruente; não a ilicitude do **património**, pois esta presume-se por exclusão de partes. O que verdadeiramente está em causa é a aquisição, posse ou detenção de património sem origem licita conhecida.

(II) O art. 7º-2-3, delimita o **património** em causa, que é o que está na titularidade, domínio ou benefício do arguido à ***«data da constituição como arguido ou posteriormente»*** e bem assim os que foram **transferidos** para terceiros, nos ***«cinco anos anteriores»*** a tal, ou que foram **recebidos** nesse espaço de tempo (incluindo juros lucros e outros benefícios).

(III) Para fazer operar este regime (que não é de conhecimento oficioso) o M.P. ***«liquida na acusação, o montante apurado como devendo ser perdido a favor do estado».*** Se tal não for possível nesse ato (facto que terá de justificar, cf. alguma jurisprudência exige, sob pena de preclusão do ato – v. neste sentido ac. do TRP de 07.12.2016, proc. 12/13.4GAPNF-DP2, *in*, www.dgsi.pt), pode fazê-lo até ao ***«trigésimo dia anterior à data designada para a rea-***

lização da primeira audiência» (v. art. 8º). Para tal, **(i)** identifica o **património** do arguido, **(ii)** identifica os seus **rendimentos**, **(ii)** faz as **avaliações dos bens e** procede aos **cálculos (iii)** e conclui pela sua **desconformidade/incongruência**, **(iiii)** indicando também as **leis aplicáveis.** Para este ato, que pela sua tecnicidade na parte que toca a **avaliações de património**, se nos afigura deveras complexo (será necessários estimativas baseadas em índice de preços/valores praticados), pode e deve o M.P. servir-se de **peritos avaliadores**, designadamente dos serviços do Gabinete de Recuperação de Ativos (GRA), a que alude o L. 45/2011, de 24.06. Não distinguindo a lei, este procedimento pode ter lugar em qualquer forma de processo; comum (singular ou coletivo) ou especial.

(IV) O M.P., a título cautelar, pode promover o **arresto** dos bens do arguido (arts. 10º e 11º).

(V) O arguido pode fazer a **contraprova** de que os bens foram adquiridos **licitamente**, restaurando-se assim um equilíbrio probatório perfeitamente aceitável, pois muito raros serão os casos, em que tal prova se revele difícil ou impossível (art. 9º).

(VI) Em caso de condenação, o Juiz decreta na **sentença**, o ***«valor que deve ser perdido a favor do estado».***

Este é, em traços largos, o **regime do confisco.** E assim, está cometido ao M.P., a árdua tarefa de proceder na própria **acusação** (ou em **requerimento** posterior) à **«liquidação»** do património do arguido e sustentar em juízo que esse património é **"incongruente"** com os seus rendimentos lícitos (conhecidos, declarados e registados) *a latere* da própria acusação. À sombra de uma acusação, por determinado(s) crime(s), investiga-se a totalidade do património do arguido**, independentemente de ele ter sido gerado ou não, pelo(s) crime(s) acusado(s).** Na verdade, é de assinalar a desnecessidade de conexão causal, entre o(s) crime(s) acusado(s) e o património a confiscar. Ultrapassa-se assim, as dificuldades de prova nesse sentido. É como se se abrisse uma porta presuntiva, (presunção ilidível a cargo do arguido), de que, **condenado** o arguido por qualquer dos crimes do catálogo, **"incongruente"** que seja considerado o seu património nos termos desta lei, não tem ele origem licita e deverá ser **confiscado.**

Trata-se de uma lei exógena aos princípios processuais penais. O que censura não é a sua existência, pois não só deve existir, como deveria ser mais ampla. Mas o seu enxertamento no domínio processual penal, na dependência de uma acusação/condenação, que pode nada ter a ver com o património em causa, levanta muitas dificuldades (desde logo a compatibilidade dos prazos, sabendo nós que as perícias demoram longos meses, às vezes anos). A investigação do **enriquecimento ilícito**, deveria ser em **processo autónomo** e com

regras próprias. Porque é que tal não pode fazer-se, sempre que houvesse dúvidas sobre a proveniência lícita do património de um cidadão, como se faz noutros países?

Por fim, recordar que ao património comprovadamente obtido com a prática do(s) crime(s) acusados, é obviamente aplicável o **regime geral** da perda de bens, ou o **específico** decorrente da lei ou leis que diretamente se aplicam ao(s) crime(s) acusado(s) e não este especialíssimo regime.

13. Medidas de coação: No final do inquérito e no momento da acusação, o M.P., porque já terá uma visão global de todas as circunstâncias a considerar, pode e deve pronunciar-se sobre a **necessidade e suficiência** das medidas de coação aplicadas ou a aplicar ao arguido e promover o que considerar correto, tendo como principal referencial o disposto no nº 193 (necessidade, adequação e proporcionalidade). Se patrocinar o agravamento das medidas de coação, deve apresentar o processo ao JIC para decisão. Não poderia ser o Juiz de julgamento a decidir o agravamento das medidas de coação, ato incompatível com a sua posição de julgador imparcial – sendo certo aliás, que tendo aplicado (em qualquer momento anterior, designadamente, interrogatório judicial – v. art. 141º) as que se referem a proibição e imposição de condutas, ou obrigação de permanência na habitação ou prisão preventiva, ficava impedido de julgar, por força expressa do art. 40-a). Igualmente o M.P. deverá apresentar o processo ao JIC, quando for deduzida **acusação** de arguido a quem foi aplicada medida de coação de **prisão preventiva ou de obrigação de permanência na habitação**, abrindo-se assim um procedimento especial de controlo para reexame dos pressupostos de tais medidas de coação, independentemente do prazo de três meses legalmente previsto (v. art. 213º-1-b).

14. Cuidados finais a ter no despacho acusatório do M.P.: O magistrado deve conferir se se mantêm as **condições de procedibilidade** do crime que vai acusar, pois pode ter havido alteração (arts. 48º a 52º). Deve conferir se as **medidas de coação** aplicadas se mantêm necessárias e atuantes (art. 218º). Deve aferir da **competência territorial** do tribunal para onde irá remeter a acusação (arts. 19º a 31º). Deve dar destino aos **objetos apreendidos**, que não façam parte da prova e expurgar o processo deles (arts. 185º e 186º). Deve requisitar **CRCs,** devidamente atualizados. Deve confirmar se os **TIRs** estão bem elaborados, atualizados e corretamente preenchidos (art. 196º) pois se assim não acontecer está-se a criar uma dificuldade, com consequências graves a nível da regularidade das notificações subsequentes a começar pela notificação para julgamento e pela possibilidade de o efetuar na ausência do arguido. Deve verificar e assegurar a regularidade da representação de **advogados**, nos casos legalmente exigíveis (art. 64º-3). Deve dar a informação relativa ao **apoio judiciário** (art. 64º-4). Deve zelar pelo cumprimento do dever de informação aos lesados e notificar quem manifestou o propósito de deduzir **pedido cível** (arts. 75º e 77º-2). Deve dar conhecimento à vítima da acusação, sempre que ela tiver manifestado tal pretensão [art. 11º-6-ii) do estatuto da vítima]. Deve registar, quando for o caso, o nº de beneficiário da segurança social da vítima **(D.L. 59/89, de 22.02)** e notificar as instituições do Serviço Nacional de Saúde **(D.L. 218/99, de 15.02)**, para querendo deduzir pedido cível. Deve dar cumprimento às **circulares** aplicáveis (v.g., quanto a comunicações a entidades). Deve sumariamente ordenar ao funcionário o cumprimento das normas das **notificações** do seu despacho de acusação (art. 277º-3 *ex vi* art. 283º-5). Por fim, há que evitar o habitual e precipitado procedimento do M.P., de remeter para a fase de julgamento os processos acusados, sem se certificar de que as notificações estão **regularmente efetuadas**, ou sem se certificar de que está esgotado o **prazo** para requerer instrução. A consequência disso é os processos poderem ser devolvidos ao M.P. (ou remetidos ao tribunal de instrução, se entretanto a instrução for requerida) com todos os atrasos e inconvenientes que acarreta. Como nota residual, deve **compatibilizar** o teor da acusação no que respeita aos conteúdos procedimentais, com os ofícios do tribunal previamente elaborados e uniformizados – cujo conteúdo deve conhecer e controlar – que irão acompanhar a notificação dessa mesma acusação, de forma a não estar a repetir palavras e a perder tempo e muitas vezes a gerar confusão aos destinatários.

15. Alteração não substancial ou substancial de factos da acusação: Sendo a descrição dos factos da acusação uma **narração sintética**, pode acontecer que nem todos os factos ou circunstâncias factuais relativas ao crime acusado, possam constar desde logo da acusação, podendo surgir durante o julgamento factos novos que traduzam alteração dos anteriormente descritos na acusação. Quando tal acontece segue-se o regime da alteração não substancial ou substancial de factos, prevista nos **arts. 358º e 359º** (v. também arts. 1º-f e 339º-4).

"Assim, é uma exigência do princípio da plenitude das garantias de defesa do arguido que os poderes de cognição do tribunal se limitem aos factos constantes da acusação; porém, se, durante a audiência, surgirem factos relevantes para a decisão e que não alterem o crime tipificado na acusação nem levem à agravação dos limites máximos das sanções aplicáveis, respeitados que sejam os direitos de defesa do arguido, pode o tribunal investigar esses factos indiciados «ex novo» e, se se vierem a provar, integrá-los no processo, sem violação do preceituado no artigo 32º, nºs 1 e 5, da Constituição" (Ac. TC 130/98, *in* DR de 07.05.98).

16. Notificação da acusação: De acordo com o nº 6 deste artigo, a acusação deve ser notificada, nos termos dos arts. 277º-3-4 (que diz respeito ao arquivamento) e 113º.

Tendo o **arguido** prestado **termo de identidade e residência**, será notificado *"mediante via postal simples"*, nos termos dos arts. 196º-2 e 113º-3 (considera-se/presume-se notificado no 5º dia posterior à data indicada no documento de prova de depósito, assinado pelo agente dos correios). Não tendo prestado termo de identidade e residência, segue-se os procedimentos comuns das notificações, a que alude o art. 113º.

O mesmo regime se aplica ao **assistente**, quando indicou nos autos a sua residência ou domicílio profissional.

Múltiplos incidentes podem ocorrer nas notificações, que geram sempre polémica; erro do distribuidor postal, impossibilidade de depósito da correspondência, furto ou extravio da correspondência, dúvidas sobre a identidade de quem assinou os avisos de recepção, etc... Face a este quadro, *jus constituendo,* seria mais seguro e transparente, pelo menos quando houvesse advogados constituídos com procuração no processo, que, fossem eles a assegurar as notificações do seu constituinte, determinadas pelo tribunal. Mas não é assim.

Ao contrário do regime anterior às alterações da L. 59/98, de 25.08, onde não se logrando a notificação dos arguidos, havia que usar a notificação edital, segundo jurisprudência fixada, (cf. Assento 6/92, de 25.03.92) depois de muitos anos de hesitações, diz agora, expressamente a lei (nº 5), que *«quando os procedimentos de notificação se tenham revelado ineficazes»* o processo prossegue. Isto significa que se tem de passar pelos procedimentos de notificação e diligências de localização/notificação que couberem ao caso concreto (que nunca inclui a notificação edital, privativa da contumácia – art. 335º) e só depois das mesmos se revelarem **ineficazes e esgotadas**, é que o processo prossegue para a fase seguinte, devendo ser remetido á distribuição para instrução ou julgamento. Não esqueçamos que a falta de notificação da acusação ao arguido, pelo não cumprimento das diligências exigidas pela lei, constitui irregularidade processual de conhecimento oficioso que por afetar o direito de defesa do arguido, pondo em crise os atos subsequentes, designadamente os atos praticados na fase de julgamento, pode determinar a devolução dos autos ao Ministério Público, para o cumprimento dos atos de notificação em falta tidos por convenientes (v. arts. 123-1-2, 283-5 e 113 C.P.P.).

Regularmente notificada a acusação, o processo segue para a **fase de julgamento** ou para a **fase de instrução**. Se seguir para a fase de julgamento (por não ter sido requerida a abertura de instrução – art. 287) como acontece em 90 % dos casos, são repetidos nos juízos, todos os atos de notificação nessa fase, com o aditamento do despacho judicial de recebimento de acusação e designação de data para julgamento (v. art. 311 e 313). É uma **duplicação** de atos processuais de igual natureza, com os gastos económicos e temporais consequentes, que se evitariam, se deduzida a acusação, seguisse o processo logo para os juízos de julgamento e a secção judicial procedesse às notificações da acusação, já com o despacho judicial de recebimento de acusação e designação de data para julgamento, procedendo-se à sua baixa para instrução, quando esta fosse regularmente requerida (aliás como acontecia anteriormente no CPP de 1929 e acontece atualmente na notificação do arguido subsequente à contumácia – art. 336). Ao legislador falta muitas vezes o conhecimento prático das coisas.

Prosseguindo o processo para a fase de julgamento e continuando sem se lograr notificar o arguido da data entretanto designada para audiência, sendo a forma de processo comum, deverá seguir-se os procedimentos da **contumácia** (v. art. 335 – v. situação especial no art. 334).

O despacho do M.P., a ordenar o **prosseguimento dos autos**, no quadro supra descrito (impossibilidade de notificação do arguido) não tem de ser notificado aos intervenientes, conforme decidiu o acórdão de fixação de jurisprudência infra:

Jurisprudência uniformizadora: Ac. do STJ de Fixação de Jurisprudência nº 3/2011 de 17.11.2010, *in*, D.R. de 10.02.2011: *«I – O despacho do Ministério Público a ordenar o prosseguimento do processo nos termos do artigo 283º, nº 5, do CPP, é um despacho de mero expediente e, por isso, não carece de ser notificado aos sujeitos processuais, nomeadamente aos arguidos já notificados da acusação, podendo estes requerer a abertura da instrução no prazo de 20 dias a contar dessa notificação, nos termos do artigo 287º, nº 1 do CPP. II – Havendo vários prazos para esse efeito, a correr em simultâneo, ainda que não integralmente coincidentes, a abertura de instrução pode ser requerida por todos ou por cada um deles, até ao fim do prazo que terminar em último lugar, nos termos dos artigos 287º, nº 6, e 113º, nº 12, ambos do mesmo diploma».*

I – A notificação por via postal simples só se considera feita com o depósito da carta na caixa do correio do notificando – art. 113º, nº 3, do CPP. II – Não se tendo verificado o depósito numa caixa de correio de qualquer das cartas enviadas para notificação do arguido, de forma a que o mesmo pudesse ter conhecimento do seu conteúdo, terá de se considerar que o arguido não foi notificado na forma legal em qualquer das referidas situações. III – A falta de notificação para o julgamento assume relevo processual intransponível, pois, não sendo caso de realização do julgamento na ausência do arguido ao abrigo do art. 333º, nº 1, do CPP, dado que aquele não se encontrava notificado, a sua presença na audiência era obrigatória, por força do disposto no art. 332º, nº 1, do mesmo diploma legal, sendo cometida a nulidade insanável prevista no art. 119º, al. c), do CPP – ausência do arguido ou do seu defensor nos casos em que a respectiva comparência é obrigatória – que no caso conduz à anulação do julgamento efectuado em 1ª instância, nulidade que deve ser declarada oficiosamente em qualquer altura do processo (art. 119º, nº 1, do referido diploma legal). IV – Este regime está de harmonia com a consagração dos direitos de defesa do arguido contemplada no art. 32º da CRP (Ac. STJ de 04.10.2006, *in* www.dgsi.pt).

Quando a morada do arguido, constante de termos de identidade e residência por ele prestados, seja em Espanha, a sua notificação do despacho que designe dia para julgamento deve ser efectuada por via postal simples e em língua portuguesa considerando-se efectuada desde que a carta enviada tenha sido depositada na respectiva caixa do correio (Ac. TRL de 30.09.2003, *in* CJ-IV-133).

17. Notificações às instituições do Serviço Nacional de Saúde: Para efeito de se poderem constituir partes civis e dedução de pedido de pagamento/reembolso das respetivas despesas relativamente a factos ilícitos que tenham dado origem à **prestação de cuidados de saúde,** deve **notificar-se da acusação** as respetivas instituições integradas no **Serviço Nacional de Saúde**, nos termos do disposto no **art. 6º do DL nº 218/99, de 15.06**. (o crédito prescreve no prazo de 3 anos, a contar data em que cessou o serviço de assistência).

Artigo 6º (Formulação de pedido em processo penal):

1 – As instituições e serviços integrados no Serviço Nacional de Saúde podem constituir-se ***partes civis*** *em processo penal relativo a facto que tenha dado origem à prestação de cuidados de saúde, para dedução de pedido de pagamento das respetivas despesas.*

2 – Para os efeitos previstos no número anterior, o despacho de acusação ou, não o havendo, o despacho de pronúncia é oficiosamente notificado às instituições e serviços integrados no Serviço Nacional de Saúde, para, querendo, deduzirem o pedido, em requerimento articulado, no prazo de 20 dias.

18. Notificações à Segurança Social: Para efeito de se poderem constituir **partes civis** e dedução de pedido de pagamento/reembolso das respetivas despesas relativamente a factos ilícitos que tenham dado origem a **incapacidade para o exercício da atividade profissional ou morte do ofendido**, o M.P. deve indicar na acusação o número de beneficiário deste e identificar a instituição de Segurança Social que o abrange, para notificação dela, nos termos do disposto no **arts. 2º e 3º do DL nº 59/89, de 22.02**.

Artigo 2º (Pedido de reembolso de prestações em ação penal):

1 – Em todas as ações penais por atos que tenham determinado incapacidade para o exercício da atividade profissional, ou morte, o Ministério Público, quando deduza acusação ou se pronuncie sobre a acusação particular, deve indicar a qualidade de beneficiário da Segurança Social do ofendido e identificar a instituição ou instituições que o abranjam, elementos que são apurados no inquérito preliminar ou na instrução.

2 – As instituições de segurança social, nos casos abrangidos por este diploma, são tidas como lesadas nos termos e para os efeitos do artigo 74º do Código do Processo Penal.

3 – Recebida a acusação, a autoridade judiciária deve informar a instituição de segurança social que abranja o beneficiário da possibilidade deduzir o pedido de reembolso dos valores que tenha pago ao ofendido, em consequência dos eventos referidos no nº 1 e das formalidades a observar.

Artigo 3º (Citação do Centro Nacional de Pensões):

No caso de morte, ou se a incapacidade para o trabalho revestir a forma de invalidez, é ainda citado ou informado, conforme os casos, o Centro Nacional de Pensões.

19. Notificações do regime de acesso ao direito e aos tribunais. Lei nº 34/2004, de 29.07: Deve cumprir-se no ato da notificação da acusação, o disposto nos **arts. 64º-4 e 66º-5** e no **art. 39º da Lei nº 34/2004, de 29.07, informando** o arguido do seu direito a constituir advogado e das suas responsabilidades financeiras pelo pagamento dos honorários, caso lhe seja nomeado defensor oficioso e venha a ser condenado.

20. Língua da acusação: Face ao disposto no art. 92º conjugado com o art. 61º, nos atos processuais utiliza-se a **língua portuguesa.** Todavia, há que garantir ao arguido que **não domine a língua portuguesa**, uma total compreensão dos factos que lhe são imputados e bem assim dos seus deveres e direitos no processo. Deste modo, todos os atos que diretamente lhe disserem respeito, máxime a acusação, carecem de ser **traduzidos** (além de lhe dever ser nomeado intérprete para o futuro). Assim, acusado um arguido que não domine a língua portuguesa, a acusação deve ser-lhe notificada, com **cópia** na língua que consabidamente ele domine.

De acordo com o **art. 6º-3-a)-e) da Convenção Europeia dos Direitos do Homem**: *O acusado tem, como mínimo, os seguintes direitos: a) Ser informado no mais curto prazo, em língua que entenda e de forma minuciosa, da natureza e da causa da acusação contra ele formulada (...) e) Fazer-se assistir gratuitamente por intérprete, se não compreender ou não falar a língua usada no processo.*

21. O *intermezzo* entre fases: Desde sempre se colocou a problemática das consequências do despacho final acusatório do M.P., no sentido de saber se com tal despacho, termina ou não a sua competência para intervir no processo enquanto órgão decisor e começa a do Juiz. A lei não é clara. Na verdade, na fase pós acusatória e no decurso das respectivas notificações, o processo sofre, muitas vezes de forma inclemente, com toda a espécie de requerimentos; (v.g., arguição de nulidades, aclarações, consulta de processo, constituição de assistente, pagamento de honorários, questões de apoio judiciário, desistências, etc...) Do nosso ponto de vista, o M.P., mesmo depois de deduzida a acusação, deve continuar a assegurar, a tramitação do processo, enquanto ele estiver na sua posse física, **intervindo e decidindo** em todos os atos, que não forem da competência exclusiva do Juiz de instrução ou de julgamento. Em bom rigor o processo só passa a outra fase (instrução ou julgamento) quando há um **despacho judicial expresso ou tácito** (do JIC ou do Juiz de julgamento) a declarar aberta, a nova fase. Mas este entendimento, tem um conteúdo meramente pragmático e deve aplicar-se ao M.P. e ao Juiz. Não é aceitável, como já vimos, um Juiz devolver ao M.P., o processo acusado, que lhe foi distribuído para julgamento, com o fundamento de que o M.P., não se pronunciou nem decidiu um requerimento em que, em data anterior, um interveniente requereu a emissão de guias para pagamento de uma multa. Embora o M.P., devesse ter-se pronunciado sobre isso, não é tal decisão da sua competência exclusiva; logo, não estava o Juiz impedido de decidir a questão. A Justiça, exerce-se em nome do povo e para o povo, conforme determina a Constituição e não é aceitável que particularismos interpretativos, entravem o andamento dos processos. A disponibilidade de serviço, é exigível a todos os que trabalham no exercício das funções públicas.

A homologação da desistência de queixa após dedução da acusação mas antes de ser requerida a instrução compete ao Ministério Público (Ac. TRC de 06.11.1996, *in* CJ-XXI-V-46).

Referências: arts. 7º a 12º da L.5/2002, de 11.01 (promoção na acusação de perda de bens); L. 45/2011, de 24.06 (regulamenta o gabinete de recuperação de ativos – GRA); Circ. 7/2012/PGR, de 18.01.2012 (comunicação pelo M.P. das decisões finais, previsto no art. 37º da L. 112/09, de 16.09 em inquéritos por crimes de violência doméstica); art. 11º da L. 130/2015, de 04.09.2015 (comunicação pelo M.P. das decisões finais, previsto no estatuto da vítima); art. 50º-2 do R.G.I.T. (comunicações de decisões finais às finanças).

Artigo 284º – Acusação pelo assistente

1. Até 10 dias após a notificação da acusação do Ministério Público, o assistente pode também deduzir acusação pelos factos acusados pelo Ministério Público, por parte deles ou por outros que não importem alteração substancial daqueles.

2. É correspondentemente aplicável o disposto nos nºs 3, 7 e 8 do artigo anterior, com as seguintes modificações:

a) A acusação do assistente pode limitar-se a mera adesão à acusação do Ministério Público;

b) Só são indicadas provas a produzir ou a requerer que não constem da acusação do Ministério Público.

(Última redação da L. 27/2015, de 14.04.).

COMENTÁRIOS:

A acusação do assistente nos crimes semipúblicos e públicos: Por crimes **semipúblicos,** entende-se aqueles, cujo exercício da ação penal pelo Ministério Público, depende da **"condição de procedibilidade"** do prévio exercício do **direito de queixa** pelo seu titular e são **públicos** quando não dependem (v. arts. 48º e 49º e arts. 113º a 116º do C.P.). A informação, sobre a **natureza** dos crimes, colhe-se no descritivo dos tipos legais.

O assistente (v. regime nos arts. 68º a 70º) na sua condição de reconhecido legítimo interessado no processo penal e titular do direito de queixa, pode intervir diretamente na conformação da acusação ao arguido, inclusivamente, deduzindo **autonomamente** tal peça [com os limites descritos no nº 1, i.e., que não conduzam a uma **alteração substancial de factos** – v. art. 1º-1-f)] ou simplesmente **aderindo** à chamada **acusação dominante** do M.P., conforme possibilita o art. 69º-2-a) [sem prejuízo de poder indicar provas que não constem da acusação do M.P. – v. art. 69º-2-b)]. Se deduzir acusação autónoma, a mesma está também sujeito aos requisitos previstos no art. 283º, para a acusação do M.P. Se não cumprir o disposto neste artigo e ou no art. 283º, corre o risco de a sua acusação **não ser recebida pelo Juiz**. Em qualquer caso, pode sempre indicar outras provas que não constem da acusação do M.P.

Quando a acusação do assistente se referir a **crimes particulares** ou também a **crimes particulares,** segue os termos do art. 285º, i.e., terá de deduzir uma **acusação formal**, quanto aos crimes dessa natureza.

Se o **assistente** não concordar com a acusação do M.P., não tem forçosamente que aderir a ela; pode sempre requerer a **instrução**, nos termos do art. 287º-1-b)-2.

Jurisprudência uniformizadora: Assento do STJ nº 1/2000, de 16.12.1999, *in* DR de 06.01.2000: *«Integra a nulidade insanável da alínea b) do artigo 119º do Código de Processo Penal a adesão posterior do Ministério Público à acusação deduzida pelo assistente relativa a crimes de natureza pública ou semipública e fora do caso previsto no artigo 284º, nº 1, do mesmo diploma legal».*

Referências: art. 68º-3 (prazo para se constituir assistente nos crimes públicos e semipúblicos); art. 69º-1-b) (direito de acusar); arts. 1º-f), 358º e 359º (noção de alteração substancial de factos).

Artigo 285º – Acusação particular

1. Findo o inquérito, quando o procedimento depender de acusação particular, o Ministério Público notifica o assistente para que este deduza em 10 dias, querendo, acusação particular.

2. O Ministério Público indica, na notificação prevista no número anterior, se foram recolhidos indícios suficientes da verificação do crime e de quem foram os seus agentes.

3. É correspondentemente aplicável à acusação particular o disposto nos nºs 3, 7 e 8 do artigo 283º

4. O Ministério Público pode, nos cinco dias posteriores à apresentação da acusação particular, acusar pelos mesmos factos, por parte deles ou por outros que não importem uma alteração substancial daqueles.

(Última redação da L. 27/2015, de 14.04)

COMENTÁRIOS:

A acusação do assistente nos crimes particulares. O "parecer" do M.P.: Por crimes **particulares** entende-se aqueles cuja promoção da ação penal pelo Ministério Público, depende da apresentação de **queixa** pelo respetivo titular, da sua rápida constituição como **assistente** e de posterior/eventual **acusação privada** (v. arts. 50º e 68º-2 e arts. 113º a 117º do C.P.). A informação, sobre a **natureza** dos crimes, colhe-se no descritivo dos tipos legais, em função da caraterização individual ou supra individual do interesse ou bem jurídico protegido.

Declarado encerrado o inquérito, verificado que seja a conformidade legal de todos os atos do inquérito pelo M.P. e a existência de crimes de **natureza particular** (sem prejuízo de outros) é o assistente (previamente constituído nos termos do art. 68º-2) **notificado** para querendo deduzir **acusação.** No momento da notificação ao assistente, para que este deduza, querendo, acusação particular, o M.P. emite **"parecer"** sobre a prova indiciária produzida em inquérito (e de quem foram os agentes do crime) e **notifica-o** dele, para que o assistente tenha conhecimento prévio da posição do M.P., e assim melhor ponderar a sua decisão, que pode ser até no sentido de não acusar. Mas, o **"parecer"** do M.P., não tem valor vinculativo, nem para o assistente, nem para o próprio M.P., que perante uma acusação particular, bem fundamentada e sustentada, pode sempre mudar de opinião e aderir a ela. Estamos portanto, perante um simples "maneirismo" legal. A acusação do assistente acompanhada ou não pelo M.P., segue sempre para julgamento (sem prejuízo do disposto no art. 311º).

A acusação do assistente (no que toca aos crimes particulares) necessariamente autónoma [v. art. 69º-2-b)] adquire a **posição dominante**, ficando o M.P., na mesma situação do assistente quando se trata de crimes semipúblicos ou públicos, relativamente à sua **acusação** (v. art. 284º-1) i.e., com os limites descritos no nº 4 [não pode introduzir qualquer **alteração substancial de factos** – v. art. 1º-1-f)]. O que significa também que, em caso algum a **acusação do Ministério Público**, poderá colmatar as **deficiências da acusação do assistente,** introduzindo elementos de facto nela não constantes, sob pena de rejeição da mesma pelo Juiz (v. neste sentido, P. P. Albuquerque, *in* Comentário do CPP e Ac. TRP de 18.12.2002, *in* CJ-XXVII-V-125).

A acusação do assistente, tem de observar o mesmo rigor que é imposto à acusação do M.P. regulada no art. 283º. Quando a acusação do assistente, se referir também a **crimes semipúblicos ou públicos,** acresce nessa parte os termos do art. 284º.

Jurisprudência uniformizadora: Ac. do STJ de Fixação de Jurisprudência nº 1/2011, de 16.12.2010, *in* D.R. de 26.01.2011: *«Em procedimento dependente de acusação particular, o direito à constituição como assistente fica precludido se não for apresentado requerimento para esse efeito, no prazo fixado no nº 2 do artigo 68º do Código de Processo Penal».*

A acusação do M.P: Diz o nº 4, que o M.P., após a dedução da acusação particular, também **«pode»** acusar nos termos ali definidos. Obviamente também **pode não acusar,** por entender que não o deve fazer, face ao disposto no art. 283º-1-2 (sendo certo que já emitiu parecer prévio de enquadramento). Alguma jurisprudência tem defendido que este **«pode»**, corresponde a uma **obrigação funcional**, que não observada importa numa nulidade insanável, prevista no art. 119º-b). Outra, que se tratará antes de uma nulidade sanável, prevista no art. 120º-2-d), como nos parece ser. E assim, pese embora a vacuidade da lei e a irrelevância processual do ato, deduzida acusação particular, o M.P. **no mínimo**, deve declarar expressamente se **acompanha ou não** tal acusação particular. Em honra aos princípios da economia e celeridade processual, s.m.o., pode **remeter** para os fundamentos do despacho/"parecer" a que alude o nº 2, se ele for compatível, à semelhança do que acontece com o assistente [v. art. 284º-2-b)]. No despacho em que se pronuncia sobre a acusação particular, acompanhe-a ou não, o M.P. deve sempre nomear defensor ao arguido, caso este não o tenha já (art. 64º-3-4).

I – O facto de a acusação ser particular não liberta o Ministério Público da sua função de garante da legalidade penal (cf. art. 219º da CRP), e tendo este sido o responsável pela fase de inquérito, tem a incumbência de decidir se acompanha e como acompanha a acusação, ou se de todo a não acompanha. II – Na sequência processual do nº 4 do art 285º do CPP, tendo sido deduzida acusação particular, se o MP não se pronunciar sobre ela, verifica-se uma nulidade sanável prevista no art. 120º, nº 2, al. d) do CPP, plasmada no facto "de não terem sido praticados actos legalmente obrigatórios". III – Não tendo tal nulidade sido invocada por qualquer interessado, mostra-se a mesma sanada (Ac. TRL de 12.10.2011, proc. 206/10.4GDTVD.L1-3, *in* dgsi.pt).

Pluralidade de crimes de natureza particular e pública ou semi-pública: As mais elementares normas de gestão processual, aconselham a que, declarado findo o inquérito, havendo crimes não só particulares, o M.P. **acuse ou arquive** imediatamente por aqueles que tem natureza pública ou semi-pública que lhe cumpre conhecer/decidir, emita o **"parecer"** a que se refere o nº 2 e cumpra o nº 1, e **notifique de tudo o assistente**. O processo fica então a aguardar o prazo que o assistente tem para agir/reagir. Se for deduzida acusação particular pelo assistente, o M.P. pronuncia-se sobre ela, acompanhando ou não (eventualmente aperfeiçoando a descrição dos factos acusados, mas sempre com o cuidado de que tal não represente qualquer alteração substancial) e seguidamente procede às inerentes **notificações** da acusação particular e dos seus despachos, **a todos os intervenientes**. Deste modo, unicamente com dois momentos processuais notificantes, cumpre a lei. A má prática do M.P. de inverter o procedimento, notificando antecipadamente do art. 285º e só depois da resposta do assistente, se pronunciar sobre os crimes públicos e semi-públicos, é lamentável e só gera confusão, porque o assistente, por dificuldades técnicas ou outras, tende a acusar por aquilo que pode (crimes particulares) e desbragadamente pelo que não pode (crimes não particulares) sem atentar nos limites impostos pelo art. 284º (limites que não foram paramentados por uma acusação prévia do M.P.).

O prazo de 10 dias para o assistente acusar: Trata-se de um **prazo perentório**, que se conta nos termos gerais (arts. 103º a 107º-A) e que quando ultrapassado, determina o imediato arquivamento dos autos, por falta de **legitimidade** do M.P. para promover o processo quanto a **crimes particulares** (arts. 50º-1 e 277º-1).

Taxa de justiça: Nos termos dos arts. 515º-1-d) *ex vi* 524º e art. 27º do R.C.P., o assistente é condenado em taxa de justiça, ali fixada segundo circunstâncias várias, entre 0,5 UC e 10 UC, que obviamente tem o sinal de uma **sanção ou penalidade**, quando **desistir** ou **injustificadamente** se tiver abstido de acusar, i.e., no último caso, quando houver indícios suficientes para acusar (v. art. 285º-2) e não acusar, gerando uma **atividade processual inútil**.

Referências: art. 68º (legitimidade e prazo para se constituir assistente nos crimes particulares); art. 69º-1-b) (direito de acusar); art. 283º (acusação); arts. 1º-f), 358º e 359º (noção de alteração substancial de factos).

TÍTULO III – Da instrução

CAPÍTULO I – Disposições gerais

Artigo 286º – Finalidade e âmbito da instrução

1. A instrução visa a comprovação judicial da decisão de deduzir acusação ou de arquivar o inquérito em ordem a submeter ou não a causa a julgamento.
2. A instrução tem carácter facultativo.
3. Não há lugar a instrução nas formas de processo especiais.

COMENTÁRIOS:

Âmbito e fim da instrução: A instrução é uma fase **facultativa** do processo penal, só admissível na forma de processo comum, que visa a comprovação judicial da decisão de acusar do assistente e de acusar ou arquivar do M.P., em ordem a submeter a causa a julgamento. O âmbito da instrução não está muito bem definido pela lei e sobretudo pelas práticas, que variam de Juiz para Juiz. Na verdade, há tendências doutrinais e jurisprudenciais, que se prendem basicamente com a amplitude dos poderes investigatórios do Juiz de Instrução Criminal (doravante **JIC**). Para uns, *«a actividade processual desenvolvida na ins-*

trução é meramente judicial e não meramente policial ou de averiguações» (Germano Marques da Silva, *in* Curso de Proc. Penal III, 1994, pág. 128) para outros, o Juiz *«pode até ultrapassar os limites do material probatório que lhe é oferecido e avançar numa averiguação autónoma dos factos em causa, de modo a que possibilite uma decisão final de pronúncia»* (Leal-Henriques e Simas Santos, *in* C.P.P. anotado, 1996). No sentido de que *«a instrução é, ainda, uma fase de investigação»*, Jorge Noronha e Silveira, *in* Esquema de resolução de casos práticos no Direito Processual Penal. Em sentido diverso, considerando que a instrução não deve ser concebida como *«suplemento investigatório»* ou *«um complemento da investigação»*, pois tal *«seria absolutamente incongruente com a repartição de funções entre a magistratura do Ministério Público e a magistratura judicial»*, Nuno Brandão, *in* A nova face de instrução.

Desta forma, em cima da mesa fica a discussão da natureza da instrução; como **"instância de controlo"** ou como **"instância de investigação"**.

A letra do normativo anotando, em princípio, inculca a ideia mais restrita de **"instância de controlo"** mas a ser assim, a instrução transforma-se numa simples sindicância à atividade do M.P. (ou do assistente). Parece-nos que tem de ser algo mais, como resulta do restante articulado, sobretudo do **art. 299º**, que impõe o dever do JIC levar a cabo todos *«os actos cujo interesse para a descoberta da verdade se tenha entretanto revelado»*. Mas com a importante ressalva de que a instrução está delimitada, desde logo, como não podia deixar de ser, não só pelo **objeto do processo** (fixado pelo tema do inquérito e pelo requerimento de abertura de instrução – v. notas ao art. 288º-4) mas especialmente, pela sua **natureza indiciária** (v. noção de indícios suficientes *in* art. 283º-2 *ex vi* art. 308º-1-2) como claramente resulta da proibição de se efetuarem diligências que ultrapassem esse quadro (v. art. 301º-3). Significa isto, s.m.o., que todas e quaisquer diligências levadas a cabo pelo JIC, só são admissíveis, se inscritas em desenvolvimentos da prova já produzida nos autos e não de prova inteiramente nova – no sentido literal do termo – a produzir, pois aí sim, estaríamos perante um prolongamento do inquérito. Daí que o requerente da instrução, tenha o ónus **de justificar a razão de ser das diligências que requer.** V. art. 287º-2: *«o requerimento (...) deve conter (...) indicação (...) dos factos que (...) se espera provar»*, competindo ao JIC avaliar da sua pertinência para a prova indiciária. V. art. 301º-3: *«o juiz recusa qualquer requerimento ou diligência de prova que ultrapasse a natureza indiciária para aquela exigida nesta fase»*.

Terá inteiramente razão Figueiredo Dias, quando diz que o código concebe a instrução como, *«comprovação judicial da decisão de deduzir ou não acusação tomada pelo ministério público (art. 286º-1); como atividade materialmente judicial que não (tal como sucede em França e países na sua órbita de influência legislativa) como atividade meramente policial ou de averiguações. Decerto que durante a instrução*

– como também durante o julgamento – o juiz pode levar a cabo atos singulares de averiguação (art. 289º). Só na medida, porém, requerida pela sua função de esclarecimento de um tema que lhe é proposto – numa palavra, pela sua função judicial» (Figueiredo Dias, *in* Sobre os Sujeitos Processuais no Novo Código de Processo Penal, Jornadas de Direito Processual Penal, pág. 16).

A instrução **não é um pré-julgamento**, e como diz o Ac. do T.C. nº 459/ /2000, *in* D.R. de 11.12.2000, *"nem aos cidadãos assiste qualquer direito a não serem submetidos a julgamento, sem que previamente tenha havido uma completa e exaustiva verificação das razões que indiciem a sua presumível condenação"*. A instrução é tão-somente o meio próprio para reagir contra uma **errada valoração da prova** carreada para o inquérito. A instrução serve para evitar a precipitação do processo na fase de julgamento, somente com base na acusação e para permitir ao arguido, um debate sobre as **provas da acusação** e um julgamento sobre a sua **força indiciária** (neste sentido, Ac. do T.C. nº 439/02, de 23.10.2002, *in* www.dgsi.pt). E quando referimos as **provas da acusação**, obviamente, incluímos a sua **legalidade**. Não esqueçamos que todos os intervenientes processuais podem sugerir ou indicar provas durante o **inquérito** [v. art. 61º-1-g)] e se o não fizeram nessa fase, podendo fazê-lo e por via disso elas não tenham sido recolhidas e analisadas, não podem depois tardiamente fazê-lo na fase de **instrução**, porque não é a fase própria para tal. A instrução não é um novo inquérito, mas apenas um **"momento processual de comprovação"** (v. neste sentido Vinício Ribeiro, *in* CPP, notas e comentários). Não deve, por exemplo, ser admitido a audição de testemunhas, apresentadas pelo arguido, que tendo tido oportunidade de as apresentar no inquérito as não apresentou por qualquer razão só a si imputável. Imagine-se que o arguido acusado de praticar um crime, apresenta agora em instrução, testemunhas desde sempre existentes e por ele desde sempre conhecidas, que alegadamente pretendem atestar que não foi ele o autor do crime de que é acusado. Se forem admitidas, está a transformar-se a instrução num inquérito ou num pré julgamento, com total deturpação das fases processuais. Sem embargo dos direitos do arguido acusado, poderem ser mais eficazmente defendidos na fase de julgamento, onde, aí sim, ele pode apresentar as provas que entender. Portanto, a instrução, não pode ser entendida como acontece tantas vezes, como uma mera repetição (art. 291º-3) ou extensão/prolongamento do inquérito; muito menos como um julgamento antecipado, com derrogação do princípio do contraditório, mas sim e apenas como **uma instância de controlo judicial da verificação da existência ou inexistência de indícios suficientes da prática de um crime,** i.e., como meio processual próprio para reagir a uma errada valoração da prova carreada para o inquérito, ou num sentido mais amplo, como meio processual próprio para reagir também contra um **insuficiente inquérito**, que

omitiu diligências essenciais à descoberta da verdade ou as não **desenvolveu** adequadamente. Mas claramente demonstrado que foram omitidas diligências essenciais à descoberta da verdade ou que não foram desenvolvidas adequadamente, deve o JIC ordenar as mesmas, incluindo se necessário for, com recurso aos meios de prova e de obtenção de prova previstos nos arts. 128º a 190º. Não verificado o quadro supra descrito, o JIC deve rejeitar liminarmente o requerimento de abertura de instrução por **"inadmissibilidade legal"** da mesma (v. art. 287º-3) coisa que acontece raras vezes, sem que se perceba porquê.

O JIC, na fase da instrução, move-se segundo os mesmos parâmetros do M.P., i.e., no quadro da mera existência ou não, de **indícios suficientes** para acusar ou arquivar (v. noção fundamental de indícios suficientes e notas art. 283º-2 *ex vi* art. 308º-1-2). Por esta razão não admira que poucas sejam as decisões do M.P., que não são total ou parcialmente confirmadas pelo JIC; não por "colagem" como depreciativamente alguns dizem, mas porque participando ambos dos mesmos princípios e regras, as conclusões finais, tendem a não ser substancialmente diferentes.

Uma instrução concebida como suplemento investigatório seria absolutamente incongruente com a repartição de funções entre a magistratura do Ministério Público e a magistratura judicial que constituiu a pedra de toque do modelo processual erigido no Código de 1987 e do mesmo passo constituiria um desvio incompreensível à dimensão material da estrutura acusatória de que o mesmo se reveste, em observância do preceituado no nº 5 do art. 32º da Constituição (Nuno Brandão, *in* Rev. Port. de Ciência Criminal, 2 e 3/2008).

O confronto da finalidade e âmbito das referidas fases processuais permite concluir que a fase da instrução não é um novo inquérito, mas tão-só um momento processual de comprovação judicial. A instrução apenas conduzia a uma de duas decisões: despacho de pronúncia, ou de não pronúncia, consoante tivesse ocorrido, ou não, a recolha de indícios suficientes de que dependia a aplicação ao arguido de uma pena ou de uma medida de segurança. Regendo-se o processo penal pelos princípios do acusatório e do contraditório, a necessidade da inerente demarcação tem subjacentes duas ordens de fundamentos – um, inerente ao objectivo imediato da instrução: a comprovação judicial da pretensa indiciação (que, para que se possa demarcar o âmbito do objecto específico desta fase do processo e para que o arguido se possa defender, tem que reportar-se a imputação de factos concretos delimitados) – e, outro, implícito a uma finalidade mediata, mas essencial, no caso de se vir a decidir pelo prosseguimento do processo para julgamento: a demarcação do próprio objecto do processo, reflexo da sua estrutura acusatória com a correspondente vinculação temática do Tribunal, que, por sua vez, na medida em que impede qualquer eventual alargamento arbitrário daquele objecto, constituindo uma garantia de defesa do arguido, possibilita a este a preparação da defesa, assim salvaguardando o contraditório (Ac. TRL de 03.05.2012, *in* proc. 1058/09.2PHSNT.L1).

Na fase da instrução, porque não se tem por objetivo alcançar a demonstração da realidade dos factos mas tão só a existência de suficientes indícios, as provas recolhidas não constituem pressuposto da decisão de mérito, mas de mera decisão processual quanto à prossecução do processo até à fase de julgamento. Contudo, e porque a decisão de submeter o arguido a julgamento não é uma decisão neutra, do ponto de vista das suas consequências morais e jurídicas, apenas deverá ser proferido despacho de pronúncia quando, pelos elementos recolhidos nos autos, o tribunal forme a sua convicção no sentido de que é mais provável que o arguido tenha cometido o crime do que não o tenha cometido (neste sentido, cf. Germano Marques da Silva – Curso de Processo Penal. 2ª ed. Verbo, 2000. Vol. III, pág. 178-179) (Decisão instrutória de 01.07.2013, *in* proc. 489/12.5PAAMD, Comarca da Grande Lisboa-Noroeste).

"os factos indiciados serão suficientes e bastantes quando formem um todo persuasivo da culpabilidade dos arguidos, criando a convicção de que, a manterem-se em julgamento, terão sérias probabilidades de conduzir a uma condenação. Essa força probatória depende da verificação de alguns requisitos, a saber;

a) Os indícios devem estar plenamente provados por meio de prova directa e não serem meras conjecturas ou suspeitas, por não ser possível construir certezas sobre simples probabilidades;

b) existência de uma pluralidade de indícios, que estes sejam periféricos relativamente ao facto a provar, assim como estejam interligados com o facto nuclear carecido de prova e que não percam força pela presença de contraindícios que neutralizem a sua eficácia probatória;

c) Existência de um nexo preciso, direto, coerente, lógico e racional entre os indícios provados e os factos que deles se inferem deve existir.

A falta de concordância ou irracionalidade deste nexo entre o facto base e o facto deduzido tanto pode ter por fundamento a falta de lógica ou de coerência na inferência como o carácter não concludente por excessivamente aberto, débil ou indeterminado (Decisão instrutória de 05.03.2012, *in* proc. 995/09.9TDLSB, Comarca da Grande Lisboa-Noroeste).

Os poderes do Juiz de Instrução: O JIC tem poderes de **livre resolução** na direção da instrução, previstos nos arts. 289º-1, 291º-1, 294º e 299º, subordinado ao dever de busca da verdade material e aos princípios da oralidade, imediação, celeridade, economia e eficácia processual, sem embargo de se encontrar **vinculado factualmente** ao requerimento de abertura de instrução, cf. decorre do **art. 288º-4**. Não existe um contraditório pleno, para além do debate instrutório. Não está submetido a trâmites processuais rígidos. Não deve repetir diligências, nem ordenar as que se revelem notoriamente dilatórias ou mesmo manifestamente incompatíveis com o prazo da instrução, como por exemplo, exames periciais complexos. A única diligência que **obrigatoriamente** tem de realizar é o **interrogatório do arguido**, mas **só se este o requerer** (v. art. 292º-2) e o **debate instrutório** (art. 297º). Todas as outras estão sujeitas à livre apreciação do seu interesse, a começar pelo interrogatório do arguido (quando este o não requer) sendo a decisão **irrecorrível** [arts. 400º-1-b)].

Saneamento e finalidade da instrução: Requerida a instrução deve o JIC, num primeiro momento, **(I)** conferir se a mesma foi **atempadamente** requerida **(II)** analisar se o requerente tem **legitimidade (III)** ver se está **representado** por advogado **(IV)** analisar se estão verificados os **pressupostos legais** para declarar aberta a instrução. Tudo confirmado, deve **(V)** decidir sobre a pertinência da realização dos eventuais **atos requeridos (VI)** designar **data** para diligências e ou debate **(VII)** ordenar as legais **notificações**, previstas no art. 297º-3.

Remetido o processo da fase de inquérito a cargo do M.P., como é normal, deve o M.P. também previamente pronunciar-se (emitir parecer) sobre os itens de natureza processual, (o que nem sempre acontece) e após remeter o processo à distribuição ao JIC. Não pode o M.P., deixar de remeter o processo, qualquer que seja o fundamento.

Finalizada a instrução é tarefa do JIC, apreciar se, em face das diligências instrutórias e/ou do debate instrutório realizado, conjugado com as provas do inquérito, existem ou não **indícios suficientes** para pronunciar, baseado numa conjugação de todos os elementos reveladores dos factos, da autoria e da culpa.

A noção de **indícios suficientes** está vazada no art. 283º-2 (v. também art. 308º-1-2).

Insuscetibilidade de desistência da instrução: Não parece ser possível a desistência da instrução, por tal não estar previsto, nem faria sentido que estivesse, uma vez que, despoletada que seja, entramos numa **fase irreversível de averiguação indiciária**, que interessa a todos os intervenientes, e não só aos requerentes da instrução, sendo certo que o tribunal tem sempre o dever de diligenciar pela descoberta da verdade. Não deve confundir-se **desistência da instrução**, com **desistência do procedimento criminal**, por quem tem legitimidade para tanto. Esta é sempre possível nos termos gerais do art. 51, inclusivamente na fase da instrução. Neste sentido: *"A instrução tem carácter facultativo, mas a lei não permite que o requerente da instrução possa desistir da mesma em qualquer momento. A razão é esta: a desistência da instrução onde já tivesse sido produzida prova em sentido desfavorável ao requerente da instrução constituiria uma fraude à lei, isto é* *uma fraude aos fins públicos da instrução, impedindo o tribunal de exercer o seu juízo de valoração sobre a prova produzida. Isto não prejudica a faculdade do requerente da instrução prescindir da prova por si arrolada que ainda não tenha sido produzida"* (P.P. Albuquerque, *in* Comentário do C.P.P.).

Instrução *versus* reclamação hierárquica: (v. arts. 278º, 286º e 287º e respetivas notas).

A (i)lógica da "instrução": Tal como está atualmente configurada, a "instrução" é um abcesso na justiça penal, inclusivamente induzindo nela, desnecessárias complexidades. Na verdade, a sede própria para discutir as questões que se colocam na fase da instrução, e que são quase sempre atinentes à mera defesa, seria a audiência de julgamento. Só deveria ser admitida a instrução quando não pudesse haver julgamento subsequente; caso de **arquivamento** do inquérito do M.P. Ou quando a acusação fosse deduzida por uma entidade não imparcial, caso da **acusação do assistente**. Ou em última análise, para suscitar **questões de natureza processual**, como nulidades. Não sendo assim, a instrução, é um mar de equívocos e limita-se a concorrer para a morosidade dos processos, com a consequente deslegitimação e desprestígio da Justiça. A velha tese, justificadora da existência da instrução, tal como está concebida, de que "a simples sujeição de alguém a julgamento já é estigmatizante", é absurda, face à publicização da instrução (que levaria então ao mesmo tipo de estigma) e ao estádio de desenvolvimento democrático da sociedade (que já assimilou e se não assimilou, deve assimilar, que todos se presumem inocentes até à condenação transitada). Aliás, segundo o Tribunal Constitucional, clarividentemente, em diversos arestos *"...o simples facto de se ser submetido a julgamento não pode constituir, só por si, no nosso ordenamento jurídico, um atentado ao bom nome e reputação"* (*v.* Acs. TC nºs 474/94, 551/98, 459/2000, 54/2000, *in* www.dgsi.pt).

Ainda que configurada como uma fase processual, no pensamento de Figueiredo Dias a instrução deveria traduzir-se essencialmente numa audiência pública, rápida, flexível e informal, oral e contraditória, no estilo da tradição anglo-americana da preliminar exammination (Nuno Brandão, *in* Rev. Port. de Ciência Criminal, 2 e 3/2008).

Artigo 287º – Requerimento para abertura da instrução

1. A abertura da instrução pode ser requerida, no prazo de 20 dias a contar da notificação da acusação ou do arquivamento:

a) Pelo arguido, relativamente a factos pelos quais o Ministério Público ou o assistente, em caso de procedimento dependente de acusação particular, tiverem deduzido acusação; ou

b) Pelo assistente, se o procedimento não depender de acusação particular, relativamente a factos pelos quais o Ministério Público não tiver deduzido acusação.

2. O requerimento não está sujeito a formalidades especiais, mas deve conter, em súmula, as razões de facto e de direito de discordância relativamente à acusação ou não acusação, bem como, sempre que disso for caso, a indicação dos actos de instrução que o requerente pretende que o juiz leve a cabo, dos meios de prova que não tenham sido considerados no inquérito e dos factos que, através de uns e de outros, se espera provar, sendo ainda aplicável ao requerimento do assistente o disposto nas alíneas *b*) e *c*) do nº 3 do artigo 283º Não podem ser indicadas mais de 20 testemunhas.

3. O requerimento só pode ser rejeitado por extemporâneo, por incompetência do juiz ou por inadmissibilidade legal da instrução.

4. No despacho de abertura de instrução o juiz nomeia defensor ao arguido que não tenha advogado constituído nem defensor nomeado.

5. O despacho de abertura de instrução é notificado ao Ministério Público, ao assistente, ao arguido e ao seu defensor.

6. É aplicável o disposto no nº 14 do artigo 113º

(Última redação da L. 1/2018, de 29.01)

COMENTÁRIOS:

1. Generalidades: A norma regula a **legitimidade** para requerer a instrução, o **prazo** para a requerer, os **pressupostos** desse requerimento que são diferentes consoante se trate de **arguido** ou do **assistente** (mas tem em comum um dever muito intenso de fundamentar tudo o que se requer) os **requisitos** do requerimento e as **condições da sua admissão**. Demasiadas coisas no mesmo artigo. O **M.P.,** não tem legitimidade para requerer a instrução. Tal compreende-se relativamente aos crimes de natureza pública e semi-pública, pois aí compete-lhe acusar. Poderia eventualmente tê-la quando o assistente deduz acusação nos crimes particulares. Mas o legislador não optou por essa via. O **assistente** também não tem legitimidade para requerer a instrução, relativamente aos crimes de natureza particular, o que é lógico, já que nesse caso, compete-lhe é acusar (v. art. 285º).

2.1. Primeiro fundamento de rejeição da instrução; a extemporaneidade; o prazo para requerer a instrução: A extemporaneidade do **requerimento de abertura da instrução (RAI)** é um dos fundamentos de rejeição da instrução. O prazo é de **20 dias**, a contar da notificação do despacho de acusação ou de arquivamento (juntamente com estes atos, a pessoa é também formalmente/expressamente notificada do direito de requerer a instrução) sendo que o prazo inicial, se conta desde a **data da notificação**. Tendo o notificando, **advogado** constituído, o prazo conta-se a partir da data da **última notificação**, de qualquer dos dois (v. art. 113º-10). Na mesma senda, **havendo vários arguidos ou assistentes**, o prazo conta-se desde a data da **última notificação** a algum destes intervenientes, cf. **expressamente** prevê o nº 6 (v. art. 113º-13). Aplica-se as regras gerais dos arts. 138º e 139º do CPC e dos arts. 104º-2 e 103º-2-a) e de **prolongamento do prazo** do 107º-A (v. *mutatis mutandis*, notas ao art. 411º, sobre prazos de recurso). Pode colocar-se a questão, de como é que os intervenientes podem saber dos prazos uns dos outros. A única forma de suprir isso, é colher essa informação dos autos diretamente no tribunal (v. notas ao art. 283º-5).

Se não tiver sido possível notificar da acusação e do direito de requerer a instrução algum arguido ou assistente, fica **precludido o direito** dos não notificados, requererem a abertura da instrução, ou dos notificados beneficiarem do maior prazo a que se reporta o art. 113º-10-13, uma vez que assim o prevê o art. 283º-5, que determina que o processo **prossiga** para a fase subsequente, não podendo ninguém reclamar do cumprimento da lei.

No entanto, se o arguido for declarado **contumaz**, o prazo para requerer a instrução, já se conta da data em que o mesmo for pessoalmente notificado da acusação e do direito de requerer abertura de instrução, regressando o processo da fase de julgamento à fase de instrução, se este a **requerer** (art. 366º-3). Este prazo especial é exclusivo do arguido cuja contumácia **cessou**, não se aplicando aqui aos restantes intervenientes processuais.

Jurisprudência uniformizadora: Ac. do STJ de Fixação de Jurisprudência nº 2/96, de 06.12.1996, *in* D.R. de 10.01.1997: *«A disciplina autónoma do processo penal em matéria de prazos prescinde da figura da dilação, pelo que a abertura de instrução tem de ser requerida no prazo perentório previsto no nº 1 do artigo 287º do CPP».*

Jurisprudência uniformizadora: Ac. do STJ de Fixação de Jurisprudência nº 3/2015, de 20.04.2015, *in* D.R. de 20.03.1997: *«O prazo de 20 dias para o assistente requerer a abertura de instrução, nos termos do artigo 287º, nº 1, alínea b), do Código de Processo Penal, conta-se sempre e só a partir da notificação do despacho* *de arquivamento proferido pelo magistrado do Ministério Público titular do inquérito ou por quem o substitua, ao abrigo do artigo 277º do mesmo código, não relevando para esse efeito a notificação do despacho do imediato superior hierárquico que, intervindo a coberto do artigo 278º, mantenha aquele arquivamento».*

II – O termo inicial do prazo para requerer a instrução é a notificação do despacho do magistrado que decidiu em primeira linha o arquivamento do inquérito e não da decisão da reclamação hierárquica (Ac. TRL de 24.05.2011, proc. 1566/08.2TACSC.L1.5, *in* www.dgsi.pt).

O arguido veio requerer a abertura da instrução, através de requerimento entrado em juízo em 20 de Setembro de 2013. O arguido foi notificado da acusação por via postal simples com prova de depósito para a morada do TIR prestado a fls. 17, a qual foi depositada no recetáculo postal em 24.07.2013 – vide fls. 115, pelo que a notificação tem-se por efetuada no 5º dia posterior à data indicada na declaração lavrada pelo distribuidor do serviço postal, nos termos do artigo 113º, nº 3 do C.P.P. O prazo para requerimento de abertura de instrução é de 20 dias (art. 287º, n. l do C.P.P.) e, tendo-se iniciado no dia 30 de Julho de 2013, uma vez que os presentes autos revestem natureza urgente, nos termos do artigo 28º, nº s 1 e 2 da Lei nº 112/2009, de 16 de Setembro, (regime legal da violência doméstica) praticando-se os atos processuais a ele inerentes em férias judiciais [artigo 103º, nº 2, alínea g) do C.P.P.], terminou no dia 18 de Agosto de 2013. Atendendo ao exposto, é manifesto que o requerimento de abertura de instrução apresentado pelo arguido é intempestivo, motivo pelo qual o rejeito, nos termos do artigo 287º, nº 3 do C.P.P. (despacho do JIC de 26.09.2013, *in* proc. 669/12.3T3SNT, Comarca da Grande Lisboa Noroeste).

2.2. Segundo fundamento de rejeição da instrução; a competência material e territorial do JIC: Aplica-se ao JIC as mesmas regras de competência de qualquer outro Juiz (v. arts. 17º, 19º a 23º, 32º e 33º). A exceção da **incompetência territorial,** pode ser conhecida até ao início do debate instrutório [art. 32º-2-a)]. Verificada a exceção, o requerimento deve ser remetido ao tribunal competente (art. 33º-1).

2.3. Terceiro fundamento de rejeição da instrução; a inadmissibilidade legal: A inadmissibilidade legal da instrução, pode assentar em múltiplas situações, mas basicamente na falta de **legitimidade** para tal do requerente, ou de ser deduzida contra **desconhecidos**, ou no facto de a **forma do processo** a não admitir (v.g. formas de processo especiais) ou na existência de **nulidades do inquérito** (v.g. irregularidade das notificações) que impeçam a tramitação subsequente. Mas também (é a regra) na **deficiente elaboração dos próprios requerimentos de abertura de instrução**, quando estes não respeitarem as exigências legais, sendo muito habitual, a situação em que o requerimento do assistente não indica factos típicos objetivos e subjetivos e ou as disposições legais que considera terem sido violadas ou indica factos que não são crime ou que não foram objeto de inquérito, ou quando não cumpre o estatuído no art. 283º-3. Enfim, a inadmissibilidade legal da instrução, não se esgota nas causas específicas previstas nesta norma, mas também noutras **genéricas** espalhadas pelo código. Dir-se-á que a instrução, pode qualificar-se como legalmente inadmissível, quando não tem sustentação legal e padece de qualquer disfuncionalidade jurídica grave.

IV – Um dos princípios que presidem às normas processuais é o da economia processual, entendida como a proibição da prática de actos inúteis (art. 137º do CPC). O CPP não contém norma equivalente, mas tal não impede a aplicação deste preceito nos termos do art. 4º do CPP, por se harmonizar em absoluto com o processo penal, havendo afloramentos do referido princípio no art. 311º, ao permitir ao juiz rejeitar a acusação manifestamente infundada e no art. 420º ao prever a rejeição do recurso quando for manifesta a sua improcedência. V – Se o juiz de instrução, apreciando o requerimento do assistente, concluir que de modo algum o arguido poderá ser pronunciado, uma vez que os factos que narra jamais constituirão crime, deve rejeitar tal requerimento, por o debate instrutório nenhuma utilidade ter, porque "não há lugar a convite ao assistente para aperfeiçoar o requerimento de abertura de instrução, ... quando este for omisso relativamente à narração sintética dos factos que fundamentam a aplicação de uma pena ao arguido" (acórdão de fixação de jurisprudência nº 7/2005). VI – A instrução é de considerar legalmente inadmissível quando, pela simples análise do requerimento para a abertura da instrução, sem recurso a qualquer outro elemento externo, se concluir que os factos narrados pelo assistente jamais podem levar à aplicação duma pena ao arguido. VII – Nos casos em que exista um notório demérito do requerimento de abertura de instrução, a realização desta fase constitui um acto processual manifestamente inútil por redundar necessariamente num despacho de não pronúncia (Ac. STJ de 13.01.2011, proc. 3/09.0YGLSB.S1, *in* www.dgsi.pt).

"Se o requerimento para abertura da instrução não cumpre as exigências da alínea b) do nº 3 do artigo 283º do CPP, concretamente a descrição dos elementos típicos – objetivos e/ou subjetivos – do crime, pelo qual se pretende a pronúncia do arguido, não pode o problema reconduzir-se ao instituto da alteração substancial, previsto no artigo 359º do CPP, devendo, antes, situar-se na atipicidade da conduta descrita" (Ac. TRC de 02.12.2015, proc. 24/14.0T9FND.C1, *in* www.dgsi.pt).

Se do próprio requerimento para abertura da instrução resultar falta de tipicidade da conduta, ausência de queixa, prescrição do procedimento, imputabilidade do arguido, etc. somos a entender que, mesmo assim, a instrução não poderá nem deverá ser desde logo recusada por inadmissibilidade, servindo, todavia, a instrução para analisar tam-

bém essas questões (Simas Santos e Leal-Henriques, *in* CPP anotado, 1996). **Nota:** quando for manifesto e inequívoco a verificação das "anomalias" descritas, não vemos razão para protelar decisões.

Com diversas nuances, o RAI do assistente que não narra os factos é rejeitado por inadmissibilidade legal. A jurisprudência nem sempre trilha o mesmo caminho para chegar a tal solução: faz apelo à nulidade; à nulidade por falta de objecto; à inexistência; à falta de objecto da instrução; à equiparação à acusação manifestamente infundada; ao não cumprimento da função processual para que está vocacionado o requerimento; à inadmissão por ilegalidade. Mas o resultado final é sempre o mesmo (rejeição) (Vinício Ribeiro, *in* CPP, notas e comentários).

3. Pressupostos do requerimento de abertura da instrução A vinculação factual da instrução: O requerimento de abertura da instrução, só pode ser apresentado pelo **arguido** ou pelo **assistente**. Visa colocar em causa matéria factual e a sua correspondência ao direito. Não está sujeito a formalidades especiais (podendo ser apresentado por qualquer das formas reguladas no art. 144º do CPC) mas não pode deixar de ter em consideração, no mínimo, o seguinte:

a) deve indicar sempre obrigatoriamente as **razões de facto e de direito**, que sustentam a sua discordância relativamente à acusação ou ao arquivamento.

b) deve, quando o entender necessário, indicar os **atos de instrução** que entende deverem ser levados a cabo pelo Juiz e os factos que pretende provar com tais atos

c) deve, quando o entender necessário, indicar os **meios de prova** que não tenham sido considerados no inquérito e os factos que pretende provar com tais meios de prova.

Deste enunciado extrai-se algumas conclusões. Desde logo, o requerimento de abertura de instrução fixa a **vinculação factual da instrução,** de forma particularmente intensa (cf. art. 288º-4). Começa pela exigência do requerente da instrução, pormenorizar o que pretende e justificar as suas pretensões (há um intenso **dever de justificação**, quanto ao relevo processual e material de todas as diligências requeridas, designadamente de indicar, quanto às testemunhas arroladas, a que factos devem depor e a sua razão de ciência – v. art. 287º-2); depois que são **razões de facto e de direito** (logo, incluindo os factos, não só na sua dimensão naturalística, mas também normativa) que podem sustentar tais pretensões, depois ainda, que o requerente pode promover **diligências de prova**, mas resultando claro que está excluída em sede de instrução a repetição dos atos e meios de prova já produzidos e que tenham sido considerados, em sede de inquérito. Os atos só são repetidos, no caso de não terem sido observadas as **formalidades legais** e mesmo assim só quando a repetição se revelar **indispensável à descoberta da verdade**. Trata-se de uma excelente imposição legal que obriga os juristas a mostrarem a sua qualidade técnica.

4.1. Requerimento do arguido para abertura de instrução: O requerimento de abertura de instrução do arguido, só pode acontecer, obviamente, havendo uma **acusação** contra ele e visando ele impugná-la. A acusação alvo do requerimento, é a do M.P. nos crimes públicos e semi-públicos (ainda que haja também acusação do assistente, esta está sempre dependente/subordinada aos factos da acusação pública) ou a do assistente nos crimes particulares (ainda que haja também acusação do M.P., esta está sempre dependente/subordinada aos factos da acusação privada). O requerimento visa simplesmente pôr em causa a acusação (principal) que lhe é imputada, sem prejuízo de poder abranger factos contidos na acusação subordinada, que não importem alteração substancial (v. art. 284º-1) com o definitivo fundamento, de que **os indícios recolhidos não são suficientes** para ser acusado, ou com fundamento em **questões de natureza eminentemente ou "tendencialmente" processual** (condições de procedibilidade, nulidades, legitimidade, amnistia, prescrição, suspensão provisória do processo, dispensa de pena, pressupostos, etc...). Não está tal requerimento submetido ao mesmo nível de exigência formal que o requerimento do assistente, que ao fim e ao cabo, consubstancia uma autêntica acusação, até porque, como se diz no Ac. T.C. nº 358/2004, *«o processo penal português tem como vertente fundamental a tutela das garantias de defesa. Desse modo, o estatuto do assistente não é equiparável ao do arguido»*. Aliás, o objeto do processo está definido na acusação, não competindo ao arguido defini-lo. Contudo não pode deixar de observar em termos gerais, o supra prescrito.

Se o arguido requerer a abertura da instrução relativamente à acusação particular do assistente, deduzida nos termos do disposto no art. 285º, nº 1 do CPP, o despacho de pronúncia em que eventualmente se venha a traduzir a decisão instrutória não pode conter factos referentes ao elemento subjectivo do crime – dolo ou negligência – se os mesmos já não estiverem alegados no requerimento do assistente e ainda que constem da acusação subordinada deduzida pelo Ministério Público nos termos do disposto no art. 285º, nº 4, do CPP, sob pena de se verificar uma alteração substancial de factos, vedada pelo art. nº 3, do CPP (Rui da Fonseca e Castro, *in* Instrução, pág. 82).

(...) a instrução requerida pelo arguido visava somente sindicar a opção do M.P. em deduzir a acusação, em vez de ter promovido a suspensão provisória do processo, que, em seu entender, se revelava mais adequada. (...) É legalmente admissível instrução reque-

rida apenas com aquele propósito. (...) Com efeito, no decurso da instrução, a suspensão do processo pode ainda ser vislumbrada como a solução consensual mais acertada, bastando, para o efeito, que o M.P. dê o seu assentimento; e se o M.P. mantiver a posição que adoptou em acusar, inviabilizando a suspensão do processo, então, obtida uma decisão instrutória de pronúncia, os autos prosseguem para julgamento (Ac. TRL de 16.11.2006, proc. 7073/06-9, *in* www.dgsi.pt). **Nota:** este acórdão é paradigmático das ambiguidades da instrução; a instrução não devia visar "fazer o M.P. mudar de ideias", quanto a um ato decisório que já praticou.

4.2. Coarguidos não requerentes da instrução: Requerida a abertura de instrução, por um arguido, os coarguidos não requerentes, face ao princípio do contraditório, são para os seus atos notificados, **sem obrigação de presença**, podendo pronunciar-se a final da mesma, sobre a decisão a proferir [v. arts. 61º-1-b), 297º-3, 298º e 302º-4].

4.3. Patrocínio do arguido: À revelia do princípio de que os requerimentos onde se suscitem questões de direito só podem ser admitidos se elaborados por profissionais do foro e ao contrário do que acontece com os requerimentos do assistente, que só podem ser elaborados por tais profissionais, tem-se entendido que o **arguido por si só sem representante legal**, pode requerer a instrução (v. art. 64º e 70º-1) sem prejuízo de lhe ser imediatamente nomeado defensor (se não estiver, como é regra, já nomeado na acusação) e este ser chamado a intervir nos atos (v. nºs 4, 5 e 6).

O requerimento pode ser apresentado pelo arguido e, ainda que o mesmo não estivesse bem formulado uma vez que, nos termos do disposto no nº 2 do referido art. 287º do CPP o requerimento de abertura da instrução não está sujeito a formalidades especiais, devendo apenas ou precisando apenas de conter em súmula, as razões de facto e de direito de discordância relativamente à acusação. O artigo 64º do CPP discrimina quais os actos em que é obrigatória a assistência de defensor, neles não se encontrando o requerimento da abertura de instrução preceituado no artigo 287º-1-a) do CPP, face ao estipulado pelo nº 4 do mesmo dispositivo legal (Ac. TRL de 13.11.2008, proc. 5032/2008-9, *in* www.dgsi.pt.).

A abertura de instrução requerida pelo arguido na sequência de decisão de acusação tem a facilidade de ter já definido o objecto do processo – dai uma menor exigência formal na apresentação do requerimento. Em caso de decisão de arquivamento, é ao assistente quem caberá definir o objecto do processo e, também por isso, a figura do assistente implica a representação judiciária obrigatória por profissional do foro (Despacho do JIC de 05.07.2011, *in* proc.467/06.3GGSNT, Comarca da Grande Lisboa Noroeste).

5.1. Requerimento do assistente de abertura de instrução: O requerimento de abertura de instrução do assistente, visa sempre submeter o arguido a julgamento. No quadro da instrução, é uma pretensão exclusiva do assistente, regularmente constituído e legitimado (tratando-se de crime particular, compete-lhe tão somente acusar e não requerer a instrução – art. 285º).

Digamos que estruturalmente, este requerimento de abertura de instrução, tem duas partes. **Na primeira parte** deve o requerente observar o supra referido, no item "pressupostos do requerimento de abertura da instrução", i.e., deve **"contestar"** o que entender pôr em causa, que em regra será o despacho de arquivamento do M.P., atacando os seus fundamentos, e requerer os **atos** de instrução e os **meios de prova** que julgar convenientes, **justificando** a sua pertinência. Aqui o requerente, tem uma grande margem de liberdade, sem prejuízo dos limites expressos nos arts. 290º-1, 291º-1-3-4 e 292º-1-2 (normas que devem ser lidas com muita atenção). **Na segunda parte**, o requerente terá de deduzir uma **verdadeira acusação**, devendo observar o formato próprio dela, cf. decorre directamente do nº 3, na parte em que diz *«sendo aplicável ao requerimento do assistente o disposto nas alíneas b) e c) do nº 3 do art. 283º»*. Ora estas alíneas, dizem respeito à descrição factual dos elementos típicos objectivos e subjectivos e à sua qualificação jurídica, que devem estar contidos numa vulgar acusação. E, registe-se, que o não cumprimento deste ónus processual é cominado com a **nulidade** (v. notas ao art. 283º-3). Registe-se também que não há lugar a **convite ao aperfeiçoamento**, como acontece nos recursos (art. 417º-3) mas sim a rejeição de abertura da instrução, por **inadmissibilidade legal** decorrente da falta de objeto processual (v. arts. 283º-3-7 e 311º-3) (v. jurisprudência obrigatória infra). Pode acontecer que as razões de discordância do assistente sejam **parciais,** relativamente à acusação do M.P. Nestes casos, deve ele aderir à acusação do M.P. (ou se quiser, acusar também por esses mesmos factos com que concorda) e ao mesmo tempo, requerer a instrução e acusar pelos restantes que entender verificados. Em todo o caso, não será acertado, perder tempo com factos meramente instrumentais, que não relevam ou pouco relevam para a decisão final.

Por fim, uma nota crítica no sentido de que é habitual os advogados dos assistentes, nos seus requerimentos de abertura de instrução, passarem mais tempo com críticas subjetivas ao trabalho do M.P. em fase de inquérito, como se se tratasse de um **recurso**, esquecendo-se de articularem corretamente uma acusação, resultando muitas vezes, que apesar de poderem ter razão, não vêm essa razão triunfar, por não terem observado o que de mais importante deve existir no aludido requerimento (v. consequências no art. 309º). Quando se pretende pôr em causa a investigação do M.P., concretamente por insuficiência de inquérito [art. 120º-2-d)] a via adequada, não é a instrução, mas a

reclamação hierárquica (art. 278º). Nunca se deve esquecer que a instrução, não é um prolongamento do inquérito.

Jurisprudência uniformizadora: Ac. do STJ de Fixação de Jurisprudência nº 7/2005, de 12.05.2005, *in* D.R. de 04.11.2005: *«Não há lugar a convite ao assistente para aperfeiçoar o requerimento de abertura de instrução, apresentado nos termos do artigo 287º, nº 2, do Código de Processo Penal, quando for omisso relativamente à narração sintética dos factos que fundamentam a aplicação de uma pena ao arguido».*

Este requerimento, embora não sujeito a formalidades especiais, deve conter, mesmo em súmula, os elementos que são enunciados no art. 287º, nº 2 (...). O requerimento, sendo livre de fórmulas, não o é de conteúdo material vinculante. Deste modo, constituem elementos essenciais ao requerimento para abertura da instrução a enunciação das razões de facto e de direito da discordância em relação à decisão de acusação ou de arquivamento. Porém, não tanto pelas fórmulas, mas pelo conteúdo, o requerimento para abertura da instrução terá de ser necessariamente diverso conforme o arguido pretenda fazer comprovar judicialmente a decisão de acusar, ou o assistente pretenda fazer intervir o juiz de instrução para confrontar a decisão de arquivamento (Ac. TRL de 26.05.2010, *in* proc. 4515/04.3TDLSB.L1).

O Supremo Tribunal de Justiça tem vindo a entender, num número significativo de decisões, que a admissão do requerimento para abertura da instrução que não contenha a identificação do arguido – ainda que por remissão para o local do processo onde ela conste – a narração dos factos, a indicação das disposições legais aplicáveis ou as provas que a fundamentam ou se os factos não constituírem crime, implicaria a prática de actos inúteis em violação da proibição prevista no art. 137º do CPC, aplicável por via do disposto no art. 4º do CPP. Tal entendimento integra ainda no conceito de inadmissibilidade legal, não apenas os fundamentos específicos de não admissão da instrução, como também os fundamentos genéricos de não admissão de actos processuais em geral, fazendo um paralelismo com os fundamentos de não admissão da acusação, por manifestamente infundada, previstos no art. 311º, nº 2, al. a), b), c) e d), do CPP (Rui da Fonseca e Castro, *in* Instrução, pág. 95).

A não indicação precisa dos factos (no requerimento do assistente para abertura de instrução) *viola o princípio do contraditório conduzindo à inadmissibilidade legal da instrução em conformidade com o disposto no artigo 287º, nº 3 do CPP* (Ac. TRL de 19.03.2006, *in* www.dgsi.pt)

I – O requerimento para abertura da instrução equivalerá em tudo a uma acusação, condicionando e limitando, nos mesmos termos que a acusação formal, seja pública, seja particular, a actividade de investigação do juiz e a própria decisão final, instrutória. É que, tal como acontece na acusação, também, no caso, o requerimento de abertura da instrução tem em vista delimitar o thema probandum da actividade desta fase processual. II – A instrução, nos termos em que a lei vigente a regula, tem natureza judicial e não de actividade investigatória, destinando-se à comprovação judicial da decisão tomada pelo Ministério Público de deduzir, ou não, acusação (art. 286º, nº 1 do Cód. Proc. Penal) e não a constituir um complemento da investigação prévia à fase de julgamento, como já aconteceu no passado. III – O objecto da instrução tem de ser definido de um modo suficientemente rigoroso em ordem a permitir a organização da defesa e essa definição abrange, uma pena, bem como a indicação das disposições legais aplicáveis, dito de uma forma simplista, os factos narrados como integrantes da conduta ilícita do agente têm de "caber" nos elementos objectivos e nos elementos subjectivos do tipo legal em causa (do respectivo preceito legal) (Ac. TRL de 27.05.2010, *in* www.dgsi.pt).

I – O requerimento de abertura de instrução apresentado pelo assistente, haverá de assemelhar-se em tudo a uma verdadeira acusação, de tal modo que, no âmbito da instrução, seja possível discutirem-se, de forma inequívoca e exaustiva, quer os factos, quer o direito; II – Aquele requerimento terá de conter a descrição dos factos, ainda que sintética, e a indicação das disposições legais aplicáveis, desse modo delimitando o objecto do processo e assegurando o princípio do acusatório, assim se respeitando os fundamentais direitos de defesa do arguido; III – É a própria lei (art. 309º, do C.P.P.), que considera ferida de nulidade, a decisão instrutória que pronunciar o arguido por factos que constituem alteração substancial dos descritos na acusação do Ministério Público, do assistente, ou no requerimento para abertura da instrução (Ac. TRL de 15.09.2011, *in* www.dgsi.pt).

É de rejeitar por inadmissibilidade legal o requerimento de abertura de instrução apresentado pelo assistente no qual este se limita a um exame crítico das provas alcançadas em inquérito, a pôr em crise a credibilidade delas, e a evidenciar contradições, e omite em absoluto a alegação de concretos e explícitos factos materiais praticados pela arguida, e do elemento subjectivo que lhe presidiu, para cometimento do crime de falsidade de testemunho, p. e p. pelo art. 360º, nº 1, do CP (Ac. STJ de 22.03.2006, proc. 357/05-3, *in* www.dgsi.pt).

Em relação a factos que não tenham por efeito a imputação ao arguido de um crime diverso ou a agravação dos limites máximos das sanções aplicáveis, ou seja, factos instrumentais, que não constem da acusação do Ministério Público, não pode o assistente requerer a abertura de instrução, dado que pode ele próprio deduzir acusação por tais factos (art. 284º, nº 1, do CPP) (Rui da Fonseca e Castro, *in* Instrução, pág. 84).

O assistente pode requerer a abertura da instrução relativamente a factos que representam uma alteração substancial dos descritos na acusação do M.P. (Ac. TRP de 20.12.2006, proc. 0617070, *in* www.dgsi.pt). **Nota:** Dir-se-á até, que nos crimes públicos e semipúblicos, esta é a única forma que o assistente tem, de introduzir em julgamento (obviamente através de uma pronúncia) uma sua pretensão acusatória, materialmente distinta da do M.P.

Nos termos do art. 287º, 2 do Cód. Proc. Penal, o requerimento para abertura da instrução não está sujeito a "formalidades especiais" e julgamos lícita a remissão para peças processuais constantes dos autos, desde que tal remissão seja feita de modo claro e inequívoco. No caso, a remissão para a queixa é clara e inequívoca, pelo que a julgamos válida. O requerimento para a abertura de instrução pode (e deve) ser completado com a remissão nele efectuada, não só para a queixa, mas também para a descrição técnico-científica das lesões medicamente observadas. E, sendo assim, o primitivo requerimento de abertura de instrução, apresentado pelo assistente a fls. 343 e seguintes dos autos, embora possa conter alguma imperfeição técnica, não contém a nulidade que a decisão recorrida lhe imputou, uma vez que localiza, no espaço e no tempo, os factos imputados aos arguidos: os factos ocorreram no dia, hora e local referidos na queixa, para onde expressamente remeteu (Ac. TRP de 28.09.2005, proc. JTRP00038354, *in* www.dgsi.pt). **Nota:** Registe-se que a proposta de Lei 109/X, admitia expressamente que o RAI do assistente, pudesse remeter para a acusação particular que previamente deduziu. Mas tal não foi consagrado na L. 48/2007, de 29.08, que reviu o C.P.P., e que está na origem da presente redação desta norma, que desenha o RAI como uma peça **autossuficiente**. Deste modo, o acórdão deve ser entendido no seu estrito contexto, inclusivamente histórico.

5.2 Assistentes. Legitimidade: Para requerer a abertura da instrução o queixoso/denunciante, tem sempre de se constituir **assistente** (se tiver legitimidade para tanto, podendo requerer a constituição como assistente juntamente com o requerimento de abertura de instrução – v. art. 68º-2-3 – exceto tratando-se de crime particular, caso em que terá de o requerer obrigatoriamente no prazo do art. 68º-2) ficando tal estatuto sujeito a um despacho de admissão e constituição como assistente (v. arts. 68º a 70º e 246º-4) que contudo **não faz caso julgado material**, quanto à sua legitimidade, podendo posteriormente ser reapreciada pelo JIC ou pelo Juiz de julgamento, em face dos termos subsequentes do processo.

O requerimento de abertura de instrução (RAI) – é entendimento pacífico – pode ser formulado por quem já é assistente ou por quem, não o sendo, ainda o pode fazer antes de terminar o prazo para requerer a instrução (Vinício Ribeiro, *in* CPP, notas e comentários).

Ao pronunciar-se sobre o requerimento de abertura da instrução, o juiz pode não reconhecer legitimidade ao requerente para se constituir assistente, relativamente aos crimes objecto da requerida instrução, ainda que, no decurso do inquérito, essa legitimidade já lhe tenha sido reconhecida (Ac. TRL de 25.01.2001, *in* CJ-XXVI-I-143).

6. Discussão da qualificação jurídica: Quanto à questão da admissibilidade de se poder requerer a abertura de instrução para discutir a simples requalificação jurídica dos factos constantes da acusação, há quem entenda, que é admissível, uma vez que se deve evitar chegar à audiência com uma qualificação jurídica incorreta, com fundamento de que a alteração da qualificação jurídica pode determinar a incompetência material do tribunal ou o arquivamento dos autos por falta de uma condição de procedibilidade processual. Parece-nos, s.m.o., que a norma só contempla a discussão sobre factos – ***«relativamente a factos»*** dizem as alíneas – e não prevê a pura possibilidade de se abrir a instrução para discutir a qualificação jurídica dos mesmos. Será portanto os factos, o campo da dissensão. Em princípio, a qualificação jurídica dos factos, deve estar reservada à audiência de julgamento, conforme claramente resulta da leitura do art. 339º-4. Tudo sem prejuízo do art. 303º-5, que permite a alteração da qualificação jurídica dos factos na instrução, mas por iniciativa do Juiz.

7. Destino dos autos, arquivados pelo M.P., com requerimento de abertura de instrução liminarmente rejeitada: Decidido rejeitar a instrução por **inadmissibilidade legal**, não formando a decisão **caso julgado**, porque não conhece indiciariamente do mérito, devem os autos serem **devolvidos** aos serviços do M.P., precavendo eventual **reabertura do inquérito**, se surgirem novos elementos de prova, nos termos do art. 279º-1 (v. notas ao art. 308º sobre caso julgado).

Tendo sido rejeitado o requerimento para abertura da instrução, mantém-se o arquivamento dos autos determinado pelo Ministério Público. Porém, este despacho não tem a natureza de decisão definitiva, pois o processo pode ser reaberto a todo o tempo (isto é, até ao decurso do prazo de prescrição do procedimento criminal), se, entretanto, surgirem novos elementos de prova, nos termos do art. 279º do CPP (Ac. STJ de 06.05.2004, proc. 04P1I32).

8. Destino dos autos, na fase pós não pronuncia: Efetuada a instrução, decidido a não pronuncia do arguido, a decisão forma **caso julgado**, porque conhece **indiciariamente** do mérito da questão, devendo os autos, devidamente transitados, permanecerem **arquivados** no Tribunal de Instrução Criminal, sem prejuízo do art. 279º-1 (v. notas ao art. 308º sobre caso julgado).

9. Despacho de abertura de instrução: Proferido este despacho judicial, se deduzido tabelarmente, corresponde a uma aceitação liminar do requerimento de abertura de instrução, ficando formalmente aberta a fase da instrução, mas sem prejuízo de apreciações concretas da sua regularidade, quanto à competência até ao início do debate instrutório [art. 32º-2-a)] e quanto aos demais pressupostos, mesmo até à decisão instrutória. Por exemplo, não se tendo o JIC pronunciado em concreto sobre a inadmissibilidade do requerimento de abertura de instrução, poderá ainda fazê-lo na decisão instrutória, não para declarar a inadmissibilidade da instrução, mas para declarar a sua decisão de não pronúncia por falta de pressupostos legais para tal (v. art. 287º). Se o despacho anterior se pronunciar sobre questões concretas, verifica-se trânsito formal, pelo que não pode o JIC alterar a decisão, sob pena de recurso da mesma.

10. Constituição de arguido pela notificação do requerimento de abertura da instrução: Dispõe o art. 57º-1 que assume a qualidade de arguido, todo aquele **contra** quem for deduzida a acusação ou **requerida** instrução, pelo que a constituição de arguido, pode operar-se também pela simples **notificação** de que foi contra ele requerida instrução, sem prejuízo de, concomitantemente, pelo JIC lhe ser imposto a prestação de TIR e nomeado defensor se ainda o não tiver (v. nº 4).

11. Instrução contra desconhecidos ou incertos ou não constituídos como arguidos: Não pode ser requerida a abertura de instrução contra pessoas **não identificadas**, porque isso se afasta dos fins da instrução, que como bastamente se tem dito, não é um prolongamento do inquérito. Se o assistente, entender que não foram feitas as diligências de inquérito necessárias para apurar a autoria dos factos, deve usar do instituto da **reclamação**, previsto no art. 278º. No entanto, consigna-se que há opiniões em contrário. Em todo o caso, s.m.o., é possível requerer a instrução contra pessoas não constituídas arguidos no inquérito, desde que previamente identificadas nos autos O caso mais habitual, é o de alguém que foi ouvido como testemunha, mas o assistente entende que ela é autora ou coautora do crime investigado.

no âmbito do inquérito não houve lugar à constituição do arguido e, não foi deduzida a acusação, pelo que nos termos do que dispõe o art. 57º, nº 1 do CPP, assume a qualidade de arguido aquele contra quem for requerida e admitida a instrução. Afigura-se-nos assim, que a falta de constituição de arguido não inviabiliza o requerimento de abertura de instrução do assistente contra pessoa denunciada (Ac. TRC de 26.01.2011, proc. 45/07.0 GASJP.C1, *in* www.dgsi.pt).

Daí que, a nosso ver, apesar de não ter arguido a nulidade acima referida (omissão da constituição do agente como arguido) (ou de ter reclamado hierarquicamente do despacho de arquivamento, alternativa que o recorrente tinha ao seu dispor, prevista no nº 2 do art. 278º do C. P. Penal), o recorrente podia requerer a abertura de instrução contra o denunciado, apesar de este não ter sido constituído arguido, não sendo tal facto razão para o indeferimento do requerimento de abertura de instrução (Ac. TRP de 01.04.2009, proc. 5365/06.8.TAVNG.P1, *in* www.dgsi.pt).

O assistente não pode requerer a abertura de instrução em relação a pessoa contra a qual o M.P. não deduziu acusação, se o inquérito não foi dirigido contra essa pessoa (Ac. TRP de 30.01.2008, proc. 0716298).

12. Pedido de indemnização cível: Aplica-se nesta fase também o disposto no art. 77º quanto aos termos e à oportunidade de dedução do pedido de indemnização cível.

13. Recurso do despacho que indeferir o requerimento de abertura de instrução: O despacho de indeferimento da abertura de instrução, porque não é de mero expediente, é **recorrível**, nos termos do art. 399º, devendo ele subir imediatamente, nos autos ou em separado (dependendo das circunstâncias) com efeito não suspensivo, nos termos dos arts. 406º-1, 407º-2-h) e 408º-3.

14. Taxa de justiça na instrução: É sempre devida taxa de justiça, pela abertura da instrução, nos termos do Regulamento das Custas Processuais, salvo casos de isenção [v.g., art. 4º-j) do R.C.P. – arguidos privados da liberdade]. O **arguido** está no entanto dispensado do seu pagamento prévio, sendo a mesma fixada a final pelo Juiz de julgamento (se for condenado) em face da complexidade da causa [v. art. 8º-9 do R.C.P.]. O **assistente,** não só paga previamente a taxa de justiça pela sua **constituição** como tal (art. 519º-1 e art. 8º-1 do R.C.P.) como também cumulativamente, paga taxa de justiça pela **requisição da instrução** (art. 8º-2 do R.C.P.) devendo desde logo auto-liquidá-la e juntar com o requerimento de abertura de instrução, o comprovativo do pagamento efetuado, sem prejuízo dos acréscimos que resultarem das **"correções"** previstas nas normas citadas, pela maior ou menor atividade desenvolvida e utilidade do peticionado. A sanção/multa a pagar por atrasos, nos termos do art. 107º-A, é sempre imediatamente paga (v. art. 28º do R.C.P.). Não verificados estes procedimentos fiscais, o requerimento de abertura de instrução, deve ser dado sem efeito pelo Juiz (v. art. 14º do R.C.P.).

No âmbito do anterior Código das Custas Processuais, que continua a aplicar-se aos processos iniciados/registados antes de 20.04.2009 (v. art. 27º do D.L. 34/2008, de 26.02, que aprovou o RCP) o arguido não estava dispensado como agora do pagamento prévio de custas, devendo auto liquidá-la e juntar o documento comprovativo aos autos (v. art. 80º do C.C.J.).

Do que se conclui que, com excepção das disposições expressamente indicadas no nº 3 do artigo 27º, na redacção introduzida pela Lei nº 64-A/2008, o Regulamento das Custas Processuais, aplica-se apenas aos processos iniciados após a entrada em vigor do Decreto-Lei nº 34/2008, fixada para 20 de Abril de 2009 (Ac. TRL de 08.02.2011, proc. 248/08.0TAALQ.L1-5, *in* www.dgsi.pt.).

Referências: art. 68º (assistente); art. 278º (reclamação hierárquica); art. 336º-3 (instrução na pós contumácia); arts. 515º a 519º (responsabilidade por custas).

Artigo 288º – Direcção da instrução

1. A direcção da instrução compete a um juiz de instrução, assistido pelos órgãos de polícia criminal.

2. As regras de competência relativas ao tribunal são correspondentemente aplicáveis ao juiz de instrução.

3. Quando a competência para a instrução pertencer ao Supremo Tribunal de Justiça ou à relação, o instrutor é designado, por sorteio, de entre os juízes da secção e fica impedido de intervir nos subsequentes actos do processo.

4. O juiz investiga autonomamente o caso submetido a instrução, tendo em conta a indicação, constante do requerimento da abertura de instrução, a que se refere o nº 2 do artigo anterior.

COMENTÁRIOS:

Juiz de instrução e Juiz na instrução: A atividade do JIC, enquanto Juiz-garante das liberdades e dos direitos dos cidadãos, desenvolve-se em dois planos distintos: no plano do **controlo** pela intervenção judiciária quanto aos atos do inquérito de natureza probatória, que podem colidir com os direitos fundamentais do cidadão (Juiz de instrução); no plano da **atividade da instrução**, enquanto fase processual, de controlo jurisdicional da decisão de acusar ou arquivar o inquérito (Juiz na instrução) (neste sentido, Ac. TC nº 23/90 de 31.01.90, *in* dgsi.pt).

Competência material e territorial do JIC: Aplica-se as mesmas regras de **competência material** do Tribunal (v. arts. 10º e 17º) com a especificidade prevista no art. 120º da L. 62/2013, de 26.08 (L.S.J.) quanto ao Tribunal Central de Investigação Criminal e do nº 3, quando a instrução decorre na Relação ou no Supremo. Em termos de **competência territorial**, podemos dizer sem grande risco de erro, que a competência do JIC neste campo, é tributária da competência do M.P. (v. arts. 19º a 31º). Como dizia, José Mouraz Lopes, *«pode afirmar-se que a orgânica judiciária no âmbito da instrução criminal obedece a lógicas pré-definidas decorrentes do Estatuto do Ministério Público»* (*in* Garantia Judiciária no Processo Penal; Do Juiz e da Instrução; Coimbra Editora 2000, pág. 98).

Jurisprudência uniformizadora: Ac. do STJ de Fixação de Jurisprudência nº 2/2017, de 16.03.2017, *in* D.R. de 17.03.2017: *«Competindo ao Tribunal Central de Instrução Criminal proceder a actos jurisdicionais no inquérito instaurado no Departamento Central de Investigação Criminal para investigação de crimes elencados no artigo 47º, nº 1, da Lei nº 47/86, de 15 de Outubro (Estatuto do Ministério Público), por força do artigo 80º, nº 1, da Lei de Organização e Funcionamento dos Tribunais Judiciais, aprovada pela Lei nº 3/99, de 13 de Janeiro, essa competência não se mantém para proceder à fase de instrução no caso de, na acusação ali deduzida ou no requerimento de abertura de instrução, não serem imputados ao arguido qualquer um daqueles crimes ou não se verificar qualquer dispersão territorial da actividade criminosa».* **Nota:** A Lei nº 3/99 de 13.01 foi revogada, devendo entender-se as remissões para aquela lei, para os arts. 119 e 120 da L. 62/2013 de 26.08, que a substituiu nesta parte, em termos muito similares.

Impedimentos do Juiz de instrução Consequência prática do princípio do acusatório e do contraditório vazado no art. 32º-5 da C.R.P., é o Juiz que tomou decisões anteriores relativamente ao arguido, não poder intervir na fase posterior de julgamento (v. art. 40º). Não pode haver identidade entre quem "investiga" os factos e quem julga, pelo menos relativamente a certas tomadas de posição que indiciam já um comprometimento opinativo.

Vinculação factual e temática do Juiz de instrução: O nº 4, contém uma importante regra definidora do objeto material de uma instrução. Na verdade o Juiz investiga **autonomamente**, mas está limitado pelo conteúdo factual e jurídico do requerimento de abertura de instrução. O requerimento de abertura da instrução constitui, pois, o elemento fundamental para a definição e determinação do **âmbito** e dos **limites** da intervenção do Juiz na instrução; investigação autónoma sim, mas autónoma dentro do tema factual que lhe é proposto através do requerimento de abertura da instrução. Este requerimento, sendo livre de fórmulas, não o é de **conteúdo material vinculante**. Deste modo, constituem elementos essenciais ao requerimento para abertura da instrução a enunciação das razões de facto e de direito da discordância em relação à decisão de acusação ou de arquivamento. A **estrutura acusatória do**

processo, implica que a **atividade cognitiva** do tribunal, esteja limitada pelo **objeto do processo**, delineado no **requerimento** de abertura de instrução, ou na **acusação**, sem prejuízo da normal possibilidade de alteração não substancial de factos (v. notas aos arts. 286º-1, 287º-2, 290º-1 e 303º).

A estrutura acusatória do processo exige que a intervenção do juiz não seja oficiosa e, além disso, que tenha de ser delimitada pelos termos da comprovação que se lhe requer sobre a decisão de acusar ou, se não tiver sido deduzida a acusação, sobre a justificação e a justeza da decisão de arquivamento. Não obstante o juiz investigar autonomamente o caso submetido a instrução, tem de ter em conta e actuar dentro dos limites da vinculação factual fixados pelo requerimento de abertura da instrução, tendo em conta a indicação constante do requerimento de abertura da instrução, como refere o nº 4 do art. 288º do CPP (Ac. TRE de 27.01.2004, proc. 840/03-1, *in* www.dgsi.pt).

Referências: art. 17º (competência do juiz de instrução); art. 32º-1-2-a) [conhecimento e dedução da incompetência]; art. 290º-2 (atos delegáveis nos OPCs); arts. 119º a 121º da L. 62/2013, de 26.08 – L.O.S.J. (competência das secções de instrução criminal e do T.C.I.C.).

Artigo 289º – Conteúdo da instrução

1. A instrução é formada pelo conjunto dos actos de instrução que o juiz entenda dever levar a cabo e, obrigatoriamente, por um debate instrutório, oral e contraditório, no qual podem participar o Ministério Público, o arguido, o defensor, o assistente e o seu advogado, mas não as partes civis.

2. O Ministério Público, o arguido, o defensor, o assistente e o seu advogado podem assistir aos actos de instrução por qualquer deles requeridos e suscitar pedidos de esclarecimento ou requerer que sejam formuladas as perguntas que entenderem relevantes para a descoberta da verdade.

COMENTÁRIOS:

O poder discricionário do JIC e seus limites; a obrigatoriedade do debate instrutório: Esta norma é confusa e tal resulta das alterações introduzidas pelas Leis 59/98 e 48/2007, que lhe retirou clareza.

Aberta instrução, pelo despacho previsto no art. 287º-4, a norma expressamente confere ao JIC um poder de **livre resolução** relativo aos atos a praticar na instrução e à ordem dos mesmos, mas fixa a **obrigatoriedade** de um debate instrutório [sob pena de nulidade sanável – art. 120º-2-d)] bem como a **obrigatoriedade de audição do arguido se este o requerer** [arts. 292º-1 e 61º-1-b)]. O poder de livre resolução do Juiz permite-lhe indeferir tudo o que se revele **inútil** para o **fim** da instrução, definido no art. 286º, designadamente atos e diligências requeridas, ou no debate, esclarecimentos e perguntas que os intervenientes sugiram. Igualmente pode **deferir aos OPCs** o encargo de procederem a diligências de investigação com os limites assinalados no nº 2.

Porque melhor do que qualquer explicação, reproduz-se infra o **despacho do JIC, de recebimento do requerimento de abertura de instrução** (*in* proc. 5517/11.9TDLSB, 02.05.2012, Comarca da Grande Lisboa-Noroeste) que pela sua concisão e rigor é elucidativo da filosofia da fase da instrução:

Por ter sido requerida tempestivamente, por quem tem legitimidade, admite-se a abertura de instrução. Declaro aberta a fase de instrução. Notifique-se (art. 287º-5 do CPP).

De acordo com o disposto no art. 287º-2 do CPP está excluída em sede de instrução a repetição dos meios de prova já produzidos em sede de inquérito; os actos e diligências de prova já praticados no inquérito só são repetidos no caso de não terem sido observadas as formalidades legais ou quando a repetição se revelar indispensável à descoberta da verdade (art. 291º-2 do CPP). Por outro lado, a instrução não é um pré-julgamento, nem aos cidadãos assiste «qualquer direito a não serem submetidos a julgamento, sem que previamente tenha havido uma completa e exaustiva verificação da existência de razões que indiciem a sua presumível condenação» – Ac. do TC nº 459/2000, DR II Série de 11.12.2000. Por fim, não obstante os actos de instrução requeridos por arguido constituírem uma garantia de defesa, tal direito não é preterido, ainda que o arguido seja submetido a julgamento, uma vez que, nessa fase, é-lhe plenamente assegurado tal direito.

Na sequência do regime exposto: a) Indefere-se o pedido de inquirição das testemunhas já ouvidas na fase de inquérito (arroladas sob os pontos 1 a 10 do RAI). b) Quanto às demais testemunhas deverá o arguido indicar, em dez dias quais os factos em concreto, com referência aos artigos do RAI a que pretende que incida a inquirição e esclarecer qual a respectiva razão de ciência. c) Indefere-se, por impertinente o pedido de acareação (art. 291º-1 do CPP).

A facultatividade das presenças e participações: A norma distingue entre ***«atos de instrução»*** e ***«debate instrutório»*** (que também é um ato) consignando que a realização dos primeiros depende do **poder discricionário** do Juiz e que o segundo tem sempre de ter lugar, por ser **obrigatório.**

Relativamente à **presença e participação** nestes atos, ela é **facultativa** para todos os intervenientes (salvo debate instrutório, onde é obrigatória a presença do arguido – art. 300º-1) e proibida às partes civis (porque a natureza das suas pretensões é meramente civil). Sendo facultativa as presenças, obriga à notificação desses intervenientes para querendo estarem presentes, sob pena de **nulidade sanável** [art. 120º-2-d)]. Os presentes, podem suscitar ou formular oralmente esclarecimentos e perguntas, as quais necessariamente (face à redação do artigo) terão de passar pelo crivo do JIC, constituindo o não cumprimento deste procedimento mera **irregularidade** (art. 118º-1-2 e 123º-1).

Daqui resulta a constatação da **natureza não contraditória da instrução**, com exceção do debate instrutório. Por essa razão o T.C. já considerou que diligências de instrução cometidas pelo JIC a OPCs, sem a presença do arguido e seu defensor não seriam inconstitucionais (v. Ac. TC nº 372/2000, de 12.07.20000, *in* dgsi.pt). Deste modo a ausência destas entidades em qualquer ato de instrução, não constitui fundamento de adiamento. Aliás, o único fundamento para adiamento e circunscrito ao debate, está descrito no **art. 300º-1**.

Com a alteração operada ao art. 289º, nº 2, do CPP pela Lei 48/2007, de 29 de Agosto, o legislador, do mesmo passo que rompe com o fio condutor jurisprudencial e doutrinário sedimentado no conspecto dogmático indígena amplia o princípio do contraditório a momentos processuais até agora interditos aos sujeitos processuais (Ac. TRC de 03.10.2007, proc. 33/04.8IDCBR-A.C1, *in* www.dgsi.pt).

Publicidade: A instrução é em regra **pública**, salvo se o contrário for determinado, com exceção da inversão da regra para os **crimes de tráfico de pessoas ou sexuais** [v. arts. 86º-1-6-a) e 87º-1-2-3].

"...a publicidade pode até comprometer o interesse do arguido em requerer a instrução. Pois se o motivo que, a priori, o levaria a abrir a instrução fosse fundamentalmente o de evitar o julgamento para precaver os danos que para a sua imagem pudessem resultar da publicidade do processo nessa fase, por força da sua exposição pública e até mediática, de pouco lhe adiantará requerê-la" (Nuno Brandão, *in* A nova face da instrução, Rev. Port. Ciência Criminal, 2 e 3/2008).

Referências: art. 64º-1-c) e d) (obrigatoriedade de assistência de advogado); art. 144º-3 (arguido preso); arts. 291º-4 e 128º (proibição de audição na instrução de testemunhas abonatórias).

CAPÍTULO II – Dos actos de instrução

Artigo 290º – Actos do juiz de instrução e actos delegáveis

1. O juiz pratica todos os actos necessários à realização das finalidades referidas no nº 1 do artigo 286º

2. O juiz pode, todavia, conferir a órgãos de polícia criminal o encargo de procederem a quaisquer diligências e investigações relativas à instrução, salvo tratando-se do interrogatório do arguido, da inquirição de testemunhas, de actos que por lei sejam cometidos em exclusivo à competência do juiz e, nomeadamente, os referidos no nº 1 do artigo 268º e no nº 2 do artigo 270º

COMENTÁRIOS:

Âmbito da atividade do JIC: Esta norma enuncia um princípio geral para a fase da instrução; o de que o JIC pratica todos os **atos necessários** à realização da finalidade prevista no art. 286º-1, que é a *«comprovação judicial de deduzir acusação ou de arquivar o inquérito»*. Todavia, não deixa o art. 288º-1 de, ao mesmo tempo que reafirma a "autonomia" do Juiz, conter uma restrição ao âmbito da sua atividade, enquadrando-a no conteúdo do requerimento de abertura de instrução, face à acusação ou ao despacho de arquivamento (v. arts. 288º-4, 287º-2). Deste modo pode dizer-se que o JIC tem uma competência investigatória autónoma, mas **condicionada** ao objeto do requerimento de abertura de instrução que despoletou a sua atividade, que por sua vez está condicionado ao objeto do processo, nisso consistindo a sua obediência ao princípio da vinculação temática (v. art. 303º) que é uma decorrência do princípio do acusatório (v. art. 32º-5 da CRP).

Pode ainda o JIC, servir-se do OPC, nos termos definidos no nº 2 (v. art. 268º e 269º – atos reservados ao JIC).

Competência territorial e conexão de processos: Aplica-se à fase de instrução o disposto na parte geral do CPP, sobre competência e conexão processual (arts. 19º a 36º).

Na fase de instrução e na fase de julgamento, a separação de processos é ordenada, respectivamente, pelo juiz de instrução e pelo juiz presidente, oficiosamente ou a requerimento do Ministério Público, do arguido, do assistente ou do lesado (P.P. Albuquerque, *in* Comentário do CPP, notas ao art. 30º).

Nulidades: A insuficiência de instrução ou a omissão de diligencias essenciais para a descoberta da verdade nessa fase (atos obrigatórios, tais como a audição do arguido se este o requerer ou omissão do debate instrutório) é uma **nulidade sanável**, que verificada, deve ser arguida pelo interessado até ao encerramento do debate instrutório, nos termos do arts. 118º-1, 120º-2-d)-3-c) e 121º.

Artigo 291º – Ordem dos actos e repetição

1. Os actos de instrução efectuam-se pela ordem que o juiz reputar mais conveniente para o apuramento da verdade. O juiz indefere os actos requeridos que entenda não interessarem à instrução ou servirem apenas para protelar o andamento do processo e pratica ou ordena oficiosamente aqueles que considerar úteis.

2. Do despacho previsto no número anterior cabe apenas reclamação, sendo irrecorrível o despacho que a decidir.

3. Os actos e diligências de prova praticados no inquérito só são repetidos no caso de não terem sido observadas as formalidades legais ou quando a repetição se revelar indispensável à realização das finalidades da instrução.

4. Não são inquiridas testemunhas que devam depor sobre os aspectos referidos no nº 2 do artigo 128º

COMENTÁRIOS:

O poder de livre resolução do JIC; A irrecorribilidade: Estamos perante uma norma fulcral da filosofia da instrução. Partindo dos princípios da **economia**, da **celeridade** e da **eficácia** processual, atribui ao JIC o poder de organizar livremente os atos de instrução, de indeferir atos requeridos considerados **sem interesse** ou **dilatórios** e de ordenar os atos convenientes à descoberta da verdade (v. também art. 299º). Trata-se portanto de um exercício de poderes que dependem de livre resolução do tribunal, sendo os atos respetivos suscetíveis de **reclamação**, de cuja decisão se não pode recorrer. Alvo de uma reclamação, o JIC pode repensar a decisão, mas da decisão final não há recurso (nº 2). Aliás, também pela via da consideração de que os atos do JIC, são de **natureza discricionária** (dependentes de livre resolução) se chegaria igualmente à conclusão de que seriam insuscetíveis de recurso. [v. art. 400º-1-b)]. E bem assim, o mesmo resultaria da análise do art. 310º-1, quando diz que as decisões sobre nulidades e questões prévias e incidentais, são **irrecorríveis**. Em suma, é um regime específico, que demarca a fase da instrução da fase do julgamento, onde se realiza o contraditório pleno, podendo aí o arguido apresentar todas as provas que entender, desde que, obviamente, sejam legais e se contenham no objeto do processo. Por esta razão é que se diz que a instrução é uma fase processual onde existe um contraditório mitigado (outros defendem que nem sequer há contraditório) na medida em que deve o JIC analisar muito bem a pertinência das provas requeridas no sentido de saber se elas por si só, podem, seriamente abalar as provas arroladas pela acusação e pôr em causa a noção de **indícios suficientes**; porque se não abalarem e o contraditório se limitar a uma negação simples ou a uma impugnação não perentória que não fulmine radicalmente a acusação, então a sede própria para a apresentação de tais provas é a **audiência de julgamento** e não a instrução. Não pode nunca esquecer-se que a instrução não é um pré-julgamento, porque se o fosse então teriam igualmente de serem ouvidas as testemunhas da acusação e toda a restante prova da acusação, em ordem a respeitar o básico princípio do contraditório. Deste modo, o JIC deve indeferir todas as diligências de prova cujo interesse para a descoberta da verdade, não seja totalmente evidente. E sempre que tiver dúvidas, antes de as agendar, deverá o JIC notificar o requerente para **esclarecer** o interesse das provas e ou a razão de ciência das testemunhas que indica. Muito tempo se pouparia se o próprio requerente, justificasse logo no seu requerimento este interesse e ou a razão de ciência. Por fim, s.m.o., a instrução, não é a sede própria para discutir questões de **qualificação jurídica,** se por força delas, não resultar o arquivamento dos autos.

Diligências e (in)suficiência de indícios: O conteúdo material dos atos ou diligências da instrução, subordina-se a princípios de necessidade para a descoberta da verdade material ou processual, mas num quadro de mera **suficiência de indícios** (v. noção de indícios suficientes no art. 283º-2 e notas). Assim, devem ser indeferidas todas as diligências, que não contribuam decisivamente para tal. Será o caso, no que toca a acusações colocadas em crise, daquelas diligências, cujo resultado analítico, ainda que favoráveis ao arguido, não excluiria a ilicitude dos seus atos e a sua culpa. A diminuição do grau de ilicitude e da culpa, devem ser (entre outros) objetivos da defesa para a fase do julgamento e não para a fase da instrução. Na instrução visa-se tão só comprovação indiciária da necessidade de uma acusação (ou de um arquivamento) e não questões colaterais como são por exemplo, a existência de atenuantes, que podem ser decididas em julgamento. Daí serem proibidas as chamadas testemunhas de abonação – art. 128º-2. A sede própria para discutir os diferentes graus de ilicitude e da culpa deve estar reservada para a fase de julgamento. A não ser que seja manifesto/evidente a existência de causas de total exclusão da ilicitude ou da culpa, que imponham uma decisão de não pronuncia, o que raras vezes acontece. Na instrução, a decisão do JIC, funda-se em indícios para acusar ou arquivar (sem prejuízo da análise de questões de natureza processual). Tão-somente.

VI – Numa situação em que, relativamente às requeridas diligências, se ponderou: – quanto a determinadas testemunhas, que as mesmas já haviam sido ouvidas em inquérito, desnecessária se apresentando a sua reinquirição, além de que não se registou o incumprimento de formalidades legais inerentes à prestação do seu depoimento; – quanto a outras, o facto de as mesmas disporem de conhecimentos que nada têm a ver com o processo-crime, sendo inútil a sua prestação; – quanto a outras ainda, o disposto no art. 287º, nº 2, do CPP, que obriga à taxativa indicação dos factos a provar, a fim de que o magistrado instrutor possa aquilatar da sua utilidade à decisão da causa, em termos de evitar a prática de actos inúteis, conducentes à dilação processual; e, – quanto à audição dos arguidos, que já haviam sido ouvidos no processo com respeito pelas formalidades legais, não se vendo interesse na sua repetição, tanto mais que nem sequer foram indicados os factos a comprovar na fase de instrução, sendo certo que daqueles não partiu qualquer propósito de interrogatório; o indeferimento das mesmas move-se dentro do referido poder discricionário do juiz de definir o objecto da instrução, não merecendo qualquer censura (Ac. STJ de 14.11.2007, proc. 3765/07, *in* www.dgsi.pt).

A proibição de repetição dos atos e de audição de testemunhas "abonatórias": Não existindo qualquer vício formal nos atos praticados no decurso do inquérito (irregularidades ou nulidades) é **expressamente proibida a sua repetição**, a não ser que dessa repetição, possa resultar inequivocamente algo de novo, com repercussão na descoberta da verdade material. A subjetividade da norma, implica que quem requeira a repetição do ato, invoque logo de forma clara estas razões (o que convenhamos muito raramente acontece). Em todo o caso, expressamente proibido está a audição na instrução das chamadas **testemunhas "abonatórias"** a que se refere o art. 128º-2.

Reclamação: Os intervenientes podem **reclamar** do despacho que indeferir a apresentação de provas e diligências, o que devem fazer fundamentando a sua pretensão em termos de utilidade perentória para a descoberta da verdade (conforme supra referido) e o Juiz deve **reanalisar** a sua decisão em função desses argumentos da reclamação. A decisão da reclamação é **irrecorrível.** Não colhe pois o argumento tantas vezes visto em recursos, invocando nulidades dos despachos que indeferem diligências, pois a via própria de impugnação não é essa. Na verdade, a instrução pode ser facilmente manipulável como instrumento dilatório, pelo que, o legislador, consciente disso, conferiu ao JIC especiais poderes para obstar a tal. Sendo certo que o Tribunal Constitucional, já se pronunciou em vários acórdãos no sentido de que, a irrecorribilidade do despacho que decidir a reclamação, não é inconstitucional (v.g. – Acs. T.C. nºs 371/00, 375/00 e 459/00).

A passagem imediata ao debate instrutório: Não existindo razões para efectuar diligências de prova, ou não tendo sido requerido pelo arguido a sua própria audição [arts. 292º-2 e 61º-1-b)] o JIC, recebido o requerimento de abertura de instrução, designa logo **data** para o debate instrutório (art. 297º).

Artigo 292º – Provas admissíveis

1. São admissíveis na instrução todas as provas que não forem proibidas por lei.

2. O juiz de instrução interroga o arguido e ouve a vítima, mesmo que não se tenha constituído assistente, quando o julgar necessário e sempre que estes o solicitarem.

(Última redação da L. 130/2015, de 04.09)

COMENTÁRIOS:

A obrigatoriedade do interrogatório do arguido se este o requerer: De forma redundante a norma reafirma o princípio da admissibilidade de todas as provas não proibidas (v. art. 125º). E em desvio ao princípio da livre resolução do tribunal, estabelece a obrigatoriedade do JIC **ouvir o arguido, se este o requerer** – e não se for requerido por outras pessoas – que é um direito dele, aliás, já estabelecido nos arts. 61º-1-b) e 144º, constituindo o incumprimento uma **nulidade sanável** [arts. 118º-1, 120º-2-d) e 121º] (v. também art. 144º-3). Aplica-se ao interrogatório de arguido, as regras gerais dos arts. 141º a 144º. A **L. 130/2015, de 04.09** (estatuto da vítima) aditou a possibilidade de audição da vítima, se julgado necessário, em conformidade com o seu art. 15º (direito à proteção) – (v. em anexo do art. 67º-A).

Recorribilidade: *O despacho que indefere o interrogatório do arguido a seu pedido é recorrível, mas é irrecorrível o despacho que indefere o interrogatório do arguido se tiver sido pedido pelos outros sujeitos processuais* (P.P. Albuquerque, *in* Comentário do CPP).

Nos termos das disposições conjugadas dos arts. 292º, nº 2, e 120º, nº 2, al. d), e 3, al. c), ambos do CPP, verifica-se a nulidade da insuficiência da instrução (por falta de realização do interrogatório do arguido por este requerido, na fase de instrução) que teria de ser arguida até ao encerramento do debate instrutório, nulidade que, por não ter sido arguida, nomeadamente no decurso do debate instrutório em que esteve presente o arguido, se encontra sanada (Ac. TRL de 19.12.2006, proc. 9871/2006-5).

Referências: art. 125º (legalidade da prova); art. 126º (métodos proibidos de prova); art. 212º-4 (audição da vítima na alteração das medidas de coação aplicadas do arguido); art. 247º-3-7 (informações às vítimas); art. 495º-2 (audição da vítima na falta de cumprimento das condições de suspensão da pena do arguido); art. 11º do L. 130/2015, de 04.09 (estatuto da vítima).

Artigo 293º – Mandado de comparência e notificação

1. Sempre que for necessário assegurar a presença de qualquer pessoa em acto de instrução, o juiz emite mandado de comparência do qual constem a identificação da pessoa, a indicação do dia, do local e da hora a que deve apresentar-se e a menção das sanções em que incorre no caso de falta injustificada.

2. O mandado de comparência é notificado ao interessado com pelo menos três dias de antecedência, salvo em caso de urgência devidamente fundamentada, em que o juiz pode deixar ao notificando apenas o tempo necessário à comparência.

COMENTÁRIOS:

Mandado de comparência: Norma redundante face ao regime geral. O mandado está previsto no art. 111º-3-a). Aplica-se em regra o regime de notificações (bem como, multa, detenção, justificações de não comparência) dos arts. 113º a 117º. Parece haver aqui alguma preocupação de assegurar a presença de todos os intervenientes, quando tal se revele **importante para a descoberta da verdade material**, face à quase total não obrigatoriedade de comparência da maioria deles nos atos de instrução.

Referências: arts. 116º e 117º (faltas e justificações).

Artigo 294º – Declarações para memória futura

Oficiosamente ou a requerimento, o juiz pode proceder, durante a instrução, à inquirição de testemunhas, à tomada de declarações do assistente, das partes civis, de peritos e de consultores técnicos e a acareações, nos termos e com as finalidades referidas no artigo 271º

COMENTÁRIOS:

Declarações para memória futura: É uma norma desenquadrada. As declarações para memória futura, são um ato de produção antecipada de prova, que não tem a ver diretamente com os atos da fase da instrução a que se reporta o art. 290º, mas sim com as **finalidades probatórias a que se reporta o art. 271º**. A compatibilização só é possível se entendermos que o art. 271º se aplica na fase de inquérito e este art. 294º se aplica na fase de instrução, face à redação da lei que expressamente refere ***«durante a instrução»***, i.e., na fase da instrução. Mas é uma regra desnecessária, atento o que consta nos arts. 271º e 292º.

Porque se trata de produção antecipada de prova, é obrigatória a presença do M.P. e do defensor (v. parte final do nº 3 do art. 271º).

O JIC, não está inibido de, aberta a instrução, praticar outros atos que não os diretamente afetos à instrução em sentido material, como é o caso de **reexaminar** a situação das medidas de coação do arguido (v. arts. 213º e 288º) ou proceder a **interrogatório** de arguido detido durante essa fase (art. 141º).

Referências: art. 271º (declarações para memória futura); art. 320º (realização antecipada de atos urgentes); art. 356º-2-a) (leitura permitida em audiência das declarações para memória futura); arts. 21º-2-d) e 24º da L. 130/2015, de 04.09 (declarações para memória futura de vítima especialmente vulnerável).

Artigo 295º – Certidões e certificados de registo

São juntas aos autos as certidões e certificados de registo, nomeadamente o certificado do registo criminal do arguido, que ainda não constarem dos autos e se afigurarem previsivelmente necessários à instrução ou ao julgamento que venha a ter lugar e à determinação da competência do tribunal.

COMENTÁRIOS:

Certidões: Norma redundante, face ao regime geral. Servirá, apenas para os casos de desatualização das informações. O M.P. cumpre o art. 274º (requisitando certidões e certificados de registo). Os Juízes de julgamento, podem requisitar e requisitam quase sempre, face ao decurso do tempo, registos criminais atualizados.

Referências: art. 165º (prazo de junção de documentos); art. 274º (junção de certidões e certificados na fase de inquérito).

Artigo 296º – Auto de instrução

As diligências de prova realizadas em acto de instrução são documentadas, mediante gravação ou redução a auto, sendo juntos ao processo os requerimentos apresentados pela acusação e pela defesa nesta fase, bem como quaisquer documentos relevantes para apreciação da causa.

COMENTÁRIOS:

Gravação. Juramento. Documentos: As diligências de prova em instrução são gravadas (ou transcritas em auto). O debate instrutório é redigido por súmula em ata (v. art. 305º). Os depoimentos são ajuramentados, nos termos gerais [art. 132º-1-b)]. Podem ser juntos nesta fase documentos que se revelem úteis para a decisão (v. arts. 99º e 305º).

CAPÍTULO III – Do debate instrutório

Artigo 297º – Designação da data para o debate

1. Quando considerar que não há lugar à prática de actos de instrução, nomeadamente nos casos em que estes não tiverem sido requeridos, ou em cinco dias a partir da prática do último acto, o juiz designa dia, hora e local para o debate instrutório. Este é fixado para a data mais próxima possível, de modo que o prazo máximo de duração da instrução possa em qualquer caso ser respeitado.

2. É correspondentemente aplicável o disposto no nº 3 do artigo 312º

3. A designação de data para o debate instrutório é notificada ao Ministério Público, ao arguido e ao assistente pelo menos cinco dias antes de aquele ter lugar. Em caso de conexão de processos nos termos das alíneas *c*), *d*) e *e*) do nº 1 do artigo 24º, a designação da data para o

debate instrutório é notificada aos arguidos que não tenham requerido a instrução.

4. A designação de data para o debate é igualmente notificada, pelo menos três dias antes de aquele ter lugar, a quaisquer testemunhas, peritos e consultores técnicos cuja presença no debate o juiz considerar indispensável.

5. É correspondentemente aplicável o disposto nos nºs 1 e 2 do artigo 116º e nos artigos 254º e 293º

COMENTÁRIOS:

A obrigatoriedade do debate instrutório e prazos: O **debate instrutório**, tem raízes na experiência anglo-saxónica de uma "audiência preliminar" e inscreve-se num dos dois **atos obrigatórios do JIC** (ao lado da obrigação de interrogar o arguido se este o requerer – art. 292º-2). Apenas no debate instrutório se surpreende a **natureza contraditória** da fase da instrução, ainda assim mitigadamente (v. art. 289º-2 e 298º). São **notificados** para ele as pessoas identificadas no nº 3. Caso entenda indispensável, pode ainda o JIC determinar a presença das pessoas enunciadas no nº 4, seguramente para elas participarem no debate. A consideração da sua indispensabilidade, torna a sua presença obrigatória, com as legais cominações (art. 116º, 117º e 293º). É obrigatória, a presença do M.P. [art. 53º-2-c)] e do advogado do arguido [art. 64º-1-c)]. Quanto à obrigatoriedade de presença do arguido, rege o art. 300º.

Só depois de realizado o debate instrutório é que o JIC está em condições de sanear os autos e resolver todas as questões inerentes ao processo, designadamente, quanto a irregularidades, nulidades ou questões prévias, em termos semelhantes ao que o Juiz de julgamento opera nos termos do art. 311º.

Os arguidos e respectivos defensores que não requererem instrução não têm de ser notificados para o debate instrutório, em instrução requerida por outros co-arguidos (Ac. STJ de 22.10.97, proc. 718/97-3.). **Nota:** Desde que não se verifique a conexão de processos a que alude o nº 3 (v. art. 307º-4).

Nulidade: A omissão do debate instrutório, é cominada com **nulidade** que se sana se não for atempadamente arguida [v. arts. 118º-1, 120º-1-d)-3 e 121º]. O prazo de arguição de tal **nulidade**, não se encontra expressamente previsto, pelo que só se alcança *analogis juris;* para uns, 5 dias, nos termos do art. 120º-3-b), para outros, 8 dias, nos termos do art. 309º-2.

Referências: art. 300º (adiamento do debate); art. 306º (prazos de instrução).

Artigo 298º – Finalidade do debate

O debate instrutório visa permitir uma discussão perante o juiz, por forma oral e contraditória, sobre se, do decurso do inquérito e da instrução, resultam indícios de facto e elementos de direito suficientes para justificar a submissão do arguido a julgamento.

COMENTÁRIOS:

O debate em sentido material: O debate instrutório é o momento crucial da instrução, podendo mesmo constituir o único ato a realizar nessa fase. Assume a forma **oral** e **contraditória** e serve unicamente para os intervenientes **exporem** os seus pontos de vista quanto à **suficiência de indícios** para acusar ou arquivar, e obviamente, exporem **questões de natureza jurídica**.

O debate não é uma audiência e muito menos um pré-julgamento. A designação "debate" e certo ênfase dado à palavra "discussão" no art. 298º inculcam bem a ideia de que o essencial do debate é exactamente a discussão, e não a produção de prova que pode nem sequer ter lugar. Na audiência de julgamento não só é dado relevo primordial à produção de prova como vigora aí a regra de que só à prova produzida ou examinada em audiência poderá ser atribuído valor (cfr. art. 355º) (José Souto de Moura, *in* O novo C.P.P., 1988).

No que toca aos crimes dependentes de acusação particular, o C.P.P. nada refere quanto à tramitação na fase de instrução. Apesar desta lacuna, a sustentação da acusação cabe ao assistente; tem de se verificar uma efectiva intervenção do assistente na fase de instrução. (...) A intervenção do MP nos crimes dependentes de acusação particular assume-se como algo de subsidiária, pois está dependente das decisões processuais que o assistente tome (José Damião da Cunha, A Participação dos particulares, pág. 625) (José Damião da Cunha, *in* A Participação dos particulares, pág. 624).

Referências: art. 283º-2 (noção de indícios suficientes); art. 301º (disciplina, direção, organização e contraditoriedade do debate); art. 302º (exposição sumária do Juiz sobre os atos e questões controvertidas da instrução).

Artigo 299º – Actos supervenientes

1. A designação de data para o debate não prejudica o dever do juiz de levar a cabo, antes do debate ou durante ele, os actos de instrução cujo interesse para a descoberta da verdade se tenha entretanto revelado.

2. A realização dos actos referidos no número anterior processa-se com observância das formalidades estabelecidas no capítulo anterior.

COMENTÁRIOS:

Interesse superveniente: O JIC pode levar a cabo, até ao final do debate, todos os atos de instrução, que compreendidos no objeto do processo, supervenientemente se revelem úteis à descoberta da verdade, inclusivamente podendo interromper o debate para o efeito (v. também arts. 291º e 304º-2).

Artigo 300º – Adiamento do debate

1. O debate só pode ser adiado por absoluta impossibilidade de ter lugar, nomeadamente por grave e legítimo impedimento de o arguido estar presente.

2. Em caso de adiamento, o juiz designa imediatamente nova data, a qual não pode exceder em 10 dias a anteriormente fixada. A nova data é comunicada aos presentes, mandando o juiz proceder à notificação dos ausentes cuja presença seja necessária.

3. Se o arguido renunciar ao direito de estar presente, o debate não é adiado com fundamento na sua falta, sendo ele representado pelo defensor constituído ou nomeado.

4. O debate só pode ser adiado uma vez. Se o arguido faltar na segunda data marcada, é representado pelo defensor constituído ou nomeado.

COMENTÁRIOS:

Adiamento. Faltas: O debate só será adiado por falta dos intervenientes (obviamente pressupondo que estão regularmente notificados) apenas se a sua presença se revelar **indispensável** aos fins do debate ou no caso concreto do arguido, havendo grave e legitimo impedimento de estar presente, previamente comprovado. Os intervenientes são os referidos no art. 289º, concretamente M.P., arguido e seu defensor, assistente e seu advogado, ou as pessoas referidas no art. 297º-4, testemunhas, peritos e consultores, se julgado conveniente.

Falta do M.P.: É **obrigatória** a presença do M.P. no debate, por força do art. 53º-1-2-c), constituindo a ausência para uns, uma mera **irregularidade** (arts. 118º-1-2 e 123º-1) para outros uma **nulidade sanável** [arts. 118º-1, 120º-2-d)-2-c) e 121º].

Falta do arguido: Deste normativo resulta a **não obrigatoriedade** do arguido estar presente no debate. Ele terá sempre lugar se o arguido faltar sem justificação e a sua presença não se revelar **indispensável** à descoberta da verdade, ou ele **renunciar** ao direito de presença (não lhe tendo sido previamente exigida a presença por despacho judicial) ou **faltar duas vezes**, mesmo com justificação. Em suma; faltando uma primeira vez, com comunicação prévia e justificando a falta nos termos legais, pode adiar-se o debate (art. 117º-1); faltando uma segunda vez, mesmo justificando, faz-se o debate sem ele, sendo o arguido representado por defensor; faltando e não justificando a falta, faz-se o debate sem ele, incorrendo ainda o arguido nas cominações previstas no art. 116. Não se encontrando **regularmente notificado**, a realização do debate sem o arguido, constitui para uns, mera **irregularidade** (arts. 118º-1-2 e 123º-1) para outros, uma **nulidade insanável** [arts. 61º-1-a)-b); 118º-1; 119º-1-c) e 122º].

Sustenta o recorrente, em síntese, que tem o direito de estar presente no debate instrutório, impondo a lei tal obrigatoriedade, que comunicou ao Tribunal a sua incapacidade para comparecer por motivo de doença e que o mandato com meros poderes gerais não habilitava o mandatário a renunciar em seu nome ao direito de presença, pelo que deveria o debate instrutório ter sido adiado; e que não o tendo sido, é nulo, como nula é a decisão instrutória. Apreciando e decidindo a questão posta diremos, desde logo, que se é certo que o arguido tem o direito de estar presente no debate instrutório, já não é exacto que a lei imponha tal obrigatoriedade. Reconhecendo a conveniência da presença do arguido, a lei impõe que lhe seja notificado o despacho que designa data para a respectiva realização (art. 297º, nº 3, do CPP), sancionando com multa a respectiva falta injustificada (nº 5 do mesmo art. e art. 116º, nº 1, também do CPP). Não obstante, contrariamente ao que se prevê no art. 332º, nº 1, do CPP, relativamente à obrigatoriedade da presença do arguido em audiência, não existe norma correspondente no que concerne à sua presença no debate instrutório, nem essa obrigatoriedade se pode inferir do disposto no art. 300º. Uma correcta e equilibrada ponderação das regras da hermenêutica impõe uma interpretação integrada dos vários preceitos contidos no art. 300º que levam necessariamente à conclusão de que a renúncia do arguido a estar presente no debate instrutório só é válida e eficaz, enquanto modo de obviar ao adiamento, nos casos previstos no nº 1, isto é, nos casos de grave e legítimo impedimento do arguido em estar presente. Na verdade, a mera falta do arguido ao debate instrutório não fundamenta o seu adiamento; o adiamento só pode ocorrer, diz a lei, "... por grave e legítimo impedimento de o arguido estar presente". Obrigatória é, no entanto, a presença do defensor e nulidade insanável resultaria, isso sim, da falta deste sem que fosse substituído (CPP, arts. 64º, nº 1, b) e 119º, c) (Ac. TRP de 07.06.2006, proc. 0446210, *in* www.dgsi.pt).

"No entanto, da simples não presença deste arguido no debate, não parece que possa concluir-se a renúncia (a estar presente), *e então o adiamento há-de depender do juízo sobre a utilidade do debate, apesar da ausência do arguido. Normalmente, não se produzirá adiamento* (José Souto de Moura, *in* O novo CPP – 1998).

"A comparência do arguido ao debate instrutório, só pode ser dispensada se ele renunciar a esse direito, de forma expressa, ou tácita, invocando motivo grave e legítimo, ou faltando injustificadamente" (Ac. TRL de 11.06.2002, *in* CJ-XXVII-III-138).

Falta do assistente: Quanto à falta do **assistente,** enquanto *auxiliator* do M.P., não está expressamente previsto o adiamento do debate. Contudo, no que respeita à ***«absoluta impossibilidade de ter lugar o debate»,*** dizem Simas Santos e Leal-Henriques, *in* CPP anotado; *«Afigura-se-nos ser possível enquadrar nesta hipótese a falta do representante do assistente, em casos de procedimento dependente de acusação particular, dado o seu especial posicionamento processual em termos de iniciativa e de accionamento (aplicação por analogia do preceituado no art. 330º, nº 2».* A falta de notificação do assistente faltoso, corresponde pelo menos nos casos de crimes públicos e semipúblicos, a uma nulidade sanável, prevista no arts. 118º-1; 120º-2-d e 121º).

Falta do defensor: Não há adiamento por impossibilidade de comparência do defensor, devendo ser nomeado um, designadamente se ele se encontrar de escala no tribunal. Por outro lado, o tribunal não está obrigado a estabelecer **acordo** com os defensores e/ou mandatários quanto ao agendamento do debate instrutório como decorre da conjugação dos arts. 297º-1-2 e 300º-l e art. 312º-3-4, este *a contrario sensu,*; se fosse essa a intenção do legislador tê-lo-ia mencionado expressamente ou então por remissão para o art. 312º-4, como fez relativamente à necessidade de dar precedência ao agendamento de debate que respeite a arguidos privados da liberdade (v. art. 312º-3 por remissão do art. 297º-2). Em todo o caso, a falta de defensor do arguido, verificado o condicionalismo do art. 64º-1, constituiu **nulidade insanável** [arts. 118º-1; 119º-c) e 122º].

Referências: art. 303º-1 (outra causa de adiamento do debate – alteração de factos).

Artigo 301º – Disciplina, direcção e organização do debate

1. A disciplina do debate, a sua direcção e organização competem ao juiz, detendo este, no necessário, poderes correspondentes aos conferidos por este Código ao presidente, na audiência.

2. O debate decorre sem sujeição a formalidades especiais. O juiz assegura, todavia, a contraditoriedade na produção da prova e a possibilidade de o arguido ou o seu defensor se pronunciarem sobre ela em último lugar.

3. O juiz recusa qualquer requerimento ou diligência de prova que ultrapasse a natureza indiciária para aquela exigida nesta fase.

COMENTÁRIOS:

Princípio do contraditório: O JIC é garante do respeito pelo princípio do contraditório no debate, devendo ele desenvolver-se de acordo com os fins do ato, i.e., no quadro da **análise da prova indiciária**, conforme enfatiza o nº 3 (v. arts. 322º e 323º – poderes de direção e disciplina do Juiz).

Artigo 302º – Decurso do debate

1. O juiz abre o debate com uma exposição sumária sobre os actos de instrução a que tiver procedido e sobre as questões de prova relevantes para a decisão instrutória e que, em sua opinião, apresentem carácter controverso.

2. Em seguida concede a palavra ao Ministério Público, ao advogado do assistente e ao defensor para que estes, querendo, requeiram a produção de provas indiciárias suplementares que se proponham apresentar, durante o debate, sobre questões concretas controversas.

3. Segue-se a produção da prova sob a directa orientação do juiz, o qual decide, sem formalidades, quaisquer questões que a propósito se suscitarem. O juiz pode dirigir-se directamente aos presentes, formulando-lhes as perguntas que entender necessárias à realização das finalidades do debate.

4. Antes de encerrar o debate, o juiz concede de novo a palavra ao Ministério Público, ao advogado do assistente e ao defensor para que estes, querendo, formulem em síntese as suas conclusões sobre a suficiência ou insuficiência dos indícios recolhidos e sobre questões de direito de que dependa o sentido da decisão instrutória.

5. É admissível réplica sucinta, a exercer uma só vez, sendo, porém, sempre o defensor, se pedir a palavra, o último a falar.

COMENTÁRIOS:

Decurso do debate: O JIC expõe sumariamente o **objecto** do debate, abre espaço para eventuais **requerimentos de prova indiciária suplementar superveniente** (que não se confunde com aquela que já foi discutida ou indeferida) e **discussão** de questões controversas e finalmente concede a palavra ao M.P. e advogados para **alegações sintéticas**, sobre as questões pertinentes ao objeto da instrução, tal como está configurado até ali, havendo lugar a **réplica** se solicitada (v. art. 298º). A omissão de diligências essenciais à descoberta da verdade, configura nulidade sanável, suscetível de ser invocada no debate (v. arts. 118º-1; 120º-2-d)-3c) e 121º).

Artigo 303º – Alteração dos factos descritos na acusação ou no requerimento para abertura da instrução

1. Se dos actos de instrução ou do debate instrutório resultar alteração não substancial dos factos descritos na acusação do Ministério Público ou do assistente, ou no requerimento para abertura da instrução, o juiz, oficiosamente ou a requerimento, comunica a alteração ao defensor, interroga o arguido sobre ela sempre que possível e concede-lhe, a requerimento, um prazo para preparação da defesa não superior a oito dias, com o consequente adiamento do debate, se necessário.

2. Não tem aplicação o disposto no número anterior se a alteração verificada determinar a incompetência do juiz de instrução.

3. Uma alteração substancial dos factos descritos na acusação ou no requerimento para abertura da instrução não pode ser tomada em conta pelo tribunal para o efeito de pronúncia no processo em curso, nem implica a extinção da instância.

4. A comunicação da alteração substancial dos factos ao Ministério Público vale como denúncia para que ele proceda pelos novos factos, se estes forem autonomizáveis em relação ao objecto do processo.

5. O disposto no nº 1 é correspondentemente aplicável quando o juiz alterar a qualificação jurídica dos factos descritos na acusação ou no requerimento para a abertura da instrução.

COMENTÁRIOS:

Alteração não substancial de factos e qualificação jurídica: A norma versa sobre a ultrassensível problemática da **alteração substancial ou não substancial dos factos** descritos na acusação ou no requerimento para abertura de instrução, i.e., se da prova produzida resultou ou não uma **modificação estrutural** dos factos sobre os quais incidirá a pronúncia. Genericamente podemos dizer que o JIC, está, também ele submetido ao **princípio da vinculação temática**, pelo que lhe está vedado conhecer factos novos que vão além do **objeto** do processo traçado pela acusação e ou pelo requerimento de abertura de instrução (art. 286º-1 e 287º-2) sob pena de nulidade sanável (art. 309º). Mas pode conhecer de factos que **não constituam alteração substancial**, e bem assim proceder à sua **alteração da qualificação jurídica**, seguindo o regime também previsto para a fase de julgamento [v. art. 358º e respetivas notas]. Em suma, verificada no decurso da instrução, uma **alteração não substancial de factos**, o JIC tem de, primeiro, **comunicar** a alteração ao defensor; segundo, se requerido conceder **prazo** para a defesa face aos novos factos; terceiro, **interrogar** o arguido sobre os novos factos, garantindo o **contraditório**. Se a situação se confinar unicamente a uma **alteração da qualificação jurídica** sem impacto a nível factual, não haverá que cumprir o terceiro passo.

O JIC pode não só alargar ou ampliar a pronúncia a factos que não estejam descritos na acusação ou no requerimento do assistente para abertura da instrução, mas também proceder à supressão de factos constantes daquelas peças, caso os considere não indiciados, desde que a alteração não seja substancial. E pode igualmente alterar a qualificação jurídica dos factos descritos na acusação ou no requerimento do assistente para abertura da instrução, devendo, em todos estes casos, a alteração ou alterações ser comunicadas ao arguido (Ac. TRC de 10.04.2002, *in* CJ-XXVII-II-52).

Para a inobservância do disposto no nº 1 do artigo 303º do CPP não é cominada a nulidade, tratando-se, portanto, de mera irregularidade (artigo 118º, n. os 1 e 2, do CPP). Qualquer irregularidade do processo só determina a invalidade do acto a que se refere e dos termos subsequentes que possa afectar quando tiver sido arguida pelos interessados no próprio acto ou, se a este não tiverem assistido, nos três dias seguintes a contar daquele em que tiverem sido notificados para qualquer termo do processo ou intervindo em algum acto nele praticado (artigo 123º, nº 1, do CPP) (Ac. TRP de 17.05.2006, proc. 0546553, *in* www.dgsi.pt).

Alteração substancial de factos (autónomos e não autónomos): Na redação da norma, anterior à L. 48/2007, de 29.08, constava o nº 1 e nº 2 com a redação atual e um nº 3, que dizia que *«se dos atos de instrução ou do debate ins-*

trutório resultar fundada suspeita da verificação de factos que representem uma alteração substancial da acusação ou do requerimento para abertura da instrução, o Ministério Público abre obrigatoriamente inquérito quanto a eles». Daqui resultava uma amplitude processual, traduzida, não na possibilidade de julgar tais factos no mesmo processo, mas na possibilidade de o M.P., abrir novo processo/inquérito, por factos que consubstanciassem uma **alteração substancial**.

Na atual redação, onde se aditou os nºs 3, 4 e 5, mantém-se expressamente a solução, quanto aos **factos autonomizáveis**, constituindo exceção nesta matéria, ao regime na fase de julgamento, com a impossibilidade de continuação do processo, com a **alteração substancial de factos**, uma vez que, verificada tal situação, por força do nº 3, o JIC, só pode despoletar o regime do nº 4, procedendo às **comunicações** ao M.P. para instaurar **outro processo**. Assim, não se pode socorrer do regime do art. 359º-2-3, norma da fase de julgamento, que permite um **acordo** entre os intervenientes, para prosseguir o processo por tais novos factos. Excluído está na instrução a possibilidade de acordo para prosseguir o julgamento nesta sede. Não obstante sempre se dirá, que alguma doutrina entende que se aplica o art. 359º-3, por **analogia**, admitindo-se então o **acordo** (neste caso, P.P. Albuquerque, *in* Comentário do C.P.P.).

A problemática adensa-se quanto aos **factos novos não autónomos** (i.e., factos novos que formam uma unidade com os factos acusados ou constantes do requerimento de abertura de instrução) pois aqui poderá entender-se que os mesmos, não só não podem ser tomados em consideração na decisão (por violação do princípio do contraditório), como também nem sequer podem ser comunicados ao M.P. para instaurar novo inquérito (a sua verificação não implica *"extinção da instância"*, diz o nº 3). Comprometida fica o apuramento da verdade, assim amalgamada. É sem dúvida um regime pouco expedito, já que não vemos razão para que em instrução, que é ainda uma fase de busca de indícios suficientes e ainda por cima parcialmente contraditória, apurados **factos novos ilícitos não autónomos**, insusceptíveis de serem separados dos factos objeto do processo (os autonomizáveis podem ser separados) eles não possam ser julgados nem naquele, nem noutro processo. Por estas razões Ivo Barroso (*in*, Sobre o regime da alteração substancial de factos não autonomizáveis na fase de instrução) coloca em dúvida a constitucionalidade da norma, quando interpretada, no sentido de não permitir uma decisão sobre o mérito da questão, em violação de direitos fundamentais (no mesmo sentido, Nuno Brandão). Face a estas dificuldades, preferível é uma decisão de forma do JIC, que permita a abertura do inquérito pela totalidade dos novos factos não autonomizáveis, conforme expomos nas notas ao art. 359º.

Se não houver um facto novo dissociável daquele que é objecto do processo, não pode ser aberto um novo inquérito, tendo presente o princípio non bis in idem, consagrado no nº 5 do artigo 29º da Constituição (Fernanda Palma, *in* I Congresso de Processo Penal, pág. 125, 2005).

I – Em sede de instrução, não tem aplicação analógica o acordo a que alude o art. 359º/3 do C.P.P. II – Constatada uma indiciada alteração substancial de factos não autonomizáveis, o JIC não poderá atender a tais factos para o efeito de pronúncia no processo em curso, nem para outro fim, ficando definitivamente precludido o seu ulterior conhecimento (Ac. TRP de 19.10.2011, proc. 1834/08.3PIPRT.P1, *in* www.dgsi.pt).

Ora, o regime resultante da Reforma de 2007 impede que o Estado cumpra a sua obrigação fundamental para com a comunidade, em geral, e a vítima em particular, de investigar e de punir os comparticipantes nos crimes efectivamente cometidos.(...) Com o devido respeito, a solução gizada pelo legislador afigura-se deveras claudicante do ponto de vista metodológico. Com efeito, o legislador emitiu uma alteração à lei que não é "harmonizadora" (ou seja, não se trata de uma lei que resolva preventivamente um conflito de direitos ou um conflito entre um direito e um bem constitucionalmente protegido), mas que deveria sê-lo, sem sombra de dúvidas. (...) Esse caminho passa por considerar que o art. 303º, nº 3, é materialmente inconstitucional. Nesse sentido, haverá uma lacuna e, consequentemente um procedimento metodológico de integração dessa lacuna, que contemple essas soluções; soluções essas válidas sob o ponto de vista da "lex superior" que é a CRP, face ao parâmetro infra subordinado que é a norma constante do CPP (Ivo Barroso, ob. cit.)

Referências: art. 1º-f) (noção de alteração substancial dos factos); art. 358º (alteração não substancial dos factos em julgamento); art. 359º (alteração substancial dos factos em julgamento).

Artigo 304º – Continuidade do debate

1. Ao debate instrutório é correspondentemente aplicável o disposto nos nºs 1 e 2 do artigo 328º

2. O juiz interrompe o debate sempre que, no decurso dele, se aperceber de que é indispensável a prática de novos actos de instrução que não possam ser levados a cabo no próprio debate.

COMENTÁRIOS:

Interrupções: A interrupção do debate pode ocorrer **(1)** a solicitação do defensor quando confrontado com a situação descrita no art. 303º **(2)** para prova suplementar superveniente, de acordo com o art. 299º (3) verificado a situação descrita no art. 328º-2.

Artigo 305º – Acta

1. Do debate instrutório é lavrada acta, a qual, sem prejuízo do disposto no nº 3 do artigo 99º, é redigida por súmula em tudo o que se referir a declarações orais, nos termos do nº 2 do artigo 100º

2. A acta é assinada pelo juiz e pelo funcionário de justiça que a lavrar.

COMENTÁRIOS:

Ata: O debate instrutório é redigido por súmula em **ata**. As diligências de prova em instrução são **gravadas** (ou **transcritas** em auto). V. arts. 99º a 101º e 296º.

CAPÍTULO IV – Do encerramento da instrução

Artigo 306º – Prazos de duração máxima da instrução

1. O juiz encerra a instrução nos prazos máximos de dois meses, se houver arguidos presos ou sob obrigação de permanência na habitação, ou de quatro meses, se os não houver.

2. O prazo de dois meses referido no número anterior é elevado para três meses quando a instrução tiver por objecto um dos crimes referidos no nº 2 do artigo 215º

3. Para efeito do disposto nos números anteriores, o prazo conta-se a partir da data de recebimento do requerimento para abertura da instrução.

COMENTÁRIOS:

Prazos de instrução e de prisão preventiva ou obrigação de permanência na habitação: A norma fixa o prazo de **2 e 4 meses** para a instrução com e sem arguidos presos ou com obrigação de permanência na habitação, elevando o prazo de 2 meses para **3 meses,** quando os crimes a considerar sejam os descritos no **art. 215º-2** (terrorismo, criminalidade violenta ou altamente organizada, ou puníveis em abstrato com pena de prisão de máximo superior a 8 anos, ou pelos crimes descritos nas diversas alíneas) prazos esses que têm como *dies a quo,* a **data da entrada do requerimento na secretaria do tribunal** (e não a data do despacho de abertura de instrução a que se refere o art. 287º-4). De acordo com jurisprudência constante, estes prazos são **meramente ordenadores**, não gerando a sua ultrapassagem qualquer consequência, sem embargo de poderem dar azo a pedidos de **aceleração processual** (arts. 108º e 109º). No entanto, no caso de **arguidos presos preventivos ou com obrigação de permanência na habitação**, haverá que ter em conta com particular atenção, os prazos de extinção dessas medidas de coação, que não contendendo com o prazo da instrução, são perentórios e implicam se esgotados, a libertação desses arguidos (v. arts. 215º-1-2-3-4-7-8 e 217º).

Artigo 307º – Decisão instrutória

1. Encerrado o debate instrutório, o juiz profere despacho de pronúncia ou de não pronúncia, que é logo ditado para a acta, considerando-se notificado aos presentes, podendo fundamentar por remissão para as razões de facto e de direito enunciadas na acusação ou no requerimento de abertura da instrução.

2. É correspondentemente aplicável o disposto no artigo 281º, obtida a concordância do Ministério Público.

3. Quando a complexidade da causa em instrução o aconselhar, o juiz, no acto de encerramento do debate instrutório, ordena que os autos lhe sejam feitos conclusos a fim de proferir, no prazo máximo de 10 dias, o despacho de pronúncia ou de não pronúncia. Neste caso, o juiz comunica de imediato aos presentes a data em que o despacho será lido, sendo correspondentemente aplicável o disposto na segunda parte do nº 1.

4. A circunstância de ter sido requerida apenas por um dos arguidos não prejudica o dever de o juiz retirar da instrução as consequências legalmente impostas a todos os arguidos.

5. À notificação do lesado que tiver manifestado o propósito de deduzir pedido de indemnização civil, quando não for assistente, bem como, no caso previsto no nº 4, à notificação de pessoas não presentes é correspondentemente aplicável o disposto no nº 5 do artigo 283º

COMENTÁRIOS:

Decisão instrutória e notificação da mesma: Finalizada a instrução, com o obrigatório debate instrutório, é tarefa do JIC, apreciar para além das questões processuais que se levantarem, se em face das diligências instrutórias e/ou do debate instrutório realizado, conjugado com as provas do inquérito, existem ou não **indícios suficientes para pronunciar**, baseado numa conjugação de todos os elementos reveladores dos factos, da autoria e da culpa (v. art. 308º). Pode decidir **imediatamente** no ato do encerramento do debate instrutório, ditando a decisão para ata, inclusivamente por **remissão** para a acusação ou para o requerimento de abertura de instrução (considerando-se imediatamente notificados os presentes da decisão) ou **reservando** a decisão para mais tarde, certamente nos casos em que ela se revele mais complexa, nos termos do nº 3 (considerando-se que vale como notificação, a simples comunicação da data em que o despacho será lido e como notificação da decisão, a sua leitura nessa data). Deste modo obsta-se a que se levantem problemas de irregularidades ou nulidades por falta de notificação e ao mesmo tempo fixa-se também o prazo *"dies a quo"* para arguição de nulidades e recursos.

Quando a norma, dá ao Juiz a faculdade de fundamentar por **remissão** para as razões de facto e de direito enunciadas na acusação, há que ter em conta que em bom rigor, ela não contém fundamentos (tão somente um enunciado de factos e sua qualificação jurídica) pelo que a má redação da norma não dispensa o Juiz de cumprir o disposto no art. 97º-5, no que toca ao dever de **"especificação"** dos motivos de facto e de direito subjacentes à decisão. Já não se dirá o mesmo, se fundamentar por remissão para o requerimento de abertura de instrução ou para o despacho de arquivamento do M.P., posto que estes sim, já contêm pela sua própria natureza, fundamentos jurídicos.

Quanto à **fundamentações por remissão,** os tribunais superiores têm-se pronunciado no sentido de que é legal e constitucional, desde que os fundamentos da decisão para que se remete sejam ou possam vir a ser do conhecimento do interessado, designadamente por integração no despacho notificando.

'na verdade, o requerimento de instrução apresentado pelo assistente fixa o objecto do processo, a temática dentro da qual se há-de desenvolver a actividade investigatória e cognitória do Juiz de Instrução que fica vinculado ao seu teor aquando da prolação do despacho de pronúncia, não podendo alterar os factos ou aditar novos factos, fora das situações previstas no art. 303º-1 do CPP (Ac. TRE de 20.03.2007, *in* proc. 2912/06-1).

"o despacho de não pronúncia não está sujeito às exigências de fundamentação das sentenças, estabelecidas no artigo 374º, nº 2, tão-só ao dever previsto no art. 97º,

nº 5, do CPP, consistindo eventual insuficiência de fundamentação mera irregularidade, sujeita ao regime do artigo 123 do mesmo diploma legal, o qual a existir, deveria ter sido atempadamente suscitada perante o juiz de instrução, sob pena de se considerar sanada, não podendo sem essa arguição prévia ser fundamento de recurso." (Ac. TRL de 03.05.2012, *in* proc. 1058/09.2PHSNT.L2, www.dgsi.pt).

"a decisão instrutória não forma caso julgado sobre questões que possam contender com a afirmação da responsabilidade penal do arguido em julgamento, como a amnistia do crime ou a prescrição do procedimento criminal, não só porque a decisão do juiz de instrução que se debruce sobre estas questões é irrecorrível e como tal não pode assumir caracter definitivo, como ainda porque a última palavra sobre essas questões, atenta a sua natureza, deve caber sempre ao juiz de julgamento (ou, eventualmente, de recurso) (Nuno Brandão, *in* Rev. Port. Ciência Criminal, 2 e 3/2008).

Suspensão provisória do processo: Pode ainda o JIC, oficiosamente ou a requerimento, decidir-se pela **suspensão provisória do processo**, reunidos todos os pressupostos e consensos do art. 281º, fixando as injunções e regras de conduta apropriadas. Se forem **incumpridas** culposamente as injunções e regras de conduta, terá o JIC obrigatoriamente de **pronunciar** (sendo certo que no despacho determinativo da suspensão, está desde logo ínsito um juízo de culpa jurídico-penal, que nesse campo estrito não pode ser modificado *a posteriori*). Decorrido o prazo de suspensão e cumpridas que sejam as injunções e regras de conduta aplicadas, profere **despacho de não pronuncia** e determina o **arquivamento** dos autos (*ex-vi* art. 282º-3). Nada obsta a que não se aplique também, os trâmites da **dispensa de pena**, previstos no art. 280º.

Coarguidos não requerentes da instrução: O requerimento de abertura de instrução de qualquer coarguido, tem incidência apenas individual, no que respeita às diligências a levar a cabo, mas não deixa de aproveitar aos restantes, quando a decisão final na sua abrangência, não pode ser seccionada; o que se compreende na medida em que a decisão instrutória abrange toda a temática objeto do processo e todos os intervenientes.

Notificação aos lesados, às vítimas e aos coarguidos não participantes da instrução: Apesar do simples **lesado**, não poder participar na instrução (v. art. 289º) se tiver manifestado o propósito de deduzir acusação nos termos do art. 77º-2, a decisão instrutória deve ser-lhe **notificada**, podendo, querendo, estar presente no debate instrutório. O mesmo acontece relativamente aos co-arguidos não participantes da instrução (v. nº 4). Por força do art. 11º-6-a) da L. 130/2015, de 04.09 (estatuto da vítima – em anexo) sempre que a vítima o solicite, também a decisão instrutória lhe deve ser comunicada.

Prazo limite de arguição de nulidades e interrupção da prescrição: De acordo com o art. 120º-3-c) o encerramento do debate instrutório marca o limite a partir do qual já não podem ser arguidas **nulidades** do inquérito ou da instrução (sem prejuízo da nulidade especifica do art. 309º). Por sua vez a decisão de pronúncia, **interrompe** a prescrição do procedimento criminal, nos termos do art. 120º-1-b) do C.P.

Artigo 308º – Despacho de pronúncia ou de não pronúncia

1. Se, até ao encerramento da instrução, tiverem sido recolhidos indícios suficientes de se terem verificado os pressupostos de que depende a aplicação ao arguido de uma pena ou de uma medida de segurança, o juiz, por despacho, pronuncia o arguido pelos factos respectivos; caso contrário, profere despacho de não pronúncia.

2. É correspondentemente aplicável ao despacho referido no número anterior o disposto nos nºs 2, 3 e 4 do artigo 283º, sem prejuízo do disposto na segunda parte do nº 1 do artigo anterior.

3. No despacho referido no nº 1 o juiz começa por decidir das nulidades e outras questões prévias ou incidentais de que possa conhecer.

COMENTÁRIOS:

Despacho final de pronúncia ou não pronuncia: Desta norma retira-se a conclusão que estruturalmente a decisão final em instrução, se pode dividir em **"despacho saneador"**, que se pronuncia sobre os pressupostos, nulidades, questões prévias ou incidentais e outras questões de natureza processual (tais como a própria inadmissibilidade da instrução) e **"despacho de apreciação do mérito indiciário"**, que quando **acusatório** obedece à mesma forma da acusação referidos no art. 283º e quando **absolutório** obedece aos requisitos da sentença absolutória, previstos nos arts. 374º e 376º. Na apreciação do **"mérito indiciário"** a decisão instrutória, compreende basicamente três operações mentais. A **análise** da verificação de um comportamento típico. A possibilidade da **imputação** desse comportamento a um arguido. Por fim, um **juízo de prognose condenatório**, i.e., uma antecipação ao juízo condenatório ou absolutório a efetuar em julgamento, em face da prova produzida e baseado na noção que a lei nos dá de ***«indícios suficientes»*** (neste sentido, Ac. TRP de 04.01.2006, proc. 0513975, *in* www.dgsi.pt).

Em suma, formalmente a **decisão instrutória** deve compreender os seguintes itens: **(1) relatório**, onde se faz uma súmula do processo, aferindo de irregularidades ou nulidades ou questões prévias que cumpra conhecer, identificando os arguidos e os assistentes e se sumaria o objeto da instrução; **(2)** descrição dos **elementos de prova** recolhidos da fase de inquérito e da instrução; **(3)** enunciação dos **factos** considerados indiciados e não indiciados e sua fundamentação crítica; **(4) enquadramento jurídico** dos factos considerados indiciados; **(5)** d**ecisão** de pronúncia, que pode remeter total ou parcialmente para a acusação ou para o requerimento de abertura de instrução, mas sempre elaborada de acordo com o art. 283º, ou decisão de não pronúncia; **(6)** No caso de não pronúncia em processo de arguido sujeito a medidas de coação, incluindo a prisão preventiva, deve declarar a **extinção** imediata das medidas – art. 214º-b); **(7)** se houver **objetos** a restituir imediatamente, deve decidir sobre o seu destino; **(8)** também deve pronunciar-se sobre tributação em **custas** – v. arts. 515º-1-a) e 524º; **(9)** e ordenar as **notificações** da decisão – v. arts. 113º-9-10 e 307º-5 e art. 11º-6-a) da L. 130/2015, de 04.09 (estatuto da vítima – em anexo).

A narração dos factos que não estão suficientemente indiciados no despacho de pronúncia é fundamental, porque é sobre esses factos que incide o efeito do caso julgado. A delimitação objectiva e subjectiva rigorosa dos factos no despacho de não pronúncia constitui, pois, a garantia última da segurança jurídica do arguido (...) Se se tratar de um despacho de pronúncia que não contiver as menções do artigo 283º, nº 3, a nulidade deve ser arguida perante o juiz de instrução e cabe recurso do despacho judicial que indefira a nulidade do despacho de pronúncia (artigo 310º, nº 3, por identidade de razão), subindo o recurso com o que vier a ser interposto da decisão que ponha termo ao processo (artigo 407º, nº 3) (P.P. Albuquerque, *in* Comentário do CPP).

A noção de "indícios suficientes": Assinale-se desde logo, a não coincidência em torno da noção de **indícios suficientes**, entre a redação do art. 283º-1, quando diz que o Ministério Público deduz **acusação**, quando tiverem sido recolhidos *"indícios suficientes de se ter verificado crime e de quem foi o seu agente"* e a deste artigo que diz que, o Juiz **pronuncia** quando verificar a existência dos *"pressupostos de que depende a aplicação ao arguido de uma pena ou de uma medida de segurança"* [expressão, aliás, que corresponde à definição de crime do art. 1º-a)]. Não parece que seja mais do que uma incoerência legiferante de ordem semântica. Na verdade, o que interessa é a existência ou não de **"indícios suficientes"** para o processo ir a julgamento. E assim a prolação de **despacho de pronúncia,** depende, para além obviamente da existência dos necessários pressupostos processuais, da recolha até ao encerramento da instrução de **indícios suficientes**. É pois neste terreno da **prova indiciária** que tudo se decide. A noção de **indícios suficientes** encontra-se no art. 283º-2 (v. notas a este artigo). Acerca deste conceito, já se debruçou o Tribunal Constitucional, no sentido de reputar como inconstitucional o entendimento segundo o qual basta, para efeitos de pronúncia, a mera possibilidade de o arguido vir a ser condenado, antes se exigindo uma **«probabilidade preponderante»** de que tal venha a ocorrer (v. neste sentido, Ac. TC nº 609/99 de 10.11.1999, *in* www.tribunalconstitucional.pt).

De acordo com o disposto no artigo 308º, nº 1 do Código Processo Penal há que apurar se dos autos resultam indícios suficientes de se verificarem os pressupostos de que depende a aplicação a arguida de uma pena, sendo certo que só se mostram suficientes e prova bastante quando, "já em face deles, seja de considerar altamente provável a futura condenação do acusado ou quando esta seja mais provável que a sua absolvição" (F. Dias, Direito Processual Penal, vol. I), sem esquecer que nesta ponderação deverá estar sempre presente a necessidade de defesa da dignidade da pessoa humana, nomeadamente a necessidade de proteção contra intromissões abusivas na sua esfera de direitos, mormente os salvaguardados na Declaração Universal dos Direitos do Homem e que entre nós se revestem de dignidade constitucional, É por isso que, quer a doutrina, quer a jurisprudência, vêm entendendo que aquela «possibilidade razoável» de condenação é uma possibilidade mais positiva que negativa; «o juiz só deve pronunciar o arguido quando, pelos elementos de prova recolhidos nos autos, forma a sua convicção no sentido de que é provável que o arguido tenha cometido o crime do que o não tenha cometido» ou os indícios são os suficientes quando haja «uma alta probabilidade de futura condenação do arguido, ou, pelo menos, uma probabilidade mais forte de condenação do que de absolvição (...)» (Ac. STJ de 28.06.2006, *in* proc. 06P2315, www.dgsi.pt)

O dever de fundamentação e o exame crítico da prova: O dever de fundamentação tem natureza constitucional, encontrando-se plasmado no **art. 205º da C.R.P.** E também no **art. 97º-5**. Só os despachos de **mero expediente** é que não carecem de fundamentação. Logo, também em sede de decisão instrutória, se impõe ao JIC o dever de fundamentação. Mas, assinala a jurisprudência, que esse dever não está sujeito às mesmas regras de fundamentação das sentenças (v. art. 374º) mas antes a um dever genérico. Aliás, a violação do dever de fundamentação na sentença é cominada com a nulidade absoluta [art. 379º-1-a)]. A violação do dever de fundamentação no **despacho de não pronuncia**, seja a falta de fundamentação, total ou insuficiente, não é cominado como nulidade absoluta, nem integra o elenco das nulidades previstas nas alíneas do art. 119º, pelo que se tratará em nossa opinião de uma **nulidade sanável,** dependente de arguição [arts. 118º-1; 120º-1-3-a) e 121º]. Por fim, a fundamentação pode fazer-se por **remissão**, em honra aos princípios da economia e celeridade processual desta fase, em vez de o fazer com a pormenorização exigida no art. 374º-2, para a sentença (v. art. 307º-1).

"O formalismo exigido para o despacho de não pronúncia é diverso do referente ao despacho de pronúncia, já que só a este último é exigido o cumprimento do disposto no art. 283º, nº 3, do CPP, ex vi art. 308º, nº 2, do mesmo diploma. Ao despacho de não pronúncia é aplicável o disposto no art. 97º, nº 5, do CPP, que dispõe que "os actos decisórios são fundamentados, devendo ser especificados os motivos de facto e de direito da decisão" (Ac. TRL de 15.02.2007, proc. 76/2007-9, *in* www.dgsi.pt).

Sendo-lhe aplicável por força do nº 2 do art. 308º, o estabelecido nos nºs 2, 3 e 4 do art. 283º do Código de Processo Penal, o despacho de não pronúncia deve conter, sob pena de nulidade, a narração, ainda que sintética, dos factos que fundamentam o juízo de suficiência ou insuficiência da prova indiciária (Ac. TRL de 23.04.2008, proc. 0810048, *in* www.dgsi.pt).

No sentido de que a falta de fundamentação do despacho de não pronúncia constitui uma mera irregularidade sujeita ao regime geral estabelecido no art. 123º, dado que a remissão feita pelo art. 308º para a disciplina da acusação não pode ter querido abranger a não pronúncia, pois se o despacho de pronúncia constitui uma formalização, judicial, de uma acusação, devendo obedecer aos requisitos formais da acusação previstos no art. 283º, o despacho de não pronúncia, tendo natureza diferente, corresponde a um arquivamento; logo não terá de obedecer a esses requisitos e, nessa medida, inexiste nulidade se faltar a fundamentação (v. Acs. TRL de 15.01.04, in CJ-2004-I-125 e de 14.10/04, in CJ-2004-IV-145 e Ac TRP de 08.09.10, Proc. nº 0813142, in www.dgsi.pt.). Por seu turno, defendem a aplicação ao despacho de não pronúncia dos requisitos formais da acusação, entre outros, os Acs. TRP de 23.04.08, Proc. nº 0810048 e 07.07.2010, Proc. nº 102/08.5PUPRT.P1 e o Ac. TR. de Coimbra de 23.02.2011, Proc. nº 258/09.0GAFZZ.C1, em www.dgsi.pt, mas considerando que a falta (e por maioria de razão a insuficiência, dizemos nós) de fundamentação não se encontra cominada na lei como nulidade insanável, nem consta do elenco das alíneas do art. 119º, revestindo a natureza de nulidade sanável, submetida ao regime do art. 120º. O Ac. TRL de 10.07.2007, Proc. nº 1075/07-5, seguindo na esteira do Ac. TRE de 01.03.2005, Proc. nº 1481/04, ambos disponíveis no citado sítio, sustenta que, relativamente ao despacho de não pronúncia, "a não descrição da matéria fáctica, ainda que de forma sintética, determina a nulidade do acto, por ausência de fundamentação, nulidade esta cognoscível em sede de recurso da decisão instrutória, nos termos das disposições conjugadas dos arts. 308º, nº 2 e 283º, nº 3, al. b) CPP" (Ac. TRL de 24.01.2012, *in* proc. 213/10.7PCSNT).

Impossibilidade do JIC "singularizar" o processo: O JIC não pode lançar mão do disposto no **art. 16º-3,** para na pronúncia "singularizar" o processo. Tal poder é privativo do M.P. Se o M.P. tiver deduzido acusação singularizada, e for requerida a abertura de instrução (mesmo por razões que nada tenham a ver com a singularização) e o **JIC pronunciar por remissão** (v. art. 307º-1) não temos dúvidas de que se mantém automaticamente essa pretensão do M.P. Se houver **alteração não substancial dos factos**, nos termos do art. 303º-1, pese algumas dúvidas, parece-nos, que também se mantém essa pretensão do M.P.

O juiz de instrução não tem competência para determinar a realização do julgamento com intervenção do tribunal singular, por entender que ao caso se não mostra adequada uma pena de prisão superior a 5 anos (Ac. TRC de 25.11.1998, *in* CJ-XXIII-V-57).

Crime público ou semipúblico *versus* crime particular: *Se o queixoso apresenta queixa por factos que qualifica como um crime de difamação agravado dos arts. 180º, nº 1, e 184º do CP95, constituindo-se depois assistente; Findo o inquérito, o Ministério Público deduz acusação por factos que qualifica como crime de difamação agravado, da referida previsão; O arguido requer a abertura da instrução; No final da instrução, o Juiz considera que o crime é apenas o de difamação do art. 180º, nº 1, de natureza particular portanto, o Juiz de instrução deve declarar a ilegitimidade do Ministério Público para exercer a acção penal e ordenar a remessa do processo ao Ministério Público, com vista è reabertura do inquérito e à efectuação da notificação referida no art. 285º do CPP98* (Ac. TRP de 03.05.2006, proc. 0546518, *in* www.dgsi.pt).

Despacho de não pronúncia; caso julgado: Tem-se discutido quais os efeitos processuais de um despacho de não pronuncia, relativamente **ao caso julgado**, concretamente se o mesmo faz caso julgado **formal** ou **material** (v. notas ao art. 286º). É uma questão importante. Uns entendem que há caso julgado meramente formal, o que não impedirá a reabertura dos autos se surgirem novos elementos de prova (art. 279º); outros, que se forma **caso julgado material** (quando apreciado o "mérito da causa") pelo que só através do recurso de revisão se poderia reabrir o processo (art. 449º e segs.). Parece-nos uma falsa questão. Considerando que na fase da instrução, estamos **sempre** no domínio do mérito da ***"prova indiciária"*** e não do ***"mérito da causa"***, inclinamo-nos para que haja apenas caso julgado formal (como se refere no ac. infra e opina no mesmo sentido, Germano Marques da Silva, *in* Curso de Processo penal, vol. III). E assim, requerido a abertura do processo por terem surgido ***«novos elementos de prova»*** (mas só neste caso – art. 279º) deve o JIC remeter o processo ao M.P. para decisão (uma vez que o processo está arquivado no tribunal/secção de instrução) de **reabrir ou não investigação,** tendo em conta esses novos elementos.

Por seu lado, este tribunal decidiu já, por acórdão de 6.12.2000, "que o juiz de instrução, salvo excepções que não vêm ao caso, só intervém no processo para dirigir a instrução.

Terminada esta fase, com a decisão instrutória, não tem mais poderes de comando sobre o processo. É certo que este está arquivado no tribunal, à sua ordem. Mas o impulso processual não lhe pertence. Só readquirirá aqueles poderes se o processo, sendo reaberto, voltar a atingir a fase da instrução. Assim, é ao MP que, como titular da acção penal, compete decidir sobre um pedido de reabertura do processo. A Sr. Juíza não podia, pois, indeferir o requerimento de reabertura do inquérito, nem deferir. Tinha de limitar-se a mandar apresentar o processo com tal requerimento ao magistrado do MP, sendo que este, no caso de a sua decisão ser no sentido da reabertura do inquérito, teria de pedir ao juiz de instrução que o processo lhe fosse entregue". Igualmente por Ac. deste Tribunal de 16.1.2002, se decidiu que "a decisão instrutória de não pronúncia forma apenas caso julgado formal, nada impedindo que se extraia certidão do processo para que o MP prossiga com a reabertura do inquérito, por terem surgido novos elementos de prova". Em sentido contrário, decidiu o Ac. RC de 29.10.2003, in CJ, IV, 51, defendendo, que neste caso, há que lançar mão do expediente do recurso da revisão (Ac. TRP de 14.02.2007, proc. 0646485, *in* www.dgsi.pt).

I – A decisão instrutória de não pronúncia é sempre uma decisão de conteúdo estritamente processual, na qual o tribunal não conhece do mérito da causa, mas simplesmente da não verificação dos pressupostos necessários para que o processo possa prosseguir para julgamento. II – Assim sendo, a decisão de não pronúncia constitui, do ponto de vista formal, uma absolvição da instância, ou seja, uma decisão que não põe termo à causa (Ac. STJ de 18.01.2006, proc. 3613/05-3, *in* www.dgsi.pt).

Artigo 309º – Nulidade da decisão instrutória

1. A decisão instrutória é nula na parte em que pronunciar o arguido por factos que constituam alteração substancial dos descritos na acusação do Ministério Público ou do assistente ou no requerimento para abertura da instrução.

2. A nulidade é arguida no prazo de oito dias contados da data da notificação da decisão.

COMENTÁRIOS:

Alteração substancial dos factos. Nulidade sanável: A norma rege uma situação específica, quando há pronuncia. Face à estrutura acusatória do processo, o JIC está claramente **vinculado tematicamente** aos factos da acusação e/ou do requerimento instrutório do assistente, que deve a pronuncia ter também a forma da acusação (v. arts. 286º-1 e 287º-2). A violação desta norma, na decisão instrutória, com a consequente **alteração substancial dos factos** (v. art. 303º-3) corporizará uma **nulidade** dependente de arguição (consequentemente **sanável**) no prazo de 8 dias (**prazo específico** para este tipo de nulidade, por contraponto ao prazo geral de 10 dias do art. 105º-1). Cabe **recurso** da decisão que indefira esta concreta alegação de nulidade (art. 310º-3). Já a alteração **não substancial de factos**, cumpridos que sejam os trâmites do **art. 303º-1**, não gera nenhum vício processual.

I. Quando o requerimento do assistente para a abertura da instrução não contenha os requisitos de uma acusação, com indicação do agente, a narração dos factos que integrem o crime, bem como as normas jurídicas aplicáveis, não pode haver legalmente a pronúncia do arguido. II. Não tendo o requerimento de abertura da instrução sido rejeitado por falta dos seus requisitos legais, torna-se indiferente saber se existe nos autos prova indiciária da existência do crime denunciado. III. Não poderiam considerar-se em hipotético despacho de pronúncia factos que eventualmente resultassem da instrução e que não tivessem sido alegados no requerimento para abertura de instrução apresentado, pois tal implicaria uma alteração substancial que viciaria de nulidade a decisão instrutória, nos termos do art. 309º, do CPP (Ac. TRL de 14.10.2010, proc. 11/09.0PKLSB.L1-9, *in* www.dgsi.pt).

"A actividade cognitória do Juiz de Instrução está limitada, pois, pelo objecto da investigação (no caso de não ter havido acusação pelos factos que o assistente pretende provar), o que implica a necessidade da respectiva enunciação no requerimento de instrução, até para possibilitar a sua realização" (Ac. TRP de 5 de Maio de 1993, C.J., Tomo III, pág. 244). O Juiz de Instrução está substancial e formalmente limitado, na pronúncia, aos factos pelos quais tenha sido deduzida acusação formal ou tenham sido descritos no requerimento de abertura de instrução e que este considera que deveriam ser o objecto da acusação, por parte do Ministério Público. A comprovar o que se deixa dito, surge o regime estatuído no art. 309º, do CPP, que comina com o vício da nulidade a decisão instrutória na parte em que pronunciar o arguido por factos que constituem alteração substancial daqueles outros descritos na acusação ou no requerimento de abertura de instrução, tendo em atenção a definição de alteração substancial dos factos plasmada no art. 1º, nº 1 do CPP. (...) O requerimento de abertura de instrução do assistente não configura, por isso, uma "acusação" contra a arguida (artigo 283º, nº 3, b) do CPP) (Despacho do JIC de rejeição de instrução de 04.11.2011, *in* proc. 1955/09.5PHSNT; Comarca da Grande Lisboa-Noroeste).

A arguição de nulidades como condição de recurso: Tem flutuado a jurisprudência relativamente à questão de saber se o recurso sobre nulidades em geral do despacho de pronúncia, depende ou não da sua prévia arguição. Tendo em consideração o disposto no art. 310º-3, e no que estritamente ao segmento jurídico concerne, a arguição prévia das específicas nulidades, é condição do recurso.

As nulidades cometidas no despacho de pronúncia, sendo este recorrível, podem ser invocadas como fundamento do recurso desse despacho, não tendo necessariamente que ser arguidas nos termos do art. 120º, nº 3, al. a), do CPP (Ac. TRC de 29.10.2003, proc. 3023/03, *in* www.dgsi.pt).

As nulidades da decisão instrutória, para serem conhecidas, têm de ser arguidas perante o juiz de instrução (Ac. TRP de 08.02.2006, proc. 0515730, *in* www.dgsi.pt).

Se se tratar de um despacho de pronúncia que não conheça de questões que devesse apreciar ou conheça de questões que não devesse apreciar, a irregularidade deve ser arguida perante o juiz de instrução e cabe recurso do despacho judicial que indefira a irregularidade do despacho de pronúncia (art. 310º, nº 3, por identidade de razão) subindo o recurso com o que vier a ser interposto da decisão que ponha termo ao processo (artigo 407º, nº 3) (acórdão do TRL de 10.1.1996, in CJ, XXI, 1, 148). Se se tratar de um despacho de ***não pronúncia*** *que não conheça de questões que devesse apreciar ou conheça de questões que não devesse apreciar, a respectiva irregularidade pode ser arguida e conhecida no recurso interposto do despacho de não pronúncia (artigo 379º, nº 2, por identidade de razão)* (P.P. Albuquerque, *in* Comentário do CPP).

Nulidade insanável: A instrução, quando regularmente requerida e não efetuada ou irregularmente efetuada, gera a **nulidade insanável** prevista no art. 119º-d) e a **invalidade** dos atos subsequentes, nos termos do art. 122º-1-2.

Referências: art. 1º-f) (noção de alteração substancial de factos); arts. 358º e 359º (alteração substancial e não substancial de factos em julgamento); art. 310º (recursos); arts. 118º a 123º (regime das nulidades e irregularidades).

Artigo 310º – Recursos

1. A decisão instrutória que pronunciar o arguido pelos factos constantes da acusação do Ministério Público, formulada nos termos do artigo 283º ou do nº 4 do artigo 285º, é irrecorrível, mesmo na parte em que apreciar nulidades e outras questões prévias ou incidentais, e determina a remessa imediata dos autos ao tribunal competente para o julgamento.

2. O disposto no número anterior não prejudica a competência do tribunal de julgamento para excluir provas proibidas.

3. É recorrível o despacho que indeferir a arguição da nulidade cominada no artigo anterior.

COMENTÁRIOS:

Irrecorribilidade do despacho de pronúncia: Honrando os princípios de **economia** e **celeridade** processual, o despacho de pronúncia (remissivo ou não) desde que **concordante** com os factos da **acusação do M.P.** (ainda que de mero acompanhamento da acusação particular) mesmo que se pronuncie sobre **nulidades** ou **questões prévias ou incidentais**, é **irrecorrível** (afastando os Acs. Fix. Jurisp. nºs 6/2000 e 7/2004, que admitiam a recorribilidade das nulidades e questões prévias e incidentais). E compreende-se que assim seja, já que, havendo acusação de uma entidade pública independente como é o M.P., sufragada por um Juiz, face à total identidade de factos acusados e pronunciados **(se não houver tal identidade já é recorrível)** a sede própria para julgar o pleito é a audiência de julgamento (neste sentido Ac. do TC nº 79/2005, de 15.01.2005).

Registe-se que o tema do artigo, esgota-se na vertente factual. Já quanto à **qualificação jurídica** dos factos atribuída pelo M.P. na acusação, o JIC pode alterar sempre tal qualificação. Desde que cumpridos pelo JIC os trâmites específicos para esta situação (art. 303º-5) afastada a hipóteses de nulidades, a decisão também é **irrecorrível.** Em todo o caso, fica reservado ao **Juiz de julgamento** a decisão final sobre **provas proibidas** (v. nº 2). Esta matéria tem sido alvo de intensa problematização jurisprudencial, mesmo a nível do T.C. a que a atual mais clara redação do artigo, parece ter posto alguma acalmia.

"não é inconstitucional a norma constante do nº 1 do art. 310º do CPP., na interpretação segundo a qual é irrecorrível a decisão instrutória que pronuncia o arguido pelos factos constantes da acusação particular, quando o Ministério Público acompanha tal acusação" (Ac. TC de 15.02.2005, *in* DR de 06.04.2005). **Nota:** o M.P. alterou a posição que assumira aquando do encerramento do inquérito, onde determinara o seu arquivamento.

Recorribilidade do despacho de pronúncia: Por **exclusão de partes** é recorrível (art. 399º) tudo o que se não contiver nos precisos termos do nº 1 como seja: **(1)** o despacho que **não pronunciar** o arguido; **(2)** o despacho que **indeferir a arguição de nulidade**, quando esta se reportar ao vício da alteração substancial de factos, nos precisos termos a que alude o art. 309º; **(3)** o despacho que **pronunciar** o arguido, **não havendo acusação** do M.P.; **(4)** o despacho que **pronunciar** o arguido por factos apenas constantes da acusação do assistente, **desacompanhada** do M.P. o que pode acontecer no caso dos crimes particulares; **(5)** o despacho que pronunciar o arguido por factos apenas constantes da acusação do assistente, mas **não constantes da acusação do M.P.**, o que pode acontecer no caso dos crimes públicos ou semipúblicos; **(6)** o despacho que **indeferir a arguição de nulidades** decorrentes da falta de cumprimento da comunicação prevista no art. 303º-1 em sede de alteração de factos; **(7)** o despacho que **indeferir a arguição de nulidade** do despacho de pronúncia por não conter as menções do art. 283º-3 (v. 308º-2-3).

Jurisprudência uniformizadora: Ac. do STJ de Fixação de Jurisprudência nº 5/2011, de 09.02.2011, *in* D.R. de 11.03.2011: *«Em processo por crime público ou semipúblico, o assistente que não deduziu acusação autónoma nem aderiu à acusação pública pode recorrer da decisão de não pronuncia, em instrução requerida pelo arguido, e da sentença absolutória, mesmo não havendo recurso do Ministério Público».*

Não compete ao Tribunal da Relação apreciar os factos apurados e substituir-se ao tribunal de 1ª Instância na prolação de despacho de pronúncia ou não pronúncia mas apenas, por força do recurso, com a base indiciária recolhida, corroborada ou não por outros elementos de prova, decidir se no seu conjunto são suficientes ou insuficientes para a prolação de um despacho de pronúncia ou não pronúncia a levar à efeito sempre em primeira instância (Ac. TRL de 07.12.2011, *in* proc. 194/08.7PHSNT).

O assistente só tem legitimidade para recorrer do despacho de não pronúncia, se requerer a sua intervenção no processo nessa qualidade até 5 dias antes do início do debate instrutório. Assim, não é de conhecer do recurso interposto daquele despacho pelo assistente que, como tal, foi admitido após o decurso do mencionado prazo de 5 dias (Ac. TRP de 91.04.17, *in* CJ-XV-II – 295). **Nota:** v. prazo no art. 68º-3-a).

Falta de legitimidade do "lesado" para recorrer: *"Mas, no que tange à legitimidade para recorrer e interesse em agir rege o artigo 401º, nº 1, alínea c), do CPP, "têm legitimidade para recorrer: (...) as partes civis, da parte das decisões contra cada uma proferida". Ou seja, não tendo o queixoso se constituído assistente, mas deduzido apenas um pedido cível, a sua legitimidade e interesse em agir restringe-se à matéria deste – à matéria concernente à indemnização civil – e, uma vez que a decisão de não pronúncia concerne unicamente a matéria penal (pois a instrução requerida pela arguida após dedução da acusação visa a comprovação judicial desta decisão de acusar em ordem a submeter ou não a causa a julgamento – cfr. artigo 286º, nº 1 – não estando em causa qualquer apreciação ou tomada de posição que incida sobre o pedido de indemnização formulado) não pode considerar-se que contra ele é proferida, nem o afecta (a não ser indirectamente, claro, mas certo é que a legitimidade pressupõe um interesse directo na impugnação), até porque a pretensão civil pode ainda ter sucesso, desde que seja interposta perante o tribunal civil, como admite o artigo 72º, nº 1, alínea b), do CPP. Assim, o recorrente carece de legitimidade para recorrer da decisão de não pronúncia"* (Ac. TRL de 08.11.2011, *in* proc. 396/09.9T3MFR.L1).

Regime dos recursos: Tratando-se de **(i)** recurso do despacho de não admissão do requerimento de abertura da instrução (v. art. 287º) deve ele subir imediatamente, em separado, com efeito não suspensivo da decisão, nos termos dos arts. 406º-2, 407º-2-h) e 408º *a contrário;* tratando-se de **(ii)** recurso do despacho de não pronúncia, deve ele subir imediatamente, nos próprios autos, com efeito não suspensivo da decisão, nos termos dos arts. 310º-1, 406º-1, 407º-2-i) e 408º *a contrário*; tratando-se de **(iii)** recurso do despacho de pronúncia, deve ele subir imediatamente, em separado, com efeito suspensivo do processo, nos termos dos arts. 406º-2, 407º-2-i) e 408º-1-b); tratando-se de **(iiii)** recurso do despacho de indeferimento de nulidades recorríveis, deve ele subir conjuntamente com o recurso da decisão final da instrução, nos termos do art. 407º-3.

Irrecorribilidade das decisões das Relações: Igualmente, segundo jurisprudência constante, são irrecorríveis para o STJ, as decisões das Relações, de pronúncia ou de não pronuncia ou sobre questões prévias, nulidades ou exceções, porque têm **natureza instrumental** e não conhecem a final do objeto do processo, nos termos dos arts. 400º-1-c) e 432º-1-b.

Jurisprudência uniformizadora: Assento do STJ nº 3/90, de 24.01.1990, *in* D.R. de 12.04.90: *«Dos acórdãos da relação preferidos sobre despachos de pronúncia não há recurso para o Supremo Tribunal de Justiça, quer verse sobre matéria de direito quer de facto».*

Não é admissível recurso do acórdão da Relação, confirmativo da decisão de 1ª instância, que indeferiu a abertura da instrução, com base apenas na falta de requisitos formais do requerimento de abertura da instrução, pois não decide do objecto do processo e, por isso, não pode considerar-se decisão que ponha termo à causa – art. 400º, nº 1, al. c), do CPP, na redacção introduzida pela Lei 59/89, de 25-08 (Ac. STJ de 13.02.2008, proc. 644/07, 5ª, *in* www.dgsi.pt).

Referências: art. 309º (nulidade da decisão instrutória); arts. 399º e segs. (regime dos recursos).

LIVRO VII – DO JULGAMENTO

TÍTULO I – Dos actos preliminares

Artigo 311º – Saneamento do processo

1. Recebidos os autos no tribunal, o presidente pronuncia-se sobre as nulidades e outras questões prévias ou incidentais que obstem à apreciação do mérito da causa, de que possa desde logo conhecer.

2. Se o processo tiver sido remetido para julgamento sem ter havido instrução, o presidente despacha no sentido:

a) De rejeitar a acusação, se a considerar manifestamente infundada;

b) De não aceitar a acusação do assistente ou do Ministério Público na parte em que ela representa uma alteração substancial dos factos, nos termos do nº 1 do artigo 284º e do nº 4 do artigo 285º, respectivamente.

3. Para efeitos do disposto no número anterior, a acusação considera-se manifestamente infundada:

a) Quando não contenha a identificação do arguido;

b) Quando não contenha a narração dos factos;

c) Se não indicar as disposições legais aplicáveis ou as provas que a fundamentam; ou

d) Se os factos não constituírem crime.

COMENTÁRIOS:

1. O despacho inicial do Juiz: Introduzido o processo na fase de julgamento, o Juiz profere **despacho saneador** do mesmo (nos termos deste normativo) e **despacho de designação de data para audiência** (nos termos dos arts. 312º e 313º). Ambos os despachos são proferidos na mesma peça processual. Basicamente trata-se de um despacho "regulamentador", mas algo complexo e laborioso, em que o Juiz *«presidente»* (se for um Juiz singular também é presidente) deve **receber** o processo, reconhecer a sua **competência**, **sanear** o processo, designar **datas de julgamento** (através do despacho específico previsto no art. 313º) e **fixar os ulteriores termos processuais**, conforme decorre da obrigatória conjugação dos arts. 311º-1, 312º, 313º e 314º. Concretamente, **face à acusação ou pronúncia**, deve o Juiz, decidir pela ordem que considerar mais racional, sobre as **seguintes questões**:

(1) Competência do tribunal (v. L. 62/2013, de 26.08 – Lei da Organização do Sistema judiciário e arts. 19º a 33º).

(2) Autuação do **tipo e forma** de processo, se já não se tiver pronunciado antes (v. arts. 381º, 391º-A, 392º).

(3) Legitimidade do M.P., e se existirem, do assistente para promover o processo e do demandante civil para demandar (v. arts. 48º a 50º, 52º, 68º, 74º e 388º).

(4) Nulidades, **irregularidades** ou **questões prévias** (v.g. nulidades insanáveis ou arguidas – art. 119º e 120º-1; regularidade da notificação da acusação em inquérito – art. 283º-6; condições de procedibilidade, pressupostos, etc...) de que cumpra conhecer, suscetíveis de obstar à apreciação do mérito da causa (v. art. 118º e 338º).

(5) Identificação do arguido e seu defensor [v. arts. 62º, 65º, 66º, 283º-3-a) 313º-1-c) e 342º].

(6) Recebimento formal ou não recebimento da acusação, quanto aos factos e quanto ao direito, designadamente contemplando os casos do nºs 2 e 3 [v. arts. 283º-3-b)-c) e 313º-1-a)].

(7) Pedido cível, se houver, admissibilidade, verificação da regularidade da representação e notificação ao arguido para contestação (v. arts. 71º a 81º).

(8) Medidas de coação e de **garantia patrimonial** aplicadas e consignação dos respetivos prazos máximos para controlo, sobretudo quando impliquem privação da liberdade [v. arts. 196º a 228º, especialmente art. 213º-1-b)].

(9) Localização e **datas de julgamento**, devendo designar o local do julgamento e duas datas em sucessão (arts. 312º e 313º). Deve dar precedência temporal aos processos com arguidos privados de liberdade (art. 312º-3). Se for desconhecido o paradeiro do arguido e for evidente que estão esgotadas as diligências para a sua localização, deve imediatamente mandar cumprir o art. 335º (notificação edital) tendo em vista os procedimentos da contumácia. Praticará atos inúteis, se assim não proceder (art. 130º do CPC).

(10) Diligências e **notificações** necessárias (v. arts. 312º-4, 313º-2, 314º, 315º e 317º) (v. art. 2º-3 do D.L. 59/89, de 22.02, notificação à Segurança Social, v. nota 17 ao art. 283º).

(11) Certificado de registo criminal do arguido, requisitando-o/juntando-o com a antecedência conveniente relativamente à primeira data designada para julgamento, se ele não estiver já nos autos ou haver risco de estar desatualizado (arts. 274º e 295º).

(12) Relatório social do arguido, se for considerado conveniente, requisitando-o à D.G.R.S., com a antecedência conveniente relativamente à primeira data designada para julgamento, se ele não estiver já nos autos [v. arts. 1º-g) e 370º].

(13) Datar, **identificar-se** e **assinar** o despacho [art. 313º-1-d)].

2. Caso julgado: O despacho de **saneamento** do processo, quando não aprecia **em concreto** as questões prévias, nulidades e irregularidades, referidas em **(3)** e se limita a um **despacho tabelar**, não faz caso julgado, podendo ulteriormente o Juiz decidir em contrário, segundo melhor apreciação. É o que resulta também da jurisprudência uniformizadora infra.

Jurisprudência uniformizadora: Ac. do STJ de Fixação de Jurisprudência nº 2/95, de 16.05.95, *in* D.R. de 12.06.1995: *«A decisão judicial genérica transitada e proferida ao abrigo do artigo 311º, nº 1, do CPP, sobre a legitimidade do Ministério Público, não tem o valor de caso julgado formal, podendo até à decisão final ser dela tomado conhecimento».*

"O poder-dever do juiz de conhecer das nulidades (insanáveis ou que entretanto foram arguidas), questões prévias e incidentais que obstem à apreciação do mérito da causa existe mesmo que tenha havido instrução, conquanto o JIC delas não tenha conhecido (art. 310º, nº 2)" (*in* CPP, Mag. do M.P. do Distrito Judicial do Porto).

3. Questões prévias ou incidentais. As irregularidades: A complexidade processual, gera múltiplas irregularidades, que se assumem como questões prévias ou incidentais, que ao Juiz cumpre conhecer nos termos do nº 1. Constatada uma irregularidade, deve o Juiz supri-la, de acordo com o **art. 123º-2**, que diz que *"pode ordenar-se oficiosamente a reparação de qualquer irregularidade, no momento em que da mesma se tomar conhecimento, quando ela puder, afetar o valor do ato praticado"*. Estão neste campo, s.m.o., as irregularidades da notificação da acusação, designadamente a sua **falta de notificação** ao arguido ou a sua **não tradução** quando a mesma é exigível (v. notas ao art. 283º).

A falta de notificação da acusação ao arguido configura mera irregularidade, sendo lícito ao juiz, a quando do saneamento do processo, ao abrigo do disposto no art. 311º, do CPP, conhecer deste vício. E ordenar oficiosamente a reparação, pelo MºPº, dado tratar-se, a notificação, de um ato de inquérito, da competência deste (Ac. TRL de 27.01.98, *in* www.dgsi.pt). **Nota:** não se concorda pelas razões supra expostas. O Juiz tem poder para ordenar a notificação do arguido da acusação; se o arguido regularmente notificado pelo Juiz requerer a abertura de instrução, o Juiz remete o processo para a instrução. Se não requerer prossegue na fase de julgamento. O princípio da economia e da celeridade processual, exigem dos operadores judiciários, Juízes inclusive, respostas expeditas.

4. O recebimento formal da acusação/pronúncia quanto aos factos e quanto ao direito: O Juiz só pode rejeitar a acusação do **M.P.** ou do **assistente**

pelas razões constantes das duas alíneas do nº 2; acusação **manifestamente infundada** ou com **alteração substancial dos factos da acusação dominante**. Se a acusação tiver a forma de **pronúncia**, portanto elaborada por um Juiz de instrução, já o Juiz de julgamento, fica com os seus poderes de avaliação neste específico campo contraídos, ficando-lhe reservada apenas a possibilidade de excluir/não admitir provas proibidas.

4.1. Acusação manifestamente infundada [Art. 311º-2-a)]: Quanto à rejeição da acusação por **«manifestamente infundada»,** terá de **taxativamente** se ancorar nalguma das **alíneas do nº 3,** que traduzem casos de **nulidades** da acusação, como tal previstas no art. 283º-3 (v. notas a este artigo).

Advirta-se, que atualmente está excluída a rejeição da acusação por *"manifesta insuficiência de prova indiciária"* a que aludia a jurisprudência, antes da alteração a este artigo, introduzida pela L. 59/98, de 25.08. Recorde-se que o Assento nº 4/93 do STJ de 17.02.1993, estipulava que *«a alínea a) do nº 2 do artigo 311º do CPP inclui a rejeição da acusação por manifesta insuficiência de prova indiciaria»*. Face às alterações legais, já não é assim, tendo caducado o assento. Aliás, não é sequer dogmaticamente aceitável, que o Juiz antes do julgamento possa fazer um juízo prévio sobre a acusação e as provas que a sustentam, antecipando decisões. O princípio do acusatório, impede nesta fase, qualquer veleidade do Juiz sindicar o processo fora do quadro acusatório traçado pelo M.P. ou pelo assistente, ou pela pronúncia do JIC.

A existência de indícios suficientes como pressuposto da acusação pública, de acordo com a exigência deste preceito, parece ter sido afastada pelo nº 3 do art. 311º do CPP, na medida em que este pressuposto não pode constituir, por si só, fundamento da rejeição da acusação por manifestamente infundada (Germano Marques da Silva, *in* Curso de Processo Penal, III, pág. 208)

O juiz de julgamento está impedido, em sede de saneamento, pela formulação restritiva do art. 311º do CPP, mormente no que tange ao seu nº 2, al. a), e ao seu nº 3º, de verificar a sustentação indiciaria da acusação, sendo forçado a recebê-la perante a sua correcção formal, ainda que seja manifesta a ausência total de meios de prova que venham a permitir a prova dos respectivos factos (Rui da Fonseca e Castro, *in* Instrução, pág. 37).

1º caso de acusação manifestamente infundada: A omissão da identidade do arguido [art. 311º-3-a)]: É manifestamente infundada a acusação que não contenha a identidade do arguido. Tenha-se presente que os arts. 283º-3-a) e 374º-1-a) apenas exigem na acusação e na sentença, as indicações **«tendentes»** à identificação do arguido, as quais podem ir até às suas características físicas e morfológicas, conforme jurisprudência. O que a lei quer é garantir que aquela concreta pessoa a julgar é o indiciado autor do crime acusado. Face a esta exegese, igualmente se a identificação do arguido for falsa, porque ele se identificou de forma falsa e se vier a apurar a sua verdadeira identidade, caso não muito raro nos tribunais, s.m.o., deve simplesmente proceder-se à **retificação** da identidade através de despacho fundamentado, mesmo na fase pós sentencial (v. art. 380º). Nada obsta a que na acusação, a identificação do arguido seja feita por remissão para o TIR.

Parece-nos, porém, que se deve entender ser apenas caso de acusação manifestamente infundada a falta de arguido e não apenas a deficiência da sua identificação na acusação, quando suprível com outros elementos constantes dos autos, salvo se arguida a nulidade (Germano Marques da Silva, *in* Curso de Processo Penal, III, págs. 207 e 208).

Para o efeito do disposto no art. 311º, nº 3, al. a), do CPP, a residência do arguido não é elemento essencial de identificação, pelo que, embora com interesse relevante para efeitos processuais, não tem a virtualidade (caso seja desconhecida) de obstar à submissão do arguido a julgamento, pois o que importa saber é se o arguido corresponde à pessoa a quem é imputada a prática do delito (Ac. TRP de 20.09.2000, *in* proc. 0040486).

2º caso de acusação manifestamente infundada: A omissão total da narração dos factos [art. 311º-3-b)]: É manifestamente infundada a acusação que não contenha a narração dos **factos.** Esses factos, a que a lei alude, só podem ser os factos típicos que consubstanciam a relação penal. Esses factos têm de ser notificados aos intervenientes processuais [v. art. 313º-1-a)]. Se não forem narrados na acusação, é impossível notificar deles quem quer que seja. Trata-se de uma situação difícil de conceber. Alguns autores entendem que a omissão da narração dos factos, se traduz numa verdadeira **inexistência jurídica da acusação.** Se a omissão dos factos for parcial e não total, poderá cair-se na situação prevista na alínea d).

3º caso de acusação manifestamente infundada: A omissão das disposições legais aplicáveis ou das provas [art. 311º-3-c)]: É manifestamente infundada a acusação que não indique as **normas típicas** aplicáveis, ou as **provas** que sustentam a indiciação típica. Essas normas típicas, que configuram os crimes alegadamente praticados, têm de ser notificados aos intervenientes processuais [v. art. 313º-1-a)]. Se não forem indicados na acusação, é impossível notificar delas quem quer que seja. E se as provas não forem indicadas é impossível condenar os arguidos em julgamento. Ao lado da obrigatória indicação das **normas penais violadas**, se situa a obrigatoriedade de invocar o **elemento subjetivo** adstrito (dolo ou negligência) que corporiza no plano dogmático a culpa do acusado.

Nada impede que, na acusação, a indicação da prova se faça por remissão, através da fórmula "Prova testemunhal: As indicadas pela assistente em sede de inquérito e aí melhor identificadas", desde que a remissão permita uma identificação inequívoca da prova de que se pretende fazer uso (Ac. TRL de 02.06.2011, proc. 440/08.7PHAMD.L1-9, *in* www.dgsi.pt).

4º caso de acusação manifestamente infundada: A omissão de factos que constituam crime [art. 311º-3-d)]: É manifestamente infundada a acusação que não contenha **factos que preencham a tipicidade criminal.** Aqui já estamos num plano diferente da alínea b), onde não há factos com relevo jurídico. Trata-se de uma questão de subsunção jurídica dos factos acusados às normas penais acusadas. Pode acontecer que os factos acusados não sejam passíveis de subsunção a qualquer norma penal, mas isso é raro. O que está em causa verdadeiramente, é o problema da **qualificação jurídica dos factos da acusação.** Face à complexidade da questão e ao plano indiciário em que ainda nos encontramos, a decisão do Juiz de **requalificação jurídica dos factos,** só deverá ser tomada **no final do julgamento**, pois só aí estará definitivamente apurada a matéria de facto subsumível aos tipos legais (que poderá decorrer até do regime das alterações de factos e ou da sua qualificação jurídica – v. arts. 358º e 359º). Sendo certo que a maioria da jurisprudência se inclina para aceitar a requalificação jurídica dos factos acusados, deve o Juiz evitar antecipações nesta matéria e reservar-se para o final do julgamento, até porque ao requalificar neste momento processual, os factos da acusação, fica sujeito a imediato recurso, com efeito suspensivo (arts. 399º, 407º-1, 408º-3). Tal só é produtivo, quando da requalificação jurídica, resultar uma modificação da competência do tribunal, que permita imediatamente remeter o processo para o **tribunal competente**, nos termos dos arts. 11º a 16º e 33º, pois aí, abre-se prioridade à celeridade processual.

É manifestamente infundada (...) a acusação em que for evidente que não pode proceder, seja por não constituírem crime os factos descritos, seja por se mostrar extinta a acção penal, seja por não revelarem os autos um mínimo de suporte fáctico que a possa sustentar (Ac. TRP de 17.10.90, proc. 9050545).

O Juiz, no despacho a que aludem os arts. 311º a 313º do Código de Processo Penal, pode alterar a qualificação jurídica dos factos feita na acusação (Ac. TRP de 03.10.2007, proc. 0713707, *in* www.dgsi.pt).

O juiz não pode, no despacho a que se refere o art. 311º, sem mais, alterar a qualificação jurídica dos factos. Exige-o a estrutura acusatória do processo e a posição do juiz nesta fase processual. Nesta o juiz deve limitar-se a pronunciar-se sobre as nulidades e outras questões prévias ou incidentais que obstem à apreciação do mérito da causa (art. 311º, nº 1) e não a pronunciar-se sobre o próprio mérito do objecto da causa, sendo certo que deste faz parte a qualificação jurídica (Ac. TRC de 05.01.2000, *in* CJ-I-42).

A partir do pressuposto de que a indicação da normas incriminadoras é a que, na perspetiva de quem acusa, se adequa aos factos, e não estando prevista a rejeição, nulidade ou irregularidade, a solução tem que ser pedida aos mecanismos do sistema e esses são, em primeira linha (atenta a fase processual) o da alteração da qualificação no saneamento do processo, na perspetiva de quem o faz, e, num segundo momento, se necessário, o da alteração através dos mecanismos dos arts. 358º ou 359º do mesmo Código (Ac. TRG de 07.03.2005, proc. 2300/04-2, *in* www.dgsi.pt).

Se o tribunal pode, em sede de audiência, dar aos factos o tratamento jurídico-criminal que julgar mais adequado, desde que seja dada ao arguido possibilidade de defesa, parece-nos que, por analogia, se deverá reconhecer ao juiz, em sede de saneamento do processo, a mesma liberdade de requalificação jurídica dos factos. Por outro lado, podendo a qualificação jurídica operada pelo juiz do julgamento, ao receber os autos no tribunal, vir a ser contraditada, pelo arguido, na contestação, ou, sendo caso disso, impugnada por meio de recurso, não vemos, aqui, necessidade, de efectuar a comunicação a que se refere o art. 358º, nº 3 do CPP. Não merece, assim, censura a decisão do Ex.mº Juiz "a quo" ao proceder à requalificação jurídica dos factos descritos na acusação (do crime do art. 21º, nº 1 do DL nº 15/93, de 22/01 para o crime privilegiado do art. 25º, al. a) do mesmo diploma legal) considerando, por via disso, incompetente a vara criminal para o julgar o processo, e determinando a remessa dos autos aos juízos criminais (Ac. TRP de 16.05.2001, proc. 0110412, *in* www.dgsi.pt).

4.2. Alteração substancial dos factos [art. 311º-2-b)]: Quanto à rejeição da acusação por **alteração substancial dos factos,** o fenómeno pode ocorrer nos casos em que há uma acusação **subsequente/subordinada**, do M.P. (caso dos crimes particulares) ou do assistente (caso dos crimes semipúblicos e públicos) que tem de respeitar os limites factuais e jurídicos da acusação **"dominante"**. [v. notas aos arts. 1º-f), 284º-1, 285º-4, 303º, 358º e 359º]. Mas o Juiz pode rejeitar apenas os factos que representam a tal alteração substancial e receber a acusação no restante que não padecer de tal deficiência.

5. Lapsos e erros materiais: Rejeitada a acusação por **manifestamente infundada**, não tendo sido interposto recurso desse despacho, sendo uma decisão formal que não conhece do mérito, poderá, de acordo com o princípio do máximo aproveitamento dos atos processuais, proceder-se à sua *"correção"* ou *"aperfeiçoamento"* e ser apresentada uma nova acusação? Para que tal fosse possível, era necessário que estivesse **expressamente prevista na lei** essa possibilidade, como está por exemplo para a fase de recurso (v. art. 417º-3). Não estando, **não é possível**. Mas nada impede, s.m.o., que perante um **lapso manifesto** ou **erro material de escrita** da acusação (que é coisa diferente de "acusação manifestamente infundada") o Juiz, **convide** o M.P. ou o assistente a retificá-lo, nos termos dos arts. 380º e 97º-3 (correção expressamente prevista) devendo tal **retificação** concretizada que seja, ser posteriormente submetida a **contraditório.**

6. Recurso: Das decisões sobre as matérias suprarreferidas, que não possam ser consideradas de **mero expediente** [v. art. 400-1-a) e art. 313-4] pode haver **recurso** (v. art. 399).

Artigo 312º – Data da audiência

1. Resolvidas as questões referidas no artigo anterior, o presidente despacha designando dia, hora e local para a audiência. Esta é fixada para a data mais próxima possível, de modo que entre ela e o dia em que os autos foram recebidos não decorram mais de dois meses.

2. No despacho a que se refere o número anterior é, desde logo, igualmente designada data para realização da audiência em caso de adiamento nos termos do nº 1 do artigo 333º, ou para audição do arguido a requerimento do seu advogado ou defensor nomeado ao abrigo do nº 3 do artigo 333º

3. Sempre que o arguido se encontrar em prisão preventiva ou com obrigação de permanência na habitação, a data da audiência é fixada com precedência sobre qualquer outro julgamento.

4. O tribunal deve marcar a data da audiência de modo a evitar a sobreposição com outros actos judiciais a que os advogados ou defensores tenham a obrigação de comparecer, aplicando-se o disposto no artigo 155º do Código de Processo Civil.

COMENTÁRIOS:

Datas e prazos: O artigo, em conjugação com o art. 313º, regulamenta a marcação de datas para audiência. Pode o Juiz, perante a extensão da prova a efetuar, designar logo várias datas, mas obrigatoriamente **duas**, que devem ser marcadas com antecedência não inferior a **30 dias** desde a sua notificação aos intervenientes (art. 313º-2) nem superior a **2 meses** desde o recebimento dos autos pelo Juiz. Os julgamentos com arguidos privados da liberdade têm **precedência**. Se o arguido faltar na primeira data, pode ser ouvido na segunda data, verificados os pressupostos do **art. 333º-3**. Em termos práticos, a segunda data, pode coincidir com a data da **leitura da sentença**. Na marcação de datas deve ter-se em conta a agenda dos advogados (constituídos ou oficiosos) e o disposto no **art. 151º do CPC,** que comete ao Juiz o dever de marcar datas de julgamento, mediante acordo prévio com os mandatários a fim de prevenir o risco de sobreposição de datas daqueles.

Referências: v. acordos com advogados na marcação de datas para audiência: art. 151º do C.P.C.

V. D.L. 184/2000, de 10.08 (lei especial que temporiza a marcação de datas para audiências)**: art. 1º** – *A marcação das audiências de discussão e julgamento não pode ser feita com uma antecedência superior a três meses, e para cada dia só podem ser marcadas as audiências que efectivamente o tribunal tenha disponibilidade de realizar.*

Artigo 313º – Despacho que designa dia para a audiência

1. O despacho que designa dia para a audiência contém, sob pena de nulidade:

a) A indicação dos factos e disposições legais aplicáveis, o que pode ser feito por remissão para a acusação ou para a pronúncia, se a houver;

b) A indicação do lugar, do dia e da hora da comparência;

c) A nomeação de defensor do arguido, se ainda não estiver constituído no processo; e

d) A data e a assinatura do presidente.

2. O despacho, acompanhado de cópia da acusação ou da pronúncia, é notificado ao Ministério Público, bem como ao arguido e seu defensor, ao assistente, às partes civis e aos seus representantes, pelo menos 30 dias antes da data fixada para a audiência.

3. A notificação do arguido e do assistente ao abrigo do número anterior tem lugar nos termos das alíneas *a*) e *b*) nº 1 do artigo 113º, excepto quando aqueles tiverem indicado a sua residência ou domicílio profissional à autoridade policial ou judiciária que elaborar o auto de notícia ou que os ouvir no inquérito ou na instrução e nunca tiverem comunicado a alteração da mesma através de carta registada, caso em

que a notificação é feita mediante via postal simples, nos termos da alínea *c)* do nº 1 do artigo 113º

4. Do despacho que designa dia para a audiência não há recurso.

COMENTÁRIOS:

Notificações e nulidade: As notificações devem ser feitas com respeito pelos prazos e termos do artigo, designadamente ao arguido com TIR prestado (art. 196º-2) e ao assistente devidamente identificado (art. 145º-5) por **via postal simples**, o que corresponde à regra geral. O normativo comina com a nulidade (sanável – arts. 118º-1, 120º e 121º) a não observância dos elementos contidos nas suas alíneas. Não há **recurso** deste despacho (v. nota final ao art. 311º). Mas pode haver do despacho que indeferir a arguição de nulidades, a que se reporta o nº 1.

A segunda data de julgamento: A segunda data de julgamento a que alude o nº 2 é **especificamente** para os efeitos ali previstos; **adiamento** nos termos do art. 333º-1 ou **audição do arguido**, requerida pelo seu advogado nos termos do art. 333º-3. Embora possa ser utilizada para o prosseguimento das sessões de julgamento, não tem obrigatoriamente de ser assim. Mas em regra, é utilizado para leitura da sentença, quando o julgamento se fez numa única sessão.

Aquela segunda marcação, conforme decorre dos artigos 312º, nº 2, e 333º, nº 3, do CPP, só ocorreria em duas situações: i) em caso de adiamento; ii) ou para audição do arguido a requerimento do seu defensor. Como nem uma coisa nem outra ocorreu, nada impedia a marcação da continuação da audiência para uma data mais próxima apenas para a leitura da sentença (extrato do acórdão do STJ de fixação de jurisprudência nº 11/2008 de 29.10.2008).

O prazo de 30 dias a que alude o nº 2 diz respeito apenas ao despacho que designa dia para julgamento pela 1ª vez e não aos seguintes quando há adiamento (Ac. TRP de 14.01.98, *in* CJ-XXIII-I-227).

Recurso: Não há direito a recurso do despacho que designa dia para audiência. Mas pode haver de todas as restantes decisões, que não se integrem no estrito espaço decisório da marcação de datas (v. art. 399º). E pode haver do despacho que indeferir a arguição de **nulidades,** a que se reporta o nº 1.

A inadmissibilidade do recurso do despacho que designa dia para julgamento tem como pressuposto que este não introduza qualquer alteração aos factos constantes da acusação. Se o fizer, será aquele admissível com tal fundamento, paralelamente ao que sucede no caso do art. 310º do CPP (Ac. STJ de 18.06.98, proc. 225198-3º, *in* www.dgsi.pt).

Artigo 314º – Comunicação aos restantes juízes

1. O despacho que designa dia para a audiência é imediatamente comunicado, por cópia, aos juízes que fazem parte do tribunal.

2. Conjuntamente, ou logo que possível, são-lhes remetidas cópias da acusação ou arquivamento, da acusação do assistente, da decisão instrutória, da contestação do arguido, dos articulados das partes civis e de qualquer despacho relativo a medidas de coacção ou de garantia patrimonial.

3. Sempre que se mostrar necessário, nomeadamente em razão da especial complexidade da causa ou de qualquer questão prévia ou incidental que nele se suscite, o presidente pode, oficiosamente ou a solicitação de qualquer dos restantes juízes, ordenar que o processo lhes vá com vista por prazo não superior a oito dias. Nesse caso, não é feita remessa dos documentos referidos no número anterior.

COMENTÁRIOS:

Comunicações a Juízes: Norma procedimental interna de convocação e preparação para o julgamento do tribunal coletivo.

Referências: art. 215º (v. notas à noção de excecional complexidade).

Artigo 315º – Contestação e rol de testemunhas

1. O arguido, em 20 dias a contar da notificação do despacho que designa dia para a audiência, apresenta, querendo, a contestação, acompanhada do rol de testemunhas. É aplicável o disposto no nº 14 do artigo 113º

2. A contestação não está sujeita a formalidades especiais.

3. Juntamente com o rol de testemunhas, o arguido indica os peritos e consultores técnicos que devem ser notificados para a audiência.

4. Ao rol de testemunhas é aplicável o disposto na alínea *d*) do nº 3 e nos nºs 7 e 8 do artigo 283º

(Última redação da L. 1/2018, de 29.01)

COMENTÁRIOS:

Contestação: Notificado o arguido do despacho que designa dia para audiência, o prazo para **contestar** e apresentar **testemunhas**, **peritos** e **consultores técnicos**, é de **20 dias**, (sem prejuízo da possibilidade de posteriores alterações ao rol, previstas no **art. 316º**) a contar da data de notificação, sob pena de não admissão por extemporaneidade (este prazo pode ser prorrogado, até aos **30 dias**, verificada uma situação de **especial complexidade**, como previsto no art. 107º-6). E também sem prejuízo do disposto nos arts. 139º e 140º do CPC (multa e justo impedimento). Não tendo o arguido o ónus de demonstrar a sua não culpabilidade ou inocência, não tem qualquer obrigação legal de contestar ou de apresentar testemunhas. Todavia, se o fizer, a sua contestação pode constituir um importante **elemento de defesa**, na medida em que o tribunal tem sempre de se pronunciar sobre ela [v. art. 374º-1-d)-2]. No entanto a contestação, deve em primeiro lugar pautar-se pelo respeito pelo **objeto** do processo traçado pela acusação e não divagar; deve ser **concisa** e **factual** nos limites do contraditório que a lei faculta e não verborreica e árida; deve definir e **objetivar** o que pretende **impugnar** e ou **demonstrar** e não ser misteriosa e esquizofrénica; deve em suma contribuir para a discussão da prova e situar-se no quadro probatório legal e não tornar-se uma peça obscurantista e irrelevante, que só gera perdas de tempo e nenhum ganho para a própria defesa. Pode, querendo, apresentar "conclusões" [art. 374º-1-d)]. Caso as provas contra o arguido sejam incontornáveis e inequívocas, é do mais elementar bom senso, que a contestação, se concentre em regras atenuativas em vez de negar as evidências, como se fosse obrigação de um advogado clamar sempre até à irracionalidade pela inocência do seu patrocinado, em vez de tirar partido, provavelmente com mais proveito, dos **regimes de clemência** que abundam na lei substantiva e adjetiva.

Se a audiência começar antes de decorrido o prazo do nº 1, estamos perante uma mera irregularidade que deve ser logo invocada no julgamento sob pena de ficar sanada (Ac. TRP de 25.10.95, proc. 9540045).

Testemunhas: Ao rol de testemunhas na contestação, por força do princípio de igualdade de armas, aplica-se as mesmas regras da acusação (v. art. 283º-7-8). E assim pode apresentar-se testemunhas com o limite de **20,** não podendo exceder **5** as testemunhas **abonatórias**, as quais devem ser discriminadas como tal. Este limite pode ser ultrapassado quando *«se afigure **necessário para a descoberta da verdade material**, designadamente quando tiver sido praticado algum dos crimes referidos no nº 2 do artigo 215º ou se o processo se revelar de **excepcional complexidade**, devido ao número de arguidos ou ofendidos ou ao carácter alta-*

mente organizado do crime» tudo como expressamente se refere no **art. 283º-3--d)-7**. Todavia, quando **ultrapassado** o número normal de 20 testemunhas, tem o apresentante o ónus de **justificar** a sua pretensão (cf. muito bem impõe a atual redação da L. 27/2015, de 14.04, na esteira aliás de uma prática judiciária) a qual pode e deve ser indeferida pelo Juiz (no uso de um **poder discricionário**, mas legitimo) se não se verificar a condição da **necessidade para a descoberta da verdade material e da boa decisão da causa,** a que aludem as **alíneas do nº 4 do art. 340º**. Cabe **recurso** de tal decisão (v. arts. 399º e 400º).

Registe-se que fixando a lei prazos para apresentar testemunhas, a falta de cumprimento deste ónus, não pode ser suprido posteriormente por tardia via do **art. 340º**, como muitas vezes se pretende (v. notas ao art. 340º).

Contestação cível e testemunhas: Havendo pedido cível, aplica-se as regras dos arts. 78º e 79º (v. notas a estes artigos).

Referências: arts. 128º a 139º (regras da prova testemunhal); art. 113º-13 (regra especial de contagem do prazo para contestar, no caso de vários arguidos); art. 107º-6 (prorrogação do prazo); art. 165º (prazo para junção de documentos); art. 215º-3 (noção indireta de especial complexidade); art. 138º do CPC (regra geral de contagem do prazo).

Artigo 316º – Adicionamento ou alteração do rol de testemunhas

1. O Ministério Público, o assistente, o arguido ou as partes civis podem alterar o rol de testemunhas, inclusivamente requerendo a inquirição para além do limite legal, nos casos previstos nos nºs 7 e 8 do artigo 283º, contanto que o adicionamento ou a alteração requeridos possam ser comunicados aos outros até três dias antes da data fixada para a audiência.

2. Depois de apresentado o rol não podem oferecer-se novas testemunhas de fora da comarca, salvo se quem as oferecer se prontificar a apresentá-las na audiência.

3. O disposto nos números anteriores é correspondentemente aplicável à indicação de peritos e consultores técnicos.

(Última redação da L. 27/2015, de 14.04)

COMENTÁRIOS:

Alterações ao rol de testemunhas: Regulamenta-se o **adicionamento** ou a **substituição** de testemunhas, peritos e consultores técnicos, já previamente apresentadas, nos termos do art. 315º e fixa os prazos para o efeito. À notificação da alteração aplica-se as regras gerais do art. 113º. A jurisprudência tem entendido, que por ***"data fixada para a audiência"***, se tem a data de início da audiência, não contando portanto os adiamentos.

Artigo 317º – Notificação e compensação de testemunhas, peritos e consultores técnicos

1. As testemunhas, os peritos e os consultores técnicos indicados por quem se não tiver comprometido a apresentá-los na audiência são notificados para comparência, excepto os peritos dos estabelecimentos, laboratórios ou serviços oficiais apropriados, os quais são ouvidos por teleconferência a partir do seu local de trabalho, sempre que tal seja tecnicamente possível, sendo tão-só necessária a notificação do dia e da hora a que se procederá à sua audição.

2. Quando as pessoas referidas no número anterior tiverem a qualidade de órgão de polícia criminal ou de trabalhador da Administração Pública e forem convocadas em razão do exercício das suas funções, o juiz arbitra, sem dependência de requerimento, uma quantia correspondente à dos montantes das ajudas de custo e dos subsídios de viagem e de marcha que no caso forem devidos, que reverte, como receita própria, para o serviço onde aquelas prestam serviço.

3. Para os efeitos do disposto no número anterior, os serviços em causa devem remeter ao tribunal informações necessárias, até cinco dias após a realização da audiência.

4. Quando não houver lugar à aplicação do disposto no nº 2, o juiz pode, a requerimento dos convocados que se apresentarem à audiência, arbitrar-lhes uma quantia, calculada em função de tabelas aprovadas pelo Ministério da Justiça, a título de compensação das despesas realizadas.

5. Da decisão sobre o arbitramento das quantias referidas nos números anteriores e sobre o seu montante não há recurso.

6. As quantias arbitradas valem como custas do processo.

7. A secretaria, oficiosamente ou sob a direcção do presidente, procede a todas as diligências necessárias à localização e notificação das pessoas referidas no nº 1, podendo, sempre que for indispensável, solicitar a colaboração de outras entidades.

COMENTÁRIOS:

Notificação e compensação aos intervenientes. Teleconferência: É mais uma norma atabalhoada, onde se misturam coisas que nada tem a ver umas com as outras. Regulamenta-se as **notificações,** a **teleconferência** de agentes oficiais e as **compensações** às testemunhas, peritos e consultores técnicos, convocados para o julgamento. Mas aplica-se por analogia a todos os intervenientes no processo, qualquer que seja a fase, operando tributariamente a título de custas/encargos, conforme decorre do nº 6 e do RCP. O art. 14º da L. 130/2015, de 04.09 (estatuto da vítima) determinou que à vítima ***«deve ser proporcionada»*** (?) a possibilidade de ser reembolsada das despesas com a sua intervenção no tribunal. Assim, parece **alargar-se** (ou esclarecer-se) o campo de aplicação desta norma (v. noção de vítima no art. 67º-A). Deve conjugar-se o nº 2 com o nº 3, para fazer operar o direito às compensações dos serviços estaduais. É verdadeiramente extraordinário o estado, ter que se remunerar a si próprio (criando despesas de processamento, com prejuízo para o erário público). Já no nº 4, as compensações, a requerimento, revertem em favor das pessoas convocadas.

Referências: art. 14º da L. 130/2015, de 04.09 (Estatuto da vítima); art. 17º do R.C.P. (remunerações e compensações a entidades, peritos, tradutores, intérpretes, consultores técnicos, liquidatários, administradores, testemunhas – considerado inconstitucional a norma que impede a fixação da remuneração do perito, em montante superior a 10 UCs – Ac. T.C. 33/2017, *in* D.R. de 08.03.2017); D.L. 45/2004, de 19.08 (regime jurídico das perícias médico-legais e forenses); Portaria 175/2011, de 28.04 (tabelas de pagamentos ao I.M.L. e P.J.).

Artigo 318º – Residentes fora da comarca

1. Excecionalmente, a tomada de declarações ao assistente, às partes civis, às testemunhas, a peritos ou a consultores técnicos pode, oficiosamente ou a requerimento, não ser prestada presencialmente, podendo ser solicitada ao juiz de outro tribunal ou juízo, por meio adequado de comunicação, nos termos do artigo 111º, se:

a) Aquelas pessoas residirem fora do município onde se situa o tribunal ou juízo da causa;

b) Não houver razões para crer que a sua presença na audiência é essencial à descoberta da verdade; e *c)* Forem previsíveis graves dificuldades ou inconvenientes, funcionais ou pessoais, na sua deslocação.

2. A solicitação é de imediato comunicada ao Ministério Público, bem como aos representantes do arguido, do assistente e das partes civis.

3. Quem tiver requerido a tomada de declarações informa, no mesmo acto, quais os factos ou as circunstâncias sobre que aquelas devem versar.

4. A tomada de declarações processa-se com observância das formalidades estabelecidas para a audiência.

5. A tomada de declarações realiza-se em simultâneo com a audiência de julgamento, com recurso a equipamento tecnológico que permita a comunicação, por meio visual e sonoro, em tempo real.

6. Nos casos previstos no número anterior, observam-se as disposições aplicáveis à tomada de declarações em audiência de julgamento. No dia da inquirição, a pessoa identifica-se perante o funcionário judicial do tribunal ou juízo onde o depoimento é prestado, mas a partir desse momento a inquirição é efetuada perante o juiz da causa e os mandatários das partes, através de equipamento tecnológico que permita a comunicação, por meio visual e sonoro, em tempo real, sem necessidade de intervenção do juiz do local onde o depoimento é prestado.

7. Fora dos casos previstos no nº 5, o conteúdo das declarações é reduzido a auto, sendo aquelas reproduzidas integralmente ou por súmula, conforme o juiz determinar, tendo em atenção os meios disponíveis de registo e transcrição, nos termos do artigo 101º

8. Sem prejuízo do disposto em instrumentos internacionais ou europeus, o assistente, partes civis ou testemunhas residentes no estrangeiro são inquiridos através de equipamento tecnológico que permita a comunicação, por meio visual e sonoro, em tempo real, sempre que no local da sua residência existam os meios tecnológicos necessários.

(Última redação da L. 40-A/2016, de 22.12)

COMENTÁRIOS:

Residentes fora do município do tribunal: Trata-se de uma norma excecional, que permite que nas circunstâncias descritas nas alíneas, possam ser tomadas declarações através de **meios áudio visuais** em tempo real com a audiência de julgamento (só assim não acontecendo, se os meios não existirem, pelo que aí se usará a carta precatória – v. nº 7) não afetando assim, pelo menos excessivamente, o princípio da imediação e da oralidade. De acordo com o art. 23º da L. 130/2015, de 04.09 (estatuto da vítima) é alargado às vítimas consideradas ***«especialmente vulneráveis»,*** a possibilidade de serem ouvidas através de vídeo ou teleconferência.

Referências: art. 320º (realização de atos urgentes); art. 356º-1-a) (leitura em audiência das declarações anteriormente prestadas).

Artigo 319º – Tomada de declarações no domicílio

1. Se, por fundadas razões, o assistente, uma parte civil, uma testemunha, um perito ou um consultor técnico se encontrarem impossibilitados de comparecer na audiência, pode o presidente ordenar, oficiosamente ou a requerimento, que lhes sejam tomadas declarações no lugar em que se encontrarem, em dia e hora que lhes comunicará.

2. É correspondentemente aplicável o disposto nos nºs 2, 3 e 7 do artigo anterior.

3. A tomada de declarações processa-se com observância das formalidades estabelecidas para a audiência, salvo no que respeita à publicidade.

COMENTÁRIOS:

Declarações fora do tribunal: Regulamenta a tomada de declarações dos intervenientes, no **lugar** em que se encontrarem (casa, hospital, lar, etc...) quando por ***«fundadas razões»*** (doença, segurança ou imposição legal) as não possam prestar em audiência. Nestes casos, deve o Juiz, seguir as regras da audiência, mas com os limites decorrentes de cada situação concreta. Aplica-se esta norma às fases do **inquérito** e da **instrução.** Não deve confundir-se com declarações para memória futura (v. arts. 271º e 294º).

Referências: art. 139º (prerrogativas pessoais); art. 355º-3 (contumácia); art. 356º-1-a) (leitura em audiência das declarações anteriormente prestadas).

Artigo 320º – Realização de actos urgentes

1. O presidente, oficiosamente ou a requerimento, procede à realização dos actos urgentes ou cuja demora possa acarretar perigo para a aquisição ou a conservação da prova, ou para a descoberta da verdade, nomeadamente à tomada de declarações nos casos e às pessoas referidas nos artigos 271º e 294º

2. É correspondentemente aplicável o disposto nos nºs 2, 3, 4 e 7 do artigo 318º

COMENTÁRIOS:

Produção antecipada de prova: Em nome do princípio da **oficiosidade** na descoberta da verdade material, compete ao Juiz, determinar (ainda que a pedido) a **produção antecipada de provas**, quando estejam colocadas em perigo, por **quaisquer vicissitudes**, dando como exemplo, as declarações para **memória futura**, previstas nas normas apontadas. Tais atos, podem decorrer mesmo fora dos períodos enunciados no **art. 103º-1**. O despoletar deste mecanismo pelo Juiz, pode operar-se **em qualquer momento** da fase de julgamento, independentemente da audiência estar ou não em curso ou até já designada. Trata-se de um excelente comando que devia ser usado mais vezes.

Referências: art. 103º-1-2-b)-g) (atos urgentes abrangendo não apenas uma certa prova, mas a totalidade do processo); art. 356º-1-a) (leitura em audiência das declarações anteriormente prestadas).

TÍTULO II – Da audiência

CAPÍTULO I – Disposições gerais

Artigo 321º – Publicidade da audiência

1. A audiência de julgamento é pública, sob pena de nulidade insanável, salvo nos casos em que o presidente decidir a exclusão ou a restrição da publicidade.

2. É correspondentemente aplicável o disposto no artigo 87º

3. A decisão de exclusão ou de restrição da publicidade é, sempre que possível, precedida de audição contraditória dos sujeitos processuais interessados.

COMENTÁRIOS:

Publicidade: As audiências são sempre **públicas**, como resultado de princípios democráticos incontornáveis da moderna organização jurídica, que encontram acolhimento no art. 206º da C.R.P, no art. 10º da DUDH e no art. 6º da CEDH. A violação da publicidade da audiência acarreta a sua expressa **nulidade insanável** (v. arts. 118º-1 e 122º).

Exclusão de publicidade: Comportando quase todos os princípios **exceções**, pode o Juiz determinar a **exclusão da publicidade** (o que pode fazer a qualquer momento do julgamento) nos casos em que a mesma pode pôr em causa a **dignidade** das pessoas e da **moral** pública, bem como para garantir o normal **funcionamento** do tribunal. Será o caso de crimes de tráfico de pessoas ou contra a liberdade e autodeterminação sexual, em que a regra é a exclusão de publicidade, como expressamente decorre do art. 87º-3.

A audiência está sujeita aos princípios da publicidade (nº 1; art. 206º da CRP), do contraditório (artigos 323º, alínea f), 327º e também artigo 32º, nº 5, da CRP), da oralidade (artigo 96º), da imediação (artigos 129º e 138º, nº 1) e da livre apreciação da prova (artigo 127º) (Vinício Ribeiro, *in* CPP, notas e comentários).

Referências: art. 86º (publicidade e segredo de justiça); art. 87º (assistência a atos processuais); art. 87º-6 (proibição de assistência a menores e indisciplinados); art. 88º (publicidade nos meios de comunicação social); art. 327º (contraditoriedade); art. 371º-5 (exclusão da publicidade para produção de prova suplementar); art. 362º-1-e) (obrigatoriedade de consignação em ata da exclusão de publicidade).

Artigo 322º – Disciplina da audiência e direcção dos trabalhos

1. A disciplina da audiência e a direcção dos trabalhos competem ao presidente. É correspondentemente aplicável o disposto no artigo 85º

2. As decisões relativas à disciplina da audiência e à direcção dos trabalhos são tomadas sem formalidades, podem ser ditadas para a acta e precedidas de audição contraditória, se o presidente entender que isso não põe em causa a tempestividade e a eficácia das medidas a tomar.

COMENTÁRIOS:

Direção dos trabalhos pelo presidente e ata: Compete ao Juiz que **preside** ao julgamento (não aos adjuntos, se os houver) **dirigir** a audiência, concretamente garantir o cumprimento de todos os princípios e preceitos legais e imprimir celeridade e eficácia ao julgamento, bem como designar as datas que se revelarem necessárias às finalidades inerentes, reportando na ata todos os acontecimentos dignos de aí figurarem. A ata de julgamento assume uma **importância vital**, porque é através dela que é assegurada a legitimidade e conformidade legal de todo o ato de julgamento. Podem os juristas intervenientes ditarem para a ata os seus requerimentos e ali suscitarem questões que igualmente nela podem ser imediatamente decididas pelo Juiz ou Juízes, conforme as questões forem da competência do coletivo ou do presidente.

Referências: art. 97º-5 (fundamentação das decisões); art. 323º (poderes do presidente); art. 338º (poderes do coletivo).

Artigo 323º – Poderes de disciplina e de direcção

Para disciplina e direcção dos trabalhos cabe ao presidente, sem prejuízo de outros poderes e deveres que por lei lhe forem atribuídos:

a) Proceder a interrogatórios, inquirições, exames e quaisquer outros actos de produção da prova, mesmo que com prejuízo da ordem legalmente fixada para eles, sempre que o entender necessário à descoberta da verdade;

b) Ordenar, pelos meios adequados, a comparência de quaisquer pessoas e a reprodução de quaisquer declarações legalmente admissíveis, sempre que o entender necessário à descoberta da verdade;

c) Ordenar a leitura de documentos, ou de autos de inquérito ou de instrução, nos casos em que aquela leitura seja legalmente admissível;

d) Receber os juramentos e os compromissos;

e) Tomar todas as medidas preventivas, disciplinares e coactivas, legalmente admissíveis, que se mostrarem necessárias ou adequadas a fazer cessar os actos de perturbação da audiência e a garantir a segurança de todos os participantes processuais;

f) Garantir o contraditório e impedir a formulação de perguntas legalmente inadmissíveis;

g) Dirigir e moderar a discussão, proibindo, em especial, todos os expedientes manifestamente impertinentes ou dilatórios.

COMENTÁRIOS:

Poderes concretos do presidente: A norma enuncia de forma clara os poderes-deveres do **presidente**, na vertente da **direção** e **disciplina** dos trabalhos. A expressão "presidente" só faz sentido quando se trate de **tribunal coletivo**, onde existe um presidente e dois adjuntos. No tribunal singular, todos os poderes se reúnem no mesmo Juiz. Em todo o caso, nesta sede, poderá dizer-se que, onde as normas processuais referem expressamente *«o presidente»* estamos perante um poder de decisão individual dele. Onde as normas referem *«o tribunal»* estamos perante um poder de decisão do coletivo de Juízes (se houver coletivo).

O poder mais importante dos Juízes em julgamento, é um poder-dever de **investigar** e procurar a **verdade material**, no quadro legal e sem prejuízo do **objeto do processo.**

Referências: art. 85º (manutenção da ordem nos atos processuais); art. 338º (poderes do coletivo).

Artigo 324º – Deveres de conduta das pessoas que assistem à audiência

1. As pessoas que assistem à audiência devem comportar-se de modo a não prejudicar a ordem e a regularidade dos trabalhos, a independência de critério e a liberdade de acção dos participantes processuais e a respeitar a dignidade do lugar.

2. Cabe, em especial, às pessoas referidas no número anterior:

a) Acatar as determinações relativas à disciplina da audiência;

b) Comportar-se com compostura, mantendo-se em silêncio, de cabeça descoberta e sentadas;

c) Não transportar objectos perturbadores ou perigosos, nomeadamente armas, salvo, quanto a estas, tratando-se de entidades encarregadas da segurança do tribunal;

d) Não manifestar sentimentos ou opiniões, nomeadamente de aprovação ou de reprovação, a propósito do decurso da audiência.

COMENTÁRIOS:

Comportamento cívico: Todos, sem exceção, que se encontram numa sala de audiência, que é por inerência o "salão nobre" do órgão de soberania tribunal, devem observar os comportamentos cívicos expressos na norma, podendo em caso de violação grave desses comportamentos, serem **expulsos** da sala ou

detidos [art. 323º-e)] ou incorrerem mesmo na prática de um **crime** de perturbação de órgão constitucional, p.p.p. art. 334º do C.P.

Referências: art. 85º (manutenção da ordem nos atos processuais); art. 325º-3-4 (deveres de conduta do arguido); art. 326º (deveres de conduta dos advogados); art. 343º-3 (deveres de conduta específicos do arguido).

Artigo 325º – Situação e deveres de conduta do arguido

1. O arguido, ainda que se encontre detido ou preso, assiste à audiência livre na sua pessoa, salvo se forem necessárias cautelas para prevenir o perigo de fuga ou actos de violência.

2. O arguido detido ou preso é, sempre que possível, o último a entrar na sala de audiência e o primeiro a ser dela retirado.

3. O arguido está obrigado aos mesmos deveres de conduta que, nos termos do artigo anterior, impendem sobre as pessoas que assistem à audiência.

4. Se, no decurso da audiência, o arguido faltar ao respeito devido ao tribunal, é advertido e, se persistir no comportamento, é mandado recolher a qualquer dependência do tribunal, sem prejuízo da faculdade de comparecer ao último interrogatório e à leitura da sentença e do dever de regressar à sala sempre que o tribunal reputar a sua presença necessária.

5. O arguido afastado da sala de audiência, nos termos do número anterior, considera-se presente e é representado pelo defensor.

6. O afastamento do arguido vale só para a sessão durante a qual ele tiver sido ordenado.

7. É correspondentemente aplicável o disposto no nº 3 do artigo 85º

COMENTÁRIOS:

Deveres de conduta do arguido: A norma visa compatibilizar os direitos e deveres do arguido, com as **medidas cautelares** que cada situação impõe e regular os procedimentos da audiência. Ao arguido que no decurso da audiência cometer qualquer **infração**, aplica-se o disposto no **art. 85º-3** (instauração de auto por crime, contraordenação ou ilícito disciplinar, ou detenção imediata para procedimento criminal, interrogatório ou julgamento sumário). As **medidas cautelares** impostas ao arguido, devem constar na **ata** e serem **fundamentadas** (v. art. 97º-5).

Referências: art. 140º-1 (liberdade do arguido); art. 324º (deveres de conduta); art. 332º-7 (dever do Juiz informar o arguido, regressado à sala).

Artigo 326º – Conduta dos advogados e defensores

Se os advogados ou defensores, nas suas alegações ou requerimentos:

a) Se afastarem do respeito devido ao tribunal;

b) Procurarem, manifesta e abusivamente, protelar ou embaraçar o decurso normal dos trabalhos;

c) Usarem de expressões injuriosas ou difamatórias ou desnecessariamente violentas ou agressivas; ou

d) Fizerem, ou incitarem a que sejam feitos, comentários ou explanações sobre assuntos alheios ao processo e que de modo algum sirvam para esclarecê-lo;

são advertidos com urbanidade pelo presidente do tribunal; e se, depois de advertidos, continuarem, pode aquele retirar-lhes a palavra, sendo aplicável neste caso o disposto na lei do processo civil.

COMENTÁRIOS:

Advogados: Alem dos **deveres gerais** previstos no art. 324º, os advogados na sua condição de colaboradores e auxiliares da justiça, estão submetidos a **deveres profissionais**, designadamente deontológicos, que resultam do seu particular estatuto. Face à facilidade de escrita e oratória reconhecida em regra aos advogados, digamos, grosso modo, que o direito de liberdade de expressão dos advogados, se deve compatibilizar com alguma amplitude, com as **necessidades** para a defesa dos interesses legítimos do seu constituinte. Mas podem incorrer em responsabilidade criminal ou disciplinar, sempre que tal necessidade seja **ultrapassada** em termos tais, que afetem de forma intolerável a dignidade das pessoas e instituições. Verificadas estas situações desagradáveis, felizmente raras, podem ser **advertidos** pelo Juiz e se persistirem pode ser-lhes **retirada a palavra**. No limite podem incorrer na prática de um crime de perturbação de órgão constitucional, previsto no art. 334º do C.P. As **medidas cautelares** impostas ao advogado, devem constar na **ata** e serem **fundamentadas** (v. art. 97º-5).

Remissão para o Código de Processo Civil: A norma remete para a lei do processo civil, que regulamenta de forma mais descritiva, os procedimentos a observar no caso de comportamentos incorretos dos intervenientes, designadamente advogados. Quer o CPC, quer o estatuto da Ordem dos Advogados (EOA), regulamentam de forma muito rigorosa estas situações.

Art. 150º do CPC (Manutenção da ordem nos atos processuais):

1. A manutenção da ordem nos atos processuais compete ao magistrado que a eles presida, o qual toma as providências necessárias contra quem perturbar a sua realização, podendo nomeadamente, e consoante a gravidade da infração, advertir com urbanidade o infrator, retirar-lhe a palavra, quando ele se afaste do respeito devido ao tribunal ou às instituições vigentes, condená-lo em multa, ou fazê-lo sair do local, sem prejuízo do procedimento criminal ou disciplinar que no caso couber.

2. Não é considerado ilícito o uso das expressões e imputações indispensáveis à defesa da causa.

3. a 7. (...)

Art. 90º da Lei nº 145/2015, de 09.09 (E.O.A.) – (Deveres para com a comunidade):

1. O advogado está obrigado a defender os direitos, liberdades e garantias, a pugnar pela boa aplicação das leis, pela rápida administração da justiça e pelo aperfeiçoamento da cultura e instituições jurídicas.

2. Em especial, constituem deveres do advogado para com a comunidade:

a) Não advogar contra o direito, não usar de meios ou expedientes ilegais, nem promover diligências reconhecidamente dilatórias, inúteis ou prejudiciais para a correta aplicação de lei ou a descoberta da verdade; (...).

Art. 95º da Lei nº 145/2015, de 09.09 (E.O.A.) – (Dever geral de urbanidade):

No exercício da profissão, o advogado deve proceder com urbanidade, nomeadamente para com os colegas, magistrados, árbitros, peritos, testemunhas e demais intervenientes nos processos, e ainda funcionários judiciais (...).

Art. 110º da Lei nº 145/2015, de 09.09 (E.O.A.) – (Dever de correção):

1. O advogado deve exercer o patrocínio dentro dos limites da lei e da urbanidade, sem prejuízo de defender adequadamente os interesses do seu cliente.

Referências: art. 67º (substituição do defensor); art. 323º-e) f) g) (poderes de disciplina do Juiz); art. 80º do E.O.A. (direito de protesto do advogado).

Artigo 327º – Contraditoriedade

1. As questões incidentais sobrevindas no decurso da audiência são decididas pelo tribunal, ouvidos os sujeitos processuais que nelas forem interessados.

2. Os meios de prova apresentados no decurso da audiência são submetidos ao princípio do contraditório, mesmo que tenham sido oficiosamente produzidos pelo tribunal.

COMENTÁRIOS:

Princípio do contraditório: É um dos princípios jurídico mais importantes, consagrado constitucionalmente no **art. 32º-5 da C.R.P.** quando diz que: *«O processo criminal tem estrutura acusatória, estando a audiência de julgamento e os atos instrutórios que a lei determinar subordinados ao princípio do contraditório»*. Distingue a Constituição, entre a audiência de julgamento (de contraditório obrigatório) e os atos instrutórios. Daqui resulta que este princípio do contraditório, é o **expoente máximo da audiência**, mas não, por exemplo, da fase de inquérito, que é uma fase de investigação onde prevalece o princípio do acusatório, o que não significa que se despreze o contraditório.

No que diz respeito à audiência de julgamento, todas as questões nela levantadas e todas as provas apresentadas, devem ser submetidas ao contraditório dos ***«interessados»***. Interessados são aqueles que podem ser afetados pelas decisões tomadas relativas a tais questões e provas. Assim sendo, nem todos os intervenientes se têm de pronunciar sobre todas as questões e provas que se levantam na audiência, mas apenas sobre aquelas que os **afetem**. Este esclarecimento é importante, pois acontece demasiadas vezes, os defensores perorarem sobre questões que lhes não dizem respeito, na justa medida em que não afetam a sua posição processual [v. no mesmo sentido, art. 61º-1-a)-b)--c)-g) e art. 32º da C.R.P.].

"o sentido essencial do princípio do contraditório está em que nenhuma prova deve ser aceite em audiência, nem nenhuma decisão (mesmo só interlocutória) deve ser tomada pelo juiz, sem que previamente tenha sido dada ampla e efectiva possibilidade, ao sujeito processual contra a qual é dirigida, de a discutir, de a contestar e de a valorar" (Ac. TC nº 172 de 06.05.1993, *in* BMJ-427-57).

Em certas circunstâncias pode ser necessário que as autoridades judiciárias recorram a declarações prestadas na fase do inquérito ou da instrução, nomeadamente quando a impossibilidade de reiterar as declarações é devida a factos objectivos, como sejam a ausência ou a morte, ou a circunstâncias específicas de vulnerabilidade da pessoa (crimes sexuais); se o arguido tiver oportunidade, adequada e suficiente, de contraditar tais declarações posteriormente, a sua utilização não afecta, apenas por si mesma, o contraditório, cujo respeito não exige, em termos absolutos, o interrogatório directo em cross-examination (Ac. STJ de 07.11.2007, proc. 07P3630, *in* www.dgsi.pt).

Nulidades/irregularidades: A violação do princípio do contraditório, pode originar nulidades insanáveis, sanáveis ou meras irregularidades, dependendo da sua conformação (v. arts. 118º a 123º).

Artigo 328º – Continuidade da audiência

1. A audiência é contínua, decorrendo sem qualquer interrupção ou adiamento até ao seu encerramento.

2. São admissíveis, na mesma audiência, as interrupções estritamente necessárias, em especial para alimentação e repouso dos participantes. Se a audiência não puder ser concluída no dia em que se tiver iniciado, é interrompida, para continuar no dia útil imediatamente posterior.

3. O adiamento da audiência só é admissível, sem prejuízo dos demais casos previstos neste Código, quando, não sendo a simples interrupção bastante para remover o obstáculo:

a) Faltar ou ficar impossibilitada de participar pessoa que não possa ser de imediato substituída e cuja presença seja indispensável por força da lei ou de despacho do tribunal, excepto se estiverem presentes outras pessoas, caso em que se procederá à sua inquirição ou audição, mesmo que tal implique a alteração da ordem de produção de prova referida no artigo 341º;

b) For absolutamente necessário proceder à produção de qualquer meio de prova superveniente e indisponível no momento em que a audiência estiver a decorrer;

c) Surgir qualquer questão prejudicial, prévia ou incidental, cuja resolução seja essencial para a boa decisão da causa e que torne altamente inconveniente a continuação da audiência; ou

d) For necessário proceder à elaboração de relatório social ou de informação dos serviços de reinserção social, nos termos do nº 1 do artigo 370º

4. Em caso de interrupção da audiência ou do seu adiamento, a audiência retoma-se a partir do último acto processual praticado na audiência interrompida ou adiada.

5. A interrupção e o adiamento dependem sempre de despacho fundamentado do presidente que é notificado a todos os sujeitos processuais.

6. O adiamento não pode exceder 30 dias. Se não for possível retomar a audiência neste prazo, por impedimento do tribunal ou por impedimento dos defensores constituídos em consequência de outro serviço judicial já marcado de natureza urgente e com prioridade sobre a audiência em curso, deve o respetivo motivo ficar consignado em ata, identificando-se expressamente a diligência e o processo a que respeita.

7. Para efeitos da contagem do prazo referido no número anterior, não é considerado o período das férias judiciais, nem o período em que, por motivo estranho ao tribunal, os autos aguardem a realização de diligências de prova, a prolação de sentença ou que, em via de recurso, o julgamento seja anulado parcialmente, nomeadamente para repetição da prova ou produção de prova suplementar.

8. O anúncio público em audiência do dia e da hora para continuação ou recomeço daquela vale como notificação das pessoas que devam considerar-se presentes.

(Última redação da L. 27/2015, de 14.04)

COMENTÁRIOS:

Continuidade da audiência: Esta norma expressa o princípio da **concentração** da audiência e visa combater a morosidade processual. Não abrange todas as situações, havendo outras que justificam a interrupção ou o adiamento – v.g. arts. 67º, 330º, 331º, 333º. Distingue o ***«adiamento»*** da audiência, da sua ***«interrupção»***. Na verdade, de acordo com o nº 2, por ***«interrupção»***, entende-se, a **suspensão do trabalho de produção de prova iniciado para prosseguir no dia útil seguinte**. No ***«adiamento»***, tal "trabalho", **nem sequer se inicia na data prevista,** devendo ser agendada para o efeito, uma data futura no espaço de 30 dias a contar desse momento. Coerentemente com este raciocínio, no nº 6 diz-se que o ***«adiamento»*** não pode exceder 30 dias e não se refere às **interrupções**, porque estas seriam obrigatoriamente para o dia útil seguinte. O problema é que a esmagadora maioria das **interrupções**, acontecem por mais do que um dia útil. Tem-se entendido que o prazo fixado para o ***«adiamento»***, se aplica também à ***«interrupção»*** (aliás vai nesse sentido a redação do nº 6).

Os adiamentos e as interrupções devem constar na **ata** de julgamento e serem **fundamentados** (v. art. 97º-5). O seu anúncio, bem como o das datas designadas, equivalem a **notificação** a todos os presentes. Registe-se que a simples **transferência para outro tribunal ou área,** de Juízes que intervenham na audiência, o que acontece com alguma regularidade, não obsta a que a não concluam.

O art. 328º, nº 6 do CPP emprega o termo adiamento em sentido amplo, abrangendo o adiamento propriamente dito, quando não foi declarada a abertura da audiência, quando se não iniciou ainda a ordem de trabalhos e a interrupção (Ac. STJ de 03.07.1996, *in* CJ-STJ-IV-II-208); (no mesmo sentido Ac. TRC de 04.11.2009, proc. 120/06.08JAGRB.C2, *in* www.dgsi.pt)).

A nova redação da lei: Na anterior redação desta norma, a ultrapassagem do prazo de **30 dias** de interrupção da audiência, implicava "perda de eficácia da prova produzida" (o que equivalia a uma nulidade insanável) conclusão esta firmada pelo Ac. do STJ de Fixação de Jurisprudência nº 11/2008, de 29.10.2008, *in* D.R. de 11.12.2008. Era chocante que a prova produzida num julgamento, que podia durar meses ou anos, face a uma imprevisível e incontornável interrupção do julgamento por mais de 30 dias, se tornasse irrelevante, tudo devendo começar de novo (no que respeitava aos conteúdos orais da prova) sem sequer se poder aproveitar o registo áudio da prova gravada (v. arts. 101º, 363º e 364º). Esta expressão, "perda de eficácia da prova produzida", desapareceu do texto legal, com relevantes consequências, concretamente no domínio dos vícios processuais.

A **L. 27/2015, de 14.04**, introduziu uma justa e importante alteração, no sentido de que criou na situação que descreve (impedimento do tribunal ou dos defensores) um regime de validade da prova, mesmo ultrapassado a interrupção dos referidos **30 dias**. Tal ultrapassagem do prazo, só pode ser fundada na procedência de *«outro serviço judicial já marcado de natureza urgente e com prioridade sobre a audiência em curso»*. Portanto, em suma, tal só pode acontecer quando **(i)** o serviço judicial esteja previamente marcado e **(ii)** tenha natureza urgente e prioridade sobre a audiência em curso. Adivinha-se aqui alguma controvérsia, sobretudo na definição do que é um *«serviço judicial»*, noção que não existe na ordem jurídica.

Por outro lado, **(i)** o período de férias judiciais, **(ii)** o período durante o qual, por motivos estranhos ao tribunal, se aguardem diligências de prova, **(iii)** o período de prolação da sentença, **(iiii)** ou o período da repetição de julgamento ou produção de prova suplementar por via de anulação em recurso, não relevam para o prazo de 30 dias suprarreferido. Deste modo se clarificou algumas situações que anteriormente já eram aceites, mas podiam ser controvertidas.

Os requisitos descritos para fazer operar a norma devem ficar claramente definidos em ata. Não estando reunidos tais requisitos e interrompendo-se/

adiando-se o julgamento por mais de 30 dias, **sem justificação legal**, estamos perante um ato ilegal, que corresponde a uma "mera" **irregularidade** (arts. 118º-1-2 e 123º). Já não, a "perda de eficácia da prova". Tal figura desapareceu do ornamento jurídico.

Em todo o caso, na perspetiva do **incumprimento injustificado do prazo de 30 dias**, determinante de uma **irregularidade**, se entre as diversas sessões de julgamento, houve períodos de suspensão superiores a 30 dias e outras inferiores, aproveita-se todas as que sequencialmente tiveram suspensão inferior, até ao fecho da audiência, nada obstando a que se **repita** numa dessas, a prova que teve lugar nas audiências com suspensão superior a 30 dias, **validando** assim os atos irregulares.

Jurisprudência uniformizadora: Ac. STJ de Fixação de Jurisprudência nº 1/2016, de 12.11.2015, *in* D.R. de 05.06.2016: *«O prazo de 30 dias previsto no art. 328º, nº 6 do Código de Processo Penal, na redacção anterior à Lei nº 27/2015, de 14 de Abril, é inaplicável nas fases processuais em que, após a deliberação do tribunal sobre as questões da culpabilidade e da determinação da sanção, seguida ao encerramento da fase de discussão, seja verificada a necessidade de repetição de prova registada no decurso dessa anterior fase de discussão por haver deficiência no registo efectuado mantendo-se, portanto, a eficácia da prova».* **Nota:** Com a nova redação da norma, a questão estará ultrapassada.

I – O art. 328º, nº 6, do CPP, dispõe que a prova produzida perde eficácia se existir um intervalo superior a 30 dias entre as diversas sessões de um julgamento, tratando-se de um corolário do princípio da continuidade da audiência, consagrado no nº 1 do mesmo artigo. II – No caso em análise, houve um primeiro intervalo superior a 30 dias entre as sessões de julgamento – ocorridas a 10-10-08 e 10-11-08 (31 dias) –, dado que a "reunião do colectivo", de 20-10-08, embora tivesse sido registada em acta, não constitui uma sessão do julgamento, porque não foi contraditória. III – Mas o intervalo de 31 dias não envolve violação da lei, porque o dia em que terminava o prazo iniciado em 10-10-08 (09-11-08) foi um domingo, pelo que o termo do prazo, que tem incontestavelmente natureza processual, foi transferido para o dia seguinte, nos termos dos arts. 104º, nº 1, do CPP, e 114º, nº 2, do CPC, dia esse em que efectivamente se realizou nova sessão da audiência, a terceira. IV – O facto de a leitura do acórdão ter sido feita mais de 30 dias após o fim da produção da prova também não constitui nulidade. Com efeito, conforme jurisprudência uniforme deste STJ, a regra do nº 6 do art. 328º do CPP refere-se apenas à fase da produção da prova, pretendendo o legislador que esta seja concentrada, de forma a proporcionar ao julgador a evocação fácil do conjunto das provas produzidas oralmente, devendo a deliberação seguir-se imediatamente ao termo da produção da prova (art. 365º, nº 1, do CPP). V – A sentença cons-

titui uma nova fase de julgamento, que pressupõe a prévia deliberação, nada obstando a que seja lida e depositada para além do prazo de 30 dias após a deliberação. Não constitui, pois, nenhuma nulidade ou irregularidade o facto de o acórdão ter sido lido mais de 30 dias depois do encerramento da produção de prova (Ac. STJ de 28.10.2009, *in* www.dgsi.pt). **Nota**: Deve interpretar-se o ac. também à luz da atual redação da lei.

Referências: art. 328º-A (princípio da plenitude da assistência dos Juízes).

Artigo 328º-A – Princípio da plenitude da assistência dos juízes

1. Só podem intervir na sentença os juízes que tenham assistido a todos os atos de instrução e discussão praticados na audiência de julgamento, salvo o disposto nos números seguintes.

2. Se durante a discussão e julgamento por tribunal coletivo falecer ou ficar impossibilitado permanentemente um dos juízes adjuntos, não se repetem os atos já praticados, a menos que as circunstâncias aconselhem a repetição de algum ou alguns dos atos já praticados, o que é decidido, em despacho fundamentado, pelo juiz que deva presidir à continuação da audiência, ouvido o juiz substituto.

3. Sendo temporária a impossibilidade, interrompe-se a audiência pelo tempo indispensável, a não ser que as circunstâncias aconselhem a substituição do juiz impossibilitado, o que é decidido, em despacho fundamentado, pelo juiz que deva presidir à continuação da audiência.

4. O juiz substituto continua a intervir, não obstante o regresso ao serviço do juiz efetivo.

5. O juiz que for transferido, promovido ou aposentado conclui o julgamento, exceto se a aposentação tiver por fundamento a incapacidade física, moral ou profissional para o exercício do cargo, ou se em qualquer dos casos as circunstâncias aconselhem a substituição do juiz transferido, promovido ou aposentado, o que é decidido, em despacho fundamentado, pelo juiz que deva presidir à continuação da audiência.

6. O disposto no nº 2 é correspondentemente aplicável às situações previstas nos nºs 3 e 5.

7. Para o efeito de ser proferida a decisão prevista no nº 2 devem ser ponderados, nomeadamente, o número de sessões já realizadas, o número de testemunhas já inquiridas, a possibilidade de repetição da

prova já produzida, a data da prática dos factos e a natureza dos crimes em causa.

(Norma aditada pela L. 27/2015, de 14.04).

COMENTÁRIOS:

Princípio da plenitude da assistência dos Juízes no tribunal coletivo: Esta norma inovatória, aditada pela L. 27/2015, de 14.04 (v. no mesmo sentido o art. 605 do CPC) responde às necessidades de **economia** e **celeridade** que se fazem sentir na área processual. Visa essencialmente, obstar a que questões de natureza pessoal de um dos três Juízes que compõem o coletivo (se forem dois Juízes afetados, já não se aplica), possa prejudicar o bom andamento do julgamento e a elaboração da sentença. Estruturalmente, começa por declarar o princípio em epígrafe (nºs 1, 3 e 5) a que se segue as exceções (nºs 2, 3 e 4). Basicamente, o coletivo de Juízes é imutável e inamovível, seguindo as regras do funcionamento colegial, a não ser que haja por parte de um dos Juízes, um **impedimento permanente** que exija a sua substituição. Se tal acontecer, a prova oral já produzida não perde eficácia (sem prejuízo da possível repetição de algum ou alguns atos). Tratando-se de um **impedimento temporário**, o processo suspende-se pelo tempo indispensável ao afastamento do impedimento. Não define a lei um prazo para tal **impedimento temporário**, deixando ao critério do Juiz presidente a decisão a qual terá de fundamentar tudo nos termos gerais (art. 97º-5). Por fim, consignou-se no nº 5 uma válvula de segurança, nos termos ali definidos, para os casos de transferência, promoção ou aposentação do Juiz. Das decisões judiciais neste campo, cabe **recurso** que sobe imediatamente [v. arts. 399º e 407º-2-k)].

Em bom rigor, a solução encontrada de substituição do Juiz, põe em causa os **princípios da imediação e da oralidade** (v. art. 96º) De acordo com Figueiredo Dias, o princípio da **oralidade** pode ser definido como sendo o resultante de a *"decisão ser proferida com base em uma audiência de discussão oral da matéria a considerar"*, enquanto o princípio da **imediação** pode ser definido como *"a relação de proximidade comunicante entre o Tribunal e os participantes no processo, de modo tal que aquele possa obter uma perceção própria do material que haverá de ter como base da sua decisão'* (*in* D.P.P., pág. 232) Aceitando que os referidos princípios possam ficar em causa, cremos que tal acontecerá em grau mínimo, face à circunstância da prova oral ter sido gravada e o Juiz substituto a poder ouvir e assim firmar as suas convicções – v. arts. 101º, 363º e 364º.

CAPÍTULO II – Dos actos introdutórios

Artigo 329º – Chamada e abertura da audiência

1. Na hora a que deva realizar-se a audiência, o funcionário de justiça, de viva voz e publicamente, começa por identificar o processo e chama, em seguida, as pessoas que nele devam intervir.

2. Se faltar alguma das pessoas que devam intervir na audiência, o funcionário de justiça faz nova chamada, após o que comunica verbalmente ao presidente o rol dos presentes e dos faltosos.

3. Seguidamente, o tribunal entra na sala e o presidente declara aberta a audiência.

COMENTÁRIOS:

Chamada: O funcionário do tribunal antes da audiência abrir, faz a chamada, e depois **informa** o presidente se as pessoas convocadas estão **presentes ou ausentes**. A falta injustificada das pessoas **regularmente notificadas**, pode acarretar as **consequências** previstas no art. 116º, exceto se houver consenso entre o Juiz e os restantes intervenientes na sua dispensa (v. art. 353º).

O ato de declarar **aberta a audiência**, tem impacto processual, na medida em que, **preclude** a possibilidade da prática de vários atos, que tem como *dies ad quem*, exatamente o momento de tal ato. [v. g., dedução de incompetência territorial – art. 32º-2-b)].

No ato da chamada, o **funcionário** previdente ou devidamente instruído, deve ou devia **apurar** logo junto do chamado, se ele está em condições emocionais de prestar o seu depoimento na presença do arguido, sem constrangimentos ou inibições e fazer chegar tal informação ao M.P. ou ao Juiz, a fim de se ponderar imediatamente a aplicação do disposto no **art. 352º-1** – afastamento temporário do arguido da sala de audiência. Neste mesmo sentido concorre o art. 15º da L. 130/2015, de 05.09 (estatuto da vítima). É pena que, num tempo dominado pelo medo, a lei não torne este procedimento obrigatório no julgamento de certos crimes.

Referências: arts. 87º e 88º (assistência do público e dos meios de comunicação a atos processuais);

Artigo 330º – Falta do Ministério Público, do defensor e do representante do assistente ou das partes civis

1. Se, no início da audiência, não estiver presente o Ministério Público ou o defensor, o presidente procede, sob pena de nulidade insanável, à substituição do Ministério Público pelo substituto legal e do defensor por outro advogado ou advogado estagiário, aos quais pode conceder, se assim o requererem, algum tempo para examinarem o processo e prepararem a intervenção.

2. Em caso de falta do representante do assistente ou das partes civis a audiência prossegue, sendo o faltoso admitido a intervir logo que comparecer. Tratando-se da falta de representante do assistente em procedimento dependente de acusação particular, a audiência é adiada por uma só vez; a falta não justificada ou a segunda falta valem como desistência da acusação, salvo se houver oposição do arguido.

COMENTÁRIOS:

Faltas: Os magistrados do **M.P.** e os **advogados,** faltando, são substituídos pelos seus colegas respetivos, o que deve ser determinado **oficiosamente**. Já não os **advogados do assistente ou das partes civis**, que **não são oficiosamente substituídos**, prosseguindo o julgamento sem a sua presença (e sem que, caso ocorra uma sessão seguinte, em que compareça o advogado, haja obrigatoriedade de repetir atos ou de se dar informação do que aconteceu na sessão anterior). No caso especial em que o assistente deduziu **acusação particular,** é admissível **um adiamento** por falta do advogado, mas sob pena de se considerar que **desistiu** da acusação, caso essa falta não seja **justificada** (não basta a mera comunicação da falta) nos termos do art. 117º-2-8, ou haja **outra falta** subsequente (agora independentemente de ser ou não justificada). Só assim não será, se houver **oposição** do arguido à "desistência"; nesse caso o julgamento deve prosseguir, sem a presença do faltoso, para apuramento dos factos acusados.

Referências: art. 116º-3 (comunicações de faltas); art. 117º-1-2-8 (justificação de faltas); art. 119º-a)-b)-c) (nulidades insanáveis); art. 65º e 66º do L.O.M.P. (substituição de procuradores).

Artigo 331º – Falta do assistente, de testemunhas, peritos, consultores técnicos ou das partes civis

1. Sem prejuízo do disposto no artigo 116º, a falta do assistente, de testemunhas, peritos ou consultores técnicos ou das partes civis não dá lugar ao adiamento da audiência. O assistente e as partes civis são, nesse caso, representados para todos os efeitos legais pelos respectivos advogados constituídos.

2. Se o presidente, oficiosamente ou a requerimento, decidir, por despacho, que a presença de alguma das pessoas mencionadas no número anterior é indispensável à boa decisão da causa e não for previsível a obtenção do seu comparecimento com a simples interrupção da audiência, são inquiridas as testemunhas e ouvidos o assistente, os peritos ou consultores técnicos ou as partes civis presentes, mesmo que tal implique a alteração da ordem de produção de prova referida no artigo 341º

3. Por falta das pessoas mencionadas no nº 1 não pode haver mais de um adiamento.

COMENTÁRIOS:

Faltas: A falta do **assistente**, de **testemunhas**, de **peritos** ou **consultores técnicos** ou das **partes civis**, não dá lugar ao **adiamento** da audiência, devendo esta **iniciar-se** e **prosseguir**, com os presentes, ainda que haja alteração da ordem de produção de prova. Neste âmbito, só poderá haver adiamento, se a presença do faltoso for indispensável à descoberta da verdade, não for possível obter a sua rápida comparência e a sua tomada de declarações for o único ato a praticar naquela sessão de julgamento, ou se os restantes atos, não fizerem sentido sem o depoimento do faltoso. Obviamente que alterada assim a cronologia da produção de prova, pode isso representar, mais do que um incómodo, um verdadeiro óbice às estratégias da acusação ou da defesa, pelo que deve o Juiz obter o consenso também nesta parte. Tudo sem prejuízo da aplicação de **multas,** condenação por **despesas** e **detenções para comparência**, conforme prevê o art. 116º (sobre o que, o M.P. se deve pronunciar).

A conclusão sobre a **indispensabilidade** ou não do **faltoso** para a descoberta da verdade, em bom rigor só se alcança no **final do julgamento.** Em regra, o julgamento inicia-se com os **presentes** e no final da sessão há lugar a pronuncia sobre a **prescindibilidade** ou não da pessoa faltosa.

Artigo 332º – Presença do arguido

1. É obrigatória a presença do arguido na audiência, sem prejuízo do disposto nos nºs 1 e 2 do artigo 333º e nos nºs 1 e 2 do artigo 334º

2. O arguido que deva responder perante determinado tribunal, segundo as normas gerais da competência, e estiver preso em comarca diferente pela prática de outro crime, é requisitado à entidade que o tiver à sua ordem.

3. A requerimento fundamentado do arguido, cabe ao tribunal proporcionar àquele as condições para a sua deslocação.

4. O arguido que tiver comparecido à audiência não pode afastar-se dela até ao seu termo. O presidente toma as medidas necessárias e adequadas para evitar o afastamento, incluída a detenção durante as interrupções da audiência, se isso parecer indispensável.

5. Se, não obstante o disposto no número anterior, o arguido se afastar da sala de audiência, pode esta prosseguir até final se o arguido já tiver sido interrogado e o tribunal não considerar indispensável a sua presença, sendo para todos os efeitos representado pelo defensor.

6. O disposto no número anterior vale correspondentemente para o caso em que o arguido, por dolo ou negligência, se tiver colocado numa situação de incapacidade para continuar a participar na audiência.

7. Nos casos previstos nos nºs 5 e 6 deste artigo, bem como no nº 4 do artigo 325º, voltando o arguido à sala de audiência é, sob pena de nulidade, resumidamente instruído pelo presidente do que se tiver passado na sua ausência.

8. É correspondentemente aplicável o disposto nos nºs 1 e 2 do artigo 116º e no artigo 254º

COMENTÁRIOS:

O direito de presença do arguido na audiência de julgamento: Como princípio geral, o arguido tem o direito de estar presente em todos os atos processuais que lhe disserem respeito, *maxime*, no seu julgamento, sendo esse um seu direito constitucionalmente protegido [v. art. 32º-5-6-7 da CRP e arts. 60º e 61º-1-a)-b)]. O procedimento penal garante-lhe a concessão de um **direito de audiência generalizado**, que permita ao arguido a participação constitutiva na declaração do direito aplicável ao caso concreto, mesmo até contra sua vontade, como flui dos diversos números da norma.

As exceções e derrogações ao direito de presença do arguido: No art. 32º-6 da CRP pode ler-se: «*A lei define os casos em que, assegurados os direitos de defesa, pode ser dispensada a presença do arguido ou acusado em atos processuais, incluindo a audiência de julgamento*». É pois a própria constituição que admite o julgamento na ausência do arguido (o que acontece por força da revisão constitucional de 1997). Várias situações são possíveis, para além da descrita no artigo seguinte. Pode o julgamento efetuar-se sem a sua presença, verificadas as **situações particulares** previstas no **art. 333º-2-4** (consentimento do arguido) no **art. 334º-1-2** (processo sumaríssimo e consentimento do arguido) no **art. 472º-2** (audiência de cúmulo jurídico de penas). Ainda por **razões incidentais**, pode o arguido ser "afastado" da audiência de julgamento, nos termos do **art. 325º-4-5** (mau comportamento) **art. 343º-4** (audição separada) e **art. 352º** (afastamento). Nestas últimas situações, logo que volte à sala, deve ser **reportado** ao arguido o que aconteceu na ausência dele. Também não é obrigatória a presença do arguido se a discussão incidir apenas sobre matéria cível.

Artigo 333º – Falta e julgamento na ausência do arguido notificado para a audiência

1. Se o arguido regularmente notificado não estiver presente na hora designada para o início da audiência, o presidente toma as medidas necessárias e legalmente admissíveis para obter a sua comparência e a audiência só é adiada se o tribunal considerar que é absolutamente indispensável para a descoberta da verdade material a sua presença desde o início da audiência.

2. Se o tribunal considerar que a audiência pode começar sem a presença do arguido, ou se a falta de arguido tiver como causa os impedimentos enunciados nos nºs 2 a 4 do artigo 117º, a audiência não é adiada, sendo inquiridas ou ouvidas as pessoas presentes pela ordem referida nas alíneas *b*) e *c*) do artigo 341º, sem prejuízo da alteração que seja necessária efectuar no rol apresentado, e as suas declarações documentadas, aplicando-se sempre que necessário o disposto no nº 6 do artigo 117º

3. No caso referido no número anterior, o arguido mantém o direito de prestar declarações até ao encerramento da audiência e, se ocorrer na primeira data marcada, o advogado constituído ou o defensor nomeado ao arguido pode requerer que este seja ouvido na segunda data designada pelo juiz ao abrigo do nº 2 do artigo 312º

4. O disposto nos números anteriores não prejudica que a audiência tenha lugar na ausência do arguido com o seu consentimento, nos termos do nº 2 do artigo 334º

5. No caso previsto nos nºs 2 e 3, havendo lugar a audiência na ausência do arguido, a sentença é notificada ao arguido logo que seja detido ou se apresente voluntariamente. O prazo para a interposição de recurso pelo arguido conta-se a partir da notificação da sentença.

6. Na notificação prevista no número anterior o arguido é expressamente informado do direito a recorrer da sentença e do respectivo prazo.

7. É correspondentemente aplicável o disposto nos nºs 1 e 2 do artigo 116º, no artigo 254º e nos nºs 4 e 5 do artigo seguinte.

(Última redação da L. 26/2010, de 30.08)

COMENTÁRIOS:

Falta do arguido à audiência: Este artigo, mal elaborado e demasiado extenso, é de capital importância, gerando inúmeros incidentes que se repercutem no processo. Sendo verdade que o arguido tem o direito de estar presente em todos os atos processuais que lhe disserem respeito, tal direito, se não for por ele exercido (é um direito disponível) não impede que se proceda a julgamento na sua ausência. O julgamento na **ausência** do arguido **regularmente notificado** (é condição incontornável que esteja regularmente notificado) pode ocorrer ou por **iniciativa do tribunal** (de que este artigo é referente) ou nos **casos especiais** relatados no artigo anterior. O arguido ausente é sempre **representado** pelo seu defensor [art. 196º-3-d)].

A falta de notificação para o julgamento assume relevo processual intransponível, pois, não sendo caso de realização do julgamento na ausência do arguido ao abrigo do art. 333º, nº 1, do CPP, dado que aquele não se encontrava notificado, a sua presença na audiência era obrigatória, por força do disposto no art. 332º, nº 1, do mesmo diploma legal, sendo cometida a nulidade insanável prevista no art. 119º, al. c), do CPP – ausência do arguido ou do seu defensor nos casos em que a respectiva comparência é obrigatória – que no caso conduz à anulação do julgamento efectuado em 1ª instância, nulidade que deve ser declarada oficiosamente em qualquer altura do processo (art. 119º, nº 1, do referido diploma legal) (Ac. STJ de 04.10.2006, proc. nº 2048106-3, *in* www.dgsi.pt).

Falta injustificada do arguido à audiência: Se o arguido, estando **regularmente notificado,** (bastará a notificação por via postal simples, com prova de depósito, para a morada indicada no termo de identidade e residência, cf. art. 196º) faltar à audiência de julgamento, sem que tenha **comunicado e justificado** a falta de comparência (nos termos do art. 117º-1-2-3) **presume-se a falta injustificada** (com a inevitável condenação no pagamento de **multa** e das **despesas**, conforme prevê o art. 116º). Seguidamente, o presidente, faz um **obrigatório juízo de avaliação** (ouvido o M.P. e os advogados) sobre se a presença do arguido é ou não ***«absolutamente indispensável»*** à descoberta da verdade desde o início da audiência.

Se tal juízo for **negativo**, **não considerando *«absolutamente indispensável»*** a presença do arguido, deve **iniciar** imediatamente o julgamento, **sem a presença do arguido** (quer ele tenha justificado ou não a sua falta, nos termos do art. 117º) podendo finalizá-lo na mesma sessão com prolação da sentença, **exceto** se o defensor requerer a audição do arguido na segunda data designada, nos termos do nº 3. Durante muito tempo, entendeu-se que mesmo nestas circunstâncias, devia o Juiz ordenar todas as diligências necessárias a obter a comparência do arguido no julgamento, na sessão de julgamento seguinte, sob pena de nulidade, o que até parece contraditório. O acórdão infra do STJ, pôs termo a essa interpretação.

Jurisprudência uniformizadora: Ac. do STJ de Fixação de Jurisprudência nº 9/2012, de 08.03.2012, *in* D.R. de 10.12.2012: *«Notificado o arguido da audiência de julgamento por forma regular, e faltando injustificadamente à mesma, se o tribunal considerar que a sua presença não é necessária para a descoberta da verdade, nos termos do nº 1 do artigo 333º do CPP, deverá dar início ao julgamento, sem tomar quaisquer medidas para assegurar a presença do arguido, e poderá encerrar a audiência na primeira data designada, na ausência do arguido, a não ser que o seu defensor requeira que ele seja ouvido na segunda data marcada, nos termos do nº 3 do mesmo artigo».*

A falta de tomada de medidas, coactivas para obter o comparecimento do arguido, por parte do Tribunal, não é cominada pela lei com qualquer sanção, donde não constitui nulidade (art. 118º-1 e 120º-1 CPP) e muito menos insanável, dado que a lei permite (art. 332º-1 CPP) e até impõe (art. 333º-1-2 CPP) a realização do julgamento do arguido na sua ausência em caso de regular notificação e prestação de TIR e se porventura se pudesse considerar uma irregularidade, ela não foi tempestivamente arguida, como não afecta o valor do julgamento realizado (art. 123º CPP) (Ac. TRP de 27.05.2009, *in* www.pgdlisboa.pt).

Se o juízo for **positivo** e considerar ***«absolutamente indispensável»*** a presença do arguido, o presidente pode desde logo **adiar** o julgamento e ordenar as **diligências de localização e notificação** do arguido; mas também pode

iniciar o julgamento desde que neste último caso tome as **medidas legais necessárias** para obter a rápida comparência do arguido, que habitualmente se resumem a **contactos telefónicos** ou à emissão de **mandados de detenção** nos termos do art. 116º-2, a cumprir rapidamente pela entidade policial, podendo eventualmente o julgamento **suspender-se** por algumas horas (se não houver outros atos a praticar entrementes) até se garantir a presença do arguido ou haver informação sobre o não cumprimento dos mandados. Diga-se que estas diligências são de difícil execução prática e raras vezes surtem efeito. Revelando-se infrutíferas todas as **medidas** para obter a comparência do arguido (regularmente notificado) no julgamento, cuja presença se **considerou** e **continua a considerar-se** (face aos desenvolvimentos do julgamento iniciado) de forma definitiva e decisiva, como ***«absolutamente indispensável»*** à descoberta da verdade, o presidente **adiará *sine die*** o julgamento e ordenará a emissão de **mandados de detenção** do arguido, a que se poderá seguir verificados os pressupostos legais, a sua **prisão preventiva**, nos termos do **art. 116º-2**, ficando o processo a aguardar o cumprimento destas diligências.

A ausência do arguido ou do seu defensor só constitui a nulidade (insanável) prevista na al. c), do art. 119º, do CPP, pelo recorrente invocada, nos casos em que a lei exigir a respectiva comparência. Tal questão apenas poderia colocar-se se a Ilustre Defensora do arguido tivesse requerido a audição deste ou o tribunal a considerasse necessária para a descoberta da verdade (Ac. TRL de 24.01.2008, proc. 10744/07-9, *in* www.dgsi.pt).

A consideração da presença do arguido em julgamento, como *«absolutamente indispensável»*: Em termos práticos, face às garantias do arguido, sobretudo do seu direito ao silêncio, raros serão os casos em que a presença do arguido logo desde o início do julgamento (e muitas vezes, até posteriormente) pode ser considerada *«absolutamente indispensável»* à descoberta da verdade material. De qualquer forma, nada na lei obsta a que este juízo se possa ir **moldando/alterando** ao longo do julgamento, que é uma ato dinâmico e contingente. Se assim não fosse, o Juiz ficaria prisioneiro do seu juízo inicial com consequências nefastas para a realização da justiça (v. expressão desta ideia no art. 334º-5).

A presença do arguido em si mesma, regra geral, pouco acrescenta à descoberta da verdade. No que aos factos respeita, pode remeter-se ao silêncio. Por isso que a sua presença tem de ser absolutamente indispensável à descoberta da verdade material. O que equivale por dizer que a falta do arguido na abertura da audiência só funda o adiamento se a sua presença se prefigurar, logo de início, como elemento de prova, senão nuclear, pelo menos importante e incontornável para a descoberta da verdade material. Nesta perspectiva finalística, o critério colhe alguma plasticidade. Por ex., a anterior confissão integral dos factos, reafirmada na contestação, aponta claramente no sentido de que o arguido vai, na audiência, confessar, livre, esclarecida, integralmente e sem reservas. Sendo assim, e tal como está pensada a confissão, a presença do arguido no início da audiência pode ter-se por absolutamente indispensável para a descoberta da verdade material, desde que não estejam no processo provas periciais ou documentais que tornam supérfluo tal meio de prova. Por ex., nos crimes contra as pessoas em que seja conatural alguma intensidade dramática pode ser de capital interesse para a descoberta da verdade observar a reação do arguido ao reviver do drama da vítima (*in* CPP, Mag. do M.P. do Dist. Judic. do Porto).

O julgamento na ausência, nessas condições, estando o arguido representado por defensor oficioso e sendo respeitadas as demais exigências legais impostas pelos nºs 1, 2 e 3 do artigo 333º do CPP, garantindo-se alem disso, o direito ao recurso com a exigência de notificação pessoal do arguido (pela sua voluntária apresentação ou através da sua detenção), não viola o essencial dos direitos de defesa, de presença e de audição, como se ponderou nos Acórdãos do TC nº 206/2006, de 22.03, processo nº 676/2005 e nº 465/2004, de 23.06, processo nº 249/2004 (Ac. STJ de 31.01.2008, proc. nº 3272/07 – cit na jurisp. obrig. supra).

1 – Seja porque o tribunal considere que a presença do arguido desde o início da audiência não é absolutamente indispensável para a descoberta da verdade material, seja porque a falta do arguido tem como causa os impedimentos enunciados nos nºs 2 a 4 do artigo 117º (nos quais se inclui a doença), a consequência é sempre a mesma: a audiência não é adiada (nº 2 do artigo 333º do CPP). 2 – Em ambas as situações o arguido mantém o direito de prestar declarações até ao encerramento da audiência, e se ocorrer na primeira data marcada, o advogado constituído ou o defensor nomeado ao arguido, pode requerer que este seja ouvido na segunda data designada pelo juiz ao abrigo do artigo 312º, nº 2, do CPP, como resulta do nº 3 do artigo 333º, do CPP. Vale isto por dizer que a lei equipara as duas situações para aqueles efeitos. 3 – A ausência do arguido ou do seu defensor só constitui a nulidade (insanável) prevista na alínea c) do artigo 119º do CPP, pelo recorrente invocada, nos casos em que a lei exigir a respetiva comparência. Tal questão apenas poderia colocar-se se a Ilustre Defensora do arguido tivesse requerido a audição deste ou o tribunal a considerasse necessária para a descoberta da verdade (Ac. do TRL de 14.9.2009, proc. nº 100744/07 – cit. no ac. de fix. jurisp. supra).

Casos de adiamento da audiência, pela não presença do arguido: Se a presença do arguido, regularmente notificado, for considerada ***«absolutamente indispensável»*** à descoberta da verdade desde o início da audiência e não for possível obter o seu rápido comparecimento, o julgamento é **adiado**. Obviamente, a **não notificação** ou a **irregularidade** da notificação do arguido, também obriga ao **adiamento** da audiência. Constatando-se ser **impossível** notificar o arguido do despacho que designa data para audiência (v.g., porque o arguido nunca prestou TIR) e tendo-se chegado a esta conclusão, só no próprio ato de julgamento, este é **adiado *sine die***, seguindo-se os termos do art. 335º (contumácia).

Obrigação de fundamentação da dispensabilidade da presença do arguido na audiência: O Juiz está obrigado a **fundamentar** as razões pelas quais procede ao julgamento na ausência do arguido, designadamente no sentido de demonstrar que a sua presença **não é indispensável** à descoberta da verdade material (art. 97º-5). Mas o arguido mantém sempre o **direito de prestar declarações,** caso se apresente. Todavia, nos casos em que o julgamento começa e termina **no mesmo dia**, o arguido só será ouvido numa sessão seguinte a designar, (que em princípio poderá ser a da leitura da sentença) se o defensor o **requerer** (v. art. 312º-2). Se o arguido, regularmente notificado, não for localizado e não se apresentar na **sessão final**, inexistindo nada em contrário, deve o Juiz dar por **encerrado o julgamento e passar à fase da sentença**.

É nula a audiência a que se procedeu, sem a presença de um arguido, se, no despacho que determinou a realização de tal audiência, se não mencionou, para além de outros requisitos a que se reporta o art. 333º do C.P.P., aquele que consta do nº 1 da referida norma, ou seja, a dispensabilidade ou indispensabilidade da presença do arguido em audiência (Ac. TRL de 18.05.2006, *in* www.dgsi.pt).

O regime, havendo termo de identidade e residência: O caso mais habitual é o do arguido ter prestado no processo **TIR,** com a advertência de que as notificações lhe seriam remetidas através de **via postal simples** para a residência que indicou e ter sido remetida a notificação por essa via, encontrando-se nos autos a **prova de depósito postal** da notificação, tudo nos termos dos arts. 113º-1-c)-3 e 196º-2. O arguido considera-se então **regularmente notificado.**

Muitos incidentes podem ocorrer neste trajeto. Um deles é o distribuidor postal, não conseguir proceder ao depósito da notificação, ou porque a residência já não existe ou porque foi informado pelos ali residentes, que o arguido é desconhecido como habitante da residência. Outro incidente é a carta ser devolvida ao tribunal após depósito, com a indicação anónima de que o arguido já não mora ali. O arguido tem sempre o ónus de informar o tribunal de qualquer mudança de residência. Há alguma condescendência da jurisprudência relativamente a esse dever. No entanto, só havendo prova clara de que o arguido já não reside na morada que indicou, é que se não pode considerar legalmente notificado. Inexistindo tal prova, presume-se regularmente notificado, em concordância aliás com as alterações legislativas a esta matéria, que visam o combate a expedientes dilatórios nesta sede das notificações.

Notificação pessoal da sentença condenatória do arguido ausente: É hoje jurisprudência pacifica que, julgado um arguido na ausência, a sentença condenatória só transita e é exequível, quando ele, dela for **pessoalmente notificado**, conforme aliás sempre defendeu o T.C. (v.g. Ac. TC 503/2003, proc. 37/2003) jurisprudência esta esclarecida pelo Ac. do mesmo T.C. 545/2003, proc. 799/2002, no sentido de que quando o arguido tenha estado **presente na audiência, mas tão só não comparece na data designada para leitura da sentença,** se deve considerar notificado da sentença na pessoa do seu defensor, nos termos do art. 373º-3 do CPP.

Mas, não verificada esta última situação, resulta assim e contraproducentemente, que julgado um arguido totalmente na ausência, o processo tem de aguardar a sua **notificação pessoal** da sentença, a qual raras vezes se consegue em curto espaço de tempo, sendo certo que nestas circunstâncias, o arguido nem sequer pode ser declarado contumaz. O processo fica **pendente**, sem prejuízo do regime da suspensão e interrupção dos prazos de procedimento criminal (v. arts. 120º-1-d) e 121º-3 do C.P.).

Detenção para notificação pessoal: Por outro lado e ao contrário do que a leitura deste artigo inculca, alguma jurisprudência entende que não é admissível a emissão de **mandados de detenção** do arguido para notificação pessoal da sentença que o tenha condenado em audiência em que não esteve presente, por tal não estar tipicamente previsto em qualquer lei expressa – como acontece na contumácia, v. art. 337º – e violar direitos liberdades e garantia dos cidadãos, direitos estes constitucionalmente consignados no art. 27º da CRP (v.g., Ac. T.R.L. de 08.07.2004, *in* C.J.-XXIX-IV-126 e Ac. T.R.P. de 02.10.2002, *in* C.J.-XXVII-IV-210). Ainda se poderá dizer que tal prática, violará também o princípio da necessidade e proporcionalidade das decisões judiciais, uma vez que o arguido pode ser notificado da sentença sem detenção. Basta localizar e contactar o arguido e notificá-lo no ato para se cumprir o fim da diligência, sem necessidade de detenções. No entanto esta jurisprudência é contrariada por várias disposições expressas, que inculcam a ideia de que se devem emitir mandados de detenção, principalmente este art. 333º-5, quando refere que, *«...a sentença é notificada ao arguido logo que seja detido ou se apresente voluntariamente»*. Igualmente o art. 116º-2 admite a detenção de quem faltar injustificadamente a qualquer diligência a que fosse obrigado a comparecer, como é o caso do julgamento. Logo, face à letra da lei e para além da questão da sua constitucionalidade, parece que devem ser emitidos **mandados de detenção**, nos termos do art. 116º-2, o que não choca, dado que esta disposição existe exatamente para os casos em que o arguido falta injustificadamente. No mesmo sentido concorre o art. 254º-1-b). Por outro lado, e este é o lado utilitário da questão, tais mandados entram no sistema policial de localização de arguidos, aumentando a possibilidade de os encontrar e notificar.

"O julgamento na ausência, nessas condições, estando o arguido representado por defensor oficioso e sendo respeitadas as demais exigências legais impostas pelos nºs 1, 2 e 3 do artigo 333º do CPP, garantindo-se alem disso, o direito ao recurso com a exigência de notificação pessoal do arguido (pela sua voluntária apresentação ou através da sua detenção), não viola o essencial dos direitos de defesa, de presença e de audição, como se ponderou nos Acórdãos do TC nº 206/2006, de 22.03, processo nº 676/2005 e nº 465/2004, de 23.06, processo nº 249/2004." (Ac. STJ de 31.01.2008, proc. nº 3272/07 – cit. no ac. de fixação de jurisp. supra).

Prazo de recurso do arguido ausente: O prazo de recurso da sentença que condenou o arguido ausente em julgamento, conta-se **desde a data da sua notificação pessoal** (obviamente não pode interpor recurso, se não se considerar notificado da sentença). O ausente condenado não tem direito a um novo julgamento como acontece em outras legislações internacionais, mas apenas ao recurso (daí que nesta parte, se têm manifestado algumas dificuldades no cumprimento de mandados de detenção europeu – v. L. 65/2003, de 23.08).

Referências: art. 64º-1-g) (obrigatoriedade de assistência por defensor); art. 375º (sentença condenatória); art. 411º-7 (notificação do recurso).

Artigo 334º – Audiência na ausência do arguido em casos especiais e de notificação edital

1. Se ao caso couber processo sumaríssimo mas o procedimento tiver sido reenviado para a forma comum e se o arguido não puder ser notificado do despacho que designa dia para a audiência ou faltar a esta injustificadamente, o tribunal pode determinar que a audiência tenha lugar na ausência do arguido.

2. Sempre que o arguido se encontrar praticamente impossibilitado de comparecer à audiência, nomeadamente por idade, doença grave ou residência no estrangeiro, pode requerer ou consentir que a audiência tenha lugar na sua ausência.

3. Nos casos previstos nos nºs 1 e 2, se o tribunal vier a considerar absolutamente indispensável a presença do arguido, ordena-a, interrompendo ou adiando a audiência, se isso for necessário.

4. Sempre que a audiência tiver lugar na ausência do arguido, este é representado, para todos os efeitos possíveis, pelo defensor.

5. Em caso de conexão de processos, os arguidos presentes e ausentes são julgados conjuntamente, salvo se o tribunal tiver como mais conveniente a separação de processos.

6. Fora dos casos previstos nos nºs 1 e 2, a sentença é notificada ao arguido que foi julgado como ausente logo que seja detido ou se apresente voluntariamente. O prazo para a interposição do recurso pelo arguido conta-se a partir da notificação da sentença.

7. Na notificação prevista no número anterior o arguido é expressamente informado do direito a recorrer da sentença e do respectivo prazo.

8. É correspondentemente aplicável o disposto nos nºs 1 e 2 do artigo 116º e no artigo 254º

(Última redação da L. 26/2010, de 30.08)

COMENTÁRIOS:

Ausência do arguido em audiência e notificação da sentença: O nºs 1 a 4 contêm uma regra especial de realização do julgamento, **sem a presença do arguido**, não notificado da data de julgamento, ou notificado mas faltoso, quando tenha havido **reenvio do processo sumaríssimo para a forma comum** (parte-se do pressuposto de que o arguido conhece o requerimento do M.P. para julgamento em processo sumaríssimo e o despacho de reenvio e se furta à comparência – v. arts. 395º e 398º-2) ou quando o arguido tenha **consentido no julgamento na sua ausência** (v. nº 2 e art. 333º-4). Nestes casos o arguido é **representado**, até para efeitos de notificação da sentença, pelo seu **defensor.** Fora destes casos, não opera a notificação ao defensor, pelo que tem o arguido de ser **notificado** nos termos do nº 6, i.e., logo que se **apresente** voluntariamente ou seja **detido**. Deste modo esta norma legítima a emissão de **mandados de detenção para notificação da sentença**, de todo o arguido que não se considerando notificado da sentença na pessoa do seu defensor, não se apresente voluntariamente no tribunal para esse efeito.

Não faz qualquer sentido a referência à notificação edital na epígrafe do artigo. A única situação de notificação edital prevista atualmente na lei, é do art. 335º (declaração de contumácia). Igualmente não faz qualquer sentido a referência à "falta injustificada do arguido" à audiência, porque o regime do art. 333º (regra geral quanto a faltas à audiência do arguido) já regula esse aspeto.

1 – Se o arguido consentiu que a audiência se realizasse na sua ausência, sujeitando-se à disciplina processual penal regulada no art. 334º CPP, tendo sido representado para todos os efeitos possíveis por defensor, não se justifica a obrigação de notificação pessoal da sentença, bastando a notificação postal, uma vez que o arguido prestou TIR e sabe que qualquer notificação a si dirigida relativa ao processo será feita por carta simples para a morada por ele indicada, não obstante estar a residir no estrangeiro (cuja morada aliás nunca indicou nos autos). Essa é aliás uma das consequências da prestação do TIR por si assinado, tal como preceitua o art. 196º. 2 – Nem no art. 334º, nomeadamente no seu nº 6 e no nº 8 que não inclui a situação prevista no seu nº 2, ao prever a notificação pessoal da sentença, nem do cotejo das demais normas processuais penais, nomeadamente do art. 113º CPP, resulta a obrigação de se proceder à notificação pessoal da sentença ao recorrente, quando consentiu que o julgamento se realizasse na sua ausência, não se mostrando diminuídas as garantias de defesa que a lei acautela (Ac. do TRL de 11.07.2006, *in* www.dgsi.pt).

Conexão de processos: Podem ser julgados conjuntamente arguidos presentes e ausentes (obviamente, não contumazes – v. art. 335º) sem obrigatoriedade de **separação de processos**. Aqui reside um aspeto muito importante desta norma.

Artigo 335º – Declaração de contumácia

1. Fora dos casos previstos nos nºs 1 e 2 do artigo anterior, se, depois de realizadas as diligências necessárias à notificação a que se refere o nº 2 e a primeira parte do nº 3 do artigo 313º, não for possível notificar o arguido do despacho que designa o dia para a audiência, ou executar a detenção ou a prisão preventiva referidas no nº 2 do artigo 116º e no artigo 254º, ou consequentes a uma evasão, o arguido é notificado por editais para se apresentar em juízo, num prazo até 30 dias, sob pena de ser declarado contumaz.

2. Os editais contêm as indicações tendentes à identificação do arguido, do crime que lhe é imputado e das disposições legais que o punem e a comunicação de que, não se apresentando no prazo assinado, será declarado contumaz.

3. A declaração de contumácia é da competência do presidente e implica a suspensão dos termos ulteriores do processo até à apresentação ou à detenção do arguido, sem prejuízo do disposto no nº 4 e da realização de actos urgentes nos termos do artigo 320º

4. Em caso de conexão de processos, a declaração de contumácia implica a separação daqueles em que tiver sido proferida.

5. A declaração de contumácia não impede o prosseguimento do processo para efeitos da declaração da perda de instrumentos, produtos e vantagens a favor do Estado.

(Última redação da L. 30/2017, de 30.05)

COMENTÁRIOS:

Contumácia. Notificação edital: Esgotadas todas as diligências sem se conseguir notificar o arguido do **despacho que designa dia para julgamento** (o que acontece em regra, quando o arguido nunca prestou TIR no processo – v. art. 196º-2) abre-se o procedimento de **contumácia,** que consiste em notificá-lo através de **editais** de que deve comparecer em tribunal, após o que, não se apresentando, é declarado **contumaz**, com os imediatos efeitos e consequências dos dois artigos seguintes (não carece de qualquer dilação temporal).

Proferido o despacho a designar o julgamento e após declaração de contumácia é de manter a decisão que alterando a medida de coacção anteriormente fixada determinou a de prisão preventiva por o arguido se ter ausentado, encontrando-se em fuga, e ser manifesto o perigo de continuação da actividade criminosa (Ac. TRL de 30.032004, proc. 674/2004-5, *in* www.dgsi.pt).

Declarado o arguido **contumaz**, não pode ele fazer mais do que praticar no processo os atos conducentes à **caducidade** de tal declaração (v. art. 336º). Todas as ações fora desse âmbito, designadamente, requerimentos exógenos à situação ou recursos, não devem ser admitidos pelo Juiz. Não faz sentido que um arguido declarado **contumaz**, como vemos tantas vezes, se dirija ao processo de que anda subtraído, se não for para se apresentar. Mas o Juiz pode sempre praticar **atos urgentes** (art. 320º) e decidir questões de **conhecimento oficioso.**

Havendo vários arguidos, a declaração de contumácia de algum deles, implica a separação de processos, extraindo-se certidão para futuro julgamento desses contumazes à parte [art. 30º-1-d)].

De acordo com a importante alteração da L. 30/2017, de 30.05, que aditou o nº 5, havendo declaração de contumácia, prossegue o incidente da perda de instrumentos, produtos ou vantagens a favor do Estado (v. arts. 178º e 347º-A).

Quando não forem feitas todas as diligências necessárias, a que se refere o nº 1, estaremos perante uma irregularidade, que deve ser invocada sob pena de ficar sanada (Ac. TRG de 13.02.2006, proc. 2115/05-1, *in* www.dgsi.pt).

A declaração de contumácia é proferida pelo juiz relativamente a todo o arguido que, não tendo prestado TIR, não foi possível notificar do despacho que designa dia para julgamento ou que não foi possível deter, ou prender preventivamente, para assegurar a sua comparência na audiência (Vinício Ribeiro, *in* CPP, notas e comentários). **Nota:** Em regra é assim; mas pode acontecer que mesmo prestando TIR, por vicissitudes anómalas (v.g., erro ou falsidade do TIR) não seja possível considerá-lo notificado, aplicando-se este artigo.

Referências: art. 320º (atos urgentes); art. 336º (caducidade da declaração de contumácia); L. 65/2003, de 23.08, c/alt. da L. 35/2015, de 04.05 (mandado de detenção europeu). L. 37/2015, de 05.05 e DL 171/2015, de 25.08 (lei de identificação criminal – registo de contumazes e regulamento).

Artigo 336º – Caducidade da declaração de contumácia

1. A declaração de contumácia caduca logo que o arguido se apresentar ou for detido, sem prejuízo do disposto no nº 4 do artigo anterior.

2. Logo que se apresente ou for detido, o arguido é sujeito a termo de identidade e residência, sem prejuízo de outras medidas de coacção, observando-se o disposto nos nºs 2, 4 e 5 do artigo 58º

3. Se o processo tiver prosseguido nos termos da parte final do nº 5 do artigo 283º, o arguido é notificado da acusação, podendo requerer abertura de instrução no prazo a que se refere o artigo 287º, seguindo-se os demais termos previstos para o processo comum.

COMENTÁRIOS:

Termos e efeitos da declaração de caducidade da contumácia: Com a **apresentação** ou **detenção** do arguido e com a sua consequente **sujeição a**

TIR (se a detenção for efetuada por entidade policial deve ser validada – v. art. 58º-3) **caduca** automaticamente **desde essa data** a contumácia, ainda que deva ser posteriormente, judicialmente **declarada e registada**. Verificadas as circunstâncias do nº 3, deve imediatamente o arguido ser **notificado da acusação,** podendo o processo regredir a uma fase anterior, designadamente para efeitos de abertura de **instrução,** se assim for requerido.

Jurisprudência uniformizadora: Ac. do STJ de Fixação de Jurisprudência nº 5/2014, de 26.03.2014, *in* D.R. de 21.05.2014: *«Ainda que seja conhecida a morada de arguido contumaz residente em país estrangeiro, não deve ser expedida carta rogatória dirigida às justiças desse país para ele prestar termo de identidade e residência, porque essa prestação não faz caducar a contumácia»*.

Referencias: arts. 120º-1-c)-3, 121º-1-c) e 125º-1-c) do C.P. (suspensão da prescrição na contumácia); L. 37/2015, de 05.05 e DL 171/2015, de 25.08 (lei de identificação criminal – registo de contumazes e regulamento).

Artigo 337º – Efeitos e notificação da contumácia

1. A declaração de contumácia implica para o arguido a passagem imediata de mandado de detenção para efeitos do disposto no nº 2 do artigo anterior ou para aplicação da medida de prisão preventiva, se for caso disso, e a anulabilidade dos negócios jurídicos de natureza patrimonial celebrados após a declaração.

2. A anulabilidade é deduzida perante o tribunal competente pelo Ministério Público até à cessação da contumácia.

3. Quando a medida se mostrar necessária para desmotivar a situação de contumácia, o tribunal pode decretar a proibição de obter determinados documentos, certidões ou registos junto de autoridades públicas, bem como o arresto, na totalidade ou em parte, dos bens do arguido.

4. Ao arresto é correspondentemente aplicável o disposto nos nºs 2, 3, 4 e 5 do artigo 228º

5. O despacho que declarar a contumácia é anunciado nos termos da parte final do nº 13 do artigo 113º e notificado, com indicação dos efeitos previstos no nº 1, ao defensor e a parente ou a pessoa da confiança do arguido.

6. O despacho que declarar a contumácia, com especificação dos respectivos efeitos, e aquele que declarar a sua cessação são registados no registo de contumácia.
(Última redação da L. 1/2018, de 29.01)

COMENTÁRIOS:

Efeitos: Os principais efeitos da declaração de contumácia, são a **suspensão dos trâmites do processo** (sem prejuízo dos atos urgentes) a emissão de **mandados de detenção** e a possibilidade de **anulabilidade dos negócios jurídicos futuros do arguido**, bem como a **proibição dele obter documentos oficiais**, passando o arguido a constar para conhecimento geral no registo central de contumazes (regulada no D.L. 171/2015, de 25.08). Se tiver prestado caução, pode ser determinada a sua perda (v. art. 228º). Estes efeitos obviamente só são perniciosos, quando os contumazes têm uma vida económica e financeira; não quando estão desinseridos socialmente, que é o caso mais comum.

Prescrição: Para efeitos de **prescrição**, a declaração de contumácia, **suspende** e **interrompe** a prescrição do procedimento criminal e das penas e medidas de segurança [v. arts. 120º-1-c)-3; 121º-1-c)-2-3; 125º-1-b) e 126º-1-b)-2-3, todos do C.P.].

Jurisprudência uniformizadora: Ac. do STJ de Fixação de Jurisprudência nº 5/2008, de 09.04.2008, *in* DR de 13.05.2008. *«No domínio da vigência do Código Penal de 1982 e do Código de Processo Penal de 1987, nas suas versões originárias, a declaração de contumácia não constituía causa de suspensão da prescrição do procedimento criminal».* **Nota:** Com a reforma do C.P., introduzida pelo D.L. 48/95, de 15.03, a declaração de contumácia, tem os efeitos referidos, no item anterior.

A anulabilidade dos negócios jurídicos do contumaz: *O que o MP tem de requerer é a anulação – não a anulabilidade, porque essa já foi determinada pelo tribunal – de cada um ou do conjunto ou de todos os concretos negócios jurídicos que o contumaz celebrou nessa sua situação processual e jurídica. À anulação requerida pelo MP, que se funda na anulabilidade decretada pelo juiz no despacho que declarou o arguido contumaz. Tem, pois, como causas de pedir a contumácia e aquela decisão de anulabilidade e como pressuposto que o negócio em causa tenha sido celebrado entre a data da declaração e a data da cessação daquela medida processual. O tribunal competente para esta ação de anulabilidade é o tribunal penal que decretou a contumácia, a qual deve ser tramitada por apenso ao processo pena do contumaz* (*in* CPP, Mag. do M.P. do Porto).

Condenados: O regime contido nos arts. 335º a 337º, aplica-se também aos **condenados** que no estabelecimento prisional, se eximem à execução das penas, evadindo-se ou não retornando na sequência de saídas autorizadas, cf. constava do art. 476º, ora revogado e substituído pelo art. 97º da L. 115/2009, (Código de Execução de Penas).

Registo criminal de contumazes: As decisões judiciais relativas à contumácia (bem como outras decisões criminais) estão sujeitas a inscrição no registo criminal (v. arts. 14º a 18º da Lei da Identificação Criminal – Lei 37/2015, de 05.05 e Regulamento – D.L. 171/2015, de 25.08.)

Referências: art. 72º-1-a) (possibilidade de deduzir pedido cível em separado, quando a contumácia perdurar por mais de 8 meses); arts. 120º-1-c)-3, 121º-1-c)-2-3, 125º-1-b) e 126º-1-b)-2-3 todos do C.P. (regime da prescrição).

Artigo 338º – Questões prévias ou incidentais

1. O tribunal conhece e decide das nulidades e de quaisquer outras questões prévias ou incidentais susceptíveis de obstar à apreciação do mérito da causa acerca das quais não tenha ainda havido decisão e que possa desde logo apreciar.

2. A discussão das questões referidas no número anterior deve conter-se nos limites de tempo estritamente necessários, não ultrapassando, em regra, uma hora. A decisão pode ser proferida oralmente, com transcrição na acta.

COMENTÁRIOS:

Nulidades e questões prévias: Introdutoriamente, no **início da audiência** pode haver lugar a um período de discussão de eventuais **nulidades e questões prévias** (de conhecimento oficioso ou não) que não tenham sido já objeto de decisão, período que não deve ser superior a **1 hora**, podendo a decisão ser **exarada em ata**. As **nulidades** são aquelas que estão tipificadas na lei. As **questões prévias**, são todas as que afetem a regularidade do processo e que não têm a ver com o mérito da causa. Pode tratar-se de um momento relevante, tendo em conta os princípios da **economia** e **celeridade** processuais. Todavia, este tipo de questões, em princípio já deverá ter sido objeto de análise pelo Juiz no ato de saneamento do processo, a que alude o art. 311º.

Questões prévias são as relativas à validade e regularidade da relação processual, e, podem ter natureza substantiva (a inimputabilidade penal em razão da idade, a morte do arguido, a prescrição, a amnistia, a restituição da coisa ou a reparação integral) do dano nos crimes contra o património e concordância do lesado em alguns crimes contra o património, etc.), ou adjectiva, (as excepções do caso julgado, litispendência, da incompetência do tribunal, da legitimidade do MP ou do assistente para promover a acção penal, a desistência ou separação de processos, os impedimentos, recusas e escusas, questões atinentes à assistência e à substituição do defensor, à representação judiciária do assistente, remessa das partes civis para os tribunais civis, etc...) (*in* CPP, Mag. do M.P. do Dist. Judic. do Porto).

Referências: art. 311º (questões prévias no saneamento do processo); art. 368º-1 (questões prévias na sentença).

Artigo 339º – Exposições introdutórias

1. Realizados os actos introdutórios referidos nos artigos anteriores, o presidente ordena a retirada da sala das pessoas que devam testemunhar, podendo proceder de igual modo relativamente a outras pessoas que devam ser ouvidas, e faz uma exposição sucinta sobre o objecto do processo.

2. Em seguida o presidente dá a palavra, pela ordem indicada, ao Ministério Público, aos advogados do assistente, do lesado e do responsável civil e ao defensor, para que cada um deles indique, se assim o desejar, sumariamente e no prazo de dez minutos, os factos que se propõe provar.

3. O presidente regula activamente as exposições referidas no número anterior, com vista a evitar divagações, repetições ou interrupções, bem como a que elas se transformem em alegações preliminares.

4. Sem prejuízo do regime aplicável à alteração dos factos, a discussão da causa tem por objecto os factos alegados pela acusação e pela defesa e os que resultarem da prova produzida em audiência, bem como todas as soluções jurídicas pertinentes, independentemente da qualificação jurídica dos factos resultante da acusação ou da pronúncia, tendo em vista as finalidades a que se referem os artigos 368º e 369º

COMENTÁRIOS:

Exposições introdutórias: Os nºs 1 a 3 contêm um procedimento raramente usada nos tribunais, a exposição introdutória, o que é pena, uma vez que se destina a definir o **objeto do julgamento** e as **provas a produzir**, em nome de princípios de **economia** e **celeridade**.

Vinculação temática: O nº 4, escondido que está no final do artigo, contém no entanto uma enorme riqueza teórica e prática. Trata-se da definição daquilo a que modernamente se chama a ***"vinculação temática do processo"***. De acordo com esta norma, a discussão da causa está delimitada desde logo, pelos **(i) factos da acusação**. Mas também está delimitada pelos **(ii) factos aduzidos pela defesa** e ainda pelos **(iii) factos que forem resultando da própria discussão em audiência**. No entanto, estes dois últimos, tem de estar em alguma relação com os factos da acusação, num quadro das **soluções jurídicas possíveis** do caso e sem perder de vista as finalidades de apreciação da **culpa** e de determinação das **sanções** aplicáveis. Acrescerá também os factos atinentes ao **pedido cível**, quando haja. E ainda sem embargo, do alargamento da discussão, que pode resultar da problemática da **alteração substancial dos factos e do direito** (v. arts. 358º e 359º). Deste modo, toda a discussão em audiência, que se não contiver no âmbito desta atividade cognitiva e decisória do tribunal, legalmente delimitada, é risível, inútil e prejudicial à Justiça. É dever do Juiz, assegurar que a discussão em audiência do julgamento se contenha dentro da **vinculação temática** do processo e não permitir derivas.

Referências: art. 124º-1 (objeto da prova); art. 125º (legalidade da prova); art. 126º (métodos proibidos de prova).

CAPÍTULO III – Da produção da prova

Artigo 340º – Princípios gerais

1. O tribunal ordena, oficiosamente ou a requerimento, a produção de todos os meios de prova cujo conhecimento se lhe afigure necessário à descoberta da verdade e à boa decisão da causa.

2. Se o tribunal considerar necessária a produção de meios de prova não constantes da acusação, da pronúncia ou da contestação, dá disso conhecimento, com a antecedência possível, aos sujeitos processuais e fá-lo constar da acta.

3. Sem prejuízo do disposto no nº 3 do artigo 328º, os requerimentos de prova são indeferidos por despacho quando a prova ou o respectivo meio forem legalmente inadmissíveis.

4. Os requerimentos de prova são ainda indeferidos se for notório que:

a) As provas requeridas já podiam ter sido juntas ou arroladas com a acusação ou a contestação, exceto se o tribunal entender que são indispensáveis à descoberta da verdade e boa decisão da causa;

b) As provas requeridas são irrelevantes ou supérfluas;

c) O meio de prova é inadequado, de obtenção impossível ou muito duvidosa; ou

d) O requerimento tem finalidade meramente dilatória.

(Última redação da L. 20/2013, de 21.02)

COMENTÁRIOS:

Princípio de investigação oficiosa e limites: A norma estabelece um **princípio de investigação oficiosa** e de **busca da verdade material**, inclusive durante o julgamento (recorde-se que **não há ónus da prova** em processo penal) enquadrada nos arts. 124º-1, 323º-b) e 355º, cometendo ao Juiz esse dever, que pode prosseguir inclusivamente ordenando a produção de meios de prova não constantes da acusação ou da pronúncia e até interrompendo o julgamento para esse efeito se necessário [art. 328º-3-b)]. Trata-se de um poder-dever muito intenso, que não assumido pode acarretar a nulidade da sentença, por omissão de pronúncia [art. 379º-1-c)]. Manifestações deste poder-dever, podem encontrar-se entre outros, no art. 351º (perícia sobre o estado psíquico do arguido) ou no art. 354º (exame ao local). Todavia tal poder/dever está limitado pelo **princípio da vinculação temática** a que alude o art. 339º-4.

Regime especial de produção de prova: Deve ter-se presente que o CPP, é uma estrutura normativa, que alem do mais, também regula de forma cronológica a atuação de todos os participantes processuais no tempo. Basicamente, podemos dizer que o processo português assenta em duas fases, ambas de natureza investigatória (uma, mais intensa na fase do inquérito, outra, menos, na fase da instrução). A fase de julgamento, não é uma fase de investigação, mas de discussão da prova apresentada, se excetuarmos este **regime especial** deste art. 340º (e das situações supra referidas) que permite que o Juiz de julgamento, possa ordenar, por sua iniciativa ou a requerimento, a produção de provas suplementares. Mas tal decisão está subordinada, a que a necessidade de produção de **provas suplementares,** resulte **supervenientemente da discussão do julgamento** e que visem a **boa decisão da causa**. Por outras palavras o Juiz só pode socorrer-se do mecanismo do art. 340º, quando **supervenientemente** e dentro da **vinculação temática** do processo (v. art. 339º-4), constate uma insuficiência de prova, que coloque em causa qualquer juízo decisório seguro. E pode, para o efeito, interromper o julgamento, nos termos do art. 328º-3-b).

Requerimentos de prova. Princípios de superveniência, necessidade, legalidade e obtenebilidade: Ao Juiz cumpre avaliar da **legalidade** (arts. 125º e 126º) e da **necessidade** dos requerimentos de prova, apresentados ao abrigo desta norma, para a descoberta da verdade material. Tais provas, como se disse, devem ter na sua essência **natureza superveniente**; (i) ou porque não eram do conhecimento do requerente, (ii) ou porque lhe chegaram demasiado tarde, (iii) ou porque se constituíram posteriormente, (iiii) ou porque face aos imprevistos desenvolvimentos na produção da prova em julgamento, se mostram agora necessárias à defesa da verdade. Este artigo não deve ser usado como forma de suprir falhas na apresentação de testemunhas ou documentos, nos momentos legalmente previstos, designadamente na acusação ou na contestação [v. arts. 283º-3-d)-e)-f), 315º e 165º – apresentação de provas]. Os requerimentos de prova suplementar, devem pois estar subordinados a princípios de **superveniência, necessidade, legalidade** e **obtenebilidade** e não devem enfermar dos circunstancialismos negativos referidos nas alíneas do nº 4.

Em processo penal, quando a diligência requerida é essencial à descoberta da verdade material, não está ela sujeita ao limite do tempo, mas apenas aos limites decorrentes dos princípios da necessidade, da legalidade, da adequação e da obtenebilidade (Ac. TRL de 16.08.96, proc. 0005375, *in* www.dgsi.pt).

Noções breves, relativas às alíneas do nº 4: Prova extemporânea, é aquela que já podia ter sido apresentada no momento processualmente adequado e o não foi; **Prova irrelevante ou supérflua**, é aquela que nada acrescentando de útil, em nada contribui para a decisão da causa. **Prova inadequada**, é aquela que não serve os fins da verdade material. **Prova de obtenção impossível ou muito duvidosa**, é aquela que, segundo uma prognose fundada na experiência, permite concluir que não deverá ser possível consegui-la, pelo menos atempadamente. **Requerimento dilatório** é aquele que visa tão-somente protelar decisões e obstruir a justiça.

Tem pois, de tratar-se de provas que cumpram dois requisitos fundamentais: a) o conhecimento da sua existência resultar da audiência – foram aí nomeadas – ou do processo – já se nele andaram referenciadas – ou, no limite, resultarem das legis artis da ciência – provas científicas – e das regras da lógica e da experiência comum – por ex. se várias pessoas se encontraram no local do crime, os que não vieram indicados como declarantes ou testemunhas também devem ter presenciado os factos; a que tem em seu poder um objecto ou o produto de um crime pode esclarecer como o obteve, etc.; b) a sua produção aparecer, num juízo de prognose objectivável, fundadamente necessária (não basta mera conveniência nem a simples utilidade) à descoberta da verdade (*in* CPP, Mag. do M.P. do Dist. Judic. do Porto).

O art. 340º, do C.P.P., não tem por finalidade permitir aos sujeitos processuais produzir novas provas, não arroladas no momento oportuno, mas permitir ao tribunal, quando emerge da discussão da causa a existência de provas não arroladas na acusação/pronúncia ou na contestação, mas relevantes para a decisão a tomar, que determine oficiosamente ou a requerimento dos sujeitos processuais, a produção de tais provas, que agora se revelam pertinentes; O juízo de necessidade ou desnecessidade de diligências de prova não vinculada é tributário da livre apreciação crítica dos julgadores, na própria vivência e imediação do julgamento (Ac. TRL de 15.09.2011, proc. 1154/07.0POLSB.L1-9, *in* www.dgsi.pt).

O meio processualmente adequado para reagir contra despacho que, no decurso da audiência de discussão e julgamento, indefere diligência de prova requerida, expressa ou implicitamente, ao abrigo do artigo 340º do CPP, é o recurso, e não a arguição da nulidade prevista no artigo 120º, nº 2, alínea d), do mesmo diploma legal (Ac. TRC de 07.10.2015, proc. 174/13.0GAVZL.C1, *in* www.dgsi.pt).

Tributação de procedimentos e incidentes anómalos: Só a demonstração da impossibilidade de apresentação das provas no momento processual adequado, evita a tributação incidental da sua apresentação tardia (v. art. 7º-4-8 do R.C.P. – procedimentos ou incidentes anómalos tributáveis).

Conclui-se, deste modo, que o tribunal pode ordenar a produção de prova requerida pelo MP, arguido e assistente durante a audiência, quando o seu conhecimento se afigurar necessário à descoberta da verdade e à boa decisão da causa, ainda que não tenha sido alegada e provada a impossibilidade de os juntar no prazo legal. Obviamente este requerimento de prova constitui um incidente anómalo tributável, por não ter sido junto no momento próprio nem ter sido provada a sua superveniência (Ac. TRL de 15.12.2009, proc. 257/05.0TASNT.L1-5, *in* www.dgsi.pt).

Cumpre finalmente assinalar que esta regra de tributação dos incidentes anómalos aplica-se em todos os processos, incluindo os de natureza criminal, mesmo quando seja o arguido a suscitar tal incidente e ainda que beneficie de isenção de custas, designada-

mente ao abrigo do disposto no art. 4º, nº 1, al. j), do RCP. Conforme decidiu o Ac. RP, de 16-01-2008, proc. 6305/07, "se os arguidos presos beneficiam de isenção de pagamento de custas nos incidentes que requererem, não terão tal benefício «nas ocorrências» estranhas ao normal desenvolvimento do processo. (...) Se, com o estabelecimento das isenções em causa se pretendeu não cercear direitos, em razão de dificuldades económicas ou de outra ordem, a quem se encontre privado da liberdade, não se pretendeu, certamente, potenciar atividades e condutas processuais, entorpecedoras da ação da Justiça e causadoras de dispêndio inútil de meios, humanos e materiais» (Joel Timóteo Ramos, Pereira, *in* Reg. Custas Processuais, nota ao art. 7º do Reg. das Custas Processuais, 2012, pág. 46).

Referências: art. 283º-3-d)-e)-f) (momento para apresentar provas na acusação); arts. 315º e 316º (momento para apresentação de contestação e rol de testemunhas); art. 165º (momento para junção de documentos); art. 327º (contraditoriedade); art. 328º-3-b) (interrupção da audiência); art. 423º-2 do CPC (multa por junção tardia de documentos): art. 443º do CPC (desentranhamento de documentos impertinentes ou desnecessários e multa); art. 7º-4-8 do R.C.P. (procedimentos ou incidentes anómalos tributáveis).

Artigo 341º – Ordem de produção da prova

A produção da prova deve respeitar a ordem seguinte:

a) Declarações do arguido;

b) Apresentação dos meios de prova indicados pelo Ministério Público, pelo assistente e pelo lesado;

c) Apresentação dos meios de prova indicados pelo arguido e pelo responsável civil.

COMENTÁRIOS:

Ordem de produção de prova: Estabelece a cronologia da produção de prova. Acrescerá a prova de produção oficiosa, determinada pelo Juiz (art. 340º) que terá lugar no momento julgado adequado. Esta ordem não é imperativa e pode ser alterada com o acordo do Juiz, do M.P. e dos advogados, verificadas que sejam vicissitudes que podem ocorrer durante o julgamento.

Referências: art. 79º (meios de prova no pedido cível); arts. 283º a 285º (meios de prova nas acusações); art. 315º (rol de testemunhas do arguido) art. 331º (alteração da ordem de produção de prova); arts. 61º-1-d) e 343º-1 (direito ao silêncio do arguido).

Artigo 342º – Identificação do arguido

1. O presidente começa por perguntar ao arguido pelo seu nome, filiação, freguesia e concelho de naturalidade, data de nascimento, estado civil, profissão, local de trabalho e residência e, se necessário, pede-lhe a exibição de documento oficial bastante de identificação.

2. O presidente adverte o arguido de que a falta de resposta às perguntas feitas ou a falsidade da mesma o pode fazer incorrer em responsabilidade penal.

(Última redação da L. 20/2013, de 21.02)

COMENTÁRIOS:

Obrigação de identificação do arguido: Na fase de julgamento, o arguido está obrigado a fornecer ao tribunal os dados sobre a sua **identificação civil,** conforme se descreve no normativo, mas já não, informações sobre os seus antecedentes criminais, como acontecia nas versões anteriores ao D.L. 375/95, de 28.11 ou à L. 20/2013, de 21.02, que segundo o T.C., estigmatizava os arguidos aos olhos da opinião pública. Os antecedentes criminais dos arguidos, constam nos certificados de registo criminal nos autos. Mas não constam os processos pendentes ou raramente constarão, sendo certo que o conhecimento da pendência de mais processos, podia até determinar a sua conexão (v. art. 24º e segs.). Tem-se entendido que a lei não veda que se pergunte ao arguido se tem processos pendentes, precisamente para fins de conexão.

A recusa ou falsidade dos elementos de identificação a fornecer pelo arguido, fá-lo-á incorrer respetivamente no **crime de desobediência** (art. 348º-1-b do C.P.) ou no **crime de falsas declarações** (art. 359º-1-2 do C.P).

Referências: arts. 61º-3-b) e 141º-3 (dever do arguido de responder com verdade às perguntas sobre a sua identidade).

Artigo 343º – Declarações do arguido

1. O presidente informa o arguido de que tem direito a prestar declarações em qualquer momento da audiência, desde que elas se refiram ao objecto do processo, sem que no entanto a tal seja obrigado e sem que o seu silêncio possa desfavorecê-lo.

2. Se o arguido se dispuser a prestar declarações, o tribunal ouve-o em tudo quanto disser, nos limites assinalados no número anterior,

sem manifestar qualquer opinião ou tecer quaisquer comentários donde possa inferir-se um juízo sobre a culpabilidade.

3. Se, no decurso das declarações, o arguido se afastar do objecto do processo, reportando-se a matéria irrelevante para a boa decisão da causa, o presidente adverte-o e, se aquele persistir, retira-lhe a palavra.

4. Respondendo vários co-arguidos, o presidente determina se devem ser ouvidos na presença uns dos outros; em caso de audição separada, o presidente, uma vez todos os arguidos ouvidos e regressados à audiência, dá-lhes resumidamente conhecimento, sob pena de nulidade, do que se tiver passado na sua ausência.

5. Ao Ministério Público, ao defensor e aos representantes do assistente e das partes civis não são permitidas interferências nas declarações do arguido, nomeadamente sugestões quanto ao modo de declarar. Ressalva-se, todavia, relativamente ao defensor, o disposto na segunda parte do nº 1 do artigo 345º

COMENTÁRIOS:

Ónus da prova e presunções naturais ou judiciais: Questão recorrente é a da existência ou não de um **ónus da prova** em direito processual penal. A resposta é clara. Não existe. Mas, sendo a prova apreciada, *«salvo quando a lei dispuser diferentemente»*, segundo as regras da experiência e segundo a livre convicção da entidade competente, nos termos do art. 127º, forçoso será concluir que existe um campo para as **presunções naturais ou judiciais**, isto é, aquelas que resultam precisamente da compreensão da normalidade das coisas e comportamentos, que faz deslocar para o lado do arguido a necessidade de demonstração de que essa normalidade que lhe é contrária, não se verifica, razão pela qual está inocente. É um risco que, não tanto a lei, mas a vida põe a seu cargo. Tal risco estende-se ao julgador, que nesta sede, deve demonstrar a sua qualidade, i.e., inteligência, perspicácia, bom senso, fundados no conhecimento da vida que o rodeia e da sociedade em que se insere, rejeitando preconceitos e defendendo os valores ético jurídicos vigentes. Deve dizer-se que o julgador tem de se pronunciar sobre todas as hipóteses (linhas participantes da solução) que lhe são apresentadas pelos intervenientes e pode pronunciar-se sobre outras que lhe não são apresentadas, mas seguramente que não tem que pronunciar-se sobre aquelas que escapam ao campo da lógica hipotética comum, sob pena da tarefa ser infindável; essas têm que ser apresentadas pelo arguido se quiser que elas sejam apreciadas. Logo, não havendo em rigor **ónus da prova**, há pelo menos um **ónus de defesa** a cargo do arguido, que ele poderá desenvolver ou não, conforme entender.

No campo da apreciação da prova, no uso do princípio da livre investigação e da liberdade de consciência ético jurídica na decisão, o juiz pode fazer apelo às "*presunções naturais (não jurídicas) ligadas ao princípio da normalidade ou da regra geral ou às chamadas máximas da vida e regras da experiência*" (Figueiredo Dias, Ónus de alegar e de provar em processo penal? *in* R.L.J., ano 105, 1972-73, pág. 125.). Todavia estará sempre condicionado pelo princípio de que a dúvida favorece o arguido; *in dúbio pro reo.*

E não há que ter medo das presunções judiciais em processo penal. Na verdade, presunções judiciais são as que, assentando no simples raciocínio de quem julga, decorrem das máximas da experiência, dos juízos correntes de probabilidade, dos princípios da lógica ou dos próprios dados da intuição humana – arts. 349º e 351º do CC (cf. P. Lima e A. Varela, in C.C. anot., I Vol., 4ª Ed., pág. 312) e estas presunções são perfeitamente legítimas em processo penal (Ac. TRL de 28.05.2009, *in* proc. 1241/07.5PBSNT).

Não existindo em direito processual penal o ónus de prova formal, nos casos em que é do interesse decisivo do arguido demonstrar ou, pelo menos, invocar um facto que manifestamente o favoreça, por afastar a ilicitude, e que é certamente do seu conhecimento pessoal, as regras da experiência ensinam que, na falta dessa demonstração ou simples invocação, esse facto não se verifica (Ac. STJ de 12.07.89, *in* BMJ-389-501).

O direito do arguido a prestar declarações: O arguido (obviamente constituído como tal) é informado logo no seu primeiro contacto com o processo, do seu direito de prestar ou não declarações [art. 61º-1-d)] informação esta que é repetida no início da audiência de julgamento. Se quiser prestar declarações, pode fazê-lo desde que as mesmas ser refiram ao **objeto do processo.** E pode fazê-lo **total** ou **parcialmente**, i.e., pode limitar o âmbito das suas declarações a determinada parte da acusação. Pode ainda reservar o seu direito de prestar declarações a um determinado **momento da audiência**. Nenhuma das suas opções o pode desfavorecer.

O Juiz, caso o arguido queira falar, deve ouvi-lo, no quadro do objeto do processo, sem manifestar qualquer **juízo de culpabilidade**. Mas pode manifestar todo o tipo de dúvidas e perplexidades que o seu depoimento gerar e confrontá-lo com todo o tipo de situações que as regras da prova e da experiência da vida possibilitam. O Juiz não tem de ser um recetáculo passivo de inverdades e mentiras óbvias. Um Juiz, tem de preocupar-se em **investigar a verdade**, o que o obriga a confrontar todos aqueles que prestam declarações no tribunal.

O privilégio contra a auto-incriminação, ou direito ao silêncio, significa que o arguido não pode ser obrigado, nem deve ser condicionado a contribuir para a sua própria incriminação, isto é, tem o direito a não ceder ou fornecer informações ou elementos que o desfavoreçam, ou a não prestar declarações, sem que do silêncio possam resultar quaisquer consequências negativas ou ilações desfavoráveis no plano da valoração probatória. Sendo, porém, este o conteúdo do direito, estão situadas fora do seu círculo de protecção as contribuições probatórias, sequenciais e autónomas, que o arguido tenha disponibilizado ou permitido, ou que informações prestadas tenham permitido adquirir, possibilitando a identificação e a correspondente aquisição probatória, ou a realização e a prática e actos processuais com formato e dimensão própria na enumeração dos meios de prova, como é a reconstituição do facto (Ac. STJ de 05.01.2005, *in* www.dgsi.pt). **Nota:** Com as alterações legislativas ao art. 357º-1-b), integram-se nas *"contribuições probatórias, sequenciais e autónomas"* as declarações do arguido prestadas anteriormente.

O direito do arguido à não autoincriminação: O direito à não autoincriminação (*nemo tenetur se ipsum accusare*) assenta historicamente na proibição da tortura e na progressiva substituição do princípio do inquisitório, onde o arguido é objeto do processo, pelo **princípio do acusatório**, onde o arguido é tendencialmente sujeito processual, que se iniciou em Inglaterra (com a Magna Carta de João Sem Terra em 1215) e que a partir do sec. XVIII se generalizou a muitos ordenamentos jurídicos. Nos E.U.A., o princípio foi incorporado constitucionalmente na V Emenda Constitucional, proibindo-se que alguém, forçadamente, possa servir de testemunha contra si próprio (princípio este reforçado com a decisão do Supremo, que em 1966, determinou no caso Miranda v. E.U.A, que o arguido detido, devia ser previamente informado desse direito de não falar). O mesmo princípio foi incorporado no Pacto Internacional sobre Direitos Civis e Políticos da ONU de 1966, no art. 14º, que institui que, toda a pessoa terá direito a não ser obrigada a depor contra si mesma nem a confessar-se culpada. É curioso, que na nossa constituição, não exista nenhuma referência expressa à questão, podendo quanto muito decorrer indiretamente do disposto nos arts. 25º, 27º-4 e 32º-5-8.

Dever de informação do direito ao silêncio: O arguido é **informado** do seu direito de falar ou de não falar, sendo certo que se optar pelo silêncio o mesmo **não o pode desfavorecer**. É necessário saber compreender desde logo, o âmbito desta norma. Na realidade, ela desdobra-se em duas vertentes. O direito de não falar e o direito de não ver esse silêncio, interpretado como uma admissão de culpa. É pois a nível do contributo verbal no processo, que a norma se perfetibiliza. O não cumprimento deste **dever de informação** do direito ao silêncio, tem como consequência a **proibição de valoração das declarações prestadas** pelo arguido [v. arts. 141º-4-a), 61º-1-d) e 58º-2-5].

O âmbito do direito ao silêncio: De acordo com a lei, o arguido que opte pelo direito ao silêncio, não pode ser desfavorecido. Mas tal silêncio tem impacto a dois níveis. **Primeiro; na apreciação da prova**; se a prova produzida, apontar para factos que responsabilizem o arguido e se este os não contraditar, não pode admirar-se que o Juiz, na ausência de uma explicação ou contraversão apresentada pelo arguido, o considere responsável por aqueles factos ilícitos, que se apresentem como possíveis de terem sido praticados por ele, de acordo com as regras de experiência comum (art. 127º). O Juiz não tem que se substituir ao arguido silencioso, na busca de factos ou álibis que escapam à normalidade da vida. Estes têm de ser o arguido a invocá-los para poderem ser discutidos e apreciados. **Segundo; na apreciação da culpa do arguido,** não tendo ele em audiência manifestado nenhum tipo de colaboração com a Justiça, qualquer comportamento que tenha como fundamento psicológico o **arrependimento** ou a vontade de se **reintegrar socialmente**, justo é concluir que não deve beneficiar das atenuantes comuns que conduzem a uma diminuição da pena. Um arguido, que se remete ao silêncio em tribunal ou que mente e é condenado, é alguém, que não introspetou a sua culpa, que está mais longe da desejada ressocialização (finalidade da pena) e que consequentemente retornará mais facilmente à senda do crime do que aquele que fala, diz a verdade, confessa e colabora com as autoridades na descoberta da verdade e aceita a expiação da sua culpa. Enfim, sendo verdade que o exercício do direito ao silêncio não pode prejudicar o arguido, não menos verdade é, que, na maioria dos casos, também o não beneficia, por falta de contraditório e por falta de possibilidade de apuramento de atenuantes comuns, que em regra, por uma razão ou por outra e às vezes sem nenhuma razão aparente, fazem parte do cardápio sentencial. A única situação em que o silêncio do arguido, verdadeiramente o beneficia, é quando os meios de prova da acusação se perdem (v.g., as testemunhas ficam "desmemoriadas" ou desaparecem) ou quando são frágeis e suscitam dúvidas ao Juiz. Aí, a absolvição é a hipótese mais provável. Não perceber isto, é passar ao lado das **regras de experiência da vida** que se aplicam na justiça penal (art. 127º).

VII – Salienta-se que o recorrente não assumiu a responsabilidade na prática dos factos, havendo falta de interiorização da culpa e se é verdade que remeter-se ao silêncio é um direito, não menos é que ao prescindir de dar um contributo para a descoberta da verdade, depois não poderá esperar o tratamento que tem quem assume as suas responsabilidades. Sendo certo que a falta de assumpção dos factos cometidos e consequentemente a ausência de qualquer arrependimento não pode, atentos os princípios da legalidade e da presunção de inocência, ser valorada contra o arguido, pois este nem sequer é obrigado a falar sobre os factos que lhe são imputados, sem que o seu silêncio o possa desfavorecer, a verdade é que tal comportamento processual não pode reverter em seu favor, como se o silêncio tivesse a virtualidade de alcançar benefício idêntico ou semelhante à assumpção do acto praticado, o que manifestamente não pode ocorrer (Ac. STJ de 25.11.2009, *in* www.dgsi.pt).

VI – O direito ao silêncio não pode ser valorado contra o arguido. Porém, a proibição de valoração incide apenas sobre o silêncio que o arguido adoptou como estratégia processual, não podendo repercutir-se na prova produzida por qualquer meio legal, designadamente a que venha a precisar e demonstrar a responsabilidade criminal do arguido, revelando a falência daquela estratégia. VII – Inexiste no nosso ordenamento jurídico um direito a mentir; a lei admite, simplesmente, ser inexigível dos arguidos o cumprimento do dever de verdade. Contudo, uma coisa é a inexigibilidade do cumprimento do dever de verdade e outra é a inscrição de um direito do arguido a mentir, inadmissível num Estado de Direito (Ac. STJ de 12.03.2008, *in* www.dgsi.pt).

IV – Embora o arguido não esteja obrigado a falar sobre os factos imputados, não podendo ser prejudicado se optar pelo silêncio, não lhe assiste o direito à mentira, pelo que a negação dos factos, sobretudo quando é manifesto, face à prova produzida, que ele os praticou, "revelará uma personalidade avessa ao direito, de costas voltadas para a responsabilidade social" (Ac. TRL de 17.04.2012, proc. 82/11ºSOLSB.L1-5, *in* www.dgsi.pt).

O acórdão prolatado pelo tribunal "a quo" limita-se a constatar um mero facto – o arguido não prestou quaisquer declarações. E o que daqui decorre é que o tribunal ficou impossibilitado de poder concluir pela existência de qualquer grau de interiorização do desvalor do seu acto, por parte deste arguido. Na verdade, o direito ao silêncio, estratégia pela qual o arguido optou, tem várias consequências. Se, por um lado, o não pode prejudicar, pois impede a sua auto-incriminação, a verdade é que, provando-se a prática dos factos, através dos demais elementos probatórios produzidos, determina que se tenha de concluir que o arguido não quis dar qualquer contribuição para a descoberta da verdade material. Ora, se esta postura o não prejudica (pois evitar a auto-incriminação é um direito que lhe assiste) a verdade é que também o não beneficia, pois não permite tomar em atenção a existência de genuíno arrependimento e vontade de mudança de vida, que pudesse ajudar em sede atenuativa, forçoso será concluir que a pretensão do recorrente, de diminuição das pena impostas, deverá improceder (Ac. TRL de 21.05.2014, proc. 53/12.9JBLSB-A).

A leitura das declarações do arguido: O exercício do direito ao silêncio no julgamento, impede o recurso à **leitura** em audiência de declarações prestadas pelo arguido no decurso do processo, salvo verificadas as circunstâncias previstas no **art. 357º-1-b),** onde a L. 20/2013, de 21.02., introduziu uma importantíssima alteração (v. notas a este artigo).

Audições separadas: No caso de vários arguidos, o presidente pode decidir que sejam ouvidos **separadamente**, i.e., e desenvolvendo-se o interrogatório de cada um deles, na ausência dos restantes, que devem sair da sala. Trata-se de uma decisão que infelizmente raramente se toma, possibilitando assim que os arguidos vão moldando as suas declarações ao que vão ouvindo uns aos outros em audiência, ou que se sintam intimidados uns pelos outros, prejudicando a verdade dos seus depoimentos. De qualquer forma, o M.P., ou os advogados podem requerer ao Juiz que a audição se faça em separado. Se houver audição em separado, voltando todos à sala, o Juiz deve dar-lhes **conhecimento** do que se passou na sua ausência.

O defensor: O defensor tem o direito de aconselhamento do arguido, inclusivamente no decurso da audiência, mas em momentos próprios; não pode interromper desabridamente uma instância ao arguido, para o aconselhar em cada resposta a dar, pois isso equivaleria a ser ele, defensor, a prestar depoimento. Não é esse o sentido da lei. Iniciada uma instância, só no final dela pode conferenciar com o arguido, podendo pedir uma interrupção breve para esse efeito.

Referências: arts. 140º a 144º e 292º-2 (declarações do arguido em fase de inquérito ou instrução); art. 345º-4 (declarações incriminatórias do coarguido e recusa de contraditório); art. 357º (leitura das declarações do arguido).

Artigo 344º – Confissão

1. No caso de o arguido declarar que pretende confessar os factos que lhe são imputados, o presidente, sob pena de nulidade, pergunta-lhe se o faz de livre vontade e fora de qualquer coacção, bem como se se propõe fazer uma confissão integral e sem reservas.

2. A confissão integral e sem reservas implica:

a) Renúncia à produção da prova relativa aos factos imputados e consequente consideração destes como provados;

b) Passagem de imediato às alegações orais e, se o arguido não dever ser absolvido por outros motivos, à determinação da sanção aplicável; e

c) Redução da taxa de justiça em metade.

3. Exceptuam-se do disposto no número anterior os casos em que:

a) Houver co-arguidos e não se verificar a confissão integral, sem reservas e coerente de todos eles;

b) O tribunal, em sua convicção, suspeitar do carácter livre da confissão, nomeadamente por dúvidas sobre a imputabilidade plena do arguido ou da veracidade dos factos confessados; ou

c) O crime for punível com pena de prisão superior a 5 anos.

4. Verificando-se a confissão integral e sem reservas nos casos do número anterior ou a confissão parcial ou com reservas, o tribunal decide, em sua livre convicção, se deve ter lugar e em que medida, quanto aos factos confessados, a produção da prova.

COMENTÁRIOS:

A confissão do arguido: O arguido (que por força deste artigo se constitui como **meio de prova**) pode em audiência, declarar-se culpado, nisto aproximando o nosso ordenamento processual do sistema anglo-saxónico do *guilty-plea*. A confissão, **relativamente aos factos acusados,** tem de ser produzida verbalmente na audiência de julgamento, seguindo princípios de **oralidade e imediação** (ressalvado os casos de deficiência física do arguido previstos no art. 93º) tem de ser submetida ao **contraditório** na pessoa do M.P. e advogados e tem de **constar na ata** – art. 326º-2-f). Ao contrário do que a localização da norma induz, a confissão pode ocorrer **em qualquer momento da audiência**. Mas se ocorrer em momento em que toda ou a maioria da prova contra o arguido já foi produzida em seu desfavor, o seu contributo para a descoberta de verdade, pode ser nulo ou mínimo. Só a confissão relevante para a descoberta da verdade material pode ter repercussão atenuativa na pena.

A confissão integral e sem reservas: A redação deste artigo, tem gerado interpretações desconformes. Nele vislumbramos aquilo a que podemos chamar, um **regime genérico** no nº 1 e no nº 2 e um **regime especial** no nº 3 e no nº 4. Em qualquer situação o Juiz está sempre obrigado fazer um **juízo de avaliação**, sobre a credibilidade da confissão (seja ela integral ou parcial, nunca é de excluir, a possibilidade de alguém confessar crimes que não cometeu, por medos vários ou para ilibar terceiros). Se o Juiz **aceitar** a confissão (decisão que deve submeter ao parecer do M.P. e dos advogados intervenientes na audiência que tenham interesse em contraditar) cessará a produção de prova relativamente aos factos confessados (sem prejuízo da produção de prova sobre os factos não confessados e sobre as condições pessoais do arguido) e passar-se-á às alegações orais, com redução no final da taxa de justiça aplicada. Mas verificadas as circunstâncias do nº 3 (existência de coarguidos não confessantes ou com confissões incoerentes entre si; existência de dúvidas sobre a liberdade mental ou moral da confissão; existência de crime ou crimes acusados, punível ou puníveis em abstrato, com pena superior a 5 anos) o Juiz está obrigado a fazer um **juízo de avaliação sobre a credibilidade da confissão** mais intenso (nos seus aspetos intrínsecos e extrínsecos, que não deve ser confundido com prova dos factos). No nº 4, contém-se uma **norma de segurança**, que permite ao Juiz ordenar a produção de prova sobre os próprios factos confessados, quando se verifiquem os circunstancialismos descritos no nº 3. Estes desenvolvimentos ocorridos no julgamento, deverão constar na ata.

O requisito da "coerência" entre as confissões, ilumina o sentido e o âmbito desta regra especial. Esta só se aplica aos co-arguidos a quem são imputados factos entre os quais haja um nexo de comparticipação, causa ou efeito, continuação, ocultação ou reciprocidade, devendo as confissões de todos estes co-arguidos ser coerentes. Se aos co-arguidos forem imputados factos entre os quais não haja nenhum destes nexos, o tribunal pode apreciar a confissão do co-arguido isoladamente, isto é, não se aplica a excepção do nº 3, al. a) (P.P. Albuquerque, *in* Comentário do CPP).

I – A confissão integral e sem reservas implica, por parte de quem confessa, a aceitação de todos os factos que lhe são imputados e não admite condições ou alterações aos factos admitidos, tal como constam da acusação. II – É contraditório afirmar-se que o arguido confessou integralmente e sem reservas os factos que lhe são imputados na acusação e, depois, considerar-se como não provado um dos factos que lhe eram imputados (Ac. TRE de 20.06.2006, *in* proc. 718/06).

A confissão parcial e com reservas: Se a confissão relativamente à acusação for **parcial e com reservas**, não deixa de ter relevo para a descoberta da verdade. Na verdade, pode o arguido confessar só parte dos factos de que é acusado ou colocar objeções de pormenor na descrição dos factos acusados. Nestes casos, determina o nº 4, que se **direcione** a prova para os factos não integralmente confessados ou objetados e admitindo-se a confissão quanto aos restantes factos confessados nos seus estritos limites, salvaguardada que esteja a coerência discursiva.

A dialética confissão/arrependimento: Não há equivalência obrigatória entre confissão e arrependimento. Confunde-se demasiadas vezes, uma coisa com a outra. A confissão pode resultar de o arguido confessor, não ter escapatória possível à responsabilidade dos seus atos, porque as provas contra ele são inequívocas, mas tal não significa por si só **arrependimento**, que é um sentimento, que para ter relevância penal, têm de ser exteriorizado e de algum modo materializado em atos relevantes. O **arrependimento** pode funcionar como **atenuante geral** [art. 71º-d) do C.P.] ou **atenuante especial** [art. 72º-2--c) do C.P.].

1 – Saber se o arguido está arrependido é uma questão de facto que ultrapassa o Supremo Tribunal de Justiça, enquanto tribunal de revista, devendo dizer-se, no entanto, que da confissão e colaboração daquele não resulta natural e irrecusavelmente o arrependimento. À confissão, mesmo se completa, não se segue necessariamente o arrependimento que vai mais além, o arrependimento pode inexistir ainda quando se confesse de pleno os factos cometidos. 2 – Há arrependimento relevante quando o arguido mostre ter feito reflexão positiva sobre os factos ilícitos cometidos e propósito firme de, no futuro, inflectir na sua conduta anti-social, de modo a poder concluir-se pela probabilidade séria de não recair no crime. O arrependimento é um acto interior revelador de uma personalidade que rejeita o mal praticado e que permite um juízo de confiança no comportamento futuro do agente por forma a que, se vierem a deparar-se-lhe situações idênticas, não voltará a delinquir. Revela uma reinserção social, consumada ou prestes a consumar-se, pelo que as exigências de prevenção, na determinação da medida judicial da pena, são de diminuta relevância (Ac. STJ de 21.06.2007, *in* proc. 07P2042, *in* www.dgsi.pt).

IV – A confissão é de valor reduzido, pois à arguida, detida em flagrante delito no controle policial alfandegário do Aeroporto de Lisboa, poucas alternativas de defesa lhe restavam. A declaração de arrependimento não se confunde com o verdadeiro arrependimento, que é a constatação pelo tribunal de que o arguido interiorizou os maus efeitos do crime, que se inadequa à sua personalidade, convencendo da acidentalidade do acto (Ac. STJ de 06.02.2013, *in* proc. 181/12.0JELSB.L1.S1, *in* www.dgsi.pt).

Confissão na matéria cível: O regime de confissão em matéria cível, enxertada na ação penal (arts. 71º a 84º) está previsto no CPC, nas suas diferentes formas ali reguladas.

Confissão da pessoa coletiva: *A confissão do legal representante da pessoa coletiva arguida em processo penal só tem valor na medida em que o legal representante possa obrigar a pessoa coletiva (artigos 297º e 553º, nº 2, do CPC). Os simples poderes de representação em processo penal não bastam, devem incluir os poderes de confessar os factos da acusação ou da pronúncia e, havendo-o do pedido de indemnização civil* (P.P. Albuquerque, *in* Comentário do CPP). **Nota:** atualmente, arts. 287º e 453º do CPC.

Referências: art. 343º (declarações do arguido).

Artigo 345º – Perguntas sobre os factos

1. Se o arguido se dispuser a prestar declarações, cada um dos juízes e dos jurados pode fazer-lhe perguntas sobre os factos que lhe sejam imputados e solicitar-lhe esclarecimentos sobre as declarações prestadas. O arguido pode, espontaneamente ou a recomendação do defensor, recusar a resposta a algumas ou a todas as perguntas, sem que isso o possa desfavorecer.

2. O Ministério Público, o advogado do assistente e o defensor podem solicitar ao presidente que formule ao arguido perguntas, nos termos do número anterior.

3. Podem ser mostrados ao arguido quaisquer pessoas, documentos ou objectos relacionados com o tema da prova, bem como peças anteriores do processo, sem prejuízo do disposto nos artigos 356º e 357º

4. Não podem valer como meio de prova as declarações de um co-arguido em prejuízo de outro co-arguido quando o declarante se recusar a responder às perguntas formuladas nos termos dos nºs 1 e 2.

COMENTÁRIOS:

As perguntas ao arguido: O arguido, que não se recusar a responder total ou parcialmente (v. art. 343º) será perguntado **diretamente** pelos Juízes (incluindo jurados em tribunal de júri) e indiretamente pelo M.P. e advogados, através do Juiz presidente e pode ser confrontado com documentos ou objetos. No que respeita às perguntas indiretas, a norma contém uma diretiva sem sentido, uma vez que o Juiz se limita a repetir as perguntas de terceiros. Na verdade se o fundamento da norma, como muitos defendem, é permitir que o Juiz possa fazer uma triagem da admissibilidade e adequação das perguntas, então tal desiderato sempre poderia ser alcançado através da interrupção pelo Juiz do interrogatório que não respeitasse esses limites (como aliás acontece com todos os depoimentos em audiência). Por tal razão na maioria dos casos o Juiz autoriza que as perguntas sejam feitas diretamente, o que configurará mera irregularidade (art. 123º) mas há manifestos ganhos de produtividade na audiência. Aliás, quando o Juiz não autoriza perguntas diretas e o interrogatório é longo e elaborado (nem o M.P., nem os advogados devem ficar inibidos de fazer perguntas e de esclarecer o que julgam ser a verdade) a situação pode tornar-se patética, com o Juiz transformado em papagaio, repetindo para o arguido as perguntas que ouve.

Declarações do coarguido: Por coarguido, deve entender-se aquele que responde conjuntamente no mesmo processo ou aquele que responde em processo conexo (v. art. 24º). Os coarguidos estão impedidos de depor como testemunhas, nos estritos termos do art. 133º. Mas nada na lei impede a valoração das declarações do coarguido como **meio de prova** para fundar a convicção do tribunal, pois **não existe proibição legal** nesse sentido (v. arts. 125º e 126º) sem prejuízo do disposto no nº 4. Todavia terá de se ter sempre presente todo o circunstancialismo factual e psicológico envolvente e não perder de vista a tendência dos coarguidos de procurarem desculpabilizar-se, incriminando-se mutuamente. Mas esta debilidade congénita, pode ser esbatida por outros meios de prova que corroborem a versão do coarguido, ainda que tangentemente. O que deve evitar-se é condenações proferidas única e exclusivamente com base em declarações dos coarguidos. Mas essa prova, produzida que foi, terá de ser valorada, nos termos do art. 127º. Registe-se apenas que havendo separação de processos e deixando o coarguido de ter essa qualidade no processo original, poderá depor como simples testemunha no processo separado, mas apenas, se nisso consentir (art. 133º-2).

Declarações incriminatórias do coarguido e recusa de contraditório: No nº 4 regula-se uma situação especial, que é a que resulta das declarações de um arguido em prejuízo de outro, designadamente as **incriminatórias,** quando posteriormente o primeiro se recusa a submeter-se ao **contraditório** decorrente de tais declarações e se **refugia no silêncio**. Neste caso, as mesmas **não podem valer como meio de prova** contra o segundo, na esteira aliás do Ac. do T.C. nº 524/97, de 14.07, infra citado, o que parece lógico na medida em que a recusa de esclarecimento da incriminação, fragiliza/anula essa imputação. Em suma; as declarações de um arguido em relação a um coarguido, são meio de prova admissível, desde que seja assegurado um contraditório amplo. Em todo o caso, verificada a situação de ausência a julgamento do arguido incriminado (designadamente nos termos do art. 333º-2) já não se coloca obviamente a questão do contraditório, pelo que tais declarações incriminatórias serão apreciadas livremente pelo tribunal (art. 127º).

Decide-se (...) julgar inconstitucional, por violação do artigo 32º, nº 5, da Constituição da República "Portuguesa, a norma extraída com referenciados artigos 133º, 343º e 345º do Código de Processo Penal, no sentido em que confere valor de prova às declarações proferidas por um co-arguido em prejuízo de outro co-arguido quando, a instâncias destoutro co-arguido, o primeiro se recusa a responder, no exercício do direito ao silêncio (Ac. TC nº 524/97, *in* D.R. de 27.11.97).

Respondendo vários arguidos no mesmo processo, se algum ou alguns fazem declarações que são incriminatórias para os demais arguidos, não podem aqueles, invocando o seu direito ao silêncio, negar-se a responder às perguntas dos defensores dos atingidos por essas declarações, assim lhes negando o direito ao contraditório. Se tal acontecer, tais declarações não podem ser valoradas para condenar os visados (Ac. TRL de 03.07.2012, proc. 704/10.0GCMTJ.L1-5, *in* simp.pgr.pt).

II – As declarações de co-arguido, sendo um meio de prova legal, cuja admissibilidade se inscreve no art. 125º do CPP, podem e devem ser valoradas no processo. III – Questão diversa é a da credibilidade desses depoimentos, mas essa análise só em concreto, e face às circunstâncias em que os mesmos são produzidos, pode ser realizada. IV – Por isso, dizer em abstracto e genericamente que o depoimento do co-arguido só é válido se for acompanhado de outro meio de prova é uma subversão das regras da produção de prova, sem qualquer apoio na letra ou espírito da lei. V – A admissibilidade como meio de prova do depoimento de co-arguido, em relação aos demais coarguidos, não colide minimamente com o catálogo de direitos que integram o estatuto inerente àquela situação, mostrando-se adequada à prossecução de legítimos e relevantes objectivos de política criminal, nomeadamente no que toca à luta contra a criminalidade organizada. VI – O direito ao silêncio não pode ser valorado contra o arguido. Porém, a proibição de valoração incide apenas sobre o silêncio que o arguido adoptou como estratégia processual, não podendo repercutir-se na prova produzida por qualquer meio legal, designadamente a que venha a precisar e demonstrar a responsabilidade criminal do arguido, revelando a falência daquela estratégia. VII – Inexiste no nosso ordenamento jurídico um direito a mentir; a lei admite, simplesmente, ser inexigível dos arguidos o cumprimento do dever de verdade. Contudo, uma coisa é a inexigibilidade do cumprimento do dever de verdade e outra é a inscrição de um direito do arguido a mentir, inadmissível num Estado de Direito. VIII – É evidente que, tal como em relação ao depoimento da vítima, é preciso ser muito cauteloso no momento de pronunciar uma condenação baseada somente nas declarações do co-arguido, porque este pode ser impulsionado por razões aparentemente suspeitas, tal como o anseio de obter um trato policial ou judicial favorável, o ânimo de vingança, o ódio ou ressentimento, ou o interesse em auto exculpar-se mediante a incriminação de outro ou outros acusados. IX – Por isso, para dissipar qualquer dessas suspeitas objectivas, é razoável que o co-arguido transmita algum dado externo que corrobore objectivamente a sua manifestação incriminatória, com o que deixará de ser uma imputação meramente verbal para se converter numa declaração objectivada e superadora de um eventual défice de credibilidade inicial. Não se trata de criar, à partida e em termos abstractos, uma exigência adicional ao depoimento do co-arguido quando este incrimine os restantes, antes de uma questão de fiabilidade. X – A credibilidade do depoimento incriminatório do co-arguido está na razão directa da ausência de motivos de incredibilidade subjectiva, o que, na maioria dos casos, se reconduz à inexistência de motivos espúrios e à existência de uma auto-inculpação. XI – O TC e o STJ já se pronunciaram no sentido de estar vedado ao tribunal valorar as declarações de um co-arguido, proferidas em prejuízo de outro, quando, a instâncias deste, o primeiro se recusa a responder, no exercício do direito ao silêncio (cf. Acs. do TC nº 524/97, de 14-07-1997, DR II, de 27-11-1997, e do STJ de 25-02-1999, CJSTJ, VII, tomo 1, pág. 229). XII – E é exactamente esse o sentido da alteração introduzida pelo nº 4 do art. 345º do CPP quando proíbe a utilização, como meio de prova, das declarações de um co-arguido em prejuízo de outro nos casos em que aquele se recusar a responder às perguntas que lhe forem feitas pelo juiz ou jurados ou pelo presidente do tribunal a instâncias do Ministério Público, do advogado do assistente ou do defensor oficioso. XIII – Tal como quando é exercido o direito ao silêncio, as declarações incriminadoras de co-arguido continuam a valer como prova quando o incriminado está ausente. XIV – Na verdade, tal ausência não afecta o direito ao contraditório – que, na fase de julgamento, onde pontifica a oralidade e imediação, pressupõe a possibilidade de o arguido, por intermédio do seu defensor, sugerir as perguntas necessárias para aquilatar da credibilidade do depoimento que se presta e infirmá-lo caso se mostre adequado, pois estando presente o defensor do arguido o mesmo pode e deve exercer o contraditório sobre os meios de prova produzidos (arts. 63º e 345º do CPP). XV – Questão distinta seria a da recusa do mesmo co-arguido a depor sobre perguntas formuladas pelo tribunal e sugeridas pelo defensor ou pelo MP (Ac. STJ de 12.03.2008, proc. 08P694, *in* www.pgdlisboa.pt).

Referências: art. 57º (assunção da qualidade de arguido); art. 327º (contraditoriedade), art. 343º-4 (audição dos arguidos na presença uns dos outros); art. 344º-3-a) (confissão e coarguidos); art. 348º-6 (inquirição a testemunhas de coarguidos pelo defensor).

Artigo 346º – Declarações do assistente

1. Podem ser tomadas declarações ao assistente, mediante perguntas formuladas por qualquer dos juízes e dos jurados ou pelo presidente, a solicitação do Ministério Público, do defensor ou dos advogados das partes civis ou do assistente.

2. É correspondentemente aplicável o disposto nos nºs 2 e 4 do artigo 145º e no nº 3 do artigo anterior.

COMENTÁRIOS:

Assistente: O assistente não é testemunha. É **declarante.** Tem um estatuto próprio, dada a sua condição de "interessado" na causa. Desde logo **não presta**

juramento. Mas o assistente tem o dever de **responder com verdade**, incorrendo em **responsabilidade criminal,** se assim não proceder ou recusar-se a tal [v. art. 348º-1-b) do C.P. – crime de desobediência, v. art. 359º-1-2 do C.P. – crime de falsas declarações].

O **regime de perguntas** ao assistente é equivalente ao do arguido, na parte em que as perguntas a que deve responder são formuladas pelo Juiz ou **através** dele (mesmo quanto às instâncias do seu próprio mandatário) o que como retro referimos é um absurdo, que o bom senso dos Juízes em regra despreza (v. notas ao art. 345º). O incumprimento deste preceito pelo tribunal, traduz **mera irregularidade**, sujeita à disciplina do art. 123º.

Referências: arts. 68º a 70º (regime geral do assistente); art. 145º (declarações e notificações ao assistente); art. 327º (contraditoriedade); art. 345º-3 (exibição/confronto com pessoas, documentos ou objetos); art. 356º-2 (regime de leituras em audiência de autos e declarações do assistente).

Artigo 347º – Declarações das partes civis

1. Ao responsável civil e ao lesado podem ser tomadas declarações, mediante perguntas formuladas por qualquer dos juízes ou dos jurados ou pelo presidente, a solicitação do Ministério Público, do defensor ou dos advogados do assistente ou das partes civis.

2. É correspondentemente aplicável o disposto nos nºs 2 e 4 do artigo 145º e no nº 3 do artigo 345º

COMENTÁRIOS:

Partes civis: Aplica-se um regime similar ao do assistente (art. 346º) perito e consultores técnicos (art. 350º) permanecendo as mesmas críticas quanto à formulação das perguntas através do Juiz. O incumprimento deste preceito pelo tribunal, traduz **mera irregularidade**, sujeita à disciplina do art. 123º.

Referências: arts. 71º a 84º (regime geral das partes civis); art. 145º (declarações e notificações às partes cíveis); art. 327º (contraditoriedade); art. 345º-3 (exibição/confronto com pessoas, documentos ou objetos); art. 356º-2 (regime de leituras em audiência de autos e declarações das partes civis).

Artigo 347º-A – Declarações do terceiro titular dos instrumentos, produtos ou vantagens susceptíveis de ser declarados perdidos a favor do Estado

1. Ao terceiro ao qual pertençam instrumentos, produtos ou vantagens susceptíveis de ser declarados perdidos a favor do Estado, é garantido o exercício do direito de contraditório e a prestação de declarações, mediante perguntas formuladas por qualquer dos juízes ou dos jurados ou pelo presidente, a solicitação do próprio terceiro, do Ministério Público, do defensor ou dos advogados do assistente ou das partes civis.

2. É correspondentemente aplicável o disposto nos nºs 2 e 4 do artigo 145º e no nº 3 do artigo 345º

(Artigo aditado pela L. 30/2017, de 30.05)

COMENTÁRIOS:

Terceiros e contraditório: A L. 30/2017, aditou este art. 347º-A, que tem como objetivo garantir/cumprir o **contraditório**, na **fase de julgamento** (a norma está inserida no capítulo da produção de prova em julgamento) relativamente a **"terceiros"**, pessoas que não sendo intervenientes principais, se arroguem titulares de um direito real sobre os instrumentos, produtos ou vantagens apreendidos e suscetíveis de serem declarados perdidos a favor do Estado naquele concreto processo. Trata-se de um **incidente processual**, que inserido na audiência de julgamento, segue os termos delineados no artigo, i.e., fundamentalmente, debita ao **"terceiro"** o ónus de demonstrar que os bens são de sua posse ou propriedade legítima. Todavia a decisão judicial sobre a questão, s.m.o., só pode ser tomada no final do julgamento, pois só aí, face a toda a prova produzida, se pode decidir com consciência (v. art. 186º-2). Ao **"terceiro",** na prestação do depoimento, aplica-se o regime do assistente das partes civis, constante do art. 145º, podendo ser-lhe mostrado as provas que refutarem a sua pretensão, conforme decorre do artigo 345º-3. Este contraditório, com o mesmo fim, já estava previsto no art. 178º-7 a 12, para a fase de inquérito ou de instrução. Decidido o incidente nessa fase, obviamente, não pode ser repetido com os mesmos factos, na fase de julgamento.

Referências: art. 178º (objeto e pressupostos da apreensão na fase de inquérito ou instrução)

Artigo 348º – Inquirição das testemunhas

1. À produção da prova testemunhal na audiência são correspondentemente aplicáveis as disposições gerais sobre aquele meio de prova, em tudo o que não for contrariado pelo disposto neste capítulo.

2. As testemunhas são inquiridas, uma após outra, pela ordem por que foram indicadas, salvo se o presidente, por fundado motivo, dispuser de outra maneira.

3. O presidente pergunta à testemunha pela sua identificação, pelas suas relações pessoais, familiares e profissionais com os participantes e pelo seu interesse na causa, de tudo se fazendo menção na acta.

4. Seguidamente a testemunha é inquirida por quem a indicou, sendo depois sujeita a contra-interrogatório. Quando neste forem suscitadas questões não levantadas no interrogatório directo, quem tiver indicado a testemunha pode reinquiri-la sobre aquelas questões, podendo seguir-se novo contra-interrogatório com o mesmo âmbito.

5. Os juízes e os jurados podem, a qualquer momento, formular à testemunha as perguntas que entenderem necessárias para esclarecimento do depoimento prestado e para boa decisão da causa.

6. Mediante autorização do presidente, podem as testemunhas indicadas por um co-arguido ser inquiridas pelo defensor de outro co-arguido.

7. É correspondentemente aplicável o disposto no nº 3 do artigo 345º

COMENTÁRIOS:

Estatuto da testemunha: As testemunhas, estão ao serviço da **verdade material** e não exclusivamente de quem as indicou; daí que podem ser inquiridos por todos os intervenientes, com os limites assinalados. Nesta norma regula-se de forma clara a **ordem** e a **forma** porque devem ser inquiridas as testemunhas. O importante estatuto da testemunha, está plasmado nos **arts. 128º a 139º** (válido para qualquer fase do processo). A inquirição das testemunhas, deve basicamente respeitar o princípio de que a testemunha só pode responder a factos de que tenha **conhecimento direto**, salvo exceções (art. 128º a 130º) beneficiando do **"privilégio de não autoincriminação"** (arts. 59º e 132º-2) sem violação dos diversos **segredos funcionais e imunidades** (arts. 135º a 137º e 139º).

No cumprimento da sua obrigação legal de testemunhar, a testemunha tem de prestar **juramento** e responder com **verdade** às perguntas que lhe forem feitas, sob pena de responsabilidade penal (v. art. 360º do C.P. – **crime de falsidade de testemunho** ou art. 367º do C.P. – **crime de favorecimento pessoal/encobrimento)**.

O sistema de audição cruzada: O código optou pelo sistema de **audição cruzada** das testemunhas em julgamento, tendo em vista possibilitar o apuramento da veracidade do seu depoimento e garantir todo o contraditório. Dentro deste sistema, podem ser feitas às testemunhas **quaisquer perguntas** que se compreendam no **objeto do processo**, ficando sempre reservada ao defensor do arguido o contrainterrogatório final (v. art. 32º-5 da C.R.P.).

Há quem entenda que a testemunha (seja de acusação ou de defesa) não pode ser **contrainterrogada** relativamente a **questões** que não foram objeto de **interrogatório direto,** com fundamento na não perversão do *"modelo de interrogatório direto"*. Nada autoriza esta conclusão (exceto em questões de natureza civil, onde se aplicam as regras dessa jurisdição – v. art. 71º e segs.) desde logo a letra dos nºs 4 e 5 desta norma, que é extensiva a qualquer interrogador. E bem assim, no regime geral da prova testemunhal, nada há nesse sentido. Na verdade, não há no processo penal, ao contrário do processo civil, nenhum *"modelo de interrogatório direto"*, mas tão-somente, a necessidade de a testemunha ter conhecimento direto dos factos sobre que depõe, para que esse depoimento seja relevante e ainda assim com desvios (v. arts. 128º-1 e 129º). A testemunha tem de responder com verdade, obviamente dentro dos limites legais e apresentada que seja em audiência, fica adstrita a essa atividade do tribunal de procura da **verdade material para uma boa decisão da causa** [v. arts. 124º, 128º-1, 132º-1-a)-d)].

Se a testemunha for indicada sobre a matéria criminal e civil, deve logo ser inquirida sobre ambas, em abono de uma melhor compreensão global do depoimento da testemunha (P.P. Albuquerque, *in* Comentário do CPP). **Nota:** Sem prejuízo do acima exposto.

Se na contra-inquirição são levantadas questões novas, ou seja, se o depoimento da testemunha suscita a necessidade de novas questões, quem indicou a testemunha pode inquiri-la novamente, com subsequente contra-inquirição. A norma em causa inculca a ideia de que é o sujeito processual que indica a testemunha que deverá inquiri-la primeiramente e sobre todos os factos de que tenha conhecimento e sejam relevantes para a decisão da causa (ainda que a sua pertinência seja revelada apenas na contra-inquirição). E a contra-inquirição deve circunscrever-se também aos factos que integram o objecto do processo e que sejam relevantes para a sustentação da respectiva posição processual (*in* CPP dos Mag. do M.P. do Porto).

As testemunhas do coarguido: Como regra, as testemunhas de um coarguido, não podem ser inquiridas pelo defensor de outro coarguido, se este as não indicou previamente, exceto se o Juiz **expressamente autorizar** por concluir que tal inquirição se revela de **interesse para a defesa** desse coarguido (v. nº 6). Deste modo tem o defensor do coarguido que **fundamentar** esse interesse. Trata-se de mais uma norma de proteção ao arguido, que visa, já não a busca da verdade, mas evitar contradições nos depoimentos que o possam prejudicar. Não faz sentido. Até porque se não houver cuidado, esta limitação, pode redundar no benefício de um arguido em prejuízo de outro.

Prescisão da testemunha indicada: A indicação de testemunhas é uma **faculdade** dos intervenientes processuais. O interveniente que indicou uma testemunha, pode no exercício dessa mesma faculdade, **prescindir** ou **desistir** da audição dessa testemunha, até ao **início da sua audição**, sem possibilidade de **oposição direta** de qualquer outro dos intervenientes. Mas também sem prejuízo do disposto no **art. 340º**, que permite que o tribunal a requerimento ou oficiosamente, ouça a testemunha prescindida quando tal se revelar importante para a boa decisão da causa.

Exibição/confronto com pessoas, documentos ou objetos: A lei **expressamente** autoriza, no nº 7, que para além dos **reconhecimentos formais** previstos nos arts. 147º a 149º, à testemunha (bem como ao assistente e às partes cíveis) possa ser mostrado pessoas, incluindo o arguido, documentos e objetos, para deporem sobre eles. Não se entende por isso tantos recursos que existem sobre esta matéria, com alegação de nulidades na produção da prova. Trata-se de prova a avaliar como outra qualquer, segundo as **regras de experiência comum**, nos termos do art. 127º.

II – O reconhecimento do arguido, feito por uma testemunha no decurso da audiência, não tem que obedecer ao formalismo do artigo 147º do CPP, incompatível com os ritos da própria audiência e com a presença no tribunal de todos os interessados no julgamento. III – Perante o depoimento de testemunhas que afirmam reconhecer o arguido fica sempre aberta, ao acusado, a possibilidade de demonstrar, em contra-interrogatório (artigo 348º, nº 4 do CPP) que as afirmações dessas testemunhas não merecem credibilidade, por qualquer dos meios que o princípio do contraditório admite (Ac. STJ de 09.01.97, proc. 96P783, *in* www.dgsi.pt).

A credibilidade intrínseca da testemunha: No início da inquirição, o Juiz, tem de apurar os elementos referidos no nº 3, por duas ordens de razões.

Primeiro para o tribunal avaliar da **isenção** e **credibilidade** da testemunha. Depois, porque existindo as **relações de parentesco e de afetividade** com o arguido, a que alude o art. 134º-1-2, a testemunha pode validamente recusar-se a depor, do que deve ser expressamente advertida, sob pena de **nulidade** e **irrelevância** probatória do seu depoimento.

A não coincidência total entre as versões apresentadas em audiência pelas testemunhas, não é decisivo para qualquer decisão. Poder-se-á até dizer que tal não coincidência, evidencia espontaneidade e reforça a convicção de credibilidade, na medida em que as perceções humanas diferem de pessoa para pessoa. O que importa é que o **núcleo central de factos** coincida minimamente. O Juiz assume assim, quer queira quer não, um papel descodificador e compositor dos depoimentos que ouve (v. notas ao art. 127º).

A história começou então a ser contada aos serões, cada vez mais horrível, a ponto que ao fim de um mês havia quem fosse capaz de jurar em tribunal ter visto o senhor Nunes levantar-se da campa vestido de preto e com a bengala, acertar no Teodoro uma bordoada fatal. Aos que duvidavam, dizendo que ninguém tinha visto sinal de bordoada nenhuma, as testemunhas respondiam que era sabido, pancadas de fantasma matavam sem deixar rasto. Na versão de minha avó a participação do sobrenatural era mais modesta e os detalhes ouvira-os ela à cunhada do irmão do taberneiro (J. Rentes de Carvalho, *in* Os Lindos Braços da Júlia da Farmácia).

Ao que o recorrente refere de contradições nos depoimentos (...) dir-se-á que o tribunal é livre de valorar os depoimentos apenas naquilo em que os mesmos lhe merecerem credibilidade, não tendo de os aceitar como corretos ou incorretos na sua globalidade. De resto, o juiz é livre de formar a sua convicção na base de um só depoimento ou do referido por um só declarante em desfavor de testemunhos contrários. [Figueiredo Dias, Direito Processo. Penal, 1, 207; Ed. Correia, Processo Criminal, Lições ao 5º Ano Jurídico de 1953/54, pág. 165.] (Ac. TRC de 29.03.2006, *in* www.dgsi.pt).

Referências: art. 96º-2-3 (recurso a apontamentos escritos como adjuvantes da memória); arts. 128º a 139º (regime da prova testemunhal, que comporta basicamente o objeto e limites do depoimento, capacidade, direitos e deveres da testemunha, impedimentos, recusas, segredos, imunidades e prerrogativas); arts. 315º a 320º (rol de testemunhas, alteração do rol, notificações e compensações); art. 327º (contraditoriedade); art. 323º-f)-g) (perguntas legalmente inadmissíveis e expedientes dilatórios); art. 349º (testemunha menor de 16 anos); art. 356º (regime de leituras em audiência de autos e declarações da testemunha).

Artigo 349º – Testemunhas menores de 16 anos

A inquirição de testemunhas menores de 16 anos é levada a cabo apenas pelo presidente. Finda ela, os outros juízes, os jurados, o Ministério Público, o defensor e os advogados do assistente e das partes civis podem pedir ao presidente que formule à testemunha perguntas adicionais.

COMENTÁRIOS:

Menores de 16 anos: O ordenamento penal, revela bastantes cuidados com os menores. Assim, até atingirem os 16 anos são penalmente inimputáveis (v. art. 19º do C.P. e L. 166/99, de 14.09 – Lei Tutelar Educativa) e entre os 16 anos e os 21 anos tem um regime especial de punição (v. art. 9º do C.P. e D.L. 401/82, de 23.09). No que respeita ao regime de inquirição como testemunhas, a fim de garantir a tutela da sua personalidade em desenvolvimento, aos menores de 16 anos, só o Juiz pode formular-lhes perguntas, ainda que a sugestão dos demais intervenientes.

Referências: art. 91º-6 (os menores de 16 anos não prestam juramento); art. 131º-3 (perícia sobre a personalidade do menor depoente).

Artigo 350º – Declarações de peritos e consultores técnicos

1. As declarações de peritos e consultores técnicos são tomadas pelo presidente, a quem os outros juízes, os jurados, o Ministério Público, o defensor e os advogados do assistente e das partes civis podem sugerir quaisquer pedidos de esclarecimento ou perguntas úteis para a boa decisão da causa.

2. Durante a prestação de declarações, os peritos e consultores podem, com autorização do presidente, consultar notas, documentos ou elementos bibliográficos, bem como servir-se dos instrumentos técnicos de que careçam, sendo-lhes ainda correspondentemente aplicável o disposto no nº 3 do artigo 345º

3. Os peritos dos estabelecimentos, laboratórios ou serviços oficiais são ouvidos por teleconferência a partir do seu local de trabalho, sempre que tal seja tecnicamente possível, sendo tão-só necessária a notificação do dia e da hora a que se procederá à sua audição.

COMENTÁRIOS:

Peritos e consultores técnicos: São duas funções distintas. Aplica-se a ambos na tomada de declarações, as regras do assistente (art. 346º) e das partes civis (art. 347º). Dada a **natureza científica** ou **opinativa** do seu testemunho, podem consultar quaisquer elementos escritos, a fim de melhor fundamentarem as suas declarações. Tratando-se de **peritos** de **serviços oficiais** devem ser ouvidos por **teleconferência** se tal for possível. Aos **consultores técnicos** (v. art. 155º) aplica-se o regime geral das testemunhas. Não prestam compromisso, mas juramento.

Referências: art. 91º-2-6-b) (termo de compromisso dos peritos, exceto se funcionário público); arts. 151º a 163º (regime da prova pericial); art. 155º (consultores técnicos); art. 327º (contraditoriedade); art. 352º-1-c) (afastamento do arguido durante o depoimento dos peritos).

Artigo 351º – Perícia sobre o estado psíquico do arguido

1. Quando na audiência se suscitar fundadamente a questão da inimputabilidade do arguido, o presidente, oficiosamente ou a requerimento, ordena a comparência de um perito para se pronunciar sobre o estado psíquico daquele.

2. O tribunal pode também ordenar a comparência do perito quando na audiência se suscitar fundadamente a questão da imputabilidade diminuída do arguido.

3. Em casos justificados, pode o tribunal requisitar a perícia a estabelecimento especializado.

4. Se o perito não tiver ainda examinado o arguido ou a perícia for requisitada a estabelecimento especializado, o tribunal, para o efeito, interrompe a audiência ou, se for absolutamente indispensável, adia-a.

COMENTÁRIOS:

Estado psíquico do arguido: A norma regula as situações em que só na **audiência** é detetado problemas mentais do arguido. Tal deteção ocorre por simples contacto com o arguido ou levantado o problema de forma fundamentada (não será qualquer suspeita que releva) por qualquer interveniente. Nestas situações o arguido tem de ser sujeito a uma **perícia psiquiátrica**. A conclusão da **inimputabilidade** do arguido, não impede o julgamento (ainda que ele tenha que ser adiado ou suspenso), mas, s.m.o., para o seu prosseguimento, o Juiz terá de dar cumprimento ao art. 359º (alteração substancial dos factos). A sanção aplicável, no caso de demonstrada a **inimputabilidade**, já não será uma pena, mas uma medida de segurança (v. regime arts. 91º a 108º do C.P.).

Sujeição a exame pericial: As específicas perícias médico-legais e forenses, a que se alude nos arts. 159º, 160º e 351º, são de **sujeição obrigatória**, por força do art. 6º do **D.L. 45/2004, de 19.08** (regime jurídico das perícias médico-legais e forenses).

Referências: art. 20º do C.P (situações de inimputabilidade); arts. 151º a 163º (prova pericial).

Artigo 352º – Afastamento do arguido durante a prestação de declarações

1. O tribunal ordena o afastamento do arguido da sala de audiência, durante a prestação de declarações, se:

a) Houver razões para crer que a presença do arguido inibiria o declarante de dizer a verdade;

b) O declarante for menor de 16 anos e houver razões para crer que a sua audição na presença do arguido poderia prejudicá-lo gravemente; ou

c) Dever ser ouvido um perito e houver razão para crer que a sua audição na presença do arguido poderia prejudicar gravemente a integridade física ou psíquica deste.

2. Salvo na hipótese da alínea *c*) do número anterior, é correspondentemente aplicável o disposto no nº 7 do artigo 332º

COMENTÁRIOS:

Afastamento do arguido da sala: Trata-se de uma norma que deveria ser aplicada mais vezes, sobretudo no tempo atual, dominado por uma cada vez maior violência que gera sentimentos de medo e desconfianças, inibidores da espontaneidade dos depoimentos, como resulta da própria existência de leis especiais sobre proteção de testemunhas. O atual **estatuto da vítima** dispõe muito a propósito, que, no *«âmbito da realização de diligências processuais»*, consequentemente nos julgamentos, deve ser *«evitado»* os contactos entre as vítimas e o arguido (v. art. 15º-2 da L. 130/2015, de 04.09). O afastamento do arguido, pode ser despoletado **oficiosamente** ou a **requerimento**, tudo devendo ficar a constar da ata, sob pena de **irregularidade** (arts. 118º-1-2 e 123).

Há que garantir que a produção da prova oral corresponda à vontade livre e esclarecida de cada pessoa e ao mesmo tempo assegurar a sua segurança, bem como até a integridade psicológica do próprio arguido. Prevê-se expressamente três situações: a situação dos **declarantes/depoentes** em geral (v. arts. 346º a 350º) que podem ficar inibidos, ou por se sentirem intimidadas ou simplesmente perturbados, na presença do arguido; a situação específica dos **menores de 16 anos** (i.e., cuja idade não seja superior a 15 anos – v. art. 349º) que exige especial proteção, cujo depoimento, para além do já referido, lhes poder causar sequelas morais e reverter em seu próprio prejuízo; a situação dos **peritos** (v. art. 350º) que produzindo depoimento pericial, poderão afetar física ou psiquicamente o arguido.

Finalizado que seja os depoimentos, o arguido deverá ser **informado sinteticamente** deles pelo Juiz de forma a garantir o contraditório, sob pena de **nulidade**, com a óbvia exceção das declarações dos peritos onde o desconhecimento dessas declarações é previsto em benefício do próprio arguido.

Referências: L. 93/99, de 14.07 e D.L. 190/2003, de 22.08 (Lei e regulamento sobre proteção de testemunhas).

Artigo 353º – Dispensa de testemunhas e outros declarantes

1. As testemunhas, os peritos, o assistente e as partes civis só podem abandonar o local da audiência por ordem ou com autorização do presidente.

2. A autorização é denegada sempre que houver razões para crer que a presença pode ser útil à descoberta da verdade.

3. O Ministério Público, o defensor e os advogados do assistente e das partes civis são ouvidos sobre a ordem ou a autorização.

COMENTÁRIOS:

Dispensa de testemunhas e declarantes: Quando a presença das pessoas que têm de depor, se revele desnecessária, ou porque o seu depoimento se tornou irrelevante ou porque já foram ouvidas não se afigurando provável qualquer depoimento adicional, o Juiz pode ordenar ou autorizá-las a abandonarem o tribunal, com a concordância dos restantes intervenientes que possam ter interesse nelas.

Artigo 354º – Exame no local

O tribunal pode, quando o considerar necessário à boa decisão da causa, deslocar-se ao local onde tiver ocorrido qualquer facto cuja prova se mostre essencial e convocar para o efeito os participantes processuais cuja presença entender conveniente.

COMENTÁRIOS:

"Exame" ao local: A busca da verdade material pode exigir a presença do tribunal na cena do crime, reconstituindo dentro do possível, as condições materiais em que os factos ocorreram, na senda do art. 171º. É uma **decisão discricionária** do tribunal, logo, insuscetível de recurso [art. 400º-1-b)] submetida à exigência de necessidade para a boa decisão da causa. Tem bastante aplicabilidade quando se trata de acidentes de viação, onde a visualização e análise da geografia e condições do local, se revela muitas vezes essencial.

Referências: art. 171º (exames no local do crime).

Artigo 355º – Proibição de valoração de provas

1. Não valem em julgamento, nomeadamente para o efeito de formação da convicção do tribunal, quaisquer provas que não tiverem sido produzidas ou examinadas em audiência.

2. Ressalvam-se do disposto no número anterior as provas contidas em actos processuais cuja leitura, visualização ou audição em audiência sejam permitidas, nos termos dos artigos seguintes.

COMENTÁRIOS:

Natureza das provas e princípio do contraditório: A norma estabelece o princípio geral de que todas as provas que serviram à convicção do tribunal, têm de ser **produzidas** (criadas, geradas, originadas...) ou **examinadas** (analisadas, revistas, inspecionadas...) em audiência. As provas **produzidas** em audiência são aquelas que resultaram da discussão do *thema probandum*. As **examinadas**, são aquelas que pertencem à prova pré constituída. Quer num caso quer noutro, estamos no âmbito da tipologia das provas, enunciadas no Livro III, dedicado aos **meios de prova e aos meios de obtenção de prova,** através do que, como os próprios nomes indicam, se visa a obtenção de prova.

A **exceção** ao regime geral de produção e exame das provas em audiência, diz respeito às **provas pré-constituídas**, que traduzidas em atos processuais, determinados ao longo das fases anteriores do processo (raramente determinados na fase de julgamento) constam **validamente** do processo e estão **livremente disponíveis para consulta**, mas não têm que ser obrigatoriamente examinadas ou lidas em audiência. O **contraditório é garantido**, na medida em que todos os intervenientes têm acesso à imediação e oralidade do julgamento e a todas as provas que podem consultar no processo, sendo certo que se as não trazem à imediação e oralidade próprias da audiência de julgamento e as não exploram nessa vertente, é porque estrategicamente assim decidiram. Mas essas provas, que reduzidas a escrito, passam à condição de provas documentais, nunca perdem o seu valor, sejam ou não examinadas ou lidas em audiência (neste sentido o Ac. do T.C. 87/99, de 10.02). Para eliminar dúvidas, devem tais provas, estarem indicadas na acusação, se tiverem sido produzidas em fase de inquérito. Estão nesta situação, de **prova pré-constituída**, as provas contidas em autos de **reconhecimento** (arts. 147º a 149º), os autos de **exames periciais** (arts. 151º a 163º e 351º), os **documentos** (arts. 164º a 170º), os autos de **exames genéricos** (arts. 171º a 173º), os autos de **revistas** e **buscas** (arts. 174º a 177º), as **"escutas"** na forma áudio ou transcritas em auto (arts. 187º a 190º), as **declarações para memória futura** (arts. 271º e 294º), etc...

Apesar de, face às opiniões reinantes, não ser exigível, os Juízes mais prudentes (e os Juízes devem ser sagazes) no final do julgamento costumam **perguntar** aos intervenientes se consideram todas as provas examinadas ou se querem discutir e examinar alguma em particular, consignando em **ata** tal ocorrência, para evitar que se venha posteriormente a alegar que o julgamento foi encerrado sem ter havido oportunidade de um pronunciamento sobre todas as questões que constituíam o seu objeto.

A jurisprudência é, desde o início, claramente maioritária – e, actualmente, nem surpreendemos jurisprudência em sentido divergente – no sentido de os documentos que se encontram juntos aos autos não serem de leitura obrigatória na audiência de julgamento. Considerando-se examinados e produzidos em audiência, independentemente de nesta ter sido feita a respectiva leitura e menção em acta. Desde logo se formou o entendimento que considerava diferente o exame da leitura: o exame não pressupunha leitura (Vinício Ribeiro, *in* CPP notas e comentários). **Nota:** a maior divergência conhecida, situa-se no campo doutrinal e tem como arauto Germano Marques da Silva, que põe a tónica também na violação do princípio da publicidade (v. Revista do CEJ, nº 4, 1º semestre, 2006).

As escutas telefónicas, regularmente efetuadas durante o inquérito, uma vez transcritas em auto, passam a constituir prova documental, que o tribunal de julgamento pode valorar de acordo com as regras da experiência; essa prova documental não carece de ser lida em audiência e, no caso de o tribunal dela se socorrer, não é necessário que tal fique a constar da ata (Ac. TRP de 08.07.2005, proc. 1480/07.9PCSNT.G1.P1, *in* www.dgsi.pt).

A prova contida em autos de declarações: No contexto mais estrito do nº 2, a prova por declarações dos vários intervenientes processuais [com exceção das declarações para memória futura – v. art. 356º-2-a)] produzida em fase anterior à de julgamento, é a única que escapa à noção de **"prova pré-constituída"**, para efeitos de **dispensa de exame em audiência**. Mas, verificados os estritos pressupostos dos arts. 356º e 357º, tais declarações, **podem** ser lidas em audiência.

Valor probatório dos relatórios ou autos de vigilância policial: Amiúde, em julgamento, se coloca a questão do valor processual dos chamados ***"relatórios de diligência externa"*** ou ***"autos de vigilância"***, elaborados por agentes policiais. Estes documentos, como o próprio nome indica, reportam-se às vigilâncias físicas, efetuadas pelos OPCs, à atividade de suspeitos e arguidos: Por si só, estes relatórios ou autos, não têm qualquer valor probatório. Considerar o contrário, seria admitir como válidos, depoimentos escritos, não previstos na lei (v. arts. 355º a 357º). Sem prejuízo da discussão que pode ocorrer em audiência acerca do seu conteúdo, o seu valor probatório assentará sempre nos **contributos verbais** dos agentes policiais (ainda que prestados com base nos referidos documentos) mesmo no caso de "agentes encobertos" (v. L. 101/2001, de 25.08) razão pela qual, não deve a sentença remeter diretamente para tais documentos, os fundamentos decisórios, como por vezes acontece, mas sim, extrair dos depoimentos orais dos agentes que fizeram as vigilâncias, o que deles relevou para a prova, sob pena de **prova nula** por proibição de valoração de prova.

Autos de vigilância (isto é, textos escritos pelos agentes policiais onde estes relatam aquilo que viram) não são documentos que possam ser utilizados na prova de factos num julgamento (Ac. TRL de 25.05.2010, proc. 42/08.PJAMD.L1-5, *in* www.dgsi.pt).

I – O auto de vigilância (ou relatório de vigilância) elaborado por agentes policiais no âmbito da investigação de um crime de tráfico de estupefacientes, do art. 21º do DL 15/93, de 22 de janeiro, dando conta da prática de atos suscetíveis de constituir crime, não é um "depoimento escrito" (prestado por testemunha). II – Não resultam violados o princípio da imediação e o princípio do contraditório quando o agente que elaborou o auto prestou depoimento na audiência de julgamento, tendo confirmado genericamente o seu conteúdo e descrito o que presenciou (Ac. TRP de 28.05.2014, proc. 471/10.7GDGDM.P1, *in* www.dgsi.pt).

Referências: arts. 124º a 127º (objeto, legalidade e livre apreciação da prova); art. 327º (contraditoriedade); arts. 356º e 357º (leituras de autos em audiência).

Artigo 356º – Reprodução ou leitura permitidas de autos e declarações

1. Só é permitida a leitura em audiência de autos:

a) Relativos a actos processuais levados a cabo nos termos dos artigos 318º, 319º e 320º; ou

b) De instrução ou de inquérito que não contenham declarações do arguido, do assistente, das partes civis ou de testemunhas.

2. A leitura de declarações do assistente, das partes civis e de testemunhas só é permitida tendo sido prestadas perante o juiz nos casos seguintes:

a) Se as declarações tiverem sido tomadas nos termos dos artigos 271º e 294º;

b) Se o Ministério Público, o arguido e o assistente estiverem de acordo na sua leitura;

c) Tratando-se de declarações obtidas mediante rogatórias ou precatórias legalmente permitidas.

3. É também permitida a reprodução ou leitura de declarações anteriormente prestadas perante autoridade judiciária:

a) Na parte necessária ao avivamento da memória de quem declarar na audiência que já não recorda certos factos; ou

b) Quando houver, entre elas e as feitas em audiência, contradições ou discrepâncias.

4. É permitida a reprodução ou leitura de declarações prestadas perante a autoridade judiciária se os declarantes não tiverem podido comparecer por falecimento, anomalia psíquica superveniente ou impossibilidade duradoira, designadamente se, esgotadas as diligências para apurar o seu paradeiro, não tiver sido possível a sua notificação para comparecimento.

5. Verificando-se o disposto na alínea *b*) do nº 2, a leitura pode ter lugar mesmo que se trate de declarações prestadas perante o Ministério Público ou perante órgãos de polícia criminal.

6. É proibida, em qualquer caso, a leitura do depoimento prestado em inquérito ou instrução por testemunha que, em audiência, se tenha validamente recusado a depor.

7. Os órgãos de polícia criminal que tiverem recebido declarações cuja leitura não for permitida, bem como quaisquer pessoas que, a qualquer título, tiverem participado na sua recolha, não podem ser inquiridos como testemunhas sobre o conteúdo daquelas.

8. A visualização ou a audição de gravações de actos processuais só é permitida quando o for a leitura do respectivo auto nos termos dos números anteriores.

9. A permissão de uma leitura, visualização ou audição e a sua justificação legal ficam a constar da acta, sob pena de nulidade.

(Última redação da L. 20/2013, de 21.02)

COMENTÁRIOS:

Reprodução ou leitura permitida de autos de declarações (que não do arguido) e outros autos: Conforme resulta da norma anterior, no nosso ordenamento jurídico, toda a prova tem de ser produzida em audiência (exceto a chamada "prova pré-constituída", nos termos supra referidos).

Este art. 356º (bem como o 357º, exclusivo para as declarações do arguido) contém o **regime das reproduções ou leituras** de autos permitidas em audiência de julgamento, que integram a produção de prova. Faz-se notar que com a nova redação do artigo, se acrescentou à palavra **«leitura»**, a palavra **«reprodução»**. Reproduzir, vocabularmente significa "reeditar", "descrever", "repetir", "exibir", "copiar"...Logo, ao contrário do que se poderia interpretar anteriormente, para aplicação da norma não é forçoso que formalmente se leia na audiência os autos, mas tão só que se **"reproduza"** o teor dos mesmos. E bem assim podem **"reproduzir-se"** registos fonográficos ou vídeos (v. nº 8 e art. 355º-2).

Análise normativa: A análise do artigo, de interpretação difícil, pode fazer-se por grupos de questões.

Um **primeiro grupo** [nº 1-a)-b)] é constituído pelas declarações prestadas por testemunhas, assistentes e partes civis, desde que tenham sido recolhidas nos termos dos arts. 318º-1-7 (residentes fora da comarca) 319º (declarações no domicílio) e 320º (declarações em ato urgente) e **independentemente de quem as recolheu** e ainda outros autos que não de natureza depoente, designadamente aqueles que consubstanciam aquilo a que se chama "prova pré-constituída" (v.g., perícias, reconhecimentos, buscas etc...).

Um **segundo grupo** [nº 2-a)-c)] é constituído pelas declarações prestadas por testemunhas, assistentes e partes civis, tomadas nos termos dos arts. 271º e

294º **(declarações para memória futura, obrigatoriamente perante o Juiz)** e ainda as obtidas mediante **rogatórias ou precatórias**, desde que também prestadas **perante Juiz.** Registe-se apenas que é jurisprudência fixada, que quanto às declarações para **memória futura**, não é obrigatório proceder à sua reprodução/leitura em audiência por terem natureza de prova pré-constituída (v. notas aos arts. 271º, 294º e 355º).

Jurisprudência uniformizadora: Ac. do STJ de Fixação de Jurisprudência nº 8/2017, de 21.11.2017, *in* D.R. de 21.11.2017: *«As declarações para memória futura, prestadas nos termos do artigo 271º do Código de Processo Penal, não têm de ser obrigatoriamente lidas em audiência de julgamento para que possam ser tomadas em conta e constituir prova validamente utilizável para a formação da convicção do tribunal, nos termos das disposições conjugadas dos artigos 355º e 356º, nº 2, alínea a), do mesmo Código».*

Um **terceiro grupo** [nº 2-b)-5] é constituído pelas declarações prestadas por testemunhas, assistentes e partes civis, **independentemente de quem as recolheu** (Juiz, M.P. ou O.P.C.) mas a leitura só é permitida desde que haja **acordo** do M.P., arguido e assistente.

Um **quarto grupo** [nº 3] é constituído pelas declarações prestadas por testemunhas, assistentes e partes civis, desde que prestadas **perante autoridade judiciária** [Juiz ou M.P. – v. art. 1º-b)] tendo em vista o *«avivamento da memória»* ou então quando houver *«contradições ou discrepâncias»* relativamente à descrição dos factos.

Um **quinto grupo** [nº 4] é constituído pelas declarações prestadas **perante autoridade judiciária** por testemunhas, assistentes e partes civis, que não possam comparecer por terem sido vítimas de acontecimentos funestos, como morte ou doença ou então por *«impossibilidade duradoura»*, nisto se incluindo a impossibilidade de localização e notificação para comparecimento.

Registe-se que na maioria dos ordenamentos europeus, a permissividade da leitura das anteriores declarações prestadas por intervenientes processuais (que não o arguido) tem por base, simplesmente, sem grandes exigências, “contradições” ou “divergências” entre o anterior e o depoimento em audiência ou “falhas de memória” ou “recusa de prestar depoimento” ou “falta de comparecimento” ou “doença grave impossibilitante” ou “morte”.

Reprodução ou leituras absolutamente proibidas: Estão naturalmente excluídas deste regime, as declarações de testemunha que validamente se tenham recusado a depor, nos termos dos arts. 134º-1-2 e 348º. A proibição inclui o material audiovisual nos precisos termos do nº 8.

Órgãos de polícia criminal (O.P.C.): Não podem os OPCs, em audiência depor sobre o conteúdo de declarações cuja leitura seja **proibida**. Neste estrito âmbito, apenas cabem as declarações escritas (únicas suscetíveis de serem lidas) e não quaisquer outras, como sejam as chamadas "conversas informais" dos agentes com os intervenientes (v. notas ao artigo seguinte). Princípio extensível às declarações do arguido (v. notas ao art. 357º-2).

Resumindo a linha argumentativa destes três últimos acórdãos e respetivas conclusões, os OPC poderão depor sobre factos de que possuam conhecimento direto obtido por meios diferentes das declarações que recebam do arguido no decurso do processo, ainda que também as tenham recebido, e o nº 7 do artigo 356º apenas proibirá que aqueles deponham acerca de declarações cuja leitura seja proibida, para tal sendo necessário que estejam exaradas em auto, não se aplicando às chamadas "conversas informais" (Filipa Lourenço Romano, As "conversas informais" extraprocessuais como meio de prova em processo penal, *in* net). **Nota:** A autora analisava e bem, os Acs. STJ de 13.05.92, de 20.05.1992 e de 17.10.1992. Importa acrescentar que o Ac. STJ de 29.03.1995, especificou que a conclusão só não se aplica, se ficar provado que o agente policial escolheu a via das "conversas informais" para defraudar a lei, i.e., para evitar a proibição da leitura das declarações do arguido se as tivesse elaborado em auto.

Consignação em ata: Os atos levados a cabo ao abrigo deste normativo, tem de ficar consignados em ata, sob pena de nulidade (nº 9).

Remissão importante: O disposto nos nºs 7 a 9, é aplicável ao art. 357º (leitura das declarações do arguido – v. art. 357º-3).

Referências: art. 327º (contraditoriedade).

Artigo 357º – Reprodução ou leitura permitidas de declarações do arguido

1. A reprodução ou leitura de declarações anteriormente feitas pelo arguido no processo só é permitida:

a) A sua própria solicitação e, neste caso, seja qual for a entidade perante a qual tiverem sido prestadas; ou

b) Quando tenham sido feitas perante autoridade judiciária com assistência de defensor e o arguido tenha sido informado nos termos e para os efeitos do disposto na alínea *b*) do nº 4 do artigo 141º

2. As declarações anteriormente prestadas pelo arguido reproduzidas ou lidas em audiência não valem como confissão nos termos e para os efeitos do artigo 344º

3. É correspondentemente aplicável o disposto nos nºs 7 a 9 do artigo anterior.

(Última redação da L. 20/2013, de 21.02)

COMENTÁRIOS:

Reprodução ou leitura de declarações do arguido: O art. 357º regula em exclusivo, a **reprodução** ou **leitura** na audiência, das declarações do arguido, prestadas **no processo**, ainda que noutras fases processuais, que não a de julgamento. Daqui resulta desde logo, que esta norma, se aplica só às declarações verbais lavradas em **suporte físico** (papel ou áudio) **constantes/integrantes do processo** e não a quaisquer outras.

A alteração da L.20/2013, de 21.02, teve profundo impacto neste normativo, mudando o paradigma, uma vez que o **direito ao silêncio** do arguido previsto no art. 61º-1-b), deixou de ter "efeitos retroativos", i.e., o exercício de tal direito em audiência, verificados os pressupostos legais, **não irreleva nem erradica**, as declarações anteriormente prestadas nos precisos termos da alínea b), que é uma **regra específica de produção de prova** [v. arts. 1º-b), 141º-4-b) e 143º-2]. Obviamente sem prejuízo do arguido poder contrariar, explicar ou contextualizar as declarações anteriormente prestadas. E este ato de prova, pode ocorrer mesmo quando o julgamento se efetua na **ausência do arguido**, nos termos dos arts. 333º e 334º (uma vez que a lei não exclui tal circunstancialismo, nem deveria, pois se assim fosse, fácil seria o arguido eximir-se ao ato, bastando não comparecer ao julgamento). Mas, não valendo as declarações anteriormente prestadas como **confissão**, estarão sempre sujeitas à **livre apreciação da prova** pelo Juiz (v. art. 127º).

Requisitos legais: A **reprodução** ou **leitura** de declarações na audiência, pode ocorrer por iniciativa do Juiz ou promoção do M.P. ou de quaisquer outros intervenientes, quando verificados três requisitos **cumulativos**: **(1)** que as mesmas tenham sido produzidas **perante a autoridade judiciária** [Juiz ou M.P. – v. art. 1º-b)] **(2)** que tenham sido produzidas com **assistência de defensor** [v. arts. 61º-1-e) e 62º-1] **(3)** que o arguido tenha sido **informado** de que tais declarações, poderão ser utilizadas no processo (ainda que, temperadamente, não valham como **confissão**, nos precisos termos do art. 344º) mesmo que posteriormente venha a ser julgado na **ausência** ou venha a **não prestar declarações em audiência** de julgamento [v. art. 141º-b)].

Registe-se, que ao contrário de outros ordenamentos europeus, a norma em causa não abrange declarações prestadas perante OPC. Em todo o caso, a nossa lei aproxima-se assim, do direito anglo-saxónico, onde o arguido detido é informado previamente do direito de não falar, mas também de que falando as suas declarações podem ser utilizadas contra si (são os chamados direitos de Miranda, nascidos do caso Miranda versus E.U.A., que em 1966, através da V emenda ganharam dignidade constitucional nos EUA – v. notas ao art. 343º).

A **reprodução** ou **leitura** em audiência de declarações anteriormente prestadas, pode ainda ter lugar, a **solicitação** do próprio arguido, mas neste caso, independentemente de quaisquer dos requisitos suprarreferidos, incluindo o OPC. O arguido, s.m.o. poderá selecionar o auto onde conste as declarações que pretende ver reproduzidas ou lidas, mas não pode secioná-las, i.e., não pode descontextualizar tais declarações, que têm de ser analisadas na sua plenitude global.

Pode acontecer e acontece muito, que o arguido, prescindindo do direito ao silêncio, acabe por falar só em momento em que toda ou parte da prova já tenha sido produzida no decurso do julgamento (v. art. 343º-1 ou 361º). Nestas circunstâncias, deve reavaliar-se sempre se o uso desse direito **condicionou ou colocou em causa** a prova já produzida. Se assim for, pode a mesma ser **repetida** para esclarecimento das tardias revelações do arguido. Na situação prevista no **art. 361º**, pode também haver necessidade de **novas alegações finais** dos advogados e do M.P.

Reprodução ou leitura de declarações incriminatórias do coarguido: Pode acontecer que da leitura das declarações do arguido, resulte a **incriminação do coarguido**. Quando tal acontece, tais declarações escritas, **podem ser valoradas**, respeitado o quadro legal do art. 345º-4 (v. notas a este artigo). Paralelamente, mas em sentido inverso, já **não podem ser valoradas**, essas declarações escritas, se o arguido incriminador que as produziu, estiver ele próprio **ausente em julgamento** (seja qual for o motivo da ausência) por violação do princípio do contraditório (mas apenas nessa parte da incriminação alheia – v. art. 327º).

Fundamentos: A lei, não especifica concretamente os **fundamentos** pelos quais podem ser reproduzidas ou lidas as anteriores declarações do arguido (v. nº 9). Mas, do ponto de vista do Juiz, obviamente que todos os atos decisórios são fundamentados/justificados (v. art. 97º-5) em ordem ao cumprimento dos fins processuais (v. art. 124º-1) sendo proibidos atos **inúteis** (art. 130º do CPC *ex vi,* art. 4º). Na anterior redação da lei, referia-se como requisitos para a leitura das anteriores declarações do arguido, que existissem **contradições** ou **discrepâncias** entre elas e as feitas na audiência. Não há razão para abandonarmos tais fundamentos. Quanto muito poderá dizer-se que agora poderá haver fundamentos mais abrangentes [como a recusa de prestar declarações em julgamento, tendo-as prestado em fase anterior, perante autoridade judiciária, nos termos da alínea b)].

Depoimentos dos órgãos de polícia criminal (O.P.C.) e outros: Face à remissão operada pelo art. 357º-3 para o art. 356º-7-8, não podem os agentes de autoridade (ou quaisquer outras pessoas) depor sobre o conteúdo de declarações do arguido, cuja **reprodução ou leitura seja proibida** (por não estarem verificados os requisitos para tal). Mas esta proibição, restringe-se a esses precisos termos. Importa não confundir as declarações do arguido de reprodução ou leitura proibida, com depoimento dos OPCs sobre factos comprovados/confirmados *"a posteriori"*, ainda que suscitados e investigados por força de declarações do arguido. Estes depoimentos, sobre as diligencias efetuadas, serão sempre relevantes, na medida em que se apresentam como o **resultado da investigação** (conforme se refere nos acórdãos infra citados). Assim, é sempre permitido o **testemunho e a narração** de diligências de investigação, pelos agentes policiais, das suas intervenções investigatórias, tais como buscas, apreensões, escutas telefónicas, reconstituições, etc..., bem como das suas perceções sensoriais sedimentadas no decurso da investigação, ainda que despoletadas ou até comparticipadas pelas declarações do arguido, o que nada tem a ver, com a problemática das "reproduções e leituras em audiência" vazadas nos arts. 356º e 357º. A não ser assim, estaria aberto o caminho para uma sistemática invalidade de toda a prova e de toda a investigação.

E evidente que não poderá ser inquirido em audiência um órgão de polícia criminal sobre, por exemplo, o teor de um auto de interrogatório que tenha feito a um arguido no decurso da investigação, se o mesmo arguido se remete ao silêncio no julgamento ou se não se verifica o condicionalismo do nº 1, alínea a), do artigo 357º do CPP. Sob pena de se deixar entrar pela janela o que se quis evitar que entrasse pela porta (Vinício Ribeiro, *in* C.P.P., notas e comentários).

A lei só exclui o testemunho das entidades policiais que verse o conteúdo de declarações por elas tomadas, sendo completamente descabido que as referidas entidades não pudessem depor sobre todos aqueles factos em relação aos quais o seu posicionamento não foi outro senão o de observadoras ou de intervenientes e observadoras, que, por terem neles participado, tiveram desses factos um conhecimento privilegiado (Ac. STJ de 29.03.95, *in* BMJ-445-279).

As "conversas informais" entre o arguido e os agentes de autoridade: As vulgarmente chamadas **"conversas informais"**, i.e., conversas que não são reduzidas a escrito e não figuram em autos (v. arts. 94º e 95º), ocorrem quase sempre nos primeiros contactos entre o arguido (a constituir ou já constituído) e os agentes policiais. Ora, é precisamente, nessas situações (por vezes de detenção em flagrante delito) que este arguido mais indicações dá sobre o crime que suspeitosamente terá cometido e é nesse momento vital, que o OPC (e o M.P.) recolhe o grosso da prova e traça as futuras linhas de investigação e define as diligências a levar a cabo. Mas há que distinguir o tema da **"reprodução em audiência das conversas informais"**, do tema das **"diligências de investigação"** levadas a cabo pelos agentes, despoletadas na sequência de **"conversas informais"** com o arguido. Um, não invalida o outro. Dir-se-á até, que por força do art. 249º, sobretudo do seu nº 2-b), é dever dos agentes policiais, seguir o rasto das informações colhidas junto de qualquer pessoa (qualquer que seja o seu estatuto jurídico; testemunha, suspeito ou arguido) e que facilitem a descoberta do crime e dos seus agentes. Os atos e provas desta investigação, ainda que total ou parcialmente fundados nas declarações do arguido, ("contribuições probatórias sequenciais e autónomas", lhe chama alguma jurisprudência) são absolutamente válidos.

A questão que se coloca é saber se as **"conversas informais"** (não reduzidas a escrito) entre os agentes e o arguido (a constituir ou já constituído) podem ser **discutidas em audiência e servir de prova**, por força da sua **reprodução** em julgamento pelos referidos agentes. Se o arguido **invoca o direito ao silêncio**, obviamente que todas as suas declarações, **formais** [mas fora do campo do nº 1-b) deste artigo] ou **informais**, não podem ser objeto de reprodução e discussão, por uma questão de lógica do próprio sistema (v. remissão do nº 3). Na verdade, seria fácil contornar tal lógica, bastando que não se reduzissem a escrito as declarações dos arguidos, para elas poderem ser reproduzidas como prova oral na audiência, na vertente das declarações informais, postergando-se assim o direito ao silêncio. Nestas circunstâncias, as conversas **informais**, não podem servir de prova e consequentemente não podem ser **reproduzidas** em audiência (neste sentido concorrendo uniformemente a jurisprudência). Mas se o arguido fala, se **prescinde do direito ao silêncio** e dos seus efeitos práticos, s.m.o., abre-se o contraditório pleno, não se vendo razão para que tais conversas **informais,** não possam ser discutidas em audiência, em ordem a perseguir a verdade material, uma vez que os agentes ali estão como meras testemunhas reproduzindo conversas de que foram interlocutores diretos, tendo como fonte, o próprio arguido, (nada tendo a ver com o regime do depoimento indireto previsto no art. 129º). Se outras testemunhas podem depor sobre as conversas que tiveram com o arguido, porque não podem depor os agentes de autoridade, que em princípio beneficiam de maior credibilidade? Nada na lei o proíbe diretamente nem a coerência interna do sistema o rejeita.

Importa, no entanto, registar que alguma jurisprudência, coloca a tónica da questão no **momento da constituição do arguido**. E assim, se as declarações do arguido foram prestadas antes da sua constituição (não sendo esse facto, uma estratégia premeditada do OPC para sacar informações) então tais conversas podem ser reproduzidas em audiência, uma vez que a proibição se refere ao arguido como tal constituído e não ao cidadão, ainda que suspeito (v. neste sentido acs. infra). Para evitar esta controvérsia, é que no direito Estado-Unidense, o suspeito, logo no primeiro contacto, que pode ser um ato da detenção, é advertido pela entidade policial, de que, *«deve considerar-se arguido e que todas as declarações que prestar podem ser usadas contra si»*, constituindo este um procedimento que deveria ser aditado de forma expressa às leis portuguesas, para além do disposto nos arts. 61º-1-d) e 141º-4-b).

O privilégio contra a auto-incriminação, ou direito ao silêncio, significa que o arguido não pode ser obrigado, nem deve ser condicionado a contribuir para a sua própria incriminação, isto é, tem o direito a não ceder ou fornecer informações ou elementos) que o desfavoreçam, ou a não prestar declarações, sem que do silêncio possam resultar quaisquer consequências negativas ou ilações desfavoráveis no plano da valoração probatória. Sendo, porém, este o conteúdo do direito, estão situadas fora do seu círculo de protecção as contribuições probatórias, sequenciais e autónomas, que o arguido tenha disponibilizado ou permitido, ou que informações prestadas tenham permitido adquirir, possibilitando a identificação e a correspondente aquisição probatória, ou a realização e a prática e actos processuais com formato e dimensão própria na enumeração dos meios de prova, como é a reconstituição do facto. Vista a dimensão da reconstituição do facto como meio de prova autonomamente adquirido para o processo, e a integração (ou confundibilidade) na concretização da reconstituição de todas as contribuições parcelares, incluindo do arguido, que permitiram, em concreto, os termos em que a reconstituição decorreu e os respectivos resultados, os órgãos de polícia criminal que tenham acompanhado a reconstituição podem prestar declarações sobre o modo e os termos em que decorreu; tais declarações referem-se a elementos que ganham autonomia, e como tal diversos das declarações do arguido ou de outros intervenientes no acto, não estando abrangidas na proibição do artigo 356º, nº 7 do CPP (Ac. STJ de 05.01.2005, *in* www.dgsi.pt).

O conceito de "conversas informais" prende-se com o facto de não serem respeitados os requisitos dos artigos 140º e ss. e 343º e ss., daí decorrendo a "informalidade" daquelas. Existem "conversas informais" que não constam em auto e em relação às quais não haverá, à partida, impedimento a que possam ser utilizadas como prova. Incluem-se aqui as conversas que tenham lugar no contexto de diligências processuais, meios de obtenção de prova, atos processuais de ordem material ou de investigação "no terreno", ou ações de prevenção e manutenção da ordem pública, que não estejam sujeitas ao princípio da oralidade e que tenham autonomia técnico-jurídica e fenoménica dentro do processo. (...) Rejeita-se a interpretação da proibição consagrada no artigo 356º, nº 7 (aplicável às declarações do arguido, por remissão do artigo 357º, nº 3) no sentido de que os OPC não podem ser testemunhas. Este preceito proíbe apenas a reprodução de declarações cuja leitura não é permitida. Ou seja, excluído o disposto no artigo 356º, nº 7, e não existindo qualquer imposição de segredo profissional, os OPC poderão sempre, em abstrato, depor em audiência de julgamento, pois não sofrem de qualquer incapacidade nem impedimento (Filipa Lourenço Romano, As "conversas informais" extraprocessuais como meio de prova em processo penal, *in* net).

Até então, o processo de obtenção das diversas declarações, incluindo as do então suspeito e ora arguido, logrou cobertura legal, nomeadamente, nos artigos 55º, nº 2, e 249º, nºs 1 e 2 a) e b), do CPP. Daí que, ao serem inquiridos os referidos agentes sobre o acontecido nessas diligências, nomeadamente no auto de reconstituição, não tenham deposto sobre matérias proibidas, já que depuseram, não sobre factos que lhes tenham sido transmitidos, antes, sobre o resultado da sua percepção directa, colhida durante a realização do auto respectivo. Portanto, nesta perspectiva, nem se tratou de depoimento indirecto, sujeito ao regime do artigo 129º do CPP, nem de depoimento abrangido pela proibição do artigo 356º, nº 7 do mesmo diploma. E tais depoimentos não versaram sobre autos de leitura proibida, uma vez que não se tratou de «declarações de arguido», que o recorrente ainda não era nem tinha ainda de ser. Improcede também, assim, esta vertente do recurso (Ac. STJ de 22.04.04, *in* www.dgsi.pt). **Nota:** Este acórdão, como o seguinte e outros, traça uma clara distinção dos efeitos entre as declarações informais anteriores ou posteriores à constituição como arguido.

Contudo, de forma diferente se passam as coisas quando se está no plano da recolha de indícios de uma infração de que a autoridade policial acaba de ter notícia (...). Nesta fase não há ainda inquérito instaurado, não há ainda arguidos constituídos. É uma fase de pura recolha informal de indícios, que não é dirigida contra ninguém em concreto. As informações que então forem recolhidas pelas autoridades policiais são necessariamente informais, dada a inexistência de inquérito (...) O que o art. 129º do CPP proíbe são estes testemunhos que visam suprir o silêncio do arguido, não os depoimentos de agentes de autoridade que relatam o conteúdo de diligências de investigação, nomeadamente a prática das providências cautelares a que se refere o art. 249º do CPP. Na verdade, só a partir do momento em que a suspeita passa a ser razoavelmente fundada se impõe a suspensão imediata do ato e a constituição formal como arguido nos termos do artigo 59º, nº 1 do Código de Processo Penal. Até esse momento o processo de obten-

ção de diversas declarações, incluindo as do então suspeito, e posterior arguido, logra cobertura legal nos termos dos artigos 55º, nº 2 e 249º, nºs 1 e 2, als. a) e b) do mesmo diploma. A constituição de arguido constitui, assim, um momento, uma linha fronteira na admissibilidade das denominadas "conversas informais", pois que a partir dai as suas declarações só podem ser recolhidas, e valoradas, nos estritos termos indicados na lei sendo irrelevantes todas as conversas, ou quaisquer outras provas, recolhidas informalmente (Ac. STJ de 12.12.2013, proc. 292711.0JAFAR.E1.S1, *in* www.dgsi.pt).

Conversas informais. "Agentes encobertos/infiltrados": A **L.101/2001, de 25.08**, contém um **regime especial de investigação** através de **ações encobertas**. Conforme desenho concetual mais recente, existem, nesta sede, três categorias de agentes policiais ou mandatados por autoridade competente, que desenvolvem uma atividade especifica, no âmbito do combate ao crime, que tem como fim, obter informações e provas. O **agente infiltrado**, que ocultando a sua identidade, se insere no grupo ou organização criminosa, ganhando a sua confiança, podendo colaborar nas suas próprias tarefas; o **agente encoberto**, que igualmente ocultando a sua identidade, não se insere no grupo ou organização, mas está suficientemente próximo para sobre ela ter conhecimentos e exercer vigilância, e o **agente instigador ou provocador**. Os dois primeiros tipos de agente são legalmente permitidos; já não o tipo de agente provocador ou instigador, pois, como o próprio nome indica, é ele que instiga/provoca/gera o crime, o que constitui um método proibido de prova, por ser enganoso [v. art. 126º-2-a)]. O agente policial **infiltrado** ou **encoberto,** pode produzir declarações no processo e em audiência (sem revelar a sua identidade). Qual o impacto desta situação, quando o arguido opta pelo direito ao silêncio? Face ao **regime jurídico especial** desta lei, salvo melhor opinião, as declarações deste agente, podem ser livremente apreciadas mesmo quanto reproduzam as declarações do arguido que se remeteu ao silencio, uma vez que foram obtidas no desenvolvimento de uma investigação com **total e especial cobertura legal**. Aliás, a própria *ratio* desta lei, comporta a possibilidade deste agente se intrometer no hemisfério da reserva da vida privada do arguido (obviamente no que importe à investigação), quando diz que está autorizado e pode atuar *«quer no exercício da concreta investigação quer genericamente em todas as circunstâncias do tráfico jurídico e social»* – art. 5º-3 da L. 101/2001, de 25.08. Interpretada de outro modo, seria uma lei inútil, pois é exatamente a intrusão na vida privada do criminoso, que dá sentido e eficácia à lei.

(...) *também é admissível o depoimento do agente policial infiltrado sobre os factos criminosos a que tenha assistido e, nomeadamente, sobre o que ouviu dizer ao arguido durante a prática dos factos criminosos, desde que a sua acção tenha sido realizada em obediência ao disposto na Lei 101/2001, de 25.8 (também assim, Germano Marques da Silva, 2002: 177)* (P. P. Albuquerque, *in* Comentário do CPP, nota ao art. 129º) **Nota:** Este autor admite o depoimento do agente, sobre conversas informais tidas com o arguido, mas apenas antes e durante a prática dos factos criminosos. Já não depois da sua prática, porque aí, segundo entendemos, já teriam de ser reduzidas a escrito, ficando sobre o regime do art. 357º. Parece-nos que, no quadro legal traçado, faz sentido, estender a validade desse depoimento, até ao ato de constituição como arguido.

A infiltração de um agente policial numa suposta rede de tráfico de cocaína não viola a esfera de vida privada do suspeito, mesmo que tenha havido depois intercepção de comunicações telefónicas entre o agente e o suspeito. Todavia, para que os relatórios do agente infiltrado e a transcrição das comunicações possam valer como prova, o arguido deverá ter depois a possibilidade de obter a comparência desse agente infiltrado cm juízo, a fim de poder inquiri-lo como testemunha e eventualmente pôr em causa a credibilidade dos elementos probatórios por ele produzidos e obtidos. Sem isso será violado o direito do arguido a um processo equitativo. Tal comparência, aliás, pode processar-se de maneira a não prejudicar o interesse legítimo das autoridades policiais em preservar o anonimato desse agente, por forma a protegê-lo e a permitir utilizá-lo novamente no futuro (Tribunal Europeu dos Direitos do Homem, Sentença de 15.06.92, Série A, nº 238, *in* Sub Júdice, nº 3, 1992)

Entrada em vigor das alterações ao artigo: De acordo com o art. 4º da L. 20/2013, de 21.02, que entrou em vigor em **24.03.2013**, *«aos processos pendentes na data de entrada em vigor da presente lei em que o arguido já tenha sido interrogado continua a aplicar-se o disposto no art. 357º do C.P.P. na redação da L. 48/2007, de 28.08».*

Referências: art. 61º-1-d) (direitos do arguido); arts. 143º-2 e 141º-4-b) (primeiro interrogatório do arguido detido); art. 327º (contraditoriedade); art. 343º-1 (direito ao silêncio).

Artigo 358º – Alteração não substancial dos factos descritos na acusação ou na pronúncia

1. Se no decurso da audiência se verificar uma alteração não substancial dos factos descritos na acusação ou na pronúncia, se a houver, com relevo para a decisão da causa, o presidente, oficiosamente ou a requeri-

mento, comunica a alteração ao arguido e concede-lhe, se ele o requerer, o tempo estritamente necessário para a preparação da defesa.

2. Ressalva-se do disposto no número anterior o caso de a alteração ter derivado de factos alegados pela defesa.

3. O disposto no nº 1 é correspondentemente aplicável quando o tribunal alterar a qualificação jurídica dos factos descritos na acusação ou na pronúncia.

COMENTÁRIOS:

Alteração não substancial de factos: Na fase de julgamento, o processo é enformado pelo **princípio do contraditório**, temperado pelo **princípio da investigação**, daqui decorrendo que o objeto do julgamento, são os factos da **acusação**, da **defesa** e todos os factos que **resultarem da discussão da causa**, bem como as inerentes soluções jurídicas, conforme explicita o art. 339º-4, encontrando-se o julgador **vinculado tematicamente** a tal objeto. Logo, os poderes de cognição do Juiz, estão limitados em matéria de facto, ao constante do **libelo acusatório** e da **contestação**. Mas o princípio comporta exceções, ainda que apertadas. Raras vezes a prova produzida numa audiência coincide ponto por ponto, com os factos acusados ou constantes da acusação ou da contestação. Tal deve-se a múltiplos fatores, que vão desde a erosão da prova pelo tempo até à diferente perceção da mesma por parte dos Juízes. Quando assim acontece, há que averiguar se as divergências factuais com a acusação e a defesa, que resultaram da discussão da causa, constituem **alteração de factos** (substancial ou não substancial) sendo certo que como o normativo refere, a questão só se coloca quanto a factos que possam ter ***«relevo para a decisão da causa»***.

Se atendermos ao princípio da acusação, à vinculação temática do tribunal, então diremos que a convolação admissível não deverá estender-se para além dos limites do objecto processual. (...) A convolação dá vida aos poderes decisórios e inquisitórios do tribunal no julgamento, permite uma apreciação esgotante do objecto do processo em termos materiais. Atribui, no fundo, uma eficácia concreta ao princípio da imediação e ao direito de audiência. E permite uma transacção mais equitativa entre o princípio da investigação e o da acusação; eles não são inimigos, mas tão só opostos (José Pedro Fazenda Martins, *in* Os poderes de convolação em processo penal, págs. 67 e 68, Ed. A.A.L., 1986).

Noção de alteração não substancial de factos: Esta noção, alcança-se por contraposição com o art. 1º-f) que define alteração substancial. Assim, será

não substancial, a alteração de factos, que **não tiver** por efeito a imputação de um **«crime diverso»** nem a **«agravação dos limites máximos das sanções aplicáveis»**. Tendencialmente poderá dizer-se que na definição de **«alteração não substancial de factos»** não se inclui os **factos principais ou estruturais** (que integrem elementos objetivos e subjetivos do tipo legal e cujo constatação conduz a outro crime) mas tão-somente os **factos meramente instrumentais** (que explicam e estabelecem ligação entre os factos principais e permitem compreender os circunstancialismos envolventes). Todavia pode acontecer que os **«novos factos»** integrem elementos objetivos e subjetivos de outro crime e ainda assim tal crime **não deva** ser considerado **«crime diverso»**, porque se situa no **mesmo núcleo de tipicidade e de historicidade** do acusado, integrando portanto o mesmo objeto processual [v. noções de «crime diverso» e «agravação dos limites máximos das sanções aplicáveis», nas notas ao art. 1º-f)].

"Alteração não substancial" constitui, diversamente, uma divergência ou diferença de identidade que não transforma o quadro da acusação em outro diverso no que se refere a elementos essenciais, mas apenas, de modo parcelar e mais ou menos pontual, e sem descaracterizar o quadro factual da acusação, e que, de qualquer modo, não têm relevância para alterar a qualificação penal ou para a determinação da moldura penal. A alteração, para ser processualmente considerada, tem de assumir relevo para a decisão da causa" (Ac. STJ de 21.03.2007, *in* proc. 07P024).

Jurisprudência uniformizadora: Ac. do STJ de Fixação de Jurisprudência nº 1/2008, de 20.11.2014, *in* DR de 27.01.2015: *«A falta de descrição, na acusação, dos elementos subjectivos do crime, nomeadamente dos que se traduzem no conhecimento, representação ou previsão de todas as circunstâncias da factualidade típica, na livre determinação do agente e na vontade de praticar o facto com o sentido do correspondente desvalor, não pode ser integrada em julgamento, por recurso ao mecanismo previsto no art. 358º do Código de Processo Penal».* **Nota:** O fundamento deste ac. resulta de, face à não alegação do elemento subjetivo, pura e simplesmente não existir em termos formais, crime, pelo que nem sequer existiriam os pressupostos da alteração substancial ou não substancial de factos, a que aludem os arts. 358º e 359º, que exigem a verificação de crime.

Jurisprudência uniformizadora: Ac. do STJ de Fixação de Jurisprudência nº 7/2008, de 25.06.2008, *in* D.R. de 30.07.2008: *«Em processo por crime de condução perigosa de veículo ou por crime de condução de veículo em estado de embriaguez ou sob a influência de estupefacientes ou substâncias psicotrópicas, não constando da acusação ou da pronúncia a indicação, entre as disposições legais aplicáveis, do nº 1* *do artigo 69º do Código Penal, não pode ser aplicada a pena acessória de proibição de conduzir ali prevista, sem que ao arguido seja comunicada, nos termos dos nºs 1 e 3 do artigo 358º do Código de Processo Penal, a alteração da qualificação jurídica dos factos daí resultante, sob pena de a sentença incorrer na nulidade prevista na alínea b) do nº 1 do artigo 379º deste último diploma legal.».*

Os factos irrelevantes: Não corresponde a qualquer alteração substancial ou não substancial de factos, **circunstâncias desagravantes**, como a redução de factos acusados ou considerar-se provados factos que correspondam a **circunstâncias modificativas**, com potencialidade para **desqualificar** ou **privilegiar** o crime acusado. O mesmo se dirá das alterações de **datas, horas e locais**, exceto se as mesmas forem elementos essenciais do tipo de crime. Também não integra a definição, os factos novos, que revistam natureza secundária e se refiram a **pormenores,** ou até em certas circunstâncias, ao **modo de execução do crime** (v.g., o facto de o agressor ter dado um murro na cara do ofendido e não um pontapé na cabeça, como vinha acusado) porque esses são **irrelevantes para a decisão da causa** e a alteração não coloca em perigo qualquer estratégia de defesa a que o arguido tem direito. Muito menos meros **lapsos materiais**, que são corrigíveis a todo o tempo (art. 380º). Por fim, os factos **alegados pela defesa,** quer na contestação escrita, quer no seu requerimento para abertura da instrução, quer relatados verbalmente pelo arguido na audiência, deixam de constituir "factos novos" no sentido consequencial do termo, para constituírem factos a julgar (v. art. 339º-4), se nesse quadro forem considerados juridicamente relevantes, sem necessidade de qualquer comunicação ao arguido (v. nº 2) (v. neste sentido, Ac. TRP de 12.07.2006, *in* proc. 0546558 e ac. TRL de 29.06.1999, *in* CJ-1999-III-149).

No entanto, quando os **«novos factos»** apurados em julgamento, constituírem factos ilícitos de natureza diferente dos descritos no libelo acusatório, suscetíveis de se reconduzirem a um "crime diverso" ou "agravarem os limites máximos das sanções aplicadas" [v. art. 1º-m)] podem constituir **«alteração substancial dos factos»**, seguindo-se os trâmites do art. 359º.

"Assim, é uma exigência do princípio da plenitude das garantias de defesa do arguido que os poderes de cognição do tribunal se limitem aos factos constantes da acusação; porém, se, durante a audiência, surgirem factos relevantes para a decisão e que não alterem o crime tipificado na acusação nem levem à agravação dos limites máximos das sanções aplicáveis, respeitados que sejam os direitos de defesa do arguido, pode o tribunal investigar esses factos indiciados ex novo e, se se vierem a provar, integrá-los no processo, sem violação do preceituado no artigo 32º, nºs 1 e 5, da Constituição" (Ac. TC de 30.03.2007, *in* DR de 24.05.2007).

A prova de aspectos circunstanciais da conduta do agente, que conduzem a precisões ou concretizações dos factos imputados, que em nada alteram o objecto do processo, no sentido de constituírem uma surpresa relevante para a defesa ou de tornarem diferente os eventos fenomelógicos que são objecto da acusação, não constituem alteração que mereça o enquadramento justificativo do art. 358º, nº 1, do Código de Processo Penal (Ac. TRL de 31.01.2012, proc. 947/10.6PEAMD.L1-5, *in* www.dgsi.pt).

Tendo o tribunal dado como provados determinados factos que são meras concretizações dos constantes da acusação, irrelevantes do ponto de vista da dosimetria da pena e de importância meramente contextual, não se lhe impunha que comunicasse aos arguidos tais alterações, para os fins e termos do nº 1 do art. 358º do CPP. Do mesmo modo, não sendo tais factos essenciais à concretização do crime ou à defesa do arguido, não se vê razão para que se leve à fundamentação a enumeração daqueles como provados (Ac. STJ de 18.06.97, *in* proc. nº 9/97).

As conclusões extraídas pelo tribunal, com base no conteúdo de documentos juntos aos autos com conhecimento da defesa (relatório social e certidão de sentença condenatória anterior), respeitantes à personalidade do arguido e para efeitos de determinação da medida concreta da pena, apesar de não se tratar de matéria alegada na acusação, não constitui violação do art. 358º do CPP (Ac. STJ de 15.10.97, *in* proc. nº 295/97).

"Nada tem a ver com a alteração dos factos da acusação a melhor concretização das condutas dos arguidos, especificando-as com mais minúcias." (Ac. STJ de 07.10.92, *in* proc. nº 42891) *"ou meras concretizações dos constantes da acusação, irrelevantes do ponto de vista e da dosimetria da pena e de importância meramente contextual* (Ac. STJ de 18.06.97, *in* proc. nº 9/97) *"não se pode confundir alteração da factualidade, quando se descreve a mesma mediante uma redação distinta, porquanto o que releva são os factos, enquanto acontecimentos ou circunstâncias da realidade"* (Ac. TRP de 28.11.2007, *in* proc. 0712205).

A jurisprudência tem considerado que não existe uma alteração dos factos integradora do artigo 358º do CPP, quando a factualidade dada como provada na sentença consiste numa mera redução daquela que foi indicada na acusação ou da pronúncia, por não se terem dado como assentes todos os factos aí descritos [cf. Ac. TC nº 330/97, in DR II, 1997/Jul./03]. II – O mesmo sucede quando apenas existam alterações de factos relativos a aspetos não essenciais, manifestamente irrelevantes para a verificação da factualidade típica ou da ocorrência de circunstâncias agravantes [cf. Ac. STJ de 1991//Abr./03, de 1992/Nov./11 e de 1995/Out./16, in BMJ nº 406/287, nº 421/309 e em www.dgsi.pt]. III – Também tal não ocorrerá quando se tratar de uma simples descrição do contexto temporal e do ambiente físico em que a ação do arguido se desencadeou, quando o mesmo não é mais do que a reafirmação ou a ilação explícita de factos que sinteticamente já se encontravam narrados na acusação ou na pronúncia [Ac. TC nº 387/2005, de 2005/Jul./13, in DR II, 2005/Out./19]. IV – Do mesmo modo, não se poderá falar de alteração dos factos com relevo para a decisão, quando a decisão con-

denatória se sustenta «exclusivamente nos factos constantes da acusação e da contestação e o recorrente não foi surpreendido com os factos, dadas as considerações que precedem [cf. o Ac. STJ de 23/06/2005, processo nº 1301/05, CJ, Tomo 2/2005). V – Daí que se possa dizer, que "só constitui alteração substancial dos factos a modificação que se reporte a factos constitutivos do crime e a factos que tenham o efeito de imputação de um crime punível com uma pena abstrata mais grave. A modificação dos restantes factos que constem da acusação ou da pronúncia constitui alteração não substancial dos factos, desde que sejam relevantes para a decisão da causa" e que "(...) não há crime diverso em face da mera alteração das circunstâncias da execução do crime (incluindo o dia, hora, local, modo de execução e instrumento do crime), desde que essas circunstâncias não constituam elementos do tipo legal, nem constituam um outro facto histórico unitário" [Paulo Pinto de Albuquerque, in Comentário do Código de Processo Penal à luz da Constituição da República e da Convenção Europeia dos Direitos do Homem, Lisboa, 2007, p. 41] (Ac. TRP de 09.12.2015, *in* proc. 260/12.4PJPRT.P1, *in* www.dgsi.pt).

A expressão "factos alegados pela defesa" abrange os factos relatados peto arguido na audiência (Ac. TRP de 12.07.2006, *in* www.dgsi.pt).

Comunicação e prazo de defesa: Verificada uma alteração não substancial de factos, abre-se prioridade ao princípio do contraditório **comunicando-se** a decisão ao arguido e ao seu defensor para querendo solicitar o prazo adequado e necessário para deduzir a sua defesa relativamente aos novos factos (tempo que nunca poderá ser superior a **10 dias**, por comparação com os arts. 359º-4 e 424º-3), só assim não acontecendo naturalmente se a alteração for consequência da própria defesa do arguido, porque aí não existe o chamado "efeito surpresa". A comunicação ao arguido, tem de corresponder à realidade jurídica na sua total conformidade legal (v. ac. TC infra).

Na génese de qualquer instituto há que verificar qual a sua razão de ser, a do inserto no art. 358º do Cod. Proc. Penal é a garantia dos direitos de defesa do arguido. Este sabia qual o objecto do processo, definido na acusação, de acordo com a estrutura acusatória do processo penal. De acordo com Castanheira Neves (Sumários Criminais), citado na de Simas Santos e Leal Henriques (pág. 412, vol. II)," compreendemos que a definição e delimitação do objecto do processo deverá orientar-se, por um lado, decerto no sentido de ser uma garantia – a garantia de que apenas o que é acusado se terá de defender, e de que só por isso será julgado, posto que a eadem res da acusação à sentença é seguramente uma fundamental garantia para uma defesa pertinente e eficaz, segura de não deparar com surpresas incriminatórias e de ter assim um julgamento leal – mas, por outro lado, no sentido também de não frustrar uma averiguação e um julgamento justos e adequados da infracção acusada. Quer dizer, no problema do objecto do processe deparamos com o próprio problema jurídico do processo criminal: se este terá a sua solução justa na equilibrada ponderação entre o interesse público da aplicação do direito criminal (e da eficaz perseguição e condenação dos delitos cometidos) e o direito incondicional do réu a uma defesa eficaz e ao respeito pela sua personalidade moral, do mesmo modo a solução válida do problema do objecto do processo será apenas aquela que em todos os pontos em que ele releve traduza também um justo equilíbrio entre esse direito e aquele interesse. E, assim, a identidade do objecto do processo não poderá definir-se tão rígida e estreitamente que impeça um esclarecimento suficientemente amplo e adequado da infracção imputada e da correlativa responsabilidade, mas não deverá também ter limites tão largos e indeterminadas que anule a garantia implicada pelo princípio acusatório e que a definição do objecto do processo se propõe realizar." – Ac. do STJ de 7.11.02 no processo nº 02P3158 (Ac. TRC de 24.11.2004, *in* www.dgsi.pt).

O despacho que comunica a alteração não substancial dos factos ao arguido não é um ato decisório, consistindo numa alteração à peça acusatória do processo bastando-se a fundamentação com a referência feita de forma genérica de que tal alteração proveio da discussão da causa, sem curar de estabelecer qualquer correspondência entre cada facto e cada prova (Ac. TRC de 30.04.2014, *in* proc. 2317/07.4TAAVR.C1, *in* www.dgsi.pt). **Nota**: Traduz jurisprudência constante, quer no que respeita ao dever de fundamentação, quer da irrecorribilidade do despacho de comunicação.

1 – O facto provado constante da sentença consistente em " as condenações anteriores não se mostram suficientes para afastar o arguido da pratica de novos crimes", apenas pode nela ser considerado no quadro da avaliação da reincidência desde que tal alteração (não substancial dos factos descritos na acusação) seja comunicada ao arguido, nos termos do art. 358º, 1 CPP. II – Não tendo sido observado o disposto no art. 358º CPP a sentença é nula (Ac. TRP de 11.11.2015, *in* proc. 7/11.2PEPRT.P1, *in* www.dgsi.pt).

(...) a comunicação ao arguido de que a alteração temática do processo tem a natureza de alteração não substancial quando, em boa verdade, ela tem natureza substancial corresponde a dar-lhe conhecimento de um estatuto substantivo diferente relativo à sua posição processual de arguido em uma tal situação, estatuto esse que comporta, mesmo à face do direito infraconstitucional, uma diminuição dos seus direitos de defesa e, consequentemente, não pode deixar de considerar-se como violando o nº 1 do art. 32º da CRP. Na verdade, o estatuto comunicado não exige que o julgamento apenas possa continuar se ele der o seu acordo a essa continuação (...). Por outro lado, são também diferentes as condições de que o arguido goza para poder preparar a sua defesa (...) (Ac. TC 463/2004, *in* www.dgsi.pt). **Nota:** [Neste caso a sentença é nula – art. 379º-b) – devendo o processo ser remetido à instância inferior para sanação da nulidade; neste sentido Ac. TRC de 21.01.2015, proc. 60/13.4PCLRA.C1, *in* www.dgsi.pt]

Até à leitura da sentença, é legítima a aplicação, pelo tribunal, do instituto legal previsto no artigo 358º, nº 1, do CPP (Ac. TRC de 18.11.2015, *in* proc. 49/13.3GCCLD.C1, *in* www.dgsi.pt).

Alteração da qualificação jurídica e objeto processual: Desde logo, não deve confundir-se a **alteração da qualificação jurídica** com a **alteração de factos**. No primeiro caso, não há nem pode haver quaisquer factos novos, mas simplesmente uma apreciação distinta dos factos já fixados na acusação ou na pronúncia, que conduz a uma qualificação jurídica diferente, com aplicação de um tipo legal diferente. Tal, inscreve-se nos poderes decisórios do Juiz, a quem não pode ser imposto uma qualificação jurídica de factos, com as quais ele não concorde. Basicamente, esta alteração, pode resultar de três situações: **(i)** os factos são constitutivos duma pluralidade de infrações, em termos de concurso ideal **(ii)** os factos são constitutivos de uma outra infração, porque não se provou a acusada **(iii)** os factos são *ab initio* constitutivos não da infração acusada, mas de outra não acusada. Nestes casos, o Juiz é relativamente livre de qualificar juridicamente tais factos (verificados os elementos estruturais e constitutivos do crime) ainda que conduzam a um tipo mais grave, e dizemos relativamente livre porque ao contrário do que muitas vezes ligeiramente se diz, o Juiz tem dois limites. O **primeiro**, desde que não seja alterado o objeto processual identificado no *thema decidenduum* (v.g.; acusado tão só um crime de furto ou roubo, não pode a acusação ser convolada ou aditada, para um crime de importunação sexual, só porque o bem apropriado foi retirado de partes genitais do corpo da vítima). O **segundo,** desde que a **pena concreta** a aplicar pelo crime mais grave requalificado, não ultrapasse o limite máximo da pena abstrata do crime acusado, sob pena de violação do princípio da proibição de *reformatio in pejus,* a que se refere o art. 409º, aplicável por analogia à 1ª instância. Estes limites, só podem ser superados com o consentimento do arguido. Não existindo, alteração do objeto processual, nem violação do princípio exposto, o Juiz apenas tem de cumprir o contraditório com a obrigação de comunicar ao arguido a sua decisão, concedendo-lhe **prazo**, se ele assim o requisitar para a sua defesa, à semelhança do que acontece quanto à alteração não substancial de factos, podendo o arguido reorganizar a sua defesa em função da nova qualificação jurídico-penal, incluindo a possibilidade de apresentar nova contestação e requerer novos meios probatórios (neste sentido Ac. do T.C. 295/99, *in* DR de 15.07.99). Naturalmente, tudo o que se disse tem como pressuposto que a alteração da qualificação jurídica, não resultou de uma alteração substancial de factos, porque se assim for, estamos num terreno específico, que corresponde a um segundo momento cognitivo, que em rigor, não tem a ver com o tema fáctico, mas simplesmente com a aplicação direta do direito a novos factos em apreciação.

"O objecto da qualificação jurídica são os factos trazidos pela acusação e que consubstanciam o pedaço de vida ou acontecimento que se submete a julgamento (...). Se o objecto do processo se mantém, embora mude a qualificação jurídica que dele se fez, isso não pode ter, nem tem, como consequência a alteração da base factual. Como escreveu Carneluti "se o juiz entende que a qualificação dos factos feita pela acusação é errada, ao corrigi-la não modifica os factos mas apenas a sua valoração". Entender o contrário seria confundir vinculação temática com qualificação jurídica" (Frederico Isascas, *in* Alteração substancial dos factos e sua relevância no processo penal).

Prevê a lei, ainda, a possibilidade de alteração da qualificação jurídica, situação em que, não ocorrendo alteração factual, se verifica, porém, necessidade de modificar a qualificação jurídica que na acusação ou na pronúncia se atribuiu aos factos nas mesmas descritos, situação que o legislador entendeu submeter ao regime aplicável à alteração não substancial dos factos – nº 3 do artigo 358º (Ac. STJ de 25.06.2008, *in* DR de 30.06.2008).

1 – Não é lícito ao tribunal fazer uma requalificação jurídica dos factos para crime mais grave do que o acusado e aplicar uma sanção que ultrapasse os limites previstos na lei para a figura criminal mais leve que constava da acusação, por violação da reformatio in pejus. 2 – Nestes casos, a pena a aplicar não pode ultrapassar os limites fixados para a infracção acusada (Ac. STJ de 96.02.01, *in* proc. nº 48230).

1 – A apreciação jurídica da ilicitude e da maior ou menor gravidade da actuação do agente, com manutenção dos factos acusados, não constitui, nem pode alguma vez constituir, alteração, substancial ou não, dos mesmos factos. 2 – Vindo o arguido acusado da prática de um crime de tráfico de menor gravidade e de um crime de consumo de estupefacientes, não é susceptível de merecer censura a atitude do tribunal, que, tendo-o absolvido desta última infracção, o condena pela prática de um crime de tráfico do art. 21º do DL 15/93, sobretudo se a punição encontrada (4 anos e 6 meses de prisão) se situa dentro dos limites legais previstos para o mencionado crime de tráfico de menor gravidade (Ac. STJ de 98.07.24, *in* proc. nº 749/98).

O que estará vedada é surpreender o arguido, não tanto por a qualificação ser diferente, mas por ser diferente com recurso a uma circunstância qualificativa ainda não invocada (Ac. STJ de 02.04.2009, *in* www.dgsi.pt).

Jurisprudência uniformizadora: Assento do STJ nº 3/2000, de 15.02.99, *in* D.R. de 11.02.2000: *«Na vigência do regime dos Códigos de Processo Penal de 1987 e de 1995, o tribunal, ao enquadrar, juridicamente os factos constantes da acusação ou da pronúncia, quando esta existisse, podia proceder a uma alteração do correspondente enquadramento, ainda que em figura criminal mais grave, desde que previamente desse* *conhecimento e, se requerido, prazo ao arguido da possibilidade de tal ocorrência, para que o mesmo pudesse organizar a respectiva defesa».* **Nota:** Esta jurisprudência reforçou a doutrina do Ac. 2/93, de 10.03.93, impondo o dever de comunicação ao arguido, que estava omisso naquele, na sequência de diversos acórdãos do T.C. que assim o exigiam.

A alteração da qualificação jurídica processualmente "irrelevante" e o dever de comunicação: De acordo com jurisprudência maioritária, não se aplica este artigo, no que toca ao dever de comunicação e de conceder prazo, quando a condenação com alteração da qualificação jurídica, corresponde a um ***minus*** relativamente à acusação Assim, não se aplica este esquema, quando o arguido é condenado por um crime simples estando acusado por um qualificado (v.g. acusado por um crime de furto qualificado e condenado por furto simples) ou é condenado por um crime menos grave estando acusado por um mais grave, desde que se situe na mesma área do bem jurídico protegido (v.g. condenado por ofensas corporais estando acusado de tentativa de homicídio). Mister é que a acusação comporte os factos necessários à condenação e esta não resulte numa "decisão-surpresa", que tenha obstaculizado a defesa. Em sentido contrário, com pertinência nalguns casos específicos, Maia Gonçalves, no seu CPP anotado *«Sucede que o CP exige que o arguido tenha consciência da ilicitude do facto, para que possa ser condenado. E sendo obrigatória a indicação, na acusação ou na pronúncia, da lei que proíbe e pune os factos, não se tratará certamente de mero preciosismo, mas de normativo destinado e esclarecer o tribunal e principalmente o arguido sobre a imputação jurídico-criminal que sobre ele impende».*

Momento da alteração da qualificação jurídica: Discutiu-se durante muito tempo, em que momento poderia o Juiz proceder à requalificação jurídica dos factos. Se **a qualquer momento** ou se só no **final do julgamento** (ou da instrução) apurada que fosse a prova. O mais elementar bom senso aconselhava que tal procedimento se processasse só no segundo caso e foi neste sentido que surgiu o acórdão infra de fixação de jurisprudência. A "devolução" do processo ao M.P., com o fundamento da incorreta qualificação jurídica, é uma atuação que não tem qualquer base legal. O que o Juiz tem de fazer nestes casos, é simplesmente proceder à requalificação jurídica finda a produção de prova (salvo se constatar um lapso manifesto do libelo acusatório, o que não é tão raro quanto se pode pensar, face à constante sedição dos computadores, mas aí funcionará as regras do art. 380º-1-3).

Jurisprudência uniformizadora: Ac. do STJ de Fixação de Jurisprudência nº 11/2013, de 12.06.2013, *in* D.R. de 19.07.2013: *«A alteração, em audiência* *de discussão e julgamento, da qualificação jurídica dos factos constantes da acusação, ou da pronúncia, não pode ocorrer sem que haja produção de prova, de harmonia com o disposto no art. 358º, nºs 1 e 3 do CPP».*

A alteração da qualificação jurídica dos factos durante o processo, ainda que mais do que uma vez, não colide com a estrutura acusatória do Processo Penal nem com as garantias da defesa. Na verdade, a investigação tem por objecto os factos. A qualificação jurídica depende da interpretação da lei em face do apuramento dos factos investigados. O juiz de julgamento tem, naturalmente, o poder de proceder à alteração da interpretação do Direito, salvaguardada que seja a oportunidade do arguido poder considerar na sua defesa a qualificação jurídica dos factos que lhe são imputados. O entendimento do recorrente retira os poderes de investigação que, reconhecidamente, o sistema português confere ao juiz de julgamento, dentro, naturalmente, do objecto definido pela acusação. Nem a fase em que é feita a alteração da qualificação jurídica nem o facto de ser repetida põem em causa a estrutura acusatória do Processo Penal (Ac. TC de 27.09.2006, *in* proc. 388/2006, *in* www.tribunalconstitucional.pt). **Nota:** No acórdão discutia-se se após alteração da qualificação jurídica feita no despacho de pronúncia, se poderia alterar de novo a qualificação na fase de julgamento.

"Detectada, já no início do julgamento com juiz singular, a necessidade de alterar a qualificação jurídica dos factos, impõe-se que o juiz conheça da mesma de imediato, quando ela implica a incompetência em razão da matéria. Desta alteração da qualificação jurídica dos factos não tem de ser dado prévio conhecimento ao arguido nem prazo para a sua defesa" (Ac. TRC de 08.10.2008, *in* CJ-2008-IV-52). **Nota:** v. arts. 13º, 14º e 16º.

O caso julgado: Ao lado destes problemas da alteração dos factos e da sua qualificação jurídica, coloca-se o problema do caso julgado, numa certa dimensão. É que pode acontecer que o arguido seja julgado por factos eventualmente integrantes de vários crimes e ser condenado apenas por alguns, sem ter havido sequer pronúncia sobre outros, reconduzíveis à tipicidade penal (acontece muito isto, nos casos de tráfico de droga, que é um crime de perigo abstrato que se prolonga no tempo). Se esses factos estiverem aglutinados pelo mesmo **sentido jurídico-criminal** dos factos pelos quais houve condenação, então não há possibilidade de virem a ser objeto de uma nova acusação. *"O objecto julgado consome futuras acusações em processos independentes (princípio da consunção) (...) Pois se é certo que o objeto do processo, pré-definido de uma certa forma, implica um leque de poderes de cognição e convolação capazes de o cobrir, também é verdade que o não-exercício desses poderes nesse processo consome de vez futuras acusações* *que deles se pretendam valer."* (José Pedro Fazenda Martins, *in* Os poderes de convolação em processo penal, págs. 67 e 68, Ed. A.A.L., 1986).

Alteração da qualificação jurídica nos recursos. Proibição de *reformatio in pejus*: A proibição de agravação das penas, prevista no art. 409º, implica que o arguido não possa ser condenado no tribunal superior com uma pena concreta superior à que foi condenado no tribunal inferior (obviamente se tal pena não for ela própria objeto de recurso) mas não implica que não possa ser condenado por crime diferente (sem prejuízo do dever de comunicação ao arguido – art. 424º-3) eventualmente com uma moldura abstrata mais grave; mas a pena concreta aplicada na instância inferior nunca pode ser ultrapassada.

Jurisprudência uniformizadora: Assento do STJ nº 4/95, de 07.06.95, *in* D.R. de 06.07.1995: *«O tribunal superior pode, em recurso, alterar oficiosamente a qualificação jurídico-penal efectuada pelo tribunal recorrido, mesmo que para crime mais grave, sem prejuízo, porém, da proibição da «reformatio in pejus».*

Nulidade: A violação desta norma, gera a **nulidade insanável**, prevista no art. 379º-1-b) com repetição total ou parcial do julgamento, de acordo com circunstâncias concretas.

A inobservância pelo tribunal do procedimento prescrito no art. 358º do CPP implica a anulação do julgamento e a nulidade da sentença, mas tão-só na parte respeitante aos factos que foram objecto da alteração, tendo em conta o modo como foram descritos na pronúncia (Ac. STJ de 19.02.1998, *in* BMJ 474-351).

Referências: art. 1º-f) (noção de alteração substancial de factos); art. 124º (objeto da prova); art. 303º (alteração substancial e não substancial dos factos na instrução); art. 313º-1-a) (despacho a designar data para audiência); art. 327º (contraditório); art. 359º (alteração substancial dos factos); art. 424º-3 (alteração não substancial de factos nos recursos).

Artigo 359º – Alteração substancial dos factos descritos na acusação ou na pronúncia

1. Uma alteração substancial dos factos descritos na acusação ou na pronúncia não pode ser tomada em conta pelo tribunal para o efeito de condenação no processo em curso, nem implica a extinção da instância.

2. A comunicação da alteração substancial dos factos ao Ministério Público vale como denúncia para que ele proceda pelos novos factos, se estes forem autonomizáveis em relação ao objecto do processo.

3. Ressalvam-se do disposto nos números anteriores os casos em que o Ministério Público, o arguido e o assistente estiverem de acordo com a continuação do julgamento pelos novos factos, se estes não determinarem a incompetência do tribunal.

4. Nos casos referidos no número anterior, o presidente concede ao arguido, a requerimento deste, prazo para preparação da defesa não superior a 10 dias, com o consequente adiamento da audiência, se necessário.

(Última redação da L. 48/2007, de 29.08)

COMENTÁRIOS:

Alteração substancial de factos: A definição de **«alteração substancial de factos»,** encontra-se no **art. 1º-f**). Assim, será substancial, a alteração de factos, que tiver por efeito a imputação ao arguido de um **«crime diverso»** ou a **«agravação dos limites máximos das sanções aplicáveis»**. [v. estas noções centrais da problemática, no art. 1º-f) e respetivas notas].

Alteração substancial dos factos significa uma modificação estrutural dos factos descritos na acusação, de modo a que a matéria de facto provada seja diversa, com elementos essenciais de divergência que agravem a posição processual do arguido, ou a tornem não sustentável, fazendo integrar consequências que se não continham na descrição da acusação, constituindo uma surpresa com a qual o arguido não poderia contar, e relativamente às quais não pode preparar a sua defesa (Ac. STJ de 15.10.2003, proc. 1882103-3, *in* www.dgsi.pt).

Verifica-se alteração substancial dos factos quando o arguido acusado de um crime de furto vem a ser condenado por um crime de receptação, em virtude de terem sido acrescentados novos factos que não constavam da acusação (Ac. STJ de 28.04.1993, *in* CJ-STJ--I-II-209).

Acordo/desacordo: Constatando-se uma **alteração substancial de factos**, em nenhuma circunstância, tais factos podem sustentar uma condenação; mas também não implica imediata **«extinção da instância»**, por força de princípios de economia e celeridade processual. Perante esta situação, abre-se um processo negocial entre o M.P., o assistente (se existir) e o arguido para o processo poder prosseguir e ser julgado no novo quadro factual, ressalvada a competência do tribunal. **Havendo acordo**, prossegue o processo, podendo ser concedido se **requerido**, para a preparação da defesa, o prazo máximo de 10 dias. **Não havendo acordo,** deve constar na ata a situação, valendo a mesma como **denúncia** ao M.P. (extraindo-se certidão dela para procedimento criminal se os **"novos factos"** forem **«autonomizáveis»**). **Existindo acordo**, mas **não tendo o tribunal competência para julgar os novos factos** (v.g., por ser tribunal singular e os novos factos serem da competência do tribunal coletivo – v. art. 14º), deve tal ser consignado em ata e ordenada a remessa dos autos ao tribunal competente para julgamento (sem prejuízo do M.P., poder fazer imediatamente uso, inclusivamente em ata de julgamento, do disposto no **art. 16º-3**, se entender que não deve ser aplicada ao caso pena superior a 5 anos, mantendo assim a competência do tribunal singular, situação em que o julgamento prosseguirá).

"sendo exigido o acordo de todos os titulares dos interesses contrapostos que se digladiam em processo penal para que o julgamento possa prosseguir como novo thema, a situação continua a ser de inteiro respeito pelos direitos e garantias constitucionais de cada um." (Ac. T.C. nº 463/2004, *in* www.dgsi.pt)

"É nula a sentença que condena o arguido por factos não descritos na acusação, mesmo que alegados pela defesa, se tais factos constituem alteração substancial daquela." (Ac. TRC de 15.09.1999, *in* proc. 1842/99). **Nota:** Desde que não tenha havido o acordo previsto no nº 3.

Processo contraordenacional: No âmbito do processo contraordenacional, a questão tem sido tratada de forma algo contraditória.

O regime da alteração dos factos na audiência de julgamento no processo contraordenacional rege-se por outros critérios, uma vez que o tribunal procede a uma renovação da instância com base na remessa dos autos e não a uma mera reforma da decisão administrativa recorrida, devendo por isso ter em conta toda a prova já produzida nos autos e a que vier a ser produzida na audiência de julgamento, bem como todos os factos que dela resultem, mesmo que não tenham sido incluídos na decisão administrativa recorrida (acórdão do TRC, de 10.1.2007, in CJ-XXXII-l-37, e acórdão do TRL, de 15.2.1995, in CJ-1995-2-134) (P.P. Albuquerque, *in* Comentário do CPP).

Por via da norma do artigo 41 do RGCO (Regime Geral das Contraordenações), é aplicável, no âmbito do processo contraordenacional, o instituto da alteração substancial dos factos previsto no artigo 359º do CPP. Procedendo o tribunal da 1ª instância ao aditamento, por referência à descrição factológica da decisão administrativa, de novos factos, que foram integrados na sentença, transmudando, desta forma, o elemento subjetivo da contraordenação, que de negligente passou a dolosa, e assim originando a agravação da moldura abstracta da coima e a consequente fixação concreta desta em montante superior ao inicialmente aplicado na fase administrativa do processo, a alteração veri-

ficada consubstancia alteração substancial dos factos – cf. artigo 1º, alínea f) in fine do CPP, ex vi do artigo 41º do RGCO. Ao condenar a arguida nos termos já referidos, por factos diversos dos descritos na decisão administrativa, à margem do artigo 359º do CPP, ou seja, sem que haja tido lugar a correspondente comunicação prevista nesse normativo, a sentença recorrida enferma da nulidade prevista na alínea b), do nº 1, do artigo 379º do CPP (Ac. TRC de 06.05.2015, recurso contraordenacional nº 299/14.5TAFIG. C1, *in* www.trc.pt/index).

Pessoalidade do acordo/consentimento: O acordo/consentimento para prosseguimento do processo no novo enquadramento, que constitua **alteração substancial de factos**, face aos interesses em presença, tem de ser **pessoal do arguido,** sendo irrelevante o do seu mandatário (podendo, segundo alguma jurisprudência, ser válido através do mandatário, mas desde que munido com procuração com poderes especiais – v. Ac. TRL de 26.02.2003, *in* CJ-XXVII--I-146 e podendo, segundo alguma jurisprudência, ser tácito por parte do M.P. – v. Ac. STJ de 07.01.1999, proc. 1120/98-3ª, *in* www.dgsi.pt, e). Daqui resulta, por exemplo, que se o tribunal de 1ª instância tiver considerado que apenas há uma "alteração de factos não substancial" e em recurso, o tribunal superior tiver considerado que ela é "substancial", o silêncio reiterado do arguido quanto a esta situação, não vale como consentimento para uma decisão que abarque a alteração substancial.

XI – Tendo em consideração que não é visível pela simples leitura da acta de julgamento que ao arguido CA haja sido comunicada a alteração da qualificação jurídica, não valendo o silêncio do arguido como aceitação do prosseguimento dos autos na medida em que, em nome dos direitos de defesa, as leis – antiga e nova – não prescindem de comunicação directa ao arguido, para que este modifique a estratégia da defesa, no que esta possa comportar de escolha deste ou daquele advogado, a opção por determinadas provas em vez de outras, o sublinhar de certos aspectos e não de outros – cfr. Ac. do Tribunal Constitucional nº 519/98 (DR II série de 15.07-1998) o momento oportuno para aquela comunicação é o julgamento em 1ª instância, embora no Ac. deste STJ nº 4/95, de 07.06.1995 (DR II Série, de 06-07-1995), se haja declarado que ela possa ter lugar no tribunal superior, sem prejuízo da reformatio in pejus, sublinhando o TC não poder, em sequência, deixar de prevenir-se o arguido, dado conhecimento da alteração não substancial ao arguido CA – pouco importando que seja comparticipante com outro outros aos quais foi dado conhecimento e que dos advogados só o do arguido JC não tenha prescindido do prazo – pelo que deixou de conhecer de questão de que devia, transmitindo à Relação o vício da nulidade do Ac. nos termos do art. 379º, nº 2, al. c) do CPP (Ac. STJ de 05.03.2008, proc. 3259/07, *in* www.dgsi.pt).

Alteração substancial por factos autónomos do objeto da acusação: A alteração substancial de factos, pode ter origem em factos **autónomos** ou **não autónomos** dos factos acusados, i.e., em factos que podem ser ou não julgados separadamente dos factos originais. No primeiro caso, **factos autónomos**, uma vez que podem ser cindidos dos factos acusados, ainda que pertencentes ao mesmo **"facto histórico"**, não há grande dificuldade. **Havendo acordo,** prossegue o julgamento por todos os factos, *"novos"* e *"velhos"*, em consonância com a conceção doutrinal dos *"espaços de consenso"*. **Não havendo acordo**, o processo prossegue para julgamento dos *"velhos"* factos acusados e extrai-se certidão para inquérito pelos *"novos"* factos **autónomos** apurados.

"estaremos perante factos novos autonomizáveis quando os mesmos constituírem um quadro fáctico completamente distinto do que consta da acusação ou pronúncia" (Vinício Ribeiro, *in* C.P.P., notas e comentários).

"(...) há como que uma redefinição ou reformulação do objecto do processo que passa pelo acordo dos sujeitos processuais directamente interessados na resolução rápida e justa do caso concreto, criando-se, deste modo, um espaço de diálogo que viabiliza uma solução de consenso (Frederico Isasca, *in* Alteração substancial dos factos e sua relevância no processo penal português, págs. 200-201).

Alteração substancial por factos não autónomos dos factos objeto da acusação: Quando os factos novos **não são autónomos**, entramos num tema complexo e com grande criatividade e flutuação legal, doutrinal e jurisprudencial. Conforme doutrina corrente, os factos novos **não são autonomizáveis** quando *"estão imbrincados nos factos constantes da acusação"* (Sousa Mendes); *"quando não são destacáveis, quando não são cindíveis face ao núcleo essencial"* (Ivo Barroso); *"quando são insuscetíveis de valoração jurídico-penal separados do objeto do processo penal em que foram descobertos* (Marques Ferreira); *"quando formam juntamente com os constantes da acusação ou da pronúncia, quando a houver, uma tal unidade de sentido que não permite a sua autonomização"* (Frederico Isasca). Em suma, **"factos não autónomos"** são aqueles que constituem parte integrante do facto histórico em julgamento, sendo dele incindíveis, quer do ponto de vista naturalístico quer do ponto de vista típico.

Na redação anterior à alteração da L. 48/2007, de 29.08, podia ler-se no nº 1 do artigo anotando que, *«uma alteração substancial dos factos descritos na acusação ou na pronúncia, se a houver, não pode ser tomada em conta pelo tribunal para o efeito de condenação no processo em curso mas a comunicação da alteração ao Ministério Público vale como denúncia para que ele proceda pelos novos factos»*. Não se colocava do ponto de vista legal, a questão de os "novos factos" serem **não autóno-**

mos dos acusados, nem se falava da **extinção da instância**. E assim competiu à doutrina resolver a questão, o que fez, como Frederico Isasca, que propunha que os **factos não autónomos** fossem considerados na vertente da determinação da medida concreta da pena (*in* Alteração substancial dos factos..., pág. 207) enquanto Leonel Dantas defendia o regresso à fase de inquérito (*in* A definição e evolução do objeto do processo, *in* R.M.P., nº 63, pág. 106) em consonância com Germano Marques da Silva (*in* Curso de Processo Penal, III, pág. 281) que considerava ser essa uma exceção inominada, pelo que se devia reabrir o inquérito. O regresso à fase de inquérito, parecia ser a decisão mais correta. Na verdade, como julgar separadamente, por exemplo, uma agravante qualificativa, não constante da acusação e apurada num julgamento, como os factos integrantes de uma relação de parentesco ou de convívio, num crime de homicídio? [v. art. 132º-1-2-a)-b) do C.P.]. Ou como julgar separadamente os factos integrantes do dolo ou a consumação do resultado típico? Estes factos, por si só, não constituem qualquer crime; isolados, são penalmente irrelevantes. A jurisprudência, nestes casos, oscilava fundamentalmente entre considerar ***"suspensa a instância"***, devolvendo os autos à fase de inquérito para acusação pelos "novos" factos (o que colocava problemas práticos dificilmente contornáveis), ou haver decisão de ***"absolvição da instância"*** (empregando uma terminologia civilística; v. art. 4º – integração de lacunas), com comunicação da situação ao M.P., para abertura de novo inquérito com os "novos factos" apurados. E em regra, absolvia-se da instância e instaurava-se um novo inquérito, pelos "novos factos" não autónomos não constantes da acusação (v. arts. 278º e 279º do C.P.C.).

Atualmente com a leviana redação introduzida pela L. 48/2007, de 29.08, lê-se no nº 1 que a alteração dos factos (...) não ***«implica a extinção da instância»***. Terá isto liquidado as soluções encontradas, impondo o sentido de que o processo terá sempre de prosseguir, sem se atender aos novos factos não autónomos, sem os valorar na sentença, contra os mais elementares princípios da verdade material, como tantos defendem? Num recente processo mediático, conhecido como o processo do "gangue do Valbom", onde foi morto um agente policial, a sra. Juiz do processo, manifestou-se manietada pela impossibilidade legal de no atual quadro jurídico, processar/converter uma acusação por crime de ofensa à integridade física agravada pela morte, em crime de tentativa de homicídio doloso. Recordamos também outro caso, de uma acusação por tentativa de homicídio doloso, onde no decurso do julgamento, ocorreu a morte causal da vítima, dando lugar a um crime consumado doloso. O facto morte não poderá ser tomado em conta na decisão sentencial? Pode o arguido, mercê de uma certa interpretação da lei, escapar impune à pena que lhe era justamente devida? Como refere Nuno Brandão *"o novo regime transforma a decisão judicial numa farsa, o que não deixará de violentar o próprio juiz e de descredibilizar o exercício da ação judicial"* (*in* A Nova Face da Instrução, pág. 251). Como se questiona no ac. do STJ nº 1/2008, de 20.11.2014, supra referido *"o que fazer com os novos factos (se pura e simplesmente se os desconsidera, se são de qualquer forma aproveitáveis no mesmo ou noutro processo, se dão ou não origem a novo inquérito) e qual a solução processual em relação a eles (se absolvição da instância, se arquivamento do processo, se aproveitamento no processo em curso, ao menos para dosear a pena, se absolvição do arguido, se nenhuma solução, tudo se passando como se não existissem), havendo uma multiplicidade e disparidade de opiniões"*.

Vejamos. O legislador recorreu expressamente ao conceito civilístico de **«extinção da instância»**. Logo, o raciocínio, não pode deixar de se fazer nesse campo civilístico. A instância é dinâmica, sendo certo que de acordo com a lei processual civil, a instância extingue-se – além de outras causas – com o **julgamento** [art. 277º-a) do C.P.C.]. Por sua vez o julgamento, pode terminar por uma decisão sobre o mérito da causa ou por uma **decisão de forma** (arts. 607º-5 e 608º-1 do C.P.C.). Sendo por uma decisão de forma, pode **absolver o reu da instância** (art. 278º-1 do C.P.C.). A absolvição da instância, ***«não obsta a que se proponha outra ação sobre o mesmo objeto»*** (art. 279º-1 do C.P.C.). Transpondo a situação para a dogmática penal, perante uma redação civilística, quanto à regulamentação de **"factos não autónomos"** criminais, parece-nos que, **(I)** efetuado **julgamento**, **(II)** constatando-se estarem provados **"novos factos não autónomos"** não é de excluir a clássica solução de **(III) absolver da instância** quanto a tais factos e **(IV) comunicar** tais factos ao M.P., com entrega de certidão, para **abertura de inquérito**. Esta será uma solução; talvez a única que impede que se verifiquem os efeitos reconhecidos por Nuno Brandão. E quanto ao juízo de inconstitucionalidade desta solução, o Ac. T.C. 237/2007, já tinha considerado que não era inconstitucional a norma constante do art. 359º-1 do CPP, enquanto interpretada no sentido de permitir, nas situações em que os novos factos não eram autonomizáveis em relação ao objeto do processo, a absolvição da instância e a comunicação ao Ministério Público para que este procedesse pela totalidade dos factos. Dir-se-á até, em complemento, que, não só não é inconstitucional, como a solução parece uma exigência constitucional, na vertente da tutela de bens jurídicos fundamentais, de que o estado é garante. Conforme diz Sérvulo Correia, *in* Direitos Fundamentais..., pág. 97) *«...uma das principais missões da comunidade estadual é a de garantir a segurança externa e interna das pessoas que a compõem»*. Logo, s.m.o., estamos perante uma solução legal e constitucional. Pode colocar-se a questão de o arguido, afetado pela decisão, estar sujeito a medidas de coação. Implicando a absolvição da instância a extinção das medidas de coação [art. 214º-1-d)] e havendo interesse em que ele as mantenha, deverá o M.P. apresentá-lo imediatamente ao Juiz de instrução, nos termos e para os efeitos dos arts. 191º a 211º, como é regra.

Por fim, registe-se que a decisão do Juiz de julgamento, quanto a esta matéria é **recorrível** (v. arts. 406º-1-2, 407º-1 e 408º-3).

"No Estado Democrático de Direito, é dever estatal e, portanto, do Poder Judicial, conferir a devida eficiência ao Direito Penal, para que possa desenvolver com plenitude a sua missão fundamental de protecção social." (Ac. TRL de 14.12.2011, proc. 712/00.9JFLSB-Q.L1-3, *in* www.dgsi.pt).

Em processo penal a figura de absolvição da instância tem cabimento, doutrinalmente, e revela-se como forma ajustada a evitar absolvições injustas e decorrentes tão só de falhas processuais que verificadas impedem a realização da justiça material, não sendo excluída pelos artigos 374º, nº 3, al. b), e 376º do C. P. Penal (Ac. TRC de 18.10.2006, proc. 1289/06YRCBR, *in* www.dgsi.pt.). **Nota:** No mesmo sentido Ac. STJ de 05.02.2003, proc. 2776/02-3, *in* www.dgsi.pt.

"Não julga inconstitucional a norma do artigo 359º do Código de Processo Penal, na redacção da Lei nº 48/2007, de 29 de Agosto, interpretada no sentido de que, perante uma alteração substancial dos factos descritos na acusação ou na pronúncia, o tribunal não pode proferir decisão de extinção da instância em curso e determinar a comunicação ao Ministério Público para que este proceda pela totalidade dos factos" (Ac. TC nº 226/2008, de 21.04.2008, *in* www.dgsi.pt).

Nem o arrombamento, nem a relação de parentesco, nem a frieza de ânimo nem o dolo, nem a verificação de um resultado, nem a co-autoria, isoladamente considerados fundamentam qualquer crime. Estamos, por conseguinte, perante factos que por si só não podem constituir objecto de um processo penal autónomo (José Manuel Cruz Bucho, *in* Alteração substancial dos factos em processo penal, pág. 21).

Assim, o acórdão do STJ de 17 de Dezembro de 1997 (in C.J.-STJ-V-III-257) decidiu que, no caso de oposição, pelo arguido, ao prosseguimento pelo julgamento depois de indiciada alteração substancial dos factos da acusação, nos termos do nº 1 do artigo 359º do CPP, deve o tribunal determinar a extracção de certidão de todo o processado para remessa ao Ministério Público e ordenar o arquivamento do processo em curso, por se tratar de "situação inequivocamente configuradora de excepção dilatória inominada", sendo "óbvio que a posição, legitimamente assumida pelo arguido, de não aceitar a continuação do julgamento pelos novos factos, impossibilitaria – como impossibilita – o julgamento imediato não só no que concerne aos factos novos como também quanto aos da actual acusação, por estes serem elementos essenciais comuns a ambos os tipos de crimes, que se apresentam deste modo numa relação de interferência." No citado acórdão, o STJ acrescentou que com esta solução "em nada saem beliscados os direitos do arguido constitucionalmente garantidos", pois ela "não corresponde a recusa de decisão, mas tão-só a pro-

telamento da decisão final (sobre a factualidade que vier a ser definitivamente apurada e que poderá eventualmente coincidir com os factos da actual acusação); e este protelamento tem em vista, como é de todo evidente, tão só a real eficácia das garantias de defesa do arguido, possibilitando-lhe exercer cabalmente os seus direitos de defesa." Esta tese generalizou-se na jurisprudência portuguesa, tornando-se claramente maioritária (José Manuel Cruz Bucho, *in* Alteração substancial dos factos em processo penal, pág. 34).

A nova solução legal é clara e simples nos seus efeitos imediatos, aplicando-se a todas as situações em que os factos novos não são autonomizáveis: nestas situações o tribunal está sempre vinculado a decidir o mérito da causa e, uma vez que não tenha o consentimento dos sujeitos processuais, não poderá, em caso algum, considerar a alteração para efeitos de condenação. A decisão final condenatória terá que ser dada tendo por base factual aquilo que inicialmente constava da acusação ou da pronúncia ou o que veio ao processo sem relevância para a definição essencial do crime ou dos seus limites de punição (alteração não substancial dos factos) (*in* CPP, comentários e notas práticas; magistrados do M.P. do Dist. Jud. do Porto).

Crimes complexos e factos não autónomos do objeto da acusação: Na vertente dos crimes complexos como por exemplo o **roubo** (misto de crime de furto e ofensas pessoais) poderá, acusado o crime de furto e provado em julgamento um crime de roubo, o Juiz condenar pelo crime de furto e extrair certidão para inquérito por crimes de ofensas à integridade física ou de ameaças ou de coação, em nome de uma alteração substancial de factos? Sousa Mendes, entende que o crime de roubo *"não deve ser pulverizado nos seus elementos típicos e estes desbaratados por processo penais independentes"*, sob pena de através de *"meros expedientes formalistas"* se parcelar de forma engenhosa o facto punível, quando este constitui antes *"uma unidade natural de ação"*. Já Costa Pinto considera que a *"parcela do facto respeitante à agressão pessoal (v.g. ameaças ou lesão à integridade física) poderá ser objeto de um novo processo, dado que a proibição da valoração não se reporta a factos mas a crimes"*.

I – Na hipótese de crime complexo, como o de roubo, fica claramente compreendido entre os limites da actividade cognitiva do tribunal o conhecimento dos crimes que aquela figura sintetiza. II – Assim, se o arguido está acusado de um crime de roubo, constituído por elementos que, isoladamente, integrariam crimes de furto e de ofensa à integridade física simples, e se é considerada não provada a subtracção de coisas móveis, mas são considerados factos que podem integrar o referido crime de ofensas à, integridade física simples, não se verifica alteração substancial dos actos nos termos e para os efeitos dos arts. 359º e 1º do CPP, sendo apenas necessário o cumprimento prévio do art. 358º, nº 1, deste diploma." (Ac. STJ de 03.11.1999, proc. 1001198-3ª, SASTJ, nº 35, 71)

Nulidade: A violação desta norma, gera a **nulidade insanável ou absoluta**, prevista no art. 379º-1-b), com repetição total ou parcial do julgamento, de acordo com circunstâncias concretas.

III – A condenação por factos diversos dos descritos na acusação, correspondentes a uma alteração substancial, sem que se tenha cumprido o disposto no art. 359º, nº 1, do CPP, configura a nulidade prevista no art. 379º, nº 1, al. b), do CPP. IV – As consequências de tal nulidade não são, porém, a absolvição do arguido, mas antes a reabertura do julgamento para que seja dado cumprimento ao disposto nos nºs 1 e 2 do art. 359º do CPP (Ac. TRP de 23.05.2007, proc. 0513936, *in* www.dgsi.pt).

Referências: art. 1º-f) (noção de alteração substancial de factos); art. 124º (objeto da prova); art. 303º (alteração substancial e não substancial dos factos na instrução); art. 313º-1-a) (despacho a designar data para audiência); art. 327º (contraditório); art. 358º (alteração não substancial dos factos); art. 424º-3 (alteração não substancial de factos nos recursos).

Sobre o tema dos factos não autónomos, v. judiciosos estudos de **José Manuel Cruz Bucho**, *in* Alteração substancial dos factos em processo penal, ou **Ivo Miguel Barroso**, *in* Sobre o regime da alteração substancial de factos não autonomizáveis, na fase de instrução.

Artigo 360º – Alegações orais

1. Finda a produção da prova, o presidente concede a palavra, sucessivamente, ao Ministério Público, aos advogados do assistente e das partes civis e ao defensor, para alegações orais nas quais exponham as conclusões, de facto e de direito, que hajam extraído da prova produzida.

2. É admissível réplica, a exercer uma só vez, sendo, porém, sempre o defensor, se pedir a palavra, o último a falar, sob pena de nulidade. A réplica deve conter-se dentro dos limites estritamente necessários para a refutação dos argumentos contrários que não tenham sido anteriormente discutidos.

3. As alegações orais não podem exceder, para cada um dos intervenientes, uma hora e as réplicas vinte minutos; o presidente pode, porém, permitir que continue no uso da palavra aquele que, esgotado o máximo do tempo legalmente consentido, assim fundadamente o requerer com base na complexidade da causa.

4. Em casos excepcionais, o tribunal pode ordenar ou autorizar, por despacho, a suspensão das alegações para produção de meios de prova

supervenientes quando tal se revelar indispensável para a boa decisão da causa; o despacho fixa o tempo concedido para aquele efeito.

COMENTÁRIOS:

Alegações orais: Findo a produção de prova, segue-se as **alegações orais**, pelos tempos ali descritos, que são as **conclusões** de facto e de direito que os procuradores e advogados extraíram desse mesmo julgamento, podendo haver lugar a **réplica**, com a importante nota de que a última argumentação pertence ao defensor do arguido, sob pena de **nulidade sanável** (v. arts. 118º-1, 120º e 121º).

Quando no decurso das alegações, o tribunal concluir pela necessidade de **aprofundar a prova**, pode ordenar a **suspensão** das mesmas para produção de meios de prova supervenientes. Daqui ressalta a conveniência de se efetuarem alegações **racionalmente fundamentadas** e **tecnicamente corretas**, pois elas, longe de serem inócuas como por vezes se pensa, podem influir fortemente na decisão final.

Referências: art. 215º-3 (noção de excecional complexidade do procedimento ou da causa); art. 326º (alegações desrespeitosas); art. 371º-4 (alegações em reabertura da audiência para a determinação da sanção).

Artigo 361º – Últimas declarações do arguido e encerramento da discussão

1. Findas as alegações, o presidente pergunta ao arguido se tem mais alguma coisa a alegar em sua defesa, ouvindo-o em tudo o que declarar a bem dela.

2. Em seguida o presidente declara encerrada a discussão, sem prejuízo do disposto no artigo 371º, e o tribunal retira-se para deliberar.

COMENTÁRIOS:

Declarações finais do arguido: Como expoente do princípio do contraditório e da plena defesa, deve o Juiz dar ao arguido a oportunidade de ser sempre o último a falar – obviamente nos casos em que não exerceu o direito ao silêncio (art. 343º-1) – sob pena de **irregularidade** (art. 118º-2 e 123º). Todavia aquilo que disser, está limitado por diversos fatores. Em **primeiro lugar** terá de se conter no objeto do processo e do julgamento, pois será apenas esse o tema da discussão. Em **segundo lugar**, não pode repetir aquilo que já disse em audiência e que se encontra já adquirido, a fim de se respeitar o princípio da celeridade processual. Em **terceiro lugar**, não é da sua competência fazer avaliações diretas ao que os declarantes disseram em audiência, como tantas vezes acontece, pois isso é da competência do Juiz, mas quanto muito contrapor ou apresentar a sua versão dos acontecimentos, mas só se anteriormente já não o tiver feito. **Por fim**, não deve ser acintoso, muito menos injurioso e deve falar sempre com respeito por todos os intervenientes e pelo tribunal. Caso o arguido neste momento final da audiência, apresente uma versão inovadora (versão surpresa) dos factos e a mesma se revelar possível, poderá justificar-se um prolongamento da audiência, ou mesmo uma interrupção, para se debater a nova versão (v. art. 327º) com necessidade de **novas alegações finais** dos advogados e do M.P.

Em todo o caso, quando o arguido no início da audiência declarou não querer prestar declarações (v. art. 343º) está o Juiz dispensado de cumprir este artigo, uma vez que no texto se refere a situação em que o arguido tem *«mais alguma coisa a alegar»*, o que pressupõe que falou.

A "confissão" extemporânea: Muitas vezes, nestas últimas declarações do arguido, aproveita ele para **confessar** total ou parcialmente, os factos porque foi acusado, exatamente porque se apercebeu que a prova produzida lhe é desfavorável. Tal **"confissão",** nada tem a ver com o disposto no art. 344º, competindo ao tribunal atribuir-lhe o valor atenuativo que entender, embora em regra seja mínimo ou nulo, exatamente porque não decorre da manifestação de um juízo de auto censura mas de mera estratégia processual de fuga às responsabilidades.

Referências: art. 141º-5 (declarações do arguido); art. 325º-4 (declarações desrespeitosas dos arguidos); art. 327º (contraditoriedade); art. 328º-5 (interrupção e adiamento da audiência); art. 343º-2-3 (declarações dos arguidos); art. 371º (reabertura da audiência para a determinação da sanção).

CAPÍTULO IV – Da documentação da audiência

Artigo 362º – Acta

1. A acta da audiência contém:

a) O lugar, a data e a hora de abertura e de encerramento da audiência e das sessões que a compuseram;

b) O nome dos juízes, dos jurados e do representante do Ministério Público;

c) A identificação do arguido, do defensor, do assistente, das partes civis e dos respectivos advogados;

d) A identificação das testemunhas, dos peritos, dos consultores técnicos e dos intérpretes e a indicação de todas as provas produzidas ou examinadas em audiência;

e) A decisão de exclusão ou restrição da publicidade, nos termos do artigo 321º;

f) Os requerimentos, decisões e quaisquer outras indicações que, por força da lei, dela devam constar;

g) A assinatura do presidente e do funcionário de justiça que a lavrar.

2. O presidente pode ordenar que a transcrição dos requerimentos e protestos verbais seja feita somente depois da sentença, se os considerar dilatórios.

COMENTÁRIOS:

Ata e fé pública: A ata da audiência é um importante **documento autêntico** de **registo** de tudo o que se passa em audiência, fazendo **fé pública** quanto aos seus termos (arts. 99º-1 e 169º) competindo em primeira linha ao Juiz-presidente e em segunda linha ao funcionário judicial, zelar pela fidelidade da ata relativamente à sua conformidade com tudo o que se passou e bem assim relativamente à correta transcrição de todos os requerimentos que tiverem sido ditados para ela, independentemente da sua fonte (v. art. 100º) coisa muito esquecida. Há mesmo atos e decisões que **obrigatoriamente** tem de constar em ata, sob pena de irregularidade ou mesmo nulidade (v. referências infra).

Direito de protesto: Trata-se de uma forma de reação do advogado contra a negação em audiência do direito de acesso à ata e de requerer e consignar nela o que julgar conveniente à defesa do seu constituinte. Não é um ato neutro, uma vez que equivale a **arguição de nulidades** (suscetível de contradita) razão pela qual expressamente o advogado deve equacionar e fundamentar tecnicamente o seu protesto, de forma que o mesmo seja inequívoco e não uma mera lamechice. Salvo melhor opinião, o protesto, por analogia, pode também ser usado pelo magistrado do M.P.

Art. 80º do Estatuto da Ordem dos Advogados – Lei nº 145/2015, de 09.09 (Direito de protesto):

1 – No decorrer de audiência ou de qualquer outro ato ou diligência em que intervenha, o advogado deve ser admitido a requerer oralmente ou por escrito, no momento que considerar oportuno, o que julgar conveniente ao dever do patrocínio, sem necessidade de prévia indicação ou explicitação do respetivo conteúdo.
2 – Quando, por qualquer razão, não lhe seja concedida a palavra ou o requerimento não for exarado em ata, pode o advogado exercer o direito de protesto, indicando a matéria do requerimento e o objeto que tinha em vista.
3 – O protesto não pode deixar de constar da ata e é havido para todos os efeitos como arguição de nulidade, nos termos da lei.

Este artigo veio consagrar legislativamente o direito de protesto, normalmente utilizado como requerimento na acta. O Juiz é obrigado e conceder a palavra para o efeito sob pena de incorrer em responsabilidade disciplinar por desobediência à lei – arts. 4º, nº 2 e 82º da L. 21/85 – Estatuto dos Magistrados Judiciais (António Arnault, *in* E.O.A. anotado, 2001).
Se o protesto do advogado, transcrito em ata, não tiver fundamento fático nem legal, transforma-se num incidente da marcha do processo, sujeito a tributação (Ac. TRL de 20.11.1996, *in* BMJ-461-508).

Procedimentos dilatórios: O Juiz pode deferir para momento oportuno ou mesmo para depois da sentença a transcrição dos requerimentos e protestos verbais, obviamente se os requerentes exigirem que constem na ata e se o Juiz os considerar **dilatórios**. Todavia se o requerimento ou protesto não for previamente verbalizado, não sendo o advogado obrigado a esclarecer previamente o seu sentido (subtil alteração do atual art. 80º do E.O.A.), já o Juiz o não pode considerar dilatório, porque ignora o seu conteúdo.

Referências: arts. 92º a 102º (forma da ata); art. 99º (requisitos e fé pública da ata); art. 120º-2-d) (nulidade sanável por falta da ata); arts. 118º-2 e 123º (irregularidades da ata); arts. 356º-9 e 357º-3 (omissão em ata de visualização, audição e justificação de leituras).

Artigo 363º – Documentação de declarações orais

As declarações prestadas oralmente na audiência são sempre documentadas na acta, sob pena de nulidade.

COMENTÁRIOS:

Documentação em ata: A L. 48/2007, de 09.08, que deu nova redação ao artigo anotando, veio impor a **obrigatoriedade** de documentação/registo de todas as declarações orais prestadas em julgamento, por arguidos, assistentes, testemunhas, partes civis e peritos e obviamente as perguntas que lhes forem formuladas, qualquer que seja a forma do processo, comum ou especial, facilitando assim a audição por qualquer interessado da oralidade da audiência e dando cumprimento constitucional ao princípio do duplo grau de jurisdição em matéria de facto, sob pena de **nulidade sanável** (arts. 118º-1, 120º-1 e 121º). Tal documentação/registo, faz-se pelos **meios técnicos** referidos no artigo seguinte, deixando de haver transcrição escrita de depoimentos para efeitos de recurso, que durante tantos anos constituiu um fator de polémica estéril na Justiça.

Falhas técnicas: Infelizmente, a esta obrigatoriedade de registo áudio do julgamento, nem sempre corresponde a qualidade dos meios técnicos disponíveis. Verificam-se com muita habitualidade, gravações total ou parcialmente inaudíveis. O Ac. STJ 5/2002, tratava a questão como irregularidade. A nova redação do artigo regista-a como **nulidade** [sanável – art. 120º-1-3-a)].

Jurisprudência uniformizadora: Ac. do STJ de Fixação de jurisprudência nº 13/2014, de 03.07.2014, *in* D.R. de 23.09.2014: *«A nulidade prevista no artigo 363º do Código de Processo Penal deve ser arguida perante o tribunal da 1ª instância, em requerimento autónomo, no prazo geral de 10 dias, a contar da data da sessão da audiência em que tiver ocorrido a omissão da documentação ou a deficiente documentação das declarações orais, acrescido do período de tempo que mediar entre o requerimento da cópia da gravação, acompanhado do necessário suporte técnico, e a efectiva satisfação desse pedido pelo funcionário, nos termos do nº 3 do artigo 101º do mesmo diploma, sob pena de dever considerar-se sanada».*

Artigo 364º – Forma da documentação

1. A documentação das declarações prestadas oralmente na audiência é efetuada, em regra, através de registo áudio ou audiovisual, só podendo ser utilizados outros meios, designadamente estenográficos ou estenotípicos, ou qualquer outro meio técnico idóneo a assegurar a reprodução integral daquelas, quando aqueles meios não estiverem disponíveis.

2. Além das declarações prestadas oralmente em audiência, são objeto do registo áudio ou audiovisual as informações, os esclarecimentos, os requerimentos e as promoções, bem como as respetivas respostas, os despachos e as alegações orais.

3. Quando houver lugar a registo áudio ou audiovisual devem ser consignados na ata o início e o termo de cada um dos atos enunciados no número anterior.

4. A secretaria procede à transcrição de requerimentos e respetivas respostas, despachos e decisões que o juiz, oficiosamente ou a requerimento, determine, por despacho irrecorrível.

5. A transcrição é feita no prazo de cinco dias, a contar do respetivo ato; o prazo para arguir qualquer desconformidade da transcrição é de cinco dias, a contar da notificação da sua incorporação nos autos.

6. É correspondentemente aplicável o disposto no artigo 101º

(Última redação da L. 20/2013, de 21.02 e da L. 27/2015, de 14.04)

COMENTÁRIOS:

Forma da documentação: A L. 27/2015, de 14.04, alargou o registo da audiência a toda a atividade oral desenvolvida no julgamento. O meio técnico comum é a **gravação áudio** (gravação magnetofónica). Pese as experiências e tentativas para a levar a cabo a gravação audiovisual (voz e imagem), que seria a mais completa, pois permitiria o percebimento não só das palavras mas dos gestos e reações dos intervenientes, essenciais para a avaliação da credibilidade dos depoimentos, tal não está implementado. Não estão em usos os demais meios técnicos referidos no nº 1 (v. art. 101º).

Certificação em ata: Deve na ata de julgamento, consignar-se a identificação de cada declarante e o dia e hora de início e termo de cada gravação, a fim de permitir a sua rápida localização no atual sistema informático dos tribunais, a que têm acesso todos os interessados. Aliás em caso de recurso da matéria de facto, é através desse expediente que se identificam as declarações alvo de análise, sob pena de não conhecimento das mesmas pelo tribunal superior se assim não estiverem identificadas (art. 412º-4).

Inaudibilidade da gravação: Pode acontecer que a gravação áudio seja deficiente e não seja percetível o que ali consta. Nestes casos, a jurisprudência, concluído que algum depoimento é realmente inaudível e não apenas dificilmente audível, tem considerado que face a essa nulidade se deve repetir o julgamento, **mas só quanto às partes inaudíveis** e apenas se as mesmas forem **essenciais à prova**.

A arguição desta **nulidade** [sanável – art. 120º-1-3-a)] na falta de regulação expressa, no rigor dos princípios, deveria ser feita no prazo geral de 10 dias a partir do final de cada sessão de julgamento (arts. 363º e 105º). Mas esta solução só seria aceitável, se através da atual aplicação informática dos tribunais (Citius) ela ficasse imediatamente disponível aos recorrentes advogados, o que por ora não acontece, pela elementar razão de que tais gravações só existem no programa próprio dos tribunais (Habilus) a que só têm acesso os magistrados e funcionários. Assim, o prazo de arguição desta nulidade, conta-se a partir do final do julgamento (a entrega de cópias pelo tribunal com as gravações – art. 101º-3 – não suspende prazos) e não a partir do final de cada sessão. Quando a nulidade é arguida em recurso, parece-nos ser de aplicar o prazo de 30 dias, previsto no art. 411º-4.

Adverte-se que há quem entenda que a falta ou inaudibilidade da gravação, integra uma nulidade insanável, porque violadora do regime dos direitos liberdades e garantias previsto nos arts. 17º e 18º-1 da C.R.P. Parece-nos, s.m.o., uma interpretação demasiado abrangente.

Transcrição: Por outro lado o Juiz pode determinar a transcrição dos atos reportados no nº 4 nos termos do nº 5.

I – Não fica sanada a nulidade, emergente da deficiente gravação dos depoimentos prestados em audiência de discussão, se a parte recorrente da matéria de facto não a arguir no prazo de 10 dias, subsequente à entrega das cópias dos registos realizados pelo Tribunal. II – A arguição de tal nulidade é tempestiva nas alegações de recurso (Ac. TRL de 10-01-2008, *in* proc. 7497/2007.8).

Referências: art. 101º-3 (obrigatoriedade de fornecimento em 48 horas de cópia da gravação).

TÍTULO III – Da sentença

Artigo 365º – Deliberação e votação

1. Salvo em caso de absoluta impossibilidade, declarada em despacho, a deliberação segue-se ao encerramento da discussão.

2. Na deliberação participam todos os juízes e jurados que constituem o tribunal, sob a direcção do presidente.

3. Cada juiz e cada jurado enunciam as razões da sua opinião, indicando, sempre que possível, os meios de prova que serviram para formar a sua convicção, e votam sobre cada uma das questões, independen-

temente do sentido do voto que tenham expresso sobre outras. Não é admissível a abstenção.

4. O presidente recolhe os votos, começando pelo juiz com menor antiguidade de serviço, e vota em último lugar. No tribunal do júri votam primeiro os jurados, por ordem crescente de idade.

5. As deliberações são tomadas por maioria simples de votos.

COMENTÁRIOS:

Âmbito de aplicação do capítulo: O capítulo, está pensado em termos de tribunal coletivo ou de coletivo de Juízes, mas aplica-se ao Juiz singular em tudo o que for adequado. Nesta norma se descreve, sem necessidade de explicações, a forma de deliberação e votação de uma sentença pelo tribunal coletivo ou de júri. A circunstância das decisões serem tomadas por **maioria simples**, não sendo admissível a abstenção, implica a existência do **voto de vencido,** onde o Juiz discordante deve exarar as suas razões (v. art. 372º-2).

A sentença como expressão de valor: *«Não há leituras inocentes da lei, e muitas vezes não é consciente este processo, em que se reflectem as ideologias, as visões do mundo e do direito»* (Artur Maurício; Juiz Conselheiro, Presidente do Tribunal Constitucional, *in* jornal Público, de 20.03.2007). As palavras do Sr. Juiz Conselheiro, simples e verdadeiras, podem ser o melhor ponto de partida para a análise do processo axiológico de formação de uma sentença, quase sempre só estudada sob o manto opaco da sua tecnicidade, sem a menor preocupação com o substrato ideológico que preside à formação de decisões humanas, quaisquer que elas sejam, mesmo as que aparentemente nada têm a ver com conceções da vida e do mundo. E isso é um processo inevitável, pois só os ratos de esgoto é que não são possuidores de ideologia. O primeiro dever de um Juiz é estar consciente de que uma sentença é uma **decisão de valor**. Haverá sempre nela, quer o Juiz queira ou não, um valor acrescentado nessa sentença, para alem da sua mera decisão técnica, que lhe é dado, precisamente pela história pessoal do Juiz que a elabora. Assimilado o conhecimento desta aparente limitação, deve seguir-se o processo de "independencialização", devendo o Juiz procurar libertar-se de todas os condicionalismos mentais que conduzam a modelos de raciocínio particulares ou idiossincráticos, geradores de decisões desconformes ao juízo ético jurídico contido em cada norma e às suas finalidades, que enquanto meros comandos sociais procuram responder aos anseios comunitários, interpretados pelo legislador. O Juiz é, em última análise, o primeiro prisioneiro da lei.

A sentença como expressão técnica: A interpretação e aplicação do direito não é assética. Mas a busca da melhor interpretação começa no descortinamento da *"ratio"* ou razão de ser de cada norma, numa perspetiva **finalista**. Se a interpretação conduzir a um resultado manifestamente contrário aos fins da norma, então tal interpretação tem de estar errada. É que mesmo as leis regulamentadoras, como as de natureza marcadamente processual, estão ao serviço de finalidades, de natureza ético-social.

Princípio *in dubio pro reo:* Na decisão, tomada em função das provas produzidas, haverá que ter em conta o princípio *in dubio pro reo,* que é uma decorrência do princípio constitucional da **presunção da inocência do arguido** (art. 32º-2 da C.R.P.). Sendo impreciso e insuficiente o valor imputativo das provas, colocado em causa de forma relevante o juízo de culpa, a ponto de gerar uma ***"dúvida razoável"*** no espírito do decisor, não deve este condenar mas absolver o arguido.

A expressão anglófona, agora em voga, "dúvida razoável" *(reasonable doubt)*, corresponde ao seu homólogo latino *in dubio pro reo.* Essa expressão, de grande riqueza teórica, foi utilizada pela primeira vez em 1798, pelo Juiz Edward Chamberlin em Dublin na Irlanda, dando instruções aos membros do júri para julgar segundo a sua consciência, e assim se consagrou em toda a *common law,* como formalidade (*jury instruction*) a cumprir em todos os tribunais de júri, ainda que com redações diferentes nos diversos Estados. Desde sempre, os *common law courts* foram relutantes em definir o que era dúvida razoável, com o argumento de que o significado era evidente, constituindo esta controvérsia um tema recorrente sujeito a duras e demolidoras críticas (lá como cá...). Podemos, sem comprometimento, sintetizar, dizendo que a dúvida razoável, assenta na presunção de inocência do arguido, que só deve ser afastada em função da análise das provas baseada na racionalidade e no bom senso do decisor, que conduzam a um juízo de culpabilidade do criminoso (pese as habituais críticas formuladas quanto à eventual contradição entre razão e bom senso).

O M.P. da Florida, propôs uma redação uniformizadora do enunciado da instrução sobre **"dúvida razoável"**, ainda hoje citada nos manuais (Florida Prosecuting Attorneys Association, Junho 2000 – E.U.A.):

«The defendant has entered a plea of not guilty (...). Proof beyond a reasonable doubt does not mean proof beyond all possible doubt. Doubts based on speculation or imagination are not reasonable doubts. In determining whether there is a reasonable doubt you should use reason and common sense. A reasonable doubt may arise from a careful and impartial consideration of all the evidence, from conflicts in the evi-

dence, or from the lack of evidence. If, after carefully considering comparing and weighing all the evidence there is not a firm and stable conclusion that the defendant is guilty then, there is a reasonable doubt. If you have a reasonable doubt you should find the defendant not guilty. If you have no reasonable doubt you should find the defendant guilty.

Em 1997, o Supremo Tribunal do Canadá, *in* R. v. Lifchus, escreveu de forma muito expressiva e esclarecedora, sobre o significado de **"dúvida razoável"**:

"The accused enters these proceedings presumed to be innocent. That presumption of innocence remains throughout the case until such time as the Crown has on the evidence put before you satisfied you beyond a reasonable doubt that the accused is guilty. What does the expression beyond a reasonable doubt mean? The term beyond a reasonable doubt has been used for a very long time and is a part of our history and traditions of justice. It is so engrained in our criminal law that some think it needs no explanation, yet something must be said regarding its meaning. "A reasonable doubt is not an imaginary or frivolous doubt. It must not be based upon sympathy or prejudice. Rather, it is based on reason and common sense. It is logically derived from the evidence or absence of evidence. Even if you believe the accused is probably guilty or likely guilty, that is not sufficient. In those circumstances you must give the benefit of the doubt to the accused and acquit because the Crown has failed to satisfy you of the guilt of the accused beyond a reasonable doubt. On the other hand you must remember that it is virtually impossible to prove anything to an absolute certainty and the Crown is not required to do so. Such a standard of proof is impossibly high. In short if, based upon the evidence before the court, you are sure that the accused committed the offence you should convict since this demonstrates that you are satisfied of his guilt beyond a reasonable doubt.

Igualmente no Ac. do TRC de 22.04.2009, proc. 107/07.3BAGD.C1, *in* www.dgsi.pt, nitidamente influenciado pelos princípios da *common law*, se surpreende os não menos expressivos passos, sobre a noção de **"dúvida razoável"**:

I – A convicção do tribunal é formada antes de mais com base nos dados objectivos fornecidos pela prova documental, pericial e outras provas constituídas de apreciação vinculada. II – Conjugando e articulando criticamente esses meios de prova com os depoimentos prestados na plenitude da audiência, apreciados em função do distanciamento de cada depoente do objecto do processo, da sua razão de ciência, das certezas e das lacunas dos depoimentos, das humanas paixões, da ligação de cada depoente ao objecto do litígio e aos sujeitos processuais, na comunicação dialéctica que se estabelece na audiência de discussão e julgamento, sob a fiscalização directa dos sujeitos processuais, sob a vigilância da comunidade, na publicidade da audiência. III – A dúvida razoável, que determina a impossibilidade de formação de uma convicção positiva sobre a realidade e/ou a autoria de um facto, distingue-se da dúvida abstracta, meramente possível, ou hipotética. Apenas a dúvida séria e razoável – identificada, resultante da apreciação exaustiva e crítica dos meios de prova relevantes em conformidade com os critérios legais de produção e valoração da prova – impede a valoração dessa dúvida na perspectiva contrária ao interessa do arguido.

Traçando o limite de distinção entre o juízo de probabilidade e o juízo de certeza processualmente relevante, acrescenta Jorge Noronha e Silveira: *«o que distingue fundamentalmente o juízo de probabilidade do juízo de certeza é a confiança que nele podemos depositar e não o grau de exigência que nele está pressuposta. O juízo de probabilidade não dispensa o juízo de certeza porque, para condenar uma pessoa, o conceito de justiça num estado de direito exige que a convicção se forme com base na produção concentrada das provas numa audiência, com respeito pelos princípios da publicidade, do contraditório, da oralidade e da imediação. Garantias essas que não é possível satisfazer no fim da fase preparatória» (in* O Conceito de Indícios Suficientes no Processo Penal Português, Jornadas de Direito Processual Penal e Direitos Fundamentais, Almedina, pág. 172).

Artigo 366º – Secretário

1. À deliberação e votação pode assistir o secretário ou o funcionário de justiça que o presidente designar.

2. O secretário presta ao tribunal todo o auxílio e colaboração de que este necessitar durante o processo de deliberação e votação, nomeadamente, tomando nota, sempre que o presidente o entender, das razões e dos meios de prova indicados por cada membro do tribunal e do resultado da votação de cada uma das questões a considerar.

3. As notas tomadas pelo secretário são destruídas logo que a sentença for elaborada.

COMENTÁRIOS:

Esta norma não tem aplicação prática.

Artigo 367º – Segredo da deliberação e votação

1. Os participantes no acto de deliberação e votação referido nos artigos anteriores não podem revelar nada do que durante ela se tiver

passado e se relacionar com a causa, nem exprimir a sua opinião sobre a deliberação tomada, salvo o disposto no nº 2 do artigo 372º

2. A violação do disposto no número anterior é punível com a sanção prevista no artigo 371º do Código Penal, sem prejuízo da responsabilidade disciplinar a que possa dar lugar.

COMENTÁRIOS:

Segredo da deliberação e votação: O ato é secreto, sendo a violação do segredo punível **penal e disciplinarmente** (v. art. 371º do C.P. – crime de violação do segredo de justiça) mas o Juiz que votar **vencido,** seja quanto à matéria de facto, seja quanto à matéria de direito, deve consignar o seu voto na sentença, o que não deixa de ser algo contraditório, ainda que saudável (v. art. 372º-2).

Artigo 368º – Questão da culpabilidade

1. O tribunal começa por decidir separadamente as questões prévias ou incidentais sobre as quais ainda não tiver recaído decisão.

2. Em seguida, se a apreciação do mérito não tiver ficado prejudicada, o presidente enumera discriminada e especificamente e submete a deliberação e votação os factos alegados pela acusação e pela defesa e, bem assim, os que resultarem da discussão da causa, relevantes para as questões de saber:

a) Se se verificaram os elementos constitutivos do tipo de crime;

b) Se o arguido praticou o crime ou nele participou;

c) Se o arguido actuou com culpa;

d) Se se verificou alguma causa que exclua a ilicitude ou a culpa;

e) Se se verificaram quaisquer outros pressupostos de que a lei faça depender a punibilidade do agente ou a aplicação a este de uma medida de segurança;

f) Se se verificaram os pressupostos de que depende o arbitramento da indemnização civil.

3. Em seguida, o presidente enumera discriminadamente e submete a deliberação e votação todas as questões de direito suscitadas pelos factos referidos no número anterior.

COMENTÁRIOS:

Tramitação deliberativa, quanto a questões prévias, incidentais e culpa: No processo deliberativo judicial, começa-se por uma análise das **questões prévias e incidentais**, sobre as quais não tenha recaído já decisão (v. art. 311º-1) e termina-se apreciando o **mérito da causa**, pela ordem descrita nas alíneas. A regra formal de determinação da pena está regulamentada no artigo seguinte.

Embora o questionário tivesse sido eliminado, o dispositivo dos nºs 2 e 3 deste artigo vai no sentido de que se deverá proceder como se tratasse de quesitos discriminando os factos um a um, de modo a que os factos elencados não resultem complexos e se possa responder simplesmente com "sim" ou "não". Deverá também seguir-se um ordenamento lógico na discriminação da matéria de facto o que se torna ainda mais necessário pela inexistência de questionário (*in* CPP dos Mag. do M.P. do Dist. Judic. do Porto). **Nota:** A acertada observação tem um duplo alcance, na medida em que pelo menos nesta parte, *mutatis mutandis*, se pode aplicar às acusações do M.P. ou do assistente. Na verdade se há algo que facilita, a discussão em audiência, a tarefa dos Juízes e as decisões justas, é as acusações terem uma formatação com qualidade (v. notas ao art. 283º).

Apesar da aplicação da atenuação especial constante do D.L. 401/82, de 23-11 não ser obrigatória, o tribunal, quando se trate de arguidos menores de 21 anos, tem sempre de considerar, na sentença, a pertinência, ou inconveniência, da aplicação de tal regime, e justificar a sua opção, ainda que o considere inaplicável (Ac. STJ de 14.02.02, *in* CJ-X-I-213).

A atenuação especial ao abrigo do regime visando os jovens adultos não é de aplicação necessária e obrigatória; não opera de forma automática, sendo de apreciar casuisticamente; é de conhecimento oficioso; a consideração da sua aplicação não constitui uma mera faculdade do juiz, mas antes um poder-dever vinculado que o juiz deve (tem de) usar sempre que se verifiquem os respectivos pressupostos, sendo de concessão vinculada; é de aplicar sempre que procedam sérias razões para crer que da atenuação resultam vantagens para a reinserção social do jovem condenado, sendo a aplicação em tais circunstâncias, obrigatória e oficiosa, havendo a obrigação, ou pelo menos, não se dispensando a equacionação da pertinência ou inconveniência da sua aplicação; justificando-se a opção ainda que se considere inaplicável o regime, isto é, devendo ser fundamentada a aplicação ou não aplicação (Ac. TRL de 14.05.2015, proc. 1938/12.8PSLSB.L1-9, *in* www.dgsi.pt).

Artigo 369º – Questão da determinação da sanção

1. Se, das deliberações e votações realizadas nos termos do artigo anterior, resultar que ao arguido deve ser aplicada uma pena ou uma medida de segurança, o presidente lê ou manda ler toda a documentação existente nos autos relativa aos antecedentes criminais do arguido, à perícia sobre a sua personalidade e ao relatório social.

2. Em seguida, o presidente pergunta se o tribunal considera necessária produção de prova suplementar para determinação da espécie e da medida da sanção a aplicar. Se a resposta for negativa, ou após a produção da prova nos termos do artigo 371º, o tribunal delibera e vota sobre a espécie e a medida da sanção a aplicar.

3. Se, na deliberação e votação a que se refere a parte final do número anterior, se manifestarem mais de duas opiniões, os votos favoráveis à sanção de maior gravidade somam-se aos favoráveis à sanção de gravidade imediatamente inferior, até se obter maioria.

COMENTÁRIOS:

Tramitação deliberativa quanto à determinação da sanção: Considerados provados os factos julgados, reunida toda a documentação adjuvante da decisão, segue-se a **escolha e medida da pena** do infrator, podendo se necessário **reabrir-se** a audiência nos termos do art. 371º, para os esclarecimentos que se julgarem convenientes. A determinação concreta da pena, faz-se fundamentalmente em presença dos elementos descritos no importante art. 71º do C.P. O não apuramento destes elementos, pode fazer incorrer a sentença no vício de **insuficiência para a decisão da matéria de facto provada**, previsto no art. 410º-2-a).

Jurisprudência uniformizadora: Ac. do STJ de Fixação de Jurisprudência nº 16/1996, de 07.11.1996, *in* D.R. de 27.01.1996: *«A imposição a estrangeiro da pena de expulsão prevista no nº 2 do artigo 34º do Decreto-Lei nº 430/83, de 23 de Dezembro, não pode ter lugar como consequência automática da sua condenação por qualquer dos crimes previstos nos seus artigos 23º, 24º, 25º, 26º, 28º, 29º e 30º, devendo ser sempre avaliada em concreto a sua necessidade e justificação».* **Nota**: O princípio anunciado no ac. aplica-se a todos os crimes envolvendo estrangeiros

Referências: arts. 70º a 82º do C.P. (regras para a escolha e medida da pena).

Artigo 370º – Relatório social

1. O tribunal pode em qualquer altura do julgamento, logo que, em função da prova para o efeito produzida em audiência, o considerar necessário à correcta determinação da sanção que eventualmente possa vir a ser aplicada, solicitar a elaboração de relatório social ou de informação dos serviços de reinserção social, ou a respectiva actualização quando aqueles já constarem do processo.

2. No caso de arguido menor, se o relatório social ou a informação dos serviços de reinserção social não se mostrar ainda junta ao processo, deve a respetiva junção ocorrer no prazo de 30 dias, salvo se, fundamentadamente, se justificar a respetiva dispensa face às circunstâncias do caso e desde que seja compatível com o superior interesse do menor.

3. Independentemente de solicitação, os serviços de reinserção social podem enviar ao tribunal, quando o acompanhamento do arguido o aconselhar, o relatório social ou a respectiva actualização.

4. A leitura em audiência do relatório social ou da informação dos serviços de reinserção social só é permitida a requerimento, nos termos e para os efeitos previstos no artigo seguinte.

5. É correspondentemente aplicável o disposto no artigo 355º

(Última redação da L. 33/2019, de 22.05)

COMENTÁRIOS:

Relatório social e informação dos serviços de reinserção social: A definição de **relatório social** e de **informação dos serviços de reinserção social,** encontra-se no art. 1º-g)-h) (v. notas a este artigo). Basicamente, trata-se de **pura informação**, visando, no caso deste normativo, o achamento da pena ou medida concreta a aplicar ao arguido (v. consequências jurídicas do facto – art. 40º e segs. do C.P.). Não é uma uma perícia (v. arts. 151º a 163º) e está sujeita ao princípio geral da **livre apreciação da prova** (v. art. 127º).

O normativo está desenhado no sentido de que o relatório e a informação social, devem ser pedidos, *«em função da prova para o efeito produzida em audiência»*. Se fosse essa a prática, estaríamos perante mais um atraso na Justiça. Em regra os Juízes pedem o relatório social ou a informação social, em função da leitura prévia do processo e das previsíveis necessidades que dele resultam e não em função da prova produzida em audiência.

Não é permitida a leitura em audiência do relatório social ou da informação social, até porque contém sempre aspetos da vida particular da pessoa, que não têm de ser do domínio público, exceto nos termos e para os efeitos do art. 370º-3.

Facultatividade: O relatório e a informação dos serviços, não são de elaboração **obrigatória** (v. situação especial para os arguidos menores). O TC já se pronunciou no sentido de que não há nenhuma inconstitucionalidade na não obrigatoriedade de elaboração de tais documentos (v. Ac. TC 182/99 de 22.03.99). Aliás, se para todos os julgamentos se requisitasse um relatório ou informações sociais, os serviços de reinserção social, cujos técnicos elaboram o relatório, entrariam em rotura. O relatório social, é apenas um instrumento de auxílio do Juiz, que ele *«pode»* solicitar se o *«considerar necessário»* para a decisão justa. Na verdade, nada impede que os elementos habitualmente constantes de um relatório ou de uma informação social, possam ser colhidos em audiência por declarações dos intervenientes. Igualmente pode o Instituto de Reinserção Social (IRS) que eventualmente, por qualquer razão, acompanhe um arguido, por sua iniciativa, se o julgar conveniente, remeter ao processo o relatório social.

Insuficiência da matéria de facto para a decisão: A falta do relatório social, pode gerar, conforme alguns acórdãos dos tribunais superiores tem referido, uma **insuficiência da matéria de facto para a decisão**, sobretudo nos casos de aplicação do regime especial penal para jovens, previsto no D.L. 401/82, de 23.09, que conduz à nulidade da sentença [arts. 374º-2 e 379º-1-a)]. Mas, registe-se, tal insuficiência só se verificará, se a decisão **depender** de informações essenciais de um relatório social, que não tenham sido supridas/recolhidas em audiência e ou que não tenham sido vazadas na sentença. [v. art. 410º-2-a) e respetivas notas, sobre insuficiência da matéria de facto para a decisão].

Arguidos menores: Na versão original do código, o relatório social era obrigatório para arguidos menores de 21 anos, coisa que desapareceu com a revisão operada pela L. 59/98, de 25.08. O STJ, mesmo nessa era, sempre decidiu que a omissão do relatório social não constituía nulidade, mas tão-somente mera irregularidade (nesse sentido, v. Ac. STJ de 17.09.97, *in* CJ-V-III-173). Atualmente, como determina a nova redação do nº 2, aditado pela L. 33/2019, de 22.05, o relatório e a informação social, voltam a ser **obrigatórios**, para o caso dos **menores** [v. sobre a noção de menoridade, as notas ao art. 58º e sobre a eventual obrigatoriedade do M.P. pedir o relatório ou a informação social, o art. 283º-3-g) e respetivas notas] exceto se a dispensa de tais documentos for **fundamentada**, nos termos ali descritos.

A norma ínsita no nº 1 do art. 370º do CPP, ao não impor ao tribunal o dever de solicitar a elaboração de um inquérito social e concedendo tão-só uma mera faculdade, não é contrária ao princípio do asseguramento das garantias de defesa no processo criminal consagrado no art. 32º da lei fundamental (Ac. T.C. 182/99 de 22.03.99, *in* DR de 09.07.99).

Independentemente de se considerar ser ou não ser obrigatória a requisição do relatório social ou da informação dos serviços de reinserção social aos quais alude o art. 370º, nº 1, do CPP para aplicação de uma pena de prisão efectiva – a letra da lei sugere francamente que se trata de uma faculdade do tribunal e o TC, no seu acórdão nº 182/99, Proc. nº 759/98, de 22 de Março de 1999, já decidiu não ser inconstitucional a norma do nº 1 do art. 370º do CPP quando interpretada no sentido de não ser obrigatória essa solicitação – entendemos, na esteira da jurisprudência mais comum do STJ, que a falta desse relatório ou informação ou a falta de produção de qualquer outra prova suplementar para determinação da espécie e da medida da pena a aplicar poderá justificar o reenvio do processo para novo julgamento, quando o resultado for a insuficiência para a decisão da matéria de facto provada, nos termos dos arts. 410º, nº 2, al. a), e 426º, ambos do CPP (neste sentido cf., entre muitos outros, os Acs. de 30 de Novembro de 2006, Proc. nº 3657/06-5 e de 11 de Janeiro de 2006, Proc. nº 3461/05-3, o segundo também subscrito pelo relator deste (Ac. STJ de 05.09.2007, proc. 06P47 4798, *in* www.dgsi.pt).

O facto de o tribunal não se pronunciar em concreto sobre o relatório do IRS tem subjacente o pressuposto que não tinha necessariamente que o fazer, a não ser que este contivesse elemento relevante para a apreciação da responsabilidade criminal do arguido, o que no caso não é invocado (Ac. STJ de 15.11.2006, proc. 06P2555, *in* www.dgsi.pt).

Referências: arts. 58º, 61º, 87º, 90º, 103º, 194º, 283º e 370º (direitos dos menores); art. 371º-2 (audição do técnico de reinserção social). D.L. 401/82, de 23.09 (regime penal especial para jovens com idade entre os 16 anos e os 21 anos)

Artigo 371º – Reabertura da audiência para a determinação da sanção

1. Tornando-se necessária produção de prova suplementar, nos termos do nº 2 do artigo 369º, o tribunal volta à sala de audiência e declara esta reaberta.

2. Em seguida procede-se à produção da prova necessária, ouvindo sempre que possível o perito criminológico, o técnico de reinserção social e quaisquer pessoas que possam depor com relevo sobre a personalidade e as condições de vida do arguido.

3. Os interrogatórios são feitos sempre pelo presidente, podendo, findos eles, os outros juízes, os jurados, o Ministério Público, o defensor

e o advogado do assistente sugerir quaisquer pedidos de esclarecimento ou perguntas úteis à decisão.

4. Finda a produção da prova suplementar, o Ministério Público, o advogado do assistente e o defensor podem alegar conclusivamente até um máximo de vinte minutos cada um.

5. A produção de prova suplementar decorre com exclusão da publicidade, salvo se o presidente, por despacho, entender que da publicidade não pode resultar ofensa à dignidade do arguido.

COMENTÁRIOS:

Reabertura da audiência para determinação da sanção: É uma norma complementar do disposto no art. 369º-2, que o Juiz pode utilizar quando *a posteriori* chega à conclusão que a prova produzida quanto à matéria da determinação da sanção é insuficiente e pretende esclarecê-la. É de aplicação rara nesta sede. Já não tanto, quando, a reabertura de audiência tenha por objetivo, viabilizar uma alteração não substancial dos factos descritos na acusação ou na pronúncia ou uma alteração da qualificação jurídica tardiamente reconhecidos e o cumprimento das formalidades previstas no art. 358º.

Se os elementos respeitantes aos antecedentes criminais do arguido, as perícias sobre a sua personalidade e o relatório social apurados na audiência são insuficientes, torna-se indispensável a produção de prova suplementar (*in* CPP, Mag. M.P. Distrito do Porto).

A circunstância de não haver norma específica que possibilite a reabertura da audiência para continuar a discutir a questão da culpabilidade depois de encerrada a fase de discussão da causa e iniciada a da deliberação sempre seria possível de superar através da aplicação por analogia do disposto no art. 371º, nº 1 o que não é vedado em matéria de integração de lacunas (Ac STJ 1/2016, de 12.11.2015, *in* www.dgsi.pt)

Referências: art. 321º (publicidade da audiência); art. 328º-6 (adiamento da audiência por prazo superior a 30 dias); art. 358º (alteração não substancial de factos); art. 361º (encerramento da discussão).

Artigo 371º-A – Abertura da audiência para aplicação retroactiva de lei penal mais favorável

Se, após o trânsito em julgado da condenação mas antes de ter cessado a execução da pena, entrar em vigor lei penal mais favorável, o condenado pode requerer a reabertura da audiência para que lhe seja aplicado o novo regime.

COMENTÁRIOS:

Reabertura da audiência: Pode acontecer que por força de **alterações da lei no tempo**, coisa que se tornou uma praga no ordenamento jurídico português, sejam elas substantivas ou adjetivas, haja em abstrato um **desagravamento** da situação processual do arguido, mesmo depois do trânsito em julgado da sentença que o condenou. Nesse caso, deve aplicar-se-lhe o regime global da lei concretamente mais favorável. E tal deve ocorrer mesmo após condenação com trânsito em julgado, desde que a situação mais favorável prevista expressamente na lei nova, não tenha sido objeto de apreciação e decisão na primitiva sentença e não esteja extinta a pena. O princípio da aplicação da lei mais favorável, já estava previsto no **art. 29º-4 da C.R.P.** e no **art. 2º-4 do C.P.**, mas não para as situações de trânsito em julgado. O princípio foi alargado com este artigo inovador, introduzido pela L. 48/2007, de 29.08, que na prática põe em causa a definitividade (se excluirmos o recurso de revisão) do trânsito em julgado das decisões. Verificados os pressupostos (**condenação com trânsito em julgado em execução** e **nova lei mais favorável ao condenado**) deve proceder-se à **reabertura da audiência**, a efetuar em 1ª instância, para avaliação em concreto da favorabilidade da lei nova. A reabertura da audiência não visa pois qualquer nova discussão sobre a factualidade ou a culpabilidade (o que feriria o princípio *non bis in idem*) mas tão-somente matéria de direito restrita ao prescrutamento da lei mais favorável. É uma espécie de **revisão dos fundamentos jurídicos da sentença**, pelo mesmo tribunal (não necessariamente pelos mesmos Juízes) em função de leis diferentes. Mas esta revisão faz-se **atualizadamente**, o que significa que se deve levar em conta as circunstâncias atuais, podendo implicar alguma produção de prova (neste sentido, ac. do STJ de 18.10.2007, infra). A favorabilidade da nova lei, deve apreciar-se nos termos propostos no **art. 2º-4 do C.P.,** i.e., deve verificar-se quanto ao seu **regime global e em concreto** e tanto pode estar na menor medida abstrata da pena, como na espécie de pena aplicável, como na menor intensidade típica das circunstâncias do crime, como nas condições objetivas de punibilidade, como nas causas pessoais e materiais de aplicação ou suspensão ou isenção da pena, como nas causas de procedibilidade ou extintivas do procedimento, etc... O impacto no quotidiano dos tribunais, verificou-se sobretudo nas situações em que, por força das alterações ao art. 50º do C.P. pela L. 59/2007, de 04.09, foi alargado de 3 para 5 anos, as penas de prisão com possibilidade de serem suspensas, tendo originado inúmeras reaberturas da audiência, para aferir da possibilidade de suspender tais penas aplicadas entre esses dois números, face à nova lei. Por fim, duas notas muito importantes; a reabertura da audiência, pode ser feita **a todo o tempo** enquanto não cessar a execução da pena e não é oficiosa, mas a **impulso/**

requerimento do condenado, pois só a ele (seguramente aconselhado pelo seu advogado) compete gerir os seus interesses.

A cessação imediata da pena e de seus efeitos penais: Situação congénere mas mais radical, pode acontecer na previsão do art. 2º-4 do C.P., esta já a decidir **oficiosamente**. Verificado que a pena já cumprida atingiu os limites máximos da pena prevista na lei posterior mais favorável, **cessa imediatamente a execução da pena** e os seus efeitos penais, podendo inclusivamente determinar-se por despacho judicial a **libertação do arguido preso**, sem necessidade de reabertura da audiência.

Jurisprudência uniformizadora: Ac. do STJ de Fixação de Jurisprudência nº 15/2009, de 21.10.2009, *in* D.R. de 23.11.2009: *«A aplicação do nº 5 do artigo 50º do Código Penal, na redacção da Lei nº 59/2007, de 4 de Setembro, a condenado em pena de suspensão da execução da prisão, por sentença transitada em julgado antes da entrada em vigor daquele diploma legal, opera-se através de reabertura da audiência, a requerimento do condenado, nos termos do artigo 371º-A do Código de Processo Penal».*

Tratando-se de regime concretamente mais favorável necessário se torna que o juiz faça separadamente os dois cômputos penais, escolhendo e determinando a medida da pena a aplicar in concreto com cada uma das leis e que atenda não só à pena, mas também ao regime aplicável. Deve ter, contudo, em atenção que não podem ser misturados ou combinados os dispositivos mais favoráveis de cada uma das leis concorrentes, pois aí estaria a arvorar-se em legislador, formando uma lei dissonante, no seu hibridismo, de qualquer das leis em jogo (Manuel Leal-Henriques e Manuel Simas Santos, *in* C.P. anotado, 1995).

Como aponta o Ministério Público na 1ª instância com o que se concorda, "a reabertura da audiência com vista a apurar se é de suspender a execução da pena nos termos e ao abrigo do disposto no art. 371º-A do CPP tem como base, sempre, uma decisão já transitada em julgado, onde se deram como provados factos atinentes, além do mais, à situação pessoal do arguido, aos seus antecedentes criminais, ao seu comportamento contemporâneo, anterior e posterior aos factos, enfim, todo um acervo de factualidade que não pode ser modificada, a não ser na estrita medida em que, mediante a junção aos autos de relatório social a elaborar pela Direcção-Geral de Reinserção Social, ou através da audição de alguma testemunha que tenha conhecimento directo da situação do arguido, o Tribunal possa fazer um juízo de prognose favorável no sentido de que a mera censura do facto e a ameaça da prisão realizam de forma adequada e suficiente as finalidades da punição" (Ac. TRL de 20.07.2008, *in* www.dgsi.pt).

Com efeito, impondo-se ponderar a personalidade do arguido, a conduta anterior e posterior ao facto e as circunstâncias da sua vida, para se poder fazer (ou não) o juízo de prognose favorável, nos termos do art. 50º, nº 1, do CP, o tribunal de 1ª Instância está em melhores condições do que o STJ para dar execução ao referido art. 371º-A do CPP, podendo recolher a prova que julgue mais adequada, incluindo um relatório social actualizado. Em reforço de tal tese, vai o tempo decorrido e o facto de a suspensão da execução da pena se dever reportar ao momento da decisão, que não ao da prática dos factos (Ac. STJ de 18.10.2007, proc. 07P231J, *in* www.dgsi.pt).

A reabertura da audiência a que alude o artigo 371º-A do CPP refere-se apenas à reabertura da audiência de julgamento e não para a "audição" do recorrente, ao abrigo do disposto no artigo 495º, nº 2 do CPPenal, sendo certo que o regime do citado artigo tem a ver com a sucessão de regimes penais e não com a sucessão de regimes processuais penais (Ac TRG de 10.07.2008, *in* www.dgsi.pt).

Referências: art. 321º (publicidade da audiência); art. 369º (determinação da sanção).

Artigo 372º – Elaboração e assinatura da sentença

1. Concluída a deliberação e votação, o presidente ou, se este ficar vencido, o juiz mais antigo dos que fizerem vencimento, elaboram a sentença de acordo com as posições que tiverem feito vencimento.

2. Em seguida, a sentença é assinada por todos os juízes e pelos jurados e, se algum dos juízes assinar vencido, declara com precisão os motivos do seu voto.

3. Regressado o tribunal à sala de audiência, a sentença é lida publicamente pelo presidente ou por outro dos juízes. A leitura do relatório pode ser omitida. A leitura da fundamentação ou, se esta for muito extensa, de uma sua súmula, bem como do dispositivo, é obrigatória, sob pena de nulidade.

4. A leitura da sentença equivale à sua notificação aos sujeitos processuais que deverem considerar-se presentes na audiência.

5. Logo após a leitura da sentença, o presidente procede ao seu depósito na secretaria. O secretário apõe a data, subscreve a declaração de depósito e entrega cópia aos sujeitos processuais que o solicitem.

COMENTÁRIOS:

Formação e leitura da sentença: Regulamenta a forma como a sentença deve ser obtida, lida, comunicada e depositada. Na leitura da sentença em audiência, permite a omissão da leitura do **relatório** e admite a leitura por súmula da **fundamentação**, mas obriga à leitura integral do **dispositivo** sob pena de **nulidade** (v. art. 374º – requisitos da sentença). É admissível que na sentença conste expressamente o **voto de vencido do Juiz** (já não do jurado). Para a leitura da sentença, não é necessário a presença de todos os Juízes (ou jurados) integrantes do tribunal, podendo qualquer deles proceder à leitura. A norma, ao prescrever que a sentença deve ser "lida", obriga a que a mesma esteja completamente elaborada. A jurisprudência considera juridicamente "inexistentes", as sentenças lidas por "apontamento" ou "rascunho".

Como se vem decidindo pacificamente, não constitui sentença a decisão proferida apenas verbalmente, por apontamento, que é inexistente. Por seu turno, a sentença escrita e depositada posteriormente pelo juiz, incorporada nos autos sem prévia leitura pública, é nula [cfr. arts. 372º, 373º, 374º, nº 2, e 379º, nº 1, alínea a), CPP], nulidade que não pode ser colmatada com a leitura da mesma se entre o encerramento da discussão e essa leitura, decorrerem mais de 30 dias, como decorre do disposto no nº 6 do art. 328º do mesmo diploma (...) o que determina a repetição do julgamento (Ac TRL de 12.01.2005, proc. 8439/2004, *in* www.dgsi.pt).

O voto de vencido: A deliberação e a votação a que alude o art. 367º são **secretas**. A compatibilidade do direito de expressar o voto de vencido com o dever de sigilo do ato deliberativo, assenta na **pessoalidade** da manifestação do mesmo, i.e., o voto de vencido apenas se pode limitar a exprimir uma convicção pessoal, quer do ponto de vista da apreciação dos factos quer da aplicação de direito, não podendo extravasar dessa funcionalidade, por exemplo, revelando pormenores da discussão e da posição de cada um dos outros Juízes e opinando sobre ela, sob pena da prática de um ilícito criminal e disciplinar (art. 367º-2). Mas, registe-se que nem sempre foi assim. Após longa controvérsia, foi preciso esperar até à redação da L. 48/2007, de 29.08, para se admitir o voto de vencido. E ainda assim restrito aos Juízes; já não aos jurados (o que configura uma clara inconstitucionalidade).

Notificação da sentença e depósito: Decorre desta norma uma importante consequência, que não está bem explicitada. Na verdade, a leitura da sentença equivale à sua **notificação** aos sujeitos que devam considerar-se **presentes nos termos legais**, não exigindo a lei a entrega do documento escrito (a não ser que seja requerido) o que num processo tão garantístico como o nosso, é deveras estranho, pela falta de transparência e de informação que pode gerar nos interessados e gera muitas vezes. Não obstante a equivalência do ato de leitura à notificação, este só produz todos os seus efeitos, quando a sentença é **depositada**. Por **depósito da sentença**, entende-se o seu arquivamento em pasta própria na secção central do tribunal, sendo este ato, que fica registado no processo, que marca o prazo inicial para recorrer (e não o da simples leitura da sentença, que apesar da obrigatoriedade prevista no art. 373º-2, pode ter ocorrido em dia diferente do dia do seu depósito). Não poderia ser de outra forma, já que sendo a sentença lida, eventualmente em parte por «súmula», só a partir da disponibilidade física do seu texto integral, ela se torna pública e pode ser estudada e objeto de eventual recurso. Em conclusão; enquanto não houver **depósito** da sentença, esta não é **recorrível** nem **transita**.

Registo criminal: As sentenças (bem como outras decisões criminais) estão sujeitas a inscrição no registo criminal (v. arts. 6º e 7º da Lei da Identificação Criminal – Lei 37/2015, de 05.05 e Regulamento – D.L. 171/2015, de 25.08.)

Referências: art. 367º (segredo da deliberação e votação); art. 411º (prazos de recurso da sentença e sua contagem).

Artigo 373º – Leitura da sentença

1. Quando, atenta a especial complexidade da causa, não for possível proceder imediatamente à elaboração da sentença, o presidente fixa publicamente a data dentro dos 10 dias seguintes para a leitura da sentença.

2. Na data fixada procede-se publicamente à leitura da sentença e ao seu depósito na secretaria, nos termos do artigo anterior.

3. O arguido que não estiver presente considera-se notificado da sentença depois de esta ter sido lida perante o defensor nomeado ou constituído.

COMENTÁRIOS:

Data para leitura da sentença: Efetuado o julgamento, exceto nos casos mais simples, não é possível elaborar imediatamente a sentença, pelo que o Juiz dispõe do prazo de **10 dias** para o efeito, devendo logo designar data para a consequente leitura da sentença nesse prazo. Se marcar para uma data mais dilatada, comete uma simples **irregularidade** (v. arts. 118º-2 e 123º). Em julgamentos complexos, o prazo de 10 dias é impraticável. Na verdade este prazo é meramente ordenador.

Notificação da sentença: De acordo com o nº 3, o arguido que *«não estiver presente»* na audiência *«considera-se notificado da sentença»*, na pessoa do seu defensor. Mas isto, dito assim, sem limitações, não é verdade. Só será, se ele devesse estar na audiência, mas não estava **por razões que lhe são imputáveis**, designadamente, por ter consentido no julgamento sem a sua presença (arts. 333º-4 e 334º-2) ou se sem justa causa tiver abandonado a sala (art. 332º-4-5) ou se tiver incapacitado dolosamente, para não ouvir a sentença (art. 332º-6) ou tiver estado presente nas anteriores sessões de julgamento e faltar injustificadamente à da leitura, o que equivale a abandono da sala (art. 332º-5-6) tudo situações em que fica representado pelo seu defensor. Nestes casos, considera-se **notificado** da sentença e se ela transitar deve **executar-se** a mesma. Já não quando tiver sido julgado na ausência, nos termos do art. 333º-1-2, pois aqui impõe-se a sua **notificação pessoal**, nos termos do art. 334º-6 (v. notas a estes artigos).

Referências: arts. 333º e 334º (julgamento na ausência do arguido e notificações).

Artigo 374º – Requisitos da sentença

1. A sentença começa por um relatório, que contém:

a) As indicações tendentes à identificação do arguido;

b) As indicações tendentes à identificação do assistente e das partes civis;

c) A indicação do crime ou dos crimes imputados ao arguido, segundo a acusação, ou pronúncia, se a tiver havido;

d) A indicação sumária das conclusões contidas na contestação, se tiver sido apresentada.

2. Ao relatório segue-se a fundamentação, que consta da enumeração dos factos provados e não provados, bem como de uma exposição tanto quanto possível completa, ainda que concisa, dos motivos, de facto e de direito, que fundamentam a decisão, com indicação e exame crítico das provas que serviram para formar a convicção do tribunal.

3. A sentença termina pelo dispositivo que contém:

a) As disposições legais aplicáveis;

b) A decisão condenatória ou absolutória;

c) A indicação do destino a dar a coisas ou objectos relacionados com o crime, com expressa menção das disposições legais aplicadas;

d) A ordem de remessa de boletins ao registo criminal;

e) A data e as assinaturas dos membros do tribunal.

4. A sentença observa o disposto neste Código e no Regulamento das Custas Processuais em matéria de custas.

(Última redação da L. 30/2017, de 30.05)

COMENTÁRIOS:

A estrutura da sentença: É fundamentalmente neste artigo, que se encontra a explicação das sentenças dos tribunais portugueses, serem em regra, muito mais extensas, do que as congéneres estrangeiras. Enquanto for este o paradigma e não o do processo sumário (v. art. 389º-A) não haverá melhorias na simplificação e celeridade processuais. As razões pelas quais alguns julgamentos são anulados por deficiência das sentenças, chegam a ser ridículas (v.g., não identificação das testemunhas pelo nome; remissão para outra peça processual em vez de se transcrever a peça; fundamentação não distinta "formalmente" para cada coautor; etc...).

A sentença divide-se em **(1) relatório**, fórmula tabelar, que faz uma súmula do processo, **identificando** o acusador, os arguidos, os assistentes e partes civis, os **crimes imputados,** a existência ou não de **contestação** e em caso positivo, qual o seu sentido, a existência de róis de **testemunhas** – que não as do M.P. – a constatação de **irregularidades** ou **nulidades**, ou **questões prévias** a decidir.

Segue-se **(2)** a **fundamentação,** que alberga os **factos provados** e **não provados** (que resultaram da discussão dos factos alegados na acusação e na contestação, e para alem deles, todos os que discutidos em audiência se revelaram de interesse para a decisão) bem como o relato dos eventuais **antecedentes criminais** dos arguidos, a **motivação da decisão de facto**, com o respetivo **exame crítico da prova** e a **motivação da decisão de direito**, com o **enquadramento jurídico-penal de tais factos**, a escolha do **tipo de pena** (multa ou prisão) e sua **medida concreta** (art. 71º do C.P.).

Por fim **(3)** a **decisão,** que é um resumo da parte final da fundamentação, com o **nome** dos arguidos, se são **condenados** ou **absolvidos**, se são considerados **reincidentes** ou **criminosos por tendência** ou **expulsos**, se deve haver **recolha de amostra de ADN** para figurar na base de dados nacional, as **normas** aplicáveis, as **custas** devidas, (v. arts. 513º-1 a 524º e v. em especial, arts. 4º, 15º e 35º do Regulamento das Custas Processuais) o destino a dar aos **objetos** apreendidos (se devolvidos, destruídos ou perdidos a favor do Estado) a extração de **certidões** para outros processos ou entidades oficiais (v.g., cúmulos jurídicos ou revogação de suspensões de execução de penas, ou S.E.F. em caso de estrangeiros ou Gabinete de Combate à Droga, no caso de crimes de tráfico), as **comunicações** e **notificações** a efetuar (v.g. ao registo criminal), a **data** e **assinatura(s) do(s) Juiz(es).**

O dever de fundamentação e o exame crítico da prova: O dever de fundamentação tem natureza constitucional, encontrando-se plasmado no **art. 205º da C.R.P.** E também no art. 97º-5. Só os despachos de mero expediente é que não carecem de fundamentação. O dever de fundamentação, abarca todos os vetores da decisão judicial (da matéria de facto à medida concreta da pena) e é incindível do dever de **exame crítico**, a que se reporta a norma anotanda. O dever de fundamentação corresponde à parte mais nobre da função de julgar, sendo por isso incompreensíveis quaisquer teorias que pretendam suprimir tal dever. Tal não significa que se exige sempre o mesmo grau de fundamentação. Aliás o T.C., já se pronunciou no sentido de que *«a fundamentação não tem de obedecer a qualquer modelo único e uniforme, podendo (e devendo) variar de acordo com as circunstâncias de cada caso e as razões que neste determinaram a convicção do tribunal»* (Ac. TC nº 27/2007, de 17.01.2007).

O dever de fundamentação de uma sentença, compreende, **num primeiro momento** a **enumeração dos factos provados e não provados que fundamentam a decisão,** o que se faz por referência aos factos constantes da acusação, da contestação e a todos os mais que resultarem da discussão da causa desde que se **repercutam** na decisão. São em suma, os factos em que se ancora a decisão de mérito. Não tem que ser enumerados os factos irrelevantes para essa decisão. Num **segundo momento**, compreende o **exame crítico da prova**, que deve fazer-se através de uma exposição tanto quanto possível completa mas concisa dos motivos de facto e de direito, que levaram à convicção do tribunal, i.e., uma exposição das razões, que em função das **regras de experiência comum** e ou de **critérios lógicos**, constituem o substrato racional que levou a que a convicção do tribunal se formasse em determinado sentido ou que valorasse de determinada forma os meios de prova discutidos em audiência. Basicamente, trata-se de um **juízo de valoração da prova**. Termina com o achamento da **pena concreta.**

As fórmulas genéricas e tabelares utilizadas pelo tribunal da 1ª instância na motivação da decisão proferida sobre a matéria de facto, a propósito da forma como o assistente (que teria sido "peremptório") e as testemunhas (que teriam deposto de "forma credível, verosímil e congruente") prestaram declarações e depoimentos respectivamente em julgamento, não substituem o exame crítico das provas produzidas em julgamento, que é exigido pelo art. 374º, nº 2, do CPP, e nem satisfazem a exigência legal (Ac. TRP de 16.01.2013, proc. 72/10.0TAAMM.P1, *in* www.dgsi.pt).

O entendimento do STJ sobre o cumprimento deste preceito encontra-se sedimentado: trata-se de exposição tanto quanto possível completa, mas concisa, dos motivos de facto e indicação das provas que serviram para formar a convicção do Tribunal, sem necessidade de esgotar todas as induções ou critérios de valoração das provas e contraprovas, mas permitindo verificar que a decisão seguiu um processo lógico e racional na apreciação da prova, não sendo ilógica, arbitrária contraditória ou violadora das regras da experiência comum (Ac. STJ de 17.11.1999, *in* CJ-III-200).

XII – A fundamentação adequada e suficiente da decisão constitui, pois, uma exigência do moderno processo penal e realiza uma dupla finalidade: em projecção exterior (extraprocessual), como condição de legitimação externa da decisão, pela possibilidade que permite de verificação dos pressupostos, critérios, juízos de racionalidade e de valor, e motivos que determinaram a decisão; em outra perspectiva (intraprocessual), a exigência de fundamentação está ordenada à realização da finalidade de reapreciação das decisões dentro do sistema de recursos – para reapreciar uma decisão, o tribunal superior tem de conhecer o modo e o processo de formulação do juízo lógico nela contido e que determinou o sentido da decisão (os fundamentos) para, sobre tais fundamentos, formular seu próprio juízo. (...) XIV –Não se mostra devidamente fundamentada a decisão que, no segmento da determinação da pena, entre a enunciação abstracta dos parâmetros legais (por transcrição da norma) e a afirmação quantificada sobre a fixação da pena, não contém qualquer referência que permita compreender quais, em concreto, os critérios da lei de que se socorreu, e, de entre aqueles que porventura terá considerado, em que medida contribuiram para encontrar a medida concreta escolhida (Ac. STJ de 23.04.2008, *in* www.dgsi.pt).

Quanto aos factos provados e não provados, devem indicar-se todos os que constam da acusação e da contestação, quer sejam substanciais quer instrumentais ou acidentais, e ainda os não substanciais que resultarem da discussão da causa e que sejam relevantes para a decisão e também os substanciais que resultarem da discussão da causa, quando aceites nos termos do art. 359º, nº 2. O que importa é que os factos sejam relevantes para a decisão da causa. E relevantes serão todos os factos essenciais à caracterização do crime ou integradores de causas de exclusão. Como é óbvio, os factos inócuos não têm que fazer parte dessa indicação e os conceitos de direito e as conclusões de facto, quer constem da acusação quer da contestação, não podem dela fazer parte (Ac. TRG de 17.05.2010, proc. 248/07.7GAFLG.G1, *in* www.dgsi.pt).

Quando o art. 374º-2 do C.P.P. alude ao dever do juiz de fundamentação da sentença, com indicação e exame critico das provas, concretamente uma exposição tanto quanto possível completa ainda que concisa, dos motivos de facto que fundamentaram a decisão; «*estes motivos de facto que fundamentam a decisão não são nem os factos provados (thema decidendum) nem os meios de prova (thema probandum) mas os elementos que em razão das regras da experiência ou de critérios lógicos constituem o substrato racional que conduziu a que a convicção do tribunal se formasse em determinado sentido ou valorasse de determinada forma os diversos meios de prova apresentados em audiência* (Maia Gonçalves, *in* CPP, anotado).

II – A exigência legal de na sentença se fazer a descrição dos factos provados e não provados tem de referir-se àqueles que são essenciais à caracterização do ilícito criminal que esteja em causa e ao seu circunstancialismo juridicamente relevante, o que exclui, obviamente, todos os factos inócuos para a qualificação do crime ou para a graduação da responsabilidade do agente, ainda que descritos na acusação, na pronúncia ou na contestação. III – O exame crítico da prova tem como objecto, apenas e tão-só, os factos essenciais para a qualificação jurídico-criminal do ilícito, para a definição do seu circunstancialismo relevante e para a determinação da responsabilidade do agente (Ac. STJ de 26.10.2000, *in* proc. nº 2528/2000-5ª secção).

IV – Em matéria de facto, a fundamentação remete, como refere o segmento final do nº 2 do art. 374º do CPP (acrescentado pela Reforma do processo penal com a Lei 59/98, de 25-08), para a indicação e exame crítico das provas que serviram para formar a con-

vicção do tribunal. V – O "exame crítico" das provas constitui uma noção com dimensão normativa, com saliente projecção no campo que pretende regular – a fundamentação em matéria de facto – mas cuja densificação e integração faz apelo a uma complexidade de elementos que se retiram, não da interpretação de princípios jurídicos ou de normas legais, mas da realidade das coisas, da mundividência dos homens e das regras da experiência; a noção de "exame crítico" apresenta-se, nesta perspectiva fundamental, como categoria complexa, em que são salientes espaços prudenciais fora do âmbito de apreciação próprio das questões de direito. Só assim não será quando se trate de decidir questões que têm a ver com a legalidade das provas ou de decisão sobre a nulidade, e consequente exclusão, de algum meio de prova. VI – O exame crítico consiste na enunciação das razões de ciência reveladas ou extraídas das provas administradas, a razão de determinada opção relevante por um ou outro dos meios de prova, os motivos da credibilidade dos depoimentos, o valor de documentos e exames, que o tribunal privilegiou na formação da convicção, em ordem a que os destinatários (e um homem médio suposto pelo ordem jurídica, exterior ao processo, com a experiência razoável da vida e das coisas) fiquem cientes da lógica do raciocínio seguido pelo tribunal e das razões da sua convicção (cf., v.g., Ac. do STJ de 30-01-2002, Proc. nº 3063/01). VII – O rigor e a suficiência do exame crítico têm de ser aferidos por critérios de razoabilidade, sendo fundamental que permita exteriorizar as razões da decisão e o processo lógico, racional e intelectual que lhe serviu de suporte. (...) IX – A obrigatoriedade de indicação das provas que serviram para formar a convicção do tribunal, e do seu exame crítico, destina-se, pois, a garantir que na sentença se seguiu um procedimento de convicção lógico e racional na apreciação das provas, e que a decisão sobre a matéria de facto não é arbitrária, dominada pelas impressões, ou afastada do sentido determinado pelas regras da experiência. X – Não existe insuficiência da fundamentação se na decisão estão enunciados, especificadamente, os meios de prova que serviram à convicção do tribunal, permitindo, no contexto ambiental, de espaço e de tempo, compreender os motivos e a construção do percurso lógico da decisão segundo as aproximações permitidas razoavelmente pelas regras da experiência comum (Ac. STJ de 21.03.2007, *in* procº 07PO24).

Como reiteradamente vem acentuando o Supremo Tribunal de Justiça, o cumprimento do art. 374º, nº 2, do CPP, não impõe a enumeração dos factos provados e não provados que sejam irrelevantes para a caracterização do crime e/ou para a medida da penal (...) sendo certo que essa irrelevância deve ser vista com rigor, em função do factualismo inerente às posições da acusação e da defesa e bem assim aos contornos das diversas possibilidades de aplicação do direito ao caso concreto – seja quanto à imputabilidade, seja relativamente à qualificação jurídico-criminal dos factos, seja quanto às consequências jurídicas do crime, designadamente quanto à espécie e medida da pena –, tendo em conta os termos das referidas posições assumidas pela acusação e pela defesa e os poderes de cognição oficiosa que cabem ao tribunal. Só pode por isso decidir-se no sentido dessa inocuidade ou irrelevância no caso de a sua verificação resultar suficientemente segura à luz destas considerações, essenciais à prossecução cuidada da justiça penal concreta (Ac. TRC de 08.02.2012, proc. 38/10.0TAFIG.C1, *in* www.dgsi.pt).

Tendo em conta os direitos fundamentais em causa, não é admissível uma declaração de perda ou de destruição automática – «uma norma que prevê que os instrumentos da infracção devem em qualquer caso ser declarados perdidos a favor do Estado, independentemente da consideração em concreto, quer da gravidade do ilícito e da culpa do agente, quer da perigosidade e do risco dos instrumentos para futuros crimes, quer mesmo da própria natureza (e valor) do objecto em questão, não pode certamente, na indeterminação abstracta da reacção oblatória do direito de propriedade que impõe, ser considerada respeitadora das exigências constitucionais de proporcionalidade (Ac. do TC nº 202/2000). **Nota:** v. arts. 109º a 111º do C.P.

O princípio da livre convicção probatória; o exame crítico da prova e limites: Livre convicção do julgador, nada tem a ver com discricionariedade e muito menos arbitrariedade. Exatamente para impedir isso, é que uma sentença tem de enumerar os **diversos meios de prova** – testemunhas, perícias, documentos, revistas, buscas, escutas, etc... – de que se socorreu, para assentar a matéria de facto, e seguidamente deve registar o que de mais relevante deles colheu, de forma comprimida mas suficientemente esclarecedora em termos de conteúdo (não sendo exigível, de resto, a exposição de todos os passos conducentes tendentes à motivação, transformando o processo oral em escrito) e, por fim, deve proceder racionalmente à **valoração global dessa prova** de acordo com regras de experiência comum. Se assim fizer, cumpre o desiderato legal do exame crítico da prova, que é permitir que se acompanhe a evolução do pensamento decisório e ser convincente para um declaratário normal, colocado numa posição objetiva e desinteressada. O **exame crítico**, configura-se assim, como um limite, ou pelo menos como um enquadramento, ao princípio da livre apreciação da prova (art. 127º). O Juiz, está vinculado às **regras do direito probatório**, às **regras de natureza científica** e às **regras de experiência comum**. Só sem violação deste complexo de regras, é que se realiza o princípio da livre apreciação da prova (v. notas ao art. 127º).

A fundamentação ou motivação deve ser tal que, intraprocessualmente, permita aos sujeitos processuais e ao tribunal superior o exame do processo lógico ou racional que lhe subjaz, pela via do recurso (Marques Ferreira, *in* Jornadas de Direito Processual Penal, o novo C.P.P., págs. 229/230).

O art. 374º, nº 2, do CPP não exige a explicitação e valoração de cada meio de prova perante cada facto, mas tão-só uma exposição concisa dos motivos de facto e de direito que fundamentaram a decisão, com indicação das provas que serviram para formar a convicção do tribunal, não impondo a lei a menção das inferências indutivas levadas a cabo pelo tribunal ou dos critérios de valoração das provas e contraprovas (Ac. STJ de 09.01.1997, *in* CJ-V-I-172).

A motivação existirá, e será suficiente, sempre que com ela se consiga conhecer as razões do decisor. É evidente que o dever de fundamentação da decisão começa, e acaba, nos precisos termos que são exigidos pela exigência de tornar clara a lógica de raciocínio que foi seguida. Não conforma tal conceito uma obrigação de explanação de todas as possibilidades teóricas de conceptualizar a forma como se desenrolou a dinâmica dos factos em determinada situação e muito menos de equacionar todas as perplexidades que assaltam a cada um dos intervenientes processuais, no caso o arguido, perante os factos provados (Ac. STJ de 23.02.2011, *in* www.dgsi.pt).

I. A fundamentação a que se refere o art. 374º, nº 2, do CPP, não tem de ser distinta pura cada um dos arguidos, nem tem de ser uma espécie de assentada em que o tribunal reproduza os depoimentos das testemunhas ouvidas, ainda que de forma sintética, sob pena de violar o princípio da oralidade que rege o julgamento feito pelo tribunal colectivo de juízes. II. Não dizendo a lei em que consiste o exame crítico das provas, esse exame tem de ser aferido com critérios de razoabilidade, sendo fundamental que permita avaliar cabalmente o porquê da decisão e o processo lógico-formal que serviu de suporte ao respectivo conteúdo (Ac. STJ de 12.04.2000, *in* procº 141/2000-3ª secção).

X – O exame, como a semântica consigna, é a constatação, pelo tribunal, das provas. A crítica é a afirmação da sua credibilidade ou incredibilidade, ou seja, em derradeira operação valorativa, a afirmação das provas que lhe merecem aceitação e das que lhe merecem rejeição, a razão por que umas são elegíveis e outras não, os motivos substanciais por que relevaram ou obtiveram credibilidade no espírito do julgador (cf. Lopes do Rego, Comentário ao Código de Processo Civil, pág. 434), para que o arguido saiba em que provas e razões assentou a condenação, controlando-as. XI – Não ocorre falta de exame crítico das provas se o tribunal, na sua longa fundamentação, indicou as provas produzidas, criticou-as, disse o porquê da valia de umas e descredenciou outras, compreendendo-se, da feitura da fundamentação decisória, o iter lógico e racional trilhado pelo colectivo, de modo a poder afirmar-se que a condenação procede de uma apreciação correcta das provas, apresentando-se como uma peça coerente, fundada, convincente e à margem do arbítrio, não enfermando de contradições ou lacunas de pensamento, não violadora das regras da experiência e do bom senso, capaz de se impor quer aos sujeitos processuais quer à comunidade mais vasta dos cidadãos, seus destinatários (Ac. STJ de 28.02.2007, procº 3636/06-3, *in* www.dgsi.pt).

Entre nós prevalece uma cultura da escrita e do papel decorrente da lei, mas também enraizada nas rotinas e cultura judiciária. Esta é uma cultura difícil de transpor, com ganhos de eficiência e de qualidade, para a tramitação telemática dos processos. Aliás, neste campo, as novas tecnologias, facilitando a escrita, têm um efeito perverso, levando a que as peças processuais, os despachos e as sentenças dos juízes tendam a ser cada vez mais extensas, o que, apenas por esse facto, dificulta a sua leitura telemática. No caso específico das sentenças, apesar de as leis processuais, quer no processo cível, quer no processo-crime, preverem um reforço da oralidade, com a produção oral da sentença ditada para a acta, em regra, as sentenças, mesmo nas formas mais simples de processo, apresentam uma extensa fundamentação, organizadas nos mesmos itens previstos para os casos mais complexos, de maior valor ou de criminalidade mais grave. Sublinhe-se que a mudança cultural que se preconiza não pode ser olhada apenas como um encargo dos juízes e funcionários judiciais, mas de toda a comunidade judicial (advogados, e, sobretudo, dos órgãos de gestão das profissões forenses). O desempenho funcional dos advogados, com requerimentos ou recursos de carácter instrumental para atrasar ou dificultar o processo, incentiva àquele procedimento (Conceição Gomes, *in* Os atrasos da Justiça, pág. 99, Edit. Fundação Francisco Manuel dos Santos).

Matéria de facto e exame critico. Não deve confundir-se, como é habitual, falta de fundamentação e exame crítico da prova, com a forma como o tribunal fixou a matéria de facto. Na realidade, são coisas distintas, tanto quanto o são, as premissas e as conclusões. A fixação da matéria de facto **antecede** a fundamentação. Esta **precede** aquela. Logo, na perspetiva de um recurso, é necessário decidir se se quer impugnar a matéria de facto ou a fundamentação/exame crítico, que obriga a dois caminhos distintos (v. art. 410º e respetivas notas).

"embora a acusação limite o objecto do processo, fixando também, em consequência, os limites dos poderes de cognição do tribunal, tal não implica que o julgador fique prisioneiro da linguagem utilizada pelo MP na acusação, podendo aperfeiçoá-la e completá-la, desde que não acrescente ou altere factos, no sentido de novos factos (fora do quadro legal previsto nos arts. 358º e 359º do CPP)" (Ac. TRE de 08.11.2011, proc. 411/05.5TALGS.E1, *in* www.dgsi.pt).

"Não é, obviamente, exigível que os factos provados e não provados sejam ipsis verbis os da acusação ou da contestação" (Ac. TRG de 17.05.2010, proc. 248/07.7GAFLG.G1, *in* www.dgsi.pt).

Falta de exame crítico da prova. Nulidade: De acordo com o art. 379º-1-a) a falta de fundamentação e exame crítico da prova, na sentença, importa em **nulidade sanável**. Registe-se que é a única situação no processo penal, em que a falta de fundamentação origina uma nulidade. As demais, previstas em geral no art. 97º-5, originam simples irregularidades.

IV – Relativamente ao dolo, deverá notar-se que, sendo este um fenómeno da vida psíquica, não é passível de apreensão directa, mas sim de ilação a retirar das circunstâncias da infracção, sendo que, por isso, deveria ser claramente explicado por que é que, apesar de todo o circunstancialismo provado apontar no sentido de uma actuação dolosa, o Tribunal a quo concluiu em sentido contrário. V – Esta omissão não permite a este Tribunal sindicar a correcção da formação da convicção do tribunal a quo, o que torna a sentença nula, nos termos do art. 379º, nº 1, al. a), do C.P.P. VI – Como vem sendo decidido pela jurisprudência, a nulidade da sentença não impõe necessariamente, o reenvio para novo julgamento, bastando-se com a sua reformulação nos termos indicados, pelo que competirá ao juiz que proferiu a sentença decidir se para suprir a apontada nulidade é preciso ou não repetir o julgamento ou se ainda está na posse dos elementos que lhe permitam reformular a sentença sem a tal ter de recorrer (Ac. TRG de 31.05.2004, proc. 4081/07-5, *in* www.dgsi.pt).

O dever de fundamentação e o princípio *in dubio pro reo*: O princípio *in dubio pro reo*, é um corolário do princípio constitucional da **presunção de inocência**, previsto no art. 32º-2 da CRP, quando diz que *«todo o arguido se presume inocente até ao trânsito em julgado da sentença»*. Não se ilidindo esta presunção em julgamento, porque ficaram **dúvidas** sobre a culpabilidade do arguido, prevalece a mesma, devendo o arguido ser absolvido. Digamos pois, que o campo operacional do princípio, é o da dúvida dos decisores. Quando assim acontece, deve o Juiz fundamentar a absolvição, nesta base dogmática.

"O dever de fundamentação da sentença considera-se cumprido com a exposição completa e concisa, dos motivos de facto e de direito que fundamentam a decisão, bem como com o exame crítico das provas que serviram para fundar a decisão, sendo que o exame crítico da prova, contempla a indicação dos meios de prova que serviram para formar a sua convicção, e os elementos que em razão das regras da experiência ou de critérios lógicos constituem o substrato racional que conduziu a que a convicção do Tribunal se formasse em determinado sentido, ou valorasse de determinada forma os diversos meios de prova apresentados em audiência. O Supremo Tribunal de Justiça só pode avaliar a aplicação do princípio in dubio pro reo feita pela Relação quando da decisão recorrida resulta que o Tribunal a quo ficou na dúvida em relação a qualquer facto e que, nesse estado de dúvida, decidiu contra o arguido." (Ac. STJ de 11.11.2004, *in* proc. 04P3182).

"Com efeito, o princípio "in dubio pro reo", não significa dar relevância às dúvidas que as partes encontram na decisão ou na sua interpretação da factualidade descrita e revelada nos autos. Este princípio é uma imposição dirigida ao juiz no sentido de este se pronunciar de forma favorável ao réu, quando não houver a certeza sobre os factos decisivos para a solução da causa. Mas daqui não resulta que, tendo havido versões díspares e até contraditórias sobre factos relevantes, o arguido deva ser absolvido em obediência a tal princípio. A violação deste princípio pressupõe um estado de dúvida no espírito do julgador, só podendo ser afirmada, quando, do texto da decisão recorrida, decorrer, por forma evidente, que o tribunal, na dúvida, optou por decidir contra o arguido – ac. STJ de 24-3-99 CJ-STJ, tomo l, pág. 247.(...)

"É à luz deste princípio de investigação que recai sobre o juiz que pode acontecer que, pese embora a busca de todos os factos relevantes, (quer sobre o facto criminoso, quer sobre

a personalidade do arguido, quer quanto à pena) para a decisão, o juiz não consiga ultrapassar a dúvida razoável de modo a considerar o facto como provado, com a certeza que se exige para tal; desta forma e porque não pode haver non liquet tem de valorar o facto a favor do arguido. Esta dúvida a favor do arguido, é consequente do princípio da presunção da inocência. Ora, a dúvida do julgador tem de ficar expressa na decisão; o juiz terá de expressar que não logrou esclarecer, em todas as suas particularidades juridicamente relevantes um dado substrato de facto (F. Dias, ob. cit, 150); não já quando o juiz se convence de uma comprovação alternativa dos factos e pode encontrar um enquadramento factual num quadro constitucional e processual jurídico – penalmente aceite. Ora, a dúvida reconverte-se na questão da formação da convicção." (Ac. TRP de 24.3.2004, *in* www.dgsi.pt.).

Coisa ou objetos declarados perdidos a favor do estado: Transitada a sentença, devem tais coisas ou objetos serem entregues ao M.P. para lhes dar destino ou existindo lei própria, serem remetidos à entidade competente para as receber. Será o caso de bens com interesse histórico ou operacional, a entregar ao OPC, como viaturas, barcos, computadores, etc... (v. lista de bens no art. 2 do D.L. 11/2007, de 19/01).

Referências: art. 97º (atos decisórios); art. 127º (livre apreciação da prova); arts. 379º e 414º-4 (nulidades da sentença e forma de suprimento das nulidades); L. 5/2008, de 12.02 (base de dados de perfis de ADN); arts. 109º a 111º do C.P. (perda de instrumentos produtos e vantagens); arts. 7º e 9º da L. 5/2012, de 11.01 (perda alargada de bens a favor do Estado em crimes tipificados – **Nota:** O Ac. 392/2015, do T.C. de 23.09, considerou estas normas da L.5/2012, não inconstitucionais).

Artigo 375º – Sentença condenatória

1. A sentença condenatória especifica os fundamentos que presidiram à escolha e à medida da sanção aplicada, indicando, nomeadamente, se for caso disso, o início e o regime do seu cumprimento, outros deveres que ao condenado sejam impostos e a sua duração, bem como o plano individual de readaptação social.

2. Após a leitura da sentença condenatória, o presidente, quando o julgar conveniente, dirige ao arguido breve alocução, exortando-o a corrigir-se.

3. Para efeito do disposto neste Código, considera-se também sentença condenatória a que tiver decretado dispensa da pena.

4. Sempre que necessário, o tribunal procede ao reexame da situação do arguido, sujeitando-o às medidas de coacção admissíveis e adequadas às exigências cautelares que o caso requerer.

COMENTÁRIOS:

Noção de sentença condenatória: Os requisitos gerais da sentença (condenatória ou absolutória) estão enumerados no art. 374º. Aqui trata-se dos requisitos especiais da **sentença condenatória**, que será aquela que aplica qualquer pena, seja de prisão ou multa, ou medida de segurança, ou condenações especiais, como prisão em regime de permanência na habitação (art. 44º do C.P.) ou por dias livres (art. 45º do C.P.) ou semidetenção (art. 46º do C.P.) ou multa substituída por trabalho (art. 48º do C.P.) ou suspensão da execução da pena (art. 50º) ou sujeição a plano de reinserção social (art. 54º do C.P.) que exigem uma descrição mais elaborada das condições do seu cumprimento. Inclui-se neste item a dispensa de pena, por força do nº 3. As medidas de segurança, aplicadas a inimputáveis, seguem também este regime, por força do art. 376º-3.

Jurisprudência uniformizadora: Ac. do STJ de Fixação de Jurisprudência nº 9/2011, de 20.10.2011, *in* D.R. de 23.11.2011: *«Verificada a condição do segmento final do artigo 80º, nº 1, do Código Penal – de o facto por que o arguido for condenado em pena de prisão num processo ser anterior à decisão final de outro processo, no âmbito do qual o arguido foi sujeito a detenção, a prisão preventiva ou a obrigação de permanência na habitação, – o desconto dessas medidas no cumprimento da pena deve ser ordenado sem aguardar que, no processo no âmbito do qual as medidas foram aplicadas, seja proferida decisão final ou esta se torne definitiva».*

Dispensa de pena: A dispensa de pena, não deixa de traduzir um juízo de culpa do arguido e corresponder a uma sentença condenatória (art. 375º-3) a figurar no registo criminal do arguido [art. 6º-c) da L. 37/2015, de 05.05].

Alocução: A alocução, é uma **exortação** dirigida ao arguido, no sentido de o fazer interiorizar a sua culpa e de o incentivar a procurar os caminhos da legalidade. Trata-se de um procedimento, que não é obrigatório, cuja utilidade depende do circunstancialismo em que se tiver desenvolvido o julgamento e da capacidade ressocializadora que for pressentida no arguido.

Publicidade da sentença condenatória: Nalguns casos de injúrias ou difamação (v. art. 189º do C.P.) prevê-se a publicidade da sentença condenatória.

Reexame da situação do arguido: O nº 4 é uma disposição redundante que repete os arts. 212º e 213º, que contêm o regime geral de fiscalização das medidas de coação.

Referências: art. 95º-4 (obrigatoriedade das penas e montantes indemnizatórios serem escritos por extenso); art. 333º (notificação ao arguido ausente em julgamento); art. 377º (decisão sobre o pedido de indemnização civil); art. 628º do C.P.C. (noção de trânsito em julgado); art. 623º do C.P.C. (oponibilidade a terceiros de decisão penal condenatória em processo civil).

Artigo 376º – Sentença absolutória

1. A sentença absolutória declara a extinção de qualquer medida de coacção e ordena a imediata libertação do arguido preso preventivamente, salvo se ele dever continuar preso por outro motivo ou sofrer medida de segurança de internamento.

2. A sentença absolutória condena o assistente em custas, nos termos previstos neste Código e no Regulamento das Custas Processuais.

3. Se o crime tiver sido cometido por inimputável, a sentença é absolutória; mas se nela for aplicada medida de segurança, vale como sentença condenatória para efeitos do disposto no nº 1 do artigo anterior e de recurso do arguido.

(Última redação do D.L. 34/2008, de 26.02)

COMENTÁRIOS:

Sentença absolutória: Os requisitos gerais da sentença (condenatória ou absolutória) estão enumerados no art. 374º. Esta norma trata sobretudo dos efeitos imediatos da sentença absolutória, que alem de declarar a **absolvição** do arguido, deve declarar cessadas todas as **medidas coativas** que lhe foram impostas naquele processo, designadamente a prisão preventiva (exceto se dever continuar preso à ordem de outro processo, para o qual transitará). Expressamente refere que os **inimputáveis**, nunca são "condenados", porque são incapazes de culpa (v. arts. 19º e 20º do C.P.). Todavia pode ser-lhes aplicada **medida de internamento** (se forem considerados socialmente perigosos – v. arts. 91º a 98º do C.P.) caso em que a decisão "vale" como sentença condenatória (tendo de ser formalmente elaborada nos termos do nº 1 do art. 375º, estando sujeita a registo criminal) e é passível de **recurso**. Por fim, deslocadamente, define o procedimento em **matéria tributável**, determinando a condenação do eventual **assistente** em custas (matéria regulada no art. 515º).

Registe-se que a absolvição pode resultar de **não se ter provado** a culpa do arguido (que é o caso habitual) ou de se ter **provado** a sua inocência. São duas conclusões diferentes e com impactos distintos.

Jurisprudência uniformizadora: Ac. do STJ de Fixação de Jurisprudência nº 5/2011, de 09.02.2011, *in* D.R. de 11.03.2011: *«Em processo por crime público ou semipúblico, o assistente que não deduziu acusação autónoma nem aderiu à acusação pública pode recorrer da decisão de não pronuncia, em instrução requerida pelo arguido, e da sentença absolutória, mesmo não havendo recurso do Ministério Público».*

No direito processual penal brasileiro, admite-se a possibilidade de o absolvido poder recorrer da decisão absolutória, quando a mesma seja fundamentada na ausência de provas. (...) A sentença absolutória, fundamentada em ausência de provas, pode gerar graves prejuízos ao reu, tanto económicos como morais e sociais (*in* CPP dos Mag. M.P. do Dist. Judic. do Porto).

(...) *opondo-se o arguido à continuação do julgamento pelos novos factos, o tribunal pode proferir decisão de absolvição da instância quanto aos factos constantes da acusação, determinando a comunicação ao Ministério Público para que este proceda pela totalidade dos factos* (Ac. TC nº 237/2007, *in* www.dgsi.pt). **Nota:** refere-se à situação prevista no art. 359º.

Caso julgado: A sentença absolutória forma **caso julgado**, não podendo o arguido absolvido voltar a ser julgado nesse ou noutro processo, pelos mesmos factos, em obediência ao comando constitucional do art. 29º-5 da C.R.P. (*princípio non bis in idem*). Mas a identidade dos factos nem sempre é fácil de constatar, gravitando a discussão em torno da **historicidade do facto** e a sua **dimensão espácio-temporal**. Adensa-se a complexidade do tema, nos casos em que os crimes a analisar se encontram entre si, submetidos a relações especiais de **concurso ideal** ou nos casos de **crime continuado** (v. art. 30º do C.P.).

O conteúdo material do idem da garantia constitucional, consubstancia-se num conceito histórico do facto que se identifica com o facto histórico submetido ao tribunal na acusação, ou no despacho de pronuncia, sendo irrelevante a qualificação jurídica (P.P. Albuquerque, *in* Comentário do CPP).

Notificação do arguido absolvido: Muitas vezes acontece não ser possível notificar o arguido da decisão absolutória. Nos casos de absolvição, o **recurso** pelo arguido, não é possível, atenta a **falta de interesse em agir** [v. art. 401º-1-b)]. Nestes casos, s.m.o., não tem aplicação o art. 333º-5-6 (que visa apenas e só a possibilidade recurso pelo arguido) pelo que a notificação prevista no **art. 373º-3**, na pessoa do seu defensor, mostra-se eficaz para efeitos de trânsito e arquivamento dos autos.

Referências: art. 377º (decisão sobre o pedido de indemnização civil); art. 624º do C.P.C. (eficácia da decisão penal absolutória em processo civil); arts. 1º e 126º a 132º da L. 115/2009, de 12.10 – Código de Execução de Penas (inimputáveis).

Artigo 377º – Decisão sobre o pedido de indemnização civil

1. A sentença, ainda que absolutória, condena o arguido em indemnização civil sempre que o pedido respectivo vier a revelar-se fundado, sem prejuízo do disposto no nº 3 do artigo 82º

2. Se o responsável civil tiver intervindo no processo penal, a condenação em indemnização civil é proferida contra ele ou contra ele e o arguido solidariamente, sempre que a sua responsabilidade vier a ser reconhecida.

3. Havendo condenação no que respeita ao pedido de indemnização civil, é o demandado condenado a pagar as custas suportadas pelo demandante nesta qualidade e, caso cumule, na qualidade de assistente.

4. Havendo absolvição no que respeita ao pedido de indemnização civil, é o demandante condenado em custas nos termos previstos no Regulamento das Custas Processuais.

(Última redação do D.L. 34/2008, de 26.02)

COMENTÁRIOS:

Indemnização civil: O regime da responsabilidade civil emergente da prática de crimes, encontra-se nos **arts. 71º a 84º**. De acordo com ele, é possível deduzir-se pedido de indemnização cível em processo-crime (seguindo os pressupostos e regras de determinação da danos a indemnizar, previstos no art. 483º do C.C.) desde que a **causa de pedir assente nos mesmos factos da ação penal**, embora o pedido cível funcione **autonomamente** do "pedido" criminal, pelo que pode haver absolvição penal e condenação cível, verificada que seja a subsistência desta responsabilidade. Tudo sem prejuízo de a decisão sobre a indemnização ser **remetida** para os meios cíveis, quando a mesma se revelar de complexidade elevada ou afetar a celeridade do julgamento, ou de remessa para os mesmos meios comuns para **liquidação em execução de sen-**

tença, quando o *quantum* indemnizatório se revelar de difícil apuramento na jurisdição penal (v. art. 82º). Pode ainda haver lugar a indemnização **oficiosamente** fixada pelos prejuízos sofridos pela vítima, nas circunstâncias particulares de **vítimas especialmente vulneráveis**, como prevê o art. 82º-A e o art. 16º-2 da L. 130/2015, de 04.09 (estatuto da vítima).

Jurisprudência uniformizadora: Ac. do STJ de Fixação de Jurisprudência nº 7/1999, de 17.06.1999, *in* DR de 03.08.1999: *«Se em processo penal for deduzido pedido cível, tendo o mesmo por fundamento um facto ilícito criminal, verificando-se o caso previsto no artigo 377º, nº 1, do Código de Processo Penal, ou seja, a absolvição do arguido, este só poderá ser condenado em indemnização civil se o pedido se fundar em responsabilidade extracontratual ou aquiliana, com exclusão da responsabilidade civil contratual».* **Nota:** V. notas ao art. 71º, sobre os regimes da responsabilidade extracontratual e contratual.

(...) em caso de absolvição do crime, o juiz só condenará o demandado em indemnização civil, nos termos do art. 377º, nº 1, do CPP, se estiver em causa uma situação de responsabilidade civil extracontratual, e não quando o caso configurar uma situação de responsabilidade civil contratual (Ac. TRP de 12.03.2008, proc. 0716438, *in* www.gde.mj.pt).

Jurisprudência uniformizadora: Ac. do STJ de Fixação de Jurisprudência nº 3/2002, de 17.01.2002, *in* DR de 05.03.2002: *«Extinto o procedimento criminal, por prescrição, depois de proferido o despacho a que se refere o artigo 311º do Código de Processo Penal mas antes de realizado o julgamento, o processo em que tiver sido deduzido pedido de indemnização civil prossegue para conhecimento deste».*

Nulidade: A sentença que não conhecer do pedido de indemnização civil, quer haja condenação ou absolvição do crime, é **nula** nos termos dos arts. 377º-1, 379º-c) e 374º-3-b)

Referências: art. 71º (princípio da adesão); art. 515º (responsabilidade do assistente pelas custas); art. 523º (custas no pedido cível).

Leis avulsas reguladoras do direito a indemnização: Estatuto da vítima – L. 130/2015, de 04.09, arts. 11º-1-g) e 16º; Vítimas de violência conjugal – L. 112/2009, de 16.09; Vítimas de crimes violentos e de violência doméstica – L. 104/2009, de 14.09 e Dec. Reg. de 4/93, de 22.02; Segurança Social – D.L. 59/89, de 22.02.

Artigo 378º – Publicação de sentença absolutória

1. Quando o considerar justificado, o tribunal ordena no dispositivo a publicação integral ou por extracto da sentença absolutória em jornal indicado pelo arguido, desde que este o requeira até ao encerramento da audiência e haja assistente constituído no processo.

2. As despesas correm a cargo do assistente e valem como custas.

COMENTÁRIOS:

Publicação da sentença absolutória: Trata-se de uma espécie de **sanção** aplicada ao **assistente** (face a uma sentença absolutória num processo por ele promovido) sujeita a uma dupla condição; a de que o **arguido** a requeira até ao encerramento da audiência e o tribunal a considere **justificada**. Só será justificado, tratando-se de situações que envolvem alguma exposição pública ou mediática (v. em sentido inverso, quanto a sentenças condenatórias, arts. 90º-M e art. 189º do C.P.); (v. Lei de Imprensa – L. 2/99, de 03.01).

Artigo 379º – Nulidade da sentença

1. É nula a sentença:

a) Que não contiver as menções referidas no nº 2 e na alínea *b*) do nº 3 do artigo 374º ou, em processo sumário ou abreviado, não contiver a decisão condenatória ou absolutória ou as menções referidas nas alíneas *a*) a *d*) do nº 1 do artigo 389º-A e 391º-F;

b) Que condenar por factos diversos dos descritos na acusação ou na pronúncia, se a houver, fora dos casos e das condições previstos nos artigos 358º e 359º;

c) Quando o tribunal deixe de pronunciar-se sobre questões que devesse apreciar ou conheça de questões de que não podia tomar conhecimento.

2. As nulidades da sentença devem ser arguidas ou conhecidas em recurso, devendo o tribunal supri-las, aplicando-se, com as necessárias adaptações, o disposto no nº 4 do artigo 414º

3. Se, em consequência de nulidade de sentença conhecida em recurso, tiver de ser proferida nova decisão no tribunal recorrido, o recurso que desta venha a ser interposto é sempre distribuído ao mesmo relator, exceto em caso de impossibilidade.

(Última redação da L. 20/2013, de 20.02.)

COMENTÁRIOS:

Regime das nulidades da sentença: Esta norma (especialmente polémica no seu todo) trata das **nulidades da sentença**, que resultam de três tipos de vícios **taxativamente** enunciados: **(1)** nulidades resultantes da violação de alguns dos **requisitos** da sentença, concretamente falta das menções obrigatórias ou da parte decisória; **(2)** nulidades que decorram do não respeito na sentença do **objeto** do processo; **(3)** nulidades que decorram da **omissão ou excesso de pronúncia** na sentença.

Estas nulidades, porque visam a sentença, enquanto decisão final, segundo alguma jurisprudência, só podem ser arguidas em **recurso** e não em **requerimento autónomo** (vulgarmente chamado de "requerimento de arguição de nulidades"). Salvo melhor opinião, interpretando a lei em função de princípios de economia e celeridade, sendo admissível recurso, é obrigatório, que a "arguição de nulidades" se faça no contexto do recurso. Mas não sendo legalmente possível o recurso, não há razão para que a "arguição de nulidades" se não processe em requerimento autónomo.

Alínea a): Violação dos requisitos da sentença. Menções obrigatórias: O art. 374º, descreve os requisitos da sentença, entre eles o dever de equacionar os **factos provados e não provados** e de **fundamentar** criticamente a seleção e de terminar com a formalização igualmente fundamentada da **decisão** [v. nº 2 e 3-b)], sendo nula a sentença que não cumprir este importante comando, que tem base constitucional (art. 205º-1 da CRP). *Mutatis mutandis*, para o processo sumário (v. art. 389º-A) e para o processo abreviado [v. art. 391º-f)].

"É igualmente de conhecimento oficioso a nulidade de sentença a que se refere o MP na sua resposta em 1ª instância (art. 379º, nº 1, alínea a), CPP), pelo que cumpre apreciar a mesma. Na verdade, como pode ler-se no Ac. RP de 30.03.05, «não restam dúvidas que as nulidades de sentença enumeradas no nº 1 desse artigo são oficiosamente cognoscíveis, uma vez que têm regime próprio e diferenciado do regime geral das nulidades dos restantes actos processuais, estabelecendo-se no nº 2 do mesmo que as nulidades da sentença devem ser arguidas ou conhecidas em recurso (cfr. Acórdão do STJ de 31-05--2001, SASTJ, nº 51, 97, citado por Maia Gonçalves, in Código de Processo Penal Anotado e Comentado, 13ª Edição, 2002, pág. 749). Ao alterar a redacção do nº 2 do art. 379º, a Lei 59/98, de 25 de Agosto, terá pretendido deixar claro o entendimento do legislador em duas matérias que tinham dividido a jurisprudência: a possibilidade de arguição da nulidade de sentença na motivação de recurso (tal como entendera o Acórdão do STJ para Fixação de Jurisprudência nº 1/94, de 2.12.93, DR I-A de 11.02.94) e o conhecimento oficioso da nulidade, ou seja, o seu conhecimento em recurso mesmo que não arguida (pois só assim constitui uma verdadeira alternativa – arguidas ou conhecidas

em recurso), contrariamente ao entendimento que obteve vencimento no Acórdão do STJ para Fixação de Jurisprudência de 6 de Maio de 1992, DR I-A de 6.08.92, o qual caducou por efeito da referida Lei 59/98." (Ac. TRE de 13.03.2007, proc. 2453/06, *in* www.dgsi.pt)

Alínea b): Não respeito na sentença do objeto do processo: O objeto do processo, que mais não é do que o **objeto da acusação**, traça os limites da atividade cognitiva do tribunal, em termos de vinculação temática, sem prejuízo dos normativos que regulam a alteração de factos e qualificação jurídica (v. regime nos arts. 358º e 359º) pelo que, violados tais limites, a sentença é **nula**.

Por exemplo, invocado na contestação uma situação de legitima defesa, ou de prescrição do procedimento criminal, ou deduzido pedido de indemnização civil, o tribunal terá sempre de se pronunciar sobre a questão colocada. Igualmente se durante a discussão em julgamento, surgirem factos novos, que sejam obviamente relevantes para a decisão e apenas se o forem. Não contam factos meramente colaterais.

II – O Tribunal aplicou, assim, tal medida de segurança (pena acessória de proibição de conduzir) *sem que ela constasse da acusação ou tenha sido requerida, e sem o menor exercício do contraditório exigido pelo citado art. 359º do CPP, pelo que a respectiva sentença está ferida da nulidade a que se refere o art. 379º, nº 1, alínea b), do CPP. III – Nos termos do disposto no nº 2 do art. 379º do CPP, a partir da redacção introduzida pela Lei nº 59/98, de 25 de Agosto, a referida nulidade é de conhecimento oficioso* (Ac. TRL de 06.02.2008, proc. 7223/07-3, *in* www.dgsi.pt).

Alínea c): As nulidades que decorram da omissão ou excesso de pronúncia na sentença: O tribunal tem de se pronunciar sobre todas as questões relevantes para uma justa decisão. Tais questões, só podem ser as que lhe sejam expressamente **colocadas pelos intervenientes** e as que sejam de **conhecimento oficioso,** nisto constituindo o ***thema decidendum*** e por outro lado terão de ser questões **relevantes** com incidência ou impacto direto na decisão. Podem ser questões de facto ou de direito. Se o tribunal não se pronunciar sobre tais questões, estamos perante **omissão de pronúncia**; pronunciando-se para além disso, estamos perante **excesso de pronúncia**, sendo **nula** a sentença (com possibilidade de reparação da mesma – v. nº 3). Mister é que as questões tenham **incidência positiva ou negativa na decisão** tomada. Não deve confundir-se o ***thema decidendum,*** com argumentos, opiniões, impressões, motivos, teorias ou doutrinas expendidos pelos interessados na apresentação das respetivas posições. Esta diferença entre o concreto e o subjetivo, é um equilíbrio difícil de alcançar. O erro de omissão de pronúncia, pode ser causal do erro-vicio de "insuficiência da matéria de facto considerada provada para a decisão", previsto no art. 410º-1-a) (v. noção indireta de omissão de pronúncia, no art. 608º-2 do CPC, *ex vi*, art. 4º do CPP).

Desde já se consigna que o Tribunal de recurso não tem de analisar todos os argumentos aduzidos pelos arguidos (vd., v.g. Ac. do STJ de 02.03.2006, Proc. nº 461/06-5, Relator: Cons. Simas Santos). Cumpre referir que é também entendimento pacífico que o termo "questões" a quer se refere o art. 379º, nº 1, alínea c) do Código de Processo Penal, não abrange os argumentos, motivos ou razões jurídicas invocadas pelas partes, antes se reportando às pretensões deduzidas ou aos elementos integradores do pedido e da causa de pedir, ou seja, entende-se por "questões" a resolver, as concretas controvérsias centrais a dirimir (...) "quando as partes põem ao tribunal determinada questão, socorrem--se, a cada passo, de várias razões ou fundamentos para fazer valer o seu ponto de vista. O que importa é que o tribunal decida a questão posta, não lhe incumbindo apreciar todos os fundamentos ou razões em que as partes se apoiam para sustentar a sua pretensão" (Acórdão do S.TJ. de 5 de Maio de 2011, in www.dgsi.pt) (Ac. TRL de 29.05.2014, *in* proc. 147/12.0GAMFR-.L1-9ª secção).

Ora, a nulidade decorrente de omissão de pronúncia, aludida na al. c) do nº 1 do art. 379º, C.P.P. pressupõe que devem constar da sentença todos os factos submetidos a apreciação do tribunal e sobre os quais a decisão terá de incidir, isto é, os constantes da acusação e da contestação que sejam substanciais, quer instrumentais ou acidentais, bem como os não substanciais que resultem da discussão da causa e sejam relevantes para a decisão e também os substanciais que resultarem da discussão, quando aceites nos termos do art. 359º, 2, – Germano Marques da Silva, Curso de Processo Penal, Vol. III, 1994, pág. 288. Tal exigência destina-se a permitir que a decisão, em processo penal, demonstre que o tribunal considerou especificadamente toda a matéria de prova que foi trazida à apreciação e que tem relevo para a decisão, por ter sido incluída na acusação ou na pronúncia e na contestação – A. A. Tolda Pinto, A Tramitação Processual Penal, 2ª ed., pág. 953 (v. tb. os Acs. STJ, de 5-6-91, C.J. S, XVI, 3, pág. 29; e de 18-12-97, BMJ, 477, pág. 185), satisfazendo não apenas a necessidade de explicitar e convencer a comunidade em geral e os sujeitos processuais em particular da bondade da decisão, e bem assim permitir uma eficaz sindicância daquelas por parte dos tribunais superiores (Ac. TRL de 25.06.2013, proc. 120/12.9PASNT.L1).

I. Quando o tribunal não dá como provados ou não provados factos relevantes alegados na acusação, no pedido cível ou na contestação, o vício de que padece é o de nulidade por omissão de pronúncia (art. 379º/1-c) do CPP) e não o de insuficiência para a decisão da matéria de facto provada (art. 410º/2-a) do CPP); II – O vício de nulidade por omissão de pronúncia (art. 379º/1-c) do CPP), como os outros dois previstos nas alíneas a) e b) do mesmo número, podem ser sanadas pelos tribunais que as proferiram, nos termos do nº 2 do mesmo artigo, mas não pelo tribunal de recurso (Ac. TRL de 10.01.2013, proc. 905/05.2JFLSB.L1-9, *in* www.dgsi.pt).

"a omissão de pronúncia só se verifica quando o juiz deixa de se pronunciar sobre questões que lhe foram submetidas pelas partes ou de que deva conhecer oficiosamente, entendendo-se por questões os problemas concretos a decidir e não os simples argumentos, opiniões ou doutrinas expendidas pelas partes na defesa das teses em presença. E não tem que se pronunciar sobre questões que ficam prejudicadas pela solução que deu a outra questão que apreciou" (Ac. TRG de 01.02.2010, *in* proc. 21/06.0GAFLG.-G1).

A afirmação genérica, vazia de qualquer argumentação substancial, traduz-se numa omissão de pronúncia sobre a questão concreta que era proposta. Na verdade, como se refere em Acórdão deste Supremo Tribunal de 16 de Setembro de 2008, a omissão de pronúncia constitui uma patologia da decisão que consiste numa incompletude [ou num excesso] da decisão, analisado por referência aos deveres de pronúncia e decisão que decorrem dos termos das questões suscitadas e da formulação do objeto da decisão e das respostas que a decisão fornece (Ac. STJ de 10.12.009, proc. 22/07.0GACUB.E1.S1, *in* www.gde.mj.pt.).

I – A sentença recorrida omitiu a referência à eventual absolvição do arguido relativamente a uma das contra-ordenações imputadas e não se pronunciou sobre a aplicação da pena acessória de proibição de conduzir veículos motorizados apesar da referência que na acusação era feita a essa dita pena. II – Ou seja, a decisão recorrida não explicitou, ainda de forma concisa, os motivos de direito que levarão às opções mencionadas, deixando de pronunciar-se sobre questões que devia apreciar mormente no que toca à aplicação da pena acessória de proibição de conduzir veículos III – As nulidades da sentença são de conhecimento oficioso pelo que delas pode o Tribunal da Relação conhecer – ACST de 97/10/15, CJ 3-191 (Ac. TRL de 01.06.2000, proc. 2965/20-9, *in* www.dgsi.pt).

Nulidades da sentença; sanáveis ou insanáveis; de conhecimento oficioso ou não: O regime geral das nulidades está nos **arts. 118º a 122º**. Tais nulidades, podem ser **sanáveis** ou **insanáveis**. Se não constarem do elenco típico/taxativo do art. 119º e não estiverem previstas em outras disposições legais que as caracterizem como insanáveis, são **sanáveis**, convalidando-se, se não forem expressamente **arguidas,** nos termos do art. 121º. Nenhuma das nulidades previstas neste artigo, aparece como insanável no art. 119º, pelo que s.m.o., correto é considerar que são **sanáveis** e consequentemente dependentes de arguição; i.e., não podem ser apreciadas pelos tribunais se não forem arguidas (art. 120º-2). No sentido de que se trata de nulidades sanáveis, dependentes de arguição, já se pronunciou entre outros, Germano Marques da Silva, *in* em Curso de Processo Penal, vol. III, pág. 304.

Todavia adverte-se já, que há inconciliáveis divergências nesta matéria, na jurisprudência, basicamente porque a redação deste artigo, introduzida pela

L. 59/98, de 25.08 no seu número 2, diz que as nulidades da sentença, ***«devem ser arguidas ou conhecidas** em **recurso**»*, de onde resultaria a interpretação de que **só** poderiam ser arguidas em **recurso** (já não em "requerimento de arguição de nulidades", contrariando o Ac de Fix. Jurisp. infra) como também (face à conjunção alternativa **"ou"**) a obrigação do seu **conhecimento oficioso pelos Juízes**. Tratar-se-ia de um regime especial. É mais uma questiúncula, a que o legislador há muito deveria ter posto cobro.

Jurisprudência uniformizadora: Assento do STJ nº 9/1992, de 06.05.1992, *in* D.R. de 06.08.1992: *«Não é insanável a nulidade da alínea a) do artigo 379º do Código de Processo Penal de 1987, "consistente na falta de indicação, na sentença penal, das provas que serviram para formar a convicção tribunal, ordenada pelo artigo 374º, nº 2, parte final, do mesmo Código, por isso não lhe sendo aplicável a disciplina do corpo do artigo 119 daquele diploma legal»*. **Nota:** Este assento é considerado caduco pelo Ac. TRE de 13.03.2007 (supra citado), por entrada em vigor da alteração da L. 59/98 de 25.08.

Jurisprudência uniformizadora: Ac. do STJ de Fixação de Jurisprudência nº 1/94, de 02.12.93, *in* D.R. de 11.02.94: *«As nulidades de sentença enumeradas de forma taxativa nas alíneas a) e b) do artigo 379º do Código de Processo Penal não têm de ser arguidas, necessariamente, nos termos estabelecidos na alínea a) do nº 3 do artigo 120 do mesmo diploma processual, podendo sê-lo, ainda, em motivação de recurso para o tribunal superior»*. **Nota:** Na altura da prolação deste acórdão, o art. 120º não tinha a atual alínea c) nem o nº 2.

Como já se tem acentuado, há no pensamento legislativo que presidiu à feitura do Código o intuito de restringir as nulidades, cuja enumeração é taxativa. Assim, a sentença só será afectada de nulidade nos casos taxativamente previstos neste artigo ou em outras disposições da lei. E sucede ainda que, como as nulidades aqui previstas não estão enumeradas no art. 119º como nulidades insanáveis de conhecimento oficioso, para que sejam declaradas e produzam efeitos devem ser arguidas nos termos do art. 120º, nº 3. Fora dos casos aqui previstos, a omissão de qualquer outro requisito especificado no art. 374º pôde ser suprida pelo tribunal, nos termos do art. 380º, o mesmo sucedendo quanto à correcção de erros materiais, lapsos, obscuridades ou ambiguidades, desde que isso não implique qualquer modificação essencial (Maia Gonçalves, *in* CPP anotado).

É aqui que a jurisprudência se tem dividido, entendendo uma parte que tais vícios não são de conhecimento oficioso e uma outra, não menos importante, que os considera passíveis de ser conhecidos em recurso, mesmo que não alegados. No sentido do conhecimento oficioso das nulidades da sentença, vejam-se os Ac. desta Rela-

ção, de 29.9.2994, processo nº 0442419, relatado por António Gama (dgsi.pt) e da Relação de Coimbra, de 24.2.2004, processo nº 2701/04, relatado por João Trindade, entre muitos outros, ainda inéditos (sendo mesmo hoje a posição maioritária no Supremo Tribunal de Justiça). E tem razão de ser tal conclusão, desde logo em sede de interpretação hermenêutica: a norma explicíta taxativamente, que as nulidades da sentença devem ser arguidas ou conhecidas em recurso, argumento fundamental no sentido do seu conhecimento oficioso; de outra forma, o termo "conhecidas" não faria qualquer sentido, ao surgir depois do termo "arguidas". Propendemos, decididamente, para o conhecimento oficioso das nulidades da sentença, previstas no citado art. 379º do Código de Processo Penal (Ac. TRP de 25.03.2009, proc. 0740063, *in* www.dgsi.pt).

Assim, sendo a decisão irrecorrível ou não sendo interposto recurso, as nulidades podem ser arguidas perante o tribunal a quo no prazo geral (10 dias – artigo 105º, nº 1; para Maia Gonçalves, Código de Processo Penal anotado, 15ª ed., 2005, cit., pág. 752, aplica-se o artigo 309º, nº 2 – 8 dias); no caso de ser interposto recurso, as nulidades podem ser arguidas na própria motivação (neste caso ainda poderão ser supridas pelo tribunal recorrido desde que se verifique o condicionalismo do nº 4 do artigo 414º e apreciadas pelo tribunal de recurso. Em qualquer caso, para serem conhecidas têm sempre que ser arguidas (Vinício Ribeiro, *in* CPP, notas e comentários).

Resumindo, dir-se-á que o art. 379º, nº 2, contempla duas formas de arguição de nulidades da sentença – perante o tribunal que proferiu a decisão ou em sede de recurso – sendo o prazo de arguição, num caso e no outro, o prazo geral de interposição de recurso, mas se forem arguidas em sede de recurso apenas podem ser conhecidas pelo tribunal superior (*in*, CPP, Mag. do MP do Dist. Judic. do Porto).

Quando se diz que as nulidades da sentença devem ser arguidas ou conhecidas em recurso, pretende-se significar apenas que, sendo admissível recurso, não podem ser arguidas em requerimento autónomo perante o tribunal recorrido, nem por este conhecidas na apreciação de um tal requerimento. Estabelece-se tão-só um regime especial de arguição destas nulidades: sendo admissível recurso da decisão, têm de ser arguidas no recurso, embora aí possam ser conhecidas tanto pelo tribunal recorrido, no momento previsto no art. 414º, nº 4, como pelo tribunal de recurso. Um regime especial de arguição assente em razões de economia e celeridade processual. Mas, só são conhecidas se forem arguidas (Ac. TRP de 03.10.2007, proc. 0713447, *in* www.dgsi.pt).

As nulidades referidas, mesmo não alegadas, são oficiosamente cognoscíveis em recurso, visto que as nulidades de sentença enumeradas no art. 379º, nº 1, do CPP, têm regime próprio e diferenciado do regime geral das nulidades dos restantes actos processuais, estabelecendo-se no nº 2 do mesmo artigo que as nulidades da sentença devem ser arguidas ou conhecidas em recurso (Ac. STJ de 13.01.2010, proc. 274/08.9JASTB.L1.S1, *in* www.dgsi.pt).

O suprimento das nulidades: Levantadas as nulidades da sentença pelo recorrente, estas a existirem, ***"deve"*** (no direito, o termo "deve" é sinónimo de obrigação) o tribunal **supri-las**. Suprir, significa gramaticalmente, "juntar o que falta para completar", "substituir", "remediar", "prover" (*in*, Dicionário Editora da Língua Portuguesa). Logo, existe a obrigação legal de corrigir as nulidades da sentença. Mas, diz o nº 2, que se aplica o art. 414º-4, ***«com as necessárias adaptações»***. Ora, o art. 414º-4 admite a reparação da decisão recorrida pelo Juiz de 1ª instância, mas só quando **não se trate de decisão final**. No caso deste artigo a reparação é da sentença/decisão final, pelo que estamos num terreno minado, sendo certo que alguns autores consideram este poder inconstitucional. Se nenhuma dúvida temos que a reparação e supressão das nulidades é possível, em nome de princípios de eficácia e celeridade, nos casos em que os vícios são meramente **formais** (mas que estejam para alem das deficiências da sentença, previstos no art. 380º) já nos parece difícil que tal seja possível quando se trate de vícios **materiais**. A matéria é tão vasta e diversificada, que é impossível em meras notas dizer mais do que isto. Em todo o caso, reparado o recurso, nos termos desta norma, notificada a nova decisão, abre-se uma nova fase de recurso, para quem se sentir prejudicado com tal decisão. Registe-se que o relator no tribunal de recurso, fica adstrito ao processo, nos termos do nº 3.

Paralelamente às **nulidades específicas da sentença** aqui descritas, pode acontecer que a sentença seja nula por muitas outras razões, designadamente por se ter servido de **métodos proibidos de prova** (quer na modalidade de obtenção, quer de utilização dos mesmos) previstos no art. 126º, com os efeitos do art. 122º-1 (v. também art. 410º – fundamentos do recurso, vícios da sentença, nulidades invocáveis).

As nulidades da sentença são supríveis mas o seu suprimento compete ao tribunal que as tiver cometido e não ao tribunal de recurso (Ac. STJ de 31.05.2001, proc. 01P260, *in* www.dgsi.pt).

O tribunal de recurso tem o poder de "suprir" as nulidades da sentença. Mas este poder é muito reduzido na prática, porque ele só poderá ser exercido negativamente. Isto é, o tribunal de recurso só pode exercer o poder de suprir a nulidade nos casos em que o tribunal recorrido se tenha pronunciado sobre questões de que não podia conhecer (nulidade da 2ª parte da alínea c) do nº 1). Neste caso, o tribunal superior exerce o seu poder de suprimento da nulidade simplesmente declarando suprimida na sentença recorrida a parte atinente à questão que não deveria ter sido conhecida. Em todos os outros casos, o tribunal de recurso não pode exercer o seu poder de suprimento, pois esse exercício corresponderia à supressão de um grau de jurisdição. A sentença deve ser anulada e os autos devem baixar ao tribunal a quo para que nele se proceda à elaboração de nova sentença.

completando-se a sentença com as "menções" em falta (nulidade da alínea a) do nº 1) ou conhecendo-se nela das "questões" que o tribunal deveria ter apreciado (nulidade da 1ª parte da alínea c) do nº 1). Não deve, pois, nestes casos anular-se o próprio julgamento (acórdão do STJ de 31.5.2001, in SASTJ, 51, 97) (P. P. Albuquerque, *in* Comentário do CPP).

Nova decisão: O nº 3, obedecendo a **princípios de eficácia e celeridade**, consagra que no caso de recurso sucessivo, deve este ser distribuído ao mesmo relator no tribunal *ad quem,* exceto se tal se revelar impossível (pode ser impossível, por exemplo, se o relator já não pertencer aos quadros do tribunal).

Referências: arts. 118º a 123º (nulidades e irregularidades); art. 380º (correção da sentença); art. 410º (fundamentos do recurso); art. 425º-4 (acórdãos proferidos em recurso); art. 426º-A (competência para o julgamento); arts. 613º e segs. do CPC (v. no sentido da possibilidade de reparação da sentença).

Artigo 380º – Correcção da sentença

1. O tribunal procede, oficiosamente ou a requerimento, à correcção da sentença quando:

a) Fora dos casos previstos no artigo anterior, não tiver sido observado ou não tiver sido integralmente observado o disposto no artigo 374º;

b) A sentença contiver erro, lapso, obscuridade ou ambiguidade cuja eliminação não importe modificação essencial.

2. Se já tiver subido recurso da sentença, a correcção é feita, quando possível, pelo tribunal competente para conhecer do recurso.

3. O disposto nos números anteriores é correspondentemente aplicável aos restantes actos decisórios previstos no artigo 97º

COMENTÁRIOS:

Correção da sentença e de despachos judiciais ou do M.P.: Em nome dos princípios de **economia e celeridade processual** é sempre possível proceder, oficiosamente ou a requerimento ou na sequência de recurso, seja em 1ª ou 2ª instância, à **correção da sentença** (aliás seguindo o espírito do art. 379º-2, quanto às nulidades). Desde logo o termo **«correção»**, inculca a ideia de que não estamos perante novas decisões, designadamente sobre o mérito, mas simplesmente perante simples **aperfeiçoamento** do decidido num quadro meramente retificativo. Tais correções da sentença, têm de ter, um conteúdo meramente **formal** (não podem obviamente integrar nulidades insanáveis) e só são possíveis desde que não importem **alterações substanciais**, pois proferida decisão, está esgotado o poder jurisdicional do Juiz (art. 613º do CPC). As correções desenvolvem-se em dois níveis: o primeiro relativamente à **falta de requisitos** da sentença enunciados no art. 374º [v.g., é muito vulgar a sentença ser omissa, quanto ao destino a dar aos bens apreendidos – art. 374º-3-c) e vir a ser suprida a omissão posteriormente]. O segundo, relativamente aos **meros erros materiais** (lapsos, obscuridades, ambiguidades...) que equivalem muitas vezes a aclarações do decidido.

No limite, nada obsta a que o Juiz, face a uma fundamentação imprecisa e insuficiente da sentença, detetado o vício posteriormente à sua notificação aos intervenientes, a desenvolva adequadamente, aclarando-a e sanando-a, mas sem alterar o seu sentido.

Face à remissão do nº 3, aplica-se o regime a todos os **atos decisórios** previstos no art. 97º, consequentemente também aos despachos do M.P. de arquivamento ou de acusação.

O art. 616º do CPC, contém uma norma idêntica, muitas vezes invocada em sede penal. Mas não é aplicável ao processo penal, visto que ele tem esta disposição própria, que por si só é suficiente para solucionar a questão, inexistindo lacuna a preencher (art. 7º-1). Em todo o caso, o art. 616º do CPC tem uma abrangência maior, impossível de adaptar ao quadro penal.

Recurso: Com algumas oscilações, a jurisprudência propende a considerar que o pedido de correção ou aclaração da sentença, não suspende o prazo de recurso e que o despacho que decide tal incidente, não é recorrível.

A lei processual penal contém norma própria – artigo 380º, nº 1, alínea b) – ao abrigo da qual é possível a eliminação de lapso da sentença, desde que não importe «modificação essencial», não sendo necessário invocar o artigo 667º do Código de Processo Civil. Tal correcção pode fazer-se oficiosamente e mesmo em fase de recurso pelo tribunal competente para o respectivo julgamento (Ac. TRL de 18.03.98, *in* BMJ-475--766).

"Dito de outro modo, só cabem no artigo 380º os erros e contradições que não tenham relevância para caber no artigo 410º, nº 2 (...) *"a contradição entre o relatório e a fundamentação, a contradição entre o relatório e o dispositivo, a contradição entre a perícia e a fundamentação, a contradição entre documentos autênticos e autenticados e a fundamentação, a contradição entre a acta da audiência e a fundamentação, são casos de irregularidade da sentença, previstos no artigo 380º-1-b)."* (P.P. Albuquerque, *in* Comentário do CPP, notas aos arts. 163º, 169º e 410º).

I – Uma eventual contradição entre a fundamentação e a decisão não determina a nulidade da sentença, já que os casos em que ocorre nulidade da sentença penal são apenas os previstos no nº 1 do art. 379º do CPP. II – A existir tal contradição no processo lógico da sentença ela é corrigível se não importar modificação essencial (art. 380º, nº 1, al. b), do CPP). III – Caso contrário, configura um erro de julgamento não modificável pelo juiz ou pelos juízes que a proferiram, pois esgotou-se o poder jurisdicional (art. 666º, nº 1, do CPC, aplicável subsidiariamente) (Ac. STJ de 25.01.2007, proc. 3943/06-5, *in* www.dgsi.pt).

I – A existência de uma confusão de nomes e de nacionalidade da pessoa física submetida a julgamento, consistente em ter-se identificado o arguido com determinado nome, filiação; naturalidade, idade, residência e nacionalidade, quando na realidade tais elementos não correspondiam à realidade não constitui fundamento de revisão da sentença condenatória, quando o juízo de culpabilidade formulado nesta se tenha baseado na certeza de que certa pessoa, independentemente de estar ou não certa a sua identificação, praticou ilícitos que fundamentam aquela condenação, pelo que o caminho a seguir, em tais circunstâncias é o da correcção do erro cometido, e cuja eliminação não importa modificação essencial do julgado. II – Essa correcção pode ser feita oficiosamente ou a requerimento do Mº Pº, e deve sê-lo, quando possível, pelo próprio juiz que cometeu o lapso, ou erro a emendar, ou excepcionalmente, pelo Tribunal Superior, mas neste caso, unicamente se já tiver subido o recurso da respectiva sentença (Ac. STJ de 11.03.1993, *in* CJ-I-I-212).

O art. 380º, nº 1, al. b), do CPP não consente a correcção da sentença fundada em erro de direito (Ac. STJ de 25.012007, proc. 1556107-5, *in* www.dgsi.pt).

Não é recorrível a decisão que indeferir o requerimento de rectificações, esclarecimento ou reforma (art. 670º, nº 2, do CPC, aplicável por força do art. 4º do CPP) (Ac. STJ de 17.02.2005, proc. 05PO58, *in* www.dgsi.pt).

Do despacho que indeferir o pedido de aclaração da sentença não cabe recurso (Ac. TRG de 31.10.2005, *in* CJ-XXX-V-308).

O prazo para recorrer de uma decisão relativamente à qual tenha sido pedida correcção nos termos do art. 380º, conta-se a partir da notificação da decisão que apreciar esse pedido, mas só para quem pediu a correcção (Ac. TRP de 31.01.2007, *in* proc. 0644810).

Nos casos de julgamento por tribunal colectivo, o pedido de correcção ou aclaração do acordão é decidido por todos os juízes que compõem o tribunal. Sendo-o apenas pelo presidente, gera-se a nulidade da alínea e) do art. 119º do Código de Processo Penal (Ac. TRP de 10.10.2007, proc. 0744616, *in* www.dgsi.pt).

LIVRO VIII – DOS PROCESSOS ESPECIAIS

TÍTULO I – Do processo sumário

Artigo 381º – Quando tem lugar

1. São julgados em processo sumário os detidos em flagrante delito, nos termos dos artigos 255º e 256º, por crime punível com pena de prisão cujo limite máximo não seja superior a 5 anos, mesmo em caso de concurso de infrações:

a) Quando à detenção tiver procedido qualquer autoridade judiciária ou entidade policial; ou

b) Quando a detenção tiver sido efetuada por outra pessoa e, num prazo que não exceda duas horas, o detido tenha sido entregue a uma autoridade judiciária ou entidade policial, tendo esta redigido auto sumário da entrega.

2. São ainda julgados em processo sumário, nos termos do número anterior, os detidos em flagrante delito por crime punível com pena de prisão de limite máximo superior a 5 anos, mesmo em caso de concurso de infrações, quando o Ministério Público, na acusação, entender que não deve ser aplicada, em concreto, pena de prisão superior a 5 anos.

(Última redação da L. 1/2016, de 25.02.)

COMENTÁRIOS:

Nota prévia. Inconstitucionalidade: A redação que foi dada ao artigo pela L. 20/2013, de 21.02 (e a artigos correlativos) no que tocava à possibilidade de utilizar a forma de processo sumário, por crimes abstratamente puníveis com penas superiores a 5 anos de prisão, sem necessidade de singularização processual por parte do M.P. (v. art. 16º-3) foi considerada **inconstitucional com força obrigatória geral**, pelo ac. do TC 174/2014, de 18.02.2014, do que resultou a reposição da anterior redação, pela L. 1/2016, de 25.02.

*Nestes termos, decide-se, declarar a **inconstitucionalidade, com força obrigatória geral**, da norma do art. 381º, nº 1 do Código de Processo Penal, na redação introduzida pela Lei 20/2013, de 21 de fevereiro, na interpretação segundo a qual o processo sumário aí previsto é aplicável a crimes cuja pena máxima abstratamente aplicável é superior a cinco anos de prisão, por violação do artigo 32º, nºs 1 e 2, da Constituição* (Ac. TC 174/2014 de 18.02.2014, *in* DR de 13.03.2014).

Generalidades: Face à cada vez maior aplicação nos tribunais das formas especiais de processo, o domínio deste denso Livro VIII, que constitui um verdadeiro xadrez jurídico, é fundamental.

As formas processuais especiais (bem como os institutos de consenso e oportunidade – arts. 280º, 281º) se bem aplicados, representam um claro progresso, já que permitem diminuir o número de diligências previstas na forma comum (muitas delas meros pró-formas) envolvem menos recursos humanos, poupam recursos materiais e acima de tudo aceleram a ação penal, aproximando as suas respostas do tempo dos factos ilícitos, assim se produzindo uma justiça mais eficaz, alargando a imprescindível base de confiança que nela deve ter a comunidade. Relativamente à forma sumária de processo, não há um inquérito em sentido formal e processual penal. O inquérito é substituído por uma **fase preliminar** ao julgamento.

Pressupostos de aplicação do processo sumário. A dominância do flagrante delito: O processo sumário visa dotar a Justiça de procedimentos **eficazes, céleres** e **económicos**, em função da **imediação dos factos** e das **provas**, aproximando a reação penal do tempo do facto, mas sem prejuízo do rigor da **justiça material**. É **competente** para o julgamento nesta forma de processo, o **tribunal singular** [v. art. 16º-2-c)].

Aplica-se a forma de processo sumário, sempre que **(1)** haja detenção em flagrante delito **(2)** por crimes puníveis abstratamente com pena de prisão não superior a 5 anos **(3)** salvo as exceções da competência obrigatória do tribunal coletivo, previstas no art. 14º-1-2-a) **(4)** sem prejuízo da possibilidade do M.P., não sendo competência obrigatória do tribunal coletivo, **limitar a pena máxima concreta**, nos termos do nº 2 (v. também art. 16º-3 – singularização processual) para conseguir o julgamento em processo sumário. A consequência de tudo isto, é que, num julgamento sumário, efetuado necessariamente por **tribunal singular**, o arguido nunca poderá ser condenado numa pena superior a 5 anos de prisão [v. art. 16º-2-b)].

A noção de flagrante delito: Esta noção, fulcral no processo sumário, está contida no **art. 256º** e a legitimidade para proceder à detenção em flagrante delito, está contida no **art. 255º** (v. notas a estes artigos). Este artigo 281º, repete e esclarece a **legitimidade** para proceder à detenção, que radica nas **autoridades judiciárias** [v. noção no art. 1º-b)] ou nas **entidades policiais** ou em **qualquer cidadão** que presencie o flagrante. Mas neste último caso, a **detenção só se mantém válida,** se o detido for **entregue no prazo de duas horas** à autoridade judiciária ou à entidade policial (com elaboração de auto sumário de entrega). Trata-se de uma precisão desta norma relativamente ao art. 255º-2.

Caso vulgar, são as detenções efetuadas por **"polícia municipal"**, que tendo funções de polícia administrativa, não é considerada "entidade policial" (OPC), devendo pois proceder à entrega do detido, à entidade policial que redigirá o auto, no prazo de duas horas [v. arts. 1º e 4º-1-e)-f) e 6º da **L. 19/2004, de 20.05** – Lei da polícia municipal].

As exceções à aplicação do processo sumário: Constituem exceções à aplicação do processo sumário, como vimos sempre enquadrado pela **detenção do arguido em flagrante delito** (para alem dos crimes puníveis em abstrato com pena de prisão, com limite mínimo superior a 5 anos) todos os crimes que estão submetidos a uma **reserva de competência material do tribunal coletivo para julgamento**, como previsto no **art. 14º-1-2-a),** concretamente, quando estiver em causa, crimes contra a segurança do estado, previstos nos **arts. 308º a 346º do C.P.,** crimes contra a identidade cultural e integridade pessoal, previstos nos **arts. 240º a 246º do C.P.,** crimes de violações do **direito internacional penal humanitário** (previstos em leis especiais), crimes enunciados no **nº 2-a) do art. 14º**, ou nos casos em que, verificados os seus pressupostos, for requerido o **tribunal de júri** (v. art. 13º). Este regime nem sequer pode ser afastado pelo uso da singularização processual pelo M.P. (v. art. 16º-3). Igualmente não podem ser julgadas em processo sumário **pessoas coletivas**, quando desacompanhadas dos seus representantes legais (v. item *pessoas coletivas,* infra) por não serem passíveis de detenção em flagrante delito. Paralelamente, para além destas razões atinentes ao tipo de crimes praticados, e à natureza das pessoas envolvidas, também não se fará o julgamento em processo sumário, quando o processo for **devolvido/remetido** ao M.P. para tramitar sob outra forma processual, nos casos previstos no **art. 390º-1** (v. notas). Mas aqui compete desde logo ao M.P., antes de remeter o processo para julgamento sumário, fazer a triagem das situações descritas nas alíneas da norma.

Julgamento sumário e provas do crime. Viabilidade e adequação: Obviamente, para além destas regras e pressupostos que permitem o julgamento em processo sumário, mantém-se a necessidade de **provar** os factos ilícitos na sua **dupla dimensão quantitativa e qualitativa**, que muitas vezes só se consegue através de **diligências e exames**, que não se compadecem com os prazos curtos previstos no art. 387º, pese embora o **caráter de urgência** conferido pelo art. 387º-8. Desta forma, só através de uma ponderação dos factos do crime e dos elementos de prova disponíveis se conseguirá concluir se é, não só **viável processualmente** como **adequado materialmente,** o julgamento sumário. Mas verificada que seja essa **viabilidade e adequa-**

ção, reunidos os seus **pressupostos**, o julgamento realizado na forma sumária é **imperativo**, por decorrer de uma imposição da **política criminal** (v. lei da organização da investigação criminal), que o M.P. e os tribunais têm de respeitar.

A capacidade judiciária do arguido: A questão da **capacidade judiciária do arguido**, assume especial relevância no âmbito do processo sumário, pois dada a sua natureza célere, ocorre muitas vezes fenómenos de **incapacidade** que é necessário ponderar. Desde logo, só pode ser constituído arguido quem for **capaz** de ser penalmente imputado. Não podem ser constituídos arguidos, por exemplo, os **inimputáveis em razão de idade** (menores de 16 anos – art. 19º do C.P.) ou em razão de **anomalia psíquica** (art. 20º do C.P.) estes sem prejuízo de virem a ser internados (art. 91º e segs. do C.P.). Verificada a **inimputabilidade temporária do arguido**, por exemplo, por se encontrar em estado de alcoolemia (o que não raras vezes acontece) o processo pode **suspender-se** até ao limite do prazo legal e até o arguido recuperar a capacidade perdida. Enquanto ele a não recuperar, o processo não pode continuar, pois o conjunto de deveres e direitos do arguido, impõe-lhe prestações, que só estando ele dotado dessa capacidade lhe podem ser exigidas ou serem por ele exercidas (v. art. 272º-1 do CPC *ex vi* art. 4º). Em todo o caso, a mera suspeita de uma qualquer situação de **inimputabilidade,** determina a realização de exames, que podem impossibilitar a realização do julgamento sumário.

Estrangeiros ilegais: Se o arguido que cometeu o crime a julgar em processo sumário, for **estrangeiro** em **situação ilegal**, na impossibilidade temporal de apurar os pressupostos da expulsão, pode efetuar-se o julgamento e extrair-se **certidão do auto de detenção,** para autuar como processo próprio, seguindo-se nesse processo, os procedimentos a que se reporta a **L. 23/2007, de 04.07**, designadamente o interrogatório previsto no seu **art. 142º**.

Pessoas coletivas: As pessoas coletivas não estão absolutamente excluídas do julgamento sumário.

Se bem que as pessoas colectivas e entidades equiparadas não possam ser detidas (a detenção é um acto de cerceamento físico da liberdade pessoal individual), é defensável que também podem ser julgadas em processo sumário (...). Assim, se só a pessoa colectiva ou entidade equiparada for criminalmente responsável, não pode ela ser julgada em processo sumário. Porém, se forem comparticipantes do crime também os seus representantes e estes forem surpreendidos a cometer a infracção agindo em nome, no interesse ou sob a autoridade da pessoa colectiva e forem detidos, o julgamento tem de ser conjunto (art.

24º, nº 1, al. c), e 29º, nº 1, do CPP) e deve ser feito, verificados os demais pressupostos processuais, em processo sumário (in, CPP, Mag. M.P. do Dist. Jud. do Porto).

Carater prioritário do processo: Os atos processuais inerentes a arguidos detidos ou presos ou indispensáveis à garantia da liberdade das pessoas, bem como os atos relativos a **processos sumários** e abreviados, praticam-se **a todo o tempo**, posto que os tribunais estejam em funcionamento – v. arts. 103º-1-2--a)-c) e 104º-2. Existe **serviço de turno** nos tribunais aos sábados, feriados consecutivos e férias judiciais. Assim, só aos domingos e feriados não consecutivos se pode dizer que o tribunal não está em funcionamento (v. arts. 27º, 28º e 36º da L. 62/2013, de 26.08 – Lei da Organização do sistema judiciário e arts. 45º, 53º a 55º e 61º do D.L. 49/2014, de 27.03 – Regulamento).

Referências: arts. 12º a 16º (competência do tribunal); arts. 254º a 261º (detenção e flagrante delito); art. 119º-1-f) (nulidade insanável, por emprego de processo especial, por forma não prevista na lei); **Circular da PGR 6/2002, de 11.03** (registo dos processos especiais).

Artigo 382º – Apresentação ao Ministério Público e a julgamento

1. A autoridade judiciária, se não for o Ministério Público, ou a entidade policial que tiverem procedido à detenção ou a quem tenha sido efetuada a entrega do detido apresentam-no imediatamente, ou no mais curto prazo possível, sem exceder as 48 horas, ao Ministério Público junto do tribunal competente para julgamento, que assegura a nomeação de defensor ao arguido.

2. Se o arguido não exercer o direito ao prazo para preparação da sua defesa, o Ministério Público, depois de, se o julgar conveniente, o interrogar sumariamente, apresenta-o imediatamente, ou no mais curto prazo possível, ao tribunal competente para julgamento, exceto nos casos previstos no nº 4 e nos casos previstos nos nºs 1 e 2 do artigo 384º

3. Se o arguido tiver exercido o direito ao prazo para a preparação da sua defesa, o Ministério Público pode interrogá-lo nos termos do artigo 143º, para efeitos de validação da detenção e libertação do arguido, sujeitando-o, se for caso disso, a termo de identidade e residência, ou apresenta-o ao juiz de instrução para efeitos de aplicação de medida de coação ou de garantia patrimonial, sem prejuízo da aplicação do processo sumário.

4. Se tiver razões para crer que a audiência de julgamento não se pode iniciar nos prazos previstos no nº 1 e na alínea *a*) do nº 2 do artigo 387º, designadamente por considerar necessárias diligências de prova essenciais à descoberta da verdade, o Ministério Público profere despacho em que ordena de imediato a realização das diligências em falta, sendo correspondentemente aplicável o disposto no número anterior.

5. Nos casos previstos nos nºs 3 e 4, o Ministério Público notifica o arguido e as testemunhas para comparecerem, decorrido o prazo solicitado pelo arguido para a preparação da sua defesa, ou o prazo necessário às diligências de prova essenciais à descoberta da verdade, em data compreendida até ao limite máximo de 20 dias após a detenção, para apresentação a julgamento em processo sumário.

6. O arguido que não se encontre sujeito a prisão preventiva é notificado com a advertência de que o julgamento se realizará mesmo que não compareça, sendo representado por defensor para todos os efeitos legais.

(Última redação da L. 20/2013, de 21.02)

COMENTÁRIOS:

Procedimentos: O detido em flagrante delito, posteriormente libertado ou não, deve ser apresentado ou presente no tribunal ao M.P. (se não for este o detentor) para ser julgado, ***«no mais curto prazo possível»*** dentro dos **prazos** máximos legalmente fixados (arts. 382º-1 e 387º-1-2). O prazo limite de **48 horas,** é imperativo, nos casos em que o arguido se encontrar em **situação de detenção**. Aliás, com o atual serviço de turnos dos tribunais, tal prazo é sempre temporalmente possível de cumprir. Mas a apresentação do arguido ao M.P., pode fazer-se sem o arguido estar/continuar detido, por ter sido pelo OPC, **libertado e notificado** para tal, com apresentação voluntária, designadamente num prazo mais alargado. Na verdade, havendo **interposição** de pelo menos um dia **"não útil"** no prazo de 48 horas, pode o julgamento iniciar-se até ao **limite do 5º dia posterior à detenção** [v. art. 387º-1-2-a)] (v. regras de contagem de prazos e noção de dia útil, nas notas ao art. 103º e 104º).

A apresentação do **detido** ao M.P. e a sua subsequente apresentação ao Juiz, tudo no célere prazo das **48 horas**, não tem tanto a ver com uma particularidade do processo sumário, mas sim com a exigência constitucional de **validação ou manutenção judicial da detenção nesse prazo**, prevista no art. 28º-1 da C.R.P. e replicada no art. 254º-1-a). Não se encontrando o arguido detido, por ter sido posteriormente libertado (v. art. 385º), já nada impede que o seu julgamento se efetue no prazo de **5 dias** (v. também neste sentido, art. 141º).

Fase pré-judicial: Apresentado ou presente o arguido ao M.P., segue-se por parte deste, uma importantíssima **fase de análise técnico-jurídica** da situação, que tem sido designada de ***"fase pré-judicial"***, em face dos **autos de detenção e apresentação** e de todo o **expediente** elaborado pela entidade policial. Desde logo, como primeiros e essenciais atos, deve o M.P., averiguar da **legalidade e validade da detenção** (existência ou não de **flagrante delito** – arts. 255º, 256º e 261º); verificar o cumprimento do **prazo de 48 horas** se o arguido estiver/continuar detido (art. 382º-1); verificar a **imputabilidade** do arguido (arts. 18º e 19º do C.P.); **validar ou não a constituição de arguido,** se já tiver sido constituído como é habitual (art. 58º-3); validar as eventuais **apreensões** (art. 178º-5); aferir da possibilidade de aplicar a **dispensa de pena** ou a **suspensão do processo** (art. 384º); optar pelo **interrogatório judicial** imediato [arts. 141º e 254º-1-a)]; juntar os **documentos** que se revelarem pertinentes e ordenar quaisquer **diligências de investigação rápidas** compatíveis com os prazos do processo sumário (v.g., convocar qualquer testemunha) ou determinar **diligências essenciais à descoberta da verdade,** no prazo máximo de 20 dias (nos termos do nº 5 e art. 389º-3) e **qualificar tipicamente os factos** em ordem a acusar o arguido (art. 389º-1).

Decidido o prosseguimento dos trâmites para imediato julgamento sumário, deve o M.P., **verificar ou assegurar ao arguido a nomeação de defensor** [art. 64º-1-a)-b)-c)] e **informar** o arguido e o defensor nomeado do **direito a requerer prazo para a sua defesa** (nº 3). Poder-se-ia dizer que o arguido e seu defensor, já foram informados, desse direito pelo OPC no momento e circunstâncias a que alude o art. 383º-2. Todavia, na prática isso não é seguro que tenha acontecido e não acontece de todo quando o arguido é libertado, situação em que raras vezes haverá defensor nomeado e muito menos presente. Não obsta a esta atividade, a circunstância do arguido **não comparecer**, pois o julgamento efetuar-se-á na sua **ausência** e com a presença do defensor (art. 385º-2).

O direito a uma defesa efetiva: Para que o arguido possa exercer integralmente os seus direitos de defesa, designadamente o **direito ao prazo para preparar a sua defesa** [v. nº 3 e art. 387º-1-c)] direito este que tem de ser exercido na **"fase pré-judicial"**, deve o M.P. não só assegurar a assistência de **defensor** ao arguido, como também **facultar-lhe** o acesso ao processo, para uma total informação, em ordem a que ele possa tomar as decisões que entender neste campo. Logo, o primeiro contacto entre o defensor e o processo, tem de ser efetuado nos serviços do M.P. nesta **"fase pré-judicial"** e não na fase de julgamento (como tem sido prática nalguns tribunais). A prática destes atos, deve ficar **consignada** no processo, a fim de evitar dúvidas, de preferência com **notificação formal** aos intervenientes.

Requerimento do arguido para prazo para a preparação da sua defesa: Se o arguido requerer ***«prazo para a preparação da sua defesa»***, deve tal ser **obrigatoriamente deferido**. Este requerimento deve ser **apresentado no M.P.** e não na audiência. Se fosse na audiência, precludia-se a possibilidade do M.P. determinar qualquer dos interrogatórios do arguido a que se refere o n. 3. Deferido obrigatoriamente o requerido, o M.P., pode **interrogar** o arguido **nos termos do art. 143º** (v. g., para **validar** a sua detenção e **libertá-lo)**. Pode também apresentá-lo para **interrogatório judicial**, para aplicação de uma **medida de coação** que não o TIR, que pode ir até à prisão preventiva ou de garantia patrimonial [mas aqui só desde que o arguido esteja detido e dentro das 48 horas posteriores à detenção, o que pressupõe a elaboração do complexo requerimento, exigido no art. 141º-1-4-c)-d)]. Em quaisquer circunstâncias o M.P. **designará a data de apresentação em tribunal** no final do prazo por ele requerido, que não pode ser superior a **20 dias**, para julgamento sumário, **notificando** para comparecer o **arguido** (com a advertência do nº 6) e as **testemunhas**, se entender que essa forma de processo se deve manter. Note-se que mesmo o arguido que fica sujeito a **prisão preventiva**, na sequência do interrogatório judicial, pode ser subsequentemente sujeito a julgamento sumário [v. nº 6 e art. 385º-2-b)]. Sem prejuízo também de o próprio Juiz do julgamento sumário, se assim o entender, no decurso ou no final do mesmo, aplicar as **medidas de coação**, que julgar convenientes.

Muitas vezes é requerido pelo defensor do arguido prazo de dias para defesa, com o consequente adiamento da audiência e marcação de nova data, sendo que na maioria das situações depois, nada de relevante acontece ou é requerido. Existe o dever de qualquer jurista fundamentar aquilo que alega ou peticiona, pelo que sempre o defensor do arguido terá, ainda que sumariamente, obrigação de **fundamentar** o que requer, em face do caso concreto, não só para apreciação da razoabilidade do pedido pelo M.P., mas também para avaliar do prazo adequado ao que se requer (evitando-se assim a desorganização dos serviços do tribunal e das polícias, os inconvenientes para todos os intervenientes e a utilização abusiva de expedientes dilatórios, que têm a ver mais com interesses pessoais ou corporativos do que com a justiça).

Prazo do M.P. para realização de diligências essenciais à descoberta da verdade. Alteração substancial e não substancial de factos do auto de notícia: Pode ainda acontecer que o M.P. julgue necessário a realização de ***«diligências de prova essenciais à descoberta da verdade»*** (nºs 2 e 4). Tal prazo, alarga-se então para **20 dias após a detenção** [art. 387º-2-c)] cumprindo ao M.P. o dever de **informar** os interessados dessa situação e **designar data para apresentação em tribunal** e proceder às **notificações** nos termos supra relatados. Se da realização dessas diligências, resultar alguma **modificação/alteração** da matéria de facto constante do auto de notícia, que não seja substancial, o M.P., aditá-la-á ao auto nos termos do art. 389º-2, sem prejuízo da possibilidade de ser concedido prazo ao arguido **não superior a 10 dias**, para organizar a sua defesa pelos novos factos (v. art. 387º-6 e no mesmo sentido art. 358º). Se resultar, uma alteração substancial, s.m.o., deverá cumprir-se os termos do art. 359º [v. art. 1-f)].

Arguido que não requer prazo para a sua defesa: Se o arguido não requerer prazo para a sua defesa, o M.P., apresenta-o para julgamento sumário ***«no mais curto prazo possível»***, tendo em conta que o julgamento se tem de **iniciar no prazo máximo de 48 horas ou de 5 dias,** consoante a situação concreta descrita no nº 1 e na alínea a), sem prejuízo de, se o julgar necessário, para esclarecer dúvidas ou avaliar da possibilidade de aplicação de dispensa da pena ou de suspensão do processo, o **interrogar previamente,** obviamente com redução a auto do interrogatório e cumprimento de todas as formalidades inerentes. Mas estes atos não suspendem os prazos.

Impossibilidade do julgamento sumário e a alternativa do processo abreviado: Pode ainda acontecer que por **variadas razões** (que se crê serem verdadeiramente excecionais) **não seja possível realizar o julgamento nos prazos legalmente previstos.** Neste circunstancialismo, na ausência de norma que admita o julgamento sumário noutros prazos, fica **impossibilitado essa forma de julgamento.** Não fica no entanto o M.P. impedido de promover os interrogatórios do arguido, previstos no nº 3. E muito menos de promover o julgamento sob a forma de **processo abreviado**, tal como comanda o **art. 391º-A-3-a).** Aliás, neste condicionalismo, verificados os respetivos pressupostos, esta norma parece inculcar a obrigatoriedade dessa forma de processo alternativa.

Dispensa de pena e **suspensão do processo:** Reunindo-se os pressupostos da **dispensa de pena** (art. 280º) ou da **suspensão do processo** (art. 281º) segue-se os termos do art. 384º.

Comunicação imediata de detenções: Registe-se que a entidade policial, independentemente da apresentação do arguido prevista neste artigo, tem sempre de **comunicar imediatamente** ao M.P., qualquer detenção que seja efetuada [v. art. 259º-b)] pela **via mais rápida** (em regra, *fax* ou *mail*).

Artigo 383º – Notificações

1. A autoridade judiciária ou a entidade policial que tiverem procedido à detenção notificam verbalmente, no próprio ato, as testemunhas presentes, em número não superior a sete, e o ofendido para comparecerem perante o Ministério Público junto do tribunal competente para o julgamento.

2. No mesmo ato, o arguido é notificado de que tem direito a prazo não superior a 15 dias para apresentar a sua defesa, o que deve comunicar ao Ministério Público junto do tribunal competente para o julgamento e de que pode apresentar até sete testemunhas, sendo estas verbalmente notificadas caso se achem presentes.

(Última redação da L. 20/2013, de 21.02)

COMENTÁRIOS:

Notificações verbais ao ofendido e testemunhas e ao arguido, do prazo para apresentar a sua defesa: Efetuada **detenção** em flagrante delito, a entidade policial, **verbalmente** notifica o **ofendido e as testemunhas** que estiverem identificadas, para comparecerem perante o M.P. no tribunal, na data e hora designada, consignando tal no auto. Seguidamente, também verbalmente **informa** o arguido de que tem direito de **requerer ao M.P.** (direito que poderá exercer quando for apresentado ao M.P. em tribunal – v. art. 382º-2-3) **um prazo não superior a 15 dias** para apresentar a sua defesa e bem assim apresentar **testemunhas** em número não superior a sete. Estas informações disponibilizadas pelo OPC, devem ser confirmadas pelo M.P. posteriormente, sanando qualquer irregularidade (v. notas ao art. 382º). Este prazo de 15 dias parece colidir com o de 20 dias previsto no art. 387º-2-c), mas s.m.o., este último prazo é **privativo** do M.P. Após isto, o arguido, na situação de detido ou libertado (v. art. 385º) será presente ou apresenta-se ao M.P., em tribunal na data designada.

Artigo 384º – Arquivamento ou suspensão do processo

1. Nos casos em que se verifiquem os pressupostos a que aludem os artigos 280º e 281º, o Ministério Público, oficiosamente ou mediante requerimento do arguido ou do assistente, determina, com a concordância do juiz de instrução, respetivamente, o arquivamento ou a suspensão provisória do processo.

2. Para os efeitos do disposto no número anterior, o Ministério Público pode interrogar o arguido nos termos do artigo 143º, para efeitos de validação da detenção e libertação do arguido, sujeitando-o, se for caso disso, a termo de identidade e residência, devendo o juiz de instrução pronunciar-se no prazo máximo de 48 horas sobre a proposta de arquivamento ou suspensão.

3. Se não for obtida a concordância do juiz de instrução, é correspondentemente aplicável o disposto nos nºs 5 e 6 do artigo 382º, salvo se o arguido não tiver exercido o direito a prazo para apresentação da sua defesa, caso em que será notificado para comparecer no prazo máximo de 15 dias após a detenção.

4. Nos casos previstos no nº 4 do artigo 282º, o Ministério Público deduz acusação para julgamento em processo abreviado no prazo de 90 dias a contar da verificação do incumprimento ou da condenação.

(Última redação da L. 20/2013, de 21.02)

COMENTÁRIOS:

Dispensa de pena ou suspensão do processo: Na chamada **"fase pré-judicial"**, em **alternativa** ao julgamento sumário, reunindo-se os pressupostos da **dispensa de pena** (art. 280º) ou da **suspensão do processo** (art. 281º) **oficiosamente** ou a **requerimento**, o M.P. **valida a detenção** (arts. 255º e 256º) **valida a constituição de arguido** (art. 58º-3) **liberta** o arguido sujeitando-o a termo de identidade e residência, podendo se julgar necessário interrogá-lo e **elabora proposta** de arquivamento ou suspensão ao Juiz de instrução criminal (JIC) devendo este pronunciar-se sobre ela no prazo máximo de **24 horas**. Se o JIC **concordar**, segue-se os termos dos arts. 280º e 281º (com a especialidade do nº 4 em caso de incumprimento por parte do arguido – acusação em processo abreviado). Neste caso o processo prossegue **sob direção do M.P.,** tal como sucederia se a suspensão fosse determinada na fase de inquérito. Se o JIC **discordar**, prossegue o processo para julgamento sumário, seguindo-se os termos previstos no nº 3.

Tratando-se de iniciativa do M.P., a suspensão deverá obter a concordância do juiz de instrução e, em bom rigor, deverá ser desencadeada na fase pré-judicial, antes da apresentação do expediente para registo como processo sumário (Ac. TRL de 11.07.2012, proc. 11/12.3GAOHP.C1, *in* www.dgsi.pt).

Prosseguimento do processo: Havendo incumprimento por parte do arguido, das injunções e regras de conduta que lhe foram aplicadas na suspensão do processo, o processo sumário prossegue **no prazo de 90 dias.** Conforme decorre da letra da lei, o prazo em causa, deve contar-se da ***«verificação do incumprimento ou da condenação»***. Essa "verificação" compete ao M.P., que, quando o incumprimento resulta da prática de crime, nos termos do art. 282º-4-b), em regra, disso só pode ter conhecimento através do certificado de registo criminal do arguido. É pois razoável dizer-se que, nestas circunstâncias aquele prazo conta-se da data da junção do CRC aos autos, pois presume-se, que só com esse ato de junção, o conhecimento da situação ficou acessível ao M.P., cf. acórdão infra.

Em caso de prosseguimento do processo sujeito a suspensão provisória, o prazo de noventa dias constante do art. 384º, nº 3, CPP, para a dedução de acusação em processo abreviado, conta-se a partir da verificação do incumprimento ou da condenação; Decorrido o prazo de suspensão do processo e solicitado CRC com vista a averiguar se o arguido cometeu algum crime da mesma natureza, aquele prazo conta-se da data da junção do CRC aos autos e não da data das condenações nele registadas após a suspensão provisória do processo (Ac. TRL de 14.06.2012, proc. 94/11.3PEAMD.L1.9, *in* www.dgsi.pt).

Referências: arts. 281º e 282º (suspensão provisória do processo).

Artigo 385º – Libertação do arguido

1. Se a apresentação ao juiz não tiver lugar em ato seguido à detenção em flagrante delito, o arguido só continua detido se houver razões para crer que:

a) Não se apresentará voluntariamente perante a autoridade judiciária na data e hora que lhe forem fixadas;

b) Quando se verificar em concreto alguma das circunstâncias previstas no artigo 204º que apenas a manutenção da detenção permita acautelar; ou

c) Se tal se mostrar imprescindível para a protecção da vítima.

2. No caso de libertação nos termos do número anterior, o órgão de polícia criminal sujeita o arguido a termo de identidade e residência e notifica-o para comparecer perante o Ministério Público, no dia e hora que forem designados, para ser submetido:

a) A audiência de julgamento em processo sumário, com a advertência de que esta se realizará, mesmo que não compareça, sendo representado por defensor; ou

b) A primeiro interrogatório judicial e eventual aplicação de medida de coação ou de garantia patrimonial.

3. Em qualquer caso, sempre que a autoridade de polícia criminal tiver fundadas razões para crer que o arguido não poderá ser apresentado no prazo a que alude o nº 1 do artigo 382º, procede à imediata libertação do arguido, sujeitando-o a termo de identidade e residência e fazendo relatório fundamentado da ocorrência, o qual transmite, de imediato e conjuntamente com o auto, ao Ministério Público.

(Última redação da L. 1/2016, de 25.02.)

COMENTÁRIOS:

Princípio da libertação do arguido: Como regra geral, o arguido que foi detido em flagrante delito, por crime ou crimes, punidos com pena abstrata máxima individual ou em concurso **até 5 anos, tem de ser libertado,** pois ***«só continua detido»***, se não puder ser apresentado ao Juiz ***«em ato seguido à detenção»***. Se interpretarmos à letra o artigo, nunca é possível à entidade policial apresentar qualquer arguido ***«em ato seguido à detenção»***, na medida em que primeiro é necessário elaborar todo o inerente expediente escrito, o que pode demorar muitas horas. Mas se no momento do final da elaboração do expediente, a secretaria do tribunal não estiver aberta, porque o seu horário legal assim o permite, então o arguido, deve ser libertado. Na prática, o que se pretende evitar com este enunciado, é que o detido, passe muito tempo detido, designadamente a noite ou parte da noite numa cela, a aguardar que o conduzam ao tribunal. Repare-se que no nº 1 se refere ***«em ato seguido à detenção»*** e no nº 3 que prevê também uma situação de libertação do arguido, agora independentemente do limite máximo das penas abstratamente aplicáveis, se refere o ***«prazo a que alude o nº 1 do art. 382º»***, que é de **48 horas**. São duas situações perfeitamente distintas, que não podem ser confundidas. No primeiro caso regula-se uma **atuação temporal** e no segundo, um **prazo legal perentório**.

Tudo isto decorre sem prejuízo do dever de comunicação ao M.P. previsto no **art. 259º-b)**.

Trâmites pós libertação: No caso de libertação pelo ***«órgão de polícia criminal»*** este sujeita o arguido a **TIR** (devendo diligenciar pelo apuramento correto da sua inequívoca identidade) e **notifica-o** para comparecer perante o M.P. (para a data mais próxima de funcionamento do tribunal, que pode ser no próprio dia da detenção – v.g., detido às 2 horas, deve apresentar-se no tribunal às 9 h desse mesmo dia) para **julgamento sumário** ou **interrogatório,** conforme posteriormente for decidido pelo M.P. (v. art. 382º). Assume aqui especial relevância o dever da entidade policial, de **advertir** o arguido de que se não comparecer poderá ser **julgado na ausência** sendo representado por defensor [conforme aliás resulta do TIR – v. art. 196º-2-d)]. Obviamente, sem prejuízo do cumprimento pelo Juiz do art. 116º, concretamente da condenação em **multa** pela falta injustificada e da possibilidade de mandar **deter** o arguido para apresentação forçada em julgamento. E bem assim da hipótese do arguido poder **justificar** a falta nos termos do art. 117º.

I – Estando o tribunal aberto ao sábado, a fim de assegurar o serviço urgente previsto no Código de Processo Penal, é legítima a ordem da autoridade que notifica o arguido – detido na madrugada desse dia – para comparecer pelas 9.30 horas desse dia nos Serviços do Ministério Público (...); II – A expressão "primeiro dia útil seguinte", utilizada no art. 387º, nº 2 do CPP, atenta a natureza do processo sumário e a existência de tribunais de turno, tem de entender-se como referindo-se ao dia que se segue à detenção, desde que o tribunal esteja a funcionar (Ac. TRE de 08.06.2004, *in* www.dgsi.pt).

As exceções à regra da libertação: Verificadas as circunstâncias descritas no nº 1, o arguido ***«só continua detido»*** por três ordens de razões, que a entidade policial tem de ponderar com cuidado: **Primeiro,** se houver razões para crer que **não se apresentará voluntariamente** em tribunal. Esta previsão, assenta sobretudo no conhecimento por parte das entidades policiais, da personalidade, do comportamento, do modo de vida e dos antecedentes do arguido, ou do contrário, o arguido não ser conhecido e não se ter identificado ou ter-se recusado a identificar-se ou ter fornecido uma identificação e ou residência pouco credíveis e inconfirmadas; o mesmo se aplicará a situações em que o arguido esteja tão influenciado/perturbado por álcool ou drogas ou qualquer outra razão, que não seja possível estabelecer comunicação com ele que garanta o cumprimento do dever de apresentação. **Segundo**, se estiverem verificados os **perigos** previstos no art. 204º, que consubstanciam os requisitos para aplicar ao arguido uma medida de coação que não o TIR (v. notas ao art. 204º). **Terceiro**, se não se opuser à libertação do arguido, as necessidades de **proteção da vítima** (com particular ponderação nos crimes de violência doméstica – L. 112/2209, de 16.09).

O prazo de 48 horas: Independentemente de todas as circunstâncias descritas no artigo, designadamente das penas abstratamente aplicáveis ou do preenchimento da previsão das alíneas do nº 1, quando for desde logo evidente à entidade policial, que **não pode cumprir o prazo de 48 horas** previsto no art. 382º-1, **imperativamente** tem de **libertar o arguido**. Mas repare-se que neste caso, esta ordem de libertação, está sujeita a condicionalismos mais exigentes, o que se compreende dada a gravidade da situação. Desde logo a ordem tem de ser dada pela ***«autoridade de polícia criminal»***, que é uma entidade mais categorizada que o *«órgão de polícia criminal»* a que se reporta o nº 2 [confrontar noções no art. 1º-c) e d)]. Depois, tem de ser apresentado ao M.P., um **relatório** justificando as razões pelas quais se não cumpriu o prazo de 48 horas. Não sendo as razões aceitáveis, poderá originar consequências disciplinares.

V. art. 261º (libertação do detido).

Artigo 386º – Princípios gerais do julgamento

1. O julgamento em processo sumário regula-se pelas disposições deste Código relativas ao julgamento em processo comum, com as modificações constantes deste título.
2. Os actos e termos do julgamento são reduzidos ao mínimo indispensável ao conhecimento e boa decisão da causa.

(Última redação da L. 26/2010, de 30.08.)

COMENTÁRIOS:

Subsidiariedade, celeridade e **economia processual:** Trata-se de uma norma processual que impõe a **subsidiariedade** da forma de processo comum, i.e., aplica-se as regras de processo comum, que não sejam incompatíveis com os termos do processo sumário, mas principalmente impõe regras de **celeridade** e **economia** processuais, devendo os atos serem reduzidos ao ***«mínimo indispensável ao conhecimento e boa decisão da causa».*** Trata-se de um conceito difícil de precisar, dependendo sempre da interpretação de cada um, sobretudo do Juiz que preside ao julgamento. Em todo o caso, não é aplicável o **regime de contumácia na fase anterior do julgamento** (v. arts. 335º a 337º) não é possível requerer a **instrução** (art. 286º-3) nem podem ser admitidos atos **que não sejam indispensáveis à boa decisão da causa** (v. também neste sentido, arts. 130º e 131º-1 do CPC *ex vi*, art. 4º). Mas, verificado que não existe condições para garantir um julgamento rigoroso e justo dentro dos prazos legais, pode o processo ser **reenviado para outra forma processual,** conforme determina o art. 390º-1-b)-c).

Pedido de indemnização cível: Nada obsta à dedução de um pedido de indemnização cível no processo sumário, aplicando-se as regras gerais do processo comum (v. art. 71º e segs.). Aliás esta conclusão não é infirmada pelo art. 72º-1-h), quando diz que, quando o processo correr sob a forma sumária ou sumaríssima (v. art. 393º), o pedido cível ***«pode»*** ser deduzido em separado. A lei atribui uma faculdade; não uma obrigação legal.

Despacho judicial de saneamento: Aplicando-se com as **devidas adaptações**, as regras do **processo comum**, o Juiz recebe os autos (sob impulso do M.P., já devidamente autuados e registados no tribunal como processo sumário) nos termos que lhe forem remetidos (com acusação formal do M.P. ou remissão para o auto de notícia – art. 389º) e procede ao seu **saneamento,** nos termos (adaptados) do **art. 311º** e do **art. 390º**, designadamente conhece dos pressupostos **processuais gerais e especiais**, das **nulidades**, **irregularidades** e **tudo o mais** que se apresente para decisão, como admissão de **assistentes** ou **partes cíveis** (v. art. 388º). E neste estrito campo de apreciação, tanto pode **remeter** os autos ao M.P. para tramitação sob outra forma processual (art. 390º) como determinar o **arquivamento** dos autos, se houver razões próprias para tal. Em todo o caso, o Juiz não pode rejeitar acusação ou o despacho a remeter para o auto de notícia, com base em **falta de prova indiciária;** neste segmento da norma, apenas se considerar a acusação **manifestamente infundada** e nos precisos termos do art. 311º-2-a)-3 (v. notas a este artigo).

Artigo 387º – Audiência

1. O início da audiência de julgamento em processo sumário tem lugar no prazo máximo de quarenta e oito horas após a detenção, sem prejuízo do disposto no número seguinte.

2. O início da audiência também pode ter lugar:

a) Até ao limite do 5º dia posterior à detenção, quando houver interposição de um ou mais dias não úteis no prazo previsto no número anterior, nos casos previstos no nº 1 do artigo 385º;

b) Até ao limite do 15º dia posterior à detenção, nos casos previstos no nº 3 do artigo 384º;

c) Até ao limite de 20 dias após a detenção, sempre que o arguido tiver requerido prazo para preparação da sua defesa ou o Ministério Público julgar necessária a realização de diligências essenciais à descoberta da verdade.

3. Se faltarem testemunhas de que o Ministério Público, o assistente ou o arguido não prescindam, a audiência não é adiada, sendo inquiridas as testemunhas presentes pela ordem indicada nas alíneas *b*) e *c*) do artigo 341º, sem prejuízo da possibilidade de alterar o rol apresentado.

4. As testemunhas que não se encontrem notificadas nos termos do nº 5 do artigo 382º ou do artigo 383º são sempre a apresentar e a sua falta não pode dar lugar ao adiamento da audiência, exceto se o juiz, oficiosamente ou a requerimento, considerar o seu depoimento indispensável para a descoberta da verdade e para a boa decisão da causa, caso em que ordenará a sua imediata notificação.

5. Em caso de impossibilidade de o juiz titular iniciar a audiência nos prazos previstos nos nºs 1 e 2, deve intervir o juiz substituto.

6. Nos casos previstos no nº 2 do artigo 389º, a audiência pode ser adiada, a requerimento do arguido, com vista ao exercício do contraditório, pelo prazo máximo de 10 dias, sem prejuízo de se proceder à tomada de declarações ao arguido e à inquirição do assistente, da parte civil, dos peritos e das testemunhas presentes.

7. A audiência pode, ainda, ser adiada, pelo prazo máximo de 20 dias, para obter a comparência de testemunhas devidamente notificadas ou para a junção de exames, relatórios periciais ou documentos, cujo depoimento ou junção o juiz considere imprescindíveis para a boa decisão da causa.

8. Os exames, relatórios periciais e documentos que se destinem a instruir processo sumário revestem, para as entidades a quem são requisitados, carácter urgente, devendo o Ministério Público ou juiz requisitá-las ou insistir pelo seu envio, consoante os casos, com essa menção.

9. (*Revogado.*)

10. (*Revogado.*)

(Última redação da L. 1/2016, de 25.02.)

COMENTÁRIOS:

Termos e prazos da audiência: A norma regula fundamentalmente os **prazos de início da audiência,** fixando-os em **48 horas** (arguido detido ou libertado) **5 dias** (arguido libertado – art. 385º) **15 dias** (casos de tentativa de dispensa de pena ou suspensão provisória do processo – art. 384º) e **20 dias** (para preparação da defesa ou diligências do M.P.). Não há prazos para conclusão da audiência (os prazos que existiam foram revogados pela L. 1/2016, de 25.02).

Pode colocar-se a questão da **mediatividade dos prazos**, i.e., por exemplo, quando a lei diz *«até ao limite do 5º dia posterior à detenção»*, no caso da interposição de dias "não uteis", estará a impor o início do julgamento no primeiro dia útil seguinte à detenção ou poderá não ser nesse primeiro dia útil seguinte. Atento o direito do arguido a uma justiça rápida e à celeridade própria do processo sumário, s.m.o., parece-nos mais congruente a primeira interpretação.

Registe-se como muito importante, que é na fase anterior ao julgamento, i.e., na **fase de análise técnico-jurídica do M.P.** ou **pré-judicial,** prevista no art. 382º, que em termos práticos, as datas de inicio do julgamento são fixadas, não porque o M.P. designe diretamente datas para julgamento, mas porque, por **razões legais imperativas**, determinou a **apresentação do arguido nesses dias concretos** para julgamento sumário (v. notas ao art. 382º). Arguido que só em julgamento requer prazo para preparação da sua defesa, deve ver indeferido o seu requerimento por **extemporâneo.**

I – Em processo sumário, a regra é a de que a marcação da audiência tem lugar no prazo máximo de 48 horas após a detenção. II – O nº 2 do artigo 387º consagra duas excepções, designadamente a da alínea a), de onde resulta a possibilidade de o processo manter a forma sumária quando nas 48 horas subsequentes à detenção houver interposição de um ou mais dias não úteis, tendo a audiência lugar dentro dos cinco dias seguintes à detenção, desde que o arguido tenha sido libertado dentro das 48 horas seguintes à detenção e o juiz ou o Ministério Público determinarem a audiência para qualquer data até ao quinto dia posterior â detenção. III – Tendo o arguido sido detido às 04 horas e 30 minutos de um domingo (dia 8 de dezembro) e libertado uma hora depois, para a manutenção da forma especial de processo sumário, a audiência poderia sempre ter lugar dentro dos cinco dias subsequentes ao da detenção, ou seja, até à sexta-feira seguinte (dia 13 de dezembro). IV – Para tanto, é absolutamente indiferente que o juiz ou o Ministério Público despachem no processo depois de já terem passado 48 horas da detenção, pois o que importa é que o despacho seja proferido e o julgamento iniciado até ao quinto dia posterior à detenção, como resulta direta e expressamente da lei (Ac. TRP de 29.05.2013, proc. 1066/12.6PTPRT.P1, *in* www.dgsi.pt).

O incumprimento dos prazos para iniciar a audiência: A ultrapassagem dos prazos para iniciar a audiência, tem constituído fonte de divergência doutrinal e jurisprudencial. Alguma jurisprudência considera que a violação de tal prazo, constitui uma **nulidade insanável,** por violar as regras da forma de processo especial sumário, preenchendo o **art. 119º-1-f)** (neste sentido, v. Ac. TRE de 31.05.2006, *in* www.dgsi.pt). A maioria da jurisprudência e também da doutrina, vai em sentido diverso, por considerar que tal prazo é simplesmente **ordenador** ("mera regra para marcação da audiência", lhe chama Paulo Pinto de Albuquerque, *in* Comentário do C.P.P.) que não deve confundir-se com os pressupostos do processo sumário enunciados no art. 381º. Desta forma, a violação destes prazos constituirá **mera irregularidade**, sujeita ao regime do art. 123º, sanável se não for atempadamente arguida. Paradigmático desta corrente, é o ac. infra:

I – Face ao regime legal decorrente da Lei nº 48/2007, só a violação dos requisitos prescritos no artigo 381º do CPP constitui a nulidade insanável apontada no artigo 119º, alínea f), do mesmo diploma legal. II – A inobservância dos prazos estabelecidos para o início da audiência de julgamento em processo sumário, conforme artigo 387º, nºs 1 e 2, do CPP, constitui uma mera regularidade a suscitar pelo interessado no próprio acto, sob pena de sanação daquela – cf. artigo 123º do CPP (Ac. do TRG de 22.11.2010, proc. 114/09.GFPRT.G1, *in* www.dgsi.pt).

Parece-nos, s.m.o., que a questão deverá colocar-se ainda num outro nível. Entre o designado ***«início de audiência de julgamento»*** em 48 horas (estando o arguido detido) e a apresentação do arguido detido ao Juiz em 48 horas, a que se reporta o art. 141º, há uma manifesta identidade de razões. Em ambos os casos o que se pretende, *primo,* é dar, execução ao **comando constitucional** de apreciação judicial da situação detentiva do arguido. Tem havido elaboração jurisprudencial sobre esta situação, no sentido de que como refere o **Tribunal Constitucional** no Acórdão nº 565/03, de 19.09, o prazo de 48 horas, do art. 141º, não se reporta, nem à decisão judicial sobre a detenção, nem mesmo ao interrogatório, mas à **apresentação ao Juiz**, pois era com esta apresentação que se dava *"a cessação de uma situação legal de poder administrativo sobre a pessoa privada da liberdade, mostrando-se, por isso, cumprida a garantia que a norma constitucional pretende consagrar"*. E assim, s.m.o., na senda do que já está adquirido para o interrogatório judicial, *mutatis mutandis,* o prazo de 48 horas, para ***«início de audiência de julgamento»***, reportar-se-ia à apresentação do expediente/autos ao Juiz, transitando o arguido automaticamente por força desse ato, da custódia policial/M.P. para a judicial, cumprindo-se assim o desiderato constitucional (v. notas ao art. 141º).

Referências: arts. 103º e 104º (prazos); arts. 138º e 139º do C.P.C. (regras de contagem prazos).

Adiamento e urgência: O início da audiência pode ser **"adiado"** por **20 dias**, verificada que seja a situação do nº 7 (falta de testemunhas ou de exames relatórios ou documentos essenciais). Em todo o caso, prevalece sobre o adiamento a **regra de celeridade**, sobretudo a que dimana dos nºs 3 e 4 (desde que estejam reunidas as condições, deve-se praticar imediatamente todos os atos que forem possíveis, interrompendo-se a audiência só para continuação daqueles que não forem possíveis de praticar imediatamente). O nº 8 confere **carater urgente** à elaboração da documentação a requisitar às diversas entidades.

Despacho de completude do auto de notícia e direito ao contraditório: Nos casos em que o auto de notícia carece de ser completado, por se considerar o mesmo **factualmente insuficiente**, o M.P. tem de lavrar despacho escrito nesse sentido, antes do início do julgamento, onde ele será lido em conjunto com o auto de notícia. Estará nesta situação, o acrescentamento do **elemento subjetivo do crime**, considerada matéria de facto pela maioria da jurisprudência e que raríssimas vezes consta do auto de notícia. Será mesmo por esta razão que existe o nº 2 do art. 389º. O completamento da factualidade do auto de notícia, não gera com esse estrito fundamento, qualquer adiamento da audiência, designadamente para preparação da defesa.

IV – Os agentes autuantes não têm que fixar nos autos quaisquer elementos de natureza subjetiva, cabendo tal ao M.P. (Ac. TRL de 13.10.2011, proc. 491/12.7SILSB.L1-5, *in* www.dgsi.pt).

Falta do arguido à audiência: O arguido **detido e libertado** nos termos do **art. 385º**, deve ser sujeito aos procedimentos previstos no seu nº 2, e assim, regularmente notificado para comparecer no dia designado pelo O.P.C. ou pelo M.P., com a advertência de que, faltando injustificadamente (v. arts. 116º e 117º) o julgamento se efetuará sem a sua presença, sendo representado por defensor, conforme determina os arts. 382º-6 e 385º-2-a).

(...) – as regras de obrigatoriedade de presença do arguido na audiência e dispensa judicial da mesma estabelecidas para o julgamento em processo comum (artigos 332º, nº 1 e 333º, nº 1, do Código de Processo Penal) não são aplicáveis ao processo especial sumário nos termos do artigo 386º, nº 1, parte final, do Código de Processo Penal. Não tendo o juiz de dispensar a presença do recorrente por a mesma não ter natureza obrigatória, não se verifica a invocada nulidade de ausência do arguido no julgamento prevista no artigo 119º, alínea c), do CPP (Ac. TRP de 09.11.2016, proc. 68/16.8PDMAI.P1, *in* www.dgsi.pt). **Nota:** A decisão, debruçando-se sobre a omissão do dever

judicial de efetuar diligências para localizar o arguido e de fundamentar a dispensa do arguido faltoso à audiência, atos próprios do processo comum, baseia-se no disposto no art. 386º-2, que diz que os procedimentos de julgamento sumário, devem ser reduzidos ao mínimo indispensável ao conhecimento e boa decisão da causa.

Juiz substituto: Como reafirmação da **natureza urgente** desta forma de processo, a impossibilidade de o Juiz titular do juízo assegurar o julgamento, não determina o adiamento da audiência, mas sim a obrigação da sua **substituição** pelo Juiz na escala de substituição (v. art. 86º da L. 62/2013, de 26.08 – L.O.S.J.).

Testemunhas: No que respeita às testemunhas nada de novo há a assinalar relativamente à forma de processo comum, **exceto** no que toca às testemunhas **não previamente notificadas** pela autoridade judiciária/M.P. ou entidade policial (v. arts. 382º e 383º); estas serão a **apresentar**, i.e., compete a quem tem interesse na sua audição em julgamento, o ónus de as apresentar nesse julgamento, o que o advogado sinalizará por requerimento para a ata na abertura da sessão. Mas pode ainda o advogado invocar o **interesse** na audição de testemunhas que não conseguiu apresentar; só que neste caso terá de **alegar** e **justificar** as razões pelas quais considera que elas são importantes para a descoberta da verdade e consequentemente se deve interromper o julgamento para as mesmas serem notificadas para comparência. **Oficiosamente** também o Juiz poderá entender que a presença de certa testemunha – que eventualmente resulte da discussão da causa – é relevante para a descoberta da verdade e **fundamentadamente** ordenar a sua notificação para comparecer numa sessão seguinte de julgamento. Nestes casos, estamos num campo equivalente à filosofia do art. 340º.

Detenção, libertação e medidas de coação: Uma vez iniciada a audiência com o arguido detido, ele conserva esse **estatuto de detido**, durante todo o tempo que durar a audiência.

O juiz a quem o detido foi apresentado ainda sob detenção, não o liberta se a audiência de julgamento puder iniciar-se de imediato ou no mais curto prazo de tempo possível, até ao limite das 48 horas seguintes à detenção. Devendo julgar o arguido ainda detido, só determinando a libertação quando proferir a sentença. Iniciada a audiência de julgamento do detido dentro das 48 horas seguintes à detenção, pode esta prolongar-se e com ela a detenção, para além desse prazo. Se tal se revelar necessário pode a audiência já iniciada interromper-se para continuar no dia imediato, sem que isso implique necessariamente a libertação do detido. Porém, se adia o início da audiência ao abrigo do dis-

posto no art. 387º, nº 2, al. b), terá que, por despacho exarado nos autos, libertar o detido, aplicando-lhe imediatamente as medidas coactivas que se revelarem necessárias (in CPP, Mag. do M.P. do Dist. Judic. do Porto). **Nota:** Atualizando em função das novas alterações legislativas, s.m.o., se o Juiz adia/interrompe o início da audiência ao abrigo dos nºs 6 ou 7, deve, por despacho fundamentado exarado nos autos, libertar o detido, sem prejuízo de lhe poder aplicar imediatamente as medidas coativas que se revelarem necessárias (que podem ir até à prisão preventiva – v. art. 202º – caso em que não libertará o arguido). Repare-se que o legislador, mal, não distingue, entre **adiamento** da audiência e **interrupção** da audiência. Em rigor, no adiamento da audiência ela não chega a iniciar-se. Nos casos dos nºs 6 e 7 estamos perante **interrupções da audiência**, que carecem de um despacho quanto à situação coativa do arguido (v. regras gerais nos arts. 328º e 331º).

Artigo 388º – Assistente e partes civis

Em processo sumário, as pessoas com legitimidade para tal podem constituir-se assistentes ou intervir como partes civis se assim o solicitarem, mesmo que só verbalmente, no início da audiência.

(Última redação da L. 26/2010, de 30.08.)

COMENTÁRIOS:

Assistente. Partes civis: A forma de processo sumário não impede a constituição de **assistente** (verificados os pressupostos dos arts. 68º a 70º e o pagamento da taxa de justiça – v. art. 519º-1) nem a **dedução do pedido cível** (v. arts. 71º a 84º) sem prejuízo da imediata opção prevista no art. 72º-1-h) desse pedido, puder ser deduzido em separado no tribunal cível. Mas tudo tem de compatibilizar-se com os princípios gerais da **economia e celeridade** do julgamento sumário, conforme assegura o **art. 386º**. Desta forma simplifica-se o pedido cível, que pode ser feito por **escrito**, mas também **verbalmente** no início da audiência (v. art. 389º-4) o que pressuporia o cumprimento do **dever de informação**, previsto no art. 75º. Mas, tal como está descrito o art. 75º, só se cumpre, quando haja **inquérito** o que não sucede na forma de processo sumário. É uma falha do sistema.

Mas, como se dispõe neste art. 388º, as pessoas com legitimidade para intervir como partes civis, no processo sumário, também podem deduzir o pedido o próprio processo penal, se assim o solicitarem, mesmo só verbalmente, no início da audiência. É evidente que, se optarem pela formulação do pedido no processo penal sumário, terão logo que expor os respetivos fundamentos, pois aqui os prazos são muito curtos e os actos e termos do julgamento serão reduzidas ao mínimo indispensável ao conhecimento e boa decisão da causa. Se não for possível, com os prazos e a tramitação do processo sumário, julgar criteriosamente sobre o pedido de indemnização civil, o juiz deverá consoante os casos, condenar no que se liquidar em execução de sentença (art. 82º, 1), reenviar as partes para os tribunais civis (art. 82º, nº 2) ou reenviar o processo para tramitação sob outra forma processual (art. 390º) (Maia Gonçalves, *in* CPP, 1999). **Nota:** Atualmente o Juiz, por estas razões, já não pode remeter o processo para outra forma processual – v. art. 390º.

Artigo 389º – Tramitação

1. O Ministério Público pode substituir a apresentação da acusação pela leitura do auto de notícia da autoridade que tiver procedido à detenção.

2. Caso seja insuficiente, a factualidade constante do auto de notícia pode ser completada por despacho do Ministério Público proferido antes da apresentação a julgamento, sendo tal despacho igualmente lido em audiência.

3. Nos casos em que tiver considerado necessária a realização de diligências, o Ministério Público, se não apresentar acusação, deve juntar requerimento donde conste, consoante o caso, a indicação das testemunhas a apresentar, ou a descrição de qualquer outra prova que junte, ou protesta juntar, neste último caso com indicação da entidade encarregue do exame, ou perícia, ou a quem foi requisitado o documento.

4. A acusação, a contestação, o pedido de indemnização e a sua contestação, quando verbalmente apresentados, são documentados na acta, nos termos dos artigos 363º e 364º

5. A apresentação da acusação e da contestação substituem as exposições introdutórias referidas no artigo 339º

6. Finda a produção de prova, a palavra é concedida por uma só vez, ao Ministério Público, aos representantes dos assistentes e das partes civis e ao defensor pelo prazo máximo de 30 minutos.

(Última redação da L. 1/2016, de 25.02.)

COMENTÁRIOS:

Acusação ou leitura do auto de notícia: O M.P. tem a faculdade de **apresentar ou não acusação por escrito.** Se a não apresentar, poderá **substituí-la**

pela simples **leitura em audiência do auto de notícia** (leitura que habitualmente, por razões práticas, é feita pelo Juiz). Em caso de insuficiência fáctica do auto de notícia, poderá completá-la por **despacho,** que pode ser igualmente proferido em audiência. A dedução deste **despacho completivo** do auto de notícia, confere ao arguido a possibilidade de solicitar **prazo até 10 dias** para exercer o contraditório inerente (v. art. 387º-6) desde que o despacho do M.P. não se resuma ao aditamento do elemento subjetivo. Toda a atividade verbal, descrita no nº 4, será **documentada em ata** sob pena de **nulidade insanável**, por violação do princípio do acusatório, nos termos do art. 119º-b). Não há lugar a **exposições introdutórias** e as **alegações finais** não podem prolongar-se por mais de **30 minutos**.

Acusação escrita: O M.P., pode apresentar acusação escrita. A apresentação de uma acusação escrita, se demasiado complexa, com o tempo despendido nessa atividade, pode ser incompatível com os prazos previstos no art. 387º-1-2-a)-b), impedindo o recurso à forma sumária de processo. Mas em regra, nestas situações haverá sempre diligências essenciais à descoberta da verdade, podendo **alargar o prazo para 20 dias**, ganhando-se tempo para elaborar a acusação [v. art. 387º-2-c)].

Requerimento do M.P: Se o M.P. considerar necessário a realização de diligências essenciais à descoberta da verdade [v. art. 387º-2-c)] e **não apresentar acusação escrita**, deve no entanto ***"juntar"*** requerimento escrito com a indicação de **testemunhas** (v. art. 387º-4) ou a **indicação de outras provas**, que pretende apresentar, com os esclarecimentos previstos no nº 3. Tudo sem prejuízo de se praticarem todos os atos que sejam possíveis de praticar imediatamente. Daqui resulta que não é obrigatório que todos os elementos de prova se encontrem logo juntos nos autos, quando o processo é remetido para julgamento. Se o M.P. apresentar acusação escrita, obviamente este requerimento fará parte dela.

Dolo/negligência: *Os agentes autuantes não têm que fixar nos autos quaisquer elementos de natureza subjetiva, cabendo tal ao M.P.* (Ac. do TRL de 20.11.2012, proc. 491/12.7SILSB.L1-5, *in* www.dgsi.pt). **Nota:** registe-se que em regra nos autos de notícia apenas consta factos que não a conclusão do dolo ou da negligência. Quando tal sucede, deve o M.P., completar o auto com este elemento, sob pena de gerar uma situação potencialmente negativa, face a alguma jurisprudência mais radical, que considera que não estando articulado o dolo (ou a negligência) não há crime por **falta da totalidade dos elementos típicos na "acusação".** E o mesmo pode acontecer quanto à **qualificação jurídica** [v. art. 283º-3-b)-c)].

Contestação: A apresentação de contestação **escrita** ou **verbal** pelo arguido, é facultativa; mas se verbal é reproduzida na ata – v. art. 315º.

Artigo 389º-A – Sentença

1. A sentença é logo proferida oralmente e contém:

a) A indicação sumária dos factos provados e não provados, que pode ser feita por remissão para a acusação e contestação, com indicação e exame crítico sucintos das provas;

b) A exposição concisa dos motivos de facto e de direito que fundamentam a decisão;

c) Em caso de condenação, os fundamentos sucintos que presidiram à escolha e medida da sanção aplicada;

d) O dispositivo, nos termos previstos nas alíneas *a*) a *d*) do nº 3 do artigo 374º

2. O dispositivo é sempre ditado para a acta.

3. A sentença é, sob pena de nulidade, documentada nos termos dos artigos 363º e 364º

4. É sempre entregue cópia da gravação ao arguido, ao assistente e ao Ministério Público no prazo de 48 horas, salvo se aqueles expressamente declararem prescindir da entrega, sem prejuízo de qualquer sujeito processual a poder requerer nos termos do nº 4 do artigo 101º

5. Se for aplicada pena privativa da liberdade ou, excepcionalmente, se as circunstâncias do caso o tornarem necessário, o juiz, logo após a discussão, elabora a sentença por escrito e procede à sua leitura.

(Última redação da L. 20/2013, de 21.02)

COMENTÁRIOS:

A sentença oral: A sentença em processo com forma sumária, pode ser **verbal** ou **escrita** (ainda que por força do nº 2, quanto ao dispositivo, acabe por ter sempre uma parte escrita). Em ambas as situações, resolve-se sob o **signo da sintetização,** que resulta dos vocábulos ***«sumária», «remissão», «sucintos», «concisa»***. Na verdade, é mais do que tudo, a **capacidade de sintetização** do Juiz que está em causa. Nesta senda restritiva, na elaboração da sentença, no que aos factos provados e não provados diz respeito, o Juiz pode **remeter** para a acusação e para a contestação. Mas não está dispensado do rigor e da precisão exigível na prolação de uma sentença, designadamente do **dever de fundamentação** a que alude a **regra geral dos requisitos da sen-**

tença, no art. 374º-2. Estará apenas totalmente dispensado de enunciar o relatório previsto no art. 374º-1. Saber resumir nestes termos e de **improviso,** é simplesmente, **"saber".** Por isso, elaborar uma boa sentença em processo sumário, pode ser nalgumas situações, mais difícil que num julgamento em processo comum.

A sentença **verbal,** fica sujeita a registo áudio, sob pena de **nulidade** – v. nº 4, mas o **dispositivo**, i.e., a parte decisória a que alude o art. 374º-3, tem de ser sempre **ditado para a ata,** nela figurando por escrito, conforme determina o nº 2.

A sentença escrita: Mas quando o Juiz aplica uma **pena privativa da liberdade** a sentença é **obrigatoriamente escrita**. Também o poderá ser, se o caso revelar **complexidade** que exija reflexão, ou como diz o texto legal, ***«se as circunstâncias do caso o tornarem necessário»***. Nestes casos, o Juiz tem de interromper o julgamento pelo tempo necessário à prática do ato escrito.

Coloca-se a questão de saber se por aplicação de uma ***«pena privativa da liberdade»***, se deve entender apenas a condenação em pena de **prisão efetiva,** ou também quando a pena de prisão é **suspensa na sua execução** (v. art. 50º e segs. do C.P.) ou **substituída** (v. arts. 43º ou 58º do C.P.). Parece-nos que face à consideração doutrinal maioritária, de que as penas suspensas ou de substituição são **autónomas**, não devem elas ser tratadas como verdadeiras penas privativas da liberdade. Deste modo, s.m.o., não tem o Juiz de elaborar sentença por escrito, quando não condena em pena efetiva de prisão (sem olvidar que uma pena de prisão suspensa na sua execução, se pode converter em efetiva – v. art. 56º do C.P.).

Sumula: Em resumo, partindo dos **requisitos da sentença** expressos no art. 374º, o Juiz na elaboração da **sentença oral** no processo sumário, está dispensado de elaborar **relatório**, enuncia **e grava** em registo áudio a parte da **fundamentação** e do respetivo **exame critico** e dita e **grava** em registo áudio **e consigna em ata**, a parte do **dispositivo,** onde aliás se contém a decisão final. Na elaboração da **sentença escrita**, está apenas dispensado de elaborar **relatório.** Nos casos em que aplica **pena restritiva da liberdade** ou se revele **complexidade** na decisão, a sentença é **totalmente escrita.**

Cópia da "gravação": Sempre que o M.P. ou o arguido ou o assistente, durante a audiência **expressamente não prescindirem** da entrega do registo áudio ou áudio visual do julgamento, é-lhes ***«sempre»*** (obrigatoriamente) entregue cópia do mesmo no **prazo de 48 horas**. Para que tal não aconteça, deve o Juiz perguntar-lhes se prescindem dessa entrega e eles concordarem. Esta formalidade deve constar da ata. Mas qualquer **sujeito processual**, incluindo os supra indicados, independentemente de terem ou não prescindido do registo durante a audiência, poderão requerê-lo posteriormente, nos termos do art. 101º-4.

No julgamento efetuado em processo sumário, só é obrigatória a elaboração da sentença por escrito (art. 389-A, nº 5 do CPP), no caso de ser aplicada pena de prisão efetiva. Sendo aplicada uma pena de substituição da prisão, como a suspensão da execução, a sentença pode ser proferida oralmente (Ac. TRG de 08.04.2013, proc. 367/12.8GAPTL.G1, *in* www.dgsi.pt).

A falta de documentação da audiência constitui nulidade relativa (omissão posterior, ao inquérito ou instrução, de diligência que pode reputar-se essencial para a descoberta da verdade) que fica sanada se não for arguida antes de terminar a audiência (Ac. STJ de 09.05.2002, *in* www.dgsi.pt).

Artigo 390º – Reenvio para outra forma de processo

1. O tribunal só remete os autos ao Ministério Público para tramitação sob outra forma processual quando:

a) Se verificar a inadmissibilidade legal do processo sumário;

b) Não tenham podido, por razões devidamente justificadas, realizar-se, no prazo máximo previsto no artigo 387º, as diligências de prova necessárias à descoberta da verdade; ou

c) O procedimento se revelar de excecional complexidade, devido, nomeadamente, ao número de arguidos ou de ofendidos ou ao carácter altamente organizado do crime.

2. Se, depois de recebidos os autos, o Ministério Público deduzir acusação em processo comum com intervenção do tribunal singular, em processo abreviado, ou requerer a aplicação de pena ou medida de segurança não privativas da liberdade em processo sumaríssimo, a competência para o respectivo conhecimento mantém-se no tribunal competente para o julgamento sob a forma sumária.

(Última redação da L. 1/2016, de 25.02.)

COMENTÁRIOS:

Fundamentos do reenvio: O Juiz pode **não** efetuar o julgamento sob forma sumária e **devolver** os autos ao M.P., por três ordens de razões **taxati-**

vas; **(i)** *ab initio*, por não estarem reunidos os **pressupostos do processo sumário** previstos no art. 381º ou cumpridos os **prazos** previstos no art. 387º-1-2 **(ii)** não ter sido possível realizar no prazo legal de 20 dias, as **diligências** previstas no art. 387º-c) **(iii)** quando o procedimento se revelar de **excecional complexidade** [v. noção nas notas ao art. 215º-3] ou ao **caráter altamente organizado do crime** [v. art. 1º-m)].

Reenviado o processo, o M.P., pode **optar**, por manter a acusação sob **qualquer outra forma de processo**, desde o comum, ao abreviado e ao sumaríssimo, nos últimos dois casos, se tal for processualmente ainda possível. Aliás, o art. 391º-A-3-a), inculca a obrigação do M.P. nestas circunstâncias empregar **em alternativa** a forma de processo abreviado. Por seu lado, o Juiz/tribunal que rejeitou o julgamento sob forma sumária, tem de efetuar o julgamento sob a forma **alternativa**, decidida pelo M.P. (obviamente se não houver também razões legais para indeferir).

O arguido foi devidamente notificado para o julgamento em processo sumário, ao qual faltou sem justificação e, mais tarde, para julgamento em processo abreviado, ao qual injustificadamente também faltou. Teve oportunidade de proceder ao contraditório através da sua defensora pela qual foi sempre representado. Para o julgamento (no processo abreviado) do qual foi informado e notificado com o teor da acusação proferida pelo M.P., não apresentou qualquer oposição. Essa forma de processo, que não exige sequer inquérito obrigatório e atendendo ao tipo de crime e pena prevista, inferior a 5 anos de prisão, era perfeitamente viável processualmente, ex vi do disposto quer no art. 390º, nº 1, al. a) e nº 2 quer do art. 391º-A, nºs 1 e 3, a) todos do CPP (Ac. TRL de 20.11.2012, proc. 491/12.7SILSB.L1-5, *in* www.dgsi.pt).

Referências: art. 1º-m) (carater altamente organizado do crime); arts. 215º-3, 283º-7 (excecional complexidade).

Artigo 391º – Recorribilidade

1. Em processo sumário só é admissível recurso da sentença ou de despacho que puser termo ao processo.

2. Excepto no caso previsto no nº 4 do artigo 389º-A, o prazo para interposição do recurso conta-se a partir da entrega da cópia da gravação da sentença.

(Última redação da L. 26/2010, de 30.08.)

COMENTÁRIOS:

Recurso: Só é admissível recurso da **sentença** condenatória ou absolutória ou do **despacho que ponha termo ao processo** (sem conhecer do seu objeto). Esta norma está desenhada numa perspetiva de perenção do processo. Obviamente será também admissível recurso com base na alegação de quaisquer **nulidades,** ou quaisquer **decisões que afetem os direitos liberdades e garantias** de quaisquer intervenientes processuais, mesmo que não tenham a ver diretamente com a decisão final (v.g. arts. 119º e 379º).

Irrecorribilidade do despacho judicial de reenvio: Não é admissível, e sempre seria inconsequente, o recurso do despacho judicial a que se refere o art. 390º-1-a), que não aceitando o processo na forma sumária, o remete para outra forma processual, desde logo, por não ter qualquer utilidade prática, face aos prazos desta forma de processo, previstos no art. 387º, que o tornariam **supervenientemente inútil** (v. art. 130º do C.P.C. *ex vi*, art. 4º). Ainda assim, a jurisprudência dividiu-se quanto a esta questão, que findou com a prolação do ac. de fixação de jurisprudência infra.

Jurisprudência uniformizadora: Ac. do STJ de Fixação de Jurisprudência nº 8/2014, de 14.05.2014, *in* DR de 12.06.2014: *«Em processo sumário é irrecorrível o despacho de reenvio para outra forma de processo».*

Nulidade insanável: A utilização indevida da forma de processo sumário, traduz-se numa **nulidade insanável**, expressamente prevista no art. 119º-f).

Prazos de recurso: O prazo de recurso e da resposta é o geral de **30 dias** nos termos dos arts. 411º e 413º. O prazo, conta-se nos termos das alíneas do art. 411º, ou a partir da entrega da cópia da gravação da sentença, se tal tiver sido solicitado. Em tudo o mais, aplica-se o **regime geral de recursos** previsto no art. 399º e segs.

Transcrição da sentença: A questão que se coloca, quanto à **sentença oral** proferida nos termos do art. 389º-A, é a do meio do seu **conhecimento** pelos tribunais de recurso. Trata-se de uma velha querela, face à resistência dos tribunais de recurso, em "ouvir" as gravações e decidirem em conformidade com essa prova áudio. Deste modo alguma jurisprudência, vai no sentido de que a fundamentação oral da sentença implica, no entanto, a sua **total transcrição escrita em caso de recurso**, tarefa essa que caberá à secção de processos do tribunal *"a quo"*, devendo o Juiz confirmar a fidedignidade da transcrição (neste sentido, Desembargador José Manuel Cruz Bucho, *in* A revisão de

2010 do CPP, págs. 122/3, Edit. Guimarães, *in* www.trg.tnj.pt/estudos.). Não é no entanto, opinião unanime, conforme decorre do bem sustentado ac. infra.

I. A interposição de recurso de sentença oral proferida em processo sumário, não obriga à transcrição da mesma; II. A exigência dessa transcrição, iria entrar em claro confronto com as disposições legais que regem aquele tipo de processos, das quais resulta ter sido intenção manifesta do legislador aligeirar os procedimentos em prol da celeridade, salvaguardando-se, no que concerne à redução a escrito da sentença, apenas, os casos em que há condenação em pena privativa da liberdade; III. Nos demais casos, em que a sentença foi proferida oralmente, se a gravação integral da audiência, que inclui a própria sentença, é obrigatória, nos termos dos arts. 363º, 364º e 389º-A, nº 3, do CPP, sendo o recurso a interpor pelas partes fundado nessa mesma gravação e contando-se o respectivo prazo de interposição a partir da entrega da cópia dessa gravação, não se vislumbram razões convincentes que possam sustentar a necessidade de transcrição da sentença recorrida para conhecimento desse mesmo recurso" (Ac. TRL de 05.06.2012, proc. 87/12.3PAPTS.L1-5, *in* www.dgsi.pt).

I – Em processo especial sumário a sentença proferida oralmente (em conformidade com o nº 1 do art. 389º-A do C.P.P., na redacção conferida pela Lei nº 26/2010, de 30-08, em vigor desde 30-10-2010) é gravada em suporte magnético, com a possibilidade de remissão para a acusação e contestação e só a parte do dispositivo é obrigatoriamente ditada e consta da respectiva acta. II – O princípio da oralidade que assenta no pressuposto da defesa da celeridade processual, não pode colocar em crise os direitos de defesa, neles se incluindo o direito ao recurso da decisão. Nesta perspectiva se inserem as disposições legais dos arts. 363º e 364º, ambos do C.P.P. III – Estabelecendo o referido art. 389º-A, no seu nº 3 que: "a sentença é, sob pena de nulidade, documentada nos termos dos artigos 363º e 364º", este último, que remete para o disposto no art. 101º também do C.P.P., tem que ser entendido no sentido de que a documentação da sentença pode ser feita pelos vários meios, incluindo a transcrição através da escrita comum. IV — No caso de recurso este meio de transcrição deve ser o observado, tendo em conta que o Tribunal superior aprecia e sindica a decisão da 1ª Instância, pelo que não faria sentido que antes de a apreciar, a transcrevesse da gravação magnética utilizada. V – O Tribunal superior pode debruçar-se sobre a existência de nulidades (art. 379º), de vícios da decisão (art. 410º) ou da alteração da matéria de facto (art. 412º), todos dos CPP, conforme ocorre numa qualquer decisão em apreciação. VI – Assim, torna-se necessário que a sentença sob recurso seja transcrita, na forma de escrita comum, observando o conteúdo legal do referido art. 389º-A do C.P.P. VII — Tendo havido recurso, a gravação da sentença deveria ser integralmente transcrita, em obediência ao disposto no nº 5 do art. 389º-A do C.P.P. VIII – Não o tendo feito, verifica-se uma irregularidade que afecta o valor da sentença proferida, por violação do referido nº 5 do art. 389º-A do C.P.P., podendo o Tribunal ad quem ordenar oficiosamente a reparação da mesma pelo Tribunal a quo, nos termos permitidos pelo nº 2 do art. 123º, deste mesmo Corpo de Leis (Ac. TRL de 13.10.2011, proc. 574/11.0PYLSB.L1.9, *in* www.dgsi.pt).

Mesmo face à alteração introduzida pela Lei nº 26/2010 de 30/08, se existir recurso da sentença proferida em processo sumário, além do suporte magnetofónico ou digital de gravação da prova e da sentença ditada para a acta, o Tribunal "a quo", deverá transcrever integralmente a sentença recorrida, juntá-la aos autos, após a sua fidedignidade ser atestada pelo Sr. Juiz que a proferiu e só depois remeter o respectivo processo para o Tribunal "ad quem".

Não ignoramos uma Circular nº 16/2011, de 11.10.2011 do Conselho Superior da Magistratura que entendeu dever essa transcrição ser feita no Tribunal de recurso, todavia, salvo o devido respeito e porque se trata de uma questão jurisdicional e não administrativa, compete aos Tribunais julgar, assistindo-nos o direito e o dever de aplicar interpretação do direito. Por outro lado, a fidedignidade da transcrição sempre terá de ser autenticada e confirmada peio próprio Juiz que a ditou, o que não está ao nosso alcance neste Tribunal. Tal decisão administrativa que deu origem à referida Circular, foi aliás objecto de voto de vencido, que entendia tratar-se de matéria de natureza jurisdicional (Ac. TRP de 26.09.2011, proc. 216/12.7GFPRT.PI, *in* www.dgsi.pt).

TÍTULO II – Do processo abreviado

Artigo 391º-A – Quando tem lugar

1. Em caso de crime punível com pena de multa ou com pena de prisão não superior a 5 anos, havendo provas simples e evidentes de que resultem indícios suficientes de se ter verificado o crime e de quem foi o seu agente, o Ministério Público, em face do auto de notícia ou após realizar inquérito sumário, deduz acusação para julgamento em processo abreviado.

2. São ainda julgados em processo abreviado, nos termos do número anterior, os crimes puníveis com pena de prisão de limite máximo superior a 5 anos, mesmo em caso de concurso de infracções, quando o Ministério Público, na acusação, entender que não deve ser aplicada, em concreto, pena de prisão superior a 5 anos.

3. Para efeitos do disposto no nº 1, considera-se que há provas simples e evidentes quando:

a) O agente tenha sido detido em flagrante delito e o julgamento não puder efectuar-se sob a forma de processo sumário;

b) A prova for essencialmente documental e possa ser recolhida no prazo previsto para a dedução da acusação; ou

c) A prova assentar em testemunhas presenciais com versão uniforme dos factos.

(Última redação da L. 26/2010, de 30.08.)

COMENTÁRIOS:

Pressupostos do processo abreviado: A celeridade e a simplicidade dominam o processo abreviado. São seus pressupostos, **(i)** que **a acusação seja deduzida no prazo de 90 dias, nos termos previstos no nº 391-B-2; (ii)** que o crime ou crimes indiciariamente praticados não possam vir a ser punidos com **pena de prisão superior a 5 anos,** ou porque tal resulta diretamente dos tipos legais ou porque o M.P. limitou as penas a aplicar (v. no mesmo sentido art. 16º-3); **(iii)** e que as provas reunidas sejam **simples e evidentes,** designadamente na identificação do **autor do crime** e facilmente corporizem a noção de **indícios suficientes para acusar** (v. nº 3).

A noção de provas simples e evidentes: No nº 3, de forma **taxativa**, desenha-se a noção de ***«provas simples e evidentes»***. São aquelas que resultarem de um **flagrante delito** (v. arts. 255º e 256º) e o julgamento não se puder realizar sob a forma de processo sumário (assim inculcando a ideia da **subsidiariedade** do processo abreviado, relativamente ao processo sumário) ou forem essencialmente **documentais** ou sendo testemunhais, assentarem na **presencialidade e na uniformidade** dos conteúdos declaratórios das testemunhas (será difícil, sem fazer julgamento garantir esta uniformidade). Digamos, que tem a ver, com a constatação de na prova em presença, existir uma **factualidade típica claramente materializada e imputável de forma inequívoca a um autor**. Não significa obviamente que a interpretação jurídica dessa factualidade também seja inequívoca. Mas, a existência de **provas simples e evidentes**, permite a **não obrigatoriedade de realizar inquérito** e consequentemente a não obrigatoriedade de ouvir o arguido; quanto muito um **"inquérito sumário",** que poderá consistir numa mera tomada de declarações ao arguido, para apurar se ele tem alguma versão dos factos, que ponha em causa a simplicidade e as evidências probatórias. Em qualquer caso, não tendo ainda o arguido prestado TIR, há sempre conveniência em que tal aconteça antes do expediente seguir para a fase judicial, pelo que nessas circunstâncias nada obsta a que seja também interrogado.

I – Com a Lei 26/2010, de 30/8 a enumeração das situações que integram o conceito de "provas simples e evidentes" previsto no art. 391º-A CPP relativo à forma especial de processo abreviado, deixou de ser exemplificativa a passou a ser taxativa. II – O emprego de forma de processo especial fora dos casos previstos na lei (erro na forma do processo) constitui nulidade insanável do art. 119º, al. f) CPP, a conhecer nos termos do art. 410º-3, CPP (Ac. TRP de 12.12.2014, proc. 169/13.4GABTC.P1, *in* www.dgsi.pt).

I – No processo abreviado não é obrigatória a realização de inquérito. II – No processo abreviado não existe obrigatoriedade de interrogar o arguido previamente à dedução da acusação, pelo que a sua falta não integra a nulidade prevista no art. 119º, al. d) CPP (Ac. TRP de 01.10.2014, proc. 9794/12.0TAVNG.P1, *in* www.dgsi.pt)

Carater prioritário do processo: Os atos processuais inerentes a arguidos detidos ou presos ou indispensáveis à garantia da liberdade das pessoas, bem como os atos relativos a processos sumários e **abreviados**, praticam-se **a todo o tempo**, posto que os tribunais estejam em funcionamento – v. arts. 103º-1-2-a)-c) e 104º-2. Existe serviço de turno nos tribunais aos sábados, feriados consecutivos e férias judiciais. A marcação de data para julgamento nesta forma de processo, é também prioritária, nos precisos termos do art. 391º-C-2.

As virtudes do processo abreviado: A utilização do processo abreviado é **obrigatória** pelo M.P. sempre que se verifiquem os seus pressupostos. Trata-se de um processo extraordinariamente ágil, uma vez que, a acusação do M.P. (que inclusive pode ser singularizada – v. art. 391º-A-2) pode ser feita de forma simplificada (art. 391º-B). Depois, os autos são, em regra, remetidos imediatamente à secretaria judicial, porque não é possível nesta forma de processo requerer a fase de instrução, não tendo a secretaria do M.P. de efetuar **notificações,** abrindo-se assim, imediatamente a fase de julgamento (v. nota 7 ao art. 391º-B). Depois o Juiz tem de designar datas de julgamento com **precedências legais** (art. 391º-C-2). Por fim, a sentença é ou pode ser elaborada de forma **simplificada** (art. 391º-F). Não se vislumbra nesta forma de processo, desequilíbrios entre a acusação e a defesa. Num estado moderno, esta deveria ser a forma de processo por excelência e todas as outras alternativas. Ao fim e ao cabo, é um processo comum, simplesmente acelerado/abreviado.

A substituição (operada pela L. 59/98) *da expressão facultativa "pode deduzir" pela impositiva "deduz", torna obrigatório o processo abreviado quando se verifiquem os respetivos pressupostos processuais* (*in* CPP dos Mag. M.P. do Dist. Judic. do Porto).

Referências: art. 119º-1-f) (nulidade insanável, por emprego de processo especial, por forma não prevista na lei); **Circular da PGR 6/2002, de 11.03** (registo dos processos especiais).

Artigo 391º-B – Acusação, arquivamento e suspensão do processo

1. A acusação do Ministério Público deve conter os elementos a que se refere o nº 3 do artigo 283º A identificação do arguido e a narração dos factos podem ser efectuadas, no todo ou em parte, por remissão para o auto de notícia ou para a denúncia.

2. Sem prejuízo do disposto no nº 4 do artigo 384º, a acusação é deduzida no prazo de 90 dias a contar da:

a) Aquisição da notícia do crime, nos termos do disposto no artigo 241º, tratando-se de crime público; ou

b) Apresentação de queixa, nos restantes casos.

3. Se o procedimento depender de acusação particular, a acusação do Ministério Público tem lugar depois de deduzida acusação nos termos do artigo 285º

4. É correspondentemente aplicável em processo abreviado o disposto nos artigos 280º a 282º

(Última redação da L. 20/2013, de 21.02.)

COMENTÁRIOS:

Acusação do M.P.: A acusação em processo abreviado, não se distingue da acusação em processo comum, quanto aos seus elementos. Desde logo, tem de ser **escrita** (ao contrário do processo sumário, que pode ser verbal-v. art. 389º-1). Pode quanto muito a mesma ser elaborada por **remissão** para os factos do auto de notícia ou da denúncia, no todo ou em parte. Isto pressupõe que sendo no todo, essas peças processuais estejam formuladas de acordo com as exigências legais previstas no art. 283º-3, o que raras vezes acontece. Por outro lado, se se remete só em parte, pode gerar-se situações dúbias. Deve portanto, o M.P., avaliar bem estas situações concretas antes de decidir, não fazer uma acusação completa. Em todo o caso, sempre terá de **qualificar jurídico-penalmente os factos**.

III – O thema decidendum não é fixado pelo auto de notícia mas pelo impulso acusatório do M.P. (art. 391º-B, nº 1 do CPP) e, por outro lado, é na acusação que se condensa todo o contexto de facto e de direito atinentes ao comportamento típico, ilícito e

culposo do arguido. IV – Os agentes autuantes não têm que fixar nos autos quaisquer elementos de natureza subjetiva, cabendo tal ao M.P. (Ac. TRL de 13.10.2011, proc. 491/12.7SILSB.L1-5, *in* www.dgsi.pt).

Prazo da acusação do M.P.: É de **90 dias o prazo para acusar**, cujo início se conta em função de duas circunstâncias diferentes. No caso de **crimes públicos**, a partir da **aquisição da notícia do crime pelo M.P.,** sendo certo que o M.P. **adquire a notícia do crime** por conhecimento próprio, por intermédio dos órgãos de polícia criminal ou mediante denúncia (v. arts. 241º a 247º) em **data indeterminada**, que se **concretiza** no momento temporal em que o magistrado do M.P., dela toma **conhecimento no processo**. No caso de **crimes semipúblicos ou particulares**, já o prazo se conta a partir de uma data determinada; a da **apresentação da queixa na entidade competente.** Deste modo deixou de ter relevo o momento da data em que o crime foi cometido (sem prejuízo do prazo de queixa de 6 meses, previsto no art. 115º-1 do C.P. e dos prazos de prescrição do procedimento criminal, previstos no art. 118º do C.P.) como era na versão anterior à L. 48/07, de 20.08, fazendo sentido a crítica comum de que se perdeu "a frescura da prova". E por outro lado instalou-se a dúvida de como proceder, quando existem em concurso real, crimes de natureza pública e não pública, afigurando-se-nos, s.m.o., que prevalecerá o prazo mais curto.

Prazo da acusação particular: O recurso ao julgamento abreviado, está também ao alcance do **assistente** nos casos de crimes particulares, cumprindo-se então o disposto no art. 285º.

Pedido de indemnização cível: Nada obsta à dedução de um pedido de indemnização cível no processo abreviado. Aliás esta conclusão é inculcada pelo art. 72º-1-h), quando diz que, quando o processo correr sob a forma sumária ou sumaríssima, o pedido cível **pode** ser deduzido em separado. Sob a forma abreviada, aplica-se as regras gerais do processo comum (v. art. 71º e segs.).

A aplicabilidade da dispensa de pena (art. 280º) e da suspensão provisória do processo (art. 282º): É possível em processo abreviado aplicar estes institutos. Relativamente à **dispensa de pena** não se colocam entraves. Relativamente à **suspensão provisória do processo**, com aplicações de injunções e regras de conduta que se podem prolongar por muito tempo, na hipótese de incumprimento das mesmas ou de reincidência do arguido, o processo poderá não prosseguir como abreviado face ao decurso dos prazos próprios desta forma de processo, mas apenas como comum (v. art. 282º-4).

O incumprimento do prazo para acusar: A ultrapassagem do prazo de **90 dias** previsto nos nºs 2 e 3, tem constituído fonte de divergência doutrinal e jurisprudencial. Alguma jurisprudência considera que a violação de tal prazo, constitui uma **nulidade insanável,** por violar as regras da forma de processo especial abreviado, preenchendo o **art. 119º-1-f).** A maioria da jurisprudência, vai em sentido diverso, por considerar que tal prazo é apenas **requisito da acusação** e não dos **pressupostos do processo abreviado,** tratando-se de uma **mera irregularidade**, sujeita ao regime do art. 123º, sanável se não for atempadamente arguida. Paradigmático desta corrente, é o ac. infra:

1 – O prazo previsto no 391º-D (tal como também o do art. 391º-B, nº 2) do CPP, na redacção anterior à que lhe foi dada pela Lei nº 26/2010, de 30 de Agosto, não constitui requisito essencial do processo abreviado, não acarretando a sua inobservância qualquer invalidada dos actos praticados após o seu decurso. 2 – Os verdadeiros e únicos pressupostos do processo abreviado estão enunciados no art. 391º-A do CPP. As demais normas (arts. 391º-B a 391º-F) limitam-se a regular a subsequente tramitação processual do processo abreviado, onde ele diverge do processo comum. 3 – A nulidade insanável consignada na alínea f) do art. 119º não pode, actualmente, ser preenchida com a violação de qualquer das normas ínsitas nos art. 391º-B e segs., respeitantes à tramitação do processo abreviado, verificando-se apenas quando não forem observados os pressupostos enunciados no art. 391º-A, pois só nesse caso é que haverá emprego do processo abreviado "fora dos casos previstos na lei" (Ac. TRE de 21.06.2011, proc. 702/083GELLE.E1, *in* www.dgsi.pt) (v. notas no mesmo sentido ao art. 387º).

"a utilização da forma de processo abreviado em violação dos prazos dos artigos 391º-B, nº 2 e 391º-D constitui uma irregularidade (artigo 123º) e não uma nulidade insanável (artigo 119º, al. f)." (P.P. Albuquerque, *in* Comentário do C.P.P.).

Eliminação da fase da instrução: Para além da não obrigatoriedade de um inquérito, foi eliminada do processo abreviado, pela L. 48/2007, de 29.08, a fase de instrução. Eliminada a fase de instrução, que era a justificação da notificação da acusação pelo M.P. (para o arguido, querendo, requerer tal instrução – v. art. 287º) deixou de fazer sentido tal notificação. Assim, deduzida acusação pelo M.P., o processo **transita logo para a secretaria judicial**, onde aí sim, se procederá às notificações legais, após despacho judicial nos termos do art. 391º-C. Só assim não será, quando se verificar o circunstancialismo previsto no art. 77º-1-2, onde o **assistente** devidamente constituído, ou o **lesado**, devidamente reconhecido, têm de ser **notificados** da possibilidade de deduzirem pedido de **indemnização civil,** nos termos e prazos legais, quando ainda não tiverem exercido tal direito. Na verdade, nada impede que no processo abreviado se discuta a **responsabilidade civil** do arguido.

A supressão da fase de instrução, tem levantado questões de constitucionalidade, decorrente do facto de impedir o arguido de submeter a um Juiz de instrução, a verificação dos **pressupostos** para acusar em processo abreviado. Todavia, não está o Juiz de julgamento impedido de fazer essa triagem (v. art. 391º-D-1), pelo que se trata, se não de uma falsa questão, pelo menos de um empolamento desrazoável. Acresce que o arguido pode sempre arguir **nulidades**, a maior parte delas a todo o tempo, em requerimento próprio (v. regime das nulidades e irregularidades nos arts. 118º a 123º).

V – A eliminação da referência "à notificação da acusação" contida no art. 391º-C do CPP, na versão anterior à Lei nº 48/2007, de 29.8, é compreensível porque deixou de ser possível requerer a instrução (art. 286º, nº 3, do CPP, tendo sido ultrapassada a questão da eventual inconstitucionalidade pela redacção entretanto dada ao art. 391º-D do CPP pela Lei nº 26/2010, de 30.8), sendo esta forma de processo (abreviado) especial, de natureza urgente até à sentença em 1ª instância, o que é mais uma manifestação da primazia dada aos interesses da simplicidade e da celeridade. VI – A única conclusão a retirar das alterações introduzidas pelas Leis nº 48/2007, de 29.8 e nº 26/2010, de 30.8 é que, a nível da acção penal (tal como resulta dos arts. 391º-B e 391º-C do CPP), deduzida a acusação em processo abreviado, os autos são remetidos para julgamento (à semelhança do que também sucede com o processo sumário) sem haver notificação nos termos do regime geral (arts. 283º, nº 277º, nº 3 e 113º, nº 9, do CPP) (Ac. TRL de 06.03.2013, proc. 155/11.9EAPRT.P1, *in* www.dgsi.pt).

Referências: arts. 103º e 104º (prazos); arts. 138º e 139º do CPC (regras de contagem prazos).

Artigo 391º-C – Saneamento do processo

1. Recebidos os autos, o juiz conhece das questões a que se refere o artigo 311º

2. Se não rejeitar a acusação, o juiz designa dia para audiência, com precedência sobre os julgamentos em processo comum, sem prejuízo da prioridade a conferir aos processos urgentes.

COMENTÁRIOS:

Despacho judicial: Recebidos os autos, o Juiz deve proferir **despacho saneador**, à semelhança do processo comum (v. art. 311º) e designar **data para audiência, com precedência** sobre os eventuais julgamentos em processo comum, mas **sem precedência** sobre certos processos urgentes (aqueles em que estão em causa detidos ou presos preventivos ou são considerados urgentes por legislação especial). Mas não há um prazo limite para designar a data de julgamento, tendo-se libertado o Juiz do dever de marcar julgamento em 90 dias, como acontecia antes das alterações da L. 26/2010, de 30.08 [ainda que o processo tenha natureza urgente, que lhe é conferida também pelo art. 103º-1-c)]. Após procede-se às **notificações** legais, aos intervenientes processuais, podendo o arguido **contestar** [o que implica a sua notificação da acusação – art. 61º-1-c)] e apresentar **testemunhas** e outras provas, à semelhança do processo comum no **prazo de 20 dias** (v. art. 315º). O despacho de marcação de data para audiência é **irrecorrível** (v. art. 313º-4).

Nos fundamentos da **rejeição** da acusação pelo Juiz, está excluído a sindicância à **prova indiciária**. Mas pode considerá-la **manifestamente infundada** [v. notas ao art. 311º-2-a)] ou considerá-la **inadmissível** por razões processuais, como por exemplo, a não verificação dos pressupostos do processo abreviado (v. art. 391º-D-1).

I – Não é obrigatória a realização de inquérito na forma de processo abreviado, podendo a acusação fundamentar-se apenas em auto de notícia ou em «inquérito sumário», entendendo-se como tal aquele que se cinge aos actos estritamente necessários à obtenção da prova indiciária com as características prescritas pelo nº 1 do art. 391º-A do CPP. II – O juiz a quem é submetida uma acusação em processo abreviado para efeitos de julgamento, à semelhança do que acontece no processo comum, não pode sindicar as provas indicadas na acusação e ajuizar sobre a sua não suficiência, evidência ou simplicidade (arts. 311º e 391º C do CPP) (Ac. TRL de 10.03.2010, proc. 4483/08.2TDLSB.B.L1.9, *in* www.dgsi.pt).

Artigo 391º-D – Reenvio para outra forma de processo

1. O tribunal só remete os autos ao Ministério Público para tramitação sob outra forma processual quando se verificar a inadmissibilidade, no caso, do processo abreviado.

2. Se, depois de recebidos os autos, o Ministério Público deduzir acusação em processo comum com intervenção do tribunal singular ou requerer a aplicação de pena ou medida de segurança não privativas da

liberdade em processo sumaríssimo, a competência para o respectivo conhecimento mantém-se no tribunal competente para o julgamento na forma abreviada.

(Última redação da L. 26/2010, de 30.08.)

COMENTÁRIOS:

A premência do processo abreviado: Flui do advérbio ***«só»*** a emergência da forma de processo abreviado. Se na prolação do despacho de saneamento do processo, a que se reporta o artigo anterior, o tribunal/Juiz concluir pela **inadmissibilidade** do processo abreviado, designadamente por não estarem verificados os pressupostos previstos no art. 391º-A, então deverá remeter os autos ao M.P. Se o M.P. mantiver a acusação, quer pela via do processo comum, quer pela via do sumaríssimo, a **competência** para o julgamento permanece nesse tribunal/Juiz; quiçá, porque o Juiz já estudou/conhece o processo.

Artigo 391º-E – Julgamento

1. O julgamento regula-se pelas disposições relativas ao julgamento em processo comum, com as alterações previstas neste artigo.

2. Finda a produção da prova, é concedida a palavra ao Ministério Público, aos representantes do assistente e das partes civis e ao defensor, os quais podem usar dela por um máximo de trinta minutos, prorrogáveis se necessário e assim for requerido. É admitida réplica por um máximo de dez minutos.

3. (*Revogado.*)

(Última redação da L. 26/2010, de 30.08.)

COMENTÁRIOS:

Fase de julgamento: Aplica-se **subsidiariamente** na fase de julgamento, todas as regras do processo comum (designadamente dever de presença do arguido, possibilidade do julgamento na sua ausência, regras de contumácia, princípios de produção de prova, leituras permitidas, alterações de factos, documentação de audiência etc... – v. **arts. 329º a 380º**) unicamente com as limitações no que toca ao tempo das **alegações**, que decorrem do nº 2 e à elaboração da **sentença** que pode ser simplificada (art. 391º-F). Também não há limite temporal para a duração do julgamento abreviado.

VII – Para efeitos de dedução do pedido de indemnização civil, não havendo regulamentação específica no processo abreviado (apesar de no art. 391º-E, nº 2, do CPP haver referência às partes civis), tem de aplicar-se o regime geral (arts. 71º a 84º, 283º, nº 5 e 277º, nº 3, do CPP). VIII – Tendo sido manifestado, na queixa apresentada, o propósito de deduzir pedido de indemnização civil, a denunciante deveria ter sido notificada pelo Ministério Público da acusação deduzida, face ao estatuído nos arts. 77º, nº 2, 283º, nº 5 e 277º, nº 3, parte final, do CPP (no que se refere à notificação a quem tiver manifestado o propósito de deduzir pedido de indemnização civil nos termos do art. 75º do mesmo código). IX – Cometida a irregularidade da falta de notificação da acusação para efeitos de dedução do pedido cível (que não é de conhecimento oficioso, nem obsta ao conhecimento do mérito da causa), a consequência é (por força do disposto no art. 72º, nº 1, al. e) do CPP) a sua dedução em separado (perante o tribunal civil) e não a anulação de todo o processado a partir da acusação (o direito à dedução do pedido de indemnização civil não tem a virtualidade de interferir na decisão penal, sendo certo que neste caso a sentença publicada até já transitou em julgado) (Ac. TRL de 06.03.2013, proc. 155/11.9EAPRT.P1, *in* www.dgsi.pt).

Artigo 391º-F – Sentença

É correspondentemente aplicável à sentença o disposto no artigo 389º-A.

(Última redação da L. 26/2010, de 30.08.)

COMENTÁRIOS:

Remissão: Na elaboração da sentença em processo abreviado, segue-se as mesmas **regras de oralidade** do processo sumário. E tal princípio da oralidade só cede perante particulares exigências, designadamente se for aplicada pena privativa da liberdade ou a sentença revelar complexidade na sua elaboração (v. art. 389º-A).

Artigo 391º-G – Recorribilidade

É correspondentemente aplicável ao processo abreviado o disposto no artigo 391º

(Aditado pela L. 26/2010, de 30.08.)

COMENTÁRIOS:

Remissão: Nos recursos, segue-se as mesmas regras do processo sumário, quer quanto aos seus prazos, quer quanto aos trâmites. A única diferença é que havendo decisão anulatória do julgamento, este na sua **repetição**, mantém a forma abreviada (v. notas ao art. 391º).

Nulidade insanável: A utilização indevida da forma de processo abreviado, traduz-se numa **nulidade insanável**, expressamente prevista no art. 119º-f).

Todas as decisões que respeitem a questões colaterais, ou incidentais, que nada tenham a ver com tal escopo, ou seja, que não se insiram na normal tramitação processual e que afectem os direitos do arguido ou de terceiros, estão submetidas ao princípio geral da recorribilidade decorrente do art. 399º do CPP (...). No seguimento da jurisprudência largamente maioritária dos tribunais superiores entende-se que os prazos definidos nos arts. 391º-B, nº 2 e 391º-D, do CPP, não constituem requisito essencial do processo abreviado, não acarretando a sua inobservância qualquer invalidade dos actos praticados após o seu decurso. A inobservância desses prazos implica apenas, se for caso disso, responsabilidade disciplinar, não obstando à prática dos actos processuais em falta, que não deixarão de ter plena validade, se por outros vícios não estiverem inquinados. Aliás, só a sua prática no mais curto prazo possível – dadas as exigências de celeridade que enformam tal meio processual – sana a irregularidade decorrente da inobservância de tais prazos, irregularidade que se manterá enquanto o acto não for praticado (....)

A questão (...) da recorribilidade do despacho que, no processo abreviado, declara nulo o processado por ultrapassagem do prazo de 90 dias para o início do julgamento, tem sido decidida de forma contrária – considerando o despacho irrecorrível – pelo Sr. Vice-Presidente do TR Lisboa nas decisões das reclamações apresentadas a tal propósito (Ac. TRL de 18.05.2010, proc. 472/08.5PFLSB-B.L1-5, *in* www.dgsi.pt).

1. É irrecorrível a decisão que declara a nulidade insanável por emprego indevido de forma de processo abreviado e ordena a remessa dos autos ao Ministério Público para tramitação como processo comum. Permanece discutível a bondade da opção da irrecorribilidade de decisões como esta. Em formas de processo que se pretendem mais simples e mais ágeis, pode até duvidar-se que a solução legal que vingou seja a que melhor serve tais objectivos, em casos como o presente. Mas isso é discussão de política legislativa de que o aplicador do direito se deve alhear, no momento da utilização da norma (Ac. TRE de 14.01.2013, proc. 1817/11.6PCSTB.E1, *in* www.dgsi.pt).

TÍTULO III – Do processo sumaríssimo

Artigo 392º – Quando tem lugar

1. Em caso de crime punível com pena de prisão não superior a 5 anos ou só com pena de multa, o Ministério Público, por iniciativa do arguido ou depois de o ter ouvido e quando entender que ao caso deve ser concretamente aplicada pena ou medida de segurança não privativas da liberdade, requer ao tribunal que a aplicação tenha lugar em processo sumaríssimo.

2. Se o procedimento depender de acusação particular, o requerimento previsto no número anterior depende da concordância do assistente.

COMENTÁRIOS:

Pressupostos do processo sumaríssimo. Natureza consensual: São pressupostos desta forma absolutamente **consensual** de processo, **(1)** que o crime ou crimes em análise não sejam abstratamente punidos, singularmente e em concurso, com **pena de prisão superior a 5 anos; (2)** que o **M.P.** por sua **iniciativa** ou por **impulso** do arguido, **entenda** que não deve ser aplicado ao caso, qualquer sanção **privativa da liberdade** (v.g., arts. 41º, 44º, 45º, 46º, 91º e 104º do Código Penal); **(3)** que o arguido **concorde** com a sanção proposta – art. 397º; **(4)** que havendo **assistente constituído** por crime de **natureza particular, concorde** com a sanção proposta – art. 392º-2; **(5)** que o Juiz não considere **desadequada** a sanção proposta pelo M.P. e com ela **concorde** – art. 395º-1-c); **(6)** que o Juiz considerando **desadequada** a sanção proposta pelo M.P., proponha **outra** que tenha a **concordância** do M.P. e do arguido – art. 395º-2. Logo, o **consenso**, no limite, apenas pode ser quadrangular; M.P./arguido/assistente por crime particular/Juiz. Caso haja ofendido ou assistente constituído por crime não particular, fica fora do consenso e sem possibilidade de reagir, o que parece pouco equitativo. Reequilibra-se minimamente a situação, por força da aplicação dos **arts. 393º-2 e 394º-2-b)**. O M.P., enquanto garante de princípios democráticos, deverá ponderar esta situação, de forma a que as soluções encontradas satisfaçam a justiça do caso.

Tipos de sanção, que o M.P., pode requerer: No vasto ordenamento jurídico, há crimes punidos só com prisão, com prisão e ou multa alternativa e só com multa. Não podendo o M.P., nesta forma de processo, promover a aplicação de sanções privativas da liberdade, resta-lhe ainda assim um largo campo de aplicação, até porque é nítido, a preferência do sistema por penas não detentivas (v. arts. 43º-1, 45º-1, 46º-1, 50º do C.P.).

Nos casos em que a pena prevista para o crime, é **só de prisão**, pode o M.P. requerer que seja aplicada a pena de **prisão mas substituída por multa** (v. art. 70º do C.P.) ou verificados os respetivos pressupostos, que ela seja **suspensa na sua execução** (v. regime nos art. 50º a 57º do C.P.).

Nos casos em que a pena prevista para o crime, é de **multa**, única ou alternativa à prisão, pode o M.P. requerer que seja aplicada **multa**, liquidando a multa na sua componente diária e total e bem assim, se a multa for **alternativa**, efetuar a **conversão em prisão subsidiária** (v. arts. 47º a 49º do C.P.).

Havendo **penas acessórias** a considerar (v. regime nos arts. 65º a 69º do C.P.) não está o M.P. inibido de as promover, sendo mesmo **obrigatório** quando elas estão diretamente associadas à pena principal (v. art. 69º do C.P.).

(...) podem e devem ser aplicadas as penas principais de multa e dissolução, bem como todas as penas de substituição em sentido próprio, como seja: a multa substitutiva da pena de prisão; a proibição temporária do exercício de profissão função ou actividade substitutiva da prisão; a suspensão da execução da pena de prisão, a prestação de trabalho a favor da comunidade; a admoestação; a caução de boa conduta; a vigilância judiciária. E ainda: a injunção judiciária; a interdição do exercício da actividade; a proibição de celebrar contratos ou contratos com determinadas entidades; a privação do direito a subsídios, subvenções ou incentivos; o encerramento de estabelecimento; a publicidade da decisão. Podem e devem ser aplicadas em processo sumaríssimo as seguintes medidas de segurança: interdição de actividades; cassação do título e interdição da concessão do título de condução de veículo com motor; aplicação de regras de conduta; bem como a medida de segurança substitutiva de suspensão da execução do internamento (*in* CPP, Mag. do M.P. Dist. Judic. do Porto).

Regras práticas: Deste enunciado se extraem algumas regras práticas que devem ser observadas. Desde logo, tem de haver **inquérito** (ao contrário do que alguns defendem), ainda que sumário, para aferir da justeza da aplicação a um arguido de uma sanção e prever negativismos futuros, como os que decorrem da rejeição da acusação pelo Juiz (art. 395º) ou da oposição do arguido (art. 396º-2). Por outro lado, a **natureza radicalmente consensual** desta forma de processo, aconselha a **audição** por qualquer meio, verbal ou escrito dos intervenientes retro referidos e a sua **concordânci**a com qualquer decisão (audição que pode ser feita logo na entidade policial, no âmbito da delegação genérica de competências). Caso de lógica **audição prévia do arguido**, visando o acordo (obviamente não sendo ele a propô-lo), é a **decisão da sanção concreta** proposta pelo M.P., que este lhe deve submeter. Propor uma sanção sem prévia audição do arguido, sem saber das suas circunstâncias de vida e ou do seu paradeiro, como por vezes se faz, é um ato aleatório, que em regra acaba com a oposição do arguido ou a sua não localização, tudo revertendo em perda de tempo para justiça. Não sendo obrigatório nesta busca de consenso, a presença de **advogado**, a mesma deve ser promovida, em ordem a assegurar a maior transparência, credibilidade e estabilidade da diligência. O mesmo se diga, havendo assistente constituído por crime de natureza particular. Talvez por causa destas diligências (que sobrecarregam os autos) e destas contingências, o processo na forma sumaríssima, tenha tão pouca "popularidade". As vantagens desta forma de processo, traduzem-se na **celeridade** que imprime à decisão, uma vez que quando há pleno consenso, elimina as fases de instrução, de julgamento e de recurso. Mas é necessária alguma agilidade mental, sobretudo do M.P. Numa justiça de massas, como é aquela que presentemente temos, este é modelo de processo do futuro, (que tem de ser aberto a penas de prisão) quer se goste, quer não, sob pena de inevitável colapso da justiça.

A dialética entre a suspensão do processo e o processo sumaríssimo: Digamos que, no nosso ordenamento processual, há relações de tangência circunstancial entre alguns institutos. No caso desta forma de processo, a decisão entre a sua utilização ou a utilização do instituto da **suspensão do processo**, prevista nos arts. 281º e 282º, sem prejuízo de casos mais elaborados, resulta a maioria das vezes, da análise do passado criminal do arguido, nos termos exarados no art. 281º-b)-c), que pode impedir o uso da suspensão, mas não do sumaríssimo. É uma reflexão que o M.P. tem sempre de fazer, antes de optar por um ou outro instituto.

Concurso de crimes: Nesta forma de processo, o M.P., porque não está previsto, dada a sua **especialidade**, não pode singularizar o processo nos termos do **art. 16º-3**. Assim, se o concurso real de crimes (que resulta da soma de todas as penas máximas aplicáveis em abstrato) **ultrapassar os 5 anos**, não pode usar-se o processo sumaríssimo.

Referências: art. 119º-1-f) (nulidade insanável, por emprego de processo especial, por forma não prevista na lei); **Circular da PGR 6/2002, de 11.03** (registo dos processos especiais).

Artigo 393º – Partes civis

1. Não é permitida, em processo sumaríssimo, a intervenção de partes civis, sem prejuízo do disposto no número seguinte.

2. Até ao momento da apresentação do requerimento do Ministério Público referido no artigo anterior, pode o lesado manifestar a intenção de obter a reparação dos danos sofridos, caso em que aquele requerimento deverá conter a indicação a que alude a alínea *b*) do nº 2 do artigo 394º

(Última redação da L. 26/2010, de 30.08.)

COMENTÁRIOS:

Reparação especial: Trata-se de uma **exceção ao princípio da adesão** (v. art. 71º). Não é admitido **partes civis** na forma de processo sumaríssimo, sem prejuízo do arbitramento de indemnização ao **lesado** que a requeira, a título de **reparação pelos prejuízos**, no prazo legal e nos termos **concretizados** do art. 394º-2-b). Esta circunstância, não obsta ao direito do **lesado** de recorrer à jurisdição cível. Mas esse direito não paralisa o processo sumaríssimo. Por **lesado**, entende-se qualquer pessoa que tenha sofrido um **prejuízo patrimonial** imputável ao arguido (v. arts. 74º a 77º).

Artigo 394º – Requerimento

1. O requerimento do Ministério Público é escrito e contém as indicações tendentes à identificação do arguido, a descrição dos factos imputados e a menção das disposições legais violadas, a prova existente e o enunciado sumário das razões pelas quais entende que ao caso não deve concretamente ser aplicada pena de prisão.

2. O requerimento termina com a indicação precisa pelo Ministério Público:

a) Das sanções concretamente propostas;

b) Da quantia exacta a atribuir a título de reparação, nos termos do disposto no artigo 82º-A, quando este deva ser aplicado.

COMENTÁRIOS:

Requerimento do M.P.: O "requerimento" do M.P. tem o formato da **acusação** (devendo observar os seus requisitos próprios, previstos no art. 283º). E não pode deixar de ser assim formalmente, pois se o requerimento for **rejei-**

tado ou houver **oposição** do arguido, é **reenviado** pelo Juiz e **converte-se numa acusação**, em outra forma de processo. O requerimento automaticamente convertido em acusação, é intocável, no sentido de que não pode ser alterado [v. arts. 395º-3 e 396º-1-b)].

Concretização da proposta de sanção não detentiva: Elaborada pelo M.P. a parte "acusatória" quanto a factos e sua qualificação jurídica, segue-se a proposta de sanção. De algum modo, aqui, o trabalho do M.P., aproxima-se do trabalho do Juiz na elaboração da sentença na parte da **fundamentação** e **decisão** (v. art. 374º-2-3) até porque está a propor uma **sanção concreta,** a qual só pode ser imposta a qualquer cidadão, ainda que com o seu consentimento, com total respeito pelos pressupostos e termos legais. Recorde-se que, aceite pelo Juiz a proposta do M.P., ela vale como **sentença** – art. 397º-2.

Assim, tratando-se de um crime punível em abstrato **só com pena de multa**, deve o M.P., **concretizar** a pena de multa no seu requerimento liquidando-a em função dos parâmetros previstos **no art. 47º do C.P.** Aqui não tem que fundamentar a aplicação da multa, porque é de origem, a sanção legal.

Tratando-se de crime punível com **prisão e ou multa alternativa**, acresce ainda a obrigação de **fundamentar de facto e de direito,** ainda que em **enunciado sumário,** a razão, pela qual entende não ser de aplicar ao caso uma sanção detentiva efetiva, **propondo a sanção não detentiva concreta.** E tal só pode ser feito com base nos princípios contidos nos **arts. 70º a 79º do C.P.**

Elaborado o requerimento, o processo é remetido à distribuição, não sendo necessário proceder a quaisquer notificações, posto que não há lugar à realização de julgamento, **pois obtido o consenso**, (supostamente nos precisos termos do requerimento/acusação) a sentença é proferida por simples **despacho** e transita de imediato sem possibilidade de recurso (v. art. 397º).

Reparação especial: Deve ainda o M.P., verificados os pressupostos do **art. 82º-A**, propor **fundamentadamente** a **quantia exata** a arbitrar a título de reparação ao **lesado**. Se o arguido tiver concordado com ela, deve o Juiz **homologar** o pedido.

Artigo 395º – Rejeição do requerimento

1. O juiz rejeita o requerimento e reenvia o processo para outra forma que lhe caiba:

a) Quando for legalmente inadmissível o procedimento;

b) Quando o requerimento for manifestamente infundado, nos termos do disposto no nº 3 do artigo 311º;

c) Quando entender que a sanção proposta é manifestamente insusceptível de realizar de forma adequada e suficiente as finalidades da punição.

2. No caso previsto na alínea *c*) do número anterior, o juiz pode, em alternativa ao reenvio do processo para outra forma, fixar sanção diferente, na sua espécie ou medida, da proposta pelo Ministério Público, com a concordância deste e do arguido.

3. Se o juiz reenviar o processo para outra forma, o requerimento do Ministério Público equivale, em todos os casos, à acusação.

4. Do despacho a que se refere o nº 1 não há recurso.

COMENTÁRIOS:

Despacho saneador e rejeição pelo Juiz: Recebidos os autos, o Juiz profere o normal **despacho saneador**, a que se reporta o art. 311º, a que acresce as **condições específicas** vertidas neste artigo. Deve assim, verificar toda a regularidade formal do processo e do requerimento do M.P., quer nas suas vertentes processuais quer substantivas.

Despacho de rejeição: O **despacho de rejeição,** pode ser **definitivo,** pondo termo ao processo ou meramente prévio ao **despacho de reenvio/devolução** dos autos ao M.P. Será **definitivo**, quando o Juiz considerar que há razões para o imediato **arquivamento** dos autos, por força de situações que impossibilitem o seu prosseguimento, como, por exemplo, por falta de condições de procedibilidade (v. arts. 113º a 117º do C.P.) causas de extinção da responsabilidade criminal (v. arts. 118º a 128º do C.P.) ou nulidades insanáveis que comprometam uma decisão final, etc... Caso de rejeição definitiva, será ainda, o Juiz considerar a acusação **manifestamente infundada**, por os factos imputados **não constituírem crime** [arts. 395º-1-b) e 311º-3-d)]. Destes despachos que **põem termo ao processo,** há sempre **recurso – art. 399º**. Só não há recurso do **despacho de reenvio**, porque este **não põe termo ao processo** (v. nº 4). Está vedado ao Juiz apreciar a **suficiência de indícios**, à semelhança do que acontece no processo comum (v. notas aos arts. 311º e 386º).

É recorrível, nos termos do disposto no artigo. 399º do CPP, o despacho que rejeita o requerimento para julgamento em processo sumaríssimo, com o fundamento de que os factos nele descritos não constituírem crime, já que tal decisão põe termo ao processo, constituindo decisão final (Ac. TRE de 29.01.2013, proc. 7/11.2GBALQ.E1, *in* www.dgsi.pt)

Noção de reenvio: Por reenvio deve entender-se a **devolução do processo ao M.P.**, a quem competirá decidir depois, qual a forma de processo que caberá ao caso, em função dos pressupostos e prazos legais, concretamente se será o processo **comum ou o abreviado**, pois o sumário, face aos apertados prazos legais, estará fora de causa. Aí, o requerimento do M.P. "transmuda-se" em **acusação**. O M.P., não pode alterá-lo. Cumpre, obviamente aos serviços do M.P., tramitar subsequentemente o processo, designadamente proceder às notificações inerentes ao processo **comum,** ou remeter a acusação para julgamento em processo **abreviado**.

Registe-se que alguma jurisprudência muito minoritária, considerava que o Juiz que rejeitasse o requerimento do M.P., podia notificar logo o arguido da "acusação" já deduzida pelo M.P., com a indicação de que os autos passariam a seguir a forma de processo comum (neste sentido, Ac. TRE de 10.12.2009, proc. 691/08.4GTABF.E1, *in* www.dgsi.pt). Considerando que a atual redação da lei, permite optar por "outra forma" de processo, para além do comum, se mais razões não houvesse, tal opção é do M.P., enquanto detentor da ação penal.

Despacho de reenvio: O Juiz pode **rejeitar** o requerimento do M.P., por três razões distintas: **(1)** por considerar o procedimento **"inadmissível"**, face aos pressupostos legais previstos no art. 392º ou outros de caraterer geral **(2)** por considerar o requerimento **"manifestamente infundado"** nos termos do art. 311º-3 (v. notas sobre a noção no art. 311º); **(3)** por considerar que a sanção proposta, não realiza as **finalidades das penas** previstas no art. 40º do C.P. (proteção dos bens jurídicos e reintegração do agente na sociedade). Nestes casos, quando não conduzam a um despacho de arquivamento, o Juiz tem de **reenviar/devolver** os autos ao M.P. para este os remeter para a forma processual que julgar apropriada. Deste despacho de rejeição, não há **recurso**. Mas haverá de qualquer outro despacho que não seja o de **reenvio/devolução** dos autos ao M.P. (v. nº 4).

Portanto, o requerimento do MP é "manifestamente infundado" quando não apresenta os respectivos elementos estruturais mínimos (artigo 394º, nº 1) ou os factos imputados não constituem crime (artigo 311º, nº 3, al. d) (P.P. Albuquerque, *in* Comentário do CPP) (v. também notas ao art. 311º).

A sanção alternativa proposta pelo Juiz: Ao rejeitar o requerimento, por considerar que a sanção proposta pelo M.P., não realiza as **finalidades das**

penas, o Juiz pode contrapor a sanção que julgue adequada, mas neste caso, ela terá de ser **aceite** pelo M.P. e pelo arguido. Não aceitando qualquer deles a sanção contraposta, o Juiz tem de **reenviar** o processo para o M.P. Igualmente o Juiz tem de reenviar o processo, quando o arguido **discordar** da sanção proposta pelo M.P. – v. art. 398º. Não há **recurso** desta decisão judicial.

A possibilidade do Juiz apresentar uma contraproposta, colide com princípios gerais do direito, sobretudo com o princípio do acusatório. E não se vê, como é que tal é possível, sem apreciação da prova indiciária que enforma a culpabilidade do arguido, quando, segundo jurisprudência uniforme, está vedado ao Juiz a apreciação dessa prova indiciária.

Artigo 396º – Notificação e oposição do arguido

1. O juiz, se não rejeitar o requerimento nos termos do artigo anterior:

a) Nomeia defensor ao arguido que não tenha advogado constituído ou defensor nomeado; e

b) Ordena a notificação ao arguido do requerimento do Ministério Público e, sendo caso disso, do despacho a que se refere o nº 2 do artigo anterior, para, querendo, se opor no prazo de 15 dias.

2. A notificação a que se refere o número anterior é feita por contacto pessoal, nos termos da alínea *a*) do nº 1 do artigo 113º, e deve conter obrigatoriamente:

a) A informação do direito de o arguido se opor à sanção e da forma de o fazer;

b) A indicação do prazo para a oposição e do seu termo final;

c) O esclarecimento dos efeitos da oposição e da não oposição a que se refere o artigo seguinte.

3. O requerimento é igualmente notificado ao defensor.

4. A oposição pode ser deduzida por simples declaração.

COMENTÁRIOS:

Notificação e oposição: Recebido o requerimento do M.P. para aplicação de sanção, o Juiz certifica-se de que o arguido tem **defensor** (situação que o M.P., já deve ter assegurado) e **notifica o arguido por contacto pessoal**, (independentemente de ele ter ou não TIR prestado) com as informações constantes das alíneas (independentemente de ele já ter manifestado concordância com a sanção). A lei põe aqui um extremo cuidado na forma de notificar e informar o arguido, para que a aceitação ou oposição à aplicação da sanção requerida no processo sumaríssimo, seja expressão inequívoca da sua vontade concordante. Mas se o arguido, **regular e pessoalmente** notificado, não deduzir oposição expressa, o seu **silêncio vale como não oposição**.

De acordo com o art. 113º-1-a) a **notificação pessoal**, traduz-se em o notificador [funcionário judicial ou entidade policial] contactar **pessoalmente** com o notificando e lavrar o respetivo auto de notificação.

Quando o arguido, por qualquer razão, não pode ser notificado nos termos do art. 396º, nº 1, al. b) do C.P.P., o processo deve, nos termos do art. 398º do C.P.P., ser reenviado para a forma comum (Ac. TRG de 06.09, proc. 2004 1276/04-2, *in* www.dgsi.pt).

Oposição pessoal do arguido: A oposição do arguido deve ser feita em **termos pessoais**, ainda que nada obste que o seja através do seu defensor, quando nenhuma dúvida subsiste que é expressão da **vontade livre e esclarecida do arguido**. Já não quando, como acontece muitas vezes, o defensor nomeado nunca contatou com o arguido não regularmente notificado, nem nunca aferiu do seu **consentimento**, limitando-se a presumir a oposição deste (neste sentido, o desenvolvido e esclarecedor Ac. TRC de 23.05.2012, proc. 397/11.7SAGRD-A.C1, *in* www.dgsi.pt).

"porque a notificação carece de contacto pessoal, e porque, não havendo oposição a condenação é inevitável, certa e definitiva, a oposição tem de ser um acto pessoal do arguido não podendo ser deduzida apenas pelo defensor" (*in* CPP, Mag. M.P. do Dist. Judic. do Porto).

A oposição da pessoa colectiva arguida pode ser manifestada pelo legal representante ou pelo defensor (P.P. Albuquerque, *in* Comentário do CPP).

Referências: art. 63º (direitos do defensor); art. 398º (oposição e reenvio).

Artigo 397º – Decisão

1. Quando o arguido não se opuser ao requerimento, o juiz, por despacho, procede à aplicação da sanção e à condenação no pagamento da taxa de justiça.

2. O despacho a que se refere o número anterior vale como sentença condenatória e não admite recurso ordinário.

3. É nulo o despacho que aplique pena diferente da proposta ou fixada nos termos do disposto no nº 2 do artigo 394º e no nº 2 do artigo 395º

(Última redação da L. 20/2013, de 21.02.)

COMENTÁRIOS:

Não oposição: Despacho/sentença: Não havendo oposição do arguido, a decisão judicial que fixa a sanção proposta pelo M.P. ou pelo próprio Juiz, é tomada por **despacho**, com valor de **sentença condenatória,** sem direito a **recurso**, face ao consenso (exceto recurso com arguição da nulidade referida no nº 3).

Do incumprimento da sanção: Incumprida a sanção, aplica-se o regime geral típico do incumprimento dessa sanção ou no caso do incumprimento de sanções que não tenham regime típico de incumprimento, aplica-se o **art. 353º do C.P.**, que comina como **crime de desobediência** tal incumprimento. Por outras palavras, aferindo a situação mais comum, se a sanção for uma pena de multa e esta não for paga voluntariamente ou coercivamente, segue-se os termos do **art. 49º do C.P.,** podendo redundar em prisão subsidiária. Se a sanção incumprida, for uma pena de substituição não privativa da liberdade, já se preencherá o crime do **art. 353º do C.P.** (neste sentido e em concordância com Sónia Fidalgo, *in* Jornadas de revisão do C.P.P.).

Artigo 353º do Código Penal (Violação de imposições, proibições ou interdições)*: Quem violar imposições, proibições ou interdições determinadas por sentença criminal, a título de pena aplicada em processo sumaríssimo, de pena acessória ou de medida de segurança não privativa da liberdade, é punido com pena de prisão até dois anos ou com pena de multa até 240 dias.*

Sendo verdade que a redação (do art. 353º do C.P.) *é equívoca, é seguro que o bem protegido por este crime é a não frustração de sanções acessórias impostas em sentença penal. Mas não todas as sanções: apenas aquelas que não possuam outro meio para assegurar a sua eficácia. Assim, ficam de fora as sanções principais que, como se sabe, dispõem de regime específico de execução* (Ac. TRC de 03.10.2012, proc. 492/08.0GBAND--A.C1, *in* www.dgsi.pt).

Artigo 398º – Prosseguimento do processo

1. Se o arguido deduzir oposição, o juiz ordena o reenvio do processo para outra forma que lhe caiba, equivalendo à acusação, em todos os

casos, o requerimento do Ministério Público formulado nos termos do artigo 394º

2. Ordenado o reenvio, o arguido é notificado da acusação, bem como para requerer, no caso de o processo seguir a forma comum, a abertura de instrução.

COMENTÁRIOS:

Oposição. Reenvio: Para além do reenvio decorrente da rejeição do Juiz (art. 395º) existe também o reenvio decorrente da **oposição do arguido** à sanção proposta (v. art. 396º). **Reenviado/devolvido** o processo aos serviços do M.P., para uma forma processual diferente, segue-se a tramitação própria da forma a escolher pelo M.P., designadamente no **processo comum**, com notificações do requerimento/acusação (arts. 283º-5-6, 287º) ou no **processo abreviado**, verificados os seus pressupostos e prazos, com remessa imediata do processo com o requerimento/acusação à secretaria judicial (art. 391º-B).

Noção de reenvio; v. notas ao art. 395º.

Se for ordenado o reenvio do processo nos termos do nº 1 do art. 398º, cabe ao Ministério Público escolher a forma de processo a seguir (Ac. TRP de 17.12.2008, proc. 0845898, *in* www.dgsi.pt).

Acusação: O requerimento do M.P., do reenviado processo sumaríssimo, elaborado nos termos do **art. 394º**, converte-se automaticamente em **acusação**, sem possibilidades de efetuar nele qualquer alteração e sem embargo da parte da proposta de sanção e da respetiva fundamentação, se tornar irrelevante.

Inegociabilidade da sanção proposta: O arguido apenas tem que dizer se aceita ou não a sanção proposta, não podendo a mesma ser **negociável**. Também não tem que **fundamentar** a concordância ou a oposição. Ainda que já tenha aceitado antes perante o M.P. a sanção, não está inibido de **mudar de opinião**. Neste caso, trata-se de uma situação desconcertante, quando sem quaisquer condicionalismos, a norma, defere ao arguido, o poder de se **opor à sanção** proposta com uma **simples declaração pessoal**, que nem sequer tem de fundamentar, pois não se restringe tal ato, à **condição** de ele não ter concordado previamente. E assim, estamos perante a possibilidade de um **expediente dilatório** que pode ser usado, com total cobertura legal. O arguido pode concordar com a sanção proposta num momento, projetando o uso do processo sumaríssimo e no seguinte, discordar, impedindo o seu desfecho.

Quanto à possibilidade de em caso de **concurso de crimes**, o arguido concordar com a sanção por alguns crimes e não por outros (vindo a ser julgado por esses outros, em processo à parte) parece-nos inadmissível face aos princípios de celeridade e da economia processual e da pena conjunta. Os mesmos princípios de celeridade e economia, ficam em causa, no caso de, havendo vários arguidos, uns aceitarem as sanções propostas e outros não (em sentido contrário P.P. Albuquerque, *in* Comentário do CPP). Por estas razões o M.P. tem de ponderar muito bem o uso do processo sumaríssimo, que pode transformar-se numa faca de dois gumes, e avançar só para esta forma processual, quando tiver assegurado um claro e prévio consenso.

LIVRO IX – DOS RECURSOS

TÍTULO I – Dos recursos ordinários

CAPÍTULO I – Princípios gerais

Artigo 399º – Princípio geral

É permitido recorrer dos acórdãos, das sentenças e dos despachos cuja irrecorribilidade não estiver prevista na lei.

COMENTÁRIOS:

Introdução: O Livro IX que contém a regulamentação dos recursos, é dos mais complexos, se não mesmo confusos do CPP, uma vez que obedecendo a certos princípios, vê os mesmos, com demasiada frequência, serem derrogados com inúmeras exceções que fraturam a sua consistência e dinâmica, abusando das remissões, tornando a lei muito pouco intuitiva. É um verdadeiro xadrez. Isso explicará em parte, a dificuldade sentida no domínio destas matérias, raros sendo os recursos interpostos que obedecem ao rigor legal, padecendo a maioria de alguma pobreza técnica, com prejuízo para a celeridade processual e para a justiça. Acrescerá, também o facto de nas faculdades de direito a matéria de recursos não ter disciplina obrigatória. Por fim, a utilização de recursos com fins dilatórios, tornou-se uma prática lamentável, que só cessará quando a lei impuser verdadeiras penalidades aos infratores.

A noção de recurso: Na abordagem da matéria, desde logo, é necessário ter presente que na nossa ordem jurídica, o recurso é um instrumento processual que se insere no princípio constitucional do direito de acesso ao direito e ao **"duplo grau de jurisdição"** (arts. 20º, 32º e 202º da C.R.P.). Mas este direito ao recurso, tem alguns limites materiais e formais. Desde logo, materialmente, o recurso, não se apresenta como um novo julgamento a produzir numa instância superior, mas tão-somente, como uma reapreciação seletiva de decisões em **aspetos concretos, invocados pelo recorrente**, sem prejuízo da possibilidade de algumas reavaliações **oficiosas**. Tem portanto natureza instrumental, não se destinando a discutir questões académicas. Como alguns autores dizem, o recurso é apenas um "remédio" jurídico. Por outro lado, formalmente, a lei restringe o direito de acesso às instâncias superiores, em termos que iremos abordando, nas anotações.

Tenha-se presente que os arts. 410º a 426º-A, regulam de **forma unitária** a tramitação de todo o tipo de recursos e qualquer que seja a instância de recurso, com as especialidades inerentes.

Basicamente, os recursos cingem-se à apreciação de **erros de julgamento sejam de facto ou de direito**, (art. 127º) **erros/vícios da sentença** (art. 410º--2) e **erros processuais**, nulidades e irregularidades várias espalhadas pelo Código.

De acordo com a jurisprudência do Tribunal Constitucional, o duplo grau de jurisdição constitucionalmente imposto abrange, tanto o recurso em matéria de direito, como o recurso em matéria de facto (cfr. Ac. nº 573/98, do Plenário). O duplo grau de jurisdição em matéria de facto não tem, porém, de necessariamente consistir num reexame da prova produzida em primeira instância ou numa renovação da prova (Simas Santos e Leal--Henriques, *in* Recursos em Processo Penal, pág. 20, 2008).

Jurisprudência uniformizadora: Ac. do STJ de Fixação de Jurisprudência nº 1/94, de 02.12.93, *in* D.R. de 11.02.94: *«As nulidades de sentença enumeradas de forma taxativa nas alíneas a) e b) do artigo 379º do Código de Processo Penal não têm de ser arguidas, necessariamente, nos termos estabelecidos na alínea a) do nº 3 do artigo 120 do mesmo diploma processual, podendo sê-lo, ainda, em motivação de recurso para o tribunal superior».*

Aplicação da lei no tempo: O direito ao recurso só surge com a prolação da respetiva decisão, o que significa que se aplica a lei inerente que estiver em vigor no momento da decisão recorrida (neste sentido, Acs. STJ de 04.02.2009 proc. 4137/08; de 27/1/2009 proc 3854; de 30.04.2008 proc 110/08-5, *in* www.dgsi.pt.)

Recorribilidade de acórdãos, sentenças e despachos: A norma consagra a possibilidade de recurso de acórdãos (v. art. 97º-2) sentenças [v. art. 97º-1-a)] e despachos [v. art. 97º-1-b)] como princípio geral, para logo no artigo seguinte, como é técnica legiferante corrente, admitir as inúmeras exceções ao princípio. São sempre deliberações judicias, posto que só delas se pode recorrer, tomadas no caso da sentença pelo Juiz singular, no caso do acórdão pelo coletivo de Juízes ou pelo Júri e no caso dos despachos por qualquer Juiz.

O meio processualmente adequado para reagir contra despacho que, no decurso da audiência de discussão e julgamento, indefere diligência de prova requerida, expressa ou implicitamente, ao abrigo do artigo 340º do CPP, é o recurso, e não a arguição da nulidade prevista no artigo 120º, nº 2, alínea d), do mesmo diploma legal (Ac. TRC de 07.10.2015, *in* proc.174/13.0GAVZL.C1, www.dgsi.pt).

Recursos para o Tribunal Constitucional: Os recursos para o T.C., quanto à fiscalização concreta da constitucionalidade, seguem uma dinâmica própria, prevista no art. 280º da C.R.P. e regulamentada na Lei do Tribunal Constitucional (arts. 69º a 85º da L. 28/82, de 15.11). Basicamente, a sua admissibilidade depende da verificação cumulativa de dois requisitos principais. Primeiro, que a **questão da inconstitucionalidade tenha sido suscitada durante o processo, de modo processualmente adequado** perante o tribunal que proferiu a decisão recorrida, em termos de este estar obrigado a dela conhecer; segundo, de **a decisão recorrida ter feito aplicação como sua *ratio decidendi* das dimensões normativas arguidas de inconstitucionais pelo recorrente** (v. art. 72º-2 da LTC). Na questão de inconstitucionalidade de uma norma, pode questionar-se todo um preceito legal, apenas parte dele ou tão-só uma interpretação que do mesmo se faça, nisso consistindo a dimensão normativa (v. arts. 70º e 75º-A da LTC). Tem pois o recorrente de, não só ter invocado adequada e atempadamente a inconstitucionalidade como também de especificar com precisão e clareza em que consiste a mesma, nos termos supra referidos. Os recursos para o T.C., são quase sempre um mero expediente dilatório, que resulta do facto de, ao contrário do que acontece noutros países, tal recurso ter em geral, efeito suspensivo da decisão (v. art. 78º-4 da L. 28/82, de 15.11).

Como resulta do artigo 280º, nº 1, alínea b), da Constituição, e do artigo 70º, nº 1, alínea b), da Lei do Tribunal Constitucional, para que se possa lançar mão do recurso de fiscalização concreta da constitucionalidade ali previsto é necessária a suscitação de uma questão de inconstitucionalidade normativa, não cabendo a este Tribunal apre-

ciar a conformidade da decisão recorrida nem, de qualquer outro modo, sindicar as decisões proferidas por outros tribunais. Por outro lado, tal suscitação deve ocorrer durante o processo, isto é, como consta de jurisprudência constitucional firme e reiterada, antes de esgotado o poder jurisdicional do tribunal a quo. Assim, o objecto do recurso de constitucionalidade apenas poderá incidir sobre a apreciação, à luz das regras jurídico-constitucionais, de um juízo normativo efectuado pelo tribunal recorrido. Este pressuposto constitui o traço distintivo do sistema português de fiscalização da constitucionalidade face a outros modelos como o da queixa constitucional ou recurso de amparo. O Tribunal Constitucional aprecia normas ou interpretações de normas – a sua actuação não versa, directamente, as decisões dos outros tribunais (Ac. TC 113/2009, de 11.09.2009, *in* proc. 18/09).

Segundo jurisprudência constante do Tribunal Constitucional a admissibilidade do recurso apresentado nos termos da alínea b) do nº 1 do artigo 70º da LTC depende da verificação, cumulativa, dos seguintes requisitos: ter havido previamente lugar ao esgotamento dos recursos ordinários (artigo 70º, nº 2, da LTC), tratar-se de uma questão de inconstitucionalidade normativa, a questão de inconstitucionalidade normativa haver sido suscitada «durante o processo de modo processualmente adequado perante o tribunal que proferiu a decisão recorrida, em termos de este estar obrigado a dela conhecer» (artigo 72º, nº 2, da LTC) e a decisão recorrida ter feito aplicação, como sua ratio decidendi, das dimensões normativas arguidas de inconstitucionalidade pelo recorrente (vide, entre outros, os Acórdãos deste Tribunal nºs (618/98 e 710/04). Faltando um destes requisitos, o Tribunal não pode conhecer do recurso (Decisão sumária do TC nº 429/213, de 26.07.2013, *in* proc. 909/12).

Custas processuais: Os recursos estão sujeitos ao pagamento de custas, nos termos do art. 513º e segs. e arts. 1º-2 e 8º-5 do Reg. Custas Processuais.

Referências: arts. 20º e 32º da C.R.P. (acesso ao direito e garantias).

Artigo 400º – Decisões que não admitem recurso

1. Não é admissível recurso:

a) De despachos de mero expediente;

b) De decisões que ordenam actos dependentes da livre resolução do tribunal;

c) De acórdãos proferidos, em recurso, pelas relações que não conheçam, a final, do objecto do processo;

d) De acórdãos absolutórios proferidos, em recurso, pelas relações, exceto no caso de decisão condenatória em 1ª instância em pena de prisão superior a 5 anos;

e) De acórdãos proferidos, em recurso, pelas relações que apliquem pena não privativa de liberdade ou pena de prisão não superior a 5 anos;

f) De acórdãos condenatórios proferidos, em recurso, pelas relações, que confirmem decisão de 1ª instância e apliquem pena de prisão não superior a 8 anos;

g) Nos demais casos previstos na lei.

2. Sem prejuízo do disposto nos artigos 427º e 432º, o recurso da parte da sentença relativa à indemnização civil só é admissível desde que o valor do pedido seja superior à alçada do tribunal recorrido e a decisão impugnada seja desfavorável para o recorrente em valor superior a metade desta alçada.

3. Mesmo que não seja admissível recurso quanto à matéria penal, pode ser interposto recurso da parte da sentença relativa à indemnização civil.

(Última redação da L. 20/2013, de 21.02)

COMENTÁRIOS:

As exceções ao direito de recurso: A norma, com as importantes alterações da L. 48/2007, de 29.08, consagra as **exceções ao direito ao recurso**. Assim, sem prejuízo do enorme lastro de dúvidas que permanecem, são recorríveis todas as decisões (decisões; não exclusivamente os fundamentos) que não estejam contempladas nas alíneas seguintes:

Alínea a) – Os despachos de mero expediente: Os despachos judiciais, são atos que se destinam simplesmente a regular o andamento dos processos de acordo com a lei; sendo de **expediente**, são aqueles que ainda dentro desse propósito regulamentador, tendencialmente, não afetam os direitos liberdades e garantias mais elevados dos sujeitos processuais; tal como refere Maia Gonçalves, no seu C.P.P., em nota ao artigo citado, *«não importam decisão, julgamento, denegação, reconhecimento ou aceitação de qualquer direito»*. Saber se um despacho é ou não de mero expediente, ou melhor, se os direitos fundamentais de um interveniente processual, podem ou não ser afetados por um despacho, nem sempre se afigura tarefa fácil.

Alínea b) – Decisões discricionárias ou de livre resolução do tribunal: São decisões próximas da noção de despacho de mero expediente, mas que, ao contrário daquelas, tem natureza incidental e se tomam em função de situações concretas, tendo por base o interesse processual para a realização da Justiça. Serão irrecorríveis estas decisões, apenas quando não afetem o núcleo fundamental dos direitos de um interveniente processual.

Alínea c) – Acórdãos das Relações que não conheçam a final do objeto do processo: São decisões das Relações, que não julgam o mérito da causa e que se limitam a decidir sobre questões interlocutórias ou incidentais. São inumeráveis e muitíssimo frequentes estas situações. Os casos mais habituais serão as decisões sobre arguição de nulidades, as decisões sobre prescrição, as decisões sobre a fase da instrução, as decisões sobre constituição de assistente, as decisões que determinem o reenvio ou repetição de julgamento. Mister é, que o âmbito da decisão se circunscreva ao objeto do recurso e que não produza decisões novas, conforme é jurisprudência do Tribunal Constitucional. Será o caso das condenações em custas pelas Relações, previstas no art. 420º-3, que por estranho que pareça, são recorríveis para o STJ, por ser matéria *ex nova,* e alegadamente se dever garantir a segurança dos dois graus de jurisdição.

Alínea d) – Acórdãos absolutórios das Relações, exceto na existência de decisões condenatórias de 1ª instância em pena de prisão superior a 5 anos: São decisões das Relações que absolvem, mas que são recorríveis desde que haja decisão condenatória da 1ª instância em pena de prisão superior a 5 anos. Nestes casos, o recurso para o STJ está naturalmente reservado ao M.P. e ao assistente. Sendo o acórdão da Relação, simplesmente confirmativo da absolvição, pode até ser elaborado com remissão para os fundamentos da 1ª instância, nos termos do art. 425º-5 (nova redação da L. 20/2013, de 21.02.).

De notar que é entendimento generalizado dos tribunais superiores, nomeadamente do Supremo Tribunal de Justiça, que um acórdão do Tribunal da Relação que confirma um despacho de não pronúncia da 1ª instância é um acórdão absolutório para os efeitos do disposto na alínea d) do nº 1, do artigo 400º, do Código de Processo Penal (Ac. TRL de 22.09.2011, *in* proc. 618/03.0PASNT – 9ª secção, www.dgsi.pt).

Alínea e) – Acórdãos das Relações que apliquem penas não privativas da liberdade ou pena de prisão não superior a 5 anos: São decisões condenatórias das Relações, com o limite da condenação até 5 anos de prisão. Entendia-se antes do ac. do T.C. infra, que a irrecorribilidade seria independentemente de ter havido ou não condenação na 1ª instância em pena de prisão. Entretanto o ac. do T.C. infra, declarou a **inconstitucionalidade com força obrigatória** dessa interpretação, basicamente em honra ao princípio do direito ao **duplo grau de jurisdição**. Deste modo, quando **inovatoriamente**, i.e., quando a **decisão condenatória** da Relação (v. neste sentido, Ac. do STJ de Fix. Jurisp. nº 4/2016, de 21.01.2016, nas notas ao art. 426º) **em pena de prisão efetiva** (e só em pena de prisão efetiva) **até 5 anos,** seja **discordante** com a

decisão absolutória da 1ª instância, já poderá haver recurso para o STJ. Já não haverá recurso se a discordância da Relação, se cifrar unicamente na **medida da pena de prisão** ou quanto ao **tipo de pena** (v.g., penas acessórias ou alternativas à prisão). No quadro atual, a solução do duplo grau de jurisdição, terá sempre os limites decorrentes do art. 434º, tendo presente que o STJ, funcionando como tribunal de revista, **só julga de direito.**

Pelo exposto, o Tribunal Constitucional declara, com força obrigatória geral, a inconstitucionalidade da norma que estabelece a irrecorribilidade do acórdão da Relação que, inovadoramente face à absolvição ocorrida em 1ª instância, condena os arguidos em pena de prisão efetiva não superior a cinco anos, constante do artigo 400º, nº 1, alínea e), do Código de Processo Penal, na redação da Lei nº 20/2013, de 21 de fevereiro, por violação do artigo 32º, nº 1, conjugado com o artigo 18º, nº 2 da Constituição (Ac. T.C. 595/2018 de 13.11.2018, *in* D.R. de 11.12.2018).

Alínea f) – Acórdãos das Relações que confirmem decisões condenatórias com pena não superior a oito anos de prisão: São decisões das Relações, confirmantes ou concordantes com a condenação da 1ª instância, com o limite para a chamada **"dupla conforme"** até **oito anos de prisão.** Pronunciando-se duas instâncias de forma concordante no que respeita à condenação, realizado está o direito constitucional à dupla instância; todavia com a particularidade da recorribilidade da **"dupla conforme"**, quando a pena é superior a 8 anos. Esta norma já foi sindicada pelo T.C., que sustentou que o direito ao recurso em processo penal se satisfaz com um duplo grau de jurisdição. Sendo a pena aplicada de **mais de oito anos de prisão**, já se admite o recurso para o STJ, pois considera-se que a gravidade dessa condenação com privação da liberdade, justifica a intervenção de uma terceira instância. Tem-se decidido também, que ainda se verifica **"dupla conforme"**, quando a Relação aplica pena inferior à pena recorrida, *reformatio in mellius,* e não só quando a iguala, uma vez que o que releva é a conformidade condenatória dentro da moldura penal. Todavia, quando haja alteração da matéria de facto e uma diferente qualificação jurídica de um dos crimes, ainda que a pena aplicada seja igual ou inferior a 8 anos, não se pode dizer que tenha havido **"dupla conforme"**, pelo que neste caso será admissível o recurso para o STJ.

Da formulação da alínea, resulta ainda que ela se reportará, quer à pena única (cúmulo) até 8 anos de prisão, quer à pena parcelar até 8 anos, pelo que não há recurso de uma pena parcelar até 8 anos, mas já haverá do seu **cúmulo jurídico** com outras penas, desde que a pena única seja superior a 8 anos. O objeto do recurso define a questão. Também se tem estendido a **"dupla con-**

forme" às questões de natureza processual previstas no art. 420º. Sobre trânsito condicional da **"dupla conforme"**, v. ac. infra.

Para o Supremo Tribunal de Justiça não se recorre das decisões finais proferida em recurso não só quando os crimes são puníveis com as penas parcelares iguais ou inferiores a 5 anos mas também, quando havendo condenação por vários crimes, a pena única seja inferior a 8 anos e seja confirmada a decisão da primeira instância como "in casu" ocorreu (Ac. TRL de 02.04.2014, *in* proc. 237/11.7TALRS.L1).

Tratando-se de um recurso interposto apenas pelo arguido da decisão condenatória proferida na 1ª instância, a condenação do recorrente na relação em pena inferior à aplicada nessa instância significa que, como aconteceria com a manutenção da mesma pena, se realizou o objectivo do legislador ao estruturar o referido regime de limitação da possibilidade de um novo recurso. Com efeito, se está vedado ao recorrente interpor recurso do acórdão da relação que confirma a decisão da primeira instância em toda a sua extensão, em processo por crime a que seja aplicável pena de prisão não superior a 8 anos, por maioria de razão lhe estará vedada essa possibilidade no caso se a relação, mantendo a condenação pela prática do mesmo crime, reduzir a pena aplicada na 1ª instância. Seria um manifesto ilogismo admitir a solução contrária. Assim, é de considerar que a circunstância de ter havido uma redução de penas não afasta a dupla conforme que o artigo 400º, nº 1, alínea f) do Código de Processo Penal consagra. Neste sentido se tem pronunciado a uma só voz, segundo cremos, este Supremo Tribunal – acórdãos de 30-10-2003, proc. nº 2921/03, de 04-05-2005, proc. nº 555/05, de 19-07-2005, proc. nº 2643/05, de 21-12-2005, proc. 3259/05, de 02-02-2006, proc. 2786/05, e de 18-05-2006, entre outros (Ac. STJ de 28.06.2006, citado em concordância, no Ac. do TC 20/2007, de 17.01.2007, *in* www.dgsi.pt).

Nos termos do disposto no art. 400º, nº 1, al. f) do C.P.P., não é admissível recurso de acórdãos condenatórios proferidos, em recurso, pelas relações que confirmem decisão de primeira instância e apliquem pena de prisão não superior a 8 anos. Ora, não sendo admissível recurso, a decisão transita em julgado logo que dela não possa ser admitida reclamação, conforme estabelece o art. 628º do Código de Processo Civil vigente, norma aplicável ao processo penal nos termos do art. 4º do Código de Processo Penal. E a tanto não obsta a circunstância de alguns co-arguidos terem interposto recurso para o Supremo Tribunal de Justiça. É certo que, conforme se estabelece no art. 402º, nº 2, al. a) do C.P.P., "salvo se for fundado em motivos estritamente pessoais, o recurso interposto por um dos arguidos, em caso de comparticipação, aproveita aos restantes", o que significa, tal como se aflora no nº 3 do art. 403º, que o tribunal deve retirar da procedência do recurso as consequências legalmente impostas relativamente a toda a decisão. Tal obrigação não prejudica, todavia, a formação de caso julgado, verificando-se uma condição resolutiva no caso de um dos condenados dever beneficiar do recurso interposto por algum co-arguido, como a respeito do art. 403º do Código de Processo Penal refere Cunha Rodrigues, em

«Recursos» (O Novo Código de Processo Penal – Jornadas de Direito Processual Penal, CEJ,pág. 388). Daí que se deva considerar o requerente em cumprimento de pena desde o momento em que, relativamente a ele, o acórdão do Tribunal da Relação transitou em julgado (Ac. STJ de 12.12.2013, *in* proc. nº 7/10.0TELSBX3-5ª Secção – *habeas corpus*).

Alínea g) – Os demais casos: São muitos os casos avulsos e expressamente previstos na lei. Será o caso do despacho que designa dia para julgamento (art. 313º-4) ou do despacho de pronúncia (art. 310º-1).

Trânsito das decisões da Relação não recorríveis: O trânsito das decisões da Relação com fundamento na não admissibilidade de recurso, não tendo havido arguição de nulidades ou pedido de correção, ocorre no prazo geral de **10 dias** (art. 105º-1).

Arguição de nulidades, nos casos de esgotamento dos recursos: *O arguido teve a oportunidade de invocar perante a Relação os vícios que considerava infirmarem a decisão da primeira instância, e o Tribunal da Relação apreciou o referido recurso. Ficou, assim, cumprido direito de acesso ao recurso. E nem se diga que esse direito não é cumprido se a decisão do Tribunal da Relação, não conheceu de todas as questões "colocadas pelo recorrente". Esse facto em nada permite considerar que não foi cumprido o segundo grau de jurisdição. De facto, as normas de processo penal prevêem mecanismos para o recorrente reagir a uma decisão que considere, por exemplo, padecer de omissão de pronúncia, através da arguição nulidades perante o tribunal que proferiu o Acórdão. Assim, o recorrente não fica, por esse facto, privado do direito a um recurso efectivo. Isso mesmo foi relembrado pelo STJ no acórdão recorrido: "As nulidades (como vícios de limite de decisão) só podem arguidas perante o tribunal que julgou se a decisão for irrecorrível. Ora, sendo o acórdão da Relação irrecorrível nos termos da alínea f) do nº 1 do art. 400º do CPP, a nulidade deveria ter sido arguida perante o juiz julgador"* (decisão sumária do TC de 12.12.2013, *in* proc. 1254/13).

O recurso em matéria civil. Limites: Os nºs 2 e 3 regulamentam a interposição do recurso em matéria civil, expondo como regra, a cisão dos dois campos; penal e civil, (a irrecorribilidade da parte penal, não preclude o direito ao recurso da parte cível) eliminando neste particular o princípio da adesão (v. art. 403º-2) mas limitando o recurso em matéria civil em função da **alçada** e da **sucumbência**, nos termos ali claramente expostos. Daqui resulta irremediavelmente, que não é admissível recurso da parte civil, quando o valor do pedido, não é superior à alçada do tribunal de que se recorre, ou sendo o pedido superior, o decaimento não é desfavorável em valor superior a metade da alçada. *A sucumbência (ou decaimento) é o prejuízo ou desvantagem que a decisão implica para a parte e que, por isso, se designa parte vencida; esta é, portanto, aquela à quem a decisão prejudica, que com ela sofreu gravame ou a quem ela foi desfavorável, em suma, quem perdeu (Ac STJ de Fixação de Jurisprudência nº 10/2015, de 14.05.2015, in DR de 26.06.2015).* Assim, atualmente, atento o valor da alçada do tribunal de 1ª instância, para haver recurso para a Relação na parte cível, o pedido cível terá de ser superior a 5.000 € e o decaimento/sucumbência terá de ser superior a 2.500 €. Da Relação para o STJ, *mutatis mutandis*, 30.000 € e 15.000 €. Não verificados estes requisitos, o recurso em matéria cível não deve ser admitido.

L. 62/2013, de 26.08 (Lei de organização do sistema judiciário) – Art. 44º:

1. Em matéria cível, a alçada dos tribunais da Relação é de 30.000 € e a dos tribunais de primeira instância é de 5.000 €.

2. Em matéria criminal não há alçada, sem prejuízo das disposições processuais relativas à admissibilidade de recurso.

3. A admissibilidade dos recursos por efeito das alçadas é regulada pela lei em vigor ao tempo em que foi instaurada a ação.

No caso dos autos, o Tribunal recorrido é o da Relação, cuja alçada é, nos termos do art. 31º da Lei nº 52/2008, de 28-8 (Lei de Organização e Funcionamento dos Tribunais Judiciais), de € 30.000. Ora, o pedido formulado pela ofendida, em 2.10.2009 (fls. 223-227), foi de € 25.000, precisamente o valor da condenação. Ou seja, o pedido é inferior à alçada da Relação, que é o Tribunal recorrido, de forma que o recurso não é admissível, por força do citado art. 400º, nº 2, do CPP. Não vincula este Supremo Tribunal a decisão que o admitiu (art. 414º, nº 3, do CPP). Assim, ao abrigo das disposições combinadas dos arts. 400º, nº 2, 414º, nº 2, 417º, nº 6, b) e 420º, nº 1, b), todos do CPP, rejeito o recurso (Ac. STJ de 09.02.2011 *in* proc.16/98.9SLLSB.L1S1-3ª secção).

II – Assim, da redacção actual do preceito (art. 12º-2 do R.C.P.) *impõe-se concluir que se mantém a obrigação de indicar o valor da sucumbência, por razões de boa técnica processual, de simplicidade e clareza, mas caso falte essa indicação, uma vez que o valor da sucumbência esteja determinado ou determinável, não há razão para que não seja esse o valor do recurso a ter em conta para efeitos de cálculo da taxa de justiça. III – Com a disposição em análise pretendeu o legislador evitar que a parte recorrente tenha de pagar custas determinadas pelo valor inicial do processo, quando apenas discorda parcialmente da decisão, ou quando está em causa apenas uma parte do valor total* (Ac. TRL de 17.01.2013, proc. 3824/10.7TBVFX.L1-6, *in* www.dgsi.pt).

Jurisprudência uniformizadora: Ac. do STJ de Fixação de Jurisprudência nº 10/2015, de 14.05.2015, *in* DR de 26.06.2015: *«Conformando-se uma parte com o valor da condenação na 1ª instância e procedendo parcial ou totalmente a apelação interposta pela outra parte, a medida da sucumbência da apelada, para efeitos de ulterior interposição do recurso de revista, corresponde à diferença entre os valores arbitrados na sentença de 1ª instância e no acórdão da Relação»*. **Nota:** O ac. tirado na secção civil, s.m.o., poderá aplicar-se à jurisdição penal – v. art. 400º-2-3.

Referências: arts. 71º a 84º (regime de adesão à ação cível); art. 12º-2 do R.C.P. (valor da sucumbência nos recursos).

Artigo 401º – Legitimidade e interesse em agir

1. Têm legitimidade para recorrer:

a) O Ministério Público, de quaisquer decisões, ainda que no exclusivo interesse do arguido;

b) O arguido e o assistente, de decisões contra eles proferidas;

c) As partes civis, da parte das decisões contra cada uma proferidas;

d) Aqueles que tiverem sido condenados ao pagamento de quaisquer importâncias, nos termos deste Código, ou tiverem a defender um direito afectado pela decisão.

2. Não pode recorrer quem não tiver interesse em agir.

COMENTÁRIOS:

A legitimidade e o interesse em agir: O CPP, delimita o direito ao recurso em termos pessoais, em torno do conceito de **legitimidade** (contraposto ao conceito de «interesse em agir»). Este é um conceito relacional, importado da jurisdição cível. A legitimidade material afere-se pela relação jurídica constituída, averiguando dos seus fundamentos e pela posição das partes relativamente a eles, designadamente se têm ou não um concreto interesse em agir, por estar em causa algum direito seu. Em suma, se a relação jurídica, revela interesse em agir da pessoa, ela terá legitimidade, obviamente desde que cumpra os ónus que no plano processual lhe reconheçam tal legitimidade (v. notas sobre o tema no art. 68º).

As pessoas com legitimidade para recorrer: São o **M.P.**, por força do seu especial estatuto de defensor da legalidade (v. arts. 48º a 53º), o **arguido** e o **assistente** devidamente constituídos como tal, as **partes civis** reconhecidas nos autos quanto à matéria cível e os **condenados** ao pagamento de importâncias ou os **afetados** nos seus direitos pela decisão. É comum a todos a existência de um prejuízo que os afete (quanto ao M.P., o "prejuízo" da violação da legalidade, compreendida na sua esfera de atuação) seja ele material ou moral. Inexistindo qualquer prejuízo, não existe **interesse em agir** e consequentemente direito ao recurso. Mas a avaliação da existência desse prejuízo, é muito subjetiva. Registe-se que os **ofendidos ou queixosos** não tem direito ao recurso, se não se tiverem previamente constituídos assistentes (v. art. 68º).

As limitações ao direito ao recurso do assistente e dos demandantes civis: É vastíssima e contraditória a jurisprudência sobre este tema. Conforme decorre da lei, diretamente deste normativo e da jurisprudência, em resumo, o assistente e os demandantes civis, só podem recorrer das decisões que diretamente os afetem, nisso consistindo a sua legitimidade para o recurso, considerando-se que não afeta o **assistente,** por exemplo, a qualificação jurídica dos factos ou a medida concreta da pena aplicada, exceto se ele demonstrar o contrário e considerando-se que não afeta o **demandante cível**, a decisão na vertente penal, podendo apenas recorrer da vertente cível, com os limites da alçada do tribunal e do valor da sucumbência (v. arts. 71º a 84º).

Paulo Pinto de Albuquerque, (*in* Os princípios estruturantes do processo penal português, 2009, pág. 432) defende que o assistente tem o direito de interpor autonomamente recurso do despacho de não pronúncia, da decisão de absolvição ou da condenação em pena cuja espécie ou medida considere insuficiente, sempre que tenha deduzido acusação ou acompanhe a acusação pública, e também da decisão que aplique, substitua ou revogue medida coativa, quando considerar insuficientemente tutelados os perigos a que alude o art. 204º. A entrada em cena da L. 130/2015, de 04.09, quanto ao **estatuto da vítima** (v. art. 67º-A) sem lhe garantir incondicionalmente o direito ao recurso, parece reacender a questão de uma forma mais vibrante.

Jurisprudência uniformizadora: Ac. do STJ de Fixação de Jurisprudência nº 8/99, de 30.10.97, *in* D.R. de 10.08.99: *«O assistente não tem legitimidade para recorrer, desacompanhado do MP, quanto à espécie e medida da pena, excepto quando demonstre um concreto e próprio interesse em agir».*

Jurisprudência uniformizadora: Ac. do STJ de Fixação de Jurisprudência nº 5/2011, de 11.03.2011, *in* D.R. de 11.03.2011: *«Em processo por crime público ou semipúblico, o assistente que não deduziu acusação autónoma nem ade-*

riu à acusação pública pode recorrer da decisão de não pronúncia, em instrução requerida pelo arguido, e da sentença absolutória, mesmo não havendo recurso do Ministério Público».

É necessário que o prejuízo causado ao recorrente, pela decisão, seja directo e efectivo e não meramente eventual (Recursos, 2008; Simas Santos, Leal-Henriques, pág. 58).

Sendo propósito confesso do legislador de 1987 obviar à utilização abusiva da instância de recurso, a al. d) do art. 401º do CPP tem de ser objecto de uma interpretação restritiva, de modo a que nela se compreendam apenas os titulares de um direito directamente afectado pela decisão recorrida, não conferindo legitimidade activa para recorrer aos só indirecta ou reflexamente atingidos (Ac. TRP de 27.10.93, *in* CJ-XVIII-IV-263).

Tratando-se de crime público, quando o MP se tenha conformado com a qualificação jurídico-penal efectuada na decisão, os assistentes carecem de legitimidade para interpor recurso dela, limitado à mera discordância dessa qualificação (Ac. STJ de 22.11.2001, *in* CJ-III-220). **Nota:** No voto de vencido exarado, Simas Santos exprime com propriedade a ideia que partilhamos, de que o ponto nevrálgico do tema, passa pela análise da concreta sentença recorrida, i.e., se ela "afeta" ou não o recorrente, sendo que no caso, tendo o assistente acompanhado o MP, pelo crime qualificado e tendo ficado vencido, porque o tribunal condenou pelo crime simples, mister seria reconhecer que a decisão o afetou e reconhecer-lhe o direito ao recurso (v. art. 69º-2-b).

Do elemento literal colhe-se desde logo que as partes civis não podem recorrer de toda a decisão, mas apenas "da parte" daquela contra cada uma proferida. (...) Podemos então concluir, em face das referidas normas legais, pela ilegitimidade do demandante civil para recorrer relativamente à questão de natureza criminal por falta de interesse em agir. (...). E tal solução afigura-se consentânea com os princípios da legitimidade e do interesse em agir, pois sendo o demandante civil uma parte meramente civil que nada tem que ver com a parte criminal, nenhum interesse lhe pode reconhecer a lei no recurso sobre a matéria criminal. (...) Podemos dizer que ao nível da jurisprudência se tem entendido de forma pacífica, que o demandante civil, que não se tenha constituído assistente, carece de legitimidade para recorrer da decisão no âmbito da matéria penal, mesmo que esta afecte porventura a sua pretensão cível (Ac. TRL de 20.10.2010, *in* proc. nº 16/08.9SLLSR-3ª secção). **Nota:** Se o demandante civil, quer ter o direito ao recurso amplo (da parte criminal e cível), deve constituir-se assistente no prazo máximo previsto no art. 68º-3. De outro modo, apenas terá direito a recorrer da parte cível, que não dependa da decisão penal.

A unicidade do M.P.: Como é sabido, o M.P., embora uno, é representado por um corpo de magistrados. Portanto pessoas distintas, com pensamento diferente e que podem atuar separadamente em diversas fases do mesmo processo. Coloca-se a questão de saber se tomada uma posição sobre uma questão em tempo anterior, essa posição deve ou não ser defendida ao longo de todo o processo. Responde o Ac. T.C. 291/2202, e alguns acórdãos do STJ, que não. Todavia há de reconhecer-se que tal decisão, contende com o próprio estatuto de unidade do M.P., com a necessidade do "interesse em agir" e sobretudo com princípios de lealdade processual (v. Ac. Fix. Jur. nº 2/2011 infra). Mas também não pode deixar de se reconhecer, haver aqui espaço para situações em que se ofendem redutos de consciência que não podem ser descurados. Assim, a posição mais curial, é, o magistrado que não concorde com as posições do seu antecessor por ofenderem os seus princípios, dever pura e simplesmente declarar-se impedido e requerer hierarquicamente a sua substituição. Obviamente, que estamos no plano das tomadas especificas de posição. Nada obstaculiza a que, por exemplo, um arguido acusado por um magistrado do M.P. e condenado, seja alvo de recurso do M.P. – elaborado por outro ou até o mesmo magistrado – a pedir a sua absolvição, por considerar que em audiência de julgamento não se provou a sua culpa, o que aliás acontece com frequência.

Jurisprudência uniformizadora: Ac. do STJ de Fixação de Jurisprudência nº 5/94, de 27-10-94, *in* D.R. de 16-12-94: *«Em face das disposições conjugadas dos arts. 48º a 52º e 401º-1-a) do CPP e atentas a origem, natureza e estrutura, bem como o enquadramento constitucional e legal do M.P., tem este legitimidade e interesse para recorrer de quaisquer decisões, mesmo que lhe sejam favoráveis e assim concordantes com a posição por si anteriormente assumida no processo».*

Jurisprudência uniformizadora: Ac. do STJ de Fixação de Jurisprudência nº 2/2011, de 16.12.2010, *in* D.R. de 27.01.2011: *«Em face das disposições conjugadas dos artigos 48º a 53º e 401º, do C.P.P., o Ministério Público não tem interesse em agir para recorrer de decisões concordantes com a sua posição anteriormente assumida no processo».* **Nota:** refere-se a "decisões concordantes", relativamente às quais, não tenha havido alterações supervenientes factuais ou legais.

Os afetados nos seus direitos pela decisão, referidos na alínea d): Serão todos aqueles e podem ser muitos, que não estando compreendidos nos restantes elencados pela norma, podem sofrer prejuízos por virtude de decisões que os afetem; v.g., o interveniente/ofendido a que é recusado a constituição de assistente, o suspeito alvo de uma busca, a pessoa que vê um bem seu, ser declarado perdido a favor do Estado.

Referências: art. 53º (competência do M.P.); art. 57º (qualidade de arguido); art. 69º (posição processual dos assistentes).

Artigo 402º – Âmbito do recurso

1. Sem prejuízo do disposto no artigo seguinte, o recurso interposto de uma sentença abrange toda a decisão.

2. Salvo se for fundado em motivos estritamente pessoais, o recurso interposto:

a) Por um dos arguidos, em caso de comparticipação, aproveita aos restantes;

b) Pelo arguido, aproveita ao responsável civil;

c) Pelo responsável civil, aproveita ao arguido, mesmo para efeitos penais.

3. O recurso interposto apenas contra um dos arguidos, em casos de comparticipação, não prejudica os restantes.

COMENTÁRIOS:

Âmbito do recurso e vinculação temática: Esta é uma norma muito importante, pois fixa a competência do tribunal superior para a medida da cognoscibilidade do recurso. É o recorrente que **define** em princípio, tal medida, nas **conclusões** (v. art. 412º) do recurso, objetiva e subjetivamente, concretizando especificamente as razões da sua discordância (podendo/devendo, para clarificação, limitar expressamente o recurso nos termos do art. 403º), posto que conforme já foi dito supra, o recurso não é um novo julgamento, mas apenas uma sindicância aos erros que se julga conter a decisão judicial. Tais erros, podem alegadamente abranger a totalidade da decisão ou parte dela. Em qualquer caso, o tribunal superior pode ter sempre uma **intervenção oficiosa**, alargando o âmbito do recurso, embora limitado à apreciação de **nulidades insanáveis** (de conhecimento a todo o tempo – v. art. 119º) e **vícios endógenos da sentença** (v. notas ao art. 410º). Tal intervenção está também condicionada pela possibilidade da abordagem material do próprio recurso, o que não acontece, quando ele é obstaculizado por questões prévias, como por exemplo, o caso de inadmissibilidade do recurso, ou de desistência do recorrente ou de prescrição do procedimento criminal.

Âmbito subjetivo do recurso; Consequências pessoais: Como princípio geral, o recurso interposto por um arguido aproveita a todos, mas tão-

-somente na medida em que os fundamentos do recurso abranjam todos, ou a decisão do recurso não seja possível de cisão em termos de responsabilidade pessoal individual. Por exemplo, se o recurso for exclusivamente da medida da pena, estamos perante *«motivos estritamente pessoais»*. Igualmente no plano da responsabilidade civil, se verifica este contágio entre responsável e arguido. Em qualquer situação, sempre com a limitação do princípio da proibição de *reformatio in pejus*, que impede o agravamento da posição do arguido (v. art. 409º). Não podendo o âmbito do recurso, estender-se a outros arguidos comparticipantes, forma-se desde logo, quanto a estes, **caso julgado parcial**, ou com mais propriedade, **caso julgado condicional,** o que pode determinar por exemplo, que tais arguidos não recorrentes, estando preventivamente presos, entrem imediatamente em **cumprimento de pena** de prisão, deixando de se lhes aplicar os prazos da prisão preventiva, ou, estando em liberdade, sejam emitidos mandados de detenção para imediato cumprimento de pena de prisão.

Os motivos estritamente pessoais são aqueles que dependem da situação pessoal de quem os invoca e não podem ser generalizados aos outros sujeitos processuais. Incluem-se entre eles os motivos referentes à imputabilidade, ao dolo, aos motivos da acção, às qualidades e situação pessoal e profissional do arguido, à idade juvenil e à futura reinserção social do arguido (Ac. STJ de 20.6.2002, *in* CJ-X-II-223).

O termo «sentença»: Este termo é usado muitas vezes na lei, não no seu sentido estrito de decisão de um Juiz singular, mas com o sentido de qualquer decisão judicial que conheça a final do objeto do processo [v. art. 97º-1-a)].

Artigo 403º – Limitação do recurso

1. É admissível a limitação do recurso a uma parte da decisão quando a parte recorrida puder ser separada da parte não recorrida, por forma a tornar possível uma apreciação e uma decisão autónomas.

2. Para efeito do disposto no número anterior, é autónoma, nomeadamente, a parte da decisão que se referir:

a) A matéria penal;

b) A matéria civil;

c) Em caso de concurso de crimes, a cada um dos crimes;

d) Em caso de unidade criminosa, à questão da culpabilidade, relativamente àquela que se referir à questão da determinação da sanção;

e) Em caso de comparticipação criminosa, a cada um dos arguidos, sem prejuízo do disposto nas alíneas *a)* e *c)* do nº 2 do artigo 402º;

f) Dentro da questão da determinação da sanção, a cada uma das penas ou medidas de segurança.

3. A limitação do recurso a uma parte da decisão não prejudica o dever de retirar da procedência daquele as consequências legalmente impostas relativamente a toda a decisão recorrida.

COMENTÁRIOS:

Limitação do recurso: Depois de definir o âmbito do recurso no artigo precedente, esta norma, de forma invulgarmente clara e descritiva, e sem necessidade de grandes considerandos, consigna o direito do recorrente de limitar o recurso a parte da decisão, obviamente sem prejuízo da cognição oficiosa (v. notas ao art. 412º). Mas adverte, que da limitação do recurso, não decorre a ausência de sentido crítico, quanto à totalidade da decisão recorrida. A sentença, é um todo; a ablação de uma das suas partes pode refletir-se nesse todo, verificado que seja existir os elos de ligação.

Artigo 404º – Recurso subordinado

1. Em caso de recurso interposto por uma das partes civis, a parte contrária pode interpor recurso subordinado.

2. O recurso subordinado é interposto no prazo de 30 dias contado da data da notificação referida nos nºs 6 e 7 do artigo 411º

3. Se o primeiro recorrente desistir do recurso, este ficar sem efeito ou o tribunal não tomar conhecimento dele, o recurso subordinado fica sem efeito.

(Última redação da L. 20/2013, de 21.02)

COMENTÁRIOS:

Recurso subordinado: A filosofia do recurso subordinado, aplica-se só às questões cíveis. O seu regime tem assento no **art. 633º do CPC**, baseando-se numa relação de dependência de um recurso, o subordinado, relativamente ao principal. Assim, a parte cível, relativamente à qual, um recurso instaurado o pode prejudicar, pode recorrer também, por força desta disposição legal, no prazo geral de 30 dias (v. art. 411º).

O nº 3 é uma reprodução incompleta do **art. 633º-3 do CPC**, que marca a natureza da subordinação do recurso: *«Se o primeiro recorrente desistir do recurso* *ou este ficar sem efeito ou o tribunal não tomar conhecimento dele, caduca o recurso subordinado, sendo todas as custas da responsabilidade do recorrente principal».* De acordo com esta norma, é pressuposto do recurso subordinado, que ambos os recorrentes tenham ficado vencidos. Todavia, por força do seu nº 5, não operam razões de sucumbência.

Artigo 405º – Reclamação contra despacho que não admitir ou que retiver o recurso

1. Do despacho que não admitir ou que retiver o recurso, o recorrente pode reclamar para o presidente do tribunal a que o recurso se dirige.

2. A reclamação é apresentada na secretaria do tribunal recorrido no prazo de 10 dias contados da notificação do despacho que não tiver admitido o recurso ou da data em que o recorrente tiver tido conhecimento da retenção.

3. No requerimento o reclamante expõe as razões que justificam a admissão ou a subida imediata do recurso e indica os elementos com que pretende instruir a reclamação.

4. A decisão do presidente do tribunal superior é definitiva quando confirmar o despacho de indeferimento. No caso contrário, não vincula o tribunal de recurso.

COMENTÁRIOS:

Reclamação: Regula os termos da impugnação do despacho que **não admitir** ou **retiver** (sustar a apreciação) **o recurso** (os recursos só são de não admitir, verificados os condicionalismos dos arts. 400º e 414º-2.) A **reclamação,** que, sublinhe-se, não é um recurso, deve ser tramitada da forma mais expedita. É apresentada no tribunal recorrido e é dirigida ao **presidente do tribunal superior.** Não tem efeito suspensivo e deve ser autuada e remetida no prazo geral de **10 dias** (art. 105º-1) para decisão superior, em **auto separado, instruído** com as peças adequadas à decisão, concretamente, sentença, recurso rejeitado e despacho(s) recorrido(s). O Juiz reclamado, portanto, do tribunal "inferior", pode, querendo, **sustentar** o seu despacho, com novos ou aperfeiçoados argumentos (se forem literalmente os mesmos argumentos, pratica um ato inútil, logo ilegal – art. 130º do CPC) que devem ser **notificados** ao recorrente, para querendo, os **contestar** (neste sentido, P. P. Albuquerque, *in* Comentário do CPP). Pode também **reparar** a decisão (v. art. 414º-4 *analo-*

gia júris). Se a reclamação for julgada **procedente** pelo presidente do tribunal superior, o recurso sobe, mas ainda assim, ela não vincula os Juízes do tribunal superior a quem for distribuído o recurso para julgamento (art. 414º-3). Se a reclamação for julgada **improcedente** pelo presidente do tribunal superior, não há recurso de tal decisão.

Do despacho que declara sem efeito a interposição de um recurso, por falta de pagamento da taxa de justiça devida (art. 80º, nº 3 do CCJ), cabe recurso e não reclamação (Ac. TRL de 20.06.2007, *in* www.dgsi.pt).

Reclamação *versus* recurso: Se a parte **recorrer** do despacho que não admitir ou retiver o recurso, em vez de **reclamar**, incumprindo a lei processual, é jurisprudência corrente que o *nomen juris* atribuído ao ato, é irrelevante, devendo o "recurso" ser tramitado como *reclamação,* verificado o prazo legal. O indeferimento da reclamação está sujeito a tributação.

No caso de reclamação em que o sujeito processual em vez de reclamar recorreu, o juiz pode "salvar" a pretensão daquele e mandar processar como incidente de reclamação, desde que tenha sido observado o prazo de apresentação desta (art. 405º-2) (Ac. TRP de 25.05.2011, proc. 1682/07.8PAVNG-B.P1, *in* www.dgsi.pt). **Nota:** Era o que dizia o art. 688º-5 do CPC, antes da revisão da L. 41/2013, de 26.06.

Referências: v. art. 643º do C.P.C. (reclamação contra o indeferimento). **Nota:** Há quem entenda que a reclamação no processo penal, deve correr por "apenso", como comanda a norma civil, o que nos parece contrário aos princípios de celeridade processual penal.

Artigo 406º – Subida nos autos e em separado

1. Sobem nos próprios autos os recursos interpostos de decisões que ponham termo à causa e os que com aqueles deverem subir.
2. Sobem em separado os recursos não referidos no número anterior que deverem subir imediatamente.

COMENTÁRIOS:

O modo da subida: Na forma de subida dos recursos, há desde logo que definir três aspetos: o **modo**, o **momento** e o **efeito** da subida. Este artigo regula o primeiro aspeto. Saber se os recursos sobem nos autos ou em separado deles, terá como fronteira a noção de *«decisão que ponha termo à causa»*. Em termos estritamente penais, uma decisão que ponha termo à causa é uma decisão que põe fim ao processo, seja ela de natureza substantiva ou adjetiva; v.g. condenação, absolvição, declaração de prescrição do procedimento. Estas decisões quanto à forma de subida dos recursos, não vinculam o tribunal superior – v. art. 414º-3.

Subida em separado: Os recursos de decisões que **não ponham termo à causa**, mas cuja retenção os tornaria **inúteis**, sobem em **separado** e **imediatamente**. Se a causa já estiver decidida (portanto a sua retenção não os torna inúteis), sobem **agregadamente** com o recurso da decisão que ponha termo à causa (art. 407º-3). O Juiz recorrido pode **sustentar** ou **reparar** a decisão e deve instruir o(s) recurso(s) de forma adequada a possibilitar o seu mais amplo conhecimento pelo tribunal superior, em ordem a um julgamento conjunto e em conformidade também com o solicitado pelo recorrente (v. art. 414º-4-6-8).

Arguidos presos: Havendo arguidos presos o Juiz tem de cumprir o art. 414º-5-7.

Artigo 407º – Momento da subida

1. Sobem imediatamente os recursos cuja retenção os tornaria absolutamente inúteis.

2. Também sobem imediatamente os recursos interpostos:

a) De decisões que ponham termo à causa;

b) De decisões posteriores às referidas na alínea anterior;

c) De decisões que apliquem ou mantenham medidas de coacção ou de garantia patrimonial, nos termos deste Código;

d) De decisões que condenem no pagamento de quaisquer importâncias, nos termos deste Código;

e) De despacho em que o juiz não reconhecer impedimento contra si deduzido;

f) De despacho que recusar ao Ministério Público legitimidade para a prossecução do processo;

g) De despacho que não admitir a constituição de assistente ou a intervenção de parte civil;

h) De despacho que indeferir o requerimento para a abertura de instrução;

i) Da decisão instrutória, sem prejuízo do disposto no artigo 310º;

j) De despacho que indeferir requerimento de submissão de arguido suspeito de anomalia mental à perícia respectiva;

k) De despacho proferido ao abrigo do disposto nos nºs 2, 3 e 5 do artigo 328º-A.

3. Quando não deverem subir imediatamente, os recursos sobem e são instruídos e julgados conjuntamente com o recurso interposto da decisão que tiver posto termo à causa.

(Última redação da L. 27/2015, de 14.04)

COMENTÁRIOS:

O momento da subida: Este artigo regula o segundo aspecto da forma de subida dos recursos; o **momento** da subida. Elenca taxativamente todas as situações consideradas possíveis mas abre uma cláusula geral, sujeitando a questão a uma apreciação casuística, por vezes subjetiva, quando diz que, devem subir imediatamente os recursos cuja subida posterior os tornaria inúteis. Todos os restantes recursos não contemplados aqui, tem subida deferida, subindo com o recurso da decisão final, sendo os mais comuns, os de arguição de nulidades. Todavia, a subida dos recursos retidos, está condicionada a impulso superveniente do recorrente, que necessariamente terá de recorrer também da decisão final. Aí, deverá prestar a informação sobre se mantém interesse no recurso interlocutório, tal como é exigido no art. 412º-5. Igualmente deverá prestar essa informação, se for ele o recorrido – v. art. 413º-4.

Julgar inconstitucional, por violação dos artigos 32º, nº 1 e 20º, nº 5 da Constituição da República, a norma do artigo 407º, nº 2, do Código de Processo Penal, interpretada no sentido de apenas dever subir com o interposto da decisão final o recurso interposto de decisão que indeferiu o pedido de acesso a elementos contidos nos autos com vista a impugnar a decisão que aplicou ao recorrente a medida de coacção de prisão preventiva (Ac. TC nº 417/2003, *in* dgsi.pt).

Artigo 408º – Recurso com efeito suspensivo

1. Têm efeito suspensivo do processo:

a) Os recursos interpostos de decisões finais condenatórias, sem prejuízo do disposto no artigo 214º;

b) O recurso do despacho de pronúncia, sem prejuízo do disposto no artigo 310º

2. Suspendem os efeitos da decisão recorrida:

a) Os recursos interpostos de decisões que condenarem ao pagamento de quaisquer importâncias, nos termos deste Código, se o recorrente depositar o seu valor;

b) O recurso do despacho que julgar quebrada a caução;

c) O recurso de despacho que ordene a execução da prisão, em caso de não cumprimento de pena não privativa da liberdade;

d) O recurso de despacho que considere sem efeito, por falta de pagamento de taxa de justiça, o recurso da decisão final condenatória.

3. Os recursos previstos no nº 1 do artigo anterior têm efeito suspensivo do processo quando deles depender a validade ou a eficácia dos actos subsequentes, suspendendo a decisão recorrida nos restantes casos.

COMENTÁRIOS:

O efeito do recurso: Este artigo regula o terceiro aspecto da forma de subida dos recursos; o **efeito** do recurso. Pode ser **suspensivo do processo** (nº 1) ou apenas **suspensivo da decisão recorrida** (nº 2). Sendo suspensivo do processo este pára, não podendo prosseguir. Sendo suspensivo da decisão, o processo não pára; apenas a decisão se torna inexequível. Não sendo, por não estar previsto, nem uma coisa nem outra, terá efeito **meramente devolutivo**, isto é, não terá nenhum efeito na marcha geral do processo. Será o caso mais comum dos recursos sobre medidas de coação, *máxime,* da prisão preventiva.

V. efeito especial no art. 42º-2 (recurso do despacho de não impedimento do Juiz).

O caso do nº 1-b): Sendo certo que a decisão instrutória que pronunciar o arguido **de harmonia** com a acusação do Ministério Público é irrecorrível, fora desse quadro, inúmeras são as situações de recorribilidade de tal despacho (v. art. 310º e respetivas notas).

A remissão do nº 3: Os recursos cuja retenção os tornaria absolutamente inúteis (art. 407º-1) têm efeito suspensivo do processo, mas apenas quando da sua procedência resultar a invalidade ou ineficácia dos atos deles dependentes. Deste modo, tem o Juiz a difícil tarefa de avaliar se existe ou não uma relação direta e causal entre os vários atos em presença. Conforme explica Paulo Pinto Albuquerque, no seu CPP, em nota ao art. 408º: *Trata-se, no fundo, de uma nexo de "dependência" lógica e valorativa entre a decisão recorrida e os actos subsequentes de* *natureza semelhante ao nexo descrito no artigo 122º, nº 1, entre os actos nulos e os actos que dele "dependerem".*

Artigo 409º – Proibição de *reformatio in pejus*

1. Interposto recurso de decisão final somente pelo arguido, pelo Ministério Público, no exclusivo interesse daquele, ou pelo arguido e pelo Ministério Público no exclusivo interesse do primeiro, o tribunal superior não pode modificar, na sua espécie ou medida, as sanções constantes da decisão recorrida, em prejuízo de qualquer dos arguidos, ainda que não recorrentes.

2. A proibição estabelecida no número anterior não se aplica à agravação da quantia fixada para cada dia de multa, se a situação económica e financeira do arguido tiver entretanto melhorado de forma sensível.

COMENTÁRIOS:

***A reformatio in pejus*:** Trata-se de um princípio geral que estipula a **proibição de agravação oficiosa da posição dos arguidos**, recorrentes ou não, em recursos interpostos **em seu benefício**, mas estritamente limitado às sanções finais, penais ou cíveis (principais e acessórias). Concretizando, não pode o tribunal superior em recurso, agravar as penas dos arguidos se tal agravação não for peticionada e objeto do recurso. Não está no entanto inibido o tribunal superior de alterar a qualificação jurídica dos factos (v. art. 424º-3); o que não pode é agravar as penas concretas aplicadas, conforme aliás decidiu o STJ no ac. infra, que se mantém atual. Igualmente em matéria de responsabilidade civil, nesta sede, não pode o arguido ver agravada a sua responsabilidade.

Jurisprudência uniformizadora: Ac. do STJ de Fixação de Jurisprudência nº 4/95, de 07.06.95, *in* D.R. de 06.07.95: *«O tribunal superior pode, em recurso, alterar oficiosamente a qualificação jurídico-penal efectuada pelo tribunal recorrido, mesmo que para crime mais grave, sem prejuízo, porém, da proibição da "reformatio in pejus"».*

O caso da repetição do julgamento: O princípio supra exposto, aplica-se ainda, quando se procede a novo julgamento por **anulação** do primeiro, desde que tal anulação resulte de recurso interposto em **benefício do arguido**, conforme já determinou quer o STJ, quer o TC.

Julgar inconstitucional, por violação do artigo 32º, nº 1, da Constituição da República Portuguesa, a norma do artigo 409º, nº 1, do Código de Processo Penal, interpretada no sentido de não proibir o agravamento da condenação em novo julgamento a que se procedeu por o primeiro ter sido anulado na sequência de recurso unicamente interposto pelo arguido (Ac. do TC 236/2007, de 30.05, *in* www.dgsi.pt; no mesmo sentido Ac. STJ de 17.2.2005, *in* CJ-XIII-I-204).

Multas: O nº 2 estabelece uma curiosa exceção ao princípio do *reformatio in pejus,* quanto ao **montante diário das multas** (não quanto ao número de dias) de duvidosa constitucionalidade.

CAPÍTULO II – Da tramitação unitária

Artigo 410º – Fundamentos do recurso

1. Sempre que a lei não restringir a cognição do tribunal ou os respectivos poderes, o recurso pode ter como fundamento quaisquer questões de que pudesse conhecer a decisão recorrida.

2. Mesmo nos casos em que a lei restrinja a cognição do tribunal de recurso a matéria de direito, o recurso pode ter como fundamentos, desde que o vício resulte do texto da decisão recorrida, por si só ou conjugada com as regras da experiência comum:

a) A insuficiência para a decisão da matéria de facto provada;

b) A contradição insanável da fundamentação ou entre a fundamentação e a decisão;

c) Erro notório na apreciação da prova.

3. O recurso pode ainda ter como fundamento, mesmo que a lei restrinja a cognição do tribunal de recurso a matéria de direito, a inobservância de requisito cominado sob pena de nulidade que não deva considerar-se sanada.

COMENTÁRIOS:

1. Fundamentos: Esta é a norma chave da matéria. Importa à complexa matéria de recursos penais, elaborar um esquema mental, que permita dominar e ordenar a temática em termos eficazes. O recurso pode ter como fundamentos genéricos, **questões de facto** e **questões de direito** (v. arts. 374º-2 e 410º-1). Deve ter-se sempre presente esta dicotomia, pois ela atravessa todo o regime dos recursos, estipulando requisitos diferentes para cada situação. Os fundamentos do recurso, devem ser **concretos**, **objetivos**, **precisos**, digamos, **cirúrgicos** (sem prejuízo das questões poderem estar, como quase sempre estão imbricadas umas nas outras), sendo dispensável e pernicioso, adjetivações e juízos de valor emocionais e outras abordagens excitadas, que declamadas com maior ou menor fleuma, nenhum valor acrescentado trazem aos autos. O recorrente tem de **especificar** claramente de que é que recorre. Na verdade há que ter presente que o recurso de uma decisão, visa única e exclusivamente a **apreciação dos fundamentos invocados nesse recurso, delimitados pelas conclusões** e não um novo julgamento. Em nenhuma circunstância o recurso pressupõe a **reapreciação total** de toda a prova produzida, pois se assim fosse, estaríamos perante um **novo julgamento** e não um recurso. Obviamente há questões de **apreciação oficiosa**, decorrentes da necessidade de evitar que a decisão de direito se apoie em matéria de facto insuficiente, contraditória ou fundada em erro, mas, isso é residual, ocasional, eventual e o recorrente não deve esperar comodamente que tal venha a acontecer. Deve ser ele a levantar as questões, em termos tecnicamente corretos, garantindo assim, a sua apreciação e o eventual triunfo das suas razões.

O recurso em matéria de facto (...) não pressupõe uma reapreciação total pelo tribunal de recurso do complexo dos elementos de prova produzidos e que serviram de fundamento à decisão recorrida, mas apenas, em plano diverso, uma reapreciação autónoma sobre a razoabilidade da decisão tomada pelo tribunal a quo quanto aos "pontos de facto que o recorrente considere incorrectamente julgados, na base, para tanto, da avaliação das provas que, na indicação do recorrente, imponham "decisão diversa" da recorrida (...) (Ac. STJ de 23.05.2007, *in* www.dgsi.pt).

2. Estrutura do recurso: Sem prejuízo de outras classificações (cada jurista deverá procurar o esquema, que melhor se adapte ao seu tipo de raciocínio) podemos dizer que **estruturalmente** o recurso pode ter como fundamentos concretos: **(I) questões materiais**, traduzidas em erros de julgamento em matéria de facto ou erros de julgamento em matéria de direito (v. art. 412º-2-3); **(II) questões formais**, que dizem respeito à patologia da sentença, traduzidas em erros endógenos da sentença (os chamados, "vícios" da sentença – v.g. insuficiência, contradições ou erro notório – v. art. 410º-2) ou erro da falta de fundamentação e exame crítico da prova (v. art. 374º-2) e **(III) questões processuais**, traduzidas em nulidades ou irregularidades da sentença (v.g. sentença sem as menções obrigatórias; condenação fora do objeto do processo; omissão de pronuncia – v art. 379º e 410º-3) ou nulidades ou irregularidades do processado, que se encontram espalhadas pelo código. No rigor hermenêutico, estas questões de natureza mais processual, são de apreciação precedente pelo tribunal *ad quem*, relativamente às outras.

Vejamos cada uma destas situações.

2.1. Questões materiais – Erro de julgamento em matéria de facto: O **erro de julgamento em matéria de facto** (a que se reporta o art. 412º-3-4) ocorre quando o tribunal considera **provado** um determinado facto, sem que tenha sido feita a prova **em audiência de julgamento** de que tal facto realmente ocorreu; ou pelo contrário, quando dá por **não provado** um facto que face à prova produzida, deveria ter sido considerado provado. Trata-se de um erro que se forma no processo cognoscitivo e sobretudo valorativo do Juiz (desdobra-se em erro na apreciação da prova e erro na sua valoração) que **viola as regras de experiência comum**, que lhe servem de parâmetro (v. art. 127º). Em nenhuma circunstância se deve confundir este **erro de julgamento**, com os chamados **erros da sentença** (erros-vicio). Ali o recorrente ataca a sentença por o Juiz não ter sabido transpor para ela, a prova produzida em audiência. Aqui ataca a sentença, na sua interinidade e compreensibilidade formal.

Tendo como base o referido **art. 412º**, e como referência a **"prova gravada"**, consequentemente a prova oral, o recorrente pode limitar este recurso, especificadamente aos ***«concretos pontos de facto que considera incorretamente julgados»*** [v. nº 3-a)] ou alargar o âmbito do recurso mas sempre especificadamente às ***«concretos provas que impõe decisão diversa da recorrida»*** [v. nº 3-b)] e às ***«provas que devem ser renovadas»*** [v. nº 3-c)]. Se limitar o recurso, apenas aos ***«concretos pontos de facto que considera incorretamente julgados»*** [v. nº 3-a)] apenas tem que demonstrar a sua razão, **a partir do texto da decisão recorrida**. Se alargar o âmbito do recurso também às ***«concretos provas que impõe decisão diversa da recorrida»*** [v. nº 3-b)] e às ***«provas que devem ser renovadas»*** [v. nº 3-c)] então terá que dar cumprimento ao nº 4, procedendo às **especificações** por referência ao **consignado na ata** em matéria de gravação (data de inicio e termo de cada gravação – v. art. 364º-2) e indicar **concretamente** quais as passagens gravadas em que funda a impugnação, cumprindo ao tribunal *ad quem*, auditá-las, se nisso houver algum **interesse para a decisão.** Porque pode não haver. O recurso, nesta parte, pressupõe apenas a aferição da **razoabilidade** da decisão do tribunal *a quo* quanto aos ***«concretos pontos de facto»*** que o recorrente especificou como incorretamente julgados (apoiado ou não nas gravações) devendo o tribunal *ad quem* proceder ao cotejo entre as **concretas/específicas razões** invocadas pelo recorrente e a **matéria de facto** devidamente **fundamentada** pelo Juiz na sentença, para decidir, designadamente pela **relevância da audição**. Não esqueçamos que **são proibidos os atos inúteis** (v. art. 130º do CPC, *ex vi*, art. 4º).

Nesta estrita sede de **erros de julgamento em matéria de facto**, o conhecimento dos factos por parte dos tribunais superiores, é muito **limitado**. Desde logo a matéria de facto só pode ser alterada, desde que haja **erro manifesto** ou a audição dos **registos áudio da prova,** permitam com toda a segurança afirmar que foram violadas as regras de experiência comum (v. art. 127º). Na verdade, o tribunal superior não pode sindicar as **convicções** do tribunal *a quo,* no que respeita ao **extrato da oralidade** que se contém na decisão, justamente porque lhe falta a necessária **imediação** (v. art. 127º). Assim, só perante decisões **manifestamente desconformes à prova oral** produzida, é que se aceita alterações à matéria de facto, o que, convenhamos, raras vezes acontece (v. art. 431º). O erro habitual nos recursos, é o de as críticas se alicerçarem apenas na diferente convicção do recorrente sobre a prova produzida. Ora, isso é simplesmente *"usurpação das funções"* do Juiz pelo recorrente e indiferença pela independência dos tribunais e pelo princípio da livre apreciação da prova e convicção do Juiz (v. art. 127º).

"O erro de julgamento da matéria de facto existe quando o tribunal dá como provado certo facto relativamente ao qual não foi feita prova bastante e que, por isso, deveria ser considerado não provado, ou então o inverso, e tem a ver com a apreciação da prova produzida em audiência em conexão com o princípio da livre apreciação da prova constante do art. 127º do CPP" (Ac. STJ de 12.03.2009, proc. nº 08P3781, *in* www.dgsi.pt).

O princípio da livre apreciação da prova está intimamente ligado à obrigatoriedade de motivação ou fundamentação fáctica das sentenças criminais, com consagração no art. 374º/2 do Código de Processo Penal. Cumpre também aqui referir que o juízo valorativo do tribunal tanto pode assentar em prova directa como em prova indiciária da qual se infere o facto probando, não estando excluída a possibilidade do julgador valorar preferencialmente a prova indiciária, podendo esta só por si conduzir à sua convicção [cfr. Ac. RC. de 6/3/96, CJ XXI, II, 44]. E não dispensa a prova testemunhal um tratamento cognitivo por parte do julgador mediante operações de cotejo com os restantes meios de prova, sendo que a mesma, tal qual a prova indiciária de qualquer natureza, pode ser objecto de formulação de deduções ou induções baseadas na correcção de raciocino mediante a utilização das regras de experiência. (...) Diga-se também que a prova processual, ao invés do que acontece com a demonstração no campo da matemática ou com a experimentação no âmbito das ciências naturais, não visa a certeza lógica ou absoluta mas apenas a convicção essencial às relações práticas da vida social [Antunes Varela, Manual de Processo Civil, Coimbra Editora, 2ª ed., 407] (Ac. TRC de 29.03.2006, *in* www.dgsi.pt).

"Já o erro de julgamento – ínsito no artigo 412º/3 – ocorre quando o tribunal considere provado um determinado facto, sem que dele tivesse sido feita prova pelo que deveria ter sido considerado não provado ou quando dá como não provado um facto que, face à prova que foi produzida, deveria ter sido considerado provado. Aqui, nesta situação de erro de julgamento, o recurso quer reapreciar a prova gravada em 1ª instância, havendo que a ouvir em 2ª instância. Neste caso, a apreciação não se restringe ao texto da decisão, alargando-se à análise do que se contém e pode extrair da prova (documentada) produzida em audiência, mas sempre dentro dos limites fornecidos pelo recorrente no estrito cumprimento do ónus de especificação imposto pelos nºs 3 e 4 do art. 412º do CPP. Nos casos de impugnação ampla, o recurso da matéria de facto não visa a realização de um segundo julgamento sobre aquela matéria, agora com base na audição de gravações, antes constituindo um mero remédio para obviar a eventuais erros ou incorrecções da decisão recorrida na forma como apreciou a prova, na perspectiva dos concretos pontos de facto identificados pelo recorrente. Como bem acentua Jorge Gonçalves nos seus acórdãos desta Relação, «o recurso que impugne (amplamente) a decisão sobre a matéria de facto não pressupõe, por conseguinte, a reapreciação total do acervo dos elementos de prova produzidos e que serviram de fundamento à decisão recorrida, mas antes uma reapreciação autónoma sobre a razoabilidade da decisão do tribunal a quo quanto aos «concretos pontos de facto» que o recorrente especifique como incorrectamente julgados. Para esse efeito, deve o tribunal de recurso verificar se os pontos de facto questionados têm suporte na fundamentação da decisão recorrida, avaliando e comparando especificadamente os meios de prova indicados nessa decisão e os meios de prova indicados pelo recorrente e que este considera imporem decisão diversa (sobre estas questões, cfr. os Acórdãos do S.T.J., de 14 de Março de 2007, Processo 07P21, e de 23 de Maio de 2007, Processo 07P1498, a consultar em www. dgsi.pt)». E é exactamente porque o recurso em que se impugne (amplamente) a decisão sobre a matéria de facto não constituiu um novo julgamento do objecto do processo, mas antes um remédio jurídico que se destina a despistar e corrigir, cirurgicamente, erros in judicando ou in procedendo, que o recorrente deverá expressamente indicar, é que se impõe a este o ónus de proceder a uma tríplice especificação, já aqui aludida, prevista no artigo 412º, nº 3, do CPP. A dita especificação dos «concretos pontos de facto» traduz-se na indicação dos factos individualizados que constam da sentença recorrida e que se consideram incorrectamente julgados, só se satisfazendo tal especificação com a indicação do conteúdo específico do meio de prova ou de obtenção de prova e com a explicitação da razão pela qual essas «provas» impõem decisão diversa da recorrida. Conforme jurisprudência constante, o recurso da matéria de facto não visa a realização de um segundo julgamento sobre aquela matéria, com base na audição de gravações, antes constituindo um remédio para obviar a eventuais erros ou incorrecções da decisão recorrida na forma como apreciou a prova, na perspectiva dos concretos pontos de facto identificados pelo recorrente. O recurso que impugne a decisão sobre a matéria de facto não pressupõe, por conseguinte, a reapreciação total do acervo dos elementos

de prova produzidos e que serviram de fundamento à decisão recorrida, mas antes uma reapreciação autónoma sobre a razoabilidade da decisão do tribunal a quo quanto aos «pontos de facto» que o recorrente especifique como incorrectamente julgados. A delimitação dos pontos de facto constitui um elemento determinante na definição do objecto do recurso relativo à matéria de facto. Ao tribunal de recurso incumbe confrontar o juízo sobre os factos que foi realizado pelo tribunal a quo com a sua própria convicção determinada pela valoração autónoma das provas que o recorrente identifique nas conclusões da motivação. Para esse efeito, deve o tribunal de recurso verificar se os pontos de facto questionados têm suporte na fundamentação da decisão recorrida, avaliando e comparando especificadamente os meios de prova indicados nessa decisão e os meios de prova indicados pelo recorrente e que este considera imporem decisão diversa (sobre estas questões, os Acórdãos do S.T.J., de 14 de Março de 2007, Processo 07P21, e de 23 de Maio de 2007, Processo 07P1498, a consultar em www. dgsi.pt). Nos termos do art. 428º do CPP, as relações conhecem de facto e de direito, podendo modificar a decisão de facto quando a decisão tiver sido impugnada nos termos do art. 412º, nº 3 do mesmo diploma – tal não constituiu um novo julgamento do objecto do processo, como se a decisão da 1ª instância não existisse, mas apenas um remédio jurídico votado a despistar e corrigir erros in judicando ou in procedendo, expressamente indicados pelo recorrente. Já o deixámos escrito – o recurso, no que tange ao conhecimento da questão de facto, não é um segundo julgamento, em que a Relação, agora com base na audição de gravações, e anteriormente com base na leitura de transcrições, reaprecie a totalidade da prova. E se é certo que perante um recurso sobre a matéria de facto, a Relação não se pode eximir ao encargo de proceder a uma ponderação específica e autonomamente formulada dos meios de prova indicados, não é menos verdade que deverá fazê-lo com plena consciência dos limites ditados pela natureza do recurso como remédio e pelo facto de se tratar de uma apreciação de segunda linha, a que faltam as importantes notas da imediação e da oralidade de que beneficiou o tribunal a quo (Ac. TRC de 30.03.2011, proc. 10/10.0PECTB.C1, *in* www.dgsi.pt).

"...ao tribunal superior cumpre verificar a existência da prova e controlar a legalidade da respectiva produção, nomeadamente no que respeita à observância dos princípios da igualdade, oralidade, imediação, contraditório (...) verificando, outrossim, a adequação lógica da decisão relativamente às provas existentes. Assim, só em caso de existência de provas para se decidir em determinado sentido, ou de violação das normas de direito probatório (nelas incluindo as regras da experiência comum ou da lógica) cometida na respectiva valoração feita na decisão de primeira instância, esta pode ser modificada, nos termos do art. 431º do CPP" (Ac. TRL de 22.11.2005, proc. nº 3717/05.5).

De todo o modo, como é manifesto, o Tribunal de recurso não dispõe das vantagens que a imediação proporciona ao tribunal que procedeu ao julgamento. Pelo que a ponderação da prova valorada em 1ª instância será de privilegiar a menos que do reexame dessa prova resulte inequívoco que o tribunal valorou mal as provas ou que usou meios de prova não válidos ou não idóneos ou que as contradições nas provas produzidas conduziram a uma convicção inaceitável, quer por errada ponderação do nível de tais contradições, quer por errada ou não objectiva ponderação do valor de cada meio de prova, quer por errado uso dos princípios de avaliação das provas, como por exemplo do princípio in dubio pro (Ac. TRL de 02.10.2007, *in* proc. 3185/07, secção 5).

"a apreciação das provas gravadas pelo Tribunal da Relação só pode abalar a convicção acolhida pelo tribunal de 1ª instância caso se verifique que a decisão sobre a matéria de facto não tem qualquer fundamento nos elementos de prova constantes do processo ou está profundamente desapoiada face às provas recolhidas, dado que a percepção dos depoimentos só é perfeitamente conseguida com a imediação" (Ac. TRP de 05.06.2002, *in* www.dgsi.pt).

Quando a atribuição de credibilidade a uma fonte de prova pelo julgador se basear em opção assente na imediação e na oralidade, o tribunal de recurso só a poderá criticar se ficar demonstrado que essa opção é inadmissível face as regras da experiência comum (Ac. do TRC de 06.03.2002, *in* CJ-XXVII-II-44).

"uma transcrição de prova não pode ser lida linearmente, como se fosse uma escritura de um notário. E que há sempre coisas que os juízes de julgamento viram e ouviram e não ficaram na transcrição e às quais, por isso, o tribunal de recurso nunca terá acesso, sendo por vezes precisamente essas que fazem a diferença e levam o tribunal a quo a tombar para o lado do provado em vez do não provado ou vice-versa, [...] a prova testemunhal não é pois para ser avaliada aritmeticamente (Ac. TRL de 20.03.2007, *in* www.dgsi.pt).

2.2. Questões materiais – Erro de julgamento em matéria de direito: O **erro de julgamento em matéria de direito** (a que se reporta o art. 412º-2) ocorre quando o tribunal aplica mal o direito, o que desde logo dá ideia da vastidão das situações em que tal pode acontecer. Basicamente trata-se de um **erro na interpretação das leis** (que pode ir desde a subsunção e qualificação jurídica de crimes até à escolha e medida da pena concretamente aplicada, passando pelas questões da comparticipação criminosa, concurso de crimes, etc...). Não há erro de julgamento, ou qualquer espécie de erro, quando a prova produzida na audiência é insuficiente para a condenação; face a este *non liquet* deve o Juiz simplesmente absolver, ou porque simplesmente não há prova para condenar ou porque a prova produzida não foi clara por obscuridade dos factos ou incerteza do direito aplicável, abrindo-se assim prioridade ao princípio *in dubio pro reo.*

3.1. Questões formais – Erros ou "vícios" da sentença: Há situações, que são aquelas descritas nas **alíneas do nº 2**, que permitem atacar a sentença na sua regularidade formal. Importa pois definir estas situações de uma forma precisa. São quatro as situações previstas nas alíneas; **(i)** a **insuficiência para a decisão da matéria de facto provada**; **(ii)** a **contradição insanável da fundamentação (iii)** a **contradição insanável entre a fundamentação e a decisão (iiii)** o **erro notório na apreciação da prova**. Une todas estas situações, que o código apelida de **"vícios"**, o facto de serem **endógenas da sentença**, isto é, resultam sem mais, da leitura da sentença, não admitindo elementos exteriores para a sua constatação. É inoperante no recurso aludir a quaisquer outros elementos externos à sentença, como sejam declarações no decurso do inquérito ou da instrução ou até mesmo do julgamento, defeito que acontece muitas vezes. A admissão destes vícios pode dar lugar ao **reenvio** para novo julgamento, total ou parcial (art. 426º) ou a uma **nova decisão**, se puder haver lugar à **renovação** da prova (art. 426º).

Em nome do rigor e da correta sustentabilidade do direito, estes **"vícios"** da decisão sobre a matéria de facto, são de **conhecimento oficioso** pelo tribunal de recurso, qualquer que ele seja, conforme resulta expressamente do nº 2 e do importante Acórdão de Fixação de Jurisprudência infra (v. art. 402º-1).

Jurisprudência uniformizadora: Ac. do STJ de Fixação de Jurisprudência nº 7/95, de 19.10.95, *in* D.R. de 28.12.1995: *«É oficioso, pelo tribunal de recurso, o conhecimento dos vícios indicados no art. 410º, nº 2 do Código de Processo Penal, mesmo que o recurso se encontre limitado à matéria de direito».*

Os vícios do art. 410º-2 do CPP, como toda a gente sabe, têm de resultar do próprio texto da decisão recorrida, em si mesmo considerado ou com recurso às regras gerais da experiência. A rastreação desses vícios não admite o lançar mão de elementos extrínsecos, nomeadamente a invocação de depoimento e outras provas produzidas em audiência e, muito menos, no inquérito, pelo que o recurso para o STJ que tenha esse objecto é manifestamente infundado (Ac. STJ de 04.12.2003, *in* www.verbojuridico.com).

"Estabelece o art. 410º, nº 2 do CPP que, mesmo nos casos em que a lei restringe a cognição do tribunal, o recurso pode ter como fundamentos, desde que o vício resulte do texto da decisão recorrida, por si só ou conjugada com as regras da experiência comum: a) A insuficiência para a decisão da matéria de facto provada; b) A contradição insanável da fundamentação ou entre a fundamentação e a decisão; c) Erro notório na apreciação da prova. Saliente-se que, em qualquer das apontadas hipóteses, o vício tem que resultar da decisão recorrida, por si mesma ou conjugada com as regras da experiência comum, não sendo por isso admissível o recurso a elementos àquela estranhos, para o fundamentar, como, por exemplo, quaisquer dados existentes nos autos, mesmo que provenientes do próprio julgamento (cf. Maia Gonçalves, Código de Processo Penal Anotado, 10ª ed.,

729, Germano Marques da Silva, Curso de Processo Penal, Vol. III, Verbo, 2ª ed., 339 e Simas Santos e Leal Henriques, Recursos em Processo Penal, 6ª ed., 77 e ss.), tratando--se, assim, de vícios intrínsecos da sentença que, por isso, quanto a eles, terá que ser auto--suficiente. No fundo, por aqui não se pode recorrer à prova documentada." (Ac. TRC de 30.03.2011, proc. 10/10.0PECTB.C1, *in* dgsi.pt).

Alínea a) – A insuficiência para a decisão da matéria de facto provada: É um **vício endógeno** da sentença, que se encontra previstos no **art. 410º-2--a),** isto é, tem que resultar do próprio texto da decisão recorrida, por si só, ou conjugada com as regras da experiência comum. Conforme o seu *nomem júris,* é um erro que tem assento exclusivamente na **matéria de facto considerada provada**; já não na não provada. Nada tem a ver com erro de julgamento em matéria de facto, que analisámos supra (confusão tantas vezes feita nos recursos). Em todo o caso, entre o erro/nulidade de "omissão de pronúncia" e este erro/vicio, existe uma relação de causa e consequência.

É unânime a jurisprudência no sentido de que só existe **insuficiência** para a decisão da matéria de facto provada, quando do acervo de factos **vertidos na sentença** se constata **faltarem** elementos que, **podendo e devendo ser indagados** e julgados (provados ou não provados), são necessários para se formular um juízo seguro de condenação (ou absolvição) e se determinar a natureza e a medida da sanção; ou, noutra formulação, quando a matéria de facto **considerada provada na sentença**, é **insuficiente** para fundamentar a solução de direito correta, legal e justa, o que se verifica quando o tribunal recorrido deixou ou não conseguiu apurar matéria de facto que lhe cabia apurar dentro do objeto do processo, tal como este está configurado pela acusação e pela defesa, o que conduz à formação incorreta de um juízo, porque a conclusão ultrapassa as premissas ou nelas não se ancora. É, em suma, um **problema lacunar de raciocínio.**

Na alegação deste vício da sentença, importa que o recorrente invoque a factualidade considerada provada (não releva a não provada) e a confronte com a decisão sobre a matéria de facto evidenciando a **falta de elementos para a conclusão**, sem invocação de elementos exteriores. O vício é puramente **lacunar** e puramente **endógeno** da sentença. Obviamente, nada tem a ver com o entendimento pessoal do recorrente sobre a prova produzida. Não deve ele confundir o que foi considerado provado, com aquilo que ele recorrente, considerará ter-se provado (se quiser assim proceder, terá de ir pela via do erro de julgamento).

Em suma; se as **premissas** da sentença, no que toca à matéria de facto, são suficientes para se alcançar a **conclusão condenatória** que se alcançou, então não há insuficiência para a decisão da matéria de facto provada; se os factos reportados na sentença como provados, **não constituem um acervo factual de elementos**, inclusivamente de ordem típica, que consubstanciem o necessário e suficiente para se chegar à **conclusão condenatória** a que se chegou, então, há insuficiência para a decisão da matéria de facto considerada provada.

"o vício da insuficiência da matéria de facto para a decisão exige que deixe de ser apurada matéria factual relevante, não se mostrando elencado o imprescindível núcleo de factos que o concreto objecto do processo reclama face a equação jurídica a resolver no caso" (Ac. TRL de 23.03.2006, Proc. nº 06P959, *in* www.dgsi.pt.).

"O vício da insuficiência da matéria de facto tem de aquilatar-se em função do objecto do processo traçado pela acusação e defesa, de modo a que se possa constatar que tal objecto ficou esgotado, nomeadamente, na vertente do thema probandum, isto é, que o tribunal indagou todos os factos pertinentes à causa e legitimados pelos limites do libelo e correspondente defesa; não ficando esgotado tal objecto processual, sempre existirá insuficiência da matéria de facto, quer para suportar uma decisão condenatória, quer para fundar uma decisão absolutória" (Ac. STJ de 26.10.2006, proc. 06P3119, *in* www.dgsi.pt).

A insuficiência da matéria de facto para a decisão, como vício previsto pela alínea a) do nº 2 do art. 410º do CPP, verifica-se quando a matéria de facto provada é insuficiente para fundamentar a decisão de direito. E só existe se o tribunal deixar de investigar o que devia e podia, tornando a matéria de facto insusceptível de adequada subsunção jurídico-criminal, pressupondo a existência de factos constantes dos autos ou derivados da causa, que ainda seja susceptível apurar, sendo esse apuramento necessário para a decisão a proferir (Ac. do STJ de 18.11.98, *in* proc. nº 855/98).

A "insuficiência para a decisão da matéria de facto provada", vício previsto no artigo 410º, nº 2, alínea a), ocorrerá quando a matéria de facto provada seja insuficiente para fundamentar a decisão de direito e quando o tribunal não investigou toda a matéria de facto com interesse para a decisão – diga-se, contudo, que este vício se reporta à insuficiência da matéria de facto provada para decisão de direito e não à insuficiência da prova para a matéria de facto provada, questão do âmbito do princípio da livre apreciação da prova, que é insindicável em reexame restrito à matéria de direito (Ac. TRC de 30.03.2011, proc. 10/10.0PECTB.C1, *in* www.dgsi.pt).

A matéria de facto provada tanto pode ser insuficiente quando não permite a subsunção efectuada em termos de imputação de determinado crime, como quando não permite uma opção fundamentada entre penas não privativas e privativas da liberdade, entre pena de prisão efectiva e penas de substituição desta ou um juízo inteiramente fundamentado sobre o doseamento da pena, suposto que o tribunal podia investigar os factos em falta e não investigou (Ac. TRC de 30.05.2012, proc. 145/10.9GCLSA.C1, *in* www.dgsi.pt).

Registe-se que nos casos de aplicação do **regime especial penal para jovens**, previsto no D.L. 401/82, de 23.09, alguma jurisprudência, tem considerado que a **falta de relatório social,** configura vício de **insuficiência da matéria de facto** para a decisão (v. notas ao art. 370º).

Alínea b) – A contradição insanável da fundamentação; A contradição insanável entre a fundamentação e a decisão: São dois vícios **endógenos** da sentença, que se encontram previstos no art. 410º-2-b). Mas em nenhuma circunstância se deve confundir contradição na fundamentação, com contradição entre ela e a decisão. São vícios algo distintos, embora a sua essência se encontre na fundamentação. O primeiro diz respeito à **fundamentação da sentença em si**, o segundo à sua **relação com a decisão** e só com a decisão. Une-os a circunstância comum de terem que assentar em **contradições**, que resultam do próprio texto da decisão recorrida, por si só, ou conjugada com as regras da experiência comum. Quaisquer outras contradições, que estritamente, não se contenham na fundamentação ou entre esta e a decisão, não preenchem este vício. Igualmente não se deve confundir este erro, que assenta em meras **contradições**, tendo como referência a fundamentação da sentença, com o problema da **falta de fundamentação** (e exame critico da prova) a que alude o art. 374º-2 (v. notas a este artigo).

A **fundamentação** das decisões públicas, *maxime* das decisões judiciais, impõe-se como uma exigência do próprio estado democrático, aqui residindo, quiçá, a parte mais nobre da função de julgar e da respetiva legitimação dos julgadores, aos quais não pode bastar decidir, mas explicar como e porquê assim decidiram, sob pena de suspeição de falta de preparação técnica ou abuso de poderes (v. art. 205º da C.R.P. e art. 97º-4). Basicamente, a **fundamentação** de uma sentença, destina-se ao esclarecimento dos **processos racionais** que conduziram à avaliação dos meios de prova e permitir a todos os interessados uma análise crítica do percurso mental do julgador que determinou as suas convicções. Segue-se à **fundamentação** a **decisão**, que há de ser **coerente** com ela, não podendo entre a **fundamentação** e a **decisão** existir outro tipo de relacionamento que não seja aquele que existe entre as **premissas** e a respectiva **conclusão**, i.e., um puro **silogismo lógico.**

Portanto, o vício da **«contradição insanável da fundamentação»**, só existirá, quando, numa análise global, se possa concluir que em termos lógicos e racionais, a decisão não fica suficientemente esclarecida, dada a colisão entre os vários fundamentos invocados, enquanto o vício da **«contradição insanável entre a fundamentação e a decisão»** só existirá, quando, perante a mesma análise global e de acordo com o mesmo tipo de raciocínio, seja de concluir que a fundamentação em análise, justifica uma decisão precisamente oposta ou no mínimo não concordante com a tomada.

Assim, se a sentença contiver uma **fundamentação** lógica e escorreita, despida de contradições, a necessária e suficiente para acompanhar o raciocínio do Juiz, e a **decisão** se encontrar escorada em todo o circunstancialismo fundamentador, então não há contradição insanável da fundamentação nem contradição insanável entre a fundamentação e a decisão.

Por contradição entende-se o facto de afirmar e negar ao mesmo tempo uma coisa ou a emissão de duas proposições contraditórias que não podem ser simultaneamente verdadeiras e falsas; proposições contraditórias são as que tendo o mesmo sujeito e o mesmo atributo difere na quantidade e na qualidade. Para haver contradição insanável é necessário que haja oposição entre factos que mutuamente se excluem por impossibilidade lógica ou de outra ordem por versarem a mesma realidade (Acs. STJ de 08.05.1996, *in* proc. nº 327/96 e de 25.09.1996, *in* proc nº 48/31).

A "contradição insanável da fundamentação ou entre a fundamentação e a decisão", vício previsto no artigo 410º, nº 2, alínea b), consiste na incompatibilidade, insusceptível de ser ultrapassada através da própria decisão recorrida, entre os factos provados, entre estes e os não provados ou entre a fundamentação e a decisão. Tal ocorre quando um mesmo facto com interesse para a decisão da causa seja julgado como provado e não provado, ou quando se considerem como provados factos incompatíveis entre si, de modo a que apenas um deles pode persistir, ou quando for de concluir que a fundamentação conduz a uma decisão contrária àquela que foi tomada (Ac. TRC de 30.03.2011, proc. 10/10.0PECTB.C1, *in* www.dgsi.pt).

Alínea c) – O erro notório na apreciação da prova: É um vício **endógeno** da sentença, que se encontra previstos no art. 410º-2-c), isto é, têm que resultar do próprio texto da decisão recorrida, por si só, ou conjugada com as regras do conhecimento e da experiência comum ou das máximas do conhecimento especializado. Nada tem a ver com lapsos materiais da sentença, que são corrigíveis a todo o tempo, inclusive no tribunal de recurso (v. art. 380º).

O **«erro notório na apreciação da prova»**, basicamente existe, quando se dá como provado (ou não provada) uma realidade que, à luz do conhecimento e das regras da experiência geral (presunções naturais) ou das máximas do conhecimento especializado, manifestamente, na apreciação do comum dos observadores, não podia ter acontecido (ou tinha de ter acontecido). É um vício do raciocínio na apreciação das provas, evidenciado pela **simples leitura da decisão**. Erro tão crasso que salta aos olhos do leitor médio, sem necessidade de qualquer especial exercício mental. As provas revelam claramente um sentido e a decisão recorrida extraiu ilação contrária, logicamente impossível, incluindo na matéria fáctica ou excluindo dela, algum facto essencial com o qual ou sem o qual, o julgado não faz sentido. Constitui **«erro notório na apreciação da prova»**, por exemplo, a violação de regras sobre prova vinculada, ou o erro sobre factos históricos de conhecimento geral, ou a ofensa de leis da natureza ou da lógica ou de conhecimentos criminológicos e vitimológicos comuns (neste sentido, Simas Santos e Leal-Henriques, *in* CPP anotado, notas ao artigo e P. P. Albuquerque, *in* Comentário do C.P.P., notas ao artigo).

Portanto, se os factos descritos na sentença e considerados provados e não provados, se apresentam, aos olhos de um observador dotado de mediana inteligência e experiência da vida, contraditórios ou de verificação impossível, no contexto daquela descrição, e a respetiva análise crítica alcançada pelo Juiz não obedece a claros **princípios de racionalidade**, então haverá erro notório na apreciação da prova. Igualmente haverá se violar regras de **prova vinculada**. Na invocação deste vício da sentença, importa que o recorrente desmonte o erro de forma a evidenciar a sua notoriedade, sem invocação de elementos exteriores. O vício é puramente de raciocínio do Juiz e puramente endógeno da sentença. Obviamente, nada tem a ver com eventual desconformidade entre a decisão de facto do julgador e aquela que teria sido proferida pelo recorrente. Se a sentença é clara, encontrando-se todas as premissas concatenadas e concordantes entre si, sem vislumbre de contradições ou discrepâncias ou ilegalidades probatórias, assente num raciocínio lógico corretamente explanado, então não há erro notório na apreciação da prova.

O conceito de erro notório na apreciação das provas tem de ser interpretado como o tem sido o conceito de facto notório em processo civil, ou seja como o facto de que todos se apercebem directamente, ou que, observados pela generalidade dos cidadãos, adquire carácter notório (Ac. STJ de 06.04.94, *in* CJ-II-86).

Efectivamente, o que se relata no acórdão sob censura como tendo atinentemente ocorrido não é incompatível com a realidade das coisas. Por isso, quando muito, o que aqui poderia ter ocorrido (e trata-se duma mera hipótese de trabalho, na medida em que nada se indicia nesse sentido) era o tribunal a quo não haver, porventura, valorado com o devido rigor as provas produzidas. Mas uma coisa é este erro não ostensivo de julgamento que só o conhecimento do teor das provas produzidas nos poderia revelar, outra o erro notório na apreciação da prova. Este último erro tem de ressaltar do que se escreve na decisão, sem recurso a quaisquer elementos exteriores, como seja o conhecimento do valor da prova produzida. O erro que só o exame detalhado da prova revela nunca pode ser notório, mas sim encoberto – cf., precisamente no sentido de que, «tendo de resultar do próprio texto da decisão o erro notório na apreciação da prova, o mesmo não se con-

funde com o erro não ostensivo de julgamento, o qual só o teor da prova pode revelar», o Ac. da Rei. do Porto de 19/9/2001, proferido no Proc. nº 0140057 in http://www.dgsi.pt.). *Porém, é neste equívoco que cai o ora Recorrente, na medida em que invoca a existência de erro notório na apreciação da prova, mas o que afinal faz (ao longo da sua motivação) é recorrer à prova que (na sua perspectiva) terá sido feita para tentar demonstrar que o tribunal a quo teria valorado incorrectamente tal prova. Todavia, se só o conhecimento e análise da prova produzida pode revelar o erro de julgamento dos factos (o que pressupõe que o erro não é ostensivo, manifesto, detectável por toda a gente), como pode falar-se então em erro notório?* (Ac. TRL de 12.08.2010, rec. 115/09, 5ª secção).

Finalmente, o "erro notório na apreciação da prova", a que se reporta a alínea c) do artigo 410º, verifica-se quando um homem médio, perante o teor da decisão recorrida, por si só ou conjugada com o senso comum, facilmente percebe que o tribunal violou as regras da experiência ou de que efectuou uma apreciação manifestamente incorrecta, desadequada, baseada em juízos ilógicos, arbitrários ou mesmo contraditórios. O erro notório também se verifica quando se violam as regras sobre prova vinculada ou das legis artis (sobre estes vícios de conhecimento oficioso, Simas Santos e Leal-Henriques, Recursos em processo penal, 5ª edição, pp.61 e seguintes) Esse vício do erro notório na apreciação da prova existe quando o tribunal valoriza a prova contra as regras da experiência comum ou contra critérios legalmente fixados, aferindo-se o requisito da notoriedade pela circunstância de não passar o erro despercebido ao cidadão comum ou, talvez melhor dito, ao juiz "normal", ao juiz dotado da cultura e experiência que deve existir em quem exerce a função de julgar, devido à sua forma grosseira, ostensiva ou evidente (cf. Prof. Germano Marques da Silva, Curso de Processo Penal, Vol. III, Verbo, 2ª Ed., 341) Trata-se de um vício de raciocínio na apreciação das provas que se evidencia aos olhos do homem médio pela simples leitura da decisão, e que consiste basicamente, em decidir-se contra o que se provou ou não provou ou dar-se como provado o que não pode ter acontecido (cf. Simas Santos e Leal Henriques, Recursos em Processo Penal, 6ª Ed., 74). Não se verifica tal erro se a discordância resulta da forma como o tribunal teria apreciado a prova produzida – o simples facto de a versão do recorrente sobre a matéria de facto não coincidir com a versão acolhida pelo tribunal não leva ao ora analisado vício. Existe tal erro quando, usando um processo racional ou lógico, se extrai de um facto dado como provado uma conclusão ilógica, irracional, arbitrária ou notoriamente violadora das regras da experiência comum. Tal erro traduz-se basicamente em se dar como provado algo que notoriamente está errado, que não pode ter acontecido, ou quando certo facto é incompatível ou contraditório com outro facto positivo ou negativo (cf. Acórdão do STJ de 9/7/1998, Processo nº 1509/97) Ora, analisando a decisão recorrida, não vislumbramos qualquer indício desses vícios do artigo 410º/2 do CPP (Ac. TRC de 30.03.2011, proc. 10/10.0PECTB.C1, *in* www.dgsi.pt).

3.2. Questões formais – Falta de fundamentação e exame crítico da prova: A matéria está regulada no art. 374º-2 (v. notas a este artigo).

4. Questões processuais: Para além da genérica matéria de direito e da estrita matéria de facto, o recurso pode ainda ter como fundamento, questões de natureza "meramente" processual ou "tendencialmente" processual. Tais questões podem ser: **(i)** as **nulidades específicas da sentença**, como tal previstas no art. 379º (falta de menções obrigatórias, condenações fora do objeto do processo, omissão ou excesso de pronuncia – v. notas ao art. 379º); **(ii)** as **nulidades genéricas**, espalhadas pelo código, insanáveis ou mesmo sanáveis desde que atempadamente deduzidas e bem assim as **irregularidades** desde que igualmente atempadamente deduzidas (v notas aos arts. 118º a 123º e 379º). Paralelamente, pode ter como fundamento, as **nulidades especiais**, decorrentes da **produção e utilização de métodos proibidos de prova** a que alude o art. 126º.

Referências: art. 420º (rejeição do recurso); art. 425º (acórdão do recurso); art. 426º (reenvio para novo julgamento); art. 426º-A (competência para o novo julgamento).

Artigo 411º – Interposição e notificação do recurso

1. O prazo para interposição de recurso é de 30 dias e conta-se:

a) A partir da notificação da decisão;

b) Tratando-se de sentença, do respectivo depósito na secretaria;

c) Tratando-se de decisão oral reproduzida em acta, a partir da data em que tiver sido proferida, se o interessado estiver ou dever considerar-se presente.

2. O recurso de decisão proferida em audiência pode ser interposto por simples declaração na acta.

3. O requerimento de interposição do recurso é sempre motivado, sob pena de não admissão do recurso, podendo a motivação, no caso de recurso interposto por declaração na ata, ser apresentada no prazo de 30 dias contados da data da interposição.

4. (*Revogado.*)

5. No requerimento de interposição de recurso o recorrente pode requerer que se realize audiência, especificando os pontos da motivação do recurso que pretende ver debatidos.

6. O requerimento de interposição ou a motivação são notificados aos restantes sujeitos processuais afetados pelo recurso, após o despacho a que se refere o nº 1 do artigo 414º, devendo ser entregue o número de cópias necessário.

7. O requerimento de interposição de recurso que afecte o arguido julgado na ausência, ou a motivação, anteriores à notificação da sentença, são notificados àquele quando esta lhe for notificada, nos termos do nº 5 do artigo 333º

(Última redação da L. 20/2013, de 21.02)

COMENTÁRIOS:

1. Prazos: O **prazo geral** de recurso, agora uniformizado pela L. 20/2013, é de **30 dias**. O prazo de interposição do recurso consagrado neste artigo é perentório, só podendo ser **prorrogado** nos apertados limites dos art. 107º-6 (excecional complexidade) ou do art. 107º-A (multa). A extemporaneidade do recurso é causa da sua **não admissão** (pelo tribunal *a quo* – art. 414º-2) ou de **rejeição** (pelo tribunal *ad quem* – art. 420º-1-b).

2. Regras gerais de contagem do prazo de recurso: O prazo comum é **contínuo**, **suspendendo-se** no entanto em férias, sem prejuízo de quando o ato terminar em dia não útil, transitar para o dia útil seguinte. No entanto, há que contar com o muito usado regime de prorrogação do prazo, previsto no art. 107º-A, onde o ato pode ser praticado nos três dias úteis seguintes (aqui o prazo já não é continuo, pois defere-se por dias úteis) sob condição de pagamento de multa.

Não se aplica aos recursos, a prorrogação especial do prazo previsto no art. 113º-12 (não coincidência geral dos prazos, havendo vários interessados) exatamente por não haver norma especial que o preveja para os recursos (v. ao contrário, previsão expressa no art. 287º-6, para a abertura da instrução). Os prazos de recurso são sempre **individuais**. Igualmente as chamadas "tolerâncias de ponto" não suspendem os prazos.

3. Regras de contagem do prazo de recurso, em processos de presos: No regime excecional de arguidos **presos à ordem do processo em causa**, o prazo **nunca se suspende**, designadamente em férias judiciais [arts. 103º-2-a) e 104º-2].

Jurisprudência uniformizadora: Ac. do STJ de Fixação de Jurisprudência nº 5/95, de 27.09.1995, *in* D.R. de 14.12.1995: *«O disposto nos artigos 103º,* *nº 2, alínea a), e 104º, nº 2, do Código de Processo Penal não é aplicável ao recurso interposto em processo à ordem do qual inexistem arguidos presos, ainda que o recorrente esteja preso à ordem de outro processo».*

4. Os prazos do M.P: Em matéria de prazos o M.P., tem os mesmos direitos que qualquer outro recorrente, com a única diferença de estar isento do pagamento de qualquer taxa de justiça ou multa (neste sentido Ac. do T.C. 267/91.) [v. art. 4º-1-a) do RCP e art. 522º].

5. Termo inicial do prazo de recurso: São múltiplas as situações possíveis, que se podem equacionar de acordo com a lei expressa e a jurisprudência. Como princípio geral, a contagem do prazo, inicia-se no **dia seguinte** à notificação da decisão ao interessado, regularmente efetuada, *"dies a quo non computatur in termino"* [alínea a) – v. também art. 113º]. Tratando-se de sentença, em cuja leitura o interessado esteja presente, inicia-se o prazo no dia seguinte ao **depósito da sentença** na secretaria. [alínea b)] Na verdade, o depósito da sentença na secretaria, é um ato processual que permite ao interessado a consulta global do texto da decisão (até porque a sua leitura em audiência, raras vezes é completa e absurdamente a lei não prevê a entrega de cópia da sentença nesse ato, nem mesmo só da parte decisória) e só a partir dessa possibilidade ele está em condições de aferir da conveniência ou não de recorrer (art. 373º-2). Por essa razão se o depósito da sentença for posterior à sua leitura, é no dia seguinte ao depósito que se inicia o prazo [alínea b)]. Se o interessado, não estiver presente no ato de leitura da sentença, o prazo só se inicia no dia seguinte ao da sua **regular notificação** [alínea a)]. Se a decisão for reproduzida em ata – o que em regra só acontece nas **formas especiais de processo** – e o interessado estiver presente, ou dever considerar-se presente, o prazo inicia-se no dia seguinte **ao ato** [alínea c)]. Se neste caso, o interessado não estiver presente, o prazo inicia-se no dia seguinte ao da sua **regular notificação** [alínea a)]. Pode ainda o termo inicial se contar a partir do dia seguinte à notificação da decisão de **retificação, aclaração** ou **reforma** da sentença a que alude o art. 380º (v. notas a este artigo). Se no ato da notificação postal pelo tribunal, ocorrerem lapsos na fixação do prazo que dilatem o prazo legal de recurso, é o prazo fixado que vale. Por fim, sendo a prova gravada, não tendo o interessado acesso à gravação através do sistema informático e pretendendo recorrer dela, suspende-se o prazo durante o período que medeia entre o pedido de disponibilidade dos registos áudio ao tribunal e a sua entrega pelos serviços, conforme é jurisprudência habitual.

6. Justo impedimento: A não disponibilização pelo tribunal das gravações da audiência quando se impugna a matéria de facto, (v. art. 101º-3) configura **justo impedimento**, a decidir nos termos do art. 107º, devendo o Juiz fixar o prazo inicial do recurso.

Julgar inconstitucional, por violação do artigo 32º, nº 1, da C.R.P., a norma constante do artigo 411º, nº 1, do C.P.P., interpretada no sentido de o prazo para a interposição recurso em que se impugne a decisão da matéria de facto e as provas produzidas em audiência tenham sido gravadas, se conta sempre a partir da data do depósito da sentença na secretaria, e não da data da disponibilização das cópias dos suportes magnéticos, tempestivamente requeridas pelo arguido recorrente, por as considerar essenciais para o exercício do direito de recurso (Ac. TC nº 545/2006 de 30.07.2007, *in* proc. 621/07 – 2ª secção – no mesmo sentido, Acs. TC nº 546/06 e 194/07).

7. Notificação do arguido ausente em julgamento: O Tribunal Constitucional, tem vindo a defender a necessidade da decisão condenatória ser **pessoalmente** notificada ao arguido ausente em julgamento, como condição para que ela transite e seja exequível e recorrível, pelo que o prazo para recorrer só se inicia com a prática desse ato – v. art. 333º-5-6 (v.g. Ac. TC 503/2003, proc. 37/2003, *in* D.R.-II série de 05.01.2004).

Interpretar as normas do nº 1 do artigo 411º e do nº 5 do artigo 333º do C.P.P. no sentido de que o prazo para a interposição de recurso da decisão condenatória do arguido ausente se conta a partir da notificação pessoal e não a partir do depósito na secretaria, independentemente dos motivos que determinaram tal ausência e se os mesmos são, ou não, justificáveis (Ac. TC de 08.06.2005, *in* DR de 08.08.2005).

Todavia esta jurisprudência, foi esclarecida pelo Ac. do mesmo TC 545//2003, *in* proc. 799/2002, *in* DR de 06.01.2004, no sentido de que, quando o arguido tenha estado presente na audiência, mas tão só **não comparece/falta** na data designada para leitura da sentença, se deve considerar notificado da sentença na pessoa do seu defensor, nos termos do art. 373º-3 do C.P.P. Tem-se estendido esta solução às situações em que o arguido é **dispensado** pelo Juiz de comparecer em audiência ou à leitura da sentença.

8. Termo final do prazo de recurso: Face à omissão do CPP, há ainda que ter presente a importante regra prevista no art. 144º do CPC, quanto às datas de apresentação a juízo dos recursos, nos atos praticados fora das secretarias judiciais, designadamente, a remessa pelo correio, ou telecópia ou correio electrónico ou outros meios eletrónicos de transmissão de dados.

Por exemplo, na mais comum remessa por via postal, vale como data da prática do ato de apresentação do recurso, o da efetivação do registo postal [v. artigo 144º-7-b) do CPC e "Assento" infra]. O mesmo se dirá dos "fax" e correio digital, onde valerá a data aposta neles como de expedição.

Jurisprudência uniformizadora: Assento do STJ nº 2/2000, de 09.12.1999, *in* D.R. de 07.02.2000: *«O nº 1 do artigo 150º do Código de Processo Civil é aplicável em processo penal, por força do art. 4º do Código de Processo Penal».* **Nota:** atual artigo 144º-7-b) do CPC.

9. Requerimento e motivação: A norma distingue entre o **requerimento** a anunciar a decisão de recorrer e a **motivação**. O primeiro é um simples **requerimento**, dirigido ao Juiz do tribunal recorrido, onde se declara a intenção de recorrer e caso se queira, também as consequências legais do recurso a interpor, designadamente quanto ao modo, momento e efeito da subida (que é também de apreciação oficiosa) e onde ainda se pode requerer que se realize audiência no tribunal de recurso para discussão oral do recurso (nº 5) pretensão esta que constitui um direito discricionário do recorrente [distinto do direito de reapreciação da prova gravada, a requerer na motivação, que pode ser indeferido – art. 412º-3-c)]. Este requerimento pode ser interposto para a ata.

A **motivação**, dirigida aos Juízes do tribunal para que se recorre, constitui o recurso propriamente dito, onde se enunciam as razões factuais e jurídicas da discordância do recorrente. Também pode ser interposto diretamente para a **ata**, embora tal se apresente de difícil conseguimento, dado a necessária e quase sempre complexa elaboração que é necessário fazer nestas circunstâncias. A única vantagem de assim se proceder, é os afetados pela decisão, encontrando-se presentes, serem imediatamente notificados para responder ao recurso, no prazo legal, ou querendo, responderem também imediatamente, deste modo se imprimindo celeridade processual. Em todo o caso, se é verdade que o prazo de recurso da sentença se inicia, não com a leitura da decisão, mas verdadeiramente com o seu **depósito**, então enquanto não houver **depósito**, (e tal só ocorre após encerrado o julgamento) não se iniciou ainda o prazo para recorrer, pelo que tal recurso para a ata, nestas circunstâncias, seja mero requerimento ou inclua a motivação, s.m.o., deve ser considerado extemporâneo.

10. Notificação oficiosa da interposição do recurso: Recebido o recurso na secretaria, é presente o processo ao Juiz, para dar o despacho de **admissão ou não admissão** do mesmo, nos termos do art. 414º. Após a secretaria notifica oficiosamente os recorridos para responderem, querendo, (designadamente, notifica os arguidos julgados na ausência, conjuntamente da sentença e do recurso, logo que localizados – v. nº 7). A secretaria, só deve notificar os afetados pelo recurso. Determinar quem são os afetados pelo recurso, pode ser duvidoso, sobretudo quando envolve exclusivamente questões cíveis, que tem regras próprias, razão pela qual, nestas circunstâncias, deve o Juiz determinar expressamente quem deve ser notificado do recurso [v. notas ao art. 400º-2 e 401º-1-d)].

11. Notificação ao arguido julgado na ausência: Julgado o arguido na ausência, nos termos do art. 333º, deve este ser notificado da sentença logo que detido ou localizado (art. 333º-5) e por força do art. 411º-7 deve ser-lhe também imediatamente notificado o recurso que o afete.

12. Rejeição do recurso por extemporaneidade: Trata-se de uma decisão sumária – art. 417º-6-b), por ref. ao art. 414º-2 e 420º-1-b).

13. Patrocínio obrigatório: O recurso é um ato que só pode ser efetuado por juristas. V. arts. 64º-1-d) (arguidos); 70º-1 (assistentes); 76º-1-2 (partes civis).

14. Recurso por adesão: Recurso atípico e não usual que consiste basicamente em aderir a outro recurso interposto por outro interveniente, sem necessidade de cumprir os ónus previstos no art. 412º, mas não obstando às demais obrigações legais [v.g., art. 515º-1-b)].

15. Taxa de Justiça e multas nos recursos: No atual Regulamento das Custas Processuais (RCP – D.L. 34/2008, de 26.02; entrado em vigor em 20.04.2009 e aplicável aos processos, incidentes, recursos e apensos, iniciados após essa data) a interposição do recurso é **tributável,** salvo se o recorrente beneficiar de **apoio judiciário** (v. art. 6º-2). Todavia, os arguidos estão dispensados do pagamento **prévio** da taxa de justiça; não do pagamento a **final** [v. art. 15º-c)]. O recorrido pagará taxa de justiça, na proporção do **vencimento** do seu oponente, mas também só a final (v. art. 7º-2).

O RCP (*ex vi* art. 4º) consagra algumas isenções e benefícios, designadamente em situações de arguidos privados da liberdade. Assim, estão **isentos de custas**, os arguidos detidos, presos preventivos ou efetivos, quando a secretaria do tribunal tenha informação de que já lhe foi deferido o apoio judiciário anteriormente e essa situação se mantém (v. art. 4º-j). Igualmente o art. 15º-c) determina que se o arguido for o recorrente e estiver preso está dispensado do pagamento prévio da taxa de justiça em quaisquer tribunais, mas não do pagamento a final.

Entrado o recurso fora de prazo, nos **três dias úteis subsequentes**, haverá lugar a imediato pagamento de **multa**, nos termos do art. 107º-A do CPP e 139º-5-6-7 do CPC. Após os três dias, verificado pela secção de processos, o não pagamento das taxas legais, multa incluído, deverá ela dar oficiosamente cumprimento ao disposto no art. 139º-6 do CPC, notificando o interessado para o pagamento da multa, acrescida das penalizações. Se não for cumprido oficiosamente, deverá o Juiz ordenar o seu cumprimento. A consequência do não pagamento da multa é a perda do direito de praticar o ato e o recurso ser julgado deserto. Advirta-se que *"independentemente dos benefícios concedidos pela isenção de custas ou pelo apoio judiciário ou do vencimento na causa, as multas são sempre pagas pela parte que as motivou"* – art. 28º-4 do RCP.

16. Apoio judiciário: Nomeação de patrono e dispensa de pagamento de taxa de justiça: A dedução de pedido de proteção jurídica/apoio judiciário, na modalidade de **nomeação de patrono**, interrompe (e não suspende) o prazo de recurso, conforme consta no art. 24º-4-5 da L. 34/2004, de 29.07, o que significa que o prazo começa a ser contado, a partir das notificações do deferimento ou indeferimento do pedido, nos termos das alíneas do nº 5-a)-b), resultando num injustificado aumento do prazo. Todavia sempre se dirá que tal situação é excecional, já que é difícil que se chegue à fase de recursos sem os arguidos ou os assistentes terem advogado no processo. Pode acontecer no entanto, uma incapacidade por doença ou mesmo morte, do advogado em funções, que imponha a sua substituição. Mas já não é aceitável, que uma simples mudança do advogado (que pode traduzir um expediente dilatório) resulte no alargamento do prazo.

Já quanto ao pedido de proteção jurídica/apoio judiciário, na modalidade de **dispensa de pagamento de taxa de justiça e encargos**, rege o art. 18º da ref. lei, determinando que tal pedido deve ser requerido antes da primeira intervenção processual, salvo se a insuficiência financeira do requerente for superveniente. Só neste caso se suspende (e não interrompe) o prazo para pagamento da taxa de justiça, até à decisão definitiva do pedido, que deverá ocorrer em não mais de 30 dias, sob pena de deferimento tácito (v. art. 25º).

As diligências e trâmites processuais e o tempo gasto, para tentar conseguir o pagamento das custas em processos-crime, que em 90% dos casos nunca são pagas, constituem um prejuízo enorme para o estado, encontrando-se aqui também um dos muitos obstáculos à realização de uma justiça penal célere e eficaz. Curiosamente não é um tema de que se fale.

17. Outras normas aplicáveis ao regime de prazos em recurso: O regime dos prazos em geral e dos recursos em particular, está previsto nos arts. 103º-1-2-a) (quando se praticam os actos) 104º-1-2 (contagem dos prazos) 107º (renúncia ao prazo e prática do acto fora de prazo) 107º-A (sanções) e ainda no art. 139º do CPC (modalidades de prazo).

Referências: art. 107º-6 (excecional complexidade); art. 107º-A (multa); art. 372º-4 (notificação e leitura da sentença); art. 373º-4 (notificação e leitura da sentença ao arguido não presente); art. 414º-2 (não admissão pelo tribunal *a quo* do recurso); art. 420º-1-b) (rejeição pelo tribunal *ad quem* do recurso); art. 139º-6 do CPC (notificação da multa pela secretaria).

Artigo 412º – Motivação do recurso e conclusões

1. A motivação enuncia especificamente os fundamentos do recurso e termina pela formulação de conclusões, deduzidas por artigos, em que o recorrente resume as razões do pedido.

2. Versando matéria de direito, as conclusões indicam ainda:

a) As normas jurídicas violadas;

b) O sentido em que, no entendimento do recorrente, o tribunal recorrido interpretou cada norma ou com que a aplicou e o sentido em que ela devia ter sido interpretada ou com que devia ter sido aplicada; e

c) Em caso de erro na determinação da norma aplicável, a norma jurídica que, no entendimento do recorrente, deve ser aplicada.

3. Quando impugne a decisão proferida sobre matéria de facto, o recorrente deve especificar:

a) Os concretos pontos de facto que considera incorrectamente julgados;

b) As concretas provas que impõem decisão diversa da recorrida;

c) As provas que devem ser renovadas.

4. Quando as provas tenham sido gravadas, as especificações previstas nas alíneas *b)* e *c)* do número anterior fazem-se por referência ao consignado na ata, nos termos do disposto no nº 3 do artigo 364º, devendo o recorrente indicar concretamente as passagens em que se funda a impugnação.

5. Havendo recursos retidos, o recorrente especifica obrigatoriamente, nas conclusões, quais os que mantêm interesse.

6. No caso previsto no nº 4, o tribunal procede à audição ou visualização das passagens indicadas e de outras que considere relevantes para a descoberta da verdade e a boa decisão da causa.

(Última redação da L. 27/2015, de 14-04)

COMENTÁRIOS:

1. Estrutura do recurso: O recurso divide-se em três partes: **requerimento** propriamente dito, **motivação** e **conclusões**. No **requerimento** identifica-se o tribunal, o processo e a decisão recorrida, e indica-se se for caso disso que pretende ver o recurso submetido a audiência de julgamento (nº 5). A **motivação** é o enunciado desenvolvido das razões pelas quais se recorre. As **conclusões**, elencadas por artigos, como o próprio nome indica, são um resumo da motivação. A precisão, é a maior virtude de um recurso. Atento a natureza do recurso (v. notas ao art. 399º) quem recorre, tem de dizer ao tribunal *ad quem,* de que é que recorre, quais as razões de discordância e quais as soluções legais que pretende ver triunfar. Não é o tribunal de recurso que seleciona as questões a decidir; é o recorrente, que tem o ónus de delimitar o objeto do recurso, obviamente sem prejuízo das questões de conhecimento oficioso.

2. A motivação: A motivação é a parte do recurso em que o recorrente, expõe, explica e desenvolve os seus argumentos contra a decisão ou parte dela, identificada no requerimento, isto é, exibe os **fundamentos** da impugnação pelos quais discorda da decisão que coloca em crise. Inexistindo motivação, o recurso não é admitido (v. art. 414º-2).

3. As conclusões: As conclusões assumem uma importância extraordinária. Na verdade, o âmbito dos recursos delimita-se pelas conclusões da motivação em que se **resumem** as razões ali expendidas e o tribunal de recurso, sem prejuízo das questões de conhecimento oficioso (v. Ac. STJ 7/95, *in* notas ao art. 410º), só pode pronunciar-se sobre os **temas invocados** nas conclusões. Inexistindo conclusões o recurso não é admitido (v. art. 414º-2). Sendo as conclusões proposições sintéticas, de facto e de direito, que emanam naturalmente do que se expôs e considerou ao longo da alegação/motivação (cf. neste sentido, Prof. Alberto dos Reis, CPC anotado, vol. V, Edição de 1981, pág. 359). As conclusões devem ser concisas, precisas e claras, porque são as questões nelas sumariadas que hão-de ser objeto de decisão (cf. neste sentido, Germano Marques da Silva, *in* Curso de Proc. Penal, vol. III, pág. 350). Ao fim e ao cabo, as conclusões assentam num **silogismo**, i.e., num tipo de raciocínio onde as conclusões têm de obrigatoriamente deduzir-se das premissas pré enunciadas na motivação. Não havendo enunciação dessas premissas, não é possível a conclusão e bem assim, existindo conclusões sem o suporte das premissas, inexiste conexão e irrelevam as conclusões, deste modo falhando todo o sistema lógico dedutivo em que a lei faz assentar a estrutura de um recurso.

De harmonia como disposto no nº 1, do art. 412º, do CPP, e conforme jurisprudência pacífica e constante (designadamente, do STJ, Ac. de 13/5/1998, BMJ 477/263, Ac. de 25/6/1998, B.M.J. 478/242, Ac de 3/2/1999, B.M.J. 477/271), o âmbito do recurso é delimitado em função do teor das conclusões extraídas pelos recorrentes da motivação apresentada, só sendo lícito ao tribunal ad quem apreciar as questões desse modo sintetizadas, sem prejuízo das que importe conhecer, oficiosamente por obstativas da apreciação do seu mérito (Ac. do Plenário das Secções do STJ de 19.10.1995, *in* DR de 28.12.1995).

São, pois, apenas as questões suscitadas pelo recorrente e sumariadas nas conclusões da respectiva motivação, que o tribunal ad quem tem de apreciar – art. 403º, nº 1 e 412º, nºs 1 e 2, ambos do CPP. A este respeito, e no mesmo sentido, ensina Germano Marques da Silva, "Curso de Processo Penal, Vol. 1, 21ª edição, 2000, fls. 335, "Daí que, se o recorrente não retoma nas conclusões as questões que desenvolveu no corpo da motivação (porque se esqueceu ou porque pretendeu restringir o objecto do recurso), o Tribunal Superior só conhecerá das que constam das conclusões" (Ac. TRL de 15.02.2009, proc. 257/05TASNT.L1-5, *in* www.dgsi.pt).

Havendo **recursos interlocutórios** retidos, deverá o recorrente informar nas conclusões, quais os que mantém interesse no seu prosseguimento, sob pena de se considerar que desiste deles (v. nº 5). Havendo recursos interlocutórios retidos e não havendo recurso da decisão final, aqueles ficam sem efeito.

Veja-se o muito expressivo Ac. TRL nº 6858/03, 5ª secção, relatado por Clemente Lima: *"Os fundamentos do recurso (motivação) devem ser claros e concretos, pois aos tribunais não incumbe perscrutar a intenção das partes, mas sim apreciar as razões que são submetidas ao seu exame. Por seu turno, as conclusões devem sintetizar as razões jurídicas, baseadas em preceitos legais que só se mostram cumpridas com uma indicação precisa e concisa dos respectivos fundamentos. Perante conclusões prolixas ou confusas, descosidas, ambíguas, equívocas ou desconexas, impõe-se o convite ao recorrente para que as repare e aperfeiçoe, cumprindo a lei, sob pena de rejeição do recurso."*

4. Impugnação da matéria de facto: Na impugnação da matéria de facto, o recorrente tem de **isolar e individualizar** muito bem, qual é o facto ou factos que impugna e bem assim quais as **provas** que fundamentam a sua impugnação e se for o caso, quais as que pretende ver **renovadas** e **discutidas** em audiência de renovação da prova (nº 3). Poderá desenvolver esta atividade em função de um **juízo crítico** que lhe mereça o próprio **texto** da própria decisão (não necessariamente em termos dos vícios da sentença, a que alude o art. 410º-2) ou em função da invocação e análise da **prova gravada** em audiência (declarações dos intervenientes processuais – nº 4). O tribunal de recurso só pode alterar a matéria de facto fixada pelo tribunal recorrido, quando as provas indicadas pelo recorrente, por si só ou em conjugação com as demais, impuserem incontornavelmente uma decisão diversa da recorrida. Caso contrário, ao tribunal *ad quem* só lhe resta manter a decisão recorrida [art. 431º-b)]. Advirta-se que a procedência deste tipo de recursos sobre matéria de facto, sobretudo fundamentado nas provas gravadas é estatisticamente reduzida, impondo-se o princípio da imediação e o disposto no art. 127º, que enfatiza a *«livre convicção»* dos Juízes.

Jurisprudência uniformizadora: Ac. do STJ de Fixação de Jurisprudência nº 3/2012, de 08.03.2012, *in* D.R. de 18.04.2012: *«Visando o recurso a impugnação da decisão sobre a matéria de facto, com reapreciação da prova gravada, basta, para efeitos do disposto no art. 412º, nº 3, al. b), do CPP, a referência às concretas passagens/excertos das declarações que, no entendimento do recorrente, imponham decisão diversa da assumida, desde que transcritas, na ausência de consignação na acta de início e termo da declaração».*

Somos, ainda, forçados a salientar que, de forma absolutamente legitima o mecanismo de impugnação da prova previsto no art. 412º, nºs 3 e 4 do C.P.P. se destina tão só a corrigir aquilo que se constata serem erros manifestos julgamento e que resultem ostensivos da leitura do registo de prova, mas nunca a fazer tábua rasa das vantagens da imediação e do princípio da livre convicção (Ac. TRL de 18.02.2014, *in* proc. 1426/12.2GLSNT.L1).

"Quando a atribuição de credibilidade a uma fonte de prova pelo julgador se basear em opção assente na imediação e na oralidade, o tribunal de recurso só a poderá criticar se ficar demonstrado que essa opção é inadmissível face as regras da experiência comum." (Ac. TRC de 06.03.2002, *in* C.J-XXVII-II-44).

"Isto significa que o Tribunal de recurso não pode sindicar certos meios de prova quando para a credibilidade do testemunho foi relevante o funcionamento do princípio da imediação, embora possa controlar a convicção do julgador da primeira instância quando ela se mostre contrária às regras da experiência, da lógica e dos conhecimentos científicos" (...) "Assim, a determinação da credibilidade como segmento do âmbito estritamente do juiz da 1ª instância está condicionada pela aplicação de regras da experiência que têm

de ser válidas, e legítimas, dentro de um determinado contexto histórico e jurídico"(...) (Ac. STJ de 29.10.2008, *in* www.dgsi.pt).

4.1. O procedimento de impugnação da matéria de facto gravada: Anteriormente as declarações prestadas em julgamento, eram transcritas em papel e era esse suporte a base de trabalho de análise do recurso em matéria de facto, quer para o recorrente quer para o tribunal *ad quem*. Atualmente, a aplicação informática em uso nos tribunais (CITIUS) onde se encontram gravadas as declarações prestadas em audiência, de acesso muito simples para todos os legitimamente interessados, prescinde de transcrições. É abrir o sistema e ouvir o que se disse. No entanto, o art. 101º-4, faculta a entrega de cópias da gravação (C.D.s) em 48 horas, para quem não dispõe do acesso ao serviço.

Neste contexto, quando a impugnação se referir à prova gravada e a factos específicos ali constantes, não pode o recorrente deixar de **individualizar e localizar** concretamente, quais são as particulares **passagens** onde ficaram gravadas as declarações prestadas que se referem ao ponto impugnado, e que para sua própria conveniência deverá **transcrever** (*indicar concretamente as passagens*, diz a lei) para o tribunal de recurso poder cumprir o dever de audição ou visualização previsto no nº 6. A forma de indicação faz-se por referência à ata, onde obrigatoriamente consta a natureza dos suportes técnicos e a localização das gravações das declarações produzidas pelos intervenientes. E assim, transcrito o depoimento no recurso, a **forma tabelar** mais simples de o localizar, poderá ser; *«o depoimento total/parcialmente transcrito (do arguido/testemunha/perito, etc...) foi gravado através do sistema integrado digital, disponível na aplicação informática em uso nesse tribunal, na sessão de julgamento do dia x, à hora e minuto y, conforme consta da respetiva ata»*

Se o recorrente, se limitar a indicar por grosso o total das declarações prestadas por testemunha, prejudica ou inviabiliza até o exercício legítimo do contraditório por banda dos sujeitos processuais interessados no desfecho do recurso, que assim se poderão afogar em dezenas ou até centenas de minutos ou horas de gravações até descobrirem, se o conseguirem, as concretas passagens das declarações em que o recorrente presumivelmente se terá baseado para impugnar um determinado facto e que podem ser apenas duas ou três palavras em cada depoimento. E ao mesmo tempo, transfere também desse modo para o tribunal de recurso a incumbência de ser esse tribunal a encontrar e selecionar as específicas passagens das gravações que melhor se adequém aos interesses do recorrente, ficando assim o tribunal na situação de bem servir os objetivos de uma das partes, com violação do seu dever de independência e equidistância em relação a todas elas e ficando sempre sujeito a que o recorrente depois alegue que não era bem aquela mas antes uma outra a passagem da gravação em que o tribunal de recurso devia ter ponderado (v. neste sentido, Ac. TRE de 12.03.2008, *in* proc. 2965/07-1, citado *in*, derectum.blogspot.).

Os nºs 3 e 4 do art. 412º do C.P.P., limitam o julgamento da matéria de facto àqueles factos que referem, mas não permitem o julgamento da globalidade dessa mesma matéria de facto (Ac. STJ de 18.01.2001, *in* proc. nº 3105/2000).

"I – Quando o recorrente impugne matéria de facto, para que essa impugnação possa validamente ser tomada em consideração pela Relação, deve aquele especificar, com referência aos suportes técnicos da gravação, as provas que imponham decisão diversa da recorrida, e as que, na sua óptica, devem ser renovadas; II – O princípio contido no art. 127º do C.P.P., estabelece três tipos de critérios para a apreciação da prova com características e natureza completamente diferentes: haverá uma apreciação da prova inteiramente objectiva quando a lei assim o determinar; outra, também objectiva, quando for imposta pelas regras da experiência; finalmente, uma outra, já de carácter eminentemente subjectivo e que resulta da livre convicção do julgador; III – É certo que tudo isto se poderá conjugar, e também é certo que a prova assente ou resultante da livre convicção poderá ser motivada e fundamentada, mas, neste caso, a motivação tem de se alicerçar em critérios subjectivos, embora explicitados para serem objecto de compreensão; IV – Seja como for, a motivação probatória compete sempre aos julgadores e não pode ser posta em confrontação com as convicções pessoais do recorrente; V – Os nºs 3 e 4 do art. 412º do C.P.P., limitam o julgamento da matéria de facto àqueles factos que referem, mas não permitem o julgamento da globalidade dessa mesma matéria de facto" (Ac. STJ de 18.01.2001, *in* proc. nº 3105/2000).

Na sua motivação, o recorrente impugnou expressamente os factos instantes dos pontos nºs 1 a 7, limitando-se a pôr em dúvida a credibilidade dos depoimentos das testemunhas de acusação, em que se baseara a convicção do Tribunal por estar em oposição à sua versão dos factos, nunca remetendo para os suportes técnicos, ou precisando qual a parte dos depoimentos abalados, ou melhor, sem precisar qual a prova que impunha a aceitação de uma diferente factualidade, como o exige al. a) do nº 3 do art. 412º do CPP, ficando-se por considerações genéricas sobre a credibilidade relativa dos depoimentos controvertidos. Em síntese, o recorrente procurou substituir a versão acolhida pelo Tribunal Colectivo pela sua versão, tecendo considerações sobre a forma como os factos teriam decorrido, formulando hipóteses e interrogações, opinando sobre o que não seria normal e razoável e sobre o mais provável que tenha acontecido, procurando extrair conclusões favoráveis das regras da experiência comum em contraponto àquelas a que chegou o colectivo pondo, assim, em causa também a apreciação da prova pelo tribunal da 1ª instância. Ora, se o recorrente impugna genericamente a credibilidade das testemunhas, deve indicar os ele-

mentos objectivos que imponham um diverso juízo sobre a credibilidade dos depoimentos, pois a credibilidade, sendo estribada em elementos subjectivos e não objectivos, é um sector especialmente dependente da imediação do Tribunal, dado que só o contacto directo com os depoentes situados na audiência de julgamento, perante os outros intervenientes é que permite formar uma convicção que não pode ser reproduzida na documentação da prova e logo reexaminada em recurso (Resposta do M.P. ao recurso, *in* proc. 880/05.3PBOER).

"O que não pode é retirar-se as declarações prestadas do contexto em que foram produzidas, apenas com base em frases transcritas num mero suporte documental e em certas imprecisões de alguns dos testemunhos – por vezes justificáveis desde logo pelas circunstâncias dialécticas em que são produzidos, durante o interrogatório cruzado, formal, surgindo sempre um novo elemento em cada questão suscitada por cada um dos sujeitos processuais. Questões já de si formuladas dentro da perspectiva antagónica e por vezes conflituante de acordo com a posição de cada sujeito processual." (Ac. TRC de 18.08.2004, proc. 1937/04, *in* www.dgsi.pt.).

5. Impugnação da matéria de direito: Versando as conclusões matéria de direito, o recorrente terá ainda de cumprir o estipulado no nº 2, indicando as **normas jurídicas violadas**, e ou aquelas que deveriam ter sido aplicadas e o não foram e ainda o **sentido** expresso ou presumido com que o tribunal aplicou ou interpretou a norma ou normas em questão e o **sentido** com que ela ou elas deviam ter sido interpretadas e aplicadas. Enfim, o recorrente terá de elaborar uma breve mas verdadeira tese jurídica, sobre a forma como o direito foi interpretado e aplicado pelo tribunal e a forma como deveria ter sido interpretado e aplicado.

6. Convite ao aperfeiçoamento: O Tribunal Constitucional, pronunciou-se em vários arestos, no sentido de que, face às deficiências de um recurso, se deve dar oportunidade de corrigir as inabilidades (v. g., Ac. do TC nº 320/2002, de 09.07.2002, *in* DR de 07.10.2002 ou Ac. do T.C. nº 140/2004, de 10.03.2004, *in* DR de 17.04.04). E assim, paternalmente, o legislador no art. 417º-3, na redacção da L. 48/2007, de 29.08, foi mais longe, pois consagrou expressamente a obrigação de, não só perante um deficiente cumprimento dos ónus legais previstos no art. 412º-2-3-4-5, mas também perante uma falta total de conclusões, dever o tribunal convidar o recorrente a aperfeiçoar a peça. Vedado ficou, nesta matéria a rejeição liminar do recurso, a qual só pode ocorrer pela não-aceitação do convite ao aperfeiçoamento. Não pode porém o recorrente aproveitar a oportunidade para ampliar o recurso, alterando a motivação.

Com efeito, o texto da motivação constitui o limite da correcção possível das conclusões (nos termos do acórdão do STJ, de 05/06/2008 – 08P1884 da base de dados do ITIJ (...) se essas especificações não constam do texto da motivação, não deve o recorrente ser convidado a corrigir as conclusões da motivação. (...) Ou seja, (...) o texto da motivação constitui o limite da correcção possível das conclusões. No mesmo sentido, vejam-se os acórdãos do STJ de 05/07/2007 (07P1766 daquela base de dados) e de 04/10/2006 (06P2678 da mesma base de dados) (Ac. TRL de 24.01.2012, *in* proc. 708/07.0JDLSB.L1-5ª secção).

7. Conhecimento oficioso de vícios ou de nulidades, em sede de recurso: Sendo certo que o âmbito do recurso é definido pelas **conclusões** que os recorrentes extraem das respectivas motivações, designadamente para os efeitos limitadores previstos no art. 403º, ainda assim não está o tribunal *ad quem*, qualquer que seja a instância, Relação ou Supremo, inibido do conhecimento oficioso dos **vícios** a que se reporta o art. 410º-2, como aliás determina o Ac. STJ de Fixação de Jurisprudência nº 7/95, de 19.10.95 *in* DR de 28.12.1995 (v. notas ao art. 410º e 428º), nem de **nulidades** que não devam considerar-se sanadas (v.g. arts. 379º-2 e 410º-3).

Referências: art. 364º (forma da documentação das declarações prestadas em audiência); art. 414º (admissão do recurso); art. 412º (exame preliminar do recurso).

Artigo 413º – Resposta

1. Os sujeitos processuais afetados pela interposição do recurso podem responder no prazo de 30 dias contados da notificação referida no nº 6 do artigo 411º

2. (*Revogado.*)

3. A resposta é notificada aos sujeitos processuais por ela afectados, devendo ser entregue o número de cópias necessário.

4. É correspondentemente aplicável o disposto nos nºs 3 a 5 do artigo 412º

(Última redação da L. 20/2013, de 21.02)

COMENTÁRIOS:

Prazo e forma de resposta ao recurso: Por força do princípio da igualdade, os sujeitos processuais afetados pelo recurso, dispõem do mesmo **prazo**

para responder que os recorrentes tiveram para interpor recurso e nos mesmos moldes, designadamente, aplica-se-lhes em sede de impugnação da matéria de facto invocada no recurso, o dever de observarem os ónus previstos no art. 412º-3-4-5. Já não a obrigação de apresentar conclusões. Mas tal pode ter utilidade, para clarificar a resposta.

A estrutura da resposta a um recurso: A resposta a um recurso divide-se fundamentalmente em dois momentos. O primeiro, **identificação do tema ou temas** do recurso (o que muitas vezes é o mais difícil), que **obrigatoriamente** tem de resultar das **conclusões** do recurso (art. 412º-1-2). O segundo, feito o devido enquadramento, responder às **questões levantadas**, em função do **conteúdo da sentença**, pois é dela que se recorre e não de uma qualquer abstração. Estes princípios aplicam-se à resposta a todo o tipo de recursos e em todas as instâncias.

Referências: art. 364º (forma da documentação das declarações prestadas em audiência).

Artigo 414º – Admissão do recurso

1. Interposto o recurso e junta a motivação ou expirado o prazo para o efeito, o juiz profere despacho e, em caso de admissão, fixa o seu efeito e regime de subida.

2. O recurso não é admitido quando a decisão for irrecorrível, quando for interposto fora de tempo, quando o recorrente não reunir as condições necessárias para recorrer, quando faltar a motivação ou, faltando as conclusões, quando o recorrente não as apresente em 10 dias após ser convidado a fazê-lo.

3. A decisão que admita o recurso ou que determine o efeito que lhe cabe ou o regime de subida não vincula o tribunal superior.

4. Se o recurso não for interposto de decisão que conheça, a final, do objecto do processo, o tribunal pode, antes de ordenar a remessa do processo ao tribunal superior, sustentar ou reparar aquela decisão.

5. Havendo arguidos presos, deve mencionar-se tal circunstância, com indicação da data da privação da liberdade e do estabelecimento prisional onde se encontrem.

6. Subindo o recurso em separado, o juiz deve averiguar se o mesmo se mostra instruído com todos os elementos necessários à boa decisão da

causa, determinando, se for caso disso, a extracção e junção de certidão das pertinentes peças processuais.

7. Se o recurso subir nos próprios autos e houver arguidos privados da liberdade, o tribunal, antes da remessa do processo para o tribunal superior, ordena a extracção de certidão das peças processuais necessárias ao seu reexame.

8. Havendo vários recursos da mesma decisão, dos quais alguns versem sobre matéria de facto e outros exclusivamente sobre matéria de direito, são todos julgados conjuntamente pelo tribunal competente para conhecer da matéria de facto.

(Última redação da L. 20/2013, de 21.02)

COMENTÁRIOS:

Despacho de admissão do recurso; Reclamação da não admissão: Os recursos, só não são admitidos, verificados os condicionalismos descritos no nº 2 ou se não estiverem pagas as taxas legais, se devidas e o recorrente não beneficiar de apoio judiciário ou não estiver em situação específica de beneficiar de isenções (v. nota ao art. 411º, sobre taxa de justiça). Em caso de dúvida deve o Juiz (do tribunal *a quo*) decidir-se pela admissão do recurso, sem prejuízo da possibilidade de rejeição do mesmo pelo tribunal superior, de harmonia com o art. 420º. Do despacho que não admitir ou retiver o recurso, cabe, não recurso, mas **reclamação**, nos termos do art. 405º.

Deve o Juiz no despacho de admissão do recurso pronunciar-se sobre **(1)** a recorribilidade da decisão **(2)** a tempestividade do recurso **(3)** a legitimidade e interesse em agir do recorrente e **(4)** o regime de subida e o efeito (v. arts. 399º, 400º, 401º, 406º, 407º, 408º e 411º). Verificado o pressuposto do nº 4, decisão que não conheça a final do objeto do processo, querendo, pode o Juiz **sustentá-la ou repará-la**. Havendo sustentação, com acréscimo de elementos, ou mais desenvolvidos, deve o recorrente, ser dela notificado para querendo se pronunciar. Havendo reparação em conformidade com o recurso, o processo não sobe.

Caso, os arguidos estejam **privados de liberdade**, deverá o Juiz cumprir o disposto no art. 414º-5-7. Se o recurso subir em separado, deverá ainda observar o disposto no art. 414º-6.

Cumpridos todos os procedimentos, juntas as respostas aos recursos (arts. 411º-6 e 413º) ordena a subida dos autos.

Recurso e reparação de decisão não final: O art. 414º-4 admite a reparação da decisão recorrida pelo Juiz, mas só quando não se trate de decisão final.

Na verdade, pode um recurso interlocutório, ter informação e argumentos mais convincentes, que permitindo ao Juiz uma melhor reflexão, lhe permita alterar a decisão recorrida e com isso imprimir celeridade ao processo. Tal trâmite é aplicável por analogia, à reclamação da não admissão do recurso. Reparado um recurso e notificada a nova decisão, abre-se uma nova fase de recurso, para quem se sentir prejudicado com tal decisão.

Recursos vários: Se houver vários recursos sobre a mesma decisão, uns de factos e outros de direito, devem todos ser objeto de um só despacho de admissão e oportunamente serem remetidos para o tribunal competente para julgamento conjunto [que será a Relação, quando não verificada a situação do art. 432º-1-a) – v. art. 427º e 432º]. Esta norma estabelece um princípio de economia e concentração processual, que deve ser observada em todas as situações.

Referências: art. 400º (irrecorribilidade dos recursos); art. 400º (legitimidade para o recurso); art. 411º (prazo e forma do recurso); art. 411º-6 (notificação do recurso e da sua admissão aos restantes sujeitos processuais).

Artigo 415º – Desistência

1. O Ministério Público, o arguido, o assistente e as partes civis podem desistir do recurso interposto, até ao momento de o processo ser concluso ao relator para exame preliminar.

2. A desistência faz-se por requerimento ou por termo no processo e é verificada por despacho do relator.

COMENTÁRIOS:

Legitimidade para a desistência: Têm legitimidade para desistir do recurso, todos os intervenientes que têm legitimidade para o interpor (v. art. 401º), incluindo as pessoas referidas na alínea d) do art. 401º, que o legislador esqueceu, o que exige uma interpretação extensiva do preceito.

Desistência expressa e tácita: A desistência expressa é sempre admissível nos **recursos ordinários**, fixando-se o seu prazo máximo, até o processo ser concluso ao relator no tribunal superior (art. 417º). Deste modo a desistência nunca vai à conferência (art. 419º). Haverá ainda desistência tácita, quando o recurso foi admitido para subir com o recurso interposto da decisão final e este último não é interposto (v. art. 63º – poderes do defensor).

Sobre desistência em **recursos extraordinários**; de fixação de jurisprudência, (v nota ao art. 438º) e de revisão (v. nota ao art. 450º).

Deve entender-se que há desistência de um recurso que foi admitido para subir com o que se interpusesse da decisão que pusesse termo à causa se o respectivo sujeito processual não interpôs recurso da decisão final (Ac. TRP de 17.09.2008, *in* proc. 0843685).

Artigo 416º – Vista ao Ministério Público

1. Antes de ser apresentado ao relator, o processo vai com vista ao Ministério Público junto do tribunal de recurso.

2. Se tiver sido requerida audiência nos termos do nº 5 do artigo 411º, a vista ao Ministério Público destina-se apenas a tomar conhecimento do processo.

COMENTÁRIOS:

Vista do M.P.: O M.P., nas instâncias superiores tem sempre **vista** no processo; ou para registar uma simples nota de **"visto"** (nos casos em que nada tem a acrescentar aos autos) e simplesmente tomar conhecimento do recurso e eventualmente pronunciar-se oportunamente em audiência, se ela tiver sido requerida ou para elaborar **parecer**, quer quanto a aspetos formais do recurso (v.g., legitimidade, extemporaneidade, etc...), quer materiais. Por força do princípio do contraditório se o M.P. emitir **parecer,** qualquer que ele seja, o mesmo tem de ser notificado aos intervenientes no recurso para os efeitos do art. 417º-2.

Artigo 417º – Exame preliminar

1. Colhido o visto do Ministério Público o processo é concluso ao relator para exame preliminar.

2. Se, na vista a que se refere o artigo anterior, o Ministério Público não se limitar a apor o seu visto, o arguido e os demais sujeitos processuais afectados pela interposição do recurso são notificados para, querendo, responder no prazo de 10 dias.

3. Se das conclusões do recurso não for possível deduzir total ou parcialmente as indicações previstas nos nºs 2 a 5 do artigo 412º, o relator convida o recorrente a completar ou esclarecer as conclusões formuladas, no prazo de 10 dias, sob pena de o recurso ser rejeitado ou não ser

conhecido na parte afetada. Se a motivação do recurso não contiver as conclusões e não tiver sido formulado o convite a que se refere o nº 2 do artigo 414º, o relator convida o recorrente a apresentá-las em 10 dias, sob pena de o recurso ser rejeitado.

4. O aperfeiçoamento previsto no número anterior não permite modificar o âmbito do recurso que tiver sido fixado na motivação.

5. No caso previsto no nº 3, os sujeitos processuais afectados pela interposição do recurso são notificados da apresentação de aditamento ou esclarecimento pelo recorrente, podendo responder-lhe no prazo de 10 dias.

6. Após exame preliminar, o relator profere decisão sumária sempre que:

a) Alguma circunstância obstar ao conhecimento do recurso;

b) O recurso dever ser rejeitado;

c) Existir causa extintiva do procedimento ou da responsabilidade criminal que ponha termo ao processo ou seja o único motivo do recurso; ou

d) A questão a decidir já tiver sido judicialmente apreciada de modo uniforme e reiterado.

7. Quando o recurso não puder ser julgado por decisão sumária, o relator decide no exame preliminar:

a) Se deve manter-se o efeito que foi atribuído ao recurso;

b) Se há provas a renovar e pessoas que devam ser convocadas.

8. Cabe reclamação para a conferência dos despachos proferidos pelo relator nos termos dos nºs 6 e 7.

9. Quando o recurso deva ser julgado em conferência, o relator elabora um projecto de acórdão no prazo de 15 dias a contar da data em que o processo lhe for concluso nos termos dos nºs 1, 2 ou 5.

10. A reclamação prevista no nº 8 é apreciada conjuntamente com o recurso, quando este deva ser julgado em conferência.

(Última redação da L. 20/2013, de 21.02)

COMENTÁRIOS:

Exame preliminar: O Juiz relator do recurso, a quem o processo é distribuído, toma pela primeira vez contacto com o processo, para o sanear através de **exame preliminar**, não se encontrando vinculado ao decidido em 1ª instância (v. art. 414º-3) começando por aferir do cumprimento do disposto no art. 416º, a seguir da conformidade legal, tempestividade e regime de subida do recurso, depois da existência e qualidade das conclusões do recurso apresentado (v. art. 412º-1) no que respeita ao cumprimento das indicações previstas no art. 412º-3-4-5 (as quais não se encontrando respeitadas, implicam o convite ao aperfeiçoamento, sob pena de rejeição do recurso). Após profere, ou **decisão sumária** (nº 6), ou verificados os pressupostos, remete a decisão para **julgamento em audiência** (art. 423º) ou para **julgamento em conferência** (arts. 418º e 419º). Neste último caso, elabora desde logo um **projeto de acórdão** para submeter à apreciação dos restantes juízes (nº 9). Não pode haver decisões sumárias do relator, quando o recorrente pede para o recurso ser julgado em audiência com debate oral (art. 411º-5). Mas, compete-lhe decidir se deve ou não ser renovada a prova, mesmo se pedida [art. 412º-3-c)].

"sendo peticionada a realização de audiência ou a renovação da prova por um dos recorrentes, só em relação a ele ela terá lugar, sendo a final proferida uma única deliberação pelo tribunal (P.P. Albuquerque, *in* Comentário do CPP).

A renovação da prova depende, naturalmente, da impugnação da matéria de facto, da existência dos vícios a que alude o art. 410º-2 e ainda da convicção de que a renovação permitirá evitar o reenvio do processo para novo julgamento (*in* CPP, Mag. M.P. do Dist. Judic. do Porto).

Reclamação: Das decisões individuais do **relator** cabe **reclamação** para a conferência, a interpor no prazo de 10 dias (art. 105º-1). Obviamente só pode haver reclamação para a conferência, quando o processo não foi à conferência; e registamos esta evidência, porque tal erro tem ocorrido com surpreendente frequência.

O convite para *"aperfeiçoamento"* das conclusões do recurso: O nº 3, (como o art. 412º-2) consagra uma disposição paternalista, defendida pelo T.C. (v. g. Ac. do TC nº 320/2002, de 09.07.2002, *in* DR de 07.10.2002 ou Ac. do T.C. nº 140/2004, de 10.03.2004, *in* DR de 17.04.04). Baseia-se fundamentalmente no princípio de que sendo o processo penal, direito público, deverá garantir-se uma compreensão total dos fundamentos do recurso e um contraditório plenamente claro e transparente (v. nºs 4 e 5). Na prática, tem servido muitas vezes como expediente dilatório, razão pela qual os Juízes, dentro dos limites do possível, têm vindo a abandonar o convite para "aperfeiçoamento", preferindo louvavelmente, o esforço de uma atividade interpretativa dos (incorretos) recursos interpostos. Efetuado o convite ao aperfeiçoamento, não pode o recorrente aproveitar a oportunidade para ampliar o recurso, alterando a motivação. Não havendo resposta ao convite, gera-se um vício insanável, que tem como consequência a rejeição liminar do recurso [v. art. 420º-1-c)]. Todavia, não é de excluir a cindibilidade do recurso, i.e., pode haver rejeição só parcial (v. nº 3).

I – Perante as frequentes deficiências dos recursos dirigidos ao S.T.J., tem este Tribunal enveredado pela via de procurar, com esforço adicional, perscrutar o objecto e fundamento do recurso a partir do arrazoado apresentado pelos recorrentes, mesmo sem dirigir um convite que na maior parte das vezes não é completamente correspondido; II – E já decidiu que «em vez de um pretenso convite à correcção, pouco compatível com o respeito devido à actuação técnica do subscritor, opta o S.T.J., por conhecer, assim mesmo, do recurso, "responsabilizando" quem o deve ser pela apontada deficiência, ao respectivo recorrente devendo ser imputadas as eventuais nefastas consequências de a sua pretensão não ser entendida nas melhores condições, que seriam propiciadas acaso a lei processual tivesse sido inteiramente respeitada, nomeadamente na formulação dessas conclusões» (Ac. STJ de 20.10.2005, *in* proc. 2431/05-5).

Taxa de Justiça: A rejeição do recurso operada nos casos do art. 420º, dá origem a uma penalidade, além da taxa de justiça normal (v. art. 420º-3).

Artigo 418º – Vistos

1. Concluído o exame preliminar, o processo, acompanhado do projecto de acórdão se for caso disso, vai a visto do presidente e do juiz-adjunto e depois à conferência, na primeira sessão que tiver lugar.
2. Sempre que a natureza do processo e a disponibilidade de meios técnicos o permitirem, são tiradas cópias para que os vistos sejam efectuados simultaneamente.

COMENTÁRIOS:

A conferência: Os arts. 418º a 420º, regulam o julgamento do recurso em conferência; os arts. 421º a 425º o julgamento do recurso em audiência.

No exame preliminar, o relator decide alem do mais que consta do art. 417º, se o recurso é julgado em **conferência** ou em **audiência**. Todavia, o julgamento em conferência só é admissível verificados os pressupostos do art. 419º-3. Decidido que o julgamento será em **conferência**, por se verificarem os respetivos pressupostos, uma vez que a decisão do recurso é coletiva, o Juiz relator elabora um projeto de acórdão e submete-o à apreciação dos restantes dois juízes, a fim de assegurar a colegialidade. Após, o recurso vai formalmente à **conferência** para discussão e aprovação.

Artigo 419º – Conferência

1. Na conferência intervêm o presidente da secção, o relator e um juiz-adjunto.

2. A discussão é dirigida pelo presidente, que, porém, só vota, para desempatar, quando não puder formar-se maioria com os votos do relator e do juiz-adjunto.

3. O recurso é julgado em conferência quando:

a) Tenha sido apresentada reclamação da decisão sumária prevista no nº 6 do artigo 417º;

b) A decisão recorrida não conheça, a final, do objecto do processo, nos termos da alínea *a*) do nº 1 do artigo 97º; ou

c) Não tiver sido requerida a realização de audiência e não seja necessário proceder à renovação da prova nos termos do artigo 430º

COMENTÁRIOS:

Conferência: A conferência tem lugar nos termos descritos no nº 3, i.e., desde que verificados os pressupostos do art. 419º-3, concretamente que o recurso vise a **reclamação** das decisões do relator tomadas ao abrigo do art. 417º-6-7 (v. reclamação art. 417º-8), a decisão recorrida **não conheça** a final do objeto do processo [actos decisórios – v. art. 97º-1-b)] ou não tenha sido **requerida a audiência** (requisição de audiência – v. art. 411º-5) ou não haja necessidade de **renovar provas** (renovação da prova – v. art. 430º). Não sendo assim, não há lugar a conferência, mas a audiência. Todavia o julgamento em conferência é o **regime regra**.

A conferência, que decide por **maioria**, é constituída pelo presidente da secção (que só vota para desempatar e só assim assinará o acórdão) o relator e o Juiz-adjunto.

Artigo 420º – Rejeição do recurso

1. O recurso é rejeitado sempre que:

a) For manifesta a sua improcedência;

b) Se verifique causa que devia ter determinado a sua não admissão nos termos do nº 2 do artigo 414º; ou *c*) O recorrente não apresente, complete ou esclareça as conclusões formuladas e esse vício afectar a totalidade do recurso, nos termos do nº 3 do artigo 417º.

2. Em caso de rejeição do recurso, a decisão limita-se a identificar o tribunal recorrido, o processo e os seus sujeitos e a especificar sumariamente os fundamentos da decisão.

3. Se o recurso for rejeitado, o tribunal condena o recorrente, se não for o Ministério Público, ao pagamento de uma importância entre 3 UC e 10 UC.

COMENTÁRIOS:

Rejeição do recurso: A norma trata da **rejeição liminar** do recurso, com diversos fundamentos, claramente expostos, cominando uma **sanção**, sob a forma de taxa de justiça agravada por tal situação, que é cumulada com as **custas normais**.

O conceito de ***«manifesta improcedência do recurso»***, é um tanto vago. Assenta essencialmente numa leitura dos factos ou do direito, claramente desconformes com as regras da experiência comum ou com as regras jurídicas, sejam elas substantivas ou adjetivas. Acontece quando face *«à factualidade apurada, à letra da lei e à jurisprudência dos Tribunais Superiores, é patente a sem razão do recorrente, sem necessidade de ulterior e mais detalhada discussão jurídica»* (Recursos, 2008; Simas Santos, Leal-Henriques, pág. 123).

Jurisprudência uniformizadora: Assento do STJ nº 10/1992, de 24.06.1992, *in* D.R. de 06.08.1992: *«Formuladas várias pretensões no recurso, podem algumas delas rejeitar-se, em conferência, prosseguindo o recurso quanto às demais, em obediência ao princípio da cindibilidade».* **Nota:** v. art. 403º (afloramento do princípio da cindibilidade do recurso).

Artigo 421º – Prosseguimento do processo

1. Se o processo houver de prosseguir, é aberta conclusão ao presidente da secção, o qual designa a audiência para um dos 20 dias seguintes, determina as pessoas a convocar e manda completar os vistos, se for caso disso.

2. São sempre convocados para a audiência o Ministério Público, o defensor e os representantes do assistente e das partes civis.

3. Exceptuado o caso do Ministério Público, as notificações são feitas por via postal.

4. É correspondentemente aplicável o disposto no nº 2 do artigo 418º

COMENTÁRIOS:

Julgamento do recurso: O processo só prossegue para **julgamento** quando não poder ser decidido em conferência (v. art. 419º-3). Na Relação, o julgamento pode processar-se com simples **alegações orais** ou com **renovação da prova** (não há renovação da prova no Supremo, tão somente alegações orais). Havendo **renovação da prova**, o presidente convoca as pessoas que julgar conveniente ao esclarecimento das questões a decidir, designadamente testemunhas, peritos, etc...(nº 1) e obrigatoriamente os juristas (nº 2).

Na Relação comparecem as pessoas que o tribunal determinar, sendo, porém, obrigatória a presença do arguido sempre que haja renovação da prova. No Supremo apenas se exige a presença dos representantes da acusação e da defesa (Recursos, Simas Santos, Leal-Henriques, pág. 127).

São inconstitucionais, por violação do artigo 13º da CRP, os artigos 413º, 411º, nº 5, e 421º, nº 1, na estrita medida em que não prevêem a possibilidade de o sujeito processual afectado pela interposição do recurso requerer que se realize audiência no tribunal de recurso (P.P. Albuquerque, *in* Comentário do CPP).

Artigo 422º – Adiamento da audiência

1. A não comparência de pessoas convocadas só determina o adiamento da audiência quando o tribunal o considerar indispensável à realização da justiça.

2. Se o defensor não comparecer e não houver lugar a adiamento, o tribunal nomeia novo defensor. É correspondentemente aplicável o disposto no nº 2 do artigo 67º

3. Não é permitido mais de um adiamento da audiência.

COMENTÁRIOS:

Adiamentos: Aplica-se à audiência de recurso as regras gerais de faltas previstas nos arts. 330º e 331º (v. art. 423º-5).

Artigo 423º – Audiência

1. Após o presidente ter declarado aberta a audiência, o relator introduz os debates com uma exposição sumária sobre o objecto do recurso, na qual enuncia as questões que o tribunal entende merecerem exame especial.

2. À exposição do relator segue-se a renovação da prova, quando a ela houver lugar.

3. Seguidamente, o presidente dá a palavra, para alegações, aos representantes do recorrente e dos recorridos, a cada um por período não superior a trinta minutos, prorrogável em caso de especial complexidade.

4. Não há lugar a réplica, sem prejuízo da concessão da palavra ao defensor, antes do encerramento da audiência, por mais quinze minutos, se ele não tiver sido o último a intervir.

5. São subsidiariamente aplicáveis as disposições relativas à audiência de julgamento em 1ª instância.

COMENTÁRIOS:

Audiência. O Juiz presidente introduz através de uma **exposição sumária,** os temas em debate, fixados no recurso, limitando assim o objeto do julgamento. Tal exposição, em nossa opinião, deveria acontecer em todos os atos de julgamento, inclusive na 1ª instância. Assim se evitaria perder tempo a discutir minudências e irrelevâncias, como é costume. Não havendo lugar a renovação da prova (art. 430º) ou renovada esta, passa-se imediatamente à fase das **alegações**.

No julgamento aplica-se as mesmas regras da 1ª instância, com exceção das alegações do M.P., que ocorrerão em último lugar quando não for ele o recorrente. Há quem entenda que enquanto defensor da legalidade, o M.P. deve alegar sempre em primeiro lugar (v. art. 360º).

Artigo 424º – Deliberação

1. Encerrada a audiência, o tribunal reúne para deliberar.

2. São correspondentemente aplicáveis as disposições sobre deliberação e votação em julgamento, tendo em atenção a natureza das questões que constituem o objecto do recurso.

3. Sempre que se verificar uma alteração não substancial dos factos descritos na decisão recorrida ou da respectiva qualificação jurídica não

conhecida do arguido, este é notificado para, querendo, se pronunciar no prazo de 10 dias.

COMENTÁRIOS:

Deliberação: No processo deliberatório, aplica-se as mesmas regras da 1ª instância, no que concerne aos tribunais coletivos, com os limites do art. 434º quanto ao STJ.

Sobre alteração dos factos não substancial e da qualificação jurídica ou substancial (esta última também admissível, porque não excluída), v. arts. 358º e 359º.

Sobre «proibição de *reformatio in pejus*», v art. 409º e ac. do STJ de fixação de jurisprudência nº 4/95, de 07.06.1995, *in* D.R. de 06.07.1995, nas suas notas.

O princípio aqui estabelecido [art. 424º, nº 3, do CPP] deve aplicar-se a situações não expressamente previstas na norma, como seja a de não haver lugar a audiência mas a conferência (Ac. TRC de 20.01.2016, proc. 31/13.0GBLMG.C1, *in* www.dgsi.pt)

O texto legal ao limitar o dever de comunicação/notificação à alteração «não conhecida do arguido» pretende subtrair do âmbito do dever de comunicação as situações em que a alteração já é do conhecimento do arguido por se haver verificado na sentença recorrida, ter derivado das conclusões de recurso ou das alegações orais do defensor, ter resultado ou das conclusões do recurso ou do visto do Ministério Público ou ter resultado das conclusões de recurso do assistente. Neste preciso sentido se pronuncia Paulo Pinto de Albuquerque, ibidem, pp. 1164-1165 (nota 23 do Ac. do STJ de 25.06.2008, *in* www.dgsi.pt).

Artigo 425º – Acórdão

1. Concluída a deliberação e votação, é elaborado acórdão pelo relator ou, se este tiver ficado vencido, pelo juiz-adjunto.

2. São admissíveis declarações de voto.

3. Se não for possível lavrar imediatamente o acórdão, o presidente fixa publicamente a data, dentro dos 15 dias seguintes, para a publicação da decisão, após o respectivo registo em livro de lembranças assinado pelos juízes.

4. É correspondentemente aplicável aos acórdãos proferidos em recurso o disposto nos artigos 379º e 380º, sendo o acórdão ainda nulo quando for lavrado contra o vencido, ou sem o necessário vencimento.

5. Os acórdãos absolutórios enunciados na alínea *d*) do nº 1 do artigo 400º, que confirmem decisão de 1ª instância sem qualquer declaração de voto, podem limitar-se a negar provimento ao recurso, remetendo para os fundamentos da decisão impugnada.

6. O acórdão é notificado aos recorrentes, aos recorridos e ao Ministério Público.

7. O prazo para a interposição de recurso conta-se a partir da notificação do acórdão.

COMENTÁRIOS:

Acórdão: Na elaboração do acórdão, aplica-se com as devidas adaptações, os mesmos princípios da 1ª instância, no que concerne aos tribunais coletivos (v. arts. 365º a 380º).

Registe-se a particular forma de decisão expedita, de acórdãos absolutórios proferidos em recurso pelas Relações, que **confirmem decisões absolutórias de 1ª instância**, que podem limitar-se a aderir à fundamentação da 1ª instância [art. 400º-1-d)]. Também transposta a questão para a **fase de instrução**, uma decisão de não pronúncia do JIC, tem natureza absolutória, pelo que confirmada pela Relação, se lhe aplicará o disposto neste artigo. Tal forma de decisão, por remissão para fundamentos anteriores, não será inconstitucional, conforme já se pronunciou o T.C., ainda que a propósito de outras questões específicas (desde que a decisão para que se remete seja do conhecimento ou seja notificada aos interessados). Aliás, estas formas de decisão expeditas, deviam generalizar-se, em nome dos princípios da economia e celeridade processuais, pondo-se fim ao *copy paper*.

Artigo 426º – Reenvio do processo para novo julgamento

1. Sempre que, por existirem os vícios referidos nas alíneas do nº 2 do artigo 410º, não for possível decidir da causa, o tribunal de recurso determina o reenvio do processo para novo julgamento relativamente à totalidade do objecto do processo ou a questões concretamente identificadas na decisão de reenvio.

2. O reenvio decretado pelo Supremo Tribunal de Justiça, no âmbito de recurso interposto, em 2ª instância, de acórdão da relação é feito para este tribunal, que admite a renovação da prova ou reenvia o processo para novo julgamento em 1ª instância.

3. No caso de haver processos conexos, o tribunal superior faz cessar a conexão e ordena a separação de algum ou alguns deles para efeitos de novo julgamento quando o vício referido no número anterior recair apenas sobre eles.

4. Se da nova decisão a proferir no tribunal recorrido vier a ser interposto recurso, este é sempre distribuído ao mesmo relator, exceto em caso de impossibilidade.

(Última redação da L. 20/2013, de 21.02)

COMENTÁRIOS:

Reenvio: A norma regulamenta o **reenvio** do processo, que pode ser para **novo/repetição** de julgamento ou para julgamento de **questões concretas**. Mas o reenvio só deve ocorrer quando se verificarem os vícios das alíneas do art. 410º e quando não for possível decidir imediatamente a causa no tribunal *ad quem* por não se dispor da totalidade dos factos necessários para a decisão. Em nome dos mais elementares princípios de direito, deve o tribunal de recurso, esforçar-se para decidir a causa, só ordenando o reenvio se tal for impossível. O julgamento de processos reenviados, sobretudo se envolver a totalidade do julgamento, é das coisas mais patéticas que existem na justiça. Citando Cunha Rodrigues *in* Jornadas de Processo Penal, *"há cada vez mais razões para olhar com ceticismo os segundos julgamentos, necessariamente montados sobre cenários já utilizados e com prévio ensaio geral"*. Na esteira deste entendimento, foi proferido o acórdão infra, onde no seu corpo, com interesse pedagógico, se pode ler: *No plano da finalidade do recurso, três são os sistemas possíveis: sistema de cassação, sistema de substituição e sistema intermédio. Num puro sistema de cassação (de tornar nulo, sem efeito), o tribunal de recurso, se o acolher, limita-se a revogar a decisão recorrida e o tribunal a quo decidirá. Num sistema de substituição, o tribunal de recurso, se o acolher, substitui a decisão por aquela que considere ser a legal. Num sistema intermédio, o tribunal de recurso, se o acolher, manda ao tribunal a quo que profira nova decisão com o conteúdo que o tribunal de recurso lhe fixa. No nosso sistema processual penal predomina o sistema de substituição, embora com limitações. O conteúdo normal do recurso, que corresponde à sua finalidade, é a substituição da decisão recorrida por outra.*

Jurisprudência uniformizadora: Ac. do STJ de Fixação de Jurisprudência nº 4/2016, de 21.01.2016, *in* D.R. de 22.02.2016: *«Em julgamento de recurso interposto de decisão absolutória da 1ª instância, se a relação concluir pela condenação do arguido deve proceder à determinação da espécie e medida da pena, nos termos das disposições conjugadas dos artigos 374º, nº 3, alínea b), 368º, 369º, 371º, 379º,* *nº 1, alíneas a) e c), primeiro segmento, 424º, nº 2, e 425º, nº 4, todos do Código de Processo Penal».*

Assim, ao tribunal ad quem, ao reexaminar a causa, tal como lhe assiste a faculdade de passar de uma decisão condenatória para uma decisão absolutória, assistir-lhe-á a de passar de uma decisão absolutória para uma decisão condenatória e, neste último caso, dispondo dos necessários elementos, fixar a espécie e medida da pena. (...) Com excepção das situações em que a factualidade provada não permita, com o rigor exigível, a determinação da espécie e medida da pena, nos termos dos arts. 70º e 71º, do C. Penal, o que a ocorrer, justificaria, então que se determinasse a reabertura da audiência para a determinação da sanção, nos termos dos arts. 369º, 370º e 371º, do C. Proc. Penal, o tribunal ad quem pode e deve, na consideração da verificação dos elementos constitutivos do tipo legal, condenar o arguido, que vinha absolvido (Ac. TRC de 19.09.2012, proc. 279/09.2PCLRA.Cl, *in* www.dgsi.pt).

Novos recursos da decisão reenviada: De acordo com o acrescento do nº 3, efetuado pela L. 20/2013, certamente fundado em boas razões de economia e celeridade processual, compete sempre ao mesmo relator julgar quaisquer novos recursos do processo reenviado para novo julgamento, exceto se tal for impossível.

Artigo 426º-A – Competência para o novo julgamento

1. Quando for decretado o reenvio do processo, o novo julgamento compete ao tribunal que tiver efectuado o julgamento anterior, sem prejuízo do disposto no artigo 40º, ou, no caso de não ser possível, ao tribunal que se encontre mais próximo, de categoria e composição idênticas às do tribunal que proferiu a decisão recorrida.

2. Quando na mesma comarca existir mais de um juízo da mesma categoria e composição, o julgamento compete ao tribunal que resultar da distribuição.

(Redacção da Lei nº 52/2008, de 28-08)

COMENTÁRIOS:

Competência do tribunal para julgar o processo reenviado: O julgamento do processo reenviado para *«novo julgamento»*, i.e., **totalmente anulado**, deve ser feito/repetido no mesmo tribunal, por juízes diferentes daqueles que fizeram o acórdão totalmente anulado; não sendo possível formar o tribunal com outros juízes, será competente o tribunal territorialmente mais próximo e da mesma categoria. Mas segundo decisão da 5ª Secção do Tribunal da Relação de Lisboa, de 17.05.2013, proferida no conflito de competência suscitado no âmbito do processo nº 1431/09.6GLSNT da 1ª Secção do Juízo de Grande Instância Criminal de Sintra, estando em causa o impedimento de apenas um dos Juízes adjuntos titulares que compõem um tribunal coletivo, deixa de haver fundamento para o desaforamento do processo e para a respetiva redistribuição por outro tribunal, ou seja, o novo julgamento continua a competir ao primitivo tribunal.

Se o objeto do reenvio, é decidir ou apurar **questões concretas**, por alegados **vícios ou deficiências da sentença**, devidamente discriminadas no acórdão do tribunal superior, então, s.m.o., a competência continua a residir no Juiz que prolatou a decisão reenviada, conforme tem sido decidido em vários arestos mais recentes.

O tribunal reenviado mantém sempre o seu poder de livre convicção, ainda que subordinado ao âmbito das questões colocadas no reenvio.

O poder de reenvio restringe-se apenas à colocação pelo tribunal de recurso das "questões concretas" (artigo 426º, nº 1) que compete ao tribunal inferior decidir, mas não inclui o poder de o tribunal de recurso ordenar ao tribunal inferior ("ordena-se", "impõe-se" ou "determina-se") a realização de uma certa diligência de prova e, menos ainda, impor a extracção de uma certa ilação ou conclusão de facto de um meio de prova. Após o reenvio do processo, o tribunal inferior mantém inteira liberdade sobre a admissibilidade dos meios de prova para efeitos da resolução da "questão concreta" colocada e a valoração da prova dele resultante. O tribunal inferior está, pois, apenas vinculado à constatação do vício feita pelo tribunal superior e aos termos da "questão concreta" colocada para resolução, não podendo alargar nem restringir o âmbito dessa questão (P.P. Albuquerque, *in* Comentário do CPP).

I. Quando o tribunal não dá como provados ou não provados factos relevantes alegados na acusação, no pedido cível ou na contestação, o vício de que padece é o de nulidade por omissão de pronúncia (art. 379º/1-c) do CPP) e não o de insuficiência para a decisão da matéria de facto provada (art. 410º/2-a) do CPP); II – O vício de nulidade por omissão de pronúncia (art. 379º/1-c) do CPP), como os outros dois previstos nas alíneas a) e b) do mesmo número, podem ser sanadas pelos tribunais que as proferiram, nos termos do nº 2 do mesmo artigo, mas não pelo tribunal de recurso (Ac. TRL de 10.01.2013, proc. 905/05.2JFLSB.L1-9, *in* www.dgsi.pt).

A questão da perda de eficácia da prova produzida: *Tendo o STJ determinado a descida do processo à 1ª Instância para ser proferido acórdão que observasse o disposto na 2ª parte do nº 2 do art. 374º do CPP, ou seja, para elaboração de uma nova decisão com suprimento da nulidade constatada, não significa isso que tenha anulado* *a operação anterior à elaboração e assinatura, mas apenas o acórdão em si, pelo que, mantendo-se a deliberação e votação, não há que questionar a perda da eficácia da prova decorrente do preceituado no art. 328º, nº 6, do CPP* (Ac. STJ de 18.05.2000, proc. 861/99-5ª secção). **Nota:** Face à nova redação do nº 6 do art. 328º, que eliminou o segmento onde se previa a perda da eficácia da prova, deixou de haver dúvidas nesta matéria.

CAPÍTULO III – Do recurso perante as relações

Artigo 427º – Recurso para a relação

Exceptuados os casos em que há recurso directo para o Supremo Tribunal de Justiça, o recurso da decisão proferida por tribunal de 1ª instância interpõe-se para a relação.

COMENTÁRIOS:

A competência das Relações em matéria de recursos: O normativo expressa um princípio geral em matéria de competência hierárquica para apreciar recursos, que acaba por ter muitas exceções, a tal ponto que era preferível que a norma não existisse. Na verdade, em termos práticos, a competência das Relações acha-se por **exclusão de partes**, isto é, as Relações serão competentes sempre que o STJ o não for. Logo, para saber qual o tribunal competente hierarquicamente para apreciar o recurso, o melhor é ler o art. 432º que atribui competência ao STJ, sendo certo que quando ele a não tiver, serão as Relações competentes (sem prejuízo da inadmissibilidade, prevista nos arts. 400º e 401º). Em todo o caso, estabelece-se o **regime regra**, de que a Relação é sempre competente para o recurso interposto da 1ª instância, quando esta não funcionar como tribunal coletivo ou de júri, e sim como tribunal singular, independentemente do recurso ser dos factos ou do direito.

A previsão de **recurso direto** para o STJ está contemplada no art. 432º-1-a).

Referências: art. 12º (competência das Relações em matéria penal).

Artigo 428º – Poderes de cognição

As relações conhecem de facto e de direito.

COMENTÁRIOS:

Limites/objeto da cognoscibilidade: Quando na norma se diz que as Relações conhecem de facto e de direito, significa que deve pronunciar-se sobre a matéria de **facto** objecto do recurso (sem prejuízo das questões de conhecimento oficioso – v. ac. de fixação de jurisprudência 7/95, nas notas ao art. 410º) fazendo o seu percurso analítico e sobre qualquer solução de **direito** que seja julgada correta em função da matéria de facto apurada, **concluindo** sobre as razões de procedência ou improcedência do recurso (v. art. 410º – fundamentos do recurso).

Noção de matéria de facto/matéria de direito: Constitui matéria de **facto**, todos os **acontecimentos naturalísticos**, que preencham um crime, na sua tríplice segmentação dogmática; tipicidade, ilicitude e culpa. Constitui matéria de **direito**, toda aquela que resulta da **interpretação e aplicação da lei**, substantiva ou adjetiva.

I. Verificada no tribunal de recurso a existência de um ou mais vícios do art. 410º, nº 2, do CPP, ou se procede à renovação da prova nessa instância (art. 430º) ou, se não for possível decidir da causa, determina-se o reenvio do processo para novo julgamento, relativamente à totalidade do objecto do processo ou a questões concretamente identificadas (art. 426º, nº 2). II. Em qualquer circunstância, a Relação, como tribunal de recurso, pode modificar a decisão do tribunal de 1ª instância sobre a matéria de facto, se do processo constarem todos os elementos de prova que lhe serviram de base, se, havendo documentação da prova, esta tiver sido impugnada, nos termos do art. 412º, nº 3, ou se tiver havido renovação da prova (art. 431º). III. A Relação, concluindo que a decisão da 1ª instância padece do vício de erro notório na apreciação da prova e verificando que os autos possibilitam a modificação da matéria de facto e a determinação das consequências jurídico-penais dessa alteração, pode modificar a matéria de facto constante da decisão da 1ª instância, ainda que não tenha sido impugnada a matéria de facto nos termos do art. 412º, nº 3, do CPP, nem se tenha procedido à renovação da prova (Ac. STJ de 17.01.2008, *in* proc. 07p2696).

Deve esclarecer-se ainda que o Tribunal da Relação pode atender aos factos e ocorrências processuais constantes dos autos, como é o caso das datas acima referidas, mesmo que as estas não tenham sido levadas aos factos dados como provados. Na verdade, dispõe o art. 428º do CPP que as Relações conhecem de facto e de direito. Por seu turno, dispõe o art. 431º, 1, a) do CPP que a matéria de facto pode ser modificada (e portanto, aditada) "se do processo constarem todos os elementos de prova que lhe serviram de base". Deste modo, constando do processo todos os elementos de prova relativos aos factos acima considerados relevantes (data da acusação, da sua notificação ao lesado, da dedução do pedido cível e da sua notificação à arguida), nada obsta a que tais datas sejam dadas como provadas e atendidas (Ac. TRP de 01.02.2012, proc. 109/10.2TAPFR.P1, *in* www.dgsi.pt). **Nota:** Analisava-se a prescrição do procedimento criminal.

Artigo 429º – Composição do tribunal em audiência

1. Na audiência intervêm o presidente da secção, o relator e um juiz-adjunto.

2. Sempre que possível, mantêm-se para a audiência juízes que tiverem intervindo na conferência.

COMENTÁRIOS:

Composição: A composição do tribunal em **audiência** (art. 423º) é igual à sua composição na conferência (art. 419º), mas ao presidente já não se aplica a limitação do art. 419º-2, tendo o seu voto o mesmo peso dos dois restantes juízes.

Artigo 430º – Renovação da prova

1. Quando deva conhecer de facto e de direito, a relação admite a renovação da prova se se verificarem os vícios referidos nas alíneas do nº 2 do artigo 410º e houver razões para crer que aquela permitirá evitar o reenvio do processo.

2. A decisão que admitir ou recusar a renovação da prova é definitiva e fixa os termos e a extensão com que a prova produzida em 1ª instância pode ser renovada.

3. A renovação da prova realiza-se em audiência.

4. O arguido é sempre convocado para a audiência, mas, se tiver sido regularmente convocado, a sua falta não dá lugar a adiamento, salvo decisão do tribunal em contrário.

5. É correspondentemente aplicável o preceituado quanto à discussão e julgamento em 1ª instância.

COMENTÁRIOS:

Audiência para renovação da prova: Admite-se a **renovação da prova** na Relação [não obviamente no Supremo, que em matéria de recursos, só conhece de direito, exceto situações especiais – v. arts. 432º-1-a) e 434º] quando esta haja que conhecer de facto e de direito. Abre-se pois a possibilidade de modificar a decisão recorrida, em termos de facto e de direito, quando a prova tenha sido renovada [v. art. 431º-c)]. Porem tal renovação só é admissível, quando se reúnam cumulativamente duas condições; **(i)** quando se verifique na decisão recorrida, os **vícios constantes do art. 410º-2** e **(ii)** quando, tal renovação da prova possa **evitar a anulação do julgamento** e o **reenvio do processo** para repetição total ou parcial da prova. A decisão sobre a renovação da prova, é tomada em conferência [arts. 417º-3-e) e 419º-3] a pedido ou oficiosamente (em casos de conhecimento oficioso dos vícios do art. 410º-2) e deve fixar desde logo os limites concretos no caso.

Limites: Em qualquer circunstância, não deve esquecer-se, que a **renovação da prova**, não consiste num outro julgamento a produzir numa instância superior, mas tão-somente, numa reapreciação seletiva de decisões em aspetos concretos invocados pelo recorrente, que possam ser subsumíveis aos vícios do art. 410º-2, sem prejuízo da possibilidade de algumas reavaliações oficiosas no mesmo quadro. O nº 2, determina que devem ser previamente fixados pelo relator, os termos e a extensão da renovação da prova. Não é possível produzir novos meios de prova, que se afastem dessa decisão limitadora, ainda que supervenientemente tenham ocorrido situações novas que pudessem alterar a sentença. Mas é possível sindicar todos os meios de prova, repetindo a sua produção ou ordenar produção de meios de prova suplementares, que resultem do desenvolvimento dos primitivos meios de prova, uma vez que se aplicam as mesmas regras de julgamento de 1ª instância (v. nº 5).

A razão pela qual há tão poucas renovações da prova na Relação, resultam do facto da sua desnecessidade, quando havendo documentação da prova gravada a mesma permite desde logo o conhecimento da matéria de facto sem audiência para renovação da prova. Só se a prova gravada for inconcludente é que se justifica a renovação da prova, desde que concomitantemente se possa evitar o reenvio [v. art. 431º-b)].

Os factos a provar e as provas a renovar devem estar intrinsecamente ligados aos vícios detectados (artigo 412º-3-a-c). Este é o critério material para fixação dos "termos" e da "extensão" da prova a renovar. (...) O punctum saliens está em que os factos a provar e as provas a renovar devem estar intrinsecamente ligados aos vícios do artigo 410º-2, detectados e todas as démarches realizadas pelo TR na audiência devem ser instrumentais para a sanação desses vícios (P.P. Albuquerque, *in* Comentário do CPP).

Devidamente analisada a decisão recorrida, em conjugação com as aludidas regras da experiência comum, conclui-se que aquela não padece de qualquer vício. Por outro lado, inexistindo vícios da decisão, não há lugar a renovação da prova, conforme claramente resulta do disposto no art. 430º, nº 1, do CPP, sem prejuízo da eventual reapreciação da prova gravada – esta sim, requerida pelo recorrente, tratando-se, porém, de realidade completamente diversa da renovação da prova –, na parte que foi indicada pelo recorrente, para julgamento da impugnação da matéria de facto. Assim, porque não há lugar a renovação da prova e porque o arguido não requereu expressamente audiência, podendo tê-lo feito (art. 411º, nº 5, do CPP), foi o recurso submetido à conferência, em conformidade com o disposto no art. 419º, nº 3 al. c), do CPP (Ac. TRL de 07.12.2010, *in* www.dgsi.pt).

Referências: arts. 412º-3-c) e 413º-4 (pedido pelo recorrente ou pelo recorrido de renovação da prova); art. 423º-2 (audiência); art. 431º-c) (modificabilidade); art. 432º-2 (recurso).

Artigo 431º – Modificabilidade da decisão recorrida

Sem prejuízo do disposto no artigo 410º, a decisão do tribunal de 1ª instância sobre matéria de facto pode ser modificada:

a) Se do processo constarem todos os elementos de prova que lhe serviram de base;

b) Se a prova tiver sido impugnada nos termos do nº 3 do artigo 412º; ou

c) Se tiver havido renovação da prova.

COMENTÁRIOS:

O poder de modificabilidade da decisão de facto: O poder do tribunal de recurso **modificar** a **matéria de facto** fixada pelo tribunal recorrido está aqui plasmado. Pode haver modificação na conferência **(i)** quando o processo fornecer **todos os elementos** para tanto – arts. 417º-9 e 419, **(ii)** quando existindo os **vícios** do art. 410º-2, eles sejam sanáveis, quer através de simples "correção" do próprio texto recorrido, quer através da audição das gravações – arts. 417º-9 e 419º **(iii)** quando o recorrente cumprir os **ónus** do art. 412º-3 e **(iiii)** naturalmente pela **prova feita em audiência** quando existir **renovação** da prova – art. 430º. Há nesta norma uma gradação de atuações, submetidas todas elas ao princípio de que o reenvio deve ser evitado, sempre que for possível alcançar a verdade pelos outros meios permitidos.

III – As Relações, atentos os seus poderes de cognição (Artigos 428º, 431º C.P.Penal), não devem, por regra, limitar-se a revogar a decisão recorrida, antes devem proferir uma nova decisão que a substitua, condenando ou absolvendo. IV – Absolvido o arguido em

1ª Instância, a Relação, na sequência de recurso, pode condenar aquele desde que salvaguardado o direito a um processo equitativo (Artigo 6º CEDH; Artigo 2º/2 do Protocolo nº 7 da CEDH) (Ac. TRP de 26.05.2005, proc. 1330/06.3TAGDM.P1, *in* www.dgsi.pt).

"ao tribunal superior cumpre verificar a existência da prova e controlar a legalidade da respectiva produção, nomeadamente no que respeita à observância dos princípios da igualdade, oralidade, imediação, contraditório (...) verificando, outrossim, a adequação lógica da decisão relativamente às provas existentes. Assim, só em caso de existência de provas, para se decidir em determinado sentido, ou de violação das normas de direito probatório (nelas incluindo as regras da experiência comum ou da lógica) cometida na respectiva valoração feita na decisão de primeira instância, esta pode ser modificada, nos termos do art. 431º do C.P.P." (Ac. TRL de 22.11.2005, 5ª Secção, proc. nº 3717/05.5.).

CAPÍTULO IV – Do recurso perante o Supremo Tribunal de Justiça

Artigo 432º – Recurso para o Supremo Tribunal de Justiça

1. Recorre-se para o Supremo Tribunal de Justiça:

a) De decisões das relações proferidas em 1ª instância;

b) De decisões que não sejam irrecorríveis proferidas pelas relações, em recurso, nos termos do artigo 400º;

c) De acórdãos finais proferidos pelo tribunal do júri ou pelo tribunal colectivo que apliquem pena de prisão superior a 5 anos, visando exclusivamente o reexame de matéria de direito;

d) De decisões interlocutórias que devam subir com os recursos referidos nas alíneas anteriores.

2. Nos casos da alínea c) do número anterior não é admissível recurso prévio para a relação, sem prejuízo do disposto no nº 8 do artigo 414º

COMENTÁRIOS:

Competência do STJ em matéria de recursos: Tem sido fatigante ao longo do tempo, perceber qual a competência do STJ, para os recursos, face a tantas alterações legislativas e sobretudo flutuações jurisprudenciais. Em resumo, no quadro atual, este tribunal é hierarquicamente competente para conhecer das seguintes matérias:

Alínea a): Decisões das Relações proferidas em **1ª instância**, designadamente decisões sobre responsabilidade criminal de magistrados, neste específico caso, em matéria de facto e de direito [v.g., art. 12º-3-a)].

Alínea b): Decisões das Relações proferidas em **2ª instância** de recurso, se recorríveis. Registe-se com particular atenção, que esta norma se tem de conjugar forçosamente, com o art. 400º, que elenca as decisões que não são passíveis de recurso, com particular evidência para as alíneas c) a f), que dispõem sobre a irrecorribilidade de certas decisões da Relação.

"tratando-se de recurso do acórdão da Relação que, confirmando a pena de 4 anos e 10 meses de prisão, que a decisão da 1ª instância substituíra por pena suspensa, altera a espécie de pena e a transforma em pena privativa de liberdade, este é de rejeitar, nos termos do art. 420º, nº 1, al. b), do CPP, concluindo-se pela sua não admissibilidade, nos termos do art. 432º, nº 1, ai. c), do CPP, não vinculando o tribunal superior, a decisão que admitiu o recurso – art. 414º, nº 3, do CPP (Ac. STJ de 27.04.2011, *in* www.pgd.lisboa.pt).

Alínea c): Decisões condenatórias de 1ª instância (recurso direto ou *per saltum*) quando proferidas por **tribunal de júri ou coletivo**, mas só desde que a **pena aplicada seja superior a 5 anos** (recorde-se que o tribunal singular, não pode aplicar penas superiores a 5 anos – v. art. 16º) e o recurso vise **exclusivamente matéria de direito.** Se o recurso visar só matéria de facto ou simultaneamente matéria de facto e de direito, **independentemente da pena aplicada**, já será competente a Relação (v. nº 2). Por pena aplicada, entende-se quer a pena de cada um dos crimes quer a pena única do concurso de penas (cúmulo). Alguma jurisprudência entendia que se o objeto do recurso (confinado à matéria de direito) fosse exclusivamente as penas concretas de cada um dos crimes do concurso de infrações e cada uma delas, fosse inferior a 5 anos, o tribunal competente já não seria o STJ mas a Relação. Outra parte da jurisprudência considerava a questão irrelevante, determinando-se a competência simplesmente pela pena unitária (princípio do conhecimento unitário do recurso) independentemente do recurso visar ou não as penas de cada crime. O ac. de fixação de jurisprudência infra, pôs cobro à polémica, dando razão a esta última corrente, determinando a competência do STJ, obviamente verificados os respetivos pressupostos.

E assim resulta, que, por exclusão de partes, nos recursos da 1ª instância, quando proferidas por tribunal de júri ou coletivo, serão sempre hierarquicamente competentes as Relações, sempre que haja recurso da **matéria de facto**. E ainda por exclusão de partes, serão sempre competentes as Relações para apreciar o comum recurso, sobre as decisões da 1ª instância, quando proferidas por tribunal singular, (não tribunal de júri ou coletivo) independentemente de visarem **matéria de facto ou de direito ou ambas simultaneamente**. Tudo sem prejuízo do STJ, enquanto tribunal *ad quem*, adequadamente convocado, também poder apreciar **oficiosamente** matéria de facto, ainda que limitado aos vícios do art. 410º-2, mas só **oficiosamente,** nunca como **pretensão exclusiva** do recurso.

Jurisprudência uniformizadora: Ac. do STJ de Fixação de Jurisprudência nº 5/2017, de 27.04.2017, *in* D.R. de 23.06.2017: *«A competência para conhecer do recurso interposto de acórdão do tribunal do júri ou do tribunal coletivo que, em situação de concurso de crimes, tenha aplicado uma pena conjunta superior a cinco anos de prisão, visando apenas o reexame da matéria de direito, pertence ao Supremo Tribunal de Justiça, nos termos do artigo 432º, nº 1, alínea c), e nº 2, do CPP, competindo-lhe também, no âmbito do mesmo recurso, apreciar as questões relativas às penas parcelares englobadas naquela pena, superiores, iguais ou inferiores àquela medida, se impugnadas».*

Alínea d): Decisões **interlocutórias** que acompanham os recursos retrorreferidos, como será natural, por razões de celeridade e economia processual.

Recursos extraordinários: Acresce **casos especiais**, conforme alude o art. 433º, designadamente recursos extraordinários.

Em suma; não é possível recorrer para o STJ das decisões irrecorríveis previstas no art. 400º (obviamente) e das decisões que não estão previstas no art. 432º. Tudo o que não estiver aqui compreendido, é recorrível para as Relações. O ideal, face à nossa organização jurídica e ao direito constitucional a uma segunda instância de recurso, seria que, salvo decisões irrecorríveis, que terão sempre de existir, se acabasse com a dicotomia entre matéria de facto e de direito e das decisões de 1ª instância, se pudesse sempre recorrer para a Relação, e das decisões desta segunda instância que agravassem a posição dos recorrentes, se pudesse sempre recorrer para o STJ, com algumas limitações especificas. Mas isso seria demasiado simples.

Recursos vários: Registe-se a situação (deficientemente) descrita no nº 2, de havendo vários recursos, uns sobre os factos outros sobre o direito, a competência ser da Relação (art. 414º-8).

O objeto do recurso sucessivo para o STJ: Coloca-se a questão de se saber, quando se recorre em **sucessão** para o Supremo, se o recurso é da sentença/acórdão da **primeira instância** ou do acórdão da **segunda instância.** É uma questão importante que a nossa lei não esclarece diretamente. Acompanhando o discursivo do Ac. STJ de 25.01.2006, não é pacífico o entendimento sobre o objeto destes recursos, oscilando as posições entre ser a questão sobre que incidiu a decisão recorrida e o de ser a própria decisão recorrida. O STJ inclina-se para a segunda solução, a propósito dos casos de recursos da Relação. E assim, conclui que o objeto do recurso para o STJ, é o **acórdão da 2ª Instância**, não se podendo ter como fundamentado um recurso que o não ataca diretamente, limitando-se a reequacionar as questões já levantandas no recurso para aquele tribunal. Esta posição parece correta, quando por exemplo se recorre da decisão da Relação que relativamente à primeira instância, brandiu fundamentos diferentes ou mais alargados. Mas quando tal não acontece, parece-nos duvidoso. Na verdade, o recurso, não é da decisão de 1ª instância, mas da decisão da 2ª instância, **ainda que esta possa ser concordante**. Verificados todos os pressupostos, nada na lei expressamente proíbe que as questões de direito possam ser conhecidas por todas as instâncias, [ainda que com o limite do art. 400º-1-f)] sendo certo que foi fundamentalmente para isso que foi criado o Supremo.

Quem recorre de uma decisão da Relação para o S.T.J. deve especificar os fundamentos desse recurso, como impõe o art. 412º, nº 1, do CPP, e não reeditar a motivação apresentada no recurso para a Relação, esquecendo-se de desenvolver qualquer fundamento para alicerçar a sua discordância com o ali decidido, confundindo a motivação do recurso interposto para o STJ com a que apresentou perante o tribunal de 2ª instância, como se o acórdão da Relação não existisse. Uma tal situação configura aquilo que certa jurisprudência vem qualificando de carência de objecto de recurso, com a consequência do seu não conhecimento. Tudo o que sejam vícios apontados à decisão de facto da 1ª instância, que já foram objecto de conhecimento pelo Tribunal da Relação e quanto aos pontos e questões que a Relação já analisou e concluiu pela sua inexistência, nada mais há a acrescentar (Ac. STJ de 19.01.2006, *in* www.pgd.lisboa.pt).

IV – Quando o STJ é confrontado com um recurso da Relação, são os fundamentos do decidido em 2ª instância que importa verificar e, não, os da decisão de 1ª instância já sufragados pelo tribunal recorrido. V – Daí que quando o recorrente se limita a uma espécie de recauchutagem informática dos fundamentos do recurso que apresentou perante a Relação, sem nada trazer de novo à discussão, verdadeiramente não apresenta motivação. VI – O recurso em tudo o que reedita o pretenso inconformismo do recorrente perante o deliberado em 1ª instância não pode ser conhecido – não deveria, mesmo, ter sido admitido – por carência absoluta de motivação – arts. 411º, nº 3, 414º, nº 2, e 417º, nº 3, al. a), do CPP (Ac. STJ de 14.11.2002, proc. 3092102-5, *in* www.dgsi.pt).

I – A falta de motivação, fundamento de rejeição do recurso – nº 2 do art. 414º do CPP – só se verifica perante a não apresentação de motivação. II – Por outro lado, a lei adjectiva penal não prevê a possibilidade de rejeição de recurso, por parte do STJ, para os casos em que o recorrente se limita a repetir a argumentação já apresentada no recurso interposto para o Tribunal da Relação, sendo certo que a rejeição do recurso, atento o gravame que importa para o recorrente, especialmente no caso de ser arguido, só é admissível nos casos expressamente previstos na lei (Ac. STJ de 10.10.2007, proc. 07P2684, *in* www. dgsi.pt).

Sem prejuízo do conhecimento oficioso dos vícios a que alude o disposto no artigo 410º, nº 2, do CPP, está fora do âmbito legal do recurso para o STJ a reedição dos vícios apontados à decisão de facto da 1ª instância, em tudo o que foi objecto de conhecimento pela Relação (Ac. STJ de 15.01.2004, proc. 03P4020, *in* www.dgsi.pt).

IX – No sentido da rejeição do recurso, para o STJ, cuja motivação repete ou reedita a argumentação já expendida no recurso interposto para o Tribunal da Relação se pronunciaram os acórdãos de 14-11-2002, Proc. nº 3092 – 5ª, de 27-05-2004 (in CJSTJ, 2004, tomo 2, pág. 209), de 24-01-2007, Proc. nº 4812/07 – 3ª, e de 12-04-2007, Procs. nºs 255/07 – 5ª e 516/07 – 5ª. E em sentido oposto decidiram os acórdãos de 10-10-2007, Procs. nºs 3315/07 – 3ª e 2684/07, de 17-10-2007, Proc. 3265/07 – 3ª, e de 17-04-2008, Procs. nºs 677/08 e 823/08, ambos da 3ª Secção. X – Acolhe-se a segunda orientação, por a repetição de motivação não dever ser equiparada à sua falta e não estar prevista a possibilidade de rejeição de recurso para os casos em que o recorrente se limita a repetir a argumentação já apresentada no recurso interposto para o Tribunal da Relação (Ac. STJ de 30.04.2008, proc. 07P4723, *in* www.dgsi.pt).

Competência na "dupla conforme": Chama-se a atenção para o incontornável caso particular previsto no art. 400º-1-f), que não admite recurso para o STJ, de acórdãos das Relações, que ***«confirmem»*** penas de 1ª instância não superiores a 8 anos; a chamada "dupla conforme" (v. notas ao art. 400º). **Agravada** ou **atenuada** a pena, já não se pode falar em "confirmação", pelo que aí, já haverá recurso.

Conhecimento oficioso da matéria de facto e da qualificação jurídica: Os vícios sobre a matéria de facto a que alude o art. 410º-2, são de **conhecimento oficioso pelo STJ**, (v. ac. de fixação de jurisprudência 7/95, nas notas ao art. 410º) mas s.m.o., sem prejuízo dos limites descritos no art. 403º. Em qualquer caso, a maioria da jurisprudência tem entendido que a possibilidade de tal conhecimento deriva da oficiosidade e não pode derivar da interpelação direta do recorrente, porque se for esse o caso, ele deve ser interposto para a Relação. Excluído desta interpretação ficam obviamente as decisões das Relações proferidas em 1ª instância, porque o recorrente, tem sempre direito a uma 2ª instância quanto à matéria de facto [art. 432º-1-a)].

Jurisprudência uniformizadora: Ac. do STJ de Fixação de Jurisprudência nº 4/95, de 07.06.1995, *in* D.R. de 06.07.1995: *«O tribunal superior pode em recurso, alterar oficiosamente a qualificação jurídico-penal efectuada pelo tribunal recorrido, mesmo que para crime mais grave, sem prejuízo, porem da proibição da «reformatio in pejus».* **Nota:** V. alteração da qualificação jurídica e limites, nas notas ao art. 358º-3.

Jurisprudência uniformizadora: Ac. do STJ de Fixação de Jurisprudência nº 14/2013, de 09.10.2013, *in* D.R. de 12.11.2013: *«Da conjugação das normas do artigo 400º, alíneas e) e f) e artigo 432º, nº 1, alínea c), ambos do CPP, na redacção da Lei nº 48/2007, de 29 de Agosto, não é admissível recurso para o Supremo Tribunal de Justiça de acórdão da Relação que, revogando a suspensão da execução da pena decidida em 1ª instância, aplica ao arguido pena não superior a 5 anos de prisão».*

Declaração de incompetência: Declarando-se um tribunal incompetente para conhecer do recurso e atribuindo a sua competência a outro, a única consequência é a remessa do processo a este último (v. Acs. T.C. 80/2001 e T.C. 66/2001, *in* dgsi.pt).

Referências: art. 11º (competência do STJ em matéria penal).

Artigo 433º – Outros casos de recurso

Recorre-se ainda para o Supremo Tribunal de Justiça noutros casos que a lei especialmente preveja.

COMENTÁRIOS:

Outros casos: Norma residual, que contempla os casos dos recursos para fixação de jurisprudência (art. 437º e segs.) o recurso no interesse da unidade do direito (art. 447º) e o recurso de revisão (art. 449º e segs.) e ainda recursos previstos em legislação avulsa, como alguns de natureza política (v.g, recursos das decisões da Comissão Nacional de Eleições).

Artigo 434º – Poderes de cognição

Sem prejuízo do disposto nos nºs 2 e 3 do artigo 410º, o recurso interposto para o Supremo Tribunal de Justiça visa exclusivamente o reexame de matéria de direito.

COMENTÁRIOS:

Princípio geral: Norma basilar que fixa o princípio de que o STJ **funcionando como tribunal de revista**, só julga de **direito,** mesmo em recursos de decisões da Relação proferidas em 1ª instância [v. art. 432º-a)]. Constitui **matéria de direito**, tudo o que diga respeito à interpretação e aplicação da lei, seja ela substantiva ou processual, incluindo a apreciação das nulidades que não devam considerar-se sanadas. Aí caberá também todas as operações de escolha e medida da pena. Contudo o conhecimento do direito pressupõe que a **matéria de facto** se apresente como racional e congruente, sob pena de a decisão de direito assentar em falácias. Por essa razão o STJ pode sindicar a matéria de facto, nos estritos termos enunciados no art. 410º-2 (este esforço impõe-se ainda mais, quando a Relação julgou como 1ª instância), mas apenas na justa medida em que a mesma constitui a base factual de trabalho para a sua decisão de direito (v. ac. de fixação de jurisprudência nº 7/95, nas notas ao art. 410º). Esse conhecimento dos vícios da matéria de facto é **absolutamente oficioso**, o que significa que não deve ser o recorrente a levantar a questão. Mas, *"independentemente de o recorrente, no recurso para o STJ não poder, segundo a jurisprudência corrente, sindicar os vícios do nº 2 do art. 410º do CPP, a verdade é que este Tribunal pode/deve deles conhecer oficiosamente, nos termos dos arts. 434º do CPP e 729º, nº 3, do CPC* (Ac. do STJ de 31.03.2011, proc. 117/08.3JAFAR.E2.S1-3.1, *in* www.dgsi.pt), o que significa que se o recorrente levantar a questão, tal não será impeditivo que o STJ se pronuncie, se o problema efetivamente existir. Em todo o caso, se o **objeto do recurso** para o STJ**, for exclusivamente**, os **vícios** sobre a matéria de facto previstos no art. 410º-2, então o tribunal competente para o conhecimento dessas questões, é a Relação e nunca o STJ.

A questão seguinte, prende-se com a possibilidade de **sanação** dos detetados vícios pelo STJ. Alguma jurisprudência diz que o STJ nunca tem o poder de conformar a matéria de facto e sanar os vícios do art. 410º-2. Limita-se a constatar os problemas em sede factual (no quadro acima traçado) e a **anular** (total ou parcialmente) a decisão e a **reenviar** para novo julgamento (v. art. 426º). Recorde-se que nunca há **renovação da prova** no STJ (v. art. 430º). Todavia, o comando ínsito no art. 426º, não parece excluir o STJ do esforço de sanar imediatamente a matéria de facto, se tal for possível, cf. aliás se defende no laborioso ac do STJ de 12.07.2018, proc. 116715.9JACBR.C1.S1, *in* www.dgsi.pt: *...característica comum a todos os vícios previstos no nº 2 do artigo 410º do CPP, a fim de fundamentarem o reenvio do processo para novo julgamento* ***quando insanáveis no tribunal da recurso****, é que resultem do texto da decisão recorrida, por si só, sem influência de elementos exteriores àquela, a não ser as regras da experiência comum.* E mais incisivamente: *Ocorrendo um dos vícios previstos no artigo 410º, nº 2, do CPP,* *o tribunal ad quem só deverá reenviar os autos para novo julgamento se não lhe for possível proferir decisão sobre a causa, o que* ***afasta o reenvio automático****. A modificabilidade da matéria de facto à luz dos vícios está contemplada na ressalva inicial do artigo 431º "Sem prejuízo do disposto no artigo 410º".*

Cabe aqui acentuar ser ponto assente na jurisprudência, máxime na do Tribunal Constitucional, que o duplo grau de jurisdição em matéria de facto pode garantir-se sem que isso implique a possibilidade de produção de prova no tribunal de recurso, bastando que este controle a legalidade da produção e possa ordenar a reapreciação por outro tribunal, de categoria idêntica ou superior à do recorrido (Maia Gonçalves, *in* CPP anotado) **Nota:** v.g., ac. TC 253/92.

Posto isto, não é admissível um recurso de um acórdão proferido pelo Tribunal da Relação para este Supremo Tribunal, na parte em que convoca a reapreciação da decisão proferida sobre matéria de facto, quer em termos amplos, quer por erro de julgamento (erro na apreciação da prova), quer no quadro dos vícios do art. 410 do CPP. Impõe-se apenas conhecer oficiosamente dos vícios do art. 410º, nºs 2 e 3 do CPP, porque o conhecimento destes vícios não constitui mais do que uma válvula de segurança a utilizar naquelas situações em que não seja possível tomar uma decisão (ou uma decisão correcta e rigorosa) sobre a questão de direito, por a matéria de facto se revelar ostensivamente insuficiente, por se fundar em manifesto erro de apreciação ou ainda por assentar em premissas que se mostram contraditórias e por fim quando se verifiquem nulidades que não se devam considerar sanadas (Ac. STJ de 20.09.2017, proc. 596/12.4JABRG.G2.S1, *in* www.simp.pt).

A revista ampliada ínsita no art. 410º, 2 e 3 do CPP pressupunha (e era essa a filosofia original, quanto a recursos, do Código de Processo Penal de 1987) um único grau de recurso (do júri e do tribunal colectivo para o STJ e do tribunal singular para a Relação). (...) Essa revista alargada (do STJ) deixou, porém, de fazer sentido – em caso de prévio recurso para a Relação – quando, a partir da reforma processual de 1998 (Lei 59/98), os acórdãos finais do tribunal colectivo passaram a ser susceptíveis de impugnação, «de facto e de direito», perante a Relação (arts. 427º e 428º, 1). Actualmente, com efeito, quem pretenda impugnar um acórdão final do tribunal colectivo ou do tribunal de júri («que aplique pena de prisão superior a cinco anos»), de duas, uma: se visar exclusivamente o reexame da matéria de direito (art. 432, c), dirige o recurso directamente ao Supremo Tribunal de Justiça e, se o não visar, dirige-o, «de facto e de direito», à Relação, caso em que da decisão desta, se não for «irrecorrível nos termos do art. 400º», poderá depois recorrer para o STJ (arts. 432º, b). Só que, nesta hipótese, o recurso – agora, puramente, de revista – terá (art. 434º do CPP) que visar exclusivamente o reexame da decisão recorrida (a da Relação) em matéria de direito (com exclusão, por isso, dos eventuais «erro(s)» das instâncias «na apreciação das provas e na fixação dos factos materiais da causa») (Ac. STJ de 31.01.2008, proc. 06P4805, *in* www.simp.pt). Nota do ac.: *"«Salvo havendo, ofensa de uma disposição expressa de lei que exija certa espécie de prova para a existência do facto ou que fixe [ou anule] a força de determinado meio de prova»* *(art. 722º-3 do CPC);* atual art. 674º do CPC.

Este Supremo Tribunal tem entendido uniformemente que, nas situações em que são arguidos vícios, como os alegados pela recorrente, relativos à insuficiência da matéria de facto e à contradição insanável da fundamentação ou entre a fundamentação e a decisão, previstos nas alíneas a) e b) do nº 2 do artigo 410º, «o recurso da matéria de facto, ainda que circunscrito à arguição dos vícios previstos nas als. a) a c) do nº 2 do art. 410º do CPP, tem de ser dirigido ao Tribunal da Relação e que da decisão desta instância, quanto a tal vertente, não é admissível recurso para o STJ, enquanto tribunal de revista» (...) Não obstante a restrição da cognição do Supremo Tribunal de Justiça a matéria de direito, o Supremo Tribunal pode, porém, conhecer oficiosamente, dos vícios referidos no nº 2 do artigo 410º do CPP, tratando-se de vício que resulte do texto da decisão recorrida, por si só ou conjugada com as regras da experiência comum, a insuficiência para a decisão da matéria de facto provada ou a contradição insanável da fundamentação ou entre a fundamentação e a decisão. (...) No entanto, apreciar tais vícios não significa apreciar matéria de facto, que ficou estabilizada com o acórdão do tribunal recorrido, sobre a qual não é admissível recurso (Ac. STJ de 09.04.2015, proc. 353/13.0PAPNI,L1.S1, *in* www.simp.pt). **Nota:** Deste e doutros acórdãos resulta a conclusão que o STJ só conhece dos vícios do art. 410º-2, "oficiosamente", i.e., por sua própria iniciativa e nunca a pedido do recorrente.

Mas os poderes do STJ de cognição em matéria de direito podem incluir questões não tratadas na acusação, no julgamento e na sentença do tribunal de primeira instância, tais como as consequências jurídicas (P. P. Albuquerque, *in* Comentário do C.P.P.).

Artigo 435º – Audiência

Na audiência o tribunal é constituído pelo presidente da secção, pelo relator e por um juiz-adjunto.

COMENTÁRIOS:

Composição do tribunal: O tribunal é composto por três Juízes, cabendo-lhes as funções descritas nos arts. 419º e 421º, podendo estes no entanto serem substituídos, nos termos da norma seguinte.

Artigo 436º – Alteração da composição do tribunal

Não sendo possível a participação na audiência dos juízes que intervieram na conferência, são chamados outros juízes, designando-se novo relator ou completando-se os vistos.

COMENTÁRIOS:

Alteração na composição do tribunal: Norma incidental.

TÍTULO II – Dos recursos extraordinários

CAPÍTULO I – Da fixação de jurisprudência

Artigo 437º – Fundamento do recurso

1. Quando, no domínio da mesma legislação, o Supremo Tribunal de Justiça proferir dois acórdãos que, relativamente à mesma questão de direito, assentem em soluções opostas, cabe recurso, para o pleno das secções criminais, do acórdão proferido em último lugar.

2. É também admissível recurso, nos termos do número anterior, quando um tribunal de relação proferir acórdão que esteja em oposição com outro, da mesma ou de diferente relação, ou do Supremo Tribunal de Justiça, e dele não for admissível recurso ordinário, salvo se a orientação perfilhada naquele acórdão estiver de acordo com a jurisprudência já anteriormente fixada pelo Supremo Tribunal de Justiça.

3. Os acórdãos consideram-se proferidos no domínio da mesma legislação quando, durante o intervalo da sua prolação, não tiver ocorrido modificação legislativa que interfira, directa ou indirectamente, na resolução da questão de direito controvertida.

4. Como fundamento do recurso só pode invocar-se acórdão anterior transitado em julgado.

5. O recurso previsto nos nºs 1 e 2 pode ser interposto pelo arguido, pelo assistente ou pelas partes civis e é obrigatório para o Ministério Público.

COMENTÁRIOS:

Os recursos extraordinários: Estes recursos caracterizam-se por incidirem sobre decisões já **transitadas em julgado**. São de dois tipos; recursos de

fixação de jurisprudência (arts. 437º a 448º) e recursos de **revisão** (art. 449º a 466º). Os primeiros subdividem-se em específicos de fixação de jurisprudência (arts. 437º a 445º) relativos a decisões proferidas contra jurisprudência fixada pelo STJ (art. 446º) e relativos à afirmação da unidade do direito (art. 447º). Têm os efeitos previstos no art. 445º.

A uniformização da interpretação e aplicação do Direito: A legitimidade do direito assegura-se também pela sua capacidade de julgar casos iguais ou semelhantes de forma igual ou semelhante. Por tal razão o ordenamento jurídico prevê este mecanismo de fixação de jurisprudência, que mais não visa do que **uniformizar as interpretações jurídicas** e a sua aplicação, garantindo a coerência e a estabilidade da jurisprudência. E se alguma crítica há a fazer a este sistema, é a de que devia haver mais decisões uniformizantes, para gerar mais tranquilidade dos operadores judiciários e credibilidade da justiça. É pressuposto de uma decisão uniformizadora, que **(1)** haja duas decisões de direito **(2)** do STJ **(3)** já devidamente transitadas **(4)** relativas à mesma questão **(5)** opostas entre si **(6)** tiradas no domínio da mesma legislação. Quando a situação se verificar na Relação, só é possível reclamar pela fixação de jurisprudência quando não for admissível recurso ordinário (exceto também se a decisão estiver em acordo com jurisprudência já fixada). Recorre-se do acórdão proferido em último lugar, com fundamento no acórdão anterior. Não se recorre do acórdão fundamento. São partes **legitimas** para este recurso as entidades referidas no nº 5, tendo o M.P., a obrigatoriedade de despoletar o mecanismo.

O acórdão fundamento serve como pressuposto ("fundamento") do recurso, e não como decisão recorrida, pois ele não é susceptível de modificação, ainda que venha a ser estabelecida jurisprudência em sentido contrário, e somente servirá (caso o recurso proceda) de fundamento para a alteração do outro acórdão – art. 445º, nº 1, do CPP (Ac. STJ de 22.02.2007, *in* proc. 07P245).

Os acórdãos são proferidos "no domínio da mesma legislação" quando não se tenha registado qualquer modificação substantiva do parâmetro legislativo relevante para a resolução da questão controvertida entre a prolação de um e do outro acórdão. A relevância da lei não tem de ser directa, bastando que seja indirecta para a resolução da questão controvertida. Mas não é relevante a mera modificação formal da norma se ela não se repercute (se não "interfere"), mesmo que indirectamente, na resolução da questão controvertida (Ac. STJ de 21.10.1999, *in* SASTJ, nºs 34, 82).

A indicação de vários acórdãos fundamento implica a rejeição do recurso (Ac. STJ de 23.01.2008, *in* proc. 07P4722).

Artigo 438º – Interposição e efeito

1. O recurso para a fixação de jurisprudência é interposto no prazo de 30 dias a contar do trânsito em julgado do acórdão proferido em último lugar.

2. No requerimento de interposição do recurso o recorrente identifica o acórdão com o qual o acórdão recorrido se encontre em oposição e, se este estiver publicado, o lugar da publicação e justifica a oposição que origina o conflito de jurisprudência.

3. O recurso para fixação de jurisprudência não tem efeito suspensivo.

COMENTÁRIOS:

Prazo e requerimento de interposição do recurso: Trata-se de um regime muito especial de recurso, que decorre de ser interposto 30 dias após o trânsito, sem que tenha efeito suspensivo. No requerimento de interposição de recurso, o recorrente, identifica o acórdão fundamento e justifica a oposição que está na base do conflito. Só mais tarde, será notificado para alegar e indicar o sentido em que se deve fixar a jurisprudência (art. 442º). O recurso, não tem efeito suspensivo, mas a decisão que vier a ser tomada pode ter efeitos imediatos no processo em causa.

Desistência: A jurisprudência e a doutrina têm-se dividido sobre a admissão da desistência em recursos extraordinários; de fixação de jurisprudência e de revisão (v. art. 450º) face à importância do que está em jogo. Se quanto aos recursos de fixação de jurisprudência, é grande a indecisão, já quanto ao recurso de revisão, a tendência dominante é que a desistência não deve ser admitida.

V. neste sentido, Ac. STJ de 30.11.2000, *in* CJ-VIII-III-228; v. art. 415º – desistência em geral.

Jurisprudência uniformizadora: Ac. do STJ de Fixação de Jurisprudência nº 5/2006, de 20.04.2006, *in* D.R. de 06.06.2006: *«No requerimento de interposição do recurso extraordinário de fixação de jurisprudência (artigo 437º, nº 1, do CPP), o recorrente, ao pedir a resolução do conflito (artigo 445º, nº 1), não tem de indicar o sentido em que deve fixar-se jurisprudência (artigo 442º, nº 2)».*

Artigo 439º – Actos de secretaria

1. Interposto o recurso, a secretaria faculta o processo aos sujeitos processuais interessados para efeito de resposta no prazo de 10 dias e passa certidão do acórdão recorrido certificando narrativamente a data de apresentação do requerimento de interposição e da notificação ou do depósito do acórdão.

2. O requerimento de interposição do recurso e a resposta são autuados com a certidão, e o processo assim formado é presente à distribuição ou, se o recurso tiver sido interposto de acórdão da relação, enviado para o Supremo Tribunal de Justiça.

3. No processo donde foi interposto o recurso fica certidão do requerimento de interposição e do despacho que admitiu o recurso.

COMENTÁRIOS:

Trâmites: O recurso é interposto no tribunal que proferiu a última decisão, seguindo-se os trâmites claramente suprarreferidos, sendo o Juiz desse tribunal o competente para o admitir, sem prejuízo de tal admissão não vincular o tribunal de recurso. **"Interessado"**, é todo aquele que possa ser afetado diretamente pela procedência do recurso.

Artigo 440º – Vista e exame preliminar

1. Recebido no Supremo Tribunal de Justiça, o processo vai com vista ao Ministério Público, por 10 dias, e é depois concluso ao relator, por 10 dias, para exame preliminar.

2. O relator pode determinar que o recorrente junte certidão do acórdão com o qual o recorrido se encontra em oposição.

3. No exame preliminar o relator verifica a admissibilidade e o regime do recurso e a existência de oposição entre os julgados.

4. Efectuado o exame, o processo é remetido, com projecto de acórdão, a vistos do presidente e dos juízes-adjuntos, por 10 dias, e depois à conferência, na primeira sessão que tiver lugar.

5. É correspondentemente aplicável o disposto no nº 2 do artigo 418º

COMENTÁRIOS:

Vista do M.P. e exame preliminar: Após a vista do M.P., o relator tem de confirmar todos os pressupostos do recurso para fixação de jurisprudência, designadamente, o principal deles; a **oposição entre julgados**. Por essa razão o nº 2 confere ao relator, o poder de, não conseguindo encontrar o acórdão fundamento citado pelo recorrente, o que acontece muita vez, o notificar para apresentar certidão dele. Confirmados os pressupostos, segue-se o projeto de acórdão, a vista ao presidente e adjuntos e o julgamento em conferência.

I. A lei processual faz depender a admissibilidade do recurso extraordinário para fixação de jurisprudência da existência de determinados pressupostos, uns de natureza formal e outros, substancial. II. Entre os primeiros, a lei enumera: – A invocação de acórdão anterior ao recorrido que sirva de fundamento ao recurso; – A identificação de acórdão fundamento, com o qual o recorrido se encontra em oposição, indicando-se o lugar da sua publicação, caso o esteja; – O trânsito em julgado de ambas as decisões; – A interposição do recurso no prazo de 30 dias posteriores ao trânsito em julgado do acórdão recorrido. III. Entre os segundos, contam-se: A justificação da oposição entre os acórdãos (fundamento e recorrido) que motiva o conflito de Jurisprudência; A verificação de identidade de legislação à sombra da qual foram proferidas as decisões (Ac. STJ de 22.06.2006, proc. 3466/05-5).

I – A oposição de julgados exige que: – as asserções antagónicas dos acórdãos invocados como opostos tenham tido como efeito fixar ou consagrar soluções diferentes para a mesma questão fundamental de direito; – as decisões em oposição sejam expressas; – as situações de facto e o respectivo enquadramento jurídico sejam em ambas as decisões, idênticos. II. Nem a mera aparência de decisões opostas, nem as decisões implícitas ou tácitas, são suficientes para fundar o recurso extraordinário de fixação de jurisprudência (Ac. STJ de 02.03.2006, proc. 2233/05-5).

Artigo 441º – Conferência

1. Se ocorrer motivo de inadmissibilidade ou o tribunal concluir pela não oposição de julgados, o recurso é rejeitado; se concluir pela oposição, o recurso prossegue.
2. Se, porém, a oposição de julgados já tiver sido reconhecida, os termos do recurso são suspensos até ao julgamento do recurso em que primeiro se tiver concluído pela oposição.
3. É correspondentemente aplicável o disposto nos nºs 1 e 2 do artigo 419º

COMENTÁRIOS:

Conferência: Neste ato da conferência verifica-se duas fases: uma preliminar, onde uma vez mais o recurso é submetido a um **juízo de admissibi-**

lidade e a um **juízo de reconhecimento** de oposição de julgados, (a que se reporta este artigo); outra fase, para conhecimento da **questão de fundo** e **julgamento** (a que se reporta os arts. 442º e 443º) (neste sentido Simas Santos e Leal-Henriques, *in* Recursos, 2008, págs. 171, 172 e 188).

Podendo haver já, outro processo pendente com reconhecimento da mesma questão, o último processo suspende-se, tendo em vista evitar trabalho que venha a ser supervenientemente inútil.

Não há reclamação para o Presidente do STJ, nos termos do art. 405º do CPP, do acórdão que rejeitou o recurso de fixação de jurisprudência, por inexistência de oposição de julgados (art. 441º, nº 1) (Ac. STJ de 18.01.2007, *in* proc. 2153/06-5).

Artigo 442º – Preparação do julgamento

1. Se o recurso prosseguir, os sujeitos processuais interessados são notificados para apresentarem, por escrito, no prazo de 15 dias, as suas alegações.

2. Nas alegações os interessados formulam conclusões em que indicam o sentido em que deve fixar-se a jurisprudência.

3. Juntas as alegações, ou expirado o prazo para a sua apresentação, o processo é concluso ao relator, por 30 dias, e depois remetido, com projecto de acórdão, a visto simultâneo dos restantes juízes, por 10 dias.

4. Esgotado o prazo para os vistos, o Presidente do Supremo Tribunal de Justiça manda inscrever o processo em tabela.

COMENTÁRIOS:

Preparação do julgamento. Alegações: A fase de julgamento que aprecia a **questão de fundo**, é **escrita**, devendo os sujeitos processuais apresentarem os seus argumentos, nos termos e prazos descritos. Apesar de o recorrente já ter apresentando o requerimento de interposição de recurso a pedir a resolução do conflito, só agora, depois de notificado, é que ele e os restantes sujeitos processuais devem apresentar **alegações e conclusões**, que devem indicar o sentido em que se deve fixar jurisprudência, cuja omissão de apresentação, ainda assim, estranhamente, não obsta a que o processo prossiga.

Artigo 443º – Julgamento

1. O julgamento é feito, em conferência, pelo pleno das secções criminais.

2. A conferência é presidida pelo Presidente do Supremo Tribunal de Justiça, que dirige os trabalhos e desempata quando não puder formar-se maioria.

3. É correspondentemente aplicável o disposto no artigo 409º, ainda que o recurso tenha sido interposto pelo Ministério Público ou pelo assistente, salvo quando qualquer destes tiver recorrido, em desfavor do arguido, no processo em que foi proferido o acórdão recorrido.

COMENTÁRIOS:

Julgamento pelo pleno: Face à importância dos acórdãos de fixação de jurisprudência, que devem consagrar visões maioritárias ao nível do nosso mais alto tribunal, relativas a questões de direito, a decisão é tomada em **conferência** pelo pleno/plenário das secções criminais, i.e., todos os juízes do STJ da jurisdição. Trata-se enfim, de uma decisão, que incide não tanto sobre um caso concreto, ainda que com efeitos imediatos sobre ele, mas consagrar em abstrato, uma **interpretação** de norma ou normas legais, que deve ser seguida para futuro. A decisão encontrada não tem de coincidir com as propostas de fixação de jurisprudência dos intervenientes. Mas deve respeitar o princípio do contraditório sempre que se afastar delas, evitando-se decisões-surpresa. Mantém-se o princípio geral da proibição de *reformatio in pejus* (v. art. 409º).

Em sede de recursos extraordinários para fixação de jurisprudência (arts. 437º, 446º CPP) para que se verifique a eficácia da decisão proferida em desfavor da posição penal do arguido, necessário se torna que o recurso em que foi proferido o acórdão recorrido tenha sido interposto pelo MP ou pelo assistente, em desfavor daquele mesmo arguido, sob pena de ofensa ao princípio da proibição da reformatio in pejus (Ac. STJ de 22.11.2001, *in* proc. 1245/98-5ª).

"(...) o regime de impedimentos do art. 40º do CPP não tem aqui aplicação." (Ac. STJ de 27.09.2006, *in* proc. 06P2925).

Artigo 444º – Publicação do acórdão

1. O acórdão é imediatamente publicado na 1ª série do Diário da República e enviado, por certidão, aos tribunais de relação para registo em livro próprio.

2. O Presidente do Supremo Tribunal de Justiça remete ao Ministério da Justiça cópia do acórdão acompanhada das alegações do Ministério Público.

COMENTÁRIOS:

Publicação: Os acórdãos de fixação de jurisprudência, dado o seu carácter vinculatório, seguem o mesmo trâmite de publicidade das leis e são publicados como elas, no Diário da República para se tornarem válidos na ordem jurídica.

Artigo 445º – Eficácia da decisão

1. Sem prejuízo do disposto no nº 3 do artigo 443º, a decisão que resolver o conflito tem eficácia no processo em que o recurso foi interposto e nos processos cuja tramitação tiver sido suspensa nos termos do nº 2 do artigo 441º

2. O Supremo Tribunal de Justiça, conforme os casos, revê a decisão recorrida ou reenvia o processo.

3. A decisão que resolver o conflito não constitui jurisprudência obrigatória para os tribunais judiciais, mas estes devem fundamentar as divergências relativas à jurisprudência fixada naquela decisão.

COMENTÁRIOS:

Força vinculatória. A decisão do STJ não constitui no rigor dos termos, jurisprudência "obrigatória", (ao contrário do que acontecia com os anteriores «assentos», rebatidos pelo Ac. do T.C. 743/96, de 28.05.96, *in* DR de 18.07.97) até porque a jurisprudência, não é, na ordem jurídica românica, fonte de direito, mas apresenta uma componente **vinculativa** de natureza **uniformizadora** acentuada para as instâncias, cabendo-lhes acatar tal entendimento, na inexistência de **argumentação em contrário**, que de forma **inovatória**, possibilite um juízo de prognose positivo para uma futura modificação jurisprudencial no sentido desse entendimento. Sublinhe-se que esta argumentação em contrário, deve ter uma componente inovatória, não valendo esgrimir debatidos e vencidos argumentos. Por outro lado, a jurisprudência uniformizadora, não sendo fonte de direito, não é passível de aplicação extensiva ou analógica (arts. 1º, 9º e 10º do C.C.).

Eficácia direta: A decisão tem eficácia geral e direta no processo recorrido, pelo que o STJ, caso disponha de todos os elementos, ou **resolve** logo a questão nesse processo (e resolverá se o recurso tiver sido apresentado de decisão do próprio STJ) ou **reenvia** para o tribunal inferior recorrido, para decisão em conformidade com a jurisprudência obrigatória assente. Igualmente a decisão terá eficácia nos processos suspensos a que alude o art. 441º-2. Não terá em outros processos já transitados. Tudo sem embargo da proibição da *reformatio in pejus* (art. 409º).

Artigo 446º – Recurso de decisão proferida contra jurisprudência fixada pelo Supremo Tribunal de Justiça

1. É admissível recurso directo para o Supremo Tribunal de Justiça, de qualquer decisão proferida contra jurisprudência por ele fixada, a interpor no prazo de 30 dias a contar do trânsito em julgado da decisão recorrida, sendo correspondentemente aplicáveis as disposições do presente capítulo.

2. O recurso pode ser interposto pelo arguido, pelo assistente ou pelas partes civis e é obrigatório para o Ministério Público.

3. O Supremo Tribunal de Justiça pode limitar-se a aplicar a jurisprudência fixada, apenas devendo proceder ao seu reexame se entender que está ultrapassada.

COMENTÁRIOS:

Recurso de decisão proferida contra jurisprudência fixada pelo Supremo Tribunal de Justiça: Quando a eficácia *erga omnes* da jurisprudência uniformizadora for posta em causa, há lugar a recurso direto para o **pleno** do STJ, de qualquer decisão judicial proferida contra ela. Embora a lei não o afirme expressamente, para apurar da existência de decisão proferida contra jurisprudência fixada, o critério a utilizar terá de ser o da oposição de julgados previsto no art. 437º.

Este recurso, como é típico dos recursos extraordinários, só pode ser interposto após o trânsito em julgado da decisão recorrida e esgotados os recursos ordinários. Trinta dias após. Não antes, nem depois. Analisados os fundamentos da decisão hostil, caso o STJ não concorde com eles, determinará a reformulação da decisão em conformidade e reenviará os autos ao tribunal recorrido para o efeito.

O recurso segue a tramitação comum dos recursos extraordinários (arts. 438º a 445º). No decurso dessa tramitação, poderá entender-se que há necessidade de fixar nova jurisprudência uniformizadora, caso em que os intervenientes processuais serão dessa decisão advertidos, podendo alegar em conformidade nos termos e para os efeitos do art. 442º, "convolando-se" o recurso para «fixação de jurisprudência».

Configura um meio impugnatório apto não só a fazer respeitar a jurisprudência fixada anteriormente mas também a possibilitar o reexame dessa jurisprudência (Manuel Simas Santos e Manuel Leal Henriques, *in* Recursos Penais, 8ª edição, pág. 209).

Obrigatoriedade do M.P. de recorrer: Este recurso é **obrigatório** para o MP, que assim se constitui como "guardião da lei" na estratégia de garantir a obediência à uniformização da jurisprudência. Em todo o caso, o M.P. deve sempre interpor recurso ordinário de qualquer decisão contra jurisprudência fixada, não devendo esperar pela fase do recurso extraordinário, sem prejuízo dela, obviamente. Sendo o recurso obrigatório para o M.P., não pode obviamente desistir dele (v. art. 415º).

Nesta lógica de controlar a aplicação da jurisprudência fixada pelos Tribunais Superiores, através do recurso, não faz sentido o recurso directo da 1ª instância para o STJ, antes de esgotada a possibilidade da 2ª instância repor o "respeito" pela jurisprudência fixada pelo STJ (Ac. STJ de 21.06.2007, *in* proc. 2259/07-5ª).

Artigo 447º – Recursos no interesse da unidade do direito

1. O Procurador-Geral da República pode determinar que seja interposto recurso para fixação da jurisprudência de decisão transitada em julgado há mais de 30 dias.

2. Sempre que tiver razões para crer que uma jurisprudência fixada está ultrapassada, o Procurador-Geral da República pode interpor recurso do acórdão que firmou essa jurisprudência no sentido do seu reexame. Nas alegações o Procurador-Geral da República indica logo as razões e o sentido em que jurisprudência anteriormente fixada deve ser modificada.

3. Nos casos previstos nos números anteriores a decisão que resolver o conflito não tem eficácia no processo em que o recurso tiver sido interposto.

COMENTÁRIOS:

Recursos no interesse da unidade do direito: Como o próprio nome indica é um recurso especial, para o qual só o **P.G.R.** tem legitimidade. Pode interpor tal recurso, para fixar jurisprudência obrigatória *ex novo* ou para alterar jurisprudência fixada, considerada ultrapassada. A decisão tem eficácia *erga omnes*, mas só para futuro. Logo, não tem eficácia no processo que deu origem ao recurso.

Artigo 448º – Disposições subsidiárias

Aos recursos previstos no presente capítulo aplicam-se subsidiariamente as disposições que regulam os recursos ordinários.

COMENTÁRIOS:

Subsidiariedade: Na falta de regulamentação expressa ou verificadas lacunas, aplicam-se aos recursos extraordinários as disposições que regulam os recursos ordinários.

CAPÍTULO II – Da revisão

Artigo 449º – Fundamentos e admissibilidade da revisão

1. A revisão de sentença transitada em julgado é admissível quando:

a) Uma outra sentença transitada em julgado tiver considerado falsos meios de prova que tenham sido determinantes para a decisão;

b) Uma outra sentença transitada em julgado tiver dado como provado crime cometido por juiz ou jurado e relacionado com o exercício da sua função no processo;

c) Os factos que servirem de fundamento à condenação forem inconciliáveis com os dados como provados noutra sentença e da oposição resultarem graves dúvidas sobre a justiça da condenação;

d) Se descobrirem novos factos ou meios de prova que, de per si ou combinados com os que foram apreciados no processo, suscitem graves dúvidas sobre a justiça da condenação.

e) Se descobrir que serviram de fundamento à condenação provas proibidas nos termos dos nºs 1 a 3 do artigo 126º;

f) Seja declarada, pelo Tribunal Constitucional, a inconstitucionalidade com força obrigatória geral de norma de conteúdo menos favorável ao arguido que tenha servido de fundamento à condenação;

g) Uma sentença vinculativa do Estado Português, proferida por uma instância internacional, for inconciliável com a condenação ou suscitar graves dúvidas sobre a sua justiça.

2. Para o efeito do disposto no número anterior, à sentença é equiparado despacho que tiver posto fim ao processo.

3. Com fundamento na alínea *d*) do nº 1, não é admissível revisão com o único fim de corrigir a medida concreta da sanção aplicada.

4. A revisão é admissível ainda que o procedimento se encontre extinto ou a pena prescrita ou cumprida.

COMENTÁRIOS:

Razão de ser do recurso de revisão: O recurso de revisão de sentença transitada em julgado ocorre quando **factos supervenientes** põem em causa ou colocam fortemente em dúvida a justiça de uma absolvição ou de uma condenação ou de um despacho judicial que tenha posto fim ao processo (v. art. 97º-1-2). Basicamente tem em vista corrigir o chamado "erro judiciário" e fazer triunfar a verdade material. Tal recurso é admissível mesmo que o procedimento criminal se encontre extinto ou a pena prescrita ou cumprida. Mas não é admissível para "corrigir" a medida das penas concretas. Este recurso só pode ter lugar em circunstâncias muito precisas que taxativamente as diversas alíneas regulamentam. Assim, não é objeto de recurso de revisão as alterações de leis que conduzam a descriminalizações ou a regimes mais favoráveis, que devem ser decididas ao abrigo do art. 2º-2 do CP e do art. 371º-A (reabertura da audiência).

"A proibição resultante dos princípios constitucionais "non bis in idem" e da confiança do Estado de Direito Democrático, conduz, em regra e na sequência do trânsito em julgado de uma decisão, à extinção definitiva da lide processual penal e à perempção do direito-dever do Estado em julgar o mesmo acusado" (Ac. TRP de 16.12.2009, *in* www.dgsi.pt.)

Alínea a) – A falsidade dos meios de prova: O recurso de revisão, aqui previsto, só pode assentar na falsidade dos meios de prova que serviram de fundamento essencial/determinante à decisão, falsidade essa que obviamente tem de ser expressamente declarada por outra sentença transitada, para produzir o efeito útil. Por falsidade entende-se tudo aquilo que pode conduzir a uma conclusão não verdadeira e que vai desde a manipulação de declarações produzidas em audiência até à própria falsidade documental.

Alínea b) – A idoneidade do decisor: O recurso de revista, aqui previsto, assenta no facto **(1)** julgado **(2)** provado e **(3)** transitado, de **(4)** Juiz ou Jurado que **(5)** tenha tido intervenção no processo, tenha **(6)** cometido crime **(7)** relacionado com esse mesmo processo. Registe-se que não é a prática de qualquer crime, mas de crime direta ou indiretamente relacionado com o processo em que participou, pelo que, s.m.o., se exige uma relação entre o crime cometido e a função naquele processo, que suscite dúvidas sobre a idoneidade da decisão em que o agente participou.

Alínea c) – A inconciliabilidade de decisões: O recurso de revisão, aqui previsto, só pode assentar na inconciliabilidade de factos, concretamente entre **(1)** os factos que fundamentaram a condenação e **(2)** os factos dados como provados em outra decisão, condenatória ou absolutória, devidamente transitada, **(3)** de forma a gerar dúvidas graves sobre a justiça da condenação, quer quanto à escolha quer quanto à medida da pena. Logo, à partida, formalmente, só é admissível recurso, quanto a factos iguais ou susceptíveis de poderem ser relacionados ou correlacionados entre si, discutidos em processos diferentes, e que suscitaram decisões não só diferentes, mas antagónicas entre si, quanto à compreensão e valoração jurídica desses factos, gerando dúvidas graves sobre a justiça decisória. Por outras palavras, só quando os factos correlacionados, são apreciados em processos diferentes, originando nesses processos diretamente por via deles, decisões diferentes e contraditórias entre si, que põe em dúvida a justeza de uma condenação, é que o recurso é admissível. Excluído à partida, está portanto, o recurso, quanto a matéria de direito ou com base em factos considerados não provados na decisão fundamento.

Alínea d) – A descoberta de novos factos ou meios de prova: O recurso de revisão aqui previsto, (que é o mais comum na prática dos tribunais) só pode assentar **(1)** na descoberta de factos novos ou **(2)** meios de prova novos, que **(3)** de *per si* ou combinados com outros apreciados no processo, **(4)** possam gerar **«graves dúvidas»** (não simples dúvidas) sobre a justiça da condenação. Excluído está o recurso, quanto a factos ou meios de prova que tenham sido produzidos em audiência e relativamente aos quais o tribunal no uso do seu poder de livre apreciação da prova, considerou ou não considerou, ou factos que não suscitem **«graves dúvidas»** sobre a Justiça da condenação. Por outro lado, s.m.o. (há tese contrária) tais novos factos ou meios de prova, têm que ser **desconhecidos** do recorrente no **momento do primitivo julgamento**, ou no mínimo, sendo **conhecidos**, terá de fundamentar as razões pelas quais os não apresentou (o que neste último caso poderá colidir com o dever de lealdade processual inerente a todos os intervenientes). De outro modo, estaria a abrir-se caminho para uma nova estratégia de defesa, uma espécie de plano B que o recorrente usaria, caso falhasse o plano A, "popularizando-se" os recursos de revisão. Esta conclusão, pode colher-se do disposto no **art. 453º-2**, que impõe ao recorrente, quando pretenda ouvir novas testemunhas, a justificação da ignorância da sua existência ou da sua indisponibilidade ao tempo da decisão. Se isto é assim para as testemunhas, faz sentido que também o seja para todo o tipo de provas.

Com o recurso de revisão, abre-se espaço para uma decisão nova, com novos factos e um **novo julgamento,** ainda que sem fugir ao primitivo objeto do julgamento e não como acontece nos recursos comuns, para um simples reexame ou reapreciação de uma decisão/sentença.

Como se sabe, e consta por exemplo, do acórdão deste Supremo de 14-12-2006 in Proc. nº 4541/06, na revisão pro se reo prevista na al. d) do art. 449º, nº 1, do CPP, o êxito do recurso fica dependente de "se descobrirem novos factos ou meios de prova que, de per se ou combinados com os que foram apreciados no processo, suscitem graves dúvidas sobre a justiça da condenação". O que significa, desde logo, que, não obstante o já exposto, a estabilidade do julgado, sobrepõe-se à existência de uma mera dúvida sobre a justiça da condenação. Pode haver essa dúvida sem que se imponha a revisão da sentença. A dúvida sobre esse ponto pode, assim, coexistir, e coexistirá muitas vezes com o julgado, por imperativo de respeito daquele valor de certeza e estabilidade. A dúvida relevante para a revisão de sentença tem, pois, de ser qualificada; há-de subir o patamar da mera existência, para atingir a vertente da "gravidade" que baste. E, se assim é, logo se vê, que não será uma indiferenciada "nova prova" ou um inconsequente "novo facto" que, por si só, terão virtualidade para abalar a estabilidade razoavelmente reclamada, por uma decisão judicial transitada (Ac. STJ de 27.06.2012, *in* proc. 669/10.8PDAMD-AS1-3ª).

Apenas são novos os factos e os meios de prova desconhecidos pelo recorrente ao tempo do julgamento e que não tenham podido ser apresentados e apreciados na decisão. Se, ao invés, o recorrente conhecia os factos e os meios de prova ao tempo do julgamento e os podia apresentar, tais factos e meios de prova não relevam para efeitos de revisão de sentença" (Ac. STJ de 05.01.2011, proc. 968/06.3TAVLG.S1-3ª).

"Essa descoberta (de novos factos ou novos meios de prova) *pressupõe obviamente um desconhecimento anterior, de certos factos ou meios de prova, agora apresentados. Ora, a questão que desde o início se coloca quanto à interpretação do preceito, é a de se saber se o desconhecimento relevante é o do tribunal, porque se trata de factos ou meios de prova não revelados aquando do julgamento, ou se o desconhecimento a ter em conta é o do próprio requerente, e daí a circunstância de este não ter levado ao conhecimento do tribunal os factos, ou não ter providenciado pela realização da prova, à custa dos elementos que se vieram a apresentar como novos. Na doutrina, acolheram-se ambas*

as posições. Começaremos por citar, por exemplo, Luís Osório, que a seu tempo defendeu que os factos ou meios de prova tinham que ter sido do desconhecimento da pessoa a quem competia apresentá-los em julgamento. Eduardo Correia, pelo contrário, entendia que não era necessário esse desconhecimento por parte do recorrente, bastando que os factos ou meios de prova não tivessem sido tidos em conta, no julgamento que levara à condenação, para serem considerados novos. Foi esta a linha seguida de forma largamente maioritária por este S.TJ. até que recentemente começaram a aparecer acórdãos dela discrepantes. Entendemos que se trata de uma orientação a perfilhar, aquela, com uma limitação porém: os factos ou meios de prova novos, conhecidos de quem cabia apresentá-los, serão invocáveis em sede de recurso de revisão desde que seja dada uma explicação suficiente, para a omissão, antes, da sua apresentação. Por outras palavras, o recorrente terá que justificar essa omissão, explicando porque é que não pôde, e, eventualmente até, porque é que entendeu, na altura, que não devia apresentar os factos ou meios de prova, agora novos para o tribunal (Ac. STJ de 02.12.2013, proc. 478/12.0PAAMD-A.S1, *in* www.dgsi.pt).

Como se vinha entendendo pacificamente nos últimos anos da vigência do CPP de 1929, deve também agora entender-se que os factos ou meios de prova devem ser novos, no sentido de não terem sido apresentados no processo que conduziu à acusação, embora não fossem ignorados pelo arguido no momento em que o julgamento teve lugar. A lei não faz qualquer restrição, e seria inviável fazer-se, pois isso conduziria a uma flagrante injustiça e tudo se concita portanto para rejeitar essa interpretação que foi sustentada por Luís Osório (Maia Gonçalves, C.P.P., 11ª edição, notas ao artigo).

Conforme é jurisprudência quase uniforme, o **erro na identidade do arguido**, que ocorre muitas vezes (ou por lapso dos serviços ou porque os arguidos falseiam ou usurpam identidades), não deve suscitar um recurso de revisão, mas um **processo incidental de retificação dos autos** (em sentido convergente, Maia Gonçalves, C.P.P. anotado). Mas, se para além da identificação falsa, tiver também ocorrido inverdades na fixação da matéria de facto, quanto à situação sócio-económica, familiar ou de personalidade do arguido, ou quanto aos seus antecedentes criminais, abre-se campo ao recurso de revisão, nos termos desta alínea (neste sentido ac. TRL de 05.12.2013, proc. 1038/06.0SILSB.L-9, *in* www.dgsi.pt.) (v. notas ao art. 283º).

Parecer da P.G.R. de 10.11.1949, *in* BMJ-18-144: *Quando uma pessoa arguida em processo criminal forneceu uma falsa identidade que corresponde, em todos os seus elementos, à de outra pessoa, a forma de provar a falsidade do arguido é o processo incidental, devendo o tribunal, uma vez feita a prova, ordenar oficiosamente as rectificações e os cancelamentos necessários no registo criminal. Em caso algum pode a pessoa de quem foi* *usada a identidade ser submetida a julgamento, pois não lhe foi imputada a prática de qualquer infracção criminal.*

I – Não é caso de recurso de revisão quando existem duas sentenças condenatórias do arguido sobre o mesmo crime. II – Nesta hipótese, porque se trata de sentenças em oposição por coincidência, deve aplicar-se subsidiariamente o disposto no art. 675º do C.P.Civil, que dispõe que se deverá cumprir a que transitou em primeiro lugar (Ac. STJ de 03.05.95, *in* CJ-III-II-180). **Nota:** Atual art. 625º.

Alínea e) – O uso de prova proibida: O recurso de revisão, aqui previsto, só pode assentar na descoberta de que foram utilizados métodos proibidos de prova, a que alude o art. 126º. Trata-se de um fundamento muito perigoso, para a estabilidade das decisões e para a segurança jurídica, até porque contém em si um elevado grau de subjetividade, permeável a todo o tipo de falta de escrúpulos. Repare-se que nem sequer se exige uma declaração judicial, em que se declare que foram utilizados meios de prova proibidos. Basta, «descobrirem-se». Quem? O recorrente!? Em todo o caso, s.m.o., encontrando-se sanadas as nulidades decorrentes do invocado uso de provas proibidas (porque algumas delas são sanáveis – v. notas ao art. 126º) não podem elas servirem de fundamento ao recurso de revisão, porque aí rege os princípios gerais.

Alínea f) – A declaração de inconstitucionalidade com força obrigatória geral: É fundamento do recurso de revisão, a declaração pelo Tribunal Constitucional de inconstitucionalidade de norma aplicada no processo, que tenha fundamentado uma condenação mais severa.

Alínea g) – A sentença internacional vinculativa: É fundamento do recurso de revisão, a prolação de sentença internacional vinculativa, inconciliável com a condenação ou que suscite graves dúvidas quanto a ela. Registe-se que não é qualquer sentença que importa, mas apenas aquelas que vinculam o estado português, pelo que é necessário fazer essa triagem (*v.g.* Tribunal Europeu dos Direitos do Homem; Tribunal Internacional de Justiça).

Reabertura do inquérito: Anote-se que, a "revisão" dos despachos e decisões do M.P., é questão diferente. Faz-se por meio de requerimento dirigido ao processo, que obviamente estará na fase de inquérito (pois só nessa fase o M.P. é *dominus* do processo) ainda que arquivado (as decisões do M.P., nunca transitam) onde se invoquem **novos elementos de prova**, nos termos do disposto no art. 279º, originando uma **reabertura do inquérito.**

Artigo 450º – Legitimidade

1. Têm legitimidade para requerer a revisão:

a) O Ministério Público;

b) O assistente, relativamente a sentenças absolutórias ou a despachos de não pronúncia;

c) O condenado ou seu defensor, relativamente a sentenças condenatórias.

2. Têm ainda legitimidade para requerer a revisão e para a continuar, quando o condenado tiver falecido, o cônjuge, os descendentes, adoptados, ascendentes, adoptantes, parentes ou afins até ao 4º grau da linha colateral, os herdeiros que mostrem um interesse legítimo ou quem do condenado tiver recebido incumbência expressa.

COMENTÁRIOS:

Legitimidade: O recurso de revisão pode ser interposto de decisões absolutórias ou condenatórias, em função dos pressupostos do artigo anterior e unicamente pelo M.P., assistente e condenado, ou falecidos os dois últimos, as pessoas elencadas, a que deverá acrescer os "unidos de facto" por força das leis vigentes, sob pena de inconstitucionalidade desta norma. Não há limite temporal para interpor o recurso de revisão. Decorre desta norma que pode haver lugar a recurso de revisão, mesmo depois do condenado já ter morrido.

Desistência: A jurisprudência e a doutrina têm-se dividido sobre a admissão da desistência em recursos extraordinários; de fixação de jurisprudência (v. art. 437º) e de revisão. Face à importância do que está em jogo, se quanto aos recursos de fixação de jurisprudência, é grande a indecisão, já quanto ao recurso de revisão, a tendência dominante é que a desistência não deve ser admitida.

V. neste sentido, Ac. STJ de 30.11.2000, *in* CJ-VIII-III-228; v. art. 415º – desistência em geral.

O MP tem legitimidade para pedir a revisão de quaisquer decisões, sejam condenatórias, absolutórias ou despachos de não pronúncia; trata-se de um poder vinculado, ou seja de um poder-dever, pelo que o pedido será obrigatoriamente formulado, sempre que para tanto haja fundamento bastante (Maia Gonçalves; *in* CPP anotado).

Artigo 451º – Formulação do pedido

1. O requerimento a pedir a revisão é apresentado no tribunal onde se proferiu a sentença que deve ser revista.

2. O requerimento é sempre motivado e contém a indicação dos meios de prova.

3. São juntos ao requerimento a certidão da decisão de que se pede a revisão e do seu trânsito em julgado, bem como os documentos necessários à instrução do pedido.

COMENTÁRIOS:

Trâmites e analogia: A norma define os trâmites do processamento deste recurso de forma clara, os quais devem ser assegurados numa primeira fase, pelo Juiz do tribunal que produziu a decisão a rever, aplicando-se subsidiariamente as disposições que regulam a tramitação unitária dos recursos, designadamente a notificação aos sujeitos afectados pelo recurso, para responderem. A esta conclusão não obstará a inexistência no capítulo, de uma norma semelhante ao art. 448º, o que manifestamente constitui uma lacuna, a suprir analogicamente nos termos do art. 4º.

Artigo 452º – Tramitação

A revisão é processada por apenso aos autos onde se proferiu a decisão a rever.

COMENTÁRIOS:

Apenso: O recurso de revisão corre por apenso ao processo da decisão a rever. Há quem entenda que o Juiz desse processo, deve averiguar das condições de admissibilidade formal do recurso (v. art. 414º-2) instruí-lo, com as peças necessárias à decisão e remetê-lo para o STJ. Há também quem entenda que o Juiz do processo, não tem poderes para se pronunciar sobre a regularidade formal do recurso, constituindo uma instância intermédia de receção. Não vemos razões para que o Juiz do processo, não fiscalize a regularidade formal do mesmo, decidindo nesse particular, com vantagens para a celeridade e economia processual. Em todo o caso, há que não esquecer a exceção prevista no artigo seguinte. A admissibilidade material do recurso em termos finais, seguramente compete à conferência no STJ (art. 455º-3).

Artigo 453º – Produção de prova

1. Se o fundamento da revisão for o previsto na alínea *d*) do nº 1 do artigo 449º, o juiz procede às diligências que considerar indispensáveis para a descoberta da verdade, mandando documentar, por redução a escrito ou por qualquer meio de reprodução integral, as declarações prestadas.

2. O requerente não pode indicar testemunhas que não tiverem sido ouvidas no processo, a não ser justificando que ignorava a sua existência ao tempo da decisão ou que estiveram impossibilitadas de depor.

COMENTÁRIOS:

Produção de prova: A produção de prova, compete ainda ao Juiz do tribunal recorrido, no caso previsto no art. 449º-d), sem prejuízo da decisão competir ao STJ.

Limites: O nº 2 apresenta um limite específico no caso de testemunhas, ao conhecimento prévio da existência das mesmas ou à impossibilidade de terem deposto, que s.m.o., deve ser estendido a todos os restantes meios de prova [v. notas ao art. 449º-1-d)] (neste sentido também, P.P. Albuquerque, *in* Comentário do CPP, nota ao artigo).

Artigo 454º – Informação e remessa do processo

No prazo de oito dias após ter expirado o prazo de resposta ou terem sido completadas as diligências, quando a elas houver lugar, o juiz remete o processo ao Supremo Tribunal de Justiça acompanhado de informação sobre o mérito do pedido.

COMENTÁRIOS:

Relatório: O Juiz instrutor do processo [no caso do art. 449º-d)] deve elaborar um relatório sobre o mérito do recurso, notificá-lo aos intervenientes e remeter o apenso e o processo ao STJ para decisão.

Artigo 455º – Tramitação no Supremo Tribunal de Justiça

1. Recebido no Supremo Tribunal de Justiça, o processo vai com vista ao Ministério Público, por 10 dias, e é depois concluso ao relator, pelo prazo de 15 dias.

2. Com projecto de acórdão, o processo vai, de seguida, a visto dos juízes das secções criminais, por 10 dias.

3. A decisão que autorizar ou denegar a revisão é tomada em conferência pelas secções criminais.

4. Se o tribunal entender que é necessário proceder a qualquer diligência, ordena-a, indicando o juiz que a ela deve presidir.

5. Realizada a diligência, o tribunal delibera sem necessidade de novos vistos.

6. É correspondentemente aplicável o disposto no nº 2 do artigo 418º e no artigo 435º

COMENTÁRIOS:

Tramitação: Corresponde à segunda fase da tramitação do recurso, segundo as regras gerais, com a sua entrada no STJ e apresentação à conferência, que autoriza ou nega a revisão. Havendo parecer do M.P., deve ele ser notificado aos intervenientes processuais (v. art. 417º-2).

Artigo 456º – Negação da revisão

Se o Supremo Tribunal de Justiça negar a revisão pedida pelo assistente, pelo condenado ou por qualquer das pessoas referidas no nº 2 do artigo 450º, condena o requerente em custas e ainda, se considerar que o pedido era manifestamente infundado, no pagamento de uma quantia entre 6 UC a 30 UC.

COMENTÁRIOS:

Taxa de Justiça: A improcedência do recurso, dá lugar ao pagamento de custas e em caso de manifesta improcedência ao pagamento de uma taxa de justiça agravada.

Sobre "manifesta improcedência"; v. nota ao art. 420º.

Artigo 457º – Autorização da revisão

1. Se for autorizada a revisão, o Supremo Tribunal de Justiça reenvia o processo ao tribunal de categoria e composição idênticas às do tribunal que proferiu a decisão a rever e que se encontrar mais próximo.

2. Se o condenado se encontrar a cumprir pena de prisão ou medida de segurança de internamento, o Supremo Tribunal de Justiça decide,

em função da gravidade da dúvida sobre a condenação, se a execução deve ser suspensa.

3. Se ordenar a suspensão da execução ou se o condenado não tiver ainda iniciado o cumprimento da sanção, o Supremo Tribunal de Justiça decide se ao condenado deve ser aplicada medida de coacção legalmente admissível no caso.

COMENTÁRIOS:

Autorização de revisão: Corresponde à terceira fase da tramitação do recurso, quando autorizada a revisão. Tal revisão não pode ser feita pelo tribunal que proferiu a decisão, mas por aquele equivalente que se encontre mais próximo geograficamente. Este tribunal, mantém os seus poderes de livre decisão em sede de novo julgamento. Todavia conformados pela autorização de revisão do STJ. Deste modo o novo julgamento poderá ser total ou parcial, quanto a todos os arguidos ou só alguns.

Medidas de coação: As medidas de coação que eventualmente possam resultar do novo entendimento, são aplicadas pelo STJ, nos termos definidos no artigo, sem prejuízo dos princípios gerais de revogação, alteração ou extinção de tais medidas (v. arts. 212º a 218º).

Artigo 458º – Anulação de sentenças inconciliáveis

1. Se a revisão for autorizada com fundamento na alínea *c*) do nº 1 do artigo 449º, por haver sentenças penais inconciliáveis que tenham condenado arguidos diversos pelos mesmos factos, o Supremo Tribunal de Justiça anula as sentenças e determina que se proceda a julgamento conjunto de todos os arguidos, indicando o tribunal que, segundo a lei, é competente.

2. Para efeitos do disposto no número anterior, os processos são apensos, seguindo-se os termos da revisão.

3. A anulação das sentenças faz cessar a execução das sanções nelas aplicadas, mas o Supremo Tribunal de Justiça decide se aos condenados devem ser aplicadas medidas de coacção legalmente admissíveis no caso.

COMENTÁRIOS:

Revisão e julgamento conjunto: Trata-se de uma norma específica para a autorização de revisão para os casos do art. 449º-1-c), determinando que no caso de sentenças penais (e só penais) inconciliáveis, elas devem ser anuladas e proceder-se a novo julgamento conjunto. A decisão anulatória pode exigir que haja pronúncia sobre as medidas de coação aplicáveis.

Artigo 459º – Meios de prova e actos urgentes

1. Baixado o processo, o juiz manda dar vista ao Ministério Público para indicar meios de prova e, para o mesmo fim, ordena a notificação do arguido e do assistente.

2. Seguidamente, o juiz pratica os actos urgentes necessários, nos termos do artigo 320º, e ordena a realização das diligências requeridas e as demais que considerar necessárias para o esclarecimento da causa.

COMENTÁRIOS:

Baixa do processo: O tribunal a quem competir o novo julgamento, deve praticar todos os atos necessários a uma correta decisão, observando o princípio do contraditório, tendo por base os limites da autorização de revisão.

Artigo 460º – Novo julgamento

1. Praticados os actos a que se refere o artigo anterior, é designado dia para julgamento, observando-se em tudo os termos do respectivo processo.

2. Se a revisão tiver sido autorizada com fundamento nas alíneas *a*) ou *b*) do nº 1 do artigo 449º, não podem intervir no julgamento pessoas condenadas ou acusadas pelo Ministério Público por factos que tenham sido determinantes para a decisão a rever.

COMENTÁRIOS:

Novo julgamento: Aplicando-se a este julgamento as regras gerais dos julgamentos, ele terá de ter por base os factos novos e sua incidência nos factos da acusação ou da pronúncia e a ponderação do seu impacto na descoberta da verdade, designadamente com recurso às regras da alteração dos factos ou da sua qualificação jurídica, a que se reporta os arts. 358º e 359º. Não podem intervir acusados ou condenados no processo, se os fundamentos da revisão, forem os das alíneas a) ou b) do art. 449º.

Artigo 461º – Sentença absolutória no juízo de revisão

1. Se a decisão revista tiver sido condenatória e o tribunal de revisão absolver o arguido, aquela decisão é anulada, trancado o respectivo registo e o arguido restituído à situação jurídica anterior à condenação.

2. A sentença que absolver o arguido no tribunal de revisão é afixada por certidão à porta do tribunal da comarca da sua última residência e à porta do tribunal que tiver proferido a condenação e publicada em três números consecutivos de jornal da sede deste último tribunal ou da localidade mais próxima, se naquela não houver jornais.

COMENTÁRIOS:

Absolvição: Se a sentença for absolutória, tendo sido condenatória a sentença revista, o tribunal determina logo as diligências ilibatórias da culpabilidade do arguido, publicitando a decisão.

Artigo 462º – Indemnização

1. No caso referido no artigo anterior, a sentença atribui ao arguido indemnização pelos danos sofridos e manda restituir-lhe as quantias relativas a custas e multas que tiver suportado.

2. A indemnização é paga pelo Estado, ficando este sub-rogado no direito do arguido contra os responsáveis por factos que tiverem determinado a decisão revista.

3. A pedido do requerente, ou quando não dispuser de elementos bastantes para fixar a indemnização, o tribunal relega a liquidação para execução de sentença.

COMENTÁRIOS:

Indemnização: No prosseguimento das diligências ilibatórias, suprarreferidas, deve ainda o arguido condenado injustamente, ser oficiosamente indemnizado dos danos patrimoniais e morais e ressarcido de todos os custos que teve que dispender com o processo (*«a sentença atribui»;* diz a norma) tudo obviamente sem prejuízo do peticionado pelo próprio arguido. Mas a indemnização só acontece quando a absolvição é total, conforme é jurisprudência corrente. O estado pagante, se não for o culpado e houver culpados, fica subrogado nos direitos do arguido.

O princípio do pedido no tocante à indemnização não vigora apenas para o caso de o MP ser o requerente da revisão. Ele vale também para os demais casos. Isto é, o tribunal da revisão não deve fixar ex officio a indemnização pelos danos sofridos, nem ordenar ex officio a restituição das quantias por ele dispendidas no processo. Ao invés do direito anterior a disposição do CPP de 1987 prevê expressamente a existência de um "pedido" do requerente (artigo 462º-3)-e) e não um "arbitramento" oficioso da indemnização (artigo 692º do CPP de 1929) (diferentemente, Simas Santos e Leal-Henriques, 2000, 1087) (P.P. Albuquerque, *in* Comentário do CPP).

Artigo 463º – Sentença condenatória no juízo de revisão

1. Se o tribunal de revisão concluir pela condenação do arguido, aplica-lhe a sanção que considerar cabida ao caso, descontando-lhe a que já tiver cumprido.

2. É correspondentemente aplicável o disposto no artigo 409º

3. Se a decisão revista tiver sido absolutória, mas no juízo de revisão a sentença for condenatória:

a) O arguido que houver recebido indemnização é condenado a restituí-la; e

b) Ao assistente são restituídas as custas que houver pago.

COMENTÁRIOS:

Condenação: O tribunal de revisão, conserva os poderes que lhe são conferidos pelo art. 127º, sem prejuízo do princípio da *reformatio in pejus,* podendo a decisão ser absolutória ou condenatória, com as consequências descritas claramente na norma.

Artigo 464º – Revisão de despacho

Nos casos em que for admitida a revisão de despacho que tiver posto fim ao processo, nos termos do nº 2 do artigo 449º, o Supremo Tribunal de Justiça, se conceder a revisão, declara sem efeito o despacho e ordena que o processo prossiga.

COMENTÁRIOS:

Despachos judiciais: Discreteia sobre a revisão nos casos em que ela tem por objeto despachos judiciais.

Artigo 465º – Legitimidade para novo pedido de revisão

Tendo sido negada a revisão ou mantida a decisão revista, não pode haver nova revisão com o mesmo fundamento.

COMENTÁRIOS:

Nova revisão: Trata-se de uma disposição redundante, que só se compreende por razões históricas. Naturalmente só é aceitável um novo pedido de revisão, com base em fundamentos diferentes daqueles que estiveram na base do primitivo pedido de revisão.

Artigo 466º – Prioridade dos actos judiciais

Quando o condenado a favor de quem foi pedida a revisão se encontrar preso ou internado, os actos judiciais que deverem praticar-se preferem a qualquer outro serviço.

COMENTÁRIOS:

Arguido privado da liberdade: À semelhança do que acontece com quaisquer processos de arguidos privados de liberdade no processo em causa, também o recurso de revisão nestas circunstâncias, deve ter natureza urgente.

LIVRO X – DAS EXECUÇÕES

TÍTULO I – Disposições gerais

Artigo 467º – Decisões com força executiva

1. As decisões penais condenatórias transitadas em julgado têm força executiva em todo o território português e ainda em território estrangeiro, conforme os tratados, convenções e regras de direito internacional.

2. As decisões penais absolutórias são exequíveis logo que proferidas, sem prejuízo do disposto no nº 3 do artigo 214º

COMENTÁRIOS:

A execução das decisões judiciais: O **Livro X** do CPP é dedicado à **execução das penas e das medidas de segurança**, que foram aplicadas aos condenados e que **transitaram em julgado.** Na nomenclatura do código, são notados de forma muito abrangente e pouco arriscada, três tipos de penas. As **privativas,** as **não privativas** da liberdade e as **acessórias**. Alguma doutrina, tem divisões mais elaboradas como, **penas principais** (prisão e multa) **de substituição** (das penas de prisão) **acessórias** (complementares da pena principal, como inibições, proibições de atividade, expulsões, etc...) mas sem homogeneidade e segundo critérios discutíveis (exceto quanto às penas acessórias, onde há uniformidade). Acrescentar-se-á a esta classificação, **as medidas de segurança**. Vale a pena não perder de vista estas divisões, para melhor compreender o código nesta parte.

Esta matéria é indissociável do **Código de Execução das Penas**, que entrado em vigor em 12.04.2010, regulou melhor a intervenção do **Tribunal de Execução de Penas** na execução das penas de prisão e nas medidas de internamento de inimputáveis e revogou muitos aspetos (e normas) que constavam do CPP, passando a regulá-los diretamente nesse código.

As penas de substituição, segundo Figueiredo Dias: *As penas de substituição em sentido próprio caracterizam-se pelo seu carácter não institucional ou não detentivo (isto é, por serem cumpridas estando o condenado em liberdade) e por pressuporem a prévia determinação da medida da pena de prisão, que vão substituir (nesta categoria se agrupam as penas de suspensão da execução da prisão, a multa de substituição, a prestação de trabalho a favor da comunidade, a admoestação e, por último, por ser de consagração legal mais recente, a proibição do exercício de profissão, função ou atividade), ao passo que as penas de substituição detentivas (prisão por dias livres, regime de semidetenção e regime de permanência na habitação), pressupondo também a prévia determinação de uma pena de prisão contínua, como a própria designação indica, são cumpridas intramuros (ainda que, agora, não necessariamente numa instituição prisional) e daí a grande relutância em considerá-las verdadeiras penas de substituição* (cf. Figueiredo Dias, *in* As consequências jurídicas do crime, 1993, págs. 335-336).

Penas de substituição e penas acessórias: Na aplicação judicial destas penas, mister é fazer dois raciocínios. Em primeiro lugar determinar e fixar a **pena principal**; em segundo lugar determinar e fixar as **penas de substituição e acessórias**, em função dos pressupostos específicos de cada uma delas.

Iº Sendo o crime punível com pena de prisão ou multa, após optar pela primeira, há que fazer nova escolha, nos casos em que é admissível: se é de aplicar, ou não, uma pena de substituição de entre as previstas nos artigos 44º a 60º do Código Penal; Isso não significa que o juiz tenha de percorrer sucessivamente cada uma das penas de subs-

tituição que, por se verificar o respectivo pressuposto formal, são, em abstracto, aplicáveis ao caso antes de se decidir pela aplicação de uma delas; IIº Sendo passíveis de aplicação mais que uma das penas de substituição, o tribunal aplicará aquela que melhor realize essas finalidades, sem ter que justificar por que não aplicou outra. Decidindo que a mais adequada à realização das finalidades preventivas é a suspensão da execução da prisão, não tem que fundamentar por que não aplicou, por exemplo, a prestação de trabalho a favor da comunidade e vice-versa; IIIº Se preterir a pena de substituição (em sentido próprio ou impróprio) em favor de uma pena detentiva, o tribunal tem de fundamentar, clara e convincentemente, por que considera imperioso o cumprimento efectivo e contínuo dessa pena, sem ter que afastar, sucessivamente, cada uma das penas de substituição cujos pressupostos de aplicação se mostrem verificados e que, por conseguinte, seriam, em abstracto, aplicáveis... (Ac TRL de 17.04.2012, proc. 82/11ºSOLSB.L!-5, *in* www.dgsi.pt).

Penas aplicáveis às pessoas coletivas: Às pessoas coletivas podem ser aplicadas **penas principais** (multa e dissolução) e **penas acessórias** (injunções, interdições, proibições, privações, encerramento e publicidade da decisão condenatória) tal como determinam os arts. 90º-A a 90º-M do C.P.

A noção de trânsito em julgado: Esta noção encontra-se no **art. 628 do C.P.C.**, aplicável ao CPP por força do art. 4º. O **trânsito em julgado** ocorre quando a decisão (seja ela interlocutória ou final) já não admite recurso ordinário (sem embargo, naturalmente, de ser possível recurso extraordinário) ou reclamação. Se a decisão for **absolutória**, ela, embora não transite imediatamente (porque pode ser objeto de recurso) é imediatamente **exequível,** logo que proferida, na medida em que cessam imediatamente todos os efeitos que resultam de um estado de sujeição ao poder judicial, designadamente todas as **medidas de coação**. Mas isto sem prejuízo de, havendo recurso da sentença absolutória e o arguido vier a ser condenado em consequência desse recurso, lhe voltar a ser aplicado medidas de coação [v. art. 214º-1-d)-3].

Havendo decisão condenatória, quando o processo entra na fase executiva, o arguido perde essa qualidade, passando à de "condenado", enquanto sujeito passivo da execução penal – assim denominado, v. g., arts. 470º, nº 2, 476º, 483º, 485º, 488º, 490º, 491º, 492º, 493º, 495º, 498º, 500º e 509º do CPP (Ac. STJ de 02.02.2006, proc. 3890/05-5, *in* www.dgsi.pt).

Referências normativas: art. 83º (exequibilidade provisória das condenações em indemnização civil); arts. 375º e 376º (sentença condenatória e absolutória).

Código de Execução de Penas e Medidas Privativas da Liberdade – C.E.P.M.P.L. – L. 115/2009, de 12.10.2009;

Regulamento Geral dos Estabelecimentos Prisionais (em cumprimento do C.E.P.M.P.L.) – D.L. 51/2011, de 11.02;

Classificação dos estabelecimentos prisionais em função do nível de segurança e grau de complexidade de gestão – Portaria 13/2013, de 11.01;

Lei da Identificação Criminal – Lei 37/2015, de 05.05 e **Regulamento** – D.L. 171/2015, de 25.08.

Artigo 468º – Decisões inexequíveis

Não é exequível decisão penal que:

a) Não determinar a pena ou a medida de segurança aplicadas ou que aplicar pena ou medida inexistentes na lei portuguesa;

b) Não estiver reduzida a escrito; ou

c) Tratando-se de sentença penal estrangeira, não tiver sido revista e confirmada nos casos em que isso for legalmente exigido.

COMENTÁRIOS:

Inexequibilidade das decisões judiciais: Para que uma decisão se torne exequível, é necessário que respeite os **pressupostos materiais e formais** de qualquer decisão e que se encontram devidamente explanados no CPP.

Referências: arts. 234º a 240º (revisão e confirmação de sentença penal estrangeira); arts. 374º e 379º (requisitos e nulidades da sentença); arts. 978º a 985º do CPC *ex vi* art. 4º (revisão e confirmação de sentenças estrangeiras).

Artigo 469º – Promoção da execução

Compete ao Ministério Público promover a execução das penas e das medidas de segurança e, bem assim, a execução por indemnização e mais quantias devidas ao Estado ou a pessoas que lhe incumba representar judicialmente.

(Última redação da L. 27/2019, de 28.03).

COMENTÁRIOS:

Competência do M.P.: A entidade competente para promover as **execuções de penas** (seja de prisão ou de multa) e de **medidas de segurança** é o

M.P., sendo essa competência extensível às **indemnizações** e **quantias devidas** a quem o M.P. represente.

A última alteração desta norma, efetuada pela **L. 27/2019, de 28.03** (que entrou em vigor em **28.04.2019**, aplicando-se apenas às execuções que se iniciem só a partir dessa data), retirou ao M.P., competência para executar **dívidas de custas** (exceto devedores sediados no estrangeiro, mediante obtenção de título executivo europeu) competindo agora à **administração tributária** promover em **execução fiscal**, a cobrança coerciva de custas, multas não penais e outras sanções pecuniárias fixadas em processo judicial (v. o novo regime no art. 35º do R.C.P.).

Referências: art. 131º da L. 62/2013, de 26.08 – L.O.S.J.; art. 3º-1-g) da L. 47/86, de 15.10 (Lei Orgânica do M.P.); art. 542º do C.P.C. (sanções pecuniárias por má-fé processual); art. 35º do RCP (execução por custas, multas não penais e sanções pecuniárias).

Artigo 470º – Tribunal competente para a execução

1. A execução corre nos próprios autos perante o presidente do tribunal de 1ª instância em que o processo tiver corrido, sem prejuízo do disposto no artigo 138º do Código da Execução das Penas e Medidas Privativas da Liberdade.

2. Se a causa tiver sido julgada em 1ª instância pela relação ou pelo Supremo Tribunal de Justiça ou se a decisão tiver sido revista e confirmada, a execução corre na comarca do domicílio do condenado, salvo se este for magistrado judicial ou do Ministério Público aí em exercício, caso em que a execução corre no tribunal mais próximo.

(Última redação da L. 115/2009, de 12.10. – C.E.P.M.P.L.).

COMENTÁRIOS:

Tribunal competente: Regula a competência dos tribunais criminais para as execuções das sentenças condenatórias, sem prejuízo das vastas competências do Tribunal de Execução de Penas (TEP), em matéria de modificação, substituição e extinção das penas e medidas de segurança e gestão do seu cumprimento (v. art. 138º do Código de Execução de Penas – competência material do tribunal de execução de penas). Defere ao presidente do tribunal, i.e., a quem **presidiu ao julgamento** (ou obviamente quem o substituiu posteriormente no lugar) e não a um órgão colegial (como seria o tribunal coletivo) a competência para o processo de execução da decisão. No nº 2, contém-se as exceções a esta regra.

Transitada uma decisão privativa da liberdade, cumpridos todos os procedimentos subsequentes, o processo deveria "arquivar-se" ou "suspender-se" até à extinção da pena no tribunal que proferiu tal decisão, passando a ser exclusivamente do TEP, a competência para a total execução das penas e medidas de segurança aplicadas, assim se clarificando e agilizando os procedimentos, libertando-se o tribunal criminal dessa tarefa, que faz com que os processos ali permaneçam pendentes durante anos ou décadas, com intermináveis contactos, por vezes contraditórios, entre o tribunal da condenação e o TEP. Não se vislumbra uma única vantagem neste sistema em vigor. Mas é assim; sem que alguém perceba porquê.

O conflito estabelece-se em torno da questão da competência para a decisão sobre o desligamento ao condenado de um processo e ligamento a um outro. Qual será o tribunal competente: o da condenação, ou o de execução das penas? A questão terá de ser resolvida à luz do disposto no art. 470º, nº 1, do CPP, na redação da Lei nº 115/2009, de 12-10, e no art. 138º do Código da Execução da Penas e Medidas Privativas da Liberdade (CEPMPL), aprovado pela mesma lei. Determina o primeiro que a execução corre nos autos da condenação, sem prejuízo do disposto no art. 138º do CEPMPL. Por sua vez, este último, no nº 2, estabelece que, após o trânsito em julgado da sentença que determinou a aplicação de pena ou medida privativa da liberdade, compete ao tribunal da execução das penas acompanhar e fiscalizar a respetiva execução e decidir da sua modificação, substituição e extinção. No desenvolvimento deste princípio, a al. t) do nº 4 (redação da Lei nº 40/2010, de 3-9), confere concretamente competência aos tribunais de execução das penas para a emissão de mandados de detenção, captura e libertação. Com a publicação do CEPMPL deu-se, assim, uma alteração do modelo tradicional que deferia a aos tribunais da condenação o acompanhamento da execução de penas. Esse acompanhamento compete agora inequivocamente aos tribunais de execução das penas. E, pois, da competência desses tribunais a decisão de desligamento de um condenado de um processo e ligamento a outro (Ac. STJ de 09.08.2013, *in* proc. 277/06.8GHSNT-A.L1.S1 – 5ª Secção).

II – Estando o condenado detido e em cumprimento de pena à ordem do tribunal e do processo que proferiu a sentença condenatória e não do TEP, a melhor interpretação que se colhe da lei, é a de que é da competência do tribunal da condenação a emissão de mandados de desligamento/ligamento para condenado possa cumprir pena subsidiária de prisão à ordem de outro processo (Ac. TRE de 15.11.2016, proc. 157/16.9YREVR, *in* www.dgsi.pt).

Execuções autónomas: As execuções que não sejam de penas ou medidas de segurança, correm por **apenso** ao processo que as decidiu (execução por indemnizações e outras quantias devidas ao estado ou a pessoas que o M.P. represente – v. art. 87º do C.P.C. – execução por indemnizações).

Referências: Competência material do Tribunal de Execução de Penas: arts. 114º e 115º da L. 62/2013, de 26.08 (L.O.S.J.); Regime de funcionamento: L. 115/2009, de 12.10 (C.E.P.M.P.L.).

Artigo 471º – Conhecimento superveniente do concurso

1. Para o efeito do disposto nos nºs 1 e 2 do artigo 78º do Código Penal é competente, conforme os casos, o tribunal colectivo ou o tribunal singular. É correspondentemente aplicável a alínea *b*) do nº 2 do artigo 14º

2. Sem prejuízo do disposto no número anterior, é territorialmente competente o tribunal da última condenação.

COMENTÁRIOS:

1. Distinção entre cúmulo material e jurídico: O nosso ordenamento jurídico estabeleceu no art. 77º-1 do C.P., que quando alguém tiver cometido vários crimes (concurso de crimes) é punido com uma **pena única**, em cuja medida são considerados, em conjunto, os **factos** e a **personalidade** do agente. E, como consequência mais dramática disso, fixou o **limite** de 25 anos de prisão (e de 900 dias para a pena de multa) para a punição de todos os crimes em concurso. Afastou-se assim o **cúmulo material** de crimes, que decorreria da soma de todas as penas por cada crime praticado e afirmou-se o princípio de **cúmulo jurídico**, onde a pena única aplicada, é necessariamente inferior à soma das penas parcelares, o que representa um enorme benefício para o arguido que pratica uma pluralidade de crimes. Estes princípios, são sempre aplicáveis, quer se trate de um só processo e julgamento (os factos objeto do julgamento, estão condensados na mesma peça acusatória) ou de vários processos e vários julgamentos separados temporalmente (outros factos, foram investigados, acusados e julgados em momentos distintos). É este último caso, do **conhecimento superveniente do concurso**, que aqui está em causa, aplicando-se-lhe as regras gerais do cúmulo e algumas especificas. Está aberta pois a "caixinha de Pandora", pois a matéria é cheia de complexidades e perplexidades, de que deixamos algumas notas breves.

2. Conhecimento superveniente do concurso e requisitos do cúmulo: No momento de uma condenação, nem sempre é possível saber se o arguido, já foi condenado por outro(s) crime(s) noutro(s) processo(s)e ou em que circunstâncias precisas. Porque se fosse possível, era nessa altura que se devia proceder ao cúmulo jurídico de penas.

Nos termos conjugados dos arts. 77º e 78º do C.P. e deste artigo, se **após uma condenação**, se apurar que o agente já foi julgado e condenado pela pratica anterior de outro(s) crime(s), independentemente dessa(s) pena(s) estar(em) ou não cumprida(s) e extinta(s) **transitadas em julgado todas as decisões condenatórias**, haverá que proceder ao cúmulo jurídico de penas. Se alguma dessas penas já tiver sido cumprida, será descontada na pena única do cúmulo (v. art. 78º do C.P. na redação dada pela L. 59/07, de 04.09).

Jurisprudência uniformizadora: Ac. do STJ de Fixação de Jurisprudência nº 9/2016, de 28.04.2016, *in* D.R. de 09.06.2016: «*O momento temporal a ter em conta para a verificação dos pressupostos do concurso de crimes, com conhecimento superveniente, é o do trânsito em julgado da primeira condenação por qualquer dos crimes em concurso*». **Nota:** A questão em debate era saber se o momento temporal decisivo para apurar se os crimes se encontram numa relação de concurso ou de sucessão, era a data da condenação ou a data do trânsito em julgado da condenação.

O art. 78º, nº 1, do CP, com as alterações introduzidas pela Lei 59/2007, de 04-09, diferentemente do que acontecia na lei anterior, deixou de fazer referência às penas já cumpridas, prescritas ou extintas, excluindo-as do cúmulo, e, pelo contrário, manda descontar na pena única aplicada ao concurso, a pena já cumprida, o que inculca claramente que as penas cumpridas, desde que obedeçam aos demais requisitos do concurso de infrações devem ser cumuladas com as restantes (Ac. STJ de 03.07.2008, proc. 07P4829, *in* www.dgsi.pt).

Resulta assim que só há cúmulo jurídico de penas, **quando o agente tenha praticado crime ou crimes, e por eles tenha sido condenado por sentença transitada, antes de outra condenação igualmente transitada em julgado.** O trânsito em julgado marca o limite até ao qual, os factos podem ser integrados num cúmulo jurídico, uma vez que o elemento de referência é os **factos ilícitos terem sido praticados antes de ter transitado em julgado a condenação por qualquer deles**. Factos ilícitos praticados após tal trânsito, já não são cumulados, porquanto a decisão condenatória representou uma solene advertência que o arguido não observou; logo não pode colher os benefícios resultantes do cúmulo jurídico de penas. Não verificados estes requisitos, as penas serão cumpridas em **sucessão.**

Resulta dos próprios termos do art. 78º do CP, quando faz remissão para o artigo antecedente, que o caso julgado cede alguma da sua intangibilidade nos casos de conhecimento superveniente de concurso, pois só assim se compreende que as penas parcelares aplicadas, não obstante o trânsito das sentenças respectivas, sejam objecto no fim de contas, a uma nova apreciação global em julgamento, nomeadamente à luz dos factos e personalidade do agente (Ac. STJ de 19.04.2002, *in* proc. 1218/2002-5ª SASTJ, nºs 60, 80).

I – No concurso superveniente de infracções, "tudo se passa como se, por pura ficção, o tribunal apreciasse, contemporaneamente com a sentença, todos os crimes praticados pelo arguido, formando um juízo censório único, projectando-o retroactivamente". Isto porquanto o nosso sistema rejeita uma visão atomística da pluralidade dos crimes, instituindo a pena conjunta, ou única, como a sanção ajustada à unidade relacional de ilícito e de culpa, numa ponderação do conjunto dos crimes e da relação da personalidade com o conjunto dos factos. II – Em sede de cúmulo jurídico cabe discernir duas realidades distintas: a) Uma é o momento temporal relevante que se deve considerar para o estabelecimento de uma relação de concurso superveniente, e, surgindo uma situação de cúmulos sucessivos, saber as penas parcelares que hão-de integrar os respectivos cúmulos. b) Outra, diversa, é a determinação do Tribunal competente para levar a efeito o cúmulo jurídico. III – Quanto à primeira, estabelece o art. 77º, nº 1, do C.P., também aplicável ao conhecimento superveniente do concurso, ex vi do art. 78º, nº 1, do mesmo corpo de leis, que "Quando alguém tiver praticado vários crimes antes de transitar em julgado a condenação por qualquer deles é condenado numa pena única". E o conhecimento do concurso é superveniente quando, "...depois de uma condenação transitada em julgado, se mostrar que o agente praticou, anteriormente àquela condenação, outro ou outros crimes" (art. 78º, nº 1 do C.P.). IV – Daqui se colhe que o momento temporal relevante para a verificação da ocorrência de um concurso de crimes a sujeitar a pena única é o trânsito em julgado de qualquer das decisões. Isto é, para haver concurso de infracções é necessário que as várias infracções tenham sido praticadas antes de ter transitado em julgado a pena imposta por qualquer uma delas, excluindo-se do âmbito da pena única os crimes praticados posteriormente. V – Com o trânsito em julgado surge, de modo definitivo, a solene advertência ao arguido, donde, o cometimento de qualquer crime após esta solene advertência, quebra o concurso, não havendo já razão para esta pena ser englobada na pena única, tratando-se antes de uma situação de sucessão de crimes (Ac. TRL de 02.11.2011, proc. 435/06.5PDSNT.l1-3, *in* www.dgsi.pt).

3. Cúmulo jurídico de penas. Competência funcional e territorial: O tribunal **funcionalmente competente** para efetuar o cúmulo jurídico de penas, será o **singular** ou o **coletivo**, conforme a soma das penas parcelares aplicadas forem até 5 anos ou superiores a 5 anos de prisão [art. 14º-2-b)].

Quanto à **competência territorial,** alguma jurisprudência considera que será do tribunal que proferiu a sentença com a última data do trânsito em julgado. Mas a maioria de jurisprudência, considera que será competente o tribunal, que proferiu a última condenação, valendo para tal a **data da decisão condenatória** e não a data do trânsito. Funda-se esta opção, na circunstância de que o tribunal da última condenação, será o que dispõe dos elementos de ponderação mais completos e atualizados relativamente aos factos, personalidade e situação de vida do arguido. Note-se que a lei, emprega aqui o termo "tribunal", não no sentido de espaço físico, mas num sentido mais funcionalizado, de "juízo", pois as condenações em concurso, podem ter ocorrido no mesmo tribunal, mas em processos diferentes distribuídos a juízos diferentes.

Por outro lado coloca-se a questão de saber se por *«tribunal da última condenação»* se pode incluir o tribunal/processo que efetuou um eventual **último cúmulo jurídico de penas** ou apenas os tribunais das **condenações parcelares** (sem prejuízo da competência do tribunal singular ou coletivo). Tendo em consideração o que infra dizemos quanto à natureza da pena do cúmulo, parece-nos que incluirá o tribunal/processo do cúmulo. Por fim registe-se, que o que conta é a data das **decisões condenatórias** e não a de quaisquer outros despachos subsequentes, como por exemplo a data da revogação da suspensão da execução da pena ou da conversão da multa em prisão.

Jurisprudência uniformizadora: Ac. do STJ de Fixação de Jurisprudência nº 3/95, de 17.05.93, *in* D.R. de 21.06.95: *«No caso de concurso de infracções passíveis individualmente de pena máxima não superior a três anos de prisão, mas a que, em cúmulo jurídico, possa corresponder uma pena única superior àquele limite, é competente para o seu julgamento o tribunal colectivo».* **Nota:** atualmente, cinco anos de prisão – v. art. 14º-2-b).

Por força do disposto no art. 471º, nº 2, do CPP, para realizar o cúmulo jurídico das penas aplicadas ao arguido e que se encontram numa relação de concurso, é competente o tribunal que proferiu a última condenação, independentemente da decisão transitada em último lugar (Ac. TRE de 18.06.2013, proc. 40/10.1PESTB-A.E1, *in* www.dgsi.pt).

VIII – Quanto à determinação do Tribunal competente para realizar o cúmulo jurídico, releva o disposto nos arts. 14º, 471º, nºs 1 e 2, e 472º, todos do CPP. Assim, considerando os fundamentos subjacentes à atribuição da competência territorial ao Tribunal da última condenação, só a incompetência material do Tribunal Singular pode desviar tal regra. IX – Sendo o Tribunal Singular o da última condenação, o cúmulo jurídico será elaborado pelo Tribunal Colectivo se o arguido tiver sido anteriormente condenado em pena que somada à do Tribunal Singular exceda os cinco anos de prisão. O tribunal competente para elaborar o cúmulo jurídico será então o Tribunal Colectivo com competência territorial na área do Tribunal Singular (da última condenação). Porém, no caso de o Tribunal Colectivo ser o "foro da última condenação", será sempre esse o Tribunal material e territorialmente competente para a elaboração do competente cúmulo jurídico. X – No caso de condenações sofridas pelo arguido que espelham a existência de relação de concurso entre as penas cominadas ao arguido nos processos referenciados, respectivamente, de 3 anos de prisão e 4 anos de prisão. E em que, por sua vez, a condenação por último sofrida pelo arguido no processo nº 258/08.7PCAMD, da 4ª Vara Criminal, por sentença proferida em 24-09-2010, na pena de 3 anos de prisão, e por factos ocorridos em 10-03-2008, mostra-se em relação de concurso com a condenação sofrida nos presente autos (P. nº 435/06.5PDNT), em que o arguido foi condenado, por sentença proferida em 27-04-2010, e por factos ocorridos em 16-09-2006, na pena de 16 meses de prisão. XI – Neste caso, nada justifica que se não tivesse atendido à relação de concurso entre estas duas últimas condenações, quer pela sua proximidade e actualidade, quer porque no conjunto das condenações sofridas pelo arguido (sujeito a duas penas únicas de cumprimento sucessivo), se afigura ser este o resultado mais favorável ao arguido, em que apenas fica por cumular precisamente a pena menos grave, de 50 dias de prisão, que o arguido há-de cumprir sucessivamente (por não haver lugar ao chamados "cúmulos por arrastamento". XII – Consequentemente, o Tribunal competente para a realização deste cúmulo jurídico é o Tribunal da última condenação, ou seja, o cúmulo será efectuado no Proc. nº 258/08.7PCAMD, da 4ª Vara Criminal, englobando esta pena e a pena cominada ao arguido nos presentes autos (Ac. TRL de 2.11.2011, proc. 435/06.5PDSNT.l1-3, *in* www.dgsi.pt).

4. A execução da pena única: Quando o processo de cúmulo for constituído só por **certidões** das diversas sentenças, aceite pelo tribunal do cúmulo a sua **competência** e lavrada **sentença** de cúmulo, passa a competir a esse tribunal/processo os trâmites subsequentes **da execução da pena até à sua extinção** e depois das devidas comunicações e procedimentos, são **arquivados** os processos que tiverem originado o cúmulo. A prática de alguns juízes efetuarem o cúmulo e remeterem a respetiva sentença para outros processos, para cumprimento, não tem base legal. A competência para o cúmulo, mantém-se para a execução da pena cumulada (neste sentido Ac. TRL de 03.05.1995, *in* CJ-III-II-184).

I – "A competência do colectivo para a realização de um cúmulo jurídico, quando determinada pela gravidade da pena aplicável (critério quantitativo) é fixada no momento da "convocação" do tribunal, mantendo-se estabilizada até à decisão final (princípio da estabilidade da competência) II – Por isso, não se verifica qualquer alteração na competência do tribunal se for designada data para audiência de realização de cúmulo jurídico, com intervenção do tribunal colectivo, de acordo com o indicado critério quantitativo, e aquele decidir efectuar dois cúmulos jurídicos de penas – por não se verificar concurso de crimes relativamente a todas as condenações do arguido –, ainda que o somatório das penas de cada cúmulo não ultrapasse os 5 anos de prisão (Ac. STJ de 21.06.2006, proc. 06P1914).

5. Natureza da sentença do cúmulo: A sentença de cúmulo, obedece em tudo aos requisitos de qualquer sentença, sob pena de padecer de vícios e nulidades próprios da sentença (v. arts. 374º, 379º e 410º). Na verdade, a efetuação do cúmulo implica fundamentalmente a apreciação em conjunto, dos **factos ilícitos praticados** (sua gravidade, contexto, constância e temporalidade) e da **personalidade do agente** (grau de culpa, capacidade de regeneração e comportamento do condenado) visando encontrar com **atualidade**, um **cúmulo jurídico de penas global e abrangente** que determine a fixação de uma **"pena conjunta"** ou **"pena única"** para todos os crimes praticados. Ao tribunal impõe-se uma apreciação global dos factos, tomados como **conjunto**, e não enquanto mero somatório de factos desligados, na sua relação com a personalidade do agente. Essa apreciação indagará ainda se a pluralidade de factos delituosos corresponde a uma tendência da personalidade do agente, ou antes a uma mera pluriocasionalidade de caráter fortuito, não imputável a essa personalidade.

Tal pena tem como **limite máximo** a soma das penas concretamente aplicadas aos vários crimes, não podendo exceder 25 anos de prisão, e 900 dias tratando-se de multa e como **limite mínimo** a mais elevada das penas parcelares, tal como estabelece o artigo 77º-1-2 do C.P. Exceção a esta regra é a ocorrência de concurso de uma pena de prisão com uma pena de multa, em que se segue o sistema da **acumulação** material – art. 77º-3 do C.P.

"o Tribunal condena o arguido numa pena única, sendo que o estabelecimento do cúmulo jurídico não constitui uma nova operação contabilística, ou um jogo de números, mas um verdadeiro julgamento, em que expressamente se considera o peso que os factos e a personalidade do seu autor têm no ajuizamento da sua conduta" (Ac. STJ de 13.02.2002, proc. 222/02-3.3, *in* SASTJ-59-51).

1 – Num cúmulo superveniente, sofre de falta de fundamentação, o acórdão que se limita a referir os ilícitos, bem como as penas aplicadas e as datas dos factos, sem caracterizar ainda que de forma resumida, as características essenciais desses factos e as circunstâncias em que foram cometidos de forma a perceber-se a gravidade das infrações e as res-

petivas conexões entre elas, tendo em vista o conjunto dos factos como unidade de sentido, que há-de possibilitar uma avaliação do ilícito global e a "culpa pelos factos em relação". 2 – Por outro lado, existe também falta de fundamentação se o tribunal "a quo" considerou apenas algumas das circunstâncias relevantes para a determinação das penas singulares (não confissão dos factos, ausência de arrependimento) mas não as que relevam de forma específica para a determinação da pena única, como seja a consideração da globalidade dos factos em conexão com a personalidade do agente desta feita avaliado unitariamente de forma a esclarecer se os factos praticados tem a ver com uma tendência para a prática de determinados crimes (e eventualmente se são recondutíveis a uma carreira criminosa) ou se a atividade delituosa do arguido se deve antes a factores conjunturais (pluriocasionais) (Ac. STJ de 31.01.2008, proc. 07P4081, *in* www.dgsi.pt).

4 – O limite máximo da moldura penal abstracta não é o limite máximo absoluta da pena concreta: 25 anos, mas a soma material das penas aplicadas aos crimes em concurso, aplicando-se aquele limite só à pena a estabelecer: será reduzida a 25 anos, se reputada adequada pena superior. 5 – A pena única é determinada atendendo à soma das penas parcelares que integram o concurso, atento o princípio de cumulação a fonte essencial de inspiração do cúmulo jurídico sem esquecer, no entanto, que o nosso sistema é um sistema de pena unitária em que o limite mínimo da moldura atendível é constituído pela mais grave das penas parcelares (numa concessão minimalista ao princípio da exasperação ou agravação – a punição do concurso correrá em função da moldura penal prevista para o crime mais grave, mas devendo a pena concreta ser agravada por força da pluralidade de crimes), sem que possa ultrapassar a soma das penas concretamente que seriam de aplicar aos crimes singulares (Ac. STJ de 14.01.2009, proc. 08P3856/08, da 5ª Secção, *in* www.dgsi.pt). **Nota:** a questão enunciada no nº 4, é controvertida.

Não se deve fazer o cúmulo com penas fixadas em outras decisões que não estejam certificadas no processo, bem como os factos respectivos, uma vez que a «consideração, em conjunto, dos factos e da personalidade do agente» imposta pelo nº 1 do art. 78º do C. Penal de 1982, atinge claramente os factos que ficaram assentes no processo da condenação anterior e que devem constar do processo (Ac. STJ de 19.03.92, *in* proc. nº 42463).

6. Sucessão de penas e grupos de cúmulos: Pode acontecer, uma pena não estar em cúmulo com a totalidade das penas que integram o cúmulo, mas apenas com algumas. Neste caso, por força da "proibição" jurisprudencial do chamado "cúmulo por arrastamento" decorrente das regras impositivas dos arts. 77º e 78º do C.P. (esta pena seria "arrastada" para o cúmulo, por razões práticas) tal pena não pode integrar o cúmulo e entra em **sucessão** (cumprimento sucessivo das penas) podendo ser cumprida isoladamente ou fazer parte de outro **grupo de cúmulo**, verificados os respetivos pressupostos. Portanto, na situação criminal de um arguido, é perfeitamente possível haver sucessão de penas individuais, sucessão de um cúmulo jurídico com penas individuais ou sucessão de vários cúmulos jurídicos de penas (grupos ou blocos individualizados de cúmulos, unidos cada um deles pelas regras do concurso). Acresce dizer, que a circunstância de haver um cúmulo transitado em julgado, não obsta à sua reformulação, caso se verifiquem os respetivos pressupostos (conhecimento superveniente de desenvolvimentos no *curriculum* criminal do arguido).

Por força da **pena única** resultante do cúmulo, todas as penas nele englobadas perdem autonomia relativamente à primitiva pena. A execução da pena pode ser tramitada pelo mesmo ou por vários **processos,** correndo a execução em cada um deles ou separadamente, conforme haja ou não sucessão. Nestes casos, para efeitos de aplicação da **liberdade condicional**, gera-se um procedimento próprio pelo **Tribunal de Execução de Penas**, que tem de cumprir o art. 63º do C.P., interrompendo penas no momento próprio, para cumprimento de outras, para que os pressupostos da liberdade condicional funcionem.

VI – O "cúmulo por arrastamento" contraria expressamente a lei e não se adequa ao sistema legal de distinção entre punição do concurso de crimes e da reincidência. VII – Havendo duas penas únicas de cumprimento sucessivo, a escolha das penas que hão-de integrar cada um dos cúmulos jurídico não pode ser aleatória ou arbitrária, já que o resultado difere consoante as penas parcelares. A escolha tem de ser feita de acordo com o disposto nos arts. 77º e 78º, ambos do C.P., e o resultado a que se chegar com a inclusão daquelas penas terá de ser o mais favorável para o arguido (Ac. TRL de 2.11.2011, proc. 435/06.5PDSNT.l1-3, *in* www.dgsi.pt).

A tese (do arrastamento) *que, como tem sido repetidamente afirmado por este Tribunal, contraria os pressupostos substantivos do cúmulo jurídico de penas designadamente por nela se ignorar a relevância de uma condenação transitada em julgado e "aniquila a teleologia e coerência internas do ordenamento jurídico-penal, ao dissolver a diferença entre as figuras do concurso e da reincidência"* (Ac. STJ de 01.07.2010, *in* proc.582/076GELLE.S1).

Constitui um dado pacífico da doutrina e da jurisprudência que, quando na elaboração de um cúmulo se considerem penas parcelares que por sua vez já deram origem a cúmulo anterior, este tem que ser desfeito, o que nada colide com o respeito que importa ter pelo caso julgado, à luz do que dispõe o art. 78º, nº 1, do CP (Ac. STJ de 11.02.2010, proc. 19996/97.1TDLSB.S2, *in* www.dgsi.pt).

Tal vem sendo também o entendimento, segundo cremos actualmente uniforme, do nosso mais alto Tribunal, afastando a orientação do chamado "cúmulo por arrastamento". A primeira decisão transitada em julgado será, assim, o elemento aglutina-

dor de todos os crimes que estejam em relação de concurso, englobando-os em cúmulo, demarcando as fronteiras do círculo de condenações objecto de unificação. A partir desta barreira fica afastada a unificação, formando-se outras penas autónomas, de execução sucessiva, as quais podem estar, por sua vez, entre si, numa ou em várias relações de concurso, havendo então que unifica-las numa ou em várias penas únicas, de cumprimento sucessivo, sempre com referência à primeira das condenações que tiver transitado em julgado e aos factos antes da mesma praticados (Tribunal da Comarca da Grande Lisboa-Noroeste, decisão de 07.06.2010, *in* proc. 1221/08.3TASNT).

7.1. Cúmulo integrando penas de prisão com penas suspensas na sua execução: Não existe obstáculo ao cúmulo de uma pena de prisão, cuja **execução foi suspensa**, com uma outra de **prisão efetiva**. No cúmulo visa-se encontrar uma **pena unitária** para todo o percurso criminoso do arguido. Deste modo, as penas com execução suspensa, implicam um **juízo autónomo**, para determinar se a suspensão deve ou não manter-se ou ser **revogada no cúmulo**. O clássico Ac. do STJ de 05.12.73, *in* B.M.J., 232-43, concluiu, que uma pena cuja execução está suspensa, deve entrar no cúmulo jurídico e depois ponderadas as circunstâncias que possibilitam a suspensão, se suspenderá ou não a pena aplicada em cúmulo (v. art. 56º do C.P.). O entendimento expresso, respeitando ao C.P. de 1886, mantém validade no atual Código, onde aliás se enfatizou a necessidade de considerar em conjunto os factos e a personalidade do agente para apurar a sua culpa e determinar a pena (v. art. 71º do C.P.). Não pode é, s.m.o., manter-se na decisão do cúmulo, penas efetivas em concurso com penas suspensas, por ser assintomático e contraditório com a visão global a que o instituto obriga.

Questiona-se ainda se é possível o cúmulo de penas de prisão que hajam sido suspensas na sua execução, sem que esta tenha sido **previamente revogada**, e, por outro lado, se essa revogação terá que ser operada no âmbito do processo onde foi aplicada ou no processo do cúmulo. Seguindo jurisprudência constante do STJ, a suspensão de uma pena, anteriormente aplicada e que vai entrar no cúmulo, é declarada **sem efeito**, não propriamente por **revogação**, nos termos do art. 56º do C.P., mas sim por força da necessidade de efetuar o cúmulo jurídico de todas as penas. O caso julgado forma-se quanto à medida da pena e não quanto ao seu tipo e execução. Logo, não existe nenhum fundamento para excecionar do cúmulo, casos em que uma das penas a cumular tem ainda a sua execução suspensa, pois não se trata de cúmulo jurídico de penas compósitas (v. neste sentido, Acs. STJ de 14.12.2005 e 01.03.2006, *in* www.dgsi.pt). Em sentido contrário, exigindo a decisão prévia de revogação ou extinção da pena suspensa, o Ac. STJ de 20.04.2005, proc. 04P4742, *in* www.dgsi.pt.

"A competência para o conhecimento superveniente do concurso e, consequentemente, para a determinação da pena única, pertence ao tribunal da última condenação – artigo 471º, nº 2, do CPP. O tribunal da última condenação, porém, tem também competência para decidir todas as questões incidentais (artigo 474º do CPP) incluindo a decisão relativa às especificidades da execução da pena suspensa que tenha sido aplicada por algum dos crimes do concurso" (...) A lógica do sistema é sempre a mesma e obedece a dois vectores: No caso de conhecimento superveniente do concurso, tudo se deve passar como se passaria se o conhecimento tivesse sido contemporâneo; mas a decisão sobre a suspensão da pena deve atender à situação do condenado no momento da última decisão e sempre reportada à pena única. (...)"acordam em não julgar inconstitucionais as normas dos arts. 77º, 78º e 56º, nº 1, do CP, interpretados no sentido de que, ocorrendo conhecimento superveniente de uma situação de concurso de infracções, na pena única a fixar pode não ser mantida a suspensão da execução de penas parcelares de prisão, constante de anteriores condenações" (Ac. TC 3/2006, de 03.01.2006, *in* DR de 07.02.2006).

"É legal a eliminação da suspensão da execução de pena anterior em que o arguido tinha sido condenado por ter sido cumulada posteriormente com outra ou outras penas. Neste caso não existe violação do caso julgado, por a suspensão o não formar de forma perfeita, já que a suspensão pode vir a ser alterada, quer no respectivo condicionalismo, quer na sua própria existência se ocorrerem os motivos legais referidos nos arts. 50º e 51º ou 78º e 79º do Código Penal" (Ac. STJ de 14.03.1996, proc. nº 47733).

Não há violação de lei se na nova sentença e no novo cúmulo se não aplicar a medida de suspensão da pena decretada em sentença anterior (Acs. STJ de 19.11.86, *in* BMJ-361-278 e de 12.03.97, *in* CJ-STJ-1-254).

7.2. Cúmulo de penas todas suspensas: Encontrando-se todas as penas eventualmente integrantes de um cúmulo, **suspensas na sua execução**, coloca-se a questão de se dever proceder ou não, ao cúmulo das mesmas. Nada obsta a tal. Pode-se é questionar a utilidade disso, se for para manter a suspensão na pena unitária do cúmulo. Do nosso ponto de vista, se a **última sentença proferida**, posto que **conhecedora das condenações anteriores suspensas,** conhecimento este fundamental, que tem de estar claramente **expresso** na sentença, continuou a suspender a execução da prisão, por analiticamente considerar que a suspensão ainda era adequada e suficiente para realizar **os fins das penas** (v. art. 40º do C.P.) então face a tal decisão deve manter-se intocado o decidido e aguardar os desenvolvimentos decorrentes do cumprimento no tempo das várias penas suspensas. Se este circunstancialismo *ex ante*, não se verifica, é de fazer o cúmulo jurídico de penas todas suspensas, que pode conduzir eventualmente a uma **pena efetiva de prisão,** se as suspensões forem revogadas. Mas se prognosticamente não conduzir, deverão permanecer intocadas as diversas penas de prisão com execução suspensa, não se efetuando o cúmulo. Cada suspensão de uma pena de prisão, tem na sua base apreciações em concreto diversas (desde logo, pode partir da violação de bens jurídicos de diferente natureza) o que muito dificulta ou mesmo impede a sua integração numa pena única. Deste modo, não se efetuando o cúmulo, se realizará melhor o princípio da ressocialização do delinquente, permanecendo este **pedagogicamente** confrontado com as diversas penas suspensas e mais **condicionado** a não aderir a comportamentos desviantes. Se futuramente revogada for alguma ou todas as suspensões, nessa altura então se deverá procederá ao cúmulo jurídico das diversas penas.

7.3. Cúmulo de penas suspensas já declaradas extintas: Pode acontecer que do cúmulo faça parte penas de prisão suspensas na sua execução, mas já declaradas **extintas,** por despacho formal (s.m.o., despacho este absolutamente essencial por ser ele que aprecia os pressupostos da extinção e a certifica). De acordo com jurisprudência perfilhada pelo STJ, considera-se não ser de incluir tal "pena" no cúmulo jurídico, uma vez que não houve cumprimento da pena. Aliás, se fosse incluída, tal seria prejudicial para o arguido. Decorrido o prazo de suspensão, sem incidentes que tenham conduzido à sua revogação, o arguido cumpriu todas as condições legalmente previstas e tem direito a que a pena aplicada se extinga (neste sentido e por todos, veja-se o Ac. STJ de 07.12.2011, *in* proc. 93/10.2TCPRT).

Em caso de conhecimento superveniente de concurso, a pena de execução suspensa não deve ser englobada em cúmulo jurídico se já tiver decorrido o período de suspensão, ainda que nesse momento não tenha ainda havido despacho a julgar extinta a pena (Ac. TRG de 27.06.2016, proc. 10/07.7GAVCT-A.G1, *in* www.dgsi.pt). **Nota:** o despacho em causa pode ser proferido a todo o tempo.

8. Cúmulo jurídico de multas: Nada na lei obsta ao cúmulo jurídico das multas (art. 47º do C.P.) pelo que também estas podem ser objeto de tal, cf. resulta do art. 77º-1-2 do C.P. Tendo as multas dos vários processos, montantes diários diferentes, obrigará a apurar de novo e de forma atualista as condições de vida do arguido para fixar a pena de multa unitária (art. 47º-3 do C.P.). Não podem é ser cumuladas com penas de natureza diferente, pois conforme diz o art. 77º-3 do C.P. *"se as penas aplicadas aos crimes em concurso forem umas de prisão e outras de multa, a diferente natureza destas mantém-se na pena única..."* Assim, havendo por exemplo, penas de prisão e penas de multa, deve realizar-se um cúmulo quanto às penas de prisão e um cúmulo quanto às penas de multa.

9. Cúmulos de penas de prisão e de multa e de prisão subsidiária da multa: A pena de multa pode ser **principal** (quando estiver diretamente fixada no tipo legal) ou de **substituição** (quando resultar da substituição da prisão, sendo que o seu não pagamento determinará o cumprimento integral da prisão – art. 43º do C.P.). A pena de prisão pode ainda ser **subsidiária** da multa (por a multa principal ou subsidiária não ter sido paga e ter sido convertida em prisão, com a redução legal – art. 49º do C.P.).

O cúmulo efetua-se sempre por referência às **penas originais** e não às penas de substituição ou subsidiárias; **pena de multa principal** (diretamente decorrente da pena do tipo legal) **pena de prisão** (ainda que substituída por multa) **pena de multa** (ainda que passível de prisão subsidiária). Sem prejuízo de a própria decisão do cúmulo, optar pela aplicação de penas de substituição ou subsidiárias. Mas, cada tipo de pena mantém a sua **autonomia parcelar**. Não se cumulam numa **"pena conjunta"** ou **"pena única",** penas de naturezas diversas. Acumulam-se, com cumprimento sucessivo e sujeito aos regimes próprios. Portanto, quando há concurso entre crimes punidos com uma pena de prisão e crimes punidos com pena de multa ou de prisão subsidiária da multa (resultante de multa não paga nem executada) verifica-se uma verdadeira cumulação material de penas, mantendo cada tipo de pena a sua autonomia (neste sentido, P. P. Albuquerque, *in* Comentário do C.P., pág. 244.).

I – Uma pena inicial de prisão é substituída por outra – designada por pena substitutiva – e verificando-se os pressupostos para a realização de cúmulo jurídico das diferentes penas parcelares, o que prevalece, para estes efeitos, não é a pena de substituição, mas sim a pena principal aplicada. II – Na realização do cúmulo jurídico a lei não dá qualquer tratamento diferenciado às diferentes penas de substituição, e estando provisórias ou condicionadas, as penas de substituição perdem a sua autonomia para efeitos da realização do cúmulo. III – Só depois de realizado o cúmulo, pode/deve voltar a ser ponderada a aplicação de uma pena substitutiva quanto à pena conjunta que resultar do cúmulo, desde que verificados os necessários pressupostos (Ac. TRL de 24.10.2012, proc. 980/10.8PBPDL-A.L1-3, *in* www.dgsi.pt).

10. Cúmulo jurídico de penas acessórias: As penas acessórias, têm natureza diferente das penas principais, tal como se infere do **art. 78º-3 do C.P.**, pelo que se questiona se pode haver cúmulo jurídico das mesmas. Tal tem sido largamente debatido na doutrina e na jurisprudência, uns defendendo que pode haver cúmulo jurídico (v. art. 77º-1 do C.P.), outros, que só pode haver cúmulo material (v. art. 77º-4 do C.P.), outros, que é em concreto que a questão deve ser analisada, atento os diferentes fins de cada pena acessória (parecendo-nos, s.m.o., ser esta a teoria mais equlibrada). O ac. de fix. de jurisp. infra, fazendo apelo à ligação neste tipo de penas, entre a censura do facto e a culpa, põe cobro ao debate, pelo menos no que toca às **penas acessórias de inibição de conduzir**, admitindo o cúmulo jurídico de penas das mesmas.

Jurisprudência uniformizadora: Ac. do STJ de Fixação de Jurisprudência nº 2/2018, de 11.01.2018, *in* D.R. de 13.02.2018: *«Em caso de concurso de crimes, as penas acessórias de proibição de conduzir veículos com motor, com previsão no nº 1, al. a), do artigo 69º do Código Penal, estão sujeitas a cúmulo jurídico.»* **Nota:** O ac. faz uma exaustiva e laboriosa resenha das posições doutrinais e jurisprudenciais.

11. Cúmulo jurídico de penas relativamente indeterminadas: Na elaboração do acórdão do cúmulo, podem os Juízes chegar à conclusão que o arguido, deve ser considerado **delinquente por tendência**, devendo ser-lhe aplicada uma pena relativamente indeterminada (arts. 83º a 85º do C.P.). No acórdão infra estabelece-se o procedimento.

«Na determinação de uma pena relativamente indeterminada para um concurso de infracções, não há que fixar quaisquer penas relativamente indeterminadas parcelares, nem que proceder ao cúmulo jurídico destas, mas sim que fixar primeiro as penas parcelares, a pena unitária depois e, finalmente, determinar a pena relativamente indeterminada em função desta última» (Ac. TRL de 28.01.1987, *in* CJ-XII-I-157).

12. A desnecessidade do cúmulo: O cúmulo jurídico de penas só opera para introduzir na ordem jurídica uma modificação das penas, transformando várias penas, numa só. Deste modo, não se devem fazer cúmulos para que tudo fique na mesma; por exemplo cumular uma pena de prisão com uma pena de multa, ou cumular várias penas de prisão suspensas na sua execução, para que fiquem todas igualmente suspensas. Trata-se de atos inúteis que são proibidos por lei (art. 130º do C.P.C.). Mas em determinadas circunstâncias, isto pode gerar um impasse. Gerando, deve proceder-se ao cúmulo.

Referências: art. 40º do C.P. (finalidades das penas e medidas de segurança); arts. 55º e 56º do C.P. (regime de incumprimento e revogação de penas suspensas); arts. 77º e 78º do C.P. (regras da punição do concurso); art. 477º (comunicações das penas privativas de liberdade e sua liquidação).

Artigo 472º – Tramitação

1. Para o efeito do disposto no nº 2 do artigo 78º do Código Penal, o tribunal designa dia para a realização da audiência ordenando, oficiosamente ou a requerimento, as diligências que se lhe afigurem necessárias para a decisão.

2. É obrigatória a presença do defensor e do Ministério Público, a quem são concedidos quinze minutos para alegações finais. O tribunal determina os casos em que o arguido deve estar presente.

COMENTÁRIOS:

Julgamento do concurso de crimes: Regula-se os trâmites do julgamento do concurso de crimes, que são iguais a qualquer julgamento, com exceção no plano da **contraditoriedade**, da presença do arguido, que **não é obrigatória** (s.m.o., por razões pedagógicas, deveria ser, exceto se não localizado).

A decisão que procede ao julgamento do cúmulo, deve apreciar os **factos agora na sua globalidade** (obviamente sem possibilidade de os alterar, porque estão imutavelmente fixados por decisões transitadas) mas deve apreciar com **atualidade as condições de vida e a personalidade** do arguido, **fundamentando** e **concluindo** na pena unificadora, de acordo com as **regras gerais da escolha e medida da pena**, descritas nos arts. 71º a 74º do C.P. Quando não cumpre esta atividade a decisão pode padecer de **vícios e nulidades** próprios da sentença (v. arts. 374º, 379º e 410º).

A notificação do representante do assistente é imposta pelo princípio do contraditório e pelo direito constitucional do assistente de participar no processo (artigo 32º, nºs 5 e 7, da CRP) (P.P. Albuquerque, *in* Comentário do CPP).

"A sentença de cúmulo das penas considera-se notificada depois de lida diante do defensor nomeado para o processo ou constituído, embora não esteja presente o arguido (artigo 373º, nº 3)" (Ac. STJ de 22.11.2000, *in* SASTJ, nº 45, 63).

Artigo 473º – Suspensão da execução

1. Logo que for proferido despacho de pronúncia ou que designe o dia para julgamento de magistrado, jurado, testemunha, perito ou funcionário de justiça por factos que possam ter determinado a condenação do arguido, o Procurador-Geral da República pode requerer ao Supremo Tribunal de Justiça que suspenda a execução da sentença até ser decidido o processo, juntando os documentos comprovativos.

2. O Supremo Tribunal de Justiça decide, em pleno das secções criminais, se a execução da sentença deve ser suspensa e, em caso afirmativo, se deve ser aplicada medida de coacção ou de garantia patrimonial legalmente admissível no caso.

3. É correspondentemente aplicável ao julgamento o disposto no artigo 455º

COMENTÁRIOS:

Atuação cautelar do P.G.R.: Esta é uma norma especialíssima, mas necessária, que regula situações de condenações, que vêm a ser colocadas em crise, por factos apurados posteriormente, imputados a pessoas que intervieram no julgamento onde se proferiu a condenação e que eventualmente possam ter influenciado ou viciado tal decisão condenatória. Trata-se de um processo de **natureza incidental e cautelar**, que visa suspender (até decisão definitiva no processo próprio) a execução de uma pena e que corre os seus trâmites de forma autónoma, mas de forma analógica aos trâmites do recurso de revisão da sentença (v. art. 455º). Se a final se vier a comprovar que a primitiva condenação se revela injusta pelas razões equacionadas, então seguir-se-á um recurso de revisão por tal condenação.

Artigo 474º – Competência para questões incidentais

1. Cabe ao tribunal competente para a execução decidir as questões relativas à execução das penas e das medidas de segurança e à extinção da responsabilidade, bem como à prorrogação, pagamento em prestações ou substituição por trabalho da pena de multa e ao cumprimento da prisão subsidiária.

2. A aplicação da amnistia e de outras medidas de clemência previstas na lei compete ao tribunal referido no número anterior ou ao tribunal de recurso ou de execução das penas onde o processo se encontrar.

COMENTÁRIOS:

Questões incidentais: O tribunal competente para a execução (v. art. 470º) é também competente para as questões de natureza incidental, nos termos relatados na norma. Considerando as competências sobreponíveis entre o tribunal criminal e o Tribunal de Execução de Penas, nalguns casos, sobram dúvidas.

Pertence ao Tribunal de Execução de Penas a competência para proferir decisão sobre a contumácia em relação a arguido que se evadiu quando cumpria pena de prisão (Ac. TRP de 05.11.2003, *in* proc. 0343303).

Referências: L. 115/2009, de 12.10.2009 – C.E.P.M.P.L.

Artigo 475º – Extinção da execução

O tribunal competente para a execução declara extinta a pena ou a medida de segurança, notificando o beneficiário com entrega de cópia e sendo caso disso remetendo cópias para os serviços prisionais, serviços de reinserção social e outras instituições que determinar.

COMENTÁRIOS:

Extinção da pena: Compete ao tribunal que condenou, declarar extinta a pena e ou a medida de segurança, salvo nos caso, em que tal extinção ocorre na sequência da concessão de liberdade condicional ao recluso, porque aí já é o TEP quem determina se foram cumpridas todas as condições para declarar a pena extinta.

É ao tribunal de condenação e não ao TEP quem compete fixar a medida da pena de prisão. A este compete conceder e revogar a liberdade condicional e declarar a extinção da execução da pena de prisão (Ac. TRC de 18.10.2000, *in* proc. 2606/00).

Referências: arts. 23º a 25º e 187º do C.E.P.M.P.L. (libertação do arguido e extinção da pena).

Artigo 476º – Contumácia

Revogado pela L. 115/2009, de 12.10 (C.E.P.M.P.L.)

TÍTULO II – Da execução da pena de prisão

CAPÍTULO I – Da prisão

Artigo 477º – Comunicação da sentença a diversas entidades

1. O Ministério Público envia ao Tribunal de Execução das Penas e aos serviços prisionais e de reinserção social, no prazo de cinco dias após o trânsito em julgado, cópia da sentença que aplicar pena privativa da liberdade.

2. O Ministério Público indica as datas calculadas para o termo da pena e, nos casos de admissibilidade de liberdade condicional, para os efeitos previstos nos artigos 61º e 62º e no nº 1 do artigo 90º do Código Penal.

3. Tratando-se de pena relativamente indeterminada, o Ministério Público indica ainda a data calculada para o efeito previsto no nº 3 do artigo 90º do Código Penal.

4. O cômputo previsto nos nºs 2 e 3 é homologado pelo juiz e comunicado ao condenado e ao seu advogado.

5. Em caso de recurso da decisão que aplicar pena privativa da liberdade e de o arguido se encontrar privado da liberdade, o Ministério Público envia aos serviços prisionais cópia da decisão, com a indicação de que dela foi interposto recurso.

(Última redação da L. 115/2009, de 12.10. – C.E.P.M.P.L.)

COMENTÁRIOS

Penas privativas da liberdade: Existem vários tipos de penas privativas da liberdade. A pena de **prisão comum** (v. arts. 41º a 43º) o regime de **permanência na habitação** (v. art. 44º do C.P.) a **prisão por dias livres** (v. art. 45º do C.P.) e o **regime de semidetenção** (v. art. 46º do C.P.). A articulação na execução das penas, processa-se entre o tribunal, os serviços prisionais e os de reinserção social, tendo como leis reguladoras, fundamentalmente, o CPP e a L. 115/2009, de 12.10. – Código de Execução de Penas e Medidas Privativas da Liberdade.

Comunicações: Proferida sentença, segue-se a execução da mesma. Conferida em termos gerais a competência ao M.P. para a execução das penas e medidas de segurança no **art. 469º**, neste artigo especifica-se uma atuação concreta, no sentido de competir também ao M.P., após **trânsito** da decisão, enviar a cada um dos serviços identificados (TEP, serviços prisionais e serviços de reinserção social) **cópia da sentença** que aplicar **pena privativa da liberdade.** Igualmente nos casos de recurso, o M.P. deve proceder à comunicação a que alude o nº 5.

Menores: A lei tutelar educativa (L. 166/99, de 14.09) dedica um capítulo à interatividade entre penas e medidas tutelares aplicadas a menores, para o que nos interessa, entre os 16 e os 18 anos (arts. 23º a 27º da L.T.E). Sempre que esteja em execução uma medida de internamento de um menor em centro educativo e este for condenado em sede criminal, numa pena efetiva de prisão transitada em julgado, cessa imediatamente a competência do tribunal de menores e cessa imediatamente a medida de internamento no processo tutelar e deve imediatamente este processo dar execução ao cumprimento da pena penal, ordenando o transporte do menor para o estabelecimento prisional ou se o menor por qualquer razão, não estiver sob custódia do estado, deve emitir-se mandados de detenção para cumprimento da pena de prisão [arts. 24º-1, 27º-6 e 28º-2-c) da L.T.E.].

Contagem da pena: Compete ainda ao M.P. proceder à **liquidação do cômputo das penas** para efeitos do seu cumprimento, indicando as **datas de extinção** da pena e as **datas para possível aplicação da liberdade condicional**. Desta forma, desde que a pena seja no mínimo de 6 meses de prisão, tem o M.P. de fazer o cálculo do **meio** e de **dois terços** da pena e nas penas superiores a 6 anos, tem ainda de calcular **cinco sextos** da mesma, tal como previsto no art. 61º do C.P. e **remeter** tal contagem às instituições. Há programas informáticos próprios para ajudar a efetuar a contagem das penas.

Pena relativamente indeterminada: Conforme se diz no preambulo do C.P. *"a solução do problema dos chamados «imputáveis perigosos» é fundadamente conseguida pela introdução da pena relativamente indeterminada"*. Nos casos de pena **relativamente indeterminada**, que é aplicada aos delinquentes por tendência (v. arts. 83º a 90º do C.P.) o cômputo da pena opera-se, com a simples indicação das datas calculadas para o fim da **pena mínima** e da pena **máxima** fixadas na sentença, a que alude o **art. 83º-2 do C.P.** Acrescerá, para quem assim o entender, a data da **primeira revisão da situação do internando** (2 anos sobre o inicio do internamento) a que alude o **art. 90º-3 do C.P.**

Interrupção: Nas situações de privação da liberdade de qualquer arguido, à ordem de um dado processo, verificam-se muitas vezes interrupções nessa situação, por variados motivos. Quando tal acontece, diz o **art. 479º-2**, que esse tempo de interrupção ***"acresce"*** à contagem de pena. A forma mais hábil de proceder a essa operação matemática, é efetuar a contagem de pena como se não tivesse havido qualquer interrupção e depois somar o tempo/período ou o total dos tempos/períodos de interrupção ao **total** e a cada uma das **frações** encontradas no cômputo da pena (pode acontecer que o condenado já tenha atingido na fração, o tempo do cumprimento fracionado da pena sem tal acréscimo, sendo nesse caso, essa data que conta – v. art. 61º do C.P.).

Descontos: No cômputo da pena (ou da medida de segurança) pode ter de se proceder a **descontos,** designadamente os previstos no **art. 80º-1 do C.P.** (abrangendo situações de detenção, prisão preventiva e obrigação de permanência na habitação). Neste caso a operação matemática de desconto, processa-se também sobre o **total** e cada **fração** encontrada. O desconto incide também em situações em que a privação da liberdade, ocorreu em **processos diferentes**, o que obriga a uma indagação prévia (antes de liquidar a pena) junto de diversas entidades dessas situações, designadamente dos vários tribunais e dos serviços prisionais (cf. jurisprudência uniformizadora infra).

Jurisprudência uniformizadora: Ac. do STJ de Fixação de Jurisprudência nº 10/2009, de 21.05.2009, *in* D.R. de 24.06.2009: *«Nos termos do artigo 80º, nº 1, do Código Penal, não é de descontar o período de detenção a que o arguido foi submetido, ao abrigo dos artigos 116º, nº 2, e 332º, nº 8, do Código de Processo Penal, por ter faltado à audiência de julgamento, para a qual havia sido regularmente notificado, e a que, injustificadamente faltou».*

Jurisprudência uniformizadora: Ac. do STJ de Fixação de Jurisprudência nº 9/2011, de 20.10.2011, *in* D.R. de 23.11.2011: *«Verificada a condição do segmento final do artigo 80º, nº 1, do Código Penal – de o facto por que o arguido for condenado em pena de prisão num processo ser anterior à decisão final de outro processo, no âmbito do qual o arguido foi sujeito a detenção, a prisão preventiva ou a obrigação de permanência na habitação – o desconto dessas medidas no cumprimento da pena deve ser ordenado sem aguardar que, no processo no âmbito do qual as medidas foram aplicadas, seja proferida decisão final ou esta se torne definitiva».* **Nota:** esta interpretação da lei, tem gerado confusão processual e dificuldades de execução.

Sendo o desconto estabelecido um benefício para os condenados, também eles devem beneficiar, no cumprimento das penas de prisão onde os descontos são efectuados, de um regime de contagens que leve em conta esses mesmos descontos como cumprimento de pena. Desta forma, e no nosso entender, sem qualquer ficção, ajusta-se tal tratamento à letra da lei, quando manda que os períodos de privação de liberdade sejam descontados por inteiro no cumprimento da pena de prisão (Ac. TRG de 06.06.2012, proc. 296/06.4JABRG-B, *in* www.dgsi.pt).

"Para efeito de se considerar «cumprida» metade da pena, contabiliza-se seguramente qualquer redução que a pena tenha sofrido, nomeadamente por via de perdão parcial ou de outra medida graciosa; como igualmente se contabiliza qualquer privação de liberdade sofrida no processo que conduziu à condenação ou por causa dele, nomeadamente, o tempo de prisão preventiva. Deste modo, pode acontecer que logo no momento da condenação o arguido esteja em condições – ao menos formais – de ser colocado em liberdade condicional" (Figueiredo Dias; Direito Penal Português, As Consequências Jurídicas do Crime, pág. 536).

I – Apenas podem ser descontadas, ao abrigo do disposto no artigo 80º, nº 1, do Código Penal, na redacção da Lei nº 59/2007, de 4 de setembro, a detenção, a prisão preventiva ou obrigação de permanência na habitação aplicadas em processo diferente quando o facto por que o arguido for condenado tenha sido praticado em data anterior à da decisão final do processo no âmbito do qual aquele esteve sujeito a uma ou mais dessas medidas. II – Assim, se os factos praticados no domínio de um processo – pelos quais o arguido foi condenado, pela prática de um crime de tráfico de estupefacientes, na pena de oito anos de prisão – ocorreram no período compreendido entre o ano de 2007 e 31 de janeiro de 2011 –, sucedendo também que a decisão relativa a outro processo foi proferida e transitou em julgado em 2009, não existe fundamento para o desconto naquela pena do tempo de prisão preventiva e de obrigação de permanência na habitação (mediante vigilância electrónica) cumprido à ordem do último dos referidos processos, porquanto o crime de tráfico apenas se consumou em janeiro de 2011, ou seja, depois da prolação da decisão final no processo onde aquelas medidas de coacção foram impostas e cumpridas (Ac. TRC de 06.03.2013, proc. 308/09.0TASCD-B.C1, *in* www.dgsi.pt).

A razão de o art. 80º do C.P., limitar o desconto na pena por factos praticados anteriormente à decisão final no processo onde foram aplicadas medidas privativas da liberdade, dever-se-á ao propósito de evitar que o desconto daquelas medidas a todo o tempo pudesse encorajar a prática de novos crimes (*in*, A Reforma do Sistema Penal de 2007, pág. 118, Coimbra Editora).

A pena é descontada "na medida em que já estiver cumprida", ou seja, incluindo o tempo de liberdade condicional. Na verdade, a liberdade condicional não é uma outra pena que substitui a de prisão, é antes uma forma específica que assume o cumprimento da pena de prisão, e que pode até, em certas circunstâncias, não ter lugar, bastando que não estejam reunidas as condições de que depende a sua concessão, e, desde logo, o consentimento do próprio condenado – art. 61º do CP (Ac. STJ de 11.02.2010, proc. 19996/97.1TDLSB.S2, *in* www.dgsi.pt). **Nota:** o mesmo se dirá, de saídas precárias ou regimes abertos penitenciários.

Sucessão de penas: Na perspetiva do **cumprimento sucessivo de penas**, regulado no art. 63º do C.P., as penas não se cumprem na sua totalidade e uma de cada vez, mas interrompem-se nas datas legais, apreciando-se então a **liberdade condicional** relativamente a todas elas, atividade a levar a cabo pelo Tribunal de Execução de Penas (v. arts. 173º a 188º do C.E.P.M.P.L.).

Trânsito em julgado. Mandados de detenção: Obviamente que a norma pressupõe que o arguido condenado já se encontre preso em prisão preventiva. Encontrando-se ele em liberdade, **transitada** a decisão condenatória em pena privativa da liberdade, tem o M.P. de promover a emissão de **mandados de detenção e condução ao estabelecimento prisional** (sem prejuízo da apresentação voluntária do condenado) após o que, cumpridos e certificados que se mostrem os mandados, procederá nos termos suprarreferidos à contagem da pena.

Trânsito em julgado condicional. Arguidos não recorrentes: A jurisprudência tem considerado que pode haver **trânsito em julgado pessoal condicional**, ou **caso julgado parcial sob condição resolutiva,** nas situações em que coarguidos interpõem recurso, mas não todos. Na verdade, muitas vezes acontece que o condenado tem interesse em ver a sua situação estabilizada, sobretudo, nos casos em que está preso, para poder beneficiar de regimes penitenciários de benevolência. Nestes casos, deve o M.P., proceder à imediata contagem de pena, do(s) não recorrente(s) considerando existir trânsito em julgado condicional quanto a ele(s). Obviamente, se a pena for alterada em consequência do recurso, que sempre poderá aproveitar ao(s) não recorrente(s) (só poderá ser para pena menos grave do que a aplicada, nunca para mais grave) terá de efetuar a nova contagem.

Não se encontra em prisão preventiva, mas em cumprimento de pena o condenado que não interpôs recurso da decisão condenatória, tendo-o, no entanto, interposto algum ou todos os restantes coarguidos, em crime em que houve comparticipação de todos eles. É que a decisão transita em julgado em relação aos não recorrentes, mas estando esse caso julgado sujeito a uma condição resolutiva. Que se traduz em estender aos não recorrentes a reforma "in melior" do decidido, em consequência do recurso interposto por algum dos outros ou por todos os outros arguidos. Só nesta medida é que a decisão pode ser alterada em relação aos não recorrentes, podendo ver-se também um afloramento desse princípio no nº 3 do art. 403º: "A limitação do recurso a uma parte da decisão não prejudica o dever de retirar da procedência daquele as consequências legalmente impostas relativamente a toda a decisão recorrida." Consequências que, naturalmente, por força de princípio da proibição da "reformatio in pejus", nunca poderão prejudicar os não recorrentes, mesmo em caso de anulação da decisão ou de reenvio do processe para novo julgamento (cf., entre outros, o Acórdão do STJ de 9/12/04, Proc. nº 2535/04-5", o Ac. STJ. de 2005/01/27 –Proc. nº 247/05, in www.dgsi.pt). E ainda – "Em relação aos arguidos não recorrentes para o Supremo Tribunal de Justiça têm-se por transitado parcialmente em julgado o acórdão condenatório recorrido, pelo que se devem considerar os mesmo em cumprimento de pena. – Ac. STJ de 2005-10-20 – Proc. nº 3365/05, in www.verbojuridico.net) (TRL, Parecer do M.P. de 03.09.2007, *in* proc. 6888/07-9).

Tendo um arguido declarado prescindir de recurso, na parte que lhe respeita, é de julgar transitada – ainda que sob condição resolutiva – a decisão quanto a ele, não recorrente, independentemente de outros arguidos terem recorrido do respectivo acórdão, por ser motivo ponderoso e atendível, o direito de tal arguido a saídas precárias ou à liberdade condicional em perspectiva. (...) E sendo assim, não sendo de impor ao arguido não recorrente um desproporcional dever de aguardar o trânsito da sentença quanto a todos os restantes arguidos, nada obsta a que se considere já transitada a sentença, considerando-se, quanto a ele, que se encontra em cumprimento de pena, nos termos supra referidos (sob condição resolutiva) (Ac. TRL de 02.12.2004, proc. 7105/05-9, *in* www.pgd lisboa.pt).

Homologação: O Juiz deve **confirmar** a contagem de pena do M.P e proceder à sua **homologação** se concordar, sem prejuízo de igual controlo jurisdicional do Juiz de Execução de Penas e determinar as legais **comunicações.** Estas decisões judiciais podem ser alvo de **recurso.** Mas não se exclui a **retificação** de lapsos materiais que podem acontecer, até porque, com as novas alterações legislativas, as informações constantes num processo tornam algo precário liquidar uma pena (v. art. 380º).

A contagem das penas é **mutável**, pois está sujeita a toda uma série de vicissitudes processuais, tais como indultos, perdões, amnistias, cúmulos, interrupções, etc..., que obrigam a uma recontagem permanente.

Mandados de libertação: O art. 138º-4-s) da L. 115/09, de 12.10 (C.E.P.M.P.L.), confere ao Tribunal de Execução de Penas, competência material para emitir os mandados de libertação (bem como de detenção e captura de fugitivo) de arguido em situação de prisão.

Tramitação eletrónica obrigatória: As comunicações previstas neste artigo, são feitas obrigatoriamente pelas secretarias judiciais por transmissão eletrónica dos dados, nos termos da lei que regula a tramitação eletrónica dos processos judiciais (v. art. 35º da Portaria 280/2013, de 26.08).

Referências: arts. 61º a 64º do C.P. (liberdade condicional); art. 80º do C.P. (descontos no computo da pena de prisão); art. 201º (medida de coação de obrigação de permanência na habitação); art. 202º (prisão preventiva); L. 115/2009, de 12.10 (C.E.P.M.P.L.).

Artigo 478º – Entrada no estabelecimento prisional

Os condenados em pena de prisão dão entrada no estabelecimento prisional por mandado do juiz competente.

COMENTÁRIOS:

Princípio da legalidade da prisão: O princípio da legalidade impõe que ninguém seja preso, para cumprir pena, senão em consequência de **mandado judicial**, o que corresponde a uma garantia da legalidade do procedimento. Obviamente que também o condenado se pode apresentar voluntariamente no estabelecimento prisional para cumprir a pena de prisão transitada em que foi condenado; mas tal só pode ser após **confirmação** por parte do tribunal da condenação (v. ainda situações de captura após evasão ou circulação de condenados entre estabelecimentos prisionais – v. art. 17º do C.E.P.M.P.L.).

Artigo 479º – Contagem do tempo de prisão

1. Na contagem do tempo de prisão, os anos, meses e dias são computados segundo os critérios seguintes:

a) A prisão fixada em anos termina no dia correspondente, dentro do último ano, ao do início da contagem e, se não existir dia correspondente, no último dia do mês;

b) A prisão fixada em meses é contada considerando-se cada mês um período que termina no dia correspondente do mês seguinte ou, não o havendo, no último dia do mês;

c) A prisão fixada em dias é contada considerando-se cada dia um período de vinte e quatro horas, sem prejuízo do que no artigo 481º se dispõe quanto ao momento da libertação.

2. Quando a prisão não for cumprida continuamente, ao dia encontrado segundo os critérios do número anterior acresce o tempo correspondente às interrupções.

COMENTÁRIOS:

Contagem dos tempos de prisão: A norma regula a forma de contagem dos tempos de prisão (aplicável também ao disposto no art. 477º-2-3). As unidades de tempo são, o **ano**, o **mês** e o **dia**. O ano e o mês, contam-se de forma diferente do dia. No caso da prisão em anos ou meses, há a **correspondência** a que alude as alíneas a) e b). No caso de a contagem ser ao dia, cada dia corresponde a um **período de 24 horas**, razão pela qual a contagem em termos práticos, começa sempre no dia seguinte ao do primeiro dia de prisão. Preso no dia 6 para cumprir três dias de prisão, saí em liberdade não no dia 8, mas no dia 9 [alínea c)].

Não obstante, a privação da liberdade sofrida pelo arguido por **período inferior a 24 horas** (decorrente de detenções ou outras situações) deve ser **"descontada por inteiro"** na contagem da pena de prisão como equivalendo a **um dia,** porque assim o determina o art. 80 do C.P. Deste modo, se o arguido for detido e libertado no mesmo dia (dia civil) ainda que a detenção tenha sido por uma hora, deve computar-se como um dia; se for detido no final de um dia e libertado no princípio do dia seguinte, deve computar-se como dois dias. Mas, acompanhando também alguma jurisprudência, se a detenção tiver sido por **alguns minutos**, já a mesma se terá por irrelevante para este efeito. É uma questão de **equidade**.

Jurisprudência uniformizadora: Ac. do STJ de Fixação de Jurisprudência nº 4/2017, de 27.04.2017, *in* D.R. de 16.06.2017: *«Tendo sido acordada a suspensão provisória do processo, nos termos do art. 281º do Código de Processo Penal, com a injunção da proibição da condução de veículo automóvel, prevista no nº 3 do preceito, caso aquela suspensão termine, prosseguindo o processo, ao abrigo do nº 4, do art. 282º, do mesmo Código, o tempo em que o arguido esteve privado da carta de condução não deve ser descontado, no tempo da pena acessória de inibição da faculdade de conduzir, aplicada na sentença condenatória que venha a ter lugar».*

Tendo o arguido sido detido no âmbito de uma operação de fiscalização estradal e libertado cerca de uma hora depois, após prestação do termo de identidade e residência, deve ser-lhe descontado um dia na pena de prisão em que foi condenado (Ac. TRE de 19.03.2013, proc. 186/11.9 GBRDD-A.E1, *in* www.dgsi.t).

O tempo durante o qual o condenado foi fiscalizado pelos agentes da autoridade, sujeito a teste para pesquisa de álcool, constituído como arguido e notificado nos termos legais, sendo depois libertado, num total de cerca de uma hora, não deve ser havido como detenção para o efeito de desconto na liquidação (Ac. TRE de 30.04.2013, proc. 186/11.9GBRDD-B.E1, *in* www.dgsi.t).

Assim, tendo o arguido sofrido uma detenção (contínua) de 9 (nove) minutos deve-lhe ser descontado apenas 1 (um) dia na prisão a cumprir, sendo indiferente para o caso que o início e o fim de esse período detentivo tenham coincidido com 2 (dois) dias diversos (Ac. TRL de 21.09.2011, proc. 317/08.6PDBRR-A.L1-3, *in* www.dgsi.t).

I – Não prevê a lei tempo de prisão contado em horas. Daí não se pode, no entanto, retirar a conclusão de que a detenção por tempo inferior a 24 horas, porque não expressamente prevista, não poderá ser descontada na pena de prisão a cumprir. II – Trata-se, inequivocamente de uma privação da liberdade, havendo que observar, na contagem da pena, a regra do art. 80º, nº 1, do Código Penal, que impõe o desconto por inteiro da detenção sofrida no cumprimento da pena de prisão (Ac. TRL de 23.10.2007, proc. 6994/2007-5, *in* www.dgsi.t).

Interrupções: Quando a prisão não for continua e tiver sido sujeita a **interrupções** (v.g., cumprimento de penas intercalares, revogação de saídas, evasões com recaptura subsequente, etc...) o tempo de interrupção é **descontado**. Matematicamente, para efeitos de contagem da pena, a melhor fórmula, é efetuar a contagem como se não tivesse havido interrupção e depois a cada data encontrada na fração, **adicionar** o tempo de interrupção (v. notas ao art. 477º).

Referências: art. 41º-4 do C.P. (duração e contagem dos prazos da pena de prisão); art. 24º do C.E.P.M.P.L. (momento da libertação do condenado).

Artigos 480º a 483º

(Revogados pela L. 115/2009, de 12.10. C.E.P.M.P.L. – v. arts. 23º, 24º, 32º a 37º)

CAPÍTULO II – Da liberdade condicional

Artigos 484º a 486º

(Revogados pela L. 115/2009, de 12.10. C.E.P.M.P.L. – v. arts. 173º a 182º)

CAPÍTULO III – Da execução da prisão por dias livres e em regime de semidetenção ou de permanência na habitação

Artigo 487º

(Revogado pela L. 94/2017, de 23.08)

Artigo 488º – Execução, faltas e termo do cumprimento

(Revogado pela L. 115/2009, de 12.10. – C.E.P.M.P.L. – v. arts. 173º a 182º)

TÍTULO III – Da execução das penas não privativas de liberdade

CAPÍTULO I – Da execução da pena de multa

Artigo 489º – Prazo de pagamento

1. A multa é paga após o trânsito em julgado da decisão que a impôs e pelo quantitativo nesta fixado, não podendo ser acrescida de quaisquer adicionais.

2. O prazo de pagamento é de 15 dias a contar da notificação para o efeito.

3. O disposto no número anterior não se aplica no caso de o pagamento da multa ter sido diferido ou autorizado pelo sistema de prestações.

COMENTÁRIOS:

Visão geral da pena de multa: A multa penal, no ordenamento jurídico, carateriza-se por ter natureza **pessoal e intransmissível** estando prevista para os **delitos menos graves**. A multa exibe-se, quer como **pena principal** (**autónoma** ou **alternativa** da pena de prisão) quer como **pena de substituição** da prisão (art. 45º do C.P.). Enquanto **pena principal autónoma** é rara (v. g. arts. 268º-3-4 e 366º-2 do C.P.). Enquanto **pena principal alternativa**, surge em muitas disposições legais uma vez que o legislador adotou o sistema de **penas compósitas alternativas;** prisão ou multa e estipulou que se deve dar preferência à segunda, desde que realize as finalidades da punição (v. art. 70º e 45º do C.P.). A multa enquanto **pena de substituição**, está prevista no art. 45º do

C.P. para substituir a prisão aplicada em medida **não superior a um ano**. Deixou de haver desde as alterações do D.L. 48/95, de 15.03, a pena de multa complementar, que acumulava prisão e multa. As penas de multa estão também sujeitas às regras do **cúmulo jurídico** de penas (v. art. 77º-2 do C.P.).

O art. 47º do C.P. fixa o critério quantitativo para o achamento da pena concreta de multa, segundo o **sistema de dias-multa** e este art. 489º, determina que devem ser pagas após **trânsito** da decisão condenatória e no prazo de **15 dias** após **notificação** para o efeito do condenado, exceto se autorizado o **pagamento diferido no tempo ou faseado.**

Não paga voluntaria ou coercivamente através de execução patrimonial, a **multa alternativa da prisão**, por **razões imputáveis ao condenado**, esta é convertida em **prisão subsidiária,** pelo tempo correspondente **reduzido a dois terços**, podendo o condenado para evitar o cumprimento total ou parcial da prisão, pagá-la a todo o tempo (v. art. 49º do C.P.). Registe-se que a conversão acontece mesmo nos casos em que o crime não seja punível com pena de prisão. Não paga voluntaria ou coercivamente através de execução patrimonial, a **multa de substituição da prisão**, por razões imputáveis ao condenado, este tem de cumprir a prisão fixada na sentença **sem redução** (art. 45º-2 do C.P.) sem prejuízo de lhe poder ser aplicável o regime de **suspensão especial**, previsto no art. 49º-3 do C.P. Em ambos os casos, **multa alternativa** ou **subsidiária**, sem prejuízo também de o condenado requerer (promoção sua) a sua **substituição por dias de trabalho** (art. 490º), cf. aliás o novel ac. de fix. de jurisp. 7/2016, citado nas notas ao art. 490º. A multa pode ainda ser paga em **prestações** ou em **momentos diferidos**, nos termos do art. 47º-3-4-5 do C.P. Há pois um esforço estrénuo do legislador para evitar a prisão do condenado em pena de multa.

Não se deve confundir este tipo de multas, com as **multas processuais** (que decorrem da violação de leis adjetivas) que têm um regime meramente administrativo – v. art. 35º do R.C.P.

O produto das multas pode ser canalizado, para indemnizações aos lesados com a prática do crime, ficando o estado **sub-rogado** no direito de regresso – v. art. 130º-3-4 do C.P.

Depois da pena privativa da liberdade, é a multa, a segunda pena em importância no Direito vigente. Normalmente não se aplica juntamente com a pena privativa de liberdade, mas sozinha, já que com a multa se persegue, entre outros fins, precisamente evitar a aplicação da pena privativa da liberdade (Jeschek, *in* Tratado de Derecho Penal, vol. II, pág. 1073).

"...deste modo, visa-se dar realização, quanto à pena pecuniária, ao princípio da igualdade de ónus ou encargos, devendo atender-se à totalidade dos rendi-

mentos próprios do condenado, qualquer que seja a sua fonte, ao próprio património disponível e entrar em linha de conta com os deveres e obrigações que pesem sobre o condenado, particularmente no quadro familiar..." (Ac. TRP de 20.11.2002, *in* www.dgsi.pt).

Com a designação de prisão subsidiária pretende-se, pois, sublinhar a sua verdadeira natureza: ela só é cumprida se se esgotarem sem êxito os meios de obtenção do pagamento que a lei prevê (...) e cessa mal se verifique o pagamento da importância em dívida. (...) De notar que agora, por força do art. 5º do Decreto-Lei nº 48/95, de 15 de Março, que aprovou a nova versão do Código, nunca será fixada prisão subsidiária às penas de multa em quantia previstas em legislação avulsa (Leal Henriques e Simas Santos, *in* CPP anotado, 1995).

A prisão em alternativa da multa é uma forma de coacção a fim de pressionar o réu (arguido) *a satisfazer a multa. Antes de emitir mandados de captura para cumprimento da prisão em alternativa, há que decidir da possibilidade de execução patrimonial ou substituição por dias de trabalho* (Ac. TRC de 02.05.85, *in* CJ-X-III-102).

«A pena de multa de substituição não é a pena de multa principal. Não o é, de um ponto vista político-criminal, dadas a particular intencionalidade e a específica teleologia que lhe preside: se bem que uma e outra se nutram do mesmo terreno político-criminal – o da reacção geral contra as penas privativas de liberdade no seu conjunto – a multa de substituição é pensada como meio de obstar, até ao limite, à aplicação das penas curtas de prisão e constitui, assim, específico instrumento de domínio da pequena criminalidade, de sorte que esta diversidade é já por si bastante para conferir autonomia à pena de multa de substituição. Mas se as duas penas são diversas do ponto de vista político-criminal, são-no também (e em consequência) do ponto de vista dogmático: a pena de multa é uma pena principal, a pena de multa agora em exame é uma pena de substituição no mais lídimo sentido. Diferença esta donde resultam (ou onde radicam), como de resto se esperaria, com político-jurídicas do maior relevo, máxime em termos de medida e de incumprimento da pena» (Figueiredo Dias, *in* RLJ ano 125, pág. 163).

"a pena de multa, se não quer ser um andrajoso simulacro de punição, tem de ter como efeito o causar ao arguido, pelo menos, algum desconforto se não, mesmo, um sacrifício económico palpável." (Ac. STJ de 03.06.2004, *in* www.dgsi.pt).

'o montante diário da multa deve ser fixado em termos de se constituir um sacrifício real para o condenado sem, no entanto, deixar de lhe serem asseguradas as disponibilidades indispensáveis ao suporte das suas necessidades e do respectivo agregado familiar" (Ac. STJ de 02.10.97, *in* CJ-III-187).

Referências: arts. 47º a 49º do C.P. (regime das penas de multa); art. 70º do C.P. (escolha da pena); art. 45º do C.P. (substituição da pena de prisão por multa); art. 49º do C.P. (conversão em prisão); art. 90º-B do C.P. (multa para pessoas coletivas); art. 367º-2 do C.P. (crime de favorecimento do não pagamento de multa); art. 491º (não pagamento da multa).

Artigo 490º – Substituição da multa por dias de trabalho

1. O requerimento para substituição da multa por dias de trabalho é apresentado no prazo previsto nos nºs 2 e 3 do artigo anterior, devendo o condenado indicar as habilitações profissionais e literárias, a situação profissional e familiar e o tempo disponível, bem como, se possível, mencionar alguma instituição em que pretenda prestar trabalho.

2. O tribunal pode solicitar informações complementares aos serviços de reinserção social, nomeadamente sobre o local e horário de trabalho e a remuneração.

3. A decisão de substituição indica o número de horas de trabalho e é comunicada ao condenado, aos serviços de reinserção social e à entidade a quem o trabalho deva ser prestado.

4. Em caso de não substituição da multa por dias de trabalho, o prazo de pagamento é de 15 dias a contar da notificação da decisão.

COMENTÁRIOS:

Dias de trabalho: A multa pode ser **substituída** por dias de trabalho, à razão de cada dia de multa corresponder a uma hora de trabalho (v. arts. 47º-1, 48º-2 e 58º-3 do C.P.). Mas o **requerimento** para o efeito, da **iniciativa do condenado**, tem de ser apresentado no decurso do prazo de pagamento da multa. Em tal requerimento deve logo constar as **competências e disponibilidades** para a prestação do trabalho. O tribunal em função do caso concreto e dessas indicações, defere ou não. Se **indeferir** o arguido dispõe de mais 15 dia para pagar a multa a contar da notificação do indeferimento. Se deferir, o tribunal procurará **angariar o trabalho** através dos serviços de reinserção social, após o que o arguido será **notificado** para iniciar o cumprimento da pena nessa modalidade.

Jurisprudência uniformizadora: Ac. do STJ de Fixação de Jurisprudência nº 7/2016, de 18.02.2016, *in* D.R. de 21.03.2016: *«Em caso de condenação em pena de multa de substituição, nos termos do artigo 43º, nº 1, do CP, pode o condenado, após o trânsito em julgado daquela decisão, requerer, ao abrigo do disposto no artigo 48º, do CP, o seu cumprimento em dias de trabalho, observados os requisitos dos arts. 489º e 490º do CPP».*

O prazo previsto no art. 490º-1 é de natureza peremptória (...) Se assim não fosse a execução da pena de multa ficaria na directa dependência e disponibilidade do condenado (...) (Ac. TRP de 11.07.2007, *in* proc. 0712537).

A substituição da pena de multa por dias de trabalho, pode ser requerida fora do prazo referido no nº 1 do art. 490 do CPP (Ac. TRP de 05.07.2006, *in* proc. 0612771).

I. Os dias de trabalhos são tantos quantos os dias de multa, só que a cada dia de trabalho não corresponde a um período de 24 horas, nem a uma jornada normal de trabalho, nem em cada dia pode-se exceder o limite de trabalho extraordinário, por valer a propósito, o nº 4 do art. 58º. II. O legislador escolheu a correspondência aritmética, através da estatuição no art. 58º, nº 3, do C.P., de que cada dia de prisão corresponde a uma hora de trabalho (Ac. TRL de 14.10.2012, *in* www.dgsi.pt).

Referências: arts. 47º, 48º, 58º-3-4 e 59º-1 do C.P. (regime de substituição da multa por trabalho); art. 496º (prestação de trabalho a favor da comunidade); **D.L. 375/97, de 24.12** (procedimentos e regras da prestação do trabalho a favor da comunidade).

Artigo 491º – Não pagamento da multa

1. Findo o prazo de pagamento da multa ou de alguma das suas prestações sem que o pagamento esteja efectuado, procede-se à execução patrimonial.

2. Tendo o condenado bens penhoráveis suficientes de que o tribunal tenha conhecimento ou que ele indique no prazo de pagamento, o Ministério Público promove logo a execução, que segue as disposições previstas no Código de Processo Civil para a execução por indemnizações.

3. A decisão sobre a suspensão da execução da prisão subsidiária é precedida de parecer do Ministério Público, quando este não tenha sido o requerente.

(Última redação da L. 27/2019, de 28.03).

COMENTÁRIOS:

Não pagamento da multa: Verificando-se nos autos, **não estar paga a multa** (enquanto pena principal ou pena de substituição – v. notas ao art. 489º) integralmente ou parcialmente, e não existir **requerimento para substituição da multa por dias de trabalho**, o M.P. (v. art. 469º) deve proceder aos seguintes atos: **(1)** promover a **notificação** do condenado para o pagamento ou em caso negativo, indicar ele bens penhoráveis, sob cominação de não o fazendo, ser alvo de imediata execução patrimonial ou de em caso de não execução, ter de cumprir pena de prisão subsidiária pelo tempo correspondente reduzido a dois terços (v. art. 49º-1 do C.P.), **(2)** mantendo-se o incumprimento, o M.P. tenta proceder à **execução coerciva** de bens patrimoniais do devedor que garantam o pagamento, nos termos deste artigo, recolhendo informações (das polícias e ou das bases de dados) sobre a sua existência e penhorabilidade, **(3)** se forem localizados *«bens suficientes»* instaura execução patrimonial, **(4)** se não forem localizados *«bens suficientes»* executáveis, ou se a execução instaurada não tiver sucesso, abre-se o procedimento da **conversão da multa em prisão subsidiária**, a que alude o art. 49º-1-2 do C.P.

Naturalmente, que o condenado, pode provar nos autos que a razão do não pagamento da multa lhe não é imputável, designadamente por razões económicas, sendo certo que ninguém pode ser discriminado em função da sua situação económica ou financeira (v. art. 13º-2 da C.R.P.) seguindo-se os termos previstos no art. 49º-3 do C.P. (**suspensão da execução da prisão subsidiária**, com **parecer** prévio do M.P., subordinada ao **cumprimento** de deveres e regras de conduta).

Na decisão judicial de substituição da multa por prisão subsidiária, irreleva quaisquer considerandos sobre o tipo de pena abstratamente aplicável ao crime cometido (se admite prisão ou não) ou sobre o limite da pena de prisão (a que alude o art. 43º do C.P.).

Na busca de bens penhoráveis, cometida ao M.P., interessam fundamentalmente os facilmente executáveis, tais como, rendimentos ou viaturas desoneradas. O M.P. não é obrigado a enveredar por uma execução de bens de sucesso duvidoso. A execução segue os termos da **execução por indemnizações** (v. art. 87º do C.P.C.). Não sendo localizados *«bens suficientes»*, o arguido verá convertida a multa em prisão. Tem de haver sempre uma decisão judicial de extinção da pena pelo seu **cumprimento,** seja qual for a forma de cumprimento (decisão final que é notificada ao arguido e comunicada ao registo criminal).

A decisão de conversão só pode ser proferida depois de o Ministério Público ter decidido não instaurar execução contra o arguido para pagamento da pena de multa. A decisão de conversão não é temporalmente separada da ordem de passagem de mandados de condução à cadeia e o arguido é notificado da decisão de conversão aquando do cumprimento dos mandados. Dos mandados deve constar expressamente a possibilidade de o arguido se eximir à prisão se pagar o montante da pena de multa em falta. Não se procede a notificação da decisão de conversão ao defensor do arguido (artigo 113º, nº 10 do CPP, a contrario) (P.P. Albuquerque, *in* Comentário do C.P.P.). **Nota:** É admirável a percentagem de situações em que, no momento de execução do mandado, o condenado paga a multa para evitar cumprir a prisão.

I – A decisão que converte a pena de multa em prisão subsidiária deve ser notificada ao condenado (e não apenas ao defensor) e essa notificação dever ser pessoal. II – Após a revisão do Código Penal levada a efeito pelo Decreto-Lei nº 48/95, de 15/03, a prisão subsidiária não é aplicada na sentença (como sucedia na vigência do art. 46º, nº 3, da versão originária do Código), pelo que o arguido só se vê confrontado, pela primeira vez, com a prisão subsidiária, através do despacho que procede à conversão. III – Por conseguinte, o despacho que procede à conversão da pena de multa em prisão subsidiária consubstancia uma modificação essencial do conteúdo decisório da sentença, o que impõe que a notificação deva ser efectuada através de uma via que garanta a certeza de que o condenado teve conhecimento da decisão que afecta os seus direitos, liberdades e garantias e que ordena a emissão de mandados de detenção para cumprimento da prisão subsidiária, não se compadecendo com a comunicação pela via postal registada, que representa apenas uma presunção de notificação (Ac TRL de 16.07.2012, *in* www.dgsi.pt).

II. Nos casos em que a multa é uma pena de substituição, o seu incumprimento (culposo) conduz, como com as outras penas de substituição, à sua "revogação", fazendo ressurgir a pena de prisão directamente aplicada e que havia sido substituída pela multa; III. Nestes casos, de incumprimento (culposo) da pena de multa de substituição, o condenado já não pode evitar, total ou parcialmente, o cumprimento da pena de prisão, pagando a multa (Ac TRL de 22.05.2012, proc. 588/06.2GTCSC.L1-5, *in* www.dgsi.pt).

Referências: art. 49º do C.P. (conversão da multa em prisão subsidiária); art. 469º (promoção da execução).

Artigo 491º-A – Pagamento da multa a outras entidades

1. Sempre que, no momento da detenção para cumprimento da prisão subsidiária, o condenado pretenda pagar a multa, mas não possa, sem grave inconveniente, efectuar o pagamento no tribunal, pode realizá-lo à entidade policial, contra entrega de recibo, aposto no triplicado do mandado.

2. Fora do caso previsto no número anterior ou quando o tribunal se encontre encerrado, o pagamento da multa pode ainda ser efectuado, contra recibo, junto do estabelecimento prisional onde se encontre o condenado.

3. Para o efeito previsto nos números anteriores, os mandados devem conter a indicação do montante da multa, bem como da importância a descontar por cada dia ou fracção em que o arguido esteve detido.

4. Nos 10 dias imediatos, a entidade policial ou o estabelecimento prisional remetem ou entregam a quantia recebida ao tribunal da condenação.

(Aditado pela L. 115/2009, de 12.10. – C.E.P.M.P.L.)

COMENTÁRIOS:

Mandados de detenção e cumprimento de pena: Emitidos mandados de detenção para cumprimento da prisão subsidiária, abre-se uma **penúltima oportunidade** ao arguido de não a cumprir, pagando a multa imediatamente à autoridade policial antes que ela execute o mandado e ainda uma **última oportunidade**, quando executado o mandado, a pagar no estabelecimento prisional, a qualquer momento. Para o efeito, o mandado deve consignar essa faculdade. No caso da última situação, proceder-se-á aos descontos que resultarem do tempo de prisão que tiver sido cumprido, seguindo para os descontos o raciocínio inverso do art. 47º-1-2 do C.P.

Referências: art. 49º do C.P. (conversão da multa não paga em prisão subsidiária).

CAPÍTULO II – Da execução da pena suspensa

Artigo 492º – Modificação dos deveres, regras de conduta e outras obrigações impostos

1. A modificação dos deveres, regras de conduta e outras obrigações impostos ao condenado na sentença que tiver decretado a suspensão da execução da prisão é decidida por despacho, depois de recolhida prova das circunstâncias relevantes supervenientes ou de que o tribunal só posteriormente tiver tido conhecimento.

2. O despacho é precedido de parecer do Ministério Público e de audição do condenado, e ainda dos serviços de reinserção social no caso de a suspensão ter sido acompanhada de regime de prova.

COMENTÁRIOS:

Modificabilidade: A pena de **prisão suspensa na sua execução** constitui uma pena autónoma, distinta e **substitutiva** da pena de prisão, a que a doutrina atribui a denominação de "pena de substituição em sentido próprio", a ser cumprida em liberdade. O tribunal pode **suspender** a execução das penas de prisão, não superiores a 5 anos, impondo deveres, regras e obrigações ao condenado, conforme resulta do regime geral prescrito nos arts. 50º a 57º do C.P. Tais decisões podem sofrer **modificações**, decorrentes de vicissitudes várias, que seguem os trâmites deste artigo, onde avulta a imposição do **princípio do contraditório.**

Jurisprudência uniformizadora: Ac. do STJ de Fixação de Jurisprudência nº 13/2016, de 07.07.2016, *in* D.R. de 07.11.2016: *«A condenação em pena de prisão suspensa na sua execução integra o conceito de pena não privativa da liberdade referido no nº 1 do artigo 17º da Lei nº 57/98, de 18 de Agosto, com a redacção dada pela Lei nº 114/2009, de 22 de Setembro».* **Nota:** A questão tem a ver com a possibilidade de não transcrever a condenação no registo criminal a que aludia o referido art. 17º; o caso, está regulado atualmente em termos semelhantes, no art. 13º da L. 37/2015, de 05.05, que revogou a L. 57/98 (leis do registo criminal). Em todo o caso, deverá equacionar-se sempre as contingências da sucessão de leis no tempo (v. art. 2º do C.P.).

Referências: art. 45º do C.P. (substituição da pena de prisão); arts. 50º a 57º do C.P. (regime da suspensão de execução das penas de prisão); art. 504º (reexame da medida de internamento).

Artigo 493º – Apresentação periódica e sujeição a tratamento médico ou a cura

1. Sendo determinada apresentação periódica perante o tribunal, as apresentações são anotadas no processo.

2. Se for determinada apresentação perante outra entidade, o tribunal faz a esta a necessária comunicação, devendo a entidade em causa informar o tribunal sobre a regularidade das apresentações e, sendo caso disso, do não cumprimento por parte do condenado, com indicação dos motivos que forem do seu conhecimento.

3. A sujeição do condenado a tratamento médico ou a cura em instituição adequada durante o período da suspensão é executada mediante mandado emitido, para o efeito, pelo tribunal.

4. Os responsáveis pela instituição informam o tribunal da evolução e termo do tratamento ou cura, podendo sugerir medidas que considerem adequadas ao êxito do mesmo.

COMENTÁRIOS:

Dever de apresentação e tratamento: O tribunal pode determinar a **apresentação periódica** do condenado em instituições [v. art. 52º-1-c) do C.P.]. Não tanto no tribunal, porque a L. 59/2007, de 04.09, que alterou o art. 52º do C.P. eliminou a alínea que consagrava tal hipótese, que aliás nunca foi exequível. Entre essas instituições conta-se as **entidades policiais** ou os **serviços da Direção Geral de Reinserção Social (D.G.R.S.)** sendo esta última entidade a mais solicitada, para efeitos de **regime de prova** ou para **planos de reinserção social** (v. arts. 53º e 54º do C.P.). E também em instituições médicas, sujeitando o condenado a **tratamento médico,** mas aqui, com a particularidade de tal medida exigir o **consentimento** prévio do condenado (v. art. 52º-3 do C.P.). As instituições devem **informar** o tribunal do cumprimento e progresso das medidas (v. art. 495º).

A sua aplicação tem de obedecer aos princípios fundamentais que regem esta matéria de execução de penas, a saber, os da legalidade, exequibilidade imediata, continuidade, humanidade, socialização, colaboração voluntária e activa do condenado na medida do conciliável para que este seja estimulado no seu processo de ressocialização (*in* CPP, Mag. do M.P. do Dist. Judic. do Porto).

Referências: arts. 50º a 57º do C.P. (regime da suspensão de execução das penas de prisão); arts. 91º a 98º do C.P. (internamento).

Artigo 494º – Plano de reinserção social

1. A decisão que suspender a execução da prisão com regime de prova deve conter o plano de reinserção social que o tribunal solicita aos serviços de reinserção social.

2. A decisão, uma vez transitada em julgado, é comunicada aos serviços de reinserção social.

3. Quando a decisão não contiver o plano de reinserção social ou este deva ser completado, os serviços de reinserção social procedem à sua elaboração ou reelaboração, ouvido o condenado, no prazo de 30 dias, e submetem-no à homologação do tribunal.

(Última redação da L. 115/2009, de 12.10. – C.E.P.M.P.L.)

COMENTÁRIOS:

Plano de reinserção social: O **regime de prova** (v. art. 53º do C.P.) assenta num **plano de reinserção social** (v. art. 54º do C.P.) traçado pela D.G.R.S. Tal decisão deve/pode estar contida na **sentença**, o que raras vezes acontece, ou ser elaborado posteriormente e **homologado** pelo tribunal (sem necessidade de reabertura da audiência). Desta decisão, integrante da sentença, cabe **recurso** (v. nº 2 e art. 399º). Sendo posterior requer o **consentimento** do condenado.

Referências: arts. 52º a 54º do C.P. (regime de prova e plano de reinserção social).

Artigo 495º – Falta de cumprimento das condições de suspensão

1. Quaisquer autoridades e serviços aos quais seja pedido apoio ao condenado no cumprimento dos deveres, regras de conduta ou outras obrigações impostos comunicam ao tribunal a falta de cumprimento, por aquele, desses deveres, regras de conduta ou obrigações, para efeitos do disposto no nº 3 do artigo 51º, no nº 3 do artigo 52º e nos artigos 55º e 56º do Código Penal.

2. O tribunal decide por despacho, depois de recolhida a prova, obtido parecer do Ministério Público e ouvido o condenado na presença do técnico que apoia e fiscaliza o cumprimento das condições da suspensão, bem como, sempre que necessário, ouvida a vítima, mesmo que não se tenha constituído assistente.

3. A condenação pela prática de qualquer crime cometido durante o período de suspensão é imediatamente comunicada ao tribunal competente para a execução, sendo-lhe remetida cópia da decisão condenatória.

4. Para os efeitos do disposto no nº 1, a decisão que decretar a imposição de deveres, regras de conduta ou outras obrigações é comunicada às autoridades e serviços aí referidos.

(Última redação da L. 130/2015, de 04.09)

COMENTÁRIOS:

Incumprimentos e recidiva no crime: A norma regula as duas situações previstas no art. 56º do C.P. No caso de **incumprimento das condições de suspensão** (por exemplo, desrespeito pelo habitual regime de prova – art. 53º do C.P.) o tribunal tem de agir, após obrigatoriamente cumprir o **contraditório** (que pode ir até à audição pessoal do arguido) tomando as medidas contrafáticas que se imponham. No caso de **recidiva** no crime, já **não existe obrigação de *"ouvir"* o condenado** (mas o Juiz tem essa faculdade, se assim o entender) posto que toda a informação que o tribunal carece para decidir, está ou deve estar contida na sentença condenatória. A **reação** do tribunal pode ir desde uma *"solene advertência"* ao condenado até à *"revogação da suspensão"* da execução da pena (v. arts. 55º e 56º do C.P.). A L. 130/2015, de 04.09 (estatuto da vítima) aditou a possibilidade de audição da vítima, em conformidade com o seu art. 15º (direito à proteção) (v. em anexo ao art. 67º-A).

Na revogação da suspensão da execução da pena pela condenação por outro crime, não é obrigatória a audição prévia do arguido (Ac TRC de 05.09.2007, *in* www.dgsi.pt).

I – A condenação pela prática de um crime no decurso do período de suspensão da execução da pena só implica a revogação da suspensão se a prática desse crime infirmar definitivamente o juízo de prognose favorável que esteve na base da suspensão, quer dizer, quando por via da nova condenação se demonstre que não se cumpriram as expectativas que motivaram a concessão daquela suspensão. II – Para esse efeito, importa ponderar a relação temporal entre a data da suspensão da execução da pena e a data em que foram praticados os novos factos, a relação entre os tipos de crime praticados, a análise das circunstâncias do cometimento do novo crime, ou seja, do quadro em que o condenado voltou a delinquir e o seu impacto negativo na obtenção das finalidades que justificaram a suspensão da pena, e bem assim a evolução das condições de vida do condenado até ao presente – num juízo reportado ao momento em que importa decidir –, em ordem à decisão de revogar ou não a suspensão da execução da pena. III – À prorrogação do período de suspensão da execução da pena não obsta a circunstância de há muito ter findado o período de suspensão fixado no acórdão condenatório (Ac TRL de 23.04.2013, *in* www.dgsi.pt).

III – Se é certo que a revogação da suspensão da execução da pena de prisão não é automática, sendo necessário que o juiz reúna os elementos necessários para, em consciência tomar uma decisão que vai afectar a liberdade do condenado, o Tribunal cumpre todas as obrigações criando as condições necessárias para proferir o despacho a que alude o artigo 56º do Código Penal se enceta várias diligências tendentes a tomar declarações ao arguido e este não é encontrado, não só na morada que consta dos autos como em outras obtidas juntas das autoridades (Ac. da Rel. de Coimbra de 7-5-2003, proc. nº 612/03, rel. João Trindade, in www.dgsi.pt). IV – Apesar de o arguido não ser ouvido pessoalmente, é dado o devido cumprimento ao princípio do contraditório se a decisão revogatória só foi proferida depois de o defensor oficioso, notificado para o efeito, se ter pronunciado sobre o incumprimento do dever imposto e sobre a ausência em parte incerta do arguido. V – A reabertura da audiência a que alude o artigo 371º-A do CPP refere-se apenas à reabertura da audiência de julgamento e não para a "audição" do recorrente, ao abrigo do disposto no artigo 495º, nº 2 do CPPenal, sendo certo que o regime do citado artigo tem a ver com a sucessão de regimes penais e não com a sucessão de regimes processuais penais (Ac TRG de 10.07.2008, *in* www.dgsi.pt).

Referências: arts. 55º e 56º do C.P. (incumprimentos e revogação da suspensão); art. 75º do C.P. (reincidência); arts. 67º-A (noção de vítima); art. 212º-4 (audição da vítima na alteração das medidas de coação ao arguido); art. 194º (audição do arguido); art. 247º-3-7 (informação à vítima); art. 292º-2 (audição da vítima na fase da instrução); L. 130/2015, de 04.09 (estatuto da vítima em anexo ao art. 67º-A).

CAPÍTULO III – Da execução da prestação de trabalho a favor da comunidade e da admoestação

Artigo 496º – Prestação de trabalho a favor da comunidade

1. Se o tribunal decidir aplicar a prestação de trabalho a favor da comunidade solicita aos serviços de reinserção social a elaboração de um plano de execução.

2. Os serviços de reinserção social elaboram o plano de execução no prazo de 30 dias.

3. Transitada em julgado, a condenação é comunicada aos serviços de reinserção social e à entidade a quem o trabalho deva ser prestado, devendo aqueles proceder à colocação do condenado no posto de trabalho no prazo máximo de três meses.

COMENTÁRIOS:

Prestação de trabalho a favor da comunidade: Estamos no domínio das **penas de substituição** tipificada nos **arts. 58º e 59º do C.P.** (aplicadas e executadas em vez de uma pena principal). Consiste na prestação de serviços gratuitos ao estado ou a entidades de interesse comunitário, com **aceitação** pelo condenado e está prevista como pena de substituição da pena efetiva de prisão, **não superior a dois anos**. A planificação, a execução e o controlo desta pena de substituição, compete aos serviços de **reinserção social** (DGRS).

Jurisprudência uniformizadora: Ac. do STJ de Fixação de Jurisprudência nº 13/2013, de 18.09.2013, *in* D.R. de 17.10.2013: *«A correspondência entre a multa e a prestação de trabalho a favor da comunidade que resulte da substituição da pena de multa, nos termos do art. 48º, nº 2, do Código Penal, é a estabelecida no art. 58º, nº 3, do mesmo diploma, ou seja, um dia de multa corresponde a uma hora de trabalho».*

Referências: arts. 58º e 59º do C.P e D.L. 375/97, de 24.12 (regime e procedimentos e regras da prestação do trabalho a favor da comunidade); art. 490º (substituição da multa por dias de trabalho).

Artigo 497º – Admoestação

1. A admoestação é proferida após trânsito em julgado da decisão que a aplicar.

2. A admoestação é proferida de imediato se o Ministério Público, o arguido e o assistente declararem para a acta que renunciam à interposição de recurso.

3. O tribunal executa a admoestação de forma que esta se não confunda com a alocução referida no nº 2 do artigo 375º

COMENTÁRIOS:

Admoestação: Estamos no domínio das **penas de substituição**, prevista no **art. 60º do C.P.** É aplicada e executada em vez de uma pena principal, pelo que obviamente há que **previamente** determinar a pena principal e depois em função dos pressupostos específicos da pena de admoestação decidir se a mesma é ou não aplicável. Consiste na **censura** feita pelo Juiz ao condenado em pena de multa não superior a 240 dias, quando os prejuízos causados por ele se mostrem **reparados**, exortando-o ao futuro **cumprimento** da lei e **advertindo-o** para as consequências dos comportamentos ilícitos (v. art. 60º do C.P.). Face à simplicidade do procedimento e à necessidade da aplicação imediata da pena, o Juiz deve colher o **consenso** (v.g., renúncia ao recurso – v. art. 107º) para o imediato **trânsito** da decisão, a fim de aplicar logo a **admoestação** em ato seguido ao encerramento da audiência de julgamento.

A pena de admoestação, a mais leve do nosso ordenamento jurídico, só pode ser cominada se o tribunal se convencer, através da emissão de um juízo de prognose favorável, que o delinquente alcançará por tal via a sua (re)socialização e que a sua aplica-

ção não porá em causa os limiares mínimos das expectativas comunitárias ou de prevenção de integração, sob a forma de tutela do ordenamento jurídico, sem esquecer que a mesma só deve ser cominada para censura de factos de escassa gravidade, gravidade que deve ser aferida em função do bem ou do interesse jurídico tutelado e o grau e a intensidade da violação ou lesão nele produzida (Ac TRL de 11.05.2005, *in* proc. 945/05, *in* www.dgsi.pt).

É pacífico o entendimento de que a aplicação de uma pena de substituição (e a admoestação prevista no art. 60º, nº 1, do Cód. Penal é como tal considerada) não é uma faculdade de que o juiz pode, ou não, usar, mas antes um poder-dever, isto é, um poder vinculado. Por isso que a decisão do tribunal, qualquer que ela seja, exige uma fundamentação específica, devendo explicitar as razões por que não suspendeu a execução da pena de prisão, não optou pelo cumprimento da prisão em dias livres ou não aplicou outra pena de substituição apesar de se verificarem os respectivos pressupostos formais (Ac TRL de 08.11.2012, *in* www.dgsi.pt).

Sendo passíveis de aplicação mais que uma das penas de substituição, o tribunal aplicará aquela que melhor realize essas finalidades, sem ter que justificar por que não aplicou outra (Ac TRL de 17.04.2012, proc. 82/11.0SOLSB.L1-5, *in* www.dgsi.pt).

Referências: art. 60º do C.P. (regime da admoestação); art. 107º (renúncia ao prazo); art. 632º do CPC (renúncia ao recurso).

Artigo 498º – Suspensão provisória, revogação, extinção, substituição e modificação da execução

1. O tribunal pode solicitar informação aos serviços de reinserção social para o efeito do disposto no nº 1 do artigo 59º do Código Penal.

2. Finda a prestação de trabalho, ou sempre que no seu decurso se verificarem anomalias graves, os serviços de reinserção social enviam ao tribunal o relatório respectivo.

3. À suspensão provisória, revogação, extinção e substituição é correspondentemente aplicável o disposto nos nºs 2 e 3 do artigo 495º

4. Sempre que se verifiquem circunstâncias ou anomalias que possam justificar alterações à modalidade concreta da prestação de trabalho, os serviços de reinserção social comunicam esses factos ao tribunal, fornecendo-lhe, desde logo, sempre que possível, os indicadores necessários à modificação da prestação de trabalho.

5. No caso previsto no número anterior, o tribunal pode dispensar a recolha de prova e a audição do condenado que tiver manifestado ade-

são à modificação indicada pelos serviços de reinserção social, decidindo imediatamente por despacho, depois de ouvido o Ministério Público.

COMENTÁRIOS:

Alterações à execução da prestação de trabalho a favor da comunidade: Os serviços de reinserção social **informam** o tribunal da regularidade do cumprimento desta pena. Verificando-se anomalias, de que a mais grave será uma situação de reincidência, o tribunal age nos termos descritos na norma.

Referências: art. 59º do C.P. (suspensão, substituição, revogação e extinção da pena de prestação de trabalho a favor da comunidade).

CAPÍTULO IV – Da execução das penas acessórias

Artigo 499º – Decisão e trâmites

1. A decisão que decretar a proibição ou a suspensão de exercício de função pública é comunicada ao dirigente do serviço ou organismo de que depende o condenado.

2. A decisão que decretar a proibição ou a suspensão de exercício de profissão ou actividade que dependa de título público ou de autorização ou homologação de autoridade pública é comunicada, conforme os casos, ao organismo profissional em que o condenado esteja inscrito ou à entidade competente para a autorização ou homologação.

3. O tribunal pode decretar a apreensão, pelo tempo que durar a proibição, dos documentos que titulem a profissão ou actividade.

4. A incapacidade eleitoral é comunicada à comissão de recenseamento eleitoral em que o condenado se encontrar inscrito ou dever fazer a inscrição.

5. A incapacidade para exercer o poder paternal, a tutela, a curatela, a administração de bens ou para ser jurado é comunicada à conservatória do registo civil onde estiver lavrado o registo de nascimento do condenado.

6. Para além do disposto nos números anteriores, o tribunal ordena as providências necessárias para a execução da pena acessória.

COMENTÁRIOS:

Penas acessórias: Existem segundo a doutrina, três espécies de penas; as principais, as acessórias e as de substituição. As **penas acessórias**, de que trata o presente capítulo, são aquelas que **completam** ou são **efeito** da pena principal. Para a sua aplicação, obviamente têm de estar previstas na lei e não são de aplicação automática, exigindo um juízo de ponderação autónomo decorrente de uma censura adicional ao facto praticado pelo agente. Para tanto parte-se dos mesmos princípios para achar a pena principal, vertidos no art. 71º do C.P. Basicamente **proíbem** ou **suspendem** o exercício de determinados **direitos**, **profissões** ou **atividades,** que exijam uma autorização (título, licença, homologação) de uma entidade pública. Há vastíssima legislação que prevê penas acessórias, como as leis sobre estrangeiros, fiscalidade, caça, comercio, etc...

Noutra vertente, podem consubstanciar a **perda de bens, instrumentos ou frutos do crime** (ainda que não se possa dogmaticamente considerar pena acessória, mas *"confisco de vantagens patrimoniais obtidas ilicitamente."*).

Autonomia das penas acessórias: Basicamente a jurisprudência divide-se, entre aqueles que entendem que a pena acessória, tem de ser concordante com a pena principal (por exemplo, não poderia ser suspensa a pena acessória se a principal não fosse também) e os que entendem que são duas realidades distintas, que não colidem. Parece-nos que há que atentar nos fundamentos do **caso concreto** e nos **pressupostos** dos institutos, que têm de se conjugar com harmonia racional.

"As penas acessórias, apesar de terem de ser impostas cumulativamente com uma pena principal, são autónomas relativamente a esta, pois dependem do preenchimento de pressupostos diferentes relacionados com o cometimento do ilícito penal e são graduadas, embora com subordinação aos critérios gerais de determinação das penas, nos quais se inclui a culpa, dentro de uma moldura própria fixada na lei." (Ac TRC de 29.05.2013, proc. 379/11.9GAVNO.C1, *in* www.dgsi.pt).

"Existe uma autonomia relativa entre a pena principal e a acessória, podendo, de jure constituendo, dizer-se que esta poderia ser suspensa na sua execução apesar de o não ter sido aquela." (Ac. TRP de 05.03.97, *in* CJ-II-221).

Cúmulo jurídico de penas acessórias: A lei é equívoca relativamente à possibilidade de **cúmulo** jurídico de sanções acessórias e a jurisprudência divide-se. A única lei que expressamente não permite o cúmulo jurídico, é o art. 134º-3 do Código da Estrada, mas refere-se apenas às contraordenações: *"As sanções aplicadas às contraordenações em concurso são sempre cumuladas material-*

mente". Os arts. 77º-4 e 78º-3 do C.P., que aludem ao problema, têm redação que possibilita várias interpretações. Todavia o ac. do STJ de fixação de jurisprudência nº 2/2018, de 11.01.2018, admitiu o cúmulo jurídico das penas acessórias de proibição de conduzir veículos, a que alude o art. 69º do C.P. (v. acórdão e notas ao art. 471º).

A lei não permite a cumulação jurídica das penas acessórias que, por isso, devem ser cumuladas materialmente (Ac TRP de 13.03.2013, proc. 1316/10.3PTPRT.P2, *in* www.dgsi.pt).

As penas acessórias, como penas que são, devem ser cumuladas juridicamente segundo o critério estabelecido no nº 1 do art. 77º do C. Penal (Ac TRP de 03.04.2013, proc. 151/H.6PTPRT.P1, *in* www.dgsi.pt)

Referências: arts. 65º a 69º do C.P (regime geral das penas acessórias); arts. 77º-4 e 78º-3 do C.P. (cúmulo jurídico de penas acessórias).

Artigo 500º – Proibição de condução

1. A decisão que decretar a proibição de conduzir veículos motorizados é comunicada à Direcção-Geral de Viação.

2. No prazo de 10 dias a contar do trânsito em julgado da sentença, o condenado entrega na secretaria do tribunal, ou em qualquer posto policial, que a remete àquela, a licença de condução, se a mesma não se encontrar já apreendida no processo.

3. Se o condenado na proibição de conduzir veículos motorizados não proceder de acordo com o disposto no número anterior, o tribunal ordena a apreensão da licença de condução.

4. A licença de condução fica retida na secretaria do tribunal pelo período de tempo que durar a proibição. Decorrido esse período a licença é devolvida ao titular.

5. O disposto nos nºs 2 e 3 é aplicável à licença de condução emitida em país estrangeiro.

6. No caso previsto no número anterior, a secretaria do tribunal envia a licença à Direcção-Geral de Viação, a fim de nela ser anotada a proibição. Se não for viável a apreensão, a secretaria, por intermédio da Direcção-Geral de Viação, comunica a decisão ao organismo competente do país que tiver emitido a licença.

COMENTÁRIOS:

Pena acessória de proibição de condução: A norma regulamenta um caso específico, assim retratando a sua importância prática no dia-a-dia dos tribunais. Esta pena acessória, está prevista no art. 69º do C.P. No que toca ao cometimento dos crimes do art. 291º do C.P. (condução perigosa de veículo rodoviário) e do art. 292º do C.P. (condução de veículo em estado de embriaguez ou sob influência de narcóticos) a jurisprudência tem entendido, que ela é um **efeito automático** da pena principal da condenação, conforme decorre do acórdão infra.

Jurisprudência uniformizadora: Ac. do STJ de Fixação de Jurisprudência nº 5/99, de 17.06.99, *in* D.R. de 20.07.99: *«O agente do crime de condução em estado de embriaguez, previsto e punido pelo artigo 292º do Código Penal, deve ser sancionado, a título de pena acessória, com a proibição de conduzir prevista no artigo 69º, nº 1, alínea a), do Código Penal».*

não julgar inconstitucional a norma constante do art. 69º, nº 1, al. a), do CP, quando interpretado no sentido segundo o qual, com a condenação pela prática do crime previsto no art. 291º, nº 1, al. a) do CP, tem lugar, sem necessidade de se apurar qualquer outro requisito, a aplicação da sanção acessória consistente na inibição de conduzir (Ac. TC 53/2011 de 01.02, *in* www.dgsi.pt).

Sendo uma pena acessória, a proibição de conduzir veículos motorizados tem o seu destino ligado ao da pena principal, tal significa que, para o apuramento do período de inibição há que recorrer também aos critérios utilizados para a determinação da pena principal (Ac TRC de 27.11.1996, *in* BMJ-461-538).

A ampla margem de discricionariedade facultada ao juiz na graduação da sanção de inibição da faculdade de conduzir permite-lhe fixá-la, em concreto segundo as circunstâncias do caso, desde logo as conexionadas com o grau de culpa, nada na Lei Fundamental exigindo que as penas acessórias tenham de ter, no que respeita à sua duração, correspondência com as penas principais (Ac TC nº 667/94 de 04.12.94, *in* BMJ-446-102).

A pena acessória de proibição de conduzir veículos com motor não pode ser dispensada, suspensa ou substituída por caução de boa conduta ou por trabalho a favor da comunidade ou por admoestação (Ac TRC de 29.05.2013, proc. 48/12.2GEGRD.Cl, *in* www.dgsi.pt).

Início do cumprimento da sanção acessória: De acordo com jurisprudência pacífica, a execução da pena acessória de proibição de conduzir veículo motorizado não se inicia com o trânsito em julgado da decisão condenatória, mas apenas no dia em que se verifique a **entrega** pelo condenado (ou a apreensão) do título de condução, que deve ter lugar no **prazo improrrogável de**

10 dias, que se conta do trânsito em julgado da decisão. Os prazos contam-se **continuamente**, não podendo a sua execução ser interrompida ou diferida no tempo. Se o condenado entregar antes do trânsito o título de condução (v.g., aceite por erro do recebedor nos casos de não renúncia ao recurso) deve proceder-se ao **desconto** desse tempo. Só se iniciará o cumprimento da pena acessória com o trânsito em julgado da decisão condenatória, se a licença de condução se encontrar por qualquer motivo já **apreendida** no respetivo processo.

Consequência do incumprimento da obrigação de entrega da carta: A jurisprudência tem-se dividido sobre se tal incumprimento, constitui ou não um crime e constituindo, se será o **crime de "violação de imposições, proibições ou interdições"** previsto no art. 353º do C.P., **ou o crime de "desobediência"** previsto no art. 348º-1-b) do C.P. A essa longa e fastidiosa discussão teórica, pôs cobro o acórdão infra.

Jurisprudência uniformizadora: Ac. do STJ de Fixação de Jurisprudência nº 2/2013, de 21.11.2012, *in* D.R. de 08.01.2013: *«Em caso de condenação, pelo crime de condução em estado de embriaguez ou sob a influência de estupefacientes ou substâncias psicotrópicas, do art. 292º do CP, e aplicação da sanção acessória de proibição de conduzir prevista no art. 69º, nº 1, al. a), do CP, a obrigação de entrega do título de condução derivada da lei (art. 69º, nº 3 do CP e art. 500º, nº 2 do CPP), deverá ser reforçada, na sentença, com a ordem do juiz para entrega do título, no prazo legal previsto, sob a cominação de, não o fazendo, o condenado cometer o crime de desobediência do art. 348º, nº 1, al. b), do CP».*

Na sentença condenatória, o juiz deve ordenar a entrega do título de condução, com a advertência do artigo 353º do CP, se a mesma não se encontrar já apreendida». Com efeito a incriminação prevista neste artigo foi alargada com o propósito de incluir precisamente estes casos de incumprimento de imposições resultantes de penas acessórias» (P.P. Albuquerque, *in* Comentário do CPP). **Nota:** s.m.o., parece-nos que esta devia ser a solução correta e não tanto a do acórdão supra.

Princípio da culpa: A aplicação automática e irrestrita da proibição de conduzir a **todas as categorias de veículos e em todas as situações**, perverte o **princípio da culpa**, da **necessidade**, da **adequação** e da **proporcionalidade** das penas e pode gerar situações profundamente injustas, que ultrapassam os limites legais. Será exemplo, o caso tão habitual, de um motorista profissional, assalariado por conta de outrem, sem antecedentes criminais, que comete o crime de condução em estado de embriaguez, ao volante de uma sua viatura, que conduzia fora do seu período normal de trabalho, num contexto puramente social e que é condenado em 3 meses de inibição de conduzir todo o tipo de veículos, incluindo os profissionais. Esta inibição de conduzir, coloca em causa o seu emprego, a sua subsistência e a da sua família e tem efeitos desintegradores contrários aos fins ressocializadores das penas. Será isto justo? Não seria mais correto condená-lo apenas na inibição de conduzir veículos fora da sua atividade profissional? Felizmente que ainda há acórdãos como o infra, que deviam ser lidos (integralmente) com atenção.

Não é a perigosidade do condutor, mas sim a culpa, que constitui a razão determinante ou fundamento da pena acessória de proibição de conduzir, independentemente do tipo de crime que em concreto fundamenta a sua aplicação, pelo que nada obsta à restrição da proibição a certa categoria de veículos. (...) Deste modo, a restrição da proibição de conduzir a certa categoria de veículos pode constituir uma forma de promover a reintegração social do arguido, evitando a sua dessocialização. (...) Como diz Jescheck, referindo-se à determinação da pena acessória de proibição de conduzir prevista no §44º do Código Penal Alemão (similar à prevista no art. 69º do nosso C. Penal): "A proibição de conduzir pode originar resultados injustos, na medida em que afecta com desigual gravidade o condenado que depende profissionalmente do seu veículo e o condutor domingueiro." (...) no caso presente o arguido é obrigado a entregar na secretaria do tribunal no prazo de 10 dias o título de condução – se não estiver já apreendido – devendo a secretaria enviá-lo à Autoridade Nacional de Segurança Rodoviária para que, de acordo com o disposto no art. 500º, nº 6 do CPP, seja anotada a proibição de conduzir quaisquer outras categorias de veículos excepto veículos pesados de mercadorias (Ac TRE de 21.10.2010, proc. 157/10.2GTABF.E1, *in* www.dgsi.pt).

I – o crime de condução de veículo em estado de embriaguez pretende, teleologicamente, a segurança do tráfego, tendo em vista a protecção de bens pessoais essenciais, como a liberdade, a integridade física e a vida. II – se as condenações em penas não detentivas (multa e suspensão de execução da pena) não surtiram de todo o efeito de prevenção de socialização, voltando sempre o arguido a praticar o mesmo crime, as necessidades de prevenir o cometimento de novos crimes de condução de veículo em estado de embriaguez, afastam a aplicação ao caso concreto da substituição da pena de prisão por prestação de trabalho a favor da comunidade. III – a pena acessória de proibição de condução de veículos com motor, por força do disposto no art. 69º, nº 1, al. a), do C. Penal reveste a natureza de pena acessória visando prevenir a perigosidade do agente. IV – o que está em causa com a proibição de conduzir veículos com motor é a restrição de um direito civil, só podendo atingir colateralmente o seu direito ao trabalho. Este, no entanto, na sua vertente de direito à segurança do emprego, não constitui um direito absoluto, podendo ser legalmente constrangido, desde que este se mostre justificada, proporcional e adequada à preservação de outros direitos ou garantias constitucionais.

V – o direito ao trabalho, pode ser restringido para a salvaguarda de outros direitos humanos, como o direito à vida, à liberdade e à segurança da pessoa (Ac TRL de 18.04.2013, *in* www.dgsi.pt).

Referências: arts. 69º do C.P. (proibição/inibição de conduzir veículos com motor); art. 101º do C.P. (cassação e interdição do título); arts. 291º e 292º do C.P. (condução perigosa em estado de embriaguez ou narcotizado).

TÍTULO IV – Da execução das medidas de segurança

CAPÍTULO I – Execução das medidas de segurança privativas da liberdade

Artigo 501º – Decisões sobre o internamento

1. A decisão que decretar o internamento especifica o tipo de instituição em que este deve ser cumprido e determina, se for caso disso, a duração máxima e mínima do internamento.

2. O início e a cessação do internamento efectuam-se por mandado do tribunal.

COMENTÁRIOS:

Medidas de segurança: O presente capítulo regula a execução das medidas de internamento privativas da liberdade de **inimputáveis** ou de **imputáveis portadores de anomalias psíquica**, previstas nos arts. 91º a 99º e 104º a 108º do C.P. O internamento pode ser cumprido em estabelecimento de cura, tratamento ou segurança. Na sentença deve fixar-se a duração **máxima** e **mínima** do internamento.

Pressupostos: A aplicação de medidas de segurança, tendo como fundamento a **perigosidade social de um agente de um crime**, tem de obedecer ao **princípio da legalidade** (situação paralela à legalidade das penas – v. art. 1º-2 do C.P.) ao **princípio da tipicidade** (prática de um facto formalmente ilícito – v. art. 1º-1 do C.P.) e ao **princípio da proporcionalidade** (necessidade e adequação da pena – v. art. 40º do C.P.).

A exclusão da culpa: Toda a pena tem de ter como suporte axiológico uma culpa concreta, ***"nulla poena sine culpa"***. Logo, os incapazes de culpa, como tal declarados inimputáveis, não podem ser condenados numa pena de prisão, mas sendo considerados **socialmente perigosos**, por força de uma prognose de reincidência, em nome do valor da segurança pública, podem ser condenados numa **medida de internamento** em estabelecimento adequado ao seu caso concreto. Mas se for possível garantir a necessária segurança da sociedade, por meio de medidas de segurança **não detentivas,** deve ser esse o caminho a trilhar (v. art. 20º do C.P.).

Referências: art. 20º do C.P. (inimputabilidade em razão de anomalia psíquica); arts. 91º a 99º e 104º a 108º do C.P.; L. 36/98, de 24.07 – Lei da Saúde Mental (medidas de internamento); arts. 126º a 132º do C.E.P.M.P.L. (regime de execução das medidas de segurança de internamento de inimputáveis).

Artigo 502º – Comunicação da sentença a diversas entidades

1. O Ministério Público envia ao Tribunal de Execução das Penas, aos serviços prisionais e de reinserção social e à instituição onde o internamento se efectuar, no prazo de cinco dias após o trânsito em julgado, cópia de sentença que aplicar medida de segurança privativa da liberdade.

2. O Ministério Público indica expressamente a data calculada para o efeito previsto nos nºs 2 e 3 do artigo 93º do Código Penal e comunicará futuramente eventuais alterações que se verificarem na execução da medida de segurança.

3. Em caso de recurso da decisão que aplicar medida de segurança de internamento e de o arguido se encontrar privado da liberdade, o Ministério Público envia aos serviços prisionais cópia da decisão, com a indicação de que dela foi interposto recurso.

COMENTÁRIOS:

Comunicações e contagem da duração do internamento: Compete ao M.P. proceder às **comunicações** às entidades envolvidas na execução das medidas de internamento. Igualmente deverá proceder às operações decorrentes de **interrupções** e **descontos** (v. *mutatis mutandis,* notas ao art. 477º).

O cômputo da pena, opera-se com indicação da data calculada para a reapreciação da situação do internado, que é sempre de **2 em 2 anos** (art. 93º-2 do C.P.) com o **mínimo de 3 anos**, nos casos de crimes contra as pessoas ou de crimes de perigo comum, punidos em abstrato com pena de prisão superior a 5 anos (art. 93º-3 do C.P.).

Transitada em julgado a decisão que declarou o arguido inimputável perigoso e determinou o seu internamento em estabelecimento psiquiátrico (...) cabe ao Tribunal de Execução de Penas a competência para a revisão, prorrogação e reexame do internamento decretado (Ac. TRP de 15.03.2000, *in* proc. 0010524).

Tramitação eletrónica obrigatória: As comunicações previstas neste artigo, são feitas obrigatoriamente pelas secretarias judiciais, por transmissão eletrónica dos dados, nos termos da lei que regula a tramitação eletrónica dos processos judiciais (v. art. 35º da Portaria 280/2013, de 26.08).

Referências: arts. 126º a 132º do C.E.P.M.P.L. (regime de execução das medidas de segurança de internamento de inimputáveis).

Artigo 503º – Processo individual

(Revogado pela L. 115/2009, de 12.10. – C.E.P.M.P.L.)

Artigo 504º – Reexame do internamento

1. Havendo lugar ao reexame previsto no artigo 96º do Código Penal, o tribunal ordena:

a) A realização de perícia psiquiátrica ou sobre a personalidade, devendo o respectivo relatório ser-lhe apresentado dentro de 30 dias;

b) Oficiosamente ou a requerimento do Ministério Público, do internado ou do defensor, as diligências que se afigurem com interesse para a decisão.

2. Se, na sequência da apreciação da perícia psiquiátrica, se concluir que há condições favoráveis, o magistrado pode solicitar relatório social contendo análise do enquadramento familiar, social e profissional do recluso.

3. O reexame tem lugar com audição do Ministério Público, do defensor e do condenado, só podendo a presença deste ser dispensada se o seu estado de saúde tornar a audição inútil ou inviável.

(Última redação da L. 115/2009, de 12.10)

COMENTÁRIOS:

Reexame da medida de internamento: Decorrido o prazo de **2 anos** após decisão de internamento, há lugar à reapreciação dos pressupostos que a determinaram, nos termos do art. 96º do C.P., a realizar pelo **Tribunal de Execução de Penas**. A norma regula os trâmites dessa reapreciação oficiosa.

Referências: arts. 156º a 163º do C.E.P.M.P.L. (revisão obrigatória).

Artigo 505º – Revogação da liberdade para prova

(Revogado pela L. 115/2009, de 12.10. – C.E.P.M.P.L.)

Artigo 506º – Disposições aplicáveis

É correspondentemente aplicável à medida de internamento o disposto no artigo 479º

(Última redação da L. 115/2009, de 12.10 C.E.P.M.P.L.)

COMENTÁRIOS:

Remissão: Na contagem do tempo das medidas de segurança, aplica-se as regras do art. 479º.

CAPÍTULO II – Da execução da pena e da medida de segurança privativa da liberdade

(Revogado pela L. 115/2009, de 12.10 – C.E.P.M.P.L.)

Artigo 507º – Execução da pena e da medida de segurança privativa da liberdade

(Revogado pela L. 115/2009, de 12.10. – C.E.P.M.P.L.)

CAPÍTULO III – Da execução das medidas de segurança não privativas da liberdade

Artigo 508º – Medidas de segurança não privativas da liberdade

1. À interdição de actividade é correspondentemente aplicável o disposto nos nºs 2 e 3 do artigo 499º

2. A decisão que decretar a cassação da licença de condução e a interdição de concessão de licença é comunicada à Direcção-Geral de Viação, que a comunicará a quaisquer outras entidades legalmente habilitadas a emitir essa licença.

3. À decisão prevista no número anterior é correspondentemente aplicável o disposto nos nºs 2 e 3 do artigo 500º

4. É correspondentemente aplicável à licença de condução emitida em país estrangeiro o disposto nos nºs 2, 3, 5 e 6 do artigo 500º

5. A prorrogação do período de interdição e o reexame da situação que fundamentou a aplicação da medida são decididos pelo tribunal precedendo audição do Ministério Público, do defensor e das pessoas a elas sujeitas, salvo se, quanto a estas, o seu estado tornar a audição inútil ou inviável.

6. À aplicação de regras de conduta é correspondentemente aplicável o disposto no número anterior e no artigo 492º

COMENTÁRIOS:

Medidas de segurança não privativas da liberdade: A norma regula a execução de medidas de segurança não privativas da liberdade, concretamente, **interdição de atividades, interdição de conduzir** e **cassação** da respetiva licença de conduzir e **regras de conduta.**

A Direção Geral de Viação chama-se agora Autoridade Nacional de Segurança Rodoviária (A.N.S.R.).

Referências: arts. 65º a 69º e 100º a 103º do C.P. (penas acessórias e medidas de segurança).

TÍTULO V – Da execução da pena relativamente indeterminada

(Revogado pela L. 115/2009, de 12.10 – C.E.P.M.P.L.)

Artigo 509º – Execução da pena relativamente indeterminada

(Revogado pela L. 115/2009, de 12.10. – C.E.P.M.P.L.)

TÍTULO VI – Da execução de bens e destino das multas

Artigo 510º – Lei aplicável

Em tudo o que não esteja especialmente previsto neste Código, a execução de bens rege-se pelo disposto no Código de Processo Civil e no Regulamento das Custas Processuais.

(Última redação da D.L. 34/2008, de 26.02)

COMENTÁRIOS:

Execução de bens: No âmbito da **execução de bens de devedor**, decorrente de condenações penais, o CPP, remete para o **C.P.C.** e para o **R.C.P.** Tal execução, por **custas, multas processuais** e outras **sanções pecuniárias**, segue o novo procedimento descrito no **art. 35º do R.C.P.** (e de **portaria** a publicar) instituído pela **L. 27/2019, de 28.03**. A execução, tem por base um **título executivo**, que consiste numa **certidão com nota de trânsito da decisão condenatória e de liquidação de dívida**, emitida pelo tribunal, que é enviada para a **administração tributária**, seguindo-se os termos da **execução fiscal**, prevista no **C.P.P.T.** Já no caso de **devedores de custas sediados no estrangeiro,** a legitimidade do procedimento defere-se ao **M.P.** (face às leis internacionais aplicáveis).

Referências: arts. 513º a 524º (regime de custas no CPP); arts. 527º a 545º do CPC (regime de custas, multas e indemnizações no CPC).

Artigo 511º – Ordem dos pagamentos

Com o produto dos bens executados efectuam-se os pagamentos pela ordem seguinte:

1º As multas penais e as coimas;

2º A taxa de justiça;

3º Os encargos liquidados a favor do Estado e do Instituto de Gestão Financeira e das Infra-Estruturas da Justiça, I.P.;

4º Os restantes encargos, proporcionalmente;

5º As indemnizações.

(Última redação do D.L. 34/2008, de 26.02)

COMENTÁRIOS:

Ordem dos pagamentos: Distribui e rateia o produto das execuções.

Artigo 512º – Destino das multas

Salvo disposição em contrário, as importâncias de multas e coimas cobradas em juízo têm o destino fixado no Regulamento das Custas Processuais.

(Última redação da D.L. 34/2008, de 26.02)

COMENTÁRIOS:

Remissão: O Regulamento das Custas Processuais (RCP), fixa o destino das multas e coimas (V. Portaria 419-A/2009, de 17.04, na sua atual redação).

LIVRO XI – DA RESPONSABILIDADE POR CUSTAS

Artigo 513º – Responsabilidade do arguido por custas

1. Só há lugar ao pagamento da taxa quando ocorra condenação em 1ª instância e decaimento total em qualquer recurso.

2. O arguido é condenado em uma só taxa de justiça, ainda que responda por vários crimes, desde que sejam julgados em um só processo.

3. A condenação em taxa de justiça é sempre individual e o respectivo quantitativo é fixado pelo juiz, a final, nos termos previstos no Regulamento das Custas Processuais.

4. A dispensa da pena não liberta o arguido da obrigação de pagar custas.

(Última redação do D.L. 34/2008, de 26.02)

COMENTÁRIOS:

Princípios gerais tributários: O **Livro XI** do CPP é dedicado à **responsabilidade por custas.** Como princípio geral, todos os processos estão sujeitos a custas (que agregam a taxa de justiça, os encargos e as custas de parte – v. art. 3º do **Regulamento de Custas Processuais (RCP)**. Paga taxa de justiça, quem é **condenado ou decai**, sendo a condenação em **uma só taxa de justiça** a fixar pelo **Juiz** de forma **individual** para cada interveniente processual, em função da complexidade processual, de acordo com os **arts. 8º-9 do RCP.** Pode o visado, não ter recursos para pagar ou beneficiar de apoio judiciário que o isente de tal pagamento, mas as custas têm de ser sempre fixadas na sentença.

A taxa de justiça é *"o valor que cada interveniente deve prestar por cada processo como contrapartida da prestação de um serviço"*, conforme se pode ler no preambulo do **D.L 34/2008, de 26.02,** que aprovou o RCP.

Isenção do pagamento de custas pelo arguido detido, preso preventivamente ou em cumprimento de pena: Este arguido pode gozar da isenção prevista no art. 4º-1-j) do R.C.P., **«quando a secretaria do tribunal tenha concluído pela sua insuficiência económica»**, nos termos da lei do acesso ao direito e aos tribunais em quaisquer requerimentos ou oposições ou recursos interpostos em qualquer instância, cf. melhor consta no Ac. do T.C. nº 125/2013. Para motivar tal conclusão, será conveniente que o próprio arguido alegue e demonstre os factos pertinentes antes do trânsito da decisão condenatória em custas.

Taxa de justiça a pagar pelo arguido requerente da abertura de instrução: v. nota 14 ao art. 287º.

Pagamento faseado das custas: O responsável pelo pagamento das custas, se o requerer, pode efetuá-lo em **prestações**, nos termos descritos no art. 33º do RCP.

Aplicação do RCP no tempo: O RCP entrou em vigor em **20.04.2009** e aplica-se a todos os processos **iniciados** a partir dessa data, bem como aos **incidentes**, **recursos** e **apensos** instaurados a partir dessa data (e com as reduzidas exceções previstas no art. 27º-2-3 do D.L 34/2008, de 26.02, em matéria de **taxa sancionatória excecional** e **formas de pagamento**, **execução** e **prescrição** de custas, que se aplicam aos processos pendentes) (v. art. 524º).

Referências: Lei nº 34/2004, de 29.07. – O regime de acesso ao direito e aos tribunais, instituído por esta lei, se devidamente requerido e concedido, pode implicar a dispensa de pagamento das custas (taxa de justiça e encargos) ou o seu pagamento faseado, bem como dos honorários dos defensores (v. arts. 16º e 18º da referida lei); V. arts. 374º-4; 375º e 376º (sentença condenatória e absolutória).

Artigo 514º – Responsabilidade do arguido por encargos

1. Salvo quando haja apoio judiciário, o arguido condenado é responsável pelo pagamento, a final, dos encargos a que a sua actividade houver dado lugar.

2. Se forem vários os arguidos condenados em taxa de justiça e não for possível individualizar a responsabilidade de cada um deles pelos

encargos, esta é solidária quando os encargos resultarem de uma actividade comum e conjunta nos demais casos, salvo se outro critério for fixado na decisão.

3. Se o assistente for também condenado no pagamento de taxa de justiça, a responsabilidade pelos encargos que não puderem ser imputados à simples actividade de um ou de outro é repartida por ambos de igual modo.

(Última redação do D.L. 34/2008, de 26.02)

COMENTÁRIOS:

Arguidos. Encargos: Os arguidos, além de responsáveis pela taxa de justiça, conforme artigo anterior, são também responsáveis pelo pagamento dos **encargos**. **Encargos**, são despesas avulsas geradas pela atividade processual e que estão discriminadas no **art. 16º do RCP** (onde se inclui as despesas com os defensores oficiosos). Quando, havendo vários arguidos, a atividade que deu lugar à instauração do processo, não for possível de separar individualmente, a sua condenação no pagamento dos encargos é **solidária**. O mesmo princípio se aplica entre os **arguidos** e **assistentes.**

Referências: arts. 16º a 24º do RCP (encargos).

Artigo 515º – Responsabilidade do assistente por custas

1. É devida taxa de justiça pelo assistente nos seguintes casos:

a) Se o arguido for absolvido ou não for pronunciado por todos ou por alguns crimes constantes da acusação que haja deduzido;

b) Se decair, total ou parcialmente, em recurso que houver interposto ou em que tenha feito oposição;

c) *(Revogada.)*

d) Se fizer terminar o processo por desistência ou abstenção injustificada de acusar;

e) *(Revogada.)*

f) Se for rejeitada, total ou parcialmente, acusação que houver deduzido.

2. Havendo vários assistentes, cada um paga a respectiva taxa de justiça.

3. *(Revogado.)*

(Última redação do D.L. 34/2008, de 26.02)

COMENTÁRIOS:

Assistentes: Os assistentes, **a final**, pagam custas, **individualizadas**, sob a forma de taxa de justiça, nos casos reportados. Também pagam as custas devidas nos termos dos arts. 518º (encargos) 519º (constituição de assistente) e art. 8º-2 do RCP (abertura de instrução).

Desistência ou abstenção injustificada de acusar do assistente: A alínea d) contém uma disposição a levar em conta, quando o assistente **injustificadamente** não deduz acusação por crime particular (v. art. 285º) tendo dado azo a atividade processual e investigatória que se revelou inútil. É necessário ponderar se a abstenção é ou não **justificada**, em função da existência ou não de **indícios suficientes** para deduzir acusação, tal como referem alguns acórdãos. Mas tal noção de **indícios suficientes**, s.m.o., não pode, para estes efeitos ser dissociada da noção de **suspeito**, prevista no art. 1º-e), pois denúncias levianas (muitas vezes com intuitos ilícitos) devem ser punidas. Concluindo-se que, o comportamento do assistente, não foi (antes da denúncia) ou não é (depois da denúncia) **justificado,** deve o assistente ser condenado no pagamento de taxa de justiça, o que será despoletado pelo M.P., junto do Juiz de instrução criminal (v. art. 27º do RCP). Diga-se que esta situação, é sobreponível aos casos de má-fé ou negligência grave do denunciante, previsto no **art. 520º.**

Jurisprudência uniformizadora: Ac. do STJ de Fixação de Jurisprudência nº 1/2004, de 01.04.2004, *in* D.R. de 07.05.2004: *«A taxa de justiça paga pela constituição do assistente, nos termos do artigo 519º, nº 1, do Código de Processo Penal, deve ser levada em conta naquela em que aquele venha a ser condenado por ter feito terminar o processo por desistência de queixa, por força do artigo 515º, nº 1, alínea d), daquele Código».*

I. O art. 515º, nº 1 al. d), do CPP, exige que o pagamento da taxa de justiça a cargo do assistente seja precedido de uma desistência da queixa ou de uma abstenção injustificada de acusar. II. No caso vertente, não tendo havido desistência da queixa nem abstenção injustificada de acusar – a lei não exige que essa justificação seja expressa, sendo que a assistente foi no final do inquérito notificada pelo Mº Pº nos termos do art. 285º, nº 2, do CPP de que inexistiam indícios de verificação do crime particular, – é de manter a não condenação da assistente no pagamento da taxa de justiça (Ac. TRG de 10.09.2012, *in* www.pgd.lisboa).

Referências: art. 376º-2 (sentença absolutória e condenação do assistente); art. 285º (notificação para dedução de acusação particular); art. 520º (má fé e negligência grave do denunciante).

Artigo 516º – Arquivamento ou suspensão do processo

Não é devida taxa de justiça quando o processo tiver sido arquivado ou suspenso nos termos dos artigos 280º e 281º

COMENTÁRIOS:

Arquivamento ou suspensão: Não há tributação em custas nos casos de arquivamento do processo por dispensa de pena (art. 280º) ou suspensão provisória do processo (art. 281º). Abre-se prioridade ao princípio da oportunidade.

Artigo 517º – Casos de isenção do assistente

O assistente é isento do pagamento de taxa de justiça quando, por razões supervenientes à acusação que houver deduzido ou com que se tiver conformado e que lhe não sejam imputáveis, o arguido não for pronunciado ou for absolvido.

(Última redação do D.L. 34/2008, de 26.02)

COMENTÁRIOS:

Taxa de justiça dos assistentes: Não há tributação em custas do assistente, nos casos em que razões supervenientes à acusação, obviamente por ele incontroláveis, o processo é arquivado sem julgamento. Serão os casos de dispensa de pena previstos no art. 280º-2 ou os casos de extinção do procedimento criminal (v. prescrição, morte, amnistia, perdão indulto – v. arts. 118º a 128º do C.P.)

Artigo 518º – Responsabilidade do assistente por encargos

Quando o procedimento depender de acusação particular, o assistente condenado em taxa paga também os encargos a que a sua actividade tiver dado lugar.

COMENTÁRIOS:

Encargos dos assistentes: Nos casos de acusação particular, o assistente condenado em taxa de justiça, é também condenado nos encargos se forem devidos.

Referências: arts. 16º a 24º do R.C.P. (encargos).

Artigo 519º – Taxa devida pela constituição de assistente

1. A constituição de assistente dá lugar ao pagamento de taxa de justiça, nos termos fixados no Regulamento das Custas Processuais.

2. (*Revogado.*)

3. No caso de morte ou incapacidade do assistente, o pagamento da taxa já efectuado aproveita àqueles que se apresentarem em seu lugar, a fim de continuarem a assistência.

(Última redação do D.L. 34/2008, de 26.02)

COMENTÁRIOS:

Taxa de justiça devida pela constituição de assistente: O requerimento para constituição de assistente, gera a obrigação de pagar taxa de justiça. A taxa é **autoliquidável,** devendo ser junto com o requerimento o comprovativo do pagamento (sem prejuízo do pagamento em dobro, nos 10 dias seguintes) e pode ser *"corrigida"* a final, tendo em consideração o desfecho do processo e a concreta atividade processual desenvolvida pelo assistente. A falta de pagamento determina que o requerimento em questão seja considerado sem efeito. Tudo nos termos dos **arts. 8º e 14º do R.C.P.** (sem prejuízo das regras de apoio judiciário). Os sucessíveis do assistente podem prosseguir o processo no caso de sua **morte** ou **incapacidade.**

Taxa de justiça devida pela abertura de instrução requerida pelo assistente: O assistente também paga taxa de justiça, quando requer a abertura de instrução, processando-se tal pagamento nos mesmos trâmites e termos supramencionados **(v. arts. 8º e 14º do R.C.P.).**

Referências: arts. 68º a 70º (assistentes); arts. 113º a 117º do C.P. (titulares do direito de queixa).

Artigo 520º – Responsabilidade do denunciante

Paga também custas o denunciante, quando se mostrar que denunciou de má fé ou com negligência grave.

(Última redação do D.L. 34/2008, de 26.02)

COMENTÁRIOS:

Má-fé ou negligência grave do denunciante: Muitas vezes, o direito de promoção do processo é manipulado por oportunistas com fins persecutórios ou de pressão sobre terceiros, quando não de verdadeira chantagem. E cada vez isso acontece mais. Daí que as últimas alterações legislativas se tenham debruçado sobre esta matéria. O denunciante, quando age de **má-fé** ou **negligência grave**, deve ser condenado em custas (quando na fase de inquérito, sob promoção do M.P. junto do Juiz de instrução criminal). Estas noções encontram-se no art. 542º-2 do CPC, aplicável *ex vi* art. 4º.

Artigo 521º – Regras especiais

1. À prática de quaisquer actos em processo penal é aplicável o disposto no Código de Processo Civil quando à condenação no pagamento de taxa sancionatória excepcional.

2. Quando se trate de actos praticados por pessoa que não for sujeito processual penal e estejam em causa condutas que entorpeçam o andamento do processo ou impliquem a disposição substancial de tempo e meios, pode o juiz condenar o visado ao pagamento de uma taxa fixada entre 1 UC e 3 UC.

(Última redação do D.L. 34/2008, de 26.02)

COMENTÁRIOS:

Taxa sancionatória excecional: A lei pune os casos de **condutas impróprias** e atividades **dilatórias e entorpecentes** do processo, visando qualquer pessoa, quer seja ou não sujeito processual (v. quem são sujeitos processuais no art. 8º e segs.). Por exemplo, se alguém fizer um requerimento a um processo, onde não é interveniente/sujeito processual, essa atividade anómala pode gerar a sua condenação em multa processual. O mesmo pode acontecer relativamente a **advogados,** que tenham atuações manifestamente improcedentes. Por manifestamente improcedente, entende-se a prática de atos claramente intempestivos, a evidente inidoneidade do meio empregue, o inequívoco afastamento de parâmetros racionais da alegação.

Art. 531º do CPC – *(Taxa sancionatória excecional): Por decisão fundamentada do juiz, pode ser excecionalmente aplicada uma taxa sancionatória quando a ação, oposição, requerimento, recurso, reclamação ou incidente seja manifestamente improcedente e a parte não tenha agido com a prudência ou diligência devida.*

II – A manifesta improcedência do pedido reconduz-se aos casos em que a tese propugnada pelo autor não tenha possibilidades de ser acolhida face à lei em vigor e à interpretação que dela façam a doutrina e a jurisprudência (Ac. TRC de 09.02.2010, proc. 4993/09.4T2AGD.C1, *in* www.pgd.lisboa).

Aplicação do RCP no tempo: O art. 27º-3-b) do D.L 34/2008, de 26.02 (diploma preambular do RCP) determinou que o RCP se aplicasse a este art. 521º **imediatamente**, mesmo no caso de o processo estar pendente. Há aliás no RCP, uma preocupação de ativar o mais rápido possível a **taxa sancionatória excecional**, face à torpeza de alguns comportamentos que tem gozado de impunidade.

Referências: art. 531º do CPC (taxa sancionatória excecional); arts. 10º, 27º e 28º do RCP (montante e pagamento da taxa sancionatória excecional).

Artigo 522º – Isenções

1. O Ministério Público está isento de custas.
2. (*Revogado.*)

(Última redação do D.L. 34/2008, de 26.02)

COMENTÁRIOS:

Ministério Público: O M.P., na jurisdição penal, está isento de **custas** (no mesmo sentido, v. art. 4º-1-a) do RCP). Embora expressamente a lei o não diga, está também isento do pagamento de **multas** devidas pela prática tardia de atos nos três primeiros dias subsequentes ao termo dos prazos, previstos no art. 139º-5-6 do C.P.C. (v. notas no art. 104º).

O art. 25º, nº 2, al. c), do Dec.-Lei nº 34/2008, de 26 de fevereiro revogou o nº 2 deste preceito, porém na republicação do art. 522º do CPP ficou estatuído que «1 – O Ministério Público está isento de custas», omitindo a referência às multas. No entanto, deve considerar-se unicamente a aludida revogação, uma vez que o legislador não aprovou qualquer alteração ao nº 1 do preceito. Neste sentido, cfr. Salvador da Costa, 2011, Regulamento das Custas Processuais, 3ª ed., Coimbra: Almedina, pp. 121, 122 (Joel Timóteo Ramos Pereira, *in* RCP).

Artigo 523º – Custas no pedido cível

À responsabilidade por custas relativas ao pedido de indemnização civil são aplicáveis as normas do processo civil.

COMENTÁRIOS:

Custas e isenção de custas no processo de adesão: O processamento do pedido de indemnização civil no processo penal é regulado em matéria de custas pelas **regras do processo civil.** Todavia, conjugando, estão **isentos de custas**, *"o demandante e o arguido demandado, no pedido de indemnização civil apresentado em processo penal, quando o respetivo valor seja inferior a 20 UC"* [art. 4º-1-n) do RCP]. O valor a considerar refere-se ao pedido originário. Se for igual ou superior, não há isenção, mas dispensa de pagamento prévio, embora tenha de pagar a final, após notificação para o efeito [art. 15º-1-d)-2 do RCP].

Os assistentes e demandantes civis, devem ter presente que a dedução de pedidos de indemnização civil inflacionados, sobretudo quando haja absolvição ou decaimento, tem como consequência a sua condenação em custas, por vezes em valores muito elevados.

Referências: arts. 71º a 84º (partes civis); art. 377º (decisão sobre o pedido de indeminização civil); arts. 527º a 545º do C.P.C. (custas civis).

Artigo 524º – Disposições subsidiárias

É subsidiariamente aplicável o disposto no Regulamento das Custas Processuais.

(Última redação do D.L. 34/2008, de 26.02)

COMENTÁRIOS:

Regulamento de Custas Processuais (RCP): É subsidiariamente aplicável ao C.P.P.

Referências: v. art. 8º do RCP (taxa de justiça em processo penal e contraordenacional).

Estatuto da Vítima

Aprovado pela Lei nº 130/2015 de 04-09.

CAPÍTULO I – Disposições gerais

Artigo 1º – Objeto

O Estatuto da Vítima (doravante, Estatuto) contém um conjunto de medidas que visam assegurar a proteção e a promoção dos direitos das vítimas da criminalidade, transpondo para a ordem jurídica interna a Diretiva 2012/29/UE do Parlamento Europeu e do Conselho, de 25 de outubro de 2012, que estabelece normas relativas aos direitos, ao apoio e à proteção das vítimas da criminalidade e que substitui a Decisão-Quadro 2001/220/JAI do Conselho, de 15 de março de 2001.

Artigo 2º – Articulação com outros diplomas legais

1. O presente Estatuto não prejudica os direitos e deveres processuais da vítima consagrados no Código de Processo Penal, nem o regime de proteção de testemunhas consagrado na Lei nº 93/99, de 14 de julho, alterada pelas Leis nºs 29/2008, de 4 de julho, e 42/2010, de 3 de setembro.

2. O presente Estatuto não prejudica também os regimes especiais de proteção de vítimas de determinados crimes.

CAPÍTULO II – Princípios

Artigo 3º – Princípio da igualdade

Toda a vítima, independentemente da ascendência, nacionalidade, condição social, sexo, etnia, raça, língua, idade, religião, deficiência, convicções políticas ou ideológicas, orientação sexual, cultura e nível educacional, goza dos direitos fundamentais inerentes à dignidade da pessoa humana, sendo-lhe assegurada a igualdade de oportunidades para viver sem violência e preservar a sua saúde física e psíquica.

Artigo 4º – Princípio do respeito e reconhecimento

À vítima é assegurado, em todas as fases e instâncias de intervenção, tratamento com respeito pela sua dignidade pessoal.

Artigo 5º – Princípio da autonomia da vontade

A intervenção junto da vítima está limitada ao respeito integral da sua vontade, sem prejuízo das demais disposições aplicáveis no âmbito da legislação penal e processual penal.

Artigo 6º – Princípio da confidencialidade

Sem prejuízo do disposto no Código de Processo Penal, os serviços de apoio técnico à vítima asseguram o adequado respeito pela sua vida privada, garantindo o sigilo das informações que esta prestar.

Artigo 7º – Princípio do consentimento

1. Sem prejuízo do disposto no Código de Processo Penal, qualquer intervenção de apoio à vítima deve ser efetuada após esta prestar o seu consentimento livre e esclarecido.

2. A vítima pode, em qualquer momento, revogar livremente o seu consentimento.

3. Fora do âmbito do processo penal, qualquer intervenção de apoio a vítima que careça de capacidade para prestar o seu consentimento apenas pode ser efetuada em seu benefício direto.

4. Sempre que, nos termos da lei, um indivíduo maior careça, em virtude de limitação ou alteração das funções físicas ou mentais, de doença ou outro motivo similar, de capacidade para consentir numa intervenção, esta não pode ser efetuada sem que nos termos da lei seja providen-

ciada a devida autorização ou assistência, ou na sua ausência ou, se este for o agente do crime, de uma pessoa designada nos termos da lei.

5. A vítima deve, na medida do possível, participar no processo de autorização.

6. Caso a vítima seja uma criança e exista um conflito de interesses entre esta e os titulares das responsabilidades parentais, que os impeça de a representarem, ou caso a criança vítima não esteja acompanhada da sua família ou se encontre dela separada, deve ser nomeado um representante à criança vítima, nos termos da lei.

7. O disposto no presente artigo não prejudica os procedimentos de urgência previstos nos artigos 91º e 92º da Lei de Proteção das Crianças e Jovens em Perigo, aprovada pela Lei nº 147/99, de 1 de setembro, alterada pela Lei nº 31/2003, de 22 de agosto.

Artigo 8º – Princípio da informação

O Estado assegura à vítima a prestação de informação adequada à tutela dos seus direitos, designadamente nos termos previstos nos artigos 11º e 12º

Artigo 9º – Princípio do acesso equitativo aos cuidados de saúde

O Estado, tendo em conta as necessidades de saúde, assegura as medidas adequadas com vista a garantir o acesso equitativo da vítima aos cuidados de saúde de qualidade apropriada.

Artigo 10º – Obrigações profissionais e regras de conduta

Qualquer intervenção de apoio técnico à vítima deve ser efetuada na observância das normas e obrigações profissionais, bem como das regras de conduta aplicáveis ao caso concreto.

CAPÍTULO III – Direitos das vítimas de criminalidade

Artigo 11º – Direito à informação

1. É garantida à vítima, desde o seu primeiro contacto com as autoridades e funcionários competentes, inclusivamente no momento anterior à apresentação da denúncia, e sem atrasos injustificados, o acesso às seguintes informações:

a) O tipo de serviços ou de organizações a que pode dirigir-se para obter apoio;

b) O tipo de apoio que pode receber;

c) Onde e como pode apresentar denúncia;

d) Quais os procedimentos subsequentes à denúncia e qual o seu papel no âmbito dos mesmos;

e) Como e em que termos pode receber proteção;

f) Em que medida e em que condições tem acesso a:

i) Consulta jurídica;

ii) Apoio judiciário; ou

iii) Outras formas de aconselhamento;

g) Quais os requisitos que regem o seu direito a indemnização;

h) Em que condições tem direito a interpretação e tradução;

i) Quais os procedimentos para apresentar uma denúncia, caso os seus direitos não sejam respeitados pelas autoridades competentes que operam no contexto do processo penal;

j) Quais os mecanismos especiais que pode utilizar em Portugal para defender os seus interesses, sendo residente em outro Estado;

k) Como e em que condições podem ser reembolsadas as despesas que suportou devido à sua participação no processo penal;

l) Em que condições tem direito à notificação das decisões proferidas no processo penal.

2. A extensão e o grau de detalhe das informações a que se refere o número anterior podem variar consoante as necessidades específicas e as circunstâncias pessoais da vítima, bem como a natureza do crime.

3. No momento em que apresenta a denúncia, é assegurado à vítima o direito a assistência gratuita e à tradução da confirmação escrita da denúncia, numa língua que compreenda, sempre que não entenda português.

4. Podem ser fornecidas, em fases posteriores do processo, informações complementares das prestadas nos termos do nº 2, em função das necessidades da vítima e da relevância dessas informações em cada fase do processo.

5. A vítima tem direito a consultar o processo e a obter cópias das peças processuais nas mesmas condições em que tal é permitido ao ofendido nos termos previstos no Código de Processo Penal.

6. Sempre que a vítima o solicite junto da entidade competente para o efeito, e sem prejuízo do regime do segredo de justiça, deve ainda ser-lhe assegurada informação, sem atrasos injustificados, sobre:

a) O seguimento dado à denúncia, incluindo:

i) A decisão de arquivamento ou de não pronúncia, bem como a decisão de suspender provisoriamente o processo;

ii) A decisão de acusação ou de pronúncia;

b) Os elementos pertinentes que lhe permitam, após a acusação ou a decisão instrutória, ser inteirada do estado do processo, incluindo o local e a data da realização da audiência de julgamento, e da situação processual do arguido, por factos que lhe digam respeito, salvo em casos excecionais que possam prejudicar o bom andamento dos autos;

c) A sentença do tribunal.

7. Para os efeitos previstos no número anterior, a vítima pode de imediato declarar, aquando da prestação da informação aludida na alínea *l*) do nº 1, que deseja ser oportunamente notificada de todas as decisões proferidas no processo penal.

8. As informações prestadas nos termos das alíneas *a*) e *c*) do número anterior devem incluir a fundamentação da decisão em causa ou um resumo dessa fundamentação.

9. Devem ser promovidos os mecanismos adequados para fornecer à vítima, em especial nos casos de reconhecida perigosidade do arguido, de informações sobre as principais decisões judiciárias que afetem o estatuto deste, em particular a aplicação de medidas de coação.

10. Deve ser dado conhecimento à vítima, sem atrasos injustificados, da libertação ou evasão da pessoa detida, acusada, pronunciada ou condenada.

11. Deve ser assegurado à vítima o direito de optar por não receber as informações referidas nos números anteriores, salvo quando a comunicação das mesmas for obrigatória nos termos das normas do processo penal aplicável.

Artigo 12º – Garantias de comunicação

1. Devem ser tomadas as medidas necessárias para garantir que as vítimas compreendam e sejam compreendidas, desde o primeiro contacto e durante todos os outros contactos com as autoridades competentes no âmbito do processo penal.

2. Para efeitos do disposto no número anterior, a comunicação com a vítima deve ser efetuada numa linguagem simples e acessível, atendendo às caraterísticas pessoais da vítima, designadamente a sua maturidade e alfabetismo, bem como qualquer limitação ou alteração das funções físicas ou mentais que possa afetar a sua capacidade de compreender ou ser compreendida.

3. Salvo se tal for contrário aos interesses da vítima ou prejudicar o bom andamento do processo, a vítima pode fazer-se acompanhar de uma pessoa da sua escolha no primeiro contacto com as autoridades competentes, caso devido ao impacto do crime a vítima solicite assistência para compreender ou ser compreendida.

4. Nas situações referidas no número anterior, são aplicáveis as disposições legais em vigor relativas à nomeação de intérprete.

Artigo 13º – Assistência específica à vítima

O Estado assegura, gratuitamente nos casos estabelecidos na Lei nº 34/2004, de 29 de julho, alterada pela Lei nº 47/2007, de 28 de agosto, que a vítima tenha acesso a consulta jurídica e, se necessário, o subsequente apoio judiciário.

Artigo 14º – Despesas da vítima resultantes da sua participação no processo penal

À vítima que intervenha no processo penal, deve ser proporcionada a possibilidade de ser reembolsada das despesas efetuadas em resultado dessa intervenção, nos termos estabelecidos na lei, em função da posição processual que ocupe no caso concreto.

Artigo 15º – Direito à proteção

1. É assegurado um nível adequado de proteção à vítima e, sendo caso disso, aos seus familiares elencados na alínea *c*) do nº 1 do artigo 67º-A do Código de Processo Penal, nomeadamente no que respeita à segurança e salvaguarda da vida privada, sempre que as autoridades competentes considerem que existe uma ameaça séria de represálias e de situações de revitimização ou fortes indícios de que essa privacidade possa ser perturbada.

2. O contacto entre vítimas e os seus familiares e os suspeitos ou arguidos em todos os locais que impliquem a presença de uns e de

outros no âmbito da realização de diligências processuais, nomeadamente nos edifícios dos tribunais, deve ser evitado, sem prejuízo da aplicação das regras estabelecidas no Código de Processo Penal.

3. O juiz ou, durante a fase de inquérito, o Ministério Público podem determinar, sempre que tal se mostre imprescindível à proteção da vítima e obtido o seu consentimento, que lhe seja assegurado apoio psicossocial.

4. O disposto nos números anteriores não prejudica a aplicação do regime especial de proteção de testemunhas, nomeadamente no que se refere à proteção dos familiares da vítima.

Artigo 16º – Direito a uma decisão relativa a indemnização e a restituição de bens

1. À vítima é reconhecido, no âmbito do processo penal, o direito a obter uma decisão relativa a indemnização por parte do agente do crime, dentro de um prazo razoável.

2. Há sempre lugar à aplicação do disposto no artigo 82º-A do Código de Processo Penal em relação a vítimas especialmente vulneráveis, exceto nos casos em que a vítima a tal expressamente se opuser.

3. Os bens pertencentes à vítima que sejam apreendidos em processo penal devem ser de imediato examinados e restituídos, salvo quando assumam relevância probatória ou sejam suscetíveis de ser declarados perdidos a favor do Estado.

Artigo 17º – Condições de prevenção da vitimização secundária

1. A vítima tem direito a ser ouvida em ambiente informal e reservado, devendo ser criadas as adequadas condições para prevenir a vitimização secundária e para evitar que sofra pressões.

2. A inquirição da vítima e a sua eventual submissão a exame médico devem ter lugar, sem atrasos injustificados, após a aquisição da notícia do crime, apenas quando sejam estritamente necessárias às finalidades do inquérito e do processo penal e deve ser evitada a sua repetição.

Artigo 18º – Gabinetes de atendimento e informação à vítima nos órgãos de polícia criminal

1. Cada força e serviço de segurança constituem a sua rede de gabinetes de atendimento, dotados de condições adequadas, nomeadamente de privacidade, ao atendimento de vítimas.

2. O atendimento deve ser realizado nas condições previstas no nº 1 do artigo anterior e de forma a serem transmitidas à vítima, de forma adequada e completa, as informações previstas na lei.

3. O disposto nos números anteriores deve igualmente ser concretizado, sempre que possível, nas instalações dos departamentos de investigação e ação penal.

Artigo 19º – Vítimas residentes noutro Estado membro

1. É assegurada aos cidadãos residentes em Portugal, vítimas de crimes praticados noutros Estados membros, a possibilidade de apresentar denúncia junto das autoridades nacionais, sempre que não tenham tido a possibilidade de o fazer no Estado membro onde foi cometido o crime, caso em que as autoridades nacionais devem transmiti-la prontamente às autoridades competentes do território onde foi cometido o crime, nos termos da legislação aplicável.

2. A transmissão da denúncia é de imediato comunicada à vítima que a tenha apresentado.

3. Aos cidadãos residentes noutros Estados membros, vítimas de crimes praticados em Portugal, é assegurada:

a) A recolha de depoimento imediatamente após a apresentação da denúncia do crime à autoridade competente;

b) A aplicação, na medida do possível, das disposições relativas à audição por videoconferência e teleconferência, para efeitos da prestação de depoimento.

CAPÍTULO IV – Estatuto de vítima especialmente vulnerável

Artigo 20º – Atribuição do estatuto de vítima especialmente vulnerável

1. Apresentada a denúncia de um crime, não existindo fortes indícios de que a mesma é infundada, as autoridades judiciárias ou os órgãos de polícia criminal competentes podem, após avaliação individual da vítima, atribuir-lhe o estatuto de vítima especialmente vulnerável.

2. No mesmo ato é entregue à vítima documento comprovativo do referido estatuto, compreendendo os seus direitos e deveres.

Artigo 21º – Direitos das vítimas especialmente vulneráveis

1. Deve ser feita uma avaliação individual das vítimas especialmente vulneráveis, a fim de determinar se devem beneficiar de medidas especiais de proteção.

2. As medidas especiais de proteção referidas no número anterior são as seguintes:

a) As inquirições da vítima devem ser realizadas pela mesma pessoa, se a vítima assim o desejar, e desde que a tramitação do processo penal não seja prejudicada;

b) A inquirição das vítimas de violência sexual, violência baseada no género ou violência em relações de intimidade, salvo se for efetuada por magistrado do Ministério Público ou por juiz, deve ser realizada por uma pessoa do mesmo sexo que a vítima, se esta assim o desejar e desde que a tramitação do processo penal não seja prejudicada;

c) Medidas para evitar o contacto visual entre as vítimas e os arguidos, nomeadamente durante a prestação de depoimento, através do recurso a meios tecnológicos adequados;

d) Prestação de declarações para memória futura, nos termos previstos no artigo 24º;

e) Exclusão da publicidade das audiências, nos termos do artigo 87º do Código de Processo Penal.

Artigo 22º – Direitos das crianças vítimas

1. Todas as crianças vítimas têm o direito de ser ouvidas no processo penal, devendo para o efeito ser tomadas em consideração a sua idade e maturidade.

2. Em caso de inexistência de conflito de interesses, a criança pode ser acompanhada pelos seus pais, pelo representante legal ou por quem tenha a guarda de facto durante a prestação de depoimento.

3. É obrigatória a nomeação de patrono à criança quando os seus interesses e os dos seus pais, representante legal ou de quem tenha a guarda de facto sejam conflituantes e ainda quando a criança com a maturidade adequada o solicitar ao tribunal.

4. A nomeação do patrono é efetuada nos termos da lei do apoio judiciário.

5. Não devem ser divulgadas ao público informações que possam levar à identificação de uma criança vítima, sob pena de os seus agentes incorrerem na prática de crime de desobediência.

6. Caso a idade da vítima seja incerta e existam motivos para crer que se trata de uma criança, presume-se, para efeitos de aplicação do regime aqui previsto, que a vítima é uma criança.

Artigo 23º – Recurso à videoconferência ou à teleconferência

1. Os depoimentos e declarações das vítimas especialmente vulneráveis, quando impliquem a presença do arguido, são prestados através de videoconferência ou de teleconferência, por determinação do Ministério Público, oficiosamente ou a requerimento da vítima, durante a fase de inquérito, e por determinação do tribunal, oficiosamente ou a requerimento do Ministério Público ou da vítima, durante as fases de instrução ou de julgamento, se tal se revelar necessário para garantir a prestação de declarações ou de depoimento sem constrangimentos.

2. A vítima é acompanhada, na prestação das declarações ou do depoimento, por técnico especialmente habilitado para o seu acompanhamento previamente designado pelo Ministério Público ou pelo tribunal.

Artigo 24º – Declarações para memória futura

1. O juiz, a requerimento da vítima especialmente vulnerável ou do Ministério Público, pode proceder à inquirição daquela no decurso do inquérito, a fim de que o depoimento possa, se necessário, ser tomado em conta no julgamento, nos termos e para os efeitos previstos no artigo 271º do Código de Processo Penal.

2. O Ministério Público, o arguido, o defensor e os advogados constituídos no processo são notificados da hora e do local da prestação do depoimento para que possam estar presentes, sendo obrigatória a comparência do Ministério Público e do defensor.

3. A tomada de declarações é realizada em ambiente informal e reservado, com vista a garantir, nomeadamente, a espontaneidade e a sinceridade das respostas.

4. A tomada de declarações é efetuada, em regra, através de registo áudio ou audiovisual, só podendo ser utilizados outros meios, designadamente estenográficos ou estenotípicos, ou qualquer outro meio técnico idóneo a assegurar a reprodução integral daquelas, ou a documentação através de auto, quando aqueles meios não estiverem disponíveis, o que deverá ficar a constar do auto.

5. A inquirição é feita pelo juiz, podendo em seguida o Ministério Público, os advogados constituídos e o defensor, por esta ordem, formular perguntas adicionais, devendo a vítima ser assistida no decurso do ato processual por um técnico especialmente habilitado para o seu acompanhamento, previamente designado pelo tribunal.

6. Nos casos previstos neste artigo só deverá ser prestado depoimento em audiência de julgamento se tal for indispensável à descoberta da verdade e não puser em causa a saúde física ou psíquica de pessoa que o deva prestar.

Artigo 25º – Acesso a estruturas de acolhimento

As vítimas especialmente vulneráveis podem, se no quadro da avaliação individual tal for considerado necessário, ser temporariamente alojadas em estruturas de acolhimento apoiadas pelo Estado.

Artigo 26º – Assistência médica e medicamentosa

1. As vítimas especialmente vulneráveis podem ser assistidas pelos serviços de saúde integrados no Serviço Nacional de Saúde situados na área da estrutura de acolhimento onde forem inseridas, em alternativa aos serviços de saúde da sua residência.

2. As vítimas especialmente vulneráveis estão isentas do pagamento das taxas moderadoras no âmbito do Serviço Nacional de Saúde, nos termos a regulamentar por portaria do membro do Governo responsável pela área da saúde.

Artigo 27º – Comunicação social

1. Os órgãos de comunicação social, sempre que divulguem situações relativas à prática de crimes, quando as vítimas sejam crianças ou jovens ou outras pessoas especialmente vulneráveis, não podem identificar, nem transmitir elementos, sons ou imagens que permitam a sua identificação, sob pena de os seus agentes incorrerem na prática de crime de desobediência.

2. Sem prejuízo do disposto no número anterior, os órgãos de comunicação social podem relatar o conteúdo dos atos públicos do processo penal relativo ao crime em causa.

CAPÍTULO V – Disposições finais

Artigo 28º – Formação dos profissionais

1. As autoridades policiais e os funcionários judiciários suscetíveis de entrar em contacto com vítimas recebem formação geral e especializada de nível adequado a esse contacto, a fim de aumentar a sua sensibilização em relação às necessidades das vítimas e de lhes permitir tratá-las de forma não discriminatória e com respeito e profissionalismo.

2. As atividades do Centro de Estudos Judiciários contemplam conteúdos sobre vitimação, a fim de aumentar a sensibilização dos magistrados judiciais e do Ministério Público em relação às necessidades das vítimas.

Artigo 29º – Financiamento

1. Em matéria de investimento para a disponibilização de respostas no domínio do apoio à vítima, o apoio público da administração central rege-se pelo regime de cooperação, nos termos da lei em vigor.

2. O apoio financeiro referido no número anterior pode ser assegurado por verbas oriundas dos fundos comunitários, nos termos dos regulamentos aplicáveis.

ÍNDICE REMISSIVO ALFABÉTICO

(remissão dos principais temas para os artigos ou para os itens dos artigos)

ÍNDICE GERAL